全球股票市场基本情况图

图1　全球主要交易所股票市值（截至2019年12月31日）

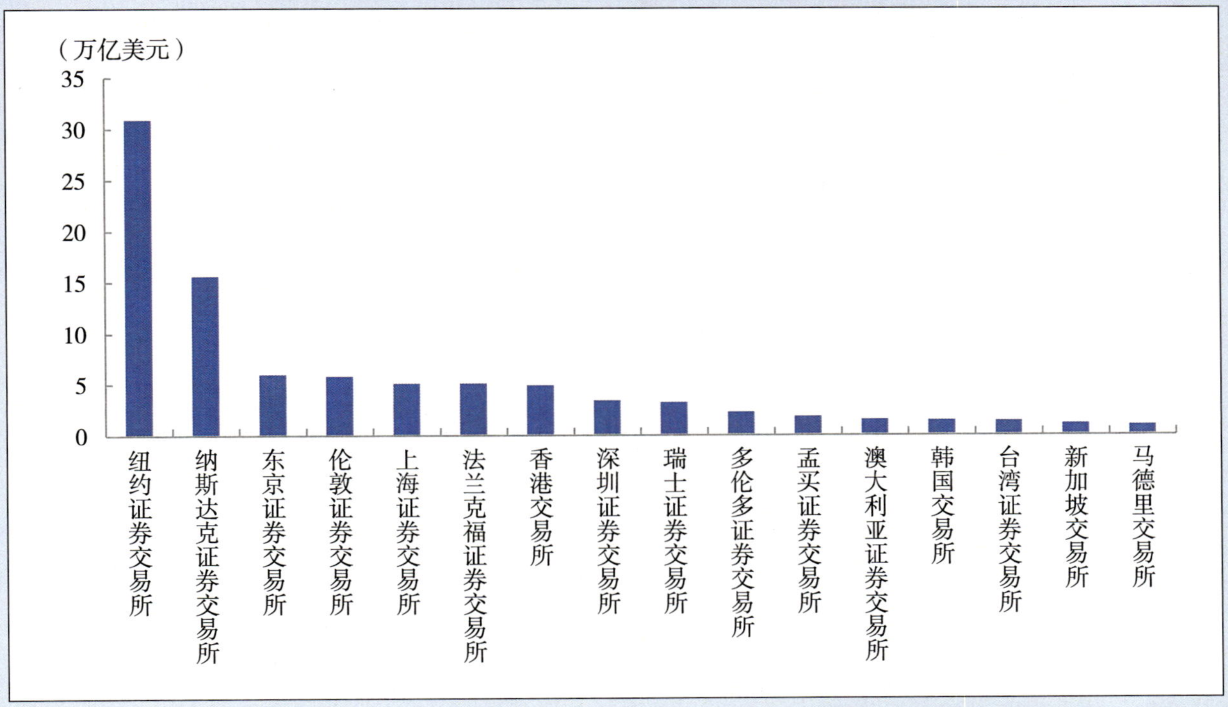

资料来源：Wind资讯。

图2　2019年全球主要股票指数变动情况

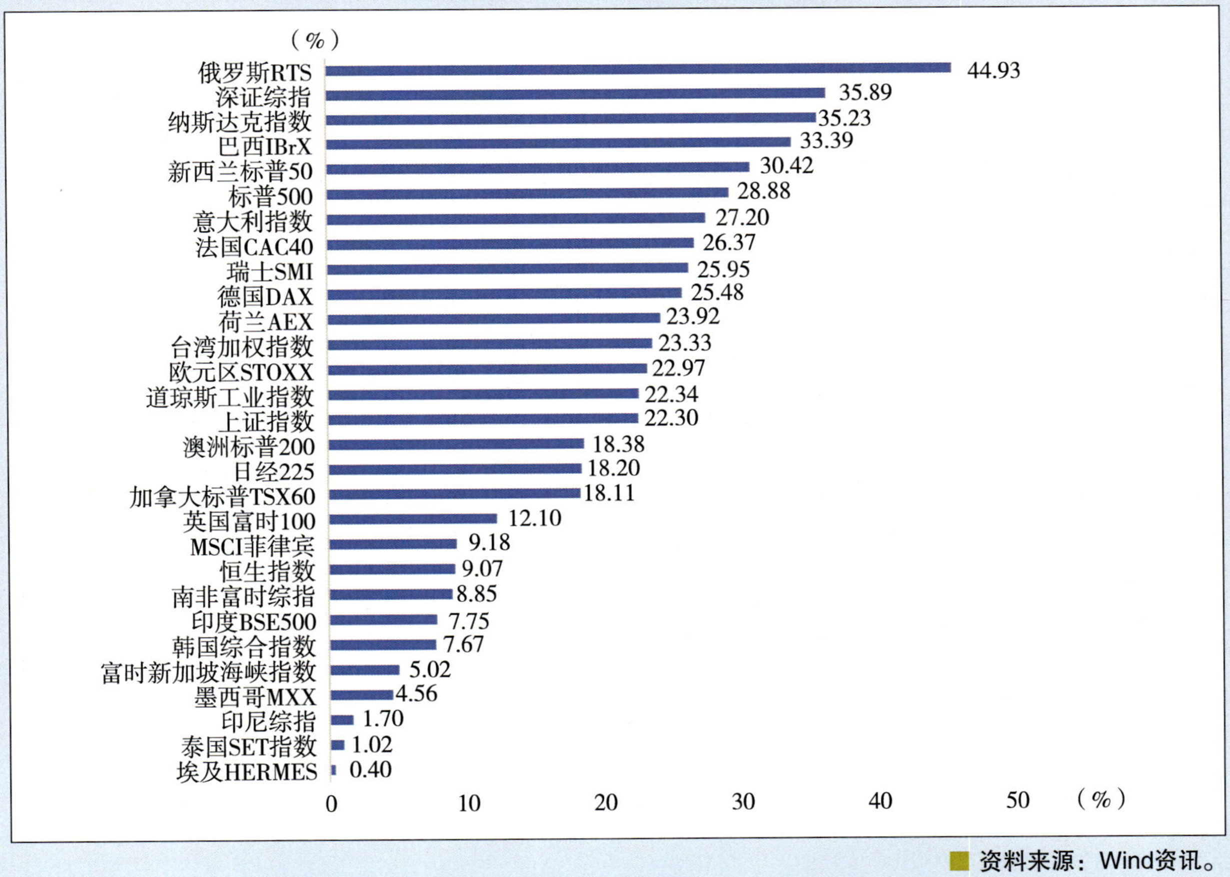

资料来源：Wind资讯。

图3 全球股票总市值历年变化情况

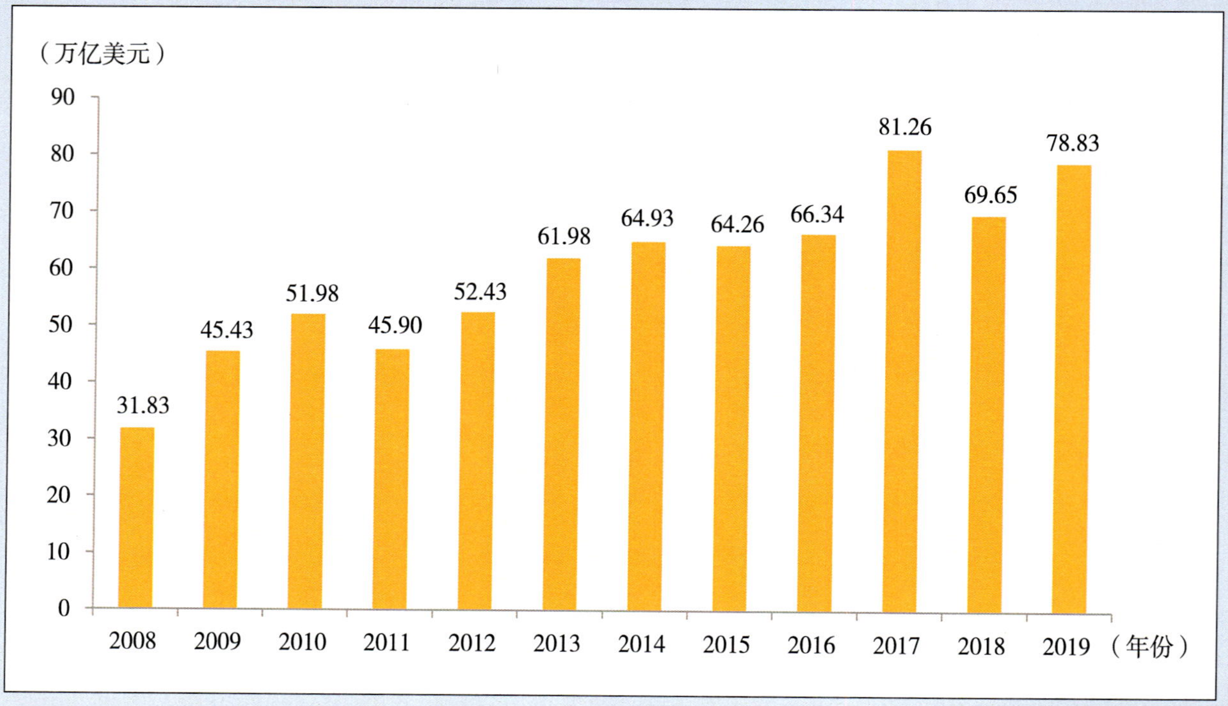

■ 资料来源：Wind资讯。

图4 上证综合指数和深证综合指数走势

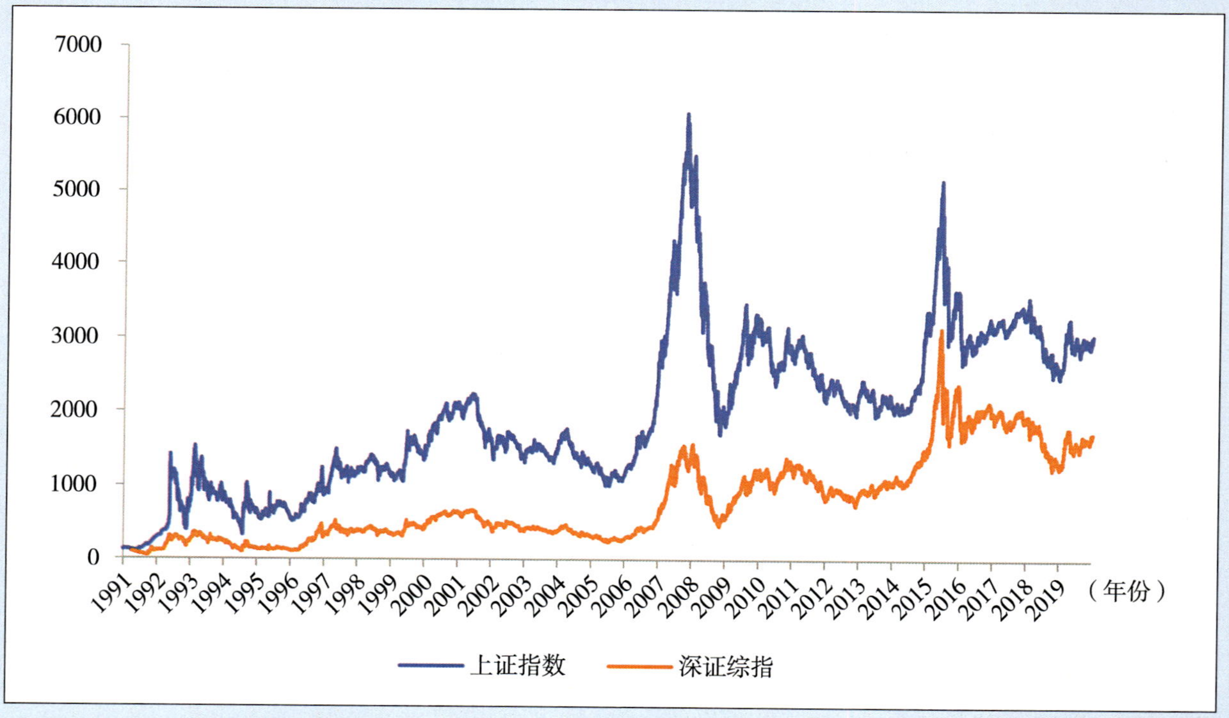

■ 资料来源：Wind资讯。

图5　　沪深300指数、中小板综指和创业板综指走势

资料来源：Wind资讯。

图6　　摩根士丹利全球股票指数走势

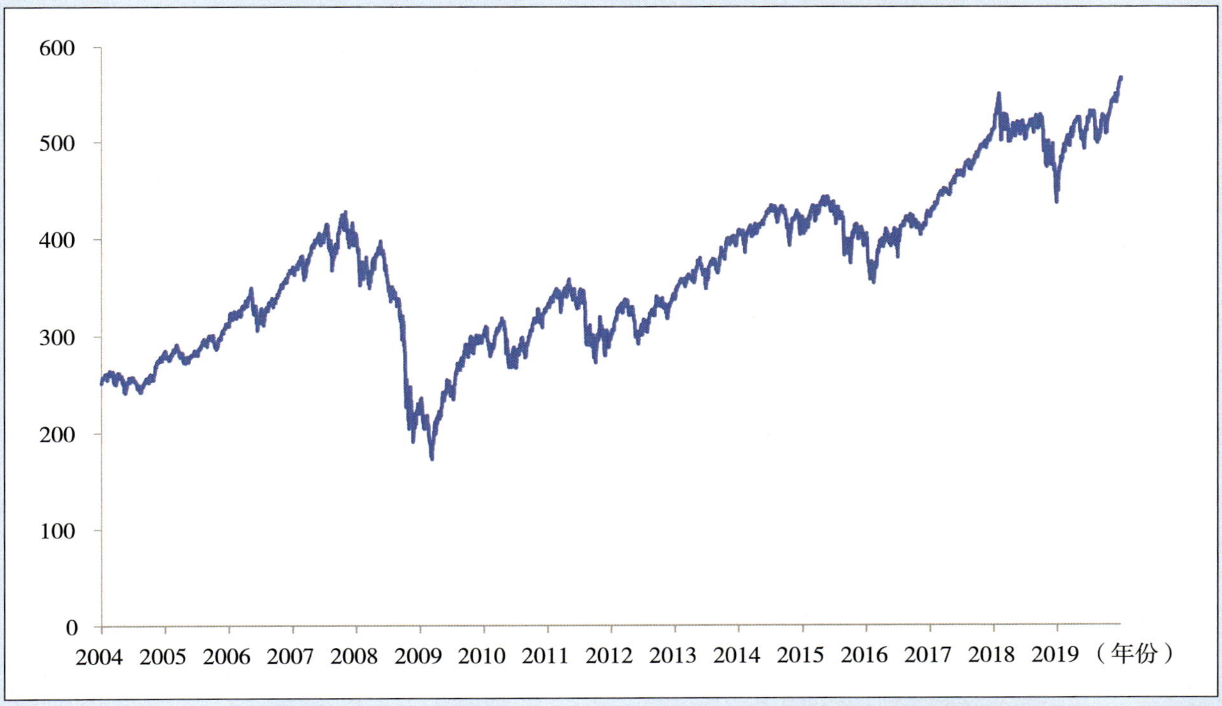

资料来源：Bloomberg。

图7　摩根士丹利全球发达国家股票指数走势

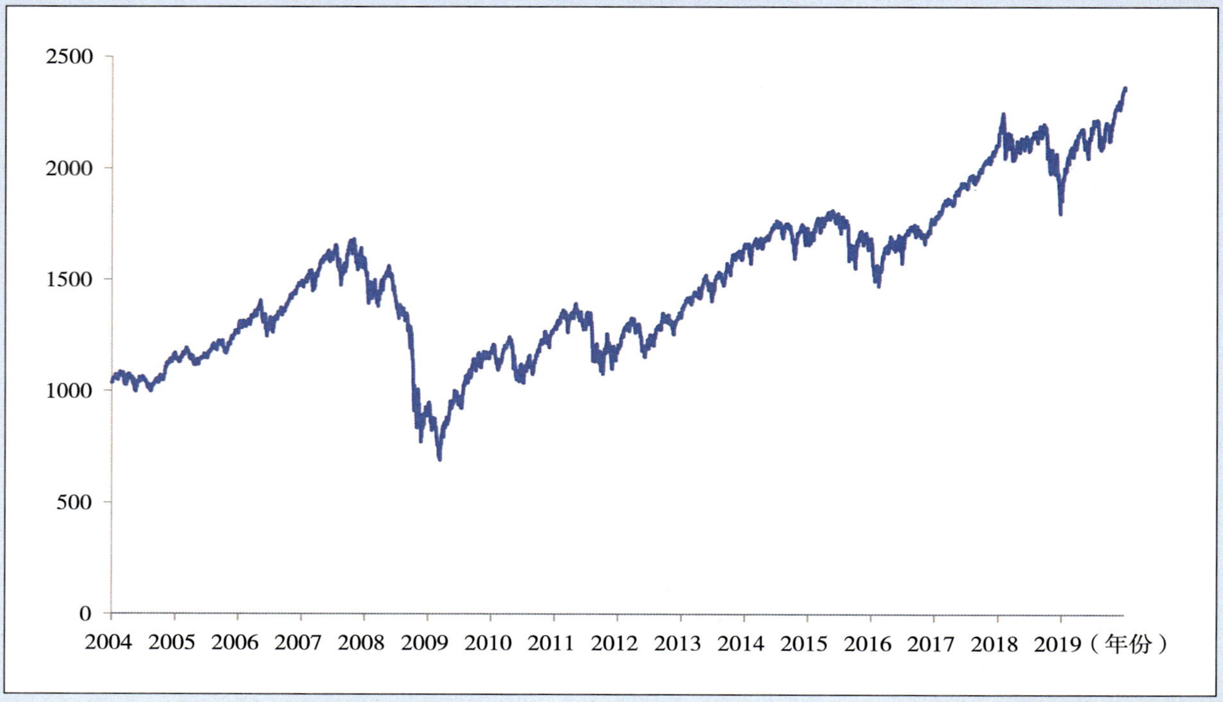

资料来源：Bloomberg。

图8　摩根士丹利发展中国家股票指数走势

资料来源：Bloomberg。

ALMANAC OF THE
CHINESE LISTED COMPANIES

中国上市公司年鉴

2020

中国证券监督管理委员会
中国上市公司协会 编

中国财经出版传媒集团
中国财政经济出版社

图书在版编目（CIP）数据

中国上市公司年鉴．2020 / 中国证券监督管理委员会，中国上市公司协会编．--北京：中国财政经济出版社，2022.8

ISBN 978-7-5223-1493-8

Ⅰ．①中… Ⅱ．①中… ②中… Ⅲ．①上市公司-中国-2020-年鉴 Ⅳ．①F279.246-54

中国版本图书馆 CIP 数据核字（2022）第 103424 号

责任编辑：叶 彤　　　　责任校对：胡永立
封面设计：北京兰卡绘世　　　　责任印制：党 辉

中国上市公司年鉴 2020
ZHONGGUO SHANGSHI GONGSI NIANJIAN 2020

中国财政经济出版社 出版

URL：http：//www.cfeph.cn
E-mail：cfeph@cfeph.cn

社址：北京市海淀区阜成路甲 28 号 邮政编码：100142
营销中心电话：010-88191522
天猫网店：中国财政经济出版社旗舰店
网址：https：//zgczjjcbs.tmall.com
北京虎彩文化传播有限公司印刷 各地新华书店经销
成品尺寸：210mm×285mm 16 开 54.25 印张 2 000 000 字
2022 年 8 月第 1 版 2022 年 8 月北京第 1 次印刷
定价：998.00 元
ISBN 978-7-5223-1493-8
（图书出现印装问题，本社负责调换，电话：010-88190548）
本社质量投诉电话：010-88190744
打击盗版举报热线：010-88191661 QQ：2242791300

《中国上市公司年鉴（2020）》编辑委员会

李永春	中国证券监督管理委员会厦门监管局	局长
李至斌	中国证券监督管理委员会深圳监管局	局长
李宇白	中国证券监督管理委员会湖南监管局	局长
李泽华	中国证券监督管理委员会山西监管局	局长
李　钢	中国证券监督管理委员会海南监管局	局长
杨宗儒	中国证券监督管理委员会广东监管局	局长
张文鑫	中国证券监督管理委员会天津监管局	局长
张　松	中国证券监督管理委员会西藏监管局	局长
陈家琰	中国证券监督管理委员会山东监管局	局长
陈　捷	中国证券监督管理委员会黑龙江监管局	局长
林　林	中国证券监督管理委员会福建监管局	局长
鱼向东	中国证券监督管理委员会陕西监管局	局长
赵山忠	中国证券监督管理委员会重庆监管局	局长
赵洪军	中国证券监督管理委员会大连监管局	局长
胡巍东	中国证券监督管理委员会青海监管局	局长
姜新安	中国证券监督管理委员会广西监管局	局长
贾文勤	中国证券监督管理委员会北京监管局	局长
殷志诚	中国证券监督管理委员会青岛监管局	局长
凌　峰	中国证券监督管理委员会贵州监管局	局长
郭元忠	中国证券监督管理委员会新疆监管局	局长
唐理斌	中国证券监督管理委员会江西监管局	局长
韩少平	中国证券监督管理委员会四川监管局	局长
韩　卓	中国证券监督管理委员会云南监管局	局长
程合红	中国证券监督管理委员会上海监管局	局长
鲁颂宾	中国证券监督管理委员会江苏监管局	局长
童卫华	中国证券监督管理委员会河北监管局	局长

主　　编：柳　磊

执行主编：潘春生

执行编委：（按姓氏笔画排序）

万景初　王　坤　王子军　王玉宝　王怡里　王珠林　孔艳清
卢　海　叶国标　史春阳　刘昌华　孙秀振　孙金钜　杨玉成
李金玉　肖雪维　吴　坚　吴承根　邹新京　张　庆　张文生
张海文　陆钱松　陈刚泰　陈国飞　陈建波　陈剑夫　易　峥
罗精晖　季晓磊　赵凤霞　胡可果　姜小勇　洪　漫　聂旺标
徐　彬　徐小俊　徐寿松　徐克非　彭艳雯　蒋厚贤　韩文旦
程凤朝　程催禧　鲁家焱　赫荣祥　蔡　英　滕兆滨　戴　旭

编写组成员：（按姓氏笔画排序）

马昕晔　马　莉　王小星　王立平　王　坤　王佳炜　王　珂
王　勇　王　真　王　倩　王浩男　王慧明　尤　越　牛　丽
毛朗格　毛寒松　方乐乐　方秋实　方曼乔　邓传伟　孔繁慧
石翠红　平海庆　卢意轩　史凡可　史达宁　白连江　宁前羽
冯红莉　司曹颖　毕先磊　吕华璐　吕　梁　朱卫华　朱珺逸
任宪功　任　路　邬熙哲　刘　毅　刘小勇　刘宇兴　刘　丽
刘　佩　刘　荣　刘贵军　刘　勇　刘新云　刘新朋　刘燕强
齐敏光　汤梅梅　孙　炜　孙　晋　孙　烨　孙鸿飞　孙　韬
运　巍　杜艳力　杨成龙　杨　帆　李东升　李永春　李　阳
李陈佳　李　旻　李　瑞　李　瑾　吴　丹　吴　磊　何长天
何佳霖　余　沛　谷　茜　狄佳巍　邹文婕　邹国强　汪擎卓
沈茂荣　宋盈盈　宋　涛　宋雪玲　宋　鹏　张上弓　张月慧

张仕元　张会玉　张宇光　张连锋　张　珂　张铁飞　张晓霖
张卿萌　张敏聪　张　淇　张敬华　张雅婧　张　辉　张　婷
张　潇　陆亚宁　陈玉洁　陈　希　陈　佳　陈建鑫　陈　悦
陈雪丽　陈　敏　陈腾曦　陈意可　林文杰　林好兵　林星哲
林　莉　林铭泽　松　隅　欧阳丽雯　罗义杰　金顺夏　金益腾
周尔双　周　勋　周　铮　周超文　周雅妮　周　斌　郑　扬
郑　怡　郑晓刚　郑新胜　赵中平　赵金厚　赵思昊　赵晨曦
郝凤贤　郝　梅　胡巍东　段玉琳　段晓霞　段清文　侯　睿
娄丽忠　弭杨囡　袁同济　袁定云　袁　豪　贾汝明　贾宏坤
贾明星　夏　磊　徐　风　徐志娜　徐　君　徐琳璞　殷　茵
高丽萍　高　雪　高瑞启　郭　云　郭劲松　郭若超　唐　笑
唐理斌　唐　猛　唐　婕　谈　钊　黄子辰　黄　丽　黄　君
黄细里　黄俊华　黄　哲　商丹丹　葛寿净　董岚枫　蒋隐丽
蒋跨跃　韩　卓　程琛琛　程催禧　程　鑫　傅潍潍　焦玉鹏
鲁颂宾　鲁家焱　曾朵红　鄢　凡　雷　昊　路文正　詹陆雨
廖玉琪　熊大卫　熊金刚　熊城棋　潘遂邃

支持单位：（排名不分先后）

渤海证券股份有限公司
华融证券股份有限公司
开源证券股份有限公司
山西证券股份有限公司
申万宏源证券有限公司
西南证券股份有限公司
招商证券股份有限公司
浙商证券股份有限公司
银华基金管理股份有限公司
上海证券交易所
深圳证券交易所
中证数据有限责任公司
伦敦证券交易所
东京证券交易所
德意志交易所
中关村国睿金融与产业研究会
浙江核新同花顺网络信息股份有限公司
《中国证券报》　《上海证券报》　《证券时报》　《证券日报》

编写说明

《中国上市公司年鉴》由中国证监会、中国上市公司协会组织编撰，是一部全面反映中国上市公司经营、发展和改革状况，以及上市公司监管政策、法律法规体系的专业性、权威性、综合性年鉴。《中国上市公司年鉴》从2007年起，每年一卷，以作为上市公司、投资者、监管工作者、研究机构、证券公司、基金公司、有关中介机构等共享和沟通上市公司信息资源的平台。

《中国上市公司年鉴（2020）》全方位、多角度、跨地区、跨行业地汇集了上市公司2019年度的基本状况，尤其对不同行业、不同地区上市公司经营状况及相关数据进行了详尽的采集和深度的分析，使读者可以全面、细致、深入地了解上市公司的经营状况和发展前景。

《中国上市公司年鉴（2020）》共设有8个篇目，各篇目下按具体内容分为章、节、目、段多个层次。篇目内容依次为：综合发展篇、上市公司行业篇、上市公司地区篇、上市公司治理篇、上市公司并购重组篇、大事记、政策法规篇及统计篇。为方便读者，本年鉴配有CD－ROM电子出版物。另外，因篇幅所限，政策法规篇和统计篇的内容只进入了电子出版物。

《中国上市公司年鉴（2020）》“上市公司行业篇”中，上市公司的行业归属系根据中国证监会2019年第四季度发布的最新行业划分标准分类。

《中国上市公司年鉴（2020）》由中国证监会、中国上市公司协会、各证监局、上海证券交易所、深圳证券交易所、部分证券公司、相关媒体等单位及部分专家、学者共同参与编写，各种资料和数据权威、可靠，均经各撰稿单位审阅。

《中国上市公司年鉴（2020）》由中国证监会副主席王建军同志任编委会名誉主任，中国上市公司协会会长宋志平同志任编委会主任，中国证监会上市公司监管部、上海证券交易所、深圳证券交易所、中国上市公司协会的负责同志任编委会副主任，各证监局负责人任编委会委员。

《中国上市公司年鉴（2020）》“上市公司行业篇”“上市公司地区篇”中的数据，除特别说明外，由浙江核新同花顺网络信息股份有限公司整理提供。

《中国上市公司年鉴（2020）》中的资料、数据，除特别说明外，截止时间为2019

年 12 月 31 日。

《中国上市公司年鉴（2020）》的编撰工作得到了各撰稿单位及撰稿人的大力支持在此谨表示衷心的感谢！对本年鉴的不足之处诚请提出批评和改进意见以使《中国上市公司年鉴》日臻完善。

《中国上市公司年鉴》编辑部

2022 年 6 月　　北　京

目　录

第一篇　综合发展篇

第二篇　上市公司行业篇

第三篇　上市公司地区篇

第四篇　上市公司治理篇

第五篇　上市公司并购重组篇

2019 年中国上市公司发展大事记

注：限于篇幅，以下内容只进入随书 CD - ROM，目录只做列示

政策法规篇

法律

行政法规、法规性文件

中国证监会发布的部门规章及规范性文件

综合类

司法解释及其他司法文件

其他部委发布的相关部门规章及规范性文件

统计篇

第一篇

综合发展篇

- 聚焦提高上市公司质量，夯实有活力、有韧性资本市场的基础
- 上市公司 2019 年年报简析
- 2019 年上市公司年报会计监管报告
- 沪市主板公司 2019 年年报整体分析报告
- 深交所多层次资本市场上市公司 2019 年报实证分析报告
- 2019 年海外股票市场基本情况

聚焦提高上市公司质量，夯实有活力、有韧性资本市场的基础

——中国证券监督管理委员会主席易会满在中国上市公司协会2019年年会上的讲话①

在去年年底召开的中央经济工作会议上，习近平总书记明确提出，要打造一个规范、透明、开放、有活力、有韧性的资本市场，并对提高上市公司质量作出部署。今年以来，习近平总书记又多次就防范化解上市公司风险、深化资本市场改革、增强服务实体经济能力作出重要指示。这是加强资本市场建设和做好上市公司监管工作的根本遵循，证监会和市场各相关方必须深刻学习领会，全面贯彻落实。

一、提高上市公司质量是企业自身发展的内在要求

上市公司是中国企业的优秀代表，是中国经济的支柱力量。只有不断提高上市公司质量，增强价值创造和价值管理能力，企业才能在日益激烈的市场竞争中脱颖而出，并以令人尊重的方式，赢得长盛不衰的声誉，真正成为亿万企业主体中的“优等生”。伴随着改革开放深入推进和资本市场发展壮大，我国上市公司数量稳步增长，质量持续提升，在服务供给侧结构性改革和经济高质量发展中，发挥着日益重要的作用。

上市公司是实体经济的“基本盘”。截至4月末，境内上市公司共3627家，总市值约60万亿元，均居世界前列。上市公司涵盖了国民经济全部90个行业大类，占国内500强企业的七成以上。2018年，实体上市公司利润总额相当于同期全国规模以上工业企业的38%，上市公司盈利水平明显高于全国平均水平。可以说，3600多家上市公司就是中国经济的“成分指数”，整体上反映了宏观经济稳中向好的态势。

上市公司是经济发展动能的“转换器”。资本市场日渐成为并购重组的主渠道、存量盘活的主战场，上市公司并购重

① 2019年5月11日，中国上市公司协会2019年年会暨第二届理事会第七次会议在京召开。中国证监会主席易会满出席会议，并作了题为《聚焦提高上市公司质量，夯实有活力、有韧性资本市场的基础》的讲话。

组交易金额从2014年的1.45万亿元增长到2018年的2.56万亿元，约占国内并购总量的60%，跃居世界第二大并购市场。同时，资本市场在优化资本形成机制、健全产权制度、激发创新活力等方面发挥了不可替代的作用。至4月末，战略新兴行业上市公司1425家，占全部上市公司的39%。2018年上市公司研发支出7344亿元，同比增长21%。一批创新型、成长型的企业借助资本市场获得了较快发展。

上市公司是完善现代企业制度和履行社会责任的“先锋队”。3600多家企业通过发行上市转化为公众公司，逐步建立起现代企业制度和公司治理规范，为中国企业现代化发展提供了示范，也为中国经济参与国际竞争提供了支撑。同时，上市公司积极践行新发展理念，履行社会责任，在服务区域协调发展、绿色发展、“一带一路”、乡村振兴、脱贫攻坚、军民融合发展等方面，发挥了引领作用。如在2018年年报中，1235家公司披露了环境保护信息；1170家公司披露了精准扶贫信息，扶贫投入552亿元。

上市公司是投资者分享经济增长红利的“新渠道”。近年来，上市公司回报投资者水平有所提高，现金分红家数和规模逐年递增。2018年，2787家上市公司实施现金分红，总金额1.15万亿元，股息率从2014年的1.85%增长到2018年的2.41%，已与标普500指数、道琼斯工业指数大体相当。

在资本市场发展过程中，证监会始终坚持“两个毫不动摇”的方针，坚持竞争中性原则，积极支持民营企业发展。2016年至2018年，民营企业首发上市家数和融资额分别占同期全市场的89%、72%；民营上市公司再融资家数和融资额分别占全市场的70%、45%。目前，民营上市公司共2544家，占比从2012年的55%提高到目前的70%，战略新兴行业上市公司中民企占比达75%。

尽管面临外部不确定性，今年以来，我国经济实现平稳开局，主要指标保持在合理区间并好于预期，经济新动能加速提升，发展协调性有效增强，市场预期明显改善，显示出中国经济底盘稳、韧性足、回旋空间大的特点。我国作为一个产业要素齐整、兼具强大生产能力和巨大内需潜力的国家，完全有条件、有实力把自己的事情办好，这是我们的信心、底气和定力所在，同时也为资本市场健康发展和上市公司做优做强提供了良好机遇。希望上市公司能把握机遇，应对挑战，稳中求进，继续在推动经济和自身的高质量发展中发挥好“头雁效应”。

二、上市公司质量是资本市场可持续发展的基石

近期，由于受外部因素的影响，股市有一定震荡波动，但从长期看，决定市场成色和发展走势的，还是经济基本面和上市公司质量。资本市场是实体经济的“晴雨表”，这个功能主要是通过上市公司质量来体现的。资本市场是连接实体和资本、连接融资方和投资方的纽带，而上

市公司质量是支撑这个市场的支柱和基石，是促进金融和实体经济良性循环的微观基础。没有好的上市公司，就不可能有好的资本市场。

上市公司质量内涵丰富，包括经营效益、会计基础、治理能力和信息真实等方面。提高上市公司质量是一项宏大的系统工程，离不开上市公司、监管者、投资者及市场各参与主体的同心同向、众智众力。

（一）提高上市公司质量是企业责无旁贷的重要使命。作为市场主体，上市公司担负着自我规范、自我提高、自我完善的直接责任、第一责任。推进资本市场持续健康发展，监管部门要做到“四个敬畏”，对上市公司来讲，也必须谨记和坚持“四个敬畏”，尤其是大股东和上市公司董监高要常怀敬畏之心。实践证明，一切与市场规律和法律法规对抗、不敬畏风险、损害投资者的行为，最终必然会受到市场和法律的惩罚，付出沉重代价。

一要敬畏市场，尊重规律，走稳健合规的发展之路。作为上市公司，要充分认识市场，敬畏市场，适应市场，按市场规律办事。近年来，有的上市公司心态浮躁，急功近利，盲目加杠杆扩张，少数大股东高比例质押股份，有的还反复质押、循环质押。当宏观经济金融环境发生变化时，债务风险、质押风险就水落石出。这就是不敬畏市场、违背市场规律的必然结果。希望大股东和上市公司董监高深刻汲取教训，将尊重市场、尊重规律贯穿始终，将稳健经营、审慎经营贯穿始终，做到发展与风控能力相匹配，有所为有所不为，避免发生大的战略失误和偏差，保持定力，行稳致远。

二要敬畏法治，遵守规则，强化诚信契约精神。对任何一家企业而言，守法经营、合规经营都是不可逾越的底线。上市公司尤其应该在守法合规上作出表率。但在现实中，少数大股东和上市公司董监高守法意识、规则意识和契约精神极为淡漠，说假话、做假账，操纵业绩、操纵并购；有的公司治理不规范，通过非法关联交易输送利益。这些违法违规行为损害市场信心，也最终伤害企业自身发展，得不偿失。希望大股东和上市公司董监高坚持以法律法规为准绳，认真学习遵守《证券法》《公司法》和《刑法》等法律法规，切实做到敬畏法治、尊法学法、守法用法、诚信合规。

三要敬畏专业，突出主业，自觉远离市场乱象。主业突出、业绩优良、核心竞争力强的上市公司往往是市场上的优质投资标的，也是主流价值逻辑。但也有少数上市公司偏离主业，脱实向虚，热衷于编故事、炒概念、搞不切实际的跨界并购，频繁变更融资用途，这不仅不利于公司稳健长远发展，还损害投资者利益，扰乱市场秩序。希望大股东和上市公司董监高坚持正确的发展理念，扎根实体、练好内功，突出主业、做精专业，弘扬企业家精神和工匠精神，凭竞争力吃饭，促进市场正本清源。

四要敬畏投资者，回报投资者，积极践行股权文化。上市公司和投资者是市场的共生共荣体。只有懂得尊重和回报投资者的上市公司，才会赢得市场的认同和尊重。但是，有的具备条件的上市公司常年不分红；有的大股东利用自身的控制力，把手伸向上市公司，通过违规担保、资金占用等手段掏空上市公司；有的上市公司社会责任缺失，非法排污、制销伪劣产品，影响恶劣。这些行为侵害上市公司和投资者利益，对公共利益也造成了危害，最终都被投资者“用脚投票”。希望大股东和上市公司董监高能够打心底里尊重投资者特别是中小投资者，主动了解他们的诉求，持续优化投资者回报机制，做守底线、负责任、有担当、受尊敬的企业。

（二）提高上市公司质量是上市公司监管的首要目标。给投资者一个真实、透明、合规的上市公司，促进提高上市公司质量，是保护投资者合法权益的根本手段。监管部门对上市公司的监管力度必须加大，不能削弱。监管的重点在于公司治理，包含信息披露和内部控制。通过公司治理的强化，促进经营管理水平的提升。要通过持续监管、精准监管，提高上市公司信息披露质量，督促上市公司和大股东讲真话、做真账，提倡真和实，不搞虚和假，拒绝蒙和骗，不做违法违规之事。

加强上市公司监管，必须坚持辩证思维和底线思维，尊重规律，保持定力，统筹把握多元监管目标的内在统一。一是坚持监管与服务并举。监管是监管部门的主责主业，任何时候都不能动摇。证监会系统和会管单位要更大力度加强上市公司监管，寓监管于服务之中。通过有效监管、持续监管、分类监管、科技监管，完善市场机制，优化市场环境，稳定市场预期，提高对实体经济和企业的服务供给质量。二是坚持规范与发展并重。监管的目标是保障资本市场可持续发展。要督促企业合规经营，建立起内控健全、治理有效的现代企业制度，引导企业做优、做强、做持久，打造基业长青的百年老店，不断增强资本市场的微观主体活力。三是坚持信披与治理并行。资本市场不仅是资金市场，也是信息市场。信息披露是这个市场的生命线，犹如“氧气”对人的重要性一样。有效的公司治理是保障信息披露质量的前提，也是衡量上市公司质量的重要标志。要通过公开透明的信息披露，让投资者看得见、看得清上市公司，更好地实现“用手、用脚投票”，同时强化对大股东、上市公司董监高的监督约束，促使其忠诚履职。

加强上市公司监管，必须从国情、市情出发，统筹好提高监管效率与监管质量的关系。实施分类监管是基本方法。要坚持管少管精才能管好的原则，区分情况、突出重点、精准监管。对持续规范经营的优质上市公司要在融资、并购等方面提供更多便利，提升企业发展的内生动力；对乱象频出的问题公司和风险公司要重点聚焦、严格监管，做到“抓两头、带中间”。监管流程再造是重要基础。要进一步完善“三点一线”的上市公司监管工作机制，促进行政监管与自律监管、日常监管与稽查处罚、现场监管与非现场监管的有效衔接，构建事前、事中、事后全链条监管机制，实现监管关口前移。加强科技监管是有效手段。要坚持应用导向、问题导向和监管导向，推进统一的上市公司大数据平台建设，实现信息的互联互通和交叉验证，增强线索发现、分析和预警能力。提高违规成本是核心举措。积极推动《证券法》《公司法》《刑法》修改和相关司法解释制定，创新执法手段，研究优化公开谴责、代位诉讼、有奖举报等制度机制，加大惩戒力度，增强监管震慑力，让做坏事的人必须付出代价，让心存侥幸的人及时收手。

今年以来，证监会已对上市公司及相关主体立案 28 家次，其中涉及资金占用 13 家次、违规担保 12 家次。上市公司和大股东必须牢牢守住“四条底线”：一是不披露虚假信息，二是不从事内幕交易，三是不操纵股票价格，四是不损害上市公司利益。对照这“四条底线”，上市公司要认真开展自查自纠。对于问题严重、拒不整改或整改不力的，证监会将综合运用监管措施、行政处罚、市场禁入、刑事移送等手段，追究公司特别是大股东、上市公司董监高、实控人的责任。

（三）提高上市公司质量需要营造良好生态。众人拾柴火焰高。资本市场是一个生态体系，提高上市公司质量需要各方共同努力，共建良好生态。

一是优化发展生态。证监会将在国务院金融委的统一指挥协调下，积极加强与相关部委的沟通协作，完善有利于提高上市公司质量的制度机制，着力增强政策协同性。加强与地方党委政府的信息共享，共同探讨提升上市公司质量的有效途径。进一步加强与公检法等机关的密切合作，对损害投资者合法权益的违法违规行为，加大惩处力度，积极营造上市公司规范发展的法治环境。

二是优化中介生态。保荐承销、审计评估、法律服务等中介机构要归位尽责，切实发挥好资本市场“看门人”作用，严格履行核查验证、专业把关等法定职责，督促上市公司规范运作、真实披露。对于执业过程中未能勤勉尽责、甚至与上市公司等相关主体串通违规的，实行一案双查，决不姑息。

三是优化舆论生态。资本市场是“信息 + 信心”的市场。证监会将持续加强监管透明度建设，稳定市场预期。欢迎媒体全面、准确、客观地报道资本市场改革发展情况，关注上市公司的生产经营与规范运作情况，发挥舆论监督作用，推动上市公司提高信息披露质量。同时，也欢迎媒体对监管工作多提宝贵意见和建议。

四是优化文化生态。健康成熟的企业文化、投资文化和监管文化是资本市场稳定发展的根基。我国资本市场起步较晚、发展较快，法治诚信和契约精神还有待进一步深化，市场文化还需要进一步厚积和沉淀。证监会将会同市场各方，加快推进资本市场文化建设，为提高上市公司质量创造优良“软环境”。

三、深化资本市场供给侧结构性改革是推动实体经济和上市公司高质量发展的必由之路

深化金融供给侧结构性改革，是提高

金融服务实体经济能力、打赢防范化解金融风险攻坚战的根本举措。要按照深化金融供给侧结构性改革的要求，加快推进资本市场综合性改革和对外开放，坚持增量和存量并重，把好市场入口和出口两道关，以增量带动存量，实现市场化优胜劣汰，持续提高上市公司质量，以关键制度创新促进资本市场健康发展。

（一）立足增量优化。坚持从源头上提升上市公司质量，杜绝病从口入。推动设立科创板并试点注册制平稳起步，真正落实以信息披露为核心的证券发行注册制，提高审核工作透明度和效率，增强发行上市标准的包容性和政策的可预期性，形成可复制可推广的制度创新。同时统筹推进相关上市板块的改革，畅通多层次资本市场机制，吸引更多各行各业的优质企业上市。继续保持 IPO 常态化，坚持竞争中性，不唯所有制，不唯大小，不唯行业，只唯优劣，切实做到好中选优。

（二）深化存量改革。借鉴成熟市场经验，在把好入口、引入优质公司的同时，拓宽出口、分类施策，平稳化解存量风险。实施提高上市公司质量行动计划，注重发挥各方协同效应，力争用几年的时间，使存量上市公司质量有较大提升。发挥好市场“无形之手”的作用，完善并购重组、破产重整等机制，支持优质资产注入上市公司，为上市公司提质增效注入“新鲜血液”。要探索创新退市方式，实现多种形式的退市渠道。对严重扰乱市场秩序、触及退市标准的企业坚决退市、一退到底，促进“僵尸企业”“空壳公司”及时出清。

（三）完善基础制度。立足服务实体经济的根本宗旨，按照市场化法治化的改革方向，在充分调查研究的基础上，适度优化再融资、并购重组、减持、分拆上市等一系列制度，大力发展直接融资特别是股权融资，进一步提高资本形成效率，助力缓解“融资难、融资贵”问题。

中国上市公司协会成立 7 年来，切实履行自律规范职责，广泛倾听会员呼声，及时反映会员诉求，持续加强会员培训，积极引导会员规范运作和履行社会责任，做了大量富有成效的工作，在提高上市公司质量方面发挥了重要作用，成绩值得充分肯定。证监会将一如既往地支持协会依法依章独立开展工作，强化自律管理，完善会员服务，发挥好桥梁纽带作用，为我国上市公司质量提升和资本市场稳定健康发展做出新贡献！

上市公司 2019 年年报简析

摘要

截至 4 月末，除*ST 新亿等 6 家公司外，两市共 3844 家上市公司披露了 2019 年年报①，总体来看，2019 年，沪深两市上市公司实现营业总收入 50.64 万亿元，同比增长 9.54%，实现净利润 3.79 万亿元，同比增长 6.81%，呈现出企稳回升的势头。上市公司质量稳步提升，多数行业中的头部公司正积极利用行业结构加速调整机遇做强做大，上市公司回报投资者力度、抗风险能力、公司治理能力和信息披露水平均有不同程度的改善。与此同时，上市公司年报也反映出了宏微观经济中的一些值得关注的情况：2019 年经济增长的“三驾马车”中投资和消费总体平稳，出口受中美经贸冲突的影响下降较大；供给侧结构性改革进一步深化，降成本和补短板取得了一定成效；新经济新动能发展态势良好；民营经济盈利边际改善，但融资难、偿债压力大等问题依然存在。

一、上市公司业绩企稳回升

上市公司整体净利润增速高于同期 GDP 增速，盈利家数增多，科创板表现亮眼。2019 年，沪深两市上市公司实现营业总收入 50.64 万亿元，同比增长 9.54%，增速下滑 2.89 个百分点；实现归属母公司股东净利润（以下简称“净利润”）3.79 万亿元，同比增长 6.81%，增速较 2018 年由负转正，如图 1 所示。从盈亏结构来看，3844 家上市公司中盈利 3382 家、亏损 462 家，亏损面为 12.02%，较上年收窄 0.47 个百分点。分板块来看，各板块净利润增速均有所提升，主板、中小板净利润同比分别增长 6.88%、1.45%；创业板受低基数效应影响，净利润大幅增长 31.99%；科创板净利润同比增长 24.80%，“硬科技”成色十足。

非金融上市公司盈利延续负增长，但降幅有所收窄，如图 2 所示。2019 年，非金融上市公司实现营业总收入 41.93 万亿元，同比增长 8.76%，增速较 2018 年下降 4.91 个百分点；实现净利润 1.72 万亿元，同比下降 1.49%，较 2018 年少下降 3.29 个百分点。从盈利能力来看，非金融上市公司净资产收益率为 6.72%，同比下降 0.71 个百分点。主要影响因素中，资产周转率为 64.57%，净利率为 4.10%，同比分别下降 7.01 个和 0.41 个

① 本报告中，绝对数取当期全部披露定期报告的上市公司口径；同比选取剔除当期末上市或退市上市公司后的可比口径。

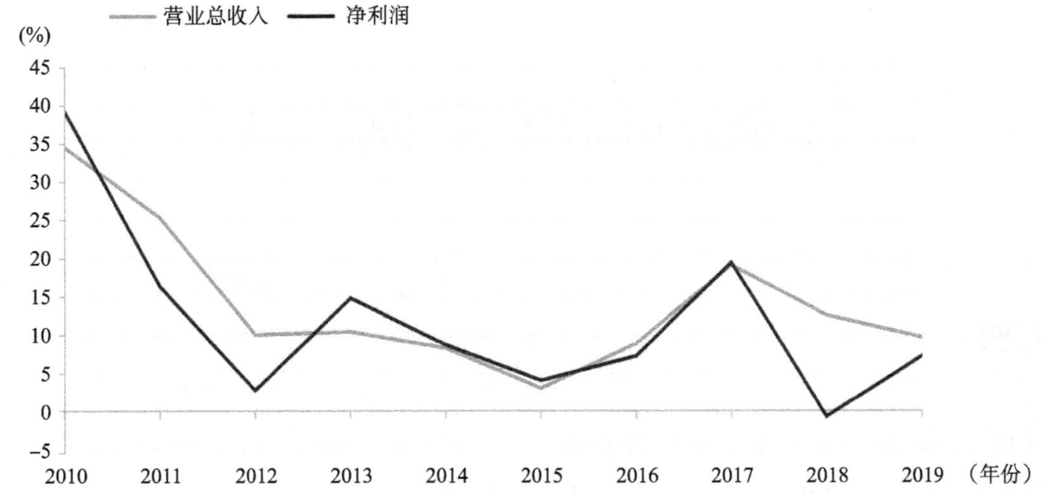

资料来源：Wind，中证数据。

图1　2010～2019年上市公司营业总收入、净利润同比增速

百分点，运营能力下降、盈利水平降低仍是盈利能力下降的主要因素。此外，权益乘数为2.54倍，同比增长0.04位。

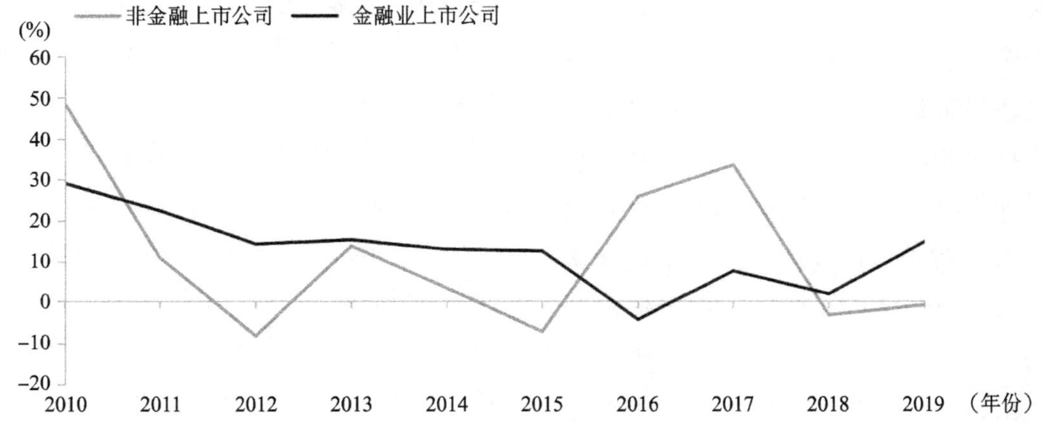

资料来源：Wind，中证数据。

图2　2010～2019年非金融、金融上市公司净利润同比增速

金融业上市公司盈利大幅增长，盈利能力进一步提高。2019年，金融业上市公司实现净利润2.07万亿元，同比增长14.86%，增速较2018年升高12.90个百分点。其中，银行业净利润同比增长6.55%，不良率从2018年年末的1.50%下降至2019年年末的1.43%；证券业和保险业净利润同比分别大幅增长64.98%和70.39%。从盈利能力来看，金融业净资产收益率为11.52%，同比上升0.18个百分点。总资产收益率为1.02%，较2018年同期回升0.06个百分点。

二、上市公司质量稳步提升

非金融上市公司盈利持续性有所提

升。2019年，上市公司实现扣除非经常性损益后的净利润3.46万亿元，同比增长6.88%，占净利润的比重为91.37%，较2018年同期上升0.06个百分点，表明上市公司净利润的可持续性有所提升。但从利润总额的来源构成来看，2019年，上市公司实现经营活动净收益3.18万亿元，同比下降6.94%，占利润总额的比重下降3.65个百分点；而价值变动净收益为1.49万亿元，同比增长36.63%，占利润总额的比重则上升6.50个百分点。这一减一增表明，上市公司的利润增长主要来自与主业无关的投资收益和营业外净收入，主业的专注程度仍有待提高。

行业格局加速调整，头部公司正不断做大做强。2019年，共有1243家上市公司净利润同比增速超过30%，约占上市公司总数的32.34%；有937家上市公司净利润降幅超过30%，约占24.38%，两极分化的“哑铃型”结构明显。分行业来看，多数行业集中度呈现上升趋势，龙头企业业绩贡献提升，分化加速。例如，2019年金融业、房地产业、软件和信息技术服务业三个行业的四企业集中率①分别为39.90%、38.90%和15.32%，分别较2018年上升0.15个、1.14个和0.11个百分点。此外，龙头企业业绩增长突出。上述三个行业销售收入排名前十的上市公司净利润平均增长67.32%、33.25%和154.62%，均明显高于行业平均增速。

上市公司回报股东力度持续加大。2019年共有2661家上市公司计划实施（或已实施）现金分红，较2018年增加56家，合计分红金额为1.29万亿元，同比增长4.79%，如图3所示。从分红比例（现金分红占净利润之比）来看，两市整体现金分红比例为34.04%，与上年同期基本持平。从股息率看，截至4月30日，按已公布或已实施分红计划的上市公司现金分红额计算，整体股息率为2.02%。此外，上市公司股份回购新规的效果立竿见影，2019年共有966家公司完成股份回购，较2018年增加405家；累计回购金额1022.86亿元，较2018年增长309.20%。上市公司通过回购股份，推动股价上涨，为投资者带来了更多的投资收益。

上市公司股票质押和商誉减值风险有所缓释。一是股权质押风险有所缓解。截至2019年年末，第一大股东质押比例超过90%的公司共422家，较2018年年末减少91家，如图4所示。其中，全年净利润下滑或亏损的公司共179家，占比42.42%，较2018年下降25.61个百分点。二是商誉初始确认风险和后续减值风险“双降”。2019年年末上市公司账面商誉共12593.26亿元，同比下降3.50%；占净资产的比重为2.74%，同比下降0.44个百分点，高商誉不断积累的情况正在改善。同时，共762家上市公司计提商誉减值损失，较去年同期减少109家；发生商誉减值1222.17亿元，同比大幅下

---

① 四企业集中率：指行业相关市场内前四家最大企业所占市场份额的总和，在此依据营业收入计算。

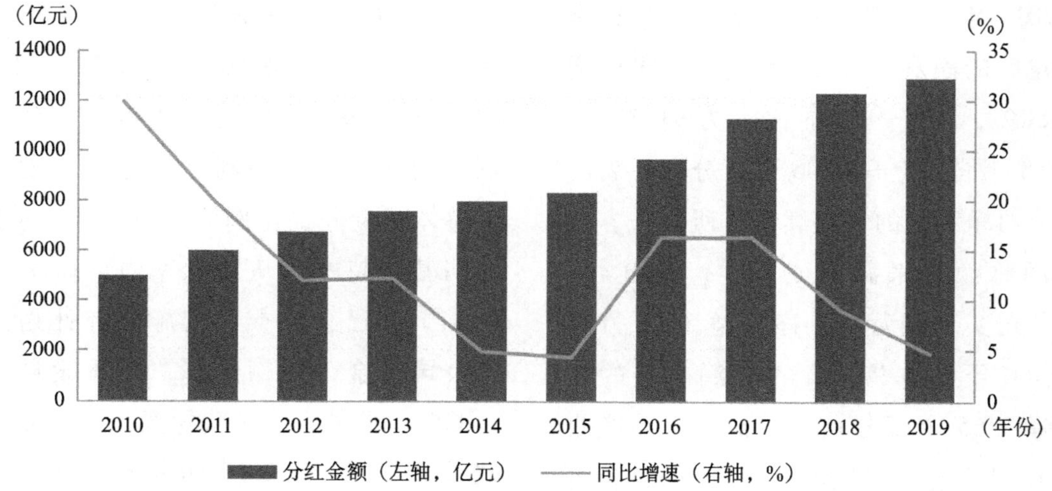

资料来源：Wind，中证数据。

图3　2010～2019年上市公司年报分红金额及同比增速

降26.31%，商誉减值对业绩的压力也在减轻。三是债务风险有所升高。2019年年末，非金融上市公司资产负债率为60.75%，同比小幅上升0.13个百分点，如图5所示；流动比率和速动比率分别较上年同期降低1.41个和2.47个百分点，短期偿债能力和长期偿债能力均面临考验。

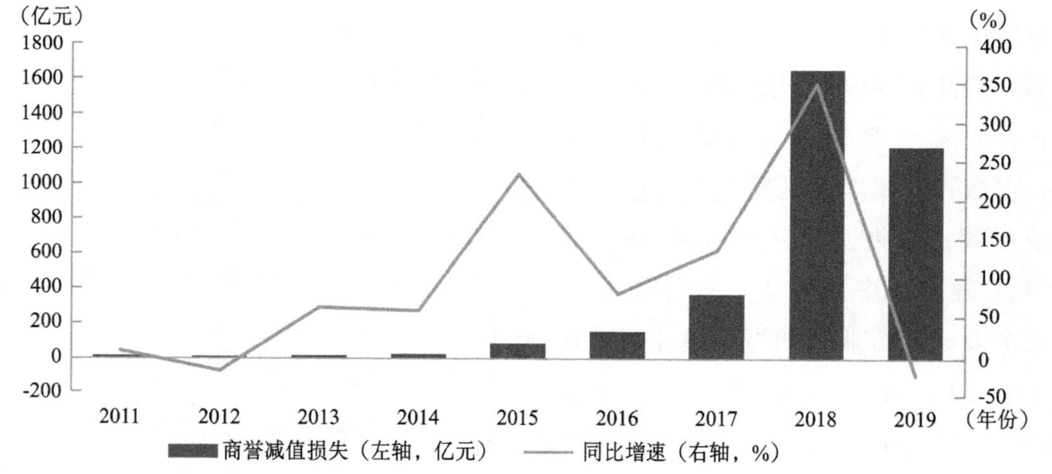

资料来源：Wind，中证数据。

图4　2011～2019年上市公司商誉减值损失及同比增速

公司治理与信息披露水平不断提升。新修订的《证券法》进一步强化了信息披露要求、压实中介机构市场“看门人”法律职责，显著提高证券违法违规成本，对市场主体形成了有力的监督和威慑。从2019年年报季来看，类似于“无法保证公司年度报告真实、准确、完整”“找不到人编年报”一类的“奇葩”年报数量

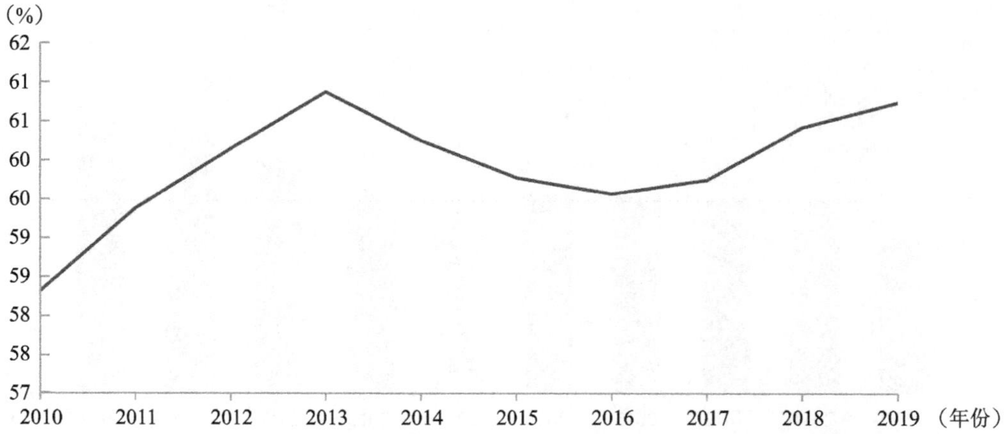

资料来源：Wind，中证数据。

图5　2010～2019年非金融上市公司资产负债率

明显减少，业绩说明会成为越来越多上市公司年报披露的“标配”。截至4月末，两市共有620家上市公司召开业绩说明会，其中，552家董事长或总经理参加，不仅促进了投资者更深入地了解公司，也促使上市公司治理更加有序透明。2019年年报季，共有1061家上市公司更换会计师事务所，其中，近三成原审计机构为瑞华会计师事务所，该事务所因康得新财务造假事件正在接受调查。

三、年报反映居民消费企稳，供给侧结构性改革稳步推进，民营企业盈利边际改善

实体经济投资增速下降，制造业投资扩产意愿较弱，房地产开发投资保持韧性，基础设施投资持续发力。2019年，非金融上市公司购建长期资产支付的现金同比增长7.71%，较2018年下降8.31个百分点，与统计局发布的2019年固定资产完成额同比增速较2018年下降的情形相互印证，如图6所示。分项来看，制造业购建长期资产支付的现金同比增长2.33%，较2018年大幅下降27.41个百分点；建筑业购建长期资产支付的现金同比增长24.80%；房地产业购买商品、接受劳务支付的现金同比增长26.62%。上述情况反映出制造业投资疲弱、房地产投资保持韧性、基建投资力度加大的投资结构特征。

居民消费有所改善，日常消费增长较快，可选消费盈利下行。2019年，消费相关行业上市公司实现净利润3768.20亿元，同比下降2.80%，降幅较2018年大幅收窄25.09个百分点，这与社会消费品零售总额增速下降幅度收窄的情形也是一致的。分类型来看，日常消费行业净利润同比增长39.61%。其中，农副食品加工业和酒、饮料和精制茶制造业增长均大于15%。可选消费行业净利润同比下降22.34%，降幅较2018年收窄17.06个百分点。其中，餐饮业，汽车制造业、体育业等可选消费行业净利润同比分别下降

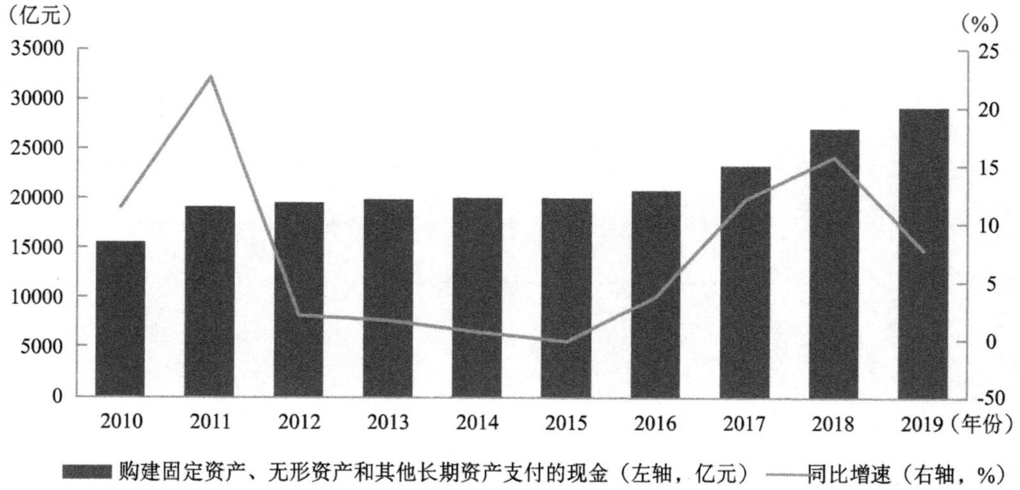

资料来源：Wind，中证数据。

图 6　2010～2019 年非金融上市公司购建长期资产支出及同比增速

142.26%、45.83%和36.00%。流通环节的批发零售业上市公司净利润同比增长3.61%，增速由负转正。

中美经贸冲突对出口的影响更加明显。尽管中美两国在2019年年末达成了第一阶段经贸协议，但全年经贸冲突进程的反复和实质性关税加征已对我国外贸企业产生了明显影响。共13家上市公司明确披露了2019年年对美营业总收入①，合计270.14亿元，同比下降19.57%，与海关总署发布的2019年我国对美出口同比下降12.5%的情形相一致。此外，共1511家非金融上市公司披露2019年境外营收情况，实现境外收入3.04万亿元，同比下降27.48%，主要反映了全球经济增长动能弱化、外需放缓的情况。上市公司仍需积极调整经营策略，应对贸易环境变化。

供给侧结构性改革持续推进。2019年，供给侧结构性改革的重点是降成本和补短板。降成本方面，党中央国务院推出了下调增值税税率和社保费率等更大规模的减税降幅措施，从效果来看，2019年非金融上市公司实际税费负担②占营业总收入之比为5.73%，同比下降0.64个百分点，企业税费负担进一步减轻，政策获得感明显提升。补短板方面，近年来，我国持续加大对公共设施、水利管理、生态环保、民生保障等短板领域的投资力度。2019年卫生业、生态保护和环境治理业、水的生产和供应业上市公司发生的购建固定资产、无形资产及其他长期资产支付的现金同比分别增长10.37%、52.11%、28.66%，印证了短板领域投资继续保持高速增长的态势。

战略性新兴产业盈利降幅收窄，研发

① 限于上市公司对海外营收来源地披露详尽程度不一，在此仅统计来源地明确为美国的上市公司，实际上涉及对美出口的公司家数和海外收入金额会更多。

② 实际税费负担＝当期支付的各项税费－当期收到的税费返还＋当期应交税费上期应交税费。

强度依然保持领先。2019年，战略性新兴产业上市公司实现净利润2981.06亿元，尽管同比下降4.82%，但降幅已较2018年大幅收窄30.74个百分点，如图7所示。细分领域中，新能源产业净利润同比增长13.51%，较2018年回升67.15个百分点；数字创意产业净利润同比增长4.10%，较2018年回升81.56个百分点；而高端装备制造产业、新能源汽车产业净利润降幅仍在扩大。从研发情况来看，2019年战略性新兴产业上市公司共发生研发支出3761.44亿元，同比增长13.56%；占营业总收入的4.83%，同比上升0.23个百分点，明显高于上市公司1.66%的整体研发强度。

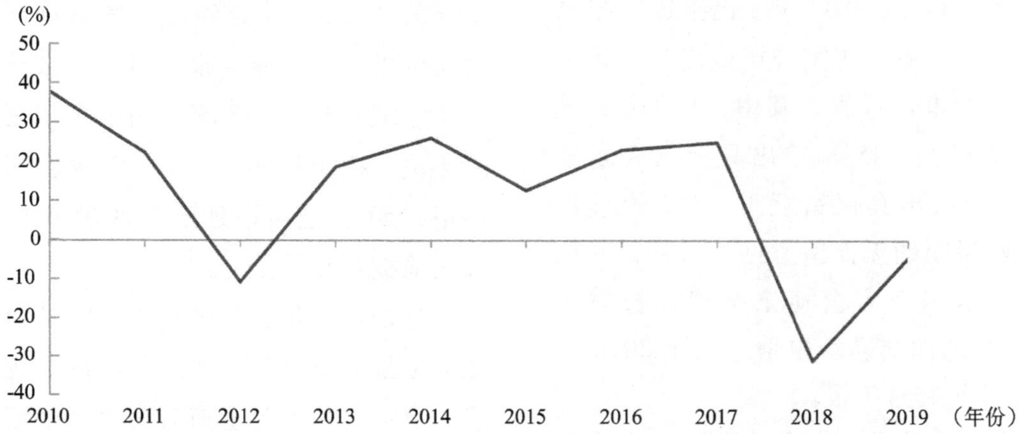

资料来源：Wind，中证数据。

图7　2010～2019年战略性新兴产业上市公司净利润同比增速

民营企业盈利边际改善，但融资难、偿债压力大等问题依然存在。2019年，民营非金融上市公司净利润同比下降3.01%，降幅较2018年同期大幅收窄24.70个百分点，盈利边际改善明显。从融资情况来看，2019年民营非金融上市公司筹资活动现金流入4.27万亿元，同比增长0.91%，而国有企业筹资流入10.06万亿元，同比增长8.50%，民营企业融资压力明显大于国有企业，民营企业融资难问题依然存在。从偿债情况来看，民营非金融上市公司偿还债务支付的现金同比增加9.66%，而国有非金融上市公司同比增长9.26%，民营企业偿债压力相对较大。

2019年上市公司年报会计监管报告

截至目前，沪深两市共有3847家上市公司披露了年报，其中，主板1987家（包括B股17家），中小板955家，创业板805家，科创板100家。已披露年报的上市公司中，有274家公司被出具非标准审计意见的审计报告，其中，1家公司被出具否定意见，45家被出具无法表示意见，126家被出具保留意见，102家被出具带解释说明的无保留意见。另外，暴风集团、神雾退2家公司未按规定披露年报，*ST凯迪向交易所申请延期至2020年9月30日前披露年报。

为掌握上市公司执行企业会计准则和财务信息披露规则的情况，证监会会计部组织专门力量抽样审阅了924家上市公司年度财务报告。总体来看，上市公司执行企业会计准则和财务信息披露规则质量较好。2019年，全体上市公司适用新金融工具准则，A+H股上市公司适用新收入准则和新租赁准则，新旧准则过渡平稳；市场对共性、典型问题的会计处理口径趋于一致。同时，审阅中重点关注了年度报告所反映的上市公司受到新冠肺炎疫情影响的情况以及在执行企业会计准则、信息披露规则方面存在的问题。

一、关于新冠肺炎疫情的披露情况及影响

新冠肺炎疫情对上市公司2019年年报编制及审计工作造成一定程度的影响。根据证监会前期发布的《关于做好当前上市公司等年度报告审计与披露工作有关事项的公告》，部分确受疫情影响严重的公司可以延迟披露年报并可先行披露主要经营业绩，共有118家公司经申请延期披露年报。截至目前，已有117家公司披露年报，*ST凯迪申请延期至2020年9月30日之前披露年报。

延期披露年报的公司中，疫情对其年度财务报告及审计工作开展的影响主要表现如下：一是部分上市公司生产经营场所位于疫情相较严重的国家或地区，因疫情管控导致复工返岗及人员流动受到较大限制；二是部分上市公司聘请的会计师事务所主要工作人员受限，因疫情管控无法到现场执行重要审计程序及检查重要资料；三是部分上市公司客户、供应商分散于全国各地及境外地区，受疫情影响无法及时完成函证、现场访谈等审计程序；四是个别上市公司2019年更换新的会计师事务所，属于首次审计项目，工作量较大，疫情导致工作时间延长；五是部分上市公司聘请的外部专家无法及时完成商誉减值测试、资产评估等相关工作。

延期披露年报的公司中，财务报告被会计师出具非标准审计意见的比例显著升高。已披露年报的117家公司中，有71

家公司被出具非标准审计意见的审计报告，其中，1 家公司被出具否定意见，25 家被出具无法表示意见，38 家被出具保留意见，7 家被出具带解释性说明的无保留意见。具体分析来看，在审计报告中披露因疫情影响导致被出具非标审计意见的上市公司有 9 家，其中，5 家上市公司因重要组成部分在境外，会计师未能获取充分、适当的审计证据，被出具保留意见的审计报告；有 2 家公司分别因重要组成部分位于境外导致审计范围受到限制以及疫情对公司生产经营的不利影响具有重大不确定性，被出具无法表示意见的审计报告；有 1 家公司因疫情及其他影响，审计意见中增加了与持续经营相关的重大不确定性事项段；有 1 家公司因预计负债、应付利息转回事项明显违反会计准则等因素，被出具否定意见的审计报告。

疫情对上市公司的生产经营也产生了不同程度的影响。在延期披露年报的公司中，有 52 家公司在年报中披露了与新冠肺炎疫情有关的信息，疫情对其生产经营的影响表现如下：一是部分行业受到疫情冲击较大，例如文化旅游产业，国内景区运营及出境游业务均暂停，行业一季度经营业绩受到明显冲击，预计中短期内将较为低迷；再如交通运输行业，受疫情期间高速公路免收通行费政策的影响，通行费收入下降较大。二是部分上市公司流动性情况受到影响。因公司历经不同程度的暂停营业、停止施工等影响，公司短期现金流入下降，导致债券兑付、银行借款偿还存在不确定性。除此之外，部分行业在疫情期间逆势成长，例如，部分互联网教育行业的上市公司，因疫情的隔离效应，在线教育的渗透率和需求大幅提升。

二、企业会计准则和财务信息披露规则执行问题

总体来看，上市公司能够较好地理解并执行企业会计准则和财务信息披露规则，但仍有部分上市公司存在执行会计准则不到位、会计专业判断不合理、信息披露不规范的问题，主要集中在新金融工具准则、新租赁准则、收入确认、企业合并与合并财务报表、商誉减值、非经常性损益认定以及列报与披露等方面。

（一）新金融工具准则相关问题

2019 年，A 股上市公司开始全面执行新金融工具准则。与原金融工具准则相比，新金融工具准则按照企业持有金融资产的业务模式和金融资产合同现金流量特征将金融资产分类由“四分类”改为“三分类”，新的分类标准充分考虑金融工具特点，同时与企业对金融工具的管理和运营模式相结合；将金融资产减值会计处理由“已发生损失法”改为“预期信用损失法”，更加及时、足额地计提金融资产减值准备；此外进一步优化信息披露相关要求。

总体而言，新金融工具准则过渡转换较为平稳，对上市公司财务报告信息影响不显著。大部分上市公司能够掌握和运用新金融工具准则的相关规定进行会计核算

和信息披露，但在执行中仍存在对金融工具的分类不合理，计量、减值和列报不正确，衔接信息披露不充分或不准确等问题。

1. 金融资产分类不正确

（1）将不满足权益工具定义的投资指定为其他权益工具投资。

根据企业会计准则及相关规定，企业可以将非交易性权益工具投资指定为以公允价值计量且其变动计入其他综合收益的金融资产，并作为其他权益工具投资列报。此处的权益工具是指对于工具发行方来说，满足权益工具定义的工具。符合金融负债定义但是被发行人分类为权益工具的特殊金融工具（包括可回售工具和发行方仅在清算时才有义务向另一方按比例交付其净资产的金融工具），本身并不符合权益工具的定义，因此，从投资方的角度不符合将其指定为以公允价值计量且其变动计入其他综合收益的金融资产的条件。年报分析发现，部分上市公司将不满足权益工具定义的金融资产，如可赎回私募基金投资、对有限寿命主体的投资等，错误地指定为以公允价值计量且其变动计入其他综合收益的金融资产。

（2）金融资产重分类错误。

根据企业会计准则及相关规定，企业应当根据其管理金融资产的业务模式和金融资产的合同现金流量特征，对金融资产进行分类，一经确定不得随意变更，仅在企业改变其管理金融资产的业务模式时，可以进行重分类。年报分析发现，个别上市公司根据其管理金融资产的业务模式和金融资产的合同现金流量特征，将应收账款和应收票据分别分类为以摊余成本计量的金融资产和以公允价值计量且其变动计入其他综合收益的金融资产。在初始确认后，因部分应收票据的出票人未履约，上市公司将其重分类为应收账款。对于此类应收票据，如果上市公司未改变管理应收票据的业务模式，不得由于出票人未履约等原因随意变更金融资产类别。

2. 金融资产计量相关问题

（1）分步实现企业合并中涉及的金融资产终止确认的会计处理不正确。

根据企业会计准则及相关规定，企业将非交易性权益工具投资指定为以公允价值计量且其变动计入其他综合收益的金融资产的（列报为其他权益工具投资），当该金融资产终止确认时，原计入其他综合收益的累计利得或损失应当从其他综合收益中转出，计入留存收益。年报分析发现，个别上市公司在2019年1月1日首次执行新金融工具准则时，将其持有的部分被投资方股权投资分类为其他权益工具投资；之后通过分步购买股权实施对被投资方的控制。该上市公司在购买日对原持有股权进行重新计量，将其公允价值与其账面价值的差额确认为投资收益，未转入购买日当期的留存收益。

（2）未恰当确认及核算远期合同。

根据企业会计准则及相关规定，企业应在成为远期合同的一方时，将其确认为以公允价值计量且其变动计入当期损益的金融资产或金融负债。年报分析发现，个别上市公司在以前年度签订以固定价格购入被投资单位股权的远期合同，但未将该远期合同确认为衍生金融工具，也未对被投资单位股权的公允价值变动相应进行会计处理，而是在当期实际购入股权时，将该投资指定为以公允价值计量且其变动计入其他综合收益的金融资产，并将股权购买价款与结算日公允价值的差额计入其他综合收益。

3. 金融工具减值相关问题

（1）未恰当计提预期信用损失。

根据企业会计准则及相关规定，企业分类为以摊余成本计量的金融资产、以公允价值计量且其变动计入其他综合收益的金融资产和财务担保合同需要按照预期信用损失模型计提预期信用损失。企业在评估预期信用损失时应当考虑所有合理且有依据的信息，包括前瞻性信息，合理确定相关资产的减值方法和减值参数，并在每个资产负债表日进行重新评估。当对金融资产预期未来现金流量具有不利影响的一项或多项事件发生时，该金融资产成为已发生信用减值的金融资产。

年报分析发现，部分上市公司在计提预期信用损失时，存在下列问题：一是在新金融工具准则的转换日对应收账款和应收票据等金融资产的减值准备未做任何调整，计量使用的参数与原金融工具准则也基本相同，未能按照预期信用损失计量的要求考虑前瞻性信息；二是对于部分应收票据、应收账款和其他应收款中的应收关联方往来款，未计提预期信用损失；三是针对金额重大的对外财务担保合同，未计提相关预期信用损失。

（2）未恰当运用预期信用损失模型。

根据企业会计准则及相关规定，对于其他除购买或源生时已发生信用减值之外的金融资产，应运用三阶段减值模型计量预期信用损失。对于收入准则所规定的、不含重大融资成分的应收款项和合同资产，应当始终按照整个存续期内预期信用损失的金额计量其损失准备，即运用预期信用损失的简化模型。年报分析发现，部分上市公司未能恰当运用预期信用损失的计量模型：一是个别上市公司对于金融工具减值的三阶段划分不正确，未能在资产负债表日评估金融工具的信用风险自初始确认后是否已显著增加，以及是否已发生信用减值，笼统地将信用减值都划分为第一阶段；二是个别上市公司确认的应收账款不含重大融资成分，但未运用简化模型计量预期信用损失，而是仅对单项金额重大并单独计提坏账的应收账款运用简化模型，但对按信用风险组合特征计提坏账的应收账款运用三阶段减值模型；三是个别上市公司对其他应收款未按三阶段减值模型计量预期信用损失，而是错误地运用了简化模型。

4. 金融工具列报相关问题

（1）未正确对可转债进行会计处理。

一是初始确认时未分摊交易费用。根据企业会计准则及相关规定，发行复合金融工具发生的交易费用，应当在负债成分和权益成分之间按照各自占总发行价款的比例进行分摊。对于分摊至负债成分的交易费用，应当计入该负债成分的初始计量金额（若该负债成分按摊余成本进行后续计量）或计入当期损益（若该负债成分按公允价值进行后续计量且其变动计入当期损益）；对于分摊至权益成分的交易费用，应当从权益中扣除。年报分析发现，个别上市公司在可转债初始确认时，未将交易费用分摊至负债成分和权益成分，而是全部计入负债成分的摊余成本中，导致实际利率计算不准确。

二是可转债转股时的会计处理错误。根据企业会计准则及相关规定，对于复合金融工具，发行方应于初始确认时将各组成部分分别分类为金融负债、金融资产或权益工具。在可转换工具转换时，应终止确认负债成分，并将其确认为权益，原来的权益成分仍旧保留为权益，转换时不产生损益。年报分析发现，个别上市公司在可转债转股时，将当期已经计提的可转债利息冲减了财务费用，未将可转债在转股前的实际摊余成本计入股本和资本公积，从而错误确认转换损益。

（2）未正确确认向少数股东签发的看跌期权。

根据企业会计准则及相关规定，在合并财务报表中对金融工具（或其组成部分）进行分类时，企业应考虑集团成员和金融工具的持有方之间达成的所有条款和条件，以确定集团作为一个整体是否由于该工具承担了交付现金或其他金融资产的义务，或者承担了以其他导致该工具分类为金融负债的方式进行结算的义务。如果一项合同使发行方承担了以现金或其他金融资产回购自身权益工具的义务，即使发行方的回购义务取决于合同对手方是否行使回售权，发行方应当在初始确认时将该义务确认为一项金融负债，其金额等于回购所需支付金额的现值（例如远期回购价格的现值、期权行权价格的现值或其他回售金额的现值）。

年报分析发现，个别上市公司在收购子公司时，对少数股东签出了看跌期权，约定未来以固定价格收购该子公司的剩余股权，上市公司将该看跌期权确认为衍生金融负债并调整了商誉金额。从合并报表层面看，由于看跌期权使集团整体承担了不能无条件避免的支付现金的合同义务，上市公司应全额确认一项金融负债，其金额等于回购股权所需支付金额的现值。

（3）错误地对分类为权益的利息非累积型永续债逐日计提利息。

根据企业会计准则及相关规定，发行方分类为其他权益工具的金融工具，在存续期间分派股利（含分类为权益工具的工具所产生的利息）的，作为利润分配处理。发行方应根据经批准的股利分配方案，按应分配给金融工具持有方的股利金额，借记“利润分配”科目，贷记“应付股利”科目。年报分析发现，个别上市公司将其发行的利息非累积型永续债分类为其他权益工具，自发行日起错误地按日计提利息并计入其他权益工具的余额，而不是在股利分配日作为利润分配进行会计处理。

（4）金融工具利息列报问题。

根据企业会计准则及相关规定，其他应收款和其他应付款中包含的应收利息和应付利息，仅反映相关金融工具已到期可收取或应支付，但于资产负债表日尚未收到或尚未支付的利息。基于实际利率法计提的金融工具的利息应包含在相应金融工具的账面余额中。年报分析发现，部分上市公司未将基于实际利率法计提的金融工具的利息包含在相应金融工具的账面余额中（例如货币资金、长期借款、短期借款等），而是错误地计入应收利息或应付利息，并在其他应收款或其他应付款中进行列报。

（5）财务担保损失列报问题。

根据企业会计准则及相关规定，信用减值损失项目反映的是企业按照准则要求计提的各项金融工具减值准备所形成的预期信用损失，包括财务担保合同按照预期信用损失模型计提的信用损失等。年报分析发现，在新金融工具准则施行后，部分上市公司将财务担保合同计提的预期信用损失错误地计入当期营业外支出，未计入信用减值损失项目。

5. 首次执行新金融工具准则的衔接披露问题

（1）新金融工具准则首次执行日衔接信息披露错误。

根据企业会计准则及相关规定，企业应当在首次执行日，用表格形式对每一类别的金融资产和金融负债披露执行新金融工具确认计量准则之前存在的金融工具的原计量类别和账面价值、根据新准则确定的新计量类别和账面价值以及原金融资产账面价值调整为按照新准则的规定进行分类和计量的新金融资产账面价值的调节表，包括重分类和重新计量的影响等。年报分析发现，部分上市公司未按照上述要求恰当披露首次执行新金融工具准则的相关影响，主要包括：一是在首次执行日将原金融资产账面价值调整为新金融资产账面价值的调节表中，错误将当日处置子公司所导致的资产和负债的减少披露为执行新金融工具准则的影响；二是未披露将原金融资产账面价值调节到新金融资产账面价值时的重分类和重新计量影响；三是在披露执行新金融工具准则的会计影响和调节表时，存在多处明显错误，包括漏填各种财务数据等。

（2）以执行新金融工具准则的名义进行其他调整。

根据企业会计准则及相关规定，在新金融工具准则施行日，企业应当按照新准则的规定对金融工具进行分类和计量，涉及前期比较财务报表数据与新准则要求不一致的，无须调整。对于其他除首次执行新会计准则外的会计政策变更，除特别说明外，均应按照《企业会计准则第28号——会计政策、会计估计变更和差错更正》的规定进行追溯调整并调整比较数据。

年报分析发现，部分上市公司存在借首次执行新金融工具准则名义进行其他调整的情况，主要包括：一是对部分大额存单和定期存款按照是否可提前支取、意图是否为持有至到期等标准，重新判断其是否属于现金及现金等价物，并作为新金融工具准则的会计政策变更，调增了2019年年末现金及现金等价物的余额，且未考虑对比较数据的影响，导致2019年经营活动现金流入的金额大幅增加。二是对因执行建造合同准则产生的、列报于存货的“已完工未结算的工程款”补充计提大额存货跌价准备。三是改变资产的流动性或科目属性，例如将理财产品从流动资产重新划分至非流动资产，或将其他应收款重分类至应收账款。前述情形不属于因实施新金融工具准则导致的会计政策变更，上市公司应恰当判断其是否属于会计政策变更、会计估计变更或前期差错更正，若为会计政策变更或前期差错更正，应当考虑对比较数据的影响并相应进行追溯调整和披露。

（二）租赁准则相关问题

与原租赁准则相比，新租赁准则取消了承租人经营租赁和融资租赁的分类，要求承租人对所有租赁（短期租赁和低价值资产租赁除外）确认使用权资产和租赁负债，同时对于租赁相关信息的披露也提出了更高要求。年报分析发现，新租赁准则实施对 A + H 上市公司的影响总体不大，在首次执行日调整期初留存收益的上市公司数量占比不到 20%，调整净资产的金额占 2018 年年末净资产的比例较小。但是，部分上市公司仍存在对新租赁准则理解不到位的问题。

1. 承租人错误地核算与租赁相关的资产和负债

年报分析发现，部分上市公司作为承租人首次执行新租赁准则时，对于首次执行日前的融资租赁相关的资产和负债，仍列报在固定资产和长期应付款项目，未重分类至使用权资产和租赁负债项目。

2. 未正确计量使用权资产

根据企业会计准则及相关规定，承租人在租赁期开始日后，应采用成本模式对使用权资产进行后续计量，并参照固定资产准则有关折旧规定，对使用权资产计提折旧。年报分析发现，部分上市公司错误地将租入资产作为在建工程核算，等到租入资产完成装修改良后再转入使用权资产，而未自租赁期开始日即作为使用权资产核算并计提折旧。

3. 未按照新租赁准则的规定披露衔接信息

根据企业会计准则及相关规定，承租人选择简化的追溯调整法对租赁进行衔接会计处理的，应当在首次执行日披露相关增量借款利率的加权平均值等信息。年报分析发现，部分上市公司在首次执行新租赁准则时，未披露首次执行日确认租赁负债所采用的增量借款利率的加权平均值，亦未披露上年年末重大经营租赁尚未支付的最低租赁付款额现值与首次执行日租赁负债的差额。

4. 未恰当核算融资租赁承租人的初始直接费用

根据企业会计准则及相关规定，承租人在租赁谈判和签订租赁合同过程中发生的，可归属于租赁项目的手续费、律师费、差旅费、印花税等初始直接费用，应当计入租入资产价值。年报分析发现，个别上市公司未将融资租赁手续费计入租入资产价值，而是单独作为长期待摊费用。

（三）收入准则相关问题

1. 未正确处理质量原因导致的销售扣款

根据企业会计准则及相关规定，企业已经确认销售商品收入的售出商品发生销售退回或折让的，一般应当在发生时冲减当期销售商品收入。销售退回或折让属于资产负债表日后事项的，应当按照资产负债表日后事项的相关规定进行会计处理。销售退回，是指企业售出的商品由于质量、品种不符合要求等原因而发生的退货。年报分析发现，部分上市公司将因销售商品质量不合格而导致的销售扣款确认为营业外支出，未按照准则的规定调减相关期间销售收入。

2. 未正确核算从供应商收到的返利

根据企业会计准则及相关规定，收入是指企业在日常活动中形成的、会导致所有者权益增加的、与所有者投入资本无关的经济利益的总流入，包括销售商品收入、提供劳务收入等。企业取得存货应当按照成本进行计量。外购存货的成本即存货的采购成本，指企业物资从采购到入库前所发生的全部支出，包括购买价款、相关税费、运输费以及其他可归属于存货采购成本的费用。年报分析发现，个别上市公司根据与供应商签订的合同，将从供应商取得的按照存货采购金额一定比例结算的返利等确认为收入。上述情况下，企业并未向供应商提供单独的商品或服务，其从供应商取得的采购返利实质为存货购买价款的调整，应冲减存货成本或营业成本。

3. 对合同负债的重分类调整金额不正确

根据企业会计准则及相关规定，合同负债是指企业已收或应收客户对价而应向客户转让商品的义务，不应包含增值税金额。年报分析发现，个别上市公司在对首次执行日的资产负债表按照新收入准则进行调整时，直接将原计入预收账款的账面价值重分类为合同负债，而未扣除其中包含的增值税金额。

（四）企业合并相关问题

1. 未正确认定同一控制下企业合并

根据企业会计准则及相关规定，是否形成企业合并，要看有关交易或事项发生前后报告主体是否发生变化。年报分析发现，个别上市公司报告期内对孙公司直接增资，增资完成后孙公司变为上市公司的控股子公司。该事项并未导致合并财务报告报告主体的变化，未形成企业合并事项，但上市公司错误地将该交易作为同一控制下企业合并进行确认并披露。

2. 未恰当确认企业合并中的无形资产和商誉

根据企业会计准则及相关规定，非同一控制下企业合并中，购买方应当在购买日对合并成本进行分配，以公允价值确认所取得的被购买方各项可辨认资产、负债，并将合并成本大于所取得的被购买方可辨认净资产公允价值份额的差额确认为商誉。年报分析发现，部分上市公司当期发生非同一控制下企业合并，但未以公允价值确认被购买方的无形资产，如特许经营权等，而是将合并成本高于被购买方其他可辨认净资产公允价值份额的差额作为无形资产的入账价值，导致无形资产和商誉的确认金额存在错误。

3. 购买日后错误调整合并成本

根据企业会计准则及相关规定，企业合并发生当期的期末，因合并中取得的各项可辨认资产、负债及或有负债的公允价值或企业合并成本只能暂时确定的，购买方应当以所确定的暂时价值为基础对企业合并进行确认和计量。购买日后12个月内对确认的暂时价值进行调整的，视为在购买日确认和计量。自购买日起12个月以后对企业合并成本或合并中取得的可辨认资产、负债价值的调整，应作为前期差错处理。年报分析发现，个别上市公司在购买日后错误地调整合并成本，将购买日起12个月后收到的并购退税款调减合并成本，并错误地调减当期合并报表商誉金额。

4. 未正确确认业绩补偿款

根据企业会计准则及相关规定，非同一控制下企业合并中的或有对价构成金融资产的，该金融资产应当分类为以公允价值计量且其变动计入当期损益的金融资产，通常列报为交易性金融资产。以标的公司少数股权结算的或有对价同样适用上述会计处理原则。当购买方实际收到业绩承诺人补偿的标的公司少数股权时，应作为收购少数股东权益核算，即终止确认以公允价值计量的或有对价金融资产，并相应冲减少数股东权益，差额计入资本公积。

年报分析发现，个别上市公司未正确确认业绩补偿款：一是将非同一控制下企业合并中确认的应收业绩补偿款，错误地分类为以摊余成本计量的金融资产，并列报为其他应收款；二是个别上市公司通过非同一控制下企业合并取得的子公司业绩未达标，根据收购协议约定，业绩承诺人将该子公司的部分股权无偿转让给上市公司作为补偿；在此情形下上市公司错误地将少数股权的取得成本（零元）与自购买日开始持续计算的子公司可辨认净资产份额之间的差额，全部计入资本公积，未确认相关金融资产及其公允价值变动损益。

5. 未正确对或有对价资产进行后续计量

根据企业会计准则及相关规定，企业在非同一控制下的企业合并中确认的或有对价，符合权益工具和金融负债定义的，购买方应当将支付或有对价的义务确认为一项权益或负债；构成金融资产的，该金融资产应当分类为以公允价值计量且其变动计入当期损益的金融资产。由于发行的金融工具原合同条款约定的条件或事项随着时间的推移或经济环境的改变而发生变化，可能会导致已发行金融工具的重分类；发行方原分类为金融负债的金融工具，自不再被分类为金融负债之日起，发行方应当将其重分类为权益，以重分类日金融负债的账面价值计量。

年报分析发现，个别上市公司以前年度发生非同一控制下企业合并，并与标的公司原股东约定业绩承诺补偿。在 2018 年业绩承诺期届满时标的公司业绩未达标，上市公司根据业绩补偿协议可确定应收回股份数量且预计很可能收回。上市公司将该或有对价确认为以公允价值计量且其变动计入当期损益的金融资产，并持续以公允价值计量至 2019 年实际结算日，在 2019 年确认大额公允价值变动收益。上市公司在 2018 年能够确定应收回的自身股份具体数量时，其持有的或有对价资产不再满足金融资产的定义，而是满足了“以固定数量的自身权益工具交换固定金额的现金或其他金融资产进行结算”的条件，应将其重分类为权益，并以重分类日金融资产的账面价值计量，不应再确认持有自身权益工具的后续公允价值变动。

（五）合并财务报表相关问题

1. 对控制的判断不正确

根据企业会计准则及相关规定，合并财务报表范围应当以控制为基础予以确定。投资方应当在综合考虑所有相关事实和情况的基础上，对是否控制被投资方进行判断，例如其承担的风险水平和享有的可变回报是否与被投资方的其他投资者存在显著差别等。反之，不应仅通过暂时获取或授予其他股东表决权/投票权、修改公司章程或签订一致行动协议等方式改变合并报表范围。

（1）结构化主体。

年报分析发现，部分上市公司承担了对其投资的合伙企业其他投资者的差额补足义务或回购义务，以保证其他投资者可以收回投资本金和预期回报。但是，上市公司仅基于其有限合伙人的身份，或者仅基于其未在合伙企业的投资委员会中占半数以上席位，就认为对该合伙企业不具有控制权，未将其纳入合并报表范围。

（2）被投资单位的分红受到限制。

年报分析发现，个别上市公司下属的被投资单位章程规定，该单位的经费收益只能用于规定范围和事业发展，盈余不得分红，上市公司因此未将其纳入合并范围。被投资单位的盈余虽然不得用于向股东分红，并不必然代表投资方无法获取经济利益，上市公司仍可能通过其他方式（例如通过该被投资单位提升上市公司的品牌知名度、拓宽合作渠道等）获取经济利益。如果上市公司拥有该被投资单位相关活动的决定权，并能据以从该单位的经营活动中获取可变回报，上市公司应将该被投资单位纳入合并范围。

2. 未正确识别及核算权益性交易

根据企业会计准则及相关规定，不丧失控制权情况下母公司处置或追加对子公司投资的交易应作为权益性交易处理，将支付或取得的价款与享有的子公司自购买日或合并日开始持续计算的净资产相应份额之间的差额调整资本公积。购买日之后发生的不丧失控制权的持股比例变化，不应调整商誉金额。

年报分析发现，个别上市公司未正确识别及核算权益性交易：一是上市公司处置子公司部分股权但未丧失控制权，在对该交易进行会计处理时，错误地按股权处置比例结转了商誉及其减值准备。在此情形下，上市公司不应调整商誉金额，而在计算享有的子公司自购买日开始持续计算的净资产时应包含商誉；二是上市公司在报告期内进行股权收购并对标的公司形成控制，收购后少数股东减资，使得上市公司对该子公司的持股比例进一步增加。上市公司未将收购后持股比例的被动增加作为权益性交易处理，而是连同股权收购的交易一并作为非同一控制下企业合并处理，导致商誉确认金额有误。

3. 丧失子公司控制权的会计处理错误

根据企业会计准则及相关规定，企业因处置部分股权投资等原因丧失了对被投资方的控制权的，在编制合并财务报表时，对于剩余股权，应当按照其在丧失控制权日的公允价值进行重新计量。年报分析发现，个别上市公司当期丧失对被投资方的控制权但仍具有重大影响，在编制合并财务报表时，上市公司未对剩余股权按照其在丧失控制权日的公允价值进行重新计量，而是以视同一直对被投资方采用权益法核算的金额计量丧失控制权日的长期股权投资。

4. 未充分披露与合并报表相关的重大判断

根据企业会计准则及相关规定，企业应当披露对其他主体实施控制的重大判断和假设，以及这些判断和假设变更的情况，包括企业持有其他主体半数或以下的表决权但仍控制该主体的判断和假设，或者持有其他主体半数以上的表决权但并不控制该主体的判断和假设等。

年报分析发现，部分上市公司将其持股比例仅为50%或低于50%的被投资方纳入合并范围，但未披露对这些被投资方的表决权比例与持股比例是否有所不同，也未披露判断能够控制这些被投资方从而将其纳入合并范围的相关依据。

（六）长期股权投资相关问题

1. 长期股权投资分类不正确

年报分析发现，个别上市公司在对其合营企业持股比例不变的情况下，与其他合营方协议约定在一段固定期限内，无论合营企业盈亏与否，上市公司均获得固定回报，上市公司据此将其持有的合营企业股权从长期股权投资转为其他非流动金融资产；个别上市公司在对被投资单位持股比例未发生变化的情况下，将其持有的对被投资单位的股权投资从权益法核算的长期股权投资转为其他权益工具投资；另有个别上市公司持有境外上市某公司15%股权并向其委派了董事，该董事于报告期末辞任董事职务，对此上市公司未能充分说明董事辞任对股权投资“重大影响”判断的影响，直接将该部分股权投资从长期股权投资调整为交易性金融资产，以公允价值重新计量并确认相关投资收益。一般而言，在被投资单位的股权结构以及对被投资单位持股比例未发生实质变化的情况下，上市公司不应在不同的会计期间对被投资单位是否具有共同控制或重大影响作出不同的会计判断。

2. 未正确抵销与联营企业之间的内部交易

根据企业会计准则及相关规定，投资

方与其联营企业之间发生交易产生未实现内部交易损益的，投资方在计算确认应享有或应分担被投资单位的净损益时，该未实现内部交易损益中按持股比例计算归属于投资方的部分，应当予以抵销，并在此基础上确认投资收益。但是，投资方与联营企业之间发生投出或出售资产的交易，该资产构成业务的，应当按照《企业会计准则第 20 号——企业合并》《企业会计准则第 33 号——合并财务报表》的规定进行会计处理，不应对该交易形成的利得或损失予以抵销。

年报分析发现，个别上市公司向联营企业购买其持有的子公司股权，该子公司构成业务。上市公司在对该交易进行会计处理时，错误地将联营企业因该交易形成的利得按持股比例予以抵销，同时错误地抵减了购买该子公司形成的商誉。

3. 未正确计量权益法下超额亏损

根据企业会计准则及相关规定，投资方确认被投资单位的净亏损，应当以长期股权投资的账面价值以及其他实质上构成对被投资单位净投资的长期权益减记至零为限，投资方负有承担额外损失义务的除外（此种情况下应确认预计负债）。年报分析发现，个别上市公司在确认联营企业的净亏损时，错误地将长期股权投资的账面价值冲减为负数。

（七）资产减值相关问题

1. 商誉减值问题

（1）随意变更商誉所涉及的资产组或资产组组合。

根据企业会计准则及相关规定，一般情况下，商誉相关的资产组或资产组组合一经确定后，在各个会计期间应当保持一致，不得随意变更。除非发生了因企业重组等原因导致报告结构发生变更，从而影响到已分摊商誉的一个或若干个资产组或资产组组合构成的，通常不应改变其分摊结果。年报分析发现，部分上市公司在未发生重组等事项的情况下，随意变更商誉分摊至资产组的构成，导致不同会计期间的商誉减值测试结果不具有可比性。如个别上市公司在进行商誉减值测试时，资产组的范围与收购时范围不同。股权收购时，其交易对价的确定依据为全部股权价值，评估范围包括被收购方和子公司及专利、软件著作权等账面未记录无形资产；而在进行商誉减值测试时，却未将收购时存在的子公司及前述账面未记录无形资产等纳入商誉所在资产组的评估范围，导致计提的商誉减值准备金额不正确。

（2）未正确进行商誉减值测试。

根据企业会计准则及相关规定，在对与商誉相关的资产组进行减值测试时，企业应当调整资产组的账面价值，将归属于少数股东权益的商誉包括在内，根据调整后的资产组账面价值与其可收回金额进行比较，以确定包含商誉的资产组是否发生减值。发生减值的，应当按照合并日控股股东的持股比例确认归属于母公司的商誉减值损失。年报分析发现，个别上市公司对与商誉相关的资产组或资产组组合进行减值测试时，未调整资产组的账面价值将归属于少数股东权益的商誉包括在内，或未按照购买日母公司的持股比例确认归属于母公司的商誉减值损失。

（3）未充分确认商誉及资产组减值损失。

根据企业会计准则及相关规定，企业在对包含商誉的相关资产组或者资产组组合进行减值测试时，如与商誉相关的资产组或者资产组组合存在减值迹象的，应当按以下步骤处理：首先对不包含商誉的资产组或者资产组组合进行减值测试，计算可收回金额，并与相关账面价值相比较，确认相应的减值损失；然后再对包含商誉的资产组或者资产组组合进行减值测试，比较这些相关资产组或者资产组组合的账面价值（包括所分摊的商誉的账面价值部分）与其可收回金额，如相关资产组或者资产组组合的可收回金额低于其账面价值的，应当就其差额确认减值损失，减值损失金额应当首先抵减分摊至资产组或者资产组组合中商誉的账面价值；再根据资产组或者资产组组合中除商誉之外的其他各项资产的账面价值所占比重，按比例抵减其他各项资产的账面价值。年报分析发现，个别上市公司在进行商誉减值测试时，仅将包含商誉的资产组可收回金额与其账面价值的差额确认为商誉减值损失，对于未抵减完的部分，未按照前述要求在其他各项资产中继续进行分摊。

2. 其他非金融资产减值问题

根据企业会计准则及相关规定，企业应当在资产负债表日对固定资产、无形资产等长期资产进行检查，结合内外部信息综合判断相关资产是否存在减值迹象，如有，应当评估其可收回金额，并确认减值损失。企业持有的存货应当按照成本与可变现净值孰低计量，存货成本高于可变现净值的，应当计提存货跌价准备。

年报分析发现，部分上市公司未及时、充分计提资产减值准备。一是个别上市公司自有品牌产品销售业务早已处于停产滞销状态，但以前年度未对相关资产计提减值损失。报告期内，公司决定关闭并退出该业务，对相关存货、生产设备及专利权等进行变卖，将处置损失一次性计入当期损益。业务停产滞销表明相关资产在以前年度已出现明显的减值迹象，但上市公司未及时、充分计提资产减值损失，导致损失跨期确认。二是个别上市公司持有部分商品房、列报为其他非流动资产，其所在楼盘已长时间处于停工、业主无法签订购房合同及办理后续事宜状态，且房产开发主体及其控股股东已出现失信被执行人、限制消费令情形，上市公司仍未根据房产所处状态合理计提资产减值损失。三是个别上市公司的在建工程由于资金短缺未能投产，项目建设主体已被申请破产清算，但仍未对此工程计提减值准备。

（八）递延所得税相关问题

1. 未恰当确认递延所得税资产

（1）未充分考虑未来期间是否很可能取得足够的应纳税所得额。

根据企业会计准则及相关规定，企业确认由可抵扣暂时性差异产生的递延所得税资产，应当以很可能取得用来抵扣可抵扣暂时性差异的应纳税所得额为限。年报分析发现，部分上市公司在近几年连续亏损、持续经营能力存在重大不确定性的情况下，对所有可抵扣暂时性差异确认递延所得税资产；部分上市公司直接以等待期内确认的股份支付相关费用作为暂时性差异计算递延所得税资产，全部计入当期损益，未充分考虑未来期间是否可能取得足够的应纳税所得额。

（2）错误地对商誉减值准备确认递延所得税资产。

根据企业会计准则及相关规定，商誉初始确认时无须确认因暂时性差异产生的递延所得税负债。商誉减值导致的暂时性差异变动与商誉初始确认相关，因此商誉减值时不应确认递延所得税资产。年报分析发现，个别上市公司错误地就计提的商誉减值确认递延所得税资产。

2. 未恰当确认递延所得税负债

根据企业会计准则及相关规定，除下列交易中产生的递延所得税负债以外，企业应当确认所有应纳税暂时性差异产生的递延所得税负债：（1）商誉的初始确认；（2）同时具有下列特征的交易中产生的资产或负债的初始确认：一是该项交易不是企业合并，二是交易发生时既不影响会计利润也不影响应纳税所得额（或可抵扣亏损）。与子公司、联营企业、合营企业投资等相关的应纳税暂时性差异，一般应确认相关的递延所得税负债，但同时满足以下两个条件的除外：一是投资企业能够控制暂时性差异转回的时间；二是该暂时性差异在可预见的未来很可能不会转回。

年报分析发现，个别上市公司在确认递延所得税负债时存在下列问题：一是个别上市公司持有的其他权益工具投资以公允价值计量，在资产负债表日其公允价值高于成本，即存在应纳税暂时性差异，但未确认递延所得税负债。该公允价值变动产生的应纳税暂时性差异不属于所得税准则规定可不确认递延所得税负债的情形，需要确认相应的递延所得税负债；二是个别上市公司在非同一控制下企业合并中确认新的无形资产，产生应纳税暂时性差异，但未确认相应的递延所得税负债；三是个别上市公司取得子公司控制权，公司对分摊至所取得资产的购买成本高于计税基础的部分确认递延所得税负债。因子公司不构成业务，该交易不属于企业合并，且交易发生时既不影响会计利润也不影响应纳税所得额（或可抵扣亏损），因此该资产在初始确认时产生的暂时性差异不应确认递延所得税负债；四是个别上市公司实施非同一控制下企业合并，错误地将商誉作为应纳税暂时性差异确认递延所得税负债。

（九）公允价值计量相关问题

1. 未恰当选择公允价值估值技术

根据企业会计准则及相关规定，在处置股权交易中，若需要对剩余股权的公允价值进行重估，企业应当使用估值技术确定其公允价值，即估计市场参与者在计量日当前市场情况下的有序交易中出售该股权的价格。若处置股权的评估基准日与剩余股权估值的计量日时间差异较小，在此期间亦未发生对股权投资公允价值产生重大影响的事件，并且处置股权和剩余股权的估值均不存在控制权溢价影响时，企业应在采用与处置股权（即当前市场情况下的有序交易）相同的评估方法基础上计算被投资单位剩余股权的公允价值。

年报分析发现，个别上市公司因处置非上市联营企业部分股权，丧失对被投资单位的重大影响，对剩余股权按照金融工具准则进行会计处理。对于所处置股权采用收益法评估值作为定价依据，而计量剩余股权的公允价值却采用资产基础法确定，二者评估方法不同且结果存在重大差异。公司未恰当选择与所处置股权相同的估值技术确定剩余股权的公允价值，不符合公允价值计量准则的规定。

2. 未准确划分金融资产的公允价值层次

根据企业会计准则及相关规定，企业应当将公允价值所使用的输入值划分为三个层次：第一层次输入值是在计量日能够取得的相同资产或负债在活跃市场上未经调整的报价，第二层次输入值是除第一层次输入值外相关资产或负债直接或间接可观察的输入值，第三层次输入值是相关资产或负债的不可观察输入值。公允价值计量结果所属的层次，取决于估值技术的输入值，而不是估值技术本身。企业使用重要的不可观察输入值对第二层次输入值进行调整，且该调整对公允价值计量整体而言是重要的，公允价值计量结果应当划分为第三层次。

年报分析发现，部分上市公司未准确划分金融资产公允价值的层次：一是部分上市公司对非上市股权的公允价值采用市场法的估值技术计量，相关输入值包括市净率、流动性折价等，但将其划分为第二层次的公允价值。由于流动性折价为不可观察输入值，企业使用该流动性折价对可观察的输入值进行调整，如果该调整对该金融资产的公允价值计量具有重大影响，则公允价值计量结果应当被划入第三层次的公允价值计量；二是个别上市公司以按照第三方估值报告估计公允价值为由，将非上市股权投资的公允价值划分为第二层次。企业使用了第三方报价机构提供的估值，应当了解估值服务中应用到的输入值，并根据该输入值的可观察性和重要性，确定相关资产或负债公允价值计量结果的层次，而不是简单作为第二层次。

（十）其他确认和计量问题

1. 未正确处理股份支付等待期内发放的现金股利

根据企业会计准则及相关规定，企业实施限制性股票的股权激励安排中，现金股利可撤销的情形下，上市公司在等待期内核算应分配给限制性股票持有者的现金股利时，应合理估计未来解锁条件的满足情况，该估计与进行股份支付会计处理时在等待期内每个资产负债表日对可行权权益工具数量进行的估计应当保持一致。对于预计未来可解锁限制性股票持有者，上市公司应分配给其的现金股利应当作为利润分配进行会计处理，同时应按分配的现金股利金额，冲减限制性股票回购义务负债和库存股；对于预计未来不可解锁限制性股票持有者，上市公司分配给其的现金股利应当冲减限制性股票回购义务相关的负债。

年报分析发现，个别上市公司实施限制性股票的股权激励计划，在对分配的可撤销现金股利进行会计处理时对于限制性股票未来是否能够解锁的估计，与等待期内确认股份支付费用时对可行权权益工具数量的估计不一致，仅将分配给预计未来可解锁限制性股票持有者的现金股利冲减了其他应付款——限制性股票回购义务，而未作为利润分配进行会计处理，亦未冲减库存股。

2. 未恰当区分资产负债表日后调整事项和非调整事项

根据企业会计准则及相关规定，资产负债表日后事项包括调整事项和非调整事项。判断某一事项为调整事项还是非调整事项，取决于该事项表明的情况在资产负债表日或之前是否已经存在，若存在，属于调整事项；反之，则属于非调整事项。企业发生的期后调整事项，应当调整资产负债表日的财务报表；企业发生的期后非调整事项，不应调整资产负债表日的财务报表。

年报分析发现，部分上市公司未恰当区分资产负债表日后调整事项和非调整事项，一是部分上市公司错误地将新冠肺炎疫情作为资产负债表日后调整事项处理。例如以谨慎性为由，在商誉、应收账款等资产减值测试时考虑了疫情的影响，计提了大额减值损失，或者以疫情影响结算进度等为由，在资产负债表日后冲回2019年年底已确认的收入。二是个别上市公司依据资产负债表日后签署的债权债务抵销协议，终止确认资产负债表日的相关资产和负债。资产负债表日后签署的债权债务抵销协议属于非调整事项，不应对2019年财务报表进行调整。三是个别上市公司因购买日后出现的股权转让纠纷，将非同一控制下的企业合并中原已确认的应收过渡期损失从其他应收款调整至商誉。因纠纷属于购买日后新发生的情况，应考虑其他应收款是否发生减值，不应调整商誉金额。

3. 未正确区分会计政策、会计估计变更和会计差错更正

根据企业会计准则及相关规定，会计政策变更是指企业对相同的交易或者事项由原来采用的会计政策改用另一会计政策的行为。会计估计变更是指由于资产和负债的当期状况及预期经济利益和义务发生了变化，从而对资产或负债的账面价值或资产的定期消耗金额进行调整。前期差错是指企业没有运用或错误运用相关可靠信息，而对前期财务报表造成省略或错报。会计估计变更和前期差错更正的重要区别在于前期报表编制及批准报出时，是否已经充分考虑和合理运用了当时预期能够取得的所有可靠信息。年报分析发现，部分上市公司未正确区分会计政策变更、会计估计变更和会计差错更正：

一是个别上市公司因执行新金融工具准则，将应收账款坏账准备计提方法更改为预期信用损失法，并作为会计估计变更

进行披露。相同的交易事项因适用新准则改变其确认和计量方法属于会计政策变更，首次执行日影响数应根据新准则的有关规定进行调整。

二是个别上市公司因与业绩承诺人就被购买方的业绩完成情况存在重大分歧，无法对业绩补偿金额进行可靠估计，在以前年度财务报表中未确认相关业绩补偿。上市公司在报告期取得仲裁结果后，进行前期差错更正，将相关补偿金额计入以前年度的财务报表。除非有证据表明上市公司未能合理运用或错误运用前期报表编报时预期能够取得并加以考虑的可靠信息，公司应将相关业绩补偿作为会计估计变更并计入当期损益。

三是个别上市公司就大额应收账款提起诉讼，先后经历诉讼被驳回、上诉被驳回等法院初步裁定。上诉期间债务人多次因债务偿还问题被起诉、已出现还款困难等情形，但公司未在各会计期间合理判断回款风险并及时、足额计提应收账款减值损失，而是在2019年最终收到法院判决后按照会计估计变更一次性调整计提信用减值准备，未能正确区分会计估计变更与前期差错更正。

（十一）非经常性损益相关问题

根据《公开发行证券的公司信息披露解释性公告第1号——非经常性损益》（2008年修订），非经常性损益是指与公司正常经营业务无直接关系，以及虽与正常经营业务相关，但由于其性质特殊和偶发性，影响报表使用人对公司经营业绩和盈利能力做出正常判断的各项交易和事项产生的损益。上市公司应对照非经常性损益的定义，综合考虑相关损益同公司正常经营业务的关联程度以及可持续性，结合自身实际情况做出合理判断。

年报分析发现，部分上市公司对非经常性损益的认定不正确：一是当期发生同一控制下企业合并，未将被合并子公司期初至合并日的当期净损益作为非经常性损益披露；二是在报告期内发生非同一控制下企业合并，合并日取得的存货按公允价值计量，并在当期全部结转成本，上市公司将该存货的公允价值增值部分计入非经常性损益；三是未将非同一控制下企业合并购买日之前持有的股权按照公允价值重新计量产生的利得计入非经常性损益；四是未将本年度确认的较大金额的其他非流动金融资产公允价值变动收益计入非经常性损益；五是非金融企业的上市公司未将处置理财产品等交易性金融资产取得的投资收益作为非经常性损益披露，也未解释原因；六是将通过资产证券化处置应收账款产生的损失错误列示为非经常性损失；七是未将处置无形资产、长期股权投资等资产处置收益作为非经常性损益列报；八是计划关停亏损子公司，错误地将关停之前对子公司资产计提的减值损失作为清算费用列报为营业外支出，并计入非经常性损失；九是未将投资收益中的债务重组利得计入非经常性损益；十是未将不符合“与公司正常经营业务密切相关、按照国家统一标准定额或定量享受”要求的政府补助作为非经常性损益列报，例如稳岗补贴、当地开发区管委会给予的为期三年且后续视园区发展情况适当调整期限的运营补贴；十一是在计算非经常性损益时未考虑所得税影响等。

（十二）列报和披露

根据企业会计准则及相关规定，企业应当遵循与财务报表列报相关的准则规定，正确列报企业的财务状况、经营成果和现金流量，并充分披露与理解财务报表相关的重要信息，以向财务报表使用者提供决策有用信息。年报分析发现，部分上市公司在编制财务报表时，存在列报不规范、披露不充分的问题。

1. 流动资产和非流动资产分类错误

年报分析发现，个别上市公司仅以计划在未来一年内处置投资为由，将长期股权投资划分至其他流动资产。在不满足持有待售条件的情况下，公司不应仅凭处置意图就将股权投资划分为流动资产。

2. 流动负债和非流动负债分类错误

年报分析发现，部分上市公司未正确区分流动负债和非流动负债：一是将附投资人回售选择权、且投资人有权在资产负债表日起一年内行使该回售选择权的应付债券列示为非流动负债；二是将因无法偿还到期债务需赔偿违约金而确认的预计负债列报为非流动负债；三是将因一审判决应承担诉讼赔偿而确认的预计负债列报为非流动负债。上述情况下，上市公司无权自主地将相关负债的清偿义务推迟至资产负债表日后一年以上，应列报为流动负债。

3. 持有待售和终止经营问题

年报分析发现，持有待售和终止经营的列报和披露存在以下问题：一是个别上市公司与受让方签署了《股权转让协议》，将所持有的合营企业股权全部转让给受让方，受让方向产权交易所递交了登记材料，并缴纳首期款。该情形下，合营企业股权的出售极可能将在一年内发生，但上市公司未将其持有的合营企业股权列报为持有待售资产，且未说明相关理由。二是个别上市公司在报告期内永久性关闭了其主要子公司的业务，该子公司的业务代表了公司一项独立的主要业务以及一个单独的主要经营地区，并因此对公司的持续经营能力产生了重大影响，上市公司未将该子公司作为终止经营在当期和比较财务报表中进行列报和披露；三是个别上市公司期后公告将在 2020 年 12 月 31 日前逐步关停部分亏损子公司，但在 2019 年合并财务报表中已将相关子公司的亏损金额列报为终止经营净利润，而非在其停止使用之后作为终止经营列报。

4. 债务重组相关问题

根据企业会计准则及相关规定，债权人应将债务重组损益记入投资收益科目。债务人以非金融资产清偿债务，应将债务重组损益记入其他收益科目；以单项或多项金融资产清偿债务的，将债务转为权益工具，或修改其他条款，应将债务重组损益记入投资收益科目。年报分析发现，个别上市公司将债权人的债务重组损失错误地计入营业外支出，另有个别上市公司将债务人修改其他债务条件方式下形成的债务重组收益错误计入其他收益。

5. 每股收益列报问题

根据企业会计准则及相关规定，企业

存在稀释性潜在普通股的，应当分别调整归属于普通股股东的当期净利润和发行在外普通股的加权平均数，并据以计算稀释每股收益。可转债是在一定期间内依据约定的条件可以转换成股份的公司债券，应采用假设转换法判断其稀释性后相应计算对稀释每股收益的影响。年报分析发现，个别上市公司在披露稀释每股收益时未按准则规定考虑发行可转债的影响。

6. 现金流量表相关问题

根据企业会计准则及相关规定，现金流量表中的现金，是指企业库存现金以及可以随时用于支付的存款，不能随时用于支付的存款不属于现金；现金等价物，是指企业持有的期限短、流动性强、易于转换为已知金额现金、价值变动风险很小的投资，其中，“期限短”一般是指从购买日起 3 个月内到期。此外，现金及现金等价物的持有目的是满足短期内对外支付的流动性需求，而不是以获取利息收入或投资收益为主要目的。现金流量表应当分别经营活动、投资活动和筹资活动列报现金流量。投资活动，是指企业长期资产的购建和不包括在现金等价物范围的投资及其处置活动；筹资活动，是指导致企业资本及债务规模和构成发生变化的活动；经营活动，是指企业投资活动和筹资活动以外的所有交易和事项。

（1）现金和现金等价物的划分不正确。

年报分析发现，部分上市公司在现金和现金等价物的划分方面存在以下问题：一是将包含在其他货币资金中的 3 个月内到期的银行承兑汇票保证金作为现金和现金等价物，上述银行承兑汇票保证金属于受限资金，在到期之前通常不能随时支取，也不满足流动性强、易于转换为已知金额现金的条件，因此不应作为现金和现金等价物；二是上市公司持有定期存款的目的与现金及现金等价物的划分不匹配，例如，上市公司对定期存款按照定期存款利率（而非活期存款利率）计提利息收入，通常表明其持有目的并非为了满足短期内对外支付的流动性需求，而是以获取利息收入为主要目的，但上市公司错误地将该定期存款划分为现金及现金等价物。

（2）现金流量分类不正确。

年报分析发现，部分上市公司在现金流量表编制和列报方面存在以下问题：一是将回购公司股票用于员工激励计划支付的现金分类为经营活动现金流量，未分类为筹资活动现金流量；二是将回购已授予但未解锁的限制性股票支付的现金分类为投资活动现金流量，未分类为筹资活动现金流量；三是将支付融资租赁款的现金分类为经营活动现金流量，未分类为筹资活动现金流量；四是对于贴现时已终止确认的银行承兑汇票，将贴现取得的现金分类为筹资活动现金流量，未分类为经营活动现金流量；五是将采购原材料或固定资产相关的应付票据的结算及保证金的收付，分类为筹资活动现金流量，未根据其性质分类为经营活动或投资活动现金流量；六是将收到的与资产相关的政府补助分类为投资活动现金流量，未分类为经营活动现金流量；七是将发行股份向母公司购买业务相关的过渡期现金补偿支出分类为筹资活动现金流量，未分类为投资活动现金流量；八是将发行股份及支付现金购买资产交易支付的中介机构费用全部分类为筹资活动现金流量，未根据其性质恰当区分处理为筹资活动现金流量和投资活动现金流量；九是将收到的搬迁补偿及土地收储补偿款分类为经营活动现金流量，未分类为投资活动现金流量等。

7. 其他披露问题

除上述提及的问题之外，部分上市公司还存在对报告期业绩产生重大影响的交易和事项披露不充分的问题，例如，部分上市公司当期财务报表中的投资收益、营业外支出等项目中包含金额重大的“其他”项，但未披露产生该项损益的交易或事项的相关信息；部分上市公司当期确认的所得税费用中包含“调整以前期间所得税的影响”且金额重大，但在年报中未详细披露调整原因等相关信息；个别上市公司报告期内发生重大的非同一控制下企业合并，确认大额商誉，但未披露被购买方于购买日可辨认净资产等相关信息。此外，个别上市公司在年报中披露的信息存在低级错误，或者无法钩稽、前后矛盾等问题。

三、下一步工作安排

针对上述年报审阅中发现的上市公司执行会计准则与财务信息披露规则中存在的问题，我们将继续做好以下工作：

一是通过发布本年报会计监管报告，提示资本市场主体在执行会计准则和财务信息披露规则等方面存在的问题和风险，引导上市公司准确把握监管要求，切实提升财务信息披露质量。

二是整理汇总年报审阅中发现的上市公司问题线索，提交上市公司监管部、证券交易所、有关证监局等一线监管部门进一步了解情况和检查，在此基础上认定上市公司是否存在违反会计准则及相关信息披露规则的情况，并按有关监管安排进行处理。

三是收集整理系统内各单位在一线监管中发现的会计问题，分片区组织召开年度财务信息披露监管协调会，加强沟通交流，统一监管标准，确保系统内各单位对监管规则的一致理解与严格落实，提升监管公信力。

四是对于会计准则规定不明确或仅有原则性规定、上市公司实际执行中存在争议的问题，考虑以发布监管规则适用指引等形式指导市场实践。同时注重收集整理实务案例，持续以案例指导的形式指导实践，以案说法，将企业会计准则转化为资本市场可执行的财务信息披露标准，切实提升上市公司理解和运用准则的能力。

五是持续关注市场的热点、难点问题，重点关注并深入研究新收入、新金融工具、新租赁准则等方面实际执行情况，以及新业态、新模式、新交易下面临的会计处理问题，适时开展调研，进一步加强技术指导。

沪市主板公司2019年年报整体分析报告

2020年4月30日，沪市主板有1476家上市公司对外披露2019年年报，另有38家公司披露年度主要经营业绩信息。数据统计显示，沪市主板公司在营业收入、净利润、扣非净利润以及经营性现金流上均实现正增长，在国民经济中继续发挥着压舱石作用。这也集中体现了我国经济所具备的强大韧性，为2020年面对复杂形势下的攻坚克难提供了巨大的回旋空间。同期，面对国内外风险挑战上升的复杂局面，沪市主板公司整体经营承压，有些公司也出现了比较大的经营困难，需要主动适应、调整结构、提升绩效、提高质量。

一、整体业绩稳中有增，优质蓝筹抗风险稳增长表现突出

2019年，沪市主板公司专注主业，业绩整体稳中有增，全年共实现营业收入37.21万亿元，同比增长9%，约占全国GDP总额近四成；共实现净利润3.19万亿元，同比增长9%。其中，九成以上公司实现盈利，共计1370余家。同时，经营质量上稳扎稳打，共实现扣非后净利润2.97万亿元，同比增长8%。八成公司扣非后净利润为正，七成以上连续三年为正；约半数同比增长，330余家公司连续三年实现增长。在内外部经济环境复杂多变、经济结构深度调整的背景下，沪市公司在现有较大规模营收和利润的基础上，继续实现业绩增长，殊为不易。

从产业结构来看，2019年，沪市实体类公司经营稳健，营收持续保持较快增长，经营业绩整体平稳，共实现营业收入28.98万亿元，同比增长8%，净利润1.21万亿元，同比基本持平；同期，沪市金融类公司总体业绩保持稳定增长，共实现营业收入8.23万亿元，净利润1.97万亿元，分别同比增长13%和14%。

沪市主板集聚了一大批优质蓝筹企业，对中国经济发展的中流砥柱作用凸显。其中，大盘蓝筹贡献突出。上证50公司实现营业收入19.19万亿元，净利润2.17万亿元，同比分别增加9%、11%，占沪市整体营业收入的52%，占整体利润的68%；上证180公司实现营业收入26.03万亿元，净利润2.70万亿元，同比增幅均为10%，占沪市整体营业收入的70%，占整体利润的85%。同样，沪市中小市值企业也表现不俗。这些企业主动应变、积极转型，业绩表现也不乏亮点。市值五百亿元以下的中小市值的公司，合计实现13.42万亿元营业收入和5227亿元的净利润，近九成公司实现盈利。市值百亿元以下的公司中，也有约

87%实现盈利，近四成实现营收和净利双增长。

具体来看，这些沪市主板的佼佼者长期专注主业、扎实经营，在抗风险稳增长上表现突出。其中，有金融类的“银证保”，也有实体类的行业龙头，有中国中车、中国建筑、中国船舶等“中”字央企支柱，也有三一重工、恒力石化、海天味业等民企担当，有站在科技前沿的汇顶科技、兆易创新、用友网络、恒瑞医药，也有“小而美”的明泰铝业、水星家纺、健盛集团。

二、实体类公司重绩效抓质量，企业经营基础进一步夯实

2019年度，沪市主板实体类公司共实现扣非后净利润1.03万亿元，与上年基本持平。其中，八成公司扣非后净利润为正，七成以上公司已连续三年保持主业盈利。受内外部诸多因素影响，实体企业增速持续放缓，部分行业出现业绩下滑情况。

在经营质量上，实体企业日益稳健。全年实体类公司共实现经营性现金流2.59万亿元，同比增长8%。其中，八成五公司经营性现金流为正，六成以上公司已连续三年稳定获取经营性现金净流入。此外，1030余家公司扣非后净利润与经营性现金流同时为正，其中，840余家经营性现金流大于扣非后净利润，占实体类公司总数的六成，这些公司实现的主业利润有充足的现金流支撑，盈利质量较高。

资产结构方面，沪市主板实体类公司资产规模保持稳定增长，资产负债率基本稳定。截至2019年年末，沪市主板实体类公司资产总额共计44.13万亿元，同比增长10%，整体资产负债率61.56%，同比基本持平，已连续三年维持在60%左右。其中，国有实体资产负债率61.46%，民营实体资产负债率61.90%，两者差异不大；制造业整体资产负债率同比下降0.39个百分点，煤炭、钢铁、化工等行业降幅较大，均在1个百分点以上，去杠杆初见成效。

分所有制类型来看，沪市国有实体企业加快改革步伐，不断做优做强，合计贡献营业收入22.76万亿元，同比增长8%，扣非前后净利润分别为8770亿元和7600亿元，同比基本持平，经营性现金流2万亿元，同比增长5%。民营实体企业在市场下行压力下仍保持了经营韧性，共实现营业收入6.22万亿元，净利润3557亿元，扣非后净利润2684亿元，同比增速与国有实体企业相近，但经营性现金流5894亿元明显改善，同比增速达22%。

三、逾六成行业净利润实现增长，近四成行业出现下滑

沪市主板汇集了关乎国计民生的各大行业门类，工业体系完整，产业配套健全，在宏观经济面临下行压力时期，仍具备较强的腾挪空间和抗风险能力。2019年，沪市主板各主要行业营收均实现稳定

增长，但业绩表现有所分化，超六成行业净利润实现增长，近四成行业出现不同程度下滑。

上中游部分传统周期性行业在经历前期高速增长后逐步放缓趋稳或有所下滑，设备制造类行业则实现较快增长。具体来看，上游行业中，有色行业实现净利润112亿元，同比增长11%；煤炭行业实现净利润862亿元，基本稳定持平；石油行业实现净利润1049亿元，同比下滑11%。中游行业中，化工、钢铁行业分别实现净利润424亿元和316亿元，同比下滑28%和49%，主要系原料价格上涨、产品价格回落等因素所致。受益于基建需求拉动、设备更新需求增长及“一带一路”政策等影响，通用设备、专用设备、运输设备制造行业分别实现净利润110亿元、244亿元和215亿元，同比增长21%、62%和52%，扣非后净利润增速也分别高达26%、74%和35%。

下游必选消费品行业继续保持较快增长，可选消费品行业呈现一定分化，服务支持类行业趋于稳定增长。具体来看，食品饮料、批发零售、房地产、建筑等行业分别实现净利润808亿元、448亿元、1209亿元和1461亿元，同比增长17%、30%、13%和13%，主要受益于基础消费需求稳定增长、新兴消费潜力加快释放以及固定资产投资持续加码。医药行业实现净利润313亿元，同比略增2%，主要因带量采购、一致性评价等政策加速行业结构调整分化，优胜劣汰趋势逐步显现。汽车行业实现净利润503亿元，同比下滑27%，经营业绩有所承压。服务支持行业中，电力热力、交通运输行业增速趋于稳定，分别实现净利润726亿元和1064亿元，同比增长1%和8%，扣非后净利润也分别增长8%和9%。

四、研发与投融资持续加码，为转型升级提供发展动力

在创新驱动发展战略的引领下，沪市主板公司持续加大科技研发投入，加快科技成果应用，新动能快速成长。2019年，沪市实体类公司研发投入合计约4478亿元，同比增长约14%，其中，70家公司研发投入占比超10%，480余家公司研发投入上亿元，工程建筑、汽车制造等行业研发投入居前，软件和信息技术服务、互联网服务行业研发投入占比居前。其中，有传统制造产业通过技术革新带动新旧动能转换，致力建设制造强国，也有战略新兴产业聚势赋能，带动工业经济换挡提速。

资产投资与并购重组共同助力沪市主板公司实现内生外延协同发展。内生性资产投资方面，除研发投入外，沪市主板实体企业购建固定资产等长期资产支出合计1.93万亿元，同比增长11%，其中，制造业保持8%增速，有效推动产能结构优化升级。外延式并购重组方面，产业逻辑已成为沪市主板“主基调”，2019年并购重组交易约1050次，涉及金额约7700亿元，重大资产重组实施完成51单，涉及金额约1820亿元，虽交易数量和金额有所下降，但盲目跨界减少，估值趋于理

性，整体质量有所提升。其中，既有国资企业推动改革发展，探索市场化机制，如大连港、锦州港、营口港引入招商局集团，带动腹地经济发展；也有民营企业整合优势资源，抵御风险挑战，如兆易创新收购思立微，快速提升集成电路芯片的规模效应。

融资端保持稳步增长，为上市公司经营及投资活动提供有力支持。2019年，沪市主板实体企业整体融资规模约9.62万亿元，同比增长7%，其中，制造业整体融资规模同比增长约10%。结构上来看，直接融资合计约1.16万亿元，其中，股权融资占比约54%，同比增长17%，呈现良好增长趋势。资本市场再融资市场活跃度有所提升，沪市主板公司再融资募集资金合计5222亿元，同比增长33%。可转债、优先股成为2019年再融资市场的主要增长点。沪市全年共有59家发行可转债，募资逾1800亿元；沪市7家银行发行优先股，募资总额逾2000亿元。同时，公开增发重回公众视野，紫金矿业、能科股份等公司成功发行。

五、分红金额再创新高，践行企业社会责任已成蓝筹传统

2019年，沪市主板公司延续了重回报、高分红的优良传统，持续增强投资者获得感。共有约1110家公司推出分红方案，占全部盈利公司家数的81%，整体分红比例32.4%，合计分红金额1.07万亿元，再创历史新高。其中，810余家公司分红比例超30%，约230家公司分红比例超过50%，工商银行的分红总额最高，达937亿元，22家公司的派现金额在100亿元以上。同时，570余家公司连续3年分红比例超30%，超90家公司连续3年分红比例超50%，稳定高比例分红的群体已经形成。其中，除常年以现金分红回报投资者的银行及采掘业龙头企业外，其他行业中，伊利股份、大秦铁路、兖州煤业、大唐发电等公司也成为长期大比例分红的典范。

扶贫方面，沪市主板公司持续推进精准扶贫、精准脱贫工作，助力国家巩固脱贫攻坚成果，决战脱贫攻坚目标。2019年，约690家公司披露了精准扶贫信息，涉及产业、就业、教育脱贫等多种形式。其中，涌现出不少典型案例。中国太保扶贫项目覆盖全国建档立卡贫困户约513.3万人，为贫困地区提供了总保额2.32万亿元的风险保障；江苏银行提供扶贫贷款额超240亿元，帮助建档立卡贫困人口超9000人；华能水电全年投入扶贫援助资金5.16亿元，沧源、耿马、双江3个贫困县提前一年脱贫，澜沧县贫困发生率由46.68%下降至1.61%，西藏当佐村、富源县白岩村脱贫出列；福耀玻璃及其董事长累计捐赠约120亿元，涉及救灾、扶贫、助困、教育、文化等各方面，向新疆、福建、湖北、宁夏等多地捐助资金支持扶贫项目。

环保方面，沪市主板公司积极响应国家号召，深度参与污染防治攻坚战，共同推动生态环境质量持续好转。截至目前，

约620家公司建立了环境信息披露机制，主动披露环保排污相关信息，环保投入资金也持续加大。例如，宝钢股份全年环保合计投入约107亿元，以“三治四化”为抓手，加快绿色城市钢厂建设，全面实施超低排放改造，主要环保指标实绩得到持续改善；中国铝业全年累计投资20多亿元，实施60余个环保提标改造项目，完成土地复垦1.2万亩，累计完成复垦7.85万亩，复垦率达86%以上；紫金矿业2019年共投入环保生态工程资金7.25亿元，其中，生态恢复资金9481.05万元，恢复植被528.48万平方米，种植各类花木134.18万株。

六、困难与机遇并存，攻坚克难还须提升公司质量

2019年年报也反映出，部分公司经营出现了一定的困难和风险，个别公司出现业绩下滑或亏损。据统计，2019年，沪市主板141家公司出现亏损，与2018年的143家基本持平，占公司总数约一成。从总体亏损金额来看，2019年度亏损约1178亿元，与2018年度的约1152亿元相比，也基本持平。

具体分析亏损公司情况，有部分公司受行业周期和经济形势影响，遇到比较大的困难。有些行业出现成本上升、需求不旺的情况；有些企业前期扩张过快，成本费用难以及时消化，遇到市场变化措手不及。但同时，也有不少亏损公司除自身经营问题外，往往伴有公司治理、财务真实性、高溢价收购后遗症等方面问题。另有个别公司不排除前期业绩真实性存疑，甚至可能存在通过“大洗澡”掩饰前期问题的嫌疑。这些公司中，有些已因业绩连续亏损、被出具无法保留审计意见等，被实施退市风险警示。

质押和商誉风险方面，整体得到一定疏解。截至2019年年末，沪市主板股票质押的公司有1170家，较年初净减少203家，控股股东质押比例超过80%的公司有143家，较年初净减少51家。2019年度，沪市主板公司商誉余额为5355亿元，共计提商誉减值准备185亿元，远低于2018年度的383余亿元，占总体净资产的0.06%，占净利润比例约为0.58%。总体来看，质押和商誉风险已得到一定释放。但结构上来看，部分民营企业高质押风险仍然延续，一些前期“三高”重组公司的商誉居高不下，后续仍然需要密切关注，稳妥处置。

对于这些情况，要按照证监会的统一部署，继续以推动提高上市公司质量为主线，坚持规范与发展并重，监管与服务并举。一方面，深化资本市场基础制度改革，按照市场化、法治化原则，多措并举支持上市公司转型升级、做优做强。对于短期内存在经营困难的公司，多渠道纾解公司困境，激发公司活力，稳定市场预期。另一方面，把维护投资者利益落在实处，紧盯“关键少数”，严肃市场纪律，紧盯上市公司的财务信息披露真实性，对造假、欺诈等行为“零容忍”，切实维护市场秩序和诚信基础。

深交所多层次资本市场上市公司 2019 年年报实证分析报告

截至 2020 年 4 月 30 日，深市 2232 家公司中 2150 家按时披露了 2019 年年报，79 家因疫情影响延迟披露，并按要求披露了未经审计的主要经营业绩，3 家未能按时披露年报。2230 家深市公司披露了 2020 年一季报数据。新冠肺炎疫情的突然暴发，对我国和全球经济都产生深远影响。作为中国企业的优秀代表，深市公司 2019 年及 2020 年一季度的表现，反映了我国经济的较强韧性和较大潜力，彰显了经济长期向好的发展趋势。

一、2019 年深市公司总体情况稳中有进

2019 年，我国国民经济运行总体平稳，发展质量稳步提升，结构调整稳步推进，转型升级成效明显，经济增长的质量更高、后劲更足。作为中国经济高质量发展的引导力量，深市公司 2019 年的发展整体凸显“稳”的基调，较多领域展现“进”的特征，新旧动能加快转换态势明显。

（一）整体实现较快增长，运营状况平稳

营业总收入增长超 10%，延续稳定增长态势。2019 年，深市公司营业总收入 13.3 万亿元，同比增长 10.2%（*ST 盐湖异常巨亏，本文分析予以剔除）；其中，主板、中小板和创业板分别为 6.5 万亿元，5.2 万亿元和 1.6 万亿元，分别同比增长 9.7%、10.3% 和 11.7%，均显著高于规模以上工业企业 3.8% 的营收增速。

超过 85% 的公司实现盈利，六成公司利润同比增长。2019 年，深市公司归属母公司股东净利润 6320 亿元，同比增长 3.4%。主板、中小板和创业板分别实现净利润 3565.1 亿元、2235.7 亿元和 519.2 亿元，分别同比增长 1.1%、2.4% 和 29.1%。在盈利面方面，深市 85.8% 的公司实现盈利，60.5% 的公司实现净利润同比增长，42% 的公司净利润增速超过 20%，稳增长态势明显。

盈利能力和运行效率保持稳定，商誉减值对业绩的影响减弱。2019 年深市公司总体业绩情况如表 1 所示。2019 年深市公司净资产收益率为 6.5%，非金融公司毛利率、总资产周转率、应收账款周转率分别为 22.8%、0.6 次和 6 次，近几年波动不大，整体保持稳定。随着制度完善和监管力度加大，不规范的减值行为明显减少。2019 年非金融类公司商誉减值总

表 1　　2019 年深市公司总体业绩情况

板块	营业总收入增长率	净利润增长率	净资产收益率	毛利率（不含金融行业）	总资产周转次数（不含金融行业）	应收账款周转次数（不含金融行业）
全部公司	10.2%	3.4%	6.5%	22.8%	0.6 次	6.0 次
主板	9.7%	1.1%	8.1%	21.4%	0.5 次	9.4 次
中小板	10.3%	2.4%	6.0%	22.4%	0.7 次	5.0 次
创业板	11.7%	29.1%	3.4%	29.7%	0.6 次	3.4 次

额 1035.6 亿元，同比下降 18.5%，对深市上市公司净利润的影响为 16.2%，同比下降 3 个百分点。

（二）主板中小板稳步增长，创业板创新发展动能强劲

主板中小板在基数较大的情况下持续稳步增长。经过多年发展，两个板块涌现出万科、顺丰、格力、苏宁、比亚迪、京东方等一批行业龙头。在基数较大的情况下，仍保持快速增长。2019 年深市主板 61.2% 的公司实现营业总收入同比增长，三年复合增长率 14.3%。中小板公司近五年的营收始终保持两位数增长，六成公司净利润同比增长，整体成长较快。

创业板在创新驱动下展现强劲增长动力。新技术、新产业、新业态、新模式企业加速在创业板聚集，目前创业板公司中，超过九成为高新技术企业，超过八成拥有自主研发核心能力，超过七成属于战略新兴产业，新一代信息技术、生物医药、新能源、新材料等产业聚集特色突出。板块设立以来，平均研发强度（研发支出占营业收入的比重）始终保持在 5% 左右，不仅远高于 2.2% 的全社会平均研发水平，而且也明显高于深市 3% 左右的整体水平。在创新驱动下，高成长性特色十分明显。近五年营业总收入年均复合增长率为 22.9%，三成以上公司净利润同比增速超过 20%。

（三）行业结构性分化明显，新兴产业表现亮眼

制造业整体企稳，新兴制造业增长强劲。2019 年深市制造业公司营业总收入同比增长 7.1%。净利润同比下降 6.5%，与 2018 年 21.6% 的负增长情况相比，降幅明显收窄，呈现企稳向好态势。从细分行业来看，数量占制造业四成的电气机械、计算机通信、专用设备等行业实现较快增长，2019 年净利润分别同比增长 65.4%、26% 和 24.1%；这三个行业中，战略新兴产业占比分别达到 64.6%、76.3% 和 58.7%，体现出新动能对制造业较强的支撑作用。有色金属、石油、钢铁、化工等多个传统行业从前期较快增长的高基数中回落，净利润下滑幅度超过 20%。

第三产业平稳增长，现代服务业势头良好。2019 年深市第三产业公司营业总

收入和净利润占总体比重分别为 33.6% 和 38.6%，占比连续 3 年增长，2019 年分别同比增长 13.4% 和 8.9%。金融和房地产公司净利润分别同比增长 31% 和 10.6%，对第三产业整体增长起到较大拉动作用。深市现代服务业近几年发展较快，租赁和商务服务业、科技服务业公司的数量占比超过 10%，2019 年净利润增速均超过 50%。信息传输、软件和信息技术服务业 2019 年营业总收入同比增长 12.6%，但净利润受乐视等少数异常亏损公司影响较大，盈利状况波动较大。

农业、资源开发、公用事业等基础行业发展稳定。基础性行业农林牧渔、采矿和电力、热力、燃气及水生产和供应业合计净利润占深市总体的 9.4%。2019 年深市农业公司净利润较上年增长 2.7 倍，其中畜牧业增长 3.4 倍。采矿和电力等公用事业均保持增长，净利润分别同比增长 10.2% 和 34.2%。

（四）创新驱动深入推进，高质量发展动力增强

战略新兴产业营收规模持续扩大，盈利状况改善明显。截至 2020 年 4 月 30 日，深市共有 1084 家战略新兴产业公司，2019 年共实现营业总收入 5.5 万亿元，同比增长 9%，净利润 1764 亿元，同比微降 0.8%，扭转上年大幅下滑态势。营业总收入和净利润占深市总体比重分别为 41.4% 和 27.9%。分行业来看，新能源、节能环保和新一代信息技术在经历上年负增长后，2019 年明显回升，净利润增速分别为 48.9%、18.6% 和 6.9%；高技术服务业延续了 2018 年的增长，净利润同比增长 7.5%；而新能源汽车、高端装备制造和生物医药仍然承压，净利润分别下滑 24%、47.4% 和 19.8%。

研发投入持续加大，龙头公司引领效应明显。2019 年，深市公司研发投入金额合计 3924.4 亿元，同比增长 12.8%，连续三年保持增长。研发支出超过 10 亿元的公司有 60 家，其中，美的集团、中兴通讯、京东方、比亚迪等 8 家公司超过 50 亿元。2019 年，深市整体平均研发强度 3.0%，其中，研发强度超过 10% 的公司有 291 家，占比 13.1%。深市公司平均聘请技术人员 535 人，中位数为 231 人，95 家左右公司技术人员占比超过 50%。战略新兴产业公司普遍重视研发投入，2019 年研发投入 2635.4 亿元，较上年增长 12.9%，平均研发强度为 4.8%，超过深市平均水平。

（五）再融资工具更加多元，股权激励制度持续优化

再融资使用效率更高，工具种类更加多样。2019 年，深市公司共实施完成再融资 106 单，募集资金 1162 亿元。融资主体九成为高新技术企业，八成资金投向公司主营业务。其中，可转债完成发行 63 家次，融资 768 亿元，较上年分别增长 1 倍和 1.5 倍，首单定向可转债成功发行；全年完成非公开发行 36 家次，融资 322 亿元，公开增发时隔五年首次回归；配股共计完成 4 单。

股权激励稳步推进，配套制度更加完备。2019 年年深市公司共推出股权激励计划 218 单，员工持股计划 88 单。股份来源方面，来自二级市场回购的单数分别增长 208.3% 和 358.3% 。激励对象方面，外籍员工参与股权激励的制度更加完善，2019 年涉及外籍员工的单数占比 28.9% ，同比增加 3.6 个百分点。

（六）并购重组提质增效，市场化特征更加突出

2019 年，深市完成 97 单并购重组，同比下降 11.8% ；并购交易金额 4325.7 亿元，同比增长 87.5% 。平均交易规模上升，提质增效成果显著。

产业并购导向继续强化，交易估值回归理性。2019 年，产业整合型重组成为“主旋律”，数量和金额占比均超过六成。重组估值进一步回归理性，重组标的平均增值率约为 1.8 倍，较上年大幅下降 55.9% ，交易逻辑更为理性务实。

加快国企改革，助力民企纾困。2019 年，深市国有控股上市公司筹划重大资产重组 37 家次，交易金额达到 2870.2 亿元，资本市场平台功能得到进一步发挥，出现了一批典型案例。招商积余将物业管理资产注入上市公司平台，中信特钢通过重组实现特钢板块整体上市。怡亚通、爱迪尔等 29 家民营公司通过引入国有资本的方式参与混改。海南海药等 87 家民营公司，通过股权转让引入战略投资者，整合多方资源扭转资金困局。

优化存量市场，交易方案更加市场化。2019 年，深市披露 9 单重组上市方案，实现上市资源的优化；15 家公司实施重大资产出售，剥离绩差亏损资产，减负前行。交易方案设计上更加注重市场化博弈，如苏宁易购收购家乐福中国，约定后续转让方和受让方针对家乐福中国剩余 20% 股权分别享有出售选择权和购买选择权。

（七）回报股东力度增强，积极履行社会责任

现金分红稳步增加。截至 2020 年 4 月 30 日，深市 65.4% 的公司推出现金分红预案，分红金额 2879.5 亿元，同比上升 10.5% ，股利支付率为 33.6% 。深市盈利公司中，20% 的公司股利支付率超过 50% 。2017 ~ 2019 年连续三年分红的公司有 1272 家。分红金额最高的三个行业分别是房地产、电气机械和器材制造及金融业，分别为 332 亿元、280.3 亿元和 267.6 亿元。

股份回购更加普遍。随着股份回购制度的日益完善，2019 年，深市公司股份回购力度进一步加大。全年共有 649 家公司完成回购，共有 119 家公司正在实施中；回购涉及金额合计 739.5 亿元。拓宽了上市公司与投资者分享经济增长红利的渠道。

以多种方式主动服务精准扶贫。2019 年，深市公司结合自身产业特点与扶贫地区实际，通过成立扶贫产业基金、兴办实业、开展培训教育、参加扶贫公益活动等多种形式，推动产业发展脱贫、转移就业脱贫等。据不完全统计，深市有 558 家公司披露了 2019 年精准扶贫工作信息，共投入资金 146.7 亿元，帮助建档立卡贫困人口脱贫超过 52 万人。

持续加大环保落实力度。2019 年，深市共有 1972 家公司披露了履行社会责任的相关信息，承担社会责任的意识和意愿不断加强。共有 753 家公司详细披露了环境保护相关信息，积极响应、深度参与污染防治攻坚战。其中，699 家按国家要求编制了突发事件环境应急预案，同比增加 3.8%，有效降低重大突发环境事件发生的概率。191 家建设了废水、废气在线监测装置并正常运行，同比增加 12.4%，全面监控污染物排放情况。

积极参与抗疫行动。截至 2020 年 4 月 30 日，深市共有 653 家公司通过捐款捐物、保障急需物资生产、提供物流仓储支持、参与医院建设等多种方式，积极投入抗疫一线。30 多家医疗器械公司春节期间全力生产防疫物资，20 余家公司直接参与武汉火神山、雷神山医院建设。

二、2020 年一季度深市公司整体“危”“机”并存

2020 年一季度极不寻常，突如其来的新冠肺炎疫情对我国经济社会发展带来前所未有的冲击，上市公司也受到干扰，业绩短期波动明显。但同时需要看到的是，我国经济在此次疫情期间展现出较强韧性，复工复产正在逐步接近或达到正常水平，应对疫情催生并推动了许多新产业新业态快速发展。

（一）整体业绩大幅下降，头部公司韧性较强

亏损面超过三成，仍有近四成公司逆势增长。近五年，深市公司一季度营收和净利润在全年中的占比均约为 20%，比重相对较低。2020 年一季度营业总收入同比下滑 8.1%，净利润同比下滑 25.8%，好于 1～3 月全国规模以上工业企业利润总额 36.7% 的降幅。在盈利状况方面，深市公司亏损面为 33.9%，高于过去三年一季度平均 15.2% 的水平，有 409 家公司近三年首亏。但仍有 36.3% 的公司实现净利润同比增长，25.3% 的公司净利润增速超过 20%。

大公司抗风险能力凸显，指数成份公司业绩稳定。疫情对龙头公司的影响相对较小，深市市值前 10% 的公司，营业总收入同比下降 0.2%，净利润同比增长 1%，明显好于深市整体水平。从指数成份股来看，深证 100 成份股公司 2020 年一季度净利润同比下降 2.3%，其中，权重合计占比超过 50% 的前 24 家公司净利润同比增长 4.8%；创业板指 100 成份股公司一季度净利润同比增长 1.7%，其中，权重合计占比超过 50% 的前 17 家公司同比增长 45.2%。

（二）受影响的行业面较广，新兴行业展现较大潜力

第三产业受疫情影响较大，部分新兴服务业逆势增长。2020 年一季度服务业

公司营业总收入同比下降 8.5%，净利润同比下降 39.5%，下降幅度大于深市整体。疫情对交通运输、住宿餐饮、文体娱乐、批发零售等传统服务业产生较大冲击，行业净利润跌幅均超过 50%。部分新兴服务业逆势增长，如在申万三级行业中，互联网信息服务、多业态零售等细分行业净利润涨幅都在 20% 以上。

制造业滑坡幅度小于服务业，部分细分行业表现亮眼。2020 年一季度制造业营业总收入同比下降 9.2%，净利润同比下降 22.4%。2019 年一直承压的石油化工、有色金属、金属制品等传统行业，业绩持续下滑，净利润降幅均超过 70%。新兴制造业也出现一定业绩压力，如计算机通信净利润降幅在 20% 左右；少数细分行业则表现亮眼，如在申万三级行业中，半导体材料、医疗器械、电子零部件制造和通信设备等行业的净利润涨幅都在 10% 以上。此外，与民生直接相关的食品制造、农副食品加工、造纸、文体用品制造等行业净利润也同比增长。

（三）融资流入加大，现金周转整体正常

经营整体放缓，融资流入加大。2020 年一季度深市非金融公司经营活动现金流入与流出额分别同比下降 5.9% 和 1.3%，符合疫情期间生产和贸易活动放缓的特征。与此同时，深市公司积极扩大外部融资，补充现金流，一季度筹资活动现金流入同比增长 17.9%，涨幅较上年同期增加 14.5 个百分点，筹资活动现金流净额同比增长 2 倍。

现金流周转正常，短期未出现明显缺口。2020 年一季度深市非金融公司资产负债率为 59.5%，与上年同期相比变化不大。货币资金对短期债务（短期借款和一年内到期非流动负债之和）的覆盖倍数为 1.0，较上年持平，整体保持稳定，债务风险可控。

（四）投资活动表现平稳，高科技龙头加大投资力度

2020 年一季度深市非金融公司投资活动现金流出同比增长 3.2%，扭转了上年同期 -6.1% 以及 2019 年全年 -4.3% 的负增长趋势。制造业投资活动现金流出同比下滑 0.8%，较 2019 年全年 -4.5% 呈现企稳态势。高科技龙头的引领作用在逆势中得到充分显现，京东方 A、中兴通讯、立讯精密、宁德时代、中国广核等公司一季度固定资产投资规模均在 20 亿元以上，其中立讯精密同比大幅增长 61.6%。

（五）复工复产有序推进，社会经济逐步回归正常

生产秩序逐步回归正常。为了降低和消除疫情的负面影响，社会各界全力保障和推动企业复产复工。深市复工率超过 60% 的公司占比由 2 月中旬的 36% 大幅提升至 3 月初的 84%，更有约 13% 的公司在疫情期间未停工停产，展现了较强韧性。

支持湖北上市公司走出困境。深市共

有 65 家注册地在湖北的上市公司，受疫情影响严重，一季度净利润同比下滑 47.3%，有 10 家公司延迟披露年报。针对湖北上市公司面临的困难，深交所通过设立信息披露专项服务通道、定向减免上市费用、加急加快处理疫情防控专项产品的审核发行等措施，与上市公司携手抗疫、攻克时艰，助力恢复正常运行。

三、2020 年坚持创新驱动和深化改革，在复杂环境中实现化“危”为“机”

疫情进一步增加了经济发展的不确定性，风险防控也面临更大挑战。为应对和消除不利影响，宏观政策的对冲力度逐步加大，为上市公司的业绩改善营造良好环境。疫情期间表现亮眼的新产业新业态，有望成长为新的经济增长极，创业板改革并试点注册制也将为这类公司提供更广阔的发展空间。

（一）内外部环境更加复杂，相关风险值得关注

外向型企业的经营风险因海外疫情而加剧。当前，虽然我国疫情得到控制，但海外疫情肆虐，拐点尚未到来，且存在由发达国家向欠发达国家蔓延的梯次暴发趋势，严重扰动了国际贸易活动。2019 年，深市共有 945 家公司存在出口贸易，出口收入约占营业总收入总额的 10%。疫情导致的外需锐减和封锁隔离使得这些公司的业绩下滑，经营风险增加。此外，部分行业上游的关键原材料和核心零部件高度依赖进口，涨价和断供风险值得关注。

减值损失的不利影响仍需持续关注。随着并购重组的理性回归和上市公司质量的持续提升，商誉减值、存货损失、信用损失等减值项对净利润的影响预计将有所减弱，但少数公司仍面临一定的减值压力。截至 2019 年年末，深市公司商誉账面价值 7216.8 亿元，占当期营业总收入的 7.2%。在外部不确定性的影响下，仍需关注由此引发的“变脸式”巨亏。

少数公司的合规风险在经济下行时凸显。深市连续两年亏损的公司有 99 家，8 家公司已连续 3 年亏损。根据目前披露的审计报告，134 家公司被出具非标审计意见。在经济下行的大环境下，上市公司的经营压力普遍较大，财务造假、违规信披、违规占用资金等违法违规行为可能增多。同时，国务院金融委将“坚决打击各种造假和欺诈行为”列为重点任务，证监会 2019 年以来已累计对 22 家上市公司财务造假行为立案调查；2019 年深交所共作出纪律处分决定书 215 份，创历史新高。在新《证券法》下，少数公司的合规风险以及相应的监管处罚，值得市场高度关注。

（二）宏观政策对冲力度加大，上市公司业绩有望改善

融资环境改善将缓解资金压力。稳健的货币政策更加灵活适度，资金投放将更加精准有力，流动性有望保持合理充裕，公司的融资环境将得到持续改善。一季度

数据显示，深市公司筹资活动现金流入整体大幅增加，政策效果的有效性和针对性初步显现。在政策力度持续加大的作用下，受影响严重的行业现将加快恢复，出现大范围资金链断裂的可能性极小。

基建投资发力将加快新旧动能转换。为了提振疫情影响下低迷的投资需求，在传统基建的基础上，发力新型基建投资，不仅可以实现稳投资、稳增长，更重要的是调结构、促创新，拓宽新动能的发展空间。截至目前，深市共有314家新一代信息技术类公司，随着5G、物联网产业生态的完善，这些新动能企业不仅在短期内有望提振业绩，长期也将迎来战略性发展契机。

减负政策升级将增加企业盈利空间。2019年减税降费政策效果显著，深市制造业公司支付各项税费的现金同比增速为1.7%，与2018年的12.6%相比大幅回落，低于营业总收入的增速。2020年一季度新增一系列减税降费政策，出台精简审批程序、放宽市场准入限制等惠企政策，营商环境有望持续改善。

（三）新兴产业有望引领发展，创业板改革释放更多新动力

新兴产业有望成为复苏的引领者。疫情期间，基于在线场景的服务业，以及互联网科技赋能的生产制造、物流仓储和零售等行业，展现出巨大成长潜力。与之相关联的上市公司，也表现出较为明显的上行势头，例如计算机行业的投资在疫情前已连续7个月上升，在疫情期间也表现出较强韧性，在生产和消费恢复后有望率先反弹，带动整体业绩回升。

创业板改革将释放更多新动能。一直以来，在传统产业与“四新”深度融合的过程中，资本市场的功能尚未充分发挥。创业板改革不仅优化发行上市条件，包容更多新兴产业，而且在并购重组、再融资、股权激励等基础性制度方面均有突破，将深刻改变资本市场高质量发展生态，资本市场在金融、科技、产业融合发展中的枢纽作用将进一步发挥。以往较难得到资本市场支持的创新企业，以及资本市场工具使用率不高的存量公司，将迎来更加有利的发展环境。

总之，在世界政治经济格局深刻变革时期，突发的疫情不仅对生活节奏和生产布局带来冲击，更对国际体系和全球秩序产生深远影响。在这个大变局中，我国拥有链条最完善的产业体系、规模最大的内需市场，以及最充足的政策空间和回旋余地，在创新驱动和改革红利的双重加持下，经济长期向好的趋势十分明确。事关资本市场发展全局、涉及增量和存量的改革大幕已经开启，可以预期市场生态将进一步优化、枢纽功能将进一步提升，上市公司的活力和韧性也必将进一步增强。

附：数据说明

1. 分析样本包括新上市公司，年报分析样本2228家（剔除*ST盐湖），一季报分析样本2230家；

2. 若无特别说明，行业分类采用中国证监会2016年的分类标准（部分行业采用申万行业分类，已标注）；

3. 战略新兴产业数据来自深圳证券信息有限公司（更新至 2020 年 4 月 30 日）；

4. 本报告整体及组内平均增长率和比率计算均采用整体法；

5. 资产减值对净利润的影响 = 资产减值金额/（资产减值金额 + 归母净利润）；

6. 总资产周转率 = 营业总收入 × 2/（期初总资产 + 期末总资产）；

7. 应收账款周转率 = 营业总收入 × 2/（期初应收账款净额 + 期末应收账款净额）；

8. 平均研发强度根据已披露公司的研发支出和营业收入，按照整体法计算得出，计算时剔除了数据缺失的公司；

9. 股利支付率为上市公司分红预案合计，与当年归属母公司股东净利润之比，按照整体法计算得出，计算时剔除了数据缺失的公司。

2019 年海外股票市场基本情况

一、全球经济与市场

（一）2019 年全球经济增长情况

按照世界银行统计，2019 年全球经济总量为 84.96 万亿美元，按照 76.74 亿人口计算，全球人均 GDP 约为 11072 美元。其中，美国的 GDP 为 21.37 万亿美元，约为全球的 25.2%；中国 GDP 为 14.34 万亿美元，全球占比为 16.9%；第三名仍然是日本，其 2019 年 GDP 为 5.15 万亿美元，全球占比为 6.0%；德国 2019 年 GDP 为 3.89 万亿美元，全球占比 4.6%；印度的 GDP 为 2.87 万亿美元，全球占比 3.4%，超过英、法两国，排第五名。

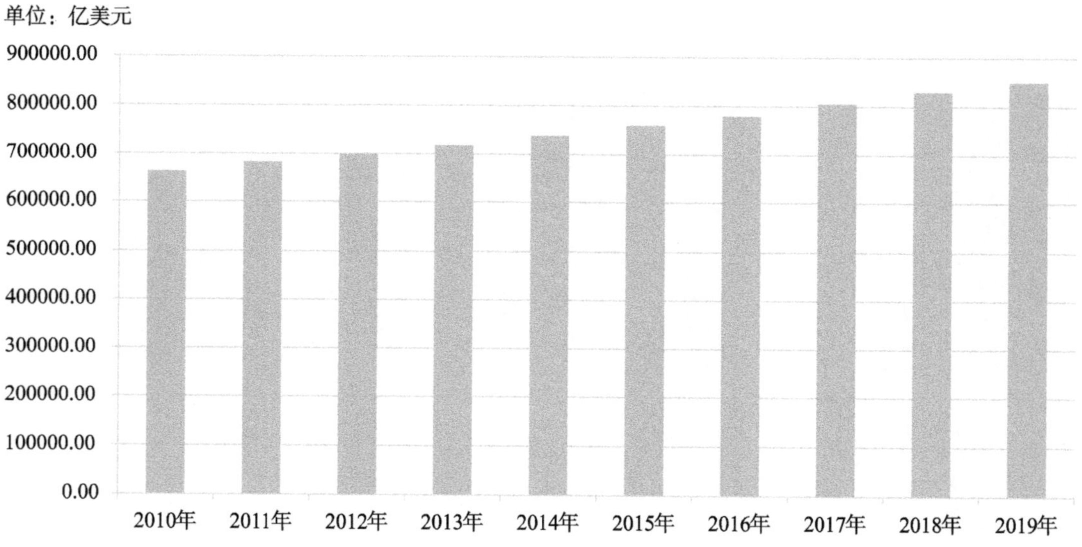

数据来源：Wind 资讯，世界银行。

图 1　2010～2019 年世界经济增长趋势（全球 GDP，不变价）

英国的 2019 年 GDP 为 2.83 万亿美元，全球占比 3.3%；法国为 2.73 万亿美元，全球占比 3.2%；意大利为 2 万亿美元；巴西为 1.88 万亿美元；加拿大的 GDP 为 1.74 万亿美元，全球排第十名。

2018 年，全球有 91 个国家和经济体实现了经济体加速发展，而 2019 年则有 119 个国家和经济体放慢了发展脚步。其中 27 个国家和经济体出现了经济萎缩，委内瑞拉、土库曼斯坦和黎巴嫩位居经济萎缩前三位，分别下降 35%、7.7% 和 7.3%。

从短期看，世界经济增速大幅下滑的原因主要是，美国特朗普政府奉行的单边主义和保护主义政策严重抑制了全球贸易投资往来，极大影响了投资者信心。从中长期看，世界经济下滑的原因主要是，各国尤其是发达经济体货币与财政政策的效果减弱，传统政策几近失灵，全球经济放缓，相对贫困和不平等的加剧。同时，财政扩张政策反映出对非常规货币宽松政策表现的失望，包括低于预期的经济增长和通胀表现以及各种不利的副作用。

从区域经济看（图 2），2019 年的经济减速是全球性的，无论是发达经济体北美和欧盟，还是发展中经济体南亚、东亚和太平洋，以及近几年经济增长较快的中欧和波罗的海区域，经济均出现了明显的减速。

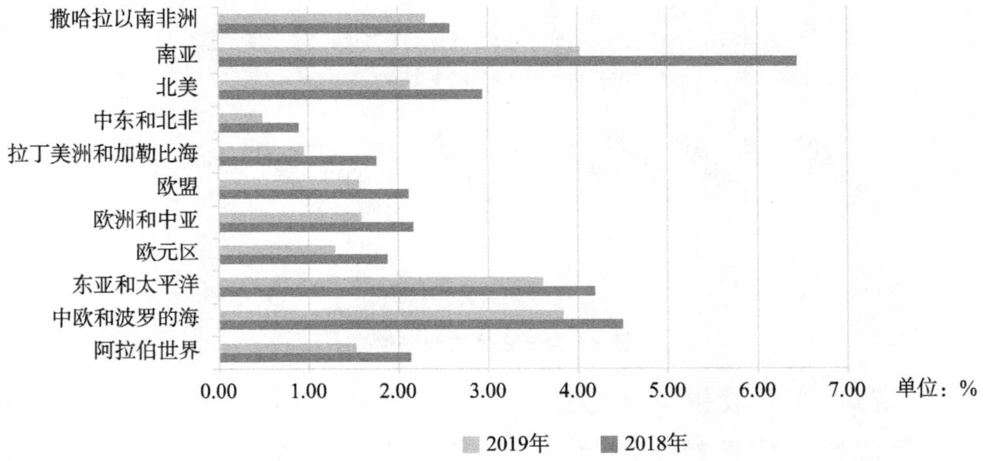

数据来源：Wind 资讯，世界银行。

图 2　全球主要地区 2019 年经济增长

2019 年，发达国家居民消费价格指数（CPI）保持在 2% 以下，其中美国为 1.8%，欧元区为 1.2%，日本为 0.9%，仍徘徊于通货紧缩的边缘。中国全年 CPI 虽因猪肉价格上涨而上升，年涨幅为 2.7%。印度全年物价涨幅为 3.4%，10 月更是升至 4.6%，系金砖国家中最高。2019 年，国际大宗商品价格指数（2015 年为 100）为 111.2，比 2018 年同期增长 9.4。

（二）全球股市情况

2019 年，在美联储降息、中美贸易冲突缓和等因素的影响下，全球 18 只重要股指全部上涨。俄罗斯 RTS 指数涨幅遥遥领先其他股指，年度涨幅达到 45%。A 股深证成指的年度涨幅达到 44%，涨幅居亚洲第一、全球第二。深证创业板指数、纳斯达克指数和巴西圣保罗指数涨幅在 30% ~40%。标普 500 指数、上证综指等 6 只股指的涨幅在 20% ~30%。多伦多300指数等7只股指的涨幅不足20%。

截至2019年12月底，全球主要股指的市盈率集中在10~30倍，其中，深证创业板指数的市盈率达到44倍，远超其他股指；纳指等四只股指的市盈率在20~30倍；法国CAC40指数、恒生指数等11只指数的市盈率在10~20倍；俄罗斯RTS指数的市盈率最低，仅为6.5倍。

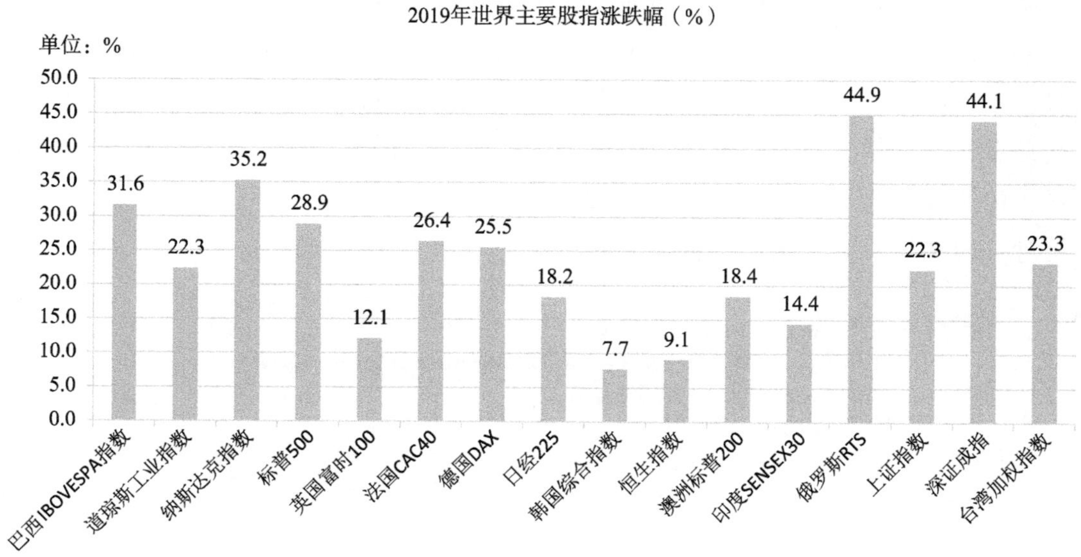

数据来源：Wind资讯。

图3　全球资本市场概述

2019年，全球主要股指全部上涨。IPO活动有所放缓，数量较上年减少21%，筹资额较上年增长1%；股票总市值达到78.83万亿美元，较上年增长14.4%；股票成交额达到61.14万亿美元，较上年减少10.42%。此外，全球国债收益率普遍走低；ETF成交额达到18万亿美元，较上年减少26%。

1. 全球主要股票市值

截至2019年12月底，全球主要交易所股票市值为78.83万亿美元，较上年同期增长14.4%。从收入结构看，高收入国家和中等收入国家市值分别为61.43万亿美元和17.39万亿美元，较去年同期分别增长12%、23.79%。从市值GDP占比看，全球上市公司总市值占其对应的GDP比重为108.39%，占比较2018年提高16.5个百分点。

2. IPO活动放缓

2019年，全球IPO活动有所放缓，IPO数量继续下滑。IPO公司数合计1321家，较上年减少21%。分地区来看，美洲、亚太和欧洲－中东－非洲地区IPO数量分别为281家、834家和206家，较2018年分别减少23%、15%和39%；亚太地区IPO市场份额重新增长，由2018年的59%增至64%，美洲地区市场份额基本持平，而欧洲－中东－非洲地区则有所减少。从各交易所来看，港交所、纳斯达克和上交所IPO公司数排名位居全球前

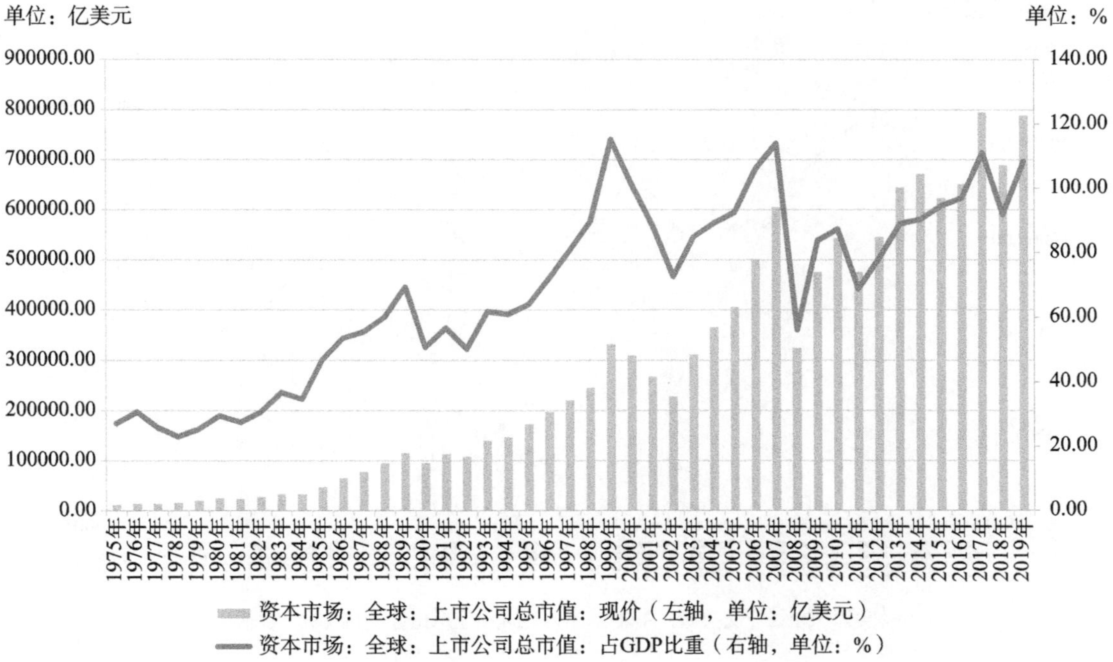

数据来源：Wind资讯。

图4　全球股市总市值

三，其中，港交所、纳斯达克（美国）的IPO数量分别为161家、145家。得益于科创板的推出，上交所的IPO数量达到123家，较上年增长了116%。深交所位列全球第六位。

二、美国

（一）2019美国经济增长情况

2019年美国经济实际增速2.3%，其中，第四季度GDP环比增大2.1%，比三季度高了0.1个百分点，与二季度持平。从同比增速来看，那四季度则实际增长2.1%，比三季度高了0.2个百分点。

特朗普执政时期的美国GDP增长峰值低于奥巴马执政时期。奥巴马执政时期的GDP增长峰值是2014年第二季度的5.1%，特朗普的则是2018年第二季度的4.2%。从历史角度来看，特朗普执政时期的美国GDP增长峰值并不高，反而处于低位水平，是二战结束以来的13位美国总统中最低的，不仅低于奥巴马时期，而且也低于小布什时期（7.0%）和克林顿时期（7.5%）。

作为美国中央银行，美联储政策转折反映出美国经济的变化。2018年美国经济增速接近3%，美联储顺势进行了4次加息，将联邦基金利率目标区间逐步提升到2.25%至2.5%的水平。2019年美联储利率走势出现“180度大转弯”，连续3次降息，将利率调回到1.5%至1.75%的水平。对于政策“大转弯”的原因，美联储主席鲍威尔表示，过去一年里，美国经济面临着全球经济疲软和经贸事务等带来的一系列重大挑战，为了给美国经济提

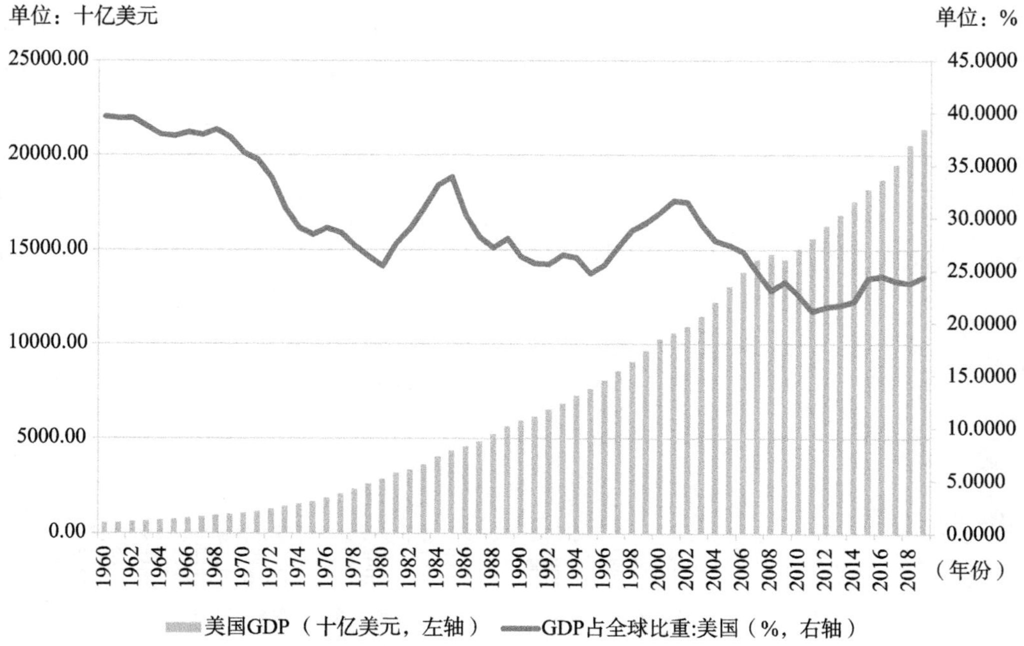

数据来源：Wind 资讯。

图 5　美国 GDP 及其占世界总比例

供“缓冲”与“保险”，美联储降低了利率。

除了利率由“升”转“降”，美联储的资产负债表也在 2019 年由“缩”转“扩”。自 10 月中旬起，美联储每月购买 600 亿美元短期美国国债，通过扩张资产负债表来大量增发美元。这是 2012 年 9 月第三轮量化宽松措施推出以来，美联储首度大规模扩张资产负债表。

“降息”与“扩表”这一组合拳曾被各界视为美联储应对 2008 年金融危机的标志性手段，在挽救和提振当年的美国经济方面发挥了重要作用。尽管类似的危机并未在 2019 年卷土重来，但美联储依然祭出这套“大招”，显示出美国经济正面临着让美联储难以忽视的风险。

在美联储看来，2019 年美国经济表现可谓“喜忧参半”。尽管美国本轮经济扩张进入了第 11 个年头，就业市场保持强劲，通胀水平整体稳定，但“坏消息”同样层出不穷。金融市场上，美国股市大起大落，债市频现经济衰退预警信号，“钱荒”持续冲击美国金融体系；实体经济上，经贸摩擦悬而未决，出口与制造业萎缩，消费者信心下滑，都给美国经济前景蒙上了阴影。

（二）2019 年美国三大股指走势

2019 年美股克服了经济增长与贸易关系等方面的不确定性因素，三大股指迭创新高并获得很大涨幅，标普 500 指数收报 3230.78 点，年度涨幅达 28.88%，录得 6 年来最大年度涨幅。道指收报 28538.44 点，涨 22.34%；纳指收报 8972.60 点，涨 35.23%。

数据来源：Wind 资讯。

图 6　2018～2020 年纳斯达克指数变化

数据来源：Wind 资讯。

图 7　2016～2019 年标普 500 指数变化

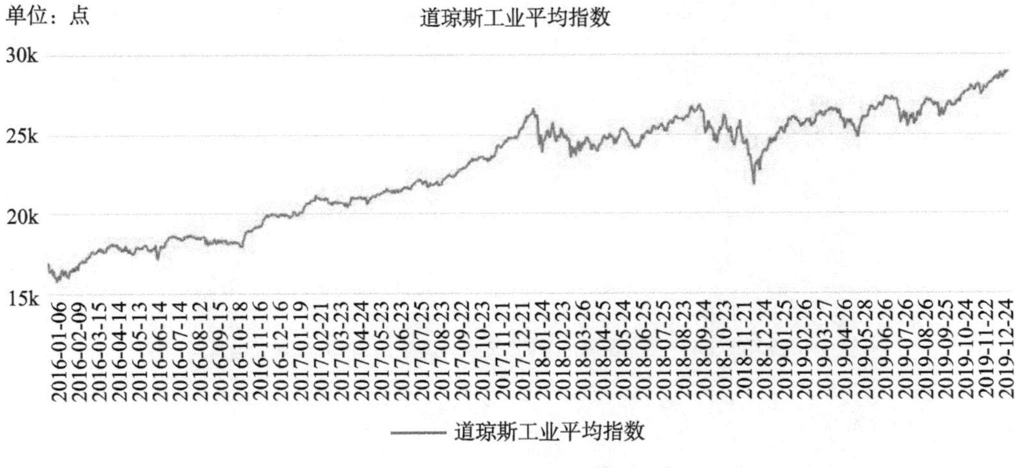

图 8　2016～2019 年道琼斯指数变化

2019 年全年看，除一季度和四季度表现强势外，二、三季度市场分歧都比较大。道琼斯指数一季度涨幅为 11.15%，振幅为 15.45%；二季度涨幅 2.59%，振幅 8.59%；三季度涨幅 1.19%，振幅为 7.74%；四季度涨幅为 6.02%，振幅为 10.99%。

三、欧盟

（一）2019 年欧盟经济增长情况

数据显示，2019 年整个欧盟 28 国的名义 GDP 折合美元为 18.41 万亿美元。其中，欧盟最大经济体德国在 2019 年的经济实际增速下降 0.6%，创近年来的新低，其当年的 GDP 为 2.85 万亿美元。

脱欧进程中的英国在 2019 年经济实际增长了 1.4%，完成的 GDP 折合为 2.83 万亿美元，为了挽救经济颓势，自 2016 年启动脱欧程序后，英国政府加大了政府支出，中央政府总支出连续四年支出加快，2016～2019 年四年增速分别为 1.3%、2.2%、2.4% 和 2.6%。但尽管如此，依然没有阻止经济的下行，2019 年四个季度仍然呈现走低态势，从一季度的 2.17% 下降到四季度的 1.19%。法国在 2019 年经济实际增长了 1.3%，当年的 GDP 约为 2.728 万亿美元。意大利的经济增速更低，实际增长仅为 0.3%，当年的名义 GDP 刚好为 2 万亿美元。西班牙在 2019 年经济实际增长 2%，GDP 为 1.393 万亿美元。从荷兰（9075.83 亿美元）起，欧盟其他成员国的 GDP 均低于 1 万亿美元。若不算英国，欧盟 27 国在 2019 年名义 GDP 大约为 15.58 万亿美元。

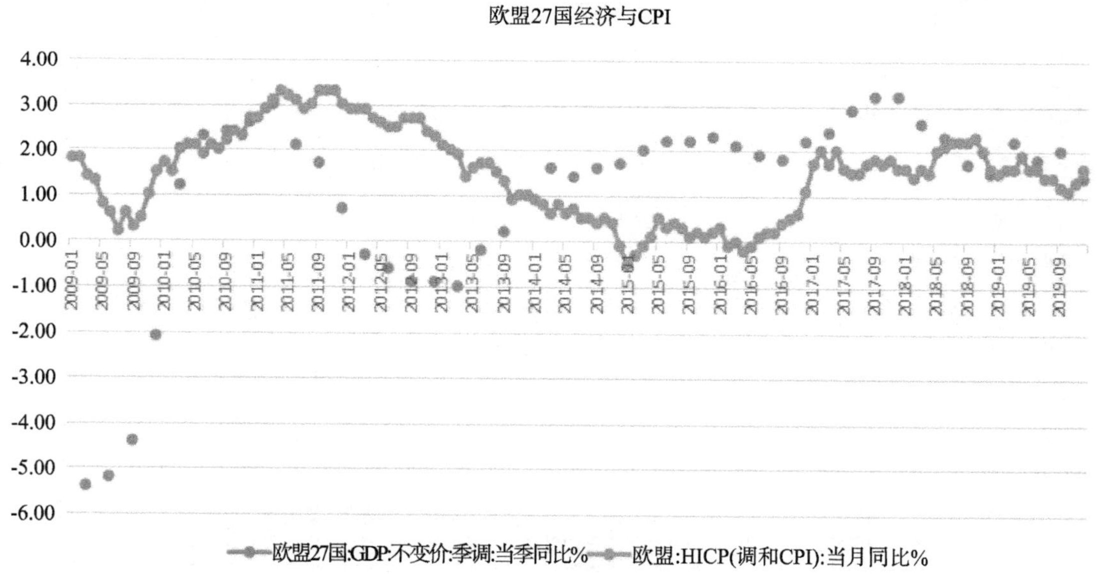

数据来源：Wind 资讯。

图 9　欧盟 27 国 GDP 与 CPI 同比

英国脱欧，加剧了欧盟在经济层面与美国的差距，也使得美国在全球的经济领先优势得到进一步巩固。从 2019 年 1 月份开始，欧盟的 PMI 就经常低于 50 的“荣枯线”。欧盟 27 国四个季度经济增长速度分别为 2.2、1.8、2.0、1.6，呈现震荡走低态势。物价相对平稳，月度涨幅一直维持在 1.1～1.6。

欧盟经济景气指数全年呈现下行态势，由 1 月的 106.3 一路走低，12 月仅为 101.5，其中工业信心指数由年初的 0.7 下降到年末的 -8.8，营建指数也是由 1 月的 7.9 下降到 12 月的 4.1，零售信心指数一直在 1 左右徘徊，服务业信心指数略好于工业信心指数，徘徊在 11 左右。

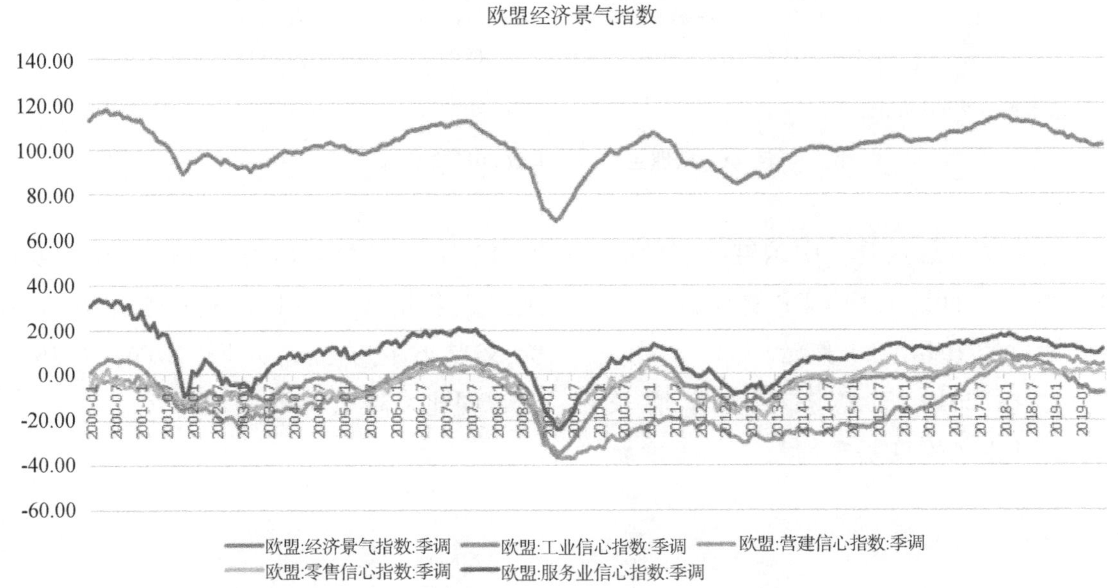

数据来源：Wind 资讯。

图 10　欧盟经济景气指数

（二）2019 年欧洲主要国家股指走势

2019 年，欧洲股指大部分走势较强。具体来看，瑞士 SPI EXTRA 价格回报指数以 30.6% 的年度涨幅列欧洲第一，意大利米兰 MIB 历史指数以 27.6% 的涨幅居第二，OMX 哥本哈根指数以 25.9% 的涨幅列第三，法国 SBF250 指数由 2018 年底的 3684.17 涨至 2019 年年底的 4607.88 点，跌幅 25.07%，伦敦富时 100 指数年度涨幅为 22.5%，德国 CDAX 绩效指数由 2018 年年底的 474.85 升至 2019 年年底的 575.8 点，涨幅 21.25%。

四、金砖国家

（一）2019 年金砖国家经济增长情况

2019 年金砖国家中国经济同比实际增长 5.95%，印度经济实际增长 4.04%，俄罗斯经济实际增长 2.03%，巴西经济实际增长 1.41%，南非经济实际增长

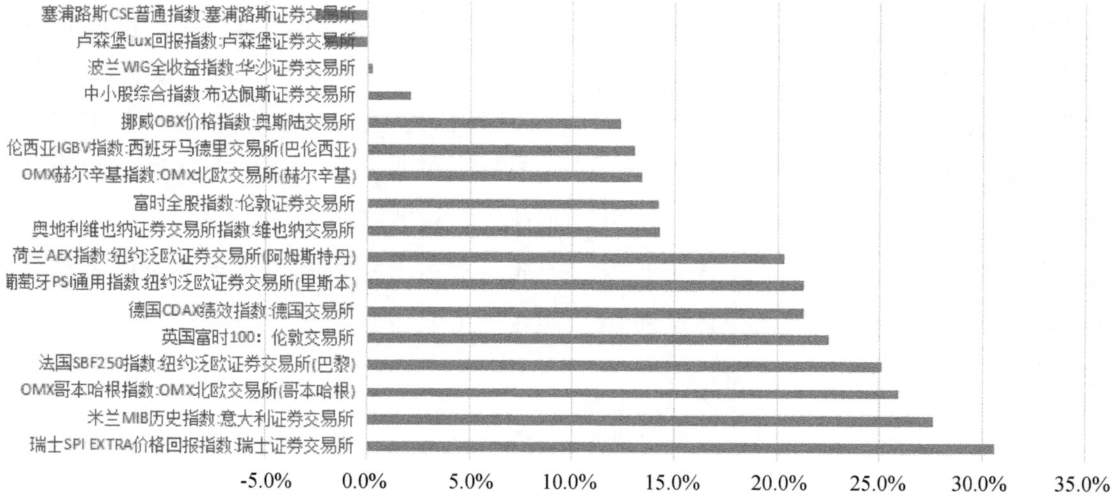

数据来源：Wind 资讯。

图 11　欧洲主要市场指数 2019 年涨幅

0.11%。从经济总量看，中国继续引领金砖国家增长，而且人均 GDP 首次跃上一万美元关口达 10143.84 美元。

南非在 2019 年经济仅实际增长 0.11%，其中一季度是零增长，二季度增长 0.9%，三季度增长 0.1%，四季度再度出现负增长（-0.5%）。完成的 GDP 为 3513.6 亿美元，人均 GDP6624.76 美元，同比下降 5.4%。

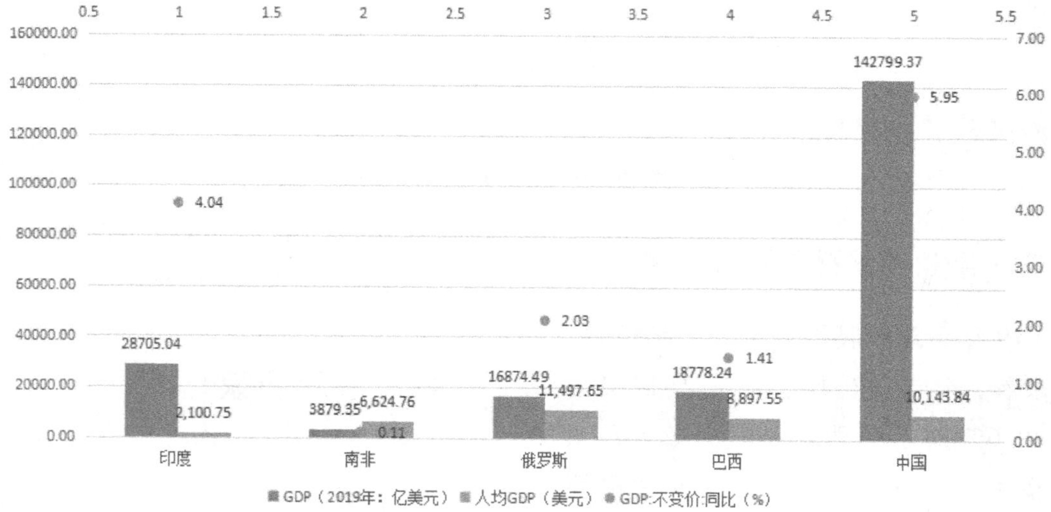

数据来源：Wind 资讯。

图 12　金砖五国 GDP 及其 2019 年增长

俄罗斯在 2019 年经济实际增速为 1.3%。分季度来看，一季度为 0.5%，二季度为 0.9%，三季度为 1.7%，四季度上涨至 1.9%，呈现逐季上涨的趋势。完成 GDP1.69 万亿美元，人均 GDP11497.65 美元。

巴西在2019 年经济实际增长1.41%，完成的 GDP 为 1.839 万亿美元；中国与印度的经济增速分别是 5.95%、4.04%，完成的 GDP 是 14.27 万亿美元、2.87 万亿美元。

金砖五国合计约为 21.1 万亿美元，约占全球经济总量的 24.84%。

（二）2019 年金砖国家股指走势

2019 年全年，上证综指累计上涨近 20%，上证 50 指数和创业板指更是涨幅高达 40% 左右。巴西股指 iBovespa 收报 115645，涨幅 31.58%。俄罗斯 MOEX Russia 指数（IMOEX）收报 3059.20，涨幅 29.11%。MSCI 南非指数收报 1370.08，涨幅 4.35%。印度 NIFTY 50 指数收报 12253.95，涨幅 12.24%。金砖五国市场 2019 年均取得不错的涨幅。

数据来源：Wind 资讯。

图 13　2018～2019 年上证综合指数

数据来源：Wind 资讯。

图 14　2018 ~ 2019 年创业板指数

数据来源：Wind 资讯。

图 15　2018 ~ 2019 年巴西股指 iBovespa

数据来源：Wind 资讯。

图 16　2018～2019 年俄罗斯 MOEX 指数

数据来源：Wind 资讯。

图 17　2018～2019 年印度 SENSEX30

（三）2018 年金砖国家股票市值及全球占比情况

截至 2019 年年底，全球上市的中国企业 5392 家（不含股转系统），合计发行股票 5594 只，较 2018 年增加 246 只，总市值约 88 万亿人民币，较 2018 年增加 21 万亿元，约占全球所有上市公司总市值的 14.2%，仅次于美国，已经成为全球资本市场重要组成部分。

表 1　　金砖国家上市公司市值及其投资组合流入分析

金砖国家	上市公司市值（亿美元）	国内上市公司数	上市公司总市值：占 GDP 比重（%）	证券投资组合净流入（亿美元）
印度	22869. 24	5215	79. 67	137. 69
南非	10563. 41	274	272. 30	－42. 89
巴西	11873. 62	324	63. 23	－18. 10
俄罗斯	7915. 19	213	46. 91	－43. 20
中国	85155. 04	3777	59. 63	449. 06

数据显示，金砖国家市值最大的是中国，约为印度的四倍，但国内上市公司数量不及印度，两国均呈现投资净流入，南非、巴西和俄罗斯上市公司数和市值均远小于中国和印度，三个国家 2019 年均表现为证券投资组合净流出。金砖五国国内上市公司市值合计 13. 84 万亿美元，约占全球市值（现价）的 17. 6%。

五、亚洲主要国家和地区

（一）2019 年亚洲主要国家和地区经济增长情况

2019 年亚洲经济增速有所放缓，但与其他地区相比，亚洲的经济增长仍然成绩显著，加权实际 GDP 增速比世界增速高 1. 1 个百分点，亚洲经济总量占世界经济总量比重一直稳步提升。

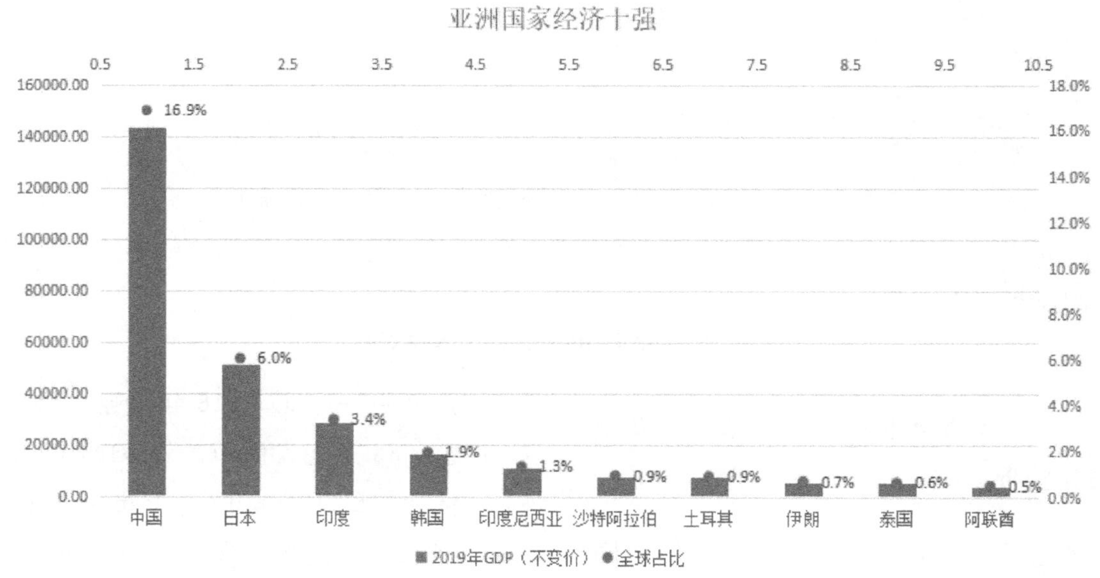

数据来源：Wind 资讯。

图 18　亚洲主要国家 GDP 占世界总值占比

2019 年亚洲的 GDP 总量相比上一年增长了 8858 亿美元，而我国的 2019 年的 GDP 则比上一年增长了 4480 亿美元，占比超过了亚洲的 50%，成为拉动亚洲经济快速增长的重要动力。除了中国，近几年印度、印尼、阿联酋、越南、孟加拉国等国经济增长也很快，2019 年相比 2009 年全球 3000 亿美元体量以上国家（地区）经济增长前 12 位都是亚洲的国家（地区），其中孟加拉国以 195.1% 的增幅超中国的 181.8% 居第一，接下来增速最高的依次是越南 154.1%、菲律宾 113.9%、印度 110.2%、印度尼西亚 93.9%。

（二）2019 年东京交易所市场表现与融资分析

2019 年年末日本全国上市公司达 3810 家，较 2018 年多出 51 家。其中东交所上市企业（不包括 4 家外国企业）有 3702 家公司，占总数的 97.1%。2019 年年末东交所上市公司股票总市值为 672.5 万亿日元（约 5.8 万亿美元），较 2018 年底增加了 89.9 万亿日元。2019 年全年股票成交额为 604.3 万亿日元。此外，日均成交额为 2.6 万亿日元，2019 年的换手率（基于成交额）为 95.6%。日本日经 225 指数 2019 收盘 23656.62，较 2018 年 20014.77 上涨 18.19%。

2019 年的委托交易中海外投资者所占比例为 73.3%。较 2018 年的 74.1% 下降了 0.8%。个人投资者占 16.9%，较 2018 年下降了 0.2%。此外，按地区来看海外投资者在日本全国证券交易所的交易情况为，欧洲占 78.2%、北美占 9.9%、亚洲占 11.6%、其他地区占 0.3%。

2019 年日本国内 IPO 公司数为 94 家。其中东交所 IPO 公司数为 90 家。此外，从市场分布来看，在东交所 Mothers 上市的公司达 63 家，占 IPO 总数的 67.0%。此外，有 12 家企业在东交所市场一部和二部上市，有 9 家公司在 TOKYO PRO Market 上市。

2019 年东交所各行业 IPO 公司 33 家（40%）为信息通信业、24 家（30%）为服务业、批发零售行业 10 家（14%）、房地产 3 家（4%）、化学、医药品和建筑行业各两家。2019 年东交所的企业 IPO 筹资额达到 3232.1 亿日元。其中，Sansan，Inc 的 IPO 筹资额最高，约为 388.6 亿日元。

（三）2019 年亚洲其他主要国家和地区股指走势

香港恒生指数（HSI），2019 收盘 28189.75，较 2019 年 25845.70 上涨 9.06%。台湾加权指数 2019 收盘 11997.14，较 2018 年 9727.41 上涨 23.33%。日本日经 225 指数 2019 收盘 23656.62，较 2018 年 20014.77 上涨 18.19%。韩国 KOSPI 指数 2019 收盘 2197.67，较 2018 年 2041.04 上涨 7.67%。MSCI 新加坡指数 2019 收盘 1738.92，较 2018 年 1602.30 上涨 8.52%。泰国 SET 指数 2019 收盘 1579.84，较 2018 年 1563.88 年上涨

1.02%。MSCI 印度尼西亚指数 2019 年收盘 7288.33，较 2018 年 7074.60 上涨 3.02%。

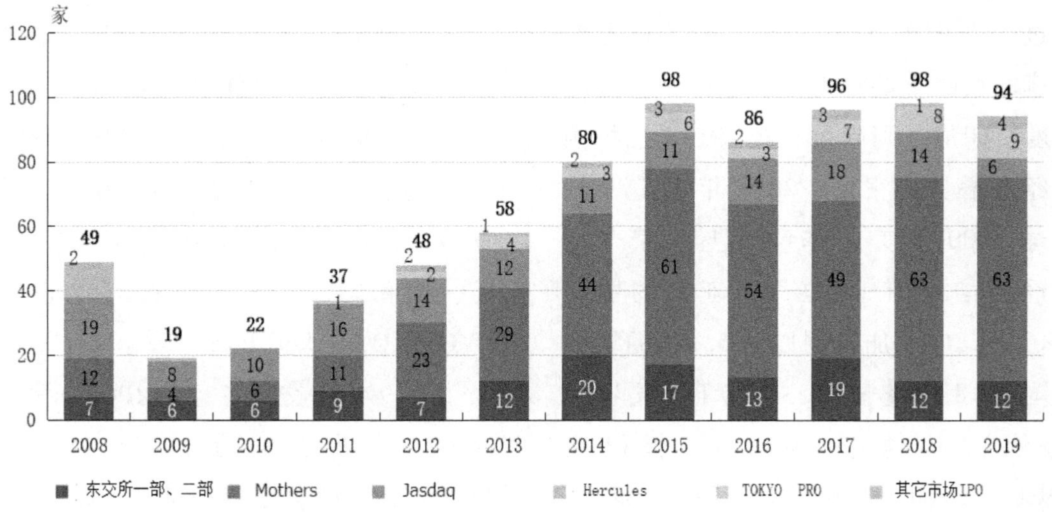

数据来源：东交所。

注：包括 TOKYO PRO Market，但不包括 REIT。

注：不包括经 TOKYO PRO Market 上市的企业。

图 19　日本国内 IPO 数量变化

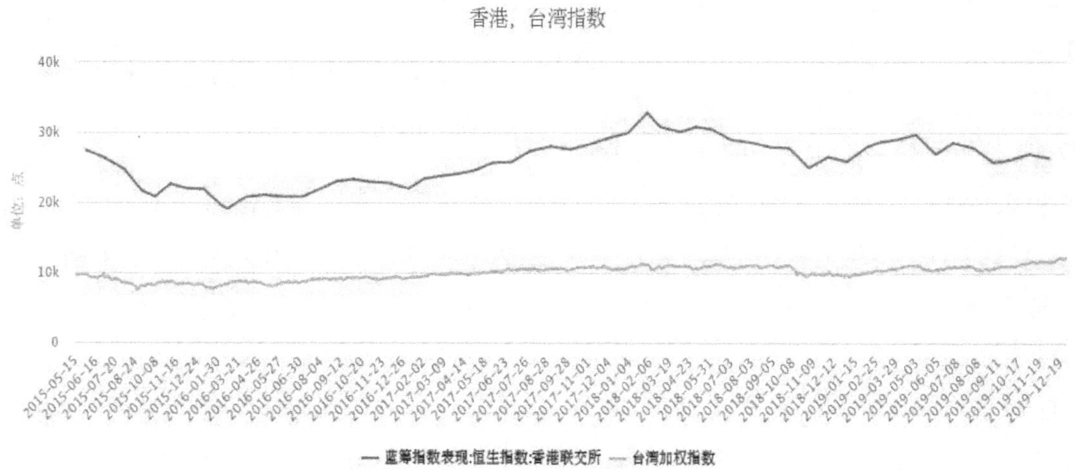

数据来源：Wind 资讯。

图 20　中国香港、中国台湾市场指数

2019 年有 24 家 H 股和红筹股在香港市场 IPO 融资，合计融资 2627.87 亿港元，32 家中资公司在香港市场完成再融资 5515.55 亿港元。其中 H 股 IPO 融资 2390.69 亿港元，再融资 1412.57 亿港元；红筹股 IPO 融资 237.18 亿港元，再融资 1475.11 亿港元。

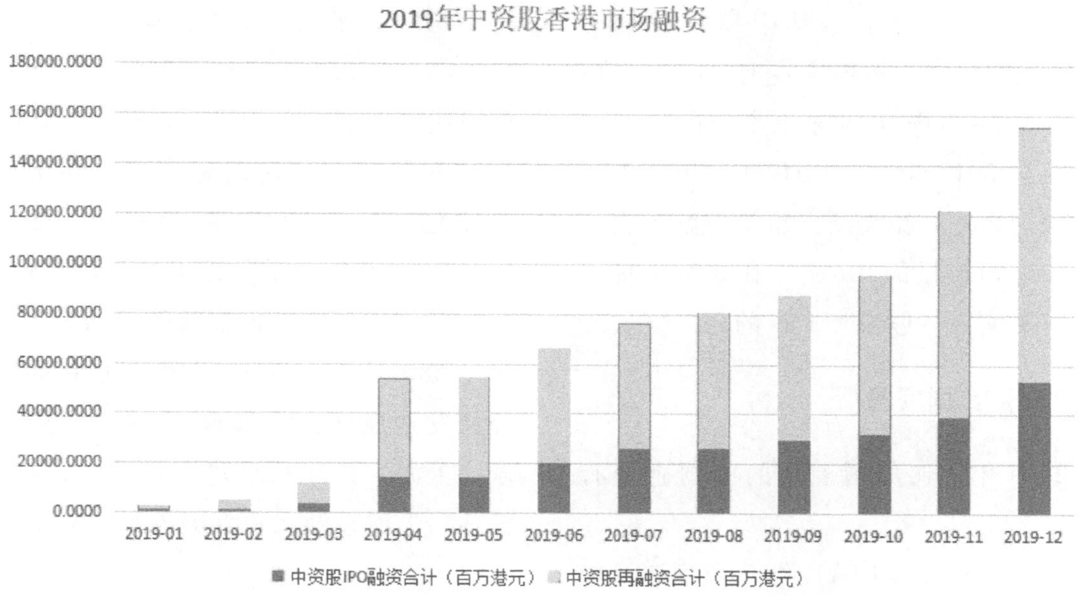

数据来源：Wind 资讯。

图 21　2019 年中资股香港市场融资分析

六、中国企业赴海外上市基本情况

（一）伦敦交易所

伦敦证券交易所集团 2019 年年报显示，集团业务收入约为 23.14 亿英镑，较上年增长了 7%。其中来自资本市场的收入约为 4.26 亿英镑，比上年增长了 4.6%，占集团整体收入的 18.4%。截至 2019 年 12 月 31 日，上市公司总数为 2400 家，新增上市公司 109 家，首发融资额和再融资额累计 234 亿英镑。二级市场股权交易日均 47 亿英镑。

集团旗下的富时罗素公司于 2019 年 1 月 17 日，宣布推出首个中国绿色债券指数系列，以衡量 126 只中国内地企业和主权债券的表现。2019 年 8 月，集团宣布以 270 亿美元收购路孚特，并预期于次年中旬完成交易。2019 年 10 月 15 日伦敦证券交易所环球板（GES）启动，实现在伦敦直接交易 51 家美国蓝筹股和 28 家中国 ADR。

2019 年 6 月 17 日，华泰证券成为首个沪伦通西向 GDR 发行人，上市融资 16.92 亿美元。截至 2019 年 12 月 31 日，有 28 家中国概念公司在伦敦证券交易所上市并交易（中国概念公司特指公司位于中国境内，或公司 70% 以上的业务或现金流来自中国的公司），其中主板市场 14 家，高增长市场 14 家。2019 年新增主板上市公司 2 家，含沪伦通 GDR 发行人 1 家。

（二）德国交易所

截至 2019 年 12 月 31 日，德意志交易所共有上市公司 501 家，涉及 19 个行业和 64 个细分行业。其中高级市场有 307 家上市公司，一般市场有 145 家上市公司，Scale 市场有 49 家上市公司。

截至 2019 年 12 月 31 日，共有 4 家中国概念企业在德交所上市，占整个交易所上市公司数量的 0.7%，在高级市场上市的有 2 家，一般市场上市的有 2 家。

（三）美国交易所

2019 年，在美国上市的中国企业有 30 家。

除中指控股（CIH）等 5 家不涉及融资（DPO 直接上市）外，其他 25 家公司共筹集了 34.56 亿美元。有 9 家公司融资规模超过 1 亿美元，其中 2 家公司融资额超过 5 亿美元，他们是斗鱼（DOUYU）7.75 亿美元，瑞幸咖啡（LK）5.61 亿美元。募资 1000 万美元以下的公司有 6 家，其中资金最少的是香态食品（PLIN），筹集了 586 万美元。这 30 家公司主要来自经济发达地区：北京有 10 家，广东有 6 家，上海，浙江和福建有各 3 家，香港，江苏，天津，湖北和重庆各有 1 家。

第二篇

上市公司行业篇

- 农、林、牧、渔业
- 采矿业
- 制造业
- 电力、热力、燃气及水生产和供应业
- 建筑业
- 批发和零售业
- 交通运输、仓储和邮政业
- 住宿和餐饮业
- 信息传输、软件和信息技术服务业
- 金融业
- 房地产业
- 租赁和商务服务业
- 科学研究和技术服务业
- 水利、环境和公共设施管理业
- 教　育
- 卫生和社会工作
- 文化、体育和娱乐业
- 综　合

农、林、牧、渔业

一、农、林、牧、渔业总体概况

（一）行业整体运行情况

2019年中国农业总体经济继续保持平稳增长，生产形势良好，整体增速略有回升。2019年，农、林、牧、渔业总产值为123967.94亿元，较2018年增长9.15%。其中农业总产值为66066.45亿元，同比增长7.51%；林业总产值为5775.71亿元，同比增长6.32%；牧业总产值为33064.35亿元，同比增长15.22%；渔业总产值为12572.40亿元，同比增长3.63%。2019年中国持续推进的农业供给侧结构性改革取得积极成效，农业结构进一步优化，由增产导向转向提质导向的理念逐步形成，农产品供给总量充足，市场运行总体平稳。

（二）细分行业运行概况

从细分行业看，农、林、牧、渔业均保持增长态势。农业方面，2019年全国农业总产值66066.45亿元，比上年年末增加4613.85亿元，同比增长7.51%。2019年，各地在保障粮食生产能力不降低的同时，稳步推进耕地轮作休耕试点工作，调减低质低效作物种植，扩大优质高效作物种植规模，因地制宜发展经济作物，全国粮、经、饲种植结构进一步优化。一是农业种植结构不断优化。油菜籽、花生、蔬菜等经济作物播种面积较往年有所增加。稻谷种植结构继续调整优化，品质更好、单产更高的中稻面积增加。大豆播种面积1.40亿亩，比上年增长10.9%，大豆振兴计划实现良好开局。二是农业区域布局不断优化。江淮赤霉病高发区、华北地下水超采区和西南条锈病菌源区通过休耕和轮作等措施调减冬小麦播种面积；非优势区的稻谷、玉米播种面积持续调减，生产进一步向优势区域集中。三是粮食品种结构不断优化。全国优质专用小麦种植比例提高，优质稻谷面积扩大。

2019年我国林业总产值5775.71亿元，比上年年末增加343.1亿元，同比增长6.32%，进出口贸易额达1600亿美元，产业发展和生态扶贫成效明显。2019年，全国经济林面积超过6亿亩，开展了国家森林康养基地建设工作，生态旅游突破18亿人次。累计选聘生态护林员近100万名，带动300多万贫困人口稳定增收或脱贫。

2019年我国畜牧业总产值超过33064.35亿元，比上年年末增加4366.95亿元，同比增长15.22%，其中27个省

（区）牧业总产值实现增长，4个省（区）下降。2019年全国肉类总产量7758.78万吨，比2018年减少865.89万吨，降幅达到10.04%。猪肉产量下降21.25%，牛肉、羊肉、牛奶、禽蛋均有增长，涨幅在3%～6%。从猪牛羊家禽2015～2019年年底存栏来看，生猪前4年差别不大，2019年年底存栏大幅下降，降幅达到27.5%。牛在2019年年底达到高点，存栏超过910万头。羊自2015年存栏3.1亿多头之后4年徘徊在2.9亿～3.0亿头。家禽出栏量在2015年处于低点，后3年达到130亿只以上，到2019年年底出栏超过145亿只。2015～2019年5年内肉蛋奶产量里，可以看到2019年猪肉产量最低，总产量4255.31万吨，比2015年的5645.41万吨减少1390.1万吨，降幅达到32.66%；牛肉产量中，2019年最高，超出2015年50.35万吨；羊肉自2015年逐渐走高，2019年超过2015年47.59万吨；牛奶总产量在2017年最低，比2019年少近200万吨；禽蛋产量，2019年比2015年增长近300万吨。

2019年渔业总产值12572.4亿元，比上年年末增加440.89亿元，同比增长3.63%。全国水产品总产量6480.36万吨，比上年增长0.35%。其中，养殖产量5079.07万吨，同比增长1.76%，捕捞产量1401.29万吨，同比下降4.45%，养殖产品与捕捞产品的产量比例为78.4:21.6；海水产品产量3282.50万吨，同比下降0.57%，淡水产品产量3197.87万吨，同比增长1.32%，海水产品与淡水产品的产量比例为50.7:49.3。

二、行业内上市公司发展概况

（一）行业内上市公司基本情况

表1　　2019年农、林、牧、渔业上市公司发行股票概况

门　类	A、B股总数（家）	A股股票数（家）	B股股票数（家）	境内总市值（亿元）	流通A股市值（亿元）	流通B股市值（亿元）
农、林、牧、渔业	42	41	1	6242.89	4442.29	3.79
占沪深两市比重（%）	1.09	1.06	0.03	1.05	0.92	0.29

资料来源：沪深交易所，同花顺。

（二）行业内上市公司构成情况

表2　　2019年农、林、牧、渔业上市公司构成情况

门　类	沪市			深市			ST/*ST
	仅A股	仅B股	A+B股	仅A股	仅B股	A+B股	
农、林、牧、渔业（家）	15	0	16	26	1	0	2/1
占行业内上市公司比重（%）	35.71	0.00	0.00	61.90	2.38	0.00	4.76/2.38

资料来源：沪深交易所，同花顺。

（三）行业内上市公司融资情况

表3　　2019年农、林、牧、渔业上市公司与沪深两市融资情况对比　　单位：家

门　类	融资家数	新股	增发	配股
农、林、牧、渔业	4	1	3	0
沪深两市总数	423	203	211	9
占比（%）	0.95	0.49	1.42	0.00

资料来源：沪深交易所，同花顺。

其中，首发的1家公司中，有0家沪市，1家深市；增发的3家公司中，有0家沪市、3家深市。

按行业大类划分，进行融资的3家公司中，牧业1家，服务业1家。

从融资效果来看，上述公司实际发行数量为28468.31万股；实际募集资金70.90亿元，基本完成了融资计划。

2019年农、林、牧、渔业上市公司融资情况明细见附录。

（四）行业内上市公司资产及业绩情况

表4　　2019年农、林、牧、渔业上市公司资产情况　　单位：亿元

指　标	2019年	2019年可比样本增长（%）	2018年	2018年可比样本增长（%）	2016年
总资产	2894.09	15.85	2619.01	6.28	2626.99
流动资产	1268.11	11.91	1173.46	4.55	1200.87
占比（%）	43.82	-1.54	44.81	-0.74	45.71
非流动资产	1625.97	19.12	1445.55	7.73	1426.11
占比（%）	56.18	1.54	55.19	0.74	54.29
流动负债	890.30	6.01	953.43	15.45	895.88
占比（%）	30.76	-2.85	36.40	2.89	34.10
非流动负债	214.24	-3.75	255.04	-8.05	302.76
占比（%）	7.40	-1.51	9.74	-1.52	11.52
归属于母公司股东权益	1646.84	20.39	1329.54	3.43	1344.93
占比（%）	56.90	2.15	50.76	-1.40	51.20

资料来源：沪深交易所，同花顺。

表5　　2019年农、林、牧、渔业上市公司收入实现情况　　单位：亿元

指　标	2019年	2019年可比样本增长（%）	2018年	2018年可比样本增长（%）	2017年
营业收入	1963.05	22.04	1505.11	4.36	1567.92
利润总额	313.83	214.05	64.60	-41.97	110.77
归属于母公司所有者的净利润	300.25	230.55	58.33	-43.55	103.95

资料来源：沪深交易所，同花顺。

（五）利润分配情况

2019年全年农、林、牧、渔业上市公司中共有22家公司实施了分红配股。其中，4家上市公司实施送股或转增股，22家上市公司实施派息，其中4家公司既实施了送股、转增又实施了派息。

2019年农、林、牧、渔业上市公司分红明细见附录。

（六）其他财务指标情况

1. 盈利能力指标

表6　　2019年农、林、牧、渔业上市公司盈利能力情况

指　标	2019年	2019年可比样本变动	2018年	2018年可比样本变动	2017年
毛利率（%）	27.10	8.68	17.91	-2.02	18.99
净资产收益率（%）	18.23	11.59	4.39	-3.65	7.73
销售净利率（%）	15.69	9.74	4.00	-3.29	6.71
资产净利率（%）	11.42	7.42	2.37	-2.22	4.28

资料来源：沪深交易所，同花顺。

2. 偿债能力指标

表7　　2019年农、林、牧、渔业上市公司偿债能力指标

指　标	2019年	2019年可比样本变动	2018年	2018年可比样本变动	2017年
流动比率	1.42	0.08	1.23	-0.13	1.34
速动比率	0.88	0.11	0.73	-0.10	0.84
资产负债率（%）	38.17	-4.36	46.14	1.37	45.63

资料来源：沪深交易所，同花顺。

3. 营运能力指标

表8　　2019年农、林、牧、渔业上市公司营运能力情况　　单位：次

营运能力指标	2019年	2019年可比样本变动	2018年	2018年可比样本变动	2017年
存货周转率	2.96	0.11	2.68	-0.07	2.97
应收账款周转率	22.65	2.82	17.91	-1.38	16.93
流动资产周转率	1.64	0.15	1.31	-0.03	1.34
固定资产周转率	2.35	0.15	2.01	-0.22	2.32
总资产周转率	0.73	0.06	0.59	-0.04	0.64
净资产周转率	1.22	0.05	1.09	-0.01	1.14

资料来源：沪深交易所，同花顺。

三、重点细分行业介绍

表 9　　2019 年农、林、牧、渔业上市公司数量分布及市值情况

大　类	上市公司家数（家）	占行业内比重（%）	境内总市值（亿元）	占行业内比重（%）
农、林、牧、渔服务业	1	2.38	37.10	0.59
渔业	9	21.43	210.95	3.38
畜牧业	13	30.95	4863.32	77.90
农业	15	35.71	993.61	15.92
林业	4	9.52	137.90	2.21

资料来源：沪深交易所，同花顺。

（一）农业

1. 行业概况

2019 年我国农业总体增长态势良好，农民生活水平持续改善，内外部市场运行环境总体平稳，农业现代化向纵深发展。2019 年全国粮食总产量 13277 亿斤，比 2018 年增加 119 亿斤，增长 0.9%，创历史最高水平，连续 5 年保持在 1.3 万亿斤以上。分季节看，夏粮和秋粮增产，早稻减产 2019 年，全国夏粮产量 2832 亿斤，比上年增加 56 亿斤，增长 2.0%；秋粮产量 9919 亿斤，比上年增加 110 亿斤，增长 1.1%；早稻产量 525 亿斤，比上年减少 46 亿斤，下降 8.1%。分品种看，除稻谷产量有所减少外，其他主要粮食作物产量均有所增加。2019 年，全国谷物产量 12274 亿斤，比上年增加 73 亿斤，增长 0.6%。其中，稻谷产量 4192 亿斤，比上年减少 50 亿斤，下降 1.2%；小麦和玉米产量分别为 2672 亿斤和 5215 亿斤，比上年分别增加 43 亿斤和 72 亿斤，分别增长 1.6% 和 1.4%。豆类产量 426 亿斤，比上年增加 42 亿斤，增长 11.0%；其中大豆产量 362 亿斤，比上年增加 43 亿斤，增长 13.3%。薯类产量 577 亿斤，比上年增加 3.6 亿斤，增长 0.6%。

2. 行业内上市公司发展情况

表 10　　2019 年农业上市公司收入及资产增长情况　　单位：亿元

指　标	2019 年	2019 年可比样本变动（%）	2018 年	2018 年可比样本变动（%）	2017 年
营业收入	365.33	8.75	271.53	-10.10	302.02
利润总额	8.09	-62.57	21.51	22.26	17.60
归属于母公司所有者的净利润	7.95	-53.57	21.39	25.00	17.11
总资产	737.65	-0.18	723.67	2.39	706.70
归属于母公司股东权益	398.82	-3.76	411.02	8.79	377.81

资料来源：沪深交易所，同花顺。

表 11　　2019 年农业上市公司盈利能力情况

指　标	2019 年	2019 年可比样本变动	2018 年	2018 年可比样本变动	2017 年
毛利率（%）	20.33	-1.20	25.56	2.28	23.26
净资产收益率（%）	1.99	-3.18	5.20	0.67	4.53
销售净利率（%）	2.04	-4.26	7.77	2.46	5.31
资产净利率（%）	1.01	-1.92	2.95	0.60	2.35

资料来源：沪深交易所，同花顺。

表 12　　2019 年农业上市公司偿债及营运情况

指　标	2019 年	2019 年可比样本变动	2018 年	2018 年可比样本变动	2017 年
资产负债率（%）	43.15	2.28	40.29	-1.25	41.54
存货周转率（次）	3.07	0.35	2.13	-0.44	2.56
总资产周转率（次）	0.49	0.03	0.38	-0.06	0.44

资料来源：沪深交易所，同花顺。

（二）林业

1. 行业概况

2019 年，林业总产值为 5775.7 亿元，较上年增加 343.1 亿元，同比增长 6.32%。林业投资规模保持增长趋势，生态建设与保护投资比重进一步提高。2019 年全国造林面积超过 1 亿亩，人工造林面积保持全球第一位。国内木材产量跃上新台阶，林业高质量发展取得新进展。2019 年中国商品材产量达 10046 万立方米，较 2018 年增加了 1235 万立方米，同比增长 14.0%。

2. 行业内上市公司发展情况

表 13　　2019 年林业上市公司收入及资产增长情况　　单位：亿元

指　标	2019 年	2019 年可比样本变动（%）	2018 年	2018 年可比样本变动（%）	2017 年
营业收入	19.80	-0.10	19.82	12.34	17.65
利润总额	1.24	-267.44	-0.74	-81.86	-4.07
归属于母公司所有者的净利润	0.68	-138.93	-1.75	-56.75	-4.06
总资产	98.87	-0.51	99.38	2.74	96.73
归属于母公司股东权益	41.99	1.49	41.37	-5.77	43.91

资料来源：沪深交易所，同花顺。

表 14　　2019 年林业上市公司盈利能力情况

指　标	2019 年	2019 年可比样本变动	2018 年	2018 年可比样本变动	2017 年
毛利率（%）	21.71	2.45	19.25	-0.36	21.55
净资产收益率（%）	1.63	5.87	-4.24	5.00	-8.46
销售净利率（%）	4.62	11.84	-7.22	16.38	-21.91
资产净利率（%）	0.92	2.38	-1.46	2.86	-3.99

资料来源：沪深交易所，同花顺。

表 15　　2019 年林业上市公司偿债及营运情况

指　标	2019 年	2019 年可比样本变动	2018 年	2018 年可比样本变动	2017 年
资产负债率（%）	51.38	-3.09	54.48	4.90	49.24
存货周转率（次）	0.31	-0.04	0.36	0.01	0.33
总资产周转率（次）	0.20	0.00	0.20	0.02	0.18

资料来源：沪深交易所，同花顺。

（三）畜牧业

1. 行业概况

2019 年我国畜牧业总产值超过 33064.35 亿元，比上年年末增加 4366.95 亿元，同比增长 15.22%，其中 27 个省（区）牧业总产值实现增长，4 个省（区）下降。2019 年全国肉类总产量 7758.78 万吨，比 2018 年减少 865.89 万吨，降幅达到 10.04%。

2019 年全国生猪产能下降较多，猪价涨幅较大。据农业农村部监测，2019 年 12 月生猪存栏同比下降 37.7%，能繁母猪存栏同比下降 31.4%，全年累计出栏量同比下降 24.6%。市场供给不足导致猪肉价格、进口数量均创历史新高，全年生猪养殖头均盈利高达 660 元。2019 年在产蛋鸡存栏量持续上升，雏鸡补栏同比大幅增加，淘汰鸡数量和淘汰日龄正常，鸡蛋产量高于近 4 年平均水平，产能有过剩苗头，但由于对猪肉有替代作用，淘汰鸡价格持续高涨，上半年蛋价淡季不淡，下半年蛋价创历史新高。蛋鸡养殖效益创近 10 年最高值。2019 年全球肉鸡产业转型升级进一步加快，再加上非洲猪瘟疫情对肉鸡产业的推动，肉鸡生产、消费和贸易量整体呈上升趋势，肉鸡产业正逐步走上发展的快车道。据测算，2019 年肉鸡生产大幅增长，肉鸡出栏数增加 14%；鸡肉总产量同比增长 13.1%。2019 年奶业发展形势稳步向好，国产和进口双增，生产和消费两旺，迈出奶业振兴坚实的第一步。据生鲜乳收购站监测数据显示，生鲜乳产量继续增长，全年产奶量同比增长 5.7%。

2019 年牛肉产量同比有所增加，单产贡献明显，肉牛存栏、能繁母牛存栏均小幅增加。肉牛生产效率和生产管理水平提升，肉牛饲喂青贮等带动了节本增效。肉牛养殖规模化程度逐步提升，产业融合发展凸显，种养结合、生态循环的肉牛产业发展模式逐步推进。2019 年我国肉羊生产稳中有升，肉羊存栏和羊肉产量同比有所上升，但能繁母羊存栏和新生羔羊总量同比有所下降；肉羊出栏价格及羊肉价格明显上涨，达到历史高位水平，肉羊养殖效益显著提升；羊肉进口数量大幅增长，贸易逆差进一步扩大。

2019 年全年畜产品出口额为 65.01 亿美元，同比减少 5.2%；进口额为 362.23 亿美元，同比增加 27.0%；逆差为 297.2 亿美元，同比增加 37.2%。肉类及制品（包括活动物）出口额为 38.94 亿美元，同比减少 12.3%，主要出口中国香港、日本、德国、荷兰、美国、泰国、中国澳门、南非、西班牙和英国；进口额为 192.65 亿美元，同比增 66.9%，主要进口来自巴西、澳大利亚、新西兰、阿根廷、西班牙、乌拉圭、德国、美国、丹麦和荷兰。其中，肉类及杂碎出口量为 25.6 万吨，同比减少 8.1%；进口量为 603.2 万吨，同比增长 48.2%。

2. 行业内上市公司发展情况

表 16　　2019 年畜牧业上市公司收入及资产增长情况　　单位：亿元

指　标	2019 年	2019 年可比样本增长（%）	2018 年	2018 年可比样本增长（%）	2017 年
营业收入	1383.43	30.47	1022.74	8.03	1072.47
利润总额	323.12	314.71	42.99	-55.64	96.04
归属于母公司所有者的净利润	310.58	217.58	39.16	-56.61	90.58
总资产	1754.84	30.48	1484.73	8.37	1532.91
归属于母公司股东权益	1057.56	42.20	710.99	1.05	762.82

资料来源：沪深交易所，同花顺。

表 17　　2019 年畜牧业上市公司盈利能力情况

指　标	2019 年	2019 年可比样本变动	2018 年	2018 年可比样本变动	2017 年
毛利率（%）	30.26	13.11	15.54	-3.48	17.72
净资产收益率（%）	29.37	19.77	5.51	-7.32	11.87
销售净利率（%）	23.02	15.88	3.98	-5.86	8.66
资产净利率（%）	20.55	14.58	2.85	-4.68	6.61

资料来源：沪深交易所，同花顺。

表 18　　2019 年畜牧业上市公司偿债及营运情况

指　标	2019 年	2019 年可比样本变动	2018 年	2018 年可比样本变动	2017 年
资产负债率（%）	33.40	-8.64	48.7	2.40	47.64
存货周转率（次）	3.66	0.01	3.55	-0.01	3.94
总资产周转率（次）	0.89	0.06	0.72	-0.05	0.76

资料来源：沪深交易所，同花顺。

（四）渔业

1. 行业概况

2019 年渔业总产值 12572.4 亿元，比上年年末增加 440.89 亿元，同比增长 3.63%。全国水产品总产量 6480.36 万吨，比上年增长 0.35%。其中，养殖产量 5079.07 万吨，同比增长 1.76%，捕捞产量 1401.29 万吨，同比下降 4.45%，养殖产品与捕捞产品的产量比例为 78.4:21.6；海水产品产量 3282.50 万吨，同比下降 0.57%，淡水产品产量 3197.87 万吨，同比增长 1.32%，海水产品与淡水产品的产量比例为 50.7:49.3。

2019 年水产品市场价格略有下降。2019 年水产品生产者价格比上年下降 0.6%。其中，海水养殖产品下降 2.8%，海水捕捞产品上涨 0.6%，淡水养殖产品下降 0.2%。分季度看，第一季度和第四季度分别下降 2.8% 和 0.3%，第二季度和第三季度分别上涨 0.4% 和 1.2%。

2. 行业内上市公司发展情况

表 19　　2019 年渔业上市公司收入及资产增长情况　　单位：亿元

指　标	2019 年	2019 年可比样本增长（%）	2018 年	2018 年可比样本增长（%）	2017 年
营业收入	170.45	-1.51	171.74	6.41	161.39
利润总额	-19.35	-4627.48	0.12	-83.03	0.71
归属于母公司所有者的净利润	-19.53	-830.52	-1.00	-781.32	-0.11
总资产	276.69	-4.75	286.81	6.73	268.74
归属于母公司股东权益	131.50	-13.89	150.40	2.51	146.71

资料来源：沪深交易所，同花顺。

表 20　　2019 年渔业上市公司盈利能力情况

指　标	2019 年	2019 年可比样本变动	2018 年	2018 年可比样本变动	2017 年
毛利率（%）	18.10	-2.12	19.92	0.43	19.49
净资产收益率（%）	-14.85	-14.37	-0.67	-0.59	-0.08
销售净利率（%）	-11.49	-11.23	-0.44	-0.42	-0.01
资产净利率（%）	-6.90	-6.75	-0.27	-0.26	-0.01

资料来源：沪深交易所，同花顺。

表 21　　2019 年渔业上市公司偿债及营运情况

指　标	2019 年	2019 年可比样本变动	2018 年	2018 年可比样本变动	2017 年
资产负债率（%）	50.91	5.25	45.84	1.53	44.31
存货周转率（次）	2.03	0.07	1.98	-0.02	2.00
总资产周转率（次）	0.60	-0.02	0.62	-0.02	0.63

资料来源：沪深交易所，同花顺。

（五）农、林、牧、渔服务业

1. 行业概况

农、林、牧、渔服务业指对农、林、牧、渔业生产活动进行的各种专业及辅助性生产活动，包含种子育苗培育服务、农业机械服务、灌溉服务、农产品初加工服务，但不包括各种科学技术和专业技术服务活动。农业服务业正处于快速发展的战略机遇期，加快推进农业服务业发展，是加快构建现代农业经营体系、走中国特色农业现代化道路的必然选择。该行业发展阶段仍处前期，2019 年国内农业上市公司中该行业只有 1 家公司，农业服务业是现代农业竞争的制高点，各类服务组织创新模式，整合资源，提升能力，将加快推进农业农村的现代化进程。

2. 行业内上市公司发展情况

表 22　　2019 年农、林、牧、渔服务业上市公司收入及资产增长情况　　单位：亿元

指　标	2019 年	2019 年可比样本增长（%）	2018 年	2018 年可比样本增长（%）	2017 年
营业收入	24.04	24.74	19.27	33.21	14.47
利润总额	0.74	3.58	0.72	301.57	0.18
归属于母公司所有者的净利润	0.57	390.92	0.53	356.27	0.12
总资产	26.04	6.63	24.43	11.38	21.93
归属于母公司股东权益	16.96	7.60	15.76	17.88	13.37

资料来源：沪深交易所，同花顺。

表 23　　2019 年农、林、牧、渔服务业上市公司盈利能力情况

指　标	2019 年	2019 年可比样本变动	2018 年	2018 年可比样本变动	2017 年
毛利率（%）	16.05	-0.22	16.27	1.32	14.95
净资产收益率（%）	3.37	0.00	3.37	2.50	0.87
销售净利率（%）	2.64	-0.33	2.98	1.97	1.01
资产净利率（%）	2.52	0.04	2.48	1.79	0.69

资料来源：沪深交易所，同花顺。

表 24　　2019 年农、林、牧、渔服务业上市公司偿债及营运情况

指　标	2019 年	2019 年可比样本变动	2018 年	2018 年可比样本变动	2017 年
资产负债率（%）	32.82	-0.71	33.53	-3.61	37.14
存货周转率（次）	2.60	0.49	2.11	0.42	1.69
总资产周转率（次）	0.95	0.12	0.83	0.15	0.68

资料来源：沪深交易所，同花顺。

四、重点上市公司介绍

（一）牧原股份

牧原食品股份有限公司创立于1992年，于2014年在深圳证券交易所上市。公司是集饲料加工、生猪育种、种猪扩繁、商品猪饲养、屠宰加工于一体的农业产业化国家重点龙头企业。公司2019年生猪出栏量小幅度下降，全年共销售生猪1025.33万头，同比下降－6.88%；其中商品猪867.91万头，仔猪154.71万头，种猪2.71万头。2019年公司实现营业收入202.21亿元，同比增长51.04%；实现归属于母公司所有者的净利润61.14亿元，同比增长1075.77%。截至2019年年底，公司养猪生产类全资、控股子公司数量已经达到138个，分布在13个省区。

公司专注于大规模一体化的养殖模式，经过28年的发展，已形成了集科研、饲料加工、生猪育种、种猪扩繁、商品猪饲养、生猪屠宰为一体的生猪产业链，目前是国内较大的生猪养殖、生猪育种企业。公司自建饲料厂，研究营养配方并生产饲料，供应各阶段生猪饲养；自主设计猪舍和自动化设备；以市场需求为导向，建立育种体系，坚持价值育种，选育优良品种；建立核心群—扩繁群—商品群的繁育体系，选育优秀种猪及商品猪；采取全程自养方式，使各养殖环节置于公司的质量管控体系之中，从而使公司在食品安全控制、产品质量控制、疫病防控、规模化高效经营、生产成本控制等方面，具有显著的特色和优势。

（二）圣农发展

公司属于白羽肉鸡生产及肉类食品深加工行业，拥有全球最完整的白羽肉鸡全产业链，涵盖了饲料加工、原种培育、祖代与父母代种鸡养殖、种蛋孵化、肉鸡饲养、屠宰加工与销售、熟食加工与销售等多个环节，同时公司也是国内规模最大的白羽肉鸡食品企业。

2019年公司实现营业收入145.58亿元，同比增长26.08%。归属于母公司股东净利润40.93亿元，其中熟食板块实现营业收入42.68亿元，归属于母公司股东净利润2.73亿元，实现连续8年营业收入复合增长率29.38%。

公司的核心竞争优势，是建立了全球最完整配套的白羽肉鸡自繁自养自宰及深加工全产业链。目前公司产业链已经向上延伸至白羽肉鸡的育种研发，并已经取得一定成就。截至2019年年底，公司已成功培育出11个品系，并筛选出性能优异的国内首个白羽肉鸡配套系——SZ901。至此，公司实现祖代鸡全部自给有余，使公司摆脱了国外种源供给的束缚，打破我国白羽肉鸡种源完全依赖进口的局面，推动实现我国白羽肉鸡种源国产化。尤其是在目前新冠肺炎疫情全球持续发酵的情况下，公司自主繁育的种源将对公司完成既定生产计划提供强有力的保障。与此同时，公司产业链亦已向下延伸至鸡肉产品深加工。通过多年的深耕，公司已搭建了圣农特色的分层次渠道布局架构，并通过与大型商超、便利店及线上平台的合作，将品牌影响力逐渐延伸至终端消费领域。完整配套的全产业链使公司在食品安全、生产稳定性、规模化经营、疫病可控性等方面都体现了强大的竞争力，为进一步增加深加工产品转换率，巩固下游餐饮客户中央厨房地位及实现家庭便捷美食专家的目标提供了有力保障，为公司实现“品牌化、鲜品化、熟食化”战略奠定了坚实的基础。内部方面，公司持续推动精细化管理及4.0项目，减少了用工量，提升了生产效率；外部方面，公司采用管理输出的方式推动OEM机制，建立战略合作工厂，目前公司已有两家稳定战略合作工厂，提升了公司手工密集型产品生产能力。

五、上市公司在行业中的影响力

在乡村振兴的大背景下，农业行业的可持续发展成为现代农业发展的重要要求。2019年中央一号文件中指出：在经济下行压力加大、外部环境发生深刻变化的复杂形势下，做好“三农”工作具有特殊重要性。必须坚持把解决好“三农”问题作为全党工作重中之重不动摇，进一步统一思想、坚定信心、落实工作，巩固发展农业农村好形势，发挥“三农”压舱石作用，为有效应对各种风险挑战赢得主动，为确保经济持续健康发展和社会大局稳定、如期实现第一个百年奋斗目标奠定基础。

中央强调做好“三农”工作，要紧紧围绕统筹推进“五位一体”总体布局，协调推进“四个全面”战略布局，牢牢把握稳中求进工作总基调，落实高质量发展要求，坚持农业农村优先发展总方针，以实施乡村振兴战略为总抓手，对标全面建成小康社会“三农”工作必须完成的硬任务，适应国内外复杂形势变化对农村改革发展提出的新要求，抓重点、补短板、强基础，围绕“巩固、增强、提升、畅通”深化农业供给侧结构性改革。具体来说，在我国农业产业结构的变革浪潮中，创新种植、养殖模式，提升优化服务效率的新型农业企业将在此前的发展趋势下得到充分的发展和市场认可。

审稿人：孙金钜　张月慧

撰稿人：陈雪丽

采矿业

一、采矿业总体概况

（一）行业整体运行情况

2019年世界经济下滑，国内经济下行压力显现，采矿业形势总体表现一般。除了铁矿石外，铜、铝、铅、锌、煤炭、原油等矿产品价格均呈现震荡下跌趋势，但整体来看，仍处于供给侧结构性改革以来的价格高位，同时主要矿产品产量均有一定的增长，行业营收与利润增速下滑，但行业资产负债表得到进一步修复。

（二）细分行业运行概况

黑色金属矿产采选方面，2019年以来，受巴西淡水河谷的尾矿坝溃坝事故以及极端天气的叠加影响，国际铁矿石供应下滑，价格出现大幅上涨，62%铁矿石一度突破125美元/吨。据国家统计局数据显示，2019年生产生铁约8.09亿吨，同比增长5.3%；生产粗钢约9.96亿吨，同比增长8.3%；生产钢材约12.05亿吨，同比增长9.8%。国产铁精矿年度平均价格为791元/吨，同比大涨24%。价格的上涨导致行业经济效益明显改善。2019年规模以上矿山实现主营业收入3481亿元，同比增长3.2%，利润总额215亿元，同比增加196.14%，规模以上铁矿企业数量合计1239家，减少289家，行业亏损面近20%，同比减少。

石油和天然气开采方面，2019年我国原油产量1.91亿吨，增长1.00%；天然气产量（含煤层气，下同）1775.60亿立方米，增长9.99%；液化天然气产量1165万吨，增幅29.4%。全年进口原油5.06亿吨，同比增长9.48%，对外依存度72.55%，仍在提高；进口天然气1342亿立方米，增幅6.8%，对外依存度约42.94%，有所降低。2019年年末石油和天然气开采业企业单位数115家，实现收入8675亿元，同比减少0.4%；利润总额1606亿元，同比减少1.31%；资产总计2.25万亿元，同比增加16.4%；资产负债率45.70%；行业亏损面35%，同比有所减少。

开采辅助活动方面，2019年世界经济增速放缓叠加美国页岩油产量超预期，原油价格整体呈现下行趋势。国内市场方面，国内经济下行压力较大，为了响应国家要求，加大资源勘探力度，三桶油曾于2019年年初制订了“7年行动计划”，当年勘探开发资本开支计划合计3688亿~3788亿元，同比增长19%~22%。其中中石油计划2392亿元，同比增长16%，中石化计划596亿元，同比增长41%，中海油计划700亿～800亿元，同比增长12%～28%。从全年实际完成情况来看，2019年国内油气上游勘探开发投资大增22%，增速达年初计划目标上限。“三桶油”在资本支出上的激进式投入，直接推动了油服企业盈利的好转。2019年规模以上开采辅助活动公司实现主营业收入2389亿元，同比增长33.4%，利润总额22.2亿元，同比大幅扭亏，规模以上企业数量合计210家，增加24家，行业亏损面近14%，同比大幅减少。

煤炭开采方面，自供给侧结构性改革以来，先进产能置换、落后产能退出，全国原煤产量从2017年起恢复小幅增长，从2017年的35.24亿吨，2018年的36.98亿吨，到2019年度原煤产量达到38.46亿吨，整体呈现上涨趋势。煤价全年高位震荡运行，代表性品种秦皇岛港5500大卡动力煤全年均价588.06元/吨，同比2018年593.05元/吨的均价微幅下跌0.8%，基本持平。煤价高位运行，导致行业盈利水平继续改善。2019年规模以上煤炭开采与洗选企业实现主营业收入24789亿元，同比增长0.58%，利润总额2830亿元，同比微跌2%；规模以上企业数量合计4239家，减少266家，行业亏损面近27%，同比有所减少。

有色金属矿采选方面，2019年主要有色金属矿产品价格震荡下滑，铜、铝、铅、锌现货均价分别为47768元/吨、13943元/吨、16657元/吨、20742元/吨，同比分别下降5.6%、下降1.8%、下降12.8%和下降13.2%。产量小幅增长，2019年十种有色金属产量5842万吨，同比增长2.7%。由于价格下行，2019年有色金属采选业企业效益不佳，2019年规模以上有色采选业企业实现主营业收入3351亿元，同比减少10.1%，利润总额302亿元，同比减少28.2%；规模以上企业数量合计1272家，减少184家，行业亏损面近25.9%。

非金属矿采选方面，由于环保、安检影响，非金属采选业企业效益普遍好转。2019年规模以上企业合计实现主营业收入3444.7亿元，同比增加0.9%，利润总额299亿元，同比增加11.3%；规模以上企业数量合计3174家，减少221家，行业亏损面较低，约11%。目前该分类下仅有金石资源一家上市公司，主要从事萤石的开采与销售业务。2019年国内萤石市场整体运行价格区间较为平稳，企业盈利情况良好。据百川盈孚数据，2019年酸级萤石精粉全年均价为2887.05元/吨（含税），比2018年全年均价2644.28元/吨（含税）同比涨幅9.2%。在此情况下，金石资源的经营效益较好，2019年实现总营业收入8亿元，归母净利润2.22亿元，均出现较大比例增长。

二、行业内上市公司发展概况

（一）行业内上市公司基本情况

表 1　　2019 年采矿业上市公司发行股票概况

门　类	A、B 股总数（家）	A 股股票数（家）	B 股股票数（家）	境内总市值（亿元）	流通 A 股市值（亿元）	流通 B 股市值（亿元）
采矿业	78	77	1	29110.12	27749.07	75.44
占沪深两市比重（%）	2.02	2.00	0.03	4.91	5.76	5.75

资料来源：沪深交易所，同花顺。

（二）行业内上市公司构成情况

表 2　　2019 年采矿业上市公司构成情况

门　类	沪市			深市			ST/*ST
	仅 A 股	仅 B 股	A+B 股	仅 A 股	仅 B 股	A+B 股	
采矿业（家）	51	1	0	26	0	0	1/1
占行业内上市公司比重（%）	65.38	1.28	0.00	33.33	0.00	0.00	1.28/1.28

资料来源：沪深交易所，同花顺。

（三）行业内上市公司融资情况

表 3　　2019 年采矿业上市公司与沪深两市融资情况对比　　单位：家

门　类	融资家数	新股	增发	配股
采矿业	7	1	6	0
沪深两市总数	427	203	215	9
占比（%）	1.64	0.49	2.79	0.00

资料来源：沪深交易所，同花顺。

其中，首发新股的 1 家，是海油发展，沪市上市公司；增发的 6 家公司中，有 4 家沪市主板、1 家中小板公司和 1 家创业板公司。

按行业大类划分，进行融资的 7 家公司中，煤炭开采和洗选业 2 家，石油和天然气开采业 1 家，有色金属矿采选业 3 家，开采辅助活动业 1 家，分别占比 28.57%、14.29%、42.86%、14.29%。

从融资效果来看，上述公司实际发行数量为 520491.65 万股；实际募集资金 187.41 亿元，基本完成了融资计划。

2019 年采矿业上市公司融资情况明细见附录。

（四）行业内上市公司资产及业绩情况

表 4　　2019 年采矿业上市公司资产情况　　单位：亿元

指　标	2019 年	2019 年可比样本增长（%）	2018 年	2018 年可比样本增长（%）	2017 年
总资产	74444.07	8.83	68405.46	2.28	66233.16
流动资产	18348.46	-2.95	18906.29	5.18	17866.81
占比（%）	24.65	-10.83	27.64	0.76	26.98
非流动资产	56095.60	13.33	49499.17	1.22	48366.35
占比（%）	75.35	4.14	72.36	-0.76	73.02
流动负债	22114.27	7.43	20584.04	1.41	20041.38
占比（%）	29.71	-1.28	30.09	-0.26	30.26
非流动负债	14581.98	26.57	11520.61	-1.77	11561.08
占比（%）	19.59	16.32	16.84	-0.69	17.46
归属于母公司股东权益	32154.36	4.30	30830.06	3.61	29599.30
占比（%）	43.19	-1.63	45.07	0.58	44.69

资料来源：沪深交易所，同花顺。

表 5　　2019 年采矿业上市公司收入实现情况　　单位：亿元

指　标	2019 年	2019 年可比样本增长（%）	2018 年	2018 年可比样本增长（%）	2017 年
营业收入	72150.05	6.11	67284.26	17.47	56832.94
利润总额	3725.86	-5.42	3901.42	32.80	2900.81
归属于母公司所有者的净利润	2157.21	-2.92	2206.24	32.26	1643.17

资料来源：沪深交易所，同花顺。

（五）利润分配情况

2019 年全年采矿业上市公司中共有 52 家公司实施了分红配股。其中，2 家上市公司实施送股或转增股，52 家上市公司实施派息，其中 0 家公司既实施了送股、转增又实施了派息。

2019 年采矿业上市公司分红明细见附录。

（六）其他财务指标情况

1. 盈利能力指标

表 6　　2019 年采矿业上市公司盈利能力情况

指　标	2019 年	2019 年可比样本变动	2018 年	2018 年可比样本变动	2017 年
毛利率（%）	19.02	-1.71	20.77	-1.13	21.87
净资产收益率（%）	6.71	-0.45	7.16	1.55	5.55
销售净利率（%）	3.82	-0.39	4.20	0.34	3.85
资产净利率（%）	3.83	-0.36	4.18	0.80	3.36

资料来源：沪深交易所，同花顺。

2. 偿债能力指标

表 7　　2019 年采矿业上市公司偿债能力指标

指　标	2019 年	2019 年可比样本变动	2018 年	2018 年可比样本变动	2017 年
流动比率	0.83	-0.08	0.92	0.03	0.89
速动比率	0.59	-0.09	0.68	0.03	0.66
资产负债率（%）	49.29	2.07	46.93	-0.95	47.71

资料来源：沪深交易所，同花顺。

3. 营运能力指标

表 8　　2019 年采矿业上市公司营运能力情况　　单位：次

营运能力指标	2019 年	2019 年可比样本变动	2018 年	2018 年可比样本变动	2017 年
存货周转率	11.41	0.14	11.24	1.27	9.92
应收账款周转率	29.74	2.12	27.99	4.34	23.57
流动资产周转率	3.85	0.20	3.65	0.21	3.42
固定资产周转率	3.08	0.16	2.92	0.44	2.48
总资产周转率	1.00	0.01	0.99	0.12	0.87
净资产周转率	1.94	0.04	1.89	0.21	1.67

资料来源：沪深交易所，同花顺。

三、重点细分行业介绍

表 9　　2019 年采矿业上市公司数量分布及市值情况

大　类	上市公司家数（家）	占行业内比重（%）	境内总市值（亿元）	占行业内比重（%）
煤炭开采和洗选业	27	34.62	7615.63	23.61
非金属矿采选业	1	1.28	49.90	0.16
有色金属矿采选业	22	28.21	5282.96	16.38
黑色金属矿采选业	5	6.41	300.82	0.93
石油和天然气开采业	6	7.69	16568.58	51.37
开采辅助活动	17	21.79	2193.47	7.54

资料来源：沪深交易所，同花顺。

（一）黑色金属矿采选业

1. 行业概况

2019年以来，受巴西淡水河谷的尾矿坝溃坝事故以及极端天气的叠加影响，国际铁矿石供应下滑，价格出现大幅上涨，62%铁矿石一度突破125美元/吨。据国家统计局数据显示，2019年生产生铁约8.09亿吨，同比增长5.3%；生产粗钢约9.96亿吨，同比增长8.3%；生产钢材约12.05亿吨，同比增长9.8%。国产铁精矿年度平均价格为791元/吨，同比大涨24%。价格的上涨导致行业经济效益明显改善。2019年规模以上矿山实现主营业收入3481亿元，同比增长3.2%，利润总额215亿元，同比增加196.14%，规模以上黑色金属矿采选业企业数量合计1239家，减少289家，行业亏损面近20%，同比减少。

2. 行业内上市公司发展情况

表10　　2019年黑色金属矿采选业上市公司收入及资产增长情况　　单位：亿元

指　标	2019年	2019年可比样本增长（%）	2018年	2018年可比样本增长（%）	2017年
营业收入	171.84	47.24	105.42	1.53	198.19
利润总额	16.65	2193.22	-4.89	-192.12	15.19
归属于母公司所有者的净利润	9.57	1389.43	-7.01	-845.11	8.23
总资产	304.11	-1.00	278.74	-7.50	406.08
归属于母公司股东权益	175.78	-1.78	167.04	-5.90	220.53

资料来源：沪深交易所，同花顺。

表11　　2019年黑色金属矿采选业上市公司盈利能力情况

指　标	2019年	2019年可比样本变动	2018年	2018年可比样本变动	2017年
毛利率（%）	30.26	-2.62	31.48	-11.23	30.82
净资产收益率（%）	5.44	8.63	-4.20	-3.78	3.73
销售净利率（%）	7.03	10.30	-6.06	-7.92	5.90
资产净利率（%）	3.95	5.21	-2.20	-2.90	3.11

资料来源：沪深交易所，同花顺。

表12　　2019年黑色金属矿采选业上市公司偿债及营运情况

指　标	2019年	2019年可比样本变动	2018年	2018年可比样本变动	2017年
资产负债率（%）	29.45	-0.60	31.31	-0.51	38.23
存货周转率（次）	7.20	2.81	4.07	0.81	5.46
总资产周转率（次）	0.56	0.18	0.36	-0.01	0.53

资料来源：沪深交易所，同花顺。

（二）开采辅助活动

1. 行业概况

开采辅助活动方面，2019 年世界经济增速放缓叠加美国页岩油产量超预期，原油价格整体呈现下行趋势。国内市场方面，国内经济下行压力较大，为了响应国家要求，加大资源勘探力度，三桶油曾于 2019 年年初制订了“7 年行动计划”，当年勘探开发资本开支计划合计 3688 亿～3788 亿元，同比增长 19%～22%。其中中石油计划 2392 亿元，同比增长 16%，中石化计划 596 亿元，同比增长 41%，中海油计划 700 亿～800 亿元，同比增长 12%～28%。从全年实际完成情况来看，2019 年国内油气上游勘探开发投资大增 22%，增速达年初计划目标上限。“三桶油”在资本支出上的激进式投入，直接推动了油服企业盈利的好转。2019 年规模以上开采辅助活动公司实现主营业收入 2389 亿元，同比增长 33.4%，利润总额 22.2 亿元，同比大幅扭亏，规模以上企业数量合计 210 家，增加 24 家，行业亏损面近 14%，同比大幅减少。

2. 行业内上市公司发展情况

表 13　　2019 年开采辅助活动上市公司收入及资产增长情况　　单位：亿元

指　标	2019 年	2019 年可比样本增长（%）	2018 年	2018 年可比样本增长（%）	2017 年
营业收入	2349.73	18.38	1687.67	12.27	1484.52
利润总额	84.89	95.23	29.04	141.88	-74.13
归属于母公司所有者的净利润	52.57	169.14	6.12	106.97	-91.46
总资产	3356.79	2.51	2989.46	1.21	2914.71
归属于母公司股东权益	1305.58	6.15	1093.22	7.23	994.54

资料来源：沪深交易所，同花顺。

表 14　　2019 年开采辅助活动上市公司盈利能力情况

指　标	2019 年	2019 年可比样本变动	2018 年	2018 年可比样本变动	2017 年
毛利率（%）	11.87	1.53	10.00	2.59	6.60
净资产收益率（%）	4.03	2.66	0.56	9.17	-9.20
销售净利率（%）	2.32	1.36	0.46	6.22	-6.09
资产净利率（%）	1.64	1.06	0.26	3.12	-3.02

资料来源：沪深交易所，同花顺。

表 15　　2019 年开采辅助活动上市公司偿债及营运情况

指　标	2019 年	2019 年可比样本变动	2018 年	2018 年可比样本变动	2017 年
资产负债率（%）	60.53	-1.41	63.02	-1.99	65.40
存货周转率（次）	5.69	1.08	4.01	0.83	3.19
总资产周转率（次）	0.71	0.10	0.57	0.07	0.50

资料来源：沪深交易所，同花顺。

（三）煤炭开采和洗选业

1. 行业概况

煤炭开采方面，自供给侧结构性改革以来，先进产能置换、落后产能退出，全国原煤产量从 2017 年起恢复小幅增长，从 2017 年的 35.24 亿吨，2018 年的 36.98 亿吨，到 2019 年度原煤产量达到 38.46 亿吨，整体呈现上涨趋势。煤价全年高位震荡运行，代表性品种秦皇岛港 5500 大卡动力煤全年均价 588.06 元/吨，同比 2018 年 593.05 元/吨的均价微幅下跌 0.8%，基本持平。煤价高位运行，导致行业盈利水平继续改善。2019 年规模以上煤炭开采与洗选企业实现主营业收入 24789 亿元，同比增长 0.58%，利润总额 2830 亿元，同比微跌 2%；规模以上企业数量合计 4239 家，减少 266 家，行业亏损面近 27%，同比有所减少。

2. 行业内上市公司发展情况

表 16　　2019 年煤炭开采和洗选业上市公司收入及资产增长情况　　单位：亿元

指　标	2019 年	2019 年可比样本增长（%）	2018 年	2018 年可比样本增长（%）	2017 年
营业收入	10065.98	6.61	9293.01	9.23	8004.18
利润总额	1470.24	-1.33	1491.56	6.04	1370.31
归属于母公司所有者的净利润	918.88	2.55	908.81	1.43	868.43
总资产	19725.62	0.79	19342.78	4.53	17880.26
归属于母公司股东权益	8514.43	6.42	7990.81	9.11	7170.81

资料来源：沪深交易所，同花顺。

表 17　　2019 年煤炭开采和洗选业上市公司盈利能力情况

指　标	2019 年	2019 年可比样本变动	2018 年	2018 年可比样本变动	2017 年
毛利率（%）	28.96	-2.75	32.06	-0.95	33.77
净资产收益率（%）	10.79	-0.52	11.37	-0.86	12.11
销售净利率（%）	11.26	-0.78	12.26	-0.60	13.27
资产净利率（%）	5.77	-0.20	6.02	-0.16	6.12

资料来源：沪深交易所，同花顺。

表 18　　2019 年煤炭开采和洗选业上市公司偿债及营运情况

指　标	2019 年	2019 年可比样本变动	2018 年	2018 年可比样本变动	2017 年
资产负债率（%）	48.69	-1.70	49.89	-1.77	50.96
存货周转率（次）	16.94	0.61	16.26	1.60	14.04
总资产周转率（次）	0.51	0.02	0.49	0.01	0.46

资料来源：沪深交易所，同花顺。

（四）石油和天然气开采业

1. 行业概况

2019 年我国原油产量 1.91 亿吨，增长 1.00%；天然气产量（含煤层气，下同）1775.60 亿立方米，增长 9.99%；液化天然气产量 1165 万吨，增幅 29.4%。全年进口原油 5.06 亿吨，同比增长 9.48%，对外依存度 72.55%，仍在提高；进口天然气 1342 亿立方米，增幅 6.8%，对外依存度约 42.94%，有所降低。

2019 年年末石油和天然气开采业企业单位数 115 家，实现收入 8675 亿元，同比减少 0.4%；利润总额 1606 亿元，同比减少 1.31%；资产总计 2.25 万亿元，同比增加 16.4%；资产负债率 45.70%；行业亏损面 35%，同比有所减少。

2. 行业内上市公司发展情况

表 19　　2019 年石油和天然气开采业上市公司收入及资产增长情况　　单位：亿元

指　标	2019 年	2019 年可比样本增长（%）	2018 年	2018 年可比样本增长（%）	2017 年
营业收入	55032.46	4.13	52633.31	19.92	43889.75
利润总额	1962.64	-11.13	2192.35	55.33	1411.44
归属于母公司所有者的净利润	1055.52	41.05	1181.66	57.92	748.30
总资产	45668.69	11.09	40958.86	0.65	40689.70
归属于母公司股东权益	19973.40	2.00	19572.02	0.82	19409.53

资料来源：沪深交易所，同花顺。

表 20　　2019 年石油和天然气开采业上市公司盈利能力情况

指　标	2019 年	2019 年可比样本变动	2018 年	2018 年可比样本变动	2017 年
毛利率（%）	18.17	-1.39	19.52	-1.14	20.66
净资产收益率（%）	5.28	-0.77	6.04	2.18	3.86
销售净利率（%）	2.57	-0.40	2.95	0.49	2.46
资产净利率（%）	3.26	-0.57	3.80	1.11	2.69

资料来源：沪深交易所，同花顺。

表 21　　2019 年石油和天然气开采业上市公司偿债及营运情况

指　标	2019 年	2019 年可比样本变动	2018 年	2018 年可比样本变动	2017 年
资产负债率（%）	48.49	4.36	43.96	-0.52	44.48
存货周转率（次）	12.19	-0.03	12.23	1.32	10.91
总资产周转率（次）	1.27	-0.02	1.29	0.20	1.09

资料来源：沪深交易所，同花顺。

（五）有色金属矿采选业

1. 行业概况

有色金属矿采选方面，2019 年主要有色金属矿产品价格震荡下滑，铜、铝、铅、锌现货均价分别为 47768 元/吨、13943 元/吨、16657 元/吨、20742 元/吨，同比分别下降 5.6%、下降 1.8%、下降 12.8% 和下降 13.2%。产量小幅增长，2019 年十种有色金属产量 5842 万吨，同比增长 2.7%。由于价格下行，2019 年有色金属采选业企业效益不佳，2019 年规模以上有色采选业企业实现主营业收入 3351 亿元，同比减少 10.1%，利润总额302 亿元，同比减少 28.2%；规模以上企业数量合计 1272 家，减少 184 家，行业亏损面近 25.9%。

2. 行业内上市公司发展情况

表 22　　2019 年有色金属矿采选业上市公司收入及资产增长情况　　单位：亿元

指　标	2019 年	2019 年可比样本增长（%）	2018 年	2018 年可比样本增长（%）	2017 年
营业收入	4521.96	25.77	3558.97	8.82	3252.53
利润总额	188.47	-3.95	191.48	4.72	176.98
归属于母公司所有者的净利润	118.45	-11.87	115.28	3.36	108.90
总资产	5367.49	8.58	4820.49	9.19	4330.12
归属于母公司股东权益	2174.71	7.29	1998.56	10.06	1796.63

资料来源：沪深交易所，同花顺。

表 23　　2019 年有色金属矿采选业上市公司盈利能力情况

指　标	2019 年	2019 年可比样本变动	2018 年	2018 年可比样本变动	2017 年
毛利率（%）	10.58	-3.92	14.48	-1.09	15.39
净资产收益率（%）	5.45	-0.39	5.77	-0.37	6.06
销售净利率（%）	3.02	-0.84	3.80	-0.05	3.73
资产净利率（%）	2.65	-0.32	2.93	-0.03	2.89

资料来源：沪深交易所，同花顺。

表 24　　2019 年有色金属矿采选业上市公司偿债及营运情况

指　标	2019 年	2019 年可比样本变动	2018 年	2018 年可比样本变动	2017 年
资产负债率（%）	52.47	0.68	51.24	-1.86	53.67
存货周转率（次）	6.50	0.39	6.13	0.02	6.13
总资产周转率（次）	0.88	0.11	0.77	0.00	0.77

资料来源：沪深交易所，同花顺。

（六）非金属矿采选业

1. 行业概况

由于环保、安检影响，金属采选业企业效益普遍好转。2019 年规上企业合计实现主营业收入 3444.7 亿元，同比增加 0.9%，利润总额 299 亿元，同比增加 11.3%；规模以上企业数量合计 3174 家，减少 221 家，行业亏损面较低，约 11%。目前该分类下仅有金石资源一家上市公司，主要从事萤石的开采与销售业务。2019 年国内萤石市场整体运行价格区间较为平稳，企业盈利情况良好。据百川盈孚数据，2019 年酸级萤石精粉全年均价为 2887.05 元/吨（含税），2018 年全年均价为 2644.28 元/吨（含税），同比涨幅在 9.2%。在此情况下，金石资源的经营效益较好，2019 年实现总营业收入 8 亿元，归母净利润 2.22 亿元，均出现较大比例增长。

2. 行业内上市公司发展情况

表 25　　2019 年非金属矿采选业上市公司收入及资产增长情况　　单位：亿元

指　标	2019 年	2019 年可比样本增长（%）	2018 年	2018 年可比样本增长（%）	2017 年
营业收入	8.09	37.64	5.88	55.64	3.78
利润总额	2.98	58.85	1.87	81.98	1.03
归属于母公司所有者的净利润	2.22	188.48	1.38	78.49	0.77
总资产	18.30	20.97	15.13	23.07	12.29
归属于母公司股东权益	10.00	18.94	8.41	15.75	7.27

资料来源：沪深交易所，同花顺。

表 26　　2019 年非金属矿采选业上市公司盈利能力情况

指　标	2019 年	2019 年可比样本变动	2018 年	2018 年可比样本变动	2017 年
毛利率（%）	58.45	4.46	53.98	8.45	45.53
净资产收益率（%）	22.24	5.87	16.37	5.75	10.61
销售净利率（%）	27.84	4.43	23.41	3.00	20.41
资产净利率（%）	13.47	3.44	10.03	3.05	6.98

资料来源：沪深交易所，同花顺。

表 27　　2019 年非金属矿采选业上市公司偿债及营运情况

指　标	2019 年	2019 年可比样本变动	2018 年	2018 年可比样本变动	2017 年
资产负债率（%）	44.55	0.36	44.20	3.50	40.70
存货周转率（次）	4.07	-0.56	4.63	-1.56	6.18
总资产周转率（次）	0.48	0.06	0.43	0.09	0.34

资料来源：沪深交易所，同花顺。

四、重点上市公司介绍

（一）中国石油

中国石油是国内规模最大的油气生产商，受 2019 年原油、成品油价格整体下跌影响，2019 年中国石油营业收入有所增加，但净利润同比下跌，2019 年公司实现营业收入 25168 亿元，比上年同期增长 5.97%，实现归属于母公司股东的净利润为 456.77 亿元，同比减少 13.87%。生产方面，2018 年公司实现原油产量 909.3 百万桶，比上年同期增长 2.1%，其中国内业务实现原油产量 739.7 百万桶，比上年同期增长 0.8%，海外业务实现油气当量产量 215.4 百万桶，比上年同期增长 5.7%；实现可销售天然气产量 1106 亿立方米，较 2018 年同期增长 8.3%。截至 2019 年年底，公司原油证实储量 72.53 亿桶，同比减少 5.1%，天然气证实储量 21587 亿立方米，同比下降 0.3%。

（二）中国石化

中国石化是国内规模最大的炼油炼化企业，是国内第二大的油气生产商，在国内乃至世界油气领域均具有举足轻重的地位。2019 年国际油价宽幅震荡，境内天然气需求快速增长，境内成品油市场资源供应充裕、竞争异常激烈，化工品价格持续下跌，受此影响，2019 年中国石化营业收入虽有所增长，但利润下滑。2019 年实现营业收入 29662 亿元，较上年同期增长 2.6%，实现归属于母公司股东的净利润为 576 亿元，较上年同期减少 8.71%。生产方面，2019 年公司实现原油油气当量产量 458.92 百万桶，其中，境内原油产量 249.43 百万桶，同比减少 1.5%；天然气产量 297 亿立方米，同比增长 7.2%。截至 2019 年年底，公司原油证实储量 17.41 亿桶，较 2018 年年底同比增长 4.5%，天然气证实储量 2045.87 亿立方米，较 2018 年年底同比增加 6.14%。

（三）中国神华

中国神华是国内最大的综合性矿业集团，目前煤炭产能国内第一、火电装机全国第五、铁路运营里程仅次于中国铁总。公司实行“煤电港运航化”一体化的运营策略，在产业链上纵向扩张，将外部风险不断内部化，有效抵御周期波动。2019年公司实现营业收入2419亿元，同比减少8.4%，归母净利433亿元，同比减少1.4%，年度实施分红251亿元。2019年公司共实现商品煤产量2.8亿吨，实现销售量4.5亿吨，分别同比减少4.7%和3.0%。

（四）海南矿业

公司拥有的石碌铁矿属多金属矿区，以富铁矿石储量大、品位高而著称，储量大，铁矿石品位居我国第一，能够生产块矿直接用于生铁冶炼，被誉为中国最大的富铁矿生产商。海南矿业的矿山开采机械化程度较高，具有采矿、选矿、尾矿回收、设备维修、金属加工等综合生产能力。海南矿业拥有的铁矿石保有储量2.61亿吨，平均品位46.66%。2019年公司成品铁矿石产量256.75万吨，同比增加16.09%；铁矿石销售量244.67万吨，同比下降10.06%。2019年公司实现营业收入37.18亿元，同比增加47.84%；归属于上市公司股东的净利润1.28亿元，同比增长120.13%。

（五）紫金矿业

紫金矿业是一家以金、铜、锌等金属矿产资源勘查和开发为主的大型矿业集团，是中国最大的黄金生产企业、第二大矿产铜生产企业、第六大锌生产企业和中国控制金属矿产资源最多的企业之一。位居2019年《福布斯》全球2000强企业第889位及其中的全球有色金属企业第10位、排名上升4位，全球黄金企业第1位；位居2019年《财富》中国企业500强第87位。2019年公司实现销售收入1361亿元，同比增长28.40%；实现归属母公司股东净利润42.84亿元，同比增长4.65%。截至2019年12月底，总资产为1238亿元，较年初增长9.7%；净资产为571亿元，其中归属母公司股东净资产为512亿元，较年初增长26.52%。

（六）山东黄金

山东黄金是山东黄金集团有限公司控股的上市公司，以黄金开采为主业，公司控制及经营12座中国矿山，主要生产标准金锭和各种规格的投资金条和银锭等产品。2019年，公司矿产金产量达到40.12吨，同比增长2.03%；公司总资产581.56亿元，同比增长7.91%；归母股东权益231.14亿元，同比减少2.22%。2019年实现营业收入626.31亿元，同比增加11.33%；实现归母净利润12.89亿元，同比增加25.91%。

五、上市公司在行业中的影响力

2019年规模以上黑色金属矿采选业企业数量合计1239家，减少289家，其中上市公司仍为5家，上市公司数量占比不足1%。受益于供给侧结构性改革，黑色金属矿采选企业数量不断减少，但行业内小型私营企业数量较多。从经营情况来看，2019年黑色金属矿采选企业主营业务收入为3481亿元，上市公司营业收入为171.84亿元，占比仅4.9%。2019年全年黑色金属矿采选企业实现利润总额215亿元，上市公司利润总额16.65亿元。从亏损面来看，2019年共计亏损企业267家，同比减少182家，亏损企业占比21.5%，降低8个百分点。267家亏损企业亏损总额110.8亿元，同比减亏66亿元。上市公司净利润全部为正。

2019年石油和天然气开采行业上市公司共6家，分别为中国石油、中国石化、广汇能源、洲际油气、蓝焰控股和沃施股份。行业内上市公司在油气产量方面继续保持绝对领先地位。中国石油和中国石化两家上市公司自上市以来，在市场化的浪潮中不断锤炼，生产经营效率不断优化，并率先实施“走出去”战略，为我国的能源安全和国民经济健康稳定发展做出了突出贡献。其他四家上市公司中，广汇能源是我国民营能源企业的优秀代表，除传统的煤工业务以外，公司也是国内少有的获批建设LNG接收站的民营企业之一；洲际油气在海外油气资源并购方面走在国内民营企业前列；蓝焰控股和沃施股份是我国主要的煤层气开发企业，目前已经形成了煤层气上中下游一体化的产业链，为我国非常规天然气开发利用做出了重要探索和实践。

2019年煤炭采选业企业有4239家，上市公司仍为27家，占比仅0.63%；2019年全行业营业务收入24789亿元，上市公司10066亿元，占比40.6%；2019年行业利润总额2830亿元，上市公司利润总额1470亿元，占比52%，上市资产盈利能力显著优于非上市资产；2019年全行业原煤产量38.46亿吨，上市公司产量10.23亿吨，占比26.6%，行业资产证券化率依旧较低，近几年来煤炭企业在资本市场运作很少，新股已经断了多年，再融资也较少，供给侧结构性改革以后，煤炭市场总体回暖，大量煤炭资产将具备注入上市公司或者独立上市的条件，行业资产证券化率有望进一步提升。

2019年非金属矿采选业上市公司仅金石资源1家，主要从事萤石开采，不能代表非金属矿采选业的全貌。就萤石开采领域而言，金石资源是中国萤石行业中拥有资源储量、开采及加工规模最大的企业，同时还是“国家矿产资源综合利用示范基地”的主要承建单位和行业标准《萤石》修订的承担单位。目前拥有资源储量2700万吨，采矿规模102万吨/年，均位居国内第一位。

2019年有色金属矿采选业有上市公司22家，年内共计实现营业收入4522亿元，利润总额189亿元，资产总额5369亿元，占据行业主体地位。行业内各品类的龙头公司基本都已实现上市，近年来业内还不断向海外扩张，获取大量海外资源，对价格的话语权不断增强。

审稿人：平海庆

撰稿人：刘贵军

制造业

农副食品加工业

一、农副食品加工业总体概况

（一）行业整体运行情况

2019 年，面对国内外风险挑战明显上升的复杂局面，国内宏观经济增速持续放缓，农副食品加工行业运行态势较稳。全行业规模以上企业 2.2 万家，同比减少 0.26 万家；资产总额 29773.11 亿元，较 2018 年下降 3.36%；实现营业收入 46810 亿元，同比下降 1.99%；实现利润总额 1887.6 亿元，同比下降 11.15%；整体毛利率 9.62%（2018 年同期 9.86%），较 2018 年水平略有下降。行业财务状况稳定，截至 2019 年年底，全行业的资产负债率达到 57.04%，较 2018 年上升 2.46 个百分点。

（二）细分行业运行概况

农副食品加工行业共分为 8 个细分子行业：饲料加工业，植物油加工业，制糖业，屠宰及肉制品加工业，水产品加工业，蔬菜、水果和坚果加工业，谷物磨制业以及其他农副食品加工业，下面介绍其中几个细分子行业的运行情况。

饲料加工业：2019 年，受生猪产能下滑和国际贸易形势变化等影响，全国工业饲料产值和产量下降，产品结构调整加快，饲料添加剂产品稳步增长，规模企业经营形势总体平稳。2019 年，全国饲料工业总产值 8088.1 亿元，同比下降 9.0%；总营业收入 7780 亿元，同比下降 10.5%，全国饲料总产量 22885.4 万吨，同比下降 3.7%。其中，配合饲料 21013.8 万吨、同比下降 3.0%，浓缩饲料 1241.9 万吨、同比下降 12.4%，添加剂预混合饲料 542.6 万吨、同比下降 10.6%。从品种来看，表现为“猪弱禽强、反刍快增、水产稳定”，其中，猪饲料 7663.2 万吨、同比下降 26.6%，蛋禽饲料 3116.6 万吨、同比增长 9.6%，肉禽饲料 8464.8 万吨、同比增长 21.0%，水产饲料 2202.9 万吨、同比增长 0.3%，反刍动物饲料 1108.9 万吨、同比增长 9.0%，其他饲料 241.9 万吨、同比增长

29.5%。全国饲料添加剂产品总量1199.2万吨，同比增长8.2%。从行业集中度来看，全国10万吨规模以上饲料生产厂达621家，比2018年减少35家，饲料产量占总产量46.6%，比2018年增加3.3个百分点。全国饲料产量超千万吨省份9个，比2018年减少2个，按产量排序分别为山东、广东、广西、辽宁、江苏、河北、湖北、四川、湖南。

植物油加工业：食用植物油加工业是我国粮油加工业的主力军。2019年，我国规模以上的入统食用植物油加工企业1604个；其中，龙头企业450个。食用植物油加工企业的油料年处理能力为16862.8万吨，其中大豆处理能力为11586.5万吨、油菜籽的处理能力为3287.8万吨、花生处理能力为757.2万吨、葵花籽处理能力为109.6万吨，其他油料处理能力为1121.7万吨，分别占比68.7%、19.5%、4.5%、0.6%和6.7%。2019年，全国食用油加工企业实现工业总产值5661.6亿元，占全国粮油加工业总产值40.6%。食用植物油加工销售收入6248.8亿元、利润总额123.2亿元。食用植物油加工企业获得专利329个，其中发明专利111个；研发费用投入为9.8亿元，占产品销售收入的0.16%。

制糖业：国内食糖行业面临着低价进口糖的冲击。2018年、2019年制糖期中国食糖消费量为1520万吨，年人均食糖消费量为10.89公斤。食糖消费结构略有变化，其中民用消费比例为42.5%、工业消费比例为57.5%。2018年、2019年制糖期，中国食糖价格指数为5437，比上制糖期下跌8.44%。这主要是由国际增产引发国际供给过剩与国内增产双重叠加，用糖企业多采取“随采随用”的观望态度引起的。2018年、2019年制糖期，中国累计进口食糖282.16万吨、同比增长25.94%，累计出口食糖17.17万吨、同比基本持平。

屠宰及肉制品加工业：受非洲猪瘟影响，2019年猪肉产量4255万吨，下降21.3%，牛羊禽肉稳步增加，2019年全国牛肉产量667万吨，增长3.6%；羊肉产量488万吨，增长2.6%；禽肉产量2239万吨，增长12.3%。2019年，我国肉制品加工企业数量为8315家，较2018年增加88家；规模以上肉类加工企业完成主营业务收入13417亿元，比2018年增长5.3%，增速较2018年下降2.5个百分点。其中，牲畜屠宰业、禽类屠宰业、肉制品及副产品加工业和肉禽类罐头制造业分别完成主营业务收入5193亿元、3163亿元、4720亿元和342亿元，比2018年分别增长6.1%、3.7%、5.0%和10.4%。目前，随着我国居民收入水平不断提高，上海、北京等大城市冷却肉占市场的60%以上，冷却肉概念正在被消费者逐渐接受，并在销售市场上取得了快速的发展，有望成为中国生肉消费的主流发展趋势。

我国肉制品生产区域性较强，与养殖地区分布大体一致，多集中在山东、河南、四川、湖南、河北、广东、云南、安徽、广西、辽宁、湖北等地。双汇、雨润、金锣、龙大肉食等全国性品牌在每年投入大量的资金进行品牌传播的同时，正对冷却肉市场进行积极的布局。

水产品加工业：产量小幅下降，行业集中度持续提升。2019 年中国水产品加工企业数量由 2018 年的 9336 个下降至 2019 年的 9323 个。水产品产量同比减少 0.13%，为 2549.96 万吨；分产品类别看，用于加工的淡水产品数量增长、海水产品数量下降，分别为 558.17 万吨、2091.79 万吨。随着我国水产加工设备逐渐向自动化、智能化方向升级，我国水产加工能力从 2015 年的 2810.33 万吨提升至 2019 年的 2888.19 万吨。2019 年，我国水产品进出口总量 1053.32 万吨、进出口总额 393.59 亿美元，同比分别增长 10.28% 和 5.42%。

二、行业内上市公司发展概况

（一）行业内上市公司基本情况

表 1　　2019 年农副食品加工业上市公司发行股票概况

门　类	A、B 股总数（家）	A 股股票数（家）	B 股股票数（家）	境内总市值（亿元）	流通 A 股市值（亿元）	流通 B 股市值（亿元）
农副食品加工业	50	49	1	6102.38	4679.79	1.75
占沪深两市比重（%）	1.30	1.27	0.03	1.03	0.97	0.13

资料来源：沪深交易所，同花顺。

（二）行业内上市公司构成情况

表 2　　2019 年农副食品加工业上市公司构成情况

门　类	沪市			深市			ST/*ST
	仅 A 股	仅 B 股	A + B 股	仅 A 股	仅 B 股	A + B 股	
农副食品加工业（家）	15	0	0	33	0	1	3/2
占行业内上市公司比重（%）	30.61	0.00	0.00	67.35	0.00	2.04	6.12/4.08

资料来源：沪深交易所，同花顺。

（三）行业内上市公司融资情况

表 3　　2019 年农副食品加工业上市公司与沪深两市融资情况对比　　单位：家

门　类	融资家数	新股	增发	配股
农副食品加工业	4	0	4	0
沪深两市总数	427	203	215	9
占比（%）	0.94	0.00	1.86	0.00

资料来源：沪深交易所，同花顺。

其中，增发的4家公司中，有2家沪市、1家深市及1家中小板公司。

按行业划分，进行融资的4家公司中，农副食品加工业3家，畜牧业1家，分别占比75%、25%。

从融资效果来看，上述公司实际发行数量为219870.06万股；实际募集资金415.16亿元，基本完成了融资计划。

2019年农副食品加工业上市公司融资情况明细见附录。

（四）行业内上市公司资产及业绩情况

表4　　2019年农副食品加工业上市公司资产情况　　单位：亿元

指　标	2019年	2019年可比样本增长（%）	2018年	2018年可比样本增长（%）	2017年
总资产	3954.84	20.92	3264.83	12.86	2875.95
流动资产	1707.24	20.52	1410.89	9.76	1284.23
占比（%）	43.17	-0.14	43.21	-1.22	44.65
非流动资产	2247.60	21.22	1853.94	15.34	1591.72
占比（%）	56.83	0.14	56.79	1.22	55.35
流动负债	1654.01	20.97	1360.13	32.20	1024.20
占比（%）	41.82	0.02	41.66	6.09	35.61
非流动负债	395.19	52.69	257.40	8.24	238.09
占比（%）	9.99	2.08	7.88	-0.34	8.28
归属于母公司股东权益	1731.92	14.74	1508.44	1.16	1480.37
占比（%）	43.79	-2.36	46.20	-5.35	51.47

资料来源：沪深交易所，同花顺。

表5　　2019年农副食品加工业上市公司收入实现情况　　单位：亿元

指　标	2019年	2019年可比样本增长（%）	2018年	2018年可比样本增长（%）	2017年
营业收入	4575.78	18.15	3871.09	9.55	3547.47
利润总额	279.26	65.40	169.32	-8.29	171.71
归属于母公司所有者的净利润	218.60	91.36	114.24	-14.96	121.81

资料来源：沪深交易所，同花顺。

（五）利润分配情况

2019年全年农副食品加工业上市公司中共有32家公司实施了分红配股。其中，5家上市公司实施送股或转增股，32家上市公司实施派息，其中1家公司既实施了送股、转增又实施了派息。

2019年农副食品加工业上市公司分红明细见附录。

（六）其他财务指标情况

1. 盈利能力指标

表 6　　2019 年农副食品加工业上市公司盈利能力情况

指　标	2019 年	2019 年可比样本变动	2018 年	2018 年可比样本变动	2017 年
毛利率（%）	15.56	0.76	14.79	-0.45	15.46
净资产收益率（%）	12.62	5.05	7.57	-1.44	8.23
销售净利率（%）	5.26	1.95	3.32	-0.85	3.74
资产净利率（%）	6.66	2.51	4.17	-1.31	4.95

资料来源：沪深交易所，同花顺。

2. 偿债能力指标

表 7　　2019 年农副食品加工业上市公司偿债能力指标

指　标	2019 年	2019 年可比样本变动	2018 年	2018 年可比样本变动	2017 年
流动比率	1.03	0.00	1.04	-0.21	1.25
速动比率	0.58	-0.06	0.64	-0.14	0.78
资产负债率（%）	51.82	2.10	49.54	5.76	43.89

资料来源：沪深交易所，同花顺。

3. 营运能力指标

表 8　　2019 年农副食品加工业上市公司营运能力情况　　单位：次

营运能力指标	2019 年	2019 年可比样本变动	2018 年	2018 年可比样本变动	2017 年
存货周转率	6.04	-0.40	6.45	-0.32	6.81
应收账款周转率	31.21	2.80	28.41	-1.91	30.02
流动资产周转率	2.93	0.06	2.87	-0.14	3.02
固定资产周转率	4.42	-0.12	4.38	-0.21	4.61
总资产周转率	1.27	0.01	1.26	-0.06	1.32
净资产周转率	2.58	0.21	2.37	0.08	2.30

资料来源：沪深交易所，同花顺。

三、重点上市公司介绍

（一）牧原股份

牧原是集饲料加工、生猪育种、种猪扩繁、商品猪饲养、屠宰加工为一体的农业产业化国家重点龙头企业，主营业务为种猪和商品猪的养殖与销售，主要产品为种猪、商品猪。2019 年公司共销售生猪 1025.33 万头，同比下降 6.88%；其中商品猪 867.91 万头，仔猪 154.71 万头，种猪 2.71 万头；实现营业收入 202.21 亿元，同比增长 51.04%；2019 年公司实现归属于母公司所有者的净利润 61.14 亿元，同比增长 1075.37%。公司业绩上涨主要系生猪价格持续上涨所致。2019年，公司开始在南方省份（广东、广西、云南、浙江等）布局养殖产能；截至2019年年底，公司全资及控股子公司数量已经达到138个，分布在18个省区。2019年，公司部分产能集中的区域出现产业规模聚集效应，同时为顺应未来由“调猪”转向“调肉”的行业趋势，公司分别在河南省内乡县、正阳县、商水县启动3个屠宰厂项目，设计产能总计为600万头。同时，公司一方面继续对猪舍进行升级改造，另一方面借助人工智能技术，研发智能装备，建立猪病预测模型，全方位提升疫病防控水平。

（二）中宠股份

公司是一家全球宠物食品领域多元化品牌运营商，旗下有“Wanpy 顽皮”“Zeal 真挚”“King Kitty”“Happy100”“Sea Kingdom”“Dr. Hao”“Jerky Time”以及“脆脆香”等自主品牌。等自主品牌。报告期内公司主要从事犬用及猫用宠物食品的研发、生产和销售业务，产品涵盖干粮、湿粮、肉干零食、洁齿骨、饼干、猫砂等品类。2019年，公司实现营业收入171623.86万元，同比增长21.52%；营业利润10989.66万元，同比增长67.74%；利润总额11823.38万元，同比增长74.14%；实现归属于上市公司股东的净利润7900.78万元，同比增长39.97%。

公司海外市场发展良好，2019年公司海外实现主营业务收入137011.96万元，同比增长18.37%；境内实现主营业务收入34268.45万元，同比增长36.58%。2019年，公司继与阿里巴巴以及苏宁达成战略合作之后，与京东达成了战略合作，积极推进国内市场线上渠道以及新零售模式的建设，为公司未来的发展打下了坚实的基础。2019年公司首次公开发行的募投项目均已建成投入使用；其中，年产5000吨烘干宠物食品生产线扩建项目将提升公司零食产品产能，提升公司机械化及自动化程度和产品交付能力；宠物食品研发中心项目完工后将持续提升公司研发能力，优化完善公司产品结构，增强公司在宠物食品市场的竞争优势，助力高端产品市场开拓。

（三）双汇发展

公司始终坚持围绕“农”字做文章，围绕肉类加工上项目，实施产业化经营。以屠宰和肉类加工业为核心，向上游发展饲料业和养殖业，向下游发展包装业、商业，配套发展外贸、金融等，形成了主业突出、行业配套的产业群，推动了企业持续稳定发展，成为中国最大的肉类供应商。2019年，公司共屠宰生猪1320万头，同比2018年下降19.04%；鲜冻肉及肉制品外销量309万吨，同比2018年下降1.47%；实现营业总收入603亿元，同比2018年上升23.43%；实现归属于母公司股东的净利润54亿元，同比2018年上升10.7%。

四、上市公司在行业中的影响力

2019年，农副食品加工行业规模以

上企业实现资产总额 29773.11 亿元，较 2018 年下降 3.36%；行业内上市公司总资产 3954.84 亿元，较 2018 年增长 21.13%，上市公司总资产占行业总资产 13.28%，较 2018 年增加 2.69 个百分点。

2019 年，农副食品加工行业规模以上企业实现营业收入 46810.00 亿元，较 2018 年下降 1.99%；行业内上市公司营业收入 4575.27 亿元，较 2018 年增长 18.25%，上市公司总收入占行业总收入 9.77%，较 2018 年增加 1.67 个百分点。

2019 年，农副食品加工行业规模以上企业实现利润总额 1887.60 亿元，较 2018 年下降 11.15%。行业内上市公司利润总额 279.26 亿元，较 2018 年增加 64.94%，上市公司总利润占行业总利润 14.79%，较 2018 年增加 2.10 个百分点。

总体来说，上市公司盈利能力好于行业整体，总资产、营业收入、利润总额占行业比重继续增加，行业集中度进一步提高。

审稿人：赵金厚

撰稿人：朱珺逸

食品制造业

一、食品制造业总体概况

（一）行业整体运行情况

2019 年宏观经济增速继续放缓，食品制造业属于刚需消费，仍保持一定景气度。行业整体来看，需求端继续承压，营业收入增速小幅下滑，利润增速有较大幅度提升。2019 年，全行业规模以上企业 8043 家，资产总额 16508.68 亿元，较 2018 年增长 5.54%；实现营业收入 19510.70 亿元，较 2018 年增长 4.45%，增速较同期下降了 2.85 个百分点；实现利润总额 1789.06 亿元，较 2018 年增长 15.26%，增速较同期上行 9.16 个百分点。行业整体毛利率 22.94%，销售利润率 9.17%，总体盈利能力有小幅提高，消费升级趋势延续。截至 2019 年年底，全行业的资产负债率为 47.93%，较 2018 年上升了 2.02 个百分点，整体财务状况保持相对稳定。

（二）细分行业运行概况

食品制造业共分为 7 个细分子行业：焙烤食品制造业、糖果、巧克力及蜜饯制造业、方便食品制造业、调味品发酵制品业、乳制品制造业、罐头食品制造业和其他食品制造业。其中其他制品制造业包括营养食品制造业、保健食品制造业、冷冻饮品及食用冰制造业、盐加工业、食品及饲料添加剂制造业等。

以烘焙食品和乳制品为例：烘焙食品包括蛋糕、糕点、面包和其他混合甜品4类。我国烘焙行业起步较晚，从2000年开始，烘焙行业进入快速发展期。2009～2019年CAGR为12.3%，2019年烘焙食品市场规模为2290亿元，同比增长了9.62%。行业集中度方面，烘焙食品行业2019年CR5为10.6%，行业集中度低，市场占有率最大的三家公司为达利园、桃李面包和盼盼，市占率分别为3.7%、3.3%和1.4%。乳制品行业方面，2019年乳制品行业规模以上企业主营业务收入为3946.99亿元。根据Euromonitor，2019年乳制品行业零售额4178.8亿元，同比增长5.5%。竞争格局上，龙头企业市占率提升较快且较为集中，2019年乳制产品及其他产品行业中伊利和蒙牛市占率合计33.3%，相比2017年市占率提高3个百分点。

二、行业内上市公司发展概况

（一）行业内上市公司基本情况

表1　　2019年食品制造业上市公司发行股票概况

门　类	A、B股总数（家）	A股股票数（家）	B股股票数（家）	境内总市值（亿元）	流通A股市值（亿元）	流通B股市值（亿元）
食品制造业	51	51	0	8801.17	7732.49	0.00
占沪深两市比重（%）	1.32	1.32	0.00	1.48	1.60	0.00

资料来源：沪深交易所，同花顺。

（二）行业内上市公司构成情况

表2　　2019年食品制造业上市公司构成情况

门　类	沪市			深市			ST/*ST
	仅A股	仅B股	A+B股	仅A股	仅B股	A+B股	
食品制造业（家）	28	0	0	23	0	0	0/1
占行业内上市公司比重（%）	54.90	0.00	0.00	45.10	0.00	0.00	0.00/1.96

资料来源：沪深交易所，同花顺。

（三）行业内上市公司融资情况

表3　　2019年食品制造业上市公司与沪深两市融资情况对比　　单位：家

门　类	融资家数	新股	增发	配股
食品制造业	13	9	4	0
沪深两市总数	427	203	215	9
占比（%）	3.04	4.43	1.86	0.00

资料来源：沪深交易所，同花顺。

其中，首发的9家公司中，有6家在主板上市，1家在科创板上市，2家在创业板上市；增发的4家公司中，有2家沪市、2家深市。

从融资效果来看，上述公司实际发行数量为101581.25万股；实际募集资金115.92亿元，基本完成了融资计划。

2019年食品制造业上市公司融资情况明细见附录。

（四）行业内上市公司资产及业绩情况

表4　　2019年食品制造业上市公司资产情况　　单位：亿元

指　标	2019年	2019年可比样本增长（%）	2018年	2018年可比样本增长（%）	2017年
总资产	2975.62	12.62	2411.33	10.50	2195.96
流动资产	1399.53	11.52	1166.01	1.67	1158.23
占比（%）	47.03	-0.46	48.36	-4.20	52.74
非流动资产	1576.09	13.61	1245.32	20.28	1037.73
占比（%）	52.97	0.46	51.64	4.20	47.26
流动负债	1031.40	14.10	833.31	9.05	768.93
占比（%）	34.66	0.45	34.56	-0.46	35.02
非流动负债	274.67	35.55	176.06	30.17	135.69
占比（%）	9.23	1.56	7.30	1.10	6.18
归属于母公司股东权益	1584.74	9.27	1324.99	7.72	1238.41
占比（%）	53.26	-1.63	54.95	-1.42	56.40

资料来源：沪深交易所，同花顺。

表5　　2019年食品制造业上市公司收入实现情况　　单位：亿元

指　标	2019年	2019年可比样本增长（%）	2018年	2018年可比样本增长（%）	2017年
营业收入	2765.12	10.61	2323.69	11.90	2068.85
利润总额	279.55	8.24	236.30	12.21	210.47
归属于母公司所有者的净利润	225.73	7.32	191.74	12.92	169.65

资料来源：沪深交易所，同花顺。

（五）利润分配情况

2019年全年食品制造业上市公司共有43家公司实施了分红配股。其中，9家上市公司实施送股或转增股，42家上市公司实施派息，其中0家公司既实施了送股、转增又实施了派息。

2019年食品制造业上市公司分红明细见附录。

（六）其他财务指标情况

1. 盈利能力指标

表 6　　2019 年食品制造业上市公司盈利能力情况

指　标	2019 年	2019 年可比样本变动	2018 年	2018 年可比样本变动	2017 年
毛利率（%）	35.04	-0.25	35.12	0.62	34.42
净资产收益率（%）	14.24	-0.26	14.47	0.67	13.70
销售净利率（%）	8.36	-0.19	8.39	-0.03	8.45
资产净利率（%）	8.23	-0.35	8.49	0.00	8.44

资料来源：沪深交易所，同花顺。

2. 偿债能力指标

表 7　　2019 年食品制造业上市公司偿债能力指标

指　标	2019 年	2019 年可比样本变动	2018 年	2018 年可比样本变动	2017 年
流动比率	1.36	-0.03	1.40	-0.10	1.51
速动比率	1.04	-0.04	1.10	-0.12	1.21
资产负债率（%）	43.89	2.01	41.86	0.64	41.19

资料来源：沪深交易所，同花顺。

3. 营运能力指标

表 8　　2019 年食品制造业上市公司营运能力情况　　单位：次

营运能力指标	2019 年	2019 年可比样本变动	2018 年	2018 年可比样本变动	2017 年
存货周转率	6.06	-0.35	6.38	-0.16	6.38
应收账款周转率	18.60	0.73	18.31	0.24	17.36
流动资产周转率	2.08	0.05	2.01	0.03	1.95
固定资产周转率	3.25	-0.07	3.40	0.22	3.18
总资产周转率	0.98	-0.02	1.01	0.00	1.00
净资产周转率	1.73	0.00	1.73	0.03	1.68

资料来源：沪深交易所，同花顺。

三、重点上市公司介绍

（一）涪陵榨菜

涪陵榨菜是一家以榨菜为根本，立足于佐餐开胃菜领域快速发展的农业产业化企业集团。公司拥有多款产品，其中乌江系列榨菜、惠通系列泡菜是公司主导产品。涪陵榨菜占据青菜头优质原产地，具有很大地理优势，通过 30 年的发展，具有很高的市场占有率和品牌知名度，2019 市占率为 35.5%，居第一位。

酱腌菜是以可食蔬菜为主要原料，经不同的腌制工艺制作的各种蔬菜制品的总称。榨菜是酱腌菜中的主要子品类，与德国甜酸甘蓝、法国酸黄瓜并列为世界三大名腌菜。目前，我国榨菜企业众多，随着竞争加剧，行业整合将会不断涌现，行业集中度将进一步提高。2019 年我国榨菜行业规模达 67 亿元，近 5 年复合增速约 11%，随着消费者对食品健康、卫生和品质等要求的提高，预计未来行业产值仍会保持较快的增长趋势。

2019 年，公司实现营业收入为 19.90 亿元，较 2018 年增长 3.97%；实现利润总额 7.12 亿元，较 2018 年下降了 8.50%；实现归母净利润 6.05 亿元，同比下降 8.55%。2019 年综合毛利率为 58.61%，较 2018 年上升了 2.85%；归母净利率为 30.42%，较 2018 年下降了 4.15 个百分点。

（二）伊利股份

伊利集团稳居全球乳业第一阵营，蝉联亚洲乳业第一，也是中国规模最大、产品品类最全的乳制品企业。公司生产和销售“伊利”牌液态奶、酸奶、冰淇淋、奶粉等 1000 多种产品。根据 Euromonitor，2019 年，公司在乳制品行业中市占率达到 18.8%，相较 2018 年提升 0.8 个百分点。随着人们消费水平的提升以及对生活品质有更高的要求，健康、营养的乳制品可能更受消费者青睐，预计国内乳制品行业仍将维持增长。

分产品品类看，2019 年公司液态乳营业收入达到 737.61 亿元，同比增长 12.31%；奶粉及奶制品营业收入 100.55 亿元，同比增长 24.99%；冷饮营业收入 56.31 亿元，同比增长 12.70%。2019 年，伊利完成收购泰国乳业公司 The Chomthana Company Limited。本次交易有助于公司开拓东南亚市场，符合公司战略发展的需要，对公司的长期发展和战略布局具有重要意义。此外，2019 年伊利收购了新西兰第二大乳业合作社 Westland，其原奶供应量占新西兰原奶供应总量约 4%。通过获取优质、稳定的新西兰奶源，可进一步提升公司的竞争力，有利于巩固公司乳制品龙头地位。

2019 年，公司实现营业收入为 902.23 亿元，较 2018 年增长 13.41%；实现利润总额 81.94 亿元，较 2018 年增长 8.14%；归属母公司净利润为 69.34 亿元，较 2018 年增长 7.67%。2019 年综合毛利率为 37.35%，较 2018 年同期下降了 0.47 个百分点；2019 年归母净利率为 7.69%，较 2018 年下降了 0.40 个百分点。

四、上市公司在行业中的影响力

2019 年，食品制造业行业规模以上企业资产总额达到 16508.68 亿元，较 2018 年增加 5.54%；行业内上市公司总资产 2975.62 亿元，上市公司总资产占行业总资产 18.02%。

2019 年，食品制造业行业规模以上企业实现营业收入 19510.70 亿元，较 2018 年增加 4.45%；行业内上市公司营业收入 2765.12 亿元，上市公司总收入占行业总收入 14.17%。

2019 年，食品制造业行业规模以上企业实现利润总额 1789.06 亿元，较 2018

年增加15.26%。行业内上市公司利润总额279.55亿元，上市公司总利润占行业总利润15.63%。

审稿人：张金钜　张月慧
撰稿人：张宇光

酒、饮料和精制茶制造业

一、酒、饮料和精制茶制造业总体概况

（一）行业整体运行情况

2019年，中美贸易战加剧叠加全球经济周期性下行，外部需求收缩，内部消费疲软，但在逆周期调节政策的实施下，经济整体保持稳健。社会消费品零售总额增速回落趋缓，2019年社零增速8.1%，增速相较2018年下降0.9%。我国已进入经济新常态，虽然经济面临一定下行压力，但行业结构持续优化。2019年全国饮料零售额同比增长10.4%，优于消费品总体水平。同时，2019年猪价上涨带动食品烟酒类居民消费价格指数攀高，龙头企业依靠较高议价能力提升盈利水平，促进消费升级。此外，减税降费等边际利好亦释放消费新动能。

截至2019年12月31日，酒、饮料和精制茶制造业全行业规模以上企业有5674家，企业单位数较2018年减少11.02%。2019年，全行业资产总额17785.1亿元，较2018年增长0.54%；全行业合计实现营业收入15302.7亿元，较2018年下滑1.49%；实现利润总额2216.6亿元，较2018年增长5.84%。全行业财务状况基本保持稳定。

（二）细分行业运行概况

酒行业2019年受宏观经济走弱影响较小，结构分化加剧。高端龙头依靠品牌积淀控货挺价，维持行业较高景气度。名优酒企内部业绩分化显著，部分酒企通过升级换代与扩大市场维持高速增长，而部分酒企则苦于前期渠道库存积压，但整体而言升级趋势维持不变。

而其他细分行业如啤酒、红酒、黄酒和软饮料行业持续调整，以更好地适应消费者多样化需求。成本端方面，2019年成本上涨压力较大，重要原材料如玻璃、包材、原奶等价格进入上涨阶段，部分行业通过产能优化与产品结构升级来减缓成本压力。

二、行业内上市公司发展概况

（一）行业内上市公司基本情况

表 1　　2019 年酒、饮料和精制茶制造业上市公司发行股票概况

门　类	A、B 股总数（家）	A 股股票数（家）	B 股股票数（家）	境内总市值（亿元）	流通 A 股市值（亿元）	流通 B 股市值（亿元）
酒、饮料和精制茶制造业	44	42	2	28567.39	27675.10	108.66
占沪深两市比重（%）	1.14	1.09	0.05	4.81	5.74	8.28

资料来源：沪深交易所，同花顺。

（二）行业内上市公司构成情况

表 2　　2019 年酒、饮料和精制茶制造业上市公司构成情况

门　类	沪市			深市			ST/*ST
	仅 A 股	仅 B 股	A＋B 股	仅 A 股	仅 B 股	A＋B 股	
酒、饮料和精制茶制造业（家）	27	0	0	13	0	2	2/3
占行业内上市公司比重（%）	64.29	0.00	0.00	30.95	0.00	4.76	4.76/7.14

资料来源：沪深交易所，同花顺。

（三）行业内上市公司融资情况

表 3　　2019 年酒、饮料和精制茶制造业上市公司与沪深两市融资情况对比　　单位：家

门　类	融资家数	新股	增发	配股
酒、饮料和精制茶制造业	3	0	3	0
沪深两市总数	427	203	215	9
占比（%）	0.70	0.00	1.40	0.00

资料来源：沪深交易所，同花顺。

其中，增发的 3 家公司均为沪市。

从融资效果来看，上述公司实际发行数量为 15243.05 万股；实际募集资金 12.26 亿元，基本完成了融资计划。

2019 年酒、饮料和精制茶制造业上市公司融资情况明细见附录。

（四）行业内上市公司资产及业绩情况

表 4　　2019 年酒、饮料和精制茶制造业上市公司资产情况　　单位：亿元

指　标	2019 年	2019 年可比样本增长（%）	2018 年	2018 年可比样本增长（%）	2017 年
总资产	6325.55	12.79	5601.71	14.82	4802.28
流动资产	4729.71	13.55	4160.38	19.90	3367.49
占比（%）	74.77	0.50	74.27	3.15	70.12

续表

指　标	2019 年	2019 年可比样本增长（%）	2018 年	2018 年可比样本增长（%）	2017 年
非流动资产	1595.84	10.58	1441.32	2.31	1434.80
占比（%）	25.23	-0.50	25.73	-3.15	29.88
流动负债	1806.43	11.34	1619.43	14.43	1429.76
占比（%）	28.56	-0.37	28.91	-0.10	29.77
非流动负债	161.21	30.09	123.81	4.88	111.69
占比（%）	2.55	0.34	2.21	-0.21	2.33
归属于母公司股东权益	4238.65	12.84	3752.86	15.78	3158.69
占比（%）	67.01	0.03	67.00	0.56	65.77

资料来源：沪深交易所，同花顺。

表 5　　2019 年酒、饮料和精制茶制造业上市公司收入实现情况　　单位：亿元

指　标	2019 年	2019 年可比样本增长（%）	2018 年	2018 年可比样本增长（%）	2017 年
营业收入	3297.17	12.39	2933.07	18.28	2392.39
利润总额	1244.06	14.94	1081.90	30.41	797.73
归属于母公司所有者的净利润	888.34	15.55	768.54	30.46	565.42

资料来源：沪深交易所，同花顺。

（五）利润分配情况

2019 年全年酒、饮料和精制茶制造业上市公司中共有 30 家公司实施了分红配股。其中，5 家上市公司实施送股或转增股，29 家上市公司实施派息，0 家公司既实施了送股、转增又实施了派息。

2019 年酒、饮料和精制茶制造业上市公司分红明细见附录。

（六）其他财务指标情况

1. 盈利能力指标

表 6　　2019 年酒、饮料和精制茶制造业上市公司盈利能力情况

指　标	2019 年	2019 年可比样本变动	2018 年	2018 年可比样本变动	2017 年
毛利率（%）	68.65	1.19	67.38	3.53	64.46
净资产收益率（%）	20.96	0.49	20.48	2.30	17.90
销售净利率（%）	28.17	0.70	27.47	2.63	24.74
资产净利率（%）	15.56	0.20	15.37	1.94	13.19

资料来源：沪深交易所，同花顺。

2. 偿债能力指标

表 7　　2019 年酒、饮料和精制茶制造业上市公司偿债能力指标

指　标	2019 年	2019 年可比样本变动	2018 年	2018 年可比样本变动	2017 年
流动比率	2.62	0.05	2.57	0.12	2.36
速动比率	1.99	0.06	1.93	0.15	1.70
资产负债率（%）	31.11	-0.03	31.12	-0.31	32.10

资料来源：沪深交易所，同花顺。

3. 营运能力指标

表 8　　2019 年酒、饮料和精制茶制造业上市公司营运能力情况　　单位：次

营运能力指标	2019 年	2019 年可比样本变动	2018 年	2018 年可比样本变动	2017 年
存货周转率	0.95	-0.01	0.96	0.03	0.94
应收账款周转率	103.51	-0.05	103.58	9.73	93.85
流动资产周转率	0.74	-0.03	0.77	0.00	0.77
固定资产周转率	3.71	0.37	3.34	0.55	2.80
总资产周转率	0.55	-0.01	0.56	0.03	0.53
净资产周转率	0.80	-0.01	0.81	0.03	0.79

资料来源：沪深交易所，同花顺。

三、重点上市公司介绍

（一）贵州茅台

2019 年实现营业总收入 888.54 亿元，同比增长 15.1%；归母净利润 412.06 亿元，同比增长 17.05%；扣非归母净利润 414.07 亿元，同比增长 16.4%。

2019 年茅台酒实现收入 758.02 亿元，同比增长 15.75%。其中茅台酒销量约 3.46 万吨，同比增长 6.5%；销售吨价约 219 万元，同比增长 8.7%，销售吨价的提升主要得益于渠道结构的优化。系列酒实现收入 95.42 亿元，同比增长 18.14%。

2019 年公司净利润同比增长 17.05%，全年销售净利率为 51.47%，同比小幅提高 0.1%，主要得益于毛利率的继续改善。2019 年全年销售毛利率为 91.3%，同比提高 0.16%，其中茅台酒毛利率为 93.78%，同比小幅提高 0.04%；系列酒毛利率为 72.2%，同比提高 1.15%。2019 年度销售费用率 3.69%，同比增加 0.37%；管理费用率 7.00%，同比增加 0.07%；财务费用率为 0.01%，同比基本持平。

（二）五粮液

2019 年五粮液实现营业收入 501.18

亿元，同比增长25.20%；归母净利润174.02亿元，同比增长30.02%；扣非净利润174.06亿元，同比增长29.91%。

公司2019年圆满完成年初计划，全年实现酒类业务收入463.02亿元，同比增长22.65%，其中以五粮液为代表的高端酒实现营收396.71亿元，同比增长31.4%，其他系列酒实现营收66.31亿元，主产品八代普五放量及旺季批价保持稳定。2019年公司酒类业务实现销量16.5万吨，同比下降13.67%，吨价2799.20元，同比上升42.06%，高端酒五粮液产品营收占比79%，同比上升4个百分点，产品结构优化促进吨价提升，驱动业绩增长。公司2019年年初计划投放普五2.3万吨，预计全年投放量在2.35万吨左右，顺利实现量价齐升。现金流方面，公司销售回款态势良好，现金流质量高，2019年经营性净现金流231.12亿元，同比增长87.64%，预收款125.31亿元，同比增长86.84%，环比增长113.66%。

公司高端酒营收占比提升抬高毛利率，2019年毛利率为74.46%，同比上升0.65个百分点，销售费用率为9.95%，同比上升0.51个百分点，主要系本年度公司聚焦营销变革、数字化转型和营销队伍建设，八代普五市场推广导致营销投入增加；管理费用率为5.55%，同比下降0.51个百分点，规模效应显现，费率有所下行。2019年净利率为36.37%，同比上升1.3个百分点，产品结构优化下公司盈利能力进一步提振。

2019年公司紧跟市场新动向，抢抓发展新机遇，奋力推进“二次创业”，品牌力、品质力、营销力显著提升，经营业绩再创新高，销售收入已连续3年每年跨百亿元台阶。

四、上市公司在行业中的影响力

表9　2017～2019年总资产、营业收入、利润总额及上市公司占比　单位：亿元

指　标	2019年		2018年		2017年	
	行业总体	上市公司占比	行业总体	上市公司占比	行业总体	上市公司占比
总资产	17785.10	35.57%	17688.70	31.67%	17248.30	27.60%
营业收入	15302.70	21.32%	15534.90	18.65%	17853.80	13.28%
利润总额	2216.60	56.12%	2094.30	51.66%	2017.50	39.62%

资料来源：沪深交易所，Wind资讯。

2019年，全行业资产总额17785.1亿元，较2018年增长0.54%；全行业合计实现营业收入15302.7亿元，较2018年下滑1.49%；实现利润总额2216.6亿元，较2018年增长5.84%。行业内上市公司总资产为6325.55亿元，2019年可比样本较2018年增长12.79%；上市公司实现营业收入3297.17亿元，2019年可比样本较2018年增长12.39%；上市公司实现利润总额1244.06亿元，2019年可比样本较2018年增长14.94%。

从经营情况来看，上市公司的总资产

增速、营业收入增速、利润总额增速均有所加速，上市公司盈利能力有一定幅度提升。

审稿人：董岚枫　王　勇
撰稿人：李　旻　何长天

纺织业

一、纺织业总体概况

（一）行业整体运行情况

2019年，世界经济增速放缓，经济基本面面临不确定因素较多，为行业高质量发展带来多重考验。在整体业绩承压的背景下，我国纺织服装市场坚持全面贯彻落实党的十九大精神，坚持深化供给侧结构性改革，积极践行新市场新定位，不断深化线上线下融合、市场集群融合和内贸外贸融合，以转型促升级，以创新谋发展，在重重压力中突出重围。2019年服装消费市场呈前高后低态势，前三季度我国服装品类实现累计增速3.3%，景气度保持在扩张区间；产能保持低速增长，展现压力面前强大韧性。四季度受暖冬反常天气影响，需求有所回落。2019年全年，我国纺织服装板块实现收入2679.93亿元，同比减少6.76%。由于暖冬天气影响，冬装服装销售景气度低，下游服装家纺第四季度表现欠佳，同比减少2.27%。

1. 内销持续改善

2019年受消费信心、消费分级及供给匹配度等因素影响，服装内销保持增长。2019年全年社会消费品零售总额达41.2万亿元，同比增长8.0%；限额以上服装鞋帽、纺织品销售总额1.4万亿元，同比增长2.9%，内销情况持续改善。出口方面，2019年以来，由于国际市场需求动力不足，贸易保护主义加剧等原因，服装出口压力加大。截至2019年12月底，我国累计完成服装及附着件出口1513.7亿美元，同比下降4.08%。

2. 数字化进程不断加快

2019年电商增速保持稳健，网红直播带货等新社交电商火热。2019年全年实物商品网上零售额累计同比增速为19.5%，累计增速基本保持平稳。但直播电商爆发式增长，2019年淘宝直播预计达千亿元市场，增速约400%，“双十一”当日销售达200亿元。网红直播带货的爆发成为新消费时代的标志性事件。

3. 供应链管理效率有所提升

2019年我国纺织服装市场下游供应链管理效果初步显现，小单快反机制的建立推动存货周转效率有所提升。2019年我国纺织服装板块存货周转天数为122.25天，同比下降33.07天。上市公司快反系统和供应链改革初见成效，也为后续反弹奠定了坚实的基础。

（二）细分行业运行概况

1. 产业用纺织品稳中向好，“一带一路”出口成为增长动力

2019 年我国产业用纺织品行业坚持创新导向，积极推动行业的转型升级和结构改革，充分开拓国内外市场，努力克服经济下行压力，全年运行稳中有进。2019 年行业规模以上企业的工业增加值增速为 6.9%，高于制造业平均值，在纺织行业内处于领先水平。由于 2019 年主要纤维原材料价格处于低位态，以及国家减税降费政策的落地实施，产业用纺织品行业的毛利率和营业利润率均略有上升，较 2018 年同比增加 0.5 个百分点。此外，行业充分响应“一带一路”政策。2019 年我国产业用纺织品对“一带一路”沿线国家的出口额达到 108.5 亿美元，同比增长 7.1%。对“一带一路”沿线国家的出口正成为行业出口增长的重要动力。

2. 服装行业业绩承压明显，企业面临转型升级

2019 年以来，纺织服装行业受终端消费疲软的影响，呈现明显放缓的趋势。2019 年服装类商品零售类总额 9778 亿元，同比增长 2.6%，增速较 2018 年同期下降 5.9 个百分点。同时互联网、大数据以及人工智能等新技术给服装行业赋能的同时，亦对服装品牌适应新零售的发展提出了更高要求。面对快速转型升级的压力和激烈竞争，众多企业选择加大对精细化运营及信息化技术的投入实现产品销量的突破和变现，通过加深线上线下的渠道融合增强自身核心竞争力。

二、行业内上市公司发展概况

（一）行业内上市公司基本情况

表 1　2019 年纺织业上市公司发行股票概况

门　类	A、B 股总数（家）	A 股股票数（家）	B 股股票数（家）	境内总市值（亿元）	流通 A 股市值（亿元）	流通 B 股市值（亿元）
纺织业	37	35	2	1427.80	1171.05	13.58
占沪深两市比重（%）	0.96	0.91	0.05	0.24	0.24	1.04

资料来源：沪深交易所，同花顺。

（二）行业内上市公司构成情况

表 2　2019 年纺织业上市公司构成情况

门　类	沪市			深市			ST/*ST
	仅 A 股	仅 B 股	A+B 股	仅 A 股	仅 B 股	A+B 股	
纺织业（家）	16	0	1	17	0	1	0/2
占行业内上市公司比重（%）	45.71	0.00	2.86	48.57	0.00	2.86	0.00/5.71

资料来源：沪深交易所，同花顺。

（三）行业内上市公司融资情况

表 3　　2019 年纺织业上市公司与沪深两市融资情况对比　　单位：家

门　类	融资家数	新股	增发	配股
纺织业	0	0	0	0
沪深两市总数	427	203	215	9
占比（%）	0.00	0.00	0.00	0.00

资料来源：沪深交易所，同花顺。

2019 年，纺织业没有上市公司进行融资。

（四）行业内上市公司资产及业绩情况

表 4　　2019 年纺织业上市公司资产情况　　单位：亿元

指　标	2019 年	2019 年可比样本增长（%）	2018 年	2018 年可比样本增长（%）	2017 年
总资产	2360.57	5.70	1838.79	5.20	1705.43
流动资产	1461.28	7.33	1000.02	7.62	895.68
占比（%）	61.90	0.94	54.38	1.22	52.52
非流动资产	899.29	3.15	838.76	2.45	809.75
占比（%）	38.10	-0.94	45.62	-1.22	47.48
流动负债	1204.11	3.94	746.95	15.55	624.92
占比（%）	51.01	-0.87	40.62	3.64	36.64
非流动负债	189.91	35.15	117.03	-7.89	125.52
占比（%）	8.05	1.75	6.36	-0.90	7.36
归属于母公司股东权益	918.60	3.22	938.28	-0.03	920.42
占比（%）	38.91	-0.93	51.03	-2.67	53.97

资料来源：沪深交易所，同花顺。

表 5　　2019 年纺织业上市公司收入实现情况　　单位：亿元

指　标	2019 年	2019 年可比样本增长（%）	2018 年	2018 年可比样本增长（%）	2017 年
营业收入	1781.53	4.67	1206.66	7.16	1075.20
利润总额	57.52	-16.51	61.43	-31.94	87.08
归属于母公司所有者的净利润	37.47	-23.95	42.42	-39.77	68.22

资料来源：沪深交易所，同花顺。

（五）利润分配情况

2019 年全年纺织业上市公司中共有 29 家公司实施了分红配股。其中，3 家上市公司实施送股或转增股，27 家上市公司实施派息，其中 0 家公司既实施了送股、转增又实施了派息。

2019 年纺织业上市公司分红明细见附录。

（六）其他财务指标情况

1. 盈利能力指标

表 6　　2019 年纺织业上市公司盈利能力情况

指　标	2019 年	2019 年可比样本变动	2018 年	2018 年可比样本变动	2017 年
毛利率（%）	14.72	-0.41	20.55	-0.18	20.78
净资产收益率（%）	4.08	-1.46	4.52	-2.98	7.41
销售净利率（%）	2.27	-0.79	3.76	-2.79	6.62
资产净利率（%）	1.76	-1.01	2.53	-1.95	4.38

资料来源：沪深交易所，同花顺。

2. 偿债能力指标

表 7　　2019 年纺织业上市公司偿债能力指标

指　标	2019 年	2019 年可比样本变动	2018 年	2018 年可比样本变动	2017 年
流动比率	1.21	0.04	1.34	-0.10	1.43
速动比率	0.82	0.06	0.83	-0.09	0.91
资产负债率（%）	59.05	0.89	46.99	2.73	44.00

资料来源：沪深交易所，同花顺。

3. 营运能力指标

表 8　　2019 年纺织业上市公司营运能力情况　　单位：次

营运能力指标	2019 年	2019 年可比样本变动	2018 年	2018 年可比样本变动	2017 年
存货周转率	3.22	-0.49	2.70	-0.29	2.89
应收账款周转率	4.80	-2.51	7.32	-0.36	7.48
流动资产周转率	1.26	-0.31	1.25	-0.07	1.29
固定资产周转率	3.77	0.07	2.47	0.02	2.36
总资产周转率	0.78	-0.13	0.67	-0.01	0.66
净资产周转率	1.87	-0.01	1.24	-0.01	1.20

资料来源：沪深交易所，同花顺。

三、重点上市公司介绍

（一）健盛集团

健盛集团是一家专业生产制造各类袜子及无缝内衣的现代化织袜企业。2015年上市后，公司积极探索自有品牌的发展，较早地引进了世界先进的棉袜、无缝内衣生产设备，并引入日本的生产技术和工艺流程。多年生产经验的积累，先进的设备规模优势，优秀的生产管理及员工队伍确保了公司在棉袜、无缝内衣生产制造领域的领先地位。当前公司生产所生产的主要产品为针织棉袜、无缝运动服饰、针织休闲棉袜等，2019年三大品类业务占营业总收入比重分别46.7%、25.4%和15.3%。

公司主要销售以外贸出口为主，为全球化的产业链一体化的针织运动服饰制造商。产品主要销往欧洲、美国、日本、澳大利亚等国际市场，目前主要经营模式为以ODM、OEM的方式为世界知名品牌商和零售商自有品牌提供专业服务。2019年在中美贸易摩擦不断升级、外贸形势愈加严峻的背景下，公司发挥虎视牛行的实干精神，稳字当头，以变应变，未雨绸缪。越南基地规模效益持续发力，公司生产基地全球化布局喜结硕果，实现收入利润两端再创新高。

2019年公司实现营收17.80亿元，同比增长12.9%，实现归属于母公司股东的净利润2.73亿元，同比增长32.4%。

（二）罗莱生活

公司聚焦以床上用品为主的家用纺织品业务（集研发、设计、生产、销售于一体），通过百货、品牌旗舰店、平台电商、线下各销售渠道，以覆盖高端市场（廊湾、莱克星顿、内野）、中高端市场（罗莱、罗莱儿童）和大众消费市场（LOVO）的多品牌产品，满足不同类型的消费需求，同时不断探索“大家纺小家居”的家居生活馆模式。罗莱床上用品连续14年（2005～2018年）市场综合占有率第一位（中国商业联合会/中华全国商业信息中心2019年颁），罗莱品牌2019年被中华全国工商业联合会家居装饰业商会评为年度创新品牌。

2019年莱克星顿贡献营收8.68亿元，同比增长7%，净利润4576万元，若剔除莱克星顿并表影响，公司家纺主业实现营收40亿元，基本与往年持平。内野贸易2019年实现营收1.5亿元，同比增长21.9%，实现净利润972.1万元，同比增长30.5%。

2019年，公司实现营业收入48.6亿元，同比增长1.0%，实现归属于母公司股东的净利润5.5亿元，同比增长2.2%。

（三）富安娜

富安娜品牌创始于1994年，2009年于深圳证券交易所中小板上市，是中国领先的家居用品公司，主要从事床上用品及家居生活类产品的研发、设计、生产及销售。经历26年成长，旗下拥有富安娜、

VERSAI、馨而乐、酷智奇等以满足不同消费者的需求。公司以设计创新为核心竞争力，同时，时刻关注产品工艺和质量，从胚布就采取独家工艺设计和检测以保证产品的舒适性和功能性。以“富安娜”为核心品多次获得了中国品牌价值 500 强、中国家居行业领军品牌等荣誉，深得消费者认可。面对未来市场的变化及消费市场的预期，公司在 2019 年主动调整经销商渠道，进行管理革新，帮助经销商去终端库存，帮助其提升自身利润。同时引入新零售思维，推进全国终端 POS 系统统一接入，并建立快速商品反应机制，为公司全国直营门店的业绩提升奠定基础。

公司线下渠道分为加盟渠道和直营渠道，截至 2019 年年末，加盟渠道收入占公司营业收入约 26.97%，直营渠道收入占公司营业收入约 26.9%，电商销售收入占比约 36.1%。三大渠道占比总计达到 89.9%。

2019 年，公司实现营业收入 27.88 亿元，同比下滑 4.4%，实现归属于母公司股东的净利润 5.06 亿元，同比下滑 6.7%。

（四）水星家纺

公司自设立以来，持续专注于中高档家用纺织品的研发、设计、生产和销售，主要产品包括套件、被芯、枕芯等床上用品。品牌运营采用“品类品牌化”的方式组建品牌矩阵，以“水星”品牌为主，“百丽丝”品牌为辅，以“水星家纺婚庆馆”“水星宝贝”“水星 KIDS”等品牌为组合细分品类品牌，在强化“水星”主品牌的同时，快速、有效地实现了品类细分市场的拓展。

公司目前以自主生产、委托加工、定制生产三种方式相结合的模式生产产品。在销售方面，坚持以经销、网络销售和直营为主，团购、国际贸易等为辅的多通路立体销售模式。2019 年随着我国三线、四线城市消费升级加速，公司线下渠道布局的下沉优势进一步体现，公司充分发挥渠道优势，业务规模继续保持稳健增长。同时公司深度推进数字化转型，报告期内，公司大数据项目一期进入了深入运营阶段，着手项目二期建设，旨在打造数字化经营改善闭环，整体提升企业运营效率和差异化竞争能力。

2019 年，公司实现营业收入 30.01 亿元，同比增长 10.41%，实现归属于母公司股东的净利润 3.15 亿元，同比增长 10.7%。

四、上市公司在行业中的影响力

2017～2019 年，纺织业规模以上工业企业资产总计分别为 22912.49 亿元、20194.05 亿元、19927.11 亿元，其中，上市公司的总资产占行业整体的比重分别为 7.44%、9.11%、11.85%。

2017～2019 年，纺织业规模以上工业企业主营业务收入总额分别为 36114.43 亿元、27242.3 亿元、24414.2 亿元，其中，上市公司的主营收入占行业整体的比重分别为 2.98%、4.43%、7.30%。

2017～2019 年，纺织业规模以上工业企业利润总额分别为 1913.95 亿元、1349.58 亿元、1132.47 亿元，其中，上市公司的利润总额占行业整体的比重稳中有升，依次为 4.55%、4.55%、5.08%。

审稿人：王立平

撰稿人：刘　佩

纺织服装、服饰业

一、纺织服装、服饰业总体概况

2019 年是中国服装行业在不确定因素中积极探索、谋求新发展的一年，也是非常艰难的一年。国内外发展环境更为严峻复杂，市场需求放缓与消费变革叠加，贸易风险与不确定性因素增多。我国服装行业承压负重、迎难前行，坚持以供给侧结构性改革为主线，积极推进转型升级和务实创新发展，在生产经营压力加大的情况下总体保持了基本平稳的发展态势，进入新一轮的战略重构与积累发展期。

（一）总体产量小幅下降，特定品类产量有所增加

根据国家统计局数据，2019 年 1～12 月，服装行业规模以上企业累计完成服装产量 244.72 亿件，同比下降 3.28%，降幅比上年同期收窄 0.09 个百分点。其中，羽绒服、皮革服装、天然毛皮服装产量分别比 2018 年同期变动 -22.30%、29.2%、22.8%。

（二）服装出口压力加大

受国际市场需求低迷、中美贸易摩擦不断升级以及市场竞争日益激烈等因素影响，我国服装出口明显下降，国际市场结构和国内区域布局加快调整。根据中国海关统计，2019 年 1～12 月我国服装出口呈现量价齐跌态势，服装及衣着附件出口 1534.53 亿美元，同比下降 3.74%；出口数量 298.43 亿件，同比下降 2.98%；出口平均单价 3.96 美元/件，同比下降 1.98%。

对传统市场出口明显下降，国际市场布局更加多元。根据中国海关统计，2019 年 1～12 月，我国对欧盟、美国、日本、东盟服装出口下跌明显，同比分别下降 5.94%、6.89%、5.39% 和 4.31%，以上四大主要市场合计出口金额 925.32 亿美元，占服装出口总额的 60.30%。我国对部分“一带一路”沿线国家服装出口显现亮点，对整体出口形成正向拉动。我国对菲律宾、吉尔吉斯斯坦、沙特阿拉伯、哈萨克斯坦、波兰、马来西亚、印度七个国家的服装出口金额保持不同幅度增长，对沙特阿拉伯、哈萨克斯坦同比增幅高达

53.29%和36.12%，以上七国的出口金额对服装行业整体出口形成1.96个百分点的正向拉动。

（三）国内销售稳中趋缓

据国家统计局数据，2019年1～12月，限额以上单位服装类商品零售额累计9778.1亿元，同比增长2.6%，比2018年同期放缓5.9个百分点，占限额以上单位商品零售总额的比重从2018年的7.25%下降至7.06%。同时，部分与消费升级相关的商品零售额快速增长，限额以上单位家电类、通信器材、体育娱乐用品和化妆品类商品零售同比增速均高于服装类商品。

线上服装零售额保持快速增长，网络销售是2019年服装市场重要的销售渠道。据国家统计局数据，2019年1～12月，全国穿类商品网上零售额同比增长15.4%。

（四）行业投资降幅收窄

受市场需求和贸易环境不确定性影响，2019年前三季度服装行业固定资产投资增速呈现持续回落的态势，第四季度投资增速震荡回升，全年投资额实现正向增长。据国家统计局数据显示，2019年1～12月我国服装行业实际完成投资（投资金额500万元以上的项目）同比增长1.8%。

（五）运行质效稳中有升

由于2019年以来经济总体偏弱，服装出口和内销市场均表现欠佳，加之制造成本高企、订单转移、出厂价格增长乏力、库存增长等因素导致服装企业利润空间严重压缩，服装行业效益指标增速呈现明显下降趋势，企业盈利压力显著增加，运行质量提升难度加大。据国家统计局数据，2019年1～12月，服装行业规模以上（年主营业务收入2000万元及以上）企业13876家，累计实现营业收入16010.33亿元，同比下降3.45%；利润总额872.83亿元，同比下降9.75%；营业收入利润率为5.45%，比2018年同期下降0.38个百分点。

二、行业内上市公司发展概况

（一）行业内上市公司基本情况

表1　2019年纺织服装、服饰业上市公司发行股票概况

门　类	A、B股总数（家）	A股股票数（家）	B股股票数（家）	境内总市值（亿元）	流通A股市值（亿元）	流通B股市值（亿元）
纺织服装、服饰业	38	38	0	2603.66	2088.13	0.00
占沪深两市比重（%）	0.99	0.99	0.00	0.44	0.43	0.00

资料来源：沪深交易所，同花顺。

（二）行业内上市公司构成情况

表 2　　2019 年纺织服装、服饰业上市公司构成情况

门　类	沪市			深市			ST/*ST
	仅 A 股	仅 B 股	A + B 股	仅 A 股	仅 B 股	A + B 股	
纺织服装、服饰业（家）	17	0	0	21	0	0	0/1
占行业内上市公司比重（%）	44.74	0.00	0.00	55.26	0.00	0.00	0.00/2.63

资料来源：沪深交易所，同花顺。

（三）行业内上市公司融资情况

表 3　　2019 年纺织服装、服饰业上市公司与沪深两市融资情况对比　　单位：家

门　类	融资家数	新股	增发	配股
纺织服装、服饰业	3	0	3	0
沪深两市总数	427	203	215	9
占比（%）	0.70	0.00	1.40	0.00

资料来源：沪深交易所，同花顺。

增发的 3 家公司均为中小板公司。

从融资效果来看，上述公司实际发行数量为 41863.64 万股；实际募集资金 29.31 亿元，基本完成了融资计划。

2019 年纺织服装、服饰业上市公司融资情况明细见附录。

（四）行业内上市公司资产及业绩情况

表 4　　2019 年纺织服装、服饰业上市公司资产情况　　单位：亿元

指　标	2019 年	2019 年可比样本增长（%）	2018 年	2018 年可比样本增长（%）	2017 年
总资产	2843.19	1.96	2032.50	4.44	1928.02
流动资产	1625.24	1.07	1269.98	5.53	1188.89
占比（%）	57.16	-0.50	62.48	0.64	61.66
非流动资产	1217.95	3.17	762.52	2.68	739.13
占比（%）	42.84	0.50	37.52	-0.64	38.34
流动负债	1221.71	24.81	667.91	9.10	608.07
占比（%）	42.97	7.87	32.86	1.40	31.54
非流动负债	168.56	-50.61	178.18	8.93	163.08
占比（%）	5.93	-6.31	8.77	0.36	8.46
归属于母公司股东权益	1421.60	-0.54	1149.14	1.42	1120.06
占比（%）	50.00	-1.25	56.54	-1.68	58.09

资料来源：沪深交易所，同花顺。

表 5　　2019 年纺织服装、服饰业上市公司收入实现情况　　单位：亿元

指　标	2019 年	2019 年可比样本增长（%）	2018 年	2018 年可比样本增长（%）	2017 年
营业收入	1655.87	0.28	1555.09	6.25	1443.89
利润总额	114.80	-25.80	112.37	-24.88	143.81
归属于母公司所有者的净利润	77.44	-29.20	73.50	-31.77	103.63

资料来源：沪深交易所，同花顺。

（五）利润分配情况

2018 年全年纺织服装、服饰业上市公司中共有 22 家公司实施了分红配股。其中，3 家上市公司实施送股或转增股，21 家上市公司实施派息。

2018 年纺织服装、服饰业上市公司分红明细见附录。

（六）其他财务指标情况

1. 盈利能力指标

表 6　　2019 年纺织服装、服饰业上市公司盈利能力情况

指　标	2019 年	2019 年可比样本变动	2018 年	2018 年可比样本变动	2017 年
毛利率（%）	38.40	1.02	36.29	1.98	33.75
净资产收益率（%）	5.45	-2.20	6.40	-3.11	9.25
销售净利率（%）	4.66	-2.06	4.83	-2.78	7.43
资产净利率（%）	2.74	-1.37	3.77	-2.31	5.92

资料来源：沪深交易所，同花顺。

2. 偿债能力指标

表 7　　2019 年纺织服装、服饰业上市公司偿债能力指标

指　标	2019 年	2019 年可比样本变动	2018 年	2018 年可比样本变动	2017 年
流动比率	1.33	-0.31	1.90	-0.06	1.96
速动比率	0.85	-0.20	1.25	-0.11	1.35
资产负债率（%）	48.90	1.56	41.63	1.76	40.00

资料来源：沪深交易所，同花顺。

3. 营运能力指标

表 8　　2019 年纺织服装、服饰业上市公司营运能力情况　　单位：次

营运能力指标	2019 年	2019 年可比样本变动	2018 年	2018 年可比样本变动	2017 年
存货周转率	1.74	-0.20	2.44	-0.17	2.62
应收账款周转率	7.90	-0.55	8.09	-1.11	9.11

续表

营运能力指标	2019 年	2019 年可比样本变动	2018 年	2018 年可比样本变动	2017 年
流动资产周转率	1.02	-0.03	1.26	-0.01	1.27
固定资产周转率	5.60	-0.40	7.27	0.06	7.19
总资产周转率	0.59	-0.02	0.78	-0.02	0.80
净资产周转率	1.13	-0.01	1.32	-0.01	1.33

资料来源：沪深交易所，同花顺。

三、重点上市公司介绍

（一）报喜鸟

报喜鸟控股成立于2001年，主营业务为品牌服装的研发、生产和销售，在温州永嘉、上海松江、安徽合肥建立了三大生产基地，产品品类涵盖西服、西裤、衬衫、夹克、羊毛衫、休闲裤等全品类男士服饰。公司实施“一主一副、一纵一横”的发展战略，服装主业上坚持多品牌，目前拥有或代理的品牌包含报喜鸟、HAZZYS（哈吉斯）、Camicissima（恺米切）、lafuma（乐飞叶）、东博利尼、云翼智能、宝鸟等，各品牌产品能满足中高端男士不同场合下的着装需求。

报喜鸟推行“建好渠道、做好产品、推好定制”的营销策略，重点进行产品变革、渠道变革，并大力推进定制业务的开展。渠道上，进一步优化网点结构，2019年新开网点148家，关闭低效网点91家；产品上，坚持泛时尚化正装大师定位，打造正装品质化、休闲品味化、商务时尚化；定制业务上，持续开展外籍量体师、搭配师参与全国巡店活动，加强量体团队建设，大力拓展云翼智能加工定制业务，初步建立互联网定制服务体系，打造全渠道定制业务模式，实现定制业务较上年同期增长超10%。品牌推广方面，强化全品类私人订制及正装大师的品牌形象，举办VK百男大秀、318会员回馈、亲子定制季等活动提升品牌影响力，重点加强线上推广、新媒体、区域高铁、购物中心等全渠道推广，连续举办报喜鸟婚礼季活动，巩固婚庆市场的品牌地位。

2019年，公司实现主营业务收入317692.92万元，较上年同期上升6.13%。实现归属于上市公司股东的净利润21008.87万元，较上年同期增长305.28%。

（二）太平鸟

太平鸟公司是一家以顾客为中心的时尚品牌零售公司，致力于成为中国青年的首选时尚品牌。公司聚焦时尚行业，实施“梯度品牌”策略，现拥有PEACEBIRD太平鸟女装、PEACEBIRD太平鸟男装、LEDIN乐町女装、Mini Peace童装、MATERIAL GIRL“物质女孩”女装、PETiT AVriL贝甜童装、PEACEBIRD LIVIN太平鸟巢家居等多个品牌。各品牌在目标消费群、品牌定位及品牌风格等方面错位互补，满足日益多元的消费需求。

公司核心聚焦以顾客为中心，以数据为驱动，全面打通设计、生产、物流、营销等核心环节的货品供应全链路。在设计端，将多个运营平台数据智能捕捉，应用于流行趋势，优化货品设计；在生产端，引入人工智能预估货品需求，优化产能布局；在物流端，通过柔性供应，提升货品铺排效率；在营销端，运营多个平台推行高品质精准营销。公司正在有序推进商品设计研发和供应链联动的快反机制，向顾客提供具有领先时尚和领先品质的商品，同时拉升货品存货周转，提升经营效率。公司根据新零售加速发展的趋势，不断优化“新四轮立体驱动”格局。线上布局方面，公司稳步推进新零售渠道，全网触达消费者，创新业绩增长点，同时利用线上平台的数据结合市场的快速反应寻找爆款，赋能线下业务；线下布局方面，公司不断强化购物中心和百货商场的主要渠道地位，快速推进奥特莱斯渠道发展，持续优化街店渠道，同时探索线上线下，渠道打通，形成零售合力。

2019 年度公司实现营业收入 79.28 亿元，相比2018 年度增长2.8%，保持逐年增长态势；归属于上市公司股东的净利润 5.52 亿元，相比 2018 年度小幅下降 3.5%。

四、上市公司在行业中的影响力

表 9　　2017～2019 年总资产、营业收入、利润总额及上市公司占比　　单位：亿元

指　标	2019 年		2018 年		2017 年	
	行业总体	上市公司占比	行业总体	上市公司占比	行业总体	上市公司占比
总资产	11894.9	23.90%	12515.9	16.24%	13924.3	13.85%
营业收入	16010.3	10.34%	17417.7	8.93%	22172.4	6.51%
利润总额	872.8	13.15%	1006.8	11.16%	1263.7	11.38%

资料来源：沪深交易所，同花顺。

2017～2019 年，纺织服装、服饰业规模以上工业企业总资产分别为 13924.3 亿元、12515.9 亿元和 11894.9 亿元，其中，上市公司的总资产占行业整体的比重逐年上升，分别为 13.85%、16.24% 和 23.90%。

2017～2019 年，纺织服装、服饰业规模以上工业企业营业收入分别为 22172.4 亿元、17417.7 亿元、16010.3 亿元，其中，上市公司的营业收入总额占行业整体比重快速上升，依次为 6.51%、8.93% 和 10.34%。

2016～2018 年，纺织服装、服饰业规模以上工业企业利润总额分别为 1263.7 亿元、1006.8 亿元、872.8 亿元，其中，上市公司的利润总额占行业整体的比重依次为 11.38%、11.16% 和 13.15%。

审稿人：詹陆雨

撰稿人：邹国强　李陈佳

皮革、毛皮、羽毛及其制品和制鞋业

一、皮革、毛皮、羽毛及其制品和制鞋业总体概况

2019年，我国皮革行业在较为艰难的内外环境下，全年保持了较为平稳的发展态势，行业出口虽然实现了微增，但受中美贸易摩擦的影响，对美出口下滑明显，行业下行压力明显增大。

（一）行业发展相对平稳

2019年，皮革、毛皮、羽毛及其制品和制鞋业汇总企业单位数8386个，亏损企业数1023个，亏损率12.20%，主营业务收入11965.48亿元，同比减少1.05%。其中，皮革鞣制加工业主营收入1094.72亿元，同比减少13.14%；皮革制品制造业主营收入2671.03亿元，同比减少2.5%；皮革服装制造业主营业收入696.53亿元，同比增长6.43%；皮箱、包（袋）制造业主营业收入1481.92亿元，同比减少1.66%；毛皮鞣制及制品加工业主营业务收入547.30亿元，同比增长1.55%；羽毛（绒）加工及制品制造业主营业务收入876.92亿元，同比增长3.85%；制鞋业主营业务收入6846.78亿元，同比增长2.05%。

2019年，皮革、毛皮、羽毛及其制品和制鞋业汇总企业利润总额686.3亿元，同比减少1.91%。其中，皮革鞣制加工业利润总额98.49亿元，同比增长21.5%；皮革制品制造业利润总额155.28亿元，同比增长0.14%；皮革服装制造业利润总额55.25亿元，同比增长12.16%；皮箱、包（袋）制造业利润总额66.80亿元，同比增长2.62%；毛皮鞣制及制品加工业利润总额29.45亿元，同比减少7.48%；羽毛（绒）加工及制品制造业利润总额35.48亿元，同比减少0.58%；制鞋业利润总额408.56亿元，同比减少2.09%。

（二）行业出口实现微增

2019年，皮革行业出口额868.45亿美元，同比增长1.5%，其中，我国鞋类出口总额449.54亿美元，同比增长1.11%。从出口市场来看，欧盟、美国、东盟、俄罗斯、非洲为行业出口的前五大目标市场，合计占比66%。受中美贸易摩擦的影响，对美出口额同比下降13.5%；对欧盟和非洲市场出口额同比增长2.5%和8%；对东盟出口额则连续四年保持高速增长，增速达24.5%。欧盟取代美国成为中国第一大目标市场。从鞋类产品出口的目标市场上看，美国为第一大市场，出口额为113.8亿美元，同比下

滑5%，占比为25.3%；对欧盟出口同比下降0.6%，占比为22.4%；对东盟出口同比增长24.2%，占比为8.9%；对非出口同比增长6.7%，占比为7.8%。

从出口省市来看，2019年，行业出口主要集中在广东、浙江、福建三省，三省出口额占比高达63.4%，广东出口额同比下降5.5%，浙江同比增长0.5%，福建同比增长6.9%。

（三）进口延续增长趋势

2019年，我国皮革行业进口总额122.05亿美元，同比增长9.50%。其中，生皮进口额11.52亿美元，同比下降29.8%；半成品革进口额10.83亿美元，同比下降17.5%；成品革进口额14.25亿美元，同比下降22.0%。鞋的进口额为50.54亿美元，箱包进口额为35.51亿美元，合计占皮革行业进口总额的70.50%，同比分别增长21.9%和21.8%。从地区进口来看，行业进口主要集中在上海、江苏、广东三地，合计占比66.6%。其中，上海主要以制品进口为主，占我国鞋类进口总额的38.9%，箱包进口总额的72.2%；而广东以原料进口为主，占我国成品革进口额的50.6%，半成品革进口额的35%；江苏与广东2019年全年皮革产品的进口额基本持平，但江苏的进口额同比增长20.5%，而广东则下滑6.4%；此外，上海的皮革产品进口规模约为广东或江苏的2倍，进口额同比增长14.8%。

从进口来源地来看，欧盟和东盟是皮革业进口最主要的两大来源地。2019年，欧盟是我国皮革行业进口第一大来源地，进口额为53.8亿美元。东盟则为第二大来源地，进口额为51.2亿美元，同比增长22%。

二、行业内上市公司发展概况

（一）行业内上市公司基本情况

表1　2019年皮革、毛皮、羽毛及其制品和制鞋业上市公司发行股票概况

门　类	A、B股总数（家）	A股股票数（家）	B股股票数（家）	境内总市值（亿元）	流通A股市值（亿元）	流通B股市值（亿元）
皮革、毛皮、羽毛及其制品和制鞋业	11	11	0	340.09	275.88	0.00
占沪深两市比重（%）	0.29	0.29	0.00	0.06	0.06	0.00

资料来源：沪深交易所，同花顺。

（二）行业内上市公司构成情况

表 2　　2019 年皮革、毛皮、羽毛及其制品和制鞋业上市公司构成情况

门　类	沪市			深市			ST/*ST
	仅 A 股	仅 B 股	A+B 股	仅 A 股	仅 B 股	A+B 股	
皮革、毛皮、羽毛及其制品和制鞋业（家）	8	0	0	3	0	0	0/0
占行业内上市公司比重（%）	72.73	0.00	0.00	27.27	0.00	0.00	0.00/0.00

资料来源：沪深交易所，同花顺。

（三）行业内上市公司融资情况

表 3　　2019 年皮革、毛皮、羽毛及其制品和制鞋业上市公司与沪深两市融资情况对比　　单位：家

门　类	融资家数	新股	增发	配股
皮革、毛皮、羽毛及其制品和制鞋业	0	0	0	0
沪深两市总数	427	203	215	9
占比（%）	0.00	0.00	0.00	0.00

资料来源：沪深交易所，同花顺。

2019 年皮革、毛皮、羽毛及其制品和制鞋业上市公司无融资。

（四）行业内上市公司资产及业绩情况

表 4　　2019 年皮革、毛皮、羽毛及其制品和制鞋业上市公司资产情况　　单位：亿元

指　标	2019 年	2019 年可比样本增长（%）	2018 年	2018 年可比样本增长（%）	2017 年
总资产	301.63	0.67	299.61	2.51	292.28
流动资产	211.32	1.20	208.81	1.04	206.66
占比（%）	70.06	0.37	69.69	-1.01	70.71
非流动资产	90.31	-0.54	90.80	6.05	85.62
占比（%）	29.94	-0.37	30.31	1.01	29.29
流动负债	72.91	-6.54	78.01	18.59	65.79
占比（%）	24.17	-1.86	26.04	3.53	22.51
非流动负债	12.05	153.09	4.76	-67.03	14.44
占比（%）	3.99	2.41	1.59	-3.35	4.94
归属于母公司股东权益	215.09	-0.16	215.44	2.06	211.09
占比（%）	71.31	-0.60	71.91	-0.31	72.22

资料来源：沪深交易所，同花顺。

表 5　　2019 年皮革、毛皮、羽毛及其制品和制鞋业上市公司收入实现情况　　单位：亿元

指　标	2019 年	2019 年可比样本增长（%）	2018 年	2018 年可比样本增长（%）	2017 年
营业收入	170.75	-3.80	177.50	-3.46	183.86
利润总额	13.08	-18.67	16.08	-8.94	17.66
归属于母公司所有者的净利润	10.01	-18.84	12.34	-9.76	13.67

资料来源：沪深交易所，同花顺。

（五）利润分配情况

2019 年全年皮革、毛皮、羽毛及其制品和制鞋业上市公司中共有 9 家公司实施了分红配股。其中，0 家上市公司实施送股或转增股，9 家上市公司实施派息，其中 0 家公司既实施了送股、转增又实施了派息。

2019 年皮革、毛皮、羽毛及其制品和制鞋业上市公司分红明细见附录。

（六）其他财务指标情况

1. 盈利能力指标

表 6　　2019 年皮革、毛皮、羽毛及其制品和制鞋业上市公司盈利能力情况

指　标	2019 年	2019 年可比样本变动	2018 年	2018 年可比样本变动	2017 年
毛利率（%）	34.68	-0.32	35.00	1.01	34.00
净资产收益率（%）	4.65	-1.07	5.73	-0.75	6.48
销售净利率（%）	6.08	-1.05	7.13	-0.41	7.54
资产净利率（%）	3.45	-0.83	4.28	-0.69	4.97

资料来源：沪深交易所，同花顺。

2. 偿债能力指标

表 7　　2019 年皮革、毛皮、羽毛及其制品和制鞋业上市公司偿债能力指标

指　标	2019 年	2019 年可比样本变动	2018 年	2018 年可比样本变动	2017 年
流动比率	2.90	0.22	2.68	-0.46	3.14
速动比率	1.78	0.12	1.66	-0.33	2.00
资产负债率（%）	28.17	0.54	27.63	0.18	27.45

资料来源：沪深交易所，同花顺。

3. 营运能力指标

表 8　　2019 年皮革、毛皮、羽毛及其制品和制鞋业上市公司营运能力情况　　单位：次

营运能力指标	2019 年	2019 年可比样本变动	2018 年	2018 年可比样本变动	2017 年
存货周转率	1.39	-0.10	1.49	-0.10	1.59
应收账款周转率	4.18	-0.42	4.60	-1.09	5.69
流动资产周转率	0.81	-0.04	0.85	-0.08	0.93
固定资产周转率	4.37	-0.32	4.70	-0.29	4.98
总资产周转率	0.57	-0.03	0.60	-0.06	0.66
净资产周转率	0.79	-0.04	0.83	-0.08	0.91

资料来源：沪深交易所，同花顺。

三、重点上市公司介绍

奥康国际

奥康国际是一家在上海证券交易所主板上市的企业。公司主要从事皮鞋及皮具产品的研发、生产、零售及分销业务，产品种类主要有商务正装鞋、休闲鞋、运动鞋等鞋类产品以及皮具配套产品，主要用于满足消费者日益增长的鞋类及皮具产品的功能性和时尚性需求。

公司实施以“奥康”品牌为主，“康龙”“斯凯奇”及“彪马”等品牌为辅的多品牌运营模式，产品主要销售区域为全国一二三线城市购物中心、商场、专卖店等。公司近几年一直致力于探索和践行皮鞋行业智能制造与“信息化与工业化深度融合”，紧抓数字经济时代的新机遇，大力推进企业“智能”转型升级。公司在制造领域的积极探索，助推公司生产制造转型升级和效益的提升，同时也为制鞋行业变革与发展带来积极影响与示范效应。

2019 年，营业收入 27.26 亿元，同比下降 10.41%，归属于上市公司股东的净利润 0.22 亿元，同比下降 83.57%。主营业务中，男鞋营业收入 15.60 亿元，同比下降 14.73%；女鞋营业收入 9.18 亿元，同比上升 0.09%；皮具营业收入为 2.19 亿元，同比下降 18.34%。公司综合毛利率 34.89%，同比下降 0.58 个百分点。

四、上市公司在行业中的影响力

2017 ~ 2019 年，皮革、毛皮、羽毛及其制品和制鞋业规模以上工业企业总资产分别为 7247.9 亿元、6511.3 亿元和 6633.6 亿元，其中，上市公司的总资产占行业整体的比重整体平稳，为 4.03%、4.6% 和 4.55%。

2017 ~ 2019 年，皮革、毛皮、羽毛及其制品和制鞋业规模以上工业企业主营收入总额分别为 14693.4 亿元、12092.5 亿元、11965.5 亿元，其中，上市公司的主营收入总额占行业整体的比重整体平稳，分别为 1.25%、1.47% 和 1.43%。

2017～2019 年，皮革、毛皮、羽毛及其制品和制鞋业规模以上工业企业利润总额分别为 896.9 亿元、721 亿元和 686.3 亿元，其中，上市公司的利润总额占行业整体的份额依次为 1.97%、2.23%、1.91%。

审稿人：刘小勇
撰稿人：石　晋

木材加工及木、竹、藤、棕、草制品业

一、木材加工及木、竹、藤、棕、草制品业总体概况

国家统计局数据显示，2019 年中国木材加工及木、竹、藤、棕、草制品业总资产为 4972.20 亿元，同比减少 7.99%；行业营业收入 8485.40 亿元，同比下降 7.87%；行业利润总额为 371.80 亿元，同比下降 21.78%。

截至 2019 年年底，中国木材加工及木、竹、藤、棕、草制品业企业数量达 8960 家，其中 1074 家企业出现亏损，行业亏损率为 11.98%。

从木材加工及木、竹、藤、棕、草制品业三费占主营业务收入的比重变化情况来看，2019 年行业三费占木材加工及木、竹、藤、棕、草制品业行业营业收入的 5.88%，占比较 2018 年下降 0.56 个百分点。其中，销售费用、财务费用和管理费用分别下降 0.19 个、0.06 个和 0.31 个百分点。

从木材加工及木、竹、藤、棕、草制品业盈利能力来看，2019 年木材加工及木、竹、藤、棕、草制品业总体盈利能力略有回落，2019 年木材加工及木、竹、藤、棕、草制品业销售毛利率为 11.27%，较 2018 年回落 0.72 个百分点，2019 年销售利润率为 4.38%，较 2018 年回落 0.78 个百分点。

二、行业内上市公司发展概况

（一）行业内上市公司基本情况

表 1　　2019 年木材加工及木、竹、藤、棕、草制品业上市公司发行股票概况

门　类	A、B 股总数（家）	A 股股票数（家）	B 股股票数（家）	境内总市值（亿元）	流通 A 股市值（亿元）	流通 B 股市值（亿元）
木材加工及木、竹、藤、棕、草制品业	8	8	0	379.90	338.85	0.00
占沪深两市比重（%）	0.21	0.21	0.00	0.06	0.07	0.00

资料来源：沪深交易所，同花顺。

（二）行业内上市公司构成情况

表 2　　2019 年木材加工及木、竹、藤、棕、草制品业上市公司构成情况

门　类	沪市			深市			ST/*ST
	仅 A 股	仅 B 股	A+B 股	仅 A 股	仅 B 股	A+B 股	
木材加工及木、竹、藤、棕、草制品业（家）	4	0	0	4	0	0	1/0
占行业内上市公司比重（%）	50.00	0.00	0.00	50.00	0.00	0.00	12.5/0

资料来源：沪深交易所，同花顺。

（三）行业内上市公司融资情况

表 3　　2019 年木材加工及木、竹、藤、棕、草制品业上市公司与沪深两市融资情况对比　　单位：家

门　类	融资家数	新股	增发	配股
木材加工及木、竹、藤、棕、草制品业	1	0	1	0
沪深两市总数	427	203	215	9
占比（%）	0.23	0.00	0.47	0.00

资料来源：沪深交易所，同花顺。

其中，有 1 家深市公司进行增发融资。

从融资效果来看，上述公司实际发行数量为 12186.26 万股；实际募集资金 9.23 亿元，基本完成了融资计划。

2019 年木材加工及木、竹、藤、棕、草制品业上市公司融资情况明细见附录。

（四）行业内上市公司资产及业绩情况

表 4　　2019 年木材加工及木、竹、藤、棕、草制品业上市公司资产情况　　单位：亿元

指　标	2019 年	2019 年可比样本增长（%）	2018 年	2018 年可比样本增长（%）	2017 年
总资产	352.75	16.61	303.19	17.66	318.47
流动资产	196.39	22.96	160.44	19.71	157.29
占比（%）	55.67	2.88	52.92	0.90	49.39
非流动资产	156.36	9.50	142.75	15.45	161.19
占比（%）	44.33	-2.88	47.08	-0.90	50.61
流动负债	108.09	22.80	88.10	28.18	95.22
占比（%）	30.64	1.54	29.06	2.38	29.90
非流动负债	20.86	55.92	13.30	75.80	16.21
占比（%）	5.91	1.49	4.39	1.45	5.09
归属于母公司股东权益	218.29	11.13	197.11	11.40	201.74
占比（%）	61.88	-3.05	65.01	-3.66	63.35

资料来源：沪深交易所，同花顺。

表 5　　2019 年木材加工及木、竹、藤、棕、草制品业上市公司收入实现情况　　单位：亿元

指　标	2019 年	2019 年可比样本增长（%）	2018 年	2018 年可比样本增长（%）	2017 年
营业收入	221.70	-1.66	225.93	13.72	208.92
利润总额	21.34	-10.37	24.32	13.25	22.45
归属于母公司所有者的净利润	18.29	-9.33	20.63	14.84	18.10

资料来源：沪深交易所，同花顺。

（五）利润分配情况

2019 年全年木材加工及木、竹、藤、棕、草制品业上市公司中共有 6 家公司实施了分红配股。其中，1 家上市公司实施送股或转增股，5 家上市公司实施派息，0 家公司既实施了送股、转增又实施了派息。

2019 年木材加工及木、竹、藤、棕、草制品业上市公司分红明细见附录。

（六）其他财务指标情况

1. 盈利能力指标

表 6　　2019 年木材加工及木、竹、藤、棕、草制品业上市公司盈利能力情况

指　标	2019 年	2019 年可比样本变动	2018 年	2018 年可比样本变动	2017 年
毛利率（%）	26.56	0.73	25.88	-0.25	26.76
净资产收益率（%）	8.38	-1.89	10.46	0.31	8.97
销售净利率（%）	8.23	-0.88	9.29	-0.11	9.20
资产净利率（%）	5.57	-1.76	7.48	-0.37	6.56

资料来源：沪深交易所，同花顺。

2. 偿债能力指标

表 7　　2019 年木材加工及木、竹、藤、棕、草制品业上市公司偿债能力指标

指　标	2019 年	2019 年可比样本变动	2018 年	2018 年可比样本变动	2017 年
流动比率	1.82	0.00	1.82	-0.13	1.65
速动比率	1.10	0.02	1.08	-0.09	0.99
资产负债率（%）	36.56	3.04	33.45	3.84	34.99

资料来源：沪深交易所，同花顺。

3. 营运能力指标

表 8　　2019 年木材加工及木、竹、藤、棕、草制品业上市公司营运能力情况　　单位：次

营运能力指标	2019 年	2019 年可比样本变动	2018 年	2018 年可比样本变动	2017 年
存货周转率	2. 29	-0. 55	2. 83	-0. 06	2. 72
应收账款周转率	10. 39	-2. 91	13. 30	-0. 35	13. 80
流动资产周转率	1. 25	-0. 29	1. 53	-0. 10	1. 48
固定资产周转率	2. 56	-0. 58	3. 14	0. 10	2. 80
总资产周转率	0. 68	-0. 13	0. 81	-0. 03	0. 71
净资产周转率	1. 04	-0. 14	1. 18	-0. 01	1. 10

资料来源：沪深交易所，同花顺。

三、重点上市公司介绍

大亚圣象

大亚圣象是我国人造板和地板行业龙头企业，公司以人造板、地板为主业，已建成一条完善的涵盖资源、基材、工厂、研发、设计、营销、服务等各大环节的森工行业上下游的绿色产业链。

2019 年，公司实现营业收入 72. 98 亿元，同比增长 0. 51%；归属于上市公司股东的净利润为 7. 20 亿元，同比下降 0. 72%；实现每股收益 1. 30 元。毛利率为 36. 17%，同比下滑 0. 25 个百分点；销售净利率 10. 10%，同比下滑 0. 43 个百分点；净资产收益率 15. 51%，同比下滑 3. 51 个百分点。

2019 年年末，公司的资产负债率为 34. 26%，同比下降 0. 91 个百分点。

四、上市公司在行业中的影响力

总体来看，上市公司在行业内影响力有限。

2017～2019 年，木材加工和木、竹、藤、棕、草制品业行业整体总资产分别为 6523. 30 亿元、5403. 90 亿元和 4972. 20 亿元，上市公司的总资产占行业整体的比重呈上升趋势，2017 年为 4. 88%，2018 年为 5. 61%，2019 年上升至 7. 09%。

2017～2019 年，木材加工和木、竹、藤、棕、草制品业行业营业收入总额分别为 13962. 40 亿元、9210. 40 亿元和 8485. 40 亿元，2017 年为 1. 50%，2018 年为 2. 45%，2019 年为 2. 61%。

2017～2019 年，木材加工和木、竹、藤、棕、草制品业行业整体利润总额分别为 811. 30 亿元、475. 30 亿元和 371. 80 亿元，2017 年为 2. 77%，2018 年为 5. 12%，2019 年为 5. 74%。

审稿人：朱卫华

撰稿人：赵中平　毕先磊

家具制造业

一、家具制造业总体概况

国家统计局数据显示，2019 年，我国家具制造业企业共有 6410 家，较上年增加 1.75%。家具行业属于房地产后周期行业，与房地产行业景气度紧密相关，主要需求来自于房屋交易，包括新房和二手房。按照装修周期，家具行业往往滞后于现房交易半年至一年。2019 年，房地产市场“房住不炒”主基调不变，各地房地产逐渐开始在“因城施策”政策指导下制定不同策略。部分地区针对供给端出台调整土地出让金缴纳期限、顺延竣工期限、对于困难房企降息减税等支持政策，部分地区对需求端提供购房补贴、放宽限购限价、降低首付比例等政策，2019 年 10 月以后部分银行在融资端适当放松对开发商的限制，整体来看调控略有放松。

我国居民人均可支配收入逐年增长，2019 年达到 30733 元，同比增长 8.9%，扣除价格因素，实际增长 5.8%。居民人均可支配收入的持续增长奠定了国内消费升级趋势的确定性，带动了中高端定制家居产品的消费，也使得家具行业的客单价增长具有收入基础。

根据国家统计局数据，2019 年我国住宅销售面积为 15.0 亿平方米，同比增长 1.5%，住宅竣工面积 6.8 亿平方米，同比增速转正达 3.0%。住宅房销售市场平稳增长，关联行业需求略有恢复。

截至 2019 年 12 月 31 日，家具制造业总资产为 5891.8 亿元，较 2018 年增长 4.76%；行业全年实现营业收入 7117.2 亿元，较 2018 年增长 0.50%，主要是“房住不炒”政策基调下带来的需求增长放缓；实现利润总额 417.7 亿元，较 2018 年增长 8.64%，主要是原材料价格相对低位，行业盈利能力上行。2019 年 12 月 31 日，行业资产负债率为 52.83%，相比 2018 年增长 1.27 个百分点。

二、行业内上市公司发展概况

（一）行业内上市公司基本情况

表 1　　2019 年家具制造业上市公司发行股票概况

门　类	A、B 股总数（家）	A 股股票数（家）	B 股股票数（家）	境内总市值（亿元）	流通 A 股市值（亿元）	流通 B 股市值（亿元）
家具制造业	25	25	0	2045.74	1176.99	0.00
占沪深两市比重（%）	0.65	0.65	0.00	0.35	0.24	0.00

资料来源：沪深交易所，同花顺。

（二）行业内上市公司构成情况

表 2　　2019 年家具制造业上市公司构成情况

门　类	沪市			深市			ST/*ST
	仅 A 股	仅 B 股	A + B 股	仅 A 股	仅 B 股	A + B 股	
家具制造业（家）	16	0	0	9	0	0	0/0
占行业内上市公司比重（%）	64.00	0.00	0.00	36.00	0.00	0.00	0.00/0.00

资料来源：沪深交易所，同花顺。

（三）行业内上市公司融资情况

表 3　　2019 年家具制造业上市公司与沪深两市融资情况对比　　单位：家

门　类	融资家数	新股	增发	配股
家具制造业	1	1	0	0
沪深两市总数	427	203	215	9
占比（%）	0.23	0.49	0.00	0.00

资料来源：沪深交易所，同花顺。

其中，IPO 的 1 家公司为麒盛科技，为沪市。

从融资效果来看，上述公司实际发行数量为 3758.32 万股；实际募集资金 16.78 亿元，基本完成了融资计划。

（四）行业内上市公司资产及业绩情况

表 4　　2019 年家具制造业上市公司资产情况　　单位：亿元

指　标	2019 年	2019 年可比样本增长（%）	2018 年	2018 年可比样本增长（%）	2017 年
总资产	1265.52	14.58	1104.53	22.83	899.21
流动资产	661.58	15.32	573.72	7.14	535.47
占比（%）	52.28	0.34	51.94	-7.61	59.55
非流动资产	603.94	23.29	530.81	13.85	363.73
占比（%）	47.72	-0.34	48.06	7.61	40.45
流动负债	469.77	20.71	389.17	23.27	315.70
占比（%）	81.38	5.52	75.86	-6.81	82.67
非流动负债	107.47	-13.20	123.81	87.10	66.17
占比（%）	18.62	-5.52	24.14	6.81	17.33
归属于母公司股东权益	666.17	15.90	574.78	12.94	508.93
占比（%）	52.64	0.60	52.04	-4.56	56.60

资料来源：沪深交易所，同花顺。

表 5　　2019 年家具制造业上市公司收入实现情况　　单位：亿元

指　标	2019 年	2019 年可比样本增长（%）	2018 年	2018 年可比样本增长（%）	2017 年
营业收入	931.80	12.66	827.10	23.82	667.99
利润总额	102.77	56.44	65.69	-19.77	81.88
归属于母公司所有者的净利润	81.98	62.07	50.58	-98.74	4022.65

资料来源：沪深交易所，同花顺。

（五）利润分配情况

2019 年全年家具制造业上市公司中共有 20 家公司实施了分红配股。其中，5 家上市公司实施送股或转增股，19 家上市公司实施派息，0 家公司既实施了送股、转增又实施了派息。

2020 年家具制造业上市公司分红明细见附录。

（六）其他财务指标情况

1. 盈利能力指标

表 6　　2019 年家具制造业上市公司盈利能力情况

指　标	2019 年	2019 年可比样本变动	2018 年	2018 年可比样本变动	2017 年
毛利率（%）	35.59	1.06	34.51	-0.53	34.90
净资产收益率（%）	12.80	4.00	8.43	-4.89	13.18
销售净利率（%）	9.32	3.12	6.02	-4.17	10.24
资产净利率（%）	7.33	2.21	4.89	-3.70	8.55

资料来源：沪深交易所，同花顺。

2. 偿债能力指标

表 7　　2019 年家具制造业上市公司偿债能力指标

指　标	2019 年	2019 年可比样本变动	2018 年	2018 年可比样本变动	2017 年
流动比率	1.41	-0.07	1.47	-0.23	1.71
速动比率	1.08	-0.06	1.13	-0.24	1.38
资产负债率（%）	45.61	-0.83	46.52	4.04	42.31

资料来源：沪深交易所，同花顺。

3. 营运能力指标

表 8　　2019 年家具制造业上市公司营运能力情况　　单位：次

营运能力指标	2019 年	2019 年可比样本变动	2018 年	2018 年可比样本变动	2017 年
存货周转率	4.19	-0.37	4.53	0.09	4.42
应收账款周转率	7.15	-1.60	8.65	-1.32	9.89

续表

营运能力指标	2019 年	2019 年可比样本变动	2018 年	2018 年可比样本变动	2017 年
流动资产周转率	1.51	0.02	1.47	0.02	1.43
固定资产周转率	3.55	-0.38	3.83	-0.11	3.93
总资产周转率	0.79	-0.04	0.81	-0.03	0.83
净资产周转率	1.46	-0.04	1.47	-0.02	1.47

资料来源：沪深交易所，同花顺。

三、重点上市公司介绍

顾家家居

顾家家居以“家”为原点，致力于为全球家庭提供健康、舒适、环保的家居解决方案。公司自 1982 年创立以来，忠于初心，专注于客餐厅、卧室以及全屋定制家居产品的研究、开发、生产和销售；携手事业合作伙伴，为用户提供高品质的产品、高效率的服务、超预期的解决方案，帮助全球家庭享受更加幸福美好的居家生活。2019 年归母净利润同比增长 17.4%，业绩符合预期。实现营业收入 110.94 亿元，同比增加 20.95%；实现归母净利润 11.61 亿元，同比增加 17.37%；扣非后归母净利润 8.49 亿元，同比增加 3.73%。分季度看，Q1、Q2、Q3、Q4 分别实现营业收入 24.6 亿元、25.5 亿元、27.65 亿元、33.19 亿元，同比分别增加 32.79%、增加 16.1%、增加 17.95%、增加 19.42%；实现归母净利润 2.95 亿元、2.63 亿元、3.58 亿元、2.44 亿元，同比分别增加 10.04%、增加 23.01%、增加 18.27%、增加 19.74%。公司全年收入及净利润均保持稳健增长，其中 Q1 收入增速较快主要是 Rolfbenz、班尔奇等收购标的于 18Q2 并表导致，预计内销内生增速自 Q3 起回暖。公司非经常性损益 3.12 亿元，较去年增加 1.4 亿元。非经常性损益数额增加较多主要原因包括：喜临门转债投资收益约 4600 万元，三间家居业绩承诺补偿款 1456 万元以及政府补助增加约 6200 万元。

毛利率或受促销及贸易摩擦影响略有下降，净利率保持稳定。毛利率同比下降 1.51 个百分点至 34.86%；净利率同比增加 0.03 个百分点至 11%。2019 年期间费用率同比增加 0.12 个百分点至 24.05%；其中，销售费用率降低 0.81 个百分点至 18.69%；管理费用率（含研发费用率 1.78%）同比增加 0.27 个百分点至 4.42%；财务费用率同比增加 0.66 个百分点至 0.94%。公司 2019 年毛利率下滑的原因可能与促销活动增加、中美贸易摩擦关税加征等因素有关。其中 Q4 单季毛利率同比下降 3.53 个百分点至 34.34%，同比下降幅度偏大或由 Q4 嘉兴新产能投产有关。公司期间费用控制较好，政府补贴增加对冲了毛利率下降的影响，净利率维持稳定。

分产品看，核心品类沙发保持良好增长，定制产品毛利率提升。收入58.31亿元，同比增加13.35%；床类产品由于18Q4并表玺堡收入同比增加72.5%至19.53亿元；定制家具快速增长，收入3.43亿元，同比增加61.72%；集成产品（即配套产品）和红木家具收入分别增加18.4%和减少9.42%。盈利能力方面，沙发及床品促销力度较大，毛利率有所下降，沙发、床类产品毛利率分别同比降低2.43个和3.18个百分点至32.43%和35.05%；定制产品随着收入增长规模效应增强，毛利率同比增加5.81个百分点至35.77%。

欧派家居

2019年实现营收135.33亿元（增加17.6%），归母净利润18.39亿元（增加17.0%），扣非归母净利润16.81亿元（增加12.3%），EPS为4.38元。

分产品来看，橱柜、衣柜稳健增长，带动卫浴、木门维持较高增速。2019年分品类看：1）橱衣柜稳健增长，橱柜业务收入61.93亿元（增加7.4%）、衣柜业务收入51.67亿元（增加24.6%）；2）在橱衣柜零售渠道引流和橱柜工程渠道先发优势的带动下，卫浴、木门维持较高增速。卫浴业务收入6.24亿元（增加37.7%），木门业务收入5.97亿元（增加25.9%）；3）受工程渠道影响，各品类毛利率均有所下滑，橱柜、衣柜、木门和卫浴业务2019年毛利率分别同比下降3.2个、2.1个、0.3个和1.2个百分点。

经销渠道2019下半年呈回暖趋势，工程渠道快速增长：2019年，经销和工程渠道收入分别同比增长14.1%和52.5%。经销渠道2019H2回暖趋势较明显，2019年三季度、四季度经销渠道单季收入分别同比增长18.5%、17.0%。2019年，经销渠道毛利率为35.0%（下降0.7个百分点），略有下滑；工程渠道全年毛利率为34.6%（下降14.9个百分点），公司工程渠道毛利率逐渐趋于行业平均水平。

欧铂丽拐点已至，整装大家居展现强劲势头：2019年，欧铂丽在市场、渠道和终端上继续优化升级，经营策略理顺后拐点已至。欧铂丽2019年营业收入7.25亿元，同比增长56.9%，毛利率34.7%，同比提升7.8个百分点，业绩增速和盈利能力全面提升。整装大家居紧抓“产品研发、加盟招商、培训帮扶、订单交付、供应链整合”的主线，全年接单近7亿元。橱柜事业部整装订单突破6亿元，同比增长高达106%，有效拉动公司零售端收入增长。

四、上市公司在行业中的影响力

上市公司市场份额持续提高：2017～2019年上市公司总资产占行业总体比重由14.94%逐年提高至21.48%，营业收入占比由7.27%提高至13.09%，利润总额由14.38%提高至24.60%。行业内马太效应凸显，随着调控政策和融资政策的强化，家具制造行业集中度不断提升，中小企业生存环境严峻，加速出清。行业走向高质量发展之路，家具制造业上市公司进一步稳固规模优势，未来发展持续向好。

审稿人：董岚枫　王　勇

撰稿人：张　潇　邹文婕

造纸及纸制品业

一、造纸及纸制品业总体概况

2019 年，造纸及纸制品行业投资规模略有下滑，全年行业累计固定资产投资同比下降 11.40%。全行业规模以上企业 6688 家，资产总额 15070.80 亿元，同比增长 3.50%；实现营业收入 13370.10 亿元，同比下滑 3.00%；实现利润总额 681.90 亿元，同比下滑 9.10%；整体毛利率 13.76%，较 2018 年同期增长 0.32 个百分点；销售利润率 4.87%，较 2018 年同期下滑 0.71 个百分点。行业整体盈利能力小幅下滑。

二、行业内上市公司发展概况

（一）行业内上市公司基本情况

表 1　　2019 年造纸及纸制品业上市公司发行股票概况

门　类	A、B 股总数（家）	A 股股票数（家）	B 股股票数（家）	境内总市值（亿元）	流通 A 股市值（亿元）	流通 B 股市值（亿元）
造纸及纸制品业	31	29	2	1981.65	1570.43	25.58
占沪深两市比重（%）	0.80	0.75	0.05	0.33	0.33	1.95

资料来源：沪深交易所，同花顺。

（二）行业内上市公司构成情况

表 2　　2019 年造纸及纸制品业上市公司构成情况

门　类	沪市			深市			ST/*ST
	仅 A 股	仅 B 股	A + B 股	仅 A 股	仅 B 股	A + B 股	
造纸及纸制品业（家）	16	0	0	12	1	1	0/0
占行业内上市公司比重（%）	53.33	0.00	0.00	40.00	3.33	3.33	0.00/0.00

资料来源：沪深交易所，同花顺。

（三）行业内上市公司融资情况

表 3　　2019 年造纸及纸制品业上市公司与沪深两市融资情况对比　　单位：家

门　类	融资家数	新股	增发	配股
造纸及纸制品业	3	2	1	0
沪深两市总数	454	202	243	9
占比（%）	0.66	0.99	0.41	0.00

资料来源：沪深交易所，同花顺。

其中，首发的 2 家公司均在沪市上市；增发的 1 家公司为沪市主板公司。

从融资效果来看，上述公司实际发行数量为 12253.40 万股；实际募集资金 12.59 亿元，基本完成了融资计划。

2019 年造纸及纸制品业上市公司融资情况明细见附录。

（四）行业内上市公司资产及业绩情况

表 4　　2019 年造纸及纸制品业上市公司资产情况　　单位：亿元

指　标	2019 年	2019 年可比样本增长（%）	2018 年	2018 年可比样本增长（%）	2017 年
总资产	3174.96	2.65	3104.57	7.78	2838.08
流动资产	1419.87	1.54	1404.73	4.50	1327.67
占比（%）	44.72	-0.49	45.25	-1.42	46.78
非流动资产	1755.09	3.57	1699.84	10.66	1510.42
占比（%）	55.28	0.49	54.75	1.42	53.22
流动负债	1367.53	-3.91	1423.80	10.31	1261.35
占比（%）	43.07	-2.94	45.86	1.05	44.44
非流动负债	432.26	11.44	387.74	11.92	337.61
占比（%）	13.61	1.07	12.49	0.46	11.90
归属于母公司股东权益	1325.61	7.07	1249.53	5.46	1180.80
占比（%）	41.75	1.72	40.25	-0.89	41.61

资料来源：沪深交易所，同花顺。

表 5　　2019 年造纸及纸制品业上市公司收入实现情况　　单位：亿元

指　标	2019 年	2019 年可比样本增长（%）	2018 年	2018 年可比样本增长（%）	2017 年
营业收入	1773.44	1.19	1765.38	13.83	1505.87
利润总额	120.54	-26.05	161.73	-3.90	160.05
归属于母公司所有者的净利润	99.89	-24.65	131.09	-3.51	128.29

资料来源：沪深交易所，同花顺。

（五）利润分配情况

2019年全年造纸及纸制品业上市公司中共有22家公司实施了利润分配。其中，5家上市公司实施送股或转增股，21家上市公司实施派息，其中0家公司既实施了送股、转增又实施了派息。

2019年造纸及纸制品业上市公司分红明细见附录。

（六）其他财务指标情况

1. 盈利能力指标

表6　　2019年造纸及纸制品业上市公司盈利能力情况

指　标	2019年	2019年可比样本变动	2018年	2018年可比样本变动	2017年
毛利率（%）	21.19	-0.49	21.53	-2.44	24.39
净资产收益率（%）	7.54	-3.17	10.49	-0.98	10.86
销售净利率（%）	5.73	-2.05	7.64	-1.35	8.75
资产净利率（%）	3.24	-1.33	4.51	-0.73	5.02

资料来源：沪深交易所，同花顺。

2. 偿债能力指标

表7　　2019年造纸及纸制品业上市公司偿债能力指标

指　标	2019年	2019年可比样本变动	2018年	2018年可比样本变动	2017年
流动比率	1.04	0.05	0.99	-0.05	1.05
速动比率	0.83	0.07	0.76	-0.06	0.84
资产负债率（%）	56.67	-1.87	58.35	1.51	56.34

资料来源：沪深交易所，同花顺。

3. 营运能力指标

表8　　2019年造纸及纸制品业上市公司营运能力情况　　单位：次

营运能力指标	2019年	2019年可比样本变动	2018年	2018年可比样本变动	2017年
存货周转率	4.61	-0.01	4.65	-0.04	4.68
应收账款周转率	6.98	-0.34	7.47	0.20	7.29
流动资产周转率	1.26	-0.02	1.28	0.01	1.25
固定资产周转率	1.61	-0.18	1.79	0.16	1.61
总资产周转率	0.57	-0.02	0.59	0.01	0.57
净资产周转率	1.33	-0.06	1.39	0.03	1.32

资料来源：沪深交易所，同花顺。

三、重点上市公司介绍

太阳纸业

太阳纸业主要从事非涂布文化用纸、铜版纸、牛皮箱板纸、特种纸等纸及纸制品和木浆的生产和销售。是中国最大的民营造纸企业、中国500强企业之一。

2019年，公司实现营业收入227.63亿元，同比上升4.57%；归属于上市公司股东的净利润为21.78亿元，同比下滑2.66%；实现每股收益0.84元。公司盈利能力保持稳定。毛利率为22.54%，同比下滑0.91个百分点；销售净利率9.65%，同比下滑0.65个百分点；净资产收益率14.93%，同比下滑4.61个百分点。

2019年年末，公司的资产负债率为54.48%，同比下降2.75个百分点。

四、上市公司在行业中的影响力

从行业整体情况来看，2019年行业总资产、营业收入和利润总额分别为15070.80亿元、13370.1亿元和681.90亿元，上市公司占比分别为21.07%、13.26%和17.67%。对行业影响力逐步提升。

表9　　2017～2019年总资产、营业收入、利润总额及上市公司占比

指　标	2019年		2018年		2017年	
	行业总体	上市公司占比	行业总体	上市公司占比	行业总体	上市公司占比
总资产（亿元）	15070.80	21.08%	14715.20	21.09%	14575.8	19.67%
营业收入（亿元）	13370.1	13.27%	14012.80	12.59%	15413.1	10.04%
利润总额（亿元）	681.90	17.73%	766.40	21.10%	1028.6	16.51%

资料来源：沪深交易所，同花顺。

审稿人：史凡可

撰稿人：王　倩

印刷和记录媒介复制业

一、印刷和记录媒介复制业总体概况

2019年，印刷和记录媒介复制业投资规模保持稳定，全年累计固定资产投资同比增长4.60%。全行业规模以上企业5663家，资产总额5895.80亿元，同比增长2.50%；实现营业收入6649.40亿元，同比增长1.60%；实现利润总额

437.6 亿元，同比增长 4.10%。整体毛利率为 16.83%，较 2018 年同期上涨 0.74 个百分点；销售利润率为 6.58%，与 2018 年同期持平。行业整体盈利能力保持稳定。

二、行业内上市公司发展概况

（一）行业内上市公司基本情况

表 1　　2019 年印刷和记录媒介复制业上市公司发行股票概况

门　类	A、B 股总数（家）	A 股股票数（家）	B 股股票数（家）	境内总市值（亿元）	流通 A 股市值（亿元）	流通 B 股市值（亿元）
印刷和记录媒介复制业	14	14	0	755.03	549.46	0.00
占沪深两市比重（%）	0.36	0.36	0.00	0.13	0.11	0.00

资料来源：沪深交易所，同花顺。

（二）行业内上市公司构成情况

表 2　　2019 年印刷和记录媒介复制业上市公司构成情况

门　类	沪市			深市			ST/*ST
	仅 A 股	仅 B 股	A＋B 股	仅 A 股	仅 B 股	A＋B 股	
印刷和记录媒介复制业（家）	5	0	0	9	0	0	0/0
占行业内上市公司比重（%）	35.71	0.00	0.00	64.29	0.00	0.00	0.00/0.00

资料来源：沪深交易所，同花顺。

（三）行业内上市公司融资情况

表 3　　2019 年印刷和记录媒介复制业上市公司与沪深两市融资情况对比　　单位：家

门　类	融资家数	新股	增发	配股
印刷和记录媒介复制业	3	1	2	0
沪深两市总数	427	203	215	9
占比（%）	0.70	0.49	0.93	0.00

资料来源：沪深交易所，同花顺。

其中，有 1 家公司在深市首发上市；增发的 2 家公司中，有 1 家沪市、1 家深市公司。

从融资效果来看，上述公司实际发行数量为 8899.30 万股；实际募集资金 13.64 亿元，基本完成了融资计划。

2019 年印刷和记录媒介复制业上市公司融资情况明细见附录。

（四）行业内上市公司资产及业绩情况

表 4　　2019 年印刷和记录媒介复制业上市公司资产情况　　单位：亿元

指　标	2019 年	2019 年可比样本增长（%）	2018 年	2018 年可比样本增长（%）	2017 年
总资产	372.89	10.63	317.96	4.35	304.70
流动资产	185.33	12.76	151.96	-2.29	155.51
占比（%）	49.70	0.94	47.79	-3.25	51.04
非流动资产	187.56	8.61	166.01	11.28	149.19
占比（%）	50.30	-0.94	52.21	3.25	48.96
流动负债	102.91	9.23	90.44	3.40	87.46
占比（%）	27.60	-0.35	28.44	-0.26	28.70
非流动负债	14.17	12.38	11.78	20.45	9.78
占比（%）	3.80	0.06	3.70	0.49	3.21
归属于母公司股东权益	244.52	10.21	209.08	4.25	200.57
占比（%）	65.57	-0.25	65.76	-0.07	65.82

资料来源：沪深交易所，同花顺。

表 5　　2019 年印刷和记录媒介复制业上市公司收入实现情况　　单位：亿元

指　标	2019 年	2019 年可比样本增长（%）	2018 年	2018 年可比样本增长（%）	2017 年
营业收入	193.06	3.62	169.32	23.65	136.93
利润总额	32.51	-1.14	29.92	19.64	25.01
归属于母公司所有者的净利润	25.69	-2.67	24.08	21.12	19.88

资料来源：沪深交易所，同花顺。

（五）利润分配情况

2019 年全年印刷和记录媒介复制业上市公司中共有 10 家公司实施了分红配股。其中，3 家上市公司实施送股或转增股，10 家上市公司实施派息，0 家公司既实施了送股、转增又实施了派息。

2019 年印刷和记录媒介复制业上市公司分红明细见附录。

（六）其他财务指标情况

1. 盈利能力指标

表 6　　2019 年印刷和记录媒介复制业上市公司盈利能力情况

指　标	2019 年	2019 年可比样本变动	2018 年	2018 年可比样本变动	2017 年
毛利率（%）	36.74	2.49	35.55	1.12	34.26
净资产收益率（%）	10.51	-1.39	11.51	1.60	9.91

续表

指　标	2019 年	2019 年可比样本变动	2018 年	2018 年可比样本变动	2017 年
销售净利率（%）	14.15	-0.78	14.94	-0.58	15.52
资产净利率（%）	7.70	-0.63	8.13	0.69	7.44

资料来源：沪深交易所，同花顺。

2. 偿债能力指标

表 7　　2019 年印刷和记录媒介复制业上市公司偿债能力指标

指　标	2019 年	2019 年可比样本变动	2018 年	2018 年可比样本变动	2017 年
流动比率	1.80	0.06	1.68	-0.10	1.78
速动比率	1.36	0.08	1.21	-0.04	1.26
资产负债率（%）	31.40	-0.30	32.15	0.23	31.91

资料来源：沪深交易所，同花顺。

3. 营运能力指标

表 8　　2019 年印刷和记录媒介复制业上市公司营运能力情况　　单位：次

营运能力指标	2019 年	2019 年可比样本变动	2018 年	2018 年可比样本变动	2017 年
存货周转率	2.75	0.07	2.49	0.43	2.07
应收账款周转率	4.61	-0.15	4.90	0.54	4.37
流动资产周转率	1.10	-0.01	1.10	0.17	0.94
固定资产周转率	2.21	0.01	2.24	0.38	1.86
总资产周转率	0.54	-0.01	0.54	0.06	0.48
净资产周转率	0.79	-0.03	0.80	0.07	0.73

资料来源：沪深交易所，同花顺。

三、重点上市公司介绍

劲嘉股份

劲嘉股份是国内卷烟包装领军企业，主要从事高端包装印刷品和包装材料的研究生产，主要产品有高技术和高附加值的烟标、高端知名消费品牌包装及相关镭射包装材料镭射膜和镭射纸等。

2019 年，公司实现营业收入 39.89 亿元，同比增长 18.22%；归属于上市公司股东的净利润为 8.77 亿元，同比增长 20.88%；实现每股收益 0.60 元。毛利率为 41.95%，同比下滑 1.71 个百分点；销售净利率 24.23%，同比提升 0.06 个百分点；净资产收益率 13.06%，同比提升 1.79 个百分点。

2019 年年末，公司的资产负债率为 16.62%，同比下降 0.83 个百分点。

四、上市公司在行业中的影响力

从行业整体情况看，2019 年行业总资产、营业收入和利润总额分别为 5895.80 亿元、6649.40 亿元和 437.60 亿元，上市公司占比分别为 6.32%、2.90% 和 7.43%。在行业总体情况中占比较小，对行业影响力有限。

审稿人：朱卫华

撰稿人：赵中平　毕先磊

文教、工美、体育和娱乐用品制造业

一、文教、工美、体育和娱乐用品制造业总体概况

国家统计局显示，2019 年我国文教、工美、体育和娱乐用品制造企业共有 8901 家，较 2018 年减少 4.36%。2019 年全国两会提出稳定国家 GDP 增速的诉求，追求高质量发展，追求新的增长动能。同时，2019 年发改委和财政部连续出台政策推动文教体育类设备政策集中采购，加强公共资源交易平台电子系统建设，提升供应商参与政府采购活动的便利程度，严格执行公平竞争审查制度和加强政府采购执行管理，以促进政府采购领域公平竞争、优化营业环境，极大地促进了文教、工美、体育和娱乐用品制造业的 B 端需求，推动整个行业向规范化的方向发展。新个税法正式实施，提高个税起征点，释放人民消费需求；大力促进减税降费政策的落实，深化增值税改革，文教、工美、体育和娱乐用品制造业的增值税税率由 16% 降到 13%，进一步激发市场主体的活力。

截至 2019 年 12 月 31 日，文教、工美、体育和娱乐用品制造业总资产为 8682.7 亿元，较 2018 年增长 3.5%；行业全年实现营业收入 12783.7 亿元，较 2018 年增长 2%；实现利润总额 682.4 亿元，较 2018 年增长 9.9%。2019 年 12 月 31 日，行业资产负债率为 53.00%，相比 2018 年增长 0.01 个百分点。因国家统计局统计范畴发生变化，2018～2019 年绝对值虽有下降，但实际同比口径为增长。

二、行业内上市公司发展概况

（一）行业内上市公司基本情况

表 1　　2019 年文教、工美、体育和娱乐用品制造业上市公司发行股票概况

门　类	A、B 股总数（家）	A 股股票数（家）	B 股股票数（家）	境内总市值（亿元）	流通 A 股市值（亿元）	流通 B 股市值（亿元）
文教、工美、体育和娱乐用品制造业	14	14	0	1108.68	942.42	0.00
占沪深两市比重（%）	0.36	0.36	0.00	0.19	0.20	0.00

资料来源：沪深交易所，同花顺。

（二）行业内上市公司构成情况

表 2　　2019 年文教、工美、体育和娱乐用品制造业上市公司构成情况

门　类	沪市			深市			ST/*ST
	仅 A 股	仅 B 股	A+B 股	仅 A 股	仅 B 股	A+B 股	
文教、工美、体育和娱乐用品制造业（家）	2	0	0	12	0	0	0/0
占行业内上市公司比重（%）	14.29	0.00	0.00	85.71	0.00	0.00	0/0

资料来源：沪深交易所，同花顺。

（三）行业内上市公司融资情况

表 3　　2019 年文教、工美、体育和娱乐用品制造业上市公司与沪深两市融资情况对比　　单位：家

门　类	融资家数	新股	增发	配股
文教、工美、体育和娱乐用品制造业	1	0	1	0
沪深两市总数	427	203	215	9
占比（%）	0.23	0.00	0.47	0.00

资料来源：沪深交易所，同花顺。

其中，增发 1 家为深市。

按行业大类划分，进行融资的 1 家公司中，制造业 1 家，占比 100%。

从融资效果来看，上述公司实际共发行数量为 9221.90 万股；实际共募集资金 9.6 亿元，基本完成了融资计划。

（四）行业内上市公司资产及业绩情况

表 4　　2019 年文教、工美、体育和娱乐用品制造业上市公司资产情况　　单位：亿元

指　标	2019 年	2019 年可比样本增长（%）	2018 年	2018 年可比样本增长（%）	2017 年
总资产	395.62	7.09	367.80	13.48	340.54
流动资产	230.15	8.72	211.06	20.94	179.67
占比（%）	58.17	0.87	57.38	3.54	52.76
非流动资产	165.47	4.90	156.74	4.77	160.86
占比（%）	41.83	-0.87	42.62	-3.54	47.24
流动负债	139.25	6.00	131.34	37.74	96.98
占比（%）	35.20	-0.36	35.71	6.29	28.48
非流动负债	10.28	47.35	6.98	-19.69	9.94
占比（%）	2.60	0.71	1.90	-0.78	2.92
归属于母公司股东权益	240.36	6.11	225.21	4.42	229.21
占比（%）	60.76	-0.56	61.23	-5.31	67.31

资料来源：沪深交易所，同花顺。

表 5　　2019 年文教、工美、体育和娱乐用品制造业上市公司收入实现情况　　单位：亿元

指　标	2019 年	2019 年可比样本增长（%）	2018 年	2018 年可比样本增长（%）	2017 年
营业收入	288.49	23.20	233.80	17.17	218.35
利润总额	24.85	595.97	3.35	-81.72	18.30
归属于母公司所有者的净利润	20.07	1758.16	1.01	-93.62	15.85

资料来源：沪深交易所，同花顺。

（五）利润分配情况

2019 年全年文教、工美、体育和娱乐用品制造业上市公司中共有 9 家公司实施了分红配股。其中，2 家上市公司实施送股或转增股，9 家上市公司实施派息，0 家公司既实施了送股、转增又实施了派息。

2019 年文教、工美、体育和娱乐用品制造业上市公司分红明细见附录。

（六）其他财务指标情况

1. 盈利能力指标

表 6　　2019 年文教、工美、体育和娱乐用品制造业上市公司盈利能力情况

指　标	2019 年	2019 年可比样本变动	2018 年	2018 年可比样本变动	2017 年
毛利率（%）	30.08	1.22	28.75	-2.04	28.63
净资产收益率（%）	8.35	7.87	0.45	-6.86	6.92
销售净利率（%）	7.18	6.57	0.52	-7.27	7.16
资产净利率（%）	5.41	5.00	0.35	-4.87	4.96

资料来源：沪深交易所，同花顺。

2. 偿债能力指标

表 7　　2019 年文教、工美、体育和娱乐用品制造业上市公司偿债能力指标

指　标	2019 年	2019 年可比样本变动	2018 年	2018 年可比样本变动	2017 年
流动比率	1.65	0.04	1.61	-0.22	1.85
速动比率	1.29	0.02	1.27	-0.14	1.43
资产负债率（%）	37.80	0.35	37.61	5.51	31.40

资料来源：沪深交易所，同花顺。

3. 营运能力指标

表 8　　2019 年文教、工美、体育和娱乐用品制造业上市公司营运能力情况　　单位：次

营运能力指标	2019 年	2019 年可比样本变动	2018 年	2018 年可比样本变动	2017 年
存货周转率	4.26	0.35	3.91	0.48	3.87
应收账款周转率	6.47	-0.58	7.06	-1.04	7.85
流动资产周转率	1.31	0.09	1.21	-0.06	1.37
固定资产周转率	5.27	0.40	4.86	0.24	4.91
总资产周转率	0.75	0.08	0.68	0.01	0.69
净资产周转率	1.21	0.17	1.04	0.03	1.04

资料来源：沪深交易所，同花顺。

三、重点上市公司介绍

晨光文具

2019 年全年晨光文具实现营业收入 111.41 亿元，同比增加 30.53%；实现归母净利润 10.6 亿元，同比增加 31.39%。

（1）传统业务：稳中求变产品结构持续优化。剔除安硕并表因素后，公司传统业务 2019 年收入约 62.9 亿元，同比增加 14%；其中 Q4 单季收入约 16 亿元，同比增约 23%。传统业务增速在 Q2 略有放缓，在及时对销售管理进行针对性优化后，Q3～Q4 收入增速迅速回升至 20% 以上，体现出公司品牌及渠道方面具有坚固壁垒，收入偶尔的季度波动不足为虑。公司大力拓展精品文创与儿童美术特色品类，带动传统业务结构升级盈利优化，传统业务净利率较 2018 年提升约 1.7 个百分点至 16.2%。安硕于 Q2 并表，全年并表收入 3.65 亿元，贡献增速约 4.3%。

（2）科力普：提升精细化运营及服务能力，利润率稳步提升。2019 年科力普办公直销业务实现收入 36.58 亿元，同比增加 41.5%，实现净利润 0.76 亿元，同比增加 136%；净利率同比增加 0.83 个百分点至 2.07%。2019 年公司办公直销业务客户开发取得了良好的成果，支撑收入端快速增长。2019 年入围了中国移动、中国联通、中国邮政、浦发银行、广发银行等大型客户项目；同时推出省心购业务，将业务范围拓展至小微企业市场。在盈利能力方面，公司进一步提升精细化运营及

服务能力，对自营仓进行优化部署，对订单执行全流程监控及操作管理，提高仓配物流效率，从而使盈利能力稳步增强。

（3）零售大店：九木开店超预期，行业格局有望优化。公司 2019 年生活馆实现收入 6.01 亿元，同比增加 96.3%；净亏损 805 万元，较上年减亏 2225 万元。其中，九木收入 4.60 亿元，同比增加 201%；净亏损 693 万元，较上年减亏 1910 万元；晨光生活馆收入 1.4 亿元，同比降低 8.3%；净亏损 112 万元，较上年减亏 315 万元。截至 2019 年年末，公司零售大店共计 380 家，其中晨光生活馆 119 家，较 2018 年年末减少 21 家；九木杂物社 261 家（直营 158 家、加盟 103 家），较 2018 年年末增加 146 家，超额完成 2019 年开店 100 家的目标。2020 年在新冠肺炎疫情的考验下，零售业面临一定的短期冲击，短期看九木通过线上销售降低了线下客流损失的影响。从中长期看，精品文创的升级趋势不变，而疫情或将令资金实力较弱、现金流紧张的小型文创杂货店大量出清，九木有望受益于行业格局的优化。

公司持续聚焦并深耕终端，传统业务护城河明显，结构优化超预期带动利润端快速增长；办公直销与零售大店保持高速成长，强大综合实力得到又一次验证。

四、上市公司在行业中的影响力

上市公司市场份额持续提高：2017～2019 年上市公司总资产占行业总体比重由 3.35% 逐年提高至 4.56%，营业收入占比由 1.18% 提高至 2.26%，利润总额由 1.89% 提高至 3.64%。上市公司不断加强渠道建设，占领终端门店，掌握渠道话语权；打造品牌知名度，提高品牌溢价；规模化效应显著，成本控制能力较强，体量、收入方和利润优势凸显。

审稿人：董岚枫　王　勇

撰稿人：张　潇　邹文婕

石油加工、炼焦及核燃料加工业

一、石油加工、炼焦及核燃料加工业总体概况

（一）行业整体运行情况

截至 2019 年年底，全国石油、煤炭及其他燃料加工业规模以上企业数量为 1999 家，其中 521 家出现亏损，平均亏损金额为 5309.02 万元。石油加工、炼焦及核燃料加工行业资产合计 35474.8 亿元，较 2018 年增加 15.20%；实现销售收入 48378.3 亿元，较 2018 年增加 4.00%；完成利润总额 1279 亿元，较 2018 年减

少42.50%。

（二）细分行业运行概况

截至2019年年底，全国规模以上石油加工企业数量为1124家，全国原油加工量6.52亿吨，较2018年的6.04亿吨增加7.6%；汽油产量1.41亿吨，较2018年增长1.9%；煤油产量5272.6万吨，较2018年的4608.0万吨，减少10.6%；行业实现利润总额947亿元，较2018年的1697.4亿元减少42.1%。炼焦行业焦炭产量4.7亿吨，较2018年减少5.2%，基本持平。核燃料加工业受益于核能发电量平稳提升，2019年全国核能发电量3481.31亿千瓦时，较2018年增加18.09%。

二、行业内上市公司发展概况

（一）行业内上市公司基本情况

表1　　2019年石油加工、炼焦及核燃料加工业上市公司发行股票概况

门　类	A、B股总数（家）	A股股票数（家）	B股股票数（家）	境内总市值（亿元）	流通A股市值（亿元）	流通B股市值（亿元）
石油加工、炼焦及核燃料加工业	16	16	0	1373.14	1201.70	0.00
占沪深两市比重（%）	0.41	0.41	0.00	0.23	0.25	0.00

资料来源：沪深交易所，同花顺。

（二）行业内上市公司构成情况

表2　　2019年石油加工、炼焦及核燃料加工业上市公司构成情况

门　类	沪市			深市			ST/*ST
	仅A股	仅B股	A+B股	仅A股	仅B股	A+B股	
石油加工、炼焦及核燃料加工业（家）	10	0	0	6	0	0	1/0
占行业内上市公司比重（%）	62.50	0.00	0.00	37.50	0.00	0.00	6.25/0.00

资料来源：沪深交易所，同花顺。

（三）行业内上市公司融资情况

表3　　2019年石油加工、炼焦及核燃料加工业上市公司与沪深两市融资情况对比　　单位：家

门　类	融资家数	新股	增发	配股
石油加工、炼焦及核燃料加工业	1	0	1	0
沪深两市总数	427	203	215	9
占比（%）	0.23	0.00	0.47	0.00

资料来源：沪深交易所，同花顺。

增发的1家公司是山西焦化，为沪市主板上市公司。

从融资效果来看，上述公司实际发行数量为8387.94万股；实际募集资金6.32亿元，基本完成了融资计划。

2019年石油加工、炼焦及核燃料加工业上市公司融资情况明细见附录。

（四）行业内上市公司资产及业绩情况

表4　　2019年石油加工、炼焦及核燃料加工业上市公司资产情况　　单位：亿元

指　标	2019年	2019年可比样本增长（%）	2018年	2018年可比样本增长（%）	2017年
总资产	1941.68	-0.21	1928.19	12.76	1685.69
流动资产	798.92	-9.67	882.74	20.84	729.65
占比（%）	41.15	-4.31	45.78	3.06	43.29
非流动资产	1142.76	7.67	1045.45	6.74	956.03
占比（%）	58.85	4.31	54.22	-3.06	56.71
流动负债	700.80	-0.60	688.83	3.08	653.63
占比（%）	36.09	-0.14	35.72	-3.36	38.78
非流动负债	149.23	-19.31	184.33	59.18	110.07
占比（%）	7.69	-1.82	9.56	2.79	6.53
归属于母公司股东权益	1020.62	3.53	985.07	14.41	857.11
占比（%）	52.56	1.90	51.09	0.74	50.85

资料来源：沪深交易所，同花顺。

表5　　2019年石油加工、炼焦及核燃料加工业上市公司收入实现情况　　单位：亿元

指　标	2019年	2019年可比样本增长（%）	2018年	2018年可比样本增长（%）	2017年
营业收入	2273.80	-3.76	2358.98	14.04	2068.51
利润总额	85.56	-51.08	173.99	17.38	148.40
归属于母公司所有者的净利润	64.55	-51.98	133.55	19.64	111.80

资料来源：沪深交易所，同花顺。

（五）利润分配情况

2019年全年石油加工、炼焦及核燃料加工业上市公司中共有10家公司实施了分红配股。其中，2家上市公司实施送股或转增股，8家上市公司实施派息，其0家公司既实施了送股、转增又实施了派息。

2019年石油加工、炼焦及核燃料加工业上市公司分红明细见附录。

（六）其他财务指标情况

1. 盈利能力指标

表 6　　2019 年石油加工、炼焦及核燃料加工业上市公司盈利能力情况

指　标	2019 年	2019 年可比样本变动	2018 年	2018 年可比样本变动	2017 年
毛利率（%）	14.54	-3.36	17.88	-2.08	19.95
净资产收益率（%）	6.32	-7.31	13.56	0.59	13.04
销售净利率（%）	2.99	-2.99	5.95	0.35	5.61
资产净利率（%）	3.50	-4.23	7.72	0.64	7.14

资料来源：沪深交易所，同花顺。

2. 偿债能力指标

表 7　　2019 年石油加工、炼焦及核燃料加工业上市公司偿债能力指标

指　标	2019 年	2019 年可比样本变动	2018 年	2018 年可比样本变动	2017 年
流动比率	1.14	-0.11	1.28	0.19	1.12
速动比率	0.89	-0.07	0.98	0.16	0.85
资产负债率（%）	43.78	-1.96	45.28	-0.57	45.30

资料来源：沪深交易所，同花顺。

3. 营运能力指标

表 8　　2019 年石油加工、炼焦及核燃料加工业上市公司营运能力情况　　单位：次

营运能力指标	2019 年	2019 年可比样本变动	2018 年	2018 年可比样本变动	2017 年
存货周转率	10.22	0.06	10.17	0.57	9.63
应收账款周转率	26.95	-0.28	25.77	0.57	25.20
流动资产周转率	2.70	-0.22	2.92	-0.16	3.08
固定资产周转率	3.40	-0.21	3.64	0.43	3.25
总资产周转率	1.17	-0.12	1.30	0.03	1.27
净资产周转率	2.12	-0.27	2.38	-0.05	2.43

资料来源：沪深交易所，同花顺。

三、重点上市公司介绍

（一）上海石化

上海石化是中国最大的炼油化工一体化综合性石油化工企业之一，也是中国重要的成品油、中间石化产品、合成树脂和合成纤维生产企业。公司主要产品分为四个大类，其中石油产品包括：汽油、柴油、航空煤油、液化石油气等；化工产品包括：乙烯、丙烯、丁二烯、纯苯、对二甲苯、精对苯二甲酸、丙烯腈、乙二醇、环氧乙烷、醋酸乙烯、碳五等；合成树脂

及合纤聚合物产品包括：聚乙烯、聚丙烯、聚酯、聚乙烯醇等；合成纤维产品包括：腈纶、涤纶短纤维、涤纶长丝等。

公司2019年实现营业收入1003.46亿元，较2018年减少6.89%。实现归母净利润22.14亿元，比2018年同比减少58.05%。

从销售收入的产品构成来看，公司石油产品收入占总收入的54.94%，2019年共实现营业收入548.87亿元，较2018年减少0.16%；毛利率25.02%，比2018年减少12.84个百分点。石化产品收入占比21.73%，实现营业收入217.06亿元，比2018年减少18.28%；毛利率0.64%，比2018年减少16.87个百分点。树脂及塑料收入占比10.17%，实现营业收入101.64亿元，比2018年减少5.28%；毛利率13.51%，比2018年减少25.99个百分点。合成纤维收入占比2.20%，实现营业收入22.00亿元，比2018年减少1.14%；毛利率-12.99%，比2018年增加3.14个百分点。公司其他主营业务占比0.43%，2019年实现营业收入4.29亿元；毛利率为13.78%。从销售地区来看，国内销售收入总额为819.98亿元，占比81.72%，比2018年下降7.42%；国外地区销售收入为183.48亿元，占比18.28%，比2018年减少4.18%。

（二）华锦股份

华锦股份主营业务是石化板块。公司的主要产品是柴油成品油、聚丙烯树脂、聚乙烯树脂、ABS树脂、EOEG及苯乙烯、混合芳烃、C9、燃料油。公司拥有显著的品牌优势。公司积淀深厚，华锦品牌历史悠久，以良好口碑的产品和服务在区域市场影响力日益增强。公司形成了炼油、聚烯烃、ABS、偏三甲苯等特点鲜明的炼化一体化产业链，上下游协同发展进一步提高了产业竞争力。公司拥有北方最大的润滑油基础油生产基地，且同时拥有环烷基和石蜡基两种基础油生产能力，具有较强的竞争力。公司形成了“研产销”内部联合、“产学研”外部协同的开放融合的科技创新支撑体系，产品研发贴近市场，产品生产灵活高效，高端化、差异化、定制化不断推出优势产品，拥有处于行业领先地位、引领市场的拳头产品。

公司2019年实现营业收入396.08亿元，较2018年增加7.97%。实现归母净利润9.93亿元，比2018年同比增加2.50%。

从销售收入的产品构成来看，公司原油加工及石油制品占总收入的70.93%，2019年共实现营业收入280.92亿元，较2018年上升18.59%；毛利率14.75%，比2018年上升1.54个百分点。聚烯烃类产品收入占比12.72%，实现营业收入50.38亿元，比2018年减少28.29%；毛利率14.42%，比2018年下降48.35个百分点。尿素产品收入占比4.97%，实现营业收入19.67亿元，比2018年增加37.61%。芳烃类产品收入占比4.84%，实现营业收入19.18亿元，比2018年减少1.16%；毛利率10.15%，比2018年下降14.76个百分点。ABS工程塑料制品收入占比 2.87%，实现营业收入 11.37 亿元，比 2018 年减少 11.03%；毛利率 −5.18%，比 2018 年下降 15.29 个百分点。丁二烯收入占比 2.33%，2019 年实现营业收入 9.23 亿元，比 2018 年减少 12.11%；毛利率为 25.12%，比 2018 年减少 22.87 个百分点。从销售地区来看，国内销售收入总额为 396.08 亿元，占比 100%，与 2018 年保持不变。

四、上市公司在行业中的影响力

2019 年，行业的资产规模、营业收入及利润总额稳定增长。截至 2019 年年底，全行业总资产达 35474.8 亿元，上市公司占比由 2018 年的 6.12% 下降至 5.47%；行业全年实现主营业务收入 48378.3 亿元，上市公司占比由 2018 年的 4.75% 略微下降至 4.70%；行业全年实现利润总额 1279 亿元，其中上市公司占比由 2018 年的 3.79% 提升至 6.69%。

审稿人：宋　涛

撰稿人：陈　悦

化学原料及化学制品制造业

一、化学原料及化学制品制造业总体概况

（一）行业整体运行情况

2019 年 1 ~ 12 月，我国规模及以上（主营业务收入达到 2000 万元及以上）化学原料及化学制品企业数量为 21945 家，亏损企业达到 3682 家，平均亏损金额为 3715.1 万元。行业累计总资产 73652.30 亿元，较 2018 年增加 3.3%。实现销售收入 65776.20 亿元，较 2018 年下降了 0.7%，利润总额 3481.00 亿元，较 2018 年同比下降 25.6%。

（二）细分行业运行概况

按证监会行业分类，化学原料及化学制品下无细分行业。

二、行业内上市公司发展概况

（一）行业内上市公司基本情况

表 1　　2019 年化学原料及化学制品制造业上市公司发行股票概况

门　类	A、B 股总数（家）	A 股股票数（家）	B 股股票数（家）	境内总市值（亿元）	流通 A 股市值（亿元）	流通 B 股市值（亿元）
化学原料及化学制品制造业	251	246	5	18269.45	12652.61	39.82
占沪深两市比重（%）	6.51	6.38	0.13	3.08	2.62	3.04

资料来源：沪深交易所，同花顺。

（二）行业内上市公司构成情况

表 2　　2019 年化学原料及化学制品制造业上市公司构成情况

门　类	沪市			深市			ST/*ST
	仅 A 股	仅 B 股	A+B 股	仅 A 股	仅 B 股	A+B 股	
化学原料及化学制品制造业（家）	90	1	3	152	0	1	10/3
占行业内上市公司比重（%）	36.44	0.40	1.21	61.54	0.00	0.40	4.05/1.21

资料来源：沪深交易所，同花顺。

（三）行业内上市公司融资情况

表 3　　2019 年化学原料及化学制品制造业上市公司与沪深两市融资情况对比　　单位：家

门　类	融资家数	新股	增发	配股
化学原料及化学制品制造业	29	15	14	0
沪深两市总数	427	203	215	9
占比（%）	6.79	7.39	6.51	0.00

资料来源：沪深交易所，同花顺。

其中，首发的 15 家公司中，有 0 家在中小板上市，4 家在创业板上市，3 家在科创板上市；增发的 14 家公司中，有 4 家沪市、10 家深市及 0 家中小板公司。

按行业大类划分，进行融资的 26 家公司全部属于化学原料及化学制品制造业，在沪深两市融资公司中占比 6.09%。

从融资效果来看，上述公司实际发行数量为 396325.50 万股；实际募集资金 833.73 亿元，基本完成了融资计划。

2019 年化学原料及化学制品制造业上市公司融资情况明细见附录。

（四）行业内上市公司资产及业绩情况

表 4　　2019 年化学原料及化学制品制造业上市公司资产情况　　单位：亿元

指　标	2019 年	2019 年可比样本增长（%）	2018 年	2018 年可比样本增长（%）	2017 年
总资产	17620.91	2.23	16642.77	5.38	15403.15
流动资产	7384.28	-0.25	7240.42	5.21	6676.77
占比（%）	41.91	-1.04	43.50	-0.07	43.35
非流动资产	10236.63	4.09	9402.35	5.52	8726.38
占比（%）	58.09	1.04	56.50	0.07	56.65
流动负债	6651.11	-0.15	6416.97	2.88	6033.24
占比（%）	37.75	-0.90	38.56	-0.94	39.17
非流动负债	2121.98	9.02	1868.66	-8.92	1976.86
占比（%）	12.04	0.75	11.23	-1.76	12.83
归属于母公司股东权益	8209.65	2.00	7732.86	11.35	6841.56
占比（%）	46.59	-0.10	46.46	2.49	44.42

资料来源：沪深交易所，同花顺。

表 5　　2019 年化学原料及化学制品制造业上市公司收入实现情况　　单位：亿元

指　标	2019 年	2019 年可比样本增长（%）	2018 年	2018 年可比样本增长（%）	2017 年
营业收入	11662.15	-0.85	11286.28	10.59	10112.84
利润总额	359.03	-70.99	1126.94	26.70	860.50
归属于母公司所有者的净利润	198.12	-79.41	848.92	28.74	633.71

资料来源：沪深交易所，同花顺。

（五）利润分配情况

2019 年全年化学原料及化学制品制造业上市公司中共有 186 家公司实施了分红配股。其中，29 家上市公司实施送股或转增股，157 家上市公司仅实施派息，其中 28 家公司既实施了送股、转增又实施了派息。

2019 年化学原料及化学制品制造业上市公司分红明细见附录。

（六）其他财务指标情况

1. 盈利能力指标

表 6　　2019 年化学原料及化学制品制造业上市公司盈利能力情况

指　标	2019 年	2019 年可比样本变动	2018 年	2018 年可比样本变动	2017 年
毛利率（%）	21.65	-2.23	23.25	0.93	21.85
净资产收益率（%）	2.41	-9.54	10.98	1.48	9.26
销售净利率（%）	1.92	-6.69	8.13	1.14	6.79
资产净利率（%）	1.29	-4.79	5.66	0.81	4.71

资料来源：沪深交易所，同花顺。

2. 偿债能力指标

表 7　　2019 年化学原料及化学制品制造业上市公司偿债能力指标

指　标	2019 年	2019 年可比样本变动	2018 年	2018 年可比样本变动	2017 年
流动比率	1.11	0.00	1.13	0.02	1.11
速动比率	0.85	-0.01	0.87	0.00	0.86
资产负债率（%）	49.79	-0.15	49.79	-2.70	52.00

资料来源：沪深交易所，同花顺。

3. 营运能力指标

表 8　　2019 年化学原料及化学制品制造业上市公司营运能力情况　　单位：次

营运能力指标	2019 年	2019 年可比样本变动	2018 年	2018 年可比样本变动	2017 年
存货周转率	5.24	-0.27	5.44	-0.20	5.71
应收账款周转率	8.87	-0.94	9.52	-0.56	10.24
流动资产周转率	1.58	-0.06	1.60	-0.05	1.67
固定资产周转率	1.99	-0.09	2.03	0.08	1.97
总资产周转率	0.67	-0.04	0.70	0.00	0.69
净资产周转率	1.33	-0.11	1.42	-0.05	1.47

资料来源：沪深交易所，同花顺。

三、重点上市公司介绍

（一）万华化学

万华化学是一家全球化运营的化工新材料公司，依托不断创新的核心技术、产业化装置及高效的运营模式，为客户提供更具竞争力的产品及解决方案。公司业务涵盖 MDI、TDI、聚醚多元醇等聚氨酯产业集群，丙烯酸及酯、环氧丙烷等石化产业集群，水性 PUD、PA 乳液、TPU、ADI 系列等功能化学品及材料产业集群。所服务的行业主要包括：生活家居、运动休闲、汽车交通、建筑工业和电子电器等。在生产领域，国内烟台、宁波、珠海等地生产基地稳定运营。在研发领域，烟台、北京、佛山、上海等地的研发中心已逐渐成形，北美技术中心在休斯敦正式投入使用。另外，万华化学在欧洲、美国、日本等多个国家和地区均设有公司和办事处。公司将“为客户创造价值”作为第一使命，致力于为客户提供稳定的、高质量的、有竞争力的产品和快速高效的服务，做负责任的供应商和行业领袖。

公司 2019 年实现营业收入 680.51 亿元，同比 -6.57%；实现归母净利润 101.3 亿元，与上年同比 -34.92%。2019 年年末公司资产总额 968.65 亿元，同比增长 25.94%；负债总额 529.34 亿元，同比增长 40.55%；所有者权益 439.31 亿元，同比增长 11.93%。

2019年公司销售毛利率28%，同比-5.83个百分点；销售净利率15.57%，同比-5.6个百分点；净资产收益率ROE为21.61%，同比-8.1个百分点；资产负债率54.65%，同比上升5.68个百分点。2019年，公司流动比率、速动比率、存货周转率、应收账款周转率分别为0.52、0.33、5.98、19.51。

（二）华鲁恒升

华鲁恒升是多业联产的现代化工企业，主要产品为尿素、DMF（一种化工原料）、醋酸和三甲胺。公司专注于主业优化、技术升级和资源利用，扎实推进产业链的延伸拓展和产品的升级换代，在优化结构中打造产业平台，在技术进步中增强竞争实力，在快速成长中提升行业地位，打造了洁净煤气化、羰基合成、“一头多线”柔性多联产等多个产业和技术平台，主要经济指标保持了快速增长。公司技术力量雄厚，管理基础坚实，具备较强的技术研发、工程设计和生产管理能力。公司拥有多项国家专利，部分成果获得全国、行业和山东省科技进步奖。公司将加快结构调整和优化产业布局，推动传统产能改造升级，积极发展合成气下游深加工项目，与石油化工下游产业链融合，打造高端新材料板块。

公司2019年实现营业收入141.9亿元，同比-1.16%；实现归母净利润24.53亿元，同比-18.76%。2019年年末公司资产总额181.87亿元，同比-2.52%；负债总额39.56亿元，同比-39.96%；所有者权益142.31亿元，同比增长17.93%。

2019年公司销售毛利率27.84%，同比下降2.64个百分点；销售净利率17.29%，同比下降3.75个百分点；净资产收益率ROE为18.65%，同比下降9.62个百分点；资产负债率21.75%，同比下降13.57个百分点。2019年，公司流动比率、速动比率、存货周转率、应收账款周转率分别为1.43、1.30、23.04、490.92。

（三）新安股份

新安股份是国家创新型企业，主营作物保护、有机硅材料。公司开发形成以草甘膦原药及剂型产品为主导，杀虫剂、杀菌剂等多品种同步发展的产品群；围绕有机硅单体合成，搭建从硅矿冶炼、硅粉加工、单体合成、下游制品加工的完整产业链，形成硅橡胶、硅油、硅树脂、硅烷偶联剂等系列产品，成为拥有全产业链优势的有机硅企业。公司通过终端化、平台化、国际化战略，正式向现代服务型企业转型。公司是全国知识产权示范企业，建有完善的创新体系，拥有国家认定企业技术中心、博士后科研工作站、省级企业研究院和杭州市院士工作站。始终坚持“绿色化学创造美好生活”的发展使命，利用氯元素、磷元素、硅元素的循环先进技术，成为行业内循环经济模式的先行者，而且坚持通过发展循环经济、走资源节约型、环境友好型的发展道路，更好地服务社会、造福人类。

公司2019年实现营业收入109.57亿

元，同比 -0.4%；实现归母净利润 3.78 亿元，同比 -69.34%。2019 年年末公司资产总额 108.94 亿元，同比增长 7.79%；负债总额 44.98 亿元，同比增长 17.25%；所有者权益 63.96 亿元，同比增长 2.01%。

2019 年公司销售毛利率 16.16%，同比下降 7.93 个百分点；销售净利率 4.02%，同比下降 7.35 个百分点；净资产收益率 ROE 为 6.67%，同比下降 17.65 个百分点；资产负债率 41.29%，同比上升 3.33 个百分点。2019 年，公司流动比率、速动比率、存货周转率、应收账款周转率分别为 1.38、0.98、6.34、15.69。

（四）巨化股份

巨化股份是经浙江省人民政府批准，由巨化集团公司独家发起，采用募集方式设立的股份有限公司，是国内领先的氟化工、氯碱化工综合配套的氟化工制造业基地。公司形成液氯、氯仿、三氯乙烯、四氯乙烯、AHF 为配套原料支撑的氟制冷剂、有机氟单体、氟聚合物完整的产业链。公司核心产业氟化工及其他主导产品在规模、技术上处于行业领先水平。“巨化”牌商标为中国驰名商标。公司氟产品系列、有机氯产品系列、硫酸系列获“浙江省名牌产品”。公司以“创造财富、服务社会”为宗旨，坚持“效益为先、开放发展、机制创新、战略导向、循环运行、以人为本”的发展理念，致力于打造国际氟化工的知名品牌，争做中国氟化工行业的领跑者。

公司 2019 年实现营业收入 155.95 亿元，同比 -0.39%；实现归母净利润 8.95 亿元，同比 -58.4%。2019 年年末公司资产总额 153.85 亿元，同比增长 0.78%；负债总额 21.69 亿元，同比 -8.95%；所有者权益 132.17 亿元，同比增长 2.57%。

2019 年公司销售毛利率 14.59%，同比下降 10.03 个百分点；销售净利率 5.89%，同比下降 8.06 个百分点；净资产收益率 ROE 为 7.05%，同比增长 11.03 个百分点；资产负债率 14.09%，同比下降 1.51 个百分点。2019 年，公司流动比率、速动比率、存货周转率、应收账款周转率分别为 3.52、2.96、12.58、47.31。

（五）扬农化工

扬农化工为国家重点高新技术企业，中国拟除虫菊酯类农药生产基地，全国化工企业环境保护先进单位。公司积极发展环境友好型农药，现拥有省拟除虫菊酯类农药工程研究中心、省农药清洁生产技术重点实验室、全国农药标准化技术委员会拟除虫菊酯工作组等创新平台。公司以振兴民族菊酯工业为己任，坚持自主创新，实施名牌战略，积极推进我国农药产业结构升级。现已形成以菊酯为核心，农药为主导，精细化学品为补充的多元化产品格局。“墨菊”被认定为“江苏省重点培育和发展的国际知名品牌”，入选“江苏省双百品牌”产品，子公司获得“绿色工厂”称号。

公司 2019 年实现营业收入 87.01 亿

元，同比增长1.38%；实现归母净利润11.7亿元，同比增长19.4%。2020年年末公司资产总额96.37亿元，同比增长29.56%；负债总额45.8亿元，同比增长75.49%；所有者权益50.57亿元，同比增长4.74%。

2019年公司销售毛利率28.81%，同比下降0.83个百分点；销售净利率13.48%，同比下降4.28个百分点；净资产收益率ROE为25.53%，同比增加4.45个百分点；资产负债率47.52%，同比增加12.43个百分点。2019年，公司流动比率、速动比率、存货周转率、应收账款周转率分别为1.38、1.01、5.94、8.08。

（六）鲁西化工

鲁西化工是集化工、化肥、装备制造及科技研发于一体的综合性化工企业。产品涵盖化工和化肥两大领域、五大系列七十多个品种。公司主导产品化肥产销量曾连续多年全国排名第一，连续多年列入中国石油和化工行业综合效益百强、销售收入百强和中国化学肥料制造业销售收入百强企业。

公司2019年实现营业收入180.82亿元，同比－15.06%；实现归母净利润16.92亿元，同比－44.86%。2020年年末公司资产总额302.1亿元，同比增长8.72%；负债总额188.94亿元，同比增长12.45%；所有者权益113.17亿元，同比增长3.02%。

2019年公司销售毛利率18.67%，同比下降9.66个百分点；销售净利率9.36%，同比下降5.05个百分点；净资产收益率ROE为15.76%，同比下降17.05个百分点；资产负债率62.54%，同比增长2.07个百分点。2019年，公司流动比率、速动比率、存货周转率、应收账款周转率分别为0.21、0.13、13.23、194.61。

四、上市公司在行业中的影响力

截至2019年年底，全行业总资产为73652.3亿元，上市公司总资产占比由2018年的22.21%上升到至23.92%；行业全年实现营业收入65776.2亿元，上市公司占比由2018年的15.66%上升至17.73%；行业全年实现净利润3481亿元，上市公司占比由2018年的21.90%降至10.31%。

表9　2017～2019年总资产、营业收入、利润总额及上市公司占比

指　标	2019年		2018年		2017年	
	行业总体	上市公司占比	行业总体	上市公司占比	行业总体	上市公司占比
总资产（亿元）	73652.3	23.92%	74928.7	22.21%	78808	19.55%
营业收入（亿元）	65776.2	17.73%	72065.9	15.66%	81889.06	12.35%
利润总额（亿元）	3481	10.31%	5146.2	21.90%	5840.59	14.73%

资料来源：沪深交易所，同花顺。

审稿人：孙金钜

撰稿人：张月慧

医药制造业

一、医药制造业总体概况

2019 年，我国经济增长总体平稳，供给侧结构性改革持续，经济结构不断优化。从增加值数据来看，2019 年规模以上医药工业增加值同比增长 6.60%，增速较上年同期减少 3.10 个百分点，高于全国工业整体增速 0.90 个百分点，位居工业全行业前列。

从营业收入数据来看，2019 年医药工业规模以上企业实现主营业务收入 23908.60 亿元，同比增加 7.40%，增速较上年同期减少 5.00 个百分点，增速高于全国工业整体增速 3.60 个百分点。

从盈利水平数据看，2019 年医药工业规模以上企业实现利润总额 3119.50 亿元，同比增加 5.90%，增速较上年同期减少 3.60 个百分点，高于全国工业整体增速 9.20 个百分点。利润增速低于主营业务收入增速，2018 年主营业务收入利润率较上年增长 0.30 个百分点。

从出口数据来看，2019 年医药工业规模以上企业实现出口交货值 1416.30 亿元，同比增加 5.30%，增速较上年同期减少 6.10 个百分点。根据海关进出口数据，2019 年医药品出口额为 172.70 亿美元，同比减少 0.92%，增速较上年减少 16.49 个百分点。

二、行业内上市公司发展概况

（一）行业内上市公司基本情况

表 1　　2019 年医药制造业上市公司发行股票概况

门　类	A、B 股总数（家）	A 股股票数（家）	B 股股票数（家）	境内总市值（亿元）	流通 A 股市值（亿元）	流通 B 股市值（亿元）
医药制造业	226	224	2	29744.24	24634.61	16.30
占沪深两市比重（%）	5.86	5.81	0.05	5.01	5.11	1.24

资料来源：沪深交易所，同花顺。

（二）行业内上市公司构成情况

表 2　　2019 年医药制造业上市公司构成情况

门　类	沪市			深市			ST/*ST
	仅 A 股	仅 B 股	A+B 股	仅 A 股	仅 B 股	A+B 股	
医药制造业（家）	79	0	2	143	0	0	3/1
占行业内上市公司比重（%）	35.27	0.00	0.89	63.84	0.00	0.00	1.34/0.45

资料来源：沪深交易所，同花顺。

（三）行业内上市公司融资情况

表 3　　2019 年医药制造业上市公司与沪深两市融资情况对比　　单位：家

门　类	融资家数	新股	增发	配股
医药制造业	15	8	6	1
沪深两市总数	427	203	215	9
占比（%）	3.51	3.94	2.79	11.11

资料来源：沪深交易所，同花顺。

其中，首发的 8 家公司中，有 1 家在主板上市，7 家在科创板上市；增发的 6 家公司中，有 1 家沪市、5 家深市，其中 3 家为主板公司、2 家为创业板公司。

从融资效果来看，上述公司实际发行数量为 189628.54 万股；实际募集资金 738.57 亿元，基本完成了融资计划。

（四）行业内上市公司资产及业绩情况

表 4　　2019 年医药制造业上市公司资产情况　　单位：亿元

指　标	2019 年	2019 年可比样本增长（%）	2018 年	2018 年可比样本增长（%）	2017 年
总资产	14938.41	4.53	13923.18	10.10	12464.39
流动资产	8171.99	3.59	7565.35	9.98	6795.64
占比（%）	54.70	-0.50	54.34	-0.06	54.52
非流动资产	6766.42	5.69	6357.83	10.23	5668.76
占比（%）	45.30	0.50	45.66	0.06	45.48
流动负债	4425.34	5.49	4095.33	19.55	3355.71
占比（%）	29.62	0.27	29.41	2.33	26.92
非流动负债	1320.46	-0.70	1333.10	10.76	1188.44
占比（%）	8.84	-0.47	9.57	0.06	9.53
归属于母公司股东权益	8610.97	4.61	7964.57	5.49	7466.66
占比（%）	57.64	0.04	57.20	-2.50	59.90

资料来源：沪深交易所，同花顺。

表 5　　2019 年医药制造业上市公司收入实现情况　　单位：亿元

指　标	2019 年	2019 年可比样本增长（%）	2018 年	2018 年可比样本增长（%）	2017 年
营业收入	8452.35	9.80	7624.60	19.94	6328.08
利润总额	852.31	-3.71	883.26	-20.49	1108.76
归属于母公司所有者的净利润	607.44	-9.05	666.24	-21.31	850.44

资料来源：沪深交易所，同花顺。

（五）利润分配情况

2019 年全年医药制造业上市公司中共有 176 家公司实施了分红配股。其中，32 家上市公司实施送股或转增股，174 家上市公司实施派息，其中 1 家公司既实施了送股、转增又实施了派息。

2019 年医药制造业上市公司分红明细见附录。

（六）其他财务指标情况

1. 盈利能力指标

表 6　　2019 年医药制造业上市公司盈利能力情况

指　标	2019 年	2019 年可比样本变动	2018 年	2018 年可比样本变动	2017 年
毛利率（%）	48.61	-1.66	49.84	0.78	48.55
净资产收益率（%）	7.05	-1.06	8.37	-2.85	11.39
销售净利率（%）	7.87	-1.50	9.44	-5.00	14.53
资产净利率（%）	4.55	-0.79	5.42	-2.41	7.95

资料来源：沪深交易所，同花顺。

2. 偿债能力指标

表 7　　2019 年医药制造业上市公司偿债能力指标

指　标	2019 年	2019 年可比样本变动	2018 年	2018 年可比样本变动	2017 年
流动比率	1.85	-0.03	1.85	-0.16	2.03
速动比率	1.39	-0.03	1.38	-0.13	1.59
资产负债率（%）	38.46	-0.20	38.99	2.38	36.46

资料来源：沪深交易所，同花顺。

3. 营运能力指标

表 8　　2019 年医药制造业上市公司营运能力情况　　单位：次

营运能力指标	2019 年	2019 年可比样本变动	2018 年	2018 年可比样本变动	2017 年
存货周转率	2.20	0.10	2.13	-0.08	2.43
应收账款周转率	4.76	-0.20	4.93	-0.23	5.25

续表

营运能力指标	2019 年	2019 年可比样本变动	2018 年	2018 年可比样本变动	2017 年
流动资产周转率	1.05	0.01	1.06	0.05	1.01
固定资产周转率	3.19	0.05	3.13	0.30	2.87
总资产周转率	0.58	0.01	0.57	0.03	0.55
净资产周转率	0.94	0.03	0.92	0.08	0.85

资料来源：沪深交易所，同花顺。

三、重点上市公司介绍

（一）恒瑞医药

2019 年，恒瑞医药实现营业收入 232.89 亿元，较 2018 年增长 33.70%，归属于上市公司股东的净利润 53.28 亿元，比 2018 年同期增长了 31.05%；稀释每股收益 1.20 元，较 2018 年增长 9.09%；利润分配方案为每 10 股派送现金 2.30 元（含税）。

销售方面，公司坚持“以市场为导向，以客户为中心，合理配置资源”的原则，围绕“专注始于分线，专业成就未来”的销售理念，根据产品领域及业务职能，逐步建立和完善了事业部制的销售管理体系，形成了肿瘤、影像、麻醉、综合产品事业部，以及负责市场准入、公共事务平台、国际交流、产学研合作的战略发展事业部，完成了“四纵一横”事业部制布局，更加注重专业化、学术推广，为患者提供更专业、更精准的服务。同时，公司加强医学事务系统建设、市场学术队伍建设，注重战略合作和资源整合，加快新旧动能转换、创新药推广，加速 OTC 市场、第三终端、县域市场布局。

研发创新方面，一是继续加大研发投入。2019 年累计研发投入 38.96 亿元，比上年增长 45.90%，研发投入占销售收入的比重达到 16.73%，有力地支持了公司的项目研发和创新发展。二是完善研发质量系统，加强合规管理，推进跨部门项目协调，确保研究工作有序、有效、合规进行。三是专利申请和维持工作顺利开展。2019 年提交国内新申请专利 131 件，提交国际 PCT 新申请 63 件，获得国内授权 38 件，获得国外授权 53 件。四是项目注册申报有序推进。2019 年取得创新药制剂生产批件 2 个，仿制药制剂生产批件 11 个；取得创新药临床批件 29 个，仿制药临床批件 2 个。取得 2 个品种的一致性评价批件，完成 8 种产品的一致性评价申报工作。

国际化方面，2019 年公司继续加大国际化战略实施力度，积极拓展海外市场。仿制药国际化方面，盐酸右美托咪定氯化钠注射液在美国和新西兰获批，注射用达托霉素在美国批准上市；硫酸氢伊伐布雷定片在英国、德国和荷兰获批；此外，2019 年公司分别向美国 FDA 递交了 3 个原料药的注册申请，向澳大利亚递交了1个原料药的申请，其他新兴市场也逐步加强注册力度。创新药国际化方面，阿帕替尼与 PD－1 联合用药、SHR3680、SHR0302、SHR1459 等产品获准在海外开展国际多中心临床试验。此外，公司引进了美国 Mycovia 公司抗真菌感染的专利先导化合物 VT－1161，以及德国 Novaliq 公司治疗干眼症的药物 CyclASol 和 NOV03，获得上述创新药在中国包括临床开发、生产和市场销售在内的独家权利。

（二）云南白药

2019 年，云南白药实现营业收入人民币 296.65 亿元，较 2018 年增长 9.80%。2019 年，公司实现归属于上市公司股东的净利润人民币 41.84 亿元，较 2018 年增加 19.75%。稀释每股收益 3.28 元，较 2018 年增加 3.14%。利润分配方案为每 10 股派发现金红利人民币 30.00 元（含税）。

公司持续深耕药品、健康品、中药资源和医药商业四大业务板块，创新营销模式，丰富产品梯队，经营业绩稳步提升。

药品板块，以“聚焦、管控、分享”为核心销售策略，持续探索大 IP 场景化营销模式，携手白求恩公益基金会，深入推进专业化的学术推广体系，尝试打造“器械＋电商＋新媒体”营销矩阵，立体化升级经营策略。

健康板块，医学赋能“饮食习惯与口腔健康”，云南白药牙膏稳居中国牙膏品类市场第一。健康产业园智慧工厂项目取得阶段性成果，第一支无人值守的牙膏试生产下线，标志着云南白药智能制造工业 4.0 时代的到来；采之汲面膜系列产品，持续强化国内外创新研发合作，积极布局全球市场。

中药资源板块，将“豹七三七”品牌形象融合到基地种植、生产加工、质量检测、销售流通、学术开发研究等各个环节，持续强化从产业链前端到后端销售，从外包装到内在质量标准提升、制剂应用技术延伸服务的全流程管控，有序推进以“白药生活＋体验店”为主导的新零售模式。

医药商业板块，自主研发“滇医宝”医药流通供应链智慧协同平台，利用“互联网＋物联网技术”实现医药流通环节高效协同、可追溯、管理精细化，基础医疗机构市场最后一公里配送能力有效增强，“1＋1＞2”的效应体现，以零售药店为中心，将患者、药店、医院、供应商、医保、监管部门互联，搭建药品新零售平台，建立智能药品零售生态圈。

（三）长春高新

2019 年长春高新实现主营业务收入 73.74 亿元，较 2018 年增长 37.19%；实现归属于上市公司股东的净利润 17.75 亿元，较 2018 年增长 76.36%。稀释每股收益 10.27 元，较 2018 年增长 73.48%。利润分配方案为每 10 股转增 10 股、每 10 股派发现金红利 10.00 元（含税）。

2019 年公司实施完成了收购控股子公司金赛药业 29.5% 股权的重大资产重组工作，使公司持有金赛药业股权的比例由70%增加至99.50%，合并报表中归属于母公司净利润得到了进一步提升，在增厚了公司业绩的同时，进一步加强了对重点子公司的管控力度，使其在业务、资产、财务、人员、机构等方面与公司整体发展实现了一致性的优化整合，增强了公司持续盈利能力。金赛药业作为核心子公司，2019年主要产品的新患入组和用药时间均全面超额完成预定的工作目标，为公司业绩的大幅增长，做出了巨大的贡献。百克生物克服前期疫苗行业负面事件的影响，通过有效的市场运筹，在最短的时间内，稳定了终端，逐步恢复了市场份额。

新产品布局方面，公司持续推动国际合作，安沃高新完成了公司注册、规划调整、土地摘牌、概念设计、土地平整、探试打桩、工棚搭建等大量前期工作，项目采用全球五大之一爱尔兰PMG公司的设计方案，计划将在2020年上半年展开全面建设。2019年，公司还顺利完成了3项国际化医药合作项目的投资：美国免疫唤醒公司双特异性抗体平台项目、美国蓝湖生物公司呼吸道合胞病毒疫苗项目已于美国特拉华州完成了新合资公司的注资工作；利多卡因贴片项目首笔投资款也已支付到位。各项研究工作均在有序推进。

（四）智飞生物

2019年智飞生物实现主营业务收入105.87亿元，同比增长102.50%；实现归属于上市公司股东的净利润23.66亿元，同比增长63.05%。稀释每股收益1.48元，较2018年增加63.05%。利润分配方案为每10股派发现金红利5.00元（含税）。

销售方面，2019年公司共有10种产品在售，包括细菌类疫苗产品5种，病毒类疫苗产品4种，治疗性生物制品1种，产品覆盖婴幼儿、成年以及老年群体，为全人群提供疾病预防和治疗解决方案。公司持续加强营销体系和营销能力的建设，全年实际增加销售人员341人，通过加大产品推广宣传、提升市场管理效率、强化内部培训，确保全年经营业绩保持良好的增长态势。与此同时，公司积极对现有自主产品进行优化升级。截至2019年，公司自主疫苗产品均升级优化完成并实现市场准入，其中预充装ACYW135多糖疫苗已准入20个省级单位，预充装AC结合疫苗已准入24个省级单位，预充装Hib结合疫苗已准入20个省级单位，升级换代产品的顺利中标准入，对公司今后疫苗产品的销售工作起到了积极的推动作用。

研发方面，2019年公司持续加大研发投入，研发投入金额为2.59元，较上年同期增长52.73%，约占自主产品收入的19.37%。与此同时，为满足子公司战略规划需要，公司对智飞绿竹、智飞龙科马分别增资5亿元，以上举措有力地促进了新产品研发进展。2019年公司多项产品取得阶段性进展，肠道病毒71型灭活疫苗、吸附无细胞百白破（组份）联合疫苗、重组诺如病毒疫苗（毕赤酵母）获得临床试验通知书。此外，智飞龙科马在2019年获得国家知识产权局颁发的3

项发明专利证书，分别为重组结核杆菌ESAT6－CFP10融合蛋白及其制备方法获得发明专利、一种汉逊酵母特异性表达载体的构建及在提高乙肝病毒表面抗原在汉逊酵母表达量的方法以及一种含有重组乙肝病毒基因的真核汉逊酵母工程菌的构建及乙肝表面抗原的生产方法，以上专利均为公司自主研发，是公司研发实力的体现，也进一步完善了公司知识产权保护体系。

（五）片仔癀

2019年，片仔癀实现营业收入57.22亿元，较2018年增长20.06%。实现归属于上市公司股东净利润13.74亿元，较2018年增长20.25%。稀释每股收益2.28元，较2018年增加20.63%。利润分配方案为每10股派送现金8.20元（含税）。

研发方面，公司发挥博士后工作站、院士专家工作站、省级企业重点实验室、省级工程研究中心等平台优势，筑巢引凤，2019年引进硕士研究生15人，通过自主培养及引进吸收，建设一支高素质的研发团队，专业涉及中药、药理、药物分析、药物制剂、化学等多个学科领域。2019年，公司依托研究院，加大技术专家委员会建设力度，从上海中医药大学等高校、科研单位引进知名专家、学者，加强研发团队建设，为科研项目的开展提供技术指导和技术支持，推进公司产品的研发、注册申报和技术创新。公司科技平台上升为国家级，2019年9月被工信部认定为"国家技术创新示范企业"，2019年12月被国家发改委等五部委认定为"国家企业技术中心"，入选2019年中国中药研发实力十强。"福建省片仔癀天然医药研发企业重点实验室"通过现场验收，获批正式运行。

在品牌建设上，公司在澳门成功举办了学术推广会，并于2019年7月开设了片仔癀澳门国药堂，增进海外华人对中华优秀医药文化和"国宝名药"片仔癀的认识。公司积极开拓"一带一路"沿线国家市场，探讨开设片仔癀体验馆的可行性。

在销售渠道上，公司未来拟将体验馆布局精准融入高级消费品的经销商网络，进一步拓展新渠道、新客群部落、新消费者，扩大市场增量。截至2019年年底，全国的片仔癀体验馆总数超过200家。针对潜在目标消费者群体，公司开展更多精准高效的终端活动，拓展片仔癀市场容量。普药布局上，公司全面梳理普药品种，坚持"一品一策"。公司派专人跟进增乳膏、川贝清肺糖浆、藿香正气水、铁皮石斛和金线莲等重点产品。

（六）康泰生物

2019年，康泰生物实现营业收入19.43亿元，较2018年减少3.65%。实现归属于上市公司股东净利润5.75亿元，较2018年增长31.86%。稀释每股收益0.90元，较2018年增加28.57%。

研发方面，公司始终坚持自主研发创新与引进合作相结合的研发方针，加强技术创新和新产品研制，稳步推进在研产品的研发进程和产业化。2019年公司自主研发的23价肺炎球菌多糖疫苗成功上市；13价肺炎球菌结合疫苗已申请药品注册批件并纳入优先审评；冻干人用狂犬病疫苗（人二倍体细胞）临床研究阶段工作顺利完成并获得临床试验总结报告；吸附无细胞百白破（组分）联合疫苗获得临床试验通知书。公司持续的研发创新，为公司的健康发展提供了保障。

销售方面，公司继续加强营销团队建设和产品学术推广，增强市场拓展的广度和深度，持续提高公司非免疫规划疫苗的品牌建设和市场认可度，实现主营业务良性发展。2019年公司的独家产品60μg重组乙型肝炎疫苗（酿酒酵母）实现销售收入18197.19万元，同比增长23.93%；无细胞百白破b型流感嗜血杆菌联合疫苗实现销售收入117962.84万元，同比增长1.69%。2019年8月上市的23价肺炎球菌多糖疫苗进一步丰富了公司的产品梯队，成为公司新的收入和利润增长点。

（七）复星医药

2019年，复星医药实现营业收入285.85亿元，较2018年增长14.72%。实现归属于上市公司股东净利润33.22亿元，较2018年增长22.66%。稀释每股收益1.30元，较2018年增加21.50%。利润分配方案为每10股派送现金3.90元（含税）。

药品制造与研发业务继续保持稳定增长，专业化经营团队建设进一步强化。2019年，非布司他片（优立通）、匹伐他汀钙片（邦之）、依诺肝素钠注射液、达托霉素、富马酸喹硫平片（启维）等核心产品收入继续高速增长，非布司他片（优立通）、匹伐他汀钙片（邦之）和依诺肝素钠注射液的销量增长分别为105%、113%和57%。利妥昔单抗注射液（汉利康）作为中国第一例获批上市的生物类似药，2019年5月中旬开始销售并快速得到市场认可，全年销售额约1.5亿元。

医疗器械与医学诊断业务实现营业收入373581.15万元，较2018年增长2.66%；2019年实现分部业绩57439.07万元，较2018年增长2.91%；实现分部利润49542.96万元，较2018年增加12.67%，净利润同比增加主要是由于：（1）合资公司直观复星“达芬奇手术机器人”装机量和手术量均快速增长，2019年装机量60台、于内地及香港的手术量超4万例；（2）HPV诊断试剂、地中海贫血基因检测试剂等实现较快增长。

医疗服务业务实现收入303992.27万元，较2018年增长18.61%。2019年实现分部业绩32690.74万元，较2018年增长8.67%；实现分部利润155930.99万元，较2018年增加135079.26万元，分部利润大幅增长主要系报告期内本集团出售HHH（主要资产为和睦家医院）股权交易的利润贡献等原因所致，剔除各一次性因素影响后，分部利润20048.97万元，较2018年减少22.67%，主要是新开业医院及诊所仍处在拓展期前期亏损、经营成本上升等影响所致。

集团参股的国药控股继续加速行业并

整合，强大医药分销及零售网络建设，并大力发展器械分销业务。2019 年，国药控股实现营业收入人民币 4252.73 亿元、净利润人民币 106.20 亿元、归属净利润人民币 62.53 亿元，分别较上年增长 23.44%、12.93% 和 7.14%。

（八）白云山

2019 年，白云山实现营业收入 649.52 亿元，较 2018 年增长 53.79%。实现归属于上市公司股东净利润 31.89 亿元，较 2018 年减少 7.33%。稀释每股收益 1.96 元，较 2018 年减少 7.33%。利润分配方案为每 10 股派送现金 5.89 元（含税）。

2019 年，公司滋肾育胎丸、头孢克肟系列、头孢丙烯系列、头孢匹胺、咳特灵系列、金戈、克感利咽口服液等大品种销售实现明显增长。持续有序地推进与百强连锁店如老百姓大药房、益丰大药房、一心堂、金康药房等的业务对接工作，提升产品在药店的销售量。借助大商业板块配送网络和物流优势，加强本集团内工商合作，发挥大南药板块与大商业板块产生的协同效应，推进两大业务板块的互促互进、深度融合。

深耕“吉文化”内涵，持续致力打造王老吉成吉祥文化新符号。王老吉大健康在春节、中秋等节庆期间先后推出“过吉祥年，喝红罐王老吉”“中秋团圆，喝红罐王老吉”等传播口号，同时借助抖音、微信、朋友圈、小程序等社交媒体开展“让爱吉时回家”公益活动，提高消费者品牌认可度，提升品牌价值。巩固优化品牌年轻化战略，积极开拓新产品，多元化新品打造增量市场。王老吉大健康从夏季档“越热越爱走出去”，到启用新代言人开展核心市场线上线下广告联动传播，多维度多媒介开展品牌年轻化营销，拓展年轻消费场景。同时，积极开拓新产品，加快布局多元化新品。新品王老吉刺柠吉系列、茉莉凉茶正式上市销售。

深耕渠道，控费维价工作纵深化推进。2019 年，王老吉大健康公司进一步精细化渠道管理，改善形象布建工作，规范终端执行标准，提升终端铺市率。此外，王老吉大健康公司持续开展控费维价工作，缩减渠道费用投入，有序开展产品价格稳定工作，有效提升盈利水平。

坚持终端战略，加快拓展医疗机构业务，提升医院终端销售占比。2019 年公司控股子公司某医药公司切实把握广深等地 GPO 及带量采购的发展机遇，重点推进医疗机构业务，在医院 GPO 订单占比实现较大增长，医院终端销售占比增长明显。采芝林药业深耕中药饮片领域，抓紧中药饮片产品开发，加强中药智能代煎、药材鉴定等特色中药饮片服务，提升医院中药饮片市场份额，促进中药饮片在医疗机构的销售实现较大增长。进一步拓展零售门店和区域覆盖，布局 DTP 药房，促零售业务进一步增长。2019 年医药公司属下零售门店总数达 75 家，零售门店全年销售实现较快增长。采芝林药业持续推进中药特色门诊“国医馆”建设，积极探索发展“药＋医”中医药连锁模式。

（九）新和成

2019 年，新和成实现营业收入 76.21 亿元，较 2018 年减少 12.23%。实现归属于上市公司股东净利润 21.69 亿元，较 2018 年减少 29.56%。稀释每股收益 1.01 元，较 2018 年减少 29.37%。利润分配方案为每 10 股派送现金 5.00 元（含税）。

2019 年公司积极应对市场突变，发挥行业领先优势，强化市场趋势研判，抓住关键市场节点，营养品和香料业务主要产品实现利润最大化；新材料业务差异化销售取得重大突破，产品实现满产满销；原料药销售，与国内外大客户的合作多步推进，为将来规模化销售奠定了良好的基础；新产品也逐渐铺开销售，客户对新产品的认知逐步加强；大客户市场份额进一步巩固，经营抗风险能力进一步提升。

公司坚持“创新驱动发展”理念，注重科研创新，深化产学研融合，对外与多所院校签署合作协议，对内成立营养研究院和新材料研究院，不断提升自主创新能力。2019 年研发投入占营业收入比重 5.70%，荣获中国专利奖银奖 1 项，浙江省专利奖金奖 1 项。

2019 年公司氨基酸一期项目实现满负荷生产，提升了产品竞争力和利润率，二期项目年产 10 万吨生产线建设工作按计划推进，项目总体进度可控，各装置陆续进入中交阶段，年产 15 万吨生产线建设明确实施规划；营养品项目和生物发酵项目按计划开展试生产工作，其中营养品项目顺利完成达产验收，发酵项目全线打通工艺路线，试生产负荷逐步提升。

（十）沃森生物

2019 年，沃森生物实现营业收入 11.21 亿元，较 2018 年增长 27.55%。实现归属于上市公司股东净利润 1.42 亿元，较 2018 年减少 86.43%。稀释每股收益 0.09 元，较 2018 年减少 86.44%。

2019 年公司进一步加强营销管理，充分发挥产品品牌和产品质量优势，深入拓展自主疫苗业务，公司自主生产疫苗产品销量持续稳定增长，收入大幅提升。子公司玉溪沃森获批签发产品数量合计 39746540 剂（瓶），较上年同期增长 37.64%。

2019 年公司集中优势资源，全力推进已处于临床研究和产业化关键阶段的各重磅产品的研究和产业化进度。重组 EV71 疫苗于 2019 年 3 月向国家药监局申请临床研究获得受理，6 月收到国家药监局颁发的临床试验通知书，目前已进入临床研究阶段。公司其他处于临床研究和临床前研究阶段的在研产品的研发工作按计划持续推进。

公司在云南省玉溪国家高新技术产业开发区建有现代化的生物技术药生产基地，具有全球先进水平的生产线设备、厂房设施。2019 年在已有疫苗生产基地的基础上，公司持续推进在玉溪产业化基地实施的 HPV 疫苗的产业化项目、疫苗国际制剂中心建设项目。公司 HPV 疫苗产业化项目按 WHO 预认证标准和其他通行的国际标准设计建设，公司疫苗国际制剂中心建设项目按照国际化标准进行设计及建设，2019 年该项目已完成建设，正在进行验证工作，该项目建成后将承担公司流脑系列疫苗和肺炎系列疫苗等产品出口国际市场的生产任务。同时，公司将通过设备设施自动化控制和生产质量信息化管理的深度融合，进行智能化运营分析和风险监控，打造智慧工厂。

2019 年子公司玉溪沃森再次获得埃及卫生部 720 万剂 AC 多糖疫苗的采购订单用于其 2019 年的扩大免疫规划接种，同时，埃及卫生部增加签发了 60 万剂 ACYW135 多糖疫苗的采购订单。2019 年公司持续筹备相关产品的 WHO 预认证工作，ACYW135 多糖疫苗申报 WHO 预认证获得受理，并完成初步评审意见回复及样品送检。子公司上海泽润于 2019 年 10 月获得盖茨基金会 250 万美元资金支持，用于推动 9 价 HPV 疫苗的临床研究和 WHO 预认证工作。2019 年公司产品已出口至 12 个国家，公司 2019 年海外销售收入同比增长 63.60%，产品出口创汇再创新高。

（十一）华兰生物

2019 年，华兰生物实现营业收入 37.00 亿元，较 2018 年增长 15.02%。实现归属于上市公司股东净利润 12.83 亿元，较 2018 年增长 12.63%。稀释每股收益 0.91 元，较 2018 年减少 25.33%。

2019 年公司着力推进对献浆员的宣传动员工作，进一步挖掘现有浆站的采浆潜力，保障了全年采浆量的平稳增长；加强浆站管理，长垣、独山、都安、陆川、开州区和南门分站、忠县和拔山分站、巫溪县和文峰分站、彭水县和桑柘分站、石柱县和鱼池分站、云阳县和南溪分站的许可证到期均按时换发新的采浆许可证，梁平浆站 9 月开始正式开采，为血液制品的稳定增长奠定了基础。公司注重血液制品的产品结构调整，开展血液制品的工艺优化，提高血浆的综合利用率，加大市场急需产品的生产；调整销售策略，通过加强销售队伍建设，加大学术推广力度，做好血液制品的销售工作，确保血液制品业务的稳定增长。

疫苗公司版块，2019 年四价流感病毒裂解疫苗 1#线正式开始生产，公司流感疫苗的生产能力进一步提高。公司严格遵循《疫苗管理法》要求，健全疫苗生产追溯系统，完善疫苗运输体系，并持续加强市场拓展力度，做好流感疫苗和四价流感疫苗的生产、运输和销售工作。疫苗公司共批签发流感疫苗 1293.14 万支（其中四价流感疫苗 835.93 万支，三价流感疫苗 457.21 万支），占全国流感疫苗批签发数量的 42%，其中疫苗公司四价流感疫苗批签发量占全国四价流感疫苗批签发总量的 86.9%，疫苗公司实现营业收入 104898.82 万元，较上年同期增长 30.68%，净利润 37529.77 万元，较上年同期增长 38.92%。

基因公司板块，2019 年已有 7 个单抗品种取得临床试验批件，其中阿达木单抗、曲妥珠单抗、利妥昔单抗、贝伐单抗目前均已进入Ⅲ期临床研究阶段，德尼单抗、帕尼单抗和伊匹单抗已经进入Ⅰ期临床研究，正在按计划开始临床试验，为公司培育新的利润增长点。

四、上市公司在行业中的影响力

2019年，医药制造业总资产规模为33875.80亿元，较2018年增长2.92%，上市公司资产规模为14938.41亿元，较2018年增长4.53%（可比样本），上市公司占总资产的比重为44.10%，比2018年上升0.68个百分点。

2019年，医药制造业实现营业收入23908.60亿元，较2018年减少1.47%；上市公司实现营业收入为8452.35亿元，较2018年增长9.80%（可比样本）；上市公司占营业收入比重为35.35%，较2018年上升3.63个百分点。

2019年，医药制造业实现利润总额3119.50亿元，较2018年增长0.82%；上市公司实现利润总额为852.31亿元，较2018年减少3.71%（可比样本）；上市公司占利润总额的比重为27.32%，较2018年下降1.28%个百分点。

综合以上数据分析可以看出，从资产规模和营业收入角度来看，2019年医药制造类上市公司在行业中的地位进一步提升，但从利润总额的角度来看，上市公司2019年利润总量和占比均出现一定的下滑。

审稿人：张敬华　任宪功

撰稿人：张　珂

橡胶和塑料制品业

一、橡胶和塑料制品业总体概况

2019年，我国橡胶和塑料制品业各项经营指标较2018年同期形势向好，盈利能力稳步提升。2019年，行业总资产规模达到22672.5亿元，与2018年同期相比增长2.9%；营业收入25426.1亿元，与2018年同期相比增长2.3%；实现利润总额1374.8亿元，与2018年同期相比增长10.1%。

二、行业内上市公司发展概况

（一）行业内上市公司基本情况

表 1　　2019 年橡胶和塑料制品业上市公司发行股票概况

门　类	A、B 股总数（家）	A 股股票数（家）	B 股股票数（家）	境内总市值（亿元）	流通 A 股市值（亿元）	流通 B 股市值（亿元）
橡胶和塑料制品业	78	78	0	4452.53	3341.15	0.00
占沪深两市比重（%）	2.02	2.02	0.00	0.75	0.69	0.00

资料来源：沪深交易所，同花顺。

（二）行业内上市公司构成情况

表 2　　2019 年橡胶和塑料制品业上市公司构成情况

门　类	沪市			深市			ST/*ST
	仅 A 股	仅 B 股	A+B 股	仅 A 股	仅 B 股	A+B 股	
橡胶和塑料制品业（家）	22	0	0	56	0	0	0/3
占行业内上市公司比重（%）	28.21	0.00	0.00	71.79	0.00	0.00	0.00/3.85

资料来源：沪深交易所，同花顺。

（三）行业内上市公司融资情况

表 3　　2019 年橡胶和塑料制品业上市公司与沪深两市融资情况对比　　单位：家

门　类	融资家数	新股	增发	配股
橡胶和塑料制品业	9	4	5	0
沪深两市总数	427	203	215	9
占比（%）	2.11	1.97	2.33	0.00

资料来源：沪深交易所，同花顺。

其中，首发的 4 家公司中，有 1 家在主板上市，1 家在科创板上市，2 家在创业板上市；增发的 5 家公司中，有 2 家沪市公司，3 家深市公司，其中 2 家主板公司，2 家中小板公司，1 家创业板公司。

从融资效果来看，上述公司实际发行数量为 133753.96 万股；实际募集资金 107.38 亿元，基本完成了融资计划。

2019 年橡胶和塑料制品业上市公司融资情况明细见附录。

（四）行业内上市公司资产及业绩情况

表 4　　2019 年橡胶和塑料制品业上市公司资产情况　　单位：亿元

指　标	2019 年	2019 年可比样本增长（%）	2018 年	2018 年可比样本增长（%）	2017 年
总资产	3768.68	12.69	3412.46	8.41	3122.99
流动资产	1985.85	11.90	1865.44	5.17	1764.48
占比（%）	52.69	-0.37	54.67	-1.69	56.50

续表

指　标	2019 年	2019 年可比样本增长（%）	2018 年	2018 年可比样本增长（%）	2017 年
非流动资产	1782.82	13.58	1547.03	12.60	1358.5
占比（%）	47.31	0.37	45.33	1.69	43.50
流动负债	1341.04	5.30	1253.47	14.14	1090.26
占比（%）	35.58	-2.50	36.73	1.84	34.91
非流动负债	443.40	28.60	326.96	1.42	317.35
占比（%）	11.77	1.46	9.58	-0.66	10.16
归属于母公司股东权益	1928.81	14.92	1792.42	6.47	1680.23
占比（%）	51.18	0.99	52.53	-0.96	53.80

资料来源：沪深交易所，同花顺。

表 5　2019 年橡胶和塑料制品业上市公司收入实现情况　单位：亿元

指　标	2019 年	2019 年可比样本增长（%）	2018 年	2018 年可比样本增长（%）	2017 年
营业收入	2434.62	5.41	2322.21	5.03	2202.91
利润总额	107.10	-2.24	126.33	-15.23	145.32
归属于母公司所有者的净利润	78.71	-4.23	100.81	-17.87	121.16

资料来源：沪深交易所，同花顺。

（五）利润分配情况

2019 年全年橡胶和塑料制品业上市公司中共有 63 家公司实施了分红配股。其中，8 家上市公司实施送股或转增股，62 家上市公司实施派息，其中 2 家公司既实施了送股、转增又实施了派息。

2019 年橡胶和塑料制品业上市公司分红明细见附录。

（六）其他财务指标情况

1. 盈利能力指标

表 6　2019 年橡胶和塑料制品业上市公司盈利能力情况

指　标	2019 年	2019 年可比样本变动	2018 年	2018 年可比样本变动	2017 年
毛利率（%）	21.99	1.80	20.55	-0.07	20.44
净资产收益率（%）	4.08	-0.82	5.62	-1.67	7.21
销售净利率（%）	3.30	-0.39	4.45	-1.23	5.55
总资产净利率（%）	2.26	-0.40	3.15	-1.12	4.17

资料来源：沪深交易所，同花顺。

2. 偿债能力指标

表 7　　2019 年橡胶和塑料制品业上市公司偿债能力指标

指　标	2019 年	2019 年可比样本变动	2018 年	2018 年可比样本变动	2017 年
流动比率	1.48	0.09	1.49	-0.13	1.62
速动比率	1.18	0.10	1.17	-0.10	1.28
资产负债率（%）	47.35	-1.04	46.31	1.18	45.07

资料来源：沪深交易所，同花顺。

3. 营运能力指标

表 8　　2019 年橡胶和塑料制品业上市公司营运能力情况　　单位：次

营运能力指标	2019 年	2019 年可比样本变动	2018 年	2018 年可比样本变动	2017 年
存货周转率	4.69	-0.04	4.83	-0.26	5.08
应收账款周转率	5.07	0.05	4.83	-0.15	5.01
流动资产周转率	1.29	-0.05	1.28	-0.06	1.33
固定资产周转率	2.41	-0.13	2.58	-0.07	2.65
总资产周转率	0.68	-0.04	0.71	-0.04	0.75
净资产周转率	1.31	-0.07	1.30	-0.06	1.36

资料来源：沪深交易所，同花顺。

三、重点上市公司介绍

（一）福斯特

福斯特主营业务为光伏封装材料的研发、生产和销售，主要产品包括光伏封装胶膜、太阳能电池背板以及电极材料等。光伏封装胶膜和背板是太阳能电池组件关键封装材料，对太阳能电池组件起到封装和保护的作用，能提高组件的光电转换效率，并延长组件的使用寿命。公司是中国 EVA 太阳能电池胶膜领域的龙头企业，独立开发的热熔网膜及太阳能电池背板产品均在市场中占有优势地位。2019 年，光伏行业发展态势良好，公司全年共计销售光伏封装胶膜 7.49 亿平方米，比 2018 年同期增长 28.92%；背板产品 4967.69 万平方米，比 2018 年同期增长 15.57%。

2019 年，公司实现营业收入 63.78 亿元，比 2018 年同期增长 32.60%；实现归属于上市公司股东的净利润 9.57 亿元，比 2018 年同期增长 27.43%。

（二）恩捷股份

公司主营业务主要包括 BOPP 薄膜板块、印刷板块以及纸张板块的研发、生产及销售，产品主要是塑料薄膜、饮料包装盒以及特种纸等。BOPP 薄膜板块以 BOPP 薄膜生产、研发及销售为主导方向，生产的膜类产品按其用途可分为烟膜、普通平膜和特种膜，主要运用于卷烟包装、食品包装、高档礼品包装等领域，其工艺技术、生产管理等方面已经达到行业较高水平。印刷板块以各类卷烟包装盒、各规格屋顶包、无菌枕包、药品包装盒的生产、研发和销售为主，其产能在国内纸盒包装生产企业公司中位居前列。纸张板块中包括特种纸产品，属国家西部大开发鼓励类产业，有强大的产品开发能力、优质的产品质量和良好的产品适应性。

2019 年，公司实现营业收入 31.60 亿元，比 2018 年同期增长 28.61%；实现归属于上市公司股东的净利润 8.50 亿元，比 2018 年同期增长 64.09%。

（三）玲珑轮胎

公司是国内规模最大、效益最好的轮胎专业生产企业之一。公司主营业务为汽车轮胎的设计、开发、制造与销售，主要产品分为全钢子午线轮胎、半钢子午线轮胎和斜交胎，广泛应用于乘用车、商用车、卡客车以及工程机械车辆等。公司目前在全球拥有 7 个研发机构、7 个生产基地，产品遍布全球多个国家，成功进入大众、通用、福特、印度塔塔、俄罗斯雷诺日产等全球知名汽车品牌的全球配套体系，并成为国内外多家汽车厂的主要供应商和优秀供应商。

2019 年，公司实现营业收入 171.64 亿元，比 2018 年同期增长 12.17%；实现归属于上市公司股东的净利润 16.67 亿元，比 2018 年同期增长 41.15%。

（四）伟星新材

伟星新材主要从事各类中高档新型塑料管道的制造与销售，产品分为三大系列：一是 PPR 系列管材管件，主要应用于建筑内冷热给水；二是 PE 系列管材管件，主要应用于市政供水、采暖、燃气、排水排污等领域；三是 PVC 系列管材管件，主要应用于排水排污以及电力护套等领域。公司业务分为零售业务和工程业务。零售业务主要依托经销渠道进行经营，是公司营业收入和利润增长的主要驱动因素；工程业务主要通过直销和经销的方式经营，发展态势良好。

2019 年，公司实现营业收入 46.64 亿元，比 2018 年同期增长 2.06%；实现归属于上市公司股东的净利润 9.83 亿元，比 2018 年同期增长 0.51%。2019 年公司产品销量达 23.57 万吨，比 2018 年同期增长 10.35%，发展态势稳定。

四、上市公司在行业中的影响力

2019 年橡胶和塑料制造业总资产规模达到 22672.5 亿元，较 2018 年增长 2.9%；其中，全行业上市公司资产总额为 3768.7 亿元，2019 年可比样本较 2018 年增长 12.69%；上市公司资产总额占行业资产总额的 16.6%。

2019 年橡胶和塑料制造业营业收入达到 25426.1 亿元，较 2018 年增长 2.3%；其中，全行业上市公司实现营业收入 2434.6 亿元，2019 年可比样本较 2018 年增长 5.41%；上市公司营业收入占行业营业收入总额的 9.6%。

2019 年橡胶和塑料制造业利润总额达到 1374.8 亿元，较 2018 年增长 10.1%；其中，全行业上市公司实现利润总额 107.1 亿元，2019 年可比样本较 2018 年下降 2.24%；上市公司利润总额占行业利润总额的 7.8%。

审稿人：朱卫华

撰稿人：周　铮　赵晨曦

非金属矿物制品业

一、非金属矿物制品业总体概况

（一）行业整体运行情况

2019 年，非金融矿物制品行业认真贯彻落实党中央、国务院决策部署，坚持稳中求进工作总基调，以供给侧结构性改革为主线，以质量和效益为中心，化解过剩产能成果进一步巩固，经济效益明显提升，产业结构逐步优化，行业运行情况总体良好。

一是生产保持快速增长。2019 年全年，非金属矿物制品工业增加值同比增长 8.9%，3 月增加值同比增长 15.4%，之后逐渐下降，到 11 月又逐步提升，呈现两边高中间低态势。主要产品产量保持增长，其中，水泥产量 23.3 亿吨，同比增长 6.1%；平板玻璃产量 9.3 亿重量箱，同比增长 6.6%；商品混凝土产量 25.5 亿立方米，同比增长 14.5%。瓷质砖、陶质砖、卫生陶瓷制品产量同比分别增长 7.5%、7.4%、10.7%。

二是价格水平继续上涨。2019 年非金属矿物制品产品全年均价在 2018 年企稳回升的基础上继续上涨，其中，2019 年 12 月当月非金属矿物制品价格指数为 100.1，同比下降 4.9%。全国通用水泥平均出厂价格 414.2 元/吨，同比增长 4.4%，平板玻璃平均出厂价 75.5 元/重量箱，同比增长 0.2%。

三是经济效益持续提升。2019 年非金属矿物制品工业规上企业完成主营业务收入 5.4 万亿元，同比增长 9.9%，利润总额 4570 亿元，同比增长 7.5%，销售利润率 8.50%。2019 年建材工业规上企业完成主营业务收入 5.3 万亿元，同比增长 9.9%，利润总额 4624 亿元，同比增长 7.2%，销售利润率 8.7%。其中，水泥主营业务收入 1.01 万亿元，同比增长 12.5%，利润 1867 亿元，同比增长 19.6%；平板玻璃主营业务收入 843 亿元，同比增长 9.8%，利润 98 亿元，同比下降 16.7%。水泥制品、特种玻璃、卫生陶瓷制品、防水建筑材料、玻璃纤维增强塑料制品利润总额同比分别增长24.2%、19.4%、26.4%、15.4%、49.8%。

四是固定资产投资实现增长。2019年非金属矿物制品业固定资产投资同比增长6.8%。全年固定资产投资增长主要集中在新材料、节能环保、技术改造等领域。

综合来看，2019年非金属矿物制品行业整体运行较好，行业内新兴产业加快发展，产业布局逐步优化，但不容忽视的是，当前水泥平板玻璃产能过剩矛盾还没有根本解决，总体供大于求的局面尚未改变，行业稳定运行的基础并不牢固。全行业应按照中央经济工作会议要求，坚持新发展理念，坚持以供给侧结构性改革为主线，坚持以质量和效益为中心，促新兴、补短板、稳增长、调结构，推动非金属矿物制品行业治理体系和治理能力的现代化，推进行业加快迈向高质量发展。

（二）细分行业运行概况

1. 水泥、石灰和石膏制造

2019年，工业和信息化部认真贯彻落实党中央、国务院决策部署，深入推进水泥行业供给侧结构性改革，化解过剩产能成果进一步巩固，产品产量保持增长，经济效益明显改善。

一是产能得到有效控制。严肃产能置换，从严审核强化监管，严格落实产能分省清单制度和跨省置换听证会制度，坚决禁止新增产能。产能置换平稳有序开展，2019年水泥行业共公告产能置换项目14个，通过减量置换，压减过剩产能604万吨，促进了行业技术进步和资源要素合理配置。

二是产量保持增长。2019年基础设施补短板项目加强，房地产投资维持较高水平，对水泥需求提供了较强支撑，全年水泥熟料产量15.2亿吨，同比增长6.9%，水泥产量23.3亿吨，同比增长6.1%。

三是价格先抑后扬。2019年全国通用水泥平均出厂价格414.2元/吨，同比略增，总体呈先抑后扬南高北低态势。上半年水泥价格持续回落，8月到达底部，当月全国水泥平均价格403元/吨。9月份价格开始反弹，12月最高，当月全国水泥平均价格437元/吨，河南、浙江、福建等地区价格最高，PO42.5水泥平均价格590元/吨。

四是经济效益明显改善。2019年水泥行业首次突破万亿元营收，实现营业收入1.01万亿元，同比增长12.5%，利润1867亿元，同比增长19.6%，再创历史最好。

五是进口继续大幅增长。受沿海地区需求旺盛影响，2019年水泥熟料进口量达2274万吨，同比增长80%，平均到岸价格44美元/吨。全年水泥熟料出口量44万吨，同比下降71%，平均离岸价格24美元/吨。进出口相抵后净进口2230万吨。

六是产业集中度进一步提高。前50家水泥企业（集团）熟料产能占全国总产能76%，较上年略有提高。中国建材和安徽海螺水泥总产能分别为5亿吨和3亿吨，居世界第一名和第三名。

2. 石膏、水泥制品及类似制品制造

2019年是决胜全面建成小康社会第一个百年奋斗目标的关键之年，中国经济发展进入高质量发展的关键阶段。作为经济建设基础的石膏、水泥制品及类似制品制造2019年经济总量继续上升，主要产品产量及整体行业经济效益保持明显增长趋势，行业平均价格保持高位增长走势。

一是重要产品生产保持快速增长。2019年，商品混凝土产量25.5亿立方米，同比增长14.5%。混凝土电杆产量1816.55万根，同比增长2.85%。

二是价格保持高位平稳增长趋势。2019年，石膏、水泥制品及类似制品制造行业价格与水泥价格相似，整体保持高位平稳运行，一季度生产者出厂价格指数均在110以上，之后逐步回落，12月该价格指数达最低值至103.8点，行业产品价格呈现“两头高、中间低”的现象。2019年，全年全国商品混凝土（C30）均价为440元/立方米，较上一年增长35元/立方米，增幅为8.67%，价格波动幅度较上一年明显收窄。

三是经济效益保持增长。2019年，规模以上混凝土与水泥制品工业企业主营业务收入累计15976.79亿元，同比增长21.6%；利润总额累计782.64亿元，同比增长25.1%。

四是行业绿色、智能化发展迈上新台阶，产业链整合多元化。在相关政策推动下，绿色发展已经成为行业发展的共识。同时随着工业智能制造的不断深入，行业的“两化融合”也已经取得一定成绩，许多企业借助“互联网+”、物联网、大数据、人工智能实现了一定程度的智能化发展。在原材料供应短缺的情况下，资源整合成为行业整个产业链发展的重要趋势。一些拥有技术、装备、配套原、辅料或资源优势的产业链相关投资主体进入行业，并在发展过程中实现了较好的收益和市场占有率，产业价值链整合呈现多元化发展趋势，整个产业链格局将加速演变。

3. 砖瓦、石材等建筑材料制造

2019年，砖瓦、石材等建筑材料行业深化供给侧结构性改革，积极开展全产业链质量提升工作，产量保持增长，结构不断优化，行业经济效益增幅明显。

一是产量较快增长。受基础设施建设、翻修市场拉动，防水建筑材料制造市场需求继续保持强劲。国家统计局数据显示，2019年全国沥青和改性沥青防水卷材产量达到18.5亿平方米，同比增长22.6%，增速比上年提高18.3个百分点。

二是经济效益提升。2019年，规模以上建筑防水材料企业653家，营业收入990.4亿元，同比增长12.2%；利润总额65.8亿元，同比增长15.4%；销售利润率6.6%，比上年增加0.2个百分点。

三是重组力度加大。防水建筑材料制造行业的快速发展受到资本关注，行业跨界兼并重组频繁。2019年，央企北新建材收购了四川蜀羊、盘锦禹王和金拇指各70%股权，上市公司三棵树收购了广州大禹70%股权，亚士创能在石家庄建设防水卷材生产线。

4. 玻璃制造

2019年，玻璃制造行业牢固树立和践行新发展理念，认真落实中央经济工作会议“巩固、增强、提升、畅通”八字方针，深入推进平板玻璃行业供给侧结构性改革，行业经济运行总体平稳。

一是产量总体保持增长。2019年，平板玻璃产量9.3亿重量箱，增长6.6%。钢化玻璃、夹层玻璃、中空玻璃产量分别为5.3亿平方米、9433.6万平方米、1.4亿平方米，分别增长4.4%、-3.6%、7.6%。

二是产品价格基本平稳。平板玻璃全年平均出厂价格75.5元/重量箱，比上年增长0.2%。

三是效益下行压力较大。2019年，平板玻璃主营业务收入843亿元，增长9.8%，利润98亿元，同比下降16.7%。销售利润率11.6%，比上年同期低3.7个百分点。

四是出口下降进口增长。平板玻璃出口数量3526万重量箱，同比下降10.5%，出口金额15.1亿美元，下降3.0%。进口数量1280万重量箱，同比增长45.3%，金额35.1亿美元，增长5.5%。

五是产能增长得到控制。严格产能置换，严禁新增产能，新建平板玻璃（含光伏玻璃、汽车玻璃等工业玻璃原片）项目进行产能置换。印发《水泥玻璃行业产能置换实施办法问答》，提高政策的针对性和可操作性。开展全国淘汰落后和化解过剩产能工作督导检查，对发现问题严肃处理。

5. 玻璃制品制造

2019年玻璃制品产业通过主动适应经济新常态，坚持创新驱动、绿色发展，努力节能降耗、提高效率、降低成本，进行了大量有益的探索，但面对严峻的环保态势、低层次同质化无序竞争以及产能的盲目扩张等多种因素的影响，全行业总体表现产量、产成品存货等增速过快，亏损面上升，经济运行质量下滑的态势。

一是产成品存货快速增长。2019年日用玻璃制品及玻璃包装容器产量2657.93万吨，累计同比增长2.79%，增幅提高1.55个百分点，同比增速有所加快。其中，2019年玻璃包装容器产量1896.29万吨，累计同比增长4.32%，增幅下降1.04个百分点，同比增速略有下降。2019年日用玻璃制品产量761.65万吨，累计同比下降0.83%，降幅回落6.97个百分点，同比降幅收窄。玻璃制品制造业累计产成品存货91.97亿元，累计同比增加了20.18%，比上年同期上升了16.13%；产成品存货占流动资产平均余额的比重为18.15%，比上年同期上升了1.68%。

二是经济运行效益较好。2019年玻璃制品制造业主营业务收入1164.42亿元，累计同比增长4.88%，与上年同期相比，增幅下降0.1个百分点；实现利润70亿元，累计同比增长19.15%，比上年同期增幅提高14.5个百分点；主营业务收入利润率6.01%，与上年同期相比提高了0.72个百分点。

三是外需增强。2019年，玻璃制品累计出口总额为73.18亿美元，同比增长10.17%。其中，日用玻璃制品累计出口总额58.43亿美元，出口额同比增长12.62%，增长率同比提高9.68个百分点。进口方面，2019年全年玻璃及其制品累计进口额为75.87亿美元，同比下降2.54%。其中，日用玻璃制品累计进口总额为3.54亿美元，同比下降1.87%。

四是行业生产情况看，产业集中度偏低，产能过快增长，导致结构性过剩问题依然突出。就当前市场情况和政策走势尤其是环保政策来看，对抑制低层次同质化的产能扩张，优化产品结构，发展个性化产品和高附加值产品具有一定的积极导向作用。

6. 玻璃纤维和玻璃纤维增强塑料制品制造

2019年，面对国内外经济风险挑战明显上升的复杂局面，玻璃纤维和玻璃纤维增强塑料制品制造行业迎来转型阵痛期。

一是产量总体保持增长。2019年玻璃纤维纱总产量达到527万吨，同比增长12.61%。其中，电子纱、普通增强纱、热塑纱等部分玻纤品种增长明显，导致市场供需失衡，价格长期处于低位。风电纱、工业用纱等品种增长较少，市场供需相对稳定。复合材料制品方面，2019年总产品为445万吨，同比增长3.5%。

二是行业经济效益分化。2019年中国玻纤及复合材料制品行业规模以上企业实现主营业务收入同比增长8.02%，利润同比下降12.03%。其中，玻璃纤维行业规模以上企业主营业务收入同比下降1.4%，利润总额同比下降24.90%，是造成行业整体利润下滑的最大因素。复合材料制品行业规模以上企业主营业务收入同比增长34.2%，利润总额同比增长50.2%。

三是进出口规模双双下降。2019年全行业实现玻璃纤维及制品出口153.9万吨，同比减少3.83%，出口金额为22.80亿美元，同比减少6.25%。受中美贸易的持续影响，玻纤及制品行业外贸出口比例不断降低至29.9%，海外工厂替代外贸出口。进口量降幅也比较明显，2019年我国进口玻璃纤维及制品15.92万吨，同比下降15.77%，进口额为9.16亿美元，同比增长0.68%。

7. 陶瓷制品制造

2019年，陶瓷制品制造行业继续深入推进供给侧结构性改革，产业结构不断优化，行业整体运行平稳。

一是产量平稳增长。全年，瓷质砖、陶质砖、卫生陶瓷制品产量同比分别增长7.5%、7.4%、10.7%。

二是价格小幅上涨。2019年1月陶瓷制品制造工业生产者出厂价格指数为101.2，随后小幅上涨，在6月和9月达到最高点至102.1点，第四季度价格开始逐步回落，但仍高于上年同期价格，12月出厂价格指数为100.4。

三是行业整体经济效益较稳定。1~9月规模以上建筑卫生陶瓷行业实现营业收入2834.0亿元，同比增长6.9%，利润

183.3 亿元，同比增长 21.2%，其中，规模以上建筑陶瓷行业营业收入同比增长 6.6%，利润同比增长 16.4%，卫生陶瓷行业营业收入同比增长 7.9%，利润总额同比增长 36.9%。2019 年全年全国规模以上建筑卫生陶瓷行业主营业务收入 3877.62 亿元，同比增长 2.81%；利润总额 266.11 亿元，同比增长 12.43%；2019 年规模以上建筑陶瓷行业实现营收 3079.91 亿元，同比增长 2.89%；实现利润总额 194.67 亿元，同比增长 10.58%。

四是出口结构优化。1～8 月，建筑卫生陶瓷商品出口“量减价增”，出口结构向好，出口量 1023.8 万吨，同比下降 7.4%，出口金额 75.8 亿美元，同比增长 25.3%，平均离岸价格同比上涨 14.2%。

8. 耐火材料制品制造

2019 年，耐火材料行业深入推进供给侧结构性改革，行业整体运行平稳，产量小幅增长，绿色发展水平明显提升。

一是产量稳中有升。2019 年全国耐火材料制品产量 2430.8 万吨，同比增长 3.7%。其中，致密定形耐火制品 1341.4 万吨，同比增长 1.1%；隔热耐火制品 58.9 万吨，同比增长 8.9%；不定形耐火制品 1030.5 万吨，同比增长 6.9%。

二是效益压力较大。行业规模以上耐火原料、耐火制品及相关服务企业 1958 家，受耐火材料制品市场价格大幅下降的影响，2019 年主营业务收入 2069.2 亿元，同比下降 3.0%，利润总额 128.0 亿元，同比下降 17.5%。

三是出口小幅下降。2019 年耐火原料及制品出口贸易额 35.2 亿美元，全年出口总量 595.8 万吨，同比降低 6.3%。其中耐火原料出口量 429.2 万吨，同比降低 5.7%；耐火制品出口量 166.6 万吨，同比降低 7.7%。

四是绿色水平提升。2019 年，全行业进一步深化污染源治理，多省市出台工业炉窑污染物排放治理方案，推进污染物达标排放，企业绿色发展水平显著提升，7 家耐火材料工厂入选工业和信息化部“绿色工厂”名单。

9. 石墨及其他非金属矿物制品制造

2019 年石墨及其他非金属矿物制品制造行业继续延续往年高景气的局面，表现出“量增价减”的特征。

一是产量保持快速增长态势。受到 2017 年石墨电极高景气行情影响，2018～2019 年，我国石墨电极产能产量依旧增速较快。2019 年中国石墨电极产量达到 80.13 万吨，2017～2019 年的年复合增长率达 16.99%；2019 年中国石墨电极产能达到 138.2 万吨。

二是同比价格继续下降。2019 年石墨及其他非金属矿物制品价格继续延续 2018 年的下跌趋势，全年行业生产者出厂价格指数均低于 100，且同比跌幅逐渐扩大。1 月价格指数为 96.8，与上年同期价格相比下跌 3.2%，至 12 月，指数价格下降至 90.4，同比下跌 9.6%，降幅较大。

二、行业内上市公司发展概况

（一）行业内上市公司基本情况

表 1　　2019 年非金属矿物制品业上市公司发行股票概况

门　类	A、B 股总数（家）	A 股股票数（家）	B 股股票数（家）	境内总市值（亿元）	流通 A 股市值（亿元）	流通 B 股市值（亿元）
非金属矿物制品业	88	85	3	10513.45	9363.80	138.59
占沪深两市比重（%）	2.28	2.20	0.08	1.77	1.94	10.57

资料来源：沪深交易所，同花顺。

（二）行业内上市公司构成情况

表 2　　2019 年非金属矿物制品业上市公司构成情况

门　类	沪市			深市			ST/*ST
	仅 A 股	仅 B 股	A+B 股	仅 A 股	仅 B 股	A+B 股	
非金属矿物制品业（家）	36	0	2	46	0	1	1/1
占行业内上市公司比重（%）	42.35	0.00	2.35	54.12	0.00	1.18	1.18/1.18

资料来源：沪深交易所，同花顺。

（三）行业内上市公司融资情况

表 3　　2019 年非金属矿物制品业上市公司与沪深两市融资情况对比　　单位：家

门　类	融资家数	新股	增发	配股
非金属矿物制品业	8	3	4	1
沪深两市总数	427	203	215	9
占比（%）	1.87	1.48	1.86	11.11

资料来源：沪深交易所，同花顺。

其中，首发的 3 家公司中，有 0 家在中小板上市，有 2 家在主板上市，1 家在科创板上市；增发的 4 家公司中，有 2 家深市及 2 家中小板公司。

按行业大类划分，进行融资的 8 家公司中，玻璃业 1 家，玻璃制品业 1 家，耐火材料业 1 家，混凝土业 1 家，石墨材料业 1 家，分别占比 12.5%、12.5%、12.5%、12.5%、12.5%。

从融资效果来看，上述公司实际发行数量为 204860.94 万股；实际募集资金 127.16 亿元，基本完成了融资计划。

2019 年非金属矿物制品业上市公司融资情况明细见附录。

（四）行业内上市公司资产及业绩情况

表 4　　2019 年非金属矿物制品业上市公司资产情况　　单位：亿元

指　标	2019 年	2019 年可比样本增长（%）	2018 年	2018 年可比样本增长（%）	2017 年
总资产	11933.81	8.95	10704.70	11.94	9530.63
流动资产	6060.74	9.67	5426.69	18.35	4567.41
占比（%）	50.79	0.33	50.69	2.75	47.92
非流动资产	5873.07	8.21	5278.01	6.03	4963.22
占比（%）	49.21	-0.33	49.31	-2.75	52.08
流动负债	4278.29	2.69	4063.52	13.72	3551.26
占比（%）	35.85	-2.18	37.96	0.60	37.26
非流动负债	1522.97	12.67	1324.44	-4.38	1390.21
占比（%）	12.76	0.42	12.37	-2.11	14.59
归属于母公司股东权益	5498.81	12.60	4802.29	15.10	4200.38
占比（%）	46.08	1.50	44.86	1.23	44.07

资料来源：沪深交易所，同花顺。

表 5　　2019 年非金属矿物制品业上市公司收入实现情况　　单位：亿元

指　标	2019 年	2019 年可比样本增长（%）	2018 年	2018 年可比样本增长（%）	2017 年
营业收入	6567.18	14.40	5644.45	29.10	4435.80
利润总额	1092.64	5.62	1007.13	52.53	656.72
归属于母公司所有者的净利润	776.37	3.02	740.98	52.13	488.39

资料来源：沪深交易所，同花顺。

（五）利润分配情况

2019 年全年非金属矿物制品业上市公司中共有 59 家公司实施了分红配股。其中，4 家上市公司实施送股或转增股，58 家上市公司实施派息，其中 0 家公司既实施了送股、转增又实施了派息。

2019 年非金属矿物制品业上市公司分红明细见附录。

（六）其他财务指标情况

1. 盈利能力指标

表 6　　2019 年非金属矿物制品业上市公司盈利能力情况

指　标	2019 年	2019 年可比样本变动	2018 年	2018 年可比样本变动	2017 年
毛利率（%）	31.33	-1.59	32.30	1.05	30.59
净资产收益率（%）	14.12	-1.31	15.43	3.76	11.63
销售净利率（%）	12.90	-1.21	14.00	2.12	11.65
资产净利率（%）	7.40	-0.45	7.80	1.99	5.75

资料来源：沪深交易所，同花顺。

2. 偿债能力指标

表 7　　2019 年非金属矿物制品业上市公司偿债能力指标

指　标	2019 年	2019 年可比样本变动	2018 年	2018 年可比样本变动	2017 年
流动比率	1.42	0.09	1.34	0.05	1.29
速动比率	0.97	0.08	0.90	0.04	0.85
资产负债率（%）	48.61	-1.76	50.33	-1.51	51.85

资料来源：沪深交易所，同花顺。

3. 营运能力指标

表 8　　2019 年非金属矿物制品业上市公司营运能力情况　　单位：次

营运能力指标	2019 年	2019 年可比样本变动	2018 年	2018 年可比样本变动	2017 年
存货周转率	2.44	0.12	2.32	0.02	2.31
应收账款周转率	8.36	0.73	7.58	1.12	6.53
流动资产周转率	1.13	0.01	1.13	0.07	1.07
固定资产周转率	1.85	0.17	1.69	0.34	1.37
总资产周转率	0.57	0.02	0.56	0.07	0.49
净资产周转率	1.14	0.00	1.14	0.11	1.04

资料来源：沪深交易所，同花顺。

三、重点上市公司介绍

（一）海螺水泥

海螺水泥主营业务为水泥、商品熟料及骨料的生产、销售。根据市场需求，公司的水泥品种主要包括 32.5 级水泥、42.5 级水泥及 52.5 级水泥，产品广泛应用于铁路、公路、机场、水利工程等国家大型基础设施建设项目，以及城市房地产开发、水泥制品和农村市场等。

随着新产线的投产，截至 2019 年年末，集团熟料产能 2.53 亿吨，同比增长 0.36%；水泥产能 3.59 亿吨，同比增长 1.77%；骨料产能 5530 万吨，同比增长 44.01%；商品混凝土 300 万立方米，同比增长 400%。

截至 2019 年年末，公司营业收入为 1570.30 亿元，较上年同期增加 22.30%；归属于上市公司股东的净利润为 335.93 亿元，较上年同期增加 12.67%；每股盈利 6.34 元，较上年同期上升 0.71 元/股。

（二）东方雨虹

东方雨虹是防水建筑材料行业的龙头企业，致力于新型建筑防水材料的研发、生产、销售和防水工程施工业务领域，目前已形成以主营防水业务为核心，民用建材、节能保温、非织造布、特种砂浆、建筑涂料、建筑修缮、建筑粉料等多元业务为延伸的建筑建材系统服务商。

公司主要产品包括建筑防水材料、非织造布、建筑节能材料、特种砂浆、建筑装饰涂料、建筑粉料等，产品体系日趋完善。其中，建筑防水材料共有200余细分品种，1000多种规格、型号的产品，公司也在持续优化产品结构、提升产品质量、扩大产品品类，所生产的防水材料基本覆盖了国内新型建筑防水材料的多数重要品种，是国内建筑防水材料行业生产新型建筑防水材料品种较为齐全的企业之一。

2019年公司实现营业收入181.54亿元，同比增长29.25%；营业利润26.22亿元，同比增长44.24%；归属于上市公司股东的净利润20.78亿元，同比增长39.03%；基本每股收益1.44元/股。

（三）中国巨石

中国巨石是国内玻纤行业的龙头企业，主营业务为玻璃纤维及制品的生产和销售，公司玻纤产品品种广泛、品类齐全，有100多个大类近1000个规格品种，主要包括无碱玻璃纤维无捻粗纱、短切原丝、短切毡、方格布、电子布等玻纤产品。

截至2019年年末，公司在国内国外共拥有五大生产基地，分别位于浙江、江西、四川、埃及和美国，已建成产线22条，设计产能达176.6万吨。

2019年，公司实现营业收入104.93亿元，同比增长4.59%，归母净利润21.29亿元，同比减少10.32%，扣非归母净利润18.56亿元，同比减少22.54%。每股收益0.61元，每股派息0.19元（含税）。

（四）旗滨集团

公司从事玻璃产品制造与销售，包括优质浮法玻璃原片、节能建筑玻璃、高铝电子玻璃、中性硼硅药用玻璃等玻璃产品，主要产品有0.33～19mm优质浮法玻璃原片、超白浮法玻璃、着色（绿、蓝、灰）玻璃等玻璃原片；各种离线LOW－E低辐射镀膜玻璃、钢化玻璃、夹层玻璃、中空玻璃、在线镀膜玻璃、离线阳光控制镀膜玻璃等节能玻璃；高铝超薄电子玻璃；中性硼硅药用玻璃素管等。经过10多年的发展，公司已成为一家集硅砂原料、优质浮法玻璃、节能建筑玻璃、高铝电子玻璃、中性硼硅药用玻璃研发、生产、销售于一体的大型玻璃企业集团。

公司生产基地布局在湖南省、福建省、浙江省、广东省和马来西亚，拥有26条优质浮法生产线，1条高铝电子玻璃生产线，在建1条中性硼硅药用玻璃生产线，4个节能建筑玻璃基地、2个在建节能建筑玻璃基地。2019年，集团内生产各种优质浮法玻璃原片11885万重箱，同比增加895万重箱；销售各种优质浮法玻璃原片11845万重箱，同比增加842万重箱。

2019年，公司实现营业总收入93.06亿元，同比增长11.07%，实现归属于上市公司股东的净利润13.46亿元，同比增长 11.49%。

（五）三棵树

三棵树主营业务为建筑涂料（墙面涂料）、木器涂料及保温一体化板、防水材料、地坪材料、基辅材的研发、生产和销售。

截至 2019 年年末，公司在福建、四川、河南、天津、安徽、河北、广东、湖北、江苏等设有及在建 13 个生产基地。家装墙面漆产量 14.91 万吨，同比增长 42.60%；工程墙面漆产量 56.66 万吨，同比增长 63.45%；家装木器漆和工业木器漆产量分别为 4443.35 吨和 5511.93 吨，同比分别减少 28.57% 和 16.29%；胶黏剂产量 2.19 万吨，同比增长 8.33%；基材与辅材产量 3.12 万吨，同比增长 60.76%；防水卷材为新增业务，产量 2750.36 万平方米。

2019 年，公司实现营业收入 59.72 亿元，同比增长 66.64%，主要系工程墙面漆、基材和辅材、家装墙面漆销售收入较上年分别增长了 57.19%、47.12%、29.28%，以及并入广州大禹防漏技术开发有限公司销售收入的影响。归属于上市公司股东的净利润、扣除非经常性损益的净利润分别为 4.06 亿元、3.57 亿元，同比增长 82.55%、89.06%。

四、上市公司在行业中的影响力

近年来，非金属矿物制品业上市公司在行业中的影响力基本持平。2019 年全年非金属矿物制品业上市公司的总资产、利润总额在行业中的占比分别较 2018 年略降 0.26 个、1.13 个百分点，营业收入占比较 2018 年略升 0.15 个百分点。

表 9　2017～2019 年总资产、营业收入、利润总额及上市公司占比

指　标	2019 年		2018 年		2017 年	
	行业总体	上市公司占比	行业总体	上市公司占比	行业总体	上市公司占比
总资产（亿元）	54672.50	21.83%	48469.50	22.09%	51694.49	18.59%
营业收入（亿元）	56269.69	11.67%	48973.60	11.53%	59194.51	7.57%
利润总额（亿元）	4887.78	22.35%	4287.80	23.49%	4383.09	15.23%

资料来源：沪深交易所，同花顺。

审稿人：朱卫华

撰稿人：郑晓刚　袁定云

黑色金属冶炼和压延加工业

一、黑色金属冶炼及压延加工业总体概况

2019年，中国黑色金属冶炼及压延加工企业数量为5193家，较2018年增加55家；总资产达到65907.70亿元，较2018年上升7.86%。

2019年，中国黑色金属冶炼及压延加工业营业收入达70724.80亿元，较2018年上升5.16%；利润总额为2677.10亿元，较2018年下降33.56%。

二、行业内上市公司发展概况

（一）行业内上市公司基本情况

表1　　2019年黑色金属冶炼及压延加工业上市公司发行股票概况

门　类	A、B股总数（家）	A股股票数（家）	B股股票数（家）	境内总市值（亿元）	流通A股市值（亿元）	流通B股市值（亿元）
黑色金属冶炼及压延加工业	34	32	2	6368.17	5399.32	32.97
占沪深两市比重（%）	0.88	0.83	0.05	1.07	1.12	2.51

资料来源：沪深交易所，同花顺。

（二）行业内上市公司构成情况

表2　　2019年黑色金属冶炼及压延加工业上市公司构成情况

门　类	沪市			深市			ST/*ST
	仅A股	仅B股	A+B股	仅A股	仅B股	A+B股	
黑色金属冶炼及压延加工业（家）	20	0	1	10	0	1	3/0
占行业内上市公司比重（%）	62.50	0.00	3.13	31.25	0.00	3.13	9.38/0.00

资料来源：沪深交易所，同花顺。

（三）行业内上市公司融资情况

表 3　　2019 年黑色金属冶炼及压延加工业上市公司与沪深两市融资情况对比　　单位：家

门　类	融资家数	新股	增发	配股
黑色金属冶炼及压延加工业	4	1	3	0
沪深两市总数	427	203	215	9
占比（%）	1.17	0.49	1.86	0.00

资料来源：沪深交易所，同花顺。

从融资效果来看，上述公司实际发行数量为 345185.34 万股；实际募集资金 290.49 亿元，基本完成了融资计划。

2019 年黑色金属冶炼及压延加工业上市公司融资情况明细见附录。

（四）行业内上市公司资产及业绩情况

表 4　　2019 年黑色金属冶炼及压延加工业上市公司资产情况　　单位：亿元

指　标	2019 年	2019 年可比样本增长（%）	2018 年	2018 年可比样本增长（%）	2017 年
总资产	18192.73	1.83	17083.58	2.61	16490.12
流动资产	6629.15	1.58	6238.34	8.00	5725.96
占比（%）	36.44	-0.09	36.52	1.82	34.72
非流动资产	11563.58	1.97	10845.24	-0.26	10764.16
占比（%）	63.56	0.09	63.48	-1.82	65.28
流动负债	8702.01	-0.75	8365.00	-5.10	8734.46
占比（%）	47.83	-1.24	48.97	-3.97	52.97
非流动负债	1675.76	1.32	1549.13	-3.58	1590.17
占比（%）	9.21	-0.05	9.07	-0.58	9.64
归属于母公司股东权益	7082.14	5.44	6519.38	14.69	5629.78
占比（%）	38.93	1.33	38.16	4.02	34.14

资料来源：沪深交易所，同花顺。

表 5　　2019 年黑色金属冶炼及压延加工业上市公司收入实现情况　　单位：亿元

指　标	2019 年	2019 年可比样本增长（%）	2018 年	2018 年可比样本增长（%）	2017 年
营业收入	16028.71	1.41	14942.18	12.91	13076.92
利润总额	738.98	-45.06	1285.38	37.38	903.28
归属于母公司所有者的净利润	560.19	-46.15	1001.27	33.67	723.79

资料来源：沪深交易所，同花顺。

（五）利润分配情况

2019 年全年黑色金属冶炼及压延加工业上市公司中共有 20 家公司实施了分红配股。其中，3 家上市公司实施送股或转增股，19 家上市公司实施派息，0 家公司既实施了送股、转增又实施了派息。

2019 年黑色金属冶炼及压延加工业上市公司分红明细见附录。

（六）其他财务指标情况

1. 盈利能力指标

表 6　　2019 年黑色金属冶炼及压延加工业上市公司盈利能力情况

指　标	2019 年	2019 年可比样本变动	2018 年	2018 年可比样本变动	2017 年
毛利率（%）	11.34	-4.14	15.46	1.44	13.86
净资产收益率（%）	7.91	-7.58	15.36	2.18	12.86
销售净利率（%）	3.91	-3.33	7.31	1.19	5.98
资产净利率（%）	3.48	-3.15	6.48	1.53	4.80

资料来源：沪深交易所，同花顺。

2. 偿债能力指标

表 7　　2019 年黑色金属冶炼及压延加工业上市公司偿债能力指标

指　标	2019 年	2019 年可比样本变动	2018 年	2018 年可比样本变动	2017 年
流动比率	0.76	0.02	0.75	0.09	0.66
速动比率	0.52	0.02	0.51	0.07	0.44
资产负债率（%）	57.04	-1.29	58.03	-4.56	62.61

资料来源：沪深交易所，同花顺。

3. 营运能力指标

表 8　　2019 年黑色金属冶炼及压延加工业上市公司营运能力情况　　单位：次

营运能力指标	2019 年	2019 年可比样本变动	2018 年	2018 年可比样本变动	2017 年
存货周转率	6.84	0.18	6.43	0.49	5.90
应收账款周转率	39.82	-0.22	39.02	5.49	33.21
流动资产周转率	2.44	-0.13	2.49	0.05	2.42
固定资产周转率	1.84	-0.02	1.80	0.20	1.59
总资产周转率	0.89	-0.03	0.89	0.08	0.80
净资产周转率	2.10	-0.21	2.23	-0.08	2.29

资料来源：沪深交易所，同花顺。

三、重点上市公司介绍

（一）中信特钢

中信特钢是一家大型特殊钢铁企业，是全球钢种覆盖面大、涵盖品种全、产品类别多的精品特殊钢生产基地。公司主要生产齿轮钢、轴承钢、弹簧钢、工模具钢、高温合金、高速工具钢等特殊钢材，生产产品主要向汽车、石油、化工、煤炭、电力、机械制造、铁路运输等行业以及航海、航空、航天等领域提供服务，产品畅销国内外，远销世界五大洲各个国家和地区。公司全面深化质量管理体系建设，通过了 ISO9001、ISO/TS16949、ISO/TS29001 质量管理体系认证。轴承钢荣获国家金质奖、弹簧扁钢荣获国家银质奖，多项产品获国家冶金产品实物质量金杯奖，多种系列产品评为中国高新技术产品。公司被认定为国家企业技术中心，科技实力雄厚，模铸、连铸轴承钢的多个系列攻关项目取得突破，得到国际高端客户认证、认可。

2019 年公司实现营业收入 726.20 亿元，较 2018 年上升 0.60%；毛利率较 2018 年上升 1.74 个百分点至 18.01%；营业利润 64.92 亿元，较 2018 年上升 28.07%；归属于上市公司净利润 53.86 亿元，较 2018 年上升 50.45%；净资产收益率上升 4.88 个百分点至 24.18%；EPS1.81 元，较 2018 年上升 35.07%。2019 年年末，公司资产负债率 65.18%，较 2018 年下降 0.86 个百分点。

（二）甬金股份

甬金股份主营业务为冷轧不锈钢板带的研发、生产和销售，产品覆盖精密冷轧不锈钢板带和宽幅冷轧不锈钢板带两大领域，是国家高新技术企业和国家火炬计划项目承担单位，自成立以来十分注重生产工艺的改进和技术装备的研发。截至 2017 年年末，公司共获得 90 项专利，其中发明专利 15 项，实用新型专利 75 项。公司是国内少数几家能够自主设计研发不锈钢冷轧自动化生产线的企业之一，自主设计研发的二十辊可逆式精密冷轧机组等全套不锈钢冷轧自动化生产线已达到国际先进水平。以子公司江苏甬金为牵头人的超薄精密不锈钢带（钢管）项目联合体成功中标工业和信息化部“2017 年工业转型升级（中国制造 2025）——重点新材料产业链技术能力提升重点项目”。2018 年 1 月，公司参与完成的“超薄精密不锈钢板带关键技术”项目，经中国金属学会组织召开的科技成果评价会认定，该项目成果达到国际领先水平。

2019 年公司实现营业收入 158.28 亿元，较 2018 年上升 1.13%；毛利率较 2018 年下降 0.4 个百分点至 5.49%；营业利润 4.80 亿元，较 2018 年下降 1.88%；归属于上市公司净利润 3.33 亿元，较 2018 年上升 0.48%；净资产收益率下降 4.41 个百分点至 21.22%；EPS1.92 元，较 2018 年上升 0.52%。2019 年年末，公司资产负债率 39.04%，较2018年下降5.29个百分点。

四、上市公司在行业中的影响力

2019年黑色金属冶炼和压延加工业总资产规模达到65907.70亿元，较2018年上升7.86%；其中全行业上市公司资产总额为18192.73亿元，可比增加1.83%；上市资产总额占行业资产总额的27.60%。

2019年黑色金属冶炼和压延加工业营业收入达到70724.80亿元，较2018年增加5.16%；其中全行业上市公司实现营业收入为16028.71亿元，可比增加1.41%；上市公司营业收入占行业营业收入总额的22.65%。

2019年黑色金属冶炼和压延加工业利润总额达到2677.10亿元，较2018年下降33.56%；其中全行业上市公司实现利润总额738.98亿元，可比下降45.06%；上市公司利润总额占行业利润总额的27.60%。

审稿人：孙金钜

撰稿人：张月慧

有色金属冶炼和压延加工业

一、有色金属冶炼和压延加工业总体概况

2019年，中国有色金属冶炼和压延加工业企业数量为7167家，较2018年上升3.24%，资产总计43378.70亿元，较2018年上升7.62%。

2019年，中国有色金属冶炼及压延加工业营业收入达到56299.50亿元，较2018年增长7.82%，利润总额为1261.00亿元，较2018年下降9.74%。

二、行业内上市公司发展概况

（一）行业内上市公司基本情况

表1　2019年有色金属冶炼和压延加工业上市公司发行股票概况

门　类	A、B股总数（家）	A股股票数（家）	B股股票数（家）	境内总市值（亿元）	流通A股市值（亿元）	流通B股市值（亿元）
有色金属冶炼和压延加工业	68	68	0	7713.64	6344.04	0.00
占沪深两市比重（%）	1.76	1.76	0.00	1.30	1.32	0.00

资料来源：沪深交易所，同花顺。

（二）行业内上市公司构成情况

表 2　　2019 年有色金属冶炼和压延加工业上市公司构成情况

门　类	沪市			深市			ST/*ST
	仅 A 股	仅 B 股	A＋B 股	仅 A 股	仅 B 股	A＋B 股	
有色金属冶炼和压延加工业（家）	28	0	0	40	0	0	1/3
占行业内上市公司比重（%）	41.18	0.00	0.00	58.82	0.00	0.00	1.47/4.41

资料来源：沪深交易所，同花顺。

（三）行业内上市公司融资情况

表 3　　2019 年有色金属冶炼和压延加工业上市公司与沪深两市融资情况对比　　单位：家

门　类	融资家数	新股	增发	配股
有色金属冶炼和压延加工业	10	1	8	1
沪深两市总数	427	203	215	9
占比（%）	2.34	0.49	3.72	11.11

资料来源：沪深交易所，同花顺。

从融资效果来看，上述公司实际发行数量为 349786.72 万股；实际募集资金 217.88 亿元，基本完成了融资计划。

2019 年有色金属冶炼和压延加工业上市公司融资情况明细见附录。

（四）行业内上市公司资产及业绩情况

表 4　　2019 年有色金属冶炼和压延加工业上市公司资产情况　　单位：亿元

指　标	2019 年	2019 年可比样本增长（%）	2018 年	2018 年可比样本增长（%）	2017 年
总资产	11152.25	6.19	10503.69	7.63	9589.56
流动资产	4837.95	3.56	4672.08	4.05	4356.27
占比（%）	43.38	－1.10	44.48	－1.53	45.43
非流动资产	6314.30	8.29	5831.60	10.68	5233.40
占比（%）	56.62	1.10	55.52	1.53	54.57
流动负债	4854.47	10.58	4396.05	2.32	4253.95
占比（%）	43.53	1.73	41.85	－2.17	44.36
非流动负债	1760.29	0.18	1752.52	32.68	1307.64
占比（%）	15.78	－0.95	16.68	3.15	13.64
归属于母公司股东权益	4026.60	2.96	3912.56	8.70	3501.95
占比（%）	36.11	－1.13	37.25	0.37	36.52

资料来源：沪深交易所，同花顺。

表 5　　2019 年有色金属冶炼和压延加工业上市公司收入实现情况　　单位：亿元

指　标	2019 年	2019 年可比样本增长（%）	2018 年	2018 年可比样本增长（%）	2017 年
营业收入	11817.05	7.82	11028.45	7.18	10072.87
利润总额	81.85	-53.97	179.20	-48.33	308.63
归属于母公司所有者的净利润	-2.11	-102.26	94.66	-60.31	200.10

资料来源：沪深交易所，同花顺。

（五）利润分配情况

2019 年全年有色金属冶炼和压延加工业上市公司中共有 37 家公司实施了分红配股。其中，2 家上市公司实施送股或转增股，36 家上市公司实施派息，0 家公司既实施了送股、转增又实施了派息。

2019 年有色金属冶炼和压延加工业上市公司分红明细见附录。

（六）其他财务指标情况

1. 盈利能力指标

表 6　　2019 年有色金属冶炼和压延加工业上市公司盈利能力情况

指　标	2019 年	2019 年可比样本变动	2018 年	2018 年可比样本变动	2017 年
毛利率（%）	7.71	-0.81	8.51	-0.60	8.92
净资产收益率（%）	-0.05	-2.44	2.42	-4.21	5.71
销售净利率（%）	0.13	-0.81	0.94	-1.68	2.29
资产净利率（%）	0.14	-0.87	1.03	-1.91	2.54

资料来源：沪深交易所，同花顺。

2. 偿债能力指标

表 7　　2019 年有色金属冶炼和压延加工业上市公司偿债能力指标

指　标	2019 年	2019 年可比样本变动	2018 年	2018 年可比样本变动	2017 年
流动比率	1.00	-0.07	1.06	0.02	1.02
速动比率	0.63	-0.05	0.68	0.02	0.63
资产负债率（%）	59.31	0.78	58.54	0.98	58.00

资料来源：沪深交易所，同花顺。

3. 营运能力指标

表 8　　2019 年有色金属冶炼和压延加工业上市公司营运能力情况　　单位：次

营运能力指标	2019 年	2019 年可比样本变动	2018 年	2018 年可比样本变动	2017 年
存货周转率	6.25	0.30	5.98	-0.28	6.20
应收账款周转率	24.21	1.42	22.23	0.87	21.57
流动资产周转率	2.49	0.09	2.41	-0.08	2.49
固定资产周转率	3.46	0.08	3.38	-0.05	3.36
总资产周转率	1.09	0.01	1.09	-0.03	1.11
净资产周转率	2.66	0.08	2.60	-0.07	2.67

资料来源：沪深交易所，同花顺。

三、重点上市公司介绍

（一）南山铝业

南山铝业形成从热电—氧化铝—电解铝—熔铸—（铝型材/热轧—冷轧—箔轧/锻压）的完整的铝产业链生产线，主要产品包括上游产品电力、蒸汽、氧化铝、铝合金锭，下游产品铝板带箔、挤压型材、压延材及大型机械深加工结构件。产品用于加工铝合金门窗、幕墙、集装箱、电力管棒、铁路货运列车、高速列车、城市地铁、客车、新能源汽车、手机、电脑以及大型机械等。公司构建了以电力、氧化铝、电解铝、铝挤压材、铝压延材、锻造及相关材料的精深加工为主体的产业链经营模式，业务包括铝土矿冶炼、电解铝生产、铝挤压材和铝压延材研发、加工与销售等多个环节。公司高端制造战略取得重大进展，高技术、高附加值产品的产能持续释放，订单持续增长。

2019 年公司实现营业收入 215.09 亿元，较 2018 年上升 6.36%；毛利率 21.17%，较 2018 年上升 4.04 个百分点；营业利润 19.84 亿元，较 2018 年上升 9.06%；归属于上市公司净利润 16.23 亿元，较 2018 年上升 12.85%；净资产收益率下降 0.16 个百分点至 4.19%；EPS0.14 元，较 2018 年下降 6.67%。2019 年年末，公司资产负债率 24.13%，较 2018 年上升 1.11 个百分点。

（二）海亮股份

海亮股份主要从事铜管、铜棒、铜管接件、铜铝复合导体、铝型材等产品的研发、生产制造和销售。公司产品广泛用于空调和冰箱制冷、建筑水管、海水淡化、舰船制造、核电设施、装备制造、汽车工业、电子通信、交通运输、五金机械、电力等行业。公司是全球最大、国际最具竞争力的铜加工企业之一，为中国最大的铜管、铜管接件出口企业之一，为铜加工行业精细化管理标杆企业。公司的生产经营采用“以销定产”的经营模式，产品销售采用“原材料价格 + 加工费”的定价模式，从而赚取稳定的加工费的盈利模式。

2019 年公司实现营业收入 412.59 亿元，较 2018 年上升 1.38%；毛利率较 2018 年上升 2.16 个百分点至 8.83%；营业利润 11.52 亿元，较 2018 年上升 12.97%；归属于上市公司净利润 10.63 亿元，较 2018 年上升 17.06%；净资产收益率下降 12.08 个百分点至 12.77%；EPS0.56 元，较 2018 年上升 6.77%。2019 年年末，公司资产负债率 60.19%，较 2018 年上升 3.85 个百分点。

（三）钢研高纳

钢研高纳是国内航空航天用高温合金重要的生产基地，国内电力工业用高温合金的重要供应商，从事航空航天材料中高温合金材料的研发、生产和销售。公司目前是国内高端和新型高温合金制品生产规模最大的企业之一，拥有年生产超千吨航空航天用高温合金母合金的能力以及航天发动机用精铸件的能力，在变形高温合金盘锻件和汽轮机叶片防护片等方面具有先进的生产技术，具有制造先进航空发动机亟需的粉末高温合金和 ODS 合金的生产技术和能力。

2019 年公司实现营业收入 14.46 亿元，较 2018 年上升 62.05%；毛利率较 2018 年上升 0.94 个百分点至 30.44%；营业利润 2.22 亿元，较 2018 年上升 62.33%；归属于上市公司净利润 1.56 亿元，较 2018 年上升 45.84%；净资产收益率上升 0.71 个百分点至 8.22%；EPS0.35 元，较 2018 年上升 37.24%。2019 年年末，公司资产负债率 31.50%，较 2018 年上升 4.92 个百分点。

四、上市公司在行业中的影响力

2019 年有色金属冶炼和压延加工业总资产规模达到 43378.70 亿元，较 2018 年增加 7.62%；其中，全行业上市公司资产总额为 11152.25 亿元，较 2018 年增加 6.19%（可比样本）；上市资产总额占行业资产总额的 25.71%。

2019 年有色金属冶炼和压延加工业营业收入达到 56299.50 亿元，较 2018 年增加 7.82%；其中，全行业上市公司实现营业收入为 11817.05 亿元，较 2018 年增加 7.82%（可比样本）；上市公司营业收入占行业营业收入总额的 20.99%。

2019 年有色金属冶炼和压延加工业利润总额达到 1261.00 亿元，较 2018 年下降 9.74%；其中，全行业上市公司实现利润总额 81.85 亿元，较 2018 年减少 53.97%（可比样本）；上市公司利润总额占行业利润总额的 6.49%。

审稿人：孙金钜

撰稿人：张月慧

金属制品业

一、金属制品业总体概况

2019 年，中国金属制品业固定资产投资额为 11522.31 亿元，较 2018 年下降 3.90%，工业增加值同比增长 5.80%。

2019 年，中国金属制品业营业收入达到 34322.90 亿元，较 2018 年下降 0.15%，利润总额为 1580.10 亿元，较 2018 年下降 0.64%。

二、行业内上市公司发展概况

（一）行业内上市公司基本情况

表 1　　2019 年金属制品业上市公司发行股票概况

门　类	A、B 股总数（家）	A 股股票数（家）	B 股股票数（家）	境内总市值（亿元）	流通 A 股市值（亿元）	流通 B 股市值（亿元）
金属制品业	60	59	1	3420.63	2582.35	13.11
占沪深两市比重（%）	1.56	1.53	0.03	0.58	0.54	1.00

资料来源：沪深交易所，同花顺。

（二）行业内上市公司构成情况

表 2　　2019 年金属制品业上市公司构成情况

门　类	沪市			深市			ST/*ST
	仅 A 股	仅 B 股	A＋B 股	仅 A 股	仅 B 股	A＋B 股	
金属制品业（家）	18	0	0	40	0	1	0/0
占行业内上市公司比重（%）	30.51	0.00	0.00	67.80	0.00	1.69	0.00/0.00

资料来源：沪深交易所，同花顺。

（三）行业内上市公司融资情况

表 3　　2019 年金属制品业上市公司与沪深两市融资情况对比　　单位：家

门　类	融资家数	新股	增发	配股
金属制品业	5	2	3	0
沪深两市总数	427	203	215	9
占比（%）	1.17	0.99	1.40	0.00

资料来源：沪深交易所，同花顺。

其中，首发的2家公司都在中小板上市；增发的3家公司中，有1家沪市和2家深市。

从融资效果来看，上述公司实际发行数量为19196.36万股；实际募集资金17.85亿元，基本完成了融资计划。

2019年金属制品业上市公司融资情况明细见附录。

（四）行业内上市公司资产及业绩情况

表4　　2019年金属制品业上市公司资产情况　　单位：亿元

指　标	2019年	2019年可比样本增长（%）	2018年	2018年可比样本增长（%）	2017年
总资产	4621.13	6.40	4345.81	13.29	4148.19
流动资产	2488.91	5.87	2354.71	17.02	2178.90
占比（%）	53.86	-0.27	54.18	1.73	52.53
非流动资产	2132.22	7.03	1991.10	9.17	1969.29
占比（%）	46.14	0.27	45.82	-1.73	47.47
流动负债	1832.12	-0.57	1858.24	23.81	1686.30
占比（%）	39.65	-2.78	42.76	3.64	40.65
非流动负债	712.49	33.58	529.21	-7.60	591.85
占比（%）	15.42	3.14	12.18	-2.75	14.27
归属于母公司股东权益	1855.08	5.43	1749.51	8.98	1707.41
占比（%）	40.14	-0.37	40.26	-1.59	41.16

资料来源：沪深交易所，同花顺。

表5　　2019年金属制品业上市公司收入实现情况　　单位：亿元

指　标	2019年	2019年可比样本增长（%）	2018年	2018年可比样本增长（%）	2017年
营业收入	2913.48	3.85	2773.72	16.10	2580.32
利润总额	190.40	-14.61	219.33	34.30	172.25
归属于母公司所有者的净利润	120.55	-21.23	150.01	27.48	125.58

资料来源：沪深交易所，同花顺。

（五）利润分配情况

2019年全年金属制品业上市公司中共有46家公司实施了分红配股。其中，6家上市公司实施送股或转增股，45家上市公司实施派息，0家公司既实施了送股、转增又实施了派息。

2019年金属制品业上市公司分红明细见附录。

（六）其他财务指标情况

1. 盈利能力指标

表 6　　2019 年金属制品业上市公司盈利能力情况

指　标	2019 年	2019 年可比样本变动	2018 年	2018 年可比样本变动	2017 年
毛利率（%）	18.87	-0.39	19.20	0.00	18.83
净资产收益率（%）	6.50	-2.20	8.57	1.24	7.36
销售净利率（%）	4.54	-1.13	5.62	0.39	5.14
资产净利率（%）	2.95	-0.93	3.81	0.41	3.36

资料来源：沪深交易所，同花顺。

2. 偿债能力指标

表 7　　2019 年金属制品业上市公司偿债能力指标

指　标	2019 年	2019 年可比样本变动	2018 年	2018 年可比样本变动	2017 年
流动比率	1.35	0.08	1.27	-0.07	1.29
速动比率	0.91	-0.01	0.91	-0.09	0.97
资产负债率（%）	55.06	0.36	54.94	0.88	54.92

资料来源：沪深交易所，同花顺。

3. 营运能力指标

表 8　　2019 年金属制品业上市公司营运能力情况　　单位：次

营运能力指标	2019 年	2019 年可比样本变动	2018 年	2018 年可比样本变动	2017 年
存货周转率	3.20	-0.72	3.88	-0.09	4.00
应收账款周转率	5.41	-0.24	5.62	0.19	5.27
流动资产周转率	1.20	-0.08	1.27	0.02	1.26
固定资产周转率	2.91	-0.33	3.22	0.21	3.02
总资产周转率	0.65	-0.03	0.68	0.03	0.65
净资产周转率	1.44	-0.06	1.49	0.05	1.48

资料来源：沪深交易所，同花顺。

三、重点上市公司介绍

（一）中集集团

中集集团于 1980 年 1 月 14 日创立于深圳，1994 年 4 月 8 日在深圳证券交易所上市，目前主要股东为招商局集团和中远集团等，是国有控股的上市公司。经过二十多年的发展，中集集团已经成为根植于中国本土的世界领先的物流装备和能源装备供应商。公司在集装箱、道路运输车辆、能源化工及食品装备、海洋工程、物流服务、空港设备等业务领域提供高品质与可信赖的装备和服务，占据领先地位。

2019年中集集团实现营业收入858.15亿元，较2018年下降8.22%；毛利率较2018年下降0.36个百分点至14.52%；营业利润58.39亿元，较2018年下降9.85%；归属于上市公司净利润15.42亿元，较2018年下降54.38%；净资产收益率下降5.66个百分点至4.03%；EPS0.37元，较2018年下降66.67%。2019年年末，公司资产负债率68.02%，较2018年上升1.50个百分点。

（二）鸿路钢构

安徽鸿路钢结构股份有限公司的主营业务是钢结构制造销售业务其他配套建材生产销售业务、及钢结构装配式建筑工程总承包业务。公司主要产品包括钢结构系列产品和围护产品等。公司在发展过程中重视技术研发能力的提升及人才的培养，是国家高新技术企业、国家级企业技术中心企业，凭借强大的钢结构技术团队，加快创新驱动和转型升级，在装配式建筑、智能立体停车库设备、钢结构制造等领域拥有约400多项专利，具备较强大的技术研发和装备制造能力。一体化装配式高层钢结构住宅成套技术、高端智能车库存取技术、装配式低层住宅集成技术三大技术体系，处于国内领先地位。

2019年鸿路钢构实现营业收入107.55亿元，较2018年上升36.58%；毛利率较2018年下降1.41个百分点至14.21%；营业利润6.71亿元，较2018年上升98.98%；归属于上市公司净利润5.59亿元，较2018年上升34.39%；净资产收益率上升2.11个百分点至11.95%；EPS 1.07元，较2018年上升35.44%。2019年年末，公司资产负债率61.28%，较2018年上升3.73个百分点。

（三）新兴铸管

新兴铸管是一家跨地区、跨行业、集科工贸于一体的大型企业，国家520家重点企业之一，主营业务为离心球墨铸铁管及配套管件、钢铁冶炼及压延加工、铸造制品和机械设备和电子工程等，形成了六大产品系列：新兴铸管、新兴管件、新兴钢铁、新兴格板、新兴钢塑管、新兴机械。新兴铸管产品先后通过了SGSISO9001质量体系认证、法国BV质量体系认证，获得了欧盟15个国家承认的PSB证书，通过了德国、新加坡、埃及等十几个国家的商检，通过了ISO14001环保体系认证，获国际尤卡斯环保证书。

2019年新兴铸管实现营业收入408.9亿元，较2018年上升0.84%；毛利率较2018年下降3.87个百分点至14.03%；营业利润20.03亿元，较2018年下降39.79%；归属于上市公司净利润14.97亿元，较2018年下降28.76%；净资产收益率下降3.29个百分点至7.18%；EPS 0.38元，较2018年下降28.75%。2019年年末，公司资产负债率54.90%，较2018年下降3.22个百分点。

四、上市公司在行业中的影响力

2019年金属制品业总资产规模达到

28435.40 亿元，较 2018 年上升 2.81%；其中全行业上市公司资产总额为 4621.13 亿元，较 2018 年增加 6.33%；上市资产总额占行业资产总额的 16.25%。

2019 年金属制品业营业收入达到 34322.90 亿元，较 2018 年下降 0.15%；其中全行业上市公司实现营业收入为 2913.48 亿元，较 2018 年增加 5.04%；上市公司营业收入占行业营业收入总额的 8.49%。

2019 年金属制品业利润总额达到 1580.10 亿元，较 2018 年下降 0.64%；其中全行业上市公司实现利润总额 190.40 亿元，较 2018 年下降 13.19%；上市公司利润总额占行业利润总额的 12.05%。

审稿人：朱卫华

撰稿人：唐　笑　贾宏坤

通用设备制造业

一、通用设备制造业总体概况

通用设备制造业是装备制造业中的基础性产业，为工业行业提供基础动力、基础加工零部件和整机，在航空航天、交通运输、石油化工、轻工纺织等领域具有重要应用价值。通用设备制造业有较强周期性，特别与宏观经济政策、固定资产投资等变量高度相关。

2019 年我国通用设备制造行业的发展情况总体承压，但在 Q4 迎来拐点。根据国家统计局发布数据显示，全国规模以上工业企业中，通用设备制造业营业收入同比增长 3.9%，营业成本同比增长 3.6%，利润总额同比增长 3.7%。但由于汽车、3C 等主要下游景气度承压，注塑机、机床、工业机器人等通用设备需求仍受到抑制，行业总体业绩承压。但 2019 年 1 月以来，PMI 与工业机器人产量持续出现好转，工业机器人、注塑机、激光产业链等通用设备迎来持续改善。

在宏观经济环境整体平稳增长的大环境下，通用机械行业将不断深化供给侧改，坚持稳中求进，持续推进产业结构优化和创新发展，落实高质量发展，加强内部管理、加大技术创新力度，下游行业将更多地考虑产品质量而非成本，通用设备小企业的市场份额将逐步被大企业蚕食，行业马太效应将日益明显，细分领域龙头业绩有望充分受益。从结构上看，竞争能力较弱的低端通用装备仍在继续消化过剩产能，而高端装备进口替代能力较强的龙头订单已在持续复苏中。在《中国智造2025》的指引下，掌握智能制造核心技术、关键零部件和系统解决方案的先进制造龙头将引领中国制造业的转型创新升级。

二、行业内上市公司发展概况

（一）行业内上市公司基本情况

表 1　　2019 年通用设备制造业上市公司发行股票概况

门　类	A、B 股总数（家）	A 股股票数（家）	B 股股票数（家）	境内总市值（亿元）	流通 A 股市值（亿元）	流通 B 股市值（亿元）
通用设备制造业	142	134	8	7531.08	5801.32	89.56
占沪深两市比重（%）	3.68	3.47	0.21	1.27	1.20	6.83

资料来源：沪深交易所，同花顺。

（二）行业内上市公司构成情况

表 2　　2019 年通用设备制造业上市公司构成情况

门　类	沪市			深市			ST/*ST
	仅 A 股	仅 B 股	A＋B 股	仅 A 股	仅 B 股	A＋B 股	
通用设备制造业（家）	39	1	3	90	2	2	2/3
占行业内上市公司比重（%）	28.47	0.73	2.19	65.69	1.46	1.46	1.46/2.19

资料来源：沪深交易所，同花顺。

（三）行业内上市公司融资情况

表 3　　2019 年通用设备制造业上市公司与沪深两市融资情况对比　　单位：家

门　类	融资家数	新股	增发	配股
通用设备制造业	18	8	9	1
沪深两市总数	427	203	215	9
占比（%）	4.22	3.94	4.19	11.11

资料来源：沪深交易所，同花顺。

其中，首发的 8 家公司中，有 4 家在主板上市，3 家在创业板上市，1 家在科创板上市；增发的 9 家公司中，分别有 4 家沪市、5 家深市公司。

从融资效果来看，上述公司实际发行数量为 175778.58 万股；实际募集资金 154.23 亿元，基本完成了融资计划。

2019 年通用设备制造业上市公司融资情况明细见附录。

（四）行业内上市公司资产及业绩情况

表 4　　2019 年通用设备制造业上市公司资产情况　　单位：亿元

指　标	2019 年	2019 年可比样本增长（%）	2018 年	2018 年可比样本增长（%）	2017 年
总资产	11126.95	9.66	9731.86	3.29	9408.89
流动资产	7148.78	10.36	6228.59	-0.27	6258.04
占比（%）	64.25	0.41	64.00	-2.28	66.51
非流动资产	3978.17	8.43	3503.27	10.28	3150.85
占比（%）	35.75	-0.41	36.00	2.28	33.49
流动负债	5451.25	14.31	4564.89	1.73	4532.13
占比（%）	48.99	1.99	46.91	-0.72	48.17
非流动负债	1127.24	1.09	1032.50	21.53	830.70
占比（%）	10.13	-0.86	10.61	1.59	8.83
归属于母公司股东权益	4080.90	4.24	3793.06	0.42	3742.30
占比（%）	36.68	-1.91	38.98	-1.11	39.77

资料来源：沪深交易所，同花顺。

表 5　　2019 年通用设备制造业上市公司收入实现情况　　单位：亿元

指　标	2019 年	2019 年可比样本增长（%）	2018 年	2018 年可比样本增长（%）	2017 年
营业收入	5246.13	11.35	4495.93	13.35	4031.72
利润总额	130.47	-24.84	146.95	-51.66	294.23
归属于母公司所有者的净利润	49.24	-45.97	66.29	-70.05	213.16

资料来源：沪深交易所，同花顺。

（五）利润分配情况

2019 年全年通用设备制造业上市公司中共有 95 家公司实施了分红配股。其中，11 家上市公司实施送股或转增股，94 家上市公司实施派息，0 家公司既实施了送股、转增又实施了派息。

2019 年通用设备制造业上市公司分红明细见附录。

（六）其他财务指标情况

1. 盈利能力指标

表 6　　2019 年通用设备制造业上市公司盈利能力情况

指　标	2019 年	2019 年可比样本变动	2018 年	2018 年可比样本变动	2017 年
毛利率（%）	21.44	-1.17	21.83	-1.73	22.64
净资产收益率（%）	1.21	-1.12	1.75	-4.11	5.70
销售净利率（%）	1.55	-1.18	2.30	-4.30	6.29
资产净利率（%）	0.76	-0.53	1.08	-1.86	2.85

资料来源：沪深交易所，同花顺。

2. 偿债能力指标

表 7　　2019 年通用设备制造业上市公司偿债能力指标

指　标	2019 年	2019 年可比样本变动	2018 年	2018 年可比样本变动	2017 年
流动比率	1.31	-0.05	1.36	-0.03	1.38
速动比率	1.04	-0.01	1.05	-0.01	1.06
资产负债率（%）	59.12	1.14	57.52	0.87	57.00

资料来源：沪深交易所，同花顺。

3. 营运能力指标

表 8　　2019 年通用设备制造业上市公司营运能力情况　　单位：次

营运能力指标	2019 年	2019 年可比样本变动	2018 年	2018 年可比样本变动	2017 年
存货周转率	2.81	0.35	2.44	0.24	2.26
应收账款周转率	3.57	0.24	3.19	0.41	2.81
流动资产周转率	0.77	0.04	0.72	0.05	0.68
固定资产周转率	3.57	0.14	3.37	0.22	3.22
总资产周转率	0.49	0.02	0.47	0.02	0.45
净资产周转率	1.19	0.07	1.09	0.07	1.05

资料来源：沪深交易所，同花顺。

三、重点上市公司介绍

（一）国茂股份

2019 年国茂股份实现营业收入 18.96 亿元，较 2018 年增长 7.31%；实现利润总额 3.27 亿元，较 2018 年增长 30.96%；归母净利润 2.84 亿元，较 2018 年增长 30.13%；扣非归母净利润 2.64 亿元，较 2018 年增长 26.32%；综合毛利率为 28.90%，较 2018 年提升 2.46 个百分点。营收及净利润上升的主要原因为：通用减速机行业近年来市场规模稳步增长，且随着我国本土企业技术研发实力增强，减速机产品性能有了快速提升，与国际领先企业的差距逐步缩小，国产化替代明显。同时，在下游客户质量要求提升以及环保等因素多重作用下，中小企业盈利呈下降趋势，行业集中度进一步提升。公司的经营规模在国内通用减速机企业中处于领先地位，在技术、销售、品牌及质量方面积累了较大优势。

分板块来看，齿轮减速机业务实现营业收入 14.01 亿元，较 2018 年增长 10.19%，毛利率 29.94%，较 2018 年提升 2.2 个百分点。齿轮减速机作为通用减速机主要应用，是公司传统优势领域，随着产能扩张，规模效应凸显，收入及毛利率均呈现增长态势。

摆线针轮减速机业务实现营业收入4.23亿元，较2018年降低0.26%，毛利率21.63%，较2018年增加1.17个百分点。摆线针轮减速机业务收入情况符合公司发展战略，即保持摆线针轮减速机现有规模，向高端化发展。因此在营业收入保持基本稳定的同时，毛利率增长明显。

在保持原有业务竞争力的同时，公司通过积极研发展开外延发展。2019年公司研发成果主要包括：高承载挤出机JE系列减速机开发试制完成，并实现了小批量生产和销售，该产品性能可比肩国外同类产品；配套于建筑行业的塔机回转减速机试制成功，通过技术攻关，解决了高速运转下的噪音问题，已小批量生产和销售，标志着公司产品进军工程机械市场已取得初步成功。此外，冶金轧机减速机、大型行星减速机，薄板、厚板、辊压磨减速机等新产品填补了公司重载齿轮业务的空白，为后续行业拓展提供了有竞争力的产品支撑。2019年公司取得专利12项，其中发明专利1项，实用新型专利11项。

（二）银都股份

2019年银都股份实现营业收入17.26亿元，较2018年增长16.16%；实现利润总额3.55亿元，较2018年增长19.53%；归母净利润2.97亿元，较2018年增长19.73%；扣非归母净利润2.38亿元，较2018年增长17.96%；综合毛利率44.95%，较2018年提升2.11个百分点。2019年公司在海外市场拓展和新产品研发等方面取得了良好成绩，外销方面，公司新设了加拿大子公司以拓展加拿大市场，向美国市场推出制冰机产品，取得了较好的市场反馈，且欧美等原有市场经过多年的发展，逐步在当地确立竞争优势，扩大市场份额。新产品方面，2019年公司逐步向市场推出制冰机、万能蒸烤箱、蛋糕柜等新产品，提升公司商用餐饮成套设备的供应能力。截至2019年12月，公司共拥有120项专利和2项软件著作权，专利中发明17项，实用新型54项，外观专利50项。

分销售区域来看，公司以海外市场为主，主要系海外企业对先进餐饮装备认可度更高。公司2019年国内销售收入3.06亿元，较2018年降低6.99%，毛利率43.01%，较2018年增加9.69个百分点，盈利能力提升显著。2019年海外收入13.83亿元，较2018年增加22.35%，实现两位数增长，毛利率46.44%，较2018年减少0.15个百分点。2019上半年，美国对进口中国产品加征关税，对公司海外收入毛利率形成一定压力，但整体影响较小，中长期来看，公司加强海外基地建设有助于更大程度缓解贸易摩擦不确定性带来的风险。

2019年公司加快产能扩张，公司已在泰国设立阿托萨厨房设备（泰国）有限公司（持股98%），投资建设年产10万台商用餐饮制冷设备项目，预计投资总额为1.5亿元。公司预计，项目建成后，正常年份（达产年）年销售收入4.7亿元，达产后平均年净利润0.45亿元。公司投建泰国项目，不仅有助应对中美贸易摩擦可能加剧的风险，同时有助于开拓东南亚市场，获得更大发展空间。

（三）拓斯达

2019年拓斯达实现营业收入16.60亿元，较2018年增长38.58%；实现利润总额2.21亿元，较2018年增长12.08%；归母净利润1.87亿元，较2018年增长8.58%；扣非归母净利润1.83亿元，较2018年增长17.65%；综合毛利率34.04%，较2018年下滑2.07个百分点。据国家统计局数据，2019年全国工业机器人产量18.69万台，同比下滑6.10%。在行业下滑的背景下，公司业绩能够实现逆势增长，得益于公司推行的大客户战略取得良好效果。公司集中力量深挖下游行业自动化应用规模较大的头部客户需求，有效拓展了伯恩光学、立讯精密、比亚迪、欣旺达、富士康等客户需求，由注塑相关业务的合作延伸至工业机器人及自动化类业务，也拓展了新行业和新客户，如开拓了行业头部客户韶能股份，拓展了生产环境、生产效率高标准的包装制造行业自动化业务。

分业务板块来看，工业机器人及自动化应用系统业务实现收入80015.62万元，同比增长13.43%，其中工业机器人系统集成业务3C行业收入27303.89万元，汽车行业收入7430.91万元，新能源行业收入2513.75万元，其他行业收入5651.87万元；注塑机、配套设备及自动供料系统业务实现收入26086.43万元，同比增长13.8%；智能能源及环境管理系统业务实现收入56039.41万元，同比增长137.9%，该业务高速增长主要因公司承接了精密制造龙头企业立讯精密自动化生产前端的智能能源及环境管理系统业务，2019年立讯精密相关的竣工或已履约合同27980万元。

2019年公司持续加大研发投入，研发费用达6991.36万元，在技术产品方面取得突破，推出了HQ系列直角坐标机器人、拓星辰Ⅰ号SCARA机器人、拓星辰Ⅱ号SCARA机器人、拓星云Ⅰ号、拓星河Ⅰ号并联机器人等新产品，进一步夯实了公司产品与服务的市场竞争力。截至2019年12月31日，公司拥有已获得授权专利230项，较上年年末增长72.93%，其中发明专利13项，另有处于实审阶段的发明专利88项；各类软件著作权50项。同时，2019年公司进一步加强了专利和软件著作的申请力度，累计申请各类知识产权达321项，同比增长286.75%。

（四）双环传动

2019年双环传动实现营业收入32.36亿元，较2018年增长2.70%；实现利润总额0.96亿元，较2018年下降56.71%；归母净利润0.78亿元，较2018年下降59.88%；扣非归母净利润0.46亿元，较2018年下降62.81%；综合毛利率17.96%，较2018年下降11.57个百分点。2019年，整车消费需求较为弱势；整车厂为应对市场不确定性实施去库存战略；公司为抓住整车厂齿轮外包趋势，提前战略布局，与市场拉动存在一定的时间差，导致产能利用不饱和，折旧成本增加，同时资金需求带来的借款费用利息增加也是各指标同比下降的主要原因之一。

分产品来看，乘用车齿轮 2019 年实现收入 11.64 亿元，较 2018 年增长 11.14%，毛利率 17.65%，较 2018 年下降 2.93%，同比略有下降。工程机械齿轮收入 5.04 亿元，较 2018 年下降 13.29%，毛利率 23.10%，较 2018 年下降 4.25 个百分点。商用车齿轮 2019 年收入 4.60 亿元，较 2018 年下降 1.18%，毛利率 20.67%，同比下降 3.50 个百分点。钢材销售收入 6.92 亿元，较 2018 年下降 7.09%，毛利率 5.82%，同比增长 1.71 个百分点。

（五）华中数控

2019 年华中数控实现营业收入 9.06 亿元，较 2018 年增长 10.55%；实现利润总额 0.18 亿元，较 2018 年增长 131.77%；归母净利润 0.15 亿元，较 2018 年降低 8.12%；扣非归母净利润 -1.52 亿元，较 2018 年降低 14.61%；综合毛利率 39.2%，较 2018 年提升 4.99 个百分点。2019 年，面对外部环境带来的巨大经营压力，公司积极通过调整市场战略布局、完善技术研发体系、全面提高生产效率与产品质量、改革员工绩效考核机制等有效措施，大幅度地提高了公司的经营效率，公司全年产销量、净利润、技术优势、市场占有率、品牌影响力等业绩指标均得到明显提升，保持了公司行业领先地位和经营业务稳定增长。

分板块来看，数控系统与机床业务 2019 年实现收入 4.08 亿元，较 2018 年增长 20.67%，毛利率 37.04%，较 2018 年上升 8.21 个百分点。整体来看，公司通过加强与深圳创世纪、惠州誉东沅等新兴民营机床企业的深度合作，共同进行新机型、新技术的开发与应用工作，扩大市场占有率。同时，利用华中 9 型智能数控系统的智能化技术，与多家精密数控机床企业开展深度合作，联合进行智能数控机床的开发。机器人与智能产线业务 2019 年实现收入 4.18 亿元，较 2018 年减少 3.48%，毛利率 37.86%，较 2018 年降低 0.42 个百分点。受到 2019 年机器人行业景气下滑影响，公司机器人业务与 2018 年基本持平，但公司持续在机器人领域加大研发，2019 年公司开发了 HSR-JR61616 公斤高防护六轴机器人、HSR-HC4033 公斤机床专用高防护机器人等产品，进一步丰富了机器人产品；具有智能化、高性能的自主知识产权华数 3 型控制系统大规模应用于客户现场；同时，公司在制鞋自动化产线、厨具打磨抛光自动化产线、家电自动化产线、环保新材料等取得良好的示范效应，形成标准化解决方案。

（六）海天精工

2019 年海天精工实现营业收入 11.65 亿元，较 2018 年降低 8.46%；实现利润总额 0.90 亿元，较 2018 年降低 26.09%；归母净利润 0.77 亿元，较 2018 年降低 24.42%；扣非归母净利润 0.51 亿元，较

2018 年降低 40.93%；综合毛利率 22.13%，较 2018 年降低 1.80%。公司营业利润、利润总额降低主要系 2019 年机床行业总体上呈下行趋势，收入、利润、产量、产值等主要经济指标普遍同比下降。2019 年我国金属加工机床消费额为 223.1 亿美元，同比降低 23.5%。其中金属切削机床消费额 141.6 亿美元，同比降低 21.8%。

分产品来看，数控龙门加工中心业务 2019 年实现收入 7.24 亿元，较 2018 年降低 8.37%，毛利率 25.91%，较 2018 年下降 1.23 个百分点。数控卧式加工中心业务 2019 年实现收入 1.72 亿元，较 2018 年降低 12.65%，毛利率 30.47%，较 2018 年下降 0.18 个百分点。数控立式加工中心业务收入 1.45 亿元，较 2018 年降低 13.75%，毛利率 1.49%，较 2018 年下降 0.18 个百分点。2019 年各产品营收和毛利率均有所下滑，主要系受外部环境影响市场需求持续走弱，公司订单减少，销售收入均有所下降，故整体毛利率有所下降。由于 2019 年数控卧式加工中心和数控立式加工中心产品受市场需求减少影响较大，故该两类产品销售下滑明显。但长期来看，公司龙门加工中心产品在国内具有技术领先优势，随着机床行业景气度上行，国产替代加速，未来可期。

（七）亚威股份

2019 年亚威股份实现营业收入 14.68 亿元，较 2018 年下降 4.22%；实现利润总额 1.10 亿元，较 2018 年减少 15.19%；归母净利润 0.97 亿元，较 2018 年减少 12.97%；扣非归母净利润 0.89 亿元，较 2018 年增长 0.64%；综合毛利率 29.27%，较 2018 年上升 1.28 个百分点。2019 年，公司在国际市场持续完善销售业务布局，优化调整代理商结构，激光加工装备外销订单 1.48 亿元，同比增长 27%。同时新兴产品业务持续快速成长，8KW 以上超高功率二维激光切割机销售台数倍增，20KW 激光切割机在国内率先成功交付客户正常使用。

分板块来看，金属成形机床业务 2019 年实现收入 0.96 亿元，较 2018 年下降 4.71%，毛利率 31.16%，较 2018 年上升 2.18 个百分点，金属成形机床业务盈利能力持续增强，毛利率不断提升，为公司持续健康发展提供了坚实保障。激光加工装备市场增速进一步放缓，市场竞争加剧，公司深度挖掘市场需求，全方位拓展激光产业链，激光加工装备业务 2019 年实现收入 4.46 亿元，较 2018 年下降 2.41%，毛利率 24.84%，较 2018 年降低 0.69 个百分点，略有下降。智能制造解决方案收入 0.62 亿元，较 2018 年降低 9.14%，毛利率 31.79%，较 2018 年上升 2.05 个百分点，公司继续围绕“智能亚威”方向，加速推动智能制造升级驶入快车道，在机床行业内首家构建完整的智能制造服务能力。

四、上市公司在行业中的影响力

表 9　　2017～2019 年总资产、营业收入、利润总额及上市公司占比

指　标	2019 年		2018 年		2017 年	
	行业总体	上市公司占比	行业总体	上市公司占比	行业总体	上市公司占比
总资产（亿元）	43673	25%	42170	23%	44076	21%
营业收入（亿元）	38265	13%	38309	12%	47963	8%
利润总额（亿元）	2467	7%	2527	8%	3125	10%

资料来源：沪深交易所，同花顺。

2019 年，通用设备制造业上市公司总资产占行业总量的 25.48%；营业收入占行业总量的 13.71%；利润总额占行业总量的 5.29%。上市公司的体量在行业中的占比持续提升。

我国通用设备制造业数量超过 2 万家，整体呈现小、散、乱、弱的格局，除个别细分行业外，行业集中度较低，产品相似度高、竞争激烈，小型企业数量占比接近 90%，大型企业数量占比不到 1%，呈现大而不强的特点。2019 年，随着全球贸易保护主义抬头和部分发达国家货币政策趋紧，全球经济增长动力有所减弱，我国经济下行压力加大，行业总资产、营业收入和利润总额增长承压，行业内分化趋势加剧，龙头企业集中度提升。大型企业中年收入规模在百亿级别以上有 8 家，即上海电气、金风科技、东方电气、上海机电、华东重机、海立股份、三花智控、明阳智能，而在 137 家上市公司中仍有 52 家企业收入低于 10 亿元，但比例较 2018 年已有所下降。随着行业内部结构转型升级，未来龙头的市场集中度有望继续提升，百亿营收级别企业有望增多。

审稿人：董岚枫　王　勇

撰稿人：李　旻　周尔双

专用设备制造业

一、专用设备制造业总体概况

（一）行业整体运行情况

专用设备制造业是专用于特定行业的设备制造业，下游应用行业包括矿山、冶金、建筑、化工、木材、非金属加工、食品、饮料、烟草及饲料生产专用设备九大行业。作为典型的下游驱动型行业，专用设备制造业与国家宏观经济政策、固定资产投资、下游特定行业资本开支等变量高度相关。受益于国内外经济回暖，行业从 2016 年下半年以来订单持续复苏，以工

程机械等为代表的细分行业在2019年延续周期性高速增长态势，公司业绩稳定增长。

2019年全行业总资产达40996.8亿元，较2018年上升3.1%；实现营业收入29473.3亿元，较2018年下降1.5%；实现利润总额2216.4亿元，较2018年上升8.9%。

（二）细分行业运行概况

2019年我国经济运行总体稳中向好，以工程机械、海工装备等为代表的周期行业迎来周期性总量提升，公司营业收入、利润端持续改善。锂电设备方面，电动化成为发展大趋势，动力电池过剩低端产能出清，开启新产能扩产周期，中国设备公司已具备全球竞争力，将分享全球电池产能扩张浪潮红利。光伏设备方面，2019年中环推出210大尺寸硅片，自上而下推动了产业链在硅片、电池片、组件尺寸方面的升级，龙头设备商将显著受益下游技术的更新迭代。

二、行业内上市公司发展概况

（一）行业内上市公司基本情况

表1　　2019年专用设备制造业上市公司发行股票概况

门　类	A、B股总数（家）	A股股票数（家）	B股股票数（家）	境内总市值（亿元）	流通A股市值（亿元）	流通B股市值（亿元）
专用设备制造业	225	223	2	19817.93	13651.41	52.88
占沪深两市比重（%）	5.83	5.78	0.05	3.34	2.83	4.03

资料来源：沪深交易所，同花顺。

（二）行业内上市公司构成情况

表2　　2019年专用设备制造业上市公司构成情况

门　类	沪市			深市			ST/*ST
	仅A股	仅B股	A+B股	仅A股	仅B股	A+B股	
专用设备制造业（家）	85	0	2	136	0	0	1/4
占行业内上市公司比重（%）	38.12	0.00	0.90	60.99	0.00	0.00	0.45/1.79

资料来源：沪深交易所，同花顺。

（三）行业内上市公司融资情况

表 3　　2019 年专用设备制造业上市公司与沪深两市融资情况对比　　单位：家

门　类	融资家数	新股	增发	配股
专用设备制造业	36	25	11	0
沪深两市总数	427	203	215	9
占比（%）	8.43	12.32	5.12	0.00

资料来源：沪深交易所，同花顺。

其中，首发的 25 家公司中，有 3 家在主板上市，4 家在创业板上市，18 家在科创板上市；增发的 11 家公司中，有 8 家主板、3 家创业板公司。

从融资效果来看，上述公司实际发行数量为 175431.05 万股；实际募集资金 329.25 亿元，基本完成了融资计划。

2019 年专用设备制造业上市公司融资情况明细见附录。

（四）行业内上市公司资产及业绩情况

表 4　　2019 年专用设备制造业上市公司资产情况　　单位：亿元

指　标	2019 年	2019 年可比样本增长（%）	2018 年	2018 年可比样本增长（%）	2017 年
总资产	13976.70	7.61	13122.15	11.91	13646.32
流动资产	9103.17	8.33	8485.83	13.35	8501.93
占比（%）	65.13	0.44	64.67	0.82	62.30
非流动资产	4873.53	6.28	4636.31	9.37	5144.39
占比（%）	34.87	-0.44	35.33	-0.82	37.70
流动负债	5983.91	9.08	5540.08	16.79	5509.44
占比（%）	42.81	0.58	42.22	1.77	40.37
非流动负债	1273.73	-7.89	1396.89	7.00	1804.90
占比（%）	9.11	-1.53	10.65	-0.49	13.23
归属于母公司股东权益	6426.69	10.44	5768.13	9.56	5706.55
占比（%）	45.98	1.18	43.96	-0.94	41.82

资料来源：沪深交易所，同花顺。

表 5　　2019 年专用设备制造业上市公司收入实现情况　　单位：亿元

指　标	2019 年	2019 年可比样本增长（%）	2018 年	2018 年可比样本增长（%）	2017 年
营业收入	7204.56	12.16	6240.24	20.75	6583.34
利润总额	590.60	32.19	464.21	0.24	544.32
归属于母公司所有者的净利润	466.23	38.73	342.17	-3.50	403.01

资料来源：沪深交易所，同花顺。

（五）利润分配情况

2019 年，全年专用设备制造业上市公司中共有 156 家公司实施了分红配股。其中，30 家上市公司实施送股或转增股，155 家上市公司实施派息，0 家公司既实施了送股、转增又实施了派息。

2019 年专用设备制造业上市公司分红明细见附录。

（六）其他财务指标情况

1. 盈利能力指标

表 6　　2019 年专用设备制造业上市公司盈利能力情况

指　标	2019 年	2019 年可比样本变动	2018 年	2018 年可比样本变动	2017 年
毛利率（%）	28.76	1.20	28.01	-0.53	26.23
净资产收益率（%）	7.25	1.48	5.93	-0.80	7.06
销售净利率（%）	6.72	1.29	5.89	-1.56	6.93
资产净利率（%）	3.59	0.77	2.96	-0.44	3.48

资料来源：沪深交易所，同花顺。

2. 偿债能力指标

表 7　　2019 年专用设备制造业上市公司偿债能力指标

指　标	2019 年	2019 年可比样本变动	2018 年	2018 年可比样本变动	2017 年
流动比率	1.52	-0.01	1.53	-0.05	1.54
速动比率	1.12	-0.01	1.14	-0.05	1.18
资产负债率（%）	51.93	-0.95	52.86	1.28	53.60

资料来源：沪深交易所，同花顺。

3. 营运能力指标

表 8　　2019 年专用设备制造业上市公司营运能力情况　　单位：次

营运能力指标	2019 年	2019 年可比样本变动	2018 年	2018 年可比样本变动	2017 年
存货周转率	2.21	-0.05	2.22	0.14	2.51
应收账款周转率	2.96	0.17	2.76	0.41	2.82
流动资产周转率	0.82	0.02	0.78	0.08	0.80
固定资产周转率	3.41	0.19	3.11	0.39	3.03
总资产周转率	0.53	0.01	0.50	0.05	0.50
净资产周转率	1.12	0.03	1.05	0.08	1.11

资料来源：沪深交易所，同花顺。

三、重点上市公司介绍

（一）三一重工

2019 年三一重工实现营业收入 756.7 亿元，较 2018 年增长 35.6%；实现利润总额 134.5 亿元，较 2018 年增长 78.2%；归母净利润为 112.1 亿元，较 2018 年增长 83.2%；EPS 为 1.36 元；综合毛利率 32.69%，较 2018 年增长 2.07%。业绩增长的主要原因是基建和地产投资复苏带动工程机械需求持续回暖，资产负债表逐渐修复，板块整体盈利实现大幅提升，龙头复苏速度快于行业整体增速。而更新、基建、“一带一路”三大因素将使行业复苏更具持续性，行业龙头也将强者恒强。

板块方面，挖掘机械引领收入复苏，2019 年实现收入 276.24 亿元，较 2018 年增长 43.52%，挖掘机毛利率 38.64%，较 2018 年下降 0.02%。同时，其他板块如混凝土机械、起重机械、桩工机械和路面机械受到趋势传导，销售收入均较 2018 年大幅增长；其中混凝土机械实现收入 232.00 亿元，较 2018 年增长 36.76%，毛利率 25.2%，较 2018 年增长 4.58%；起重机械实现收入 139.79 亿元，较 2018 年增长 49.55%，毛利率 29.8%，较 2018 年下降 0.59%。2019 年海外市场贡献收入 141.67 亿元，同比增长 3.96%，东南亚、印度尼西亚、拉美等八大海外大区、三一印度、三一欧洲、三一美国销售额均实现快速增长。海外市场销售额占比为 18.72%，远高于工程机械同行水平，全球竞争力凸显。

（二）恒立液压

2019 年恒立液压实现营业收入 54.1 亿元，较 2018 年增长 28.6%；实现利润总额 14.93 亿元，较 2018 年增长 9.6%；归母净利润为 12.96 亿元，较 2018 年增长 55.0%；EPS 为 1.47 元；综合毛利率为 37.77%，较 2018 年提升 1.19%。受益于下游工程机械高景气和新产品渗透率提升，业绩大幅增长。

板块方面，挖掘机专用油缸收入

21.88 亿元，较 2018 年增长 20.79%；非标油缸收入 13.53 亿元，较 2018 年增长 18.28%；液压泵阀收入 11.61 亿元，同比增加 142.62%，受益于 15T 以下小型挖掘机用主控泵阀批量供货，在主机厂的份额不断提升，以及重大挖泵阀产品研发加速推进，并小批量配套主机厂。综合毛利率 37.77%，较 2018 年上升 1.19%，规模效应下盈利能力显著；其中挖掘机专用油缸毛利率 42.11%，较 2018 年上升 0.76%。规模效应和品牌效应影响下，行业龙头强者恒强。

（三）浙江鼎力

2019 年浙江鼎力实现营业收入 23.9 亿元，较 2018 年增长 39.93%；实现利润总额 8.05 亿元，较 2018 年增长 44.46%；归母净利润为 6.94 亿元，较 2018 年增长 44.46%；EPS 为 2.00 元；综合毛利率为 39.85%，较 2018 年降低 1.67%。业绩增长主要因为浙江鼎力作为国内高空作业平台的绝对龙头，其技术品质、品牌口碑、实践经验和营销管理都构筑了较深的“护城河”，对标欧美市场的高空作业平台保有量，销售具备持续增长的较大空间。

板块方面，剪叉式高空作业平台收入 22.57 亿元，较 2018 年增长 37.54%，为增速最快的板块；随着行业发展及施工场景多样化，臂式产品需求正逐步增加，公司 2019 年臂式收入 2.91 亿元，较 2018 年增长 40.43%。分地区来看，2019 年实现海外收入 8.32 亿元，较 2018 年下降 10.01%，在总收入占比降为 34.84%。

（四）振华重工

2019 年振华重工实现营业收入 246.0 亿元，较 2018 年增长 12.76%；实现利润总额 5.91 亿元，较 2018 年增长 10.02%；归母净利润为 5.15 亿元，较 2018 年增长 16.24%；基本 EPS 为 0.10 元；综合毛利率达 16.28%，较 2018 年下降 0.82%。

板块方面，主业港机收入 164.59 亿元，较 2018 年增长 9.84%，毛利率达 19.6%，公司港机产品具有市场议价能力，自动化码头推广等方面也具有竞争优势；以海工为主的重型装备收入 14.92 亿元，较 2018 年下降 45.68%，毛利率增长 13.3%。分地区来看，国内收入 123.46 亿元，同比增长 22.94%；海外收入 118.67 亿元，同比增长 0.84%。

（五）先导智能

2019 年先导智能实现营业收入 46.84 亿元，较 2018 年增长 20.41%；归母净利润 7.66 亿元，较 2018 年增长 3.12%；EPS 为 0.87 元；综合毛利率为 39.33%，较 2018 年上升 0.25 个百分点。

板块方面，锂电设备收入 38.12 亿元，较 2018 年增长 10.68%，高基数下仍实现了正向增长；毛利率 39.46%，较 2018 年提升 0.74 个百分点。光伏设备收入 4.95 亿元，2019 年公司的研发整体投入 5.32 亿元，占本年度收入的 11%。目前，公司在高端锂电池生产设备、光伏配套生产设备、3C 智能检测设备及电容器生产设备领域均具有较成熟技术，未来全球动力电池开启产能高速扩张周期，海外扩产加速＋国内新势力扩产利好设备龙头。

（六）杭可科技

2019年杭可科技实现收入13.13亿元，较2018年增长18.36%；归母净利润2.91亿元，较2018年增长1.73%。EPS为0.77元；综合毛利率49.36%，较2018年增长2.7个百分点。

公司主营后道化成分容设备，2019年实现营业收入11.16亿元，同比增长22.74%，占比85%，主要大客户为韩系日系电池厂，与LG、三星等国际一流电池制造商建立起了紧密的合作关系，前五大客户占比约60%，2019年LG公布扩产规划超过100GWh，三星启动约160亿元投资动力电池，与LG、三星绑定紧密的杭可科技有望充分受益此次扩产潮，成为业绩上涨的动力。

（七）晶盛机电

2019年晶盛机电实现收入31.1亿元，较2018年增长22.6%；实现利润总额7.21亿元，较2018年增长11.2%；归母净利润6.37亿元，较2018年增长9.5%；EPS为0.5元；综合毛利率35.55%，较2018年下降3.96个百分点。

板块方面，晶体硅生长设备收入21.73亿元，较2018年增长12.04%，主要系公司作为单晶硅设备龙头，随着光伏产业的发展及单晶市场份额持续提升所致；智能加工设备（包括光伏和LED）收入5.04亿元，较2018年增长81.97%，新业务快速成长。蓝宝石材料收入0.66亿元，同比下滑47.25%，主要系蓝宝石业务主要应用于LED领域，终端售价下降叠加产能扩张使得盈利不及预期。

（八）迈为股份

2019年迈为股份实现收入14.38亿元，较2018年增长82.48%；归母净利润2.48亿元，较2018年增长44.82%。EPS为4.76元；综合毛利率33.82%，较2018年下降5.73个百分点。

分板块来看，2019年公司成套设备实现营业收入11.82亿元，同比增长77.63%；单机实现营业收入1.9元，同比增长84.16%；配件及其他实现营业收入0.66亿元，同比增长241.1%。未来几年公司将充分受益下游扩产＋技术更新迭代，通威等下游电池厂接连公告大规模扩产规划，未来2～3年下游电池片扩产有望保持每年40GW以上的规模，为公司新接订单提供保障。技术路线方面，HJT技术降本提效路径明朗，公司前瞻性布局有望充分受益未来HJT产业化。

（九）北方华创

2019年北方华创实现收入40.58亿元，较2018年增长22.1%；归母净利润3.09亿元，较2018年增长32.24%；EPS为0.67元；综合毛利率40.53%，较2018年上升2.15个百分点。

分板块来看，电子元件实现收入

8.47亿元，较2018年增长7.6%，毛利率59.89%，主要受益于电子工艺装备销售及订单、生产规模较上期增加。电子工艺装备实现收入31.91亿元，较2018年增长26.58%。2019年公司半导体设备研发取得突破性进展，多款新产品相继推向市场，持续获得行业大客户采购订单。此外精密电子元器件新品竞争发力，市占率稳步提升。2019年北方华创维持高研发投入，研发费用占总收入比例达28%。

四、上市公司在行业中的影响力

2019年，专用设备制造业上市公司总资产13976.70亿元，占全行业总量的34.09%；营业收入7204.56亿元，占全行业总量的24.44%；利润总额590.6亿元，占行业总量的26.65%。

我国专用设备制造业企业较多，市场较分散，细分领域竞争较激烈，近年来由于全球经济去产能去库存周期资本开支整体下行，设备企业的营业收入和利润也持续下行，行业内部经历出清和洗牌。而2016年下半年开始全球经济复苏带动的补库存周期叠加国内基建和地产投资回暖，2019年部分周期性较强的细分行业的订单延续复苏态势，行业集中度继续提高，其中占据行业龙头地位的上市公司将处于竞争优势地位，未来影响力和市占率有望继续提升。而在高成长细分领域，具备核心竞争力的先进制造公司也将在下游持续高景气周期中继续获得良好业绩。

审稿人：董岚枫　王　勇

撰稿人：李　旻　周尔双

汽车制造业

一、汽车制造业总体概况

（一）行业整体运行情况

2019年我国汽车产、销分别完成2572.10万辆、2576.90万辆，同比分别下降7.50%、8.20%，降幅比2018年分别扩大3.34个百分点和5.44个百分点。2019年全球汽车行业普遍遇冷，国内汽车市场受经济增速下行和行业政策因素的叠加影响，延续了2018年下半年以来的低迷走势，而且整体跌幅进一步扩大。自1990年以后汽车行业首次连续两年出现负增长，行业整体承压。

从财务数据来看，2019年汽车制造行业累计实现营业收入22251.66亿元，同比减少2.68%；累计实现利润总额744.37亿元，同比减少40.35%。

2019年新能源汽车销量呈现小幅下

降态势：根据中国汽车工业协会数据，2019 年新能源汽车销量达 120.6 万辆，同比减少 3.98%，占汽车整体比重达 4.68%，同比提升 0.21 个百分点。其中，新能源乘用车销量达 106.00 万辆，同比增长 0.66%，新能源商用车销量达 14.6 万辆，同比减少 28.08%。从数据来看，新能源乘用车成为增长主力，销量占比高达 87.89%。

（二）细分行业运行概况

分领域来看，首先，2019 年乘用车产销分别为 2136.00 万辆/2144.40 万辆，同比分别下降 9.20%/9.60%。其中，轿车产销同比增速为 -10.90%/-10.70%，MPV 为 -18.10%/-20.20%，SUV 为 -6.00%/-6.30%。

其次，商用车产销分别为 436.00 万辆/432.40 万辆，同比分别变动 1.90%/-1.10%。其中，货车产销分别为 388.80 万辆/385.00 万辆，同比分别变动 2.60%/-0.90%；客车产销分别为 47.20 万辆/47.40 万辆，同比分别下降 3.50%/2.20%。

分品牌来看，2019 年自主品牌乘用车销售 784.32 万辆，同比下降 14.07%，占乘用车销量总量的 37.89%。日系、德系、美系份额分别为 21.91%、24.95%、8.45%，同比分别变动 2.28 个、2.75 个、-1.24 个百分点。

二、行业内上市公司发展概况

（一）行业内上市公司基本情况

表 1　　2019 年汽车制造业上市公司发行股票概况

门　类	A、B 股总数（家）	A 股股票数（家）	B 股股票数（家）	境内总市值（亿元）	流通 A 股市值（亿元）	流通 B 股市值（亿元）
汽车制造业	135	129	6	14441.51	11852.90	89.81
占沪深两市比重（%）	3.50	3.34	0.16	2.43	2.46	6.85

资料来源：沪深交易所，同花顺。

（二）行业内上市公司构成情况

表 2　　2019 年汽车制造业上市公司构成情况

门　类	沪市			深市			ST/*ST
	仅 A 股	仅 B 股	A+B 股	仅 A 股	仅 B 股	A+B 股	
汽车制造业（家）	62	1	1	62	0	4	2/3
占行业内上市公司比重（%）	47.69	0.77	0.77	47.69	0.00	3.08	1.54/2.31

资料来源：沪深交易所，同花顺。

（三）行业内上市公司融资情况

表 3　　2019 年汽车制造业上市公司与沪深两市融资情况对比　　单位：家

门　类	融资家数	新股	增发	配股
汽车制造业	9	3	5	1
沪深两市总数	427	203	215	9
占比（%）	2. 11	1. 48	2. 33	11. 11

资料来源：沪深交易所，同花顺。

其中，首发的 3 家公司中，有 3 家在主板上市；增发的 5 家公司中，有 3 家沪市、2 家深市公司。

按行业划分，进行融资的 9 家公司中，汽车零部件行业 8 家，乘用车业行业 1 家，分别占比 89%、11%。

从融资效果来看，上述公司实际发行数量为 119349. 65 万股；实际募集资金 106. 64 亿元，基本完成了融资计划。

2019 年汽车制造业上市公司融资情况明细见附录。

（四）行业内上市公司资产及业绩情况

表 4　　2019 年汽车制造业上市公司资产情况　　单位：亿元

指　标	2019 年	2019 年可比样本增长（%）	2018 年	2018 年可比样本增长（%）	2017 年
总资产	27621. 79	4. 28	26355. 20	6. 31	21902. 32
流动资产	15720. 85	3. 80	15054. 48	5. 72	12594. 52
占比（%）	56. 91	-0. 26	57. 12	-0. 32	57. 50
非流动资产	11900. 93	4. 93	11300. 72	7. 10	9307. 80
占比（%）	43. 09	0. 26	42. 88	0. 32	42. 50
流动负债	13579. 05	5. 80	12717. 14	4. 86	10967. 99
占比（%）	49. 16	0. 70	48. 25	-0. 66	50. 08
非流动负债	3033. 47	6. 09	2807. 75	22. 32	1613. 06
占比（%）	10. 98	0. 19	10. 65	1. 39	7. 36
归属于母公司股东权益	9813. 42	1. 98	9682. 86	3. 68	8518. 88
占比（%）	35. 53	-0. 80	36. 74	-0. 93	38. 89

资料来源：沪深交易所，同花顺。

表 5　　2019 年汽车制造业上市公司收入实现情况　　单位：亿元

指　标	2019 年	2019 年可比样本增长（%）	2018 年	2018 年可比样本增长（%）	2017 年
营业收入	22251.66	-2.68	22763.00	3.42	20035.10
利润总额	744.37	-40.35	1254.70	-13.95	1310.21
归属于母公司所有者的净利润	452.96	-47.74	873.20	-17.20	949.36

资料来源：沪深交易所，同花顺。

（五）利润分配情况

2019 年全年汽车制造业上市公司中共有 88 家公司实施了分红配股。其中，9 家上市公司实施送股或转增股，87 家上市公司实施派息，0 家公司既实施了送股、转增又实施了派息。

2019 年汽车制造业上市公司分红明细见附录。

（六）其他财务指标情况

1. 盈利能力指标

表 6　　2019 年汽车制造业上市公司盈利能力情况

指　标	2019 年	2019 年可比样本变动	2018 年	2018 年可比样本变动	2017 年
毛利率（%）	15.55	-0.79	16.40	-0.72	16.67
净资产收益率（%）	4.62	-4.39	9.02	-2.27	11.14
销售净利率（%）	2.83	-1.86	4.74	-1.01	5.66
资产净利率（%）	2.33	-1.85	4.22	-1.34	5.62

资料来源：沪深交易所，同花顺。

2. 偿债能力指标

表 7　　2019 年汽车制造业上市公司偿债能力指标

指　标	2019 年	2019 年可比样本变动	2018 年	2018 年可比样本变动	2017 年
流动比率	1.16	-0.02	1.18	0.01	1.15
速动比率	0.98	-0.01	1.00	0.00	0.99
资产负债率（%）	60.14	0.89	58.91	0.73	57.44

资料来源：沪深交易所，同花顺。

3. 营运能力指标

表 8　　2019 年汽车制造业上市公司营运能力情况　　单位：次

营运能力指标	2019 年	2019 年可比样本变动	2018 年	2018 年可比样本变动	2017 年
存货周转率	7.76	-0.59	8.40	-0.72	10.18
应收账款周转率	7.24	-0.46	7.73	-0.82	8.52
流动资产周转率	1.44	-0.11	1.55	-0.14	1.73
固定资产周转率	5.05	-0.72	5.79	-0.51	6.38
总资产周转率	0.82	-0.07	0.89	-0.08	0.99
净资产周转率	2.04	-0.12	2.15	-0.18	2.33

资料来源：沪深交易所，同花顺。

三、重点上市公司介绍

（一）上汽集团

上汽集团是国内 A 股市场最大的汽车上市公司，总股本达到 116.83 亿股。目前，上汽集团主要业务包括整车（含乘用车、商用车）的研发、生产和销售，正积极推进新能源汽车、互联网汽车的商业化，并开展智能驾驶等技术研究和产业化探索；零部件（含动力驱动系统、底盘系统、内外饰系统，以及电池、电驱、电力电子等新能源汽车核心零部件和智能产品系统）的研发、生产、销售；物流、汽车电商、出行服务、节能和充电服务等汽车服务贸易业务；汽车相关金融、保险和投资业务；海外经营和国际商贸业务；并在产业大数据和人工智能领域积极布局。

在新能源方面，公司加快提升“三电”系统的自主核心能力，第二代 EDU 电驱变速箱成功批产上市，EDU G2 Plus、电轴、HairPin 电机、专属电动车架构、全新一代电子电器架构等技术和产品的自主开发工作持续推进，并在燃料电池前瞻技术领域，启动了 400 型燃料电池电堆和系统的开发，加快提升面向未来的核心竞争力。上汽大众 MEB 新能源工厂正式落成，上汽大众 MEB、上汽通用 BEV3 等重点电动车平台开发项目稳步推进。公司在持续提升产品技术、安全可靠性和成本竞争力的同时，聚焦续航、充电等用户关切事项，加快能力布局和技术突破，努力把产业链上的技术优势转化为市场竞争优势。

2019 年，上汽集团整车销量达到 623.8 万辆，同比下降 11.5%，高出总体市场降幅 3.5 个百分点。2019 年，公司实现营业收入 8265.30 亿元，归属母公司的净利股东的净利润为 256.03 亿元，同比分别减少 6.88% 和 28.90%。

表 9 上汽集团 2016~2019 年财务指标

项　目	2019 年	2018 年	2017 年	2016 年
营业收入（万元）	82653000.30	88762620.73	85797771.79	74623674.12
营业总成本（万元）	83037483.12	—	—	—
营业利润（万元）	4034510.31	5367381.78	5410998.71	4843300.30
利润总额（万元）	4095779.22	5434384.98	5426101.26	5049245.75
归属母公司股东的净利润（万元）	2560338.42	3600921.06	3441033.95	3200861.07
销售毛利率（%）	12.15	13.25	13.47	12.87
销售净利率（%）	4.27	5.45	5.49	5.89
资产负债率（%）	64.58	63.63	62.39	60.20

资料来源：同花顺 iFinD 资讯。

（二）广汽集团

广汽集团是国内首家实现 A+H 股整体上市的大型国有控股股份制汽车集团。广汽集团前身为成立于 1997 年 6 月的广州汽车集团有限公司。

自 2013 年以来，广汽集团连续 7 年入围《财富》世界 500 强，2019 年位列世界企业第 189 位，首次进入前 200 位。

广汽集团坚持合资合作与自主创新共同发展，业务涵盖整车（汽车、摩托车）及零部件研发、制造、汽车商贸服务、汽车金融等，是国内产业链最为完整的汽车集团之一，也是国内汽车行业首家拥有保险、保险经纪、汽车金融、融资租赁、财务等多块金融行业牌照的企业集团。目前，广汽集团旗下共有广汽本田、广汽丰田、广汽乘用车、广汽新能源、广汽研究院、广汽菲亚特克莱斯勒、广汽三菱等数十家知名企业与研发机构，整车核心业务板块形成自主品牌、日系合资、欧美系合资“三足鼎立”稳步发展格局。

2019 年，广汽集团汽车产销量分别为 202.38 万辆和 206.22 万辆，同比减少 7.66% 和 3.99%；实现营业收入 592.34 亿元，归属母公司股东的净利润为 66.18 亿元，分别同比减少 17.17% 和 39.30%。

表 10 广汽集团 2016~2019 年财务指标

项　目	2019 年	2018 年	2017 年	2016 年
营业收入（万元）	5923368.42	7151451.89	7114388.12	4941767.62
营业总成本（万元）	6545268.79	—	—	—
营业利润（万元）	568171.05	1164490.17	1180650.53	683216.15
利润总额（万元）	629395.93	1186713.21	1197649.50	705071.71
归属母公司股东的净利润（万元）	661753.74	1090264.54	1078621.99	628821.59
销售毛利率（%）	6.90	18.56	23.00	19.95
销售净利率（%）	11.33	15.31	15.21	12.74
资产负债率（%）	39.99	41.02	41.13	45.38

资料来源：同花顺 iFinD 资讯。

（三）长城汽车

长城汽车是中国最大的SUV制造企业之一，于2003年、2011年分别在香港H股和国内A股上市，截至2019年年底资产总计达1130.96亿元。目前，旗下拥有哈弗、WEY、长城皮卡、欧拉四个品牌，并与宝马合作，成立合资公司光束汽车有限公司并运作，产品涵盖SUV、轿车、皮卡三大品类，以及相关主要汽车零部件的生产及供应。

在生产布局方面，本集团搭建“9+5”全球化生产布局，在国内，已集中形成华北、华东、华南三大整车生产区域，完成国内的“黄金三角”生产布局，保定、徐水、天津、永川、平湖、泰州和张家港八个全工艺生产基地将全面覆盖国内市场，并对全球发展形成有力支撑。在全球范围内，俄罗斯图拉工厂成为进军欧洲市场的桥头堡，并连接厄瓜多尔、马来西亚、突尼斯等KD工厂共同支撑起海外市场的发展。

2019年，本集团继续践行“由中国产品向中国品牌转变”的发展要求，以品牌提价值。哈弗品牌全球累计销量近600万辆，连续10年保持中国SUV销量冠军；WEY品牌创立3年，已成为首个突破30万辆的中国豪华SUV品牌，并以全球化为愿景，计划进入欧洲、北美市场；长城皮卡连续22年保持国内、出口销量双第一，国内市场占有率超35%；在新能源汽车市场，本集团的欧拉品牌势如破竹，实现A00细分市场销量增速第一。

公司不断扩大经营规模、优化产品结构，持续聚焦SUV品类，打造高性价比产品，并致力于提升客户满意度。2019年，公司实现营业收入951.08亿元，归属母公司所有者的净利润为44.77亿元，分别同比下降2.75%和13.64%。

表11　长城汽车2016~2019年财务指标

项　目	2019年	2018年	2017年	2016年
营业收入（万元）	9510807.86	9779985.92	10049161.82	9844366.51
营业总成本（万元）	9140898.60	—	—	—
营业利润（万元）	477684.36	623203.73	585415.24	1227647.93
利润总额（万元）	510055.64	647707.20	623296.60	1248306.08
归属母公司股东的净利润（万元）	449687.49	520731.40	502729.80	1055115.89
销售毛利率（%）	16.22	16.69	18.43	24.46
销售净利率（%）	4.76	5.37	5.02	10.72
资产负债率（%）	51.90	52.87	55.44	48.70

资料来源：同花顺iFinD资讯。

（四）长安汽车

长安汽车为中国汽车行业第一阵营，多年来位居全国工业企业500强、中国制造业100强、重庆上市公司前10强之列。公司业务涵盖整车（乘用车、商用车）研发、制造和销售以及发动机的研发、生产，并利用自身主机厂优势积极发展电子商务、分时租赁等新业务。

经过多年发展，公司旗下现拥有长安乘用、欧尚汽车、长安凯程、长安福特、长安马自达等众多知名品牌。截至目前，已推出CS系列、逸动系列、锐程系列、欧诺、欧尚系列等一系列经典自主品牌车型；合资品牌拥有全新福克斯、新蒙迪欧、翼虎、锐际、CX－5、CX－8、昂克赛拉等多款知名产品。同时，打造了逸动EV、新奔奔EV、CS15EV等新能源车型，深受市场欢迎和消费者的喜爱。

科技创新方面，长安汽车全球研发中心正式投用，进入“开放共享，全球协同”研发4.0时代。与华为、腾讯、博世、青山成立联合创新中心，打造急速创新高地。CS75PLUS荣获2019年度国际CMF设计至尊金奖，荣获2019年度中国智能汽车指数测评和中国汽车健康指数VOC/VOI板块测评双料冠军。蓝鲸NE平台化产品最高热效率40%，多项指标行业领先，荣获“中国心”十佳发动机称号。

2019年全年，长安汽车实现销量176万辆，销量排名居行业第六，自主净利润逐季环比大幅改善。2019年，公司实现营业收入705.95亿元，归属母公司所有者的净利润为－26.47亿元，分别同比增长6.48%和下降－488.81%。

表12　　长安汽车2016～2019年财务指标

项　目	2019年	2018年	2017年	2016年
营业收入（万元）	7059524.51	6629827.04	8001220.52	7854244.18
营业总成本（万元）	7255525.91	—	—	—
营业利润（万元）	－210710.81	－20143.83	715162.75	945817.15
利润总额（万元）	－224236.69	65822.53	718088.96	1034982.48
归属母公司股东的净利润（万元）	－264671.94	68072.84	713723.47	1028528.41
销售毛利率（%）	14.68	14.65	13.31	17.89
销售净利率（%）	－3.75	1.09	9.01	13.08
资产负债率（%）	54.99	50.63	55.28	59.30

资料来源：同花顺iFinD资讯。

（五）宇通客车

公司是一家集客车产品研发、制造与销售于一体的大型制造业企业，主要产品可满足5米至18米不同长度的需求，拥有123个产品系列的完整产品链，主要用于公路客运、旅游客运、公交客运、团体通勤、校车、景区车、机场摆渡车、客车专用车等各个细分市场。

根据中国客车统计信息网统计，2019年客车行业7米及以上客车实现销售134331辆，较2018年下降11.31%。受此影响，公司销量也出现了下降，但好于行业整体水平，占有率大幅提升，继续领跑客车行业。

公司正在从"制造型＋销售产品"企业向"制造服务型＋解决方案"进行转型。独创中国制造出口的"古巴模式"，成为中国汽车工业由产品输出走向技术输出的典范，批量销售至全球30多个国家和地区，形成覆盖欧洲、美洲、亚太、独联体、中东、非洲六大区域的发展布局，引领中国客车工业昂首走向世界。

2019年，公司大中型客车的产销量稳居行业第一，龙头地位稳固。公司客车产品实现销售5.87万辆，同比下降3.58%；2019年，公司实现营业收入304.79亿元，归属母公司所有者的净利润为19.40亿元，分别同比下降3.99%和15.70%。

表13　宇通客车2016～2019年财务指标

项　目	2019年	2018年	2017年	2016年
营业收入（万元）	3047943.79	3174584.46	3322194.88	3585044.20
营业总成本（万元）	2891276.82	—	—	—
营业利润（万元）	201828.83	246799.66	360155.28	439333.03
利润总额（万元）	208373.50	254653.48	363594.52	478229.03
归属母公司股东的净利润（万元）	194021.38	230149.44	312919.39	404374.56
销售毛利率（%）	24.35	25.33	26.32	27.82
销售净利率（%）	6.43	7.33	9.54	11.44
资产负债率（%）	51.76	54.47	56.85	61.09

资料来源：同花顺iFinD资讯。

（六）华域汽车

华域汽车是目前国内业务规模最大、产品品种最多、客户覆盖最广、应用开发能力最强的综合性汽车零部件上市公司，于1996年在上海证券交易所上市，公司在汽车零部件业务上深耕30余年，主要业务涵盖汽车内外饰件、金属成型和模具、功能件、电子电器件、热加工件、新能源等。

公司汽车内饰、车灯、座椅、保险杠、压缩机、传动系统、制动系统、轻量化铸铝、车身结构件及模具、底盘结构件及模块总装等业务，在奔驰、宝马、奥迪、凯迪拉克等豪华品牌重点车型配套及定点上屡有突破，2019年豪华品牌配套业务汇总收入占比稳步提升。

公司坚持技术创新，围绕汽车电动化、智能网联化等变革趋势，加快推进新兴业务发展。华域汽车电动系统有限公司和华域麦格纳电驱动系统有限公司通力合作，同步完成上海宝山新能源配套基地建设并投产，顺利实现德国大众全球电动汽车平台电驱动系统产品正式下线，加紧推进满足不同新能源车型动力需要的平台化产品研发；公司电子分公司 24GHz 后向毫米波雷达实现对上汽乘用车、上汽大通等客户的稳定供货，应用于大巴的具有自动紧急刹车功能的 77GHz 前向毫米波雷达已顺利通过国家法规测试，成为首款通过该类测试的国产雷达产品，实现对金龙客车的批产供货，77GHz 前向毫米波雷达和角雷达成功应用于上汽红岩智能重卡在洋山港 5G 自动驾驶项目的示范运行。

公司已形成较为完善的国内外产业布局，具备产业集群优势。截至 2019 年 12 月末，公司所属企业在全国 22 个省、自治区、直辖市设立有 368 个研发、制造和服务基地。目前已在美国、德国、泰国、俄罗斯、澳大利亚、捷克、斯洛伐克、印度、墨西哥、加拿大、南非、日本、西班牙、意大利、巴西、印度尼西亚、塞尔维亚、马来西亚等国家设立有 95 个生产制造（含研发）基地。

2019 年，公司实现营业收入 1440.24 亿元，归属母公司所有者的净利润为 64.63 亿元，分别同比减少 8.36% 和 19.48%。

表 14　　华域汽车 2016～2019 年财务指标

项　目	2019 年	2018 年	2017 年	2016 年
营业收入（万元）	14402362.61	15717023.50	14048725.05	12429581.30
营业总成本（万元）	13888678.89	—	—	—
营业利润（万元）	915669.80	1096583.65	1030508.07	941363.31
利润总额（万元）	943484.56	1152229.83	1049227.96	986078.18
归属母公司股东的净利润（万元）	646316.33	802717.69	655392.29	607575.86
销售毛利率（%）	5.91	6.65	6.50	6.90
销售净利率（%）	14.46	13.80	14.47	14.66
资产负债率（%）	57.81	59.14	59.53	57.40

资料来源：同花顺 iFinD 资讯。

四、上市公司在行业中的影响力

营业收入方面，2019 年，汽车行业累计实现营业收入 80846.7 亿元，同比减少 1.8%；2019 年行业内上市公司营业收入为 22251.66 亿元，减少 2.68%（可比样本）；上市公司营业收入占行业比重为 27.52%，较 2018 年同期增加 0.22 个百分点。

利润总额方面，2019 年，汽车行业累计实现利润总额 5086.8 亿元，同比降低 15.9%；2019 年行业内上市公司利润总额为 744.37 亿元，降低 40.35%（可比样本）；上市公司利润总额占行业比重为 14.63%，较 2018 年同期减少 5.97 个百分点。

总体上来看，汽车上市公司在行业中

影响较大，主要汽车企业集团均已实现整体或部分上市，并在行业营业收入方面占比较高。

表 15　　2017～2019 年总资产、营业收入、利润总额及上市公司占比

指　标	2019 年		2018 年		2017 年	
	行业总体	上市公司占比（%）	行业总体	上市公司占比（%）	行业总体	上市公司占比（%）
营业收入（亿元）	80846.7	27.52	83372.6	27.30	80631	27.38
利润总额（亿元）	5086.8	14.63	6091.3	20.60	6392	22.83

资料来源：沪深交易所，同花顺。

审稿人：张敬华　任宪功

撰稿人：宁前羽

铁路、船舶、航空航天和其他运输设备制造业

一、铁路、船舶、航空航天和其他运输设备制造业总体概况

（一）行业整体运行情况

受益于制造业景气度回升，固定资产开支扩张，PMI/永康五金指数保持较高水平，2019 年 3 月、6 月、9 月、12 月铁路、船舶、航空航天和其他运输设备制造业工业增加值累计同比分别为 10.9%、10.6%、10.5%、7.4%，同比增速维持高位，行业处于稳定发展阶段。

（二）细分行业运行概况

铁路：近年来，我国铁路实现跨越式发展。2019 年全国铁路固定资产投资完成 8029 亿元，投产新线 8489 公里，其中高铁 5474 公里。截至 2019 年年底，全国铁路营业里程达到 13.9 公里以上，其中高铁营业里程 3.5 万公里，位居世界第一，远超世界其他国家和地区高速铁路运营里程总和。

城市轨道交通：我国城市轨道交通持续保持快速发展趋势。截至 2019 年年底，共有 40 个城市开通轨道交通运营线路 208 条，运营里程 6736.2 公里，其中，地铁运营线路 5181 公里，占比 76.9%。国家“十三五”规划的四年里，内地城轨交通新增运营线路长度总计达到 3118.2 公里，年均新增运营线路 779.6 公里。

航空航天：航空航天是保护国家安

全、助推经济发展的重要战略性新兴产业。从民用航空领域来看，我国已经成为仅次于美国的全球第二大民用飞机市场，截至2019年年底，中国民航国内、国际航线共5155条；机队规模达3818架；全国运输机场达238个。为了扶持、鼓励我国航空工业的发展，国家有关部门出台了一系列政策。2019年的中国国防预算11899亿元，同比增长约7.5%，未来我国国防军费预算仍将快速增长，将对航空航天工业构成庞大的需求。

二、行业内上市公司发展概况

（一）行业内上市公司基本情况

表1　2019年铁路、船舶、航空航天和其他运输设备制造业上市公司发行股票概况

门　类	A、B股总数（家）	A股股票数（家）	B股股票数（家）	境内总市值（亿元）	流通A股市值（亿元）	流通B股市值（亿元）
铁路、船舶、航空航天和其他运输设备制造业	55	51	4	9003.50	6846.40	14.08
占沪深两市比重（%）	1.43	1.32	0.10	1.52	1.42	1.07

资料来源：沪深交易所，同花顺。

（二）行业内上市公司构成情况

表2　2019年铁路、船舶、航空航天和其他运输设备制造业上市公司构成情况

门　类	沪市			深市			ST/*ST
	仅A股	仅B股	A+B股	仅A股	仅B股	A+B股	
铁路、船舶、航空航天和其他运输设备制造业（家）	26	0	2	22	1	1	0/0
占行业内上市公司比重（%）	50.00	0.00	3.85	42.31	1.92	1.92	0.00/0.00

资料来源：沪深交易所，同花顺。

（三）行业内上市公司融资情况

表3　2019年铁路、船舶、航空航天和其他运输设备制造业上市公司与沪深两市融资情况对比　单位：家

门　类	融资家数	新股	增发	配股
铁路、船舶、航空航天和其他运输设备制造业	6	5	1	0
沪深两市总数	427	203	215	9
占比（%）	1.41	2.46	0.47	0.00

资料来源：沪深交易所，同花顺。

其中，首发的5家公司中，有3家在科创板上市，2家在创业板上市；增发1家公司，在沪市上市。

按行业划分，进行融资的6家公司中，机械设备业5家，国防军工业1家，分别占比83.3%、16.7%。

从融资效果来看，上述公司实际发行数量为199043.08万股；实际募集资金138.50亿元，基本完成了融资计划。

2019年铁路、船舶、航空航天和其他运输设备制造业上市公司融资情况明细见附录。

（四）行业内上市公司资产及业绩情况

表4　　2019年铁路、船舶、航空航天和其他运输设备制造业上市公司资产情况　　单位：亿元

指　标	2019年	2019年可比样本增长（%）	2018年	2018年可比样本增长（%）	2017年
总资产	12271.16	6.10	10685.24	-0.83	10541.05
流动资产	8329.85	7.77	7025.48	-2.63	7066.73
占比（%）	67.88	1.05	65.75	-1.22	67.04
非流动资产	3941.31	2.74	3659.76	2.84	3474.32
占比（%）	32.12	-1.05	34.25	1.22	32.96
流动负债	5764.53	5.32	4977.45	-2.90	4974.93
占比（%）	46.98	-0.35	46.58	-1.00	47.20
非流动负债	873.56	0.03	843.18	-20.05	1013.88
占比（%）	7.12	-0.43	7.89	-1.90	9.62
归属于母公司股东权益	5019.37	6.80	4360.26	8.88	3972.54
占比（%）	40.90	0.27	40.81	3.64	37.69

资料来源：沪深交易所，同花顺。

表5　　2019年铁路、船舶、航空航天和其他运输设备制造业上市公司收入实现情况　　单位：亿元

指　标	2019年	2019年可比样本增长（%）	2018年	2018年可比样本增长（%）	2017年
营业收入	5972.69	5.82	5210.74	4.75	4872.76
利润总额	354.47	26.86	225.62	-17.84	269.17
归属于母公司所有者的净利润	265.95	24.96	171.31	-18.44	203.27

资料来源：沪深交易所，同花顺。

（五）利润分配情况

2019年全年铁路、船舶、航空航天和其他运输设备制造业上市公司中共有37家公司实施了分红配股。其中，3家上市公司实施送股或转增股，37家上市公

司实施派息，其中0家公司既实施了送股、转增又实施了派息。

2018年铁路、船舶、航空航天和其他运输设备制造业上市公司分红明细见附录。

（六）其他财务指标情况

1. 盈利能力指标

表6　　2019年铁路、船舶、航空航天和其他运输设备制造业上市公司盈利能力情况

指　标	2019年	2019年可比样本变动	2018年	2018年可比样本变动	2017年
毛利率（%）	18.71	0.28	17.98	-1.17	18.93
净资产收益率（%）	5.30	0.77	3.93	-1.32	5.12
销售净利率（%）	4.95	1.00	3.42	-1.03	4.41
资产净利率（%）	2.48	0.54	1.66	-0.50	2.13

资料来源：沪深交易所，同花顺。

2. 偿债能力指标

表7　　2019年铁路、船舶、航空航天和其他运输设备制造业上市公司偿债能力指标

指　标	2019年	2019年可比样本变动	2018年	2018年可比样本变动	2017年
流动比率	1.45	0.03	1.41	0.00	1.42
速动比率	1.09	0.05	1.01	0.00	1.02
资产负债率（%）	54.10	-0.78	54.47	-2.89	56.81

资料来源：沪深交易所，同花顺。

3. 营运能力指标

表8　　2019年铁路、船舶、航空航天和其他运输设备制造业上市公司营运能力情况　　单位：次

营运能力指标	2019年	2019年可比样本变动	2018年	2018年可比样本变动	2017年
存货周转率	2.38	0.21	2.14	0.13	2.00
应收账款周转率	3.46	0.13	3.35	-0.08	3.46
流动资产周转率	0.74	0.01	0.73	0.00	0.73
固定资产周转率	3.24	0.13	2.91	0.10	2.79
总资产周转率	0.50	0.01	0.49	0.00	0.48
净资产周转率	1.10	-0.02	1.10	-0.08	1.16

资料来源：沪深交易所，同花顺。

三、重点上市公司介绍

（一）中航沈飞

中航沈飞是我国航空防务装备的整机供应商之一，自新中国成立以来始终承担着我国重点航空防务装备的研制任务，是我国国防主力航空防务装备的研制基地。公司主营业务为航空产品制造，主要产品包括航空防务装备和民用航空产品，核心产品为航空防务装备。公司拥有一套完整

成熟的研发、生产、销售体系，在工艺、技术、人才培养及储备方面处于国内领先水平。公司控股股东为中国航空工业集团。

2019年公司实施均衡生产，制订精细化计划，保障经营计划顺利完成。2019年公司实现营业收入237.6亿元，较2018年增长17.9%，实现净利润8.78亿元，较2018年增长18.1%，主要为公司营收增长、期间费用占比下降、降费增效成果显著，因此利润率明显提升。

2019年公司预研工作有序推进，新型号投入研制，丰富装备谱系，为公司持续快速发展积淀能量；强化生产过程管控，对科研生产和经营发展的积极作用进一步凸显；条件保障建设稳步实施，完成一批重点型号的研保条件和生产能力建设。公司质量管理稳步提升，持续加强质量管理体系建设，推进质量综合提升工程，深入推广自主质量控制模式，实物质量持续向好；先进技术应用成效显著，复合材料制造技术取得新突破，飞机钛合金尾段制造关键成套装备、电子束焊接装备在生产线交付应用；信息化建设取得较大进展，扎实推进运营管控中心规划建设，持续推动各类信息系统的完善与整合。

（二）内蒙一机

内蒙一机目前主营业务为装甲车辆（坦克及步兵战车）总装等，在陆军地面装备领域居垄断地位。公司业务范围从铁路车辆业务扩展到装甲车辆业务，形成军品主业突出、民品布局合理的产业结构，成为国内陆军装甲车辆总装唯一上市主体。公司大股东为一机集团，隶属于中国兵器工业集团。

2019年，公司经营绩效显著提升，走上高质量发展轨道。公司各项经济指标和重点工作全面完成，实现业务收入126.81亿元，较2018年增加3.38%，实现净利润5.76亿元，较2018年同期增加7.34%。

公司扛起强军首责，出色完成军品保障任务。2019年，公司圆满完成国庆70周年阅兵装备保障政治任务。国际坦克两项大赛保障以全程无故障的优异表现受到部队赞誉。海军装备首次大批量交付、火箭军装备再获批量订单，标志着公司多军兵种市场开拓有了实质性进展。军贸主动对接各军兵种装备部门和中央军委总部及兵科院，为摸清部队装备需求，落实科研生产订购任务，提高公司行业站位创造良好条件。

公司推动民品结构调整和重点突破。铁路车辆业务充分发挥了“火车头”作用，国铁车市场份额达到7.4%，外贸单笔交付澳大利亚粮食漏斗车128台。外贸产品、外贸工程和服务同比实现增长。新产品发展步伐加快，应急救援装备竞标实现“五连中”，森林消防7型装备成功列入国家应急装备建设目录。

（三）中国中车

公司主要经营范围覆盖铁路装备、城轨装备、新产业业务、现代服务业务等，对轨交全产业链布局，是全球仅有综合性产品供应方案供应商之一。公司是 A + H 股上市公司，控股股东为中国中车集团公司，实际控制人为国资委。

2019 年，面对风险挑战明显上升的经营形势，公司有效应对内外部环境变化，各项工作取得了新成效。2019 年，公司实现营业收入 2290.11 亿元，较 2018 年增长 4.53%；实现归属于母公司所有者的净利润 117.95 亿元，较 2018 年增长 4.33%。

公司认真落实供给侧结构性改革，严格控制传统产品新增产能。截至 2019 年年底，主要产品的产能为：动车组新造 547 组/年，机车新造 1530 台/年，客车新造 2300 辆/年，货车新造 5.15 万辆/年，城轨车辆总组装（含地铁、有轨电车、单轨、中低速磁浮）11840 辆/年。未来一段时期，中国中车将继续落实供给侧结构性改革，大力推动动车组、城轨车辆、机车“修造一体化”，促使修理与新造资源共享。

公司持续优化业务布局和资源配置，加快结构调整。深化机车造修一体化整合和货车业务重组，开展城轨车辆业务、机电业务整合，建成一批具有国际先进水平的轨道交通装备技术平台和生产平台，建设完善以主机企业为核心、配套企业为骨干，辐射全国的完整产业链和生产体系建设。公司强化海外资源配置，设在欧洲、美洲、南非等地的 17 家海外研发中心取得积极进展，海外生产基地本土制造不断取得新突破。公司汇聚资源，拓展产业发展空间。风力发电机不断取得新突破，风电叶片市场占有率稳居全国前三；高分子复合材料产业已在行业树立起以技术领先的领导者形象；城乡污水治理装备核心技术不断突破，污水治理总包业务稳步增长。

四、上市公司在行业中的影响力

表 9　　2017～2019 年总资产、营业收入、利润总额及上市公司占比

指　标	2019 年		2018 年		2017 年	
	行业总体	上市公司占比	行业总体	上市公司占比	行业总体	上市公司占比
总资产（亿元）	15701.00	78.16%	16398.50	65.16%	16188.06	65.12%
营业收入（亿元）	11275.30	52.97%	11853.70	43.94%	11419.75	42.67%
利润总额（亿元）	622.10	56.98%	673.00	33.52%	636.11	31.96%

资料来源：沪深交易所，同花顺。

2019 年铁路、船舶、航空航天和其他运输设备制造业总资产规模达到 15701 亿元，较 2018 年减少 4.25%；其中全行业上市公司资产总额为 12271.16 亿元，2019 年可比样本较 2018 年增加 6.10%，上市公司资产总额占行业资产总额的 78.16%。

2019 年铁路、船舶、航空航天和其他运输设备制造业营业收入规模达到 11275.30 亿元，较 2018 年减少 4.88%；

其中全行业上市公司营业收入为5972.69亿元，2019年可比样本较2018年增加5.82%，上市公司营业收入占行业营业收入总额的52.97%。

2019年铁路、船舶、航空航天和其他运输设备制造业利润规模达到622.10亿元，较2018年减少7.56%；其中全行业上市公司利润为354.47亿元，2019年可比样本较2018年增加26.86%，上市公司利润总额占行业利润总额的56.98%。

审稿人：王　珂

撰稿人：何佳霖

电气机械及器材制造业

一、电气机械及器材制造业总体概况

（一）行业整体运行情况

根据国家统计局数据，2019年全国规模以上电气机械及器材制造行业企业数量为25267家，行业总资产合计69800.23亿元，较2018年增长2.26%。

2019年，电气机械及器材制造业实现营业收入65438.40亿元，较2018年增长5.86%；实现利润总额3943.44亿元，较2018年下降3.83%；2019年，电气机械及器材制造行业毛利率为16.17%，较2018年下降了0.74个百分点。

（二）细分行业运行概况

1. 电气设备类公司

电气设备类公司景气度与电力投资完成情况密切相关。根据国家能源局统计，2019年，全社会用电量72486亿千瓦时，较2018年增长4.44%。新增发电设备10500万千瓦，较2018年下降17.87%。其中，水电新增设备容量445万千瓦，较2018年下降48.25%；火电新增设备容量4423万千瓦，较2018年增长0.99%；核电新增设备容量409万千瓦，较2018年下降53.78%；风电新增设备容量2572万千瓦，较2018年增长20.94%；太阳能新增设备容量2652万千瓦，较2018年下降41.40%。2019年，新增220千伏及以上变电设备容量23815万千伏安，新增220千伏及以上线路长度35912千米。

2019年，全国发电设备累计平均利用小时3828小时，较2018年降低51小时。其中，水电累计平均利用3697小时，较2018年增加90小时；火电累计平均利用4307小时，较2018年降低71小时；风电累计平均利用2083小时，较2018年降低21小时；太阳能累计平均利用1291小时，较2018年增加61小时；核电累计平均利用小时7394小时，较2018年降低149小时。

2019年，电源工程投资完成额3283亿元，较2018年增长17.80%。其中水电工程投资完成额839亿元，较2018年增长19.77%；火电工程投资完成额634亿元，较2018年降低19.41%；核电工程投资完成额382亿元，较2018年降低14.48%；风电投资完成额1244亿元，较2018年增长92.57%；太阳能投资完成额184亿元，较2018年降低11.15%；2019年，电网基本建设工程投资完成额5012亿元，较2018年降低6.74%。

2. 家电类公司

家电类公司景气度与房地产投资完成情况紧密相关。2019年，全国房地产开发投资完成额132194.26亿元，较2018年增长10.01%，增幅比2018年增加0.57个个百分点。

2019年，彩电累计生产量18999.06万台，较2018年降低3.53%；空调累计生产量21866.16万台，较2018年增长4.34%；家用电冰箱累计生产量7904.25万台，较2018年降低2.52%；家用洗衣机累计生产量7432.99万台，较2018年增长2.36%；冷柜累计生产量2171.7万台，较2018年增长27.41%。

二、行业内上市公司发展概况

（一）行业内上市公司基本情况

表1　　2019年电气机械及器材制造业上市公司发行股票概况

门类	A、B股总数（家）	A股股票数（家）	B股股票数（家）	境内总市值（亿元）	流通A股市值（亿元）	流通B股市值（亿元）
电气机械及器材制造业	239	236	3	27412.84	23363.60	17.25
占沪深两市比重（%）	6.20	6.12	0.08	4.62	4.85	1.32

资料来源：沪深交易所，同花顺。

（二）行业内上市公司构成情况

表2　　2019年电气机械及器材制造业上市公司构成情况

门类	沪市			深市			ST/*ST
	仅A股	仅B股	A+B股	仅A股	仅B股	A+B股	
电气机械及器材制造业（家）	75	0	0	159	1	2	6/5
占行业内上市公司比重（%）	31.65	0.00	0.00	67.09	0.42	0.84	2.53/2.11

资料来源：沪深交易所，同花顺。

（三）行业内上市公司融资情况

表 3　　2019 年电气机械及器材制造业上市公司与沪深两市融资情况对比　　单位：家

门　类	融资家数	新股	增发	配股
电气机械及器材制造业	20	6	14	0
沪深两市总数	427	203	215	9
占比（%）	4.68	2.96	6.51	0.00

资料来源：沪深交易所，同花顺。

其中，首发的 6 家公司中，有 2 家在中小板上市，2 家在创业板上市；增发的 14 家公司中，有 3 家沪市、1 家深市、3 家中小板及 7 家创业板公司。

按行业划分，进行融资的 20 家公司中，电气设备行业 14 家，电子行业 2 家，公用事业行业 1 家，化工行业 1 家，家用电器 1 家，汽车行业 1 家，分别占比 70.00%、10.00%、5.00%、5.00%、5.00%、5.00%。

从融资效果来看，上述公司实际发行数量为 402606.94 万股；实际募集资金 393.81 亿元，基本完成了融资计划。

2019 年电气机械及器材制造业上市公司融资情况明细见附录。

（四）行业内上市公司资产及业绩情况

表 4　　2019 年电气机械及器材制造业上市公司资产情况　　单位：亿元

指　标	2019 年	2019 年可比样本增长（%）	2018 年	2018 年可比样本增长（%）	2017 年
总资产	24076.54	9.30	21861.26	7.91	19349.67
流动资产	15286.44	7.49	14222.85	7.23	12708.65
占比（%）	63.49	-1.07	65.06	-0.42	65.68
非流动资产	8790.10	12.60	7666.12	9.60	6641.03
占比（%）	36.51	1.07	35.07	0.55	34.32
流动负债	11031.04	5.94	10304.60	10.13	8978.32
占比（%）	45.82	-1.45	47.14	0.95	46.40
非流动负债	2575.67	25.69	1978.85	1.36	1888.61
占比（%）	10.70	1.40	9.05	-0.59	9.76
归属于母公司股东权益	9703.30	8.99	8906.48	7.43	7895.50
占比（%）	40.30	-0.12	40.74	-0.33	40.80

资料来源：沪深交易所，同花顺。

表 5　　2019 年电气机械及器材制造业上市公司收入实现情况　　单位：亿元

指　标	2019 年	2019 年可比样本增长（%）	2018 年	2018 年可比样本增长（%）	2017 年
营业收入	16838.09	5.50	15871.98	13.06	13586.86
利润总额	1213.98	27.15	962.19	-21.59	1156.61
归属于母公司所有者的净利润	927.43	34.73	689.35	-28.50	910.42

资料来源：沪深交易所，同花顺。

（五）利润分配情况

2019 年全年电气机械及器材制造业上市公司中共有 163 家公司实施了分红配股。其中，22 家上市公司实施送股或转增股，161 家上市公司实施派息，0 家公司既实施了送股、转增又实施了派息。

2019 年电气机械及器材制造业上市公司分红明细见附录。

（六）其他财务指标情况

1. 盈利能力指标

表 6　　2019 年电气机械及器材制造业上市公司盈利能力情况

指　标	2019 年	2019 年可比样本变动	2018 年	2018 年可比样本变动	2017 年
毛利率（%）	25.03	0.26	24.90	-0.56	25.27
净资产收益率（%）	9.56	1.83	7.74	-3.85	11.53
销售净利率（%）	5.96	1.29	4.96	-2.39	7.15
资产净利率（%）	4.35	0.81	3.73	-1.94	5.53

资料来源：沪深交易所，同花顺。

2. 偿债能力指标

表 7　　2019 年电气机械及器材制造业上市公司偿债能力指标

指　标	2019 年	2019 年可比样本变动	2018 年	2018 年可比样本变动	2017 年
流动比率	1.39	0.02	1.38	-0.04	1.42
速动比率	1.13	0.02	1.13	-0.03	1.15
资产负债率（%）	56.51	-0.06	56.19	0.37	56.16

资料来源：沪深交易所，同花顺。

3. 营运能力指标

表 8　　2019 年电气机械及器材制造业上市公司营运能力情况　　单位：次

营运能力指标	2019 年	2019 年可比样本变动	2018 年	2018 年可比样本变动	2017 年
存货周转率	4.68	-0.09	4.78	-0.21	4.97
应收账款周转率	4.83	0.08	4.72	-0.13	4.88
流动资产周转率	1.14	-0.03	1.15	-0.02	1.18
固定资产周转率	4.73	-0.48	5.14	-0.02	5.16
总资产周转率	0.73	-0.03	0.75	-0.02	0.77
净资产周转率	1.68	-0.05	1.71	-0.02	1.74

资料来源：沪深交易所，同花顺。

三、重点上市公司介绍

（一）宁德时代

宁德时代于 2011 年成立于中国福建宁德，业务与客户迄今已遍及全球。公司是全球领先的动力电池系统提供商，专注于新能源汽车动力电池系统、储能系统的研发、生产和销售，致力于为全球新能源应用提供一流解决方案。公司在电池材料、电池系统、电池回收等产业链关键领域拥有核心技术优势及可持续研发能力，形成了全面、完善的生产服务体系。

宁德时代 2019 年实现营收总收入 457.88 亿元，同比增长 54.63%，实现利润总额 57.61 亿元，同比增长 37.00%，其中归属于母公司的净利润为 45.60 亿元，同比增长 34.64%，基本每股收益 2.09 元，2018 年为 1.64 元。

（二）亿纬锂能

惠州亿纬锂能股份有限公司成立于 2001 年，2009 年 10 月在深交所挂牌上市。公司的主要业务是消费电池（包括锂原电池、小型锂离子电池）和动力电池（包括新能源汽车电池及其电池系统、储能电池）的研发、生产和销售。消费电池主要服务于消费与工业领域，服务的市场包括智能表计、智能安防、智能交通、物联网、智能穿戴、电动工具等，是支持万物互联的关键能源部件之一。动力电池主要服务于动力与储能领域，服务的市场包括新能源汽车、电动叉车等工程器械、电动船舶等领域，以及通信储能、电力储能、分布式能源系统等，是支持能源互联网的重要能源系统。电池作为新能源重要部品，正在深刻改变人类的生产和生活方式。电池行业正在迎来快速发展的战略机遇。公司持续聚焦高端锂电池技术及产品，以“打造最具创造力的锂电池龙头企业”为企业发展愿景。

亿纬锂能 2019 年实现营收总收入 64.12 亿元，同比增长 47.35%，实现利润总额 16.26 亿元，同比增长 168.54%，其中归属于母公司的净利润为 15.22 亿元，同比增长 166.69%，基本每股收益 0.86 元，2018 年为 0.35 元。

（三）阳光电源

阳光电源是一家专注于太阳能、风能、储能、电动汽车等新能源电源设备的研发、生产、销售和服务的国家重点高新技术企业。主要产品有光伏逆变器、风能变流器、储能系统、新能源汽车驱动系统、水面光伏浮体、智慧能源运维服务等，并致力于提供全球一流的光伏电站解决方案。阳光电源先后承担了 20 余项国家重大科技计划项目，主持起草了多项国家标准，是行业内为数极少的掌握多项自主核心技术的企业之一。

阳光电源 2019 年实现营收总收入 130.03 亿元，同比增长 25.41%，实现利润总额 10.32 亿元，同比增长 11.82%，其中归属于母公司的净利润为 8.93 亿元，同比增长 10.24%，基本每股收益 0.61 元，2018 年为 0.56 元。

（四）格力电器

珠海格力电器股份有限公司成立于 1991 年，1996 年 11 月在深交所挂牌上市。公司成立初期，主要依靠组装生产家用空调，现已发展成为多元化、科技型的全球工业制造集团，产业覆盖家用消费品和工业装备两大领域，产品远销 160 多个国家和地区。格力电器在全球建有珠海、重庆、合肥、郑州、武汉、石家庄、芜湖、长沙、杭州、巴西、巴基斯坦 11 大空调生产基地以及长沙、郑州、石家庄、芜湖、天津 5 大再生资源基地，下辖凌达压缩机、格力电工、凯邦电机、新元电子、生活电器、智能装备、精密模具等子公司，覆盖了从上游零部件生产到下游废弃产品回收的全产业链条。2019 年，格力电器上榜《财富》世界 500 强，位列榜单 414 位。在上榜的 129 家中国企业中，格力电器的净资产收益率（ROE）第一；根据《暖通空调资讯》发布的数据，格力中央空调以 14.7% 的市场占有率稳坐行业龙头地位，实现国内市场“八连冠”；根据奥维云网市场数据，2019 年度格力电器占据中国家用空调线下市场份额 TOP1，零售额占比 36.83%；线下市场零售额 TOP20 家用空调机型中，格力电器产品有 12 个，占比达 60%；根据全球知名经济类媒体日本经济新闻社 2019 年发布的数据，格力电器以 20.6% 的全球市场占有率位列家用空调领域榜首。

格力电器 2019 年实现营收总收入 2005.08 亿元，同比增长 0.24%，实现利润总额 293.53 亿元，同比下降 6.14%，其中归属于母公司的净利润为 246.97 亿元，同比下降 5.75%，基本每股收益 4.11 元，2018 年为 4.36 元。

（五）汇川技术

汇川技术，始创于 2003 年，公司聚焦工业领域的自动化、数字化、智能化，专注“信息层、控制层、驱动层、执行层、传感层”核心技术。经过 17 年的发展，公司业务分为：通用自动化业务、电梯电气大配套业务、新能源汽车业务、工业机器人业务、轨道交通业务。产品包括：变频器、伺服系统、控制系统、一体化专机、高性能电机、编码器、工业机器人、精密机械、电驱和电源总成系统、牵引系统等产品与解决方案，广泛应用于工业领域的各行各业。

汇川技术 2019 年实现营收总收入 73.90 亿元，同比增长 25.81%，实现利润总额 10.56 亿元，同比下降 17.75%，其中归属于母公司的净利润为 9.52 亿元，同比下降 18.42%，基本每股收益 0.58 元，2018 年为 0.71 元。

（六）正泰电器

正泰集团，始创于 1984 年，是全球知名的智慧能源解决方案提供商。集团积极布局智能电气、绿色能源、工控与自动化、智能家居等产业板块，形成了集“发电、储电、输电、变电、配电、售电、用电”为一体的全产业链优势。业务遍及 140 多个国家和地区，全球员工超 3 万名，连续 20 年上榜中国企业 500 强。旗下上市公司正泰电器为中国第一家以低压电器为主营业务的 A 股上市公司，位列亚洲上市公司 50 强。

正泰电器 2019 年实现营收总收入 302.26 亿元，同比增长 10.23%，实现利润总额 45.11 亿元，同比增长 6.32%，其中归属于母公司的净利润为 37.62 亿元，同比增长 4.74%，基本每股收益 1.75 元，2018 年为 1.68 元。

（七）公牛集团

自 1995 年创立以来，公司始终坚持以消费者需求为导向，以产品品质为根本，从插座这一细分领域开始，不断推动功能、技术与设计的创新，开发出了大批受消费者喜爱的新产品，并在多年的发展过程中逐步拓展、形成了安全插座、装饰开关、爱眼 LED、数码精品等品类定位鲜明的业务组合，公牛已成为一个家喻户晓的公众品牌。同时，公司充分发挥在产品研发、营销、供应链及品牌方面形成的综合领先优势，逐步培育智能门锁、断路器、嵌入式产品、浴霸等新业务，公牛已围绕民用电工及照明领域形成了长期可持续发展的产业布局。

公牛集团 2019 年实现营收总收入 100.4 亿元，同比增长 10.76%，实现利润总额 26.95 亿元，同比增长 38.1%，其中归属于母公司的净利润为 23.04 亿元，同比增长 37.38%，基本每股收益 4.27 元，2018 年为 3.11 元。

（八）特变电工

特变电工是为全球能源事业提供绿色清洁解决方案的服务商，公司致力于“绿色发展、低碳发展”，是国家级高新技术企业集团和中国大型能源装备制造企业集团。公司主营业务包括输变电业务、新能源业务及能源业务。公司输变电业务主要包括变压器、电线电缆及其他输变电产品的研发、生产和销售，输变电国际成套系统集成业务等；新能源业务主要包括多晶硅、逆变器的生产与销售，为光伏、风能电站提供设计、建设、调试及运维等全面的能源解决方案及风能、光伏电站的运营；能源业务主要包括煤炭的开采与销售、电力及热力的生产和供应等。

特变电工 2019 年实现营收总收入 370.3 亿元，同比下降 6.62%，实现利润总额 28.11 亿元，同比增长 0.85%，其中归属于母公司的净利润为 20.18 亿元，同比下降 1.44%，基本每股收益 0.47 元，2018 年为 0.49 元。

（九）宏发股份

宏发股份，始创于 1990 年，公司拥有二十多家制造型企业，三大研发和生产基地，七大核心事业部，厂房面积逾 100 万平方米；公司拥有三十年的继电器研发和制造经验，致力于以继电器产业链为基础的产品研发与技术创新；公司技术中心是国家级企业技术中心，目前拥有继电器行业顶尖技术人才组成的研发团队，承担了多项国家标准的制定和多项国家重点项目的实施，也是国内继电器行业唯一同时拥有博士后工作站和院士专家工作站的企业。

宏发股份 2019 年实现营收总收入 70.81 亿元，同比增长 2.93%，实现利润总额 11.23 亿元，同比增长 0.95%，其中归属于母公司的净利润为 7.04 亿元，同比增长 0.75%，基本每股收益 0.95 元，2018 年为 0.94 元。

四、上市公司在行业中的影响力

2019 年，上市公司对行业的引领作用显著上升。2019 年，电气机械及器材制造业总资产规模达到 72818.7 亿元，上市公司资产总额占行业的 33.06%。2019 年，全行业实现营业收入 65438.4 亿元，上市公司实现营业收入占比 25.73%。2019 年，全行业实现利润总额 3843.3 亿元，上市公司实现利润总额占比 31.58%。

审稿人：董岚枫　王　勇

撰稿人：李　旻　曾朵红

计算机、通信和其他电子设备制造业

一、计算机、通信和其他电子设备制造业总体概况

（一）行业整体运行情况

2019 年，计算机、通信和其他电子设备制造业营业收入保持提升趋势，利润较 2018 年有小幅下滑。2019 年，行业总资产规模达到 112957.94 亿元，与 2018 年同期相比增长 11.16%；营业收入 111872.90 亿元，与 2018 年同期相比增长 3.89%；实现利润总额 5373.63 亿元，与 2018 年同期相比增长 12.40%。

（二）细分行业运行概况

2019年，计算机业营业收入和利润较2018年均有所增长。2019年，行业总资产规模达到3193.48亿元，与2018年同期相比增长6.92%；营业收入2360.47亿元，与2018年同期相比增长7.19%；实现利润总额69.78亿元，与2018年同期相比增长5.83%。

2019年，通信业营业收入较2018年有小幅增长，而利润较2018年继续下滑。2019年，行业总资产规模达到3664.16亿元，与2018年同期相比下降0.74%；营业收入2428.15亿元，与2018年同期相比增长1.05%；实现利润总额-50.35亿元，与2018年同期相比亏损进一步扩大。

2019年，电子业营业收入和利润较2018年均有所增长。2019年，行业总资产规模达到22718.06亿元，与2018年同期相比增长9.98%；营业收入16217.17亿元，与2018年同期相比增长7.50%；实现利润总额893.27亿元，与2018年同期相比增长6.45%。

2019年，其他行业营业收入保持提升趋势，利润较2018年有大幅下滑。2019年，行业总资产规模达到4680.65亿元，与2018年同期相比增长5.89%；营业收入3446.448亿元，与2018年同期相比增长1.99%；实现利润总额32.97亿元，与2018年同期相比下滑57.57%。

二、行业内上市公司发展概况

（一）行业内上市公司基本情况

表1　2019年计算机、通信和其他电子设备制造业上市公司发行股票概况

门　类	A、B股总数（家）	A股股票数（家）	B股股票数（家）	境内总市值（亿元）	流通A股市值（亿元）	流通B股市值（亿元）
计算机、通信和其他电子设备制造业	375	368	7	55767.88	38071.14	67.07
占沪深两市比重（%）	9.72	9.54	0.18	9.40	7.90	5.13

资料来源：沪深交易所，同花顺。

（二）行业内上市公司构成情况

表2　2019年计算机、通信和其他电子设备制造业上市公司构成情况

门　类	沪市			深市			ST/*ST
	仅A股	仅B股	A+B股	仅A股	仅B股	A+B股	
计算机、通信和其他电子设备制造业（家）	102	0	1	260	1	5	3/7
占行业内上市公司比重（%）	27.64	0.00	0.27	70.46	0.27	1.36	0.81/1.90

资料来源：沪深交易所，同花顺。

（三）行业内上市公司融资情况

表 3　　2019 年计算机、通信和其他电子设备制造业上市公司与沪深两市融资情况对比　　单位：家

门　类	融资家数	新股	增发	配股
计算机、通信和其他电子设备制造业	58	34	21	3
沪深两市总数	427	203	215	9
占比（%）	13.58	16.75	9.77	33.33

资料来源：沪深交易所，同花顺。

其中，首发的 34 家公司中，有 13 家在主板上市，8 家在创业板上市，13 家在科创板上市；增发的 21 家公司中，有 15 家深市及 8 家沪市公司。

按行业划分，进行融资的 58 家公司中，电子业 30 家，通信业 6 家，计算机业 6 家，其他行业 16 家，分别占比 51.72%、10.34%、10.34%、27.59%。

从融资效果来看，上述公司实际发行数量为 338696.00 万股；实际募集资金 803.72 亿元，基本完成了融资计划。

2019 年计算机、通信和其他电子设备制造业上市公司融资情况明细见附录。

（四）行业内上市公司资产及业绩情况

表 4　　2019 年计算机、通信和其他电子设备制造业上市公司资产情况　　单位：亿元

指　标	2019 年	2019 年可比样本增长（%）	2018 年	2018 年可比样本增长（%）	2017 年
总资产	34271.11	7.29	31682.88	13.83	25259.24
流动资产	19663.12	6.26	18214.46	9.13	14774.43
占比（%）	57.38	-0.56	57.49	-2.48	58.49
非流动资产	14607.99	8.71	13468.43	20.87	10484.81
占比（%）	42.62	0.56	42.51	2.48	41.51
流动负债	13719.57	3.74	13259.65	15.37	9734.12
占比（%）	40.03	-1.37	41.85	0.56	38.54
非流动负债	4542.62	8.85	4149.20	20.34	3349.07
占比（%）	13.25	0.19	13.10	0.71	13.26
归属于母公司股东权益	14473.53	9.85	12942.48	9.81	11136.40
占比（%）	42.23	0.98	40.85	-1.49	44.09

资料来源：沪深交易所，同花顺。

表 5　　2019 年计算机、通信和其他电子设备制造业上市公司收入实现情况　　单位：亿元

指　标	2019 年	2019 年可比样本增长（%）	2018 年	2018 年可比样本增长（%）	2017 年
营业收入	24468.13	5.59	22707.95	12.42	15972.32
利润总额	962.30	-3.00	872.49	-33.96	1052.32
归属于母公司所有者的净利润	738.05	-3.53	654.80	-37.57	837.54

资料来源：沪深交易所，同花顺。

（五）利润分配情况

2019 年全年计算机、通信和其他电子设备制造业上市公司中共有 264 家公司实施了分红配股。其中，54 家上市公司实施送股或转增股，262 家上市公司实施派息，其中 52 家公司既实施了送股、转增又实施了派息。

2019 年计算机、通信和其他电子设备制造业上市公司分红明细见附录。

（六）其他财务指标情况

1. 盈利能力指标

表 6　　2019 年计算机、通信和其他电子设备制造业上市公司盈利能力情况

指　标	2019 年	2019 年可比样本变动	2018 年	2018 年可比样本变动	2017 年
毛利率（%）	19.30	0.03	18.94	-1.15	22.02
净资产收益率（%）	5.10	-0.71	5.06	-3.84	7.52
销售净利率（%）	3.01	-0.47	3.06	-2.50	5.66
资产净利率（%）	2.22	-0.48	2.33	-2.02	3.84

资料来源：沪深交易所，同花顺。

2. 偿债能力指标

表 7　　2019 年计算机、通信和其他电子设备制造业上市公司偿债能力指标

指　标	2019 年	2019 年可比样本变动	2018 年	2018 年可比样本变动	2017 年
流动比率	1.43	0.03	1.37	-0.08	1.52
速动比率	1.13	0.03	1.09	-0.07	1.23
资产负债率（%）	53.29	-1.18	54.95	1.27	51.80

资料来源：沪深交易所，同花顺。

3. 营运能力指标

表 8　　2019 年计算机、通信和其他电子设备制造业上市公司营运能力情况　　单位：次

营运能力指标	2019 年	2019 年可比样本变动	2018 年	2018 年可比样本变动	2017 年
存货周转率	4.97	-0.21	5.20	-0.04	4.70
应收账款周转率	4.36	-0.17	4.41	-0.20	4.51
流动资产周转率	1.28	-0.03	1.30	0.01	1.15
固定资产周转率	3.67	-0.32	3.85	-0.28	3.53
总资产周转率	0.74	-0.04	0.76	-0.02	0.68
净资产周转率	1.60	-0.09	1.67	0.01	1.41

资料来源：沪深交易所，同花顺。

三、重点上市公司介绍

（一）海康威视

海康威视成立于 2001 年，2010 年 5 月首次发行 A 股并在深圳交易所中小板上市。公司是领先的视频产品和内容服务提供商，面向全球提供领先的视频产品、专业的行业解决方案与内容服务。公司积极布局新兴市场和新兴业务，基于互联网推出了面向家庭和小微企业的相关产品及云服务平台；进入智能制造领域，推出了一系列机器视觉产品及解决方案。公司产品已涵盖视频监控系统的所有主要设备，包括前端采集设备、后端存储及集中控制、显示、管理及储存设备。典型视频监控系统的前端设备主要包括摄像机（采集视音频信号）及 DVS（压缩及编码视音频信号）；典型视频监控系统的后端设备主要包括录像机（记录及存储视音频信号）；典型视频监控系统的中心控制设备主要包括集中控制设备（控制、检索及显示视音频信号）、VMS 软件及中心储存设备。此外，公司拥有门禁、报警、可视对讲等系列大安防领域的产品。

2019 年实现营业总收入 576.58 亿元，同比增速为 15.69%，实现归属于母公司净利润 124.15 亿元，同比增速为 9.36%。

（二）立讯精密

立讯精密成立于 2004 年，于 2010 年 9 月首次发行 A 股并在深圳交易所主板上市。公司是一家技术导向公司，在中国电子元件行业协会评选的 2019 年（第 32 届）中国电子元件百强企业中排名第 2 位。公司专注于连接线、连接器的研发、生产和销售，产品主要应用于 3C（计算机、通信、消费电子）和汽车、医疗等领域。产品主要应用于 3C（电脑、通信、消费电子）、汽车和通信等领域，核心产品电脑连接器已树立了优势地位，台式电脑连接器覆盖全球 20% 以上的台式电脑，并快速扩大笔记本电脑连接器的生产，公司已经开发出 DP、eDP、USB3.0、ESA-

TA 等新产品，同时公司正逐步进入汽车连接器、通信连接器和高端消费电子连接器领域，拓展新的产品市场，确立了自身的竞争优势。根据 BISHOP AND ASSOCIATES2020 年 8 月发布的研究报告显示，按照年度销售金额进行的 2019 年全球连接器厂商排名中，公司在该 TOP10 榜单中排名第 6 位，是唯一进入前 10 的内地企业。公司深度参与 Type－C 标准的制定，是全球第一家取得 USB－C Connector 认证和 USB－C Cable Assembly 产品认证的制造企业，获得 TID 认证的 Cable 与 Connector 产品已逾 20 项。公司目前是 USB、HDMI、SATA 等协会的会员。公司拥有自主产品的核心技术和知识产权，发明专利、实用新型专利及外观设计专利达 2300 多项。公司实验室于 2007 年通过国家认可委认证，并获“深圳市测试平台”称号。

2019 年实现营业总收入 625.16 亿元，同比增速为 74.38%，实现归属于母公司净利润 47.14 亿元，同比增速为 73.13%。

（三）中兴通信

中兴通信成立于 1985 年，前身为深圳市中兴半导体有限公司，1997 年 11 月首次发行 A 股并在深圳交易所主板上市，2004 年 12 月发行 H 股并在香港联交所主板上市。公司是全球领先的综合性通信制造业上市公司，是近年全球增长快速的通信解决方案提供商。公司拥有通信业界完整的、端到端的产品线和融合解决方案，通过全系列的无线、有线、业务、终端产品和专业通信服务，灵活满足全球不同运营商和企业网客户的差异化需求以及快速创新的追求。公司通过为全球多个国家和地区的电信运营商和企业网客户提供创新技术与产品解决方案，让全世界用户享有语音、数据、多媒体、无线宽带等全方位沟通。截至 2019 年 12 月 31 日，公司拥有全球专利申请量 7.4 万件，已授权专利超过 3.4 万件；芯片专利申请 3900 余件，芯片专利布局覆盖欧、美、日、韩等多个国家和地区。根据 IPlytics 2020 年 2 月的报告，公司已向 ETSI 披露了 5G 标准必要专利 2561 族，位列全球前三位。公司技术专家高音女士和 Sergio Parolari 分别当选 3GPP RAN3 和 RAN2 副主席。

2019 年实现营业总收入 907.37 亿元，同比增速为 6.11%，实现归属于母公司净利润 51.48 亿元，同比增速为 173.71%。

（四）深南电路

深南电路成立于 1984 年深圳，总部坐落于中国广东省深圳市，主要生产基地位于深圳、江苏无锡及南通，业务遍及全球，在北美设有子公司，欧洲设有研发站点。公司始终专注于电子互联领域，致力于“打造世界级电子电路技术与解决方案的集成商”，拥有印制电路板、封装基板及电子装联三项业务，形成了业界独特的“3－In－One”业务布局：即以互联为核心，在不断强化印制电路板业务领先地位的同时，大力发展与其“技术同根”

的封装基板业务及“客户同源”的电子装联业务。公司具备提供“样品→中小批量→大批量”的综合制造能力，通过开展方案设计、制造、电子装联、微组装和测试等全价值链服务，为客户提供专业高效的一站式综合解决方案。公司系国家火炬计划重点高新技术企业、印制电路板行业首家国家技术创新示范企业及国家企业技术中心；同时，公司系中国电子电路行业协会（CPCA）的理事长单位及标准委员会会长单位，主导、参与了多项行业标准的制定。

2019 年实现营业总收入 105.24 亿元，同比增速为 38.44%，实现归属于母公司净利润 12.33 亿元，同比增速为 76.80%。

（五）三安光电

三安光电是国家发改委批准的“国家高科技产业化示范工程”企业、工业和信息化部认定的“国家技术创新示范企业”，承担了国家“863”“973”计划等多项重大课题，拥有国家人事部颁发的博士后科研工作站及国家认定的企业技术中心。公司主要从事全色系超高亮度 LED 外延片、芯片、Ⅲ－Ⅴ族化合物半导体材料、微波通信集成电路与功率器件、光通信元器件等的研发、生产与销售，产品性能指标居国际先进水平。截至 2019 年年底，公司拥有申请专利近 2000 件，其中授权专利 1400 件。公司凭借强大的企业实力，继 2014 年扩大 LED 外延芯片研发与制造产业化规模、同时投资集成电路产业，建设砷化镓高速半导体与氮化镓高功率半导体项目之后，2018 年三安光电在福建泉州南安高新技术产业园区，斥资 333 亿元投资Ⅲ－Ⅴ族化合物半导体材料、LED 外延、芯片、微波集成电路、光通信、射频滤波器、电力电子、SIC 材料及器件、特种封装等产业。

2019 年实现营业总收入 74.60 亿元，同比增速为 －10.81%，实现归属于母公司净利润 12.98 亿元，同比增速为 －54.12%。

（六）闻泰科技

闻泰科技成立于 1993 年，于 1996 年 8 月首次发行 A 股并在上海交易所主板上市，主营业务包括半导体 IDM、光学模组、通信产品集成三大业务板块，已经形成从半导体芯片设计、晶圆制造、封装测试，到光学模组、通信终端、服务器、笔记本电脑、IoT、汽车电子产品研发制造于一体的全产业链布局。旗下的安世半导体是全球知名的半导体 IDM 公司，是原飞利浦半导体标准产品事业部，有 60 多年半导体研发和制造经验，总部位于荷兰奈梅亨，晶圆制造工厂在德国汉堡和英国曼彻斯特，封装测试工厂位于中国东莞、菲律宾卡布尧和马来西亚芙蓉。安世半导体设备公司 ITEC 致力为全球半导体制造商带来经久耐用的创新性制造解决方案，提供半导体、RFID 和 MiniLED 制造设备和系统，以高生产率水平的组装、测试、检测和智能制造平台为客户助力，帮助客户在质量、生产率和可持续性方面取得优势地位，同时把总体拥有成本降到低位。旗下的得尔塔科技在光学模组领域是主流供应商。公司采用 flip - chip 技术，实现更稳定的性能、更强的抗干扰、更小的产品尺寸，以满足特定客户的产品需求。得尔塔科技拥有 FTIR、X - Ray、TBR、酸碱化学试验等解析和信赖试验设备一百多台，专注光学领域的研发和生产分析实验，聚焦摄像头模组的同时，积极布局新技术、新产品和新服务。公司以多年专业经验铸就有利竞争优势，未来随着摄像头高端化、双摄、三摄等技术的创新，其将不断向手机、IoT、智能汽车等领域延伸，从而实现高速增长。

2019 年实现营业总收入 415.78 亿元，同比增速为 139.85%，实现归属于母公司净利润 12.54 亿元，同比增速为 1954.37%。

（七）汇顶科技

汇顶科技成立于 2002 年，是一家基于芯片设计和软件开发的整体应用解决方案提供商，目前主要面向智能移动终端市场提供领先的人机交互和生物识别解决方案，并已成为安卓阵营全球指纹识别方案第一供应商。产品和解决方案主要应用于华为、OPPO、vivo、小米、中兴、一加、魅族、Amazon、Samsung、Nokia、Dell、HP、LG、ASUS、acer、TOSHIBA、Panasonic 等国际国内知名品牌，服务全球数亿人群。公司正努力扩展技术研究领域和产品应用市场，将在移动终端、IoT 和汽车电子领域为全球更多用户提供应用覆盖面更广的领先技术、产品及应用解决方案，打造世界级的中国“芯”。

2019 年实现营业总收入 64.73 亿元，同比增速为 73.95%，实现归属于母公司净利润 23.17 亿元，同比增速为 212.10%。

（八）卓胜微

江苏卓胜微电子股份有限公司成立于 2012 年 8 月 10 日，于 2019 年 6 月 18 日在深圳证券交易所创业板上市，股票代码：300782。公司专注于射频集成电路领域的研究、开发与销售，主要向市场提供射频开关、射频低噪声放大器、射频滤波器、射频功率放大器等射频前端分立器件及各类模组产品，同时公司还对外提供低功耗蓝牙微控制器芯片。公司总部在无锡，国内的北京、上海、苏州、深圳、成都、重庆以及美国、韩国均有研发或销售中心，形成了高效的业务协同网络。凭借卓越的科研技术、优质的产品和高效完善的服务，公司逐渐发展成为一家国内领先的射频器件及无线连接芯片设计公司，在国内外积累了良好的品牌认知和丰富的客户资源，并得到了客户的广泛认可。公司射频前端分立器件和射频模组产品主要应用于智能手机等移动智能终端产品，客户覆盖全球主要安卓手机厂商，同时还可应用于智能穿戴、通信基站、汽车电子、无人飞机、蓝牙耳机及网通组网设备等需要无线连接的领域。公司低功耗蓝牙微控制器芯片主要应用于智能家居、可穿戴设备等电子产品。经过多年经营实践的积累和持续的新产品研发，公司的射频前端产品系列日益丰富，目前公司在射频前端领域处于国内领先地位，是射频前端芯片市场的主要竞争者之一，是国内集成电路产业中射频前端领域业务较为完整、综合能力较强的企业之一。公司在射频开关、射频低噪声放大器、天线开关的射频分立器件领域已经取得了较强的竞争优势，初步形成了和国际一流企业开展竞争的能力；公司是国内企业中率先推出接收端射频模组系列产品的厂商，部分接收端模组产品性能指标可比肩国际先进水平。经过多年在射频前端应用领域的深耕与积累，公司建立了一支稳定高效、自主创新、拥有成熟完善管理体系的专业团队，涵盖了技术研发、市场销售、生产运营、品质管理、财务管理等各个方面，以公司创始人为核心的技术团队均于国内外一流大学或研究所取得博士或硕士学位，并曾供职国内外知名的芯片设计厂商，具备优秀的技术能力和丰富的产品开发经验。截至 2019 年年底，公司共计取得 62 项专利，其中国内专利 61 项（包含发明专利 50 项）、国际专利 1 项（该项为发明专利）；10 项集成电路布图设计。本报告期内，公司共申请发明专利 4 项；共取得发明专利 5 项（包含 1 项国际发明专利）、实用新型专利 5 项。

2019 年实现营业总收入 15.12 亿元，同比增速为 169.98%，实现归属于母公司净利润 4.97 亿元，同比增速为 206.27%。

（九）澜起科技

澜起科技成立于 2004 年，于 2019 年 7 月作为科创板首批上市企业登陆上海证券交易所，是国际领先的数据处理及互连芯片设计公司，为全球仅有的 3 家内存接口芯片供应商之一，致力于为云计算和人工智能领域提供高性能、低功耗的芯片解决方案，目前公司拥有互连类芯片和津速®服务器平台两大产品线。公司主要经营模式为 Fabless 模式，在该模式下企业仅需专注于从事产业链中的集成电路设计和营销环节，其余委托代工完成；由公司取得测试芯片成品销售给客户。公司的主营业务是为云计算和人工智能领域提供以芯片为基础的解决方案，目前主要产品包括内存接口，津速服务器 CPU 以及混合安全内存模组。公司发明的 DDR4 全缓冲“1 +9”架构被采纳为国际标准。现已成为全球可提供从 DDR2 到 DDR4 内存全缓冲/半缓冲完整解决方案的主要供应商之一，在内存接口芯片市场位列全球前二。

2019 年实现营业总收入 17.38 亿元，同比增速为 -1.13%，实现归属于母公司净利润 9.33 亿元，同比增速为 26.60%。

（十）兆易创新

兆易创新成立于 2005 年 4 月，是一家以中国为总部的全球化芯片设计公司。公司致力于各类存储器、控制器及周边产品的设计研发，已通过 SGS ISO9001 及 ISO14001 等管理体系的认证，在上海、合肥、中国香港设有全资子公司、在深圳设有分公司，在中国台湾地区设有办事处，并在韩国、美国、日本等地通过产品分销商为客户提供优质便捷的本地化服务。公司核心管理团队由来自世界各地的高级管理人员组成，每一位都曾在硅谷、韩国、台湾等各地著名IC企业工作多年，有着丰富的研发及管理经验。公司产品为NOR Flash、NAND Flash及MCU，广泛应用于手持移动终端、消费类电子产品、个人电脑及周边、网络、电信设备、医疗设备、办公设备、汽车电子及工业控制设备等各个领域。公司先后被评为“重大科技成果产业化突出贡献单位”“创新型试点企业”。截至2020年年底，公司已获得700项授权专利，其中包含656项中国专利、27项美国专利、9项欧洲国家专利。2020年公司共申请了67项国内外专利，新获得112项专利授权。此外，公司还拥有92项商标、20项集成电路布图、30项软件著作权以及11项非软件的版权登记。

2019年实现营业总收入32.03亿元，同比增速为42.62%，实现归属于母公司净利润6.07亿元，同比增速为49.85%。

（十一）紫光国微

紫光国微是紫光集团旗下半导体行业上市公司，专注于集成电路芯片设计开发领域，是目前国内领先的集成电路芯片设计和系统集成解决方案供应商。公司专注于集成电路芯片设计开发业务，是领先的集成电路芯片产品和解决方案提供商，产品及应用遍及国内外，在智能安全芯片、高稳定存储器芯片、安全自主FPGA、功率半导体器件、超稳晶体频率器件等核心业务领域已形成领先的竞争态势和市场地位。公司深耕集成电路相关领域多年，凭借持续的技术积累、市场拓展和精心构筑的产品质量体系，智能芯片、特种行业集成电路、存储器芯片、FPGA以及晶体等核心业务已形成业内领先的竞争优势，产品及应用遍及国内外。

2019年实现营业总收入34.30亿元，同比增速为39.54%，实现归属于母公司净利润4.06亿元，同比增速为16.61%。

（十二）紫光股份

紫光股份背靠紫光集团和清华大学，收购新华三后形成当前“云网”产业版图。1988年，清华大学科技开发总公司成立，是清华大学为加速科技成果产业化成立的第一家综合性校办企业。1993年，清华大学科技开发总公司更名为紫光集团。1999年，紫光集团发起设立紫光股份有限公司，同年11月成功上市。2002年，紫光进行了资产重组，调整后的紫光股份成为主营信息产业的高科技上市公司。2016年，紫光股份从惠普公司收购华三51%股权，并在北京成立新华三集团（简称“新华三”）。公司的核心业务基本覆盖IT服务的重要领域：硬件方面提供智能网络设备、存储系统、全系列服务器等为主的面向未来计算架构的先进装备。公司结合全球信息产业的发展趋势及自身优势业务的特点，将公司战略聚焦于IT服务领域，致力于打造一条完整而强大的“云—网—端”产业链，向云计算、移动互联网和大数据处理等信息技术的行业应用领域全面深入，并成为集现代信息系统研发、建设、运营、维护于一体的全产业链服务提供商。

2019 年实现营业总收入 540.99 亿元，同比增速为 11.92%，实现归属于母公司净利润 18.43 亿元，同比增速为 8.08%。

（十三）中科曙光

中科曙光成立于 2006 年，是在中国科学院大力推动下，以国家“863”计划重大科研成果为基础组建的国家高新技术企业。公司主要从事研究、开发、生产制造高性能计算机、通用服务器及存储产品，并围绕高端计算机提供软件开发、系统集成与技术服务。公司是国内高性能计算领域的领军企业。由曙光公司研发的“星云”高性能计算机在第 35 届全球超级计算机“TOP500”中以每秒系统峰值达三千万亿次（3PFlops）、每秒实测 Linpack 值达 1.271 千万亿次的速度，取得了全球第二的成绩，成为世界上第三台实测性能超千万亿次的超级计算机，再次向世界力证了“中国速度”。自成立以来，曙光公司始终倡导着“自主创新服务中国”的品牌理念，以全面、专业、增值的服务为广大中国用户提供良好的应用体验，曙光的硬件产品、解决方案、云计算服务已被广泛应用于政府、能源、互联网、教育、气象、医疗及公共事业等社会各个领域。

2019 年实现营业总收入 95.26 亿元，同比增速为 5.18%，实现归属于母公司净利润 5.94 亿元，同比增速为 37.86%。

（十四）京东方 A

京东方科技集团股份有限公司（BOE）创立于 1993 年 4 月，是一家为信息交互和人类健康提供智慧端口产品和专业服务的物联网公司。核心业务包括显示器件、智慧系统、健康服务。产品广泛应用于手机、平板电脑、笔记本电脑、显示器、电视、车载、数字信息显示、健康医疗、金融应用、可穿戴设备等领域。经过多年发展，京东方已成为全球半导体显示领域龙头，显示屏幕总出货量稳居全球第一，其中五大主流应用及多个创新应用市场占有率引领全球。2019 年全年公司新增专利申请超 9600 件，其中海外专利超 3600 件，柔性 AMOLED、传感、人工智能、大数据等重要领域专利申请超 4000 件；新增专利授权超 5000 件，其中海外专利授权超 2000 件；传感器、人工智能、大数据、医工融合等转型技术研发取得进展。截至 2019 年，京东方累计自主专利申请超 5.5 万件，累计授权专利超 2.7 万件。凭借在人工智能领域的积极研究和快速发展，京东方名列中国企业人工智能技术发明专利排行榜第 6 位。BOE（京东方）在北京、重庆、安徽合肥、四川成都、绵阳、福建福州、厦门、江苏苏州、内蒙古鄂尔多斯、河北固安等地拥有多个制造基地，在美国、德国、英国、法国、瑞士、日本、韩国、新加坡、印度、俄罗斯、巴西、阿联酋等多个国家和地区设有子公司，服务体系覆盖欧、美、亚、非等全球主要地区。

2019 年实现营业总收入 1160.60 亿元，同比增速为 19.51%，实现归属于母公司净利润 19.19 亿元，同比增速为

-44.15%。

（十五）浪潮信息

浪潮信息于1998年成立，2000年在A股上市，是中国领先的云计算、大数据服务商，业务涵盖云数据中心、云服务大数据、智慧城市、智慧企业等产业群组，为全球多个国家和地区提供IT产品和服务，全方位满足政府与企业信息化需求。公司凭借高端服务器、海量存储、云操作系统、信息安全技术为客户打造领先的云计算基础架构平台，基于浪潮政务、企业、行业信息化软件、终端产品和解决方案，全面支撑智慧政府、企业云、垂直行业云建设。公司是全国国家安全可靠计算机信息系统集成重点企业之一，自主研发的中国第一款关键应用主机浪潮K1使中国成为继美、日之后第三个掌握高端服务器核心技术的国家，荣获国家科技进步一等奖。公司以数据为核心，基于全球领先的云数据中心平台和云服务平台，打造平台生态型企业，携手合作伙伴构建数据社会化大生态，加快向云服务、大数据、智慧城市“新三大运营商”转型，致力于成为“云+数”新型互联网企业。

2019年实现营业总收入516.53亿元，同比增速为10.04%，实现归属于母公司净利润9.29亿元，同比增速为41.02%。

（十六）中航光电

中航光电成立于2002年，是中国专业从事高可靠光、电、流体连接器及相关设备的研发、生产、销售与服务，为军工防务及高端制造领域提供互连技术解决方案的高科技企业。公司主要产品包括电连接器、光器件及光电设备、线缆组件及集成产品、流体器件及液冷设备等，广泛应用于航空、航天等防务领域以及通信与数据传输、新能源汽车、轨道交通、消费类电子、工业、能源、医疗、智能装备与机器人等民用高端制造领域。产品远销欧洲、美国、以色列、澳大利亚、韩国、印度等海外30多个国家和地区。

2019年实现营业总收入91.59亿元，同比增速为17.18%，实现归属于母公司净利润10.71亿元，同比增速为12.56%。

（十七）大华股份

大华股份是全球领先的以视频为核心的智慧物联解决方案提供商和运营服务商，以技术创新为基础，提供端到端的视频监控解决方案、系统及服务，为城市运营、企业管理、个人消费者生活创造价值。公司持续探索新兴业务，延展了机器视觉、视频会议系统、专业无人机、智慧消防、电子车牌、RFID及机器人等新兴视频物联业务。公司的营销和服务网络覆盖全球，在国内多个省市设立多个办事处，在亚太、北美、欧洲、非洲等地建立境外分支机构，为客户提供快速、优质服务。产品覆盖全球多国家和地区，广泛应用于公安、交管、消防、金融、零售、能源等关键领域，并参与了中国国际进口博览会、G20杭州峰会、里约奥运会、厦门金砖国家峰会、老挝东盟峰会、上海世博会、广州亚运会、珠港澳大桥等重大工程项目。

2019 年实现营业总收入 261.49 亿元，同比增速为 10.50%，实现归属于母公司净利润 31.88 亿元，同比增速为 26.04%。

（十八）歌尔股份

歌尔股份成立于 2001 年，与 2008 年成功登陆 A 股上市。公司主要从事声学、传感器、光电、3D 封装模组等精密零组件，以及虚拟/增强现实、智能穿戴、智能音频、机器人等智能硬件的研发、制造和品牌营销。目前已在多个领域建立了全球领先的综合竞争力。自上市以来，歌尔保持高速成长，年复合增长率达 40% 以上。秉持一站式服务为客户创造更大价值的理念，歌尔深耕产业价值链上下游，已与消费电子领域的国际一流客户达成稳定、紧密、长期的战略合作关系。从上游精密元器件、模组，到下游的智能硬件，从模具、注塑、表面处理，到高精度自动线的自主设计与制造，歌尔打造了在价值链高度垂直整合的精密加工与智能制造的平台，为客户提供全方位服务。歌尔研发布局全球，在美国、日本、韩国、丹麦、瑞典、北京、青岛、深圳、上海、南京、中国台湾等地分别设立了研发中心，以声光电为主要技术方向，通过集成跨领域技术提供系统化整体解决方案。

2019 年实现营业总收入 351.48 亿元，同比增速为 47.99%，实现归属于母公司净利润 12.81 亿元，同比增速为 47.58%。

（十九）航天信息

航天信息成立于 2000 年，于 2003 年于上海交易所上市。公司主要从事专网通信产品、通信光纤、光缆、通信硅管、量子保密通信等产品的研发、生产与销售，布局军用民用通信、信息安全等领域。公司专网通信业务为政府与公共安全、军队等特定部门提供网络通信综合解决方案。公司量子保密通信产品通过量子保密技术及安全策略，全面提升数据通信的安全性。公司依托航天的技术优势、人才优势和组织大型工程的丰富经验，重点聚焦 IT 民用领域，业务领域涉及政府及行业信息化，重点发展税务、政务、公安、交通、金融、广电、教育等行业的信息化市场，并积极拓展企业的信息化市场。公司通过了 ISO9000 质量管理体系认证、ISO14000 环境体系认证、CMMI5 级评估等，具备计算机系统集成一级资质、安全技术防范一级资质、专项工程设计甲级资质以及国家密码产品开发生产许可资质等，承担了“金税工程”“金盾工程”“金卡工程”等国家重点工程，是国家大型信息化工程和电子政务领域的主力军。

2019 年实现营业总收入 339.04 亿元，同比增速为 21.35%，实现归属于母公司净利润 14.25 亿元，同比增速为 -11.93%。

四、上市公司在行业中的影响力

2019 年计算机、通信和其他电子设

备制造业总资产规模达到 112957.94 亿元，较 2018 年增加 11.16%；其中全行业上市公司资产总额为 34271.11 亿元，2019 年可比样本较 2018 年增长 7.29%，上市公司资产总额占行业资产总额的 30.34%。

2019 年计算机、通信和其他电子设备制造业营业收入规模达到 111872.90 亿元，较 2018 年增长 3.89%；其中全行业上市公司营业收入 24468.13 亿元，2019 年可比样本较 2018 年增长 5.59%，上市公司营业收入占行业营业收入总额的 21.87%。

2019 年计算机、通信和其他电子设备制造业利润规模达到 5373.63 亿元，较 2018 年增长 12.40%；其中全行业上市公司利润为 962.30 亿元，2019 年可比样本较 2018 年下降 3.00%，上市公司利润总额占行业利润总额的 17.91%。

审稿人：朱卫华

撰稿人：鄢　凡　程　鑫

仪器仪表制造业

一、仪器仪表制造业总体概况

2019 年，中国仪器仪表行业运行情况不佳，全行业实现销售收入 7242.6 亿元，同比下滑 11.75%，实现利润总额为 700.4 亿元，同比下滑 10.26%，利润率为 9.67%，较 2018 年提升 0.02 个百分点。同时，出口也出现较大幅度下滑，行业出口交货值为 1194.6 亿元，同比下滑 7.78%，出口交货值占行业收入的比重为 16.49%，比 2018 年提升了 0.48 个百分点。

从费用情况来看，2019 年，仪器仪表行业期间费用总计 879.1 亿元，期间费用率为 12.14%，同比下降 1.43 个百分点。其中，营业费用为 387.5 亿元，营业费用率为 5.35%，同比上升 0.66 个百分点；管理费用为 451.6 亿元，管理费用率为 6.24%，同比下降 2.1 个百分点；财务费用为 40.0 亿元，财务费用率为 0.55%，同比上升 0.02 个百分点。

从偿债能力来看，截至 2019 年 12 月 31 日，仪器仪表行业总资产为 9706.6 亿元，同比下降 1.29%，总负债为 4415.6 亿元，同比增长 0.84%，资产负债率为 45.49%，较 2018 年年末上升了 0.96 个百分点。

二、行业内上市公司发展概况

（一）行业内上市公司基本情况

表 1　　2019 年仪器仪表制造业上市公司发行股票概况

门　类	A、B 股总数（家）	A 股股票数（家）	B 股股票数（家）	境内总市值（亿元）	流通 A 股市值（亿元）	流通 B 股市值（亿元）
仪器仪表制造业	48	48	0	2055.39	1435.97	0.00
占沪深两市比重（%）	1.24	1.24	0.00	0.35	0.30	0.00

资料来源：沪深交易所，同花顺。

（二）行业内上市公司构成情况

表 2　　2019 年仪器仪表制造业上市公司构成情况

门　类	沪市			深市			ST/*ST
	仅 A 股	仅 B 股	A+B 股	仅 A 股	仅 B 股	A+B 股	
仪器仪表制造业（家）	10	0	0	38	0	0	0/0
占行业内上市公司比重（%）	20.83	0.00	0.00	79.17	0.00	0.00	0.00/0.00

资料来源：沪深交易所，同花顺。

（三）行业内上市公司融资情况

表 3　　2019 年仪器仪表制造业上市公司与沪深两市融资情况对比　　单位：家

门　类	融资家数	新股	增发	配股
仪器仪表制造业	6	4	2	0
沪深两市总数	427	203	215	9
占比（%）	1.41	1.97	0.93	0.00

资料来源：沪深交易所，同花顺。

其中，首发的 2 家公司在沪市主板上市，1 家在科创板上市，1 家在创业板上市；增发的 1 家公司都在深市创业板，1 家公司在上市主板。

从融资效果来看，上述公司实际发行数量为 18944.75 万股；实际募集资金 40.36 亿元。

2019 年仪器仪表制造业上市公司融资情况明细见附录。

（四）行业内上市公司资产及业绩情况

表 4　　2019 年仪器仪表制造业上市公司资产情况　　单位：亿元

指　标	2019 年	2019 年可比样本增长（%）	2018 年	2018 年可比样本增长（%）	2017 年
总资产	1314.78	5.31	1205.24	7.08	1275.20
流动资产	802.41	7.21	718.95	8.04	722.77
占比（%）	61.03	1.08	59.65	0.53	56.68
非流动资产	512.37	2.46	486.29	5.69	552.43
占比（%）	38.97	-1.08	40.35	-0.53	43.32
流动负债	404.93	5.76	370.49	15.48	358.98
占比（%）	30.80	0.13	30.74	2.24	28.15
非流动负债	139.34	1.47	139.73	9.75	151.24
占比（%）	10.60	-0.40	11.59	0.28	11.86
归属于母公司股东权益	749.60	6.16	672.83	2.59	740.18
占比（%）	57.01	0.46	55.83	-2.44	58.04

资料来源：沪深交易所，同花顺。

表 5　　2019 年仪器仪表制造业上市公司收入实现情况　　单位：亿元

指　标	2019 年	2019 年可比样本增长（%）	2018 年	2018 年可比样本增长（%）	2017 年
营业收入	544.01	9.17	465.87	8.84	469.70
利润总额	44.92	0.24	37.87	-48.29	83.84
归属于母公司所有者的净利润	37.73	9.65	28.43	-52.80	69.01

资料来源：沪深交易所，同花顺。

（五）利润分配情况

2019 年全年仪器仪表制造业上市公司中共有 37 家公司实施了分红配股。其中，9 家上市公司实施送股或转增股，37 家上市公司实施派息。

2019 年仪器仪表制造业上市公司分红明细见附录。

（六）其他财务指标情况

1. 盈利能力指标

表 6　　2019 年仪器仪表制造业上市公司盈利能力情况

指　标	2019 年	2019 年可比样本变动	2018 年	2018 年可比样本变动	2017 年
毛利率（%）	38.51	0.54	38.03	-1.12	40.33
净资产收益率（%）	5.03	0.16	4.23	-4.96	9.32
销售净利率（%）	6.72	-0.59	6.54	-8.14	15.23
资产净利率（%）	2.85	-0.17	2.61	-3.53	6.27

资料来源：沪深交易所，同花顺。

2. 偿债能力指标

表 7　　2019 年仪器仪表制造业上市公司偿债能力指标

指　标	2019 年	2019 年可比样本变动	2018 年	2018 年可比样本变动	2017 年
流动比率	1.98	0.03	1.94	-0.13	2.01
速动比率	1.64	0.01	1.63	-0.14	1.72
资产负债率（%）	41.40	-0.27	42.33	2.52	40.01

资料来源：沪深交易所，同花顺。

3. 营运能力指标

表 8　　2019 年仪器仪表制造业上市公司营运能力情况　　单位：次

营运能力指标	2019 年	2019 年可比样本变动	2018 年	2018 年可比样本变动	2017 年
存货周转率	2.55	-0.17	2.69	-0.23	2.92
应收账款周转率	2.45	0.11	2.26	-0.10	2.36
流动资产周转率	0.70	0.01	0.67	-0.03	0.71
固定资产周转率	2.46	0.13	2.22	-0.07	2.42
总资产周转率	0.42	0.01	0.40	-0.02	0.41
净资产周转率	0.73	0.03	0.68	-0.01	0.67

资料来源：沪深交易所，同花顺。

三、重点上市公司介绍

（一）埃斯顿

南京埃斯顿自动化股份有限公司自成立以来始终专注于高端智能机械装备及其核心控制和功能部件研发、生产和销售，主要产品包括应用于金属成形机床的数控系统、电液伺服系统、广泛适用于各种机械装备的交流伺服系统，以及工业机器人及成套设备等。

公司系高新技术企业、江苏省创新型企业，先后承担了江苏省科技成果转化专项资金项目“高速高精度全数字交流伺服系统关键共性技术及产品开发”和“基于自主核心部件的工业机器人及成套设备研发和产业化”、江苏省首台套重大装备项目“ER 系列工业机器人创新开发和深度应用”、863 计划重大专项“工业机器人伺服驱动器和电机开发”和“面向机械加工、锻压、焊接等作业需求的经济型机械加工机器人及集成应用”、工信部高档数控机床与基础制造装备科技重大专项之“高档数控锻压设备专用数控系统开发与应用”项目等省级或国家级重大项目。经相关部门批准，公司已成立“江苏省交流伺服系统工程技术研究中心”“南京市锻压机械数控系统工程技术研究中心”和“南京市电液控制系统工程技术研究中心”三大研究中心。2013年12月，公司技术中心被江苏省经信委、发改委、科技厅等7部门联合认定为省级企业技术中心。公司被国家标委会指定为“全国锻压机械标准化技术委员会控制和功能部件工作组”承担单位，独家或牵头承担了多项数控设备和数控系统国家或行业标准的制定工作。

2019年，公司实现营业收入14.21亿元，同比下滑2.71%，实现归母净利润0.66亿元，同比下滑35.04%，每股收益0.08元，扣除非经常性损益后归属母公司净利润为0.27亿元，对应每股收益为0.08元。

（二）林洋能源

江苏林洋能源股份有限公司主要从事智能、节能、新能源三个板块业务，公司智能板块主营产品覆盖智能电表、用电信息采集终端、用电信息管理系统及AMI（先进计量体系架构）解决方案、低压智能断路器、智能配电产品及相关解决方案、电力运维服务、微电网及储能系统、电力物联网智能终端及解决方案等；公司新能源板块主营业务为开发、投资、设计、建设、运营及服务各类分布式光伏电站，包括大中小型工商业屋顶电站、地面分布式光伏电站、光伏建筑一体化、光充储微网等；公司节能板块主要业务为综合能源服务业务，该业务板块依托林洋智慧能效管理云平台，为用户提供定制的一站式综合能源服务解决方案，包括LED节能照明改造、分布式光伏发电及储能微网、清洁高效电供暖、电能质量治理、工业设备节能改造等。“林洋”商标被认定为中国驰名商标，在国内外享有了较高的知名度。并取得了中国名牌产品、国家级重点高新技术企业、国家认定企业技术中心、国家首批知识产权优势企业、国家能效管理标准制定者、中国百强民营企业、中国电子信息百强企业、全国质量稳定合格产品等荣誉称号。

2019年，公司实现营业收入33.59亿元，同比下滑16.36%，实现归母净利润7.00亿元，同比下滑9.9.%，每股收益0.40元，扣除非经常性损益后归属母公司净利润为6.79亿元，对应每股收益为0.39元。

四、上市公司在行业中的影响力

2019年仪器仪表制造业总资产规模达到9706.60亿元，较2018年下降1.29%；其中全行业上市公司资产总额为1314.78亿元，2019年可比样本较2018年增长9.09%，上市公司资产总额占行业资产总额的13.55%，上市公司表现优于行业。

2019年仪器仪表制造业营业收入规模达到7242.60亿元，较2018年下降10.49%；其中全行业上市公司营业收入为544.01亿元，2019年可比样本较2018年增长16.77%，上市公司营业收入占行业营业收入总额的7.51%，上市公司表现优于行业平均水平。

2019年仪器仪表制造业利润规模达到700.4亿元，较2018年下降10.26%；其中全行业上市公司利润为44.92亿元，2019年可比样本较2018年增加18.62%，上市公司利润总额占行业利润总额的6.41%，上市公司表现优于行业平均水平。

审稿人：朱卫华

撰稿人：刘　荣　邬熙哲

其他制造业

一、其他制造业总体概况

根据国家统计局数据，2019年其他制造业合计实现营业收入1633.80亿元，同比下降2.47%；实现利润总额90.80亿元，同比增长0.67%；行业毛利率水平为15.98%，较2018年同期提升0.92个百分点，行业整体盈利能力保持稳定。

二、行业内上市公司发展概况

（一）行业内上市公司基本情况

表1　　2019年其他制造业上市公司发行股票概况

门　类	A、B股总数（家）	A股股票数（家）	B股股票数（家）	境内总市值（亿元）	流通A股市值（亿元）	流通B股市值（亿元）
其他制造业	20	19	1	747.93	509.07	47.26
占沪深两市比重（%）	0.52	0.49	0.03	0.13	0.11	3.60

资料来源：沪深交易所，同花顺。

（二）行业内上市公司构成情况

表2　　2019年其他制造业上市公司构成情况

门　类	沪市			深市			ST/*ST
	仅A股	仅B股	A+B股	仅A股	仅B股	A+B股	
其他制造业（家）	8	0	1	10	0	0	0/2
占行业内上市公司比重（%）	42.11	0.00	5.26	52.63	0.00	0.00	0.00/10.53

资料来源：沪深交易所，同花顺。

（三）行业内上市公司融资情况

表 3　　2019 年其他制造业上市公司与沪深两市融资情况对比　　单位：家

门　类	融资家数	新股	增发	配股
其他制造业	0	0	0	0
沪深两市总数	427	203	215	9
占比（%）	0.00	0.00	0.00	0.00

资料来源：沪深交易所，同花顺。

2019 年其他制造业上市公司未有融资事项。

2019 年其他制造业上市公司融资情况明细见附录。

（四）行业内上市公司资产及业绩情况

表 4　　2019 年其他制造业上市公司资产情况　　单位：亿元

指　标	2019 年	2019 年可比样本增长（%）	2018 年	2018 年可比样本增长（%）	2017 年
总资产	1014.22	-10.16	1223.90	-5.88	1323.54
流动资产	747.42	-5.89	818.51	-5.29	868.27
占比（%）	73.69	3.34	66.88	0.41	65.60
非流动资产	266.79	-20.29	405.39	-7.04	455.27
占比（%）	26.30	-3.34	33.12	-0.41	34.40
流动负债	600.15	2.14	611.61	13.62	534.78
占比（%）	59.17	7.12	49.97	8.58	40.41
非流动负债	105.30	-19.44	142.75	-32.44	207.66
占比（%）	10.38	-1.20	11.66	-4.59	15.69
归属于母公司股东权益	293.25	-24.95	428.93	-17.53	550.61
占比（%）	28.91	-5.70	35.05	-4.95	41.60

资料来源：沪深交易所，同花顺。

表 5　　2019 年其他制造业上市公司收入实现情况　　单位：亿元

指　标	2019 年	2019 年可比样本增长（%）	2018 年	2018 年可比样本增长（%）	2017 年
营业收入	841.80	-20.98	1091.79	-1.47	1117.17
利润总额	-87.02	-1.50	-92.19	-233.53	72.73
归属于母公司所有者的净利润	-98.50	-11.58	-96.16	-303.26	50.78

资料来源：沪深交易所，同花顺。

（五）利润分配情况

2019年全年其他制造业上市公司中共有11家公司实施了分红配股。其中，2家上市公司实施送股或转增股，11家上市公司实施派息，0家公司既实施了送股、转增又实施了派息。

2019年其他制造业上市公司分红明细见附录。

（六）其他财务指标情况

1. 盈利能力指标

表6　　2019年其他制造业上市公司盈利能力情况

指　标	2019年	2019年可比样本变动	2018年	2018年可比样本变动	2017年
毛利率（%）	12.79	2.88	10.81	-2.95	13.85
净资产收益率（%）	-33.59	-11.00	-22.42	-31.52	9.22
销售净利率（%）	-11.54	-3.29	-8.68	-13.56	5.14
资产净利率（%）	-9.07	-1.68	-7.51	-11.96	4.67

资料来源：沪深交易所，同花顺。

2. 偿债能力指标

表7　　2019年其他制造业上市公司偿债能力指标

指　标	2019年	2019年可比样本变动	2018年	2018年可比样本变动	2017年
流动比率	1.25	-0.11	1.34	-0.27	1.62
速动比率	0.60	-0.10	0.71	-0.14	0.88
资产负债率（%）	69.56	5.92	61.64	3.99	56.09

资料来源：沪深交易所，同花顺。

3. 营运能力指标

表8　　2019年其他制造业上市公司营运能力情况　　单位：次

营运能力指标	2019年	2019年可比样本变动	2018年	2018年可比样本变动	2017年
存货周转率	1.91	-0.55	2.48	-0.20	2.73
应收账款周转率	6.23	-1.24	7.40	-1.33	8.71
流动资产周转率	1.09	-0.21	1.30	-0.09	1.40
固定资产周转率	11.99	-4.04	15.41	-2.23	20.27
总资产周转率	0.79	-0.11	0.87	-0.05	0.91
净资产周转率	2.34	0.03	2.14	-0.02	2.06

资料来源：沪深交易所，同花顺。

三、重点上市公司介绍

老凤祥

老凤祥主要从事黄金珠宝首饰、工艺美术品、笔类文具制品的生产经营及销售，主营业务涵盖三大产业，一是以“老凤祥”商标为代表的黄金珠宝首饰产业；二是以“工美”知名品牌为代表的工艺美术品产业；三是以“中华”商标为代表的笔类文具用品产业。公司集科工贸于一体、产供销于一身，拥有完整的产业链、多元化的产品线，拥有3000多个销售网点，多家黄金、珠宝首饰专业加工厂、子公司，东莞生产基地以及研究所、博物馆、典当行、拍卖行等；销售覆盖率达全国的90%以上。

2019年，公司实现营业收入496.29亿元，同比增长13.35%；归属于上市公司股东的净利润为14.08亿元，同比增长16.89%；实现每股收益2.69元。毛利率为8.47%，同比提升0.23个百分点；销售净利率3.69%，同比提升0.12个百分点；净资产收益率20.06%，同比提升0.60个百分点。

2019年年末，公司的资产负债率为51.45%，同比下降0.86个百分点。

四、上市公司在行业中的影响力

从行业整体情况来看，2019年行业总资产、营业收入、利润总额分别为1401.90亿元、1633.80亿元，上市公司占比分别为72.35%、51.52%。在行业总体情况中占比较大，对行业具有较大影响力。

审稿人：朱卫华

撰稿人：刘　丽　宋盈盈

废弃资源综合利用业

一、废弃资源综合利用业总体概况

截至2019年，废弃资源综合利用行业标准包括供销、国内贸易、纺织、有色金属、轻工、化工、出入境检验检疫等行业。这些标准包括基础标准、回收及分拣标准、加工及技术标准、再生产品标准、环保标准、安全标准九大子类。

根据国家统计局数据，截至2019年12月，中国废弃资源综合利用企业数量为1907个，同比增长11.5%。国有企业数量为97个，比2018年增加31个；私营企业数量为1258个，比2018年增加281个；外商投资和港澳台商投资企业数量为 99 个，比 2018 年减少 22 个。中国废弃资源综合利用资产达 3156.84 亿元，同比增长 27.8%。

废弃资源综合利用业企业合计实现营业收入 4576.7 亿元，同比增长 8.8%；实现利润总额 237.4 亿元，同比增长 5.1%。

国家统计局发布的细分行业企业景气指数中，2019 年四季度废弃资源综合利用业企业景气指数为 129.2，较 2018 年四季度的 113.4 有所上升。

二、行业内上市公司发展概况

（一）行业内上市公司基本情况

表 1　　2019 年废弃资源综合利用业上市公司发行股票概况

门　类	A、B 股总数（家）	A 股股票数（家）	B 股股票数（家）	境内总市值（亿元）	流通 A 股市值（亿元）	流通 B 股市值（亿元）
废弃资源综合利用业	8	7	1	451.76	376.29	1.69
占沪深两市比重（%）	0.21	0.18	0.03	0.08	0.08	0.13

资料来源：沪深交易所，同花顺。

（二）行业内上市公司构成情况

表 2　　2019 年废弃资源综合利用业上市公司构成情况

门　类	沪市			深市			ST/*ST
	仅 A 股	仅 B 股	A+B 股	仅 A 股	仅 B 股	A+B 股	
废弃资源综合利用业（家）	2	0	1	4	0	0	0/2
占行业内上市公司比重（%）	28.57	0.00	14.29	57.14	0.00	0.00	0.00/28.57

资料来源：沪深交易所，同花顺。

（三）行业内上市公司融资情况

表 3　　2019 年废弃资源综合利用业上市公司与沪深两市融资情况对比　　单位：家

门　类	融资家数	新股	增发	配股
废弃资源综合利用业	2	2	0	0
沪深两市总数	463	203	251	9
占比（%）	0.43	0.99	0.00	0.00

资料来源：沪深交易所，同花顺。

其中，首发的2家公司中，1家在科创板上市，1家在创业板上市；2019年废弃资源综合利用业无增发的公司。

按行业大类划分，进行融资的有2家公司。

从融资效果来看，惠城环保实际发行数量为2500万股，实际募集资金3.4亿元；卓越新能实际发行数量为3000万股，实际募集资金12.88亿元，基本完成了融资计划。

2019年废弃资源综合利用业上市公司融资情况明细见附录。

（四）行业内上市公司资产及业绩情况

表4　　2019年废弃资源综合利用业上市公司资产情况　　单位：亿元

指　标	2019年	2019年可比样本增长（%）	2018年	2018年可比样本增长（%）	2017年
总资产	485.75	2.25	462.25	-2.94	476.88
流动资产	246.86	-1.30	245.18	-4.07	256.23
占比（%）	50.82	-1.82	53.04	-0.63	53.73
非流动资产	238.89	6.18	217.07	-1.62	220.65
占比（%）	49.18	1.82	46.96	0.63	46.27
流动负债	229.11	7.99	208.92	6.19	196.46
占比（%）	47.17	2.51	45.20	3.89	41.20
非流动负债	68.27	-10.96	75.75	-5.52	80.17
占比（%）	14.05	-2.08	16.39	-0.45	16.81
归属于母公司股东权益	175.47	0.38	166.14	-11.81	189.28
占比（%）	36.12	-0.67	35.94	-3.61	39.69

资料来源：沪深交易所，同花顺。

表5　　2019年废弃资源综合利用业上市公司收入实现情况　　单位：亿元

指　标	2019年	2019年可比样本增长（%）	2018年	2018年可比样本增长（%）	2017年
营业收入	236.46	-0.73	224.58	14.07	195.10
利润总额	-4.94	78.74	-25.80	-206.79	25.88
归属于母公司所有者的净利润	-8.32	70.48	-30.60	-263.56	20.37

资料来源：沪深交易所，同花顺。

（五）利润分配情况

2019年全年废弃资源综合利用业上市公司中共有4家公司实施了分红配股。其中，无上市公司实施送股或转增股，5家上市公司实施派息，0家上市公司既实施送股、转增，又实施了派息。

2019年废弃资源综合利用业上市公

司分红明细见附录。

（六）其他财务指标情况

1. 盈利能力指标

表 6　　2019 年废弃资源综合利用业上市公司盈利能力情况

指　标	2019 年	2019 年可比样本变动	2018 年	2018 年可比样本变动	2017 年
毛利率（%）	22.70	-1.08	23.90	-4.78	29.13
净资产收益率（%）	-4.74	11.38	-18.42	-28.35	10.76
销售净利率（%）	-3.27	7.98	-13.01	-23.29	11.23
资产净利率（%）	-1.61	3.95	-6.23	-10.86	5.01

资料来源：沪深交易所，同花顺。

2. 偿债能力指标

表 7　　2019 年废弃资源综合利用业上市公司偿债能力指标

指　标	2019 年	2019 年可比样本变动	2018 年	2018 年可比样本变动	2017 年
流动比率	1.08	-0.10	1.17	-0.13	1.30
速动比率	0.78	-0.05	0.83	-0.08	0.92
资产负债率（%）	61.22	0.42	61.58	3.44	58.01

资料来源：沪深交易所，同花顺。

3. 营运能力指标

表 8　　2019 年废弃资源综合利用业上市公司营运能力情况　　单位：次

营运能力指标	2019 年	2019 年可比样本变动	2018 年	2018 年可比样本变动	2017 年
存货周转率	2.59	0.21	2.29	0.26	2.02
应收账款周转率	3.35	-0.20	3.41	0.02	3.30
流动资产周转率	0.95	0.02	0.90	0.04	0.85
固定资产周转率	2.30	-0.20	2.18	0.01	2.15
总资产周转率	0.49	0.00	0.48	0.03	0.45
净资产周转率	1.26	0.05	1.19	0.14	1.04

资料来源：沪深交易所，同花顺。

三、重点上市公司介绍

中再资环

中再资源环境股份有限公司为中华全国供销合作总社旗下中国再生资源开发有限公司的控股公司，主营业务为废弃电器电子产品的回收与拆解处理和产业园区固体废弃物一体化处置，主要产品为废弃电器电子产品拆解物。公司回收废弃电器电子产品，对其进行拆解、分拣和部分深加工，将其中可利用的二次资源出售获取部分收入。

截至2019年，公司主营业务为废电的回收与拆解处理和产业园区固体废弃物一体化处置。公司所属行业为废弃资源综合利用业。下属12家子公司，其中：11家全资子公司，1家控股子公司。10家子（孙）公司主营废电的回收与拆解处理，一家子公司主营产业园区固体废弃物一体化处置，一家子公司主营废电的回收。

根据国家《废弃电器电子产品回收处理管理条例》（国务院令第551号）的规定，国家对废电处理实行资格许可制度。设区的市级人民政府生态环境主管部门审批废电处理企业资格。国家建立废弃电器电子产品处理基金，用于废电回收处理费用的补贴。电器电子产品生产者、进口电器电子产品的收货人或者其代理人应当按照规定履行废弃电器电子产品处理基金的缴纳义务。

2019年公司持续密切关注废弃资源综合利用行业市场变化，紧抓行业机遇，继续聚焦废电回收拆解处理业务，深耕废电回收与拆解处理细分行业，结合废电处理基金补贴标准，适时优化处理品种结构，运用生产经营动态调整机制，科学调配和优化公司资源配置，不断深化生产经营过程管控，加大废电拆解物的深度精细化处理力度，提高产品附加值，适时加大产品销售力度，有效盘活存量资产，提高存货周转率，加大融资工作力度，克服流动资金紧张的困难，在保障现金流平衡和规范拆解处理的基础上，降本增效，适度释放废电拆解处理产能，稳步提升废电营业收入，实现废电处理业务的适度增长，进一步巩固了公司在国内废电处理行业的龙头企业地位。

公司2019年度实现营业收入32.72亿元，同比增加1.36亿元；发生营业成本22.53亿元，同比增加1.23亿元；实现利润总额5.00亿元，同比增加0.99亿元；实现净利润4.06亿元，同比增加0.84亿元；实现归属于母公司所有者的净利润4.02亿元，同比增加0.86亿元。报告期末，公司资产负债率68.13%，较期初降低1.06个百分点。

四、上市公司在行业中的影响力

废弃资源综合利用业公司普遍偏小。2019年，7家上市公司总资产合计485.75亿元，营业收入合计236.46亿元，利润总额合计-4.94亿元。上市公司的总资产规模在行业中占比较高，但盈利能力仍有待提高。

审稿人：吕　梁

撰稿人：方曼乔

电力、热力、燃气及水生产和供应业

一、电力、热力、燃气及水生产和供应业总体概况

2019 年，电力、热力、燃气及水生产和供应业发展较为平稳。根据国家统计局的数据，2019 年，全国发电量 75034.3 亿千瓦时，同比增长 4.7%；全国火电发电量 52201.5 亿千瓦时，同比增长 2.4%；水电发电量 13044.4 亿千瓦时，同比增长 5.9%；核电发电量 3483.5 亿千瓦时，同比增长 18.3%。

2019 年，全社会用电量 72255 亿千瓦时，同比增长 4.5%。分产业看，第一产业用电量 780 亿千瓦时，同比增长 4.5%，占全社会用电量的比例为 1.1%；第二产业用电量 49362 亿千瓦时，同比增长 3.1%，占全社会用电量的比例为 68.3%，比上年降低 0.9 个百分点；第三产业用电量 11863 亿千瓦时，同比增长 9.5%，占全社会用电量的比例为 16.4%。城乡居民生活用电量 10250 亿千瓦时，同比增长 5.7%，占全社会用电量的比例为 14.2%，对全社会用电量增长的贡献为 17.9%。

二、行业内上市公司发展概况

（一）行业内上市公司基本情况

表 1　　2019 年电力、热力、燃气及水生产和供应业上市公司发行股票概况

门　类	A、B 股总数（家）	A 股股票数（家）	B 股股票数（家）	境内总市值（亿元）	流通 A 股市值（亿元）	流通 B 股市值（亿元）
电力、热力、燃气及水生产和供应业	115	111	4	18646.59	15468.81	34.32
占沪深两市比重（%）	2.98	2.88	0.10	3.14	3.21	2.62

资料来源：沪深交易所，同花顺。

（二）行业内上市公司构成情况

表 2　　2019 年电力、热力、燃气及水生产和供应业上市公司构成情况

门　类	沪市			深市			ST/*ST
	仅 A 股	仅 B 股	A+B 股	仅 A 股	仅 B 股	A+B 股	
电力、热力、燃气及水生产和供应业（家）	62	0	2	45	0	2	1/5
占行业内上市公司比重（%）	55.86	0.00	1.80	40.54	0.00	1.80	0.90/4.50

资料来源：沪深交易所，同花顺。

（三）行业内上市公司融资情况

表 3　2019 年电力、热力、燃气及水生产和供应业上市公司与沪深两市融资情况对比　单位：家

门类	融资家数	新股	增发	配股
电力、热力、燃气及水生产和供应业	11	2	9	0
沪深两市总数	427	203	215	9
占比（%）	2.58	0.99	4.19	0.00

资料来源：沪深交易所，同花顺。

其中，首发的 2 家公司均在主板上市；增发的 9 家公司中，有 6 家沪市、1 家深市及 2 家中小板公司。

按行业大类划分，进行融资的 11 家公司中，水的生产和供应业 2 家，燃气生产和供应业 3 家，电力、热力生产和供应业 6 家，分别占比 18%、27%、55%。

从融资效果来看，上述公司实际发行数量为 843953.33 万股；实际募集资金 300.76 亿元，基本完成了融资计划。

2019 年电力、热力、燃气及水生产和供应业上市公司融资情况明细见附录。

（四）行业内上市公司资产及业绩情况

表 4　2019 年电力、热力、燃气及水生产和供应业上市公司资产情况　单位：亿元

指　标	2019 年	2019 年可比样本增长（%）	2018 年	2018 年可比样本增长（%）	2017 年
总资产	47838.21	4.22	40423.46	5.05	38021.30
流动资产	7841.66	8.22	6061.15	10.90	5507.19
占比（%）	16.39	0.61	14.99	0.79	14.48
非流动资产	39996.55	3.47	34362.31	4.09	32514.11
占比（%）	83.61	-0.61	85.01	-0.79	85.52
流动负债	12549.20	0.80	11087.03	3.97	10567.08
占比（%）	26.23	-0.89	27.43	-0.29	27.79
非流动负债	17657.32	1.52	15146.17	4.24	14281.92
占比（%）	36.91	-0.98	37.47	-0.29	37.56
归属于母公司股东权益	13907.61	9.36	11687.72	6.06	10928.90
占比（%）	29.07	1.36	28.91	0.27	28.74

资料来源：沪深交易所，同花顺。

表 5　　2019 年电力、热力、燃气及水生产和供应业上市公司收入实现情况　　单位：亿元

指　标	2019 年	2019 年可比样本增长（%）	2018 年	2018 年可比样本增长（%）	2017 年
营业收入	13726.71	7.53	11541.81	11.34	10077.82
利润总额	1539.26	10.25	1185.32	16.39	1060.95
归属于母公司所有者的净利润	942.97	5.44	794.38	15.58	713.06

资料来源：沪深交易所，同花顺。

（五）利润分配情况

2019 年全年电力、热力、燃气及水生产和供应业上市公司中共有 83 家公司实施了分红配股。其中，5 家上市公司实施送股或转增股，83 家上市公司实施派息，0 家公司既实施了送股、转增又实施了派息。

2019 年电力、热力、燃气及水生产和供应业上市公司分红明细见附录。

（六）其他财务指标情况

1. 盈利能力指标

表 6　　2019 年电力、热力、燃气及水生产和供应业上市公司盈利能力情况

指　标	2019 年	2019 年可比样本变动	2018 年	2018 年可比样本变动	2017 年
毛利率（%）	22.37	1.64	19.99	0.27	20.06
净资产收益率（%）	6.78	-0.25	6.80	0.56	6.52
销售净利率（%）	8.86	0.00	8.24	0.47	8.38
资产净利率（%）	2.59	0.02	2.41	0.25	2.28

资料来源：沪深交易所，同花顺。

2. 偿债能力指标

表 7　　2019 年电力、热力、燃气及水生产和供应业上市公司偿债能力指标

指　标	2019 年	2019 年可比样本变动	2018 年	2018 年可比样本变动	2017 年
流动比率	0.62	0.04	0.55	0.03	0.52
速动比率	0.54	0.05	0.47	0.03	0.45
资产负债率（%）	63.14	-1.87	64.90	-0.58	65.36

资料来源：沪深交易所，同花顺。

3. 营运能力指标

表 8　2019 年电力、热力、燃气及水生产和供应业上市公司营运能力情况　单位：次

营运能力指标	2019 年	2019 年可比样本变动	2018 年	2018 年可比样本变动	2017 年
存货周转率	10.17	0.21	12.10	0.38	11.57
应收账款周转率	7.05	-0.62	7.50	-0.59	8.10
流动资产周转率	1.82	-0.10	2.00	0.00	1.93
固定资产周转率	0.51	-0.01	0.50	0.02	0.47
总资产周转率	0.29	0.00	0.29	0.01	0.27
净资产周转率	0.81	-0.03	0.84	0.04	0.78

资料来源：沪深交易所，同花顺。

三、重点细分行业介绍

表 9　2019 年电力、热力、燃气及水生产和供应业上市公司数量分布及市值情况

大　类	上市公司家数（家）	占行业内比重（%）	境内总市值（亿元）	占行业内比重（%）
水的生产和供应业	14	12.61	1179.33	6.32
燃气生产和供应业	25	22.52	1885.45	10.11
电力、热力生产和供应业	72	64.86	15581.82	83.56

资料来源：沪深交易所，同花顺。

（一）电力、热力生产和供应业

行业内上市公司发展情况如下。

表 10　2019 年电力、热力生产和供应业上市公司收入及资产增长情况　单位：亿元

指　标	2019 年	2019 年可比样本增长（%）	2018 年	2018 年可比样本增长（%）	2017 年
营业收入	11901.06	7.31	9858.18	10.99	8602.71
利润总额	1405.21	12.18	1037.59	26.72	863.61
归属于母公司所有者的净利润	849.17	32.80	689.55	27.56	568.27
总资产	42683.22	3.55	35631.88	4.05	33810.67
归属于母公司股东权益	11897.64	9.57	9791.10	6.31	9135.78

资料来源：沪深交易所，同花顺。

表 11　　2019 年电力、热力生产和供应业上市公司盈利能力情况

指　标	2019 年	2019 年可比样本变动	2018 年	2018 年可比样本变动	2017 年
毛利率（%）	22.77	1.87	20.00	0.52	19.90
净资产收益率（%）	7.14	-0.16	7.04	1.17	6.22
销售净利率（%）	9.43	0.22	8.50	1.28	7.95
资产净利率（%）	2.67	0.09	2.40	0.47	2.06

资料来源：沪深交易所，同花顺。

表 12　　2019 年电力、热力生产和供应业上市公司偿债及营运情况

指　标	2019 年	2019 年可比样本变动	2018 年	2018 年可比样本变动	2017 年
资产负债率（%）	64.10	-2.18	66.35	-0.85	67.07
存货周转率（次）	10.02	0.27	12.15	0.28	11.70
总资产周转率（次）	0.28	0.00	0.28	0.02	0.26

资料来源：沪深交易所，同花顺。

（二）燃气生产和供应业

行业内上市公司发展情况如下。

表 13　　2019 年燃气生产和供应业上市公司收入及资产增长情况　　单位：亿元

指　标	2019 年	2019 年可比样本增长（%）	2018 年	2018 年可比样本增长（%）	2017 年
营业收入	1366.93	6.45	1245.68	11.91	1105.09
利润总额	43.68	-32.04	57.78	-43.79	100.70
归属于母公司所有者的净利润	21.91	-71.03	35.41	-49.68	68.56
总资产	2733.17	5.70	2546.74	8.41	2330.05
归属于母公司股东权益	1019.54	5.66	944.51	0.54	924.53

资料来源：沪深交易所，同花顺。

表 14　　2019 年燃气生产和供应业上市公司盈利能力情况

指　标	2019 年	2019 年可比样本变动	2018 年	2018 年可比样本变动	2017 年
毛利率（%）	15.14	0.02	14.99	-1.52	16.23
净资产收益率（%）	2.15	-2.11	3.75	-3.74	7.42
销售净利率（%）	1.37	-2.24	3.25	-4.07	7.21
资产净利率（%）	0.70	-1.16	1.65	-2.01	3.61

资料来源：沪深交易所，同花顺。

表 15　　2019 年燃气生产和供应业上市公司偿债及营运情况

指　标	2019 年	2019 年可比样本变动	2018 年	2018 年可比样本变动	2017 年
资产负债率（%）	55.98	0.84	55.20	2.12	53.34
存货周转率（次）	13.10	0.32	12.99	0.55	12.49
总资产周转率（次）	0.51	0.00	0.51	0.01	0.50

资料来源：沪深交易所，同花顺。

（三）水的生产和供应业

行业内上市公司发展情况如下。

表 16　　2019 年水的生产和供应业上市公司收入及资产增长情况　　单位：亿元

指　标	2019 年	2019 年可比样本增长（%）	2018 年	2018 年可比样本增长（%）	2017 年
营业收入	458.72	17.11	437.95	17.86	370.02
利润总额	90.36	14.09	89.95	-7.09	96.63
归属于母公司所有者的净利润	71.89	2.94	69.41	-9.10	76.23
总资产	2421.82	15.62	2244.84	19.18	1880.59
归属于母公司股东权益	990.44	10.73	952.11	9.32	868.59

资料来源：沪深交易所，同花顺。

表 17　　2019 年水的生产和供应业上市公司盈利能力情况

指　标	2019 年	2019 年可比样本变动	2018 年	2018 年可比样本变动	2017 年
毛利率（%）	33.50	-0.91	33.96	-1.06	35.05
净资产收益率（%）	7.26	0.46	7.29	-1.48	8.78
销售净利率（%）	16.45	0.13	16.54	-5.49	22.08
资产净利率（%）	3.34	0.01	3.51	-1.12	4.62

资料来源：沪深交易所，同花顺。

表 18　　2019 年水的生产和供应业上市公司偿债及营运情况

指　标	2019 年	2019 年可比样本变动	2018 年	2018 年可比样本变动	2017 年
资产负债率（%）	54.32	2.00	52.78	3.35	49.48
存货周转率（次）	7.29	-1.04	8.90	1.56	7.31
总资产周转率（次）	0.20	0.00	0.21	0.00	0.21

资料来源：沪深交易所，同花顺。

四、重点上市公司介绍

（一）华能水电

2019 年全年完成发电量 1044.06 亿千瓦时，同比增长 27.76%；新增装机 197.50 万千瓦，已投产装机规模达到 2318.38 万千瓦；实现营业收入 208 亿元，同比增长 34.06%。实现归属于母公司净利润 55.44 亿元，同比下降 4.45%。归属于母公司扣除非经常性损益后的净利润 57.93 亿元，同比增长 97.88%。

公司的主营业务为水力发电项目的开发、建设、运营与管理。公司是目前国内领先的大型流域、梯级、滚动、综合水电开发企业，统一负责澜沧江干流水能资源开发，是科学化建设、集控化运营水平较高的水力发电公司。发电是公司当前的核心业务，为适应电力体制改革的需要，公司积极参与售电侧改革。截至 2019 年 12 月 31 日，公司已投产装机容量达 2318.38 万千瓦，占云南省统调装机容量的 27.83%，占统调水电装机容量的 40.54%。公司 2019 年完成发电量 1044.06 亿千瓦时，占云南省调发电量的 31.12%，占省调水电总发电量的 37.62%。公司继续保持云南省装机规模第一、发电量第一的地位。公司作为国内大型流域水电开发企业和“西电东送”骨干企业，已形成了澜沧江全流域水电开发与运营管理的宏伟格局，是业内领先的大型流域、梯级、滚动、综合水电开发企业。公司是国内第二大流域水电开发公司，是云南省最大的发电企业和澜沧江－湄公河次区域最大的水力发电公司。

（二）国投电力

2019 年，公司实现营业收入 424.33 亿元，同比增长 3.47%；营业成本 258.52 亿元，同比增长 5.78%。截至 2019 年 12 月 31 日，公司总资产 2247.22 亿元，较期初增加 40.13 亿元；总负债 1503.27 亿元，较期初减少 1.98 亿元。报告期末资产负债率 66.89%，较上年期末降低 1.31 个百分点；归属于上市公司股东的净资产 403.83 亿元，较上年期末增长 7.14%。年内实现归属于上市公司股东的净利润 47.55 亿元，同比增长 8.97%。实现基本每股收益 0.6705 元，同比增长 7.18%。

从装机结构来看，公司是一家以水电为主、水火并济、风光为补的综合电力上市公司，水电控股装机为 1676 万千瓦，为国内第三大水电装机规模的上市公司，处于行业领先地位。从业务分布来看，公司是一家国内为主、海外开拓的电力上市公司，境内项目主要分布在四川、天津、广西、福建、云南等省区。从盈利能力来看，在市场竞争加剧和面临较大节能环保压力的背景下，公司以水电为主的电源结构优势明显，经济效益和社会效益突出，抗风险能力强。

公司自 2002 年借壳上市以来，借助上市公司平台，利用配股、公开增发、可转债、公司债等融资方式，为公司大批优质在建和储备工程提供资金支持，实现了公司市值、资产、装机、股本、利润的快速增长，积累了丰富的资本运作经验。公司作为国投公司电力业务国内唯一资本运作平台，在发展过程中得到了国投公司的鼎力支持，通过资产注入，公司取得了雅砻江水电、国投大朝山等核心资产，实现公司快速做强做大。

（三）重庆水务

2019 年，公司污水处理结算水量 11.49 亿立方米，同比增长 14.87%，自来水售水量 5.36 亿立方米，同比增长 8.89%；公司实现营业收入 56.39 亿元，同比增加 9.04%；实现净利润 16.65 亿元（不含少数股东损益），同比增加 17.14%，每股收益达到 0.35 元，同比增加 16.67%；总资产达到 217.13 亿元，较 2018 年年末增加 8.75%；净资产（不含少数股东权益）151.47 亿元，较 2018 年年末增加 7.11%；加权平均净资产收益率 11.39%，同比增加 1.23 个百分点，扣除非经常性损益后的加权平均净资产收益率 10.53%，同比增加 1.48 个百分点；2019 年年末公司资产负债率为 30.13%。

公司经营区域主要为重庆市。公司享有重庆市政府授予的供排水特许经营权，占有重庆市主城区约 57% 的自来水市场和重庆市约 78% 的污水处理市场；公司及合营联营企业共同占有重庆市主城区约 94% 的自来水市场和重庆市约 92% 的污水处理市场，在重庆地区供排水市场具有区域垄断优势。公司特许经营区域范围外的重庆供排水市场存在少量竞争对手，对公司拓展本地区污水处理市场可能会产生一定影响，但不会对公司主要业务产生实质性威胁。同时，公司在做好重庆市域内的建设、运营项目外，已走出重庆面向全国的四川、云南、湖北、河南等省市水务环保行业进军，公司正围绕打造国内一流水务综合服务商的战略目标，坚持新发展理念，强化市场意识，抢抓市场机遇，积极拓展市内外供排水及相关产业市场，加快实现跨区域化发展。

2019 年，面对日益趋严趋细的安全环保形势，公司不断加强检测能力建设，强化过程和结果考核，压实安全环保工作责任主体，严格落实“党政同责、一岗双责”安全生产责任制，按照“三个必须”原则，积极构建了“齐抓共管”的安全环保管理责任体系，安全生产和环保工作取得双丰收。全年未发生安全环保行政处罚事件，供排水水质持续保持优质稳定。在保证运营生产的同时，公司积极响应国家节能减排号召，全年污水处理排放量 11.22 亿立方米，COD 削减量近 28 万吨，氨氮削减量 2.4 万吨；鸡冠石污水厂等 8 项污水处理厂提标改造工程陆续投运，极大地改善了接纳水体质量，对水污染治理、保护当地流域水质和生态平衡具有十分积极的作用，社会效益和环境效益显著；根据股东提议积极参与重庆市国资系统精准扶贫工作，向重庆市慈善总会、重庆市扶贫基金会、重庆市青少年发展基金会等共计捐赠现金 83 万元。

（四）深圳燃气

2019年是公司“城中村管道气改造攻坚决战年”，公司董事会及经营班子带领全体员工，聚焦重点工作，齐心协力，奋力拼搏，全年实现营业收入140.25亿元，增长10.08%。实现归属上市公司股东净利润10.58亿元，增长2.61%。基本每股收益为0.37元，增长2.78%；加权平均净资产收益率为10.47%。

深圳燃气主要从事城市管道燃气供应、液化天然气批发、液化石油气批发、瓶装液化石油气零售及燃气投资业务。城市管道燃气业务为特许经营业务，目前已在广东、广西、江西、安徽、湖南、江苏、浙江、云南、湖北9省（区）拥有45个城市（区）管道燃气特许经营权。公司瓶装液化石油气零售业务拥有国家技术监督局批准的12公斤专用钢瓶，在全国唯一以橙色12公斤钢瓶充装液化石油气，具有显著的大众识别功能，核心竞争能力突出。

2019年，公司天然气销售收入90.54亿元，同比增长13.59%，销售量31.53亿立方米，同比增长13.95%。其中，电厂天然气销售量为9.72亿立方米，同比增长13.55%，非电厂天然气销量21.81亿立方米，同比增长14.13%。管道天然气29.05亿立方米，同比增长11.99%；天然气批发2.48亿立方米，同比增长43.35%。公司液化石油气批发销售收入19.89亿元，同比下降22.30%。销售量56.60万吨，同比下降11.19%。

公司抓住粤港澳大湾区建设、深圳建设中国特色社会主义先行示范区的发展机遇，一是强化资源和市场统筹，实现华安LNG应急储备库投产运营和落实大鹏TUA资源利用，形成西二线、广东大鹏、广东大鹏TUA、迭福、储备与调峰库等共同组成的5路气源，充分保障深圳市天然气稳定供应，推动大湾区高压管网互联互通，扩大公司天然气销量。二是助力大湾区能源转型发展，大力拓展粤港澳大湾区电厂用户，电厂数量增至6家，销量再创新高。三是响应深圳市高质量发展号召，持续加大开展老旧住宅区及城中村管道天然气改造力度，大力提升城市气化率，2019年共完成城中村改造48.3万户，是2018年改造量的4.7倍。四是大力推动企业综合改革，开展深圳地区管道燃气运营机构改革，优化调整总部职能部门，新增创新投资公司和香港深燃两大运营平台。五是优化营商环境，加快工商业用户供气速度，实现深圳市全年拓展工商业用气新增1687万立方米。六是率先开展工控安全与信息安全研究，推动产业化发展，成功申报国家工业互联网创新发展工程，成功研发具有自主知识产权的工控安全防护方案。深圳以外地区，借力国家环保政策，推进工业煤改气，落实节能减排，扩大天然气利用，天然气市场得到进一步扩大。

（五）大唐发电

2019年，公司累计完成发电量约2652.90亿千瓦时，同比下降约1.64%；

累计完成上网电量约2505.37亿千瓦时，同比下降约1.60%；实现经营收入约为人民币954.53亿元，比上年同期上升2.21%；经营成本完成约为人民币791.62亿元，比上年同期上升0.52%；资产总额约为人民币2821.20亿元，比上年年末减少2.01%；负债总额约为人民币2003.68亿元，比上年年末减7.98%；资产负债率约为71.02%，比上年年末降低4.61个百分点；实现净利润约人民币29.77亿元，同比上涨约6.71%；归属于母公司普通股东的净利润约为人民币10.66亿元，同比减少约13.68%。

大唐发电是中国大型独立发电公司之一，公司及子公司发电业务主要分布于全国19个省、自治区、直辖市，京津冀、东南沿海区域是公司火电装机最为集中的区域，水电项目大多位于西南地区，风电、光伏广布全国资源富集区域。截至2019年12月31日，公司装机容量约64422.6兆瓦。其中，火电煤机46654兆瓦，约占72.42%；火电燃机4622.4兆瓦，约占7.18%；水电约9204.7兆瓦，约占14.29%；风电3271.6兆瓦，约占5.08%；光伏发电639.9兆瓦，约占0.99%；生物质发电30兆瓦，约占0.05%。2019年，公司新投机组容量共2779.3兆瓦，其中火电项目2158.8兆瓦、风电项目536.5兆瓦、光伏项目84兆瓦。

五、上市公司在行业中的影响力

2019年，电力、热力、燃气及水生产和供应业企业共实现营业收入78217.5亿元，较2018年增长6.7%，其中上市公司共实现营业收入13726.71亿元，上市公司总收入规模占全行业比重达17.55%，比2018年占比增加1.37个百分点；2019年，电力、热力、燃气及水生产和供应业共实现利润总额4816.3亿元，同比增加15.4%，其中上市公司共实现利润总额1539.26亿元，上市公司利润总额占全行业比重达31.96%，比2018年增加3.33个百分点。总体来看，上市公司在行业中影响力略有提升。

审稿人：张敬华　任宪功

撰稿人：尤　越

建筑业

一、建筑业总体概况

（一）行业整体运行情况

2019 年以来，随着经济下行压力的加大，建筑业逆周期特征有所显现，2019 年建筑业增速及其在国民经济中的占比均出现明显上升，建筑业对 GDP 的贡献比重再次出现明显上升势头。

2019 年，全国建筑业企业（指具有资质等级的总承包和专业承包建筑业企业，不含劳务分包建筑业企业，下同）完成建筑业总产值 24.8 万亿元，同比增长 5.68%；完成竣工产值 12.4 万亿元，同比增长 2.52%；签订合同总额 54.5 万亿元，比 2018 年增长 10.2%，增速比 2018 年下降 2.25 个百分点。其中，本年新签合同额 28.9 万亿元，比 2018 年增长了 6.0%，增速比 2018 年下降 1.14 个百分点；本年新签合同额占签订合同总额比例为 53.1%，比 2018 年降低了 2.12 个百分点。全年完成房屋施工面积 144.2 亿平方米，同比增长 2.32%；完成房屋竣工面积 40.2 亿平方米，同比下降 2.69%；实现利润 8381 亿元，同比增长 5.09%。

截至 2019 年年底，全国有施工活动的建筑业企业 103814 个，同比增长 8.82%；从业人数 5427.4 万人，同比下降 2.44%；按建筑业总产值计算的劳动生产率为 40.0 万元/人，同比增长 7.09%。

2019 年年底，全社会就业人员总数 7.75 亿人，其中，建筑业从业人数 5427.4 万人，比 2018 年年末减少 136 万人，减少 2.44%。建筑业从业人数占全社会就业人员总数的 7.01%，比 2018 年降低 0.16 个百分点。建筑业在吸纳农村转移人口就业、推进新型城镇化建设和维护社会稳定等方面继续发挥显著作用。

2019 年，我国对外承包工程业务完成营业额 1729 亿美元，比 2018 年增长 2.28%，增速比 2018 年提高 2.01 个百分点。新签合同额 2603 亿美元，比 2018 年增加 7.63%，增速比 2018 年增加了 16.5 个百分点。

（二）细分行业运行概况

分行业来看，2019 年，房屋建筑业企业完成建筑业总产值 154196 亿元，比 2018 年增长 3.61%；土木工程建筑业完成建筑业总产值 68608 亿元，同比增长 8.19%；建筑安装业完成建筑业总产值 13340 亿元，同比增长 11.6%。

二、行业内上市公司发展概况

（一）行业内上市公司基本情况

表 1　　2019 年建筑业上市公司发行股票概况

门　类	A、B 股总数（家）	A 股股票数（家）	B 股股票数（家）	境内总市值（亿元）	流通 A 股市值（亿元）	流通 B 股市值（亿元）
建筑业	97	94	3	12607.12	11306.77	8.97
占沪深两市比重（%）	2.52	2.44	0.08	2.12	2.35	0.68

资料来源：沪深交易所，同花顺。

（二）行业内上市公司构成情况

表 2　　2019 年建筑业上市公司构成情况

门　类	沪市			深市			ST/*ST
	仅 A 股	仅 B 股	A＋B 股	仅 A 股	仅 B 股	A＋B 股	
建筑业（家）	45	1	1	47	0	1	4/2
占行业内上市公司比重（%）	47.37	1.05	1.05	49.47	0.00	1.05	4.21/2.11

资料来源：沪深交易所，同花顺。

（三）行业内上市公司融资情况

表 3　　2019 年建筑业上市公司与沪深两市融资情况对比　　单位：家

门　类	融资家数	新股	增发	配股
建筑业	7	2	5	0
沪深两市总数	427	203	215	9
占比（%）	1.64	0.99	2.33	0.00

资料来源：沪深交易所，同花顺。

其中，首发的 2 家公司中，有 1 家在中小板上市，1 家在沪市主板上市；增发的 5 家公司中，有 3 家沪市、2 家深市。

按行业大类划分，进行融资的 7 家公司中，建筑装饰和其他建筑业 1 家，土木工程建筑业 6 家，分别占比 14.29%、85.71%。

从融资效果来看，上述公司实际发行数量为 872425.18 万股；实际募集资金 767.78 亿元，基本完成了融资计划。

2019 年建筑业上市公司融资情况明细见附录。

（四）行业内上市公司资产及业绩情况

表 4　　2019 年建筑业上市公司资产情况　　单位：亿元

指　标	2019 年	2019 年可比样本增长（%）	2018 年	2018 年可比样本增长（%）	2017 年
总资产	85981.19	12.76	76252.40	15.03	66289.34
流动资产	56044.42	9.75	51067.67	9.71	46548.62
占比（%）	65.18	-1.79	66.97	-3.25	70.22
非流动资产	29936.77	18.87	25184.72	27.58	19740.73
占比（%）	34.82	1.79	33.03	3.25	29.78
流动负债	48946.96	9.03	44891.29	13.76	39460.45
占比（%）	56.93	-1.94	58.87	-0.66	59.53
非流动负债	15746.12	18.97	13235.30	14.97	11511.90
占比（%）	18.31	0.96	17.36	-0.01	17.37
归属于母公司股东权益	16000.56	14.70	13949.54	11.90	12466.26
占比（%）	18.61	0.32	18.29	-0.51	18.81

资料来源：沪深交易所，同花顺。

表 5　　2019 年建筑业上市公司收入实现情况　　单位：亿元

指　标	2019 年	2019 年可比样本增长（%）	2018 年	2018 年可比样本增长（%）	2017 年
营业收入	55329.80	15.75	47801.19	9.96	43473.21
利润总额	2325.05	9.59	2121.58	9.07	1945.10
归属于母公司所有者的净利润	1459.23	5.39	1384.66	3.88	1332.98

资料来源：沪深交易所，同花顺。

（五）利润分配情况

2019 年全年建筑业上市公司中共有 68 家公司实施了分红配股。其中，2 家上市公司实施送股或转增股，68 家上市公司实施派息，其中 0 家公司既实施了送股、转增又实施了派息。

2019 年建筑业上市公司分红明细见附录。

（六）其他财务指标情况

1. 盈利能力指标

表 6　　2019 年建筑业上市公司盈利能力情况

指　标	2019 年	2019 年可比样本变动	2018 年	2018 年可比样本变动	2017 年
毛利率（%）	11.45	-0.53	11.98	0.34	11.64
净资产收益率（%）	9.18	-0.67	9.85	-0.73	10.58
销售净利率（%）	3.27	-0.17	3.44	-0.06	3.50
资产净利率（%）	2.23	-0.08	2.31	-0.05	2.36

资料来源：沪深交易所，同花顺。

2. 偿债能力指标

表 7　　2019 年建筑业上市公司偿债能力指标

指　标	2019 年	2019 年可比样本变动	2018 年	2018 年可比样本变动	2017 年
流动比率	1.15	0.01	1.14	-0.04	1.18
速动比率	0.79	0.02	0.77	0.06	0.71
资产负债率（%）	75.24	-0.99	76.23	-0.66	76.89

资料来源：沪深交易所，同花顺。

3. 营运能力指标

表 8　　2019 年建筑业上市公司营运能力情况　　单位：次

营运能力指标	2019 年	2019 年可比样本变动	2018 年	2018 年可比样本变动	2017 年
存货周转率	2.90	0.48	2.41	0.25	2.06
应收账款周转率	5.86	0.55	5.31	0.39	4.81
流动资产周转率	1.03	0.05	0.98	0.02	0.94
固定资产周转率	13.33	1.31	12.02	0.60	11.25
总资产周转率	0.68	0.01	0.67	-0.02	0.68
净资产周转率	2.81	-0.05	2.85	-0.19	3.00

资料来源：沪深交易所，同花顺。

三、重点细分行业介绍

表 9　　2019 年建筑业上市公司数量分布及市值情况

大　类	上市公司家数（家）	占行业内比重（%）	境内总市值（亿元）	占行业内比重（%）
建筑装饰和其他建筑业	30	31.58	1354.74	10.75
土木工程建筑业	62	65.26	11101.85	88.06
房屋建筑业	2	2.11	118.02	0.94
建筑安装业	1	1.05	32.52	0.26

资料来源：沪深交易所，同花顺。

（一）房屋建筑业

1. 行业概况

房屋建筑业指的是居民住宅、商业建筑、学校医院、港口码头等房屋建筑主体的施工，是建筑业最传统的业务组成部分。上市公司中大部分公司都有业务涉及房屋建筑。

2. 行业内上市公司发展情况

表 10　　2019 年房屋建筑业上市公司收入及资产增长情况　　单位：亿元

指　标	2019 年	2019 年可比样本增长（%）	2018 年	2018 年可比样本增长（%）	2017 年
营业收入	554.41	16.45	476.07	4.35	456.22
利润总额	9.33	43.21	6.51	18.12	5.51
归属于母公司所有者的净利润	5.64	25.53	4.49	15.86	3.88
总资产	777.26	7.16	725.32	3.27	702.35
归属于母公司股东权益	95.81	23.69	77.46	4.84	73.89

资料来源：沪深交易所，同花顺。

表 11　　2019 年房屋建筑业上市公司盈利能力情况

指　标	2019 年	2019 年可比样本变动	2018 年	2018 年可比样本变动	2017 年
毛利率（%）	4.74	-0.51	5.25	0.04	5.22
净资产收益率（%）	5.88	0.09	5.80	0.55	5.25
销售净利率（%）	1.33	0.22	1.11	0.18	0.93
资产净利率（%）	0.98	0.24	0.74	0.13	0.61

资料来源：沪深交易所，同花顺。

表 12　　2019 年房屋建筑业上市公司偿债及营运情况

指　标	2019 年	2019 年可比样本变动	2018 年	2018 年可比样本变动	2017 年
资产负债率（%）	85.19	-1.69	86.88	-2.07	88.95
存货周转率（次）	1.98	0.19	1.78	-0.05	1.83
总资产周转率（次）	0.74	0.07	0.67	0.01	0.66

资料来源：沪深交易所，同花顺。

（二）建筑安装业

1. 行业概况

建筑安装业是指建筑物主体工程竣工后，建筑物内各种设备的安装，如生产设备、动力设备、起重设备、运输设备、传动设备、医疗实验设备及其他各种设备的装配、安置工程作业，包括建筑物主体施工中的敷设线路、管道的安装以及铁路、机场、港口、隧道、地铁的照明和信号系统的安装，与设备相连的工作台、梯子、栏杆的装设工程作业和被安装设备的绝缘、防腐、保温、油漆等工程作业，不包括工程收尾的装饰，如对墙面、地板、天花板、门窗等处理。建筑安装是房地产开发行业中必不可少的环节，通常认为房地产的竣工面积与建筑安装行业完成的建筑面积较为相近，其在建筑业总产值中的比例在8%左右。我国建筑安装业起步于20世纪80年代，目前仍处于快速发展阶段。

2. 行业内上市公司发展情况

表13　　2019年建筑安装业上市公司收入及资产增长情况　　单位：亿元

指　标	2019年	2019年可比样本增长（%）	2018年	2018年可比样本增长（%）	2017年
营业收入	18.70	-17.12	22.56	26.68	17.81
利润总额	1.19	-37.42	1.90	27.91	1.48
归属于母公司所有者的净利润	1.01	-21.09	1.61	25.53	1.28
总资产	21.27	9.95	19.35	16.34	16.63
归属于母公司股东权益	11.50	4.49	11.00	12.25	9.80

资料来源：沪深交易所，同花顺。

表14　　2019年建筑安装业上市公司盈利能力情况

指　标	2019年	2019年可比样本变动	2018年	2018年可比样本变动	2017年
毛利率（%）	11.32	-0.25	11.57	-2.20	13.77
净资产收益率（%）	8.81	-5.83	14.64	1.55	13.09
销售净利率（%）	5.41	-1.76	7.16	-0.04	7.20
资产净利率（%）	4.98	-4.00	8.98	0.80	8.18

资料来源：沪深交易所，同花顺。

表15　　2019年建筑安装业上市公司偿债及营运情况

指　标	2019年	2019年可比样本变动	2018年	2018年可比样本变动	2017年
资产负债率（%）	45.12	2.90	42.22	2.16	40.06
存货周转率（次）	4.56	-2.65	7.21	1.48	5.72
总资产周转率（次）	0.92	-0.33	1.25	0.12	1.14

资料来源：沪深交易所，同花顺。

（三）建筑装饰和其他建筑业

1. 行业概况

建筑装饰是建筑业的重要组成部分，随着我国经济快速增长，城市化进程不断加快，建筑装饰业处于快速增长阶段，成为成长性较好的新兴行业之一，在国民经济中的地位和重要性不断提升。建筑装饰按照服务对象划分，可分为公共建筑装饰（简称“公装”）和家庭住宅装饰（简称“家装”）。

2. 行业内上市公司发展情况

表 16　　2019 年建筑装饰和其他建筑业上市公司收入及资产增长情况　　单位：亿元

指　标	2019 年	2019 年可比样本增长（%）	2018 年	2018 年可比样本增长（%）	2017 年
营业收入	1525.62	5.76	1433.39	11.96	1280.23
利润总额	5.40	-90.70	56.13	-34.53	85.82
归属于母公司所有者的净利润	-10.76	-115.67	39.75	-41.41	67.83
总资产	2381.62	6.47	2226.55	11.74	1991.56
归属于母公司股东权益	734.86	-2.06	744.19	5.48	705.82

资料来源：沪深交易所，同花顺。

表 17　　2019 年建筑装饰和其他建筑业上市公司盈利能力情况

指　标	2019 年	2019 年可比样本变动	2018 年	2018 年可比样本变动	2017 年
毛利率（%）	17.30	-0.09	17.25	-0.99	17.07
净资产收益率（%）	-1.46	-6.98	5.34	-4.27	9.61
销售净利率（%）	-0.51	-3.49	2.89	-2.54	5.43
资产净利率（%）	-0.34	-2.37	1.96	-1.68	3.64

资料来源：沪深交易所，同花顺。

表 18　　2019 年建筑装饰和其他建筑业上市公司偿债及营运情况

指　标	2019 年	2019 年可比样本变动	2018 年	2018 年可比样本变动	2017 年
资产负债率（%）	67.47	2.75	64.83	1.80	63.02
存货周转率（次）	5.56	0.26	5.31	0.27	5.11
总资产周转率（次）	0.66	-0.02	0.68	0.01	0.67

资料来源：沪深交易所，同花顺。

（四）土木工程建筑业

1. 行业概况

土木工程建筑业指土木工程主体的施工活动，主要是指铁路、道路、隧道和桥梁工程建筑、水利和港口工程建筑、工矿工程建筑、架线和管道工程建筑以及公园、高尔夫球场等其他工程建筑，不包括主体工程施工签订土方挖运、拆除爆破等工程准备活动。土木工程建筑业是建筑业中最主要细分行业之一，产值在行业总产值中占比较大。上市公司大部分集中在这个细分领域内。

2. 行业内上市公司发展情况

表 19　2019 年土木工程建筑业上市公司收入及资产增长情况　单位：亿元

指　标	2019 年	2019 年可比样本增长（%）	2018 年	2018 年可比样本增长（%）	2017 年
营业收入	53231.08	16.07	45917.05	9.91	41793.62
利润总额	2309.13	12.36	2070.95	10.95	1874.20
归属于母公司所有者的净利润	1463.34	16.22	1347.56	6.11	1279.06
总资产	82801.04	13.01	73379.89	15.17	65485.50
归属于母公司股东权益	15158.40	15.62	13184.50	12.19	11988.69

资料来源：沪深交易所，同花顺。

表 20　2019 年土木工程建筑业上市公司盈利能力情况

指　标	2019 年	2019 年可比样本变动	2018 年	2018 年可比样本变动	2017 年
毛利率（%）	11.35	−0.53	11.97	0.47	11.54
净资产收益率（%）	9.65	−0.55	10.22	−0.59	10.67
销售净利率（%）	3.40	−0.08	3.51	0.06	3.46
资产净利率（%）	2.32	−0.02	2.35	−0.04	2.34

资料来源：沪深交易所，同花顺。

表 21　2019 年土木工程建筑业上市公司偿债及营运情况

指　标	2019 年	2019 年可比样本变动	2018 年	2018 年可比样本变动	2017 年
资产负债率（%）	75.38	−1.11	76.40	−0.72	77.38
存货周转率（次）	2.87	0.49	2.38	0.25	2.03
总资产周转率（次）	0.68	0.01	0.67	−0.02	0.68

资料来源：沪深交易所，同花顺。

四、重点上市公司介绍

（一）中国建筑

中国建筑是我国专业化经营历史最久、市场化经营最早、一体化程度最高的投资建设集团，在房屋建筑工程、基础设施建设与投资、房地产开发与投资、勘察设计等领域居行业领先地位。中国建筑是全球最大的工程承包商，在《财富》“世界500强”2019年榜单上位列第21位；在《财富》“中国500强”排名中连续四年位列前3名；在美国《工程新闻记录》（ENR）2019年度“全球工程承包商250强”榜单上继续位居首位。国际三大评级机构标普、穆迪、惠誉继续将中国建筑的评级维持为A/A2/A，展望维持“稳定”，保持行业内全球最高信用评级。

中国建筑是我国最具实力的投资商之一，主要投资方向为房地产、基础设施、城镇综合建设等领域。公司强化内部资源整合与业务协同，打造“规划设计、投资开发、基础设施建设、房屋建筑工程”等“四位一体”的商业模式，为城市建设提供全领域、全过程、全要素的一揽子服务。

中国建筑是世界上最大的工程承包商，业务范围涉及城市建设的全部领域与项目建设的每个环节，具有全国布局的综合设计能力、施工能力和土地开发能力，拥有包括产品技术研发、勘察设计、地产开发、工程承包、设备制造、物业管理等在内完整的建筑产品产业链条，全国绝大多数的300米以上超高层，众多技术含量高、结构形式复杂的建筑均由中国建筑承建。

2019年，公司新签合同额28689亿元，同比增长9.2%。建筑业务新签合同额同比增长6.8%，至24863亿元，其中，房建业务新签合同额为19506亿元，同比增长16.1%；基建业务新签合同额为5226亿元，同比降低17.8%。公司地产业务实现合约销售额3826亿元，同比增长28.1%；合约销售面积2173万平方米，同比增长6.0%。

2019年，公司业务结构更趋优化。营业收入同比增长18.4%，至14198亿元。房建业务实现营业收入8724亿元，同比增长20.5%，仍是公司最主要收入贡献板块，占比上升1.0个百分点至61.4%；基建业务营业收入3181亿元，同比增长15.0%，占比下降0.7个百分点至22.4%；房地产业务营业收入2170亿元，同比增长17.9%，占比下降0.1个百分点至15.3%。

公司盈利能力稳步增强。2019年，公司实现归属于上市公司股东净利润同比增长9.5%，至418.8亿元；收入净利率为4.5%，同比下降0.2个百分点；加权平均净资产收益率为15.6%，继续保持行业领先水平；基本每股收益0.97元，同比增长11.5%。

公司资产负债结构稳中有降。2019年，公司资产负债率同比下降1.6个百分点至75.3%。总资产同比增长9.3%，比负债增长率7.0%高出2.3个百分点。公司应收账款周转率及应收账款周转天数分别为8.8次和45.8天，基本与2018年持平，位居行业前列。

（二）中国铁建

中国铁建业务涵盖工程承包、勘察设计咨询、工业制造、房地产开发、物流与物资贸易及其他业务，具有科研、规划、勘察、设计、施工、监理、维护、运营和投融资等完善的行业产业链，涉及高原铁路、高速铁路、高速公路、桥梁、隧道和城市轨道交通工程设计及建设领域。目前，中国铁建经营业务遍及包括台湾地区在内的全国32个省、自治区、直辖市和香港、澳门特别行政区，以及世界121个国家。

公司是中国乃至全球最具实力、最具规模的特大型综合建设集团之一。公司连续入选美国《工程新闻记录》（ENR）杂志“全球250家最大承包商”，2019年排名第3位；连续入选《财富》杂志“世界500强”，2019年排名第59位；连续入选“中国企业500强”，2019年排名第9位。

2019年，中国铁建实现营业收入8305亿元，同比增长13.7%；实现利润总额280亿元，同比增长11.6%，净利润226亿元，同比增长14.0%；净利润率2.72%，同比增加0.01个百分点，创历年最高水平；基本每股收益1.50元；资产总额达到10812亿元，同比增长17.8%；资产负债率75.8%，同比下降1.64个百分点。

新签合同额20069亿元，同比增长26.7%。其中，国内业务新签合同额17376亿元，占新签合同总额的86.6%，同比增长19.5%；海外业务新签合同额2692亿元，占新签合同总额的13.4%，同比增长107%。截至2019年年末，本集团未完合同额32736亿元，同比增长20.9%。其中，国内业务未完合同额25800亿元，占未完合同总额的78.8%；海外业务未完合同额6937亿元，占未完合同总额的21.2%。

五、上市公司在行业中的影响力

上市建筑公司引领行业增长。建筑业的上市公司充分利用公共公司的品牌、公信力方面优势，依靠资本市场融资条件优势，在整个行业中始终处在排头兵的位置，具有较强代表性。2019年，建筑业上市公司共完成营业收入5.54万亿元，同比增长15.8%，占建筑业总产值的22.3%，实现利润2325亿元，同比增长9.6%，占行业总利润的28.1%。

上市建筑公司在细分领域普遍处于行业龙头地位。2019年，全球工程建设领域最权威的学术杂志《工程新闻纪录》（ENR），对全世界工程建筑领域的重要建筑企业进行排名，选出营业收入排在全球前250名的工程公司，上榜的中国企业大部分为上市的建筑公司。

审稿人：易华强

撰稿人：贺众营

批发和零售业

一、批发和零售业总体概况

（一）行业整体运行情况

2019 年，中国持续深化供给侧结构性改革，经济运行总体平稳，但宏观经济增速温和下降，批发零售行业持续承压。全年我国国内生产总值为 99.09 万亿元，同比增长 6.1%，增速下降 0.6 个百分点。国内消费对经济增长的拉动作用持续发挥。全年最终消费支出对经济增长的贡献率为 57.8%，分别比资本形成总额、货物和服务净出口高 26.6 个和 46.8 个百分点，消费继续发挥对经济增长的主引擎作用。全年社会消费品零售总额 41.2 万亿元，首次超过 40 万亿元，比上年名义增长 8.0%，继续保持快速增长态势，增速有所回落。国家统计局数据显示，2019 年全国居民人均可支配收入 30733 元，比上年实际增长 5.8%，与 GDP 增长基本同步，快于人均 GDP 增速。全国居民人均可支配收入稳步提升，个人所得税专项附加扣除政策得到落实，居民收入差距进一步缩小，农村居民人均可支配收入增速快于城镇居民。

批发零售业是社会化大生产过程中的重要环节，是决定经济运行速度、质量和效益的引导性力量，是我国市场化程度最高、竞争较为激烈的行业之一。2019 年批发和零售业增加值 95846 亿元，比上年增长 5.7%。从长远来看，我国居民消费无论是从总量上，还是从结构上都有相当大的发展空间，这为我国批发零售行业的发展提供了良好的中长期宏观环境。随着居民收入稳定增长及促消费政策逐步落地见效，消费结构不断优化，转型升级态势仍将持续，新业态新模式较快发展，消费市场有望继续保持平稳增长。

（二）细分行业运行概况

根据商品在流通环节中的批发活动和零售活动，批发与零售业主要分为批发业和零售业两个大类。

目前我国批发市场主要以专业市场为主。从不同类型的专业市场交易规模来看，生产资料类型的批发市场所占份额最多，其次是包含水产品、花果蔬菜、畜牧产品在内的农产品类型市场，而纺织、服装以及鞋帽专业市场属于第三大类批发市场。一方面，在原来批发市场发育较快、市场功能作用比较显著的地方，出现了专业批发市场功能弱化、地位下降的倾向。其主要表现是市场的年成交额增长速度下降，市场的辐射功能和交易功能弱化；另一方面，一部分专业市场逐步引入了现代企业制度和管理体制，在市场组织形式上谋求创新，向现代流通组织形式迈进。

零售行业以线下渠道销售为主力阵地，线下渠道近年持续调整复苏，尽管增长缓慢，但仍占据70%以上的社消零售额。2019年，我国实体零售仍未出现全国性龙头，排名前五的零售商市场份额出现下降，整体呈现外资衰退、头部下滑、腰部崛起的现象，行业集中度不断提升。零售行业各细分业态基本面结构性差异较大。2019年，我国电子商务实现了规模和品质的双提升、结构和效益双优化，市场规模全球领先、产业结构持续优化、社会经济效益不断提升，对数字经济的牵引作用日趋明显，已成为促进经济社会发展的重要动力。全年全国电子商务交易额达34.8万亿元，比上年增长6.7%，增速持续放缓。

伴随网上零售规模的持续扩大，传统业态加快融合发展，新兴零售业态快速成长。为应对网上零售等新模式对实体店零售的冲击，传统零售业态加速转型升级，积极推进线上线下融合发展。2019年，包括超市、专卖店、专业店等在内的限额以上单位实体店零售额比上年增长3.8%。其中，限额以上超市和便利店零售额分别增长6.5%和4.9%，增速比实体零售平均增速分别快2.7个和1.1个百分点。2019年，限额以上单位通过互联网实现的商品零售额占限额以上单位消费品零售额的比重为12.9%，比上年提高2.7个百分点。随着物流配送体系的完善以及网购用户数量的增多，网上零售继续保持快速增长。2019年全国实物商品网上零售额比上年增长19.5%，增速比社会消费品零售总额快11.5个百分点，占社会消费品零售总额的比重为20.7%，比上年提高2.3个百分点，实物商品网上零售额对社会消费品零售总额增长的贡献率超过45%。

二、行业内上市公司发展概况

（一）行业内上市公司基本情况

表1　　2019年批发和零售业上市公司发行股票概况

门　类	A、B股总数（家）	A股股票数（家）	B股股票数（家）	境内总市值（亿元）	流通A股市值（亿元）	流通B股市值（亿元）
批发和零售业	174	165	9	14225.15	11384.68	62.41
占沪深两市比重（%）	4.51	4.28	0.23	2.40	2.36	4.76

资料来源：沪深交易所，同花顺。

（二）行业内上市公司构成情况

表 2 **2019 年批发和零售业上市公司构成情况**

门　类	沪市			深市			ST/*ST
	仅 A 股	仅 B 股	A+B 股	仅 A 股	仅 B 股	A+B 股	
批发和零售业（家）	92	0	5	64	0	4	1/4
占行业内上市公司比重（%）	55.76	0.00	3.03	38.79	0.00	2.42	0.61/2.42

资料来源：沪深交易所，同花顺。

（三）行业内上市公司融资情况

表 3 **2019 年批发和零售业上市公司与沪深两市融资情况对比** 单位：家

门　类	融资家数	新股	增发	配股
批发和零售业	12	2	10	0
沪深两市总数	427	203	215	9
占比（%）	2.81	0.99	4.65	0.00

资料来源：沪深交易所，同花顺。

其中，首发的 2 家公司均在创业板上市；增发的 10 家公司中，有 4 家沪市、6 家深市。

按行业大类划分，进行融资的 12 家公司中，批发业 7 家，零售业 5 家，分别占比 58.33%、41.67%。

从融资效果来看，上述公司实际发行数量为 754530.02 万股；实际募集资金 483.21 亿元，基本完成了融资计划。

2019 年批发和零售业上市公司融资情况明细见附录。

（四）行业内上市公司资产及业绩情况

表 4 **2019 年批发和零售业上市公司资产情况** 单位：亿元

指　标	2019 年	2019 年可比样本增长（%）	2018 年	2018 年可比样本增长（%）	2017 年
总资产	29973.53	8.12	27518.43	8.65	24785.39
流动资产	19356.47	6.46	18100.96	10.47	15972.38
占比（%）	64.58	-1.00	65.78	1.08	64.44
非流动资产	10617.06	11.28	9417.46	5.33	8813.01
占比（%）	35.42	1.00	34.22	-1.08	35.56
流动负债	15977.46	8.84	14592.30	11.52	12787.99

续表

指　标	2019 年	2019 年可比样本增长（%）	2018 年	2018 年可比样本增长（%）	2017 年
占比（%）	53.31	0.35	53.03	1.36	51.59
非流动负债	3286.19	12.38	2841.83	5.88	2626.16
占比（%）	10.96	0.42	10.33	-0.27	10.60
归属于母公司股东权益	9449.24	6.01	8858.02	3.81	8376.53
占比（%）	31.53	-0.63	32.19	-1.50	33.80

资料来源：沪深交易所，同花顺。

表 5　　2019 年批发和零售业上市公司收入实现情况　　单位：亿元

指　标	2019 年	2019 年可比样本增长（%）	2018 年	2018 年可比样本增长（%）	2017 年
营业收入	42032.25	6.62	39293.15	9.71	35315.06
利润总额	1120.60	5.61	1050.64	4.35	987.70
归属于母公司所有者的净利润	655.88	-0.44	639.46	-3.37	660.54

资料来源：沪深交易所，同花顺。

（五）利润分配情况

2019 年全年批发和零售业上市公司中共有 111 家公司实施了分红配股。其中，12 家上市公司实施送股或转增股，108 家上市公司实施派息，其中 7 家公司既实施了送股、转增又实施了派息。

2019 年批发和零售业上市公司分红明细见附录。

（六）其他财务指标情况

1. 盈利能力指标

表 6　　2019 年批发和零售业上市公司盈利能力情况

指　标	2019 年	2019 年可比样本变动	2018 年	2018 年可比样本变动	2017 年
毛利率（%）	10.82	-0.06	10.87	0.32	10.39
净资产收益率（%）	6.94	-0.45	7.22	-0.54	7.89
销售净利率（%）	1.83	-0.10	1.92	-0.19	2.13
资产净利率（%）	2.67	-0.21	2.86	-0.34	3.21

资料来源：沪深交易所，同花顺。

2. 偿债能力指标

表 7　　2019 年批发和零售业上市公司偿债能力指标

指　标	2019 年	2019 年可比样本变动	2018 年	2018 年可比样本变动	2017 年
流动比率	1.21	-0.03	1.24	-0.01	1.25
速动比率	0.80	-0.04	0.84	-0.02	0.87
资产负债率（%）	64.27	0.77	63.35	1.09	62.19

资料来源：沪深交易所，同花顺。

3. 营运能力指标

表 8　　2019 年批发和零售业上市公司营运能力情况　　单位：次

营运能力指标	2019 年	2019 年可比样本变动	2018 年	2018 年可比样本变动	2017 年
存货周转率	6.02	-0.38	6.43	-0.43	6.96
应收账款周转率	11.61	-0.66	12.12	-1.18	13.15
流动资产周转率	2.24	-0.05	2.28	-0.06	2.34
固定资产周转率	14.34	0.29	14.05	0.38	13.66
总资产周转率	1.46	-0.04	1.49	-0.03	1.51
净资产周转率	4.04	0.00	4.00	-0.06	4.05

资料来源：沪深交易所，同花顺。

三、重点细分行业介绍

表 9　　2019 年批发和零售业上市公司数量分布及市值情况

大　类	上市公司家数（家）	占行业内比重（%）	境内总市值（亿元）	占行业内比重（%）
零售业	88	53.33	8681.59	61.03
批发业	77	46.67	5543.56	38.97

资料来源：沪深交易所，同花顺。

（一）零售业

1. 行业概况

零售业指从工农业生产者、批发贸易业或居民购进商品，转卖给城乡居民作为生活消费和售给社会集团作为公共消费的商品流通企业。它是百货商店、超级市场、专门零售商店、品牌专卖店、售货摊等主要面向最终消费者（如居民等）的销售活动，包括以互联网、邮政、电话、售货机等方式的销售活动，还包括在同一地点，后面加工生产，前面销售的店铺（如面包房）。

长期以来，零售行业持续发挥促进消费升级、推动经济高质量发展的重要作用，其业态结构近年来不断优化，融合发展日益加深。在消费升级的助推下，零售行业呈现产业链数字化、渠道多元化等发展趋势。为了适应消费者需求的变化，零售企业不断创新经营模式，提升服务品质，回归零售本质。同时，新业态、新模式不断涌现，受到消费者普遍欢迎。线上零售规模持续扩大，线上线下融合不断加强，推动零售业向智能化、数字化发展。

2. 行业内上市公司发展情况

表 10　　2019 年零售业上市公司收入及资产增长情况　　单位：亿元

指　标	2019 年	2019 年可比样本增长（%）	2018 年	2018 年可比样本增长（%）	2017 年
营业收入	15086.57	4.24	14358.74	7.33	13173.13
利润总额	602.39	6.74	546.55	-1.18	505.90
归属于母公司所有者的净利润	373.26	-2.44	377.43	-1.75	353.67
总资产	14696.52	6.74	13459.59	10.26	11933.23
归属于母公司股东权益	5470.68	5.67	5047.93	5.00	4744.99

资料来源：沪深交易所，同花顺。

表 11　　2019 年零售业上市公司盈利能力情况

指　标	2019 年	2019 年可比样本变动	2018 年	2018 年可比样本变动	2017 年
毛利率（%）	18.75	0.37	18.38	0.55	17.52
净资产收益率（%）	6.82	-0.71	7.48	-0.51	7.45
销售净利率（%）	2.65	-0.16	2.75	-0.33	2.86
资产净利率（%）	2.81	-0.32	3.08	-0.52	3.31

资料来源：沪深交易所，同花顺。

表 12　　2019 年零售业上市公司偿债及营运情况

指　标	2019 年	2019 年可比样本变动	2018 年	2018 年可比样本变动	2017 年
资产负债率（%）	60.08	1.08	59.04	1.67	57.03
存货周转率（次）	5.38	-0.23	5.62	-0.32	6.22
总资产周转率（次）	1.06	-0.05	1.12	-0.05	1.16

资料来源：沪深交易所，同花顺。

（二）批发业

1. 行业概况

批发业是指批发商向批发、零售单位及其他企业、事业、机关批量销售生活用品和生产资料的活动，以及从事进出口贸易和贸易经纪与代理的活动。批发商可以对所批发的货物拥有所有权，并以本单位、公司的名义进行交易活动；也可以不拥有货物的所有权，而以中介身份做代理销售商；还包括各类商品批发市场中固定摊位的批发活动。作为商品流通的重要环节，批发业的发展对于节约全社会的成本、降低交易成本、提高流通效率、促进经济增长具有重要作用。

整体来看，我国大多批发市场还处于发展的初级阶段，管理水平、综合服务能力低，市场功能不发达，只有极少数市场拥有储藏、加工能力和信息开发利用能力。我国的批发企业存在规模过小、商品流通效率低下、市场交易秩序混乱等缺陷，市场集中度偏低，难以形成规模效应。

2. 行业内上市公司发展情况

表 13　2019 年批发业上市公司收入及资产增长情况　单位：亿元

指　标	2019 年	2019 年可比样本增长（%）	2018 年	2018 年可比样本增长（%）	2017 年
营业收入	26945.68	8.01	24934.41	12.61	22141.93
利润总额	518.21	4.32	504.10	4.63	481.80
归属于母公司所有者的净利润	282.62	-4.85	262.03	-14.61	306.87
总资产	15277.01	9.48	14058.84	9.39	12852.16
归属于母公司股东权益	3978.56	6.48	3810.09	4.92	3631.53

资料来源：沪深交易所，同花顺。

表 14　2019 年批发业上市公司盈利能力情况

指　标	2019 年	2019 年可比样本变动	2018 年	2018 年可比样本变动	2017 年
毛利率（%）	6.38	-0.15	6.54	0.34	6.14
净资产收益率（%）	7.10	-0.09	6.88	-0.57	8.45
销售净利率（%）	1.38	-0.05	1.45	-0.09	1.69
资产净利率（%）	2.54	-0.11	2.66	-0.17	3.11

资料来源：沪深交易所，同花顺。

表 15　2019 年批发业上市公司偿债及营运情况

指　标	2019 年	2019 年可比样本变动	2018 年	2018 年可比样本变动	2017 年
资产负债率（%）	68.30	0.36	67.48	0.68	66.98
存货周转率（次）	6.39	-0.51	6.94	-0.52	7.43
总资产周转率（次）	1.84	-0.02	1.83	0.00	1.84

资料来源：沪深交易所，同花顺。

四、重点上市公司介绍

（一）苏宁易购

苏宁易购是中国3C（家电、电脑、通信）家电连锁零售行业的领先者。线下截至2019年12月31日公司拥有3630家各类型的自营门店和4586家零售云加盟店，涵盖生活广场、3C电器、超市、母婴、百货等各类业态，覆盖了城市核心商圈及社区，农村、校园等市场，是距离消费者最近的生活服务中心；线上，形成了苏宁易购、苏宁易购天猫旗舰店、小程序、苏宁拼购、直播等多入口平台，提供随时随地的用户触达。公司基于O2O的发展理念，已经在产品体验、交易达成、交互形式、服务需求方面形成了线上线下全场景间自由的切换。全场景的构建，有助于公司获得持续、稳定、低成本的流量。2019年公司销售规模实现稳定增长，2019年公司实现营业收入2692.29亿元，同比增长9.91%。

2019年，公司推进苏宁极物、苏鲜生布局，加强商超合作赋能输出专业供应链能力，年内新开商超电器店218家；低线市场网络覆盖快速推进，年内零售云加盟店新开2731家；完成万达百货及家乐福中国的收购，零售业态进一步丰富。截至2019年12月31日，公司注册会员数量为5.55亿元，年度活跃用户数规模同比增长20.52%，整体用户复购频次也有所增加，全场景融合运营取得一定的成效。

苏宁物流拥有零售行业领先的自建物流设施网络，截至2019年12月，苏宁物流拥有仓储及相关配套面积1210万平方米，快递网点25881个。年内苏宁物流新增、扩建13个物流基地，完成13个物流基地的建设，截至2019年12月31日，公司已在44个城市投入运营57个物流基地，在16个城市有18个物流基地在建、扩建。

表16　　苏宁易购2016～2019年财务指标

项　目	2019年	2018年	2017年	2016年
营业总收入（万元）	26922890	24495657	18792776	14858533
营业总成本（万元）	27516037	24593427	18848013	14999501
营业利润（万元）	1467172	1365855	407610	205
利润总额（万元）	1459460	1394546	433204	90089
归属母公司股东的净利润（万元）	984296	1332756	421252	70441
销售毛利率（%）	-26.15	216.38	498.02	-19.27
销售净利率（%）	14.53	15.00	14.10	14.36
资产负债率（%）	3.46	5.16	2.15	0.33

资料来源：Wind资讯。

（二）永辉超市

永辉超市是以零售业为龙头，以现代物流为支撑，以现代农业和食品工业为两翼，以实业开发为基础的大型集团企业。公司目前在福建、重庆等24个省市已发展911家连锁超市，经营面积超过700万平方米，是行业内为数不多的依然在扩张，并能够在大部分地区盈利的超市企业。2019年公司实现营业总收入848.77亿元，同比增长20.36%，归属于上市公司股东的合并净利润15.64亿元，同比增加5.63%。

2019年供应链深度变革下沉省区，聚焦核心供应链，加强与海外产地、产地源头的合作，在保障商品品质和货源稳定的同时，提升商品竞争力。自有品牌总销售额19.5亿元，年内与达曼国际合作，量身打造全新的“永辉优选”自有品牌；签约澳大利亚最大的国民超市Woolworths，成为Woolworths在中国首家线下全品类落地销售的零售渠道。

公司持续支持到家、到店业务。通过智能化技术手段打造门店数字化建设，提升门店管理效率及用户购物体验。2019年实现销售额35.1亿元，同比增长108%，占比4.4%，同比提高2%。其中，京东到家连接公司超市门店485家，新增155家。永辉生活APP和小程序已覆盖24个省，为永辉用户提供5158万次在线服务，年底月活数506万。

表17　永辉超市2016～2019年财务指标

项　目	2019年	2018年	2017年	2016年
营业总收入（万元）	8487696	7051665	5859134	4923165
营业总成本（万元）	8296735	6992092	5676481	4790901
营业利润（万元）	164000	126446	194065	149760
利润总额（万元）	177709	144902	203316	155649
归属母公司股东的净利润（万元）	156373	148035	181679	124201
销售毛利率（%）	21.56	22.15	20.84	20.19
销售净利率（%）	1.71	1.41	2.88	2.47
资产负债率（%）	60.93	50.96	37.91	34.64

资料来源：Wind资讯。

（三）豫园股份

公司践行“产业运营+产业投资”双轮驱动，秉承快乐时尚理念，持续构建“快乐消费产业+线下产业地标+线上家庭入口”的“1+1+1”战略，逐步形成了面向新兴主力消费阶层，具有独特竞争优势的产业集群，主要包括文化商业及智慧零售、珠宝时尚、文化餐饮和食品饮料、国潮腕表、美丽健康、复合功能地产等业务板块。2019年，公司实现营业收入429.12亿元，同比增加26.47%；归属于上市公司股东的净利润32.08亿元，同比增加5.79%。

公司旗下拥有丰富的品牌资源，其中“豫园商城”商业旅游文化品牌已经成为上海标志性的城市文化名片。公司拥有老庙、亚一、南翔馒头店、上海老饭店、绿波廊酒楼、松鹤楼、童涵春堂、海鸥表、上海表等一系列具有充分知名度和美誉度的老字号品牌，通过聚焦经典时尚和潮流演绎的文创产品，开启老字号品牌的焕新升级，持续提升品牌价值。2019年《中国500最具价值品牌》分析报告，豫园股份荣列第76位，品牌价值达663.85亿元。

珠宝时尚业务是公司依托上海城市商业根基，培育壮大的支柱产业之一。公司旗下上海豫园珠宝时尚集团有限公司突出“老庙”和“亚一”的品牌优势，以直营零售、批发为主要经营模式拓展连锁网络，截至2019年年底，豫园珠宝时尚连锁网点达到2759家。围绕珠宝时尚领域，公司战略投资收购比利时国际宝石学院IGI80%股权，实现战略布局全球钻石产业链。

表18　　豫园股份2016~2019年财务指标

项　目	2019年	2018年	2017年	2016年
营业总收入（万元）	4291223	3377720	1711125	1564305
营业总成本（万元）	3809468	2981307	1665126	1518202
营业利润（万元）	537433	463218	81780	48176
利润总额（万元）	540609	459823	86920	71641
归属母公司股东的净利润（万元）	320821	302074	70024	47884
销售毛利率（%）	26.83	25.72	16.02	15.76
销售净利率（%）	9.10	10.13	3.84	2.85
资产负债率（%）	63.33	62.26	52.76	52.81

资料来源：Wind资讯。

（四）三只松鼠

三只松鼠是中国休闲食品领域最快实现从创业到突破百亿元营收的企业。目前，公司构建以坚果、果干、烘焙、肉制品为核心品类的休闲食品产品体系，精选来自全球五大洲20个国家的原料，向消费者提供近600款美味产品。公司通过天猫、京东、唯品会等线上平台，以投食店及联盟小店为代表的线下渠道，零售通、松鼠智供等ToB分销构建多元化销售渠道，“三只松鼠”品牌在行业内具有很高的知名度和美誉度。2019年，公司实现营业总收入101.73亿元，比上年同期相比增长45.3%，实现归属母公司净利润为2.39亿元，与上年同期相比下降21.43%。

公司深耕“线上拉新流量、线下拉新门店”策略，坚持双线并行，运营能力更趋均衡。2019年度四大核心品类中坚果品类营收超54亿元，烘焙类超16亿元，肉食品超12亿元，果干类超8亿元，大单品中每日坚果销售额超过10亿元。线上板块，公司紧密围绕“线上造货、引领消费、聚焦需求、调整供给”的核心方向全速前进，2019年第三方电商平台线上营业收入98.69亿元，占营业收入的97%；而自营APP的营业收入为1.42亿元。线下板块，公司依托全国化品牌势能，线下门店共覆盖全国21个省及直辖市，2019年，投食店新开门店58家，累计108家，同比增长107%，营业收入5.18亿元，同比增长48%；联盟小店新开门店268家，累计278家，营业收入2.80亿元。

表19　　三只松鼠2016~2019年财务指标

项　目	2019年	2018年	2017年	2016年
营业总收入（万元）	1017302	700117	555419	442270
营业总成本（万元）	990554	666257	517871	413460
营业利润（万元）	29973	39785	40726	31610
利润总额（万元）	30722	40183	40633	31584
归属母公司股东的净利润（万元）	23875	30386	30202	23650
销售毛利率（%）	27.80	28.25	28.92	30.20
销售净利率（%）	2.35	4.34	5.44	5.35
资产负债率（%）	60.85	64.10	62.98	71.58

资料来源：Wind资讯。

（五）天虹股份

天虹股份是中外合资的连锁零售企业，其控股股东是中国航空工业集团下属的中国航空技术深圳有限公司。公司成立于1984年，立足珠三角向全国扩张。公司在行业内率先转型，突破传统购物模式，开启线上线下融合的数字化、体验式消费新模式，正成为线上线下一体化的消费服务平台。公司目前已确立百货、超市、购物中心、便利店四大业态线上线下融合的数字化、体验式新零售，拥有“天虹”“君尚”“sp@ce”“微喔”四大品牌。2019年公司实现GMV约300亿元，营业收入193.93亿元，归属于上市公司股东的净利润8.59亿元。

公司通过数字化与智能技术为顾客提供便利与高效的服务，截至2019年年底，整体数字化会员人数约2355万，全年线上销售额增长42%；公司持续优化超市数字化，超市“天虹到家”销售同比增长43%，到家销售占比10%。公司积极推进百货的购物中心化转型、时尚升级等方向，门店体验业态面积增大，占比达到26.5%，全面推动百货专柜到家服务，百货专柜到家销售同比增长逾三倍。购物中心打造畅享欢乐时光的时尚生活中心，聚焦欢乐时光与家庭生活，2019年购物中心整体销售额增长35%，可比店出租率达到98%以上。

表20 天虹股份2016~2019年财务指标

项　目	2019年	2018年	2017年	2016年
营业总收入（万元）	1939253	1913795	1853628	1727296
营业总成本（万元）	1846578	1811818	1771511	1665922
营业利润（万元）	108972	116295	92309	67261
利润总额（万元）	110520	116880	93126	71529
归属母公司股东的净利润（万元）	85930	90438	71819	52411
销售毛利率（%）	28.56	27.25	25.76	24.16
销售净利率（%）	4.44	4.73	3.87	3.03
资产负债率（%）	58.19	59.57	60.88	62.07

资料来源：Wind资讯。

（六）王府井

王府井拥有极高的品牌价值和市场影响力，是中国零售业最知名的品牌之一。公司主要业务为商品零售和商业物业出租业务，覆盖百货、购物中心、奥特莱斯及超市四大主力业态，同时拥有线上零售渠道。公司营业收入主要来自公司旗下各门店的商品销售收入以及功能商户的租金收入。2019年，公司实现营业收入267.89亿元，同比增长0.29%；归属于上市公司股东的净利润9.61亿元，同比下降19.98%。

目前，公司已形成集百货、奥特莱斯、购物中心和超市四大业态和线上业务协同发展的格局。公司在全国范围共运营54家大型综合零售门店，总经营建筑面积302.8万平方米，涉及华北、东北、华中、华东、华南、西南、西北七大经济区域33个城市。2019年，公司坚持“4+2”的业务格局，业务结构进一步优化，业态布局更趋合理，重要资源掌控能力进一步增强，新业态收入利润占比继续增加，零售主业经营业绩实现了持续增长。

表21 王府井2016~2019年财务指标

项　目	2019年	2018年	2017年	2016年
营业总收入（万元）	2678884	2671116	2608522	1779512
营业总成本（万元）	2533214	2511250	2474869	1700396
营业利润（万元）	152805	162887	133544	78858
利润总额（万元）	144488	170285	134336	84853
归属母公司股东的净利润（万元）	96134	120143	90982	57483
销售毛利率（%）	20.65	21.18	20.72	21.38
销售净利率（%）	3.53	4.59	3.57	3.18
资产负债率（%）	49.95	47.11	46.56	40.01

资料来源：Wind资讯。

（七）华致酒行

华致酒行是国内领先的精品酒水营销和服务商之一，服务于酒类流通行业。公司多年来深耕酒类消费终端市场，凭借专业的运营团队、丰富的产品营销经验以及深刻的酒文化认知，构建了包括华致酒行、华致名酒行、华致酒库、华致名酒库、零售网点、KA 卖场、团购、电商、终端供应商在内的全渠道营销网络体系，从而与上游知名酒企酒商形成了长期稳定的合作关系。经过多年发展，公司已成为国内实力较强、知名度较高的精品酒水营销和服务商。2019 年，公司业绩稳步提升，实现营业收入 373788.84 万元，同比增长 37.38%；归属于上市公司股东的净利润 31944.42 万元，同比增长 42.06%。

2019 年，公司推出“华致优选”电商平台，主要经营飞天茅台（2013～2017 年）、老茅台酒（2013 年以前）、茅台系列酒、17 大老酒、53 名优老酒、名庄葡萄酒、日本清酒、知名烈性酒、精酿啤酒、燕窝等产品。平台自上线以来，运营状况良好，功能持续迭代，用户体验及转化率持续提升。

自 2017 年起，公司充分发挥运营“华致酒行”连锁门店所积累的经验，融合传统线下销售模式和 O2O 服务平台，筛选优质零售网点客户升级为“华致酒库”，作为新零售模式下的华致品牌门店。2019 年，公司继续推进全国华致名酒库网络布局，以省区为单元，积极推动优质零售网点客户转型成为华致名酒库。2019 年公司品牌门店数量及质量稳步提升，门店数量同比增长 28%，单店销售收入同比增长 39%。目前已覆盖全国，初步形成了服务于全国消费者的保真酒品连锁销售网络。

表 22　　华致酒行 2016～2019 年财务指标

项　目	2019 年	2018 年	2017 年	2016 年
营业总收入（万元）	373789	272080	240652	218413
营业总成本（万元）	336734	245214	218473	206102
营业利润（万元）	38690	28817	25885	12313
利润总额（万元）	38870	29154	26491	13947
归属母公司股东的净利润（万元）	31944	22487	20270	11300
销售毛利率（%）	21.39	21.36	20.30	17.24
销售净利率（%）	8.59	8.36	8.62	5.15
资产负债率（%）	38.18	48.50	41.92	58.49

资料来源：Wind 资讯。

（八）爱婴室

爱婴室以母婴商品的销售及相关服务为主营业务，是一家结合直营门店、App、小程序、微信公众号等多种渠道，为孕前至 6 岁婴幼儿家庭提供优质母婴用品和相关服务的专业连锁零售商。公司总部位于上海，并在上海、江苏、浙江、福建、重庆、深圳等地区开设直营门店。2019 年公司已开设直营门店 297 家合同面积达 173693.73 平方米，为客户搭建了一站式母婴用品采购及孕婴童服务平台。2019 年，公司及下属子公司合并报表营业收入 246036.51 万元，同比增长 15.22%；归属于上市公司股东的净利润 15424.76 万元，同比增长 28.55%。

2019 年，公司围绕全渠道营销体系建设，继续加码线上投入，APP 上线更丰富的商品、引入第三方入驻、实施更灵活多样的营销措施，APP 日活跃用户、月活跃用户有明显提升。公司独立开发并上线微商城小程序，借助微信的用户平台，扩大流量入口，便于营销推广，获取更多销售机会。公司进一步强化线上渠道布局，完善商城平台建设，增强与消费者的互动，提升消费者购物体验，年内公司线上平台销售额 7591.94 万元，同比增长 67.42%，增速迅猛。

2019 年，公司持续优化商品结构，加大引入畅销新品，淘汰部分滞销旧品，积极研发棉纺品、纸制品、洗护类等自有产品，丰富自有商品品类，强化自有商品品牌属性，2019 年自有产品销售 23083 万元，占商品销售的比重为 9.97%，同比增长 29.72%。公司通过优化商品品类组合，提升商品毛利的同时能够更好地带动客流。公司自有商品品类的增加以及畅销，提升商品销售毛利的同时，也提高了门店以及电子商务平台的聚客能力。

表 23　　爱婴室 2016～2019 年财务指标

项　目	2019 年	2018 年	2017 年	2016 年
营业总收入（万元）	246037	213540	180785	158496
营业总成本（万元）	226763	198841	167783	148399
营业利润（万元）	22848	17178	14097	10199
利润总额（万元）	22705	16957	13921	10714
归属母公司股东的净利润（万元）	15425	11999	9358	7399
销售毛利率（%）	31.23	28.77	28.41	26.70
销售净利率（%）	6.91	6.12	5.78	5.14
资产负债率（%）	34.96	33.05	46.59	49.99

资料来源：Wind 资讯。

五、上市公司在行业中的影响力

批发和零售业是我国市场化程度最高，竞争最激烈的行业。我国地域分布较广，渠道深度大，在商业区域代理格局下，上市公司区域格局明显。

根据 CCFA 发布的《2019 年中国连锁百强榜单》，2019 年连锁百强销售规模近 2.6 万亿元，同比增长 5.2%，占社会消费品零售总额的6.3%。连锁百强门店总数14.4万个，同比增长5.9%。百强连锁企业提供就业岗位160余万个。苏宁易购以3787.4亿元的销售规模居百强榜首。百强销售和门店数量绝对值依然保持增长，但增长幅度整体放缓。

2019年，百强企业销售实现正增长的有73家，比上一年减少5家，增长率平均为14.4%，同比下降0.1个百分点，中位数为6.4%，同比下降0.3个百分点；销售出现负增长的有27家，增长率平均为-9.6%，降幅同比增加1.2个百分点，中位数为-7.6%，降幅同比高出2.4个百分点。2019年门店数量下降的企业数比上年增加了8家，共计29家。18家企业实现销售和门店两位数增长，其中，红星美凯龙、永辉、居然之家、盒马鲜生、美宜佳、孩子王、百果园、大参林、柒一拾壹、罗森10家企业连续两年保持双位数增长。

2019年，连锁百强企业线上销售增长28.7%，高于全国实物商品网上零售额增幅9.2个百分点。线上销售规模达5000亿元。专业店平均线上销售占比最高，便利店最低，超市普遍开展到家业务。百强企业平均线上销售占比为4.3%。其中，超市企业线上销售占比为2.1%；百货线上销售占比为1.2%；便利店线上销售占比为0.6%；专业店线上销售占比为21.9%。超市类百强企业有近六成开展了社区拼团业务，其中过半数处于尝试阶段，社区拼团业务占超市销售比大约为2‰。短视频、网上直播等作为新的渠道，也有约三成百强企业导入。

受2020年年初发生的新冠肺炎疫情影响，企业对2020年的发展持谨慎态度。据对参与预测的百强企业的统计，78%的企业2020年会继续拓展新店。只有36%的企业认为门店同比销售有望实现增长，42%的企业认为门店销售会下降。

审稿人：刘小勇

撰稿人：谷　茜

交通运输、仓储和邮政业

一、交通运输、仓储和邮政业总体概况

（一）行业整体运行情况

交通运输、仓储和邮政业是指利用运输工具将货物或者旅客送达目的地，使其空间位置得到转移的业务活动，包括公路运输服务、水路运输服务、航空运输服务等细分行业，是国民经济中基础性和先导性行业，也是经济社会发展的重要支撑和强力保障。

2019年，交通运输、仓储和邮政业上市公司总资产36788.71亿元，增长10.82%（可比样本）；实现营业收入15977.62亿元，增长8.89%（可比样本）；实现归母净利润1194.54亿元，增长11.92%（可比样本）。由于消费、第三方物流、高端制造等三大租户持续扩张，仓储板块实现增长；受高铁分流影响公路客运量有所下降，货运量增加，道路运输业仍实现正增长；受全球经济增速下降、贸易摩擦等因素影响，航空运输业面临下行压力；铁路客货运量均保持良好增长势头；邮政业板块电商巨头增速稳健，全行业快递量同比实现较大幅度增长。

（二）细分行业运行概况

2019年，仓储板块实现营收492.25亿元，增长4.77%（可比样本）；合计实现归母净利润3.47亿元，下滑81.80%（可比样本）。道路运输板块实现营收1262.52亿元，增长3.3%（可比样本）；合计实现归母净利润282.95亿元，增长14.88%（可比样本）。航空运输板块实现营收5656.76亿元，增长5.25%（可比样本）；合计实现归母净利润238.26亿元，下滑27.19%（可比样本）。水上运输板块实现营收4022.57亿元，增长11.58%（可比样本）；合计实现归母净利润406.89亿元，增长15.92%（可比样本）。铁路运输业板块实现营收1182.64亿元，增长3.22%（可比样本）；合计实现归母净利润149.17亿元，下滑5.05%（可比样本）。装卸搬运和运输代理业板块实现营收1093.29亿元，下降3.47%（可比样本）；合计实现归母净利润亏损4.63亿元，下降111.44%（可比样本）。邮政业板块实现营收2267.60亿元，增长31.61%（可比样本）；合计实现归母净利润118.43亿元，上升20.35%（可比样本）。

二、行业内上市公司发展概况

（一）行业内上市公司基本情况

表 1　　2019 年交通运输、仓储和邮政业上市公司发行股票概况

门　类	A、B 股总数（家）	A 股股票数（家）	B 股股票数（家）	境内总市值（亿元）	流通 A 股市值（亿元）	流通 B 股市值（亿元）
交通运输、仓储和邮政业	110	103	7	20154.10	15789.63	92.35
占沪深两市比重（%）	2.85	2.67	0.18	3.40	3.28	7.04

资料来源：沪深交易所，同花顺。

（二）行业内上市公司构成情况

表 2　　2019 年交通运输、仓储和邮政业上市公司构成情况

门　类	沪市			深市			ST/ * ST
	仅 A 股	仅 B 股	A + B 股	仅 A 股	仅 B 股	A + B 股	
交通运输、仓储和邮政业（家）	67	0	4	30	1	2	1/2
占行业内上市公司比重（%）	64.42	0.00	3.85	28.85	0.96	1.92	0.96/1.92

资料来源：沪深交易所，同花顺。

（三）行业内上市公司融资情况

表 3　　2019 年交通运输、仓储和邮政业上市公司与沪深两市融资情况对比　　单位：家

门　类	融资家数	新股	增发	配股
交通运输、仓储和邮政业	12	4	8	0
沪深两市总数	427	203	215	9
占比（%）	2.81	1.97	3.72	0.00

资料来源：沪深交易所，同花顺。

其中，首发的 4 家公司中，有 0 家在中小板上市，0 家在创业板上市；增发的 8 家公司中，有 5 家沪市、2 家深市及 1 家中小板公司。

按行业大类划分，进行融资的 12 家公司中，水上运输业 7 家，道路运输业 1

家，航空运输业2家，装卸搬运和运输代理业2家，分别占比58.33%、8.33%、16.67%、16.67%。

从融资效果来看，上述公司实际发行数量为634095.59万股；实际募集资金259.14亿元，基本完成了融资计划。

2019年交通运输、仓储和邮政业上市公司融资情况明细见附录。

（四）行业内上市公司资产及业绩情况

表4　2019年交通运输、仓储和邮政业上市公司资产情况　单位：亿元

指　标	2019年	2019年可比样本增长（%）	2018年	2018年可比样本增长（%）	2017年
总资产	36788.71	10.82	31993.86	16.45	27473.92
流动资产	7397.21	4.30	6585.06	16.10	5671.97
占比（%）	20.11	-1.26	20.58	-0.06	20.64
非流动资产	29391.50	12.60	25408.80	16.54	21801.94
占比（%）	79.89	1.26	79.42	0.06	79.36
流动负债	9668.80	3.24	9017.62	23.40	7307.77
占比（%）	26.28	-1.93	28.19	1.59	26.60
非流动负债	10608.37	23.30	8372.56	13.30	7389.95
占比（%）	28.84	2.92	26.17	-0.73	26.90
归属于母公司股东权益	14399.08	8.65	12704.86	10.28	11520.54
占比（%）	39.14	-0.78	39.71	-2.22	41.93

资料来源：沪深交易所，同花顺。

表5　2019年交通运输、仓储和邮政业上市公司收入实现情况　单位：亿元

指　标	2019年	2019年可比样本增长（%）	2018年	2018年可比样本增长（%）	2017年
营业收入	15977.62	8.89	13747.25	15.25	11466.23
利润总额	1729.49	12.86	1437.77	-14.16	1599.77
归属于母公司所有者的净利润	1194.54	11.92	999.85	-14.66	1146.54

资料来源：沪深交易所，同花顺。

（五）利润分配情况

2019年全年交通运输、仓储和邮政业上市公司中共有83家公司实施了分红配股。其中，9家上市公司实施送股或转增股，83家上市公司实施派息，0家公司既实施了送股、转增又实施了派息。

2019年交通运输、仓储和邮政业上市公司分红明细见附录。

（六）其他财务指标情况

1. 盈利能力指标

表 6　　2019 年交通运输、仓储和邮政业上市公司盈利能力情况

指　标	2019 年	2019 年可比样本变动	2018 年	2018 年可比样本变动	2017 年
毛利率（%）	16.21	-0.26	16.85	-1.64	18.43
净资产收益率（%）	8.30	0.24	7.87	-2.04	9.95
销售净利率（%）	8.55	0.40	8.15	-2.92	10.96
资产净利率（%）	3.90	0.13	3.67	-1.21	4.78

资料来源：沪深交易所，同花顺。

2. 偿债能力指标

表 7　　2019 年交通运输、仓储和邮政业上市公司偿债能力指标

指　标	2019 年	2019 年可比样本变动	2018 年	2018 年可比样本变动	2017 年
流动比率	0.77	0.01	0.73	-0.05	0.78
速动比率	0.69	0.00	0.66	-0.02	0.68
资产负债率（%）	55.12	0.99	54.35	1.06	53.50

资料来源：沪深交易所，同花顺。

3. 营运能力指标

表 8　　2019 年交通运输、仓储和邮政业上市公司营运能力情况　　单位：次

营运能力指标	2019 年	2019 年可比样本变动	2018 年	2018 年可比样本变动	2017 年
存货周转率	19.44	2.00	16.20	1.61	14.29
应收账款周转率	15.12	-0.86	17.65	0.66	16.73
流动资产周转率	2.21	0.03	2.20	0.02	2.15
固定资产周转率	1.23	0.14	1.01	0.06	0.93
总资产周转率	0.46	-0.01	0.45	0.01	0.44
净资产周转率	1.01	0.01	0.98	0.02	0.94

资料来源：沪深交易所，同花顺。

三、重点细分行业介绍

表 9　　2019 年交通运输、仓储和邮政业公司数量分布及市值情况

大　类	上市公司家数（家）	占行业内比重（%）	境内总市值（亿元）	占行业内比重（%）
道路运输业	36	34.62	3047.33	15.12
铁路运输业	4	3.85	1521.91	7.55

续表

大　类	上市公司家数（家）	占行业内比重（%）	境内总市值（亿元）	占行业内比重（%）
仓储业	9	8.65	364.51	1.81
航空运输业	13	12.50	5497.36	27.28
水上运输业	29	27.88	6011.99	29.83
装卸搬运和其他运输代理业	8	7.69	563.07	2.79
邮政业	5	4.81	3147.93	15.62

资料来源：沪深交易所，同花顺。

（一）仓储业

1. 行业概况

2019 年，仓储板块实现营收 492.25 亿元，增长 4.77%（可比样本）；合计实现归母净利润 3.47 亿元，下滑 81.80%（可比样本）。

2019 年整体由于需求旺盛而供给有限，仓储板块实现增长。由于 2019 年消费、第三方物流、高端制造等三大租户持续扩张，高标仓市场实现高景气增长。同时制造业高端化升级也推动了高标仓需求。

2. 行业内上市公司发展情况

表 10　　2019 年仓储业上市公司收入及资产增长情况　　单位：亿元

指　标	2019 年	2019 年可比样本增长（%）	2018 年	2018 年可比样本增长（%）	2017 年
营业收入	492.25	4.77	510.98	8.04	401.80
利润总额	5.63	119.95	-28.21	-207.00	24.84
归属于母公司所有者的净利润	3.47	-81.80	-31.96	-267.72	17.48
总资产	370.98	-5.29	391.70	5.85	438.48
归属于母公司股东权益	183.51	0.52	182.55	-13.95	215.98

资料来源：沪深交易所，同花顺。

表 11　　2019 年仓储业上市公司盈利能力情况

指　标	2019 年	2019 年可比样本变动	2018 年	2018 年可比样本变动	2017 年
毛利率（%）	6.51	-0.38	6.33	0.53	7.25
净资产收益率（%）	1.89	19.40	-17.51	-26.49	8.09
销售净利率（%）	0.66	7.44	-6.24	-10.39	4.53
资产净利率（%）	0.85	9.22	-8.37	-13.75	4.26

资料来源：沪深交易所，同花顺。

表 12　　2019 年仓储业上市公司偿债及营运情况

指　标	2019 年	2019 年可比样本变动	2018 年	2018 年可比样本变动	2017 年
资产负债率（%）	47.67	-3.10	50.78	10.47	44.49
存货周转率（次）	23.07	0.89	24.27	14.23	8.48
总资产周转率（次）	1.29	0.06	1.34	0.05	0.94

资料来源：沪深交易所，同花顺。

（二）道路运输业

1. 行业概况

2019 年，道路运输板块实现营收 1262.52 亿元，增长 3.3%（可比样本）；合计实现归母净利润 282.95 亿元，增长 14.88%（可比样本）。

2019 年受高铁分流影响公路客运量有所下降，货运量增加。2019 年全国公路客运量减少 4.68%（可比样本），旅客周转量 8857 亿人公里，下降 4.51%（可比样本）。货运方面，2020 年二季度起货运量快速恢复，2019 年全国公路货运量为 416.08 亿吨，增长 5.09%（可比样本），货运周转量 74836 亿吨公里，增长 5.10%（可比样本）。

2. 行业内上市公司发展情况

表 13　　2019 年道路运输业上市公司收入及资产增长情况　　单位：亿元

指　标	2019 年	2019 年可比样本增长（%）	2018 年	2018 年可比样本增长（%）	2017 年
营业收入	1262.52	3.30	1220.20	-1.12	1185.69
利润总额	373.08	0.46	371.27	10.11	333.57
归属于母公司所有者的净利润	282.95	14.88	274.65	11.51	243.50
总资产	6357.72	8.90	5833.88	5.66	5202.30
归属于母公司股东权益	2899.12	8.03	2681.07	3.62	2537.28

资料来源：沪深交易所，同花顺。

表 14　　2019 年道路运输业上市公司盈利能力情况

指　标	2019 年	2019 年可比样本变动	2018 年	2018 年可比样本变动	2017 年
毛利率（%）	33.80	0.43	33.37	0.24	33.37
净资产收益率（%）	9.76	-0.47	10.24	0.73	9.60
销售净利率（%）	23.54	-0.63	24.20	2.74	22.08
资产净利率（%）	4.87	-0.33	5.20	0.14	5.18

资料来源：沪深交易所，同花顺。

表 15　　2019 年道路运输业上市公司偿债及营运情况

指　标	2019 年	2019 年可比样本变动	2018 年	2018 年可比样本变动	2017 年
资产负债率（%）	50.50	0.16	50.36	0.52	47.90
存货周转率（次）	3.21	-0.08	3.29	-0.03	3.30
总资产周转率（次）	0.21	-0.01	0.21	-0.02	0.23

资料来源：沪深交易所，同花顺。

（三）航空运输业

1. 行业概况

2019 年，航空运输板块实现营收 5656.76 亿元，增长 5.25%（可比样本）；合计实现归母净利润 238.26 亿元，下滑 27.19%（可比样本）。

2019 年受全球经济增速下降、贸易摩擦等因素影响，航空运输业面临下行压力。我国民航旅客周转量增速（9.3%）下降（去年 12.6%），民航客运量增速（7.9%）下降（去年 10.9%），客座率水平与 2018 年整体持平（83.2%）。货邮周转量增速均下行。国际线需求表现全年优于国内，特别是日韩旅游线路。

2. 行业内上市公司发展情况

表 16　　2019 年航空运输业上市公司收入及资产增长情况　　单位：亿元

指　标	2019 年	2019 年可比样本增长（%）	2018 年	2018 年可比样本增长（%）	2017 年
营业收入	5656.76	5.25	5374.60	13.18	4714.19
利润总额	331.53	24.04	267.29	-42.99	464.41
归属于母公司所有者的净利润	238.26	-27.19	194.52	-40.56	323.49
总资产	12700.84	16.95	10859.89	7.34	10062.81
归属于母公司股东权益	3788.89	5.53	3590.41	9.93	3254.67

资料来源：沪深交易所，同花顺。

表 17　　2019 年航空运输业上市公司盈利能力情况

指　标	2019 年	2019 年可比样本变动	2018 年	2018 年可比样本变动	2017 年
毛利率（%）	13.56	0.74	12.82	-2.21	14.98
净资产收益率（%）	6.29	0.87	5.42	-4.60	9.94
销售净利率（%）	4.59	0.63	3.95	-3.69	7.62
资产净利率（%）	2.20	0.18	2.03	-1.77	3.77

资料来源：沪深交易所，同花顺。

表 18　　2019 年航空运输业上市公司偿债及营运情况

指　标	2019 年	2019 年可比样本变动	2018 年	2018 年可比样本变动	2017 年
资产负债率（%）	67.08	3.86	63.22	-0.34	63.47
存货周转率（次）	65.44	-7.20	72.64	8.53	64.17
总资产周转率（次）	0.48	-0.03	0.51	0.02	0.49

资料来源：沪深交易所，同花顺。

（四）水上运输业

1. 行业概况

2019 年，水上运输板块实现营收 4022.57 亿元，增长 11.58%（可比样本）；合计实现归母净利润 406.89 亿元，增长 15.92%（可比样本）。

2019 年受 OPEC 减产影响，短期看原油运输需求下降，油轮 VLCC 中东－中国航线日租金 2019 年同比上升 109%。但巨大负面冲击将会带来远期大幅升水，长期来看储油需求对 VLCC 市场有利好。油轮新船交付压力较小，同时老旧船舶较多可用于拆解，有利于周期上行。集运方面，CCFI 综合指数 2019 年同比增长 0.7%。

2. 行业内上市公司发展情况

表 19　　2019 年水上运输业上市公司收入及资产增长情况　　单位：亿元

指　标	2019 年	2019 年可比样本增长（%）	2018 年	2018 年可比样本增长（%）	2017 年
营业收入	4022.57	11.58	3458.38	15.61	2894.03
利润总额	645.83	36.08	423.75	-13.08	430.94
归属于母公司所有者的净利润	406.89	15.92	268.86	-15.27	295.17
总资产	12840.11	7.73	11352.67	14.37	8795.72
归属于母公司股东权益	4773.20	12.63	3935.39	6.89	3419.12

资料来源：沪深交易所，同花顺。

表 20　　2019 年水上运输业上市公司盈利能力情况

指　标	2019 年	2019 年可比样本变动	2018 年	2018 年可比样本变动	2017 年
毛利率（%）	19.00	0.44	18.15	-1.02	18.88
净资产收益率（%）	8.52	1.27	6.83	-1.79	8.63
销售净利率（%）	13.11	2.70	9.66	-3.79	12.13
资产净利率（%）	4.26	0.91	3.14	-1.32	4.15

资料来源：沪深交易所，同花顺。

表 21　　2019 年水上运输业上市公司偿债及营运情况

指　标	2019 年	2019 年可比样本变动	2018 年	2018 年可比样本变动	2017 年
资产负债率（%）	52.37	-2.04	55.05	2.70	54.26
存货周转率（次）	12.57	2.68	9.37	-0.45	9.57
总资产周转率（次）	0.32	0.00	0.33	-0.01	0.34

资料来源：沪深交易所，同花顺。

（五）铁路运输业

1. 行业概况

2019 年，铁路运输业板块实现营收 1182.64 亿元，增长 3.22%（可比样本）；合计实现归母净利润 149.17 亿元，下滑 5.05%（可比样本）。

2019 年客货运量均保持良好增长势头，完成客运量 36.60 亿人次，同比增长 8.41%。旅客周转量 14707 亿人公里，同比增长 3.96%，客运量增长主要来自新增高铁逐步贯通带来的路网效应。京沪高铁受益于全线客运量的持续快速增长，2019 年归母净利润同比增长 16.48%。2019 年完成货运量 43.19 亿吨，同比增长 7.30%，货运周转量 30075 亿吨公里，同比增长 4.35%，货运量的增长主要为宏观经济增长带来。大秦铁路由于市场波动、通道分流等因素的影响，归母净利润同比下降 6.02%。

2. 行业内上市公司发展情况

表 22　　2019 年铁路运输业上市公司收入及资产增长情况　　单位：亿元

指　标	2019 年	2019 年可比样本增长（%）	2018 年	2018 年可比样本增长（%）	2017 年
营业收入	1182.64	3.22	1145.72	29.44	863.11
利润总额	215.06	-5.05	226.49	13.21	187.06
归属于母公司所有者的净利润	149.17	0.94	159.83	8.16	147.83
总资产	2001.11	1.73	1967.07	5.41	1755.52
归属于母公司股东权益	1540.03	5.52	1459.44	5.22	1373.75

资料来源：沪深交易所，同花顺。

表 23　　2019 年铁路运输业上市公司盈利能力情况

指　标	2019 年	2019 年可比样本变动	2018 年	2018 年可比样本变动	2017 年
毛利率（%）	17.75	-1.64	19.38	-2.89	21.01
净资产收益率（%）	9.69	-1.27	10.95	0.30	10.76
销售净利率（%）	13.88	-1.46	15.35	-2.07	16.83
资产净利率（%）	8.27	-0.90	9.17	0.50	8.43

资料来源：沪深交易所，同花顺。

表 24　　2019 年铁路运输业上市公司偿债及营运情况

指　标	2019 年	2019 年可比样本变动	2018 年	2018 年可比样本变动	2017 年
资产负债率（%）	18.88	-2.88	21.76	-0.15	20.89
存货周转率（次）	20.12	1.96	18.16	4.46	13.63
总资产周转率（次）	0.60	0.00	0.60	0.10	0.50

资料来源：沪深交易所，同花顺。

（六）装卸搬运和运输代理业

1. 行业概况

2019 年，装卸搬运和运输代理业板块实现营收 1093.29 亿元，下降 3.47%（可比样本）；合计实现归母净利润亏损 4.63 亿元，下降 111.44%（可比样本）。从盈利能力来看，2019 年装卸搬运和运输代理业公司盈利能力有所下滑，毛利率为 5.64%，下降 3.02%（可比样本）；销售净利率为 -0.24%，下滑 4.70%（可比样本）。

2. 行业内上市公司发展情况

表 25　　2019 年装卸搬运和运输代理业上市公司收入及资产增长情况　　单位：亿元

指　标	2019 年	2019 年可比样本增长（%）	2018 年	2018 年可比样本增长（%）	2017 年
营业收入	1093.29	-3.47	314.34	24.00	270.22
利润总额	4.65	-92.79	20.83	-6.87	33.52
归属于母公司所有者的净利润	-4.63	-111.44	14.87	-4.24	26.16
总资产	916.70	-0.49	291.14	22.03	318.96
归属于母公司股东权益	394.65	4.77	135.50	20.69	181.11

资料来源：沪深交易所，同花顺。

表 26　　2019 年装卸搬运和运输代理业上市公司盈利能力情况

指　标	2019 年	2019 年可比样本变动	2018 年	2018 年可比样本变动	2017 年
毛利率（%）	5.64	-3.02	12.50	-2.19	13.55
净资产收益率（%）	-1.17	-12.81	10.98	-2.86	14.44
销售净利率（%）	-0.24	-4.70	5.23	-1.65	10.40
资产净利率（%）	-0.29	-5.91	6.21	-1.93	9.66

资料来源：沪深交易所，同花顺。

表 27　　2019 年装卸搬运和运输代理业上市公司偿债及营运情况

指　标	2019 年	2019 年可比样本变动	2018 年	2018 年可比样本变动	2017 年
资产负债率（%）	53.69	1.16	48.60	1.08	39.19
存货周转率（次）	64.17	0.55	20.71	-3.06	27.63
总资产周转率（次）	1.19	-0.07	1.19	0.00	0.93

资料来源：沪深交易所，同花顺。

（七）邮政业

1. 行业概况

2019 年，邮政业板块实现营收 2267.60 亿元，增长 31.61%（可比样本）；合计实现归母净利润 118.43 亿元，上升 20.35%（可比样本）。

由于电商红利仍未退去，2019 年邮政行业增速超预期。电商巨头增速稳健，全行业快递量完成 635.2 亿件，同比增长 25.3%，市场集中度进一步提升，2+3 格局逐渐形成。价格战持续进行，盈利水平出现分化，中通与圆通成本降幅领先，中通单票盈利优势扩大，韵达与圆通盈利能力接近。整体来看，各家快递公司产能投资节奏不同，龙头着手补齐自身资产短板。

2. 行业内上市公司发展情况

表 28　　2019 年邮政业上市公司收入及资产增长情况　　单位：亿元

指　标	2019 年	2019 年可比样本增长（%）	2018 年	2018 年可比样本增长（%）	2017 年
营业收入	2267.60	31.61	1723.02	28.35	1137.19
利润总额	153.72	-1.69	156.36	17.94	125.43
归属于母公司所有者的净利润	118.43	20.35	119.08	21.00	92.91
总资产	1601.26	23.23	1297.51	29.60	900.12
归属于母公司股东权益	819.69	13.47	720.50	26.11	538.64

资料来源：沪深交易所，同花顺。

表 29　　2019 年邮政业上市公司盈利能力情况

指　标	2019 年	2019 年可比样本变动	2018 年	2018 年可比样本变动	2017 年
毛利率（%）	14.47	-2.84	17.31	-1.05	19.21
净资产收益率（%）	14.45	-2.04	16.53	-0.70	17.25
销售净利率（%）	5.15	-1.67	6.82	-0.50	8.16
资产净利率（%）	8.05	-2.17	10.22	-0.95	11.59

资料来源：沪深交易所，同花顺。

表 30　　2019 年邮政业上市公司偿债及营运情况

指　标	2019 年	2019 年可比样本变动	2018 年	2018 年可比样本变动	2017 年
资产负债率（%）	48.47	4.67	43.86	1.18	39.87
存货周转率（次）	187.65	0.29	187.37	-22.02	177.94
总资产周转率（次）	1.56	0.07	1.50	-0.03	1.42

资料来源：沪深交易所，同花顺。

四、重点上市公司介绍

（一）顺丰控股

2019 年公司实现营收 1121.93 亿元，同比增长 23.38%，实现归母净利润 57.97 亿元，同比增长 27.23%，扣非后归母净利润 42.08 亿元，同比增长 20.79%。EPS 为 1.32 元/股；销售毛利率 17.42%，较 2018 年下降 0.50 个百分点。2019 年加权 ROE 为 14.86%，同比提高 1.65 个百分点。

2019 年公司速运物流业务实现件量 48.31 亿票，同比增长 25.8%，单价 21.9 元，超行业整体平均增速 25.30%。分板块来看：1）2019 年时效件收入 565.21 亿元，同比增长 5.93%，反映出高端电商消费需求持续旺盛；2）经济件持续高增长，2019 年公司经济件业务收入同比增长 31.96%；3）2019 年供应链业务营收 49.18 亿元，同比增长 1128.09%；4）其他产品 12.92 亿元，同比增长 2.07%。

（二）上海机场

2019 年公司实现营收 109.45 亿元，同比增长 17.52%，实现归母净利润 50.30 亿元，同比增长 18.88%，扣非后归母净利润 49.80 亿元，同比增长 17.72%。EPS 为 2.61 元/股；公司拟向全体股东派发现金股利（税前）0.79 元/股，连续三年现金分红率超过 30%。

公司 2019 年旅客吞吐量 7615.35 万人次，同比增长 2.9%。分板块来看：1）航空性收入 40.84 亿元，同比增长 2.88%，包括旅客及货邮相关收入 22.79 亿元，同比增长 2.59%；架次相关收入 18.04 亿元，同比增长 3.24%，主要受益于飞机起降架次同比增长 1.4%。2）非航空性收入 68.61 亿元，同比增长 28.39%。包括商业餐饮收入 54.63 亿元，同比增长 37.06%，高于 2018 年同期增速（33.22%）；其他非航收入 13.98 亿元，同比增长 2.95%。

（三）大秦铁路

公司 2019 年营收 799.2 亿元，同比增长 2.01%，归母净利润 136.69 亿元，同比下滑 6.02%。

业务方面：货运收入 611.7 亿元，同比增长 2.3%；客运收入 76.1 亿元，同比增长 3.48%；其他业务收入 92.6 亿元，同比下降 3.7%。公司拟发行 320 亿元可转债，用于收购太原局国有授权经营土地使用权和太原局持有太原铁路枢纽西南环线公司 51% 股权。下滑原因：1）蒙冀、瓦日、浩吉等铁路通道集中投产扩能，降低了大秦线的运输需求。2）能源结构优化：火电占比下降 1.5 个百分点。全年煤炭消费总量仅增长 1%。3）煤需求受限：煤价四季度明显下降，下游库存整体处于高位。

（四）上港集团

公司 2019 年实现营收 361.02 亿元，同比下降 5.1%，归母净利润为 90.62 亿元，同比下降 11.81%，扣非净利润 86.2 亿元，同比增长 13.5%，主要由于 2018 年公司出售星外滩股权获净利约 12 亿元所致。

分业务看：1）集装箱业务：吞吐量 4330 万标准箱，同比增长 3.1%，连续十年排名居前，毛利率 51.38%，同比下降 2.35 个百分点。2）服务建设：完成最大幅度的航线调整，港口集装箱卡车预约率和兑现率持续提升，提高服务标准和生产效率，港口物流营收 201.35 亿元，同比降 0.38%，毛利率 7.91%，同比增加 0.64 个百分点，港口服务营收 23.46 亿元，同比增 8.14%，毛利率 38.85%，同比增 0.25 个百分点。3）业务结构调整：矿石与煤炭吞吐量下降，母港散杂货吞吐量同比下降 23.3%，毛利率 11.76%，同比下降 2.53 个百分点。

（五）中国国航

公司 2019 年营收 1361.8 亿元，同比下降 0.43%，扣非净利润 61.7 亿元，同比下降 6.7%，扣汇利润总额 103 亿元，同比下降 16%。

业务方面：1）业务体量：公司实现旅客周转量 2332 亿客公里，同比增长 5.74%，客座率 81.02%，提升 0.42 个百分点。2）汇率：2019 年汇率贬值 1.7%，汇兑损失 12.1 亿元，较 2018 年减少 11.7 亿元，公司披露敏感性人民币对美元波动 1%，影响净利 4.44 亿元。3）盈利能力：客公里收益为 0.5340 元，同比下滑 2.22%，主要受宏观经济形势影响。

五、上市公司在行业中的影响力

2019 年，交通运输、仓储和邮政业上市公司总资产 36788.71 亿元，增加 10.82%（可比样本）；实现营业收入 15977.62 亿元，增加 8.89%（可比样本）；实现归母净利润 1194.54 亿元，增加 11.92%（可比样本）。

审稿人：董岚枫　王　勇

撰稿人：李　旻　黄细里

住宿和餐饮业

一、住宿和餐饮业总体概况

（一）行业整体运行情况

2019 年我国酒店行业豪华、中高端、经济型的比例约为 8%、27%、65%，国内酒店市场以低端经济型酒店为主体。而欧美等发达国家成熟的酒店市场通常呈现两边小中间大的“橄榄型”结构，目前欧美酒店业豪华、中高端、经济型的比例约为 20%、50%、30%，未来我国酒店行业结构布局将向欧美等发达国家酒店行业结构靠近，逐步呈现中高端酒店为主体的特征。从国内酒店市场结构来看，中端酒店的发展仍有极大发展空间，未来中国的中高端酒店将迎来中长期的快速发展阶段。从经营情况来看，2019 年全国 8920 家星级饭店的营业收入合计 1907.77 亿元，其中餐饮收入占营业收入的 42.49%；客房收入占营业收入的 38.19%。全国星级酒店利润总额为 55.59 亿元，人均实现利润 5240 元。平均房价为 353 元/间夜，平均出租率为 55.18%。2019 年以来，无论单月还是季度数据，餐饮业均以个位增速继续拉低消费增速水平线，限额以上企业的餐饮收入出现近 40 年以来首次负增长。面对大形势变化和税费负担过重，行业本身高成本、高费用、低毛利率等顽疾，餐饮行业发展进入一定瓶颈期。

（二）细分行业运行概况

住宿业：2019 年全国住宿业设施总数为 60.8 万家，客房总规模 1892 万间。其中酒店业设施 33.8 万家，客房总数 1762 万间，平均客房规模约 52 间，酒店业设施和客房数分别占我国住宿业的 56% 和 93%。其他住宿业设施 27.01 万家，客房总数 130 万间，平均客房规模约为 5 间，其他住宿业设施和客房数分别占我国住宿业的 44% 和 7%。从全国酒店业档次分布的总体情况来看，经济型（二星级及以下）、中档（三星级）、高档（四星级）、豪华（五星级）这四个档次的设施数分别是 28.7 万家、3.1 万家、1.5 万家和 0.4 万家，所占比重分别是 85%、9%、5% 和 1%。2019 年中端型酒店增速跃升明显，达到 25.2%。随着经济水平提升，中产阶级的崛起，不仅带动了消费水平的升级，亦使大众消费趋势呈中端化发展，中端酒店的发展空间也随之扩张。酒店供给仍存在区域发展的不均衡性，华东区域为我国酒店集中分布区域，随着市场供给逐渐饱和，投资者将重心转移至华南、西南等地。

餐饮业：2019年全国餐饮收入46721亿元，同比增长9.4%。全国餐饮收入同比增速9.4%，高于同期社会消费品零售总额增长8%，餐饮消费成为国内消费市场的重要力量。自2015年起，全国餐饮收入保持着两位数稳定增长。2015年全国餐饮收入达32310亿元，同比增长11.7%，达到近几年来增速峰值。由于庞大的收入基数以及经济下行压力的影响，行业整体增速减缓，较上年同期增速下降0.1个百分点。2019年，消费对经济增长贡献率57.8%，拉动GDP增长3.5个百分点，连续6年成为经济增长第一动力，进入结构调整、优化升级新阶段。餐饮市场规模持续扩大，仍是拉动国内消费市场的重要力量。2019年，全国餐饮收入增速高于社会消费品零售总额增幅1.4个百分点；餐饮规模占社会消费品零售总额的比重为11.3%；对社会消费品零售总额增长贡献率为13.1%，拉动社会消费品零售总额增长1个百分点。目前，餐饮业规模逐年增长，在吸纳就业、带动农业发展、增加税收等方面都发挥了重要作用，对经济增长和社会发展做出了贡献。餐饮是消费行业中的重头戏，自2014年起一直保持着上升的趋势，比重从2013年的10.8%上升至2019年的11.35%。

二、行业内上市公司发展概况

（一）行业内上市公司基本情况

表1　2019年住宿和餐饮业上市公司发行股票概况

门　类	A、B股总数（家）	A股股票数（家）	B股股票数（家）	境内总市值（亿元）	流通A股市值（亿元）	流通B股市值（亿元）
住宿和餐饮业	11	9	2	650.86	592.68	23.11
占沪深两市比重（%）	0.29	0.23	0.05	0.11	0.12	1.76

资料来源：沪深交易所，同花顺。

（二）行业内上市公司构成情况

表2　2019年住宿和餐饮业上市公司构成情况

门　类	沪市			深市			ST/*ST
	仅A股	仅B股	A+B股	仅A股	仅B股	A+B股	
住宿和餐饮业（家）	2	0	1	5	0	1	1/0
占行业内上市公司比重（%）	22.22	0.00	11.11	55.56	0.00	11.11	11.11/0.00

资料来源：沪深交易所，同花顺。

（三）行业内上市公司融资情况

表 3　　2019 年住宿和餐饮业上市公司与沪深两市融资情况对比　　单位：家

门类	融资家数	新股	增发	配股
住宿和餐饮业	0	0	0	0
沪深两市总数	427	203	215	9
占比（%）	0.00	0.00	0.00	0.00

资料来源：沪深交易所，同花顺。

（四）行业内上市公司资产及业绩情况

表 4　　2019 年住宿和餐饮业上市公司资产情况　　单位：亿元

指　标	2019 年	2019 年可比样本增长（%）	2018 年	2018 年可比样本增长（%）	2017 年
总资产	738.27	-1.96	752.99	-6.07	801.65
流动资产	184.59	-6.70	197.85	-9.28	218.08
占比（%）	25.00	-1.27	26.28	-0.93	27.20
非流动资产	553.68	-0.26	555.14	-4.87	583.57
占比（%）	75.00	1.27	73.72	0.93	72.80
流动负债	183.18	4.00	176.22	-2.03	179.80
占比（%）	24.81	1.42	23.40	0.97	22.43
非流动负债	221.55	-14.20	258.13	-13.77	299.36
占比（%）	30.01	-4.28	34.28	-3.06	37.34
归属于母公司股东权益	311.47	5.17	296.16	0.03	296.13
占比（%）	42.19	2.86	39.33	2.40	36.94

资料来源：沪深交易所，同花顺。

表 5　　2019 年住宿和餐饮业上市公司收入实现情况　　单位：亿元

指　标	2019 年	2019 年可比样本增长（%）	2018 年	2018 年可比样本增长（%）	2017 年
营业收入	358.67	3.39	346.92	5.54	328.72
利润总额	35.78	31.22	27.27	-6.61	29.20
归属于母公司所有者的净利润	23.25	26.66	18.35	-8.75	20.12

资料来源：沪深交易所，同花顺。

（五）利润分配情况

2018年全年住宿和餐饮业上市公司中共有4家公司实施了分红配股。其中，0家上市公司实施送股或转增股，4家上市公司实施派息，其中0家公司既实施了送股、转增又实施了派息。

（六）其他财务指标情况

1. 盈利能力指标

表6　　2019年住宿和餐饮业上市公司盈利能力情况

指　标	2019年	2019年可比样本变动	2018年	2018年可比样本变动	2017年
毛利率（%）	69.20	-2.14	71.34	-1.21	72.55
净资产收益率（%）	7.46	1.27	6.20	-0.60	6.79
销售净利率（%）	7.15	1.80	5.35	-0.81	6.15
资产净利率（%）	3.44	1.05	2.39	-0.14	2.53

资料来源：沪深交易所，同花顺。

2. 偿债能力指标

表7　　2019年住宿和餐饮业上市公司偿债能力指标

指　标	2019年	2019年可比样本变动	2018年	2018年可比样本变动	2017年
流动比率	1.01	-0.12	1.12	-0.09	1.21
速动比率	0.93	-0.11	1.04	-0.05	1.09
资产负债率（%）	54.82	-2.86	57.68	-2.10	59.77

资料来源：沪深交易所，同花顺。

3. 营运能力指标

表8　　2019年住宿和餐饮业上市公司营运能力情况　　单位：次

营运能力指标	2019年	2019年可比样本变动	2018年	2018年可比样本变动	2017年
存货周转率	7.50	2.23	5.27	1.64	3.63
应收账款周转率	21.88	-0.79	22.67	-2.25	24.93
流动资产周转率	1.88	0.21	1.67	0.03	1.64
固定资产周转率	2.44	0.17	2.27	0.18	2.08
总资产周转率	0.48	0.03	0.45	0.04	0.41
净资产周转率	1.10	0.02	1.08	0.03	1.05

资料来源：沪深交易所，同花顺。

三、重点细分行业介绍

表 9　　2019 年住宿和餐饮业上市公司数量分布及市值情况

门　类	上市公司家数（家）	占行业内比重（%）	境内总市值（亿元）	占行业内比重（%）
餐饮业	3	33.33	72.62	11.16
住宿业	6	66.67	578.24	88.84

资料来源：沪深交易所，同花顺。

（一）住宿业

1. 行业概况

由于我国人口数量较多、人口流动性大，长期以来我国酒店住宿业市场规模均维持在较高水平。2019 年我国酒店住宿行业销售收入高达 6770 亿元，同比增长 2.71%。虽然我国酒店住宿业市场规模仍在逐年增长，但增长速度已有所减缓。2011 年我国酒店住宿业市场规模增速为 17.19%，2019 年此数据已降至 2.72%。我国旅游人数常年平缓增长是造成酒店住宿业现阶段增长态势萎靡的原因之一。对比我国 2011～2019 年酒店住宿业市场规模扩张增速，与同期我国旅游人次增长走势，可看出两者变化情况存在较大相似性。自 2012 年我国旅游人数增速大幅下降后，此后几年一直维持在 10% 左右，波动幅度较小。受此影响，我国酒店住宿业市场规模 2012 年后扩张速度明显放缓且再无大幅上升。

2016～2019 年，我国星级酒店住宿业务收入增长速度持续下滑。2019 年我国星级酒店住宿业务收入为 1305 亿元，同比增速仅为 1.4%，较 2016 年下降 12.68 个百分点。目前国内住宿多元化发展，青年旅舍、民宿等产业的崛起对我国传统酒店住宿业造成一定冲击。我国各地区星级酒店数量可分为三个数量区间：拥有 500 家以上星级酒店的省市共有 5 个，其中广东省涵盖星级酒店数量最多，大道 731 家；拥有 200～499 家星级酒店地区有 19 个；拥有星级酒店数量不足 200 家地区有 7 个，其中天津市涵盖星级酒店数量最少，仅有 80 家。我国酒店住宿业发展较为良好的地区集中在广东、山东、北京等地，天津、吉林等地区酒店住宿业市场规模相对较小。

2. 行业内上市公司发展情况

表 10　　2019 年住宿业上市公司收入及资产增长情况　　单位：亿元

指　标	2019 年	2019 年可比样本增长（%）	2018 年	2018 年可比样本增长（%）	2017 年
营业收入	337.08	4.24	323.38	6.30	304.21

续表

指　标	2019 年	2019 年可比样本增长（%）	2018 年	2018 年可比样本增长（%）	2017 年
利润总额	35.91	39.14	25.81	-5.86	27.41
归属于母公司所有者的净利润	23.63	24.02	17.45	-8.42	19.05
总资产	706.38	-1.77	719.14	-6.51	769.18
归属于母公司股东权益	290.20	5.82	274.25	0.00	274.26

资料来源：沪深交易所，同花顺。

表 11　　2019 年住宿业上市公司盈利能力情况

指　标	2019 年	2019 年可比样本变动	2018 年	2018 年可比样本变动	2017 年
毛利率（%）	70.32	-2.28	72.61	-1.28	73.88
净资产收益率（%）	8.14	1.78	6.36	-0.58	6.95
销售净利率（%）	7.74	2.31	5.43	-0.82	6.26
资产净利率（%）	3.66	1.30	2.36	-0.11	2.47

资料来源：沪深交易所，同花顺。

表 12　　2019 年住宿业上市公司偿债及营运情况

指　标	2019 年	2019 年可比样本变动	2018 年	2018 年可比样本变动	2017 年
资产负债率（%）	55.90	-2.98	58.88	-2.17	61.05
存货周转率（次）	7.38	2.42	4.96	1.64	3.32
总资产周转率（次）	0.47	0.04	0.43	0.04	0.40

资料来源：沪深交易所，同花顺。

（二）餐饮业

1. 行业概况

整体来看，我国餐饮收入平稳增长。2019 年餐饮收入比上年增长 9.4%，增速与上年基本持平，快于同期商品零售 1.5 个百分点；其中限额以上单位餐饮收入增长 7.1%，增速比限额以上单位商品零售额快 3.4 个百分点，比上年加快 0.7 个百分点。快餐、特色餐饮企业营业额增速加快。在限额以上餐饮企业中，快餐服务、饮料及冷饮服务、餐饮配送及外卖送餐服务企业营业额分别比上年增长 12.6%、24.5% 和 22.5%，增速分别比上年加快 2.2 个、8.7 个和 3.7 个百分点。在限额以上单位餐饮收入方面，2019 年餐饮收入为 9445 亿元，同比增长 7.1%。2019 年限额以上单位餐饮收入占总餐饮收入的比例为 20.2%。近年来该比例持续下降，5 年间占比从 26.8% 降至 20.2%，表明我国中小餐饮企业的发展速度快于大型餐饮企业。

2. 行业内上市公司发展情况

表 13　　2019 年餐饮业上市公司收入及资产增长情况　　单位：亿元

指　标	2019 年	2019 年可比样本增长（%）	2018 年	2018 年可比样本增长（%）	2017 年
营业收入	21.60	-8.28	23.55	-3.92	24.51
利润总额	-0.13	-108.94	1.46	-18.12	1.78
归属于母公司所有者的净利润	-0.38	-136.08	0.91	-14.64	1.06
总资产	31.88	-5.80	33.85	4.25	32.47
归属于母公司股东权益	21.26	-2.95	21.91	0.50	21.87

资料来源：沪深交易所，同花顺。

表 14　　2019 年餐饮业上市公司盈利能力情况

指　标	2019 年	2019 年可比样本变动	2018 年	2018 年可比样本变动	2017 年
毛利率（%）	51.72	-2.23	53.95	-2.01	55.96
净资产收益率（%）	-1.80	-5.93	4.13	-0.73	4.87
销售净利率（%）	-2.08	-6.25	4.17	-0.69	4.88
资产净利率（%）	-1.36	-4.33	2.96	-0.77	3.74

资料来源：沪深交易所，同花顺。

表 15　　2019 年餐饮业上市公司偿债及营运情况

指　标	2019 年	2019 年可比样本变动	2018 年	2018 年可比样本变动	2017 年
资产负债率（%）	30.87	-1.32	32.19	2.45	29.53
存货周转率（次）	8.92	-1.93	10.85	-0.46	11.31
总资产周转率（次）	0.66	-0.05	0.71	-0.06	0.77

资料来源：沪深交易所，同花顺。

四、重点上市公司介绍

首旅酒店

如家商旅通过差异化定位，主打“高品质+性价比”，在全季为主强势品牌地区同样实现了门店快速扩张。如家商旅作为在 2017 年 12 月面向市场推出的新中端酒店品牌，对此采用了于全季差异化的定位。1）价位：如家商旅的平均房价相比全季会略低，以北京部分地区例子看，价位为周边全季的80%～85%，定位更多入门级的中端酒店品牌，形成价格带差异化。2）投资额：根据如家官网和全季草根调研，如家商旅的单房投资金额8.5万～9.5万元，相比全季的10万～12万元单房投资金额低15%～20%，并同样控制在4年左右的投资现金回收期，因此在初期投资上也形成差异化。考虑到中端酒店针对不同的加盟商背景、不同地段对应的不同客群以及不同租金下的不同定价需求，公司近年来对中端酒店的品牌矩阵持续推出新的不同价位及风格的品牌，抓住中高端住宿需求快速发展的机遇不断丰富中端酒店品牌矩阵。具体包括：公司在2015年推出如家精选；2017年推出扉缦酒店、和颐至尊酒店；2018年推出特色品牌YUNIK、柏丽艾尚；2019年推出激活交通枢纽的嘉虹酒店。目前公司中端酒店包含如家商旅、如家精选、和颐、YUNIK、艾扉酒店、柏丽艾尚、金牌驿居等诸多品牌，在中端市场深厚的布局能够满足各类消费者的差异化需求。

五、上市公司在行业中的影响力

总体来看，上市公司在行业内影响力逐年扩大。2017～2019年，住宿和餐饮业整体总资产分为别17650.05亿元、18649.9亿元、20361.23亿元。其中上市公司总资产占行业整体比重持续上升，分别为4.54%、4.04%、3.63%。

2017～2019年，住宿和餐饮业整体营业收入为9276.71亿元、9682.6亿元、9548.32亿元，其中上市公司营业收入占行业整体分别为3.54%、3.58%、3.76%。

2017～2019年，住宿和餐饮业整体利润总额为4529.31亿元、4904.1亿元、148.92亿元。2019年利润总额下滑系限额以上餐饮业利润总额收缩所致。其中上市公司利润总额占行业整体比重分别为0.64%、0.56%、24.03%。

审稿人：刘小勇

撰稿人：张晓霖

信息传输、软件和信息技术服务业

一、信息传输、软件和信息技术服务业总体概况

（一）行业整体运行情况

软件和信息技术服务业是全球研发投入最集中、创新最活跃、应用最广泛、辐射带动作用最大的领域之一。随着 5G、大数据、人工智能、工业互联网、车联网等新一代信息技术的发展应用，软件和信息技术服务业迎来更加广阔的发展空间，在推动经济高质量发展中发挥着重要的作用。与此同时，全球产业格局正发生深刻变化，围绕技术路线主导权、价值链分工、产业生态的竞争日益激烈，发达国家在工业互联网、智能制造、人工智能、大数据等领域加速战略布局，抢占未来发展主导权，给我国软件和信息技术服务业跨越发展带来深刻影响。

随着国家相关政策的深入推进和贯彻落实，云计算、大数据、人工智能等新一代信息技术加速渗透到经济和社会生活的各个领域，软件产业服务化、平台化、融合化趋势更加明显。我国国民经济各个领域对软件和信息技术服务产业的需求持续强劲，产业发展进入融和创新、快速迭代的关键期。在国家政策的支持下，我国软件和信息技术服务业总体保持平稳较快发展，产业规模进一步扩大。

2019 年国民经济继续保持了总体平稳、稳中有进发展态势。同时也要看到，当前世界经济贸易增长放缓，动荡源和风险点增多，国内结构性体制性周期性问题交织，经济下行压力依然较大。在此基础上，中国经济处于逐步过渡到高质量发展阶段，经济运行开始显现新特点：市场需求对供给的要求发生了重大变化，个性化、多元化的消费特点日益突出。社会总需求将由主要关注数量的快速扩张转为温和增长。从供给方面来看，我国物质技术基础已经达到较大规模，多种产品生产能力位居世界前列，对社会总需求的数量保障能力显著提高。社会生产力发展的重点，必然从强调“快和多”转为强调“好和省”。同时，新的企业还在进入中国，无论是服务业还是制造业，外资企业在全球调整布局，这会给我国带来经济结构的调整。因此加快发展信息传输、软件和信息技术服务业，能够加快增强信息技术在国民经济中的渗透带动作用，成为经济持续增长的良好支撑基础和条件，促进经济结构保持不断调整优化的前进态势。

（二）细分行业运行概况

从细分行业来看，按可比口径计算，

2019年我国信息传输、软件和信息技术服务业增加值32690亿元，增长18.7%，增速居国民经济各行业之首，占GDP比重达3.4%，已成为经济平稳较快增长的重要推动力量。

2019年，我国通信业深入贯彻落实党中央、国务院决策部署，坚持新发展理念，积极践行网络强国战略，5G建设有序推进，新型信息基础设施能力不断提升，有力支撑社会的数字化转型。电信业务收入企稳回升，电信业务总量较快增长，2019年电信业务总量达到1.74万亿元，比2018年增长18.5%。电信业务收入累计完成1.31万亿元，比2018年增长0.8%。收入结构继续调整，固定通信业务保持较快增长，占比持续提高，数据和互联网业务较快增长，新兴业务成新动力。

2019年，全国各级广播电视部门和单位围绕庆祝新中国成立以来70周年工作主线，大力实施“舆论引导能力提升”“新时代精品”“智慧广电”建设、“视听中国”播映、“管理优化”五大工程，广播电视和网络视听总体保持稳中向好的发展态势，加快高质量创新性发展。2019年广播电视行业紧扣党和国家中心工作，加强舆论引导，大力创新创优，唱响新时代主旋律。全国广播节目综合人口覆盖率99.13%，电视节目综合人口覆盖率99.39%，比2018年分别提高了0.19个和0.14个百分点。广播电视机构积极推进媒体融合，推进智慧广电建设，推进三网融合，不断应用新技术、打造新业态，为事业产业发展注入新动能，广播电视机构媒体融合发展取得新成效，融合发展业务收入显著增加。

2019年，我国软件和信息技术服务业呈现平稳向好发展态势，收入和利润均保持较快增长，从业人数稳步增加；信息技术服务加快云化发展，软件应用服务化、平台化趋势明显；中部地区软件业增速较快，东部地区保持集聚和领先发展态势。全国软件和信息技术服务业规模以上企业超4万家，累计完成软件业务收入71768亿元，同比增长15.4%。全行业实现利润总额9362亿元，同比增长9.9%。

二、行业内上市公司发展概况

（一）行业内上市公司基本情况

表1　2019年信息传输、软件和信息技术服务业上市公司发行股票概况

门　类	A、B股总数（家）	A股股票数（家）	B股股票数（家）	境内总市值（亿元）	流通A股市值（亿元）	流通B股市值（亿元）
信息传输、软件和信息技术服务业	301	299	2	34546.62	23057.39	52.35
占沪深两市比重（%）	7.80	7.75	0.05	5.82	4.78	3.99

资料来源：沪深交易所，同花顺。

（二）行业内上市公司构成情况

表 2　　2019 年信息传输、软件和信息技术服务业上市公司构成情况

门　类	沪市			深市			ST/*ST
	仅 A 股	仅 B 股	A+B 股	仅 A 股	仅 B 股	A+B 股	
信息传输、软件和信息技术服务业（家）	78	0	2	219	0	0	3/10
占行业内上市公司比重（%）	26.09	0.00	0.67	73.24	0.00	0.00	1.00/3.34

资料来源：沪深交易所，同花顺。

（三）行业内上市公司融资情况

表 3　　2019 年信息传输、软件和信息技术服务业上市公司与沪深两市融资情况对比　　单位：家

门　类	融资家数	新股	增发	配股
信息传输、软件和信息技术服务业	47	29	18	0
沪深两市总数	427	203	215	9
占比（%）	11.01	14.29	8.37	0.00

资料来源：沪深交易所，同花顺。

其中，首发的 29 家公司中，3 家在沪市主板上市，10 家在创业板上市，16 家在科创板上市；增发的 18 家公司中，有 2 家沪市、14 家创业板及 2 家中小板公司。

按行业划分，进行融资的 47 家公司中，软件和信息技术服务业 37 家，互联网和相关服务业 7 家，电信、广播电视和卫星传输服务业 3 家，分别占比 78.72%、14.89%、6.38%。

从融资效果来看，上述公司实际发行数量为 575437.19 万股；实际募集资金 753.09 亿元，基本完成了融资计划。

2019 年信息传输、软件和信息技术服务业上市公司融资情况明细见附录。

（四）行业内上市公司资产及业绩情况

表 4　　2019 年信息传输、软件和信息技术服务业上市公司资产情况　　单位：亿元

指　标	2019 年	2019 年可比样本增长（%）	2018 年	2018 年可比样本增长（%）	2017 年
总资产	19915.55	5.13	18275.83	0.22	17697.19
流动资产	9101.08	10.50	8007.86	4.15	7404.79
占比（%）	45.70	2.22	43.82	1.65	41.84

续表

指　标	2019 年	2019 年可比样本增长（%）	2018 年	2018 年可比样本增长（%）	2017 年
非流动资产	10814.47	0.99	10267.97	-2.64	10292.40
占比（%）	54.30	-2.22	56.18	-1.65	58.16
流动负债	6942.02	6.52	6419.04	0.16	6283.28
占比（%）	34.86	0.46	35.12	-0.02	35.50
非流动负债	1273.02	22.47	1033.02	-4.12	1065.29
占比（%）	6.39	0.91	5.65	-0.26	6.02
归属于母公司股东权益	9554.84	3.68	8811.46	1.57	8321.38
占比（%）	47.98	-0.67	48.21	0.64	47.02

资料来源：沪深交易所，同花顺。

表 5　　2019 年信息传输、软件和信息技术服务业上市公司收入实现情况　　单位：亿元

指　标	2019 年	2019 年可比样本增长（%）	2018 年	2018 年可比样本增长（%）	2017 年
营业收入	11070.90	7.40	9703.48	11.07	8446.44
利润总额	263.91	3.37	168.58	-68.51	488.77
归属于母公司所有者的净利润	58.81	-3.63	9.76	-97.76	397.86

资料来源：沪深交易所，同花顺。

（五）利润分配情况

2019 年全年信息传输、软件和信息技术服务业上市公司中共有 208 家公司实施了分红配股。其中，43 家上市公司实施送股或转增股，206 家上市公司实施派息，其中 1 家公司既实施了送股、转增又实施了派息。

2019 年信息传输、软件和信息技术服务业上市公司分红明细见附录。

（六）其他财务指标情况

1. 盈利能力指标

表 6　　2019 年信息传输、软件和信息技术服务业上市公司盈利能力情况

指　标	2019 年	2019 年可比样本变动	2018 年	2018 年可比样本变动	2017 年
毛利率（%）	28.81	-0.84	29.38	-0.25	29.35
净资产收益率（%）	0.62	-0.05	0.10	-4.91	4.78
销售净利率（%）	1.42	0.05	0.66	-4.38	4.74
资产净利率（%）	0.81	0.05	0.35	-2.18	2.36

资料来源：沪深交易所，同花顺。

2. 偿债能力指标

表 7　　2019 年信息传输、软件和信息技术服务业上市公司偿债能力指标

指　标	2019 年	2019 年可比样本变动	2018 年	2018 年可比样本变动	2017 年
流动比率	1. 31	0. 05	1. 25	0. 05	1. 18
速动比率	1. 16	0. 05	1. 10	0. 04	1. 05
资产负债率（%）	41. 25	1. 36	40. 78	-0. 27	41. 52

资料来源：沪深交易所，同花顺。

3. 营运能力指标

表 8　　2019 年信息传输、软件和信息技术服务业上市公司营运能力情况　　单位：次

营运能力指标	2019 年	2019 年可比样本变动	2018 年	2018 年可比样本变动	2017 年
存货周转率	7. 79	0. 16	7. 67	0. 13	7. 61
应收账款周转率	4. 46	-0. 15	4. 59	-0. 19	4. 79
流动资产周转率	1. 28	-0. 02	1. 24	0. 03	1. 21
固定资产周转率	2. 27	0. 21	2. 00	0. 21	1. 74
总资产周转率	0. 57	0. 02	0. 53	0. 03	0. 50
净资产周转率	0. 96	0. 04	0. 90	0. 01	0. 89

资料来源：沪深交易所，同花顺。

三、重点细分行业介绍

表 9　　2019 年信息传输、软件和信息技术服务业上市公司数量分布及市值情况

大　类	上市公司家数（家）	占行业内比重（%）	境内总市值（亿元）	占行业内比重（%）
软件和信息技术服务业	218	72. 91	22512. 35	65. 17
电信、广播电视和卫星传输服务	17	5. 69	3789. 36	10. 97
互联网和相关服务	64	21. 40	8244. 91	23. 87

资料来源：沪深交易所，同花顺。

（一）电信、广播电视和卫星传输服务

1. 行业概况

（1）电信行业保持健康发展。

2019 年电信业务总量较快增长，电信收入企稳回升。2019 年电信业务总量达到 1.74 万亿元（按照上年价格计算），比 2018 年增长 18.5%。电信业务收入累计完成 1.31 万亿元，比 2018 年增长 0.8%。

固定通信业务保持较快增长，占比持续提高。2019 年，固定通信业务收入完成 4161 亿元，比 2018 年增长 9.5%，在电信业务收入中占 31.8%，占比较 2018 年提高 2.6 个百分点；移动通信业务实现收入 8942 亿元，比 2018 年减少 2.9%，在电信业务收入中占比降至 68.2%。在用户规模增长放缓、互联网应用替代等多种因素影响下，2019 年，话音业务收入完成 1622 亿元，比 2018 年下降 15.5%，在电信业务收入中的占比降至 12.4%。

数据和互联网业务较快增长，新兴业务成新动力。密切配合地方政府，加快推动智慧城市等重大工程和项目建设，积极提供 5G、物联网、大数据、云计算、人工智能等新兴业务，为政府注智、为行业赋能，固定增值及其他业务逐渐成为行业发展新动力。2019 年，固定数据及互联网业务收入完成 2175 亿元，比 2018 年增长 5.1%，在电信业务收入中占比由 2018 年的 15.9% 提升到 16.6%；移动数据及互联网业务收入 6082 亿元，比 2018 年增长 1.5%；固定增值业务收入 1371 亿元，比 2018 年增长 21.2%，其中，IPTV（网络电视）业务收入 294 亿元，比 2018 年增长 21.1%；物联网业务收入比 2018 年增长 25.5%。

网络提速和普遍服务效果显著。电话用户增速渐缓，移动电话普及率稳步提升。2019 年，全国电话用户净增 3420 万户，总数达到 17.9 亿户，比 2018 年年末增长 2.5%。其中因第二卡槽需求基本释放完毕，移动电话用户全年净增从 2018 年 1.49 亿户降至 3525 万户，总数达 16 亿户，移动电话用户普及率达 114.4 部/百人，比 2018 年年末提高 2.2 部/百人。全国已有 26 个省市的移动电话普及率超过 100 部/百人。固定电话用户总数 1.91 亿户，比 2018 年年末减少 105 万户，普及率下降至 13.6 部/百人。固定宽带迈入千兆时代，4G 用户占比超八成。“双 G 双提”工作加快落实，网络提速卓有成效，固定宽带迈入千兆时代。截至 12 月底，三家基础电信企业的固定互联网宽带接入用户总数达 4.49 亿户，全年净增 4190 万户。其中，1000Mbps 及以上接入速率的用户数 87 万户，100Mbps 及以上接入速率的固定互联网宽带接入用户总数达 3.84 亿户，占固定宽带用户总数的 85.4%，占比较 2018 年年末提高 15.1 个百分点。移动网络覆盖向纵深延伸，4G 用户总数达到 12.8 亿户，全年净增 1.17 亿户，占移动电话用户总数的 80.1%。电信普遍服务成效显著，农村宽带用户快速增长。截至 12 月底，全国农村宽带用户全年净增 1736 万户，总数达 1.35 亿

户，比2018年年末增长14.8%，增速较城市宽带用户高6.3个百分点；在固定宽带接入用户中占30%（2018年同期占比为28.8%），占比较2018年年末提高1.2个百分点。新业态发展喜人，蜂窝物联网用户规模快速扩大。加强生态合作，聚焦物联网、云服务、智慧生活、垂直行业应用、5G等重点领域，加快培育新兴业务。截至12月底，三家基础电信企业发展蜂窝物联网用户达10.3亿户，全年净增3.57亿户。IPTV（网络电视）用户全年净增3870万户，净增IPTV（网络电视）用户占净增光纤接入用户的78.9%。

移动数据流量消费规模稳步扩大。移动互联网流量较快增长，月户均流量（DOU）稳步提升。线上线下服务融合创新保持活跃，各类互联网应用加快向四五线城市和农村用户渗透，使移动互联网接入流量消费保持较快增长。2019年，移动互联网接入流量消费达1220亿GB，比2018年增长71.6%，增速较2018年收窄116.7个百分点。全年移动互联网月户均流量（DOU）达7.82GB/户/月，是2018年的1.69倍；12月当月DOU高达8.59GB/户/月。其中，手机上网流量达到1210亿GB，比2018年增长72.4%，在总流量中占99.2%。移动短信业务量较快增长，话音业务量小幅下滑。网络登录和用户身份认证等安全相关服务不断渗透，大幅提升移动短信业务量。2019年，全国移动短信业务量比2018年增长37.5%，增速较2018年提高23.5个百分点；移动短信业务收入完成392亿元，与2018年持平。互联网应用对话音业务替代影响加深，2019年，全国移动电话去话通话时长2.4万亿分钟，比2018年下降5.9%。

网络基础设施能力不断夯实。固定资产投资额小幅增长，移动通信投资加快。2019年，三家基础电信企业和中国铁塔股份有限公司在5G相关投资快速增长的推动下，共完成固定资产投资比上年增长4.7%。其中，移动通信投资稳居电信投资的首位，占全部投资的比重达47.3%。光网改造工作效果显著，5G网络建设有序推进。推进网络IT化、软件化、云化部署，夯实智慧运营基础，构建云网互联平台，夯实为各行业提供服务的网络能力；4G覆盖盲点不断被消除、移动通信核心网能力持续提升，夯实5G网络建设基础。2019年，新建光缆线路长度434万公里，全国光缆线路总长度达4750万公里。互联网宽带接入端口“光进铜退”趋势更加明显，截至12月底，互联网宽带接入端口数量达到9.16亿个，比2018年年末净增4826万个。其中，光纤接入（FTTH/0）端口比上年年末净增6479万个，达到8.36亿个，占互联网接入端口的比重由上年年末的88.9%提升至91.3%。xDSL端口比2018年年末减少261万个，总数降至820万个，占互联网接入端口的比重由上年年末的1.2%下降至0.9%。2019年，全国净增移动电话基站174万个，总数达841万个，其中4G基站总数达到544万个。5G网络建设顺利推进，在多个城市已实现5G网络的重点市区室外的连续覆盖，并协助各地方政府在展览会、重要场所、重点商圈、机场等区域实现室内覆盖。

（2）广播电视行业收入持续增长。

广播电视行业紧扣党和国家中心工作，加强舆论引导，大力创新创优，唱响新时代主旋律。2019 年全国广播节目制作时间 801.87 万小时，与 2018 年基本持平；播出时间 1553.40 万小时，同比增长 1.75%。电视节目制作时间 345.58 万小时，同比下降 3.40%；播出时间 1950.99 万小时，同比增长 1.35%。

深入实施“舆论引导能力提升”工程，做大做强主流思想舆论。新闻资讯类广播电视节目制作播出时间稳中有升。2019 年全国新闻资讯类广播节目制作时间 141.88 万小时，同比下降 0.93%；播出时间 302.15 万小时，同比增长 0.91%。新闻资讯类电视节目制作时间 108.61 万小时，同比增长 0.61%；播出时间 279.72 万小时，同比增长 0.27%。加强扶贫攻坚宣传报道，农村节目制作播出时间持续增加。全国农村广播节目制作时间 128.68 万小时，同比增长 3.24%，占广播节目制作总时长的 16.05%；播出时间 451.64 万小时，同比增长 2.31%，占公共广播节目播出总时长的 29.07%。农村电视节目制作时间 67.60 万小时，同比增长 1.59%，占电视节目制作总时长的 19.56%；播出时间 424.83 万小时，同比增长 1.69%，占公共电视节目播出总时长的 21.78%。聚焦群众关切，加强专题服务类节目制作播出。全国专题服务类广播节目制作时间 217.99 万小时，同比增长 0.60%，播出时间 333.29 万小时，同比增长 2.30%；专题服务类电视节目制作时间 87.03 万小时，同比下降 3.00%，播出时间 256.20 万小时，与 2018 年基本持平。全国少儿广播节目播出时间 26.64 万小时，同比增长 0.23%，少儿电视节目播出时间 57.41 万小时，同比增长 0.14%。全国广播剧类节目制作时间 22.41 万小时，同比增长 2.80%，播出时间 100.22 万小时，同比增长 3.15%。扎实推动公益广告宣传，制作播出时间大幅增长。全国广播广告节目制作时间 71.92 万小时，同比下降 4.00%，播出时间 134.49 万小时，同比下降 1.05%；电视广告节目制作时间 43.74 万小时，同比下降 7.37%，播出时间 211.97 万小时，同比下降 0.80%。其中，广播公益广告节目制作时间 10.73 万小时，同比增长 3.67%，占广播广告节目制作时间的 14.92%，播出时间 38.52 万小时，同比增长 17.51%，占广播广告节目播出时间的 28.64%；电视公益广告节目制作时间 6.35 万小时，同比增长 0.32%，占电视广告节目制作时间的 14.52%，播出时间 69.03 万小时，同比增长 29.44%，占电视广告节目播出时间的 32.57%。

深入实施“新时代精品”工程，加强创作规划引导。围绕庆祝新中国成立以来 70 周年、全面建成小康社会等主题加强创作，用优秀作品丰富人民群众精神文化生活。2019 年全国制作发行电视剧 254 部、1.06 万集，影视剧类电视节目制作时间12.03万小时，同比增长2.12%。全国电视剧播出21.11万部，影视剧类电视节目播出时间848.45万小时，同比增长3.21%。扎实推进“记录新时代”纪录片创作传播工程，推出时代印记鲜明、彰显民族精神的精品纪录片。全国制作纪录片8.45万小时，同比增长11.33%，播出时间50.19W万小时，同比增长12.36%。统筹推进中国经典民间故事动漫创作工程等国产动画系列重点工程，推动传承中华文化基因、具有大众亲和力的动画片繁荣发展。全国制作发行电视动画片305部、9.47万分钟，制作时间同比增长9.86%，电视动画片播出时间39.87万小时，同比增长6.46%。

深入实施“管理优化”工程，加强阵地管理。加强综艺节目管理，坚持把社会效益放在首位，鼓励创新创优，制作播出格调积极健康、具有文化内涵的原创节目。2019年全国综艺益智类广播节目制作时间199.51万小时，同比下降4.09%，播出时间375.76万小时，同比下降2.19%；综艺益智类电视节目制作时间39.98万小时，同比下降8.95%，播出时间130.50万小时，同比下降8.21%。加强网络视听节目精品创作，坚持网上网下统筹建设和管理。全国持证及备案的620家网络视听服务机构新增购买及自制网络剧1911部，同比下降10.41%。其中，新增自制网络剧498部，同比下降16.02%。网络视听机构用户生产上传节目（UGC）存量达到16.73亿元，同比增长61.64%。网络视听付费用户5.47亿户。

坚持“补短板、强弱项、提质量”，统筹有线、无线、卫星等多种方式，实施“智慧广电”建设工程，广播电视公共服务提质增效，电视终端用户总体规模持续扩大。持续推进广播电视无线发射台站基础设施建设工程二期、贫困地区县级广播电视播出机构制播能力建设等重点惠民工程，广播电视节目综合人口覆盖率稳步提升。截至2019年年底，全国广播节目综合人口覆盖率99.13%，电视节目综合人口覆盖率99.39%，比2018年分别提高了0.19个和0.14个百分点。围绕决战决胜扶贫攻坚重大部署，对接乡村振兴战略，深入实施广播电视户户通。2019年农村广播节目综合人口覆盖率98.84%，农村电视节目综合人口覆盖率99.19%，比2018年分别提高了0.26个和0.18个百分点。农村有线广播电视实际用户数0.73亿户，其中，农村数字电视实际用户数0.67亿户，同比增长1.52%。在有线网络未通达的农村地区直播卫星用户1.43亿户，同比增长3.62%。加快有线电视网络升级改造，有线电视网络高清化、智能化发展态势良好。全国有线广播电视实际用户数2.07亿户，同比下降5.05%。其中，全国有线数字电视实际用户数1.94亿户，占有线电视实际用户数比例为93.72%，比2018年提高了1.52个百分点。高清有线电视用户突破1亿户，同比增长9.16%；有线电视智能终端用户2385万户，同比增长26.59%。IPTV、OTT用户规模持续扩大。全国交互式网络电视（IPTV）用户2.74亿户，互联网电视（OTT）用户8.21亿户。

深入贯彻新发展理念，推动高质量发展，广播电视行业总收入持续增长，实际创收收入增幅较大。2019年全国广播电视行业总收入8107.45亿元，同比增长16.62%。其中：财政补助收入801.97亿元，同比增长3.48%；广播电视和网络视听业务实际创收收入6766.90亿元，同比增长19.99%；其他收入538.58亿元，同比增长0.19%。积极推动媒体融合发展，持续拓展新业务、新业态，广播电视实际创收收入结构进一步调整优化。传统广播电视广告收入下降，新媒体广告收入增长明显。2019年全国广告收入2075.27亿元，同比增长11.30%。其中：传统广播电视广告收入998.85亿元，同比下降9.13%；广播电视和网络视听机构通过互联网取得的新媒体广告收入828.76亿元，同比增长68.49%，其中广播电视机构新媒体广告收入194.31亿元，同比增长25.11%；广播电视和网络视听机构通过楼宇广告、户外广告等取得的其他广告收入247.66亿元，同比下降9.41%。传统有线电视网络业务收入小幅下降，有线电视三网融合业务收入平稳增加。有线电视网络收入753.35亿元，同比下降3.35%。其中：收视维护费、付费数字电视、落地费等传统有线电视网络业务收入637.23亿元，同比下降4.62%；有线电视网络宽带、智慧城市等三网融合业务收入116.12亿元，同比增长4.23%。传统广播电视销售收入总体下降，广播电视机构其他创收收入增幅较大。传统广播电视节目销售收入497.66亿元，同比下降22.55%；电视购物频道收入210.47亿元，同比下降13.65%。委托制作、技术服务、演出等其他创收收入1308.21亿元，同比增长14.82%。广播电视机构通过IPTV、OTT业务取得的收入持续增加。交互式网络电视（IPTV）平台分成收入121.23亿元，同比增长20.69%；互联网电视（OTT）集成服务业务收入62.53亿元，同比增长33.16%。持证及备案机构网络视听收入持续增长，已经成为广播电视行业发展的生力军。持证及备案机构网络视听收入1738.18亿元，同比增长111.31%，其中广播电视机构网络视听收入152.82亿元，同比增长49.38%。在网络视听收入中：用户付费、节目版权等服务收入增长迅猛，达609.28亿元，同比增长172.07%；短视频、电商直播等其他收入大幅增长，达1128.90亿元，同比增长88.58%。值得关注的是，广播电视机构积极推进媒体融合，推进智慧广电建设，推进三网融合，不断应用新技术、打造新业态，为事业产业发展注入新动能，广播电视机构媒体融合发展取得新成效，融合发展业务收入显著增加。在实际创收收入中，2019年广播电视机构融合发展业务收入647.01亿元，同比增长25.29%，主要收入构成包括：广播电视机构新媒体广告收入194.31亿元，有线电视网络宽带、智慧城市等三网融合业务收入116.12亿元，交互式网络电视（IPTV）平台分成收入121.23亿元，互联网电视（OTT）集成服务业务收入

62.53 亿元，广播电视机构网络视听收入 152.82 亿元。

（3）卫星传输服务带动产业链协同快速增长。

2019 年我国卫星导航与位置服务产业总体产值达 3450 亿元，较 2018 年增长 14.4%，其中与卫星导航技术研发和应用直接相关的产业核心产值为 1166 亿元，在总产值中占比为 33.8%。虽然受到多重客观因素影响，核心产值增速明显放缓，但随着“北斗 +”和“ + 北斗”应用的深入推进，由卫星导航衍生带动形成的关联产值继续保持较高速度增长，达到 2284 亿元，有力支撑了行业总体经济效益的进一步提升。

“北斗 +”向深度广度拓展行业应用市场平稳发展。2019 年，我国先后完成 7 次发射任务，将 9 颗北斗三号、1 颗北斗二号导航卫星送入预定轨道。至此，北斗三号所有中圆地球轨道卫星发射完毕，标志着北斗三号全球系统核心星座部署完成。北斗三号卫星在广域增强服务、全球短报文服务、搜索救援服务等方面都形成了鲜明的北斗特色，并在系统信号性能、系统传输和测距性能等方面实现了全球卫星导航系统技术的局部领先。截至 2019 年年底，国产北斗兼容型芯片及模块销量已突破 1 亿片，国内卫星导航定位终端产品总销量突破 4.6 亿台，其中具有卫星导航定位功能的智能手机销售量达到 3.72 亿台。目前，含智能手机在内采用北斗兼容芯片的终端产品社会总保有量已超过 7 亿台/套，北斗应用正在诸多领域迈向“标配化”发展的新阶段。目前，我国卫星导航与位置服务领域企事业单位数量保持在 14000 家左右，从业人员数量超过 50 万。截至 2019 年年底，业内相关上市公司（含新三板）总数为 46 家，上市公司涉及卫星导航与位置服务的相关产值约占全国总产值的 9%。

随着“北斗 +”和“ + 北斗”应用的深入推进，2019 年，我国卫星导航领域主要行业应用市场保持平稳发展。尤其近几年来，北斗创新应用已经深入融合到许多产业的转型升级发展之中，其他行业，如汽车、高铁、能源、矿产、邮政、移动通信、交通物流、互联网服务等领域的骨干企业，主动“ + 北斗”发展，逐步开拓形成企业新增业务，成为产业新生力量，从而极大地促进了我国卫星导航与位置服务产业的整体发展，对总体产值的贡献正在显著提高。

大众应用市场方兴未艾，支持北斗定位手机近 300 款。在大众应用领域，北斗在电子商务、智能手机和智能可穿戴设备等领域应用更加广泛，卫星导航与位置服务的发展正深刻改变着人们的生产生活方式。2019 年，国内智能手机市场总体出货量 3.89 亿部。其中，4G 手机 3.59 亿部，5G 手机 1376.9 万部。目前，国内外主流芯片厂商已推出兼容北斗的通导一体化芯片，智能手机已成为卫星导航系统最主要的应用领域之一。截至 2019 年第三季度，在中国市场申请入网的手机有 400 余款具有定位功能，其中支持北斗定位的近 300 款。

专利申请累计超过7万件，保持全球第一。随着北斗全球系统建设和产业发展的快速推进，中国卫星导航专利年度申请量持续增长，尤其是最近3～4年专利申请势头强劲。据工业和信息化部电子知识产权中心对中国专利授予机构的著录项目统计，2016～2018年中国卫星导航专利连续三年年度申请量超过1万件。2019年申请量虽有所下降，但截至2019年12月31日（公开时间），专利累计申请量（包括发明专利和实用新型专利）已达到74897件，保持全球第一位。通过对卫星导航相关专利地域的统计分布显示，广东省以10897件的专利拥有量名列第一，其次是北京，以9470件名列第二，江苏省共计8392件名列第三。此外，安徽、河南和湖北近5年的专利增长速度较快，平均增速均超过25%。

2. 行业内上市公司发展情况

表10　2019年电信、广播电视和卫星传输服务上市公司收入及资产增长情况　单位：亿元

指　标	2019年	2019年可比样本增长（%）	2018年	2018年可比样本增长（%）	2017年
营业收入	3434.02	-2.26	3480.10	4.70	3323.94
利润总额	172.15	-4.82	169.90	73.04	98.18
归属于母公司所有者的净利润	70.95	9.03	76.28	26.97	60.07
总资产	7890.42	4.51	7368.05	-2.70	7572.14
归属于母公司股东权益	2693.17	2.54	2521.67	6.24	2373.45

资料来源：沪深交易所，同花顺。

表11　2019年电信、广播电视和卫星传输服务上市公司盈利能力情况

指　标	2019年	2019年可比样本变动	2018年	2018年可比样本变动	2017年
毛利率（%）	25.95	-0.48	26.24	1.20	25.00
净资产收益率（%）	2.63	-0.51	3.03	0.49	2.53
销售净利率（%）	4.07	0.02	3.82	1.41	2.41
资产净利率（%）	1.81	-0.05	1.78	0.73	1.04

资料来源：沪深交易所，同花顺。

表12　2019年电信、广播电视和卫星传输服务上市公司偿债及营运情况

指　标	2019年	2019年可比样本变动	2018年	2018年可比样本变动	2017年
资产负债率（%）	41.57	0.85	41.19	-3.08	44.28
存货周转率（次）	18.81	-1.35	20.04	-0.74	20.78
总资产周转率（次）	0.44	-0.01	0.47	0.03	0.43

资料来源：沪深交易所，同花顺。

（二）互联网和相关服务

1. 行业概况

基础资源状况持续优化，安全保障能力稳步提升。截至 2019 年 12 月，我国 IPv6 地址数量为 50877 块/32，较 2018 年年底增长 15.7%，稳居世界前列；域名总数为 5094 万个，其中“.CN”域名总数为 2243 万个，较 2018 年年底增长 5.6%，占我国域名总数的 44.0%；网站数量 497 万个，其中“.CN”下网站数量为 341 万个，占网站总数的 68.6%。2019 年，我国先后引入 F、I、L、J、K 根镜像服务器，使域名系统抗攻击能力、域名根服务器访问效率获得极大提升，降低了国际链路故障对我国网络安全的影响。截至 2019 年 6 月，我国网民规模达 8.54 亿元，较 2018 年年底增长 2598 万，互联网普及率达 61.2%，较 2018 年年底提升 1.6 个百分点；我国手机网民规模达 8.47 亿元，较 2018 年年底增长 2984 万，网民使用手机上网的比例达 99.1%，较 2018 年年底提升 0.5 个百分点。与 5 年前相比，移动宽带平均下载速率提升约 6 倍，手机上网流量资费水平降幅超 90%。

下沉市场释放消费动能，跨境电商等领域持续发展。截至 2019 年 6 月，我国网络购物用户规模达 6.39 亿元，较 2018 年年底增长 2871 万，占网民整体的 74.8%。网络购物市场保持较快发展，下沉市场、跨境电商、模式创新为网络购物市场提供了新的增长动能：在地域方面，以中小城市及农村地区为代表的下沉市场拓展了网络消费增长空间，电商平台加速渠道下沉；在业态方面，跨境电商零售进口额持续增长，利好政策进一步推动行业发展；在模式方面，直播带货、工厂电商、社区零售等新模式蓬勃发展，成为网络消费增长新亮点。

网络视频运营更加专业，娱乐内容生态逐步构建。截至 2019 年 6 月，我国网络视频用户规模达 7.59 亿元，较 2018 年年底增长 3391 万，占网民整体的 88.8%。各大视频平台进一步细分内容产品类型，并对其进行专业化生产和运营，行业的娱乐内容生态逐渐形成；各平台以电视剧、电影、综艺、动漫等核心产品类型为基础，不断向游戏、电竞、音乐等新兴产品类型拓展，以知识产权（Intellectual Property，IP）为中心，通过整合平台内外资源实现联动，形成视频内容与音乐、文学、游戏、电商等领域协同的娱乐内容生态。在线教育应用稳中有进，弥补乡村教育短板。截至 2019 年 6 月，我国在线教育用户规模达 2.32 亿元，较 2018 年年底增长 3122 万，占网民整体的 27.2%。在线政务普及率近六成，服务水平持续向好。截至 2019 年 6 月，我国在线政务服务用户规模达 5.09 亿元，占网民整体的 59.6%。在政务公开方面，2019 年上半年，各级政府着力提升政务公开质量，深化重点领域信息公开；在政务新媒体发展方面，我国 297 个地级行政区政府已开通了“两微一端”等新媒体传播渠道，总体覆盖率达 88.9%；在一体化在线政务服务平台建设方面，各级政府加快办事大厅线上线下融合发展，“一网通办”“一战对外”等逐步实现；在新技术应用方面，各级政府以数据开放为支撑、新技术应用为手段，服务模式不断创新；在县级融媒体发展方面，各级政府坚持移动化、智能化、服务化的建设原则，积极开展县级融媒体中心建设工作，成效初显。

2. 行业内上市公司发展情况

表 13　　2019 年互联网和相关服务上市公司收入及资产增长情况　　单位：亿元

指　标	2019 年	2019 年可比样本增长（%）	2018 年	2018 年可比样本增长（%）	2017 年
营业收入	3108.96	14.76	2605.49	17.21	2110.45
利润总额	-110.30	9.23	-126.96	-239.49	67.60
归属于母公司所有者的净利润	-153.07	-265.96	-147.86	-266.74	68.29
总资产	3320.42	0.04	3611.43	-5.96	3549.57
归属于母公司股东权益	1709.34	-10.32	2004.68	-9.61	1995.59

资料来源：沪深交易所，同花顺。

表 14　　2019 年互联网和相关服务上市公司盈利能力情况

指　标	2019 年	2019 年可比样本变动	2018 年	2018 年可比样本变动	2017 年
毛利率（%）	22.47	-2.37	25.19	-1.38	26.32
净资产收益率（%）	-8.95	-1.36	-7.38	-11.37	3.42
销售净利率（%）	-4.49	1.11	-5.98	-8.72	1.87
资产净利率（%）	-4.21	0.25	-4.18	-5.93	1.23

资料来源：沪深交易所，同花顺。

表 15　　2019 年互联网和相关服务上市公司偿债及营运情况

指　标	2019 年	2019 年可比样本变动	2018 年	2018 年可比样本变动	2017 年
资产负债率（%）	46.56	5.88	42.84	2.24	42.43
存货周转率（次）	32.54	6.68	25.84	4.50	21.02
总资产周转率（次）	0.94	0.14	0.70	0.06	0.66

资料来源：沪深交易所，同花顺。

（三）软件和信息技术服务业

1. 行业概况

目前，我国软件产业总体保持良好发展态势，高质量发展成效初显，软件产业正在转向依靠技术创新驱动的新阶段，关键软件供给不断实现新突破；人才吸引力不断增强，产业发展环境优化；软件融合应用持续深化，服务化、平台化趋势明显，是引领和推动经济社会高质量发展的重要力量。

2019年，我国软件和信息技术服务业呈现平稳向好发展态势，收入和利润均保持较快增长，从业人数稳步增加；信息技术服务加快云化发展，软件应用服务化、平台化趋势明显；中部地区软件业增速较快，东部地区保持集聚和领先发展态势。

软件业务收入保持较快增长，出口形势仍然低迷。2019年，全国软件和信息技术服务业规模以上企业超4万家，累计完成软件业务收入71768亿元，同比增长15.4%。盈利能力稳步提升。2019年软件和信息技术服务业实现利润总额9362亿元，同比增长9.9%；人均实现业务收入106.6万元，同比增长8.7%。软件出口形势低迷。2019年，全国软件和信息技术服务业实现出口505.3亿美元，同比下降1.1%。从业人数稳步增加，工资总额保持较快增长。2019年年末，全国软件和信息技术服务业从业人数673万人，比上年年末增加28万人，同比增长4.7%。从业人员工资总额9086亿元，同比增长11.8%，低于上年平均增速；人均工资增长6.8%。

软件产品、信息安全产品和服务、嵌入式系统软件收入持续增长，信息技术服务加快云化发展。2019年，软件产品实现收入20067亿元，同比增长12.5%，占全行业比重为28.0%。其中，工业软件产品实现收入1720亿元，增长14.6%，为支撑工业领域的自主可控发展发挥重要作用。信息安全产品和服务实现收入1308亿元，同比增长12.4%。嵌入式系统软件实现收入7820亿元，同比增长7.8%，占全行业收入比重为10.9%。嵌入式系统软件已成为产品和装备数字化改造、各领域智能化增值的关键性带动技术。2019年，信息技术服务实现收入42574亿元，同比增长18.4%，增速高出全行业平均水平3个百分点，占全行业收入比重为59.3%。其中，电子商务平台技术服务收入7905亿元，同比增长28.1%；云服务、大数据服务共实现收入3460亿元，同比增长17.6%。

从区域发展情况来看，东部地区稳步发展，中西部地区软件业加快增长。2019年，东部地区完成软件业务收入57157亿元，同比增长15.0%，占全国软件业的比重为79.6%。中部和西部地区完成软件业务收入为3655亿元和8607亿元，同比增长22.2%和18.1%，占全国软件业的比重为5.1%和12.0%，比2018年提高0.1个和0.6个百分点。东北地区完成软件业务收入2350亿元，同比增长5.5个百分点，占全国软件业的比重为3.3%。

2. 行业内上市公司发展情况

表 16　　2019 年软件和信息技术服务业上市公司收入及资产增长情况　　单位：亿元

指　标	2019 年	2019 年可比样本增长（%）	2018 年	2018 年可比样本增长（%）	2017 年
营业收入	4527.92	10.82	3617.89	13.43	3012.05
利润总额	202.06	3.12	126.24	-63.54	322.99
归属于母公司所有者的净利润	140.93	-54.49	81.33	-71.59	269.50
总资产	8704.71	7.79	7296.35	6.94	6575.47
归属于母公司股东权益	5152.32	10.01	4285.12	4.92	3952.33

资料来源：沪深交易所，同花顺。

表 17　　2019 年软件和信息技术服务业上市公司盈利能力情况

指　标	2019 年	2019 年可比样本变动	2018 年	2018 年可比样本变动	2017 年
毛利率（%）	35.33	-0.27	35.41	-1.13	36.26
净资产收益率（%）	2.74	0.11	1.90	-5.11	6.82
销售净利率（%）	3.48	-0.22	2.41	-6.99	9.32
资产净利率（%）	1.88	-0.10	1.23	-3.56	4.64

资料来源：沪深交易所，同花顺。

表 18　　2019 年软件和信息技术服务业上市公司偿债及营运情况

指　标	2019 年	2019 年可比样本变动	2018 年	2018 年可比样本变动	2017 年
资产负债率（%）	38.93	0.15	39.33	1.60	37.87
存货周转率（次）	3.65	0.11	3.39	0.12	3.25
总资产周转率（次）	0.54	0.01	0.51	0.00	0.50

资料来源：沪深交易所，同花顺。

四、重点上市公司介绍

（一）中国联通

中国联通是国内三大移动运营商之一，通过联通红筹公司的相关控股公司，拥有覆盖中国、通达世界的现代通信网络，为广大用户提供全方位、高品质信息通信服务，包括移动宽带（WCDMA、LTE FDD、TD - LTE、5G）、固网宽带、GSM、固网本地电话、信息通信技术服务、数据通信服务以及其他相关增值服务。2019 年，公司在面临提速降费、市场饱和、激烈市场竞争以及4G流量红利逐步消退等严峻挑战的情况下，坚持差异化经营和互联网化转型，严控用户发展成本，强化融合经营，努力避免简单价格战，维护公司价值，积极推进高质量可持续发展。截至2019年年底，公司拥有约3.2亿移动出账用户，其中4G用户约2.5亿户，约8348万固网宽带用户及约5422万本地电话用户。

2019年，受复杂的内外部发展环境影响，公司收入增长持续面临压力。公司以深化转型、推动高质量发展积极应对严峻挑战，全年实现主营业务收入人民币2644亿元，较2018年同比上涨0.3%。得益于良好的成本管控，尽管受到提速降费的持续影响，公司盈利能力保持快速提升，EBITDA达到人民币947亿元，同比增长11.1%；利润总额达到人民币140亿元，归属于母公司净利润达到人民币49.8亿元，同比增长22.1%。

公司坚持精准高效投资，创新实施5G网络共享共建，在保障5G网络高效建设的同时大幅节省资本开支。2019年，公司资本开支总额为人民币564亿元，自由现金流保持强劲，达到人民币276亿元。截至2019年年底，公司资产负债率为39.0%，同比下降2.5个百分点，财务状况更趋稳健，财务实力显著增强，为未来可持续发展奠定坚实基础。未来公司将继续努力提升盈利能力和股东回报。

（二）歌华有线

歌华有线是国内有线网络首家上市公司、北京市第一批文化体制改革试点单位、北京市高新技术企业。公司主要负责北京市有线广播电视网络的建设、管理和经营，并从事广播电视节目收转传送、视频点播、网络信息服务、基于有线电视网的互联网接入服务、互联网数据传送增值业务、国内IP电话业务和有线电视广告设计、制作、发布等业务。2019年是公司成立20周年。20年来，公司历经有线电视从模拟到数字，从标清到超清，从单向到双向，从“单一有线电视传输商”到“智慧广电服务提供商”和“高品质文化服务运营商”数次转型升级，不断实现新的跨越。公司坚持不断创新，从在全国率先实现“一市一网”，到率先完成高清交互数字电视推广；从不断推动终端设备升级换代，到持续丰富节目内容和服务应用；从打造“歌华云”平台到建设“北京云”平台；从有线电视信号传输到5G网络应用探索；从三网融合试点到智慧广电建设，取得了长足的进步。

2019年，公司实现营业收入275860.53万元，同比增加3335.80万元，同比增长1.22%。营业利润59226万元，同比减少10948万元，同比下降15.60%。实现归属于母公司所有者的净利润58191万元，较去年同期减少11231万元，同比下降16.18%。公司全力打造“北京云·融媒体”平台及高品质电视服务，积极拓展集客业务市场，全面建设智慧广电。截至2019年年底，公司有线电视注册用户599万户，较2018年增长4.5万户；高清、超高清交互数字电视用户超过550

万户，较2018年增长24万户；家庭宽带用户67万户，较2018年增长5万户；累计完成整转、市场化置换和销售4K超清机顶盒130万台。

（三）三七互娱

三七互娱主要从事互动娱乐业务以及汽车塑料燃油箱制造、销售业务，其中互动娱乐业务以手机游戏和网页游戏的研发、发行和运营为主，同时布局影视、动漫、音乐、VR及直播等泛娱乐业务。报告期内，公司聚焦以移动游戏和网页游戏的研发、发行和运营为基础的文化创意业务，同时布局5G云游戏、影视、音乐、动漫、VR/AR、文化健康产业、互联网少儿教育、社交文娱等领域。公司稳步推进“精品化、多元化、平台化、全球化”的发展战略，在2019年中国互联网企业百强榜单中，公司排名第23位，为A股排名第一的游戏企业。在移动市场数据供应商AppAnnie发布的“2020年度全球发行商52强”榜单中，公司排名第30位。

2019年公司实现营业收入132.27亿元，同比增长73.30%；利润总额26.96亿元，同比增长121.12%；归属于上市公司股东的净利润为21.15亿元，较2018年同期增长109.69%，业绩增长的主要原因为2019年公司移动游戏业务流水大幅提升。公司移动游戏业务实现营业收入119.89亿元，较上年增长114.78%，远远超过行业平均水平；毛利率为87.67%，较2018年提高6.72%。移动游戏业务继续在国内以及海外多地市场保持领先地位。公司以优质内容为战略方向，在维持游戏核心业务高速增长的同时，布局文创行业其他高增长细分领域，深度挖掘5G云游戏、影视、动漫、音乐、VR/AR、文化健康产业、互联网少儿教育、社交文娱等领域。未来，公司计划以游戏主营业务为核心，结合已布局的VR以及AR领域，关注5G、云游戏等相关领域并积极开展尝试，为所投公司赋能并形成战略协同，提供更多全新体验的优质内容，打造一站式文娱生态圈，成为未来中国年轻一代最信任的文创品牌。

（四）启明星辰

启明星辰是综合型/全面型的企业级网络安全厂商，一直在为政企用户提供网络安全软/硬件产品、安全管理平台、安全运营与服务，公司用户覆盖政府（包括政法、公安）、电信、金融、制造业、能源、交通、医疗、教育、传媒等各个行业。公司有员工4600余人，总部位于北京，拥有覆盖全国的渠道和服务体系，并在北京、上海、广州、杭州、成都、南京拥有研发中心。公司自2018年在全国启动安全运营业务，已形成北京、成都、广州、杭州（东西南北）四大业务支撑中心及三十余个城市安全运营中心。公司通过直销与分销相结合的方式为用户提供产品，目前直销/泛直销业务为主，渠道业务为辅。公司现有9款产品市场占有率第一，持续引领中国网络安全市场。

2019年，公司的经营情况良好，业绩也实现了稳定增长，全年完成营业收入

30.89 亿元，营业利润 7.41 亿元、归属于上市公司股东的净利润为 6.88 亿元，分别比上年同期增长 22.51%、32.57%和 20.97%。同时，归属于上市公司股东的扣非净利润为 5.74 亿元，同比增长 31.83%。公司自从 2017 年启动安全运营业务以来，全国安全运营体系已基本形成北京、成都、广州、杭州（东西南北）四大业务支撑中心及 30 余个城市安全运营中心，并已形成成熟的标准化运营体系，未来在持续扩大已有运营中心业务的基础上，将继续向其他二三级城市拓展，2020 年目标力争累计达到 80 个城市的覆盖。

2019 年，公司包括安全运营、工业互联网安全、云安全三大战略新业务在内的新安全业务收入约占公司总收入 2 成，同比增长 200%，具备很好的成长性和发展前景。公司进一步优化内部治理结构，启动实施合伙人制度，打造高素质的经营管理团队，倡导以业绩为导向的经营理念，激励经营管理者为公司长期服务，共享公司的发展成果，最终实现合伙人与公司成为事业共同体、利益共同体、文化共同体。公司合伙人制度的实施有助于公司的长期发展和市场竞争力的持续提升。

（五）平治信息

平治信息的主营业务为数字阅读，聚合海量优质的文字和有声阅读内容，通过 PC、智能手机、平板电脑、电子阅读器、车载、可穿戴设备等阅读载体为用户提供高品质的数字阅读服务，内容涵盖网络文学、出版书籍、杂志、报纸、电台广播、曲艺杂谈、教育培训讲座等，可全方位满足用户的阅读需求。同时，公司不断寻找机遇，积极布局智慧家庭产品以及 5G 通信市场，为公司寻找新的利润增长点。公司积极探索围绕 IP 为核心的网络文学立体化产业发展新路径，加快作品 IP 全版权运作，并不断培养小说阅读用户的其他消费习惯。公司持续加强渠道管理能力，打通微信新渠道，快速扩大影响力。

公司依托高效、专业的运营管理团队，内容及营销推广上的优势，持续创新的业务模式，不断加大内容版权和研发投入，加快渠道拓展，不断打造价值 IP，构建泛娱乐新生态，推动了公司业务的快速稳定增长。同时，公司积极布局智慧家庭产品和 5G 通信市场，为公司创造了新的利润增长点。2019 年实现营收 17.18 亿元，同比增长 44.29%；实现归母净利润 2.13 亿元，同比增长 24.1%。

截至 2019 年年底，公司已拥有各类优质文字阅读产品 50000 余本，签约作者原创作品 33000 余本，引入有声作品 8000 余部，时长 5 万余小时，自制精彩有声内容 1 万多小时。2019 年 4 月，公司收购了深圳兆能讯通 51% 的股权，开始布局智慧家庭产品及 5G 通信市场，为公司寻找新的利润增长点。2020 年，公司拟收购深圳兆能 49% 的股权，杭州悠书 49% 股权、杭州云悦读（包含网易云阅读业务全部核心资产）100% 股权，进一步扩大移动阅读业务、智慧家庭及 5G 通信市场的布局。公司立足市场，一直在寻找新的发展机遇，拥有持续的业务创新能力。

（六）卫宁健康

卫宁健康是国内第一家专注于医疗健康信息化的上市公司，致力于提供医疗健康卫生信息化解决方案，不断提升人们的就医体验和健康水平。公司通过持续的技术创新，自主研发适应不同应用场景的产品与解决方案，业务覆盖智慧医院、区域卫生、基层卫生、公共卫生、医疗保险、健康服务等领域，是中国医疗健康信息行业具有竞争力的整体产品、解决方案与服务供应商。公司自 2015 年起，积极布局医疗健康服务领域，推动“互联网 +”模式下的医疗健康云服务等创新业务的发展，贯彻公司“4 + 1”发展战略（云医、云药、云险、云康 + 创新服务平台）。面向未来，公司将采用双轮驱动模型，一是传统的医疗卫生信息化业务，另一个是创新的“互联网 + 医疗”健康服务业务，二轮互为补充，协调发展。

2019 年，公司实现营业收入 190800.79 万元，同比增长 32.61%；营业利润 41251.39 万元，同比增长 32.95%；归属于上市公司股东净利润 39842.07 万元，同比增长 31.36%；归属于上市公司股东的扣除非经常性损益后的净利润 34177.69 万元，同比增长 22.59%。其中：公司核心产品软件销售及技术服务业务收入同比增长 28.57%；硬件销售业务收入同比增长 48.18%。经营活动产生的现金流量净额为 23330.09 万元，同比增长 88.31%；资本化研发支出占研发投入比重下降为 46.72%，资本化研发支出占当期净利润的比重下降为 45.59%。

在传统医疗卫生信息化领域利好政策不断，国家持续推动健康中国的国家战略落地，同时从政策层面推进医药卫生体制改革、智慧医院、医疗联合体等具体方向的发展及创新落地。公司凭借 20 多年行业深耕积累，继续扩大综合优势提高市场占有率，加快推进各省域内服务网络布局，订单总金额及平均金额均有较为明显的提升。公司通过树立一批有特色的智慧医院标杆、高等级的电子病历及互联互通项目的承建，获得了市场以及客户的认可，起到了良好的行业示范效应。公司持续拓展并领跑“互联网 + 医疗健康”板块，取得实质性成果。公司持续研发创新，提升管理效能，荣获多项荣誉和资质，不断提升卫宁竞争力和品牌美誉度。

（七）东方财富

东方财富通过以东方财富网为核心，集互联网财经门户平台、金融电子商务平台、金融终端平台及移动端平台等于一体的互联网服务大平台，向海量用户提供基于互联网平台应用的产品和服务。公司运营的以东方财富网为核心的互联网服务大平台已成为我国用户访问量最大、用户黏性最高的互联网服务平台之一，东方财富网、天天基金网和股吧等，在用户数量和用户黏性方面长期保持竞争优势，具有市场领先地位，形成了公司的核心竞争力。公司主要业务有证券业务、金融电子商务服务业务、金融数据服务业务及互联网广告服务业务等。

2019年，公司主要业务发展及整体财务状况健康良好。公司实现营业总收入42.32亿元，同比增长35.48%，公司营业总成本23.79亿元，同比增长5.22%。2019年度公司实现归属于上市公司股东的净利润18.31亿元，同比增长91.02%。公司紧紧围绕战略目标，坚持以用户需求为中心，积极落实年度工作计划，进一步加大战略研发投入，强化产品和服务的研发创新，深入推进互联网服务大平台的升级、优化和完善工作，进一步增强大平台的整体服务能力和水平，持续提升用户体验和用户黏性，公司核心竞争力得到进一步巩固和夯实。此外，公司进一步发挥大平台和海量用户的核心竞争优势及整体协同效应，加快推进证券业务发展，加强服务网点建设，为用户提供优质服务；进一步加强基金第三方销售服务业务，强化产品及服务创新，提升了金融电子商务服务平台整体服务能力和水平，用户体验得到了进一步提升，基金投资者规模进一步增长。

（八）同花顺

同花顺是国内领先的互联网金融信息服务提供商，产品及服务覆盖产业链上下游的各层次参与主体，包括证券公司、公募基金、私募基金、银行、保险、政府、研究机构、上市公司等机构客户以及广大个人投资者。公司主要业务是为各类机构客户提供软件产品和系统维护服务、金融数据服务、智能推广服务，为个人投资者提供金融资讯和投资理财分析工具。同时，公司基于现有的业务、技术、用户、数据等多方面优势，积极探索和开发基于人工智能、大数据、云计算等前沿技术的产品和应用，以形成新的业务模式和增长点。

公司已构建同花顺AI开放平台，可面向客户提供智能语音、智能客服、智能金融问答、智能投顾、智能质检机、会议转写系统等多项AI产品及服务，可为银行、证券、保险、基金、私募、高校、政府等行业提供智能化解决方案。当前同花顺AI产品及服务正在积极拓展至生活、医疗、交通等更多领域。

2019年公司主营业务健康平稳发展，较好地完成了年初既定目标，实现营业总收入17.42亿元，同比增加25.61%；实现营业利润9.51亿元，同比增加39.23%；实现利润总额9.53亿元，同比增加39.61%；实现归属上市公司股东的净利润8.98亿元，同比增加41.60%。公司继续聚焦互联网金融信息服务领域，紧紧围绕整体战略目标，积极推进、全面落实年度工作计划。公司坚持以用户需求为中心，加强产品和服务的研发创新，积极探索新的业务模式和盈利增长点。

（九）用友网络

用友软件是领先的综合型、融合化、生态式的企业服务提供商，致力于服务中国及全球企业与公共组织的数字化转型与智能化发展，推动企业服务产业变革，用创想与技术推动商业和社会进步。基于移动互联网、云计算、大数据、人工智能、物联网、区块链等新一代企业计算技术和客户导向、员工能动、全球资源、数据驱动、智能运营、实时企业等互联网时代商业范式，形成了以“云服务、软件、金融”为三大核心业务的新一代企业服务，业务领域从之前的企业管理扩展到业务运营和企业金融，服务层级从企业级走向社会级，形成了以客户为中心的综合型、融合化、生态式的企业数字化平台和企业服务产业的共享平台与生态，公司已经全面进入3.0发展时期。公司连续多年被评定为国家“规划布局内重点软件企业”，“用友ERP管理软件”系“中国名牌产品”，“用友”系中国驰名商标，公司拥有系统集成一级资质，获中国绿色公司百强。

2019年，公司云服务业务（不含金融类云服务业务）实现收入1.97亿元，同比增长131.6%，继续保持高速增长；软件业务实现收入5.20亿元，同比下降6.9%；支付服务业务实现收入6.51亿元，同比增长319.1%，继续保持高速增长；互联网投融资信息服务业务在继续坚持稳健经营、控制适度规模的方针指引下，实现收入6.42亿元，同比下降41.0%。公司实现营业收入85.10亿元，同比增加8.06亿元，增长10.5%，实现了主营业务收入稳定增长。归属于上市公司股东的净利润为11.83亿元，同比增加5.71亿元，增长93.3%；归属于上市公司股东的扣除非经常性损益后的净利润为6.77亿元，同比增加145289296元，增长27.3%，经营效益得到大幅提升。

公司抓住企业与公共组织数智化、产业国产化带来的机会，克服经济下行等困难，坚定执行用友3.0战略，加速推进各项业务发展，实现了公司主营业务收入稳定增长、云服务业务收入高速增长、净利润大幅增长的优良业绩，全面完成年度计划目标。公司继续加大产品研发投入力度，重点增加了云服务研发人员，发布了YonSuite、NC Cloud1909及全新一代企业云服务平台iuap5.0等重要产品，产品发展取得重要进展；优化了公司研发体系，推动了公司研发成果共享。公司持续升级客户运营体系，针对重点行业和高端客户通过客户经营组织裂变加强市场覆盖，加大经营深度；针对战略客户公司成立专属经营服务组织，与多家战略客户达成合作，并战略加强生态建设，助力战略客户实现数字化转型。公司发布了以“融合”为核心的用友企业云服务新生态战略，推动行业头部企业战略联盟，特别加强了与华为、中国工商银行、中国联通等龙头企业的战略合作；公司云市场建设持续发力，实现入驻伙伴突破5000家，入驻产品及服务突破8000个。

（十）科大讯飞

科大讯飞长期从事语音及语言、自然语言理解、机器学习推理及自主学习等人工智能核心技术研究并始终保持国际前沿技术水平，积极推动人工智能产品研发和行业应用落地，致力让机器“能听会说，能理解会思考”，用人工智能建设美好世界。公司承建有首批国家新一代人工智能开放创新平台、首个认知智能国家重点实验室、首个语音及语言信息处理国家工程实验室等国家级平台。在人工智能领域，科大讯飞有众多开创性突破：2019 年，在国际机器阅读理解权威评测 SQuAD 2.0 挑战赛上再次刷新纪录，并在 EM（精准匹配率）和 F1（模糊匹配率）两项指标上全面超越人类平均水平；科大讯飞新一代语音翻译关键技术及系统获得世界人工智能大会最高荣誉 Super AI Leader（“卓越人工智能引领者奖”）应用奖。基于拥有自主知识产权的世界领先的人工智能技术，科大讯飞持续推进“平台 + 赛道”的人工智能战略，应用成果不断显现。

2019 年，公司经营收获良好开局，源头技术驱动的战略布局成果不断显现，人工智能规模应用红利逐步显现。公司营业收入突破 100 亿元，是四年前（2015 年）营业收入规模的 4 倍，收入规模迈入新的里程碑；营业收入较去年同比增长 27.30%，增速较近几年略有放缓，主要系公司业务战略聚焦，主动调整了一些非战略性的业务所致；实现归属于上市公司股东的净利润 8.19 亿元，较上年同期增长 51.12%；实现归属于上市公司股东的扣除非经常损益的净利润 4.89 亿元，较上年同期增长 83.52%；实现经营活动产生的现金流量净额 15.31 亿元，再创历史最高水平。战略聚焦下，公司保持战略定力，ToB、ToC 双轮驱动，软硬件齐头并进，ToC 业务继续发力，To C 业务在整体营收中占比达 35.96%，毛利占比达 36.83%。

公司坚持“顶天立地、自主创新”的产业发展战略，持续推动技术突破和产业发展，市场规模持续拓展，综合实力进一步增强。公司从人工智能真正解决社会刚需的角度出发，围绕“要有看得见、摸得着的应用案例，能够规模化推广，能有统计数据来证明应用成效”的标准，聚焦重点赛道，核心业务健康发展，人均效能持续提升，实现了营业收入、毛利、净利润以及用户规模的快速增长。

（十一）国电南瑞

国电南瑞是以能源电力智能化为核心的能源互联网整体解决方案提供商，是我国能源电力及工业控制领域卓越的 IT 企业和电力智能化领军企业。公司以先进的控制技术和信息技术为基础，以“大数据、云计算、物联网、移动互联、人工智能”等技术为核心，为电网、发电、轨道交通、水利水务、市政公用、工矿等行业和客户提供软硬件产品、整体解决方案及应用服务，公司的业务发展与相关行业的发展方向、投资规模、投资结构和技术升级等相关。历经数十年自主创新和产业发展，公司已形成电网自动化及工业控制、继电保护及柔性输电、电力自动化信息通信、发电及水利环保四大业务板块。公司实行订单式生产。主要通过市场招投标方式获取订单，接单后根据客户不同需求先进行工程设计，再采购电子电气设备、电子元器件等配套材料设备，与公司具有自主知识产权的核心技术、软硬件产品配置或开发，再进行系统集成后销售给客户实现利润。同时，公司积极转变发展方式，大力拓展工程总包、运维服务、设备租赁服务、PPP 等商业模式和新型业务培育新的利润增长点，充实、丰富适合企业自身特点的经营模式。

面对我国内外部环境及行业投资结构的变化，国电南瑞锐意进取、担当作为，按照高质量发展要求，全力抓转型、促科技、重营销、强经营、稳增长，圆满完成年度经营目标任务，企业经营实现稳定增长、发展质量持续提升。2019 年公司实现营业收入 324.24 亿元，较 2018 年同期增长 13.61%。公司以市场需求与技术驱动，加快技术创新，2019 年度研发投入 22.12 亿元，占年度营业收入的 6.82%。国电南瑞于 2016 年年末启动重大资产重组，经中国证监会核准，2017 年公司完成了对控股股东南瑞集团继电保护及柔性输电、电力自动化信息通信等业务资产等重组标的资产的收购工作，公司经营规模快速扩张、核心竞争力显著增强。目前公司生产经营和员工队伍稳定，截至 2019 年年末，公司完成了重组标的资产的业绩承诺，企业持续保持了稳健快速发展的良好态势。经会计师事务所审计，重组标的资产 2017 年、2018 年、2019 年分别实现利润 229834.75 万元、249695.00 万元、291977.49 万元，分别占当期承诺利润的 104.46%、112.47%、117.68%。

（十二）恒生电子

恒生电子是国内领先的金融科技产品与服务的提供商，聚焦金融行业，主要面向证券、期货、公募、信托、保险、私募、银行与产业、交易所以及新兴行业九大金融行业提供金融科技全面解决方案，同时积极开拓中前台、数据、风险管理等方面的创新解决方案。在数字经济已经拉开大幕的技术背景下，公司从流程数字化逐步深入到业务数据化，运用云原生、高性能、大中台、大数据、人工智能、区块链等先进技术赋能金融机构更好地管理资产、服务客户，帮助客户实现金融的数字化产业升级。公司总部设于杭州，并在北京、上海、深圳、武汉等各大城市以及香港、新加坡设立分支机构。

2019 年公司实现营业收入 3871840010.31 元人民币，同比增加 18.66%。实现归属于上市公司股东净利润 1415848641.24 元人民币，同比增加 119.39%。综合来看，2019 年公司收入持续增长，费用管控有效，各领域市场占有率保持高位，金融云业务占比提升，技术、品牌、组织升级全面开展。报告期内，公司各项业务保持了持续增长，传统核心产品市占率继续保持领先并有所提高，证券集中交易系统市占率首次突破 50%，新一代投资交易系统 O45 和投研一体化平台在多家金融机构逐步推广及应用。财富管理、风险管理、银行、交易所等业务也都实现了一定的增长。此外，公司进行了业务结构的调整并初见成效，技术中台方面，JRES3.0 应用率已经达成 93%，并进行了外部推广。业务中台、数据中台完成了部门组建，推出第一代产品并有了多个行业的落地应用。在创新业务方面，各子公司进一步巩固了业务模式并陆续实现盈利，初步完成了从0到1的创业过程。在组织管理方面，从战略规划、组织建设、团队建设、人员培养等各方面进行广泛的“全员共创”，产生了积极效果。

（十三）万兴科技

万兴科技是一家全球领先的APP应用软件开发和服务商，秉承“让简单创意的科技无处不在”的使命，通过“自主研发、自主品牌、自建渠道的模式”与“开放合作构建生态网络的思维”，为全球用户提供高效、高质的数字创意、数据管理、办公效率等三大类消费类软件产品及服务。当前，万兴科技正以开放、前瞻的视野和积极进取、不断突破自我的态势推进全球化布局。公司深耕消费类软件市场多年，已向市场推出涵盖数字创意、数据管理、办公效率三大类数十款消费类软件产品，广泛用于个人智能硬件产品，拥有较深厚的技术沉淀。公司持续获得中国政府的“国家规划布局内重点软件企业”认证。

2019年公司实现营业收入7.03亿元，同比增长28.78%；归属于上市公司股东的净利润0.86亿元，同比增长4.35%；归属于上市公司股东的扣除非经常性损益的净利润0.63亿元，同比下降3.02%。2019年度，公司研发费用投入金额为15556.98万元，同比增长59.56%。

2019年，公司围绕Filmora产品发展愿景，赋能广大视频内容创作者更简单更高效地用视频展示分享自己的创意和自己的故事，积极倾听用户反馈，持续加大Filmora产品研发投入，增强了产品功能，实现预渲染、动态分屏模板等功能；结合Filmora产品用户数的快速增加，为提升用户的服务范围、质量与产品使用频率，提高用户多次消费意愿，上线全新的视频制作资源网站Filmstocks，增加了海量视频素材、库存音乐、特效等资源。同时面向未来，投入大量研发资源打造全新的视频编辑引擎，为下一代产品支持更高质量的视频编辑做准备。公司为业务的快速扩张，进行全球化业务覆盖部署，建成长沙中电软件园客服中心新办公场地，与国内海外多个办公点，实现智能化信息化办公环境互通，形成跨区域协同，支持全球化业务扩张。

（十四）广联达

广联达的主营业务立足建筑业，围绕工程项目全生命周期，为客户提供数字化软硬件产品、应用解决方案及相关服务。公司专注于建筑信息化行业二十余年，业务领域正逐步由招投标阶段拓展至工程项目的全生命周期，产品从单一的预算软件扩展到工程造价、工程施工等多个业务板块，涵盖工具软件类、解决方案类、大数据、移动互联网、云计算、智能硬件设备、产业金融服务等多种业务形态；服务的客户从中国境内拓展到全球一百多个国家和地区；累计为行业二十余万家企业、千余万产品使用者提供专业化服务。

2019 年是公司“七三”战略的收官之年，公司实现营业总收入 35.41 亿元，同比增长 21.91%；实现营业利润 2.90 亿元，同比下降 40.08%；实现归属于上市公司股东的净利润 2.35 亿元，同比下降 46.46%。2019 年年末，云转型相关预收款项余额增至 8.94 亿元，因该款项属于已收取的云服务费中不能确认为当期收入的部分，导致当期表观收入增速未充分体现，表观利润同比显著下降。若将云转型相关预收款项的影响因素进行还原，则还原后的营业总收入为 40.20 亿元，同口径同比增长 26.05%；还原后的归属于上市公司股东的净利润为 6.66 亿元，同口径同比下降 4.17%。

2019 年，公司沿着“技术支撑业务、技术驱动业务、技术成为业务”的方向，在图形技术、云计算、大数据、物联网、人工智能等关键技术领域持续投入，并取得新的突破。“技术支撑业务”方面，公司在持续增强图形技术的基础上，进一步融合人工智能、大数据、物联网等技术，支撑数字造价业务智能客服与智能组价、数字施工业务智慧工地等业务场景的发展；“技术驱动业务”方面，公司技术中台发布上线，并接入多个技术服务与产品服务，驱动公司业务向“强中台、快前台”的战略方向发展；“技术成为业务”方面，公司 BIMFACE 开放平台持续保持高速发展，开放平台业务模式初步得到验证。此外，公司持续加强知识产权的申请与保护。截至 2019 年年末，公司已有 94 项授权专利、786 项已登记软件著作权。公司以优秀的业绩表现、专业的技术实力荣获 2019 年中国软件行业最具影响力企业、2019 年北京软件和信息服务业综合实力百强企业、2019 年中国数字经济和软件服务最佳数字化转型实践奖、智慧城市优秀供应商、中国大数据企业 50 强、中小板上市公司价值 50 强、杰出投资者回报上市公司等诸多社会荣誉。

（十五）中国软件

中国软件是中国电子信息产业集团有限公司（CEC）控股的大型高科技上市企业，是 CEC 网络安全与信息化板块的核心企业。公司聚焦信创工程业务，通过重大工程促进综合实力提升，深入推进以信创工程为核心的自主软件产品、行业解决方案和服务化业务发展，建立了较完整的信创市场、研发和技术服务体系。拥有完整的从操作系统、中间件、安全产品到应用系统的业务链条，覆盖税务、电子政务、交通、知识产权、金融、能源等国民经济重要领域，客户群涵盖中央部委、地方政府、大型央企等机构部门。公司首批通过了国家软件企业认证，连续被评定为“规划布局内重点软件企业”，位居电子百强、软件百强之列，拥有多项行业顶级认证资质，获得中国软件行业协会颁发的 2019 年度十强创新软件企业、2019 年中国最具影响力软件和信息服务企业等荣誉。

2019 年，公司实现营业收入 58.20 亿元，同比增长 26.15%；实现利润总额 1.53 亿元，同比增加 16.33%；实现归属于母公司净利润 6183.47 万元，同比减少 47.45%。报告期内，信创业务市场规模扩大，营业收入显著增长；公司持续加大重点工程项目的投入，成本增加，加之与上年同期相比确认投资收益下降较多，归母净利润同比下降较大。报告期内，自主软件产品实现营业收入 6.69 亿元，同比增长 16.95%，报告期平均毛利率 70.07%，同比增加 1.98 个百分点；行业解决方案实现营业收入 33.29 亿元，同比增加 28.83%，平均毛利率 11.28%，同比减少 3.01 个百分点；服务化业务实现营业收入 17.88 亿元，同比增加 25.82%，平均毛利率 63.30%，同比减少 8.14 个百分点。

2019 年，在公司发展战略与规划（2018—2022）的指引下，紧扣打造战略性核心竞争力和深化市场化结构改革主线，保质量、保进度、有规模地推进信创工程建设，通过重大工程促进综合实力提升，深入推进以信创工程为核心的行业解决方案和服务化业务发展，科学组织、积极行动，为全面抓住信创工程战略机遇打下良好基础。公司以基础软件和数据安全产品为核心，打造本质安全产品体系；以铁路专用通信产品为核心，打造软硬结合产品体系。公司以信创工程为核心，构建自主安全的产品生态；以现代数字城市建设为契机，结合云计算、大数据等技术，为涉及国计民生的关键行业客户提供新型行业信息化解决方案。此外，公司围绕行业板块开展信息系统运维、金融监管等运营服务，传统业务与“互联网+”、大数据密切结合，在现有业务基础上延伸客户价值、挖掘市场机会。

五、上市公司在行业中的影响力

2019 年，信息传输、软件和信息技术服务业增加值 97047 亿元，增速居国民经济各行业之首，已成为经济平稳较快增长的重要推动力量。按照可比样本的测算口径，信息传输、软件和信息技术服务业国内上市公司营业收入占行业总收入的比重为 11.41%，占比水平保持稳定。按照细分行业来看，各个子行业，互联网和相关服务行业和软件行业上市公司在行业中营业收入占比明显上升，而电信、广播电视和卫星传输服务业营业收入占比均有所下降，各细分子行业情况如下：

2019 年，互联网和相关服务业国内上市公司营业收入行业占比为 39.46%，较 2018 年上升 9.14 个百分点。2019 年，互联网和相关服务业保持平稳较快增长态势，研发投入快速提升，业务模式不断创新拓展，新的上市公司数量逐步增多。国内上市公司营收占比迅速提升，整个互联网行业对我国国内生产总值的贡献越来越大，对数字经济发展的支撑作用不断增强。上市类企业一般都是行业内盈利较好的细分行业龙头，2019 年以来，上市公司积极展开了在 AI、区块链、物联网、云计算与大数据等科技领域的布局与落地实践，为制造业或工业、金融、医疗、交通、零售、城市建设与管理、政府及事业单位等各行各业提供了突破信息互联网服务局限的新型科技产业形态。互联网数据服务收入保持较快增长。2019 年随着 5G、云计算、大数据和人工智能等新技术应用加快，新型基础设施建设进入快速增长期。在行业快速上升期，资本的助力不可缺失，一方面上市公司依托资本市场，加快了业内横向和产业链纵向的并购，大大增加自身的实力；另一方面有技术实力与成熟商业模式的互联网公司通过上市快速扩大规模。上市公司在推动互联网从传统业务向产业互联网经济转变，加速整个行业蓬勃发展起到了关键作用。

2019 年，软件和信息技术服务业国内上市公司收入行业占比为 6.31%，较 2018 年继续上升了 0.84 个百分点。2019 年软件类上市公司整体盈利能力持续性提高。随着“互联网 +”战略的推进和移动互联网的普及，软件行业又呈现了不少新趋势。当前随着移动互联的发展，从终端用户的立场上来讲，移动互联已经变为一种生活方式，开拓出一片广阔的市场，而移动互联市场亦正在成为协同管理行业全新的增长点。此外，国产替代趋势使得软件和信息技术服务业的重要性得到空前提升，在国家政策的助力和扶持下，企业加大研发投入，加快突破重点、难点技术，提高我国在软件领域的自主权和安全保障能力。2019 年，上市公司数量仍在稳步增长。软件行业作为技术密集型高成长行业，资本助力企业上市融资将会有效保证企业的进一步发展和平稳运营。而随着上市公司遍及全产业链，随着区块链、云计算等新兴技术的发展，行业结构会重新整合，上市公司群体在整个行业的影响力也会大幅增加。

2019 年，电信、广播电视和卫星传输服务业国内上市公司收入行业占比为 19.74%，较 2018 年下降 7 个百分点。2019 年，行业业务模式创新拓展，行业内部改革优化，新的上市公司数量逐步增多。同时，行业加快推动智慧城市等重大工程和项目建设，积极提供 5G、物联网、大数据、云计算、人工智能等新兴业务，为政府注智、为行业赋能，固定增值及其他业务逐渐成为行业发展新动力。2019 年，行业头部企业仍存在缺失，行业内重量级企业如中国移动、中国电信和华为等仍未在国内上市。随着 5G 时代的来临，电信、广播电视和卫星传输服务行业移动化、互联网化将会是行业必然的演进趋势，行业重要性将快速提升，电信行业将成为信息化社会的重要支柱。而随着上市公司数量进一步增加，未来电信、广播电视和卫星传输服务业将迅速扩张，构建完整的产业链，在上市公司的推动下加速发展。

审稿人：张敬华　任宪功

撰稿人：张　淇

金融业

一、金融业总体概况

（一）行业整体运行情况

2019 年，全球经济复苏步伐放缓，经济、金融不确定性上升，中国经济运行总体平稳。在金融供给侧结构性改革的引领下，金融监督管理部门进一步贯彻落实党的十九大和第五次全国金融工作会议精神，推动金融机构提升服务实体经济质效，防控金融风险、深化金融改革、扩大对外开放，取得了显著的成效。

2019 年年末广义货币供应量（M2）余额为 198.65 万亿元，比上年年末增长 8.7%，增速提高 0.6 个百分点；狭义货币供应量（M1）余额为 57.6 万亿元，同比增长 4.4%，增速与上年同期高 2.9 个百分点；流通中现金（M0）余额为 7.72 万亿元，增长 5.4%。全部金融机构各项贷款余额 158.60 万亿元，同比增长 11.9%。其中，人民币贷款余额 153.11 万亿元，同比增长 12.3%，增速减少 1.2 个百分点；外币贷款余额 7869 亿美元，同比下降 1%。2019 年年末，全部金融机构各项存款余额 198.16 万亿元，同比增长 8.6%。其中，人民币存款余额 192.88 万亿元，同比增长 8.7%，增速增长 0.5 个百分点；外币存款余额 7577 亿美元，同比增长 4.1%。社会融资继续较快增长，根据人民银行统计，2019 年全年社会融资规模增量为 25.58 万亿元，比上年多 3.08 万亿元。其中，人民币贷款增加 16.88 万亿元，同比多增 1.21 万亿元；外币贷款折合人民币减少 1275 亿元，同比少减 2926 亿元；委托贷款减少 9396 亿元，同比少减 6666 亿元；信托贷款减少 3467 亿元，同比少减 3508 亿元；未贴现的银行承兑汇票减少 4757 亿元，同比少减 1586 亿元；企业债券净融资 3.24 万亿元，同比多 6098 亿元；政府债券净融资 4.72 万亿元，同比减少 1327 亿元；非金融企业境内股票融资 3479 亿元，同比建少 127 亿元。

2019 年，债券市场共发行各类债券 45.2 万亿元，较上年增长 4.9%。其中，发行政府债券 8.5 万亿元，同比增长 8.8%；发行金融债券 25.9 万亿元，同比减少 5.4%；发行公司信用类债券 10.7 万亿元，同比增长 37.4%；发行国际机构债券 468 亿元，同比减少 35%。2019 年 12 月末，1 年、3 年、5 年、10 年期国债收益率分别为 2.36%、2.73%、2.89%、3.14%，分别较上年同期下行 24bp、14bp、8p、9bp；5 年期 AAA 级、AA + 级和 AA 级中短期票据收益率分别为

3.71%、4.01%、4.42%，分别较上年同期下行34bp、34bp、61bp。

2019年，股票市场股指整体收涨，上证指数2019年年末收于3050点，较2018年年末涨22.30%，年内最高点为3288点，最低点为2441点。沪市全年累计成交54.20万亿元，日均成交2222亿元，同比增加35%。深证成指收于10431点，较2018年年末涨44.1%，年内最高点为10542点，最低点为7011点。深市全年累计成交72.73万亿元，日均成交为2980亿元，同比增加46%。根据Wind统计，沪深两市股权筹集资金15422.64亿元。其中沪深两市IPO募集资金2532.48亿元，发行203只；增发203只，募集资金6896.8亿元；配股9只，募集资金133.88亿元；优先股7只，募集资金2550.29亿元；可转债106只，募集资金2477.81亿元；可交换债62只，募集资金831.38亿元；公司债募集资金25438.63亿元。截至2019年12月末，沪深两市总市值59.29万亿元，流通市值48.35万亿元，分别比2018年年底增长36.3%和36.7%。流通市值占总市值的81.5%，比2018年年底上升了0.2个百分点。

2019年，期货市场活跃度较2018年有所上升，全国期货市场累计成交量为39.6亿手，同比增长30.8%；累计成交额为290.6万亿元，同比增长37.8%。2019年期货市场共上市15个新品种，上市数量达到历史之最，截至2019年年底，我国期货衍生品上市数量达到78个。从各品种来看，螺纹钢、PTA以及铁矿石期货位列全市场成交量前三，分别为4.67亿手、3.12亿手、2.97亿手；沪深300指数期货、中证500指数期货以及铁矿石期货位列全市场成交额前三，分别为26.71万亿元、19.88万亿元、19.87万亿元。从国内五大交易所的整体成交情况来看，上海期货交易所累计成交量为14.1亿手，同比增长20.1%，累计成交额为96.9万亿元，同比增长18.9%，分别占全国市场的35.6%和32.0%；上海国际能源交易中心累计成交量为0.36亿手，累计成交额为15.6万亿元，分别占全国市场的0.9%和2.9%；郑州商品交易所累计成交量为10.92亿手，累计成交额为39.5万亿元，同比分别上升33.6%和3.4%，分别占全国市场的27.6%和13.7%；大连商品交易所累计成交量为13.6亿手，累计成交额为68.9万亿元，同比分别增长38.1%和上升32.1%，分别占全国市场的34.2%和25.0%；中国金融期货交易所累计成交量为0.66亿手，累计成交额为69.6万亿元，同比分别增长144.1%和166.5%，分别占全国市场的1.9%和26.4%。

（二）细分行业运行概况

2019年年末，中国银行业金融机构境内外本外币资产总额为290.00万亿元，同比增长8.1%。其中，大型商业银行资产总额116.78万亿元，占比40.3%，同比增长18.7%；股份制商业银行资产总额51.78万亿元，占比17.9%，同比增长

10.1%。银行业金融机构境内外本外币负债总额为265.54万亿元，同比增长7.7%。其中，大型商业银行负债总额107.13万亿元，占比40.3%，同比增长18.5%；股份制商业银行负债总额47.66万亿元，占比18.0%，同比增长9.3%。

2019年普惠金融力度加大，银行业金融机构用于小微企业贷款达36.9万亿元，同比增长10.2%，涉农贷款和保障性安居工程贷款分别达35.2万亿元、6.5万亿元，同比分别增长7.7%、8.4%。商业银行不良贷款余额2.41万亿元，不良贷款率1.86%；关注类贷款余额3.77万亿元，关注类贷款率2.91%。商业银行贷款损失准备余额为4.49万亿元，较上年年末增加7175亿元；拨备覆盖率为186.08%，较上年年末基本持平；贷款拨备率为3.46%，较上年年末上升0.05个百分点。

据银保监会统计数据，2019年保险行业全年实现保费收入4.26万亿元，同比增长12.2%。其中，财产险业务继续保持较快增长，保费收入1.30万亿元，同比增长10.7%；人寿险业务保费收入2.96万亿元，同比增长12.8%。2019年全年的寿险业务原保险保费收入2.28万亿元，同比增长9.8%；健康险业务原保险保费收入6226亿元，同比增长27.7%；意外险业务原保险保费收入649亿元，同比减少1.6%。2019年年末，保险公司总资产达到20.56万亿元，较年初增长12.2%；保险资金运用余额为18.53万亿元，占保险业总资产的90.1%，较年初增加2.12万亿元，增幅为12.9%。

中国证券业协会数据显示，133家证券公司2019年度实现营业收入3604.83亿元，各主营业务收入分别为代理买卖证券业务净收入（含席位租赁）787.63亿元、证券承销与保荐业务净收入377.44亿元、财务顾问业务净收入105.21亿元、投资咨询业务净收入37.84亿元、资产管理业务净收入275.16亿元、证券投资收益（含公允价值变动）1221.60亿元、利息净收入463.66亿元，2019年度实现净利润1230.95亿元，120家公司实现盈利。据统计，截至2019年12月31日，133家证券公司总资产为7.26万亿元，净资产为2.02万亿元，净资本为1.62万亿元，客户交易结算资金余额（含信用交易资金）1.30万亿元，受托管理资金本金总额12.29万亿元。

信托行业经营状况良好，风险水平总体可控。截至2019年年末，全国68家信托公司受托资产规模为21.6万亿元，较2018年年末的22.7万亿元同比下降4.85%，小于2018年同期的13.50%。从四个季度的环比变化看，第一季度环比增速为-0.7%，第二季度和第三季度环比增速分别是-0.02%和-2.39%，第四季度则是-1.78%，第三季度和第四季度的环比下降有小幅上升。信托业实现经营收入累计1200.12亿元，较2018年增加59.49亿元，同比增长5.22%，与2018年-4.2%相比，增速大幅提高了9.42个百分点，扭转了信托行经营收入下滑的态势。从收入结构来看，2019年第四季度，信托业务收入累计达 833.82 亿元，较 2018 年年末增加 52.06 亿元，占比 69.48%，比 2018 年年末上升 0.94 个百分点；固有业务收入累计为 341.24 亿元，较 2018 年增加 30.88 亿元，占比 28.43%，较 2018 年上升 1.22 个百分点。信托行业利润总额 727.05 亿元，与 2018 年基本持平。信托行业人均利润 244.23 万元，略低于 2018 年的 275.02 万元。

二、行业内上市公司发展概况

（一）行业内上市公司基本情况

表 1　　2019 年金融业上市公司发行股票概况

门类	A、B 股总数（家）	A 股股票数（家）	B 股股票数（家）	境内总市值（亿元）	流通 A 股市值（亿元）	流通 B 股市值（亿元）
金融业	110	109	1	132059.87	114089.35	9.02
占沪深两市比重（%）	2.85	2.83	0.03	22.25	23.67	0.69

资料来源：沪深交易所，同花顺。

（二）行业内上市公司构成情况

表 2　　2019 年金融业上市公司构成情况

门类	沪市			深市			ST/*ST
	仅 A 股	仅 B 股	A+B 股	仅 A 股	仅 B 股	A+B 股	
金融业（家）	71	0	1	37	0	0	0/0
占行业内上市公司比重（%）	65.14	0.00	0.92	33.94	0.00	0.00	0.00/0.00

资料来源：沪深交易所，同花顺。

（三）行业内上市公司融资情况

表 3　　2019 年金融业上市公司与沪深两市融资情况对比　　单位：家

门类	融资家数	新股	增发	配股
金融业	15	12	3	0
沪深两市总数	427	203	215	9
占比（%）	3.51	5.91	1.40	0.00

资料来源：沪深交易所，同花顺。

2019 年，金融业有 15 家公司（华林证券、西安银行、青农商行、红塔证券、瑞达期货、渝农商行、浙商银行、邮储银行等）进行了融资。

2019 年金融业上市公司融资情况明细见附录。

（四）行业内上市公司资产及业绩情况

表 4　　2019 年金融业上市公司资产情况　　单位：亿元

指　标	2019 年	2019 年可比样本增长（%）	2018 年	2018 年可比样本增长（%）	2017 年
总资产	2128656. 95	9. 57	1803410. 87	6. 60	1663577. 82
总负债	1936282. 84	9. 02	1645349. 13	6. 27	1524154. 58
归属于母公司股东权益	185167. 09	15. 17	152378. 29	10. 12	135056. 65

资料来源：沪深交易所，同花顺

表 5　　2019 年金融业上市公司收入实现情况　　单位：亿元

指　标	2019 年	2019 年可比样本增长（%）	2018 年	2018 年可比样本增长（%）	2017 年
营业收入	86956. 87	13. 18	72698. 27	5. 73	63282. 69
利润总额	25461. 90	12. 31	21674. 43	0. 21	21046. 61
归属于母公司所有者的净利润	20682. 19	14. 75	17149. 06	1. 76	16478. 06

资料来源：沪深交易所，同花顺。

（五）利润分配情况

2019 年，金融业共有 93 家上市公司实施分红配股。其中，有 92 家上市公司实施派息，1 家上市公司实施送股，6 家上市公司实施转增股。

三、重点细分行业介绍

表 6　　2019 年金融业上市公司数量分布及市值情况

大　类	上市公司家数（家）	占行业内比重（%）	境内总市值（亿元）	占行业内比重（%）
货币金融服务	37	33. 94	79148. 25	59. 93
资本市场服务	50	45. 87	27500. 76	20. 82
保险业	7	6. 42	23063. 01	17. 46
其他金融业	15	13. 76	2347. 86	1. 78

资料来源：沪深交易所，同花顺。

（一）货币金融服务业

1. 行业概况

截至2019年年底，中国货币金融服务业金融机构共有法人机构4607家，包括开发性金融机构1家、住房储蓄银行1家、政策性银行2家、国有大型商业银行6家、股份制商业银行12家、民营银行18家、外资法人银行41家、城市商业银行134家、信托公司68家、金融租赁公司70家、消费金融公司24家、汽车金融公司25家、货币经纪公司5家、企业集团财务公司258家、金融资产管理公司4家、贷款公司13家、村镇银行1630家、农村商业银行1478家、农村信用社722家、农村资金互助社44家、农村合作银行28家、其他金融机构23家。

银行业资产和负债规模稳步增长。中国银行业金融机构境内外本外币资产总额为290.00万亿元，同比增长8.1%。其中，大型商业银行资产总额116.78万亿元，占比40.3%，同比增长18.7%；股份制商业银行资产总额51.78万亿元，占比17.9%，同比增长10.1%。银行业金融机构境内外本外币负债总额为265.54万亿元，同比增长7.7%。其中，大型商业银行负债总额107.13万亿元，占比40.3%，同比增长18.5%；股份制商业银行负债总额47.66万亿元，占比18.0%，同比增长9.3%。

存贷款继续平稳增长，截至2019年年底，银行业金融机构本外币各项存款余额为198.2万亿元，较年初增加15.6万亿元，同比增长8.6%。其中，住户存款余额为82.1万亿元，较年初增加9.7万亿元，同比增长13.4%；非金融企业人民币存款余额为59.4万亿元，较年初增加3.2万亿元，非金融企业外汇各项存款余额为3690亿美元，较年初减少116亿美元。本外币各项贷款余额为158.6万亿元，较年初增加16.9万亿元，同比增长11.9%。其中，短期贷款余额为46.3万亿元，较年初增加3.0万亿元，同比增长6.9%；中长期贷款余额为97.16万亿元，较年初增加11.7万亿元，同比增长13.7%；票据融资余额为7.6万亿元，较年初增加1.8万亿元，同比增长31.8%。

资本充足率继续维持在较高水平。2019年12月末，商业银行核心一级资本充足率为10.92%，较年初下降0.11个百分点；一级资本充足率为11.95%，较年初上升0.37个百分点；资本充足率为14.64%，较年初上升0.44个百分点。

资产质量保持平稳。商业银行不良贷款余额2.41万亿元，不良贷款率1.86%；关注类贷款余额3.77万亿元，关注类贷款率2.91%。商业银行贷款损失准备余额为4.49万亿元，较上年年末增加7175亿元；拨备覆盖率为186.08%，较上年年末基本持平；贷款拨备率为3.46%，较上年年末上升0.05%。

银行业利润持续增长。2019年商业银行实现净利润1.99万亿元，同比增长8.9%；商业银行资本利润率10.96%，比年初下降0.77个百分点；资产利润率0.87%，较年初下降0.03个百分点。

流动性水平比较充裕。截至 2019 年年底，商业银行流动性比例 58.46%，较年初上升 3.15 个百分点；人民币存贷款比例 75.4%，较年初上升 1.06 个百分点；人民币超额备付率 2.61%，较年初下降 0.03 个百分点。

2. 行业内上市公司发展状况

表 7　　2019 年货币金融服务上市公司收入及资产增长情况　　单位：亿元

指　标	2019 年	2019 年可比样本增长（%）	2018 年	2018 年可比样本增长（%）	2017 年
营业收入	50525.97	10.23	42253.33	8.27	38685.54
利润总额	20527.60	7.65	18151.32	3.61	17353.75
归属于母公司所有者的净利润	16743.09	13.04	14825.18	5.58	13910.26
总资产	1881155.09	9.00	1591159.84	6.50	1480171.96
归属于母公司股东权益	150660.42	15.53	122916.09	11.11	109762.74

资料来源：沪深交易所，同花顺。

表 8　　2019 年货币金融服务业上市公司盈利能力情况

指　标	2019 年	2019 年可比样本增长（%）	2018 年	2018 年可比样本增长（%）	2017 年
净利差	2.19	0.11	2.07	0.09	1.98
净息差	2.23	0.06	2.15	0.07	2.07
成本收入比率	29.34	-1.11	29.52	-0.94	30.46
ROAE	11.91	-0.94	12.87	-0.56	13.43
ROAA	0.93	0.07	0.88	0.00	0.88

资料来源：Wind 资讯。

表 9　　2019 年货币金融服务业上市公司资本充足情况

指　标	2019 年	2019 年可比样本增长（%）	2018 年	2018 年可比样本增长（%）	2017 年
核心资本充足率			10.30	0.22	10.08
资本充足率	14.31	0.35	13.99	0.71	13.29

资料来源：Wind 资讯。

表 10　　2019 年货币金融服务业上市公司资产质量情况

指　标	2019 年	2019 年可比样本增长（%）	2018 年	2018 年可比样本增长（%）	2017 年
不良贷款余额（亿元）	14719.40	6.19	13241.75	6.91	12322.00
不良贷款率（%）	1.43	-0.08	1.54	-0.05	1.59
贷款损失准备（亿元）	32811.89	14.42	26616.90	21.16	21827.96
拨备覆盖率（%）	222.92	16.03	201.01	23.64	177.15

资料来源：沪深交易所，同花顺。

（二）资本市场服务

1. 行业概况

截至 2019 年年底，全国共有证券公司 133 家，较 2018 年增加 2 家，133 家证券公司中，共有 36 家证券公司在沪、深证券交易所上市，新上市的有华林证券、红塔证券。

根据中国证券业协会的数据，截至 2019 年年底，133 家证券公司总资产为 72635.43 亿元，较上年年末增加 16.10%；净资产为 20218.97 亿元，较上年年末增加 6.96%；净资本达到 1.62 万亿元，较上年年末增加 3.01%。行业资产规模持续扩大，资本实力不断增厚。全行业实现营业收入 3604.83 亿元，同比增长 35.37%；实现净利润 1230.95 亿元，同比增长 84.77%。行业整体业绩明显改善，扭转连续 3 年的下跌态势，行业亏损面大幅缩窄，仅 10% 证券公司经营亏损。

前十大证券公司 2019 年度营业收入占全行业 41.82%，净利润占全行业 52.95%；营业收入占比相对稳定，净利润占比较上年同比下降近 18 个百分点，净利润行业集中度有所下降，但仍未改变行业分化趋势，头部证券公司依然占据优势地位。

证券经纪业务收入增长显著，收入占比持续下降。2019 年度，全行业实现代理买卖证券业务净收入（含席位租赁收入）787.63 亿元，同比增长 26.34%。2019 年度证券经纪业务收入占比 21.85%，较上年下降 1.56 个百分点。2019 年度行业平均净佣金率为万分之 3.49，较上年万分之 3.76 的水平略有下降。

投资银行业务收入受市场环境改善、注册制试点改革等影响大幅增长。2019 年度，证券公司实现投行业务净收入 482.65 亿元，同比增长 30.46%。其中，承销与保荐、财务顾问收入分别为 377.44 亿元、105.21 亿元，与上年同期相比变动幅度分别为 46.04%、-5.64%。

证券投资业务已连续 3 年成为行业收入占比最大的业务。2019 年度，证券公司投资业务收入（证券投资收益及公允价值变动损益）1221.60 亿元，同比大幅增长 52.65%，收入占比 33.89%。重资本业务能力逐渐成为证券公司的核心竞争能力，这对证券公司的资产获取、风险定价和主动管理能力提出了更高的要求。

资产管理业务收入保持相对稳定。2019年度，证券公司资产管理规模尤其是通道类资产管理规模持续收缩，截至2019年年末，全行业受托资金12.29万亿元，比上年年末减少12.91%。从收入来看，2019年度资产管理业务净收入275.16亿元，与上年几乎持平，在营业收入中占比7.63%，较上年相比下降了2.69个百分点。

2. 行业内上市公司发展状况

表11　2019年资本市场服务上市公司收入及资产增长情况　单位：亿元

指　标	2019年	2019年可比样本增长（%）	2018年	2018年可比样本增长（%）	2017年
营业收入	4662.39	35.35	3238.86	-9.31	3323.95
利润总额	1629.43	60.21	964.81	-37.32	1441.4
归属于母公司所有者的净利润	1148.85	2.28	669.57	-38.73	1019.67
总资产	81350.57	15.34	69190.58	3.11	62835.66
归属于母公司股东权益	17418.07	7.97	15700.24	3.33	14127.20

资料来源：沪深交易所，同花顺。

表12　2019年资本市场服务业上市公司盈利能力情况

指　标	2019年	2019年可比样本增长（%）	2018年	2018年可比样本增长（%）	2017年
净资产收益率	6.60	2.27	4.26	-2.93	7.22
总资产收益率	1.68	0.51	1.13	-0.71	1.84

资料来源：沪深交易所，同花顺。

表13　2019年资本市场服务业上市公司营运能力情况

指　标	2019年	2019年可比样本增长（%）	2018年	2018年可比样本增长（%）	2017年
总资产周转率（%）	0.06	0.01	0.05	-0.01	0.05

资料来源：沪深交易所，同花顺。

（三）保险业

1. 行业概况

截至2019年年末，全国共有保险中介集团公司5家，保险专业中介机构2665家（其中保险专业代理机构1771家，保险经纪机构497家，保险公估机构397家），保险兼业代理机构3.2万家、保险销售从业人员约1200万名。2019年，保险业共实现保费收入42963.47亿元，通过中介渠道实现保费37407.54亿元，占总保费的87.07%，同比增长

10.91%。其中，财产保险公司通过中介渠道实现保费10162.19亿元，占比76.21%；人身险公司通过中介渠道实现保费27245.35亿元，占比91.96%。

2019年保险行业全年实现保费收入4.26万亿元，同比增长12.2%。其中，财产险业务继续保持较快增长，保费收入1.30万亿元，同比增长10.7%；人寿险业务保费收入2.96万亿元，同比增长12.8%。2019年全年的寿险业务原保险保费收入2.28万亿元，同比增长9.8%；健康险业务原保险保费收入6226亿元，同比增长27.7%；意外险业务原保险保费收入649亿元，同比减少1.6%。2019年年末，保险公司总资产达到20.56万亿元，较年初增长12.2%；保险资金运用余额为18.53万亿元，占保险业总资产的90.1%，较年初增加2.12万亿元，增幅为12.9%。

2. 行业内上市公司发展状况

表14　2019年保险业经营情况　单位：亿元

原保险保费收入	42645
1. 财产险	11649
2. 人身险	30995
（1）寿险	22754
（2）健康险	7066
（3）人身意外伤害险	1175
原保险赔付支出	12894
1. 财产险	6502
2. 人身险	6392
（1）寿险	3743
（2）健康险	2351
（3）人身意外伤害险	298
业务及管理费	5491
银行存款	25227
投资	88397
资产总额	205645

资料来源：中国保险业监督管理委员会。

表 15　　2019 年保险业上市公司收入及资产增长情况　　单位：亿元

指　标	2019 年	2019 年可比样本增长（%）	2018 年	2018 年可比样本增长（%）	2017 年
营业收入	30968.14	15.21	26864.28	4.13	20916.70
利润总额	3163.40	28.28	2466.01	1.83	2106.83
归属于母公司所有者的净利润	2722.56	68.32	1598.94	-1.15	1451.07
总资产	157959.20	14.25	137921.10	9.23	116383.56
归属于母公司股东权益	15549.57	22.05	12740.67	9.44	10272.03

资料来源：沪深交易所，同花顺。

表 16　　2019 年保险业上市公司盈利能力情况　　单位:%

指　标	2019 年	2019 年可比样本变动	2018 年	2018 年可比样本变动	2017 年
净资产收益率	19.25	6.13	13.12	-1.64	14.75
总资产收益率	1.84	0.63	1.21	-0.14	1.35

资料来源：上市公司年报，Wind 资讯。

（四）其他金融业

1. 行业概况

信托行业经营状况良好，风险水平总体可控。截至 2019 年年末，全国 68 家信托公司受托资产规模为 21.6 万亿元，较 2018 年年末的 22.7 万亿同比下降 4.85%，小于 2018 年同期的 13.50%。从四个季度的环比变化看，第一季度环比增速为 -0.7%，第二季度和第三季度环比增速分别是 -0.02% 和 -2.39%，第四季度则是 -1.78%，第三季度和第四季度的环比下降有小幅上升。信托业实现经营收入累计 1200.12 亿元，较 2018 年增加 59.49 亿元，同比增长 5.22%，与 2018 年 -4.2% 相比，增速大幅提高了 9.42 个百分点，扭转了信托行经营收入下滑的态势。从收入结构来看，2019 年第四季度，信托业务收入累计达 833.82 亿元，较 2018 年年末增加 52.06 亿元，占比 69.48%，比 2018 年年末上升 0.94 个百分点；固有业务收入累计为 341.24 亿元，较 2018 年增加 30.88 亿元，占比 28.43%，较 2018 年上升 1.22 个百分点。信托行业利润总额 727.05 亿元，与 2018 年基本持平。信托行业人均利润 244.23 万元，略低于 2018 年的 275.02 万元。

截至 2019 年 12 月底，中国融资租赁企业（不含单一项目公司、分公司、SPV 公司、港澳台当地租赁企业和收购海外的企业）总数约为12130家，较上年增加了353家，增长2.91%。其中：金融租赁进入2019年以来，银监会审批了中车金租一家新的企业。截至12月底，已经获批开业的企业为70家，比上年增加1家，增长1.43%；内资租赁2019年由于监管体制变化，内资试点审批机构调整，除天津以外，自贸区审批内资企业开展融资租赁业务试点基本停止。截至12月底，全国内资融资租赁企业总数为403家，较上年年底的397家增加了6家，增长1.51%；外资租赁只在天津、广东、上海、辽宁、陕西等地外资租赁企业有所增加。截至12月底，全国共11657家，较上年年底的11311家增加346家，增长2.97%。

2. 行业内上市公司发展状况

表17　　2019年年底全国融资租赁企业概况

指　标	2019年年底企业数（家）	2018年年底企业数（家）	2019年比上年增加（家）	企业数量增长（%）	企业数量所占比重（%）
金融租赁	70	69	1	1.45	0.58
内资租赁	403	397	6	1.51	3.32
外资租赁	11657	11311	346	3.06	96.10
总计	12130	11777	353	3.00	100.00

资料来源：中国租赁联盟。

表18　　2019年年底全国融资租赁企业注册资金　　单位：亿元

指　标	2019年年底注册资金	2018年年底注册资金	2019年比上年增加	注册资金增长增长率（%）
金融租赁	2262	2262	0	0
内资租赁	2117	2117	0	0
外资租赁	28383	28383	0	0
总计	32762	32763	-1	0

资料来源：中国租赁联盟。

表19　　2019年全国融资租赁业务发展概况　　单位：亿元

指　标	2019年年底业务总量	2018年年底业务总量	2019年比上年增加	2019年比上年增长（%）	业务总量所占比重（%）
金融租赁	25030	25000	30	0.12	37.6
内资租赁	20810	20800	10	0.05	31.3
外资租赁	20700	20700	0	0	31.1
总计	66540	66500	40	0.06	100.0

资料来源：中国租赁联盟。

表 20　　2019 年其他金融业上市公司收入及资产增长情况　　单位：亿元

指　标	2019 年	2019 年可比样本增长（%）	2019 年	2019 年可比样本增长（%）	2017 年
营业收入	800.37	18.75	341.80	-6.11	356.50
利润总额	141.47	18.82	92.30	-37.83	144.62
归属于母公司所有者的净利润	67.69	-49.53	55.36	-44.81	97.07
总资产	8192.10	0.85	5139.35	21.38	4186.64
归属于母公司股东权益	1539.03	2.70	1021.29	11.64	894.68

资料来源：沪深交易所，同花顺。

表 21　　2019 年其他金融业上市公司盈利能力情况

指　标	2019 年	2019 年可比样本变动	2019 年	2019 年可比样本变动	2017 年
毛利率（%）	65.84	2.30	67.88	1.46	65.49
净资产收益率（%）	4.40	-0.22	5.42	-5.54	10.85
销售净利率（%）	12.52	-0.43	20.13	-10.66	30.53
资产净利率（%）	1.23	0.03	1.47	-1.84	3.25

资料来源：沪深交易所，同花顺。

表 22　　2019 年其他金融业上市公司偿债及营运情况

指　标	2019 年	2019 年可比样本变动	2019 年	2019 年可比样本变动	2017 年
资产负债率（%）	76.11	-1.29	76.22	0.04	76.40
存货周转率（次）	0.34	0.08	4.99	-0.52	29.61
总资产周转率（次）	0.10	0.01	0.07	-0.03	0.11

资料来源：沪深交易所，同花顺。

四、重点上市公司介绍

（一）邮储银行

中国邮政储蓄可追溯至 1919 年开办的邮政储金业务，至今已有百年历史。2007 年 3 月，在改革原邮政储蓄管理体制基础上，中国邮政储蓄银行正式挂牌成立。2012 年 1 月，整体改制为股份有限公司。2016 年 9 月，在香港联交所挂牌上市。2019 年 12 月，在上交所挂牌上市，圆满完成“股改—引战—A、H 两地上市”三步走改革目标。

中国邮政储蓄拥有近 4 万个营业网点，服务个人客户超过 6 亿户，定位于服务“三农”、城乡居民和中小企业，致力于为中国经济转型中最具活力的客户群体提供服务，并加速向数据驱动、渠道协同、批零联动、运营高效的新零售银行转型。拥有优异的资产质量和显著的成长潜力，是中国领先的大型零售商业银行。经过13年的努力，公司的市场地位和影响力日益彰显。2019年，在英国《银行家》杂志全球银行1000强中，公司一级资本位列第22位。惠誉、穆迪分别给予公司与中国主权一致的A+、A1评级，标准普尔给予公司A评级，“标普信评”给予公司“AAAspc”等级主体信用评级，为首家获得“标普信评”主体评级的国有大型商业银行。

全行总资产规模达10.22万亿元，总负债规模达9.67万亿元；实现营业收入2768.09亿元，同比增长6.06%；净利润610.36亿元，同比增长16.52%。在规模稳定增长的同时，盈利能力和价值创造能力稳步提升，总资产回报率、净资产收益率、中间业务收入占比等指标进一步改善，净利差、净息差继续处于同业领先水平。

以风险合规为底线，资产质量更加扎实。深入落实中央坚决打好防范化解重大风险攻坚战的决策部署，进一步健全和完善“全面、全程、全员”的全面风险管理体系，全面摸排资产风险底数，强化“三道防线”管控有效性，完善房地产、地方政府隐性债务等重点领域风控措施，确保资产质量优于行业平均水平。截至2019年年末，不良贷款余额428.44亿元，不良贷款率0.86%，拨备覆盖率389.45%。核心一级资本充足率达到9.90%，较上年年末上升0.13个百分点，抵御风险能力进一步增强。

（二）浙商银行

浙商银行是十二家全国性股份制商业银行之一，于2004年8月18日正式开业，总部设在浙江杭州。2016年3月30日，在香港联交所上市，股票代码“2016.HK”；2019年11月26日，在上海证券交易所上市，股票代码“601916”，系全国第13家“A+H”上市银行。开业以来，浙商银行立足浙江，面向全国，稳健发展，已成为一家基础扎实、效益优良、成长迅速、风控完善的优质商业银行。

面对经济新常态，浙商银行顺应互联网信息技术发展新趋势和客户价值创造新需求，确立了“两最”总目标和平台化服务战略，坚持“服务实体经济、创新转型、合规经营、防化风险、提质增效”五项经营原则，打造平台化服务银行，为客户提供开放、高效、灵活、共享、极致的综合金融服务。

截至2019年年末，浙商银行在全国19个省（直辖市）及香港特别行政区设立了260家分支机构，实现了对长三角、环渤海、珠三角以及部分中西部地区的有效覆盖。

2019年，浙商银行营业收入和归属于本行股东的净利润分别为463.64亿元和129.25亿元，较上年同期分别增长

19.06%和12.48%。截至2019年年末，总资产1.80万亿元，较上年年末增长9.36%，其中发放贷款及垫款总额1.03万亿元，增长19.06%；总负债1.67万亿元，较上年年末增长8.32%，其中吸收存款余额1.14万亿元，增长17.33%；不良贷款率1.37%、拨备覆盖率220.80%，资产质量保持优良；资本充足率14.24%、核心一级资本充足率9.64%。在英国《银行家》（The Banker）杂志“2019年全球银行1000强（Top 1000 World Banks 2019）”榜单上，按一级资本位列第107位、按总资产位列第98位。中诚信国际给予浙商银行金融机构评级中最高等级AAA主体信用评级。

（三）中国人寿

中国人寿是国内寿险行业的龙头企业。公司作为《财富》世界500强和世界品牌500强企业的核心成员，公司以悠久的历史、雄厚的实力、专业领先的竞争优势及世界知名的品牌赢得了社会最广泛客户的信赖，始终占据国内保险市场领导者的地位，被誉为中国保险业的“中流砥柱”。公司是中国最大的人寿保险公司，拥有由保险营销员、团险销售人员以及专业和兼业代理机构组成的中国最广泛的分销网络。公司提供个人人寿保险、团体人寿保险、意外险和健康险等产品与服务，是中国领先的个人和团体人寿保险与年金产品、意外险和健康险供应商。

公司坚守本源，深耕潜力巨大的寿险市场，始终占据中国寿险市场领导者地位。截至2019年12月31日，中国人寿总资产达人民币37267.34亿元，位居国内寿险业首位。作为国内最大的机构投资者之一，中国人寿通过控股的资产管理子公司，成为中国最大的保险资产管理者之一。2019年年底中国人寿总市值达1249.13亿美元。

公司拥有健全的机构和服务网络，营业网点及服务柜面覆盖全国城乡。截至2019年年末，中国人寿各渠道销售总人力达184.8万人，组成了中国独一无二的强大的分销和服务网络，是真正意义上的客户身边的寿险服务商。同时，中国人寿坚持以科技创新为先导，深入践行“科技国寿”发展战略，培育公司一流的经营管理、风险管控和客户服务能力。中国人寿致力于搭建移动化、智能化、社交化的客户服务体系，运用科技手段为大众提供便捷的保险服务。

中国人寿拥有广泛的客户基础，截至2019年12月31日，中国人寿拥有约3.03亿份有效的长期个人和团体人寿保险单、年金合同及长期健康险保单，为5亿多客户提供了保险服务。

（四）新华保险

公司是一家全国性的大型寿险企业，目前拥有新华资产管理股份有限公司、新华家园养老企业管理（北京）有限公司等子公司。2011年，公司在中国香港联合交易所和上海证券交易所同步上市。公司建立了几乎覆盖全国各省、自治区、直辖市的机构网络和多元化的销售渠道，为客户提供各类便捷、优质的人寿保险、健康保险、人身意外伤害保险及养老保险服务。公司围绕“转型发展”和“自主经营”两大主题，确定了以续期拉动增长的转型发展路径，并以预算管理为抓手，引导机构增强自主经营能力。通过环环相扣的系列举措，有效地提升了经营管理水平，激发了健康、持续、快速发展的动力。

2019年，在行业深化转型发展的背景下，公司积极适应内外部发展形势，以满足客户多样化保险保障需求为导向，丰富新单业务增长点，持续发挥续期滚存优势，促进总保费规模较快增长，内含价值持续提升，业务结构保持均衡，业务品质有所改善。

总保费实现较快增长。2019年，公司实现原保险保费收入1381.31亿元，同比增长13.0%。其中，长期险首年保费253.96亿元，同比增长22.0%；续期业务实现保费1058.21亿元，同比增长10.4%。

内含价值持续提升。截至2019年年末，公司内含价值达到2050.43亿元，较上年年末增长18.4%；一年新业务价值97.79亿元，同比下降19.9%；剩余边际为2145.25亿元，较上年年末增长9.7%。

业务结构保持均衡。保费结构方面，续期保费占总保费的比例为76.6%，占比保持高位稳定，为总保费持续增长保驾护航；长期险首年期交保费占长期险首年保费的比例为76.2%，奠定续期保费持续增长的坚实基础。险种结构方面，传统型及分红型长期险首年保费占长期险首年保费比例合计54.2%，健康险长期险首年保费占长期险首年保费比例为45.8%，符合公司产品结构均衡发展的业务策略。

业务品质有所改善。个人寿险业务13个月继续率为90.3%，较2018年基本持平；25个月继续率为86.2%，较2018年提升1.3个百分点。退保情况改善，全年退保率为1.8%，同比降低3.0个百分点，退保金同比减少60.7%。

（五）中信证券

中信证券是国内规模最大的证券公司。主营业务范围为：证券经纪；证券投资咨询；与证券交易、证券投资活动有关的财务顾问；证券承销与保荐；证券自营；证券资产管理；融资融券；证券投资基金代销；为期货公司提供中间介绍业务。中信证券在若干业务领域保持或取得领先地位。公司紧紧围绕服务实体经济这一个中心，进一步完善融资安排者、财富管理者、交易服务与流动性提供者、市场重要投资者和风险管理者五大角色，不断重塑并巩固核心竞争力。公司依托第一大股东与中信银行、中信信托、信诚人寿保险等公司共同组成中信控股之综合经营模式，并与中信国际金融控股共同为客户提供境内外全面金融服务。

2019年，公司实现营业收入人民币431.40亿元、归属于母公司股东的净利润人民币122.29亿元，均比2018年度有较大幅度增长。

2019年，公司境内股权业务承销规

模人民币 2798 亿元、市场份额 18.16%，债券业务承销规模人民币 10015 亿元、市场份额 5.29%，均排名行业前列，完成 A 股重大资产重组交易金额约为人民币 1633 亿元，排名行业第一。重点布局科创板承销保荐业务，申报 22 单、完成发行 9 单。公司和华夏基金在已完成职业年金投资管理人选聘的中央单位和 28 个省区市全部中标。注重优化融资客户结构，满足对冲、套利等多样化客户融资需求；丰富境内外固定收益产品品种，提高产品提供能力，满足境内外客户的风险管理需求。

公司零售客户超过 870 万户，境内企业与机构客户 3.7 万家，分布在国民经济主要领域，对主要央企、重要地方国企、有影响力上市公司做到了深度覆盖。以客户为中心、与客户共成长，一直是促进公司发展的不竭动力。

（六）华泰证券

华泰证券是中国领先的综合性证券集团，具有庞大的客户基础、领先的互联网平台和敏捷协同的全业务链体系，是中国证监会首批批准的综合类券商，全国最早获得创新试点资格券商。目前，公司在境内控股华泰联合证券有限责任公司、华泰期货有限公司、江苏股权交易中心有限责任公司；在境内外全资设立华泰金融控股（香港）有限公司、华泰紫金投资有限责任公司、华泰创新投资有限公司、华泰证券（上海）资产管理有限公司；参股南方基金管理有限公司、华泰柏瑞基金管理有限公司、江苏银行股份有限公司、金浦产业投资基金管理有限公司、证通股份有限公司。近年来，公司着力为客户提供全生命周期综合金融服务，逐步形成了以投资银行业务为龙头，以经纪与财富管理业务为基础，以投资与交易业务和资产管理业务为两翼的全业务链业务体系。

截至 2019 年年末，公司总资产人民币 5621.81 亿元，同比增长 52.49%，净资产人民币 1256.55 亿元，同比增长 19.96%；2019 年，公司实现营业收入人民币 248.63 亿元，同比增长 54.35%，归属于母公司股东的净利润人民币 90.02 亿元，同比增长 78.86%。

华泰证券打造了中国证券业最具活力的财富管理平台之一，拥有近 1400 万客户。充分借鉴国内外先进的财富管理服务体系和经验，从服务、流程和技术平台等方面加快财富管理业务发展。线上和线下资源互促并进，提升了客户开发和服务效率。公司持续升级及创新移动金融服务模式，构建了聚集和服务客户的大平台。截至 2019 年年末，“涨乐财富通”累计下载量突破 5020 万。根据易观智库统计数据，2019 年 12 月底，“涨乐财富通”月活数已突破 770 万，位居证券公司类 APP 第一名。2019 年，公司对财富管理工作平台进行全面重构，推出了集洞察客户、严选方案、精准服务和过程管理于一体的投顾工作云平台“AORTA”，形成了集团财富管理业务的重要中台支撑。公司积极推进投资顾问专业人才队伍和财富管理服务能力建设，根据中国证券业协会统计数据，截至2019年年末，母公司从业人员中投资顾问占比超过30%。

五、上市公司对行业的影响

银行业：资产规模方面，截至2019年年底，银行业上市公司总资产为188.12万亿元，增长9.0%（可比样本）。截至2019年年底，银行业金融机构境内外本外币资产总额为290.00万亿元，同比增长8.1%。上市公司总资产占全行业比重为64.8%，同比增长约0.5个百分点。

盈利能力方面，2019年，银行业上市公司全年共实现归净利润1.70万亿元，同比增长7.3%，上市公司净利润占全行业比重为70.9%，较2018年提高约1.6个百分点。

证券业：截至2019年年底，券商A股上市共有36家，新上市的有红塔证券和华林证券。2019年，上市证券公司共实现主营业务收入3782.96亿元，同比增长42.2%，好于行业同比增长35.4%的水平；实现利润1040.34亿元，同比增长69.1%，低于行业同比增长84.8%的水平。

根据中国证券业协会的数据，截至2019年年底，证券行业总资产为7.26万亿元，同比增长16%，实现营业收入3604.83亿元，同比增长35.4%；实现净利润1230.95亿元，同比增长84.8%。

保险业：截至2019年年底，A股保险业上市公司共7家，分别为中国平安、中国人寿、中国太保、新华保险、中国人保、天茂集团、西水股份。2019年，保险业上市公司总资产为157959.20亿元，增长14.25%（可比样本）；实现营业收入30968.14亿元，增长15.21%（可比样本）；实现净利润2977.56亿元，增长68.32%（可比样本）。截至2019年12月底，保险行业资产总额达到20.56万亿元，较年初增长12.2%。

从资产角度来看，上市保险公司占行业总资产的比重为76.83%，同比增加1.4个百分点。原保险保费收入的角度来看，2019年各公司合计达到2.46万亿元，同比增长9.3%，占行业总保费的比重为57.6%，同比减少1.5个百分点。

其他金融业：信托业、金融租赁业上市公司数量和规模均较小，不具有行业代表性。

审稿人：徐　风

撰稿人：刘　丽

房地产业

一、房地产业总体概况

2019 年，受政策收紧影响，我国房地产市场运行的政策环境整体偏紧：中央聚焦房地产金融风险，坚持住房居住属性，不将房地产作为短期刺激经济的手段；房地产行业资金定向监管全年保持从紧态势，房地产企业对现金流及风险管理重视程度增加。

政策方面，2019 年延续了“房住不炒”和“因城施策”的政策基调，上半年针对部分热点城市房地产市场热度上升的情况，中央和地方政府持续出台政策加强调控。下半年，房地产调控政策保持收紧态势，金融监管持续加强。总体来看，全年调控从供需两侧精准发力，有序引导市场供求关系逐步回归到良性的供求平衡区间范围，政策取得阶段性效果。

销售方面，2019 年商品房市场整体存在韧性，全国商品房销售面积 17.16 亿平方米，比上年下降 0.1%。其中，商品住宅销售面积 15 亿平方米，同比增长 1.6%。一线城市在经历了连续两年的楼市低迷后，2019 年成交出现回暖，2019 年一线楼市总体成交量相比 2018 年上升 12%；二线城市楼市 2019 年内先升温后降温，总体成交量同比上升 4%；前两年火热的三线城市楼市开始降温，2019 年总体成交量同比下降 8%。

价格方面，2019 年，百城住宅成交均价 14460 元/平方米，同比上涨 11.2%，相比 2018 年全年上涨了 1452 元/平方米。分季度来看，整体走势呈现倒 U 型，5 月政策收紧情况下，三四季度房价终结上扬态势掉头向下，体现了房地产价格去泡沫的导向。分城市看，一线城市新建商品住宅成交均价为 43788 元/平方米，同比上涨 10.8%；二线城市新建商品住宅成交均价为 14233 元/平方米，同比上涨 9.3%；三四线城市新建商品住宅成交均价为 11370 元/平方米，同比上涨 9.2%。

土地市场方面，2019 年，全国 300 城土地市场供求继续增长，各类用地供应同比增长 24.8%，成交同比增长 16.8%。随着市场预期改变，土地竞拍热度降低，各类用地成交楼面价、溢价率均出现下降，全国 300 城土地成交楼面均价 4372.48 元/平方米，同比上涨 16.41%；成交住宅规划建筑用地面积 93921.81 万平米，同比增加 2.7%；成交土地出让金 41060 亿元，与去年同比增加 6709.05 亿元；成交住宅用地综合溢价率为 14.56%，同比收窄 0.18 个百分点。一线、二线、三四线城市成交楼面均价分别为 14688 元/平方米、5480 元/平方米、

2776元/平方米，分别同比上涨5.16%、11.74%和13.04%。

总体来看，2019年全国房地产市场热度有所降温，主要指标增速较2018年均有一定程度放缓。另外，相关政策整体依然趋紧，并且兼顾供需改革，楼市和土地市场价格预期逐渐回归理性。

二、行业内上市公司发展概况

（一）行业内上市公司基本情况

表1　　2019年房地产业上市公司发行股票概况

门　类	A、B股总数（家）	A股股票数（家）	B股股票数（家）	境内总市值（亿元）	流通A股市值（亿元）	流通B股市值（亿元）
房地产业	135	124	11	22093.47	20233.20	148.05
占沪深两市比重（%）	3.50	3.21	0.29	3.72	4.20	11.29

资料来源：沪深交易所，同花顺。

（二）行业内上市公司构成情况

表2　　2019年房地产业上市公司构成情况

门　类	沪市			深市			ST/*ST
	仅A股	仅B股	A+B股	仅A股	仅B股	A+B股	
房地产业（家）	62	1	6	54	2	2	4/2
占行业内上市公司比重（%）	48.82	0.79	4.72	42.52	1.57	1.57	3.15/1.57

资料来源：沪深交易所，同花顺。

（三）行业内上市公司融资情况

表3　　2019年房地产业上市公司与沪深两市融资情况对比　　单位：家

门　类	融资家数	新股	增发	配股
房地产业	5	2	3	0
沪深两市总数	427	203	215	9
占比（%）	1.17	0.99	1.40	0.00

资料来源：沪深交易所，同花顺。

其中，首发的2家公司中，有1家在中小板上市，1家在主板上市；增发的3家公司中，有1家沪市、2家深市公司。

从融资效果来看，上述公司实际发行数量为365547.30万股；实际募集资金402.38亿元，基本完成了融资计划。

2019 年房地产业上市公司融资情况明细见附录。

（四）行业内上市公司资产及业绩情况

表 4　　2019 年房地产业上市公司资产情况　　单位：亿元

指　标	2019 年	2019 年可比样本增长（%）	2018 年	2018 年可比样本增长（%）	2017 年
总资产	116217.24	16.24	101626.75	21.46	81884.51
流动资产	96050.72	15.02	84681.94	20.85	68475.24
占比（%）	82.65	-0.87	83.33	-0.42	83.62
非流动资产	20166.53	22.38	16944.81	24.61	13409.27
占比（%）	17.35	0.87	16.67	0.42	16.38
流动负债	69063.33	19.59	58794.44	28.09	44632.27
占比（%）	59.43	1.67	57.85	2.99	54.51
非流动负债	23048.37	3.99	22632.22	12.44	19803.92
占比（%）	19.83	-2.34	22.27	-1.79	24.19
归属于母公司股东权益	16733.56	12.15	15148.26	10.29	13597.24
占比（%）	14.40	-0.52	14.91	-1.51	16.61

资料来源：沪深交易所，同花顺。

表 5　　2019 年房地产业上市公司收入实现情况　　单位：亿元

指　标	2019 年	2019 年可比样本增长（%）	2018 年	2018 年可比样本增长（%）	2017 年
营业收入	24735.70	19.00	20814.49	20.18	17042.42
利润总额	4032.28	11.31	3620.83	22.91	2921.88
归属于母公司所有者的净利润	2249.41	11.01	2042.92	13.15	1784.84

资料来源：沪深交易所，同花顺。

（五）利润分配情况

2019 年全年房地产业上市公司中共有 87 家公司实施了分红配股。其中，5 家上市公司实施送股或转增股，86 家上市公司实施派息，其中 1 家公司既实施了送股、转增又实施了派息。

2019 年房地产业上市公司分红明细见附录。

（六）其他财务指标情况

1. 盈利能力指标

表 6　　2019 年房地产业上市公司盈利能力情况

指　标	2019 年	2019 年可比样本变动	2018 年	2018 年可比样本变动	2017 年
毛利率（%）	31.71	-0.89	32.88	2.57	30.51
净资产收益率（%）	13.44	-0.14	13.49	0.34	13.13
销售净利率（%）	11.55	-0.90	12.45	-0.02	12.56
资产净利率（%）	2.64	-0.21	2.80	-0.11	2.93

资料来源：沪深交易所，同花顺。

2. 偿债能力指标

表 7　　2019 年房地产业上市公司偿债能力指标

指　标	2019 年	2019 年可比样本变动	2018 年	2018 年可比样本变动	2017 年
流动比率	1.39	-0.06	1.44	-0.09	1.53
速动比率	0.47	-0.05	0.51	-0.02	0.54
资产负债率（%）	79.26	-0.67	80.12	1.21	78.69

资料来源：沪深交易所，同花顺。

3. 营运能力指标

表 8　　2019 年房地产业上市公司营运能力情况

营运能力指标	2019 年	2019 年可比样本变动	2018 年	2018 年可比样本变动	2017 年
存货周转率	0.29	0.00	0.28	-0.02	0.29
应收账款周转率	13.48	-1.57	14.96	-2.65	18.25
流动资产周转率	0.28	0.00	0.27	-0.01	0.28
固定资产周转率	13.83	-0.98	14.27	0.09	14.07
总资产周转率	0.23	0.00	0.22	-0.01	0.23
净资产周转率	1.12	0.01	1.10	0.03	1.06

资料来源：沪深交易所，同花顺。

三、重点上市公司介绍

（一）万科 A

万科企业股份有限公司成立于 1984 年，经过三十余年发展，已成为国内领先的城乡建设与生活服务商，2019 年，公司位列《财富》“世界 500 强”第 254 位。

2019 年，公司实现营业收入 3678.9 亿元，归属于上市公司股东的净利润

388.7 亿元，同比分别增长 23.6% 和 15.1%；每股基本盈利 3.47 元，同比增长 13.3%；全面摊薄的净资产收益率为 20.7%，较 2018 年减少 1.0 个百分点。营业收入中，来自房地产及相关业务的营业收入为 3526.5 亿元，占比 95.9%，来自物业服务的营业收入为 127.0 亿元，占比 3.5%。

2019 年，公司实现销售面积 4112.2 万平方米，销售金额 6308.4 亿元，同比分别增长 1.8% 和 3.9%。所销售的产品中，住宅占 86.4%，商办占 10.0%，其他配套占 3.6%。2019 年，公司在全国商品房市场的份额约为 4%，在 21 个城市的销售金额位列当地第一，在 12 个城市排名第二。

现金流情况，公司坚持“以现金流为基础的持续真实价值创造”理念，强化资金管控，2019 年全年实现经营性现金净流入 456.9 亿元，截至 2019 年年底，公司持有货币资金 1661.9 亿元，远高于一年内到期的流动负债总和。货币资金中，人民币占比 97.2%，美元、港币、英镑等外币合计占比 2.8%。

截至 2019 年年底，公司资产负债率 84.36%，净负债率 33.9%，继续处于行业低位。有息负债合计 2578.5 亿元，占总资产的比例为 14.9%。有息负债以中长期负债为主。有息负债中，短期借款和一年内到期的有息负债合计 938.9 亿元，占比为 36.4%；一年以上有息负债 1639.7 亿元，占比为 63.6%。

公司总体融资成本继续处于行业较低水平。2019 年，万科分两次完成总额为 45 亿元住房租赁专项债券发行，发行利率分别为 3.65% 和 3.55%；完成 5 亿元超短期融资券发行，发行利率 3.18%；此外还完成多次美元中期票据发行，最低票面利率为 3.15%。全年公司实际利息支出合计人民币 149.5 亿元，其中资本化的利息合计人民币 56.9 亿元。

2019 年，万科获取新项目 147 个，总规划建筑面积 3716.5 万平方米，权益规划建筑面积 2478.4 万平方米；按权益投资金额计算，其中 79.9% 位于一线、二线城市；截至 2019 年年末，在建项目和规划中项目的总建筑面积分别约为 10256.1 万平方米和 5394.3 万平方米，对应的权益建筑面积分别约为 6170 万平方米和 3360.2 万平方米；此外，公司还参与了一批旧城改造项目，按当时规划条件，权益建筑面积合计约 492.9 万平方米。

2019 年公司开发项目新开工面积约 4241.1 万平方米，同比下降 15.1%，完成年初计划的 118%；开发项目实现竣工面积约 3007.9 万平方米，同比增长 9.1%，完成年初计划的 98%。

（二）招商蛇口

招商蛇口为国内房地产上市龙头企业之一，是 A 级央企招商局集团城市综合开发运营板块的旗舰公司，是招商局集团在国内重要的核心资产整合及业务协同平台。公司于 2015 年吸收合并招商地产上市，整合了原招商地产和蛇口工业区两大平台的优势资源，致力于成为“中国领先的城市及园区综合开发和运营服务商”。目前，公司主要业务包括：园区开发运营、社区开发运营、邮轮建设运营。

2019 年，公司实现营业收入 976.72 亿元，同比增长 10.64%，实现归属于上市公司股东的净利润 160.33 亿元，同比增长 5.20%，基本每股收益 1.99 元，同比增长 5.29%；来自社区开发与运营的收入为 845.55 亿元，占比 86.57%，来自园区开发与运营的收入为 124.76 亿元，占比为 12.77%；来自邮轮产业建设与运营的收入为 6.42 亿元，占比为 0.66%。社区开发与运营为公司主要收入来源。

2019 年，公司全年累计实现签约销售金额 2204.74 亿元，同比增加 29.25%；累计实现签约销售面积 1169.44 万平方米，同比增加 41.35%。

在资源获取方面，公司实施一城一策，精准拿地，新进入汕头、肇庆、扬州、台州、长沙等 9 个城市；全年共获取 79 个项目，土地面积 716 万平方米，总计容建面 1423 万平方米，总地价 976 亿元，权益地价 523 亿元。

负债方面，2019 年年末，公司资产负债率 63.19%，同比下降 15.54 个百分点；净负债率 29.28%，负债水平处于行业较低水平。偿债能力方面，公司 2019 年流动比率 1.62，同比上升 0.08 个百分点；速动比率 0.56，同比下降 0.06 个百分点。

2019 年年末，公司持有货币资金 753.24 亿元，占总资产的 12.19%。

2019 年公司先后分两次完成公司债券 56 亿元的发行，发行利率最低为 3.58%；完成三次超短期融资券的滚动发行，发行利率最低为 2.8%，发行成本均为同期同行业市场最低利率。2019 年，公司综合资金成本为 4.92%。

（三）金地集团

金地（集团）股份有限公司初创于 1988 年，1993 年开始正式经营房地产。2001 年 4 月，金地（集团）股份有限公司在上海证券交易所正式挂牌上市。金地集团历经十年探索和实践，现已发展成为一个以房地产开发为主营业务的上市公司，同时也是中国建设系统企业信誉 AAA 单位、房地产开发企业国家一级资质单位。

2019 年，公司实现营业收入 634.20 亿元，同比增加 25.09%；实现归属于上市公司股东的净利润 100.75 亿元，同比增加 24.41%。基本每股收益 2.23 元。拟向全体股东每 10 股派发现金股利 6.70 元。金地集团房地产项目结算面积 393.22 万平方米，同比上升 53.8%；结算收入 573.92 亿元，同比上升 24.6%；2019 年，金地集团房地产业务的毛利率为 41.26%，同比减少 1.82 个百分点。

2019 年，金地集团累计实现签约面积 1079.0 万平方米，同比增长 22.9%；实现签约金额 2106.0 亿元，同比增长 29.7%。

在新增项目上，金地集团 2019 年土地总投资额约 1200 亿元，新增了约 1688

万平方米总土地储备。其中，一线城市的总投资额占比10%，二线城市的总投资额占比55%，三四线城市的总投资额占比35%。截至2019年年末，金地集团已进入全国61个城市，总土地储备约5233万平方米，权益土地储备约2802万平方米。

2019年年末，公司资产负债率为75.4%，同比去年下降0.72%；剔除预收款后的资产负债率为67.16%，同比下降2.7个百分点；年末，金地集团持有货币资金451.42亿元。有息负债947.58亿元，同比增加15%。

（四）保利地产

保利地产是中国保利集团控股的大型中央企业，福布斯“世界500强”第269位。公司是国内较早从事不动产投资开发的企业之一，旗下“保利地产”是业内知名领军品牌。公司的不动产投资、开发、运营业务，已实现国际化规模经营，业务遍布全球一百多个城市。公司战略为“以不动产投资开发为主，以综合服务与不动产金融为翼”，搭建不动产生态发展平台。不动产投资开发是公司坚定的主业方向，公司销售规模稳居行业前五、央企第一。

2019年，公司实现签约面积3123.12万平方米，同比增长12.91%；实现签约金额4618.48亿元，同比增长14.09%，市场占有率提升至2.89%。公司聚焦的38个核心城市销售贡献达到77%，珠三角及长三角签约销售均达千亿元规模。

2019年，公司紧抓市场窗口，合理铺排销售节奏，在宏观调控力度不减、行业规模增速放缓的背景下，实现签约金额4618.48亿元，同比增长14.09%，市场占有率提升至2.89%；签约面积3123.12万平方米，同比增长12.91%。公司聚焦的38个核心城市销售贡献达到77%，珠三角及长三角签约销售均达千亿元规模。单城签约过百亿城市13个，合计销售金额达2500亿元，销售贡献占比达54%。在全国11个城市中销售金额排名当地第一，25个城市进入前三，市场地位稳步提升。广州实现销售超420亿元，佛山、武汉、北京超200亿元，福州、西安、三亚等首次突破100亿元。2019年，公司实现新开工面积4983万平方米，竣工面积2973万平方米。截至2019年年末，公司待开发面积8112万平方米，其中38个核心城市占比达58%。

2019年，公司实现营业总收入2359.81亿元，其中房地产开发收入达2237.31亿元，占比达94.81%。公司毛利率提升2.48个百分点至34.97%，其中房地产结转毛利率提升2.69个百分点至35.38%；随着合作项目增多并陆续进入项目结转期，公司实现投资收益37.02亿元，同比大幅增长37.62%；净利率提升2.47个百分点至15.91%。

现金流方面，全年累计实现销售回笼4312亿元，回笼率提升5个百分点至93%，资金保障稳健有力。

融资方面，公司拥有未发行公司债额度150亿元、中期票据额度85亿元，在保险金融机构、供应链 ABN 储架、私募供应链融资等方面合计储备融资额度达 358 亿元，未使用银行授信额度约 2690 亿元，融资头寸充裕。年内公司发行 15 亿元中期票据与 5 亿美元债，发行利率均为同期同类产品的最低。

2019 年年末，公司资产负债率 77.79%，较年初降低 0.18 个百分点；剔除预收款后的资产负债率为 67.40%，同比上升 2.3 个百分点；净负债率 56.91%，同比降低 23.64 个百分点，负债率为业内较低水平。账面有息负债 2700.49 亿元，有息负债综合成本约为 4.96%，同比下降 6.76 个百分点。

四、上市公司在行业中的影响力

房地产上市公司作为房地产公司中的优秀企业，在品牌影响力、信息和资源获取能力、人才吸引力、融资能力、市场研判能力、管理能力、研发能力、销售能力等方面都具有较强的优势。目前，房地产行业已经进入成熟期，但上市房企凭借自身优势，有更强的风险控制能力和更高效的资源配置能力，市场占有率还将继续提升。

品牌影响力提升：过去的黄金十年，房地产行业优胜劣汰，注品牌、重形象的上市公司在行业中的地位不断巩固，万科、保利、招商、金地、华侨城等已经成为行业中的知名房地产品牌。良好的品牌形象使这些房地产企业在获取资源、融资、销售等方面都具有很强的优势和议价能力。

管理能力不断提高：作为公众公司，上市公司在组织架构、公司运作、财务会计、信息披露等方面更加规范、高效、透明。同时，为了更好回报股东，上市公司在成本、费用管理，运营能力等方面也在不断提升。

信息获取能力和研发能力：上市房地产公司信息一般比较公开、透明，受市场关注度较高，容易与投资者和相关机构形成互动，在互动中更容易获得更多市场信息。大型房地产上市公司业务布局城市非常多，在与当地相关部门、客户、金融机构的互动中也能获取更多市场信息。大量市场信息的获得有利于上市公司提高研发能力。

融资能力更强：由于信息公开透明，上市公司能获得金融机构、评级机构、资产评估机构等中介机构更好的评级，在融资方面相对非上市公司更容易，同时融资成本也相对较低。

土地资源获取能力：基于品牌影响力、信息获取能力、研发能力、融资能力等方面的优势，房地产上市公司更容易受到当地政府青睐，更容易获得土地资源。

总体来看，房地产行业上市公司汇聚了房地产行业的优秀企业，代表了行业发展的方向，拥有品牌、信息、资源、规模、研发等方面的优势，在未来的市场中将会更具优势、强者恒强。

审稿人：刘小勇
撰稿人：平海庆

租赁和商务服务业

一、租赁和商务服务业总体概况

（一）行业整体运行情况

2019 年，全国租赁和商务服务业增加值为 32638 亿元，同比增长 10.76%，占国内生产总值（现价）的比重为 3.3%，较 2018 年上升 0.1 个百分点。2019 年租赁和商务服务业对国内生产总值增长的贡献率为 4.7%，较 2018 年下降 0.1 个百分点。2019 年租赁和商务服务业固定资产投资额同比增长 15.75%。就业人员数持续增长，增速提升，2019 年租赁和商务服务业就业人员 660.37 万人，同比增长 24.7%；就业人员平均工资 88190 元，同比增长 3.6%。

（二）细分行业运行概况

1. 商务服务业

商务服务业包括市场管理、旅行社、企业管理服务、广告业等。2019 年，全国电子商务交易额继续保持较快增长，全年达到 34.81 万亿元，同比增长 6.7%；旅游经济继续保持高于 GDP 增速的较快增长，全年实现旅游总收入 6.63 万亿元，同比增长 11%，旅游业对 GDP 的综合贡献为 10.94 万亿元，占 GDP 总量的 11.05%；物流业物流总额达 298 万亿元，物流业总收入 10.3 万亿元，同比增长 9.0%；广告产业继续保持良好发展势头，广告市场总体规模达到 8674.28 亿元，同比增长 8.54%；全国亿元以上商品交易专业市场成交额达 85121.57 亿元，同比增长 2.17%。

2. 租赁业

截至 2019 年 12 月底，中国融资租赁企业总数约为 12130 家，增长 2.91%；其中金融租赁已经获批开业的企业为 70 家，增长 1.43%；内资租赁 403 家，增长 1.51%；外资租赁共 11657 家，增长 2.97%。全国融资租赁合同余额约为 66540 亿元人民币，增长 0.06%；其中金融租赁合同余额约 25030 亿元，增长 0.12%；内资租赁合同余额约 20810 亿元，增长 0.05%；外商租赁合同余额约合 20700 亿元，与上年持平。截至 2019 年 12 月底，31 个省、自治区、直辖市都设立了融资租赁公司。按区域来分，绝大部分租赁公司主要分布在东南沿海一带。

2019 年，由于中国租赁业监管体制的调整和移交，相关政策是否调整和如何调整尚不明朗，融资租赁企业数量、注册资金和业务总量只在个别时间和个别地区有少量增加，整个行业发展总体处于调整状态。

二、行业内上市公司发展概况

（一）行业内上市公司基本情况

表 1　　2019 年租赁和商务服务业上市公司发行股票概况

门　类	A、B 股总数（家）	A 股股票数（家）	B 股股票数（家）	境内总市值（亿元）	流通 A 股市值（亿元）	流通 B 股市值（亿元）
租赁和商务服务业	57	54	3	6357.32	5346.05	18.02
占沪深两市比重（%）	1.48	1.40	0.08	1.07	1.11	1.37

资料来源：沪深交易所，同花顺。

（二）行业内上市公司构成情况

表 2　　2019 年租赁和商务服务业上市公司构成情况

门　类	沪市			深市			ST/*ST
	仅 A 股	仅 B 股	A+B 股	仅 A 股	仅 B 股	A+B 股	
租赁和商务服务业（家）	16	1	0	36	0	2	0/3
占行业内上市公司比重（%）	29.09	1.82	0.00	65.45	0.00	3.64	0.00/5.45

资料来源：沪深交易所，同花顺。

（三）行业内上市公司融资情况

表 3　　2019 年租赁和商务服务业上市公司与沪深两市融资情况对比　　单位：家

门　类	融资家数	新股	增发	配股
租赁和商务服务业	5	3	1	1
沪深两市总数	427	203	215	9
占比（%）	1.17	1.48	0.47	11.11

资料来源：沪深交易所，同花顺。

其中，首发的 3 家公司在创业板上市；增发的 1 家公司为中小板公司。

按行业大类划分，进行融资的 5 家公司均为商业服务业。

从融资效果来看，上述公司实际发行数量为 21478.29 万股；实际募集资金 19.5 亿元，基本完成了融资计划。

2019 年租赁和商务服务业上市公司融资情况明细见附录。

（四）行业内上市公司资产及业绩情况

表 4　　2019 年租赁和商务服务业上市公司资产情况　　单位：亿元

指　标	2019 年	2019 年可比样本增长（%）	2018 年	2018 年可比样本增长（%）	2017 年
总资产	8692.35	-0.61	8610.47	-0.68	7317.74
流动资产	3130.05	-11.97	3540.57	-0.72	3191.84
占比（%）	36.01	-4.64	41.12	-0.01	43.62
非流动资产	5562.31	7.17	5069.90	-0.66	4125.91
占比（%）	63.99	4.64	58.88	0.01	56.38
流动负债	2674.61	-9.80	2976.43	-4.50	2693.04
占比（%）	30.77	-3.13	34.57	-1.38	36.80
非流动负债	2819.08	6.68	2591.44	-4.62	2366.89
占比（%）	32.43	2.22	30.10	-1.24	32.34
归属于母公司股东权益	2760.25	3.69	2571.23	0.52	2020.24
占比（%）	31.75	1.32	29.86	0.36	27.61

资料来源：沪深交易所，同花顺。

表 5　　2019 年租赁和商务服务业上市公司收入实现情况　　单位：亿元

指　标	2019 年	2019 年可比样本增长（%）	2018 年	2018 年可比样本增长（%）	2017 年
营业收入	6648.03	-0.40	6680.65	8.79	5739.63
利润总额	209.60	-10.53	176.84	-49.90	284.81
归属于母公司所有者的净利润	97.06	-25.12	75.30	-68.63	194.32

资料来源：沪深交易所，同花顺。

（五）利润分配情况

2019 年全年租赁和商务服务业上市公司中共有 33 家公司实施了分红配股。其中，3 家上市公司实施转增股，32 家上市公司实施派息，其中 0 家公司既实施了转增又实施了派息。

2019 年租赁和商务服务业上市公司分红明细见附录。

（六）其他财务指标情况

1. 盈利能力指标

表 6　　2019 年租赁和商务服务业上市公司盈利能力情况

指　标	2019 年	2019 年可比样本变动	2018 年	2018 年可比样本变动	2017 年
毛利率（%）	15.34	0.29	14.55	1.61	12.94
净资产收益率（%）	3.52	-1.35	2.93	-6.69	9.62
销售净利率（%）	1.97	-0.36	1.48	-2.27	3.75
资产净利率（%）	1.50	-0.28	1.15	-2.09	3.23

资料来源：沪深交易所，同花顺。

2. 偿债能力指标

表 7　　2019 年租赁和商务服务业上市公司偿债能力指标

指　标	2019 年	2019 年可比样本变动	2018 年	2018 年可比样本变动	2017 年
流动比率	1.17	-0.03	1.19	0.05	1.19
速动比率	0.96	-0.07	1.02	0.03	1.02
资产负债率（%）	63.20	-0.92	64.66	-2.62	69.15

资料来源：沪深交易所，同花顺。

3. 营运能力指标

表 8　　2019 年租赁和商务服务业上市公司营运能力情况　　单位：次

营运能力指标	2019 年	2019 年可比样本变动	2018 年	2018 年可比样本变动	2017 年
存货周转率	10.79	-0.91	11.72	-0.14	11.74
应收账款周转率	10.06	-0.49	10.42	-0.21	10.61
流动资产周转率	1.99	0.08	1.88	-0.01	1.92
固定资产周转率	2.92	-0.18	3.10	-0.33	3.25
总资产周转率	0.76	0.00	0.77	-0.01	0.86
净资产周转率	2.10	-0.11	2.27	0.00	2.66

资料来源：沪深交易所，同花顺。

三、重点细分行业介绍

表 9　　2019 年租赁和商务服务业上市公司数量分布及市值情况

大　类	上市公司家数（家）	占行业内比重（%）	境内总市值（亿元）	占行业内比重（%）
商务服务业	52	94.55	6044.36	95.08
租赁业	3	5.45	312.96	4.92

资料来源：沪深交易所，同花顺。

（一）商务服务业

1. 行业概况

商务服务业属于现代服务业的范畴，行业门类较多，包括市场管理、旅行社、企业管理服务、广告业等，是符合现代服务业要求的人力资本密集行业，也是高附加值行业。2019 年我国服务业商务活动指数运行平稳，平均商务活动指数为 53.1%，较 2018 年均值下降 0.25 个百分点。

2019 年，全国电子商务交易额继续保持较快增长，全年达到 34.81 万亿元，同比增长 6.7%；其中商品类交易额 25.50 万亿元，同比增长 5.3%；服务类交易额 8.26 万亿元，同比增长 11.0%。

2019 年，旅游经济继续保持高于 GDP 增速的较快增长。国内旅游市场和出境旅游市场稳步增长，入境旅游市场基础更加稳固。2019 年，国内旅游人数 60.06 亿人次，同比增长 8.4%；入出境旅游总人数 3.0 亿人次，同比增长 3.1%；全年实现旅游总收入 6.63 万亿元，同比增长 11%。旅游业对 GDP 的综合贡献为 10.94 万亿元，占 GDP 总量的 11.05%。旅游直接就业 2825 万人，旅游直接和间接就业 7987 万人，占全国就业总人口的 10.31%。

2019 年，中国物流业物流总额达 298 万亿元，按可比价格计算，同比增长 5.9%，社会物流总费用为 14.6 万亿元，同比增长 7.3%，社会物流总费用与 GDP 的比率为 14.7%，比上年下降 0.1 个百分点。物流业总收入 10.3 万亿元，同比增长 9.0%。铁路物流、公路物流及内河航道物流里程数分别为 13.99 万、501.25 万和 12.73 万公里，同比分别增长 6.23%、3.43% 和 0.16%。

2019 年，中国广告产业继续保持良好发展势头，广告市场总体规模达到 8674.28 亿元，同比增长 8.54%；全国广告经营单位 163.31 万户，同比增长 18.69%，从业人员达 593.51 万人，同比增长 6.32%，相较上一年度增幅明显收窄。CTR 媒介数据显示，2019 中国广告刊例花费同比下降 7.4%，广告主在经济整体环境影响下信心有所波动，传统媒体中电视刊例花费同比减少 9.5%，广播减少13.5%；生活圈媒体中电梯类媒体增速放缓，电梯LCD和电梯海报广告花费同比增长2.4%和3.4%，影院视频媒体广告刊例花费同比增长2.9%；互联网站广告同比减少5.2%。

2019年，中国亿元以上商品交易专业市场数量为2843个，同比减少6.54%；亿元以上商品交易专业市场营业面积达20514.5万平方米，同比减少2.94%；亿元以上商品交易专业市场成交额达85121.57亿元，同比增长2.17%。

2. 行业内上市公司发展情况

表10　　2019年商务服务业上市公司收入及资产增长情况　　单位：亿元

指　标	2019年	2019年可比样本增长（%）	2018年	2018年可比样本增长（%）	2017年
营业收入	6243.97	0.00	6245.60	8.50	5354.92
利润总额	166.52	-18.60	153.80	-50.17	240.39
归属于母公司所有者的净利润	75.55	-64.15	58.24	-72.57	166.54
总资产	5955.72	2.73	5612.84	1.84	4155.73
归属于母公司股东权益	2344.01	3.31	2173.36	-1.16	1660.74

资料来源：沪深交易所，同花顺。

表11　　2019年商务服务业上市公司盈利能力情况

指　标	2019年	2019年可比样本变动	2018年	2018年可比样本变动	2017年
毛利率（%）	13.86	0.34	13.01	1.21	10.92
净资产收益率（%）	3.22	-1.48	2.68	-6.98	10.03
销售净利率（%）	1.49	-0.54	1.23	-2.75	3.38
资产净利率（%）	1.58	-0.65	1.38	-3.12	4.61

资料来源：沪深交易所，同花顺。

表12　　2019年商务服务业上市公司偿债及营运情况

指　标	2019年	2019年可比样本变动	2018年	2018年可比样本变动	2017年
资产负债率（%）	56.25	-0.21	56.83	0.61	55.86
存货周转率（次）	10.31	-0.83	11.17	-0.21	11.23
总资产周转率（次）	1.06	-0.04	1.12	-0.01	1.36

资料来源：沪深交易所，同花顺。

（二）租赁业

1. 行业概况

据中国租赁联盟、联合租赁研发中心和天津滨海融资租赁研究院统计，截至2019年12月底，中国融资租赁企业（不含单一项目公司、分公司、SPV公司、港澳台当地租赁企业和收购海外的企业）

总数约为 12130 家，较上年增加了 353 家，增长 2.91%；其中金融租赁已经获批开业的企业为 70 家，比上年增加 1 家，增长 1.43%；内资租赁 403 家，增长 1.51%；外资租赁共 11657 家，增长 2.97%。全国融资租赁合同余额约为 66540 亿元人民币，增长 0.06%；其中金融租赁合同余额约 25030 亿元，增长 0.12%；内资租赁合同余额约 20810 亿元，增加 10 亿元，增长 0.05%；外商租赁合同余额约合 20700 亿元，与上年持平。2019 年，由于中国租赁业监管体制的调整和移交，相关政策是否调整和如何调整尚不明朗，融资租赁企业数量、注册资金和业务总量只在个别时间和个别地区有少量增加，整个行业发展总体处于调整状态。

截至 2019 年 12 月底，31 个省、自治区、直辖市都设立了融资租赁公司。按区域来分，绝大部分租赁公司主要分布在东南沿海一带。其中广东、上海、天津、辽宁、山东、北京、福建、江苏、浙江、陕西 10 个省市的融资租赁企业总数约占全国总数的 95.41%。

2. 行业内上市公司发展情况

表 13　　2019 年租赁业上市公司收入及资产增长情况　　单位：亿元

指　标	2019 年	2019 年可比样本增长（%）	2018 年	2018 年可比样本增长（%）	2017 年
营业收入	404.06	-6.22	435.05	13.09	384.71
利润总额	43.08	45.10	23.04	-48.07	44.41
归属于母公司所有者的净利润	21.51	-21.65	17.06	-38.53	27.78
总资产	2736.63	-7.19	2997.63	-5.09	3162.01
归属于母公司股东权益	416.24	5.91	397.87	10.81	359.51

资料来源：沪深交易所，同花顺。

表 14　　2019 年租赁业上市公司盈利能力情况

指　标	2019 年	2019 年可比样本变动	2018 年	2018 年可比样本变动	2017 年
毛利率（%）	38.35	1.02	36.72	-4.34	41.06
净资产收益率（%）	5.17	-0.64	4.29	-3.44	7.73
销售净利率（%）	9.32	2.75	5.11	-3.82	8.94
资产净利率（%）	1.32	0.39	0.72	-0.53	1.26

资料来源：沪深交易所，同花顺。

表 15　2019 年租赁业上市公司偿债及营运情况

指　标	2019 年	2019 年可比样本变动	2018 年	2018 年可比样本变动	2017 年
资产负债率（%）	78.32	-0.85	79.34	-7.27	86.61
存货周转率（次）	904.74	166.35	534.13	309.62	224.53
总资产周转率（次）	0.14	0.00	0.14	0.00	0.14

资料来源：沪深交易所，同花顺。

四、重点上市公司介绍

（一）渤海租赁

渤海租赁以成为“全球领先的租赁产业集团”为发展目标，积极在租赁产业链上进行布局和拓展，现已形成了以飞机租赁为主，集装箱租赁、境内融资租赁为辅的业务格局。2019 年公司是 A 股市场上最大的以经营租赁为主业的上市公司，全球第三大飞机租赁公司、第二大集装箱租赁公司，在世界各地拥有逾 30 个运营中心，业务范围覆盖全球六大洲。截至 2019 年 12 月 31 日，公司自有、管理及订单飞机合计达到 959 架，主要为空客 A320 系列及波音 737 系列等主流单通道窄体机型，平均机龄约 4.9 年，服务于全球 62 个国家的 154 家客户，为仅次于 AerCap、GECAS 的全球第三大飞机租赁公司。公司自有和管理的集装箱合计约 380 万 CEU，包括标准干箱、冷藏箱、罐式集装箱及特种箱等多个类型，平均出租率为 93.60%，服务于全球 748 家客户，集装箱分布于全球 157 个港口，为全球第二大集装箱租赁公司（以 CEU 计）。

2019 年，公司实现营业收入 388.03 亿元，同比减少 6.03%；实现利润总额 37.63 亿元，同比增加 39.29%；实现归属于母公司净利润 18.48 亿元，同比减少 18.9%；每股收益 0.3 元。

2019 年，公司毛利率为 37.2%，同比提升 0.60 个百分点；销售净利率 8.56%，同比提升 2.11 个百分点；净资产收益率 4.90%，同比下降 1.48 个百分点。

截至 2019 年年末，公司的资产负债率为 79.45%，同比下降 1.27 个百分点。

（二）中国中免

中国中免所属行业为旅游业，目前主要从事旅行社业务和免税业务，其中旅行社业务主要包括入境游、出境游、国内游、会奖旅游、签证服务、商旅服务、航空服务、电子商务等业务；免税业务主要包括烟酒、香化等免税商品的批发、零售等业务。此外，公司还从事旅游综合项目开发业务，主要包括旅游综合项目投资开发、旅游景区景点投资开发和旅游股权投资等业务。公司下属全资子公司国旅总社、中免公司及国旅投资公司分别负责公司的旅行社业务、免税业务、旅游综合项目投资开发业务。

2019 年，公司实现营业收入 479.66 亿元，同比增长 2.04%；实现利润总额 71.6 亿元，同比增长 34.19%；实现归属于母公司净利润 46.29 亿元，同比增长 49.58%；每股收益 2.37 元。

2019 年，公司毛利率为 49.4%，同比上升 7.94 个百分点；销售净利率 11.29%，同比上升 2.92 个百分点；净资产收益率 23.27%，同比上升 4.21 个百分点。

截至 2019 年年末，公司的资产负债率为 27.3%，同比下降 3.48 个百分点。

（三）分众传媒

分众传媒原是专业研究、制造、销售计算机整机及其周边产品和数码通信产品的公司，2015 年通过重大资产重组，将原有资产全部置出，注入盈利能力较强，发展情景广阔的生活圈媒体业务，主营业务转变为媒体广告业务，在全球范围首创电梯媒体。公司抓住了电梯这个核心场景，电梯是城市的基础设施，电梯这个日常的生活场景代表着四个词：主流人群、必经、高频、低干扰，而这四个词正是今天引爆品牌的核心稀缺资源。公司被誉为“中国最具品牌引爆力的媒体平台”。

2019 年，公司实现营业收入 121.36 亿元，同比下降 16.60%；实现利润总额 23.48 亿元，同比减少 66.17%；实现归属于母公司净利润 18.75 亿元，同比减少 67.80%；每股收益 0.13 元。

2019 年，公司毛利率为 45.21%，同比下降 21 个百分点；销售净利率 15.29%，同比下降 24.52 个百分点；净资产收益率 13.61%，同比下降 27.39 个百分点。

截至 2019 年年末，公司的资产负债率为 25.05%，同比上升 0.74 个百分点。

五、上市公司在行业中的影响力

2019 年，我国租赁与商务服务业行业总资产为 121.59 万亿元，其中上市公司总资产所占比重为 0.71%。2016 ~ 2019 年，我国租赁与商务服务业行业营业收入分别为 74823.21 亿元、78833.62 亿元、85404.9 亿元、95121.6 亿元，其中上市公司营业收入所占比重分别为 5.89%、7.79%、7.82%、6.99%。整体来看，上市公司营业收入规模在行业中所占一定比重，且影响力逐步提升。

审稿人：陈腾曦

撰稿人：陆亚宁

科学研究和技术服务业

一、科学研究和技术服务业总体概况

（一）行业整体运行情况

2019年，我国科学研究和技术服务业公共财政支出预算为9529亿元，较2018年同比增长14.4%。2019年，我国科学研究和技术服务业固定资产投资额为7939亿元，较2018年同比增长17.85%。

（二）细分行业运行概况

科学研究和技术服务业分为研究和试验发展、专业技术服务业以及科技推广和应用服务业3个子行业。

其中，研究和试验发展行业方面，2019年固定资产投资额同比增长29.13%；专业技术服务业方面，2019年固定资产投资额同比上升17.98%；科技推广和应用服务业方面，2019年固定资产投资额同比增长9.12%。

二、行业内上市公司发展概况

（一）行业内上市公司基本情况

表1　　2019年科学研究和技术服务业上市公司发行股票概况

门类	A、B股总数（家）	A股股票数（家）	B股股票数（家）	境内总市值（亿元）	流通A股市值（亿元）	流通B股市值（亿元）
科学研究和技术服务业	58	58	0	4548.46	2839.22	0.00
占沪深两市比重（%）	1.50	1.50	0.00	0.77	0.59	0.00

资料来源：沪深交易所，同花顺。

（二）行业内上市公司构成情况

表2　　2019年科学研究和技术服务业上市公司构成情况

门类	沪市			深市			ST/*ST
	仅A股	仅B股	A+B股	仅A股	仅B股	A+B股	
科学研究和技术服务业（家）	22	0	0	36	0	0	0/2
占行业内上市公司比重（%）	37.93	0.00	0.00	62.07	0.00	0.00	0.00/3.45

资料来源：沪深交易所，同花顺。

（三）行业内上市公司融资情况

表 3　　2019 年科学研究和技术服务业上市公司与沪深两市融资情况对比　　单位：家

门　类	融资家数	新股	增发	配股
科学研究和技术服务业	15	8	7	0
沪深两市总数	427	203	215	9
占比（%）	3.51	3.94	3.26	0.00

资料来源：沪深交易所，同花顺。

其中，首发的 8 家公司中，有 2 家在科创板上市，2 家在中小板上市，4 家在创业板上市；增发的 7 家公司中，有 3 家沪市、1 家深市、1 家中小板公司及 2 家创业板公司。

按行业大类划分，进行融资的 15 家公司中，专业技术服务业 12 家，研究和试验发展 3 家，分别占比 80%、20%。

从融资效果来看，上述公司实际发行数量为 125655.81 万股；实际募集资金 218.94 亿元，基本完成了融资计划。

2019 年科学研究和技术服务上市公司融资情况明细见附录。

（四）行业内上市公司资产及业绩情况

表 4　　2019 年科学研究和技术服务业上市公司资产情况　　单位：亿元

指　标	2019 年	2019 年可比样本增长（%）	2018 年	2018 年可比样本增长（%）	2017 年
总资产	2390.59	21.16	1795.77	19.80	1316.58
流动资产	1560.39	21.02	1192.98	19.70	909.33
占比（%）	65.27	-0.07	66.43	-0.06	69.07
非流动资产	830.20	21.41	602.79	20.01	407.25
占比（%）	34.73	0.07	33.57	0.06	30.93
流动负债	964.02	16.45	748.54	20.99	568.43
占比（%）	40.33	-1.63	41.68	0.41	43.18
非流动负债	199.87	113.38	75.15	-19.49	79.04
占比（%）	8.36	3.61	4.18	-2.04	6.00
归属于母公司股东权益	1190.26	16.96	938.91	23.59	647.10
占比（%）	49.79	-1.79	52.28	1.60	49.15

资料来源：沪深交易所，同花顺。

表 5　　2019 年科学研究和技术服务业上市公司收入实现情况　　单位：亿元

指　标	2019 年	2019 年可比样本增长（%）	2018 年	2018 年可比样本增长（%）	2017 年
营业收入	1148.13	17.49	857.56	16.11	642.13
利润总额	128.28	31.75	79.94	-5.09	65.39
归属于母公司所有者的净利润	103.86	35.60	61.41	-5.10	50.02

资料来源：沪深交易所，同花顺。

（五）利润分配情况

2019 年全年科学研究和技术服务业上市公司中共有 45 家公司实施了分红配股。其中，14 家上市公司实施送股或转增股，44 家上市公司实施派息，其中 1 家公司既实施了送股、转增又实施了派息。

2019 年科学研究和技术服务上市公司分红明细见附录。

（六）其他财务指标情况

1. 盈利能力指标

表 6　　2019 年科学研究和技术服务业上市公司盈利能力情况

指　标	2019 年	2019 年可比样本变动	2018 年	2018 年可比样本变动	2017 年
毛利率（%）	30.35	-0.41	30.25	0.55	27.68
净资产收益率（%）	8.73	1.20	6.54	-1.98	7.73
销售净利率（%）	9.35	1.15	7.58	-1.71	8.28
资产净利率（%）	4.92	0.49	3.95	-1.08	4.41

资料来源：沪深交易所，同花顺。

2. 偿债能力指标

表 7　　2019 年科学研究和技术服务业上市公司偿债能力指标

指　标	2019 年	2019 年可比样本变动	2018 年	2018 年可比样本变动	2017 年
流动比率	1.62	0.06	1.59	-0.02	1.60
速动比率	1.40	0.09	1.34	0.03	1.29
资产负债率（%）	48.69	1.98	45.87	-1.63	49.18

资料来源：沪深交易所，同花顺。

3. 营运能力指标

表 8　　2019 年科学研究和技术服务业上市公司营运能力情况　　单位：次

营运能力指标	2019 年	2019 年可比样本变动	2018 年	2018 年可比样本变动	2017 年
存货周转率	3.90	0.51	3.16	0.16	2.81
应收账款周转率	2.23	-0.09	2.18	-0.26	2.28
流动资产周转率	0.81	-0.02	0.78	-0.04	0.78
固定资产周转率	4.03	0.10	4.01	0.09	4.00
总资产周转率	0.53	-0.01	0.52	-0.02	0.53
净资产周转率	1.01	-0.01	0.98	-0.06	1.05

资料来源：沪深交易所，同花顺。

三、重点细分行业介绍

表 9　　2019 年科学研究和技术服务业上市公司数量分布及市值情况

大　类	上市公司家数（家）	占行业内比重（%）	境内总市值（亿元）	占行业内比重（%）
科技推广和应用服务业	1	1.72	25.18	0.55
研究和试验发展	8	13.79	2030.98	44.65
专业技术服务业	49	84.48	2492.30	54.79

资料来源：沪深交易所，同花顺。

（一）研究和试验发展

1. 行业概况

研究和试验发展指在科学技术领域，为增加知识总量（包括人类文化和社会知识的总量），以及运用这些知识去创造新的应用所进行的系统的创造性的活动，包括基础研究、应用研究、试验发展三类活动。

2019 年，全年研究与试验发展（R&D）经费支出 21737 亿元，比 2018 年增长 10.5%，与国内生产总值之比为 2.19%，其中基础研究经费 1209 亿元。国家科技重大专项共安排 234 个课题，国家自然科学基金共资助 45192 个项目。截至年末，正在运行的国家重点实验室 515 个，累计建设国家工程研究中心 133 个，国家工程实验室 217 个，国家企业技术中心 1540 个。国家科技成果转化引导基金累计设立 21 只子基金，资金总规模 313 亿元。国家级科技企业孵化器 1177 家，国家备案众创空间 1888 家。全年境内外专利申请 438.0 万件，比上年增长 1.3%；授予专利权 259.2 万件，增长 5.9%；PCT 专利申请受理量为 6.1 万件。截至年底，有效专利 972.2 万件，其中境内有效发明专利186.2万件，每万人口发明专利拥有量13.3件。全国商标申请783.7万件，比上年增长6.3%；商标注册640.6万件，增长27.9%。全年共签订技术合同48.4万项，技术合同成交金额22398亿元，比上年增长26.6%。

2. 行业内上市公司发展情况

表10　2019年研究和试验发展上市公司收入及资产增长情况　单位：亿元

指　标	2019年	2019年可比样本增长（%）	2018年	2018年可比样本增长（%）	2017年
营业收入	209.19	29.41	129.31	26.61	17.22
利润总额	35.65	26.79	22.15	80.66	-4.70
归属于母公司所有者的净利润	28.76	172.48	17.89	128.41	-5.31
总资产	523.01	35.03	334.54	54.97	65.48
归属于母公司股东权益	339.22	24.31	246.28	95.55	41.92

资料来源：沪深交易所，同花顺。

表11　2019年研究和试验发展上市公司盈利能力情况

指　标	2019年	2019年可比样本变动	2018年	2018年可比样本变动	2017年
毛利率（%）	40.70	-0.45	43.16	-1.72	54.21
净资产收益率（%）	8.48	0.00	7.26	1.04	-12.66
销售净利率（%）	13.98	-0.83	14.43	5.99	-30.53
资产净利率（%）	6.43	-0.98	6.78	2.45	-7.82

资料来源：沪深交易所，同花顺。

表12　2019年研究和试验发展上市公司偿债及营运情况

指　标	2019年	2019年可比样本变动	2018年	2018年可比样本变动	2017年
资产负债率（%）	34.51	6.87	24.23	-14.42	33.73
存货周转率（次）	5.55	-0.38	4.93	0.08	1.72
总资产周转率（次）	0.46	-0.04	0.47	-0.04	0.26

资料来源：沪深交易所，同花顺。

（二）专业技术服务业

1. 行业概况

专业技术服务业包括气象服务、地震服务、海洋服务、测绘服务、技术检测、环境监测、工程技术与规划管理、工程管理服务、工程勘察设计、规划管理、其他专业技术服务等。

截至2019年年末，全国共有国家质检中心835家。全国现有产品质量、体系和服务认证机构596个，累计完成对72万家企业的认证。全年制定、修订国家标准2021项，其中新制定1448项。全年制造业产品质量合格率为93.86%。

2. 行业内上市公司发展情况

表13　　2019年专业技术服务业上市公司收入及资产增长情况　　单位：亿元

指　标	2019年	2019年可比样本增长（%）	2018年	2018年可比样本增长（%）	2017年
营业收入	937.60	15.10	727.30	14.39	624.23
利润总额	92.45	32.82	58.15	-19.60	70.44
归属于母公司所有者的净利润	74.91	15.00	43.87	-23.37	55.70
总资产	1864.90	17.85	1457.81	13.98	1247.05
归属于母公司股东权益	850.86	14.23	692.73	9.35	604.93

资料来源：沪深交易所，同花顺。

表14　　2019年专业技术服务业上市公司盈利能力情况

指　标	2019年	2019年可比样本变动	2018年	2018年可比样本变动	2017年
毛利率（%）	27.99	-0.66	27.91	0.65	26.95
净资产收益率（%）	8.80	1.58	6.33	-2.70	9.21
销售净利率（%）	8.31	1.36	6.42	-3.07	9.42
资产净利率（%）	4.52	0.70	3.41	-1.78	5.17

资料来源：沪深交易所，同花顺。

表15　　2019年专业技术服务业上市公司偿债及营运情况

指　标	2019年	2019年可比样本变动	2018年	2018年可比样本变动	2017年
资产负债率（%）	52.65	1.33	50.78	1.85	49.93
存货周转率（次）	3.70	0.53	3.01	0.15	2.84
总资产周转率（次）	0.54	-0.01	0.53	-0.02	0.55

资料来源：沪深交易所，同花顺。

（三）科技推广和应用服务业

1. 行业概况

科技推广和应用服务业包括技术推广服务、科技中介服务、其他科技推广和应用服务业等。技术推广服务指将新技术、新产品、新工艺直接推向市场而进行的相关技术活动，以及技术推广和转让活动。

科技中介服务指为科技活动提供社会化服务与管理，在政府、各类科技活动主体与市场之间提供居间服务的组织，主要开展信息交流、技术咨询、技术孵化、科技评估和科技鉴证等活动。其他科技推广和应用服务业指除技术推广、科技中介以外的其他科技服务，但不包括短期的日常业务活动。

2019 年，规模以上服务业企业营业收入比上年增长 9.4%，营业利润增长 5.4%。

2. 行业内上市公司发展情况

表 16　2019 年科技推广和应用服务业上市公司收入及资产增长情况　单位：亿元

指　标	2019 年	2019 年可比样本增长（%）	2018 年	2018 年可比样本增长（%）	2017 年
营业收入	1.34	40.66	0.95	41.53	0.67
利润总额	0.17	-51.32	-0.36	-0.18	-0.36
归属于母公司所有者的净利润	0.19	-49.34	-0.35	5.20	-0.37
总资产	2.68	-21.70	3.43	-15.33	4.05
归属于母公司股东权益	0.18	79.64	-0.10	-141.60	0.25

资料来源：沪深交易所，同花顺。

表 17　2019 年科技推广和应用服务业上市公司盈利能力情况

指　标	2019 年	2019 年可比样本变动	2018 年	2018 年可比样本变动	2017 年
毛利率（%）	62.97	-2.84	65.81	39.39	26.42
净资产收益率（%）	102.13	-241.16	343.29	493.92	-150.63
销售净利率（%）	13.62	53.51	-39.89	13.90	-53.79
资产净利率（%）	5.98	16.16	-10.18	0.09	-10.27

资料来源：沪深交易所，同花顺。

表 18　2019 年科技推广和应用服务业上市公司偿债及营运情况

指　标	2019 年	2019 年可比样本变动	2018 年	2018 年可比样本变动	2017 年
资产负债率（%）	57.35	-11.21	68.56	0.29	68.27
存货周转率（次）	2.00	0.84	1.16	-1.75	2.91
总资产周转率（次）	0.44	0.18	0.26	0.06	0.19

资料来源：沪深交易所，同花顺。

四、重点上市公司介绍

（一）电科院

电科院是一家全国性的独立第三方综合电器检测机构，主要从事输配电电器、核电电器、机床电器、船用电器、汽车电子电气、太阳能及风能发电设备等各类高低压电器的技术检测服务，是我国电器检测行业的龙头企业之一。公司设立了“国家电器产品质量监督检验中心”，具体从事电器产品的检测和质量监督检验业务，是技术检测行业国家级的综合性电器检测实验室。公司多次获得国家级及省部级的技术奖项、国务院颁发的“国家科学技术进步奖二等奖”、天津市人民政府颁发的“天津市科学技术进步奖二等奖”等奖项。公司依托先进的电器检测试验系统和完善的检测服务运营体系，致力于为客户提供公正、科学、高效的电器检测服务，获得了市场的广泛认可。公司主营业务由低压电器检测、高压电器检测、环境检测三部分组成。

2019年，公司实现营业收入8.06亿元，同比增加13.78%；归属于上市公司股东的净利润为1.67亿元，同比增加30.18%；实现每股收益0.22元；毛利率达到50.34%，同比提升0.89个百分点；销售净利率20.76%，同比提升2.63个百分点；净资产收益率8.07%，同比提升1.70个百分点。

2019年年末，公司的资产负债率达到41.82%，同比降低2.67个百分点。

（二）华测检测

华测检测是一家全国性、综合性的独立第三方检测服务机构，主要从事工业品、消费品、生命科学以及贸易保障领域的技术检测服务。在国内拥有数十家分支机构组成的业务网络，拥有化学、生物、物理、机械、电磁等领域的多个实验室，取得了CMA计量认证与CNAS国家合格评定委员会实验室认可资格和检查机构认可资格，并依据ISO17025、ISO17020进行管理。公司具备向社会独立出具公正数据的资质，检测数据具有较高的市场公信力，检测报告得到包括美国、英国、德国、法国、意大利、日本、韩国、中国台湾和中国香港地区在内的共42个国家和地区的认可。公司为中国制造业产品创新、产业升级提供公共技术服务平台，为中国乃至世界各地的产品质量、安全、环保、健康、节能等提供监督和支持。公司的业务按照行业可分为四大业务板块，服务能力已全面覆盖到纺织服装及鞋包、婴童玩具及家居生活、电子电器、医学健康、食品及农产品、化妆品及日化用品、石油化工、环境、建材及建筑工程、工业装备及制造、轨道交通、汽车和航空材料、船舶和电子商务等行业的供应链上下游。

2019年，公司实现营业收入31.83亿元，同比增长18.74%；归属于上市公司股东的净利润为4.76亿元，同比增长76.45%；实现每股收益0.29元；毛利率达到49.41%，同比提升4.61个百分点；销售净利率15.20%，同比提升4.66个百分点；净资产收益率16.29%，同比提升6.01个百分点。

2019年年末，公司的资产负债率达到27.64%，同比下降4.00个百分点。

（三）国检集团

中国建材检验认证集团股份有限公司属于中国建材集团的高技术服务业务板块，是中央企业系统内唯一一家检验认证主板上市公司，公司总部设在北京，在国内拥有58家分支机构，16个国家级中心、18个行业中心，检验检测业务涵盖建材、建工、水利、环境、新材料、食品等领域，覆盖近8千个检测对象，十万余个参数，年平均出具检测报告数量90余万份；可提供体系认证、产品认证及服务认证，有效客户5千余家，其中国外客户2百余家，累计出具认证证书5万余份，是国内建筑和装饰装修材料及建设工程领域内为规模最大的、覆盖环保、绿色、安全、健康、节能等领域综合型第三方检验认证技术服务机构。国检集团坚持创新发展，近年来获得国家科技进步二等奖2项，主持制定国际标准14项，国家、行业和地方标准600余项，获授知识产权900余项，是奥运工程、上合峰会、APEC会议、金砖会议等国家重点工程唯一环境质量控制服务商，自2005年成立以来，年营业收入、利润总额复合增长率分别达31.60%和46.23%。未来，国检集团将秉承“公正为本、服务社会”“让生活更美好”的核心理念，以建设世界一流综合型检验认证机构、打造检测认证服务的“中国品牌”为目标，持续推动高质量发展，为“质量兴国”贡献力量。主营业务为安全服务、检测业务、认证业务、延伸服务、仪器研发。

2019年，公司实现营业收入11.07亿元，同比增长18.13%；归属于上市公司股东的净利润为2.08亿元，同比增长9.00%；实现每股收益0.68元；毛利率达到45.31%，同比下降0.35个百分点；销售净利率21.41%，同比下降0.69个百分点；净资产收益率16.47%，同比下降1.07个百分点。

2019年年末，公司的资产负债率达到23.71%，同比上升4.36个百分点。

五、上市公司在行业中的影响力

研究与试验发展业上市公司共有8家，2019年共实现营业收入209.19亿元，仅占全国研究与试验发展经费的0.94%（2019年，全国共投入研究与试验发展R&D经费22143.6亿元，比上年增加2465.7亿元，增长12.5%），对行业影响力很小。

专业技术服务业上市公司共有49家，2019年共实现营业收入937.60亿元，对行业影响力很小。

科技推广和应用服务业上市公司共有1家，2019年共实现营业收入1.34亿元，对行业影响力很小。

审稿人：朱卫华

撰稿人：孙　炜　方秋实

水利、环境和公共设施管理业

一、水利、环境和公共设施管理业总体概况

（一）行业整体运行情况

根据国家统计局的数据，2017年水利、环境和公共设施管理行业固定资产投资完成额为82105.30亿元，2018年同比增长3.30%，2019年同比增长2.90%，可以推算出2019年水利、环境和公共设施管理行业固定资产投资完成额约为87274.40亿元。

其中，水利管理业固定资产投资完成额较2018年同比上升1.40%，推算2019年固定资产投资完成额为9663.23亿元；生态保护和环境治理业固定资产投资完成额较2018年同比增长37.20%，推算2019年固定资产投资完成额为7499.28亿元；公共设施管理业固定资产投资完成额较2018年上升0.30%，推算2018年固定资产投资完成额为70178.59亿元。

（二）细分行业运行概况

1. 公共设施管理业

公共设施管理业包括市政设施管理、环境卫生管理、城乡市容管理、绿化管理、公园管理和游览景区管理。

城市化进程的推进使得城乡市容管理、绿化管理的面积有所增加；2019年，城市清扫保洁面积为922124.15万平方米，同比增长6.07%；城市园林绿地面积为3152888.68公顷，同比增长3.47%；城市公园面积为502359.9公顷，同比增长1.65%。日益增长的城市人口也带来了生活垃圾总量的上涨，2019年城市生活垃圾清运量24206.19万吨，同比增长6.16%，已连续13年上涨。

2019年，国内旅游总收入5.73万亿元，同比增长11.65%，连续10年实现两位数增长。2019年，国内旅游人数达60.06亿人次，再次刷新历史新高，同比增长8.43%。

2. 生态保护和环境治理业

生态保护业包括自然保护区管理、野生动物保护、野生植物保护、其他自然保护；环境治理业包括水污染治理、大气污染治理、固体废物治理、危险废物治理、放射性废物治理、其他污染治理。

2013年来，生态环境保护和治理领域重磅政策相继出台。“水十条”“大气十条”“土十条”均提出了更加明确的治理目标和更加严格的考核标准，督促各地对生态环境进行更为有效的治理。2016年12月25日，《中华人民共和国环境保护税法》表决通过，于2018年1月1日

开始施行，通过“税负平移”原则，实现排污费制度向环保税制度的转移。

2018 年 5 月，史上规格最高的全国生态环境保护大会召开，总书记亲临会议，共 6 位常委出席。5 月底，中央环保督察“回头看”启动，督察组开始进驻各省份；同时围绕打好污染防治攻坚战的重点领域，同步统筹安排环境保护专项督察。8 月底，《土壤污染防治法》获人大审议通过，土壤修复领域有了第一部法律，为我国开展土壤污染防治工作、扎实推进“净土保卫战”提供了法治保障。

2019 年，生态环境部与各省（区、市）持续推进水源地环境问题整治工作，工作共涉及 156 个地市 527 个县 899 个水源地 3626 个环境问题。生态环境部印发《京津冀及周边地区 2019—2020 年秋冬季大气污染综合治理攻坚行动方案》，要求京津冀及周边地区秋冬季期间（2019 年 10 月 1 日至 2020 年 3 月 31 日）PM2.5 平均浓度同比下降 4%，重度及以上污染天数同比减少 6%。

二、行业内上市公司发展概况

（一）行业内上市公司基本情况

表 1　　2019 年水利、环境和公共设施管理业上市公司发行股票概况

门　类	A、B 股总数（家）	A 股股票数（家）	B 股股票数（家）	境内总市值（亿元）	流通 A 股市值（亿元）	流通 B 股市值（亿元）
水利、环境和公共设施管理业	53	52	1	3030.17	2298.03	13.56
占沪深两市比重（%）	1.37	1.35	0.03	0.51	0.48	1.03

资料来源：沪深交易所，同花顺。

（二）行业内上市公司构成情况

表 2　　2019 年水利、环境和公共设施管理业上市公司构成情况

门　类	沪市			深市			ST/*ST
	仅 A 股	仅 B 股	A+B 股	仅 A 股	仅 B 股	A+B 股	
水利、环境和公共设施管理业（家）	18	0	1	33	0	0	0/0
占行业内上市公司比重（%）	34.62	0.00	1.92	63.46	0.00	0.00	0/0

资料来源：沪深交易所，同花顺。

（三）行业内上市公司融资情况

表 3　2019 年水利、环境和公共设施管理业上市公司与沪深两市融资情况对比　单位：家

门　类	融资家数	新股	增发	配股
水利、环境和公共设施管理业	6	0	6	0
沪深两市总数	463	203	251	9
占比（%）	1.73	0.00	3.19	0.00

资料来源：沪深交易所，同花顺。

其中，首发上市 0 家；增发的 6 家公司中，有 1 家沪市、2 家深市、1 家中小板及 2 家创业板公司。

按行业大类划分，进行融资的 6 家公司中，生态保护和环境治理业 5 家，公共设施管理业 1 家，分别占比 83.3%、16.7%。

从融资效果来看，上述公司实际发行数量为 365431.76 万股；实际募集资金 260.85 亿元，基本完成了融资计划。

2019 年水利、环境和公共设施管理业上市公司融资情况明细见附录。

（四）行业内上市公司资产及业绩情况

表 4　2019 年水利、环境和公共设施管理业上市公司资产情况　单位：亿元

指　标	2019 年	2019 年可比样本增长（%）	2018 年	2018 年可比样本增长（%）	2017 年
总资产	5157.94	25.33	3628.57	18.75	2598.65
流动资产	1940.40	18.30	1443.91	8.21	1110.00
占比（%）	37.62	-2.24	39.79	-3.88	42.71
非流动资产	3217.54	30.00	2184.65	26.93	1488.64
占比（%）	62.38	2.24	60.21	3.88	57.29
流动负债	1920.69	23.03	1405.39	24.08	935.19
占比（%）	37.24	-0.70	38.73	1.66	35.99
非流动负债	1230.85	54.32	722.82	33.61	441.36
占比（%）	23.86	4.48	19.92	2.22	16.98
归属于母公司股东权益	1844.60	12.85	1390.14	6.76	1149.81
占比（%）	35.76	-3.96	38.31	-4.30	44.25

资料来源：沪深交易所，同花顺。

表5　2019年水利、环境和公共设施管理业上市公司收入实现情况　单位：亿元

指　标	2019年	2019年可比样本增长（%）	2018年	2018年可比样本增长（%）	2017年
营业收入	1480.80	13.83	1095.98	13.40	784.29
利润总额	150.06	-7.46	127.94	-20.42	137.03
归属于母公司所有者的净利润	115.17	-2.39	94.99	-25.22	107.78

资料来源：沪深交易所，同花顺。

（五）利润分配情况

2019年全年水利、环境和公共设施管理业上市公司中共有35家公司实施了分红配股。其中，5家上市公司实施送股或转增股，35家上市公司实施派息，0家公司既实施了送股、转增又实施了派息。

2019年水利、环境和公共设施管理业上市公司分红明细见附录。

（六）其他财务指标情况

1. 盈利能力指标

表6　2019年水利、环境和公共设施管理业上市公司盈利能力情况

指　标	2019年	2019年可比样本变动	2018年	2018年可比样本变动	2017年
毛利率（%）	25.93	-2.36	28.45	-1.73	31.36
净资产收益率（%）	6.24	-0.98	6.83	-2.92	9.37
销售净利率（%）	8.15	-1.75	9.20	-4.40	14.24
资产净利率（%）	2.60	-0.79	3.02	-1.89	4.82

资料来源：沪深交易所，同花顺。

2. 偿债能力指标

表7　2019年水利、环境和公共设施管理业上市公司偿债能力指标

指　标	2019年	2019年可比样本变动	2018年	2018年可比样本变动	2017年
流动比率	1.01	-0.04	1.03	-0.15	1.19
速动比率	0.76	-0.03	0.75	-0.11	0.91
资产负债率（%）	61.10	3.78	58.65	3.88	52.97

资料来源：沪深交易所，同花顺。

3. 营运能力指标

表 8　　2019 年水利、环境和公共设施管理业上市公司营运能力情况　　单位：次

营运能力指标	2019 年	2019 年可比样本变动	2018 年	2018 年可比样本变动	2017 年
存货周转率	2.41	0.09	2.11	-0.12	2.37
应收账款周转率	2.67	-0.12	2.73	-0.23	2.64
流动资产周转率	0.83	0.00	0.79	-0.03	0.78
固定资产周转率	3.34	-0.01	3.17	0.27	2.61
总资产周转率	0.32	-0.02	0.33	-0.03	0.34
净资产周转率	0.79	0.02	0.76	-0.01	0.70

资料来源：沪深交易所，同花顺。

三、重点细分行业介绍

表 9　　2019 年水利、环境和公共设施管理业上市公司数量分布及市值情况

大　类	上市公司家数（家）	占行业内比重（%）	境内总市值（亿元）	占行业内比重（%）
水利管理业	0	0.00	0.00	0.00
公共设施管理业	15	28.85	458.68	15.14
生态保护和环境治理业	37	71.15	2571.49	84.86

资料来源：沪深交易所，同花顺。

（一）公共设施管理业

1. 行业概况

根据《国民经济行业分类》，公共设施管理业包括市政设施管理、环境卫生管理、城乡市容管理、绿化管理、城市公园管理、游览景区管理 6 个细分行业。

细分行业多具有较强的公用事业属性，相关工程多由政府投资修建，行业发展受政策导向和财政投向影响较大。2002 年，建设部印发《关于加快市政公用行业市场化进程的意见》，开放市政公用行业投资建设、运营、作业市场，推进市政公用行业市场化。此后，大部分细分行业市场化程度逐渐提高，部分行业由事业单位垄断的格局被打破。

政策方面，中央印发的《市政公共设施管理服务行业发展“十三五”规划》，明确要求到 2020 年市政公共设施管理服务行业将增加 30%，各地方出台了地方政策提高行业渗透；经济方面，2019 年居民人均可支配收入 28228 元，同比实际增长 6.5%，居民消费水平的提高为市政公共设施管理服务行业市场需求提供经

济基础。社会方面，传统市政公共设施管理服务行业市场门低、缺乏统一行业标准服务过程没有专业的监督等问题影响行业发展。互联网与市政公共设施管理服务的结合，缩减中间环节，为用户提供高性价比的服务。“90后”“00后”等各类人群，逐步成为市政公共设施管理服务行业的消费主力。技术方面，市政公共设施管理服务行业引入ERP、OA、EAP等系统优化信息化管理施工环节提高了行业效率。

2. 行业内上市公司发展情况

表10　　2019年公共设施管理业上市公司收入及资产增长情况　　单位：亿元

指　标	2019年	2019年可比样本增长（%）	2018年	2018年可比样本增长（%）	2017年
营业收入	123.92	-9.89	130.70	19.41	130.52
利润总额	18.43	-46.01	32.17	59.35	23.59
归属于母公司所有者的净利润	12.51	-8.81	23.23	69.35	16.41
总资产	425.32	4.95	387.24	2.55	438.99
归属于母公司股东权益	258.32	3.20	245.67	9.07	262.34

资料来源：沪深交易所，同花顺。

表11　　2019年公共设施管理业上市公司盈利能力情况

指　标	2019年	2019年可比样本变动	2018年	2018年可比样本变动	2017年
毛利率（%）	37.21	1.61	35.15	-4.41	40.60
净资产收益率（%）	4.84	-4.85	9.46	3.37	6.26
销售净利率（%）	10.22	-8.36	18.23	5.08	13.15
资产净利率（%）	3.05	-3.48	6.23	2.38	3.99

资料来源：沪深交易所，同花顺。

表12　　2019年公共设施管理业上市公司偿债及营运情况

指　标	2019年	2019年可比样本变动	2018年	2018年可比样本变动	2017年
资产负债率（%）	36.87	1.58	34.43	-3.36	37.70
存货周转率（次）	1.47	0.13	1.28	0.48	0.90
总资产周转率（次）	0.30	-0.05	0.34	0.05	0.30

资料来源：沪深交易所，同花顺。

（二）生态保护和环境治理业

1. 行业概况

2019 年，生态文明建设工作继续推进。国家发改委、国家能源局等部门发布《关于促进生物天然气产业化发展的指导意见》，明确提出，到 2025 年使生物天然气具备一定规模，形成绿色低碳清洁可再生燃气新兴产业，生物天然气年产量超过 100 亿立方米；到 2030 年生物天然气实现稳步发展。

全国人大再次审议《固废法》，在相关建议中提出国家实行固体废物污染环境防治目标责任制和考核评价制度、国务院生态环境主管部门应当会同国务院有关部门建立全国危险废物等固体废物污染环境防治信息平台；推进固体废物收集、转移、处置等全过程监控和信息化追溯、在转移固体废物方面，移出地的省级政府生态环境主管部门应当及时商经接受地的省级政府生态环境主管部门同意后在规定期限内批准；转移危险废物的，应当按照国家有关规定填写、运行危险废物电子转移联单；危险废物转移管理应当全程管控。

2. 行业内上市公司发展情况

表 13　　2019 年生态保护和环境治理业上市公司收入及资产增长情况　　单位：亿元

指　标	2019 年	2019 年可比样本增长（%）	2018 年	2018 年可比样本增长（%）	2017 年
营业收入	1356.88	16.64	965.28	12.63	653.76
利润总额	131.63	2.82	95.77	-31.87	113.44
归属于母公司所有者的净利润	102.66	-19.98	71.76	-36.67	91.37
总资产	4732.62	27.56	3241.33	21.04	2159.65
归属于母公司股东权益	1586.29	14.60	1144.46	6.28	887.47

资料来源：沪深交易所，同花顺。

表 14　　2019 年生态保护和环境治理业上市公司盈利能力情况

指　标	2019 年	2019 年可比样本变动	2018 年	2018 年可比样本变动	2017 年
毛利率（%）	24.90	-2.53	27.54	-1.44	29.52
净资产收益率（%）	6.47	-0.30	6.27	-4.25	10.30
销售净利率（%）	7.97	-0.92	7.98	-5.68	14.46
资产净利率（%）	2.56	-0.47	2.60	-2.48	5.01

资料来源：沪深交易所，同花顺。

表 15　　2019 年生态保护和环境治理业上市公司偿债及营运情况

指　标	2019 年	2019 年可比样本变动	2018 年	2018 年可比样本变动	2017 年
资产负债率（%）	63.28	3.55	61.54	4.38	56.08
存货周转率（次）	2.54	0.02	2.29	-0.48	3.26
总资产周转率（次）	0.32	-0.02	0.33	-0.05	0.35

资料来源：沪深交易所，同花顺。

四、重点上市公司介绍

（一）绿色动力

公司成立于 2000 年，由郑维先先生创立，2005 年北京国资委入股，公司成为国资企业。2014 年 6 月，公司完成在港股上市；2018 年 6 月，公司在 A 股上市，成为垃圾焚烧领域首家 A/H 股两地上市的企业。

公司是中国最早从事生活垃圾焚烧发电的企业之一，主要以 BOT 等特许经营的方式从事生活垃圾焚烧发电厂的投资、建设、运营、维护以及技术顾问业务。公司着眼于经济较发达的长江三角洲地区、珠江三角洲地区及环渤海经济圈的广阔市场空间，业务布局延伸至安徽、湖北、贵州、山西、广西、江西、湖南、陕西、河南、四川等中西部地区，形成了立足于长三角、珠三角、环渤海，辐射全国的市场布局。根据《中国统计年鉴》披露的最新数据，全国 2018 年垃圾焚烧处理量为 1.02 亿吨，公司 2018 年垃圾焚烧处理量为 469.18 万吨，占总处理量的 4.6%。

近年来，公司营业收入和净利润均保持稳健增长。2019 年开始，公司变更了电费收入确认会计政策，变更有关国家可再生能源补助电费收入确认的会计政策，追溯调整后，2019 年公司营业收入 17.52 亿元，同比增长 53.71%；实现归母净利润 4.16 亿元，同比增长 13.79%。

（二）高能环境

高能环境成立于 1992 年，前身为中科院高能物理研究所垫衬工程处，技术源于美国 HDPE 膜防渗技术。2001 年，公司改制成立北京高能垫衬工程有限公司。2010 年，公司变更为股份有限公司，2014 年实现 A 股主板上市。经过近 30 年的沉淀，公司成长为一家以环境修复、生活垃圾全产业链综合处理、危废处理处置为核心业务的综合环保集团。旗下包括宁波大地、阳新鹏富、新德环保、靖远宏达等 70 余家分子公司。

环境修复技术门槛高，高能环境技术与项目经验丰富。修复技术涉及多学科，如生态学、地理学、土壤学、生物气象学、环境化学、工程学甚至经济学等，是复杂的综合性系统工程。高能环境在原位/异位修复、固化/稳定化、土壤淋洗、原位电流加热热脱附、异位热脱附、异位化学氧化/还原技术、原位注入、多相抽提等技术方面具备充足的技术储备和项目经验。

高能环境的市政业务主要集中在垃圾焚烧发电领域，2019 年年底，公司在手项目 11 个，遍布全国各地，合计规划产能 1.2 万吨/日，目前泗洪、贺州、顺义、和田、岳阳项目已经投运，合计产能 3900 吨/日；濮阳、天津、新沂、临邑、荆门、内江、泗洪二期项目在 2020 年年底建成投运，垃圾焚烧运营规模将达到 9100 吨/日。

公司自上市以来通过并购整合进军工业环境领域，形成了危废资源化与无害化处理处置全产业链技术体系，资源化主要为针对废有机溶剂、有色金属废渣的综合回收利用技术，无害化主要包括含总金属废酸液（含铬废液、铅锌废液）、废碱类的物化处理技术、回转窑焚烧处置技术、稳定化/固化安全填埋技术。2019 年年底公司在手项目经营牌照约 80 万吨/年。

公司财务表现较好，营收利润近年增长动能强劲。2015 年为公司业绩上的重要拐点，2015 年后营业收入开始进入快速上升通道，增速维持在 30% 以上；同时 2015 后利润扭转下降颓势，并于 2016 年实现 47% 的归母净利润高增。2019 公司营收利润均维持高速增长态势。2019 年营业总收入 50.75 亿元，同比增长 34.90%；实现归母净利润 4.12 亿元，同比增长 26.92%。

（三）碧水源

碧水源科技股份有限公司成立于 2001 年，2007 年完成股改并于 2010 年在深交所创业板上市。公司专业从事污水处理与污水资源化技术开发应用，已发展为全球一流的膜设备生产制造商和供应商。2011 年，公司家用净水器系列产品上市，进军净水器市场，同年收购久安建设进军市政工程市场；2017 年，公司收购良业环境，正式进军光环境产业，自此，公司成为拥有市政污水和工业废水处理、自来水处理、海水淡化、民用净水、湿地保护与重建、河流综合治理、城市光环境设计建设等领域业务的全产业链高科技环保企业。

公司在北京怀柔建有膜研发、制造基地，核心技术包括微滤膜（MF）、超滤膜（UF）、超低压选择性纳滤膜（DF）和反渗透膜（RO），以及膜生物反应器（MBR）、双膜新水源工艺（MBR－DF）、智能一体化污水净化系统（CWT）等膜集成城镇污水深度净化技术。公司汇聚北京等六个生产基地，年生产能力为微滤膜和超滤膜 1000 万平方米，纳滤膜和反渗透膜 600 万平方米。以及 100 万台以上的净水设备。

水处理领域建立全产业链，MBR 项目建设跻身国际前列。碧水源公司主要采用先进的膜技术为客户一揽子提供建造给水与污水处理厂或再生水厂与海水淡化厂及城市生态系统的整体技术解决方案，包括技术方案设计、工程设计、技术实施与系统集成、运营技术支持和运营服务等，并制造和提供核心的膜组器系统和核心部件膜材料。目前，公司已经具有完全自主知识产权的全产业链膜技术，也是中国唯一一家集全系列膜材料研发、全系列膜与设备制造、膜技术工艺应用于一体的企业，现已发展为全球最全的膜产品生产商之一和先进的环保设备制造商之一。

2019 年实现营业收入 127.1 亿元，同增 10.4%；实现归母净利 13.9 亿元，比上年同期增长 11.9%。

审稿人：吕　梁

撰稿人：葛寿净

教　育

一、教育业总体概况

2019年，全国教育经费总投入50178亿元，较2018年同比增长8.74%；其中国家财政性教育经费40047亿元，较2018年同比增长8.25%，占2019年全国国内生产总值的4.04%。2019年全国一般公共预算教育经费（包括教育事业费，基建经费和教育费附加）为34648.57亿元，比2018年增长8.30%。其中，中央财政教育经费5322.32亿元，比2018年增长6.28%。

2019年，全国各级各类学校53.01万所，同比增加1.13万所。其中，普通高等教育院校2688所；高中阶段院校2.44万所，与2018年持平；义务教育阶段院校21.26万所；特殊教育院校2192所，同比增加40所；学前教育机构28.12万所。

2019年，全国各级各类在校生人数2.82亿人，同比增长2.40%。其中，高等教育院校在校生人数4002万人，高等教育阶段毛入学率达到51.6%；高中阶段院校在校生人数3994万人，高中阶段毛入学率达到89.5%；义务教育阶段院校在校生人数1.54亿人，九年义务教育巩固率94.8%；学前教育机构在校生人数4714万人，学前教育毛入园率达到83.4%。

2019年，全国专任教师1732.03万人，同比增长3.54%。其中，高等教育院校专任教师174.01万人，同比增长4.03%；高中阶段院校专任教师283.37万人；义务教育阶段院校专任教师1001.65万人；特殊教育院校专任教师6.24万人，同比增长6.31%；学前教育机构专任教师276.31万人，同比增长7.04%。

二、行业内上市公司发展概况

（一）行业内上市公司基本情况

表1　　2019年教育上市公司发行股票概况

门　类	A、B股总数（家）	A股股票数（家）	B股股票数（家）	境内总市值（亿元）	流通A股市值（亿元）	流通B股市值（亿元）
教育	8	8	0	1450.52	468.23	0.00
占沪深两市比重（%）	0.21	0.21	0.00	0.24	0.10	0.00

资料来源：沪深交易所，同花顺。

（二）行业内上市公司构成情况

表 2　　2019 年教育上市公司构成情况

门　类	沪市			深市			ST/*ST
	仅 A 股	仅 B 股	A＋B 股	仅 A 股	仅 B 股	A＋B 股	
教育（家）	3	0	0	5	0	0	0/0
占行业内上市公司比重（%）	37.50	0.00	0.00	62.50	0.00	0.00	0.00/0.00

资料来源：沪深交易所，同花顺。

（三）行业内上市公司融资情况

表 3　　2019 年教育上市公司与沪深两市融资情况对比　　单位：家

门　类	融资家数	新股	增发	配股
教育	1	0	1	0
沪深两市总数	427	203	215	9
占比（%）	0.23	0.00	0.47	0.00

资料来源：沪深交易所，同花顺。

2019 年教育行业无首发上市公司，增发公司 1 家，为深市主板公司。从融资效果看，上述公司实际发行数量为 534706.34 万股；实际募集资金 174.85 亿元，基本完成了融资计划。

2019 年教育上市公司融资情况明细见附录。

（四）行业内上市公司资产及业绩情况

表 4　　2019 年教育上市公司资产情况　　单位：亿元

指　标	2019 年	2019 年可比样本增长（%）	2019 年	2019 年可比样本增长（%）	2019 年
总资产	331.12	2.96	180.11	26.66	99.03
流动资产	129.92	1.84	68.55	6.25	45.59
占比（%）	39.24	-0.43	38.06	-7.31	46.04
非流动资产	201.20	3.71	111.56	43.60	53.44
占比（%）	60.76	0.43	61.94	7.31	53.96
流动负债	164.25	10.35	99.27	47.81	57.35
占比（%）	49.60	3.32	55.12	7.89	57.91
非流动负债	20.13	-26.73	6.67	93.03	2.95
占比（%）	6.08	-2.46	3.70	1.27	2.98
归属于母公司股东权益	130.19	-3.94	65.09	-1.77	33.71
占比（%）	39.32	-2.83	36.14	-10.46	34.04

资料来源：沪深交易所，同花顺。

表 5　　2019 年教育上市公司收入实现情况　　单位：亿元

指　标	2019 年	2019 年可比样本增长（%）	2019 年	2019 年可比样本增长（%）	2019 年
营业收入	186.87	30.27	77.58	13.00	57.08
利润总额	21.57	39.76	2.95	-63.29	5.63
归属于母公司所有者的净利润	15.62	35.11	1.00	-82.24	3.82

资料来源：沪深交易所，同花顺。

（五）利润分配情况

2019 年全年教育业上市公司中共有 3 家公司实施了分红配股。其中，1 家上市公司实施送股或转增股，2 家上市公司实施派息，其中 0 家公司既实施了送股、转增又实施了派息。

（六）其他财务指标情况

1. 盈利能力指标

表 6　　2019 年教育上市公司盈利能力情况

指　标	2019 年	2019 年可比样本变动	2019 年	2019 年可比样本变动	2019 年
毛利率（%）	51.44	2.13	42.85	0.69	38.34
净资产收益率（%）	12.00	3.47	1.53	-6.93	11.35
销售净利率（%）	8.61	0.76	0.76	-7.02	6.12
资产净利率（%）	4.93	0.93	0.37	-3.97	3.83

资料来源：沪深交易所，同花顺。

2. 偿债能力指标

表 7　　2019 年教育上市公司偿债能力指标

指　标	2019 年	2019 年可比样本变动	2019 年	2019 年可比样本变动	2019 年
流动比率	0.79	-0.07	0.69	-0.27	0.80
速动比率	0.73	-0.06	0.58	-0.34	0.78
资产负债率（%）	55.68	0.86	58.82	9.16	60.89

资料来源：沪深交易所，同花顺。

3. 营运能力指标

表 8　　2019 年教育上市公司营运能力情况　　单位：次

营运能力指标	2019 年	2019 年可比样本变动	2019 年	2019 年可比样本变动	2019 年
存货周转率	8.67	-1.87	6.69	-8.18	49.44
应收账款周转率	41.86	10.12	17.60	-0.05	70.97
流动资产周转率	1.45	0.29	1.17	-0.01	1.40
固定资产周转率	5.44	0.99	5.47	0.42	5.60
总资产周转率	0.57	0.06	0.48	-0.08	0.63
净资产周转率	1.28	0.21	1.06	-0.08	1.67

资料来源：沪深交易所，同花顺。

三、重点上市公司介绍

中公教育

中公教育于 2019 年 2 月 21 日通过与亚夏汽车重组登陆 A 股市场，目前公司核心业务是公务员招录考试培训、事业单位招录考试培训、教师招录考试培训等，并逐步扩张至职业培训的多个赛道。公司的培训以线下小班为主，同时公司正布局在线与线下结合的新业务。

中公教育在全国拥有多处培训网点，截至 2019 年年末，公司直营渠道网点达到 1104 个，同比增长 57.49%。培训人次达到 328.74 万人，同比增长 42.44%，其中线上培训人次为 177.92 万，同比增长 59.46%。

2019 年，中公教育实现营业收入 91.76 亿元，同比增长 47.12%；实现归属于母公司净利润 18.05 亿元，同比增长 56.52%；实现扣非后归属于母公司净利润 17.00 亿元，同比增长 52.79%，每股收益 0.29 元。

2019 年，中公教育毛利率 58.45%，同比下降 0.63 个百分点，销售净利率 19.67%，同比提升 1.19 个百分点；净资产收益率 56.52%，同比上升 9.13 个百分点。截至 2019 年年末，公司的资产负债率为 65.55%，同比上升 6.57 个百分点。

四、上市公司在行业中的影响力

截至 2019 年年末，A 股教育业上市公司共有 8 家，2019 年共实现营业收入 186.87 亿元，占全国总投入教育经费 50178 亿元的 0.37%。教育资产的证券化进程尚处于初期，且较多企业选择了港股、美股上市。综合来看，目前 A 股教育业上市公司在行业中影响力相对有限。

审稿人：黄　哲

撰稿人：赵思昊

卫生和社会工作

一、卫生和社会工作总体概况

2019 年，我国卫生业公共财政支出预算 16562.18 亿元，较 2018 年同比增长 8.31%；卫生业公共财政支出决算 16665.34 亿元，较 2018 年同比增长 6.67%；2019 年，全国卫生总费用达 65841.39 亿元，较 2018 年同比增长 11.37%；人均卫生费用 4702.8 元，较 2018 年同比增长 10.99%。2019 年我国城镇卫生和社会工作固定资产投资（不含农户）名义增速同比增长 5.3%。

截至 2019 年年末，全国医疗卫生机构总数达 1007579 个，同比增加 10146 个，其中医院 34354 个，基层医疗卫生机构 954390 个，专业公共卫生机构 15958 个。与 2018 年相比，医院增加 1345 个，基层医疗卫生机构增加 10751 个，专业公共卫生机构减少 2075 个。

截至 2019 年年末，全国医疗卫生机构床位 880.70 万张，其中医院 686.65 万张，占比 77.97%；基层医疗卫生机构 163.11 万张，占比 18.52%。与 2018 年比较，床位增加 40.29 万张，其中医院床位增加 34.68 万张，基层医疗卫生机构床位增加 4.75 万张。每万人口医疗卫生机构床位数由 2018 年 60.28 张增加到 2019 年 63.00 张。

截至 2019 年年末，全国民政部门登记和管理的机构和设施共计 201.5 万个，职工总数 1545.7 万人，固定资产原价 6515.3 亿元；各类民政服务机构和设施拥有床位 803.6 万张，每千人口民政服务床位数 5.7 张；全国民政事业费支出 4279.2 亿元，占国家财政支出的 2.0%，其中，中央财政向各地转移支付的民政事业费 1566.6 亿元，占全年民政事业费支出的 36.6%；民政服务设施建设项目规模 2272.3 万平方米，全年实际完成投资总额 184.8 亿元。

二、行业内上市公司发展概况

（一）行业内上市公司基本情况

表 1　　2019 年卫生和社会工作上市公司发行股票概况

门　类	A、B 股总数（家）	A 股股票数（家）	B 股股票数（家）	境内总市值（亿元）	流通 A 股市值（亿元）	流通 B 股市值（亿元）
卫生和社会工作	12	12	0	3291.37	2687.34	0.00
占沪深两市比重（%）	0.31	0.31	0.00	0.55	0.56	0.00

资料来源：沪深交易所，同花顺。

（二）行业内上市公司构成情况

表 2　　2019 年卫生和社会工作上市公司构成情况

门　类	沪市			深市			ST/*ST
	仅 A 股	仅 B 股	A + B 股	仅 A 股	仅 B 股	A + B 股	
卫生和社会工作（家）	3	0	0	9	0	0	0/0
占行业内上市公司比重（%）	25.00	0.00	0.00	75.00	0.00	0.00	0.00/0.00

资料来源：沪深交易所，同花顺。

（三）行业内上市公司融资情况

表 3　　2019 年卫生和社会工作上市公司与沪深两市融资情况对比　　单位：家

门　类	融资家数	新股	增发	配股
卫生和社会工作	2	0	2	0
沪深两市总数	427	203	215	9
占比（%）	0.47	0.00	0.93	0.00

资料来源：沪深交易所，同花顺。

其中，增发的 2 家公司中，为深市上市公司。

按行业大类划分，进行融资的 2 家公司均为卫生业上市公司，占比 100%。

从融资效果来看，上述增发的公司中，美年健康于 2019 年 11 月 18 日发行新股，实际发行数量为 17713.94 万股，实际募集资金 20.05 亿元，预计募资金额 20.46 亿元，基本完成了融资计划。

迪安诊断于 2019 年 1 月 16 日发行新股，实际发行数量为 6942.88 万股，实际募集资金 11.16 亿元，预计募资金额 10.75 亿元，基本完成了融资计划。

2019 年卫生和社会工作上市公司融资情况明细见附录。

（四）行业内上市公司资产及业绩情况

表 4　　2019 年卫生和社会工作上市公司资产情况　　单位：亿元

指　标	2019 年	2019 年可比样本增长（%）	2018 年	2018 年可比样本增长（%）	2017 年
总资产	811.07	8.94	691.60	13.99	544.35
流动资产	324.09	16.32	267.90	1.76	240.58
占比（%）	39.96	2.54	38.74	-4.66	44.20
非流动资产	486.97	4.52	423.70	23.37	303.77

续表

指　标	2019 年	2019 年可比样本增长（%）	2018 年	2018 年可比样本增长（%）	2017 年
占比（%）	60.04	-2.54	61.26	4.66	55.80
流动负债	265.91	12.16	223.56	10.83	178.87
占比（%）	32.79	0.94	32.33	-0.92	32.86
非流动负债	119.53	27.57	86.72	12.70	75.60
占比（%）	14.74	2.15	12.54	-0.14	13.89
归属于母公司股东权益	382.20	0.04	353.53	15.58	268.70
占比（%）	47.12	-4.19	51.12	0.70	49.36

资料来源：沪深交易所，同花顺。

表 5　2019 年卫生和社会工作上市公司收入实现情况　单位：亿元

指　标	2019 年	2019 年可比样本增长（%）	2018 年	2018 年可比样本增长（%）	2017 年
营业收入	424.79	9.37	371.61	19.75	269.24
利润总额	7.06	-91.48	82.28	135.58	32.95
归属于母公司所有者的净利润	-13.65	-123.80	57.62	162.08	20.34

资料来源：沪深交易所，同花顺。

（五）利润分配情况

2019 年全年卫生和社会工作业上市公司中共有 4 家公司实施了分红配股。其中，1 家上市公司实施送股或转增股，4 家上市公司实施派息，0 家公司既实施了送股、转增又实施了派息。

2019 年卫生和社会工作上市公司分红明细见附录。

（六）其他财务指标情况

1. 盈利能力指标

表 6　2019 年卫生和社会工作上市公司盈利能力情况

指　标	2019 年	2019 年可比样本变动	2018 年	2018 年可比样本变动	2017 年
毛利率（%）	39.56	-0.67	40.50	1.79	41.56
净资产收益率（%）	-3.57	-18.59	16.30	9.11	7.57
销售净利率（%）	-1.50	-17.88	17.06	9.08	8.72
资产净利率（%）	-0.82	-9.95	9.77	5.17	4.89

资料来源：沪深交易所，同花顺。

2. 偿债能力指标

表 7　　2019 年卫生和社会工作上市公司偿债能力指标

指　标	2019 年	2019 年可比样本变动	2018 年	2018 年可比样本变动	2017 年
流动比率	1.22	0.04	1.20	-0.11	1.35
速动比率	1.13	0.04	1.11	-0.02	1.15
资产负债率（%）	47.52	3.09	44.87	-1.06	46.75

资料来源：沪深交易所，同花顺。

3. 营运能力指标

表 8　　2019 年卫生和社会工作上市公司营运能力情况　　单位：次

营运能力指标	2019 年	2019 年可比样本变动	2018 年	2018 年可比样本变动	2017 年
存货周转率	11.10	3.21	7.80	0.98	5.77
应收账款周转率	4.12	-0.66	4.72	-0.94	4.97
流动资产周转率	1.41	0.00	1.40	0.11	1.25
固定资产周转率	3.40	-0.46	4.03	0.21	4.08
总资产周转率	0.55	-0.01	0.57	0.00	0.56
净资产周转率	1.01	0.01	1.05	0.03	1.01

资料来源：沪深交易所，同花顺。

三、重点上市公司介绍

爱尔眼科

爱尔眼科是我国最大规模的眼科医疗机构，经营范围包括眼科医院的投资和医院经营管理服务；眼科医疗技术的研究，远程医疗软件的研发、生产、销售；眼科、内科、麻醉科、检验科、影视像科、验光配镜；三类医疗器械销售。

公司致力于引进国际一流的眼科技术与管理方法，以专业化、规模化、科学化为发展战略，联合国内外战略合作伙伴，共同推动中国眼科医疗事业的发展。利用人才、技术和管理等方面的优势，公司通过全国各连锁医院良好的诊疗质量、优质的医疗服务和深入的市场推广，使自身的市场影响力和渗透力得到迅速的提升，也使公司成为具有全国影响力的眼科品牌。

2019 年，公司实现营业收入 99.90 亿元，同比增长 24.74%；实现利润总额 18.40 亿元，同比增长 33.33%；实现归属于母公司净利润 13.79 亿元，同比增长 36.67%；每股收益 0.45 元。

2019 年，公司毛利率为 49.30%，同比上升 2.31 个百分点；销售净利率 14.33%，同比上升 1.02 个百分点；净资产收益率 22.45%，同比上升 3.95 个百分点。

截至 2019 年末，公司的资产负债率为 40.96%，同比上升 2.98 个百分点。

四、上市公司在行业中的影响力

2017～2019 年，我国卫生机构总资产分别为 43360.61 亿元、48082.86 亿元、51847.92 亿元，上市公司占比分别为 1.26%、1.44% 和 1.56%。

2017～2019 年，我国卫生机构总收入分别为 36975.32 亿元、41111.72 亿元、46441.38 亿元，其中业务收入分别为 30153.16 亿元、33442.79 亿元、38009.17 亿元，上市公司营业收入占卫生机构业务收入比重分别为 0.89%、1.11% 和 1.12%。

由此可见，上市公司在行业整体中总资产和总收入比重逐年提升。

审稿人：朱卫华

撰稿人：孙 炜 焦玉鹏

文化、体育和娱乐业

一、文化、体育和娱乐业总体概况

(一) 行业整体运行情况

2019年中国传媒产业总规模达22625.4亿元，较上年增长7.95%，增长率为近8年最低。视频直播兴起于2016年，在2017年下半年进入一个旺盛的发展阶段。它的兴起，除了快手、抖音等平台的推动外，也与网民对自我表达的渴求相关。与视频直播相比，短视频可以利用的素材更为丰富，表达方式更为多样，且内容生产者可以通过后期制作对内容进行更好地控制，因此，具有人群的“普适性”。在2019年，网络视频直播的应用率达50.7%，意味着视频直播已经成为一种常态应用。

从细分领域方面来看，广播电视广告收入、报刊行业收入同比下降，而互联网广告、网络游戏等保持增长优势。虽然短视频在过去几年呈火山喷发的态势，但它的发展正在趋缓，目前的短视频生产进入瓶颈期。相比2018年12月，2019年6月的短视频的用户规模略有下降，使用短视频的用户比例从78.2%下降为75.8%。电视收视总量继续下降，降幅连续两年收窄。2019年，在以104个城市推及的全国电视收视市场，人均每天收看电视124分钟，较2018年同期减少5分钟，下降幅度为3.9%，降幅连续2年收窄。视频直播、短视频、长视频逐渐成为了移动视频领域并行的三驾马车，观众观看途径的改变也鞭策长短视频的发展。经历过火山似爆发的短视频，在保证量的基础上更要注重视频的品质化。而长视频还是要进一步突破技术限制，释放出更多的生产力。

2019年是我国传媒领域继续深入媒介融合的一年，媒体融合大背景下，我国传媒政策就具体领域发布了更为细致的指导和引领，推动了我国传媒领域更为纵深的发展。总体而言，我国传媒政策主要围绕以下三方面：建设县级融媒体中心，打通媒体融合的“最后一公里”；结合时代特点，打造新型主流媒体，提高主流媒体的舆论引导力；加强新兴媒体管理，严格信息内容治理，净化网络生态空间。2019年我国传媒领域的政策虽没有如2018年般在体制改革方面做出十分重大的变动和调整，但是无论是引导机制改革、媒体建设，还是加强网络治理，2019年的传媒政策都在进行更为纵深、细致的引领和发展。

(二) 细分行业运行概况

按照行业分类，国内文化、体育和娱

乐行业主要可分为新闻和出版业、广播、电视、电影和影视录音制作业与文化艺术业、体育4个大类，其中有多家公司的业务同时涵盖几个大类，按照各类业务收入占总收入比例最高为标准。

1. 新闻和出版业

2019年全国共出版图书、期刊、报纸、音像制品和电子出版物450.70亿册（份、盒、张），较2018年降低3.13%。其中，出版图书105.97亿册（张），增长5.87%，占全部数量的23.51%；期刊21.89亿册，降低4.48%，占4.86%；报纸317.59亿份，降低5.83%，占70.47%；音像制品2.32亿盒（张），降低3.95%，占0.51%；电子出版物2.93亿张，增长13.05%，占0.65%。全国出版图书、期刊、报纸总印张为1855.82亿印张，与上年相比，降低4.20%。

2. 广播、电视、电影和影视录音制作业

截至2019年年底，全国广播节目综合人口覆盖率99.13%，电视节目综合人口覆盖率99.39%，比2018年分别提高了0.19和0.14个百分点。2019年IPTV、OTT用户规模持续扩大。全国交互式网络电视（IPTV）用户12.74亿户，互联网电视（OTT）用户28.21亿户。全国广播电视服务业总收入、实际创收收入实现大幅增长。2019年全国广播电视行业总收入8107.45亿元，同比增长16.62%。其中：财政补助收入801.97亿元，同比增长3.48%；广播电视和网络视听业务实际创收收入6766.90亿元，同比增长19.99%；其他收入538.58亿元，同比增长0.19%。各级财政对广播电视行业的资金支持力度持续加强，助力广播电视事业产业持续发展。截至2019年年底，全国开展广播电视和网络视听业务的机构约4.7万家。其中，广播电台、电视台、广播电视台等播出机构2591家，从事广播电视节目制作经营机构约3.3万家。

网络媒体中，截至2020年3月，我国网络视频（含短视频）用户规模达8.50亿元，较2018年年底增长1.26亿元，占网民整体的94.1%。其中短视频用户规模为7.73亿元，较2018年年底增长1.25亿元，占网民整体的85.6%。2020年年初，受新冠肺炎疫情影响，网络视频应用的用户规模、使用时长均有较大幅度提升。网络音频用户规模达到2.8亿元，网民使用率为30.9%。截至2019年年底，智能电视累计覆盖终端2.86亿元，激活终端2.19亿元，激活率为76.6%，进入规范发展新阶段。

2019年全国电视剧拍摄制作备案公示为34431集，当代题材占比七成，古代题材占比不到一成。与2018年相比，古代题材电视剧立项占比减少了一半，当代题材略有提升，但总体是下降的。2019年全国各类电视剧制作机构共计生产完成并获准发行的国产电视剧共254部，10646集。其中当代题材的作品占比非常高，共152部，5954集，接近总数的60%。在当代题材中，都市题材占比63%，这也充分反映了都市类电视剧与观众以及市场的结合度更高。而其他的题材，如涉案题材受到播出限制，上年只有11

部。农村题材只有13部。近几年下降较为明显的军旅题材，2019年一共只有4部。

2019年全国电影总票房642.66亿元，同比增长5.4%；国产电影总票房411.75亿元，同比增长8.65%，市场占比64.07%；城市院线观影人次17.27亿。2019年全年共生产电影故事片850部，动画电影51部，科教电影74部，纪录电影47部，特种电影15部，总计1037部。全年票房前10名影片中，国产影片占8部。全年票房过亿元影片88部，其中国产电影47部。2019年新增银幕9708块，全国银幕总数达到69787块。2019年观影人次为17.3亿次，基本保持稳定发展。内地电影票房过亿影片90部，其中国产影片47部，占比52.2%；过十亿的15部，国产占10部，占比更是达到了66.7%。我国电影市场头部效应持续增强，国产电影持续发力。

3. 文化艺术业

2019年，全国5.8万家规模以上文化及相关产业企业实现营业收入86624亿元，按可比口径计算，比上年增长7.0%，保持平稳较快增长。

分行业类别看，文化及相关产业9个行业的营业收入均实现增长。其中，增速超过10%的行业有3个，分别是：新闻信息服务营业收入6800亿元，比上年增长23.0%；文化投资运营221亿元，增长13.8%；创意设计服务12276亿元，增长11.3%。

分产业类型来看，文化制造业实现营业收入36739亿元，比上年增长3.2%；文化批发和零售业14726亿元，增长4.4%；文化服务业35159亿元，增长12.4%。

分领域来看，文化核心领域营业收入50471亿元，比上年增长9.8%；文化相关领域36153亿元，增长3.2%。

分区域来看，东部地区实现营业收入63702亿元，比上年增长6.1%，占全国比重为73.5%；中部、西部和东北地区分别为13620亿元、8393亿元和909亿元，分别增长8.4%、11.8%和1.5%，占全国比重分别为15.7%、9.7%和1.0%。

4. 体育

2019年，全国体育产业总规模（总产出）为29483亿元，增加值为11248亿元。从名义增长来看，总产出比2018年增长10.9%，增加值增长11.6%。

从内部结构来看，体育服务业发展势头增强，增加值为7615亿元，在体育产业中所占比重增加到67.7%，比上年提高2.9个百分点。其中，体育用品及相关产品销售、出租与贸易代理规模最大，增加值为2562亿元，占全部体育产业增加值的比重为22.8%；体育健身休闲活动发展最快，保持了近年来的高位增长，增加值现价增长速度达到74.4%。体育相关基础设施建设蓬勃发展，体育场地设施建设实现增加值212亿元，现价增长速度达41.7%，占全部体育产业增加值比重为1.9%。

二、行业内上市公司发展概况

（一）行业内上市公司基本情况

表 1　　2019 年文化、体育和娱乐业上市公司发行股票概况

门　类	A、B 股总数（家）	A 股股票数（家）	B 股股票数（家）	境内总市值（亿元）	流通 A 股市值（亿元）	流通 B 股市值（亿元）
文化、体育和娱乐业	59	59	0	5813.04	4457.85	0.00
占沪深两市比重（%）	1.53	1.53	0.00	0.98	0.92	0.00

资料来源：沪深交易所，同花顺。

（二）行业内上市公司构成情况

表 2　　2019 年文化、体育和娱乐业上市公司构成情况

门　类	沪市			深市			ST/*ST
	仅 A 股	仅 B 股	A+B 股	仅 A 股	仅 B 股	A+B 股	
文化、体育和娱乐业（家）	26	0	0	33	0	0	1/0
占行业内上市公司比重（%）	44.07	0.00	0.00	55.93	0.00	0.00	1.69/0.00

资料来源：沪深交易所，同花顺。

（三）行业内上市公司融资情况

表 3　　2019 年文化、体育和娱乐业上市公司与沪深两市融资情况对比　　单位：家

门　类	融资家数	新股	增发	配股
文化、体育和娱乐业	4	1	3	0
沪深两市总数	427	203	215	9
占比（%）	0.94	0.49	1.40	0.00

资料来源：沪深交易所，同花顺。

其中，首发的 1 家公司在深市创业板，按行业大类划分，融资的 4 家公司中，新闻和出版业 1 家，文化艺术业 1 家，广播、电视、电影和影视录音制作业 2 家。

从融资效果来看，上述公司实际发行数量为 51921.75 万股；实际募集资金 140.56 亿元，基本完成了融资计划。

2019 年文化、体育和娱乐业上市公司融资情况明细见附录。

（四）行业内上市公司资产及业绩情况

表 4　　2019 年文化、体育和娱乐业上市公司资产情况　　单位：亿元

指　标	2019 年	2019 年可比样本增长（%）	2018 年	2018 年可比样本增长（%）	2017 年
总资产	4405.97	-1.46	4375.07	1.07	4178.98

续表

指　标	2019 年	2019 年可比样本增长（%）	2018 年	2018 年可比样本增长（%）	2017 年
流动资产	2572.30	-0.22	2525.96	3.24	2337.87
占比（%）	58.38	0.72	57.74	1.21	55.94
非流动资产	1833.67	-3.15	1849.11	-1.74	1841.11
占比（%）	41.62	-0.72	42.26	-1.21	44.06
流动负债	1355.38	4.61	1269.80	6.76	1105.72
占比（%）	30.76	1.78	29.02	1.55	26.46
非流动负债	288.45	-11.65	325.89	2.80	310.54
占比（%）	6.55	-0.76	7.45	0.12	7.43
归属于母公司股东权益	2681.48	-2.51	2684.43	-2.21	2682.33
占比（%）	60.86	-0.65	61.36	-2.06	64.19

资料来源：沪深交易所，同花顺。

表 5　　2019 年文化、体育和娱乐业上市公司收入实现情况　　单位：亿元

指　标	2019 年	2019 年可比样本增长（%）	2018 年	2018 年可比样本增长（%）	2017 年
营业收入	2019.99	-1.79	2023.08	2.09	1871.24
利润总额	3.43	-92.85	39.10	-86.77	294.13
归属于母公司所有者的净利润	-25.14	-374.67	1.46	-99.44	257.72

资料来源：沪深交易所，同花顺。

（五）利润分配情况

2019 年全年文化、体育和娱乐业上市公司中共有 32 家公司实施了分红配股。其中，5 家公司实施了转增股，32 家公司实施了派息，没有公司既实施了送股、转增又实施了派息。

2019 年文化、体育和娱乐业上市公司分红明细见附录。

（六）其他财务指标情况

1. 盈利能力指标

表 6　　2019 年文化、体育和娱乐业上市公司盈利能力情况

指　标	2019 年	2019 年可比样本变动	2018 年	2018 年可比样本变动	2017 年
毛利率（%）	30.24	-1.23	31.12	-1.55	32.82
净资产收益率（%）	-0.94	-1.27	0.05	-9.38	9.61

续表

指　标	2019 年	2019 年可比样本变动	2018 年	2018 年可比样本变动	2017 年
销售净利率（%）	0.96	0.21	0.38	-13.20	14.30
资产净利率（%）	0.44	0.08	0.18	-6.49	6.80

资料来源：沪深交易所，同花顺。

2. 偿债能力指标

表 7　　2019 年文化、体育和娱乐业上市公司偿债能力指标

指　标	2019 年	2019 年可比样本变动	2018 年	2018 年可比样本变动	2017 年
流动比率	1.90	-0.09	1.99	-0.07	2.11
速动比率	1.59	-0.07	1.67	-0.08	1.80
资产负债率（%）	37.31	1.03	36.47	1.67	33.89

资料来源：沪深交易所，同花顺。

3. 营运能力指标

表 8　　2019 年文化、体育和娱乐业上市公司营运能力情况　　单位：次

营运能力指标	2019 年	2019 年可比样本变动	2018 年	2018 年可比样本变动	2017 年
存货周转率	3.32	-0.22	3.62	-0.48	4.02
应收账款周转率	4.82	0.08	4.70	-0.49	5.22
流动资产周转率	0.78	-0.03	0.81	-0.06	0.86
固定资产周转率	5.03	-0.26	5.20	-0.04	4.96
总资产周转率	0.46	-0.01	0.46	-0.03	0.48
净资产周转率	0.72	0.00	0.72	-0.02	0.72

资料来源：沪深交易所，同花顺。

三、重点细分行业介绍

表 9　　2019 年文化、体育和娱乐业上市公司数量分布及市值情况

大　类	上市公司家数（家）	占行业内比重（%）	境内总市值（亿元）	占行业内比重（%）
广播、电视、电影和影视录音制作业	25	42.37	2371.96	40.80

续表

大　类	上市公司家数（家）	占行业内比重（%）	境内总市值（亿元）	占行业内比重（%）
新闻和出版业	24	40.68	2022.13	34.79
体育	1	1.69	19.01	0.33
文化艺术业	9	15.25	1399.93	24.08

资料来源：沪深交易所，同花顺。

（一）广播、电视、电影和影视录音制作业

1. 行业概况

2019 年全国电影总票房 642.66 亿元，同比增长 5.4%；国产电影总票房 411.75 亿元，同比增长 8.65%。内地电影票房过亿影片 90 部，其中国产影片 47 部，占比 52.2%；过十亿的 15 部，国产占 10 部，占比更是达到了 66.7%。我国电影市场头部效应持续增强，国产电影持续发力。中国影史票房前 10 名中，国产影片已占 9 席，其中有 4 部是 2019 年成功跻身的。随着《流浪地球》《哪吒之魔童降世》两部影片的上映，中国电影市场上映影片的票房前三名被国产电影收入囊中。

2. 行业内上市公司发展情况

表 10　2019 年广播、电视、电影和影视录音制作业上市公司收入及资产增长情况　单位：亿元

指　标	2019 年	2019 年可比样本增长（%）	2018 年	2018 年可比样本增长（%）	2017 年
营业收入	611.78	-11.91	677.86	-0.02	634.35
利润总额	-149.08	-975.59	-20.61	-115.81	119.20
归属于母公司所有者的净利润	-162.25	-248.40	-45.32	-141.40	98.73
总资产	1776.30	-11.83	1936.77	-2.29	1829.89
归属于母公司股东权益	1031.36	-14.50	1147.91	-5.82	1120.66

资料来源：沪深交易所，同花顺。

表 11　2019 年广播、电视、电影和影视录音制作业上市公司盈利能力情况

指　标	2019 年	2019 年可比样本变动	2018 年	2018 年可比样本变动	2017 年
毛利率（%）	24.61	-5.89	29.68	-5.08	34.28
净资产收益率（%）	-15.73	-12.44	-3.95	-12.93	8.81
销售净利率（%）	-20.15	-14.75	-6.41	-23.21	16.25
资产净利率（%）	-6.50	-4.63	-2.22	-8.42	6.07

资料来源：沪深交易所，同花顺。

表 12　　2019 年广播、电视、电影和影视录音制作业上市公司偿债及营运情况

指　标	2019 年	2019 年可比样本变动	2018 年	2018 年可比样本变动	2017 年
资产负债率（%）	40.44	2.28	38.82	1.76	37.20
存货周转率（次）	2.73	-0.26	3.07	-0.43	3.45
总资产周转率（次）	0.32	-0.02	0.35	-0.02	0.37

资料来源：沪深交易所，同花顺。

（二）文化艺术业

1. 行业概况

根据国家统计局调查，2019 年全国 5.8 万家规模以上文化及相关产业企业实现营业收入 86624 亿元，按可比口径计算比上年增长 7.0%，保持平稳较快增长。广播电视集成播控、互联网其他信息服务、互联网广告服务，工业设计服务、互联网文化娱乐平台、电子出版物出版、用户可穿戴智能文化设备和虚拟现实设备等业态的营收增长速度均在 20% 以上，文化新业态发展势头强劲，拓展和创新了文化发展领域，引领和推动了我国文化产业的发展。

2. 行业内上市公司发展情况

表 13　　2019 年文化艺术业上市公司收入及资产增长情况　　单位：亿元

指　标	2019 年	2019 年可比样本增长（%）	2018 年	2018 年可比样本增长（%）	2017 年
营业收入	211.89	12.07	188.49	9.81	88.94
利润总额	19.54	41.65	13.84	-57.51	24.48
归属于母公司所有者的净利润	16.02	-41.01	9.25	-65.96	20.01
总资产	439.57	9.44	403.94	9.44	273.39
归属于母公司股东权益	279.72	13.33	249.21	4.76	194.90

资料来源：沪深交易所，同花顺。

表 14　　2019 年文化艺术业上市公司盈利能力情况

指　标	2019 年	2019 年可比样本变动	2018 年	2018 年可比样本变动	2017 年
毛利率（%）	38.11	-3.46	41.50	2.51	47.17
净资产收益率（%）	5.73	2.00	3.71	-7.71	10.27
销售净利率（%）	7.45	2.29	5.20	-11.51	23.18
资产净利率（%）	3.75	1.22	2.53	-6.75	8.27

资料来源：沪深交易所，同花顺。

表 15　　2019 年文化艺术业上市公司偿债及营运情况

指　标	2019 年	2019 年可比样本变动	2018 年	2018 年可比样本变动	2017 年
资产负债率（%）	35.53	0.51	34.79	1.54	27.30
存货周转率（次）	3.45	0.28	3.17	-1.31	2.90
总资产周转率（次）	0.50	0.01	0.49	-0.07	0.36

资料来源：沪深交易所，同花顺。

（三）新闻和出版业

1. 行业概况

2019 年，全国出版、印刷和发行服务实现营业收入 18896.1 亿元，较 2018 年增长 1.1%；拥有资产总额 24106.9 亿元，增长 3.0%；所有者权益（净资产）12156.2 亿元，增长 3.0%。图书出版营业收入增长 5.6%，增速在新闻出版 8 个产业类别中名列前茅。“以内容为根本，以技术为支撑”的出版融合发展政策导向是出版业科技创新的行动指南。

2. 行业内上市公司发展情况

表 16　　2019 年新闻和出版业上市公司收入及资产增长情况　　单位：亿元

指　标	2019 年	2019 年可比样本增长（%）	2018 年	2018 年可比样本增长（%）	2017 年
营业收入	1191.92	1.92	1152.98	2.10	1145.12
利润总额	132.48	179.12	45.36	-65.63	149.89
归属于母公司所有者的净利润	120.84	-2.42	37.15	-69.56	138.58
总资产	2182.71	6.52	2028.47	2.83	2070.93
归属于母公司股东权益	1366.01	5.63	1283.03	-0.11	1362.74

资料来源：沪深交易所，同花顺。

表 17　　2019 年新闻和出版业上市公司盈利能力情况

指　标	2019 年	2019 年可比样本变动	2018 年	2018 年可比样本变动	2017 年
毛利率（%）	31.74	1.32	30.28	-0.17	30.90
净资产收益率（%）	8.85	5.81	2.90	-6.60	10.17
销售净利率（%）	10.62	6.95	3.55	-7.62	12.53
资产净利率（%）	5.98	3.86	2.05	-4.64	7.24

资料来源：沪深交易所，同花顺。

表 18　　2019 年新闻和出版业上市公司偿债及营运情况

指　标	2019 年	2019 年可比样本变动	2018 年	2018 年可比样本变动	2017 年
资产负债率（%）	35.15	0.43	34.60	1.74	31.88
存货周转率（次）	3.74	-0.30	4.13	-0.35	4.51
总资产周转率（次）	0.56	-0.02	0.58	-0.02	0.58

资料来源：沪深交易所，同花顺。

（四）体育

1. 行业概况

2019 年，全国体育产业总规模（总产出）为 29483 亿元，增加值为 11248 亿元。从名义增长来看，总产出比 2018 年增长 10.9%，增加值增长 11.6%。无论是产业总规模的增速，还是产业增加值的增速，均高于同期 GDP 的增速。体育产业体系不断健全，基本形成了以竞赛表演、健身休闲为引领，体育场馆服务、体育培训、体育传媒、体育用品制造和贸易等共同发展的产业体系。

2. 行业内上市公司发展情况

表 19　　2019 年体育上市公司收入及资产增长情况　　单位：亿元

指　标	2019 年	2019 年可比样本增长（%）	2018 年	2018 年可比样本增长（%）	2017 年
营业收入	4.40	17.34	3.75	32.87	2.82
利润总额	0.49	-4.13	0.51	-8.35	0.56
归属于母公司所有者的净利润	0.25	-39.79	0.38	-5.93	0.41
总资产	7.39	25.75	5.88	23.19	4.77
归属于母公司股东权益	4.40	2.67	4.28	6.38	4.02

资料来源：沪深交易所，同花顺。

表 20　　2019 年体育上市公司盈利能力情况

指　标	2019 年	2019 年可比样本变动	2018 年	2018 年可比样本变动	2017 年
毛利率（%）	28.80	0.11	28.69	-6.75	35.45
净资产收益率（%）	5.58	-3.37	8.95	-1.17	10.12
销售净利率（%）	8.55	-2.68	11.23	-4.29	15.52
资产净利率（%）	5.67	-2.23	7.91	-3.79	11.69

资料来源：沪深交易所，同花顺。

表 21 2019 年体育上市公司偿债及营运情况

指　标	2019 年	2019 年可比样本变动	2018 年	2018 年可比样本变动	2017 年
资产负债率（%）	30.27	7.62	22.65	10.33	12.32
存货周转率（次）	8.32	-1.04	9.36	-0.46	9.83
总资产周转率（次）	0.66	-0.04	0.70	-0.05	0.75

资料来源：沪深交易所，同花顺。

四、重点上市公司介绍

（一）华策影视

华策影视成立于 2005 年，于 2010 年登陆创业板，是国内第一家以电视剧为主营业务的上市公司，曾出品多部知名剧集，与主流卫视及视频平台保持良好合作关系。2013 年并购全国第二大影视公司上海克顿传媒，大幅提升制作产能形成规模优势，扩大与竞争对手的差距，成为影视制作行业龙头企业；后续将在规模化生产的基础上，继续做强做精内容，不断提升内容价值，并以内容为核心全面布局泛娱乐产业，深度推动产业革新和生态升级。

2019 年，影视行业全年备案、开机、上线项目同比出现大幅下滑。为应对新的市场环境和需求，公司调整了市场策略，以清理存量项目、保障现金回款、控制研发风险为工作重点。2019 年，受行业税收波动、演员限薪、平台限价影响，下游剧集版权采买价格小幅下跌，由于影视剧制作周期较长，成本与收入错位导致公司毛利率降低。公司亏损主要由于 2019 年度内持续去库存导致销售规模降低所致。

2019 年度，公司实现营业收入人民币 26.31 亿元，其中全网剧销售业务收入为人民币 19.81 万元，占营业收入的 75.32%。影视行业调整下，2019 年前三季度的电视剧制作备案部数同比下滑 27%；前三季度电视剧制作备案公示集数同比下滑 30%。从播出剧集情况来看，高品质、精心制作的大 IP 剧获得了口碑、播放数据双丰收。公司出品的《亲爱的，热爱的》成为 2019 年最受欢迎的 IP 改编电视剧之一。2019 年公司电视剧开机 12 部，目前拍摄完毕尚未取证、取证待播等合计 18 部，其中体量相对较大的 9 部，剧集储备丰富。部分剧集即将定档首轮或多轮播出。就头部剧而言，公司会持续在制作上面加大投入，但在其他成本要素（演员等）会有一定的下降。总体来看，毛利率较前期低点已有回升并保持相对稳定，另外海外发行等也会对毛利率有一定帮助。

（二）完美世界

自 2004 年成立以来，完美世界立足游戏和影视逐步发展成为一个综合性的娱乐集团。公司游戏研发运营能力国内领先，游戏收入和毛利占比八成左右，是公司业绩增长主要推动力。自 2013 年以来公司自主研发手游十余款，移动游戏业务迅速增长。未来将把游戏品类拓展到二次元、女性向、格斗、沙盒、SLG、卡牌等领域以覆盖更多细分市场，各类储备游戏均预约火爆。

2019 年公司实现营收 80.38 亿元，同比增长 0.05%，净利润 15.04 亿元，同比下降 11.85%。2019 年的营收与上年同期持平，是因处置院线业务所致。自 2018 年 8 月起，院线业务收入便不再纳入合并范围，若剔除该业务收入影响，完美世界 2019 年的营业收入将同比增长 6.78%。2019 年净利润的下滑，主要是由于影视业务因行业及市场原因收入及利润较上年同期下降所致。公司影视业务收入约为 12.1 亿元，同比减少 42.54%，预计亏损约 3.1 亿元。

目前，公司的营收主要由游戏业务和影视业务构成，其中，游戏收入占比约 85%。2019 年，游戏业务收入为 68.3 亿元，同比增长 25.99%，游戏业务净利润约 18.8 亿元，同比增长 37.41%。游戏业务方面，2019 年，公司陆续推出了"完美世界"手游、"云梦四时歌""神雕侠侣 2""我的起源""新笑傲江湖"等移动游戏，并受到市场认可，这些游戏为公司带来了良好的收益。

同时，完美世界也在继续推进电竞产业布局，包括运营了世界顶级电竞大作"DOTA2"及"CS：GO（反恐精英：全球攻势）"，电竞业务也实现稳步增长。

五、上市公司在行业中的影响力

2019 年全年国内生产总值 990865 亿元，比上年增长 6.1%。其中，第一产业增加值 70467 亿元，增长 3.1%；第二产业增加值 386165 亿元，增长 5.7%；第三产业增加值 534233 亿元，增长 6.9%。第一产业增加值占国内生产总值比重为 7.1%，第二产业增加值比重为 39.0%，第三产业增加值比重为 53.9%。

2019 年我国人均教育文化娱乐消费支出 2513 元，同比增长 12.9%，其中，城镇居民人均教育文化娱乐消费支出 3328 元，比 2018 年增长 11.9%，农村居民人均教育文化娱乐消费支出 1482 元，比 2018 年增长 13.8%。2019 年，网络直播经过了 2018 年的平台洗牌期迎来了产业化发展黄金期，其中主要得益于电商直播和互联网巨头入局注入的强劲动力。2019 年，电商直播正式站上风口，网络直播进入功能多元拓展和产业体系化发展阶段。

2019 年以来，国内外网络安全问题形势依然严峻。全面推进网络空间法治化建设，相继出台相关法律和规定，以严管严控为原则完善网络空间治理体系。网络安全产业投融资火爆，行业发展彰显出潜力。

2019 年，我国互联网出海迎来新一轮高潮，互联网企业出海取得阶段性成果。在新冠肺炎疫情的影响下，中国在线医疗等生活服务与办公应用平台出海取得了一定成绩，中国互联网出海适逢窗口期，获得发展新机遇。2019 年传媒行业的上市公司有以下几个特点：

（一）5G 商用开启，娱乐内容消费提振

2019 年 6 月 6 日 5G 牌照落地，2020 年 5G 预计投入商用，预计五年 5G 用户预计将超过 5 亿户。随着 5G 用户规模增多，云游戏用户规模也将随之增长，预计在未来，云游戏也将延续从轻度到成熟的发展路径，开阔出新的市场。5G 牌照的落地，再一次将市场目光聚焦在广电系以及超高清视频产业链，硬件端的革新与发展均有助于文化传媒内部分的质的变化，细分行业中网络视频、音频、数字阅读、数字音乐、网络游戏、知识付费等代表未来用户内容消费需求的细分领域均有望带来新体验经济。

5G 商用开启，为传媒行业带来新的发展契机，新的增长动力。新闻信息，特别是基于互联网视频的信息受影响最明显，直播行业和短视频行业将迎来爆发式的增长。短视频领域从业者不再有技术门槛和技术壁垒，高带宽低时延的 5G 特性，将使短视频行业和直播行业进一步繁荣。该领域也是受 5G 影响最立竿见影的垂直细分赛道，新的黑马有机会出现。5G 时代，新的传播载体形式有望出现，比如 VR 和 AR。低时延的广泛应用，将使用户体验大幅上升，借助 VR 等设备获取信息将变得日益普遍。新闻信息内容将更加丰富多彩和多元化。

（二）行业深度调整，逐步触底反弹

2019 年中信传媒指数涨幅 10.7%，万得全 A 指数涨幅 28.4%，沪深 300 指数涨幅 32.9%，传媒板块依旧相对弱势。2019 年，受整体经济环境及中美贸易摩擦等因素的影响，中国传媒产业增速首次跌破两位数为 7.95%，是近十多年最低。

游戏板块业绩预告分化明显。24 家上市公司中有 12 家公司盈利和 12 家公司亏损，且受上市公司亏损规模较大影响，板块整体净利润预告区间为亏损 119.65 亿元至亏损 80.75 亿元。自 2018 年 12 月审批重启以来，游戏版号在总量控制中有序下发，推动游戏产业规模稳定增长；在市场新游增加、行业景气回升的整体趋势下，游戏公司经营回归正常节奏，新游陆续上线后对公司业绩有明显的提振作用。完美世界、三七互娱、掌趣科技、昆仑万维等公司受益于自研及发行产品的良好表现，业绩实现同比增长。

影视和院线板块整体亏损面较大。17 家上市公司中业绩亏损的公司数量达 11 家，盈利的 6 家公司中有 4 家实现扭亏、2 家净利润同比减少。板块整体预告业绩亏损 128.00 亿元至 157.32 亿元。慈文传媒、华录百纳、文投控股、幸福蓝海等公司 2019 年实现扭亏。行业的调整给影视剧集制作公司生产经营不同阶段均带来影响，下半年电影票房回暖驱动电影院线业绩平稳增长。

出版发行板块业绩稳健。在进行业绩预警的 9 家上市公司均实现盈利，且 6 家

实现净利润同比增长，1家续盈及2家净利润预计同比减少；板块整体预告净利润规模33.76亿元至36.30亿元。中南传媒预计实现归母净利润12.74亿元目前居板块首位，读者传媒、广弘控股净利润同比增长50%以上，中信出版、中南传媒、中原传媒同样实现净利润稳健增长。

营销板块商誉减值压力有所缓解。24家上市公司中有18家公司盈利及6家亏损，但由于亏损规模较大导致板块整体预告净利润亏损10.43亿元至25.60亿元。

审稿人：林起贤

撰稿人：袁　航

综　合

一、综合业总体概况

综合行业共有21家上市公司，整个行业公司类目较杂，主营业务不突出。从行业内部看，涉及地产、商贸、金属、物流、商贸、金融、能源等多种业务。2019年综合行业整体实现营业收入602.73亿元，可比样本较2018年同期增长8.75%；行业实现归属于母公司所有者净利润19.62亿元，可比样本较2018年增长173.21%。

二、行业内上市公司发展概况

（一）行业内上市公司基本情况

表1　　2019年综合业上市公司发行股票概况

门　类	A、B股总数（家）	A股股票数（家）	B股股票数（家）	境内总市值（亿元）	流通A股市值（亿元）	流通B股市值（亿元）
综合业	21	21	0	1375.61	1201.47	0.00
占沪深两市比重（%）	0.54	0.54	0.00	0.23	0.25	0.00

资料来源：沪深交易所，同花顺。

（二）行业内上市公司构成情况

表2　　2019年综合业上市公司构成情况

门　类	沪市			深市			ST/*ST
	仅A股	仅B股	A+B股	仅A股	仅B股	A+B股	
综合业（家）	14	0	0	7	0	0	2/1
占行业内上市公司比重（%）	66.67	0.00	0.00	33.33	0.00	0.00	9.52/4.76

资料来源：沪深交易所，同花顺。

（三）行业内上市公司融资情况

表 3　　2019 年综合业上市公司与沪深两市融资情况对比　　单位：家

门　类	融资家数	新股	增发	配股
综合业	0	0	0	0
沪深两市总数	463	203	251	9
占比（%）	0.00	0.00	0.00	0.00

资料来源：沪深交易所，同花顺。

其中，2019 年综合行业未有首发的公司，未有增发的公司。

2019 年综合业上市公司融资情况明细见附录。

（四）行业内上市公司资产及业绩情况

表 4　　2019 年综合业上市公司资产情况　　单位：亿元

指　标	2019 年	2019 年可比样本增长（%）	2018 年	2018 年可比样本增长（%）	2017 年
总资产	1770.79	5.60	1889.87	8.02	1727.47
流动资产	763.19	6.79	823.70	8.95	784.56
占比（%）	43.10	0.48	43.58	0.37	45.42
非流动资产	1007.60	4.71	1066.18	7.32	942.91
占比（%）	56.90	-0.48	56.42	-0.37	54.58
流动负债	588.35	3.05	631.25	6.08	589.58
占比（%）	33.23	-0.82	33.40	-0.61	34.13
非流动负债	313.82	29.32	305.08	36.92	211.87
占比（%）	17.72	3.25	16.14	3.41	12.26
归属于母公司股东权益	738.61	0.54	821.31	1.53	820.81
占比（%）	41.71	-2.10	43.46	-2.78	47.52

资料来源：沪深交易所，同花顺。

表 5　　2019 年综合业上市公司收入实现情况　　单位：亿元

指　标	2019 年	2019 年可比样本增长（%）	2018 年	2018 年可比样本增长（%）	2017 年
营业收入	602.72	8.76	552.53	24.47	433.40
利润总额	43.50	26.62	40.37	3.92	30.64
归属于母公司所有者的净利润	19.62	173.21	12.31	-45.62	18.13

资料来源：沪深交易所，同花顺。

（五）利润分配情况

2019年全年综合业上市公司中共有8家公司实施了分红配股。其中，0家上市公司实施送股或转增股，8家上市公司实施派息。

2019年综合业上市公司分红明细见附录。

（六）其他财务指标情况

1. 盈利能力指标

表6　　2019年综合业上市公司盈利能力情况

指　标	2019年	2019年可比样本变动	2018年	2018年可比样本变动	2017年
毛利率（%）	33.74	3.24	31.57	5.20	24.90
净资产收益率（%）	2.66	1.68	1.50	-1.30	2.21
销售净利率（%）	4.63	2.19	3.35	-3.25	5.22
资产净利率（%）	1.62	0.77	1.02	-0.79	1.40

资料来源：沪深交易所，同花顺。

2. 偿债能力指标

表7　　2019年综合业上市公司偿债能力指标

指　标	2019年	2019年可比样本变动	2018年	2018年可比样本变动	2017年
流动比率	1.30	0.05	1.30	0.03	1.33
速动比率	0.88	0.08	0.79	0.02	0.82
资产负债率（%）	50.95	2.43	49.54	2.79	46.39

资料来源：沪深交易所，同花顺。

3. 营运能力指标

表8　　2019年综合业上市公司营运能力情况　　单位：次

营运能力指标	2019年	2019年可比样本变动	2018年	2018年可比样本变动	2017年
存货周转率	1.61	-0.09	1.22	0.11	1.08
应收账款周转率	6.00	0.20	5.52	-0.18	4.94
流动资产周转率	0.82	-0.01	0.70	0.08	0.57
固定资产周转率	2.81	-0.07	2.93	0.29	2.88
总资产周转率	0.35	0.00	0.30	0.03	0.27
净资产周转率	0.70	0.05	0.59	0.07	0.50

资料来源：沪深交易所，同花顺。

三、重点上市公司介绍

复旦复华

公司是复旦大学控股的上市公司，是全国高校第一家上市公司。依托复旦大学雄厚的科研、技术、人才优势，历经初创拓展、改制上市、调整转型、全面发展，复旦复华在“发展高科技、实现产业化”的探索与实践中，成功确立了以软件开发、生物医药、园区房产为核心的科技产业体系，目前已拥有中国重要的对日软件出口平台，具有科技创新能力的药品研发、生产、营销基地，以及广纳国内外高新技术企业的国家级高新技术园区。

公司主要有三大板块业务：

1、药业。公司从事医药业务的主要企业为上海复旦复华药业有限公司和江苏复旦复华药业有限公司。

上海复旦复华药业有限公司主要从事药品的研发、生产和销售，业务涵盖化学原料药、化学药品制剂、中成药等。依托复旦大学医学、药学等优势学科，药业公司专注于做专科药、特色药，围绕消化系统药物、神经系统用药物、抗肿瘤药物、循环系统药物等核心治疗领域，努力扩大重点产品的市场份额，注射用谷胱甘肽、双益平（石杉碱甲片）、氟他胺片等产品在各自细分的治疗领域占有一定的市场地位。

2019 年，上海复旦复华药业有限公司营业收入为 66461.45 万元，比上年同期下降 2.92%，占公司营业收入的 47.48%；归属于上市公司股东的净利润为 6181.16 万元，比上年同期下降 7.83%。

2、软件业务。公司从事软件业务的主要企业为上海中和软件有限公司。中和软件主要从事对日软件离岸开发业务，承接对象以证券、银行、保险、产业、流通等行业为主。

2019 年中和软件努力拓展对日业务，利用自身高端人才的集团效应，积极参与项目的高层设计，扩大了对日项目的开发规模，公司日元营业收入同比较大幅度地增长；同时，大力推进国内业务的开拓，国内业务收入同比较大幅度地增长。由于国内外业务量均稳步提升，且 2019 年全年日元平均汇率相比 2018 年有所上升，中和软件人民币营业收入同比较大幅度地增长。

2019 年，上海中和软件有限公司营业收入为 28626.62 万元，比上年同期增长 19.46%，占公司营业收入的 20.45%；归属于上市公司股东的净利润为 600.16 万元，比上年同期增长 51.17%。

3、园区业务。公司从事园区业务的主要企业为上海复华高新技术园区发展有限公司、上海复华高科技产业开发有限公司、复旦复华高新技术园区（海门）发展有限公司、上海复旦软件园有限公司和海门复华房地产发展有限公司。

2019 年，公司园区产业主要从事的业务包括自有房屋租赁，房地产开发与经营，招商、咨询服务，物业管理及配套服务。公司园区产业依托复华园区的优越区位、完善设施及良好品牌，积极推动招商工作，顺利完成园区厂房出租任务，租金水平稳步提升。复华园区海门园配套住宅“复华文苑”项目已按计划交房并取得营业收入，物业服务等工作有序开展。

2019年，上海复华高新技术园区发展有限公司、上海复华高科技产业开发有限公司、复旦复华高新技术园区（海门）发展有限公司、上海复旦软件园有限公司、海门复华房地产发展有限公司合计营业收入为42572.47万元，比上年同期增长5.79倍，占公司营业收入的30.41%；归属于上市公司股东的净利润为2455.24万元，比上年同期增长4.52倍。其中，海门复华房地产发展有限公司营业收入为39952.24万元，归属于上市公司股东的净利润为2076.87万元。

整体来看，2019年公司营业收入139990.18万元，比上年同期增长38.85%，归属于上市公司股东的净利润5551.14万元，比上年同期增长29.74%，实现了经济效益的稳步增长。

审稿人：吕　梁

撰稿人：吕　梁

第三篇

上市公司地区篇

- 北京地区 · 天津地区 · 河北地区 · 山西地区 · 内蒙古地区
- 辽宁地区 · 吉林地区 · 黑龙江地区
- 上海地区 · 江苏地区 · 浙江地区 · 安徽地区 · 福建地区 · 江西地区 · 山东地区
- 河南地区 · 湖北地区 · 湖南地区 · 广东地区 · 广西地区 · 海南地区
- 重庆地区 · 四川地区 · 贵州地区 · 云南地区 · 西藏地区
- 陕西地区 · 甘肃地区 · 青海地区 · 宁夏地区 · 新疆地区
- 深圳地区 · 大连地区 · 宁波地区 · 厦门地区 · 青岛地区

（因统计资料所限，本年鉴未将我国港澳台地区有关情况列示和分析。）

北京地区

一、北京经济发展概况

表 1　　2019 年北京经济发展概况　　单位：亿元

指　标	1～3 月		1～6 月		1～9 月		1～12 月	
	绝对量	同比增长（%）	绝对量	同比增长（%）	绝对量	同比增长（%）	绝对量	同比增长（%）
地区生产总值（GDP）	7784.30	6.40	16443.50	6.30	25446.70	6.20	35371.30	6.10
全社会固定资产投资	—	16.90	—	14.70	—	4.70	—	-2.40
社会消费品零售总额	2753.35	3.80	5687.48	5.40	8789.85	4.80	12270.10	4.40
规模以上工业增加值	—	7.90	—	3.50	—	2.90	—	3.10
规模以上工业企业实现利润	286.70	-20.60	730.60	-16.10	1182.10	-7.60	1683.50	6.70
居民消费价格指数（CPI）	1～3 月		1～6 月		1～9 月		1～12 月	
	1.80		1.90		2.10		2.30	

资料来源：国家统计局。

二、北京上市公司总体情况

（一）公司数量

表 2　　2019 年北京上市公司数量　　单位：家

公司总数	2019 年新增	股票类别			板块分布				
		仅 A 股	仅 B 股	(A+B)股	沪市主板	深市主板	中小板	创业板	科创板
346	30	345	0	1	148	25	54	107	12

资料来源：沪深交易所，同花顺。

（二）行业分布

表 3　　2019 年北京上市公司行业分布情况

行业类别	家数	占比（%）	行业类别	家数	占比（%）
采矿业	14	4.05	批发和零售业	14	4.05
电力、热力、燃气及水生产和供应业	11	3.18	水利、环境和公共设施管理业	5	1.45
房地产业	14	4.05	卫生和社会工作业	0	0.00
建筑业	21	6.07	文化、体育和娱乐业	10	2.89
交通运输、仓储和邮政业	3	0.87	信息传输、软件和信息技术服务务业	78	22.54
教育	3	0.87	制造业	122	35.26
金融业	20	5.78	住宿和餐饮业	3	0.87
居民服务、修理和其他服务业	1	0.29	租赁和商务服务业	13	3.76
科学研究和技术服务业	11	3.18	综合	1	0.29
农、林、牧、渔业	2	0.58	合计	346	100.00

资料来源：沪深交易所，同花顺。

（三）股本结构及规模

表 4　　2019 年北京上市公司股本规模在 10 亿股以上公司分布情况

股本规模（亿股）	公司家数	具体公司
1000≤	6	中国石化、农业银行、工商银行、中国石油、建设银行、中国银行
500≤～<1000	2	邮储银行、光大银行
200≤～<500	13	京东方 A、民生银行、中国联通、长江电力、北京银行、中国人保、中国中铁、中国中冶、中国人寿、中国建筑、中国中车、中国重工、中信银行
100≤～<200	16	华能国际、华夏银行、石化油服、海油发展、中国神华、中国国航、中国铁建、中国铝业、中国电建、中国交建、中国银河、中煤能源、中国核电、大唐发电、金隅集团、中国通号
50≤～<100	10	泛海控股、首钢股份、首创股份、三一重工、福田汽车、京能电力、国投电力、中信建投、ST 锐电、中国外运
20≤～<50	40	神州高铁、金融街、燕京啤酒、中信国安、华联股份、紫光股份、东华软件、东方园林、大北农、首航节能、奥瑞金、万达电影、蓝色光标、碧水源、三聚环保、乐视网、捷成股份、光线传媒、利亚德、掌趣科技、同方股份、万通地产、安迪苏、首开股份、*ST 信威、中金黄金、中铁工业、天地科技、用友网络、信达地产、北汽蓝谷、华远地产、节能风电、中铝国际、中国化学、东兴证券、新华保险、北辰实业、中国卫通、际华集团

续表

股本规模（亿股）	公司家数	具体公司
10≤～<20	58	新华联、中色股份、北新建材、安泰科技、中科三环、双鹭药业、中工国际、石基信息、东方雨虹、千方科技、北京利尔、四维图新、广联达、二六三、弘高创意、中化岩土、惠博普、清新环境、京威股份、神州泰岳、乐普医疗、数知科技、合康新能、数码科技、神雾环保、东方国信、飞利信、旋极信息、北信源、东方网力、光环新网、昆仑万维、中国国贸、歌华有线、中国医药、五矿发展、华润双鹤、同仁堂、中国卫星、华创阳安、天坛生物、退市华业、城建发展、航天信息、农发种业、中航电子、华胜天成、三元股份、北方导航、电子城、中国电影、昊华能源、华电重工、江河集团、中国国旅、京运通、中国出版、人民网

资料来源：沪深交易所，同花顺。

表 5　　2019 年北京上市公司分地区股权构成情况　　单位：家

股权性质 / 地域分布	央企国资控股	省属国资控股	地市国资控股	民营控股	其他	合计
北京市	97	44	0	175	30	346

资料来源：北京证监局。

（四）市值规模

截至 2019 年 12 月 31 日，北京 346 家上市公司境内总市值 139278.59 亿元，占全国上市公司境内总市值的 23.49%；其中，上交所上市公司 160 家，总股本 24931.64 亿股，境内总市值 119239.86 亿元，占上交所上市公司境内总市值的 33.52%；深交所上市公司 186 家，总股本 2044.96 亿股，境内总市值 20038.74 亿元，占深交所上市公司境内总市值的 8.45%。

（五）资产规模

截至 2019 年 12 月 31 日，北京 346 家上市公司合计总资产 1636825.60 亿元，归属于母公司股东权益 180915.47 亿元，与 2018 年相比，分别增长 16.79%、16.67%；平均每股净资产 6.71 元。

三、北京上市公司经营情况及变动分析

（一）总体经营情况

表 6　　2019 年北京上市公司经营情况

指　标	2019 年	2018 年	变动率（%）
家数	346	316	9.49
亏损家数	37	36	2.78
亏损家数比例（%）	10.69	11.39	-0.70

续表

指　标	2019 年	2018 年	变动率（%）
平均每股收益（元）	0.64	0.53	20.75
平均每股净资产（元）	6.71	5.13	30.80
平均净资产收益率（%）	9.50	10.38	-0.88
总资产（亿元）	1636825.60	1401570.06	16.79
归属于母公司股东权益（亿元）	180915.47	155076.34	16.67
营业收入（亿元）	189492.48	169415.96	11.85
利润总额（亿元）	23113.74	20968.85	10.23
归属于母公司所有者的净利润（亿元）	17182.92	15403.90	11.55

资料来源：沪深交易所，同花顺。

（二）分行业经营情况

表 7　　2019 年北京上市公司分行业经营情况

行业类别	营业收入（亿元）	可比样本变动率（%）	归属于母公司所有者的净利润（亿元）	可比样本变动率（%）
采矿业	60229.42	4.10	1533.35	-7.54
电力、热力、燃气及水生产和供应业	4477.71	4.42	367.00	0.00
房地产业	1581.33	6.47	78.31	-3.52
建筑业	45458.99	15.56	1251.53	9.44
交通运输、仓储和邮政业	2180.01	-0.09	95.55	-7.32
教育	20.08	43.43	2.05	61.42
金融业	51982.01	10.45	13297.80	10.94
居民服务、修理和其他服务业	3.53	-44.06	-0.93	-444.44
科学研究和技术服务业	185.50	22.99	17.66	16.88
农、林、牧、渔业	57.14	40.29	0.41	-53.93
批发和零售业	1971.52	9.68	40.30	27.57
水利、环境和公共设施管理业	249.32	0.78	15.63	-34.11
卫生和社会工作业	—	—	—	—
文化、体育和娱乐业	438.22	1.22	-64.76	-532.60
信息传输、软件和信息技术服务业	4777.67	4.14	105.98	81.26
制造业	14572.15	7.42	371.46	-25.15
住宿和餐饮业	99.71	-4.11	8.94	-4.69
租赁和商务服务业	1202.69	7.00	62.36	51.76
综合	5.48	1789.66	0.29	147.54
合计	189492.48	8.73	17182.92	7.18

资料来源：沪深交易所，同花顺。

（三）业绩变动情况分析

1. 营业收入、毛利率等变动原因分析

2019年，北京地区上市公司实现营业收入189492.48亿元，同比增长11.85%，收入增速较2018年有一定下降；利润总额23113.74亿元，同比增长10.23%；归属于母公司所有者的净利润17182.92亿元，同比增长11.55%；平均毛利率为34.97%，较2018年有所上升。

2. 盈利构成分析

2019年，北京地区上市公司扣除非经常性损益后的净利润为16753.57亿元、同比增长6.48%，非经常性损益金额合计429.36亿元；营业利润占利润总额的比重为101.01%，是上市公司的主要利润来源；投资净收益合计4638.19亿元、在利润总额中占比20.08%，占比有所上升。

3. 经营性现金流量分析

2019年，北京地区上市公司经营活动产生的现金流量净额为29735.76亿元，同比下降8.56%，企业资金状况更为紧张；辖区346家上市公司中282家经营活动产生的现金流量净额为正，较2018年有所增加。

4. 业绩特点分析

（1）总体业绩稳中有升。2019年北京上市公司营业收入、净利润与2018年相比呈“双升”态势；平均净资产收益率为9.50%，较2018年呈现下降趋势。

（2）亏损面有所扩大。北京地区共有45家上市公司经营性亏损，比2018年有所减少，约占北京上市公司总数的13.01%。其中，亏损40家，9家公司连续两年亏损，均较2018年有所增加，此外，有44家上市公司扣除非经常性损益后的净利润为负，较2018年明显增加。

（3）2019年，大力发展直接融资、实体经济潜能持续释放、居民财富管理需求迅速增长、金融供给侧结构性改革深入推进，都为资本市场发展注入活力。同时，外部环境更趋复杂严峻，宏观经济运行挑战增多，金融风险也面临新的考验。股票质押、债券违约、私募基金等领域重点风险持续存在。主板上市公司在北京全部上市公司营业收入和归属母公司股东的净利润的贡献方面依旧是绝对主力，占全辖区的比例分别为97.39%、99.78%，营业收入、归属母公司股东的净利润前十大的辖区公司均为主板上市公司。科创板、创业板、中小板公司规模较小，抗风险能力差，辖区创业板上市公司归属母公司股东的净利润甚至为-52.12亿元。行业分布方面，归属母公司股东的净利润前十大的辖区公司中8家所属行业为金融业、2家所属行业为采矿业，2019年金融业上市公司实现的归属母公司股东的净利润在辖区占比超过75%。

5. 利润分配情况

表 8　　2019 年北京上市公司现金分红情况

2019 年分红公司家数			2019 年分红金额		
家数	变动率（%）	分红公司家数占地区公司总数比重（%）	金额（亿元）	变动率（%）	分红金额占归属于母公司所有者的净利润比重（%）
255	5.37	73.70	5729.65	10.90	33.35

资料来源：北京证监局。

四、北京上市公司并购重组情况

（一）并购重组基本情况

2019 年，北京地区上市公司涉及重大资产重组 22 单，涉及主板公司 11 家、中小板公司 4 家、创业板公司 7 家。其中，已完成的 19 单，较 2018 年增加 3 单，交易总价值共计 1592.70 亿元。新发起的 7 单，与 2018 年持平，交易金额约 62.04 亿元。另外，已明确失败的并购重组交易共 2 单，较 2018 年减少 2 单。

（二）并购重组特点

2019 年，上市公司并购重组以产业整合为主，其中横向整合约占全部重大资产重组的一半左右，并购形式方面来看，境内并购占据绝大部分，发生重大资产重组较多的上市公司所属行业包括计算机、通信和其他电子设备制造业、化学原料和化学制品制造业、专用设备制造业、软件和信息技术服务业、电气机械和器材制造业等。

具体到北京地区，2019 年重大资产重组主要集中在计算机、通信和其他电子设备制造业，其他行业包括专业技术服务业、专用设备制造业等，主要与北京地区高新技术产业相对集中、相关领域资本运作较为活跃有关。重组目的方面，横向整合共 12 单，占全部并购重组的一半以上，其他还包括多元化战略 3 单、战略合作 3 单、买壳上市 2 单、垂直整合 1 单、资产调整 1 单。资产重组方式以发行股份购买资产、协议收购为主，其中发行股份购买资产共 14 单、协议收购 5 单。辖区公司通过重组，实现聚焦主业、优化资本结构、转型发展、资源整合等目的，例如盛达资源、中矿资源通过资产重组，达到增加资源储量、补足原材料供应短板等目的；必创科技通过并购，实现布局光电仪器及光学检测分析的目的；大唐电信通过电信科研院以持有大唐半导体的债权对公司增资的形式进行重组，改善公司资本结构；金隅集团通过获得金隅集团剩余水泥业务资产，从而实现对金隅集团全部水泥业务的统一经营管理，进一步优化资源配置。2019 年，北京地区共有 2 家公司涉及出境并购，有利于企业拓展全球市场、更好地整合企业资源，实现促进更好更快发展的目的。

五、北京上市公司募集资金情况、使用情况

（一）募集资金总体情况

表 9　　2019 年北京上市公司募集资金情况

发行类型	代码	简称	募集资金（亿元）
首发	002955. SZ	鸿合科技	17. 98
	002963. SZ	豪尔赛	8. 89
	300759. SZ	康龙化成	5. 03
	300773. SZ	拉卡拉	13. 32
	300785. SZ	值得买	3. 79
	300788. SZ	中信出版	7. 06
	300797. SZ	钢研纳克	2. 79
	300799. SZ	左江科技	3. 65
	300803. SZ	指南针	3. 56
	300810. SZ	中科海讯	4. 85
	600968. SH	海油发展	38. 05
	601598. SH	中国外运	—
	601658. SH	邮储银行	327. 14
	601698. SH	中国卫通	10. 88
	603267. SH	鸿远电子	8. 37
	603613. SH	国联股份	5. 33
	603927. SH	中科软	6. 86
	688009. SH	中国通号	105. 30
	688015. SH	交控科技	6. 47
	688028. SH	沃尔德	5. 34
	688033. SH	天宜上佳	9. 75
	688058. SH	宝兰德	7. 93
	688066. SH	航天宏图	7. 16
	688068. SH	热景生物	4. 58
	688078. SH	龙软科技	3. 82
	688111. SH	金山办公	46. 32
	688168. SH	安博通	7. 28
	688198. SH	佰仁医疗	5. 68
	688369. SH	致远互联	9. 51
	小计		686. 67

续表

发行类型	代码	简称	募集资金（亿元）
再融资（增发、配股）	002051. SZ	中工国际	12. 91
	002371. SZ	北方华创	20. 00
	002462. SZ	嘉事堂	5. 95
	002612. SZ	朗姿股份	3. 16
	002707. SZ	众信旅游	3. 58
	002738. SZ	中矿资源	4. 29
	002739. SZ	万达电影	105. 24
	002755. SZ	东方新星	70. 67
	002819. SZ	东方中科	1. 43
	300034. SZ	钢研高纳	1. 20
	300229. SZ	拓尔思	0. 48
	300271. SZ	华宇软件	10. 55
	300302. SZ	同有科技	3. 48
	300455. SZ	康拓红外	14. 42
	300456. SZ	耐威科技	12. 28
	300513. SZ	恒实科技	1. 09
	300523. SZ	辰安科技	4. 61
	300667. SZ	必创科技	4. 03
	600015. SH	华夏银行	292. 36
	600733. SH	北汽蓝谷	10. 65
	600764. SH	中国海防	59. 40
	600855. SH	航天长峰	9. 61
	601390. SH	中国中铁	116. 55
	601600. SH	中国铝业	127. 13
	603603. SH	博天环境	2. 59
	603859. SH	能科股份	2. 14
	603986. SH	兆易创新	24. 23
	小计		924. 03
其他融资（公司债券、可转换债券）	000046. SZ	泛海控股	10. 50
	000065. SZ	北方国际	5. 78
	000402. SZ	金融街	60. 00
	002310. SZ	东方园林	13. 00

续表

发行类型	代码	简称	募集资金（亿元）
其他融资（公司债券、可转换债券）	002368. SZ	太极股份	10. 00
	002439. SZ	启明星辰	10. 45
	002649. SZ	博彦科技	5. 76
	002721. SZ	金一文化	5. 00
	300072. SZ	三聚环保	3. 33
	300296. SZ	利亚德	8. 00
	600007. SH	中国国贸	5. 00
	600008. SH	首创股份	50. 00
	600011. SH	华能国际	33. 00
	600050. SH	中国联通	20. 00
	600100. SH	同方股份	5. 00
	600155. SH	华创阳安	11. 15
	600376. SH	首开股份	36. 80
	600528. SH	中铁工业	14. 60
	600578. SH	京能电力	11. 00
	600657. SH	信达地产	49. 00
	600743. SH	华远地产	35. 00
	600886. SH	国投电力	12. 00
	600900. SH	长江电力	70. 00
	601068. SH	中铝国际	15. 00
	601186. SH	中国铁建	120. 00
	601390. SH	中国中铁	90. 00
	601588. SH	北辰实业	12. 00
	601600. SH	中国铝业	50. 00
	601669. SH	中国电建	100. 00
	601800. SH	中国交建	150. 00
	601886. SH	江河集团	1. 00
	601985. SH	中国核电	78. 00
	601992. SH	金隅集团	20. 00
	601998. SH	中信银行	400. 00
	603098. SH	森特股份	6. 00
	603588. SH	高能环境	12. 00
	小计		1538. 37
总计			3149. 07

资料来源：北京证监局。

（二）募集资金使用情况及特点

2019年，资本市场助力北京企业发展，在调结构、去杠杆、去产能的大背景下，北京企业全年融资金额较2018年有较大幅度上升，发挥了资本市场服务实体经济的作用。北京地区上市公司运用多种资本市场工具累计直接融资5399.07亿元。其中，IPO公司29家，共计募集资金686.67亿元；定向增发、配股融资27家，共计募集资金924.03亿元；发行优先股融资5家，募集资金2250.00亿元；发行公司债、可转债36家，共计募集资金1538.37亿元。首发、增发、配股、可转债募投项目共计187个，截至2019年年底已投入募集资金占计划投入募集资金总额的比例约为94.53%。

（三）募集资金变更情况

表10　2019年北京上市公司募集资金使用项目变更情况

变更募集资金使用项目的公司家数	涉及金额（亿元）	募集资金总额（亿元）	占公司募集资金总额的比例（%）
30	586.42	5399.07	10.86

资料来源：北京证监局。

2019年，北京地区有30家上市公司变更募集资金投向，公司数量较2018年有所增加，涉及金额约586.42亿元，均不属于超募资金，变更投向的募集资金约占辖区公司募集资金总额的10.86%。其中，变更募集资金投向的上市公司主要集中在软件和信息技术服务业，共有8家公司，约占变更公司总数的26.67%，变更后的募投资金投向主要集中在永久补充流动资金。

六、北京上市公司规范运作情况

（一）上市公司治理专项情况

北京证监局坚持“四个敬畏、一个合力”，围绕提高上市公司质量的核心目标，对照证监会《推动提高上市公司质量行动计划》，推动辖区上市公司及大股东牢牢守住“四条底线”，督促形成健全完善、公开透明、制衡有效的公司治理体系。同时，北京证监局落实从严监管理念，以现场检查为抓手，坚决查处各类违规问题，注重督促上市公司严格执行内控制度，有效防范违规担保、资金占用等侵害上市公司利益的行为。

（二）审计情况及监管情况

截至2020年4月30日，北京地区上市公司已披露的2019年度审计报告中，审计意见类型为无法表示意见的有4家，保留意见的有9家，带强调事项段的无保留意见的有5家，另有1家公司未按时披露年报。2019年，北京证监局审计监管工作突出以质控工作机制强化自律监管为核心，以问题和风险导向强化业务监管为抓手，通过强化年报审计监管，不断提升审计报告披露质量，通过强化现场检查，及时依法查处违规行为，督促审计机构提升执业水平，不断提升上市公司质量。

（三）信息披露情况

北京证监局2019年年初召开监管工作会，全面部署2019年会计审计监管重点，并对年报审计工作提出了具体要求。在审计工作开展中，集中开展审计约谈，全面了解辖区年报审计情况，督促提高审计报告的披露质量。在年报审核工作开展中，持续推进科技监管手段，提升审阅效果，强化非现场监管的广度和深度。此外，加强与交易所的协作力度，对于重点项目开展联合检查，进一步提升检查质效。

（四）证券市场服务情况

北京证监局持续将投资者权益保护工作作为重点，2019年举办第二届北京辖区上市公司投资者集体接待日活动，辖区公司600余名高管与投资者交流互动，回答问题近8000条，受到广泛关注和赞誉。2019年，北京证监局指导北京上市公司协会完成网络培训系统开发并上线运行，指导北京上市公司协会持续开展董监事培训工作，通过监管通报及时阐明监管立场，将典型案例纳入培训内容，以案说法，促进上市公司提升治理能力和合规经营水平。此外，北京证监局持续重视调研工作，其中通过深入调研民企应收账款状况，有效促进了清理拖欠账款专项行动开展。

（五）其他

北京证监局推进科创版并试点注册制改革在辖区成功落地和稳健运行，做好辅导备案、审核问询、持续监管、辖区机构交易准备等各环节工作。北京证监局坚决贯彻扶贫工作部署，组织辖区部分上市公司通过项目扶贫、消费扶贫等方式参与扶贫工作，为脱贫工作贡献积极力量。

审稿人：徐　彬　文　静
撰稿人：王祎娜

天津地区

一、天津经济发展概况

表 1　　2019 年天津经济发展概况　　单位：亿元

指　标	1～3 月		1～6 月		1～9 月		1～12 月	
	绝对量	同比增长（%）	绝对量	同比增长（%）	绝对量	同比增长（%）	绝对量	同比增长（%）
地区生产总值（GDP）	3103.97	4.50	6556.84	4.60	10146.86	4.60	14104.28	4.80
全社会固定资产投资	—	26.10	—	17.40	—	15.40	—	13.90
社会消费品零售总额	1342.93	-2.60	—	-0.60	—	-1.40	—	-0.30
规模以上工业增加值	—	4.60	—	3.30	—	2.20	—	3.40
规模以上工业企业实现利润	239.70	-4.60	582.70	-3.50	897.50	-5.00	1212.00	-0.80
居民消费价格指数（CPI）	1～3 月		1～6 月		1～9 月		1～12 月	
	1.90		2.20		2.30		2.70	

资料来源：国家统计局。

二、天津上市公司总体情况

（一）公司数量

表 2　　2019 年天津上市公司数量　　单位：家

公司总数	2019 年新增	股票类别			板块分布				
		仅 A 股	仅 B 股	(A+B)股	沪市主板	深市主板	中小板	创业板	科创板
54	4	53	0	1	27	8	9	8	2

资料来源：沪深交易所，同花顺。

（二）行业分布

表 3　　2019 年天津上市公司行业分布情况

行业类别	家数	占比（%）	行业类别	家数	占比（%）
采矿业	3	5.56	批发和零售业	4	7.41
电力、热力、燃气及水生产和供应业	1	1.85	水利、环境和公共设施管理业	1	1.85
房地产业	7	12.96	卫生和社会工作业	0	0.00
建筑业	0	0.00	文化、体育和娱乐业	1	1.85
交通运输、仓储和邮政业	4	7.41	信息传输、软件和信息技术服务业	1	1.85
教育	0	0.00	制造业	30	55.56
金融业	0	0.00	住宿和餐饮业	0	0.00
居民服务、修理和其他服务业	0	0.00	租赁和商务服务业	0	0.00
科学研究和技术服务业	2	3.70	综合	0	0.00
农、林、牧、渔业	0	0.00	合计	54	100.00

资料来源：沪深交易所，同花顺。

（三）股本结构及规模

表 4　　2019 年天津上市公司股本规模在 10 亿股以上公司分布情况

股本规模（亿股）	公司家数	具体公司
100≤ ~ <200	1	中远海控
50≤ ~ <100	2	三六零、招商公路
20≤ ~ <50	7	中海油服、海油工程、红日药业、海航科技、中环股份、中储股份、天津港
10≤ ~ <20	12	广宇发展、*ST 津滨、一汽夏利、天士力、泰达股份、国机汽车、创业环保、富通鑫茂、百利电气、天保基建、天房发展、天药股份

资料来源：沪深交易所，同花顺。

表 5　　2019 年天津上市公司分地区股权构成情况　　单位：家

股权性质 地域分布	央企国资控股	省属国资控股	地市国资控股	民营控股	其他	合计
天津市	11	20	1	20	2	54

资料来源：天津证监局。

（四）市值规模

截至2019年12月31日，天津54家上市公司境内总市值7208.4亿元，占全国上市公司境内总市值的1.22%；其中，上交所上市公司29家，总股本521.46亿股，境内总市值5037.83亿元，占上交所上市公司境内总市值的1.42%；深交所上市公司25家，总股本269.38亿股，境内总市值2170.58亿元，占深交所上市公司境内总市值的0.92%。

（五）资产规模

截至2019年12月31日，天津54家上市公司合计总资产10970.8亿元，归属于母公司股东权益3598.51亿元，与2018年相比，分别增长19.55%、42.99%；平均每股净资产4.55元。

三、天津上市公司经营情况及变动分析

（一）总体经营情况

表6　　2019年天津上市公司经营情况

指　标	2019年	2018年	变动率（%）
家数	54	50	8.00
亏损家数	7	4	75.00
亏损家数比例（%）	12.96	8	4.96
平均每股收益（元）	0.37	0.2	85.00
平均每股净资产（元）	4.55	4.09	11.25
平均净资产收益率（%）	8.04	4.91	3.13
总资产（亿元）	10970.83	9176.45	19.55
归属于母公司股东权益（亿元）	3598.51	2516.58	42.99
营业收入（亿元）	8097.73	7333.12	10.43
利润总额（亿元）	435.00	208.23	108.90
归属于母公司所有者的净利润（亿元）	289.46	123.53	134.32

资料来源：沪深交易所，同花顺。

（二）分行业经营情况

表7　　2019年天津上市公司分行业经营情况

行业类别	营业收入（亿元）	可比样本变动率（%）	归属于母公司所有者的净利润（亿元）	可比样本变动率（%）
采矿业	472.00	41.34	25.65	1523.42
电力、热力、燃气及水生产和供应业	28.51	16.46	5.07	1.20

续表

行业类别	营业收入（亿元）	可比样本变动率（%）	归属于母公司所有者的净利润（亿元）	可比样本变动率（%）
房地产业	384.35	0.28	28.48	23.02
交通运输、仓储和邮政业	2124.84	21.65	119.72	94.51
科学研究和技术服务业	36.60	14.59	1.73	-8.47
批发和零售业	3995.47	-2.97	11.49	23.81
水利、环境和公共设施管理业	7.13	39.53	2.09	36.60
文化、体育和娱乐业	9.25	-0.11	2.40	-0.41
信息传输、软件和信息技术服务业	128.41	-2.19	59.80	69.17
制造业	911.17	8.80	33.02	-45.44
合计	8097.73	6.25	289.46	43.11

资料来源：沪深交易所，同花顺。

（三）业绩变动情况分析

1. 营业收入、毛利率等变动原因分析

2019年，天津辖区上市公司共实现营业收入8097.73亿元，比2018年增加764.61亿元，同比增长10.43%，主要原因是中央国有控股公司营业收入大幅增长，11家公司共实现营业收入3344亿元，较2018年增长19.7%，占辖区全部上市公司营业收入的41%。2019年，辖区公司总体销售毛利率、销售净利率、净资产收益率分别为14.12%、4.23%、8.04%，较2018年分别增长了1.32%、2.16%、3.13%。

2. 盈利构成分析

2019年，天津辖区共有7家公司亏损，比2018年增加3家。7家亏损公司合计归属母公司股东的净利润-42.74亿元。其他47家盈利公司合计归属于母公司股东的净利润332.19亿元。从盈利构成来看，47家公司利润的主要来源是营业利润，为478.27亿元。

3. 经营性现金流量分析

2019年，天津辖区上市公司经营活动现金流量净额为611.77亿元，较2018年增加224.76亿元，同比增长58.07%。大幅增长的主要原因是中远海控经营活动现金流量净额大幅增长，较上年增长130.71亿元，增幅超过160.76%。另有10家公司经营活动现金流量净额为负，较2018年减少1家。

4. 业绩特点分析

一是整体业绩有所增长，辖区上市公司2019年共实现营业收入8097.73亿元、归属母公司股东净利润289.46亿元，同比分别增长10.43%、134.32%，净利润增速由负转正；二是中央国有公司经营稳健，11家中央国有控股公司营业收入3344亿元、净利润169亿元，占全市上市公司的比重达41%和58%，收入、净利润同比分别增长19.7%、77.2%，业绩表现稳中有进；三是市属国有控股公司盈利下降，20 家市属国有控股公司实现营业收入 841 亿元、同比增加 12.9%，净利润 23 亿元，同比下降 17.6%，整体表现出增收不增利情况；四是民营企业业绩表现突出，20 家民营控股公司实现营业收入 546.71 亿元、净利润 82.6 亿元，收入仅占全市上市公司的 7%，但利润贡献占 29%，表现出良好的盈利能力。

5. 利润分配情况

表 8　　2019 年天津上市公司现金分红情况

2019 年分红公司家数			2019 年分红金额		
家数	变动率（%）	分红公司家数占地区公司总数比重（%）	金额（亿元）	变动率（%）	分红金额占归属于母公司所有者的净利润比重（%）
33	0	61	62.59	87	22

资料来源：天津证监局。

四、天津上市公司并购重组情况

（一）并购重组基本情况

2019 年，天津辖区上市公司中有鹏翎股份、国机汽车、长荣股份、利安隆 4 家公司完成并购重组，涉及金额 54.23 亿元。

（二）并购重组特点

2019 年，天津辖区上市公司并购重组以发行股份购买资产、现金收购为主。其中，鹏翎股份、国机汽车、利安隆 3 家公司发行股份购买资产，涉及金额 49.05 亿元。长荣股份境外全资子公司现金收购德交所上市公司海德堡 8.46% 股权，涉及金额 5.18 亿元。

五、天津上市公司募集资金情况、使用情况

（一）募集资金总体情况

表 9　　2019 年天津上市公司募集资金情况

发行类型	代码	简称	募集资金（亿元）
首发	688108	赛诺医疗	3.5
	688199	久日新材	18.54
	小计		22.04
再融资（增发、配股）	601919	中远海控	77.24
	600645	中源协和	4.47
	300120	经纬辉开	4.04
	300375	鹏翎股份	0.59
	小计		86.34

续表

发行类型	代码	简称	募集资金（亿元）
其他融资（公司债券、短期融资券、中期票据、次级债、金融债、境外发行债券）	601919	中远海控	15（短期融资券）
	600787	中储股份	10（短期融资券）
	600535	天士力	1（短期融资券）
	600322	天房发展	7.5（公司债）
	000965	天保基建	3（公司债）
	001965	招商公路	50（可转债）
	002510	天汽模	4.91（可转债）
	000537	广宇发展	5（中期票据）
	002129	中环股份	12（中期票据）
			4.5（公司债）
	小计		112.91
总计			221.29

资料来源：天津证监局。

（二）募集资金使用情况及特点

2019 年辖区上市公司通过首发、再融资、发行公司债券、中期票据等方式共募集资金 221.29 亿元，融资途径更加多元：一是 2 家公司完成首发上市，募集资金 22.04 亿元；二是再融资公司及金额较上年均大幅度增长，其中中远海控、经纬辉开非公开发行股份募集资金 81.28 亿元，中源协和、鹏翎股份配套募集资金 5.06 亿元；三是公司债券融资 69.91 亿元，较 2018 年增长了 169%，成为上市公司利用资本市场融资的重要方式之一。

（三）募集资金变更情况

表 10　　2019 年天津上市公司募集资金使用项目变更情况

变更募集资金使用项目的公司家数	涉及金额（亿元）	募集资金总额（亿元）	占公司募集资金总额的比例（%）
4	7.77	42.22	18

资料来源：天津证监局。

其中，新经典调整了首发募集资金的使用项目，长荣股份、九安医疗、百利电气将 2015 年至 2017 年非公开发行募集资金的原部分投资项目，变更为新项目投资或永久补充流动资金。

六、天津上市公司规范运作情况

（一）上市公司治理专项情况

2019 年度，天津辖区上市公司治理

结构逐步完善，规范运作水平持续提高，各公司积极开展投资者关系管理工作，逐步完善投资者保护机制。54 家公司在年度报告披露后，通过业绩说明会、集体接待日等形式与投资者进行交流，有效拉近了与投资者之间的距离；33 家公司实现了分红，分红公司家数占辖区上市公司总数的 61%，分红金额较上年同期增长了 87%。另外，辖区 54 家公司在披露 2019 年年报的同时均披露了内部控制自我评价报告，另有 19 家上市公司披露了社会责任报告。

（二）审计情况及监管情况

在天津辖区上市公司 2019 年年报审计中，50 家公司被出具标准无保留意见的审计报告，4 家公司被出具带强调事项段的无保留意见的审计报告。2019 年，天津证监局以风险问题为导向，结合“双随机”抽查，加大重点审计项目检查力度，并在对上市公司现场检查过程中，延伸检查年审机构执业质量，针对发现的问题，对个别会计师事务所及签字会计师印发检查结果告知书，督促进一步提高执业质量。

（三）信息披露情况

2019 年，天津辖区上市公司合规意识不断增强，信息披露质量不断提高。54 家公司均在规定时间内披露了当年度定期报告。但部分公司仍存在信息披露违规情况，个别公司存在未及时披露重大事项进展等情况等，公司及相关责任人员分别被采取行政监管措施；另有部分公司临时公告存在信息披露瑕疵，被出具监管关注函。

（四）证券市场服务情况

一是广泛调研积极建言献策。推进天津辖区资本市场抢抓改革机遇，促进监管服务相融合，局领导带队走访调研上市挂牌公司、拟上市公司 9 家次，深入了解辖区企业综合实力、创新能力、发展潜力与短板问题，向市政府报送调研报告，并由市领导作出重要批示。

二是加大宣传和培训力度。组织召开辖区上市公司董事长和总经理专题座谈会；联合市金融局、市科委、市工业与信息化局举办“全市科创板上市专题培训会”，邀请上交所专家就科创板相关规定进行讲解；先后两次与上交所召开座谈会，分别就科创板和主板等相关规定要求与企业进行沟通，对企业进行逐家指导；与市金融局共同召开后备企业座谈会，了解情况，宣讲政策。

三是全力推进科创板改革在津落地。全面梳理辖区拟上市公司及后备企业、对企业进行摸底画像，引导鼓励符合条件的科创企业积极备战科创板，推进成熟企业尽快申报辅导验收材料，同时安排专人负责科创板相关工作，建立专项工作机制，畅通科创板辅导登记、验收绿色通道，保障辖区企业及时完成申报，全年共推动 2 家企业科创板发行上市。

审稿人：毛寒松　王子军　冯红莉
撰稿人：林星哲

河北地区

一、河北经济发展概况

表 1　　2019 年河北经济发展概况　　单位：亿元

指　标	1～3 月		1～6 月		1～9 月		1～12 月	
	绝对量	同比增长（%）	绝对量	同比增长（%）	绝对量	同比增长（%）	绝对量	同比增长（%）
地区生产总值（GDP）	7725.56	7.40	16319.51	7.10	25254.80	7.00	35104.52	6.80
全社会固定资产投资	—	5.00	—	5.60	—	5.20	—	6.10
社会消费品零售总额	4000.10	8.40	8028.50	8.90	12395.00	8.40	17934.20	8.40
规模以上工业增加值	—	8.80	—	8.10	—	6.80	—	5.60
规模以上工业企业实现利润	362.80	-11.80	975.10	-9.00	1477.00	-12.80	2013.10	-8.00
居民消费价格指数（CPI）	1～3 月		1～6 月		1～9 月		1～12 月	
	2.00		2.60		2.60		3.00	

资料来源：国家统计局。

二、河北上市公司总体情况

（一）公司数量

表 2　　2019 年河北上市公司数量　　单位：家

公司总数	2019 年新增	股票类别			板块分布				
		仅 A 股	仅 B 股	(A+B)股	沪市主板	深市主板	中小板	创业板	科创板
58	2	56	1	1	22	14	11	11	0

资料来源：沪深交易所，同花顺。

（二）行业分布

表 3　　2019 年河北上市公司行业分布情况

行业类别	家数	占比（%）	行业类别	家数	占比（%）
采矿业	2	3.45	批发和零售业	1	1.72
电力、热力、燃气及水生产和供应业	2	3.45	水利、环境和公共设施管理业	1	1.72
房地产业	3	5.17	卫生和社会工作业	0	0.00
建筑业	0	0.00	文化、体育和娱乐业	0	0.00
交通运输、仓储和邮政业	2	3.45	信息传输、软件和信息技术服务业	2	3.45
教育	0	0.00	制造业	43	74.14
金融业	0	0.00	住宿和餐饮业	0	0.00
居民服务、修理和其他服务业	0	0.00	租赁和商务服务业	0	0.00
科学研究和技术服务业	0	0.00	综合	1	1.72
农、林、牧、渔业	1	1.72	合计	58	100.00

资料来源：沪深交易所，同花顺。

（三）股本结构及规模

表 4　　2019 年河北上市公司股本规模在 10 亿股以上公司分布情况

股本规模（亿股）	公司家数	具体公司
100≤～<200	2	河钢股份、*ST 庞大
50≤～<100	4	长城汽车、秦港股份、东旭光电、唐山港
20≤～<50	5	新兴铸管、冀中能源、荣盛发展、三友化工、华夏幸福
10≤～<20	13	保变电气、建投能源、中国动力、华北制药、常山北明、开滦股份、沧州明珠、冀东水泥、晶澳科技、新奥股份、以岭药业、东方能源、养元饮品

资料来源：沪深交易所，同花顺。

表 5　　2019 年河北上市公司分地区股权构成情况　　单位：家

地域分布＼股权性质	央企国资控股	省属国资控股	地市国资控股	民营控股	其他	合计
石家庄市	1	3	2	10	0	16
唐山市	1	3	1	4	1	10
秦皇岛市	0	1	0	0	1	2

续表

股权性质 / 地域分布	央企国资控股	省属国资控股	地市国资控股	民营控股	其他	合计
邯郸市	1	0	0	0	1	2
邢台市	0	1	0	2	0	3
保定市	5	0	0	5	0	10
张家口市	0	1	0	0	1	2
承德市	0	0	0	2	0	2
沧州市	1	1	0	3	0	5
廊坊市	0	0	1	3	0	4
衡水市	0	0	1	1	0	2
合计	9	10	5	30	4	58

资料来源：河北证监局。

（四）市值规模

截至 2019 年 12 月 31 日，河北 58 家上市公司境内总市值 6805.44 亿元，占全国上市公司境内总市值的 1.15%；其中，上交所上市公司 22 家，总股本 459.72 亿股，境内总市值 3481.34 亿元，占上交所上市公司境内总市值的 0.98%；深交所上市公司 36 家，总股本 505.58 亿股，境内总市值 3324.10 亿元，占深交所上市公司境内总市值的 1.40%。

（五）资产规模

截至 2019 年 12 月 31 日，河北 58 家上市公司合计总资产 17927.85 亿元，归属于母公司股东权益 5296.29 亿元，与 2018 年相比，分别增长 7.69%、7.54%；平均每股净资产 5.27 元。

三、河北上市公司经营情况及变动分析

（一）总体经营情况

表 6　　2019 年河北上市公司经营情况

指　标	2019 年	2018 年	变动率（%）
家数	58	57	1.75
亏损家数	5	4	25.00
亏损家数比例（%）	8.62	7.02	1.60
平均每股收益（元）	0.52	0.48	8.33
平均每股净资产（元）	5.49	5.13	7.02
平均净资产收益率（%）	9.54	9.32	0.22
总资产（亿元）	17927.85	16647.34	7.69

续表

指　标	2019 年	2018 年	变动率（%）
归属于母公司股东权益（亿元）	5296.29	4925.08	7.54
营业收入（亿元）	7915.08	7512.32	5.36
利润总额（亿元）	761.88	679.26	12.16
归属于母公司所有者的净利润（亿元）	505.30	458.81	10.13

资料来源：沪深交易所，同花顺。

（二）分行业经营情况

表 7　　2019 年河北上市公司分行业经营情况

行业类别	营业收入（亿元）	可比样本变动率（%）	归属于母公司所有者的净利润（亿元）	可比样本变动率（%）
采矿业	275.40	4.20	14.30	42.15
电力、热力、燃气及水生产和供应业	254.64	50.36	19.73	245.53
房地产业	1761.66	25.57	236.60	22.48
建筑业	—	—	—	—
交通运输、仓储和邮政业	179.32	5.39	27.09	11.94
教育	—	—	—	—
金融业	—	—	—	—
居民服务、修理和其他服务业	—	—	—	—
科学研究和技术服务业	—	—	—	—
农、林、牧、渔业	14.47	-0.48	2.10	31.25
批发和零售业	220.83	-47.48	1.16	101.88
水利、环境和公共设施管理业	5.13	-2.47	0.1	101.35
卫生和社会工作业	—	—	—	—
文化、体育和娱乐业	—	—	—	—
信息传输、软件和信息技术服务业	126.09	-0.61	-11.39	-359.45
制造业	5075.66	1.23	215.60	-22.88
住宿和餐饮业	—	—	—	—
租赁和商务服务业	—	—	—	—
综合	1.87	156.16	0.03	50.00
合计	7915.08	5.36	505.30	10.13

资料来源：沪深交易所，同花顺。

（三）业绩变动情况分析

1. 营业收入、毛利率等变动原因分析

2019 年度，辖区上市公司累计实现营业总收入 7915.08 亿元，较 2018 年同比增长 5.36%，其中实现收入增长的 36 家，收入下降的 22 家；归属于母公司所有者净利润较 2018 年同比增长 10.13%。毛利率方面，有 30 家公司毛利率较 2018 年增长。主要是能源、水泥及房地产等行业上市公司毛利增长明显。

2. 盈利构成分析

2019 年度，河北上市公司累计实现净利润 505.30 亿元，主要来源于房地产、汽车制造等行业，其中华夏幸福、荣盛发展、长城汽车 2019 年归属于母公司股东净利润分别为 146.12 亿元、91.2 亿元、44.97 亿元，占河北省所有上市公司总利润的 55.87%；此外，冀东水泥、养元饮品、河钢股份净利润也超过 20 亿元。

3. 经营性现金流量分析

2019 年度，河北上市公司经营活动产生的现金流量净额为 242.79 亿元，较 2018 年大幅下降，经营活动产生的现金流量净额为正的 46 家，为负的 12 家，其中经营活动产生的现金流量净额最大的为长城汽车 139.72 亿元，最小的为华夏幸福 -318.19 亿元；增长绝对值较大的为庞大集团 75.07 亿元，下降绝对值较大的为华夏幸福 243.91 亿元。

4. 业绩特点分析

2019 年，河北上市公司营业收入较 2018 年有所增长，增速放缓，净利润较 2018 年上涨明显，主营业务发展势头良好。龙头企业效益推动作用明显，其中河钢股份、华夏幸福、长城汽车、荣盛发展 4 家公司营业收入均在 700 亿元以上，归属于母公司所有者净利润均超 35 亿元，分别占全省上市公司营业总收入和归属母公司所有者净利润总和的 49.76%、60.93%。

5. 利润分配情况

表 8　　2019 年河北上市公司现金分红情况

2019 年分红公司家数			2019 年分红金额		
家数	变动率（%）	分红公司家数占地区公司总数比重（%）	金额（亿元）	变动率（%）	分红金额占归属于母公司所有者的净利润比重（%）
40	-2.44	68.97	165.72	-5.41	32.8

资料来源：河北证监局。

四、河北上市公司并购重组情况

（一）并购重组基本情况

2019 年，河北省上市公司全年实施并购重组并完成 4 家（乐凯胶片、晶澳科技、通合科技、冀东水泥），较 2018 年增加 1 家，并购重组涉及标的资产金额共 99.27 亿元，较 2018 年 40.55 亿元增加 144.81%。其中 3 家上市公司（晶澳科技、通合科技、冀东水泥）构成重大资产重组，1家上市公司（晶澳科技）构成重组上市。

（二）并购重组特点

2019年，河北省上市公司并购重组实施，一是进行行业的横向整合，如通合科技、冀东水泥，但具体目的不同，通合科技重组的主要目的是拓展军工领域市场、优化上市公司业务结构、降低经营风险，从而增强市场竞争力；冀东水泥重组目的是彻底解决与关联方的同业竞争问题，优化公司治理。二是置换资产，实现上市公司的可持续发展，如晶澳科技、乐凯胶片。

五、河北上市公司募集资金情况、使用情况

（一）募集资金总体情况

表9　2019年河北上市公司募集资金情况

发行类型	代码	简称	募集资金（亿元）
首发	300765	新诺威	12.24
	002960	青鸟消防	10.40
	小计		22.64
再融资（增发、配股）	300428	立中集团	30.66
	600559	老白干酒	2.83
	300491	通合科技	2.41
	600480	凌云股份	8.35
	600135	乐凯胶片	6.49
	002459	晶澳科技	75.00
	小计		125.74
其他融资（公司债券、短期融资券、中期票据、次级债、金融债、境外发行债券）	600340	华夏幸福	35.00（10公司债，25超短期融资券）
	600409	三友化工	6.00
	000401	冀东水泥	48.00（27公司债，21超短期融资券）
	000778	新兴铸管	50.00（10公司债，40企业债）
	000709	河钢股份	30.00
	600997	开滦股份	15.00（中票）
	601633	长城汽车	40.00（超短期融资券）
	600812	华北制药	10.00（超短期融资券）
	002146	荣盛发展	14.10（超短期融资券）
	小计		248.1
总计			396.48

资料来源：河北证监局，万得资讯。

（二）募集资金使用情况及特点

2019 年，河北省上市公司募集资金使用方面整体上不存在违规变更募集资金用途或者重大违法违规情况，但部分公司存在从募集资金专户向一般户临时划转少量资金及募集资金管理和使用相关信息披露不及时、不准确的情况，不符合《上市公司监管指引第 2 号——上市公司募集资金管理和使用的监管要求》有关规定。

（三）募集资金变更情况

2019 年，河北省上市公司中有 5 家变更募集资金使用项目，其中三孚股份变更的募集资金为 2017 年首发融资，涉及金额为 0.3 亿元；科林电气变更的募集资金为 2017 年首发融资，涉及金额为 1.51 亿元；乐凯胶片变更的募集资金为 2015 年定向增发融资，涉及金额为 1.14 亿元；庞大集团变更的募集资金为 2014 年定向增发融资，涉及金额为 2.08 亿元；乐凯新材变更的募集资金为 2015 年首发融资，涉及金额为 0.81 亿元。

表 10　　2019 年河北上市公司募集资金使用项目变更情况

变更募集资金使用项目的公司家数	涉及金额（亿元）	募集资金总额（亿元）	占公司募集资金总额的比例（%）
5	5.84	44.41	13.15

资料来源：河北证监局。

六、河北上市公司规范运作情况

（一）上市公司治理专项情况

2019 年，河北证监局以防范化解金融风险为重心，以提高上市公司质量和促进实体经济发展为使命，主动强化监管工作，不断提高上市公司质量。及时开展业绩预告“变脸”、商誉减值、募集资金等六项专项检查，有力促进河北上市公司治理水平不断完善。

（二）审计情况及监管情况

河北 58 家上市公司 2019 年年报执业审计机构共计 19 家，受疫情影响 4 家上市公司延迟披露年报。58 家上市公司中 55 家 2019 年年报审计意见均为标准无保留意见，2 家为保留意见，1 家为无法表示意见。河北证监局通过审计事前提示、事中跟进、事后问询检查等形式做好 2019 年年报审计监管工作。其中，下发审计监管提示函 23 份、年报问询函 12 份，对 5 家上市公司相应中介机构开展现场检查，并采取监管措施 6 件。河北证监局在年报监管中多措并举，有效提高了辖区上市公司信披质量及中介机构执业水平。

（三）信息披露情况

2019 年，河北上市公司信息披露情

况总体较好，定期报告、临时报告及时披露，但仍有个别主体在财务信息、重大进展等方面未按照相关法律法规依法进行信息披露，河北证监局对相关责任主体共采取了3件行政监管措施。

（四）证券市场服务情况

2019年河北证监局紧抓市场改革机遇，加大市场培育力度，推动更多符合条件的企业上市融资，有效发挥资本市场资源配置功能，服务辖区实体经济发展。

一是深入市场一线，做好调查研究。河北局以强化辖区资本市场方向性、关键性为课题，深入走访6家市场主体，答疑解惑，征求建议，并向意向企业下发调查问卷，开展全面问需，为提高服务企业上市的针对性和有效性提供有力支撑；二是加强培训工作，做好市场培育。通过专项活动等方式广泛宣传上市融资及科创板政策规定，进一步深化与相关部门协作机制，会同多部门组织4次科创板上市后备企业培训对接会；三是组成重点企业代表团，带队赴交易所交流学习，一对一地帮助企业了解科创板上市流程及监管要求，为企业申报打下良好基础。

2019年度，辖区上市公司直接筹资总额231.38亿元，其中股票筹资148.38亿元，债券筹资83亿元；新增上市公司2家，辅导期的拟上市企业22家，报会审核企业7家。

审稿人：郝　梅

撰稿人：郝凤贤

山西地区

一、山西经济发展概况

表 1　　2019 年山西经济发展概况　　单位：亿元

指标	1～3 月		1～6 月		1～9 月		1～12 月	
	绝对量	同比增长（%）	绝对量	同比增长（%）	绝对量	同比增长（%）	绝对量	同比增长（%）
地区生产总值（GDP）	3533.21	7.20	8357.65	7.20	12688.44	6.60	17026.68	6.20
全社会固定资产投资	—	12.20	—	8.20	—	6.20	—	9.30
社会消费品零售总额	1848.00	8.20	3750.20	8.30	5762.00	7.80	7909.20	7.80
规模以上工业增加值	—	8.20	—	6.90	—	6.00	—	5.30
规模以上工业企业实现利润	250.70	-4.20	648.70	0.60	965.90	-7.40	1184.00	-13.10
居民消费价格指数（CPI）	1～3 月		1～6 月		1～9 月		1～12 月	
	2.00		2.40		2.40		2.70	

资料来源：国家统计局。

二、山西上市公司总体情况

（一）公司数量

表 2　　2019 年山西上市公司数量　　单位：家

公司总数	2019 年新增	股票类别			板块分布				
		仅 A 股	仅 B 股	（A+B）股	沪市主板	深市主板	中小板	创业板	科创板
37	0	36	0	1	19	11	4	3	0

资料来源：沪深交易所，同花顺。

（二）行业分布

表 3　　2019 年山西上市公司行业分布情况

行业类别	家数	占比（%）	行业类别	家数	占比（%）
采矿业	7	18.92	批发和零售业	2	5.41
电力、热力、燃气及水生产和供应业	3	8.11	水利、环境和公共设施管理业	0	0.00
房地产业	0	0.00	卫生和社会工作业	0	0.00
建筑业	0	0.00	文化、体育和娱乐业	1	2.70
交通运输、仓储和邮政业	2	5.41	信息传输、软件和信息技术服务业	0	0.00
教育	0	0.00	制造业	21	56.76
金融业	1	2.70	住宿和餐饮业	0	0.00
居民服务、修理和其他服务业	0	0.00	租赁和商务服务业	0	0.00
科学研究和技术服务业	0	0.00	综合	0	0.00
农、林、牧、渔业	0	0.00	合计	37	100.00

资料来源：沪深交易所，同花顺。

（三）股本结构及规模

表 4　　2019 年山西上市公司股本规模在 10 亿股以上公司分布情况

股本规模（亿股）	公司家数	具体公司
100≤～<200	2	大秦铁路、永泰能源
50≤～<100	1	太钢不锈
20≤～<50	8	美锦能源、西山煤电、漳泽电力、潞安环能、山西证券、太原重工、阳泉煤业、阳煤化工
10≤～<20	11	山煤国际、大同煤业、跨境通、山西焦化、晋西车轴、通宝能源、兰花科创、英洛华、国新能源、振东制药、ST 安泰

资料来源：沪深交易所，同花顺。

表 5　　2019 年山西上市公司分地区股权构成情况　　单位：家

股权性质 / 地域分布	央企国资控股	省属国资控股	地市国资控股	民营控股	其他	合计
太原市	1	10	0	7	0	18
大同市	1	1	0	2	0	4
阳泉市	0	2	0	0	0	2
长治市	0	1	0	1	0	2

续表

股权性质 / 地域分布	央企国资控股	省属国资控股	地市国资控股	民营控股	其他	合计
朔州市	0	0	0	0	0	0
晋城市	0	0	1	0	0	1
晋中市	0	0	0	2	0	2
运城市	1	1	0	2	0	4
忻州市	0	0	0	1	0	1
临汾市	0	2	0	0	0	2
吕梁市	0	1	0	0	0	1
合计	3	18	1	15	0	37

资料来源：山西证监局。

（四）市值规模

截至 2019 年 12 月 31 日，山西 37 家上市公司境内总市值 5157.92 亿元，占全国上市公司境内总市值的 0.80%；其中，上交所上市公司 19 家，总股本 509.78 亿股，境内总市值 3302.63 亿元，占上交所上市公司境内总市值的 0.82%；深交所上市公司 18 家，总股本 277.63 亿股，境内总市值 1855.29 亿元，占深交所上市公司境内总市值的 0.77%。

（五）资产规模

截至 2019 年 12 月 31 日，山西 37 家上市公司合计总资产 9546.59 亿元，归属于母公司股东权益 3619.91 亿元，与 2018 年相比，分别增长 1.58%、4.94%；平均每股净资产 4.60 元。

三、山西上市公司经营情况及变动分析

（一）总体经营情况

表 6　　2019 年山西上市公司经营情况

指　标	2019 年	2018 年	变动率（%）
家数	37	37	0.00
亏损家数	6	4	50.00
亏损家数比例（%）	16.22	10.81	5.41
平均每股收益（元）	0.33	0.45	-26.67
平均每股净资产（元）	4.60	4.39	4.78
平均净资产收益率（%）	7.23	10.27	-3.04
总资产（亿元）	9546.59	9398.06	1.58
归属于母公司股东权益（亿元）	3619.91	3449.60	4.94

续表

指　标	2019 年	2018 年	变动率（%）
营业收入（亿元）	4653.77	4716.39	-1.33
利润总额（亿元）	402.72	513.16	-21.52
归属于母公司所有者的净利润（亿元）	261.59	354.21	-26.15

资料来源：沪深交易所，同花顺。

（二）分行业经营情况

表 7　　2019 年山西上市公司分行业经营情况

行业类别	营业收入（亿元）	可比样本变动率（%）	归属于母公司所有者的净利润（亿元）	可比样本变动率（%）
采矿业	1347.83	0.88	80.48	-9.80
电力、热力、燃气及水生产和供应业	295.41	4.03	3.83	-35.02
房地产业	—	—	—	—
建筑业	—	—	—	—
交通运输、仓储和邮政业	808.01	1.06	138.19	-5.30
教育	—	—	—	—
金融业	51.02	-25.53	5.10	130.06
居民服务、修理和其他服务业	—	—	—	—
科学研究和技术服务业	—	—	—	—
农、林、牧、渔业	—	—	—	—
批发和零售业	555.31	-6.95	-15.35	-282.13
水利、环境和公共设施管理业	—	—	—	—
卫生和社会工作业	—	—	—	—
文化、体育和娱乐业	4.95	-36.23	-6.12	61.77
信息传输、软件和信息技术服务业	—	—	—	—
制造业	1591.23	-1.44	55.47	-53.21
住宿和餐饮业	—	—	—	—
租赁和商务服务业	—	—	—	—
综合	—	—	—	—
合计	4653.77	-1.33	261.59	-26.15

资料来源：沪深交易所，同花顺。

（三）业绩变动情况分析

1. 营业收入、毛利率等变动原因分析

2019年，山西地区上市公司实现营业收入4653.77亿元，较2018年下降1.33%；营业成本3457.73亿元，较2018年上升0.39%；毛利率25.70%，较2018年下降11.23个百分点。37家上市公司中，营业收入下降的达19家，占比达51.35%，行业主要为传统煤焦、化工行业，主要原因为受行业发展周期性影响。收入降幅大于营业成本增幅，导致毛利率下降。

2. 盈利构成分析

2019年，山西地区上市公司实现净利润261.59亿元，较2018年下降26.15%；利润总额402.72亿元，较2018年下降21.52%。其中，6家上市公司亏损，比2018年增加2家，6家亏损公司合计归属于母公司股东净利润-47.27亿元，其他31家盈利公司合计归属于母公司股东净利润308.86亿元。从盈利构成来看，2019年山西地区上市公司利润来源主要是当年营业利润410.50亿元，较2018年下降19.93%，占利润总额比重为101.93%，营业外支出高于营业外收入导致营业外收益为负，利润总额低于营业利润。

3. 经营性现金流量分析

2019年，山西地区上市公司经营现金流量净额为630.23亿元，较2018年下降了10.62%，其中大秦铁路经营现金流量净额为150.23亿元，占所有公司的23.84%。37家上市公司中，34家经营现金流量净额为正，占比91.89%，较2018年上升8.1个百分点。筹资活动产生的现金净流出389.28亿元，同比增加15.64%，其中15家民营上市公司筹资活动产生的现金净流出59.35亿元，同比增长229.89%，反映出民营上市公司筹资仍然较难，债务兑付压力较大。

4. 业绩特点分析

一是业绩下滑趋势明显。2019年山西辖区上市公司营业收入和净利润均出现不同程度下滑。归属于母公司股东的净利润261.59亿元，同比下降26.15%，其中12家公司增长，25家公司下降；3家公司扭亏为盈，5家公司由盈转亏，1家公司持续亏损；特别是15家民营上市公司经营业绩连续两年下滑。

二是业绩行业特征分化明显。2019年，占辖区上市公司数量近三分之一的煤焦及钢铁等传统行业从前期较快增长的高基数平台回落，化工行业持续乏力，跨境电商、文化影视行业遭遇寒冬，仅白酒、金融等部分行业发展势头良好。

5. 利润分配情况

表8　　2019年山西上市公司现金分红情况

2019年分红公司家数			2019年分红金额		
家数	变动率（%）	分红公司家数占地区公司总数比重（%）	金额（亿元）	变动率（%）	分红金额占归属于母公司所有者的净利润比重（%）
19	5.56	51.35	113.69	-11.35	43.46

资料来源：山西证监局。

四、山西上市公司并购重组情况

（一）并购重组基本情况

2019年，山西共有4家公司实施并购重组，涉及金额合计约75.17亿元。从并购重组情况看，3家公司为现金收购，1家公司为发行股份及支付现金方式购买。

1. 山西汾酒（600809）

山西汾酒以现金收购方式分别收购山西杏花村义泉涌酒业股份有限公司部分资产、汾酒集团所持汾青酒厂100%股权、全资子公司系列酒公司收购宝泉涌公司51%股权、收购汾酒集团所持汾酒销售公司10%股权、收购汾酒集团所持竹叶青公司10%股权。标的资产合计金额5.93亿元。

2. 西山煤电（000983）

西山煤电以现金方式收购山西西山晋兴能源有限责任公司10%股权。标的资产交易价格为12.8亿元。

3. 潞安环能（601699）

潞安环能源以现金方式收购山西潞安矿业集团慈林山煤业有限公司（以下简称“慈林山煤业”）100%股权。标的资产交易价格7.52亿元。

4. 山西焦化（600740）

山西焦化通过发行股份及支付现金方式购买中煤华晋49%的股权。标的资产交易价格48.92亿元。

（二）并购重组特点

2019年，山西地区的并购重组主要为省属国有上市公司调整产业结构，实施战略转型，如山西汾酒通过现金购买资产方式实现集团酒类资产整体上市，西山煤电和潞安环能持续推进煤炭资产证券化，山西焦化通过并购优质资源有效降低了公司资产负债率。

五、山西上市公司募集资金情况、使用情况

（一）募集资金总体情况

表9　　2019年山西上市公司募集资金情况

发行类型	代码	简称	募集资金（亿元）
首发	无		
	小计		
再融资（增发、配股）	300486. SZ	东杰智能	2.25（增发）
	600740. SH	山西焦化	6.4（增发）
	600809. SH	山西汾酒	1.1（增发）
	002753. SZ	永东股份	3.2（增发）
	小计		12.95（增发）

续表

发行类型	代码	简称	募集资金（亿元）
其他融资（公司债券、短期融资券、中期票据、次级债、金融债、境外发行债券）	002500. SZ	山西证券	20（公司债）
	600348. SH	阳泉煤业	40（公司债）
	000767. SZ	漳泽电力	6（公司债）
	600169. SH	太原重工	5（公司债）
	600123. SH	兰花科创	10（公司债）
	000825. SZ	太钢不锈	15（中期票据）
	000767. SZ	漳泽电力	5（超短期融资券）
	小计		101
总计			113. 95

资料来源：山西证监局。

（二）募集资金使用情况及特点

2019 年，山西辖区 10 家上市公司通过再融资和公司债方式募集资金 113. 95 亿元，较 2018 年下降 62. 56%，下降的主要原因为受再融资新规、减持新规影响，股权融资大幅下滑，同比下降 85. 06%。11 家上市公司年度使用募集资金 82 亿元，其中 77. 42 亿元为 2019 年度募集的资金，占年度募集资金使用总额的 94. 41%；4. 94 亿元为以前年度募集的资金，占年度募集资金使用总额的 6. 03%。上市公司使用募集资金主要用途为募投项目使用、收购股权及偿还债务和补充流动资金。

（三）募集资金变更情况

表 10　　2019 年山西上市公司募集资金使用项目变更情况

变更募集资金使用项目的公司家数	涉及金额（亿元）	募集资金总额（亿元）	占公司募集资金总额的比例（%）
0	—	—	—

资料来源：山西证监局。

六、山西上市公司规范运作情况

（一）上市公司治理专项情况

2019 年，山西证监局通过培训、引导等方式持续提升辖区上市公司治理水平，维护投资者合法权益。一是开展《上市公司治理准则》专题培训，指导省上市公司协会对辖区上市公司治理情况进行专题调研，了解新治理准则执行情况及存在的问题。二是举办上市公司投资者网上集体接待日活动，引导采用网络投票方式召开股东大会，切实落实好中小投资者单独计票、累计投票制和分红政策，保障中小投资者充分行使股东权利。三是加强诚信体系建设，将辖区公司被采取行政监管措施的情况录入证监会诚信档案系统，构建诚信约束环境。四是将公司治理作为现场检查的重点内容，以检查促规范，全年因违规对外担保、控股股东期间性资金占用、内幕信息知情人登记不及时等问题分别采取行政监管措施。

（二）审计情况及监管情况

在2019年度报告审计过程中，共有14家会计师事务所为37家山西上市公司提供审计服务，其中5家公司更换了会计师事务所。37家上市公司中，33家上市公司审计报告为标准无保留意见，4家为带强调事项段的无保留意见。在披露内部控制审计报告的辖区33家上市公司中，内部控制审计报告均为标准无保留意见。

年报审计监管中，一是事前坚持风险导向，统筹安排工作方案。提前下发年报监管通知，加强商誉减值风险、年末突击调节利润等行为监管，根据风险状况确定年报审计重点监管项目，逐家约谈审计人员，提示审计风险、传达监管要求。二是强化事中监管，及早防范审计风险。采取现场督导、约见谈话、电话沟通、现场汇报等方式强化与上市公司和审计机构的沟通，年报监管期间，与年审会计师进行现场约谈14家次，电话沟通50余次，列席审计机构与公司审计委员会的沟通会议19家次。三是加强事后分析，督促审计机构提升执业质量。向18家上市公司下发年报问询函，通过双随机方式抽取2家审计机构的年报审计项目进行现场检查，针对现场检查发现的问题采取针对性措施，督促审计机构归位尽责。

（三）信息披露情况

2019年，山西证监局坚持以信息披露为抓手，坚持依法全面从严监管，提升监管针对性和有效性。一是加强信息披露日常监管，以定期报告事后审核为契机，全面排查公司风险，明确重点公司风险因素和应对措施；把临时公告、媒体报道和投资者诉求等作为日常监管的重要线索来源，主动作为、及时问询，督促公司提升信息披露水平。二是以信息披露作为现场检查重点，督促有退市或潜在退市风险的上市公司采取措施，改善经营业绩；针对公司债违约风险、股票质押风险、控制权变更风险等开展风险监测预警和应对处置；加大对违法违规行为的处置力度，全年对上市公司现场检查9家次，采取行政监管措施16件。

（四）证券市场服务情况

（1）丰富融资渠道。2019年，辖区上市公司实现直接融资74.25亿元，其中4家公司通过非公开发行融资12.87亿元，4家公司发行公司债券融资61亿元，1家公司发行资产证券化产品融资10亿元。

（2）服务山西国资国企改革。支持省属国有上市公司充分发挥上市公司资本运作平台优势，围绕产业延伸、转型发展整合优势资源、实施再融资，助力国有资产资本化、资本证券化。

（3）助力脱贫攻坚。引导上市公司积极履行社会责任，投身精准扶贫。辖区18家上市公司在年报中披露了扶贫工作开展情况，投入扶贫资金合计2772.77万元，参与扶贫助困的公司数量和投入金额稳步增长。

审稿人：鲁家焱

撰稿人：张会玉

内蒙古地区

一、内蒙古经济发展概况

表 1　　2019 年内蒙古经济发展概况　　单位：亿元

指　标	1～3 月		1～6 月		1～9 月		1～12 月	
	绝对量	同比增长（%）	绝对量	同比增长（%）	绝对量	同比增长（%）	绝对量	同比增长（%）
地区生产总值（GDP）	3676.00	5.50	7895.80	5.50	12383.00	5.60	17212.50	5.20
全社会固定资产投资	—	4.90	—	0.40	—	4.80	—	6.80
社会消费品零售总额	1771.60	4.90	3499.50	5.00	5419.30	4.00	7610.63	4.10
规模以上工业增加值	—	6.60	—	7.10	—	7.70	—	6.10
规模以上工业企业实现利润	333.40	11.70	705.00	5.30	1054.30	2.80	1431.70	3.80
居民消费价格指数（CPI）	1～3 月		1～6 月		1～9 月		1～12 月	
	1.70		2.00		2.10		2.40	

资料来源：国家统计局。

二、内蒙古上市公司总体情况

（一）公司数量

表 2　　2019 年内蒙古上市公司数量　　单位：家

公司总数	2019 年新增	股票类别			板块分布				
		仅 A 股	仅 B 股	（A＋B）股	沪市主板	深市主板	中小板	创业板	科创板
26	0	24	1	1	16	5	2	3	0

资料来源：沪深交易所，同花顺。

（二）行业分布

表3　　2019年内蒙古上市公司行业分布情况

行业类别	家数	占比（%）	行业类别	家数	占比（%）
采矿业	6	23.08	批发和零售业	0	0.00
电力、热力、燃气及水生产和供应业	1	3.85	水利、环境和公共设施管理业	1	3.85
房地产业	0	0.00	卫生和社会工作业	0	0.00
建筑业	0	0.00	文化、体育和娱乐业	0	0.00
交通运输、仓储和邮政业	0	0.00	信息传输、软件和信息技术服务业	0	0.00
教育	0	0.00	制造业	17	65.38
金融业	1	3.85	住宿和餐饮业	0	0.00
居民服务、修理和其他服务业	0	0.00	租赁和商务服务业	0	0.00
科学研究和技术服务业	0	0.00	综合	0	0.00
农、林、牧、渔业	0	0.00	合计	26	100.00

资料来源：沪深交易所，同花顺。

（三）股本结构及规模

表4　　2019年内蒙古上市公司股本规模在10亿股以上公司分布情况

股本规模（亿股）	公司家数	具体公司
200≤～<500	1	包钢股份
50≤～<100	3	伊利股份、君正集团、内蒙华电
20≤～<50	4	伊泰B股、远兴能源、亿利洁能、北方稀土
10≤～<20	10	银泰黄金、露天煤业、兴业矿业、内蒙一机、蒙草生态、赤峰黄金、鄂尔多斯、生物股份、西水股份、平庄能源

资料来源：沪深交易所，同花顺。

表5　　2019年内蒙古上市公司分地区股权构成情况　　单位：家

股权性质 / 地域分布	央企国资控股	省属国资控股	地市国资控股	民营控股	其他	合计
呼和浩特市	1	0	0	2	2	5
包头市	2	2	0	4	0	8
乌海市	0	0	0	2	0	2
赤峰市	1	0	0	2	0	3
通辽市	1	0	0	0	0	1

续表

股权性质 地域分布	央企国资控股	省属国资控股	地市国资控股	民营控股	其他	合计
鄂尔多斯市	0	0	0	4	0	4
锡林郭勒盟	0	0	0	1	0	1
阿拉善盟	1	0	0	0	0	1
乌兰察布市	0	0	0	1	0	1
合计	6	2	0	16	2	26

资料来源：内蒙古证监局。

（四）市值规模

截至 2019 年 12 月 31 日，内蒙古 26 家上市公司境内总市值 5098.68 亿元，占全国上市公司境内总市值的 0.86%；其中，上交所上市公司 16 家，总股本 819.27 亿股，境内总市值 4381.34 亿元，占上交所上市公司境内总市值的 1.24%；深交所上市公司 10 家，总股本 140.43 亿股，境内总市值 801.09 亿元，占深交所上市公司境内总市值的 0.34%。

（五）资产规模

截至 2019 年 12 月 31 日，内蒙古 26 家上市公司合计总资产 7556.20 亿元，归属于母公司股东权益 2757.63 亿元，与 2018 年相比，分别增长 5.39%、6.63%；平均每股净资产 2.87 元。

三、内蒙古上市公司经营情况及变动分析

（一）总体经营情况

表 6　　2019 年内蒙古上市公司经营情况

指　标	2019 年	2018 年	变动率（%）
家数	26	26	0.00
亏损家数	2	5	-60.00
亏损家数比例（%）	7.69	19.23	-11.54
平均每股收益（元）	0.23	0.26	-11.54
平均每股净资产（元）	2.87	2.66	7.89
平均净资产收益率（%）	8.11	9.63	-1.52
总资产（亿元）	7556.2	7169.69	5.39
归属于母公司股东权益（亿元）	2757.63	2586.15	6.63
营业收入（亿元）	3626.58	3413.86	6.23
利润总额（亿元）	300.5	345.43	-13.01
归属于母公司所有者的净利润（亿元）	223.56	249.14	-10.27

资料来源：沪深交易所，同花顺。

（二）分行业经营情况

表 7　　2019 年内蒙古上市公司分行业经营情况

行业类别	营业收入（亿元）	可比样本变动率（%）	归属于母公司所有者的净利润（亿元）	可比样本变动率（%）
采矿业	743.29	25.86	73.31	16.88
电力、热力、燃气及水生产和供应业	144.77	5.34	11.04	41.00
房地产业	—	—	—	—
建筑业	—	—	—	—
交通运输、仓储和邮政业	—	—	—	—
教育	—	—	—	—
金融业	170.20	-26.69	-19.15	-606.61
居民服务、修理和其他服务业	—	—	—	—
科学研究和技术服务业	—	—	—	—
农、林、牧、渔业	—	—	—	—
批发和零售业	—	—	—	—
水利、环境和公共设施管理业	28.52	-25.36	0.61	-70.10
卫生和社会工作业	—	—	—	—
文化、体育和娱乐业	—	—	—	—
信息传输、软件和信息技术服务业	—	—	—	—
制造业	2539.8	5.15	157.87	-8.70
住宿和餐饮业	—	—	—	—
租赁和商务服务业	—	—	—	—
综合	—	—	—	—
合计	3626.58	6.23	223.56	-10.27

资料来源：沪深交易所，同花顺。

（三）业绩变动情况分析

1. 营业收入、毛利率等变动原因分析

2019 年，内蒙古辖区上市公司实现营业收入 3626.56 亿元，同比增加 6.23%；归属于母公司的净利润 223.56 亿元，同比减少 10.27%，2019 年毛利率为 27.50%。内蒙古地区煤炭、钢铁、黑色金属冶炼等行业在去产能、去库存政策的积极影响下，整体经营情况向好。

2. 盈利构成分析

从盈利构成来看，2019 年辖区上市公司利润主要来源于营业利润，占利润总额的 103.92%，较 2018 年上升 3.1 个百分点，营业利润中，投资净收益占比 3.76%。2019 年，辖区上市公司营业外收入4.14亿元，同比增长13.64%，占利润总额的1.38%。因此，上市公司主业贡献了大部分的净利润，辖区整体经营情况良好。

3. 经营性现金流量分析

2019年，辖区上市公司经营活动现金流量净额为-165.18亿元，同比增加76.65%。剔除西水股份（经营活动现金流量净额为-556.92亿元），其余25家上市公司经营活动现金流量净额为391.74亿元，同比下降25.52%。在26家上市公司中，7家上市公司经营活动现金流量净额为负，占比为26.92%，与2018年相比无变化。

4. 业绩特点分析

2019年，辖区上市公司经营情况稳中向好，19家公司净利润较上年有所增加，在供给侧结构性改革中，利润增长更趋于平稳。电力、热力生产和供应业归属于母公司的净利润同比增长41.07%，采矿业归属于母公司的净利润同比增长15.37%。

5. 利润分配情况

表8　　2019年内蒙古上市公司现金分红情况

2019年分红公司家数			2019年分红金额		
家数	变动率（%）	分红公司家数占地区公司总数比重（%）	金额（亿元）	变动率（%）	分红金额占归属于母公司所有者的净利润比重（%）
16	-5.88	61.54	128.41	26.45	57.44

资料来源：内蒙古证监局。

四、内蒙古上市公司并购重组情况

（一）并购重组基本情况

2019年内蒙古共有3家上市公司完成重大资产重组，分别为露天煤业、鄂尔多斯、君正集团，涉及交易金额72.28亿元，与2018年相比，完成重大资产重组家数及交易金额基本持平。其中1家上市公司以发行股份及募集配套资金支付交易对价，1家上市公司以发行股份方式支付交易对价，1家上市公司以纯现金方式支付交易对价。3家上市公司的资产重组为实现横向业务整合或纵向的产业链整合，为企业注入新的资源，加快发展步伐。

（二）并购重组特点

2019年内蒙古上市公司重大资产重组呈现以下特点：

（1）辖区上市公司并购重组活跃度不高。2017年、2018年、2019年辖区上市公司完成重大资产重组的公司家数分别为1家、3家、3家，占辖区上市公司总数的比例较小，交易金额分别为70.59亿元、71.05亿元、72.28亿元。

（2）单笔资产重组金额较大。2019年，内蒙古上市公司共有3家完成资产重组，单笔成交金额都大于20亿元，资金量大。

（3）从并购标的类型来看，近几年内蒙古地区上市公司通过横向和纵向的产业并购，提高了产业集中度和产业链的竞争力。

五、内蒙古上市公司募集资金情况、使用情况

（一）募集资金总体情况

表 9　　2019 年内蒙古上市公司募集资金情况

发行类型	代码	简称	募集资金（亿元）
再融资（增发、配股）	002128	露天煤业	10.35
	300239	东宝生物	2.20
	600295	鄂尔多斯	5
	小计		17.55
其他融资（公司债券、短期融资券、中期票据、次级债、金融债、境外发行债券）	600863	内蒙华电	5
	600010	包钢股份	165
	600887	伊利股份	105
	900948	伊泰 B 股	25
	小计		300
总计			317.55

资料来源：内蒙古证监局。

（二）募集资金使用情况及特点

2019 年，内蒙古 7 家上市公司通过再融资、发行公司债券和短期融资券融资 317.55 亿元，同比融资规模有大幅增长，其中债务性融资占比较大。结合现场检查和日常监管掌握的情况，内蒙古上市公司募集资金使用情况较为规范，主要有如下特点：一是债务性融资占比较高，股权融资多用于补充流动资金；二是暂时闲置的募集资金购买理财产品及暂时补充流动资金的情况比较普遍；三是债务性融资主要用于补充流动资金，权益性融资主要用于实体项目建设。

（三）募集资金变更情况

2019 年，内蒙古地区有 2 家上市公司变更募集资金用途，一是亿利洁能将终止实施后的武威管网项目募投资金 67091.03 万元，部分变更投向于唐口项目、晋州项目和东乡项目共 3 个微煤雾化在建热力项目，新项目拟使用募集资金 28438.88 万元，剩余 38652.15 万元仍在武威管网项目募集资金账户中；二是内兰太实业终止原募投项目内蒙古兰太药业有限责任公司产品研发中心建设项目公司，拟使用募集资金 5000 万元，已使用募集资金 873.87 万元，未使用募集资金

4126.13万元。变更后募投项目为“年产500吨核级钠生产装置产业升级技术改造项目”，新项目拟投资总额5820.91万元，拟使用募集资金4126.13万元。上述2家公司募集资金用途变更已经公司股东大会审议通过，程序合法。

表10　　2019年内蒙古上市公司募集资金使用项目变更情况

变更募集资金使用项目的公司家数	涉及金额（亿元）	募集资金总额（亿元）	占公司募集资金总额的比例（%）
2	7.12	51.48	13.83

资料来源：内蒙古证监局。

六、内蒙古上市公司规范运作情况

（一）上市公司治理专项情况

2019年，内蒙古证监局以落实修订后的《上市公司治理准则》为契机，推动上市公司治理水平提升，紧抓公司治理基石，强化检查结果运用：一是培训常态化。对新准则进行培训，通过在现场检查过程中对公司董事、监事、高管的集中、专项督导，将现场检查作为提高公司规范运作意识、治理水平的重要渠道。二是及时通报。针对日常监管和现场检查中发现的共性问题，及时向辖区上市公司进行通报，督促其他公司自查自纠，防患于未然。三是要求公司内部整改问责。在对公司采取相应监管措施的同时，要求公司逐项提出整改措施，并将相关问题归责到人，确保上市公司各项规则落在实处，形成自我约束。

（二）审计情况及监管情况

2019年，11家会计师事务所为内蒙古辖区26家上市公司提供了2019年年报审计服务，均出具了无保留标准意见。2019年内蒙古辖区4家上市公司更换了年报审计机构。

2019年，内蒙古证监局强化审计执业项目监管，持续传导监管压力，进一步夯实中介机构的监督责任。一是前移监管关口，明确审计重点。专题召开年报审计监管工作会议，确定7家上市公司年审项目为重点类审计项目。二是加大现场检查力度，在做好“双随机”延伸检查的基础上，开展商誉减值及内控检查、IPO审计执行项目检查、交易所年报审核线索检查等共计12家次。三是强化问责机制，督促勤勉尽责，全年向审计机构下发《检查事实确认书》5家次，下发《检查结果告知书》通报检查情况3家次。

（三）信息披露情况

2019年，内蒙古证监局切实履行信息披露监管职责，始终保持谨慎态度，强化监管敏感性严防风险发生。一是持续关注上市公司定期报告特别是年度报告的真实、准确、完整性，关注各类临时报告的及时性。二是坚持问题风险导向，聚焦媒体质疑和证券交易所协查要求开展现场检查。全年检查上市公司 10 家次，检查覆盖面达 38.46%，就检查发现的问题，采取行政监管措施 8 份，向市场明确传递从严监管信号。

（四）证券市场服务情况

一是坚持不懈抓好拟上市企业培育工作，推动符合条件的三板企业向精选层靠近。在强化辅导监管的同时，与沪深交易所开展高频次的企业走访和调研；积极协助企业解决发展中的各种问题，组织资深市场人士为辖区拟上市企业一对一会诊，解决企业申报中的困惑和障碍。二是着力提升投资者保护力度。投资者网上集体接待日、投资者走进上市公司等品牌活动持续开展；年内总计收到涉及上市公司及相关主体举报 19 件，均按期办结，做到件件有办理、件件有回复。三是鼓励引导上市公司利用资本市场并购重组再融资。践行绿色发展理念，推动蒙草生态、乌海银行发行 7.5 亿元绿色债券；加大资本市场服务实体经济调研力度，力争服务工作取得实效。

（五）其他

2019 年，内蒙古证监局贯彻落实依法全面从严监管理念，积极构建风险化解合力，严守不发生区域性、系统性风险底线不动摇。上市公司兴业矿业子公司银漫矿业发生“2·23”重大矿难后，第一时间向公司了解情况并研判可能对公司产生的影响，在公司失去重要利润来源的重大不利事件与股票质押风险叠加的情况下展开专项调研，与地方政府一道做好对公司的纾困和救助。

审稿人：王　坤　郭劲松

撰稿人：郭　云　孔繁慧

辽宁地区

一、辽宁经济发展概况

表 1　　2019 年辽宁经济发展概况　　单位：亿元

指　标	1～3 月		1～6 月		1～9 月		1～12 月	
	绝对量	同比增长（%）	绝对量	同比增长（%）	绝对量	同比增长（%）	绝对量	同比增长（%）
地区生产总值（GDP）	5414.00	6.10	11580.00	5.80	19148.50	5.70	24909.00	5.50
全社会固定资产投资	—	3.20	—	-5.20	—	-1.70	—	0.50
社会消费品零售总额	3654.20	5.60	7319.40	6.00	11087.00	6.00	15008.60	6.10
规模以上工业增加值	—	9.00	—	7.20	—	6.70	—	6.70
规模以上工业企业实现利润	299.60	-17.80	678.10	-11.00	1042.00	-30.40	1332.00	-26.60
居民消费价格指数（CPI）	1～3 月		1～6 月		1～9 月		1～12 月	
	1.00		1.60		1.90		2.40	

资料来源：国家统计局。

二、辽宁上市公司总体情况

（一）公司数量

表 2　　2019 年辽宁上市公司数量　　单位：家

公司总数	2019 年新增	股票类别			板块分布				
		仅 A 股	仅 B 股	(A+B)股	沪市主板	深市主板	中小板	创业板	科创板
47	2	45	0	2	18	11	7	10	1

资料来源：沪深交易所，同花顺。

（二）行业分布

表 3　　2019 年辽宁上市公司行业分布情况

行业类别	家数	占比（%）	行业类别	家数	占比（%）
采矿业	1	2.13	批发和零售业	2	4.26
电力、热力、燃气及水生产和供应业	3	6.38	水利、环境和公共设施管理业	1	2.13
房地产业	0	0.00	卫生和社会工作业	0	0.00
建筑业	0	0.00	文化、体育和娱乐业	2	4.26
交通运输、仓储和邮政业	2	4.26	信息传输、软件和信息技术服务业	3	6.38
教育	0	0.00	制造业	33	70.21
金融业	0	0.00	住宿和餐饮业	0	0.00
居民服务、修理和其他服务业	0	0.00	租赁和商务服务业	0	0.00
科学研究和技术服务业	0	0.00	综合	0	0.00
农、林、牧、渔业	0	0.00	合计	47	100.00

资料来源：沪深交易所，同花顺。

（三）股本结构及规模

表 4　　2019 年辽宁上市公司股本规模在 10 亿股以上公司分布情况

股本规模（亿股）	公司家数	具体公司
50≤～＜100	2	鞍钢股份、营口港
20≤～＜50	4	本钢板材、凌钢股份、联美控股、锦州港
10≤～＜20	11	ST 抚钢、文投控股、*ST 沈机、华锦股份、机器人、*ST 金山、锌业股份、红阳能源、东软集团、金杯汽车、远大智能

资料来源：沪深交易所，同花顺。

表 5　　2019 年辽宁上市公司分地区股权构成情况　　单位：家

股权性质 地域分布	央企国资控股	省属国资控股	地市国资控股	民营控股	其他	合计
沈阳市	3	3	2	12	3	23
鞍山市	1	0	0	7	0	8
抚顺市	0	0	0	1	0	1
本溪市	0	1	0	0	0	1
丹东市	0	0	0	1	0	1
锦州市	0	0	0	1	1	2

续表

股权性质 / 地域分布	央企国资控股	省属国资控股	地市国资控股	民营控股	其他	合计
营口市	1	0	0	1	0	2
阜新市	0	0	0	2	0	2
辽阳市	0	0	0	2	0	2
盘锦市	1	0	0	0	0	1
铁岭市	0	0	1	0	0	11
葫芦岛市	0	0	0	2	0	2
朝阳市	0	0	1	0	0	1
合计	6	4	4	29	4	47

资料来源：辽宁证监局。

（四）市值规模

截至 2019 年 12 月 31 日，辽宁 47 家上市公司境内总市值 3532.56 亿元，占全国上市公司境内总市值的 0.55%；其中，上交所上市公司 19 家，总股本 265.21 亿股，境内总市值 1652.71 亿元，占上交所上市公司境内总市值的 0.41%；深交所上市公司 28 家，总股本 301.41 亿股，境内总市值 1879.85 亿元，占深交所上市公司境内总市值的 0.63%。

（五）资产规模

截至 2019 年 12 月 31 日，辽宁 47 家上市公司合计总资产 4479.23 亿元，归属于母公司股东权益 2159.03 亿元，与 2018 年相比，分别增长 -1.73%、4.94%；平均每股净资产 3.81 元。

三、辽宁上市公司经营情况及变动分析

（一）总体经营情况

表 6　　2019 年辽宁上市公司经营情况

指　标	2019 年	2018 年	变动率（%）
家数	47	45	4.44
亏损家数	9	10	-10.00
亏损家数比例（%）	19.15	22.22	-3.07
平均每股收益（元）	0.11	0.34	-67.65
平均每股净资产（元）	3.81	3.97	-4.03
平均净资产收益率（%）	3.01	8.51	-5.50
总资产（亿元）	4479.23	4558.11	-1.73
归属于母公司股东权益（亿元）	2159.03	2057.32	4.94

续表

指　标	2019 年	2018 年	变动率（%）
营业收入（亿元）	3685.54	3629.52	1.54
利润总额（亿元）	91.44	221.21	-58.66
归属于母公司所有者的净利润（亿元）	64.92	175.13	-62.93

资料来源：沪深交易所，同花顺。

（二）分行业经营情况

表 7　　2019 年辽宁上市公司分行业经营情况

行业类别	营业收入（亿元）	可比样本变动率（%）	归属于母公司所有者的净利润（亿元）	可比样本变动率（%）
采矿业	66.90	-8.51	0.26	-76.99
电力、热力、燃气及水生产和供应业	126.48	4.68	15.43	159.76
房地产业	—	—	—	—
建筑业	—	—	—	—
交通运输、仓储和邮政业	118.01	9.93	11.79	-5.15
教育	—	—	—	—
金融业	—	—	—	—
居民服务、修理和其他服务业	—	—	—	—
科学研究和技术服务业	—	—	—	—
农、林、牧、渔业	—	—	—	—
批发和零售业	36.98	4.23	0.48	229.73
水利、环境和公共设施管理业	1.84	-88.14	-0.85	-187.63
卫生和社会工作业	—	—	—	—
文化、体育和娱乐业	49.35	11.37	1.61	133.47
信息传输、软件和信息技术服务业	122.90	16.32	-1.98	-194.74
制造业	3163.08	0.53	38.16	-76.67
住宿和餐饮业	—	—	—	—
租赁和商务服务业	—	—	—	—
综合	—	—	—	—
合计	3685.54	1.01	64.92	-64.12

资料来源：沪深交易所，同花顺。

（三）业绩变动情况分析

1. 营业收入、毛利率等变动原因分析

2019 年，辖区 47 家上市公司累计实现营业收入 3685.54 亿元，较 2018 年增长 1.54%；归属于母公司所有者的净利润 64.92 亿元，较 2018 年下降 62.93%；营业利润 90.94 亿元，较 2018 年下降 51.58%；利润总额 91.44 亿元，较 2018 年下降 58.66%；平均毛利率 12.89%，较 2018 年减少 6.24 个百分点。辖区上市公司以传统制造行业为主，经济下行压力导致营业收入增幅收窄，相对而言，营业成本却依然保持着较快增长，导致 2019 年度毛利率同比大幅下降。

2. 盈利构成分析

2019 年，辖区 47 家上市公司累计实现归属于母公司所有者的净利润 64.92 亿元，较 2018 年下降 62.93%，同比增速由正转负。辖区 27 家公司归属于母公司所有者的净利润出现不同程度下滑，数量占比近六成；9 家公司出现亏损，同比减少 1 家。辖区有 4 家公司归属于母公司所有者的净利润超过 10 亿元，合计实现 55.90 亿元；15 家公司归属于母公司所有者的净利润不足 3000 万元，其中微利企业（0～3000 万元）6 家。

3. 经营性现金流量分析

2019 年，辽宁辖区上市公司经营性现金流量净额为 369.12 亿元，较 2018 年增加 37.88%。47 家上市公司中有 40 家公司经营性现金流量净额为正，占比 85.11%，较 2018 年增加 7.33 个百分点。4 家公司经营现金流量净额由负转正，4 家公司经营现金流量净额由正转负。

4. 业绩特点分析

（1）辖区上市公司业绩行业差异明显。

以传统重冶炼化工为主的行业分布，导致辖区上市公司业绩呈现周期性特点，整体抗风险能力较弱。2019 年，辖区各行业上市公司业绩差异更加明显。一方面，传统重冶炼化工行业由于其资产偏重，受经济周期和行业形势影响，业绩大幅下滑。其中权重占比较高的钢铁类公司合计实现净利润 30.47 亿元，同比下降 76.19%；石油化工类公司合计实现净利润 3.04 亿元，同比下降 75.56%。另一方面，贴近消费端的食品医药类公司抗周期性强，展现出较好的成长性，4 家公司（禾丰牧业、桃李面包、东北制药和兴齐眼药）合计实现净利润 23.81 亿元，同比增长 63.42%。同时，辖区战略新兴行业上市公司面临挑战，业绩承压，部分公司甚至亏损。

（2）部分公司持续经营能力堪忧。

截至 2019 年，辖区 11 家公司已经连续两年扣除非经常性损益净利润为负，持续经营能力堪忧。

（3）上市国企改革成效明显，但部分国企改革迟缓业绩欠佳。

截至 2019 年年末，辽宁辖区 47 家上市公司中，国有控股上市公司 15 家，总资产占辖区上市公司的 2/3，总市值占比接近 1/2。近年来，辖区东北制药、抚顺特钢等国有上市公司以国企改革为契机，通过资产注入、引入战略投资和市场化债转股等方式提升了质量，但仍有部分国企上市公司改革进展迟缓，经营不见起色，其中部分公司经营业绩长期不佳。

（4）民营上市公司体现较强韧性，但风险困难不少。

2019 年，辖区 29 家民营上市公司共计实现营业收入 876.92 亿元，占辖区的 23.78%，同比增长 2.12%；实现净利润 51.93 亿元，占辖区的 78.10%，同比下降 20.84%。相关指标皆优于辖区国有上市公司，展现出了民营企业较强的经营韧性和活力。与此同时，民营企业面临的挑战也不容忽视，部分公司风险问题突出：如辖区股票质押风险集中在民营控股公司；民营企业经营现金流相对紧张，辖区 7 家经营性现金流净额为负的公司中 6 家为民营企业；部分民营企业面临着长短期借款结构不合理、融资渠道不畅等问题。

5. 利润分配情况

表 8　　2019 年辽宁上市公司现金分红情况

2019 年分红公司家数			2019 年分红金额		
家数	变动率（%）	分红公司家数占地区公司总数比重（%）	金额（亿元）	变动率（%）	分红金额占归属于母公司所有者的净利润比重（%）
27	8	57.45	34.17	-18.70	52.63

资料来源：辽宁证监局。

四、辽宁上市公司并购重组情况

（一）并购重组基本情况

2019 年，辖区共发生 2 起并购重组，相比 2018 年减少 2 家，总涉及金额约 15.79 亿元，相比 2018 年增加 35.65%。在完成的 2 起并购中，1 起为横向整合，1 起为多元化发展。

（二）并购重组特点

2019 年，尽管辖区开展并购重组涉及交易金额有所增长，但交易家数延续了近几年的下降趋势。从并购重组家数和并购规模看，近几年辖区资本市场并购重组不活跃。从开展并购重组公司的性质看，2 家皆为民营控股类上市公司。从支付手段看，1 家为发行股份购买资产方式，1 家为股份和现金支付相结合的方式。从重组目的看，有的公司通过横向并购扩大产业规模，有的公司通过注入优质资产实现多元化发展。

五、辽宁上市公司募集资金情况、使用情况

（一）募集资金总体情况

表 9　　2019 年辽宁上市公司募集资金情况

<table>
<tr><th>发行类型</th><th>代码</th><th>简称</th><th>募集资金（亿元）</th></tr>
<tr><td rowspan="4">首发</td><td>688037</td><td>芯源微</td><td>5.66</td></tr>
<tr><td>002952</td><td>亚世光电</td><td>4.75</td></tr>
<tr><td>300758</td><td>七彩化学</td><td>5.89</td></tr>
<tr><td colspan="2">小计</td><td>16.30</td></tr>
<tr><td rowspan="6">再融资（增发、配股）</td><td>603609</td><td>禾丰牧业</td><td>7.78</td></tr>
<tr><td>603315</td><td>福鞍股份</td><td>11.36</td></tr>
<tr><td>300290</td><td>荣科科技</td><td>1.63</td></tr>
<tr><td colspan="2">小计</td><td>20.77</td></tr>
<tr><td>113544</td><td>桃李转债</td><td>10</td></tr>
<tr><td colspan="2">小计</td><td>10</td></tr>
<tr><td colspan="3">总计</td><td>47.07</td></tr>
</table>

资料来源：辽宁证监局。

（二）募集资金使用情况及特点

2019 年，辖区共有 7 家上市公司通过资本市场进行融资，募集资金总额 47.07 亿元，较 2018 年下降 15.71%。其中，3 家公司完成 IPO，较 2018 年增加 3 家；3 家公司非公开发行股票募集资金 20.77 亿元，较 2018 年下降 58.62%；1 家公司通过发行可转债募集资金 10 亿元。截至目前，上述 7 家公司累计已投入使用募集资金 32.19 亿元，占当年募集资金总额的 68.39%。辖区上市公司募集资金使用呈如下特点：一是募集资金整体使用效率较高，但受经济转型及行业变化影响，个别公司募集资金使用进度较慢，部分募投项目未达预期收益。二是为提高闲置募集资金使用效率，大部分公司对闲置募集资金进行了现金管理，主要购买保本型银行理财产品。

（三）募集资金变更情况

表 10　　2019 年辽宁上市公司募集资金使用项目变更情况

变更募集资金使用项目的公司家数	涉及金额（亿元）	募集资金总额（亿元）	占公司募集资金总额的比例（%）
5	7.99	39.29	20.34

资料来源：辽宁证监局。

六、辽宁上市公司规范运作情况

（一）上市公司治理专项情况

2019年，辽宁证监局以落实新修订《上市公司治理准则》为契机持续抓好上市公司治理监管，多举措督促上市公司完善公司治理结构，提升规范运作水平。一是从严查处，及时遏制辖区大股东占用风险。以日常监管为抓手，专项监管为切入点，查处3家上市公司的大股东非经营性资金占用问题，其中1家公司被采取监管措施，成为运用《上市公司治理准则》的首单实践案例。二是强化非现场监管，及时采取措施夯实公司治理基础。针对1家公司治理失效问题，约谈大股东、第二大股东及相关高管人员，督促其妥善解决股东纠纷，保护中小投资者利益。针对1家公司新任高管违规减持问题，通过约谈传导监管压力。三是积极引导上市公司通过股权激励、员工持股计划等方式，建立健全激励约束机制，强化劳动者和所有者利益共享，更好吸引和留住人才。2019年，辖区有3家公司实施股权激励或员工持股计划。四是落实好首发上市谈话制度，督促新上市公司增强公众公司意识，督促保荐代表人履行持续督导职责。

（二）审计情况及监管情况

2019年，共有21家会计师事务所对辖区47家上市公司进行了年报审计，审计费用总计5440.90万元，较2018年增长2.54%。从审计报告的类型看，有46家公司被出具了标准无保留意见，1家公司被出具了带强调事项段的无保留意见。从内控审计报告看，辖区共有38家公司出具了内控审计报告，全部为标准无保留意见。

2019年，辽宁证监局以督促辖区年审机构归位尽责为目的，有序开展年报审计监管工作。组织召开辽宁辖区上市公司年报审计监管工作会，通报审计发现问题，提出审计重点。根据商誉、业绩承诺、处罚、业绩变化、实控人变更五项指标确定重点类审计项目16个。约谈会计师事务所负责人，了解审计业务流程、年报审计情况并传达监管要求。审计过程中，到项目现场进行督导，了解重点类审计项目的审计进展及关键审计事项的审计程序执行情况，关注审计过程中发现的风险隐患和问题，督促签字会计师与上市公司独立董事、审计委员会充分沟通况。持续关注审计人员勤勉尽责情况，特别是加强与重点类审计项目组的沟通，及时了解年报审计过程中遇到的问题并给予指导。开展“监管连线”活动，走进会计师事务所，传达监管要求，督促其勤勉尽责。年报审计结束后，选取商誉较高的3家公司开展商誉专项检查，同时对2家公司的内控审计开展现场检查，针对中介机构的执业质量出具警示函1份。

（三）信息披露情况

2019年，辽宁证监局以信息披露为核心，持续加强上市公司信息收集、分析及监管联动。一是持续关注公司信息披露及媒体质疑情况，动态研判风险点，快速处理。二是强化定期报告审阅的风险识别作用，借助科技手段及时审阅定期报告，锁定风险点，为监管处置奠定基础。三是以信披有效性监管为核心，高效开展现场检查。全年共开展现场检查 8 家次，其中“双随机”检查 3 家次，专项检查 2 家次，举报核查 3 家次。全年共采取行政监管措施 12 项（警示函 4 份、责令改正 5 份、监管谈话 1 份、责令参加培训 2 份）、关注函 7 份。四是组织开展辖区上市公司投资者网上集体接待日活动，辖区 47 家上市公司 140 余位公司高管通过网络互动平台与投资者交流互动，增强公司透明度。

（四）证券市场服务情况

1. 以混改为动力，大力支持国企利用资本市场做大做强

以国企改革为契机，重点支持国有控股上市公司通过资产注入、引入战投、吸收合并、整体上市和市场化债转股等多种方式做优做强。支持东北制药、中兴商业混合所有制改革；持续关注沈阳机床债务风险及破产重整进程，在防范风险的同时，支持企业通过重组重整脱困。

2. 以并购重组再融资为手段，为辖区企业壮大寻求新动力

持续关注东北制药、金杯汽车非公开发行股票进展情况，积极推动辖区公司充分利用并购重组和再融资发展壮大。截至 2019 年 12 月 31 日，辖区正在进行并购重组的上市公司 4 家次。通过并购重组，部分公司发展注入了新动能，实现了转型升级；通过非公开发行股票再融资的 3 家次，可转债融资 1 家次，累计融资 30.77 亿元，满足了相关公司的资金需求，改善了资产结构。

3. 一司一策化解股票质押风险

在摸清辖区股票质押风险底数的前提下，分类施策，精准拆弹，通过股权转让方式化解 2 家上市公司股票质押风险，通过发行可交换债方式化解 1 家上市公司股票质押风险，通过设立纾困基金方式缓解 1 家上市公司股票质押风险。2019 年，辖区净化解高比例质押公司 3 家。

4. 以上市公司质量提升为内生动力，为辖区经济压舱石增加新砝码

2019 年以来，辽宁证监局以上市公司质量提升为工作主线，按片区、行业分类举办六场上市公司质量提升座谈会，听取企业家对企业发展的意见建议。针对上市公司质量提升过程中遇到的重点难点问题进行调研，向辽宁省政府报送了《关于提高辽宁辖区上市公司质量相关建议的报告》，为辖区上市公司质量提升找症结，为领导决策提参考，为辽宁经济发展加砝码。

5. 以上市公司协会为依托，打造辖区公司交流发展新平台

2019 年以来，我局大力推动辽宁省上市公司协会转变职能，全面发挥协会的自律传导功能，通过协会传达监管要求、规范公司治理，强化会员间的沟通交流，加强会员间的业务合作，将协会打造成集监管、交流、服务于一体的新平台。

审稿人：狄佳巍
撰稿人：郎丰高

吉林地区

一、吉林经济发展概况

表 1　　　　2019 年吉林经济发展概况　　　　单位：亿元

指　标	1～3 月		1～6 月		1～9 月		1～12 月	
	绝对量	同比增长（%）	绝对量	同比增长（%）	绝对量	同比增长（%）	绝对量	同比增长（%）
地区生产总值（GDP）	2492.30	2.40	5316.10	2.00	8436.50	1.80	11726.82	3.00
全社会固定资产投资	—	0.80	—	-5.10	—	-14.40	—	-16.30
社会消费品零售总额	—	3.60	—	3.90	—	3.60	—	3.40
规模以上工业增加值	—	1.50	—	-0.30	—	-0.60	—	3.10
规模以上工业企业实现利润	201.10	-9.60	431.70	-8.90	618.50	-8.50	740.50	-8.30
居民消费价格指数（CPI）	1～3 月		1～6 月		1～9 月		1～12 月	
	1.70		2.30		2.60		3.00	

资料来源：国家统计局。

二、吉林上市公司总体情况

（一）公司数量

表 2　　　　2019 年吉林上市公司数量　　　　单位：家

公司总数	2019 年新增	股票类别			板块分布				
		仅 A 股	仅 B 股	(A+B)股	沪市主板	深市主板	中小板	创业板	科创板
42	1	41	0	1	17	15	6	4	0

资料来源：沪深交易所，同花顺。

（二）行业分布

表 3　　2019 年吉林上市公司行业分布情况

行业类别	家数	占比（%）	行业类别	家数	占比（%）
采矿业	0	0.00	批发和零售业	2	4.76
电力、热力、燃气及水生产和供应业	4	9.52	水利、环境和公共设施管理业	2	4.76
房地产业	3	7.14	卫生和社会工作业	0	0.00
建筑业	1	2.38	文化、体育和娱乐业	0	0.00
交通运输、仓储和邮政业	1	2.38	信息传输、软件和信息技术服务业	5	11.90
教育	0	0.00	制造业	23	54.76
金融业	1	2.38	住宿和餐饮业	0	0.00
居民服务、修理和其他服务业	0	0.00	租赁和商务服务业	0	0.00
科学研究和技术服务业	0	0.00	综合	0	0.00
农、林、牧、渔业	0	0.00	合计	42	100.00

资料来源：沪深交易所，同花顺。

（三）股本结构及规模

表 4　　2019 年吉林上市公司股本规模在 10 亿股以上公司分布情况

股本规模（亿股）	公司家数	具体公司
20≤～<50	7	亚泰集团、吉视传媒、苏宁环球、顺发恒业、东北证券、吉电股份、通化东宝
10≤～<20	10	吉林化纤、富奥股份、一汽轿车、ST 中天、吉林高速、紫鑫药业、中钢国际、*ST 利源、吉林敖东、诺德股份

资料来源：沪深交易所，同花顺。

表 5　　2019 年吉林上市公司分地区股权构成情况　　单位：家

股权性质 地域分布	央企国资控股	省属国资控股	地市国资控股	民营控股	其他	合计
长春市	4	5	5	7	3	24
吉林市	1	0	1	6	0	8
四平市	0	0	0	0	0	0
辽源市	0	0	0	1	0	1
通化市	0	0	0	5	1	6
白山市	0	0	0	1	0	1

续表

股权性质 / 地域分布	央企国资控股	省属国资控股	地市国资控股	民营控股	其他	合计
松原市	0	0	0	0	0	0
白城市	0	0	0	0	0	0
延边州	0	0	1	1	0	2
合计	5	5	7	21	4	42

资料来源：吉林证监局。

（四）市值规模

截至2019年12月31日，吉林42家上市公司境内总市值4588.44亿元，占全国上市公司境内总市值的0.65%；其中，上交所上市公司17家，总股本171.23亿股，境内总市值941.68亿元，占上交所上市公司境内总市值的0.23%；深交所上市公司25家，总股本312.07亿股，境内总市值3646.76亿元，占深交所上市公司境内总市值的1.52%。

（五）资产规模

截至2019年12月31日，吉林42家上市公司合计总资产4607.55亿元，归属于母公司股东权益1646.71亿元，与2018年相比，分别增长0.39%、-7.10%；平均每股净资产3.41元。

三、吉林上市公司经营情况及变动分析

（一）总体经营情况

表6　　2019年吉林上市公司经营情况

指　标	2019年	2018年	变动率（%）
家数	42	41	2.44
亏损家数	10	5	100.00
亏损家数比例（%）	23.81	12.2	11.61
平均每股收益（元）	-0.21	0.09	-333.33
平均每股净资产（元）	3.66	4.02	-8.96
平均净资产收益率（%）	-5.79	2.19	-7.98
总资产（亿元）	4607.55	4589.58	0.39
归属于母公司股东权益（亿元）	1646.71	1772.51	-7.10
营业收入（亿元）	1783.27	1613.04	10.55
利润总额（亿元）	-64.36	76.82	-183.78
归属于母公司所有者的净利润（亿元）	-95.39	38.73	-346.29

资料来源：沪深交易所，同花顺。

（二）分行业经营情况

表 7　　2019 年吉林上市公司分行业经营情况

行业类别	营业收入（亿元）	可比样本变动率（%）	归属于母公司所有者的净利润（亿元）	可比样本变动率（%）
采矿业	—	—	—	—
电力、热力、燃气及水生产和供应业	150.00	-10.31	-42.88	-83.01
房地产业	57.60	-12.03	19.16	-10.72
建筑业	134.14	60.32	5.35	24.13
交通运输、仓储和邮政业	7.81	-8.23	1.89	-22.54
教育	—	—	—	—
金融业	79.69	17.54	10.07	234.55
居民服务、修理和其他服务业	—	—	—	—
科学研究和技术服务业	—	—	—	—
农、林、牧、渔业	—	—	—	—
批发和零售业	167.41	7.09	1.54	-42.32
水利、环境和公共设施管理业	86.38	2.37	5.79	31.00
卫生和社会工作业	—	—	—	—
文化、体育和娱乐业	—	—	—	—
信息传输、软件和信息技术服务业	47.82	-1.83	2.59	-19.57
制造业	1052.42	12.91	-98.90	-619.16
住宿和餐饮业	—	—	—	—
租赁和商务服务业	—	—	—	—
综合	—	—	—	—
合计	1783.27	10.47	-95.39	-356.70

资料来源：沪深交易所，同花顺。

（三）业绩变动情况分析

1. 营业收入、毛利率等变动原因分析

2019 年，辖区上市公司实现营业总收入 1799.70 亿元，占 A 股上市公司总收入的 0.36%，与 2018 年持平。辖区总体毛利率为 38%，较 2018 年同期上升 7.44 个百分点。

2. 盈利构成分析

2019 年，辖区上市公司实现净利润 -104.61 亿元，其中 11 家公司亏损，占 A 股亏损公司 468 家的 2.35%。其中，投资收益 70.34 亿元，同比增长 27.6%；财务费用 76.17 亿元，同比增长 20%；资产减值损失及信用减值损失 207.44 亿元，同比增长109.58%，大额资产减值及财务费用挤占了大部分利润空间，导致净利润出现亏损。

3. 经营性现金流量分析

2019年，辖区上市公司经营活动现金流量净额234.08亿元，同比上升49.92%，一方面销售商品收到的现金1461.45亿元，同比增长1.65%，现金流创造能力有所增强，另一方面因减税降费政策红利，支付的各项税费112.78亿元，同比下降8.28%。投资活动现金流出393.48亿元，同比下降25.71%，投资支出减少。筹资活动现金净额-53.96亿元，同比减少68.89亿元，融资能力有所下滑，其中取得借款现金流入1268.92亿元，同比上升18.18%；偿还借款等债务支付的现金1196.27亿元，同比上升12.47%；分配股利、偿付利息支付的现金122.52亿元，同比上升7.57%。

4. 业绩特点分析

2019年，辖区3家汽车零部件生产企业全部实现盈利，净利润合计14.46亿元，同比上升2.46%，整车制造企业一汽解放盈利0.53亿元，同比下降74.05%，主要原因为公司计提存货减值2.97亿元、质量保证金1.95亿元。医药板块7家公司受部分公司大额减值影响，净利润合计3.23亿元，同比下降90.95%。受房地产调控政策影响，3家地产类上市公司虽然全部实现盈利，实现净利润19.16亿元，但净利润同比下降10.71%。

5. 利润分配情况

表8　2019年吉林上市公司现金分红情况

2019年分红公司家数			2019年分红金额		
家数	变动率（%）	分红公司家数占地区公司总数比重（%）	金额（亿元）	变动率（%）	分红金额占归属于母公司所有者的净利润比重（%）
22	-4.34	52.38	29.08	-16.60	-31.17

资料来源：吉林证监局。

四、吉林上市公司并购重组情况

（一）并购重组基本情况

2019年，辖区3家上市公司完成重大资产重组，涉及金额79.1亿元。其中，吉药控股支付现金购买长春普华制药股份有限公司99.68%股权，交易金额6.18亿元；*ST金鸿出售17家子公司股权至中石油昆仑燃气有限公司，交易金额16.55亿元；长春高新发行股份、定向可转换债券以及支付现金方式购买长春金赛药业股份有限公司29.5%股权，交易金额56.37亿元。

（二）并购重组特点

吉林辖区上市公司并购重组日趋主动，上市公司能够积极主动利用资本市场的广阔平台寻求新增长、新发展、新突破。并购重组效果较为明显，上市公司通过收购优质资产，延伸产业链条，拓展业务领域，使得自身的经营规模、盈利能力得到大幅提高，实现了企业做大做强的目标，充分体现了资本市场优化资源配置的重要作用，对地方经济发展的促进作用更加明显，也为服务实体经济发展和供给侧结构性改革战略作出了积极贡献。

五、吉林上市公司募集资金情况、使用情况

（一）募集资金总体情况

表 9　　2019 年吉林上市公司募集资金情况

发行类型	代码	简称	募集资金（亿元）
再融资（增发、配股）	600360	华微电子	8.3
	000661	长春高新	10
	小计		18.3
总计			18.3

资料来源：吉林证监局。

（二）募集资金使用情况及特点

2019 年，华微电子 8.3 亿元配股资金用于新型电力电子器件基地项目（二期）的建设，长春高新 10 亿元增发资金用于补充流动资金。吉林辖区上市公司能够积极利用资本市场的直接融资功能，使用募集资金投资项目建设，助力实体经济发展，同时，适当使用募集资金补充流动资金，保证正常生产经营、调整资本结构。

（三）募集资金变更情况

表 10　　2019 年吉林上市公司募集资金使用项目变更情况

变更募集资金使用项目的公司家数	涉及金额（亿元）	募集资金总额（亿元）	占公司募集资金总额的比例（%）
0	0	0	0

资料来源：吉林证监局。

六、吉林上市公司规范运作情况

（一）上市公司治理专项情况

一是扎实推进新修订的《上市公司治理准则》有效落地。通过下发通知、政策解读等方式推动上市公司贯彻落实《上市公司治理准则》要求，督促 18 家国有控股公司将党建写入公司章程；提醒上市公司在年报中充分披露公司治理情况、改进公司治理的计划和措施，确立 ESG 信息披露框架，紧密结合定期报告格式准则新要求，做好年报 ESG 信息披露工作。二是将公司治理和内部控制嵌入现场检查中。以现场检查为手段，督促辖区

公司按法律法规要求完善公司治理、内部控制等相关制度并关注其执行情况。全年，共对3家上市公司在公司治理、募集资金管理、财务核算、内部控制等方面存在的一般违规问题下发监管关注函，要求上市公司报送整改方案、整改期限以及责任人，对上市公司予以提醒，及时矫正违规行为。

（二）审计情况及监管情况

2019年，吉林辖区42家上市公司中，5家公司财务报告审计意见类型为非标准意见（*ST成城、*ST经开为无法表示意见；*ST利源为保留意见；*ST中天和*ST金鸿为带强调事项段的无保留意见），3家公司内控报告审计意见类型为非标准意见（*ST成城、*ST经开为否定意见、*ST金鸿为带强调事项段的无保留意见）。2019年，吉林证监局对辖区14家上市公司开展了年报审计监管，共梳理135个风险事项，累计下发18份监管备忘录，13份风险提示函，非现场督导60余次，约谈主审会计师、评估师12家次，审阅审计底稿32家次。通过事中监管，近90个风险得到妥善解决；督促更正了3家公司的财务信息，涉及金额2.75亿元；15家审计机构补充完善了审计程序，有效防范化解风险，构筑了辖区公司风险防范的坚实防线。

（三）信息披露情况

2019年，吉林证监局紧扣信息披露监管核心，认真开展非现场监管工作，着力提升风险线索发现能力。一是强化临时公告审核，全年共审核关注临时公告2678份，做到对重大信息的及时掌握、快速响应和妥善处置。二是深入开展年报审核分析，对近30家上市公司的年报深入开展审核分析，重点关注业绩变脸、财务指标异常、商誉大幅增加、大额资产减值等141个风险事项，秉承“刨根问底”原则，下发书面问询18份，并对公司回复情况发表意见，保证“条条问题有审核，件件反馈有跟踪”。三是不断拓宽舆情监测渠道，重点做好微博、微信“两微”传播信息筛查监测，关注媒体报道90余篇，督导2家公司及时发布澄清公告，对2家公司的媒体质疑事项开展现场核查，未出现负面报道大范围蔓延的情形。

（四）证券市场服务情况

2019年，吉林证监局积极支持辖区上市公司利用资本市场优化结构、转型升级，助推优质企业加入资本市场行列，共同服务地方经济发展和供给侧结构性改革。一方面，优化盘活存量上市公司，积极发挥资本市场优化资源配置作用。2019年，辖区2家公司募集资金18.3亿元，3家上市公司完成重大资产重组，另有4家公司的资产重组正在稳步推进。辖区上市公司利用资本市场的意愿更加强烈，态度更加主动，手段更加丰富，对地方经济发展的促进作用更加明显。另一方面，扩大资本市场发展增量。抢抓政策机遇，推动符合条件的企业登陆科创板。强化政策宣传，提升服务水平，逐家了解辖区上市公司分拆子公司科创板上市的意向，联合地方金融局、地市政府对符合条件的上市公司进行现场调研，积极帮助企业释疑解惑、扫清障碍，推动企业登陆科创板。

审稿人：蒋隐丽

撰稿人：杨　帆

黑龙江地区

一、黑龙江经济发展概况

表 1　　2019 年黑龙江经济发展概况　　单位：亿元

指　标	1～3 月		1～6 月		1～9 月		1～12 月	
	绝对量	同比增长（%）	绝对量	同比增长（%）	绝对量	同比增长（%）	绝对量	同比增长（%）
地区生产总值（GDP）	2581.20	4.50	5586.50	4.30	8744.80	4.30	13612.70	4.20
全社会固定资产投资	—	4.20	—	3.50	—	1.70	—	6.30
社会消费品零售总额	—	6.40	—	6.40	—	6.20	—	6.20
规模以上工业增加值	—	5.40	—	2.70	—	2.70	—	2.80
规模以上工业企业实现利润	75.30	-39.60	214.90	-27.10	363.20	-8.60	389.10	-21.80
居民消费价格指数（CPI）	1～3 月		1～6 月		1～9 月		1～12 月	
	1.40		2.00		2.30		2.80	

资料来源：国家统计局。

二、黑龙江上市公司总体情况

（一）公司数量

表 2　　2019 年黑龙江上市公司数量　　单位：家

公司总数	2019 年新增	股票类别			板块分布				
		仅 A 股	仅 B 股	（A+B）股	沪市主板	深市主板	中小板	创业板	科创板
38	2	37	0	1	26	5	4	2	1

资料来源：沪深交易所，同花顺。

（二）行业分布

表 3　　2019 年黑龙江上市公司行业分布情况

行业类别	家数	占比（%）	行业类别	家数	占比（%）
采矿业	0	0.00	批发和零售业	2	5.26
电力、热力、燃气及水生产和供应业	2	5.26	水利、环境和公共设施管理业	0	0.00
房地产业	0	0.00	卫生和社会工作业	0	0.00
建筑业	2	5.26	文化、体育和娱乐业	0	0.00
交通运输、仓储和邮政业	2	5.26	信息传输、软件和信息技术服务业	2	5.26
教育	0	0.00	制造业	24	63.16
金融业	2	5.26	住宿和餐饮业	0	0.00
居民服务、修理和其他服务业	0	0.00	租赁和商务服务业	0	0.00
科学研究和技术服务业	0	0.00	综合	0	0.00
农、林、牧、渔业	2	5.26	合计	38	100.00

资料来源：沪深交易所，同花顺。

（三）股本结构及规模

表 4　　2019 年黑龙江上市公司股本规模在 10 亿股以上公司分布情况

股本规模（亿股）	公司家数	具体公司
50≤～<100	2	中航资本、中国一重
20≤～<50	5	东方集团、哈药股份、誉衡药业、金洲慈航、哈投股份
10≤～<20	10	*ST 华源、北大荒、国中水务、宝泰隆、ST 安通、龙江交通、*ST 瑞德、*ST 工新、京蓝科技、博实股份

资料来源：沪深交易所，同花顺。

表 5　　2019 年黑龙江上市公司分地区股权构成情况　　单位：家

股权性质 地域分布	央企国资控股	省属国资控股	地市国资控股	民营控股	其他	合计
哈尔滨市	6	2	2	16	3	29
齐齐哈尔市	1	0	0	1	0	2
鸡西市	0	0	0	1	0	1
鹤岗市	0	0	0	0	0	0
双鸭山市	0	0	0	0	0	0

续表

股权性质 / 地域分布	央企国资控股	省属国资控股	地市国资控股	民营控股	其他	合计
大庆市	1	0	0	0	0	1
伊春市	0	0	0	1	0	1
佳木斯市	1	0	0	0	0	1
七台河市	0	0	0	1	0	1
牡丹江市	0	0	1	0	1	2
黑河市	0	0	0	0	0	0
绥化市	0	0	0	0	0	0
合计	9	2	3	20	4	38

资料来源：黑龙江证监局。

（四）市值规模

截至 2019 年 12 月 31 日，黑龙江 38 家上市公司境内总市值 2782.61 亿元，占全国上市公司境内总市值的 0.43%；其中，上交所上市公司 27 家，总股本 429.39 亿股，境内总市值 2225.06 亿元，占上交所上市公司境内总市值的 0.55%；深交所上市公司 11 家，总股本 89.36 亿股，境内总市值 557.55 亿元，占深交所上市公司境内总市值的 0.23%。

（五）资产规模

截至 2019 年 12 月 31 日，黑龙江 38 家上市公司合计总资产 6934.30 亿元，归属于母公司股东权益 1472.04 亿元，与 2015 年相比，分别增长 75.70%、16.99%；平均每股净资产 3.46 元。

三、黑龙江上市公司经营情况及变动分析

（一）总体经营情况

表 6　　2019 年黑龙江上市公司经营情况

指　标	2019 年	2018 年	变动率（%）
家数	38	36	5.56
亏损家数	7	7	0.00
亏损家数比例（%）	18.42	19.44	-1.02
平均每股收益（元）	-0.16	-0.07	-128.57
平均每股净资产（元）	2.84	3.12	-8.97
平均净资产收益率（%）	-5.61	-2.1	-3.51
总资产（亿元）	6934.30	6533.11	6.14
归属于母公司股东权益（亿元）	1472.04	1553.91	-5.27

续表

指 标	2019 年	2018 年	变动率（%）
营业收入（亿元）	1625.42	1644.65	-1.17
利润总额（亿元）	-32.97	0.35	-9520.00
归属于母公司所有者的净利润（亿元）	-82.53	-32.71	-152.31

资料来源：沪深交易所，同花顺。

（二）分行业经营情况

表 7　　2019 年黑龙江上市公司分行业经营情况

行业类别	营业收入（亿元）	可比样本变动率（%）	归属于母公司所有者的净利润（亿元）	可比样本变动率（%）
采矿业	—	—	—	—
电力、热力、燃气及水生产和供应业	113.66	10.62	0.95	112.68
房地产业	—	—	—	—
建筑业	130.08	0.09	-8.14	-426.96
交通运输、仓储和邮政业	60.81	-43.47	-40.10	-605.42
教育	—	—	—	—
金融业	209.86	26.22	33.09	9.44
居民服务、修理和其他服务业	—	—	—	—
科学研究和技术服务业	—	—	—	—
农、林、牧、渔业	33.87	-4.02	9.07	-11.78
批发和零售业	215.33	-0.13	8.51	-6.85
水利、环境和公共设施管理业	—	—	—	—
卫生和社会工作业	—	—	—	—
文化、体育和娱乐业	—	—	—	—
信息传输、软件和信息技术服务业	15.17	-4.34	-23.11	55.20
制造业	846.65	-4.29	-62.81	-24.67
住宿和餐饮业	—	—	—	—
租赁和商务服务业	—	—	—	—
综合	—	—	—	—
合计	1625.42	-1.96	-82.53	-67.08

资料来源：沪深交易所，同花顺。

（三）业绩变动情况分析

1. 营业收入、毛利率等变动原因分析

2019 年，黑龙江上市公司实现营业总收入共计 1625.42 亿元，较 2018 年下降 1.17%，接近 45% 的公司（17 家）营业总收入负增长，超 55% 的公司（21 家）销售毛利率下降。其中，*ST 秋林、金洲慈航、ST 安通、*ST 信通、*ST 瑞德、威帝股份的营业收入下滑比例均超出 30%。

两极分化趋势明显。部分主营业务发展良好、势头强劲的公司营业收入呈现高速增长，例如博实股份收入净利均保持两位数增长；而个别公司爆发债务危机等风险，使得营业收入出现巨幅萎缩，例如 *ST 秋林、ST 安通、金洲慈航等营业总收入合计减少了 150 余亿元。

2. 盈利构成分析

2019 年，归属于母公司股东的净利润连续第二年为负值，合计亏损 81.61 亿元，亏损金额较上年增长 32.21%；扣除非经常性损益后合计亏损 104.38 亿元，亏损金额较上年增长 52.74%。共 31 家盈利，7 家亏损，亏损面较上一年的 21.62% 下降至 18.42%。

金融企业盈利好于实体企业。中航资本、哈投股份 2 家金融类上市公司净利润总和同比增长 9.44%；其余实体类上市公司合计亏损同比增长 44.04%。

民企压力大于国企。15 家国有控股上市公司净利润总和同比增长 107.54%，20 家民营控股上市公司合计亏损同比增长 61.69%，7 家亏损公司中，6 家为民营控股上市公司。

3. 经营性现金流量分析

2019 年，上市公司合计经营性现金流量净额由负转正，主要系金融类公司中航资本经营性现金流量净额增加所致。虽然平均流动比率及速动比率均过 2，整体来看处于资金流动良好的状态，但流动比率小于 1 且速动比率小于 0.5 的企业仍有 6 家，相关公司偿债能力存疑。

4. 业绩特点分析

一是业绩分化严重，头部公司引领高质量发展。营业收入超过 100 亿元的公司 7 家，合计实现营收 863 亿元，营收占比 56.33%；营业收入不足 5 亿元的公司 6 家，合计实现营收 15 亿元，营收占比 1%。中直股份继续巩固行业引领地位，实现 157.95 亿元收入、5.88 亿元净利润，再创历史新高。

二是资产减值成为影响部分公司业绩的重要因素。上市公司合计计提资产减值准备 136.83 亿元，重点减值事项为前期高风险公司风险暴露的集中释放，仅金洲慈航 1 家减值 47.97 亿元。2019 年年末，商誉账面价值合计 45 亿元，较 2018 年年末减少 55.90%，商誉占净资产的比例由上年的 5.85% 下降至 2.64%。

5. 利润分配情况

表 8　　2019 年黑龙江上市公司现金分红情况

2019 年分红公司家数			2019 年分红金额		
家数	变动率（%）	分红公司家数占地区公司总数比重（%）	金额（亿元）	变动率（%）	分红金额占归属于母公司所有者的净利润比重（%）
21	23.53	55.26	27.63	7.68	2018 年总体净利润亏损，不适用

资料来源：黑龙江证监局。

四、黑龙江上市公司并购重组情况

（一）并购重组基本情况

2019 年，黑龙江共完成了 5 笔并购重组。其中，东方集团出资 1 亿元购买了银祥豆制品 77% 股权，九洲电气出资 0.05 亿元购买了旭达电力 70% 股权，哈投股份出资 2.15 亿元购买了汇鑫期货 22.5% 股权，葵花药业出资 0.18 亿元购买了天宿光华 70% 股权，京蓝科技出资 8.76 亿元购买了中科鼎实 56.7152% 股权。

（二）并购重组特点

5 个并购重组项目主要围绕公司主业，提高公司竞争力，其中 2 项为延伸产业链、1 项为扩大下属金融公司业务发展空间、1 项为提高公司医药研发水平、1 项为开拓相近。但是，个别实业项目收购 PE 较高，比如京蓝科技收购中科鼎实，PE 达到 51.87。

五、黑龙江上市公司募集资金情况、使用情况

（一）募集资金总体情况

表 9　　2019 年黑龙江上市公司募集资金情况

发行类型	代码	简称	募集资金（亿元）
首发	688011	新光光电	9.52
	小计		9.52
其他融资（公司债券、短期融资券、中期票据、次级债、金融债、境外发行债券）	600705	中航资本	88
	600811	东方集团	13
	300040	九洲电气	3.08
	600864	哈投股份	10
	小计		114.08
总计			123.6

资料来源：黑龙江证监局。

（二）募集资金使用情况及特点

2019年度，黑龙江13家上市公司共使用募集资金10.82亿元，募集资金整体运行情况良好，*ST秋林和时任董事长因2018年违规改变募集资金用途事宜被下发行政监管措施。黑龙江省募集资金投向仍以生产经营项目为主，不超过1/5用于补充流动资金。

（三）募集资金变更情况

黑龙江1家上市公司*ST工新变更募集资金使用项目。由数据中心建设项目变更为偿还银行贷款和永久补充流动资金。

表10　　2019年黑龙江上市公司募集资金使用项目变更情况

变更募集资金使用项目的公司家数	涉及金额（亿元）	募集资金总额（亿元）	占公司募集资金总额的比例（%）
1	2	7.14	28.01

资料来源：黑龙江证监局。

六、黑龙江上市公司规范运作情况

（一）上市公司治理专项情况

一是聚焦关键领域，做好风险防范与化解工作。深入摸排股票质押、资金占用、违规担保、退市风险等风险，确定高风险公司4家、次高风险公司4家，逐家研判风险化解路径，专人持续跟踪监测，动态掌握公司风险，及时约谈公司及中介机构相关人员和下发行政监管措施，充分传导监管压力，加强各方协作，因企施策，推动风险化解。黑龙江省政府设立民营企业纾困发展基金，首期规模50亿元，投放对象包含*ST瑞德。

二是强化公司治理，着力提高上市公司质量。一方面，利用专题培训、业务沙龙、“走进上市公司”等活动，结合上市公司治理方面违法违规案例，开展形式多样的宣传讲解，给上市公司及有关人员立规矩、划红线。另一方面，结合上市公司风险分类施策，开展提升上市公司治理专项活动，持续跟踪上市公司治理变化情况，及时反馈问题风险，建立提升上市各公司治理水平长效机制。

（二）审计情况及监管情况

16家会计师事务所对注册地在黑龙江的38家上市公司的2019年年报进行审计，其中，37家公司按期披露审计报告，1家公司（*ST信通）因疫情影响，延期至5月30日披露审计报告。从审计意见类型看，32家财务报告审计意见类型为标准无保留意见，6家公司为非标意见，其中4家公司为无法表示意见。34家公司披露了内部控制审计报告，29家内控审计意见类型为标准无保留，5家公司为否定意见。

年审前，精准分类，高效开展“换所”专项监管；全面梳理风险情况，确定8家重点项目公司，约谈签字会计师，充分进行风险提示。年审中，及时审阅重点项目审计计划，建立公司业绩预告信息台账，对8家重点项目公司形成年报审核分析报告。年审后，对3家年审机构进行现场检查，下发行政监管措施一份。

（三）信息披露情况

信息披露监管作为上市公司监管的核心工作，黑龙江证监局以现场检查为抓手，建立并完善事中事后监管机制，强化与交易所等部门的监管联动。一是加强日常信息披露的审核力度，坚持以问题和风险为导向，深入进行现场检查。二是加大违法违规打击力度，2019年度因信息披露违规，我局对上市公司及其相关方累计共出具行政监管措施10余项。

（四）证券市场服务情况

一是以科创板推出为契机，实地走访20余家拟上市公司，考察企业生产经营场所，与企业高管进行沟通，就企业将来与资本市场对接予以现场指导。2019年7月，在多方共同努力下，新光光电作为首批企业、也是东北首家企业成功登陆科创板。

二是联合省政府推动出台紫丁香上市行动计划，并配合相关部门确保政策有序落地实施；同时，还推动设立上交所驻黑龙江工作站，为黑龙江省企业上市提供有效支持。

三是加强拟上市企业辅导与监管。起草《首次公开发行股票辅导监管指引》，提高拟IPO企业的规范运作水平，督促保荐机构依法履行辅导职责。

四是支持上市公司、新三板挂牌公司等各类企业利用资本市场融资。2019年黑龙江省公司类主体直接融资累计达188.25亿元，是2018年的2倍有余，其中，股权融资10.07亿元，债权融资178.18亿元。

审稿人：郭若超　运　巍

撰稿人：段清文

上海地区

一、上海经济发展概况

表 1　　2019 年上海经济发展概况　　单位：亿元

指　标	1～3 月		1～6 月		1～9 月		1～12 月	
	绝对量	同比增长（%）	绝对量	同比增长（%）	绝对量	同比增长（%）	绝对量	同比增长（%）
地区生产总值（GDP）	8396.96	5.70	17737.77	5.90	27449.59	6.00	38155.32	6.00
全社会固定资产投资	—	5.00	—	5.00	—	4.80	—	5.10
社会消费品零售总额	3276.03	6.30	6661.44	8.40	9913.29	7.20	13497.21	6.50
规模以上工业增加值	—	-3.00	—	-2.50	—	-1.70	—	0.40
规模以上工业企业实现利润	618.00	-21.30	1358.20	-24.20	2139.00	-15.60	2874.50	-14.20
居民消费价格指数（CPI）	1～3 月		1～6 月		1～9 月		1～12 月	
	1.60		2.10		2.20		2.50	

资料来源：国家统计局。

二、上海上市公司总体情况

（一）公司数量

表 2　　2019 年上海上市公司数量　　单位：家

公司总数	2019 年新增	股票类别			板块分布				
		仅 A 股	仅 B 股	（A+B）股	沪市主板	深市主板	中小板	创业板	科创板
308	21	273	4	31	214	2	31	48	13

资料来源：沪深交易所，同花顺。

（二）行业分布

表 3　　2019 年上海上市公司行业分布情况

行业类别	家数	占比（%）	行业类别	家数	占比（%）
采矿业	4	1.30	批发和零售业	21	6.82
电力、热力、燃气及水生产和供应业	3	0.97	水利、环境和公共设施管理业	3	0.97
房地产业	21	6.82	卫生和社会工作业	0	0.00
建筑业	11	3.57	文化、体育和娱乐业	6	1.95
交通运输、仓储和邮政业	18	5.84	信息传输、软件和信息技术服务业	38	12.34
教育	1	0.32	制造业	153	49.68
金融业	14	4.55	住宿和餐饮业	1	0.32
居民服务、修理和其他服务业	0	0.00	租赁和商务服务业	5	1.62
科学研究和技术服务业	5	1.62	综合	2	0.65
农、林、牧、渔业	2	0.65	合计	308	100.00

资料来源：沪深交易所，同花顺。

（三）股本结构及规模

表 4　　2019 年上海上市公司股本规模在 10 亿股以上公司分布情况

股本规模（亿股）	公司家数	具体公司
500≤～<1000	1	交通银行
200≤～<500	3	浦发银行、上港集团、宝钢股份
100≤～<200	8	东方航空、上海电气、上海银行、绿地控股、上汽集团、中远海发、海通证券、上海石化
50≤～<100	11	中国太保、国泰君安、上海建工、东方证券、东方财富、中华企业、招商轮船、二三四五、安信信托、振华重工、协鑫集成
20≤～<50	29	上海莱士、申能股份、光大证券、国投资本、陆家嘴、中远海能、豫园股份、世茂股份、美凯龙、东方明珠、华域汽车、隧道股份、大众公用、上海医药、中化国际、中国核建、上海电力、复星医药、城投控股、美邦服饰、大名城、网宿科技、大众交通、光明地产、鹏欣资源、方正科技、环旭电子、华谊集团、上海临港
10≤～<20	41	大智慧、吉祥航空、申华控股、上海机场、市北高新、上实发展、ST 爱旭、百联股份、*ST 鹏起、华峰超纤、卫宁健康、爱建集团、华丽家族、张江高科、紫江企业、光大嘉宝、航天机电、中国船舶、三湘印象、云赛智联、置信电气、*ST 中安、光明乳业、海欣股份、氯碱化工、宝信软件、万达信息、外高桥、澜起科技、浦东金桥、*ST 毅达、华鑫股份、顺灏股份、益民集团、强生控股、上海凯宝、新华传媒、交运股份、现代制药、上海机电、华贸物流

资料来源：沪深交易所，同花顺。

表 5　　2019 年上海上市公司分地区股权构成情况　　单位：家

股权性质 / 地域分布	央企国资控股	省属国资控股	地市国资控股	民营控股	其他	合计
上海市	38	54	16	159	41	308

资料来源：上海证监局。

（四）市值规模

截至 2019 年 12 月 31 日，上海 308 家上市公司境内总市值 52999.06 亿元，占全国上市公司境内总市值的 8.95%；其中，上交所上市公司 227 家，总股本 4953.92 亿股，境内总市值 46969.33 亿元，占上交所上市公司境内总市值的 11.68%；深交所上市公司 81 家，总股本 645.09 亿股，境内总市值 6029.73 亿元，占深交所上市公司境内总市值的 2.52%。

（五）资产规模

截至 2019 年 12 月 31 日，上海 308 家上市公司合计总资产 294748.55 亿元，归属于母公司股东权益 42276.08 亿元，与 2018 年相比，分别增长 9.11%、11.94%；平均每股净资产 7.52 元。

三、上海上市公司经营情况及变动分析

（一）总体经营情况

表 6　　2019 年上海上市公司经营情况

指　标	2019 年	2018 年	变动率（%）
家数	308	287	7.32
亏损家数	27	28	-3.57
亏损家数比例（%）	8.77	9.76	-0.99
平均每股收益（元）	0.67	0.66	1.52
平均每股净资产（元）	7.52	7.01	7.28
平均净资产收益率（%）	8.86	9.35	-0.49
总资产（亿元）	294748.55	270132.73	9.11
归属于母公司股东权益（亿元）	42276.08	37765.64	11.94
营业收入（亿元）	50564.81	47271.28	6.97
利润总额（亿元）	4984.89	4865.75	2.45
归属于母公司所有者的净利润（亿元）	3747.10	3532.00	6.09

资料来源：沪深交易所，同花顺。

（二）分行业经营情况

表 7　　2019 年上海上市公司分行业经营情况

行业类别	营业收入（亿元）	可比样本变动率（%）	归属于母公司所有者的净利润（亿元）	可比样本变动率（%）
采矿业	172.89	54.09	7.02	-0.85
电力、热力、燃气及水生产和供应业	681.30	6.34	37.75	-25.35
房地产业	5404.51	14.32	301.75	6.08
建筑业	3393.88	22.28	90.20	40.98
交通运输、仓储和邮政业	3028.09	5.39	262.81	6.33
教育	23.91	14.13	0.54	120.22
金融业	9722.93	12.53	2076.21	14.77
居民服务、修理和其他服务业	—	—	—	—
科学研究和技术服务业	147.10	7.58	0.63	103.87
农、林、牧、渔业	41.77	11.18	3.92	34.25
批发和零售业	3740.11	10.81	103.18	-3.70
水利、环境和公共设施管理业	51.89	26.53	7.37	-5.63
卫生和社会工作业	—	—	—	—
文化、体育和娱乐业	63.35	3.06	-4.14	-162.54
信息传输、软件和信息技术服务业	1951.81	15.73	65.55	2307.07
制造业	21765.42	-1.48	735.61	-23.72
住宿和餐饮业	150.99	2.74	10.92	0.92
租赁和商务服务业	210.37	2.65	46.55	18.96
综合	14.49	37.09	1.23	11.82
合计	50564.81	6.27	3747.10	4.66

资料来源：沪深交易所，同花顺。

（三）业绩变动情况分析

1. 营业收入、毛利率等变动原因分析

2019 年，上海上市公司实现营业收入 50564.81 亿元，较 2018 年同比增长 6.97%；利润总额 4984.89 亿元，较 2018 年同比增长 2.45%；毛利率 7.42%，略低于 2018 年（8.00%）水平。2019 年，上海上市公司整体业绩企稳回升，投资收益增长是毛利率下降，但整体利润总额上升的主要原因。

2. 盈利构成分析

2019 年盈利构成与 2018 年同比变化不大。营业利润是上海上市公司盈利的主要来源，其中投资净收益 2067.08 亿元，占利润总额比重为 41.47%，与 2018 年（40.31%）基本持平。308 家上市公司共确认非经常性损益424.51亿元，占归属于上市公司股东净利润的11.33%，与2018年（10.03%）的占比基本持平。

3. 经营性现金流量分析

2019年，上海上市公司现金流有较大改善，现金及现金等价物净增加424.03亿元，低于2018年（590.44亿元）。其中，经营性现金流量净额为3563.38亿元，较2018年（1677.54亿元）出现大幅增加。308家上市公司中，253家经营性现金流量净额为正，占比82.14%，高于2018年（77.00%）。

4. 业绩特点分析

（1）科创板发展态势良好。主板、科创板营业收入、净利润均实现增长，其中科创板增长较快表现亮眼。2019年，上海主板实现营业收入4.79万亿元，同比增长6%；净利润3662亿元，同比增长4%。科创板上市公司实现营业收入119亿元，同比增长11%；净利润26亿元，同比增长18%。

（2）金融业增速较快。截至2019年年末，上海金融业上市公司13家，占同行业上市公司家数的12%。2019年，上海金融业上市公司实现净利润2076亿元，同比增长15%，占上海上市公司净利润总额的56%，占比较2018年提高了6个百分点。

（3）国资控股业绩整体稳定。上海市国资控股上市公司整体保持稳定增长，70家市国资控股上市公司共实现营业收入3.22万亿元，同比增长6%；净利润2282亿元，同比增长8%，分别占上海上市公司营业收入总额、净利润总额的64%和61%。净资产收益率11%，高于上海上市公司的平均水平。

（4）民营控股上市公司业绩明显改善。2019年，159家民营控股上市公司共实现营业收入5842亿元，同比增长16%；实现净利润270亿元，同比增长22%；销售毛利率为24%，与2018年基本持平，高于市国资控股上市公司8个百分点。其中139家实现盈利，占上海全部民营控股公司的87%，净利润总额为404亿元，同比增长30%。

5. 利润分配情况

2019年，上海共有227家公司实施了现金分红，占上海308家上市公司的74%。合计分红总额1261.93亿元，占上海上市公司归属于母公司所有者的净利润的33.68%。2019年上海上市公司现金分红家数和分红金额总数，较2018年均有所上升，体现公司回报投资者意识在不断增强。

表8　　2019年上海上市公司现金分红情况

2019年分红公司家数			2019年分红金额		
家数	变动率（%）	分红公司家数占地区公司总数比重（%）	金额（亿元）	变动率（%）	分红金额占归属于母公司所有者的净利润比重（%）
227	1.34	74	1261.93	1.73	33.68

资料来源：上海证监局。

四、上海上市公司并购重组情况

（一）并购重组基本情况

2019 年，上海上市公实施重大并购重组 14 家次，涉及金额 508.11 亿元。具体情况如下表：

表 9　　2019 年上海上市公司并购重组情况

序号	股票代码	公司简称	并购重组方式	涉及金额（亿元）
1	300578	会畅通讯	发行股份购买资产	10.42
2	603887	城地股份	发行股份购买资产	23.33
3	600848	上海临港	发行股份购买资产	189
4	300483	沃施股份	发行股份购买资产	16.54
5	603501	韦尔股份	发行股份购买资产及重大资产重组现金收购	151.99
6	002669	康达新材	发行股份及支付现金购买资产	3.14
7	002825	纳尔股份	发行股份及支付现金购买资产	0.91
8	603690	至纯科技	发行股份及支付现金购买资产	6.8
9	300462	华铭智能	发行股份、可转换债券及支付现金购买资产	8.65
10	600193	ST 创兴	重大资产重组现金收购	0.66
11	603650	彤程新材	重大资产重组现金收购	12.55
12	600610	*ST 毅达	重大资产重组现金收购	7.6
13	600732	ST 爱旭	发行股份购买资产	58.85
14	600834	申通地铁	重大资产出售	17.67
合计				508.11

资料来源：上海证监局。

（二）并购重组特点

2019 年，上海上市公司积极开展以优化产业布局和结构调整为目的的并购重组，实现产业整合或外延式发展，充分发挥资本市场服务供给侧结构性改革的作用。2019 年，上海共由 10 家民营上市公司完成并购重组、涉及金额 297.64 亿元，占比 58.58%，资本市场在民营纾困、提升民营企业竞争力等方面持续发挥作用。

五、上海上市公司募集资金情况、使用情况

（一）募集资金总体情况

表 10　　2019 年上海上市公司募集资金情况

发行类型	代码	简称	募集资金（亿元）
首发	603121	华培动力	5.31
	603956	威派格	2.43
	603681	永冠新材	4.16
	603068	博通集成	6.46
	603236	移远通信	9.80
	603256	宏和科技	3.89
	603786	科博达	10.78
	688019	安集科技	5.20
	688018	乐鑫科技	12.52
	688016	心脉医疗	8.32
	688012	中微公司	15.52
	688008	澜起科技	28.02
	688188	柏楚电子	17.15
	688099	晶晨股份	15.83
	688368	晶丰明源	8.73
	688098	申联生物	4.40
	688366	昊海生科	15.88
	688202	美迪西	6.43
	688118	普元信息	6.42
	688123	聚辰股份	10.05
	300762	上海瀚讯	5.43
	300802	矩子科技	5.51
	小计		208.24
再融资（增发）	002669	康达新材	1.25
	603131	上海沪工	1.43
	603690	至纯科技	4.30
	600490	鹏欣资源	6.00
	600642	申能股份	19.84
	603501	韦尔股份	4.04
	603885	吉祥航空	21.09
	600115	东方航空	74.59
	300578	会畅通讯	0.50
	603887	城地股份	1.88
	603987	康德莱	8.59
	600848	上海临港	47.67
	小计		191.18

续表

发行类型	代码	简称	募集资金（亿元）
其他融资（公司债券、次级债、金融债）	300168	万达信息	12
	600000	浦发银行	500
	600061	国投安信	206
	600104	上汽集团	30
	600278	东方创业	1.5
	600420	现代制药	16.16
	600500	中化国际	13
	600621	华鑫股份	12
	600622	光大嘉宝	8.8
	600635	大众公用	8
	600643	爱建集团	15
	600655	豫园股份	6
	600663	陆家嘴	35
	600675	中华企业	61.9
	600748	上实发展	8.9
	600820	隧道股份	25
	600823	世茂股份	35
	600837	海通证券	128
	600848	上海临港	8
	600895	张江高科	7.65
	600958	东方证券	149
	601200	上海环境	21.7
	601211	国泰君安	134
	601611	中国核建	69.96
	601788	光大证券	60
	601828	美凯龙	20
	601866	中远海发	50
	603690	至纯科技	3.56
	603960	克来机电	1.8
	小计		1647.93
总计			2047.35

资料来源：上海证监局。

（二）募集资金使用情况及特点

上海上市公司募集资金整体使用情况较为规范。主要特点如下：一是募集资金整体使用效率较高，但受经济转型及行业动态变化影响，个别公司募集资金使用进度较慢，部分募投项目未达预期收益；二是使用闲置募集资金购买理财产品的现象较为普遍，主要用于购买保本型银行理财产品。

（三）募集资金变更情况

2019 年，上海有 25 家上市公司变更募集资金的使用项目，涉及募集资金 103.48 亿元，占该 25 家上市公司相关募集资金总额的 40.32%。募集资金变更的主要原因包括：一是根据项目行业发展和市场环境变化，暂缓或取消原募投项目，或者变更募投项目的实施方式和实施地点；二是根据公司经营规划和战略转型需要，终止部分原募投项目，改投新项目；三是将原募投项目结余资金投资新项目，进一步提高募集资金使用效率。

表 11　　2019 年上海上市公司募集资金使用项目变更情况

变更募集资金使用项目的公司家数	涉及金额（亿元）	募集资金总额（亿元）	占公司募集资金总额的比例（%）
25	103.48	256.63	40.32

资料来源：上海证监局。

六、上海上市公司规范运作情况

（一）上市公司治理专项情况

2019 年，上海上市公司及相关主体积极落实修订后《上市公司治理准则》相关要求，提升公司治理水平，走出了上市公司治理的新路径。上市公司对照《上市公司治理准则》及配套规则要求，及时修改公司章程，完善公司治理水平。针对信息披露要求，上市公司更加关注公司治理的相关信息披露和舆情，研析上市公司在董监事履职、内控制度建设和执行、上市公司独立性等方面存在的问题并及时进行了改善。上海证监局继续加大公司治理、内部控制的检查力度，同时通过培训、案例宣讲等多种方式，督促上市公司持续落实《上市公司治理准则》，对于发现问题和薄弱环节，及时督促追责整改。

（二）审计情况及监管情况

29 家会计师事务所为上海 308 家上市公司提供了 2019 年年报审计服务。其中，4 份为带有强调事项段的无保留意见，5 份为保留意见，2 份为无法表示意见。上海上市公司非标意见报告数量占比为 3.57%，较 2018 年（3.83%）略有下降。上海证监局在 2019 年年报监管工作中，重点关注市场存在的突出问题和重大风险，强调公司财务信息披露质量和内控制度建设健全，强化与会计师事务所的沟通协作，要求会计师事务所勤勉尽责，做好资本市场的“看门人”，保障审计质量。

（三）信息披露情况

2019 年，上海上市公司进一步健全信息披露管理制度，持续提高信息披露的自觉性和主动性。上海证监局坚持以信息披露监管为核心，对信息披露违法违规依法进行查处，同时通过培训、座谈等方式，引导和推动上市公司提高信息披露质量。一是督促上市公司强制性信息披露，做到真实、准确、完整、及时和公平；二是鼓励上市公司增加主动性、自愿性信息披露；三是引导上市公司充分利用交易所平台、公司网站、微博、微信等多种渠道加强与投资者沟通交流，及时答复投资者关心的问题，提升上市公司透明度。

（四）证券市场服务情况

一是积极引导，推动提高上市公司治理水平。引导上市公司树立合规意识，持续提高规范运作意识和水平。督促上市公司提升上市公司信息披露质量、提高公司运营的透明度，更好保障投资者的知情权。持续提高公司治理结构的科学性，并使之有效运行，切实提升公司规范运作水平。督促公司进一步健全治理结构，加强对控股股东和实际控制人及其关联方的约束，防范资金占用行为和违规担保。持续提高投资回报的主动，落实现金分红机制，保护投资者收益权。

二是加强监管，维护投资者合法权益。从严查处辖区内各项违规行为，2019 年上海证监局共对上市公司及相关股东、上市公司董监高采取行政监管措施 42 家次，其中对控股股东、实际控制人、上市公司董监高等“关键少数”采取行政监管措施 22 家次。切实履行日常监管职责，2019 年，上海证监局共下发监管关注函和监管问询函 29 家次，开展各类日常监管谈话约 230 家次、598 人次。践行监管人民性原则，切实保护中小投资者权益，2019 年，上海证监局共完成投诉举报核查及书面回复 104 件。

三是强化服务，提升金融服务能级。加大政策宣传，召开辅导监管工作政策指导和专业培训，提高拟上市国内公司和中介机构对政策的把握能力。进一步完善辅导监管工作流程，保障质量、增加工作透明度。主动与地方政府对接，加大走访调研，摸清企业需求，积极支持辖区上市公司围绕主业做优做强，利用资本市场优化结构、转型发展。同时，鼓励引导辖区上市公司积极响应国家号召，履行社会责任，践行新发展理念，主动对接重点发展领域与薄弱环节，服务国家重大发展战略。

审稿人：袁同济　邓传伟

撰稿人：郑　扬　陈玉洁

江苏地区

一、江苏经济发展概况

表 1　　2019 年江苏经济发展概况　　单位：亿元

指　标	1～3 月		1～6 月		1～9 月		1～12 月	
	绝对量	同比增长（%）	绝对量	同比增长（%）	绝对量	同比增长（%）	绝对量	同比增长（%）
地区生产总值（GDP）	22883.79	6.70	48582.66	6.50	72199.64	6.40	99631.52	6.10
全社会固定资产投资	—	1.60	—	4.10	—	4.70	—	5.10
社会消费品零售总额	8883.46	6.60	17479.20	7.00	26093.76	6.70	35291.19	6.20
规模以上工业增加值	—	5.30	—	6.00	—	5.80	—	6.20
规模以上工业企业实现利润	1497.94	-6.70	3498.91	-3.00	5354.04	-4.50	6733.77	-5.40
居民消费价格指数（CPI）	1～3 月		1～6 月		1～9 月		1～12 月	
	2.10		2.50		2.70		3.10	

资料来源：国家统计局。

二、江苏上市公司总体情况

（一）公司数量

表 2　　2019 年江苏上市公司数量　　单位：家

公司总数	2019 年新增	股票类别			板块分布				
		仅 A 股	仅 B 股	(A+B)股	沪市主板	深市主板	中小板	创业板	科创板
428	29	424	1	3	182	23	106	105	12

资料来源：沪深交易所，同花顺，Wind。

（二）行业分布

表 3　　2019 年江苏上市公司行业分布情况

行业类别	家数	占比（%）	行业类别	家数	占比（%）
采矿业	0	0.00	批发和零售业	17	3.97
电力、热力、燃气及水生产和供应业	6	1.40	水利、环境和公共设施管理业	7	1.64
房地产业	9	2.10	卫生和社会工作业	1	0.23
建筑业	7	1.64	文化、体育和娱乐业	5	1.17
交通运输、仓储和邮政业	9	2.10	信息传输、软件和信息技术服务业	19	4.44
教育	0	0.00	制造业	317	74.07
金融业	13	3.04	住宿和餐饮业	1	0.23
居民服务、修理和其他服务业	0	0.00	租赁和商务服务业	2	0.47
科学研究和技术服务业	10	2.34	综合	4	0.93
农、林、牧、渔业	1	0.23	合计	428	100.00

资料来源：沪深交易所，同花顺，Wind。

（三）股本结构及规模

表 4　　2019 年江苏上市公司股本规模在 10 亿股以上公司分布情况

股本规模（亿股）	公司家数	具体公司
100≤～<200	1	江苏银行
50≤～<100	7	三六零、华泰证券、南京银行、宁沪高速、徐工机械、苏宁易购
20≤～<50	33	国电南瑞、华东科技、爱康科技、南钢股份、恒瑞医药、海澜之家、东方盛虹、美年健康、江苏国信、中南建设、紫金银行、*ST 康得、胜利精密、苏州银行、南京证券、奥特佳、中天科技、东吴证券、江苏租赁、常熟银行、金螳螂、鸿达兴业、凤凰传媒、红豆股份、中国天楹、南极电商、*ST 保千、新城控股、汇鸿集团、沙钢股份、江阴银行、太极实业、怡球资源
10≤～<20	70	亨通光电、无锡银行、文峰股份、张家港行、苏农银行、江苏阳光、天顺风能、林洋能源、中材国际、沪电股份、中材科技、维维股份、药明康德、东华能源、双良节能、东山精密、长电科技、江苏国泰、辉丰股份、洋河股份、中新集团、旷达科技、江南高纤、ST 慧业、中航高科、ST 中南、苏垦农发、*ST 新海、维信诺、协鑫能科、南京新百、苏美达、综艺股份、千红制药、吴通控股、东方电热、亚太科技、中超控股、通鼎互联、今世缘、永鼎股份、长江健康、南京高科、金通灵、宝胜股份、保税科技、宏图高科、双星新材、通富微电、苏州高新、中央商场、航发控制、国轩高科、风范股份、春兴精工、银河电子、锦富技术、连云港、雷科防务、栖霞建设、黑牡丹、南京医药、海伦哲、四环生物、恩华药业、丹化科技、威孚高科、华东重机、德威新材、鱼跃医疗

资料来源：沪深交易所，同花顺，Wind。

表 5　　2019 年江苏上市公司分地区股权构成情况　　单位：家

地域分布＼股权性质	央企国资控股	省属国资控股	地市国资控股	民营控股	其他	合计
南京市	11	16	11	44	8	90
无锡市	1	0	4	66	7	78
徐州市	0	0	1	8	1	10
常州市	0	0	2	37	2	41
苏州市	1	0	10	87	22	120
南通市	1	0	2	29	3	35
连云港市	0	0	1	6	0	7
淮安市	0	1	1		0	2
盐城市	0	0	1	4	1	6
扬州市	3	1	1	7	1	13
镇江市	0	0	4	9	0	13
泰州市	1	0	0	7	1	9
宿迁市	0	0	1	3	0	4
合计	18	18	39	307	46	428

资料来源：江苏证监局，Wind。

（四）市值规模

截至 2019 年 12 月 31 日，江苏 428 家上市公司境内总市值 42387.30 亿元，占全国上市公司境内总市值的 6.46%；其中上交所上市公司 194 家，总股本 1863.64 亿股，境内总市值 24440.73 亿元，占上交所上市公司境内总市值的 5.88%；深交所上市公司 234 家，总股本 1853.71 亿股，境内总市值 17946.57 亿元，占深交所上市公司境内总市值的 7.64%。

（五）资产规模

截至 2019 年 12 月 31 日，江苏 428 家上市公司合计总资产 91789.00 亿元，归属于母公司股东权益 18632.59 亿元，与 2018 年相比，分别增长 20.89%、1.23%；平均每股净资产 5.04 元。

三、江苏上市公司经营情况及变动分析

（一）总体经营情况

表 6　　2019 年江苏上市公司经营情况

指　标	2019 年	2018 年	变动率（%）
家数	428	401	6.73
亏损家数	53	49	8.16
亏损家数比例（%）	12.38	12.22	0.16
平均每股收益（元）	0.39	0.41	-4.88
平均每股净资产（元）	5.04	4.76	5.88
平均净资产收益率（%）	7.74	8.58	-0.84
总资产（亿元）	92016.59	76261.8	20.89
归属于母公司股东权益（亿元）	19145.85	17209.3	12.29
营业收入（亿元）	23050.04	20680.26	11.45
利润总额（亿元）	1990.06	1944.26	2.31
归属于母公司所有者的净利润（亿元）	1495.89	1476.85	1.23

资料来源：沪深交易所，同花顺，Wind。

（二）分行业经营情况

表 7　　2019 年江苏上市公司分行业经营情况

行业类别	营业收入（亿元）	可比样本变动率（%）	归属于母公司所有者的净利润（亿元）	可比样本变动率（%）
采矿业	—	—	—	—
电力、热力、燃气及水生产和供应业	381.07	5.09	34.24	14.98
房地产业	1820.63	55.83	197.01	29.06
建筑业	636.41	15.13	43.15	14.88
交通运输、仓储和邮政业	265.11	2.03	50.16	-6.01
教育	—	—	—	—
金融业	1475.39	26.22	492.09	24.32
居民服务、修理和其他服务业	—	—	—	—
科学研究和技术服务业	401.69	18.65	43.21	7.78
农、林、牧、渔业	88.70	22.96	19.64	51.08
批发和零售业	6278.67	2.01	126.58	-15.69
水利、环境和公共设施管理业	266.07	190.18	18.00	32.03
卫生和社会工作业	85.25	0.79	-80.38	-205.48
文化、体育和娱乐业	165.34	-1.86	-11.74	16.20
信息传输、软件和信息技术服务业	642.35	15.99	25.28	-51.07

续表

行业类别	营业收入（亿元）	可比样本变动率（%）	归属于母公司所有者的净利润（亿元）	可比样本变动率（%）
制造业	10346.00	5.93	510.85	-24.99
住宿和餐饮业	11.89	14.77	0.75	-2.60
租赁和商务服务业	48.48	12.88	12.80	29.95
综合	136.98	8.79	14.23	623.08
合计	23050.04	10.30	1495.89	-2.59

资料来源：沪深交易所，同花顺，Wind。

（三）业绩变动情况分析

1. 营业收入、毛利率等变动原因分析

辖区上市公司 2019 年实现营业收入 23050.04 亿元，较 2018 年增长 11.36%，净利润 1542.81 亿元，较 2018 年下降 5.12%。房地产业、金融业以及水利、环境和公共设施管理业等行业上市公司收入增长较快，是带动辖区收入整体增长的主要动力，但制造业本年度仍处于回落状态，净利润下滑严重。扣除辖区 13 家金融上市公司，江苏地区上市公司平均毛利率为 20.95%，较 2018 年下降 0.22 个百分点。

2. 盈利构成分析

从盈利构成来看，2019 年江苏地区上市公司利润主要来源于营业利润，为 1988.44 亿元，占利润总额的 99.92%，占比较 2018 年下降了 0.5 个百分点；其次为营业外收入，总额 54.20 亿元，占利润总额 2.72%，占比较 2018 年下降了 0.17 个百分点；营业外支出 52.58 亿元，占利润总额的 2.64%，占比较 2018 年下降了 0.67 个百分点，营业外利润对上市公司利润的影响进一步下降。

3. 经营性现金流量分析

2019 年江苏非金融类公司经营活动现金流入同比增长 8.92%，现金流出同比增长 6.04%，净现金流入增加 708.60 亿元。体现出上市公司自身造血能力逐步增强，盈利质量进一步提高。

4. 业绩特点分析

一是盈利情况出现分化。373 家盈利公司中，净利润超过 10 亿元的有 43 家，占辖区公司净利润的比例为 93.58%，盈利最高的前 90 家公司盈利合计 1733.96 亿元，超过辖区整体盈利，头部效应初显。

二是创业板公司盈利情况较优，科创版盈利面最高。2019 年江苏主板公司净利润较 2018 年同期下降 6.82%，盈利面为 85.53%；创业板净利润较 2018 年同期增长 26.23%，盈利面 90.48%；科创板净利润较 2018 年同期增长 15.12%，盈利面 100%。

三是民企上市公司总体盈利情况不及国企。2019 年，江苏 307 家上市民企实现净利润 624.66 亿元，同比下降 23.56%，亏损面 13.03%。剔除苏宁易购、新城控股两家头部企业，其余民营企业实现净利润398.16亿元，同比2018年下降30%。75家国企实现净利润813.59亿元，其中9家亏损，亏损面12%。数量占比72%的民营企业贡献的净利润只占全辖区的40.49%。

5. 利润分配情况

表8　　2019年江苏上市公司现金分红情况

2019年分红公司家数			2019年分红金额		
家数	变动率（%）	分红公司家数占地区公司总数比重（%）	金额（亿元）	变动率（%）	分红金额占归属于母公司所有者的净利润比重（%）
318	1.6	74.3	578.23	-4.78	38.65

资料来源：江苏证监局，Wind。

四、江苏上市公司并购重组情况

（一）并购重组基本情况

2019年，江苏上市公司共有127家次完成并购重组，涉及交易金额508.95亿元，其中构成重大资产重组或者通过发行股份方式收购的公司有20家，交易金额273.32亿元。与2018年相比，无论是并购数量，还是交易金额，均下降了30%左右。总体来看，2018年年报的商誉集中爆雷，让市场和投资者对并购重组的认识更加理性。

（二）并购重组特点

2019年，江苏上市公司并购重组的主要特点有：一是并购区域总体较为集中，苏州地区最为活跃。苏州、南京和无锡三地上市公司共开展并购80家次，占比超过六成，其中苏州地区37家，占全辖区的近30%，较当地上市公司家数占比高3个百分点。二是并购主体以民营企业为主。2019年完成并购重组的上市公司共100家，其中84家为非国有企业，占全部并购主体的84%。三是并购支付方式以现金为主。2019年完成的127家次并购中，仅有20家涉及发行股份，占比不足两成。四是并购交易规模总体较小。江苏辖区的并购交易规模在1亿元以下的有36家，占比55%。交易规模超过1亿元的并购也大多集中在1亿~2亿元，大型并购较少，这与江苏上市公司单体规模较小的特征一致。

五、江苏上市公司募集资金情况、使用情况

（一）募集资金总体情况

表 9　　2019 年江苏上市公司募集资金情况

发行类型	代码	简称	募集资金（亿元）
首发	688300. SH	联瑞新材	5. 86
	300798. SZ	锦鸡股份	2. 31
	688030. SH	山石网科	9. 49
	300782. SZ	卓胜微	8. 82
	300806. SZ	斯迪克	3. 29
	688003. SH	天准科技	12. 34
	300777. SZ	中简科技	2. 42
	603351. SH	威尔药业	5. 92
	688258. SH	卓易信息	5. 76
	002947. SZ	恒铭达	5. 69
	603332. SH	苏州龙杰	5. 78
	688166. SH	博瑞医药	5. 21
	688116. SH	天奈科技	9. 27
	688218. SH	江苏北人	5. 09
	300761. SZ	立华股份	12. 12
	688001. SH	华兴源创	9. 73
	688358. SH	祥生医疗	10. 11
	603489. SH	八方股份	13. 03
	300757. SZ	罗博特科	4. 31
	688029. SH	南微医学	17. 49
	002966. SZ	苏州银行	26. 20
	300809. SZ	华辰装备	7. 36
	688399. SH	硕世生物	6. 86
	603915. SH	国茂股份	8. 73
	601512. SH	中新集团	14. 49
	688022. SH	瀚川智能	6. 96
	601860. SH	紫金银行	11. 50
	603115. SH	海星股份	5. 29
	603530. SH	神马电力	2. 38
	603982. SH	泉峰汽车	4. 90
	小计		248. 72

续表

发行类型	代码	简称	募集资金（亿元）
再融资（增发）	300091. SZ	金通灵	2. 00
	300280. SZ	紫天科技	4. 46
	600682. SH	南京新百	5. 00
	002787. SZ	华源控股	0. 47
	601500. SH	通用股份	9. 38
	000035. SZ	中国天楹	64. 04
	000035. SZ	中国天楹	4. 45
	002160. SZ	常铝股份	2. 22
	002160. SZ	常铝股份	1. 08
	002015. SZ	协鑫能科	43. 97
	601008. SH	连云港	2. 83
	300682. SZ	朗新科技	37. 53
	603299. SH	苏盐井神	22. 02
	002044. SZ	美年健康	20. 46
	300670. SZ	大烨智能	2. 48
	300495. SZ	* ST 美尚	9. 30
	603283. SH	赛腾股份	0. 21
	603283. SH	赛腾股份	1. 40
	600959. SH	江苏有线	3. 00
	600250. SH	南纺股份	2. 72
	600250. SH	南纺股份	0. 80
	603183. SH	建研院	2. 03
	300209. SZ	天泽信息	29. 79
	小计		271. 62
其他融资（可转债）	002391. SZ	长青股份	9. 14
	002631. SZ	德尔未来	6. 30
	002722. SZ	金轮股份	2. 14
	002877. SZ	智能自控	2. 30
	300265. SZ	通光线缆	2. 97
	300393. SZ	中来股份	10. 00
	300655. SZ	晶瑞电材	1. 85
	600105. SH	永鼎股份	9. 80
	600487. SH	亨通光电	17. 33
	600522. SH	中天科技	39. 65
	600919. SH	江苏银行	200. 00
	603035. SH	常熟汽饰	9. 92
	603518. SH	锦泓集团	7. 46
	603688. SH	石英股份	3. 60
	603876. SH	鼎胜新材	12. 54
	小计		335. 00
总计			855. 34

资料来源：Wind 资讯。

（二）募集资金使用情况及特点

2019 年度，辖区共有 68 家公司通过首发、再融资（增发）、其他融资（可转债）的方式募集资金 855.34 亿元。辖区上市公司募集资金使用总体较为规范，能够履行信息披露义务。涉及变更募集资金使用项目的公司能够按规定履行内部审批程序并及时对外披露。

（三）募集资金变更情况

2019 年度，辖区共有 35 家公司变更了募集资金使用项目，涉及金额 163.25 亿元，占 35 家公司（首发和近三年）募集资金总额（423.91 亿元）的 38.51%。公司变更募集资金使用项目的主要原因有：一是原有投资项目无法达到理想投资回报，为确保投资项目收益调整；二是基于经营战略，在上市公司体系内变更实施主体或项目地点等，以使变更后的项目优于原项目；三是项目募集资金结余，用于永久补充流动资金以提高资金使用效率。

表 10　　2019 年江苏上市公司募集资金使用项目变更情况

变更募集资金使用项目的公司家数	涉及金额（亿元）	募集资金总额（亿元）	占公司募集资金总额的比例（%）
35	163.25	423.91	38.51

资料来源：Wind 资讯。

六、江苏上市公司规范运作情况

（一）上市公司治理专项情况

2019 年，江苏证监局围绕“防风险、强监管、优服务”三个方面，持续督促上市公司加强公司治理。一是以风险问题为导向，完善监管分类，提升监管针对性，股票质押风险得到有效缓解。二是牢牢把握监管职责定位，始终坚持将上市公司治理情况作为现场检查的重点，对发现的违法违规行为严肃问责；通过检查督促上市公司贯彻落实《上市公司治理准则》，引导公司建立规范运作的长效机制。三是优化服务，把抓“关键少数”作为提升上市公司治理水平的重要举措，紧紧围绕上市公司董事监事尽职履职的目标要求，加强上市公司“关键少数”的培训。

（二）审计情况及监管情况

2020 年，共有 32 家会计师事务所为江苏上市公司出具了 2019 年度审计报告。在 2019 年年报审计意见类型中，标准无保留意见的审计报告 398 份（占 93%），非标意见审计报告 30 份（占 7%）。2019 年，江苏辖区共有 66 家上市公司变更了审计机构，占上市公司总数的 15.42%。变更原因主要有审计团队整体加入新所、正常轮换、股东要求等。江苏证监局发挥全局会计监管一盘棋作用，坚持风险与问题导向，深入开展现场检查，全年共对会计师事务所、评估师事务所开展现场检查或核查 34 次，对 7 个项目采取行政监管措施。

（三）信息披露情况

信息披露是资本市场实现价格发现和资源配置的前提，也是上市公司监管的核心。2019 年，江苏证监局持续坚持把提高上市公司信息披露质量作为工作重点。一是严肃查处重大违法违规案件。快速查处康得新违法违规案件，及时回应相关舆情关切，多维度做好投资者保护工作。二是高度关注存贷双高等监管风险，进一步以问题为导向，从年报审计非标意见、存贷双高等维度全面摸排辖区上市公司监管风险，对相关公司开展了现场检查。三是加强商誉减值专项监管。针对辖区 2018 年年报商誉集中减值迹象突出的问题，对辖区上市公司商誉风险进行全面摸排，形成商誉减值相关监管要点，对计提大额商誉减值的公司开展现场检查。四是加强科创板公司信息披露监管。联合地方政府、上交所、行业协会等共同对科创板试点注册制的政策深入解读，要求上市公司准确把握科创板的定位和要求，严格遵守科创板信息披露规定。

（四）证券市场服务情况

2019 年，江苏证监局坚持金融服务服务实体经济，支持江苏经济高质量发展。一年来，辖区新增上市公司 25 家，募集资金 199 亿元；再融资 31 家次，募集资金 585 亿元；发行公司债 293 只，募集资金 2233 亿元。一是建立健全市场培育合作机制。成立市场培育工作机构，与地方政府签署合作备忘录，通过联合召开专项工作座谈会，与江苏省发改委、工信厅、科技厅等部门以及各类研究机构形成合力，帮助企业找到资本市场与科技创新的结合点。二是全力推动科技型企业登陆科创板。联合地方金融局对江苏科创板后备资源进行全面摸底，在辅导验收中积极与上交所对接，通报辖区科创板后备资源，加强政策、审核信息的沟通反馈。辖区公司华兴源创成为全国首家在科创板上市的公司。三是促进新三板挂牌公司规范发展。持续开展“监管第一课”培训，对挂牌公司的监管政策、督导事项及违法违规案例进行宣传教育，提升新挂牌公司的合规意识和规范运作水平。

审稿人：鲁颂宾

撰稿人：王慧明　傅潍潍　沈茂荣
石翠红　徐　君　周雅妮
吴　磊　夏　磊　李　瑞

浙江地区

一、浙江经济发展概况

表 1　　2019 年浙江经济发展概况　　单位：亿元

指　标	1～3 月		1～6 月		1～9 月		1～12 月	
	绝对量	同比增长（%）	绝对量	同比增长（%）	绝对量	同比增长（%）	绝对量	同比增长（%）
地区生产总值（GDP）	13084.10	7.70	28256.30	7.10	43198.50	6.60	62352.00	6.80
全社会固定资产投资	—	9.00	—	9.70	—	10.10	—	10.10
社会消费品零售总额	6214.80	8.60	12667.30	9.30	19342.10	8.50	27176.40	8.70
规模以上工业增加值	3477.90	8.90	7632.50	6.20	11685.60	5.80	16156.70	6.60
规模以上工业企业实现利润	855.50	2.90	2191.80	5.40	3476.70	2.80	4759.50	5.40
居民消费价格指数（CPI）	1～3 月		1～6 月		1～9 月		1～12 月	
	2.10		2.50		2.60		2.90	

资料来源：国家统计局。

二、浙江上市公司总体情况

（一）公司数量

表 2　　2019 年浙江上市公司数量　　单位：家

公司总数	2019 年新增	股票类别			板块分布				
		仅 A 股	仅 B 股	（A＋B）股	沪市主板	深市主板	中小板	创业板	科创板
378	21	376	1	1	155	16	129	72	6

资料来源：沪深交易所，同花顺。

（二）行业分布

表 3　　2019 年浙江上市公司行业分布情况

行业类别	家数	占比（%）	行业类别	家数	占比（%）
采矿业	2	0.53	批发和零售业	10	2.65
电力、热力、燃气及水生产和供应业	4	1.06	水利、环境和公共设施管理业	5	1.32
房地产业	10	2.65	卫生和社会工作业	4	1.06
建筑业	7	1.85	文化、体育和娱乐业	10	2.65
交通运输、仓储和邮政业	1	0.26	信息传输、软件和信息技术服务业	31	8.20
教育	0	0.00	制造业	275	72.75
金融业	7	1.85	住宿和餐饮业	0	0.00
居民服务、修理和其他服务业	0	0.00	租赁和商务服务业	9	2.38
科学研究和技术服务业	2	0.53	综合	1	0.26
农、林、牧、渔业	0	0.00	合计	378	100.00

资料来源：沪深交易所，同花顺。

（三）股本结构及规模

表 4　　2019 年浙江上市公司股本规模在 10 亿股以上公司分布情况

股本规模（亿股）	公司家数	具体公司
200≤～<500	1	浙商银行
100≤～<200	1	浙能电力
50≤～<100	8	海康威视、新湖中宝、利欧股份、荣盛石化、世纪华通、小商品城、杭州银行、物产中大
20≤～<50	27	华峰氨纶、财通证券、美都能源、金科文化、中国巨石、杭钢股份、浙商证券、传化智联、浙江龙盛、盈峰环境、瀚叶股份、滨江集团、大华股份、华谊兄弟、三花智控、万向钱潮、巨化股份、森马服饰、康恩贝、万丰奥威、联络互动、浙江永强、光启技术、杭萧钢构、正泰电器、新和成、众泰汽车

续表

股本规模（亿股）	公司家数	具体公司
10≤～<20	59	浙富控股、海亮股份、福莱特、中金环境、*ST 东南、桐昆股份、艾格拉斯、嘉凯城、华策影视、华东医药、横店东磁、海翔药业、腾达建设、浙江东方、伟星新材、兴源环境、申通快递、露笑科技、轻纺城、宋城演艺、阳光照明、华数传媒、嘉化能源、新凤鸣、浙江交科、宋都股份、万里扬、亚厦股份、华海药业、士兰微、浙数文化、完美世界、卧龙电驱、莱茵体育、晶盛机电、海宁皮城、东方通信、亿帆医药、海利得、报喜鸟、*ST 天马、普洛药业、水晶光电、闰土股份、ST 华鼎、康盛股份、永高股份、向日葵、景兴纸业、航民股份、华友钴业、巨星科技、卫星石化、浙大网新、万马股份、东南网架、贝因美、华媒控股、金固股份

资料来源：沪深交易所，同花顺。

表 5　2019 年浙江上市公司分地区股权构成情况　单位：家

股权性质 地域分布	央企国资控股	省属国资控股	地市国资控股	民营控股	其他	合计
杭州市	4	11	11	107	13	146
温州市	0	0	1	18	1	20
嘉兴市	1	1	3	30	3	38
湖州市	0	0	0	23	1	24
绍兴市	0	1	5	51	2	59
金华市	0	0	2	23	5	30
衢州市	0	2	0	4	0	6
舟山市	0	0	0	1	0	1
台州市	1	1	4	43	2	51
丽水市	0	0	0	1	2	3
合计	6	16	26	301	29	378

资料来源：浙江证监局。

（四）市值规模

截至 2019 年 12 月 31 日，浙江 378 家上市公司境内总市值 39429.71 亿元，占全国上市公司境内总市值的 6.67%；其中上交所上市公司 161 家，总股本 1630.62 亿股，境内总市值 16349.34 亿元，占上交所上市公司境内总市值的 4.6%；深交所上市公司 217 家，总股本 1967.66 亿股，境内总市值 23080.37 亿元，占深交所上市公司境内总市值的 9.74%。

（五）资产规模

截至 2019 年 12 月 31 日，浙江 378 家上市公司合计总资产 59230.76 亿元，归属于母公司股东权益 15968.12 亿元，与 2018 年相比，分别增长 63.05%、19.93%；平均每股净资产 4.44 元。

三、浙江上市公司经营情况及变动分析

（一）总体经营情况

表 6　　2019 年浙江上市公司经营情况

指　标	2019 年	2018 年	变动率（%）
家数	378	357	5.88
亏损家数	36	47	-23.40
亏损家数比例（%）	9.52	13.17	-3.65
平均每股收益（元）	0.34	0.34	0.00
平均每股净资产（元）	4.44	3.34	32.93
平均净资产收益率（%）	7.60	10.27	-2.67
总资产（亿元）	59230.76	36327.69	63.05
归属于母公司股东权益（亿元）	15968.12	13315.01	19.93
营业收入（亿元）	21744.89	19193.10	13.30
利润总额（亿元）	1616.07	1414.24	14.27
归属于母公司所有者的净利润（亿元）	1213.65	1055.93	14.94

资料来源：沪深交易所，同花顺。

（二）分行业经营情况

表 7　　2019 年浙江上市公司分行业经营情况

行业类别	营业收入（亿元）	可比样本变动率（%）	归属于母公司所有者的净利润（亿元）	可比样本变动率（%）
采矿业	9.06	-71.09	2.51	152.07
电力、热力、燃气及水生产和供应业	606.95	-1.01	47.14	10.76
房地产业	539.33	-1.46	66.24	80.54
建筑业	615.75	9.98	25.28	-0.39
交通运输、仓储和邮政业	230.89	35.71	14.08	-31.28
教育	—	—	—	—
金融业	1014.80	27.41	232.80	20.38
居民服务、修理和其他服务业	—	—	—	—
科学研究和技术服务业	20.09	36.85	1.59	24.22

续表

行业类别	营业收入（亿元）	可比样本变动率（%）	归属于母公司所有者的净利润（亿元）	可比样本变动率（%）
农、林、牧、渔业	—	—	—	—
批发和零售业	5206.97	13.89	65.53	53.39
水利、环境和公共设施管理业	187.20	1.24	27.89	287.90
卫生和社会工作业	140.23	18.12	5.02	-58.95
文化、体育和娱乐业	186.91	-22.43	-38.89	-361.33
信息传输、软件和信息技术服务业	870.25	5.58	16.88	-38.53
制造业	11763.57	4.27	710.71	-13.78
住宿和餐饮业	—	—	—	—
租赁和商务服务业	318.22	-5.63	45.16	95.08
综合	34.66	-34.28	-8.31	24.18
合计	21744.89	6.88	1213.65	-1.54

资料来源：沪深交易所，同花顺。

（三）业绩变动情况分析

1. 营业收入、毛利率等变动原因分析

2019年，浙江辖区上市公司业绩略有提升。全年度实现营业总收入2.17万亿元，同比增长13.3%；归属于上市公司母公司的净利润1213.65亿元，同比上升14.94%。辖区企业总体生产经营较为稳定，浙商银行上市对净利润增加的贡献较大。

2. 盈利构成分析

2019年，辖区上市公司利润来源主要是营业利润，其占利润总额比重为99.25%，比2018年同期减少0.67个百分点。投资收益占利润总额的25.19%，比2018年同期增加5个百分点。营业外收支净额为12.16亿元，占利润总额的比重为0.75%。

3. 经营性现金流量分析

2019年，辖区上市公司经营活动现金净流入2164.99亿元，同比增加63.71%。378家上市公司中，326家经营性现金流量为正，占比86.24%，同比增加2.77个百分点。

4. 业绩特点分析

业绩分化明显。2019年度辖区盈利上市公司342家，占比90.48%，其中排名前10位的公司盈利合计566.39亿元，占辖区上市公司归母净利润总额的46.63%，行业龙头发展较好。亏损公司36家占比9.52%，合计亏损456.31亿元。其中亏损100亿元以上公司1家，为*ST众泰；亏损20亿元至100亿元公司6家。亏损公司主要存在以下几种情况：一是影视文化、游戏、新能源汽车等行业上市公司受政策影响，主营业务出现明显下滑；二是前期并购子公司业绩未达标，计提大额商誉减值损失；三是部分存在资金占用、违规担保等违规行为的高风险公司计提各类大额资产减值损失。

5. 利润分配情况

表 8　　2019 年浙江上市公司现金分红情况

2019 年分红公司家数			2019 年分红金额		
家数	变动率（%）	分红公司家数占地区公司总数比重（%）	金额（亿元）	变动率（%）	分红金额占归属于母公司所有者的净利润比重（%）
279	-0.71	73.8	557.87	17.2	45.97

资料来源：浙江证监局。

四、浙江上市公司并购重组情况

（一）并购重组基本情况

2019 年，浙江辖区共有 125 家上市公司实施并购重组 179 次，比 2018 年度减少 32.45%；交易金额 908.49 亿元，比 2018 年度减少 11.84%。

（二）并购重组特点

（1）民营公司为主流参与公司。2019 年，浙江辖区并购重组的数量和规模都主要集中在民营上市公司。辖区内共有 98 家民营企业开展 133 起并购重组，涉及金额 641.07 亿元，分别占当年的 81%、82.61% 和 86.84%。

（2）现金支付为主流支付方式。2019 年，浙江辖区纯现金支付的并购重组数量占比为 90.68%，纯现金支付的规模为 180.24 亿元，占当期总规模的比重为 24.1%。小额、多笔、现金支付成为并购重组的主要方式。

（3）业绩承诺为主流配备条件。虽然在向非关联方购买资产且不导致控制权变更的情形下未强制要求采取业绩补偿安排，但目前上市公司并购重组过程中普遍设置业绩承诺要求，来回应收购的高溢价。从业绩承诺显示情况看，承诺变更和执行难的情况较为多见，易成“空头支票”。部分收购标的方因未达业绩承诺触发补偿义务，但因其资金情况恶化、所持股份被质押或被司法冻结、股份限售等原因，导致无法及时履行补偿义务。

五、浙江上市公司募集资金情况、使用情况

（一）募集资金总体情况

表 9　　2019 年浙江上市公司募集资金情况

发行类型	代码	简称	募集资金（亿元）
首发	601865. SH	福莱特	3.00
	603093. SH	南华期货	3.39
	300795. SZ	米奥会展	3.57
	603687. SH	大胜达	3.68
	300796. SZ	贝斯美	4.32
	300768. SZ	迪普科技	4.49
	300772. SZ	运达股份	4.79
	688310. SH	迈得医疗	5.18
	300766. SZ	每日互动	5.25
	603867. SH	新化股份	5.70
	688288. SH	鸿泉物联	6.25
	300792. SZ	壹网壹创	7.66
	688039. SH	当虹科技	10.10
	688023. SH	安恒信息	10.46
	688006. SH	杭可科技	11.25
	603995. SH	甬金股份	12.99
	688088. SH	虹软科技	13.28
	603610. SH	麒盛科技	16.78
	603379. SH	三美股份	19.37
	601916. SH	浙商银行	125.97
	小计		277.48
再融资（增发、配股）	002196. SZ	方正电机	1.41
	300571. SZ	平治信息	2.00
	300746. SZ	汉嘉设计	3.03
	603595. SH	东尼电子	3.20
	601113. SH	华鼎股份	3.39
	600113. SH	浙江东日	4.38
	603667. SH	五洲新春	4.63
	000411. SZ	英特集团	4.67
	300604. SZ	长川科技	4.90
	300078. SZ	思创医惠	5.73
	002915. SZ	中欣氟材	6.70

续表

发行类型	代码	简称	募集资金（亿元）
再融资（增发、配股）	600521. SH	华海药业	9. 85
	300244. SZ	迪安诊断	10. 75
	300435. SZ	中泰股份	12. 07
	002520. SZ	日发精机	12. 50
	603033. SH	三维股份	14. 70
	002617. SZ	露笑科技	16. 50
	603225. SH	新凤鸣	22. 17
	600704. SH	物产中大	38. 15
	002064. SZ	华峰化学	108. 00
	000967. SZ	盈峰环境	152. 50
	002602. SZ	世纪华通	268. 73
	小计		709. 97
其他融资（公司债、可转债）	603557. SH	起步股份	1. 00
	603578. SH	三星新材	1. 92
	300426. SZ	唐德影视	2. 00
	000607. SZ	华媒控股	2. 00
	603320. SH	迪贝电气	2. 30
	603089. SH	正裕工业	2. 90
	603079. SH	圣达生物	2. 99
	002615. SZ	哈尔斯	3. 00
	603165. SH	荣晟环保	3. 30
	002863. SZ	今飞凯达	3. 68
	603301. SH	振德医疗	4. 40
	603901. SH	永创智能	5. 12
	603897. SH	长城科技	6. 34
	600704. SH	物产中大	8. 00
	002370. SZ	亚太药业	9. 65
	600077. SH	宋都股份	10. 00
	603806. SH	福斯特	11. 00
	603733. SH	仙鹤股份	12. 50
	600415. SH	小商品城	15. 00
	600208. SH	新湖中宝	16. 70
	002203. SZ	海亮股份	31. 50
	601108. SH	财通证券	50. 00
	601878. SH	浙商证券	65. 00
	小计		270. 30
总计			1257. 75

资料来源：浙江证监局。

（二）募集资金使用情况及特点

2019 年，浙江辖区上市公司募集资金使用情况总体较为规范，但仍然存在募投项目可行性研究报告不够严谨、募集资金用于非募投项目、募集资金使用审议程序和信息披露不规范等问题。

（三）募集资金变更情况

2019 年，浙江辖区有 129 家上市公司变更募集资金投向，涉及金额 1000.9 亿元。相比 2018 年，变更家数一致，涉及金额增加 130.71 亿元。

表 10　　2019 年浙江上市公司募集资金使用项目变更情况

变更募集资金使用项目的公司家数	涉及金额（亿元）	募集资金总额（亿元）	占公司募集资金总额的比例（%）
129	1000.9	2230.94	44.86

资料来源：浙江证监局。

六、浙江上市公司规范运作情况

（一）上市公司治理专项情况

浙江证监局结合辖区上市公司特点，重点针对公司治理，制定《浙江辖区上市公司规范治理专项工作方案》，正式启动上市公司规范治理专项行动。从制度机制建设、关键人员监管和强化监督检查三方面入手，采取试行独董监事履职报告制度、上好规范公司治理第一课、定期通报警示案例、督促中介机构归位尽责、强化履职约谈措施、将公司治理嵌入分类监管的重要评价标准、开展公司治理专项自查及现场检查工作等一系列措施，从高风险公司和新上市公司着手，旨在全面提升上市公司治理水平。

（二）审计情况及监管情况

浙江辖区 365 家上市公司于 2020 年 4 月 30 日完成年报披露，12 家因新冠肺炎疫情影响延期至 6 月 30 日前披露，另外有 1 家*ST 瀚叶因未及时披露年报已被立案处罚。从财务报告审计意见类型看，辖区有 29 家上市公司被出具了非标准意见财务报告审计报告。其中 6 家公司为无法表示意见，11 家为保留意见，12 家为带强调事项段的无保留意见。从内控审计意见类型看，辖区有 15 家公司被出具非标准意见内控审计报告，其中无法表示意见 1 家，否定意见 12 家，保留意见 1 家，带强调事项段的无保留意见 1 家。

浙江证监局召开部分上市公司董事长座谈会和辖区职业审计机构培训会，要求上市公司高度重视年报信息披露工作，督促审计机构加大重大风险事项的识别和应对；向辖区 139 家上市公司的年审机构下发审计监管提示函，要求重点审计风险点；坚持换所约谈，分别约谈前后任年审会计师，向后任会计师揭示上市公司监管重点及风险点；强化会计差错更正、业绩快报修正的监管，对存在违规行为的上市公司采取约谈等监管措施，并对审计机构开展延伸检查。

（三）信息披露情况

浙江证监局持续做好上市公司各项定期报告和临时公告的事后审阅，并拟定下一步的监管措施。通过持续关注信息披露，对辖区部分上市公司关联方存单质押担保、部分上市公司董事长和董秘频繁变更、大股东减持预披露、大股东增持承诺履行以及上市公司相关重大诉讼信息披露情况予以重点关注。

（四）证券市场服务情况

2019 年浙江证监局共处理 200 多件投资者实名举报并答复投资者。此外浙江证监局联合浙江上市公司协会、全景网举办 2019 年浙江辖区上市公司投资者网上集体接待日活动，以主会场圆桌讨论和分会场专题讲座等形式，搭建投资者交流平台。辖区 280 家上市公司董事长、董秘、财务总监等高管人员通过网络，就公司治理、发展战略、经营状况等投资者关心的问题和投资者进行深入交流。

审稿人：孔艳清　娄丽忠　张连锋

撰稿人：徐志娜　周　斌

安徽地区

一、安徽经济发展概况

表 1　　2019 年安徽经济发展概况　　单位：亿元

指　标	1～3 月		1～6 月		1～9 月		1～12 月	
	绝对量	同比增长(%)	绝对量	同比增长(%)	绝对量	同比增长(%)	绝对量	同比增长(%)
地区生产总值（GDP）	8167.80	7.70	17253.70	8.00	26700.40	7.80	37114.00	7.50
全社会固定资产投资	—	8.10	—	8.50	—	8.40	—	9.20
社会消费品零售总额	3317.90	11.10	6564.30	10.90	9857.60	10.80	13377.70	10.60
规模以上工业增加值	—	9.10	—	8.30	—	7.60	—	7.30
规模以上工业企业实现利润	492.10	12.80	1061.80	11.50	1587.00	8.80	2159.60	-3.70
居民消费价格指数（CPI）	1～3 月		1～6 月		1～9 月		1～12 月	
	1.60		2.10		2.30		2.70	

资料来源：国家统计局。

二、安徽上市公司总体情况

（一）公司数量

表 2　　2019 年安徽上市公司数量　　单位：家

公司总数	2019 年新增	股票类别			板块分布				
		仅 A 股	仅 B 股	(A+B)股	沪市主板	深市主板	中小板	创业板	科创板
105	2	102	0	3	48	14	28	15	0

资料来源：沪深交易所，同花顺。

（二）行业分布

表 3　　2019 年安徽上市公司行业分布情况

行业类别	家数	占比（%）	行业类别	家数	占比（%）
采矿业	3	2.86	批发和零售业	4	3.81
电力、热力、燃气及水生产和供应业	2	1.90	水利、环境和公共设施管理业	4	3.81
房地产业	2	1.90	卫生和社会工作业	0	0.00
建筑业	4	3.81	文化、体育和娱乐业	2	1.90
交通运输、仓储和邮政业	2	1.90	信息传输、软件和信息技术服务业	5	4.76
教育	1	0.95	制造业	70	66.67
金融业	3	2.86	住宿和餐饮业	0	0.00
居民服务、修理和其他服务业	0	0.00	租赁和商务服务业	0	0.00
科学研究和技术服务业	1	0.95	综合	0	0.00
农、林、牧、渔业	2	1.90	合计	105	100.00

资料来源：沪深交易所，同花顺。

（三）股本结构及规模

表 4　　2019 年安徽上市公司股本规模在 10 亿股以上公司分布情况

股本规模（亿股）	公司家数	具体公司
100≤～<200	1	铜陵有色
50≤～<100	3	马钢股份、中公教育、海螺水泥
20≤～<50	10	山鹰纸业、淮河能源、华安证券、国元证券、新集能源、长信科技、皖能电力、科大讯飞、淮北矿业、三七互娱
10≤～<20	20	皖新传媒、皖维高新、精达股份、江淮汽车、中粮科技、ST 新光、精工钢构、梦舟股份、*ST 德豪、安徽建工、皖通高速、华孚时尚、阳光电源、楚江新材、盛运环保、江南化工、中鼎股份、恒源煤电、安科生物、长虹美菱

资料来源：沪深交易所，同花顺。

表 5　　2019 年安徽上市公司分地区股权构成情况　　单位：家

地域分布＼股权性质	央企国资控股	省属国资控股	地市国资控股	民营控股	其他	合计
合肥市	3	12	6	24	2	47
芜湖市	0	3	0	9	1	13
蚌埠市	2	1	0	0	0	3
淮南市	1	0	0	1	0	2
马鞍山市	1	1	1	3	0	6
淮北市	0	2	0	2	0	4
铜陵市	0	1	2	3	0	6
安庆市	0	0	1	2	0	3
黄山市	0	0	1	1	1	3
阜阳市	0	0	1	0	0	1
宿州市	0	0	0	0	0	0
滁州市	0	0	1	3	1	5
六安市	0	0	0	2	0	2
宣城市	0	0	0	8	0	8
池州市	0	0	1	0	0	1
亳州市	0	0	1	0	0	1
合计	7	20	15	58	5	105

资料来源：安徽证监局。

（四）市值规模

截至 2019 年 12 月 31 日，安徽 105 家上市公司境内总市值 14219.87 亿元，占全国上市公司境内总市值的 2.38%；其中上交所上市公司 48 家总股本 602.26 亿股，境内总市值 6507.01 亿元，占上交所上市公司境内总市值的 1.83%；深交所上市公司 57 家总股本 651.65 亿股，境内总市值 7712.87 亿元，占深交所上市公司境内总市值的 3.25%。

（五）资产规模

截至 2019 年 12 月 31 日，安徽 105 家上市公司合计总资产 13624.80 亿元，归属于母公司股东权益 5942.00 亿元，与 2018 年相比分别增长 7.71%、6.93%；平均每股净资产 4.82 元。

三、安徽上市公司经营情况及变动分析

（一）总体经营情况

表 6

2019 年安徽上市公司经营情况

指　标	2019 年	2018 年	变动率（%）
家数	105	103	1.94
亏损家数	9	9	0.00
亏损家数比例（%）	8.57	8.74	-0.17
平均每股收益（元）	0.52	0.30	73.33
平均每股净资产（元）	4.82	3.67	31.34
平均净资产收益率（%）	10.71	8.23	2.48
总资产（亿元）	13624.80	12649.57	7.71
归属于母公司股东权益（亿元）	5942.00	5556.74	6.93
营业收入（亿元）	9650.41	8810.64	9.53
利润总额（亿元）	878.50	867.16	1.31
归属于母公司所有者的净利润（亿元）	636.13	642.00	-0.91

资料来源：沪深交易所，同花顺。

（二）分行业经营情况

表 7

2019 年安徽上市公司分行业经营情况

行业类别	营业收入（亿元）	可比样本变动率（%）	归属于母公司所有者的净利润（亿元）	可比样本变动率（%）
采矿业	753.12	3.98	53.32	5.75
电力、热力、燃气及水生产和供应业	202.63	21.65	9.98	36.15
房地产业	44.98	8.75	-47.61	-13702.86
建筑业	648.71	19.66	12.83	2.80
交通运输、仓储和邮政业	144.38	2.73	19.78	28.53
教育	91.76	47.12	18.05	56.55
金融业	69.48	43.76	20.55	60.92
居民服务、修理和其他服务业	—	—	—	—
科学研究和技术服务业	16.19	-1.82	3.25	-25.63
农、林、牧、渔业	35.58	25.41	1.52	24.59
批发和零售业	416.06	12.68	6.07	-16.96
水利、环境和公共设施管理业	69.68	7.15	8.81	-13.29
卫生和社会工作业	—	—	—	—
文化、体育和娱乐业	153.04	-5.93	7.90	-44.21
信息传输、软件和信息技术服务业	290.91	43.75	35.06	86.49

续表

行业类别	营业收入（亿元）	可比样本变动率（%）	归属于母公司所有者的净利润（亿元）	可比样本变动率（%）
制造业	6713.91	6.79	486.63	8.94
住宿和餐饮业	—	—	—	—
租赁和商务服务业	—	—	—	—
综合	—	—	—	—
合计	9650.41	8.96	636.13	3.78

资料来源：沪深交易所，同花顺。

（三）业绩变动情况分析

1. 营业收入、毛利率等变动原因分析

2019年辖区105家上市公司共实现营业总收入9650.41亿元，同比增长9.53%，增速较2018年下降1.3个百分点，主要原因是新冠肺炎疫情导致部分公司业绩下滑，个别公司亏损金额较大；上市公司平均净资产收益率为10.71%，较2018年上升2.48个百分点。2019年辖区有淮北矿业、中公教育、新力金融、皖能电力、楚江新材、丰乐种业等公司完成重大资产重组，实现煤炭能源等优质资产上市，并购资产的盈利状况较为良好，提升了辖区公司资产盈利能力、销售毛利率及净利润水平。

2. 盈利构成分析

2019年辖区105家上市公司实现净利润636.13亿元，其中净利润超过10亿元的有13家，超过5亿元的有33家，较2018年增长22.22%。海螺水泥、淮北矿业分别实现净利润343.52亿元、36.13亿元，同比增长12.13%、下降8.74%；另一方面有8家公司亏损，亏损面为7.62%；8家公司亏损80.57亿元，相比2018年9家公司亏损89.92亿元；亏损有所收窄。从净利润分布看辖区公司业绩状况两极分化较为明显，利润主要集中在水泥、钢铁、煤炭等大型国有传统行业，科技型企业和民营企业业绩表现一般。

3. 经营性现金流量分析

2019年辖区105家上市公司经营活动现金流量净额为1190.94亿元，同比增长30.76%，较2018年增速放缓。同时辖区上市公司平均经营性现金流净额为11.34亿元，有91家上市公司经营现金流净额为正，占辖区上市公司的比例为86.67%；其中海螺水泥继续保持辖区经营性现金流净额的最高水平，为407.38亿元；安徽建工经营性现金流净额最低，为-66.98亿元。

4. 业绩特点分析

一是经营业绩总体向好，行业业绩分化较明显。分行业看，制造业公司业绩平稳增长，软件和信息技术服务业公司业绩增长明显，房地产业、文化娱乐业、批发零售业公司业绩较上年下滑。二是民营企业经营业绩好转，盈利改善趋势明显。45

家国有控股公司实现净利润555.96亿元，较上年增速61.82%下降明显；60家民营上市公司实现净利润102.54亿元，同比增长15%（全国增速为2.7%），与2018年下降34.80%相比增速明显加快。三是上市公司回报股东和员工力度加大。辖区上市公司现金分红家数、规模再创新高，86家公司分红，金额合计259.37亿元，占净利润的41.08%；上市公司就业人数和人均薪酬均有所增长，人均薪酬12.88万元，远高于安徽省全年城镇常住居民人均可支配收入（3.75万元）。四是部分公司风险突出。个别高风险公司因连续亏损和股价持续走低面临暂停上市和退市风险；部分公司持续经营风险显现，个别甚至已出现生产经营停滞的情况；截至2019年年底，10家公司第一大股东股票质押比例超过80%，6家公司商誉超过10亿元，9家公司商誉占净资产比重超过20%。

5. 利润分配情况

表8　　2019年安徽上市公司现金分红情况

2019年分红公司家数			2019年分红金额		
家数	变动率（%）	分红公司家数占地区公司总数比重（%）	金额（亿元）	变动率（%）	分红金额占归属于母公司所有者的净利润比重（%）
86	10.26	81.90	261.34	5.27	41.08

资料来源：安徽证监局。

四、安徽上市公司并购重组情况

（一）并购重组基本情况

2019年安徽辖区有淮北矿业、中公教育、新力金融等6家上市公司依托资本市场实施完成重大资产重组，实现交易金额210.12亿元，同比下降约41.02%。2019年实施并购重组的6家上市公司总计实现营业收入为1053.24亿元，归属母公司股东的净利润为67.57亿元，经营活动产生的现金流净额合计为155.69亿元，同比全部实现大幅提升，通过并购重组进一步提升公司规模，逐渐形成新的利润增长点。

（二）并购重组特点

2019年辖区并购重组市场坚持发挥服务实体经济发展的根本功能，推动并购重组市场优化增量发展、深化存量改革，进一步把好市场入口关，坚持做到增量与存量并重。一是推动混合所有制改革取得重要进展。辖区淮北矿业实现重组上市，成功将安徽重要煤炭能源资产注入上市公司，成为体量达到数百亿元的能源生产企业。二是推动上市公司高质量发展不断拓展。2019年实施并购重组的上市公司通过注入大体量的优质资产，一方面实现上市公司营业收入、净利润水平及资产规模同比大幅上升，为上市公司高质量发展增添新的活力；另一方面通过重组优质资产的证券化强化上市规范治理要求，进一步推动建立规范、有效、透明的上市公司治理体系。三是推动创新驱动力进一步强化。2019 年辖区并购重组标的涵盖了金属材料、交通技术、清洁能源及软件科技等各类创新驱动产业，持续提升辖区上市公司创新能力，推动创新成果不断涌现，有效实现了辖区市场主体“双创”活力加快释放。

五、安徽上市公司募集资金情况、使用情况

（一）募集资金总体情况

表 9　　2019 年安徽上市公司募集资金情况

发行类型	代码	简称	募集资金（亿元）
首发	002969. SZ	嘉美包装	3. 50
	603815. SH	交建股份	2. 56
	300783. SZ	三只松鼠	6. 02
	小计		12. 08
再融资（增发、配股）	300009. SZ	安科生物	6. 82
	600199. SH	金种子酒	5. 76
	300388. SZ	国祯环保	9. 42
	002230. SZ	科大讯飞	29. 27
	603429. SH	集友股份	4. 01
	603308. SH	应流股份	6. 16
	600985. SH	淮北矿业	5. 17
	002607. SZ	中公教育	171. 65
	600318. SH	新力金融	2. 01
	000543. SZ	皖能电力	23. 01
	002171. SZ	楚江新材	7. 48
	000713. SZ	丰乐种业	0. 80
	小计		271. 56
其他融资（公司债券、短期融资券、中期票据、次级债、金融债、境外发行债券）	300088. SZ	长信科技	12. 30
	000887. SZ	中鼎股份	12. 00
	002538. SZ	司尔特	8. 00
	600985. SH	淮北矿业	10. 00
	000728. SZ	国元证券	33. 00
	300692. SZ	中环环保	2. 90
	600909. SH	华安证券	10. 00
	000728. SZ	国元证券	21. 00
	600985. SH	淮北矿业	27. 57
	600567. SH	山鹰纸业	18. 60
	300577. SZ	开润股份	2. 23
	小计		157. 60
总计			441. 24

资料来源：安徽证监局。

（二）募集资金使用情况及特点

2019 年度安徽辖区共有 3 家公司实现首发上市，首发募集资金 12.08 亿元；12 家上市公司成功实行非公开发行及资产重组，增发募集资金 271.56 亿元，主要用于公司募投项目、购买资产及补充流动资金等；11 家次上市公司通过证券公司债、可转债等方式募集资金 157.60 亿元，合计实现募集资金总额 441.24 亿元，同比实现直接融资下降 17.55%。从报告期内募集资金使用现场检查及非现场监管情况上看辖区上市公司募集资金管理及使用情况规范基本能够按照预期投资计划使用及时准确地披露募集资金使用的具体情况。

（三）募集资金变更情况

2019 年度辖区上市公司按照证券法律、法规的要求规范使用募集资金并及时披露了募集资金的使用情况，但有楚江新材因募投项目环境发生变化经履行相关审议及披露程序后存在部分募集资金使用项目及拟投募资金额发生变更的情形。

表 10　　2019 年安徽上市公司募集资金使用项目变更情况

变更募集资金使用项目的公司家数	涉及金额（亿元）	募集资金总额（亿元）	占公司募集资金总额的比例（%）
1	1.08	13.53	7.98

资料来源：安徽证监局。

六、安徽上市公司规范运作情况

（一）上市公司治理专项情况

2019 年，辖区以新修订的《上市公司治理准则》发布为契机，结合现场走访、年报检查等监管方式联合安徽上市公司协会主动服务上门先后走进 20 余家公司开展《上市公司治理准则》宣讲及规范运作现场督导活动。一是提炼应知应会由简入深强化理解掌握。针对部分上市公司治理落实不佳、规则学习掌握难度大的客观现实，结合规范公司治理“防范先行”的实践思考，我局选取“独立性、信息披露、财务核算、关联交易、董监高履职、投资者保护、杜绝违规担保和资金占用”十个方面提炼“十个应当、十个不得”底线性规范要求并借助海报张贴、媒体报道、辖区监管交流群分享、微信 H5 页面转载推广等线上线下方式进行治理规范普及和讲解，帮助上市公司及董监高人员高效、简便地知悉和遵守底线性治理要求。二是加强相关培训引导。联合辖区上市公司协会邀请高校教授进行公司治理专题交流讲座开展走进上市公司“高管讲堂”、董监高“点对点”宣讲交流、“董事长访谈”、公司治理典型案例征集与宣传等系列活动，促使上市公司及相关各方认清监管形势，自觉将公司治理的规范要求入脑入心。三是坚持管少管精原则发挥关键少数表率作用。对主要为重组类以及新上市类公司的董监高、实际控制人开展了“十个应当、十个不得”规范运作承诺书现场签署鉴证活动，督促上市公司关键人员强化责任意识，充分发挥规范公司治理的带头表率作用。

（二）审计情况及监管情况

一方面聚焦重点公司加大年报监管力度。紧盯风险类公司持续关注公司资金紧张、债务逾期、内控缺陷、违规担保等问题切实提高上市公司信息披露质量和透明度，向10家审计机构下发“审计风险提示函”。另一方面有序进行现场检查，监管的针对性和有效性进一步提升。2019年完成对志邦股份、江南化工等6家上市公司的年报全面检查，完成对新集能源、皖新传媒、阳光电源、梦舟股份、融捷健康等公司专项检查。全年通过检查及时揭示不规范问题、督促违规事项整改共50余条对上市公司及相关人员采取行政监管措施5家/人次立案调查5起已作出或送达事前告知书的行政处罚3家次涉及董监高30余人次。

（三）信息披露情况

2019年，辖区上市公司信息披露总体情况较为良好，绝大部分公司积极主动通过交易所投资者关系互动平台、公司网站等多种途径与投资者进行交流，信息披露意识和义务履行进一步增强。一是优化监管流程，进一步做好非现场监管针对性。督导公司严格履行强制性信息披露义务，进一步完善内部信息披露制度和流程；试点开展自愿性信息披露，引导公司以投资者需求为导向，结合行业特点和自身实际开展自愿性信息披露；强化对公司发生敏感事件时信息披露的动态监管健全信息披露异常情形问责机制。二是借助科技监管手段进一步做好信息披露监管有效性。充分借助信息平台、科技执法、大数据分析、舆情监测、科技培训“五位一体”的科技监管手段充分运用上市公司监管平台、画像系统等科技监管平台，利用好科技资源深化局所间监管机构协作切实提升上市公司信息披露的有效性。

（四）证券市场服务情况

近年来，安徽辖区始终坚持将保护投资者合法权益作为各项工作的出发点和落脚点，贯彻监管全过程，切实维护广大投资者的知情权、参与权、决策权等合法权益。一是加强信息披露监管切实保护投资者知情权。督导上市公司严格落实信息披露要求，完善以投资者需求为导向的信息披露体系，力争给投资者一个真实透明的上市公司。二是提升上市公司质量，不断增强投资者满意度、获得感。在入口方面强化辅导全过程监管压实中介机构责任，切实防止企业“带病申报”。在持续监管方面抓住上市公司大股东、实控人、董监高等“关键少数”，强化监管压力传导，不断提升公司治理和规范运作水平。三是防范化解重大风险，积极维护广大投资者的合法权益。加强股权质押、债券违约等重点风险监管，“一司一策”制定风险预案，与交易所、地方政府密切协作，多措并举推进风险处置。四是健全多元纠纷化解机制，多途径保障投资者求偿权。推动法院、仲裁、行业协会、中证中小投资者服务中心等建立“开庭+调解”、诉调对接、小额速调、示范判决等多元纠纷化解机制。

审稿人：张文生

撰稿人：刘　勇　司曹颖

福建地区

一、福建经济发展概况

表 1　　2019 年福建经济发展概况　　单位：亿元

指　标	1～3 月		1～6 月		1～9 月		1～12 月	
	绝对量	同比增长（%）	绝对量	同比增长（%）	绝对量	同比增长（%）	绝对量	同比增长（%）
地区生产总值（GDP）	9330.00	8.20	19708.73	8.10	30499.69	8.00	42395.00	7.60
全社会固定资产投资	—	8.30	—	7.00	—	7.00	—	5.90
社会消费品零售总额	3916.56	10.80	7621.03	11.00	11411.65	10.90	15749.69	10.00
规模以上工业增加值	—	8.90	—	8.60	—	8.80	—	8.80
规模以上工业企业实现利润	799.60	14.00	1675.90	10.60	2626.20	8.70	3815.10	7.40
居民消费价格指数（CPI）	1～3 月		1～6 月		1～9 月		1～12 月	
	1.30		1.80		2.20		2.60	

资料来源：国家统计局。

二、福建上市公司总体情况

（一）公司数量

表 2　　2019 年福建上市公司数量　　单位：家

公司总数	2019 年新增	股票类别			板块分布				
		仅 A 股	仅 B 股	（A+B）股	沪市主板	深市主板	中小板	创业板	科创板
90	2	90	0	0	36	11	26	15	2

资料来源：沪深交易所，同花顺。

（二）行业分布

表 3　　2019 年福建上市公司行业分布情况

行业类别	家数	占比（%）	行业类别	家数	占比（%）
采矿业	1	1.11	批发和零售业	6	6.67
电力、热力、燃气及水生产和供应业	4	4.44	水利、环境和公共设施管理业	0	0.00
房地产业	4	4.44	卫生和社会工作业	0	0.00
建筑业	0	0.00	文化、体育和娱乐业	1	1.11
交通运输、仓储和邮政业	2	2.22	信息传输、软件和信息技术服务业	11	12.22
教育	0	0.00	制造业	55	61.11
金融业	2	2.22	住宿和餐饮业	0	0.00
居民服务、修理和其他服务业	0	0.00	租赁和商务服务业	0	0.00
科学研究和技术服务业	1	1.11	综合	0	0.00
农、林、牧、渔业	3	3.33	合计	90	100.00

资料来源：沪深交易所，同花顺。

（三）股本结构及规模

表 4　　2019 年福建上市公司股本规模在 10 亿股以上公司分布情况

股本规模（亿股）	公司家数	具体公司
200≤～<500	2	紫金矿业、兴业银行
100≤～<200	0	
50≤～<100	2	永辉超市、兴业证券
20≤～<50	12	阳光城、合力泰、华映科技、福建高速、ST 冠福、福耀玻璃、天广中茂、泰禾集团、三钢闽光、青山纸业、宁德时代、恺英网络
10≤～<20	11	平潭发展、航天发展、中国武夷、福能股份、冠城大通、圣农发展、达华智能、龙净环保、新大陆、纳川股份、国脉科技

资料来源：沪深交易所，同花顺。

表 5　2019 年福建上市公司分地区股权构成情况　单位：家

地域分布＼股权性质	央企国资控股	省属国资控股	地市国资控股	民营控股	其他	合计
福州市	2	8	2	26	7	45
泉州市	1	0	0	13	3	17
莆田市	0	0	1	1	0	2
三明市	0	1	2	1	0	4
漳州市	0	0	3	2	0	5
南平市	0	2	0	3	2	7
龙岩市	0	0	2	4	0	6
宁德市	0	0	1	3	0	4
合计	3	11	11	53	12	90

资料来源：福建证监局。

（四）市值规模

截至 2019 年 12 月 31 日，福建 90 家上市公司境内总市值 15035.86 亿元，占全国上市公司境内总市值的 2.53%；其中上交所上市公司 38 家，总股本 850.44 亿股，境内总市值 9084.34 亿元，占上交所上市公司境内总市值的 2.56%；深交所上市公司 52 家，总股本 500.55 亿股，境内总市值 5951.52 亿元，占深交所上市公司境内总市值的 2.51%。

（五）资产规模

截至 2019 年 12 月 31 日，福建 90 家上市公司合计总资产 86396.6 亿元，归属于母公司股东权益 9759.53 亿元，与 2018 年相比，分别增长 7.34%、14.55%；平均每股净资产 7.22 元。

三、福建上市公司经营情况及变动分析

（一）总体经营情况

表 6　2019 年福建上市公司经营情况

指　标	2019 年	2018 年	变动率（%）
家数	90	86	4.65
亏损家数	9	12	-25.00
亏损家数比例（%）	10.00	13.95	-3.95
平均每股收益（元）	0.71	0.69	2.90
平均每股净资产（元）	7.22	6.78	6.49
平均净资产收益率（%）	9.85	10.16	-0.31
总资产（亿元）	86396.6	80487.40	7.34

续表

指　标	2019 年	2018 年	变动率（%）
归属于母公司股东权益（亿元）	9759.53	8520.16	14.55
营业收入（亿元）	8526.56	7237.61	17.81
利润总额（亿元）	1183.45	1108.51	6.76
归属于母公司所有者的净利润（亿元）	958.9	865.44	10.80

资料来源：沪深交易所，同花顺。

（二）分行业经营情况

表 7　　2019 年福建上市公司分行业经营情况

行业类别	营业收入（亿元）	可比样本变动率（%）	归属于母公司所有者的净利润（亿元）	可比样本变动率（%）
采矿业	1360.98	28.40	42.84	4.64
电力、热力、燃气及水生产和供应业	117.64	7.75	16.30	79.71
房地产业	976.83	-2.74	52.65	-20.67
建筑业	—	—	—	—
交通运输、仓储和邮政业	89.67	-5.63	9.33	3.59
教育	—	—	—	—
金融业	1955.58	18.67	676.31	11.32
居民服务、修理和其他服务业	—	—	—	—
科学研究和技术服务业	14.40	109.91	0.73	-0.53
农、林、牧、渔业	156.53	23.73	41.22	161.05
批发和零售业	1116.15	15.65	21.02	8.91
水利、环境和公共设施管理业	—	—	—	—
卫生和社会工作业	—	—	—	—
文化、体育和娱乐业	6.16	10.51	0.45	11.67
信息传输、软件和信息技术服务业	170.56	-0.08	-7.86	-131.66
制造业	2562.06	13.01	105.92	14.16
住宿和餐饮业	—	—	—	—
租赁和商务服务业	—	—	—	—
综合	—	—	—	—
合计	8526.56	14.32	958.9	8.13

资料来源：沪深交易所，同花顺。

（三）业绩变动情况分析

1. 营业收入、毛利率等变动原因分析

2019年，福建辖区90家上市公司实现营业总收入8526.56亿元，同比增长17.81%；营业总成本7444.85亿元，同比增长20.20%；营业利润1191.11亿元，同比增长6.08%；利润总额1183.45亿元，同比增长6.76%；毛利率为12.69%，同比下降1.73百分点。总体来看，营业收入增幅小于营业成本增幅是毛利率下降的主要原因。

2. 盈利构成分析

从盈利构成看，2019年福建辖区上市公司利润来源主要是营业利润，其占利润总额比重为100.65%，营业外收入总额占利润总额比重为1.21%，营业外支出总额占利润总额比重为－1.86%。

3. 经营性现金流量分析

2019年，福建辖区73家上市公司经营现金流量净额为正，占90家上市公司的81.11%，高于2018年75.58%的水平。

4. 业绩特点分析

2019年度，福建辖区上市公司总体发展形势良好，资产规模平稳增长，盈利水平有所提高。具体情况如下：

（1）资产规模持续扩大。截至2019年12月31日，福建辖区上市公司资产总额为86396.6亿元，较2018年同期增长7.34%；归属于母公司股东权益总额为9759.53亿元，较2018年同期增长14.55%。

（2）盈利能力总体保持增长。2019年度，福建辖区90家上市公司共实现营业收入8526.56亿元，同比增加17.81%；实现净利润总额958.9亿元，同比增加10.80%；平均净资产收益率9.85%，同比减少0.31个百分点；平均每股收益0.71元，同比增加2.9%。

（3）亏损面亏损金额减少。2019年度福建辖区上市公司亏损家数、亏损金额均有所减少，辖区90家上市公司中有9家出现亏损，亏损总额为130.99亿元，与2018年度相比，亏损公司家数减少3家，亏损金额减少8.65%。

（4）积极回报股东。2019年，福建辖区共有56家公司提出利润分配或资本公积金转增股本方案，占盈利公司家数的69.14%；55家发放现金股利，占利润分配家数的98.21%；派发现金总额276.87亿元，占福建辖区公司净利润总额的28.81%。

5. 利润分配情况

表8　2019年福建上市公司现金分红情况

2019年分红公司家数			2019年分红金额		
家数	变动率（%）	分红公司家数占地区公司总数比重（%）	金额（亿元）	变动率（%）	分红金额占归属于母公司所有者的净利润比重（%）
55	－16.67	61.11	276.87	－4.98	28.81

资料来源：福建证监局。

四、福建上市公司并购重组情况

（一）并购重组基本情况

2019 年，福建辖区上市公司并购重组活跃度较低。据统计，全年共有 5 家上市公司进行并购重组，涉及金额合计 57.27 亿元。截至目前，4 家公司已完成，1 家公司已终止。

（二）并购重组特点

近年来，辖区上市公司借力资本市场，积极开展并购重组进行转型升级，但部分公司并购重组的负面效应也开始显现。一是商誉规模较大，减值风险影响公司发展后劲。二是部分公司并购标的未完成业绩承诺。三是并购标的业绩承诺期满出现业绩变脸。

五、福建上市公司募集资金情况、使用情况

（一）募集资金总体情况

表 9　　2019 年福建上市公司募集资金情况

发行类型	代码	简称	募集资金（亿元）
首发	688010	福光股份	9.78
	688196	卓越新能	12.88
	小计		22.66
再融资（增发、配股）	000547	航天发展	3.00
	601166	兴业银行	300.00
	300525	博思软件	4.50
	601899	紫金矿业	80.00
	小计		387.5
其他融资（公司债券、短期融资券、中期票据、次级债、金融债、境外发行债券）	601377	兴业证券	15.00
	000671	阳光城	30.00
	000671	阳光城	8.00
	603817	海峡环保	4.60
	000797	中国武夷	4.00
	603636	南威软件	6.60
	002174	游族网络	11.50
	300750	宁德时代	15.00
	601377	兴业证券	105.00
	600660	福耀玻璃	5.00
	600660	福耀玻璃	4.00

续表

发行类型	代码	简称	募集资金（亿元）
其他融资（公司债券、短期融资券、中期票据、次级债、金融债、境外发行债券）	600660	福耀玻璃	4.00
	600660	福耀玻璃	4.00
	000671	阳光城	9.00
	601899	紫金矿业	5.00
	601899	紫金矿业	5.00
	600388	龙净环保	3.00
	002217	合力泰	2.40
	601899	紫金矿业	5.00
	601377	兴业证券	40.00
	002217	合力泰	3.00
	600693	东百集团	3.00
	000993	闽东电力	1.00
	601899	紫金矿业	15.00
	601899	紫金矿业	10.00
	601899	紫金矿业	10.00
	601899	紫金矿业	25.00
	000671	阳光城	7.40
	000671	阳光城	7.30
	000671	阳光城	3.20
	000671	阳光城	3.10
	601166	兴业银行	200.00
	601166	兴业银行	300.00
	601166	兴业银行	200.00
	小计		1074.10
总计			1484.26

资料来源：福建证监局。

（二）募集资金使用情况及特点

2019 年，福建辖区共有 50 家上市公司使用募集资金，金额 500.17 亿元，其中 384.83 亿元为 2019 年度募集资金，占全年使用募集资金总额的 76.94%；115.34 亿元为以前年度募集资金，占年度使用募集资金总额的 23.06%。福建辖区上市公司共涉及 11 个行业，11 个行业均涉及到募集资金的使用。

（三）募集资金变更情况

2019 年，福建辖区有 6 家上市公司变更募集资金的使用项目，涉及金额

12.61亿元，占6家公司募集资金总额46.32亿元的27.22%。募集资金变更程序合法，均经过公司董事会和股东大会批准。变更的原因主要包括：一是拟投资项目的市场环境等发生改变，导致募投项目无法实施或进展缓慢；二是公司战略发展规划调整。

表10　　2019年福建上市公司募集资金使用项目变更情况

变更募集资金使用项目的公司家数	涉及金额（亿元）	募集资金总额（亿元）	占公司募集资金总额的比例（%）
6	12.61	46.32	27.22

资料来源：福建证监局。

六、福建上市公司规范运作情况

（一）上市公司治理专项情况

福建证监局着力从党建工作、股东权利、独立董事履职、董事会审计委员会作用、控股股东及其关联方的行为规范、机构投资者参与公司治理、信息披露和提高透明度等方面提升辖区上市公司治理水平。一是在公司党建方面，辖区23家国有控股上市公司均已结合企业股权结构、经营管理实际，把党建工作有关要求写入公司章程。二是在规范运作方面，7家公司根据新治理准则要求在公司内部制度中强化了独立董事职责，9家上市公司完善了审计委员会职责。三是在社会责任方面，辖区有51家上市公司开展了精准扶贫工作，有55家上市公司参与了环境保护事项，其中9家上市公司完善或修正了定期报告中环境保护和精准扶贫等方面的信息。四是在投资者保护方面，6家上市公司在公司章程中完善了现金分红要求，7家上市公司修订了公司章程中累积投票制度条款，5家上市公司完善了征集投票细则。

（二）审计情况及监管情况

完成证监会会计部安排的9个审计项目的专项或专题检查，并自主开展9个项目执业质量检查。根据检查结果，将1家会计师事务所移交稽查，按“总对总”相关机制先启动初步调查；对4家会计师事务所及9名注册签字会计师采取了4项行政监管措施，对2家评估机构及4名资产评估师采取了4项行政监管措施。

（三）信息披露情况

紧盯上市公司定期报告和临时公告审核重要信息，在每日审阅公告、监测媒体、关注股价异动的基础上，充分利用“易董”“同花顺”等信息平台、“天眼查”等工具及时收集辖区上市公司风险信息。结合上市部指导意见和沪深交易所、中登公司通报的问题线索，设计包括9类财务指标、27项非财务指标的风险监测体系，筛查上市公司业绩变脸、财务指标异常、大额资产减值、违规担保、大股东资金占用、公司治理不规范和更换审计机构等风险事项，并根据问题线索有针对性开展现场检查，全年累计对3家上市公司或相关责任人信息披露违规事项立案调查，对1家上市公司信息披露违规事项初步调查；对16家上市公司及相关责任人财务造假、信息披露违规行为采取了22项行政监管措施。

（四）证券市场服务情况

2019年共收到举报投诉88件，涉及上市公司28家，对有明确线索或证据的，及时认真核查，对涉及有关单位的，及时加强监管协作，转送国资委、人民银行等相关部门处理。加强与投诉举报人的沟通联系，按时答复办理情况，引导投诉举报人妥善解决纠纷。根据举报材料提供的线索，对3家上市公司开展现场检查。

（五）其他

不断提升关键人员履职水平，对新任董监高组织了8场证券法律法规书面闭卷测试，辖区66家公司275名新任董监高参加考试，其中187名新任董监高考试成绩合格。通过督导全面复习备考，促进各公司董事会及专业委员会提高规范履职意识及工作能力，提升上市公司质量。

审稿人：商丹丹　黄　丽
撰稿人：王伟炜　林　莉
程琛琛　张轶飞

江西地区

一、江西经济发展概况

表 1　　2019 年江西经济发展概况　　单位：亿元

指　标	1～3 月		1～6 月		1～9 月		1～12 月	
	绝对量	同比增长（%）	绝对量	同比增长（%）	绝对量	同比增长（%）	绝对量	同比增长（%）
地区生产总值（GDP）	5373.10	8.60	10757.20	8.60	17176.00	8.60	24757.50	8.00
全社会固定资产投资	—	10.30	—	9.10	—	9.40	—	9.20
社会消费品零售总额	1899.00	11.10	3786.10	11.20	5789.50	11.20	8421.60	11.30
规模以上工业增加值	—	9.30	—	9.10	—	8.80	—	8.50
规模以上工业企业实现利润	377.00	2.10	864.30	3.30	1391.80	1.40	2158.80	-0.30
居民消费价格指数（CPI）	1～3 月		1～6 月		1～9 月		1～12 月	
	1.90		2.30		2.50		2.90	

资料来源：国家统计局。

二、江西上市公司总体情况

（一）公司数量

表 2　　2019 年江西上市公司数量　　单位：家

公司总数	2019 年新增	股票类别			板块分布				
		仅 A 股	仅 B 股	(A+B)股	沪市主板	深市主板	中小板	创业板	科创板
43	1	42	0	1	17	8	9	9	0

资料来源：沪深交易所，同花顺。

（二）行业分布

表 3　　2019 年江西上市公司行业分布情况

行业类别	家数	占比（%）	行业类别	家数	占比（%）
采矿业	1	2.33	批发和零售业	1	2.33
电力、热力、燃气及水生产和供应业	2	4.65	水利、环境和公共设施管理业	0	0.00
房地产业	0	0.00	卫生和社会工作业	0	0.00
建筑业	0	0.00	文化、体育和娱乐业	1	2.33
交通运输、仓储和邮政业	2	4.65	信息传输、软件和信息技术服务业	0	0.00
教育	0	0.00	制造业	35	81.40
金融业	1	2.33	住宿和餐饮业	0	0.00
居民服务、修理和其他服务业	0	0.00	租赁和商务服务业	0	0.00
科学研究和技术服务业	0	0.00	综合	0	0.00
农、林、牧、渔业	0	0.00	合计	43	100.00

资料来源：沪深交易所，同花顺。

（三）股本结构及规模

表 4　　2019 年江西上市公司股本规模在 10 亿股以上公司分布情况

股本规模（亿股）	公司家数	具体公司
20≤～<50	4	赣粤高速、江西铜业、新钢股份、正邦科技
10≤～<20	8	江特电机、方大特钢、中文传媒、赣锋锂业、诚志股份、仁和药业、三川智慧、天音控股

资料来源：沪深交易所，同花顺。

表 5　　2019 年江西上市公司分地区股权构成情况　　单位：家

股权性质 / 地域分布	央企国资控股	省属国资控股	地市国资控股	民营控股	其他	合计
南昌市	4	3	2	10	1	20
九江市	0	0	0	0	0	0
景德镇市	0	0	2	1	1	4
萍乡市	0	1	0	0	0	1
新余市	0	2	0	2	0	4
鹰潭市	0	1	0	1	0	2
赣州市	0	0	1	3	0	4

续表

股权性质 / 地域分布	央企国资控股	省属国资控股	地市国资控股	民营控股	其他	合计
宜春市	0	0	0	3	0	3
上饶市	1	2	0	0	0	3
吉安市	0	0	0	1	0	1
抚州市	1	0	0	0	0	1
合计	6	9	5	21	2	43

资料来源：江西证监局。

（四）市值规模

截至2019年12月31日，江西43家上市公司境内总市值4052.75亿元，占全国上市公司境内总市值的0.68%；其中上交所上市公司17家，总股本179.53亿股，境内总市值1671.75亿元，占上交所上市公司境内总市值的0.47%；深交所上市公司26家，总股本194.59亿股，境内总市值2381.00亿元，占深交所上市公司境内总市值的1.00%。

（五）资产规模

截至2019年12月31日，江西43家上市公司合计总资产5104.56亿元，归属于母公司股东权益2268.18亿元，与2018年相比，分别增长12.23%、5.81%；平均每股净资产6.06元。

三、江西上市公司经营情况及变动分析

（一）总体经营情况

表6　2019年江西上市公司经营情况

指　标	2019年	2018年	变动率（%）
家数	43	42	2.38
亏损家数	7	5	40.00
亏损家数比例（%）	16.28	11.9	4.38
平均每股收益（元）	0.39	0.54	-27.78
平均每股净资产（元）	6.06	5.88	3.06
平均净资产收益率（%）	6.50	9.19	-2.69
总资产（亿元）	5104.56	4548.49	12.23
归属于母公司股东权益（亿元）	2268.18	2143.72	5.81
营业收入（亿元）	5444.16	4936.82	10.28
利润总额（亿元）	201.51	255.39	-21.10
归属于母公司所有者的净利润（亿元）	147.37	196.92	-25.16

资料来源：沪深交易所，同花顺。

（二）分行业经营情况

表 7　　2019 年江西上市公司分行业经营情况

行业类别	营业收入（亿元）	可比样本变动率（%）	归属于母公司所有者的净利润（亿元）	可比样本变动率（%）
采矿业	55.54	10.00	0.19	-70.31
电力、热力、燃气及水生产和供应业	80.51	15.93	7.32	39.43
房地产业	—	—	—	—
建筑业	—	—	—	—
交通运输、仓储和邮政业	74.52	3.40	8.73	-27.31
教育	—	—	—	—
金融业	22.01	170.06	7.92	676.47
居民服务、修理和其他服务业	—	—	—	—
科学研究和技术服务业	—	—	—	—
农、林、牧、渔业	—	—	—	—
批发和零售业	529.42	24.67	0.51	122.08
水利、环境和公共设施管理业	—	—	—	—
卫生和社会工作业	—	—	—	—
文化、体育和娱乐业	112.58	-2.21	17.25	6.55
信息传输、软件和信息技术服务业	—	—	—	—
制造业	4569.57	8.34	105.45	-36.18
住宿和餐饮业	—	—	—	—
租赁和商务服务业	—	—	—	—
综合	—	—	—	—
合计	5444.16	9.81	147.37	-25.58

资料来源：沪深交易所，同花顺。

（三）业绩变动情况分析

1. 营业收入、毛利率等变动原因分析

2019 年辖区上市公司整体营业总收入 5444.16 亿元，同比增长 10.28%；平均毛利率 10.95%，同比下降 8.67%。因部分企业从事贸易等低毛利率业务，导致辖区整体毛利率同比下降。

2. 盈利构成分析

2019 年辖区上市公司扣除非经常性损益后的净利润为 129.23 亿元，占归属于母公司股东的净利润的 87.64%，高于上年 7.38 个百分点。辖区上市公司的盈利主要来自主业的发展，非经常性损益的影响较小。

3. 经营性现金流量分析

2019 年辖区上市公司经营活动产生的现金流量净额 395.61 亿元，同比增长 25.26%，经营活动产生的现金流量净额负值公司 4 家，比 2018 年减少 2 家，个别公司经营性现金流量净额连续 3 年以上为负，存在一定流动性风险。

4. 业绩特点分析

一是营收规模稳步增长，但盈利能力下滑明显。辖区上市公司营业收入共计5444.16亿元，较上年增长10.28%，占全省GDP的22.00%，且增长快于全省GDP8%的增速；归属于母公司股东的净利润共计147.45亿元，较上年减少25.56%。

二是发展主要依靠主业，非经常性损益影响较小。从辖区上市公司主业的经营情况看，部分公司因行业下行影响，产品市场价格回落，原料价格波动，压缩利润水平；个别公司因生产线搬迁、生产技术落后影响，产品质量不高，产销量下降但生产消耗不减，导致净利润下降；计提大额商誉减值、信用减值等减值项目，侵蚀了生产经营产生的盈利。

三是财务结构整体稳健，个别公司偿债能力有所弱化。截至2019年12月31日，辖区上市公司平均资产负债率达52%，较2018年同期增加2个百分点；资产负债率70%以上的公司6家，较2018年同期增加2家。辖区2018市公司流动比例1.20，较2018年同期下降0.12；流动比率1以下的上市公司10家，较2018年同期增加4家。辖区上市公司偿债能力分布有所变化，高负债水平的公司有所增加。

四是大部分公司商誉缩减，对公司盈亏的影响减小。截至2019年12月31日，辖区上市公司商誉余额共计161.27亿元，较上年增长8.02%。2019年辖区10家上市公司计提商誉减值损失共计4.92亿元，较2018年减少72.3%；商誉减值损失占营业收入的比重为0.09%，较上年减少0.27个百分点。

5. 利润分配情况

表8　　2019年江西上市公司现金分红情况

2019年分红公司家数			2019年分红金额		
家数	变动率（%）	分红公司家数占地区公司总数比重（%）	金额（亿元）	变动率（%）	分红金额占归属于母公司所有者的净利润比重（%）
32	0	74.42	44.08	-39.43	29.91

资料来源：江西证监局。

四、江西上市公司并购重组情况

（一）并购重组基本情况

2019年辖区并购重组10家次，同比增长4家次，累计金额81.83亿元，同比增长1162.35%。

（二）并购重组特点

一是并购重组家数和金额同比上涨。2019年辖区并购重组公司增长4家次，累计金额同比增长1162.35%。二是并购重组仍为企业转型升级、推动实体经济进一步发展的有效途径。如国泰集团以非公开发行可转债、发行股份及支付现金方式购买北京太格时代69.83%股权，实现民爆和轨道交通信息技术双主业经营；洪都航空以资产置换方式置出航空零部件亏损业务置入洪都集团导弹防务总装业务，成为国内唯一同时具备初、中、高教练+无人机+导弹三大品类综合军工企业，实现产业转型升级。

五、江西上市公司募集资金情况、使用情况

（一）募集资金总体情况

表9　　2019年江西上市公司募集资金情况

发行类型	代码	简称	募集资金（亿元）
首发	300787.SZ	海能实业	5.80
	小计		5.80
再融资（增发、配股）	600461.SH	洪城环境	8.94
	002157.SZ	正邦科技	9.93
	600071.SH	凤凰光学	4.00
	603977.SH	国泰集团	0.28
	小计		23.15
其他融资（公司债券、短期融资券、中期票据、次级债、金融债、境外发行债券）	300497.SZ	富祥药业	4.20（可转债）
	300748.SZ	金力永磁	4.35（可转债）
	600590.SH	泰豪科技	9.12（ABS）
	小计		17.67
总计			46.62

资料来源：江西证监局。

（二）募集资金使用情况及特点

2019年，辖区上市公司通过首发、增发、债券方式共募集资金46.62亿元，本年度募集资金用途包括补充流动资金、建设技术中心、股权收购以及升级改造生产线等。

（三）募集资金变更情况

表10　　2019年江西上市公司募集资金使用项目变更情况

变更募集资金使用项目的公司家数	涉及金额（亿元）	募集资金总额（亿元）	占公司募集资金总额的比例（%）
2	0.43	7.42	5.80

资料来源：江西证监局。

六、江西上市公司规范运作情况

（一）上市公司治理专项情况

2019年，江西证监局结合日常监管和现场检查情况，重点关注辖区上市公司人员和财务独立性、承诺履行、关联交易、三会运作、大股东资金占用、环境信息披露以及再融资等方面规范运行情况。通过培训、问询、约见谈话、现场检查等方式有序推进公司内控规范执行，督促公司人员、财务、业务与大股东保持独立，防范大股东资金占用。

（二）审计情况及监管情况

43家上市公司中，42家如期披露了2019年年报，1家受疫情影响于2020年5月26日披露年报；除1家公司被出具保留的审计意见外，其余均被出具标准无保留意见。江西证监局加强年报审阅工作，重点审阅公司的总体审计策略、具体审计计划与审计总结，非现场约谈年审会计师等相关人员50余人次，了解审计的进展情况和关注的风险领域，向年审会计师明确监管要求。根据上市公司日常监管情况，精准定位审计风险类型，细化业绩变脸、商誉减值、股票质押、资金占用、内控治理等风险维度，以商誉减值、大股东资金占用专项审计监管为抓手，排查相关风险隐患，推动上市公司风险化解工作。

（三）信息披露情况

2019年，江西证监局就辖区上市公司信息披露方面存在的问题对1家上市公司采取行政监管措施。做好上市公司年报审计监管，向19个重点年报审计项目下发审计监管提示函。加强辖区上市公司环境信息披露监管，督促相关上市公司履行信息披露义务。

（四）证券市场服务情况

2019年，江西证监局组织了辖区上市公司董监高培训会、部分公司生产经营座谈会等培训交流活动，宣传资本市场政策形势，引导企业树立规范意识，转变发展理念，利用资本市场加快发展。积极支持辖区上市公司通过发行股票、公司债券等形式再融资，有效推动辖区上市公司利用资本市场提升质量、转型发展。

（五）其他

江西证监局多措并举推动辖区资本市场发展，增强服务实体经济能力。一是加大现场调研企业力度，深入园区企业调研，了解实体企业经营情况。二是与地方政府部门加强监管协作，积极建言献策，推动江西资本市场健康稳定发展。

审稿人：唐理斌　洪　漫　史达宁
撰稿人：黄　君

山东地区

一、山东经济发展概况

表 1　　2019 年山东经济发展概况　　单位：亿元

指　标	1～3 月		1～6 月		1～9 月		1～12 月	
	绝对量	同比增长（%）	绝对量	同比增长（%）	绝对量	同比增长（%）	绝对量	同比增长（%）
地区生产总值（GDP）	20177.40	5.50	41823.30	5.40	62309.40	5.40	71067.53	5.50
全社会固定资产投资	—	-5.40	—	-6.70	—	-9.60	—	-8.40
社会消费品零售总额	8363.10	6.70	16847.77	7.10	25560.03	6.70	35770.60	6.40
规模以上工业增加值	—	2.30	—	1.20	—	0.00	—	1.20
规模以上工业企业实现利润	840.90	-15.40	1986.10	-12.60	2754.50	-16.50	3669.40	-8.90
居民消费价格指数（CPI）	1～3 月		1～6 月		1～9 月		1～12 月	
	2.00		2.40		2.60		3.20	

资料来源：国家统计局。

二、山东上市公司总体情况

（一）公司数量

表 2　　2019 年山东上市公司数量　　单位：家

公司总数	2019 年新增	股票类别			板块分布				
		仅 A 股	仅 B 股	(A+B) 股	沪市主板	深市主板	中小板	创业板	科创板
172	7	168	1	3	58	26	58	27	3

资料来源：沪深交易所，同花顺。

（二）行业分布

表 3　　2019 年山东上市公司行业分布情况

行业类别	家数	占比（%）	行业类别	家数	占比（%）
采矿业	5	2.91	批发和零售业	5	2.91
电力、热力、燃气及水生产和供应业	3	1.74	水利、环境和公共设施管理业	0	0.00
房地产业	2	1.16	卫生和社会工作业	0	0.00
建筑业	3	1.74	文化、体育和娱乐业	2	1.16
交通运输、仓储和邮政业	5	2.91	信息传输、软件和信息技术服务业	6	3.49
教育	0	0.00	制造业	129	75.00
金融业	0	0.00	住宿和餐饮业	0	0.00
居民服务、修理和其他服务业	0	0.00	租赁和商务服务业	0	0.00
科学研究和技术服务业	1	0.58	综合	5	2.91
农、林、牧、渔业	6	3.49	合计	172	100.00

资料来源：沪深交易所，同花顺。

（三）股本结构及规模

表 4　　2019 年山东上市公司股本规模在 10 亿股以上公司分布情况

股本规模（亿股）	公司家数	具体公司
100≤～＜200	2	山东钢铁、南山铝业
50≤～＜100	3	潍柴动力、新潮能源、华电国际
20≤～＜50	11	兖州煤业、山东高速、金正大、通裕重工、歌尔股份、万华化学、山东黄金、日照港、晨鸣纸业、太阳纸业、山东出版
10≤～＜20	28	山东矿机、齐翔腾达、华鲁恒升、滨化股份、瑞康医药、鲁西化工、好当家、美晨生态、金晶科技、中航沈飞、东方电子、博汇纸业、科达股份、新能泰山、浪潮信息、双塔食品、山推股份、玲珑轮胎、联创股份、华泰股份、史丹利、步长制药、天润曲轴、山东路桥、西王食品、康欣新材、瑞茂通、鲁商发展

资料来源：沪深交易所，同花顺。

表 5　　2019 年山东上市公司分地区股权构成情况　　单位：家

股权性质 / 地域分布	央企国资控股	省属国资控股	地市国资控股	民营控股	其他	合计
济南市	2	9	2	9	6	28
淄博市	0	5	1	14	2	22
枣庄市	0	0	0	2	0	2
东营市	0	0	0	4	1	5
烟台市	2	2	5	27	3	39
潍坊市	1	2	3	14	3	23
济宁市	0	3	0	5	1	9
泰安市	2	1	0	1	0	4
威海市	1	1	1	8	0	11
日照市	0	0	1	0	0	1
临沂市	0	0	0	3	1	4
德州市	0	1	0	9	1	11
聊城市	1	1	1	1	0	4
滨州市	0	1	2	4	0	7
菏泽市	0	0	0	1	1	2
合计	9	26	16	102	19	172

资料来源：山东证监局。

（四）市值规模

截至 2019 年 12 月 31 日，山东 172 家上市公司境内总市值 17595.54 亿元，占全国上市公司境内总市值的 2.97%；其中上交所上市公司 61 家，总股本 930.86 亿股，境内总市值 8483.60 亿元，占上交所上市公司境内总市值的 2.39%；深交所上市公司 111 家，总股本 894.21 亿股，境内总市值 9111.94 亿元，占深交所上市公司境内总市值的 3.84%。

（五）资产规模

截至 2019 年 12 月 31 日，山东 172 家上市公司合计总资产 23210.98 亿元，归属于母公司股东权益 9115.61 亿元，与 2018 年相比，分别增长 6.71%、7.89%；平均每股净资产 4.99 元。

三、山东上市公司经营情况及变动分析

（一）总体经营情况

表 6　　2019 年山东上市公司经营情况

指　标	2019 年	2018 年	变动率（%）
家数	172	166	3.61
亏损家数	17	15	13.33
亏损家数比例（%）	9.88	9.04	0.84
平均每股收益（元）	0.44	0.46	-4.35
平均每股净资产（元）	4.99	4.74	5.27
平均净资产收益率（%）	8.87	9.69	-0.82
总资产（亿元）	23210.98	21750.44	6.71
归属于母公司股东权益（亿元）	9115.61	8448.96	7.89
营业收入（亿元）	16099.86	14548.54	10.66
利润总额（亿元）	1104.48	1172.19	-5.78
归属于母公司所有者的净利润（亿元）	808.53	818.33	-1.20

资料来源：沪深交易所，同花顺。

（二）分行业经营情况

表 7　　2019 年山东上市公司分行业经营情况

行业类别	营业收入（亿元）	可比样本变动率（%）	归属于母公司所有者的净利润（亿元）	可比样本变动率（%）
采矿业	2651.56	20.08	101.29	11.64
电力、热力、燃气及水生产和供应业	1025.83	6.20	40.27	38.81
房地产业	120.74	16.93	4.08	106.06
建筑业	273.88	36.87	7.34	190.12
交通运输、仓储和邮政业	403.80	5.06	44.49	1.51
教育	—	—	—	—
金融业	—	—	—	—
居民服务、修理和其他服务业	—	—	—	—
科学研究和技术服务业	6.31	20.65	0.77	92.50
农、林、牧、渔业	130.28	53.18	38.72	756.64
批发和零售业	1059.66	4.85	0.02	-99.88
水利、环境和公共设施管理业	—	—	—	—
卫生和社会工作业	—	—	—	—
文化、体育和娱乐业	101.53	4.33	15.78	4.02
信息传输、软件和信息技术服务业	278.89	24.25	-35.75	-152.83

续表

行业类别	营业收入（亿元）	可比样本变动率（%）	归属于母公司所有者的净利润（亿元）	可比样本变动率（%）
制造业	9937.05	7.74	586.44	-12.50
住宿和餐饮业	—	—	—	—
租赁和商务服务业	—	—	—	—
综合	110.35	7.32	5.09	-28.21
合计	16099.86	10.19	808.53	-6.91

资料来源：沪深交易所，同花顺。

（三）业绩变动情况分析

1. 营业收入、毛利率等变动原因分析

2019年，辖区上市公司共实现营业收入16099.86亿元，较2018年同比增长10.66%；辖区上市公司2019年平均毛利率为5.68%，较2018年平均毛利率下降1.11个百分点。总体来看，面对国内外风险挑战不断上升的复杂局面，辖区上市公司营业收入增速有所放缓；辖区上市公司2019年营业成本15185.07亿元，较2018年增长11.98%；由于营业收入增长幅度低于营业成本增长幅度，导致辖区上市公司平均毛利率同比下降。

2. 盈利构成分析

从盈利构成来看，2019年辖区上市公司利润主要来源为营业利润，占利润总额的比重为98.35%，较2018年下降3.08个百分点；同时，2019年辖区上市公司营业外收入为42.55亿元，较2018年增加1.99亿元，增加比例为4.91%；资产减值损失与信用减值损失增幅较大，2019年辖区公司减值损失202.18亿元，较2018年增加34.36%。

3. 经营性现金流量分析

2019年山东辖区经营活动产生的现金流量金额为2080.61亿元，较2018年增长14.65%，同时高于2019年归属于母公司所有者的净利润。其中经营活动产生的现金流量净额为正值的公司为152家，家数占比88.37%，高于2018年83.73%的水平。

4. 业绩特点分析

2019年辖区上市公司经营业绩总体与2018年基本持平，实现归属于母公司所有者的净利润808.53亿元，较2018年同比下降1.21%。辖区上市公司涉及12个行业门类中11个行业实现盈利，1个行业亏损，盈利贡献最大的仍为制造业，占辖区上市公司归属于母公司所有者净利润的72.53%。农林牧渔业、房地产业、建筑业业绩增长较快，信息传输、软件和信息技术服务业出现亏损。2019年辖区上市公司亏损17家，亏损金额合计114.05亿元，较2018年上升33.78%。

5. 利润分配情况

2019年山东辖区共有126家上市公司提出利润分配方案，其中115家采用单纯现金分红的方式，1 家采取了单纯转股的方式，10 家采取了现金分红和转股相结合的方式。

2019 年，山东辖区上市公司现金分红家数为 125 家，分红总额 342.54 亿元，分红总额较 2018 年的 227.25 亿元增长 50.73%

表 8　　2019 年山东上市公司现金分红情况

2019 年分红公司家数			2019 年分红金额		
家数	变动率（%）	分红公司家数占地区公司总数比重（%）	金额（亿元）	变动率（%）	分红金额占归属于母公司所有者的净利润比重（%）
125	0	72.67	342.54	50.73	42.37

资料来源：山东证监局。

四、山东上市公司并购重组情况

（一）并购重组基本情况

2019 年度，辖区上市公司涉及并购重组事项 31 家次，其中 11 家次涉及上市公司控制权变更事项，20 家次涉及重大资产重组事项。截至 2019 年 12 月 31 日，9 家公司已完成控制权变更，2 家公司正在实施控制权变更；3 家公司完成发行股份购买资产交易事项，涉及资产金额 530.88 亿元，其中 1 家公司完成募集配套资金 0.57 亿元，1 家公司尚未完成募集配套资金 1.86 亿元；3 家公司完成现金购买重大资产，涉及资产 16.57 亿元。6 家公司已发布发行股份购买资产等交易预案；1 家公司发行股份购买资产事项被并购重组委否决，涉及资产金额 34.1 亿元；7 家次重大资产重组事项因不符合监管政策或交易各方未能就关键条款达成一致等原因终止实施。

（二）并购重组特点

2019 年度，辖区上市公司并购重组呈现以下特点：一是实施并购重组的目的仍以增强产业协同效应、提升核心资产质量为主。2019 年，1 家公司实现集团整体上市，2 家公司完成收购同行业标的资产，1 家公司通过重大资产购买变更主业，进一步提升了公司抵御风险和持续盈利能力。二是终止并购重组的公司数量占比增加。部分公司因与交易各方未能就关键条款达成一致、市场环境变化等原因终止并购重组事项，占实施并购重组公司家数的比例较 2018 年增多。

五、山东上市公司募集资金情况、使用情况

（一）募集资金总体情况

表 9　　2019 年山东上市公司募集资金情况

发行类型	代码	简称	募集资金（亿元）
首发	300594	朗进科技	4.23
	603217	元利科技	12.50
	688002	睿创微纳	12.00
	603279	景津环保	5.49
	688363	华熙生物	23.69
	688021	奥福环保	5.23
	300801	泰和科技	9.13
	小计		72.27
再融资（增发、配股）	600426	华鲁恒升	0.55
	600309	万华化学	522.12
	600986	科达股份	0.058
	300121	阳谷华泰	0.67
	300677	英科医疗	0.17
	300308	中际旭创	15.23
	300423	鲁亿通	0.36
	603586	金麒麟	0.23
	603638	艾迪精密	7.00
	小计		546.39
其他融资（公司债券、短期融资券、中期票据、次级债、金融债、境外发行债券）	000811	冰轮环境	5.09
	603278	大业股份	5.00
	002891	中宠股份	1.94
	300677	英科医疗	4.70
	603113	金能科技	15
	603612	索通发展	9.45
	002376	新北洋	8.77
	002083	孚日股份	6.50
	000830	鲁西化工	9.00
	600547	山东黄金	10.00
	600783	鲁信创投	5.00
	600027	华电国际	20.00
	000498	山东路桥	5.00
	小计		105.45
总计			724.11

资料来源：山东证监局。

（二）募集资金使用情况及特点

2019 年，山东辖区共有 74 家公司使用募集资金，金额 115.31 亿元。其中 35.44 亿元为 2019 年度募集的资金，占全年募集资金使用总额的 30.73%；

79.87 亿元为以前年度募集资金，占年度募集资金使用总额的 69.27%。募集资金的使用总额较 2018 年略有下降。

（三）募集资金变更情况

2019 年度，9 家次公司涉及募集资金变更事项，涉及金额为 19.052 亿元，其中 1 家次将原有募投项目变更为其他投资项目，涉及金额 1.6 亿元；3 家次新增募投项目，涉及金额 9.048 亿元；2 家次将原有募投项目终止，结余资金用于永久性补充流动资金，涉及金额 1.378 亿元；2 家次调整募投项目金额，结余用于永久性补充流动资金，涉及金额 5.08 亿元。

表 10　　2019 年山东上市公司募集资金使用项目变更情况

变更募集资金使用项目的公司家数	涉及金额（亿元）	募集资金总额（亿元）	占公司募集资金总额的比例（%）
9	19.052	53.607	35.54

资料来源：山东证监局。

六、山东上市公司规范运作情况

（一）上市公司治理专项情况

一是抓控股股东，维护上市公司利益。一方面，加强对控股股东承诺履行情况的监管，持续跟进控股股东整改情况，精准监管提高上市公司质量。另一方面，从控股股东入手助力类“僵尸”企业走出困境，积极稳妥化解股票质押风险。对控制权发生变更的公司，第一时间约谈新进股东，督促新进股东采取积极措施，解决上市公司发展困境。

二是抓董事长等核心人员，促上市公司合规经营。一方面，在日常监管中，对发现风险苗头上市公司，及时约谈相关人员，督促公司敬畏法治、遵守规则，说真话，做真账。另一方面，集中约谈风险公司董秘、财务总监，审计机构负责人，部署做好年报审计工作，从源头提示风险。同时，加大对董事、监事、高管人员的提醒力度，通过座谈会、培训会、日常约谈等，督促相关人员提高守法意识、规则意识，督促公司规范治理。

三是抓独立董事，促上市公司规范治理。完成对辖区独立董事的培训工作，并就独立董事履职情况、影响独立董事履职的因素以及上市公司治理情况进行问卷调查。督促独立董事以法律法规为准绳，更加勤勉充分履职，在完善公司治理、保护中小投资者合法权益等方面发挥积极作用。

（二）审计情况及监管情况

截至 2020 年 4 月 30 日，山东辖区 164 家上市公司按期披露了年度报告，另有 8 家公司因疫情影响无法按期披露年报，申请了年报延期披露，并按规定披露了未经审计的主要经营业绩，后在 6 月 30 日前均完成了年度报告的披露。175 家披露年度报告的上市公司中，共有 16 家公司被出具非标审计意见。其中，3 家公司被审计机构出具无法表示意见审计报告，8 家公司被出具保留意见的审计报告，5 家公司被出具带强调事项段的无保留意见审计报告。在退市风险方面，1 家公司启动终止上市程序，4 家公司连续 2018 年度、2019 年度亏损存在暂停上市风险。另外，有 6 家公司被实施其他风险警示。

山东证监局在召开年报披露及审计培训会明确监管要求的基础上，认真开展年报审核和现场检查工作，有效提高了年报监管效率效果。

（三）信息披露情况

2019 年，辖区上市公司信息披露情况总体较好，能够按照相关法律法规的要求履行信息披露义务，合理处理投资者来电来访，及时回应媒体质疑。但仍有个别上市公司或其他信息披露义务人因信息披露问题被监管部门出具监管关注函、监管意见函或采取行政监管措施，1 家上市公司因信息披露违法违规被移送立案稽查。

（四）证券市场服务情况

一是充分利用各类会议和培训，督导上市公司提高规范运作意识。全年组织召开辖区上市公司监管工作会议、独立董事规范运作座谈会、董监高培训会等，重申监管红线，明确监管要求。二是落实证监会并购新政，加大并购重组政策解读和业务培训力度，支持上市公司开展并购重组，实现产业转型升级。将上市公司产业调整与国企改革、新旧动能转换紧密结合。三是扎实做好投资者权益保护工作。妥善处理投资者投诉举报事项，全年共处理信访、举报、投诉事项 146 起。

审稿人：郑新胜、殷　茵

撰稿人：孙　晋　刘新朋

王　真　高　雪

河南地区

一、河南经济发展概况

表 1　　2019 年河南经济发展概况　　单位：亿元

指标	1~3月		1~6月		1~9月		1~12月	
	绝对量	同比增长(%)	绝对量	同比增长(%)	绝对量	同比增长(%)	绝对量	同比增长(%)
地区生产总值（GDP）	11940.9	7.90	25224.20	7.70	39035.00	7.40	54259.20	7.00
全社会固定资产投资	—	8.40	—	8.20	—	8.20	—	8.00
社会消费品零售总额	—	10.40	—	10.70	—	10.40	—	10.40
规模以上工业增加值	—	9.00	—	8.30	—	7.90	—	7.80
规模以上工业企业实现利润	566.10	10.50	1176.60	6.80	1651.60	27.40	2762.40	-5.90
居民消费价格指数（CPI）	1~3月		1~6月		1~9月		1~12月	
	1.60		2.20		2.50		3.00	

资料来源：国家统计局。

二、河南上市公司总体情况

（一）公司数量

表 2　　2019 年河南上市公司数量　　单位：家

公司总数	2019 年新增	股票类别			板块分布				
		仅 A 股	仅 B 股	(A+B)股	沪市主板	深市主板	中小板	创业板	科创板
81	2	81	0	0	30	10	26	14	1

资料来源：沪深交易所，同花顺。

（二）行业分布

表 3　　2019 年河南上市公司行业分布情况

行业类别	家数	占比（%）	行业类别	家数	占比（%）
采矿业	4	4.94	批发和零售业	0	0.00
电力、热力、燃气及水生产和供应业	3	3.70	水利、环境和公共设施管理业	0	0.00
房地产业	1	1.23	卫生和社会工作业	0	0.00
建筑业	1	1.23	文化、体育和娱乐业	1	1.23
交通运输、仓储和邮政业	2	2.47	信息传输、软件和信息技术服务业	2	2.47
教育	0	0.00	制造业	61	75.31
金融业	3	3.70	住宿和餐饮业	0	0.00
居民服务、修理和其他服务业	0	0.00	租赁和商务服务业	0	0.00
科学研究和技术服务业	1	1.23	综合	0	0.00
农、林、牧、渔业	2	2.47	合计	81	100.00

资料来源：沪深交易所，同花顺。

（三）股本结构及规模

表 4　　2019 年河南上市公司股本规模在 10 亿股以上公司分布情况

股本规模（亿股）	公司家数	具体公司
200≤～<500	1	洛阳钼业
100≤～<200	0	
50≤～<100	1	郑州银行
20≤～<50	12	中信重工、中原证券、双汇发展、安阳钢铁、大有能源、平煤股份、中粮资本、中原高速、宇通客车、牧原股份、龙蟒佰利、易成新能
10≤～<20	24	*ST 中孚、神火股份、郑煤机、银鸽投资、棕榈股份、黄河旋风、华兰生物、平高电气、智度股份、新乡化纤、恒星科技、郑州煤电、豫金刚石、焦作万方、新天科技、豫能控股、瑞贝卡、科迪乳业、豫光金铅、中航光电、*ST 莲花、濮耐股份、中原传媒、许继电气

资料来源：沪深交易所，同花顺。

表 5　　2019 年河南上市公司分地区股权构成情况　　单位：家

地域分布 \ 股权性质	央企国资控股	省属国资控股	地市国资控股	民营控股	其他	合计
郑州市	0	6	2	20	2	30
开封市	0	1	0	0	0	1
洛阳市	5	0	0	6	0	11
商丘市	0	0	1	1	0	2
安阳市	0	2	0	1	0	3
平顶山市	1	2	0	0	0	3
新乡市	0	0	1	1	0	2
焦作市	1	1	0	3	2	7
濮阳市	0	0	0	2	0	2
许昌市	1	0	0	4	0	5
漯河市	0	0	0	1	1	2
三门峡市	0	1	0	0	0	1
鹤壁市	0	0	0	0	0	0
周口市	0	0	0	2	0	2
驻马店市	0	0	0	0	0	0
南阳市	1	0	1	3	0	5
信阳市	0	0	1	1	0	2
济源市	1	0	1	1	0	3
合计	10	13	7	46	5	81

资料来源：河南证监局。

（四）市值规模

截至 2019 年 12 月 31 日，河南 81 家上市公司境内总市值 9795 亿元，占全国上市公司境内总市值的 1.66%；其中上交所上市公司 31 家，总股本 615.91 亿股，境内总市值 3231.35 亿元，占上交所上市公司境内总市值的 0.91%；深交所上市公司 50 家，总股本 500.41 亿股，境内总市值 6563.64 亿元，占深交所上市公司境内总市值的 2.77%。

（五）资产规模

截至 2019 年 12 月 31 日，河南 81 家上市公司合计总资产 15788.34 亿元，归属于母公司股东权益 4476.02 亿元，与 2018 年相比，分别增长 12.68%、13.16%；平均每股净资产 3.98 元。

三、河南上市公司经营情况及变动分析

（一）总体经营情况

表 6　　2019 年河南上市公司经营情况

指　标	2019 年	2018 年	变动率（%）
家数	81	79	2.53
亏损家数	9	15	-40.00
亏损家数比例（%）	11.11	18.99	-7.88
平均每股收益（元）	0.28	0.23	21.74
平均每股净资产（元）	3.98	3.66	8.74
平均净资产收益率（%）	7.08	6.38	0.7
总资产（亿元）	15789.48	14011.64	12.68
归属于母公司股东权益（亿元）	4476.02	3955.6	13.16
营业收入（亿元）	5747.77	4998.5	14.99
利润总额（亿元）	404.41	340.67	18.71
归属于母公司所有者的净利润（亿元）	316.79	252.17	25.63

资料来源：沪深交易所，同花顺。

（二）分行业经营情况

表 7　　2019 年河南上市公司分行业经营情况

行业类别	营业收入（亿元）	可比样本变动率（%）	归属于母公司所有者的净利润（亿元）	可比样本变动率（%）
采矿业	1017.94	71.19	21.67	-64.88
电力、热力、燃气及水生产和供应业	118.45	5.36	5.85	201.04
房地产业	0.58	16.00	0.02	-60.00
建筑业	27.09	-49.16	-9.81	-2062.00
交通运输、仓储和邮政业	86.49	10.83	20.84	51.01
教育	—	—	—	—
金融业	271.18	20.60	39.96	9.93
居民服务、修理和其他服务业	—	—	—	—
科学研究和技术服务业	15.79	38.75	2.70	-10.60
农、林、牧、渔业	257.39	37.37	60.62	848.67
批发和零售业	—	—	—	—
水利、环境和公共设施管理业	—	—	—	—

续表

行业类别	营业收入（亿元）	可比样本变动率（%）	归属于母公司所有者的净利润（亿元）	可比样本变动率（%）
卫生和社会工作业	—	—	—	—
文化、体育和娱乐业	94.98	5.50	8.29	12.33
信息传输、软件和信息技术服务业	118.38	39.09	7.77	-4.07
制造业	3739.49	0.76	158.89	-14.98
住宿和餐饮业	—	—	—	—
租赁和商务服务业	—	—	—	—
综合	—	—	—	—
合计	5747.77	11.63	316.79	-0.50

资料来源：沪深交易所，同花顺。

（三）业绩变动情况分析

1. 营业收入、毛利率等变动原因分析

2019 年，河南上市公司实现营业收入 5747.77 亿元，同比增长 14.99%；营业利润 432.77 亿元，同比增长 27.2%；利润总额 404.41 亿元，同比增长 18.71%；总体销售毛利率 22.17%，同比增加 1.04 个百分点；营业成本 5484.27 亿元，同比增长 15.55%；营业成本占营业收入比重为 95.42%，同比增加 0.47 个百分点。

2. 盈利构成分析

81 家上市公司利润总额 404.41 亿元，同比增长 18.71%；利润来源主要是营业利润，占利润总额的比重为 107.01%。其中投资收益共计 78.51 亿元，占利润总额 19.41%，较 2018 年增长 1.96 个百分点；共确认非经常性损益 38.24 亿元，占归属于上市公司股东净利润的 12.07%，较 2018 年下降 11.33 个百分点。

3. 经营性现金流量分析

2019 年河南上市公司经营性现金流量净额为 580.3 亿元，高于 2018 年的 299.67 亿元，74 家经营性现金流量净额为正，占比 91.36%，高于 2018 年的 84.81%，其中牧原股份、宇通客车、郑煤机等 50 家实体类上市公司经营性现金流量金额大于扣非后净利润，营业利润有充足的现金支撑，盈利质量较高。

4. 业绩特点分析

一是整体业绩稳中向好。2019 年，81 家上市公司共实现营业收入 5747.77 亿元，同比增长 14.99%；实现归属于母公司股东的净利润 316.79 亿元，同比增长 25.63%，扭转了 2018 年“增收不增利”的局面；平均净资产收益率 7.08%，较 2018 年增长 0.7%。

二是行业持续分化。受宏观经济、行业政策、行业周期等因素影响，农、林、牧、渔业上市公司表现较好，其中牧原股份实现净利润61.14亿元，占全省上市公司净利润19.3%，传统制造业、建筑业上市公司盈利能力较差，其中豫金刚石亏损51.97亿元，占亏损总额的50.46%，采矿业、金融业、交通运输等公司发展势头良好。

5. 利润分配情况

表8　　2019年河南上市公司现金分红情况

2019年分红公司家数			2019年分红金额		
家数	变动率（%）	分红公司家数占地区公司总数比重（%）	金额（亿元）	变动率（%）	分红金额占归属于母公司所有者的净利润比重（%）
61	5.17	75.31	151.24	21.15	47.74

资料来源：河南证监局。

四、河南上市公司并购重组情况

（一）并购重组基本情况

2019年，河南辖区有7家上市公司（易成新能、双汇发展、新开源、中粮资本、思维列控、设研院、中光学）完成重大资产重组，涉及金额682.18亿元。其中4家为民营上市公司，3家为国有上市公司。

（二）并购重组特点

一是并购重组明显活跃。2019年有7家公司完成并购重组，相对2018年增长250%；同时交易金额大幅增长，较2018年增长5056.31%。截至2019年年末，仍有2家公司正在进行并购重组事项。

二是以优化产业结构，实现转型升级为主导。相关公司在自身熟悉领域深耕细作、做精专业。具体来看，2家上市公司并购重组是进行产业整合，通过购买相关或上下游资源，提高产业集中度；5家公司并购重组是为拓宽产业链条，优化产业布局，寻找新的利润增长点，提高整体盈利能力。

五、河南上市公司募集资金情况、使用情况

（一）募集资金总体情况

表9　　2019年河南上市公司募集资金情况

发行类型	代码	简称	募集资金（亿元）
首发	300807	天迈科技	3.01
	688357	建龙微纳	6.26
	小计		9.27

续表

发行类型	代码	简称	募集资金（亿元）
再融资（增发、配股）	002189	中光学	8.69
	002560	通达股份	0.8
	603508	思维列控	9.82
	300732	设研院	2.87
	600569	安阳钢铁	16.18
	300109	新开源	17
	000895	双汇发展	390.91
	300080	易成新能	57.66
	002714	牧原股份	50
	002423	中粮资本	195.24
	002225	濮耐股份	6.17
	小计		755.34
其他融资（公司债券、短期融资券、中期票据、次级债、金融债、境外发行债券）	601666	平煤股份	52
	000400	许继电气	5
	603993	洛阳钼业	20
	002714	牧原股份	8
	000719	中原传媒	6.2
	002406	远东传动	8.94
	300437	清水源	4.9
	601677	明泰铝业	18.39
	603658	安图生物	21.83
	600020	中原高速	10
	小计		155.26
总计			919.87

资料来源：河南证监局。

（二）募集资金使用情况及特点

2019年，河南上市公司中有2家首发融资，募集资金9.27亿元；11家股票再融资公司，募集资金755.34亿元；10家发行公司债券（短期融资券、中期票据），募集资金155.26亿元，融资规模和家数较2018年分别增长567.64%和230%。总体来看，辖区上市公司募集资金使用情况较为规范，资金使用严格履行决策程序，涉及变更使用项目的公司依法依规履行审批程序及信息披露程序，不少上市公司以闲置募集资金购买理财产品，或者补充流动资金，以提高募集资金效益。

（三）募集资金变更情况

2019年度，河南辖区共有好想你、新开源、辉煌科技、豫金刚石4家上市公司变更募集资金使用项目，涉及金额共18.97亿元，占公司募集资金总额的35.91%。募集资金使用项目变动的主要原因是结余超募资金永久补充流动资金。

表10　　2019年河南上市公司募集资金使用项目变更情况

变更募集资金使用项目的公司家数	涉及金额（亿元）	募集资金总额（亿元）	占公司募集资金总额的比例（%）
4	18.97	52.82	35.91

资料来源：河南证监局。

六、河南上市公司规范运作情况

（一）上市公司治理专项情况

河南证监局继续以公司治理为着眼点，推动提升辖区公司治理水平，指导公司对照新修订的《上市公司治理准则》，全面梳理自查公司章程中需要修改补充的内容，结合召开年度股东大会等时机予以及时完善；综合运用上市公司培训、董监高谈话、走访座谈、审计风险提示、定期报告审核、现场检查等措施，重点关注公司规范运作意识和内控治理能效；指导公司董事长、总经理等“关键少数”参加协会组织的培训班，提升上市公司的治理水平。

（二）审计情况及监管情况

1. 河南辖区81家上市公司2019年年报审计情况

81家上市公司中有78家按时披露了2019年年报和审计报告，另有3家公司延期披露。其中，72家公司的审计报告为标准无保留意见，2家公司的审计报告为带强调事项段的无保留意见，4家公司的审计报告为保留意见，3家公司的审计报告为无法表示意见。

2. 年报审计监管工作情况

一是压实审计机构责任。坚持风险和问题导向，结合上市公司风险和审计机构执业情况，确定18家重点类年报审计项目，召开审计监管工作会议，向审计机构通报2018年年报审核及检查中发现的问题，明确2019年年报审计重点关注领域和工作要求，督促审计机构规范执业。

二是跟踪年审进展，确保审计进度。年审期间，持续摸排年审工作开展情况，督促上市公司积极配合审计机构，结合各地疫情管控措施，灵活推进年审工作。对预计无法在法定期限内披露年报的审计项目派专人紧盯，协调解决年审中遇到的问题困难，及时掌握延期披露申请及年报披露情况，严防出现未按规定披露年报的违法行为。

三是加强约谈督导，强化年报审计过程监管。针对风险类公司审计项目，详细审核总体审计策略和具体审计计划，结合当前市场存在的突出问题及日常监管中关注的公司特有风险点，约谈会计师18家次，开展年报督导13家次，向年审机构下发监管提示函和督导备忘录9家次，向上市公司下发关注函9家次。

四是加强年报审阅分析。坚持突出重点、聚焦风险，结合日常风险分类、向有关部门移交的重点线索等，选取22家公司作为年报重点审核对象，累计关注问题173个。针对发现的问题，加强与上市公司及审计机构的沟通核实，坚持“一问到底”确保问询的问题“件件有着落”，共问询36家次，约谈公司及年审机构7人次。

五是加大现场检查力度。按照问题风险导向和“双随机”相结合，对5家公司进行2019年年报现场检查，根据检查发现的问题，对公司及相关中介机构采取相应措施。

（三）信息披露情况

一是提升上市公司信息披露质量，打造公开、透明的资本市场。2019年共审阅10355条公告，针对重大问题及时沟通问询，同时联动强化舆情监控，密切关注媒体质疑，对重大事项快速反应，及时约谈和现场检查。明确监管导向，强化对上市公司董监高、大股东、实际控制人等关键少数的监督约束，督促其牢固树立“四个敬畏”。

二是注重监管协作，发挥协同监管效应。强化与上市部、交易所等有关部门的汇报沟通，及时向上市部报告重大风险、重要事项，听取上级部门指导意见，落实相关工作指示；畅通与交易所的监管协作机制，积极处理交易所监管协作函，对其中涉及资金占有、承诺履行、控制权变更、公司治理等问题进行了关注，采取现场核查、谈话提醒、督促整改等方式，对公司存在的问题采取相应的监管措施。通过加强系统内的沟通协作，有效提升了监管效能。

（四）证券市场服务情况

一是推动上市公司完善公司治理，积极回报投资者。督促上市公司落实公司治理准则，全面梳理自查公司章程中需要修改补充的内容，及时更新完善公司制度，规范公司治理。督促上市公司加大现金分红力度，积极回报投资者。

二是支持符合条件的上市公司通过市场化并购重组整合资源，提升产业集中度和核心竞争力，助力经济结构调整和产业转型升级，服务国家供给侧结构性改革。2019年，完成再融资11家次，实现融资755.34亿元。

三是强化上市培育。加强宣传培训和引导服务，联合沪深交易所深入企业宣讲上市、融资规则。与上交所、省金融局共建上海证券交易所资本市场服务河南基地，联合沪深交易所举办河南省重点拟上市企业座谈会、资本市场助推河南经济高质量发展培训会、深入后备企业调研，助力后备企业加快上市步伐。截至12月底，辖区新增2家上市公司，在会审核企业11家，在辅导企业32家，在审组辅导家数为近几年最高值，形成了层次分明的上市队伍梯次。

审稿人：陈　敏

撰稿人：林好兵　贾明星

湖北地区

一、湖北经济发展概况

表 1　　2019 年湖北经济发展概况　　单位：亿元

指　标	1～3月		1～6月		1～9月		1～12月	
	绝对量	同比增长(%)	绝对量	同比增长(%)	绝对量	同比增长(%)	绝对量	同比增长(%)
地区生产总值（GDP）	9110.05	8.10	19895.75	8.00	30509.42	7.80	45828.31	7.50
全社会固定资产投资	—	10.50	—	10.80	—	10.70	—	10.60
社会消费品零售总额	4752.23	10.50	9543.14	10.40	14475.25	10.28	20224.23	10.31
规模以上工业增加值	—	9.90	—	8.90	—	8.30	—	7.80
规模以上工业企业实现利润	574.80	3.20	1351.00	8.20	2143.40	15.10	2867.80	4.00
居民消费价格指数（CPI）	1～3月		1～6月		1～9月		1～12月	
	1.90		2.40		2.60		3.10	

资料来源：国家统计局。

二、湖北上市公司总体情况

（一）公司数量

表 2　　2019 年湖北上市公司数量　　单位：家

公司总数	2019 年新增	股票类别			板块分布				
		仅 A 股	仅 B 股	(A+B)股	沪市主板	深市主板	中小板	创业板	科创板
106	4	103	1	2	41	26	15	23	1

资料来源：沪深交易所，同花顺。

（二）行业分布

表3　2019年湖北上市公司行业分布情况

行业类别	家数	占比（%）	行业类别	家数	占比（%）
采矿业	0	0.00	批发和零售业	10	9.43
电力、热力、燃气及水生产和供应业	5	4.72	水利、环境和公共设施管理业	2	1.89
房地产业	4	3.77	卫生和社会工作业	0	0.00
建筑业	5	4.72	文化、体育和娱乐业	3	2.83
交通运输、仓储和邮政业	3	2.83	信息传输、软件和信息技术服务业	3	2.83
教育	0	0.00	制造业	68	64.15
金融业	3	2.83	住宿和餐饮业	0	0.00
居民服务、修理和其他服务业	0	0.00	租赁和商务服务业	0	0.00
科学研究和技术服务业	0	0.00	综合	0	0.00
农、林、牧、渔业	0	0.00	合计	106	100.00

资料来源：沪深交易所，同花顺。

（三）股本结构及规模

表4　2019年湖北上市公司股本规模在10亿股以上公司分布情况

股本规模（亿股）	公司家数	具体公司
50≤～<100	4	湖北能源、居然之家、长江证券、天风证券
20≤～<50	10	天茂集团、葛洲坝、三安光电、*ST凯迪、中航机电、中信特钢、航天电子、安道麦A、华新水泥、东风汽车
10≤～<20	21	中珠医疗、九州通、南国置业、楚天高速、百川能源、启迪环境、人福医药、东方金钰、新洋丰、长江传媒、力源信息、烽火通信、三峡新材、闻泰科技、长源电力、华灿光电、*ST高升、兴发集团、长航凤凰、华工科技、凯乐科技

资料来源：沪深交易所，同花顺。

表5　2019年湖北上市公司分地区股权构成情况　单位：家

股权性质 / 地域分布	央企国资控股	省属国资控股	地市国资控股	民营控股	其他	合计
武汉市	14	4	5	29	7	59

续表

地域分布＼股权性质	央企国资控股	省属国资控股	地市国资控股	民营控股	其他	合计
黄石市	1	0	0	4	2	7
十堰市	0	0	0	0	1	1
荆州市	1	0	0	5	2	8
宜昌市	0	0	4	2	1	7
襄阳市	3	0	0	5	0	8
鄂州市	0	0	0	3	0	3
荆门市	0	0	1	3	0	4
黄冈市	0	1	0	0	0	1
孝感市	0	0	1	1	1	3
咸宁市	0	0	0	1	0	1
随州市	0	0	0	1	0	1
潜江市	0	0	0	2	0	2
仙桃市	0	0	0	1	0	1
合计	21	5	11	57	12	106

资料来源：湖北证监局。

（四）市值规模

截至2019年12月31日，湖北106家上市公司境内总市值12431.28亿元，占全国上市公司境内总市值的2.09%；其中上交所上市公司42家，总股本480.88亿股，境内总市值6171.83亿元，占上交所上市公司境内总市值的1.73%；深交所上市公司64家，总股本689.10亿股，境内总市值6259.45亿元，占深交所上市公司境内总市值的2.63%。

（五）资产规模

截至2019年12月31日，湖北106家上市公司合计总资产17970.21亿元，归属于母公司股东权益5841.40亿元，与2018年相比，分别增长17.01%、16.93%；平均每股净资产4.99元。

三、湖北上市公司经营情况及变动分析

（一）总体经营情况

表6　2019年湖北上市公司经营情况

指　标	2019年	2018年	变动率（%）
家数	106	102	3.92

续表

指　标	2019 年	2018 年	变动率（%）
亏损家数	13	11	18.18
亏损家数比例（%）	12.26	10.78	1.48
平均每股收益（元）	0.36	0.29	24.14
平均每股净资产（元）	4.99	4.83	3.31
平均净资产收益率（%）	7.15	5.93	1.22
总资产（亿元）	17970.21	15358.15	17.01
归属于母公司股东权益（亿元）	5841.40	4995.61	16.93
营业收入（亿元）	8698.02	7265.02	19.72
利润总额（亿元）	611.26	448.34	36.34
归属于母公司所有者的净利润（亿元）	417.88	296.08	41.14

资料来源：沪深交易所，同花顺。

（二）分行业经营情况

表 7　　2019 年湖北上市公司分行业经营情况

行业类别	营业收入（亿元）	可比样本变动率（%）	归属于母公司所有者的净利润（亿元）	可比样本变动率（%）
采矿业	—	—	—	—
电力、热力、燃气及水生产和供应业	322.51	17.37	-7.31	60.05
房地产业	240.42	9.00	5.62	-66.71
建筑业	1205.84	9.30	57.06	12.39
交通运输、仓储和邮政业	58.78	-0.88	7.85	29.97
教育	—	—	—	—
金融业	610.71	58.23	37.50	98.73
居民服务、修理和其他服务业	—	—	—	—
科学研究和技术服务业	—	—	—	—
农、林、牧、渔业	—	—	—	—
批发和零售业	1661.32	6.88	68.83	19.85
水利、环境和公共设施管理业	108.53	-6.78	3.71	-52.37
卫生和社会工作业	—	—	—	—
文化、体育和娱乐业	120.79	-23.45	9.94	-9.14
信息传输、软件和信息技术服务业	33.17	5.37	-4.25	79.99

续表

行业类别	营业收入（亿元）	可比样本变动率（%）	归属于母公司所有者的净利润（亿元）	可比样本变动率（%）
制造业	4335.96	7.15	238.94	9.09
住宿和餐饮业	—	—	—	—
租赁和商务服务业	—	—	—	—
综合	—	—	—	—
合计	8698.02	9.40	417.88	20.01

资料来源：沪深交易所，同花顺。

（三）业绩变动情况分析

1. 营业收入、毛利率等变动原因分析

2019 年湖北 106 家上市公司实现营业收入 8698.02 亿元，同比增长 19.72%，其中 72 家公司同比增长，34 家同比下降，营业收入下降主要集中在制造业，占比 70.58%。2019 年，湖北上市公司平均毛利率为 26.93%，基本与 2018 年持平。

2. 盈利构成分析

2019 年湖北 106 家上市公司实现归属于母公司所有者的净利润 471.88 亿元，同比增长 41.14%，13 家公司亏损，比 2018 年增长 2 家，54 家公司盈利水平同比上升。

3. 经营性现金流量分析

2019 年，湖北 106 家上市公司经营活动现金流量净额 1124.76 亿元，其中 93 家公司经营活动现金为净流入，占湖北上市公司总家数的 87.74%，其中天茂集团、华新水泥、中信特钢等 7 家公司经营性现金净流入金额靠前，均超过 30 亿元。从行业情况来看，金融业、电力、热力、燃气及水生产和供应业经营现金流量较好；制造业中，86.77% 公司经营性现金为净流入，总体经营性现金流入情况较好。

4. 业绩特点分析

湖北上市公司 2019 年整体业绩特点：一是资产规模持续扩大。106 家公司资产合计 17970.21 亿元，同比增长 17.01%。二是营业收入增长迅速。106 家公司合计实现营业收入 8698.02 亿元，同比增长 19.72%。三是盈利能力大幅提升。106 家公司利润总额同比增长 36.34%，归母净利润同比增长 41.14%。四是经营两极分化。106 家公司中，盈利呈现两极分化，亏损公司中前五大公司亏损金额占总体亏损金额 82.01%，盈利公司中前五大公司盈利金额占总体盈利金额 42.01%。

5. 利润分配情况

2019 年，有 75 家公司实施了现金分红，占上市公司总家数的 70.75%，现金分红金额 164.55 亿元，现金分红金额占归属于母公司所有者的净利润比重为 39.38%。现金分红超过 5 亿元的有 7 家，分别为中信特钢、华新水泥、济川药业、长江证券、葛洲坝、湖北能源、百川能源。

表 8　　2019 年湖北上市公司现金分红情况

2019 年分红公司家数			2019 年分红金额		
家数	变动率（%）	分红公司家数占地区公司总数比重（%）	金额（亿元）	变动率（%）	分红金额占归属于母公司所有者的净利润比重（%）
75	4.17	70.75	164.55	43.11	39.38

资料来源：湖北证监局。

四、湖北上市公司并购重组情况

（一）并购重组基本情况

2019 年有 8 家公司完成资产并购重组，涉及资产合计 848.43 亿元，配套募集资金 74.39 亿元，平均重组交易金额达 106.05 亿元，1 家公司阶段性完成并购重组，涉及资产 2.37 亿元。2019 年湖北上市公司开展并购重组较为活跃，开展并购重组上市公司家数较上年增长 28.57%，并购重组金额较上年增长 268.19%。

（二）并购重组特点

一是大额并购重组占比提升。2019 年湖北上市公司中有 3 家公司并购重组金额超过或接近 200 亿元，占比 33.33%，2018 年仅有 14.28% 的公司并购重组金额超过 200 亿元。二是以产业横向整合为主。2019 年开展并购重组的 9 家公司中，有 5 家公司开展了产业链横向整合，2 家公司通过并购重组拓宽了主业、调整了资产结构，1 家公司借壳上市，1 家公司置出资产。三是并购重组效果较为显著。2019 年完成并购重组的公司总资产比上年增长 31.14%，营业总收入比 2018 年增长 16.18%，净利润增长 47.84%。

五、湖北上市公司募集资金情况、使用情况

（一）募集资金总体情况

表 9　　2019 年湖北上市公司募集资金情况

发行类型	代码	简称	募集资金（亿元）
首发	002950	奥美医疗	5.29
	300776	帝尔激光	9.54
	002962	五方光电	7.25
	688089	嘉必优	7.17
	小计		29.25

续表

发行类型	代码	简称	募集资金（亿元）
再融资（增发、配股）	002281	光迅科技	8.14
	002627	宜昌交运	1.33
	300395	菲利华	7.00
	600141	兴发集团	26.82
	600745	闻泰科技	164.53
	600136	当代明诚	8.26
	000708	中信特钢	231.79
	600133	东湖高新	2.37
	300054	鼎龙股份	1.98
	000785	居然之家	356.5
	小计		808.72
其他融资（公司债券、短期融资券、中期票据、次级债、金融债、境外发行债券）	600068	葛洲坝	90
	600141	兴发集团	9
	600035	楚天高速	6
	002627	宜昌交运	2
	000826	启迪环境	11
	002305	南国置业	9.5
	601162	天风证券	37.5
	000783	长江证券	130
	300567	精测电子	3.75
	600498	烽火集团	30.88
	600998	九州通	10
	600079	人福医药	8.43
	小计		348.06
总计			1186.03

资料来源：湖北证监局。

（二）募集资金使用情况及特点

2019年，湖北上市公司股票直接融资金额837.97亿元，其他融资348.06亿元，主要有以下几个特点：一是IPO融资金额下降，IPO融资金额同比下降22.49亿元，平均融资金额下降29.37%；二是再融资及其他融资金额大幅增长，再融资金额同比增长1318.81%，其他融资金额同比增长21.01%。

（三）募集资金变更情况

表 10　　2019 年湖北上市公司募集资金使用项目变更情况

变更募集资金使用项目的公司家数	涉及金额（亿元）	募集资金总额（亿元）	占公司募集资金总额的比例（%）
7	12.10	61.25	19.76

资料来源：湖北证监局。

2019 年度内共有 7 家上市公司变更了募集资金用途，同比增长 16.67%，涉及变更金额同比增长 99.67%。7 家公司均变更了募集资金使用项目标的，其中 1 家公司变更募集资金用于收购股权，涉及金额 4.01 亿元，占比 33.14%；1 家变更募集资金对外投资，涉及资金 1.44 亿元，占比 11.90%；其余 5 家公司用于建设新的项目，涉及资金 6.65 亿元，占比 54.96%。

六、湖北上市公司规范运作情况

（一）上市公司治理专项情况

2019 年湖北证监局通过落实各项治理工作，推动辖区上市公司规范运作水平不断提高。一是开展专项活动完善公司治理。督促辖区上市公司对照新修订《上市公司治理准则》要求，查找问题并及时整改，压实主体责任。二是扎实开展现场检查。内外结合提高效率，共开展检查 24 家次，对 8 家公司的公司治理情况开展现场检查，重点关注信息披露和公司治理情况。

（二）审计情况及监管情况

2019 年共有 19 家审计机构为辖区提供年报审计服务，顾地科技、ST 昌鱼、*ST 仰帆被出具带强调事项段的无保留意见，*ST 盈方、*ST 高升、中珠医疗被出具保留意见，东方金钰、*ST 斯太、*ST 凯迪被出具无法表示意见，其他 97 家上市公司均为标准无保留意见。2019 年年报中，90 家上市公司披露了内部控制审计报告，其中 ST 昌鱼、闻泰科技被出具带强调事项段的无保留意见，*ST 盈方、中珠医疗、东方金钰、*ST 斯太、*ST 凯迪被出具否定意见，其余均为标准无保留意见。

在审计监管方面，湖北证监局一是积极实施重点监管。聚焦资金占用等监管重难点，以商誉减值、业绩承诺等问题为导向，开展年报审计现场监管 9 家次，约谈审计机构 18 家次，审核年报 103 家次。二是严肃惩处问题风险。全年下发监管关注函 23 份，采取行政监管措施 22 家次，移交立案 3 家次，移送公安 1 家次。

（三）信息披露情况

2019 年湖北证监局精准监管，持续追踪，督促上市公司提高披露质量。一是以信息披露为抓手做好重大事项跟踪。全年审阅上市公司公告 7570 份，针对重点事项主动沟通、约谈上市公司及相关方

172 家次，编写监管日志 252 篇。二是做好舆情监控。全年搜集舆情信息 1754 条，重点加强了对负面舆情、热点舆情的梳理和追踪。三是完善“三点一线”监管机制。加深与上市部、交易所、其他派出机构的监管协作，持续强化科技监管，提高监管效率。

（四）证券市场服务情况

湖北局因地制宜服务实体经济发展，推动上市公司强本固基。一是压实“关键少数”主体责任。全年举办上市公司全体董监高规范发展、提升治理质效专题培训两次，954 人参加培训，督促董监高进一步增强诚信守法意识。二是广泛调研积极献言献策。2019 年召开座谈会 3 次，开展调研 18 家次，向省市政府等部门报送上市公司运行情况等文件 8 份，向会机关报送意见建议等文件 8 份。三是做好信访投诉回复工作。全年共调查并回复信访投诉 150 起，较圆满地完成了投诉举报的调查分析和回复工作。四是做好投资者保护工作。联合湖北省上市公司协会举办 2019 年湖北上市公司投资者网上集体接待日活动，积极引导辖区上市公司参与“股东来了”投资者权益知识竞赛，推动各家公司应“5.15 全国投资者保护宣传日”工作要求，开展形式多样的宣传教育活动，走进 2 家上市公司开展“投保打非”教育活动。

审稿人：黄俊华

撰稿人：马倾城

湖南地区

一、湖南经济发展概况

表 1　　2019 年湖南经济发展概况　　单位：亿元

指　标	1～3 月		1～6 月		1～9 月		1～12 月	
	绝对量	同比增长（%）	绝对量	同比增长（%）	绝对量	同比增长（%）	绝对量	同比增长（%）
地区生产总值（GDP）	8334.97	7.60	17784.62	7.20	27981.20	7.80	39752.12	7.60
全社会固定资产投资	—	10.00	—	10.00	—	10.30	—	10.10
社会消费品零售总额	3876.00	9.40	7877.73	9.90	12115.78	10.00	17239.54	10.20
规模以上工业增加值	—	8.20	—	8.30	—	8.20	—	8.30
规模以上工业企业实现利润	420.40	13.70	876.10	9.20	1294.20	4.10	1870.80	6.60
居民消费价格指数（CPI）	1～3 月		1～6 月		1～9 月		1～12 月	
	1.80		2.20		2.50		2.90	

资料来源：国家统计局。

二、湖南上市公司总体情况

（一）公司数量

表 2　　2019 年湖南上市公司数量　　单位：家

公司总数	2019 年新增	股票类别			板块分布				
		仅 A 股	仅 B 股	(A+B)股	沪市主板	深市主板	中小板	创业板	科创板
105	1	104	0	1	30	19	30	26	0

资料来源：沪深交易所，同花顺。

（二）行业分布

表 3　　2019 年湖南上市公司行业分布情况

行业类别	家数	占比（%）	行业类别	家数	占比（%）
采矿业	1	0.95	批发和零售业	6	5.71
电力、热力、燃气及水生产和供应业	3	2.86	水利、环境和公共设施管理业	3	2.86
房地产业	0	0.00	卫生和社会工作业	1	0.95
建筑业	0	0.00	文化、体育和娱乐业	5	4.76
交通运输、仓储和邮政业	2	1.90	信息传输、软件和信息技术服务业	5	4.76
教育	1	0.95	制造业	68	64.76
金融业	4	3.81	住宿和餐饮业	1	0.95
居民服务、修理和其他服务业	0	0.00	租赁和商务服务业	0	0.00
科学研究和技术服务业	2	1.90	综合	0	0.00
农、林、牧、渔业	3	2.86	合计	105	100.00

资料来源：沪深交易所，同花顺。

（三）股本结构及规模

表 4　　2019 年湖南上市公司股本规模在 10 亿股以上公司分布情况

股本规模（亿股）	公司家数	具体公司
50≤～<100	3	方正证券、中联重科、鹏都农牧
20≤～<50	7	五矿资本、蓝思科技、华菱钢铁、长沙银行、爱尔眼科、旗滨集团、尔康制药
10≤～<20	19	中南传媒、华银电力、芒果超媒、科力远、天润数娱、现代投资、电广传媒、天桥起重、岳阳林纸、友阿股份、中兵红箭、隆平高科、湖南黄金、加加食品、拓维信息、山河智能、湖南天雁、华天酒店、亚光科技

资料来源：沪深交易所，同花顺。

表 5　　2019 年湖南上市公司分地区股权构成情况　　单位：家

股权性质 地域分布	央企国资控股	省属国资控股	地市国资控股	民营控股	其他	合计
长沙市	5	15	4	37	1	62

续表

股权性质 / 地域分布	央企国资控股	省属国资控股	地市国资控股	民营控股	其他	合计
岳阳市	2	0	1	7	0	10
常德市	0	0	1	3	0	4
张家界市	0	0	1	0	0	1
益阳市	0	0	0	6	0	6
湘潭市	1	1	1	1	0	4
娄底市	0	0	0	0	0	0
怀化市	0	0	0	0	0	0
湘西州	1	0	0	0	0	1
邵阳市	0	0	0	0	0	0
永州市	0	1	0	1	0	2
衡阳市	2	0	0	2	0	4
郴州市	0	0	1	2	0	3
株洲市	2	0	2	4	0	8
合计	13	17	11	63	1	105

资料来源：湖南证监局。

（四）市值规模

截至 2019 年 12 月 31 日，湖南 105 家上市公司境内总市值 9858.29 亿元，占全国上市公司境内总市值的 1.66%；其中上交所上市公司 30 家，总股本 367.51 亿股，境内总市值 3400.54 亿元，占上交所上市公司境内总市值的 0.95%；深交所上市公司 75 家，总股本 657.01 亿股，境内总市值 6457.74 亿元，占深交所上市公司境内总市值的 2.72%。

（五）资产规模

截至 2019 年 12 月 31 日，湖南 105 家上市公司合计总资产 17121.08 亿元，归属于母公司股东权益 4542.96 亿元，与 2018 年相比，分别增长 13.59%、8.71%；平均每股净资产 4.40 元。

三、湖南上市公司经营情况及变动分析

（一）总体经营情况

表 6　2019 年湖南上市公司经营情况

指　标	2019 年	2018 年	变动率（%）
家数	105	104	0.96
亏损家数	16	19	-15.79

续表

指　标	2019 年	2018 年	变动率（%）
亏损家数比例（%）	15.24	18.27	-3.03
平均每股收益（元）	0.24	0.22	9.09
平均每股净资产（元）	4.40	4.3	2.33
平均净资产收益率（%）	5.56	5.13	0.43
总资产（亿元）	17120.67	15072.48	13.59
归属于母公司股东权益（亿元）	4542.55	4178.78	8.71
营业收入（亿元）	6234.67	4941.81	26.16
利润总额（亿元）	375.12	312.47	20.05
归属于母公司所有者的净利润（亿元）	252.34	214.46	17.66

资料来源：沪深交易所，同花顺。

（二）分行业经营情况

表 7　　2019 年湖南上市公司分行业经营情况

行业类别	营业收入（亿元）	可比样本变动率（%）	归属于母公司所有者的净利润（亿元）	可比样本变动率（%）
采矿业	138.29	10.98	1.60	-40.74
电力、热力、燃气及水生产和供应业	122.51	-2.77	2.19	14.06
房地产业	—	—	—	—
建筑业	—	—	—	—
交通运输、仓储和邮政业	128.46	5.64	10.32	2.79
教育	14.89	2.41	-6.35	-741.41
金融业	397.75	21.13	87.30	19.03
居民服务、修理和其他服务业	—	—	—	—
科学研究和技术服务业	15.31	19.80	-6.07	-627.83
农、林、牧、渔业	63.72	-4.77	-3.62	-146.83
批发和零售业	650.59	9.50	17.78	93.68
水利、环境和公共设施管理业	16.11	-16.27	1.57	441.30
卫生和社会工作业	99.90	24.73	13.79	36.67
文化、体育和娱乐业	246.82	16.84	24.91	134.78
信息传输、软件和信息技术服务业	95.90	-25.45	-20.44	-26.25
制造业	4233.32	9.71	128.86	4.02

续表

行业类别	营业收入（亿元）	可比样本变动率（%）	归属于母公司所有者的净利润（亿元）	可比样本变动率（%）
住宿和餐饮业	11.11	15.97	0.50	110.46
租赁和商务服务业	—	—	—	—
综合	—	—	—	—
合计	6234.67	9.45	252.34	9.62

资料来源：沪深交易所，同花顺。

（三）业绩变动情况分析

1. 营业收入、毛利率等变动原因分析

2019 年，辖区 105 家上市公司全年实现营业收入 6130.88 亿元，较 2018 年同比增长 25.19%；营业成本 4853.56 亿元，较 2018 年增长 29.66%。整体毛利率 20.83%，较 2018 年下降 6.14 个百分点。

2. 盈利构成分析

从盈利构成来看，2019 年湖南上市公司利润来源于营业利润，其占利润总额的比例为 106.66%，比 2018 年上升 3.07 个百分点。营业外收支净额占利润总额比例下降至 -6.66%。净利润超过 10 亿元的有 9 家，分别是华菱钢铁、长沙银行、中联重科、五矿资本、蓝思科技、爱尔眼科、中南传媒、旗滨集团、芒果超媒，合计占上市公司净利润的 94.62%，同比上升 6.11 个百分点。

3. 经营性现金流量分析

2019 年，湖南 105 家上市公司经营活动产生的现金流净额为 595.34 亿元，较 2018 年增长 1157.58%。剔除金融类上市公司长沙银行、方正证券和五矿资本后，辖区上市公司经营活动产生的现金流净额为 582.74 亿元，较 2018 年增长 20.61%。2019 年，湖南 88 家上市公司经营活动产生的现金流量净额为正，占全部上市公司的 83.81%，同比增长 14.58 个百分点。

4. 业绩特点分析

一是整体营收延续高增长，运营状况平稳。近三年湖南辖区上市公司营业收入保持持续增长态势，亏损家数较 2018 年减少 3 家，整体运营平稳。二是龙头企业抗风险能力增强，业绩表现靓丽。市值前十位公司营业收入合计 1614.04 亿元，同比增长 26.60%；净利润合计 208.19 亿元，同比增长 46.45%。三是传统优势行业表现稳健，科技创新发展动力强劲。电子、机械设备、食品、医药生物、传媒五大类传统优势行业公司盈利能力稳定增长。公用事业、建筑装饰、交通运输等行业公司盈利增速平稳。

5. 利润分配情况

表 8　　2019 年湖南上市公司现金分红情况

2019 年分红公司家数			2019 年分红金额		
家数	变动率（%）	分红公司家数占地区公司总数比重（%）	金额（亿元）	变动率（%）	分红金额占归属于母公司所有者的净利润比重（%）
63	-5.97	60	104.84	4.31	41.41

资料来源：湖南证监局。

四、湖南上市公司并购重组情况

（一）并购重组基本情况

2019 年，全年湖南共有 5 家上市公司实施了 5 单重大资产重组，涉及资产金额 173.63 亿元。与 2018 年的 5 家和 171.30 亿元相比，实施并购重组的家数和金额基本持平。

（二）并购重组特点

并购重组呈现三个特点：一是以产业协同并购为主。如，科力远收购 CHS 公司 36.97% 的股权，涉及资产金额 8.21 亿元；南华生物收购远泰生物 54% 股权，涉及资产金额 0.972 亿元等。二是更加聚焦主业。中联重科出售中联环境 100% 股权，涉及资产金额 152.5 亿元，更加聚焦工程机械和农业机械版块。三是海外并购增多。如，佳沃食品出境并购 Australis Seafoods S. A. 99.8380% 股权，涉及资产金额 9.2 亿元。

五、湖南上市公司募集资金情况、使用情况

（一）募集资金总体情况

表 9　　2019 年湖南上市公司募集资金情况

发行类型	代码	简称	募集资金（亿元）
首发	300800. SZ	力合科技	10.128
	小计		10.128
再融资（增发、配股）	600698. SH	湖南天雁	2.500
	600478. SH	科力远	8.207
	300413. SZ	芒果超媒	20.000
	300035. SZ	中科电气	5.328
	小计		36.035

续表

发行类型	代码	简称	募集资金（亿元）
其他融资（公司债券、短期融资券、中期票据、次级债、金融债、境外发行债券）	120003. SZ	19 华菱 EB	20. 000
	117138. SZ	19 唐人 EB	2. 000
	117130. SZ	19 蓝思 EB	15. 000
	123024. SZ	岱勒转债	2. 100
	113529. SH	绝味转债	10. 000
	113531. SH	百姓转债	3. 270
	小计		52. 37
总计			98. 533

资料来源：湖南证监局。

（二）募集资金使用情况及特点

2019 年，辖区共有 8 家公司通过首发、再融资等方式募集资金 61. 533 亿元，3 家公司大股东通过发行可交换债募集资金 37 亿元。辖区上市公司募集资金使用情况总体规范，除个别募投项目变更未严格履行审议程序外，其他涉及变更募集资金使用项目的公司严格履行了内部审批及对外披露程序。

（三）募集资金变更情况

2019 年度，辖区共有 7 家公司变更了募集资金使用项目，涉及金额 32. 19 亿元，占上市公司募集资金总额的 28. 81%。其中部分募投项目变更为永久补充流动资金，部分募投项目变更了实施内容、实施地点、产能规模等。

表 10　　2019 年湖南上市公司募集资金使用项目变更情况

变更募集资金使用项目的公司家数	涉及金额（亿元）	募集资金总额（亿元）	占公司募集资金总额的比例（%）
7	32. 19	111. 086	28. 81

资料来源：湖南证监局。

六、湖南上市公司规范运作情况

（一）上市公司治理专项情况

一是开展资金占用与违规担保专项活动。深入排查资金占用和违规担保情况，摸清底数，加强监管，倒逼 4 家公司主动披露违法违规事实，其中 3 家公司主动归还占用本息，解除担保。二是实施“三高并购”监管专项行动。制定《湖南辖区“三高”并购监管专项行动方案》，统筹推进监管专项行动。强化事前事中监管，通过事前问询、事中检查，5 家公司主动放弃或终止异常“三高并购”。坚持逢满必查，对涉及“三高并购”的公司开展现场检查。三是开展内部控制专项监管行动。开展上市公司内控建设和执行情况问卷调查，约谈上市公司董监高及中介机构人员，对上市公司开展现场检查。针对专项行动发现的问题，分阶段开展内部控制自查和专项检查，加强审计机构执业监管，督促公司加强内控建设。

（二）审计情况及监管情况

2019 年年报审计中，湖南辖区 105 家上市公司，101 家公司被出具标准无保留意见审计报告，3 家公司被出具保留意见的审计报告，1 家公司被出具无法表示意见。2019 年年报审计被出具非标意见的公司比 2018 年减少 2 家。

2019 年年报审计中，湖南辖区 105 家上市公司，有 72 家公司出具了内控专项审计报告，较 2018 年增加 7 家公司开展内控专项审计。其中 69 家公司被出具标准无保留意见内控专项审计报告，1 家公司被出具带强调事项段的无保留意见内控专项审计报告，2 家公司被出具否定意见的内控专项审计报告。

（三）信息披露情况

一是明确重点，分类审核。从公司治理、经营运作、财务情况、信息披露、控股股东资信状况、并购重组及其他异常情况七个维度，结合媒体质疑、投诉举投等线索，确定 17 家公司作为年报审计重点项目，进行重点审核分析。二是借力高校，提高效率。连续 3 年委托中南大学、湖南大学对 50 家上市公司年报进行定期报告审核分析，拓宽思路视角，提升年报审核效率。三是加强监管，督促整改。就信息披露问题，约谈上市公司董事长、财务负责人和年审会计师 100 余人次，下发问询函 13 件、涉及问题 100 余个，持续督促上市公司做好信息披露。

（四）证券市场服务情况

一是贯彻落实全面深化资本市场改革任务要求。为湖南省贯彻落实全面深化资本市场改革提出工作建议。通过日常监管、现场检查、调研培训等方式强化宣传推介，组织公司学习贯彻，更好把握监管形势。2019 年，组织大型培训 3 场次，开展“一对一”上门培训服务 6 次，增强培训的针对性和个性化，推动提高上市公司运用资本市场做优做强的能力。二是切实推动资本市场服务实体经济。支持上市公司再融资 88.40 亿元，支持华菱钢铁实施债转股，开创地方国企市场化债转股“第一单”。三是开展多样化投资者保护活动。举办“走进湖南上市公司”系列活动，组织投资者走进 11 家上市公司，加强投资者、媒体与上市公司互动交流，增强投资者行权意识。联合深圳全景网络公司开展“投资者集体接待日”活动，促进上市公司和投资者有效沟通。协助中证中小投资者服务中心持续开展持股行权，督促其完善公司治理。

审稿人：李金玉

撰稿人：周超文　刘新云

广东地区

一、广东经济发展概况

表 1　　2019 年广东经济发展概况　　单位：亿元

指　标	1~3 月		1~6 月		1~9 月		1~12 月	
	绝对量	同比增长（%）	绝对量	同比增长（%）	绝对量	同比增长（%）	绝对量	同比增长（%）
地区生产总值（GDP）	23886.77	6.60	50501.17	6.50	77191.22	6.40	107671.07	6.20
全社会固定资产投资	—	11.20	—	10.50	—	11.30	—	11.10
社会消费品零售总额	10178.96	6.90	20680.41	7.70	31423.47	7.80	42664.46	8.00
规模以上工业增加值	7348.48	6.50	15429.03	4.80	24010.98	4.50	(33616.10)	4.70
规模以上工业企业实现利润	1630.90	2.30	(3881.97)	-2.30	(6383.59)	3.00	(8915.28)	5.60
居民消费价格指数（CPI）	1~3 月		1~6 月		1~9 月		1~12 月	
	2.20		2.50		2.80		3.40	

资料来源：国家统计局。

二、广东上市公司总体情况

（一）公司数量

表 2　　2019 年广东上市公司数量　　单位：家

公司总数	2019 年新增	股票类别			板块分布				
		仅 A 股	仅 B 股	(A+B)股	沪市主板	深市主板	中小板	创业板	科创板
319	16	314	2	3	63	39	120	93	4

资料来源：沪深交易所，同花顺。

（二）行业分布

表3　　2019年广东上市公司行业分布情况

行业类别	家数	占比（%）	行业类别	家数	占比（%）
采矿业	1	0.31	批发和零售业	5	1.57
电力、热力、燃气及水生产和供应业	9	2.82	水利、环境和公共设施管理业	3	0.94
房地产业	9	2.82	卫生和社会工作业	3	0.94
建筑业	2	0.63	文化、体育和娱乐业	3	0.94
交通运输、仓储和邮政业	12	3.76	信息传输、软件和信息技术服务业	19	5.96
教育	0	0.00	制造业	231	72.41
金融业	4	1.25	住宿和餐饮业	1	0.31
居民服务、修理和其他服务业	0	0.00	租赁和商务服务业	7	2.19
科学研究和技术服务业	6	1.88	综合	2	0.63
农、林、牧、渔业	2	0.63	合计	319	100.00

资料来源：沪深交易所，同花顺。

（三）股本结构及规模

表4　　2019年广东上市公司股本规模在10亿股以上公司分布情况

股本规模（亿股）	公司家数	具体公司
100≤～<200	5	分众传媒、TCL集团、南方航空、保利地产、广汽集团
50≤～<100	7	广发证券、美的集团、领益智造、广州港、格力电器、温氏股份、粤电力A
20≤～<50	23	ST康美、搜于特、东阳光、越秀金控、广州发展、海天味业、金发科技、粤泰股份、韶钢松山、广电运通、大洋电机、易事特、海格通信、生益科技、海印股份、珠江啤酒、巨轮智能、宝新能源、中远海特、华发股份、粤高速A、白云机场、格力地产
10≤～<20	41	国盛金控、梅雁吉祥、东方精工、普邦股份、高新兴、省广集团、三环集团、佳都科技、白云山、华铁股份、汤臣倍健、海大集团、科达洁能、岭南股份、勤上股份、宜华生活、中山公用、劲胜智能、中船防务、佛山照明、明阳智能、海信家电、珠江钢琴、奥飞娱乐、东风股份、中顺洁柔、珠海中富、木林森、冠豪高新、蓝盾股份、星辉娱乐、粤水电、塔牌集团、粤传媒、南洋股份、贤丰控股、奥马电器、韶能股份、纳思达、*ST欧浦、东莞控股

资料来源：沪深交易所，同花顺。

表 5　　2019 年广东上市公司分地区股权构成情况　　单位：家

股权性质 / 地域分布	央企国资控股	省属国资控股	地市国资控股	民营控股	其他	合计
广州市	7	9	22	60	8	106
珠海市	2	0	7	19	0	28
汕头市	0	0	2	29	2	33
韶关市	1	0	1	1	0	3
佛山市	1	2	5	30	2	40
江门市	0	0	0	11	1	12
湛江市	1	0	0	1	0	2
茂名市	0	0	0	1	0	1
肇庆市	0	3	0	4	0	7
惠州市	0	0	1	6	4	11
梅州市	0	0	0	8	0	8
汕尾市	0	0	0	0	0	0
河源市	0	0	0	0	0	0
阳江市	0	0	0	2	0	2
清远市	0	0	0	0	0	0
东莞市	0	0	3	21	6	30
中山市	0	0	2	19	0	21
潮州市	0	0	0	5	2	7
揭阳市	0	1	0	5	1	7
云浮市	0	0	0	1	0	1
合计	12	15	43	223	26	319

资料来源：广东证监局。

（四）市值规模

截至 2019 年 12 月 31 日，广东 319 家上市公司境内总市值 43432.85 亿元，占全国上市公司境内总市值的 7.34%；其中上交所上市公司 67 家，总股本 1009.72 亿股，境内总市值 13355.7 亿元，占上交所上市公司境内总市值的 3.76%；深交所上市公司 252 家，总股本 2259.76 亿股，境内总市值 30077.15 亿元，占深交所上市公司境内总市值的 12.69%。

（五）资产规模

截至 2019 年 12 月 31 日，广东 319 家上市公司合计总资产 50625.21 亿元，归属于母公司股东权益 16678.23 亿元，与 2018 年相比，分别增长 11.13%、9.84%；平均每股净资产 5.1 元。

三、广东上市公司经营情况及变动分析

（一）总体经营情况

表 6 **2019 年广东上市公司经营情况**

指　标	2019 年	2018 年	变动率（%）
家数	319	303	5.28
亏损家数	42	35	20.00
亏损家数比例（%）	13.17	11.56	1.61
平均每股收益（元）	0.53	0.42	26.19
平均每股净资产（元）	5.10	4.75	7.37
平均净资产收益率（%）	10.46	8.75	1.71
总资产（亿元）	50625.21	45553.60	11.13
归属于母公司股东权益（亿元）	16678.23	15184.46	9.84
营业收入（亿元）	23421.06	21914.97	6.87
利润总额（亿元）	2385.33	1857.21	28.44
归属于母公司所有者的净利润（亿元）	1744.32	1328.04	31.35

资料来源：沪深交易所，同花顺。

（二）分行业经营情况

表 7 **2019 年广东上市公司分行业经营情况**

行业类别	营业收入（亿元）	可比样本变动率（%）	归属于母公司所有者的净利润（亿元）	可比样本变动率（%）
采矿业	59.02	28.86	3.07	43.46
电力、热力、燃气及水生产和供应业	825.61	12.97	52.44	61.30
房地产业	2845.55	22.98	326.10	40.88
建筑业	142.34	17.50	-8.12	-432.79
交通运输、仓储和邮政业	1920.70	5.23	76.08	90.87
教育	—	—	—	—
金融业	343.71	42.43	88.66	114.15
居民服务、修理和其他服务业	—	—	—	—
科学研究和技术服务业	74.18	13.43	7.79	4.56
农、林、牧、渔业	777.72	25.49	135.03	222.34
批发和零售业	337.63	27.61	15.60	17.38
水利、环境和公共设施管理业	146.05	4.75	14.16	-17.96
卫生和社会工作业	76.34	5.54	-18.73	-506.29
文化、体育和娱乐业	96.58	15.53	0.01	100.22
信息传输、软件和信息技术服务业	387.52	-1.88	-26.63	-134.63

续表

行业类别	营业收入（亿元）	可比样本变动率（%）	归属于母公司所有者的净利润（亿元）	可比样本变动率（%）
制造业	14765.51	1.34	1038.48	17.05
住宿和餐饮业	79.72	12.63	2.59	26.34
租赁和商务服务业	390.88	-4.58	25.97	-53.23
综合	152.00	24.48	11.83	3.32
合计	23421.06	6.02	1744.32	26.90

资料来源：沪深交易所，同花顺。

（三）业绩变动情况分析

1. 营业收入、毛利率等变动原因分析

2019 年，广东上市公司实现营业收入 23421.06 亿元，较 2018 年增长 6.87%；实现利润总额 2385.33 亿元，较 2018 年增长 28.44%；实现归属于母公司所有者的净利润 1744.32 亿元，较 2018 年增长 31.35%；实现平均每股收益 0.53 元，较 2018 年增长 26.19%；平均净资产收益率 10.46%，较 2018 年同比增长 1.71 个百分点；毛利率 26.44%，较 2018 年增长 1 个百分点。

2. 盈利构成分析

从盈利构成来看，2019 年上市公司利润来源主要是营业利润，金额为 2365.74 亿元，占利润总额的 99.19%，其中投资净收益占利润总额的比重为 17.67%。营业外收支净额为 19.24 亿元，较 2018 年增长 739.2%。

3. 经营性现金流量分析

2019 年，广东上市公司经营活动产生的现金净流入为 4042.24 亿元，较 2018 年增长 57.27%。其中，有 288 家上市公司经营活动产生的现金流量为正，占辖区 319 家上市公司的 90.28%，较 2018 年增加 8.1 个百分点；32 家上市公司经营性现金流量为负，占比 9.72%。

4. 业绩特点分析

2019 年广东上市公司经营情况呈现以下特点：一是上市公司整体营业收入和净利润持续增加，但业绩分化较为明显。广东上市公司营业收入与 2018 年相比同比增长了 6.87%，净利润增幅达到 31.35%，净利润增长幅度明显高于营业收入，也高于全国上市公司净利润增长幅度。广东大部分上市公司盈利能力得到明显改善，平均每股收益和平均净资产收益率均有所提高。但在整体净利润增加的同时，仍有 42 家上市公司出现亏损，亏损公司占比为 13.17%，亏损公司家数和占比均较 2018 年有所增加。二是不同行业上市公司经营状况差异较大。农、林、牧、渔业，金融业，交通运输、仓储和邮政业，电力、热力、燃气及水生产和供应业，房地产业等行业上市公司整体业绩表现较好。制造业等行业上市公司受到中美贸易争端的影响，业绩表现弱于广东上市公司整体水平。信息传输、软件和信息技术服务业，卫生和社会工作业，建筑业等行业上市公司亏损比例较高，行业整体净利润为负。三是广东上市公司研发投入力度较大。2019 年广东上市公司整体研发投入占营业总收入的 2.84%，高于全国上市公司 1.71% 的平均水平。

5. 利润分配情况

表 8　　2019 年广东上市公司现金分红情况

2019 年分红公司家数			2019 年分红金额		
家数	变动率（%）	分红公司家数占地区公司总数比重（%）	金额（亿元）	变动率（%）	分红金额占归属于母公司所有者的净利润比重（%）
223	-0.89	69.91	713.6	10.5	40.91

资料来源：广东证监局。

四、广东上市公司并购重组情况

（一）并购重组基本情况

2019 年，广东上市公司并购重组活动稳步推进，共有 14 家上市公司实施并完成重大资产重组，分别为新宏泽、星徽精密、美联新材、万泽股份、银禧科技、汤臣倍健、星期六、华锋股份、TCL 科技、美的集团、绿景控股、广东骏亚、新劲刚、东方精工，涉及金额 327.75 亿元，实施完成重大资产重组上市公司家次较 2018 年减少 2 家，并购金额较 2018 年下降 22.97%，并购金额连续两年下降。其中，7 家公司以发行股份购买资产的方式整合行业资源或实施多元化发展战略，5 家公司以协议收购的方式进行资产调整或业务转型，1 家公司完成吸收合并，1 家公司通过资产置换进行业务转型。

（二）并购重组特点

整体来看，2019 年广东上市公司并购重组呈现以下特点：一是以横向整合或多元化战略为目的的并购重组占比仍然较高。星徽精密、华锋股份、汤臣倍健、星期六、银禧科技、广东骏亚、新劲刚、美的集团、新宏泽、美联新材 10 家公司收购资产向横向整合或多元化发展。二是通过转让资产实现资产调整和业务转型的情况明显增加。TCL 科技、绿景控股、东方精工通过协议转让子公司股权实现资产调整，万泽股份通过资产置换部分资产实现业务转型。三是民营企业并购重组活跃度明显高于国有企业。在完成并购重组的 14 家上市公司中，9 家为民营控股上市公司，3 家为外资企业上市公司，2 家为无实控人上市公司，国有企业年内未发生重大资产重组。四是板块全覆盖、行业集中度高。已实施完成重大资产重组的上市公司涵盖了资本市场主要板块，其中，深圳主板 4 家，上海主板 1 家，中小板 4 家，创业板 5 家。按照证监会行业分类标准，包括制造业 11 家，房地产业 1 家，批发和零售业 1 家，并购重组公司主要集中在制造业。

五、广东上市公司募集资金情况、使用情况

（一）募集资金总体情况

表 9　　2019 年广东上市公司募集资金情况

发行类型	代码	简称	募集资金（亿元）
首发	688388	嘉元科技	16.33
	601615	明阳智能	13.11
	300770	新媒股份	11.61
	300791	仙乐健康	10.95
	688020	方邦股份	10.78
	002959	小熊电器	10.28
	688128	中国电研	9.40
	603390	通达电气	8.85
	603983	丸美股份	8.42
	002965	祥鑫科技	7.49
	688268	华特气体	6.65
	002967	广电计量	6.14
	300793	佳禾智能	5.60
	300790	宇瞳光学	5.19
	603863	ST 松炀	5.12
	002953	日丰股份	4.53
	300808	久量股份	4.42
	300805	电声股份	4.32
	300781	因赛集团	3.49
	002973	侨银股份	2.35
	小计		155.01
再融资（增发、配股）	300014	亿纬锂能	25.00
	300146	汤臣倍健	14.00
	002291	星期六	12.99
	300464	星徽股份	11.71
	000507	珠海港	10.20
	300607	拓斯达	6.50
	300094	国联水产	6.10
	600866	星湖科技	4.24
	002017	东信和平	4.05
	603386	广东骏亚	3.58
	300629	新劲刚	3.25
	300503	昊志机电	2.72
	603936	博敏电子	1.29
	小计		101.58

续表

发行类型	代码	简称	募集资金（亿元）
其他融资（公司债券、短期融资券、中期票据、次级债、金融债、境外发行债券）	000776	广发证券	253.00
	600325	华发股份	52.07
	600029	南方航空	50.00
	000100	TCL 科技	40.00
	600684	珠江股份	14.30
	601228	广州港	12.00
	000685	中山公用	10.00
	603861	白云电器	8.80
	603348	文灿股份	8.00
	603898	好莱客	6.30
	300335	迪森股份	6.00
	600673	东阳光	5.00
	300498	温氏股份	5.00
	600185	格力地产	4.00
	002544	杰赛科技	4.00
	603797	联泰环保	3.90
	002806	华锋股份	3.52
	002842	翔鹭钨业	3.02
	601515	东风股份	2.95
	002846	英联股份	2.14
	300273	和佳医疗	2.10
	002492	恒基达鑫	1.00
	300629	新劲刚	0.65
	小计		497.76
总计			754.35

资料来源：广东证监局。

（二）募集资金使用情况及特点

2019 年度，广东辖区上市公司募集资金总体使用情况良好，呈现如下特点：一是投向实体经济比例高，投向制造业的募集资金占全年募集资金总额的比例在 90% 以上；二是投入使用率较高，已投入募集资金占计划投入的比例在 80% 以上。

（三）募集资金变更情况

2019 年，广东辖区有 17 家公司变更募集资金的使用项目，涉及金额约为 37.82 亿元，占该 17 家公司原计划投入募集资金（46.65 亿元）的 81.07%。募集资金变更的程序合法。变更的原因主要包括：一是为提高募集资金使用效率，结合市场形势和公司未来发展战略的需要对募投项目进行调整；二是外部的宏观经济和市场环境发生了较大变化，原有产品市场开拓不如预期；三是公司募投项目地块规划发生变化；四是原投资项目可行性和假设条件发生了较大变化，将剩余募集资金改投其他项目。

表 10　　2019 年广东上市公司募集资金使用项目变更情况

变更募集资金使用项目的公司家数	涉及金额（亿元）	募集资金总额（亿元）	占公司募集资金总额的比例（%）
17	37.82	46.65	81.07

资料来源：广东证监局。

六、广东上市公司规范运作情况

（一）上市公司治理专项情况

2019 年，广东证监局深入贯彻依法全面从严监管理念，继续推进公司治理监管工作，持续提高上市公司质量，将公司治理列为年报审核和现场检查的一项重点内容，切实抓紧抓好。根据对辖区 322 家上市公司年报审核和现场检查的情况来看，除少部分公司存在内控制度未有效执行、“三会”运作不规范、关联交易未及时履行审议程序、财务核算不规范等问题外，大部分公司治理运作都比较规范。

（二）审计情况及监管情况

广东辖区 322 家上市公司均如期披露了 2019 年年度报告，其中有 299 家公司被出具标准无保留意见的审计报告，5 家公司被出具带强调事项段的无保留意见的审计报告，16 家公司被出具保留意见的审计报告，2 家公司被出具无法保留意见的审计报告。广东证监局对披露 2019 年年报的上市公司实施年报监管。在年报监管期间，广东证监局对辖区 322 家上市公司年报进行全面审核，结合日常监管掌握的情况，向 71 家公司的年报审计机构下发了年报审计风险提示函；以风险为导向，按照问题导向和双随机原则，选取 39 家上市公司进行现场检查，同时延伸检查相关审计和评估机构工作底稿。

（三）信息披露情况

2019 年，广东辖区上市公司基本能够按照信息披露的有关法律法规，依法履行信息披露义务，在指定信息披露报纸和网站真实、准确、完整、及时地披露公司动态信息，保障信息使用的公平、公正。

（四）证券市场服务情况

2019 年，广东证监局认真贯彻落实全国证券期货监管工作会议精神和各项工作部署，切实做好保护投资者尤其是中小投资者合法权益相关工作。一是强化现金分红监管。督促辖区上市公司建立差异化分红制度，规范、完善利润分配的内部决策程序和机制，增强现金分红透明度和持续回报投资者能力。2019 年，广东辖区 239 家上市公司实施了现金分红，分红金额达 755.17 亿元。二是认真做好承诺履行监管工作。持续跟进业绩承诺履行情况，将相关方是否能够及时进行业绩补偿作为日常监管关注的重点，督促相关方及时履行业绩补偿义务。三是认真做好信访投诉举报处理工作。进一步优化投资者诉求处理机制，压实上市公司处理投资者投诉举报的首要责任，督促上市公司建立完善纠纷处理工作机制。2019 年，广东辖区全年共办理涉及上市公司的投诉举报事项 76 件，切实把投资者保护工作要求落到实处。四是加强上市公司诚信教育引导。坚持惩防并举、预防为先的思路，通过会议和培训增强上市公司完善内控机制、提高规范发展的意识，开展新上市公司及发生并购重组的上市公司“监管第一课”培训，要求公司不断增强规范意识，完善治理结构，健全内控机制，确保规范运作。

（五）其他

2019 年，广东证监局坚决落实证监会党委提出的“守土有责、守土尽责”要求，以提高上市公司质量为目标，坚持依法全面从严监管，积极稳妥地推进辖区上市公司风险防控和处置工作。一是全面排查风险。先后 10 多次对辖区上市公司存在的风险隐患进行摸底排查，建立风险台账，进行分类监管，有针对性地制订风险处置预案，确保对公司风险做到“心中有数、应对有策”。二是强化动态监测。持续开展舆情监控和信息收集工作，加强对辖区上市公司风险的动态监测，紧盯媒体质疑集中、投诉举报频繁等存在风险隐患的公司，提前介入、及时处置，对公司的风险隐患抓早抓小，及早防范。三是实施贴身监管。将风险排查与分类监管紧密结合，在监管资源分配、现场检查和非现场监管方面向高风险公司倾斜，按照“一司一策”原则对高风险公司实施贴身监管，有效防范和化解公司风险。

审稿人：孙敏聪　白连江
撰稿人：张卿萌　刘　毅

广西地区

一、广西经济发展概况

表 1　　2019 年广西经济发展概况　　单位：亿元

指　标	1～3 月		1～6 月		1～9 月		1～12 月	
	绝对量	同比增长（%）	绝对量	同比增长（%）	绝对量	同比增长（%）	绝对量	同比增长（%）
地区生产总值（GDP）	4673.73	6.40	9872.79	5.90	15278.36	5.50	21237.14	6.00
全社会固定资产投资	—	4.30	—	8.60	—	8.60	—	9.50
社会消费品零售总额	2065.10	6.50	—	6.80	—	6.90	—	7.00
规模以上工业增加值	—	5.10	—	3.20	—	3.10	—	4.50
规模以上工业企业实现利润	175.80	-25.10	354.10	-24.00	515.70	-22.40	777.70	-15.40
居民消费价格指数（CPI）	1～3 月		1～6 月		1～9 月		1～12 月	
	2.20		2.50		3.20		3.70	

资料来源：国家统计局。

二、广西上市公司总体情况

（一）公司数量

表 2　　2019 年广西上市公司数量　　单位：家

公司总数	2019 年新增	股票类别			板块分布				
		仅 A 股	仅 B 股	（A+B）股	沪市主板	深市主板	中小板	创业板	科创板
38	1	38	0	0	17	12	8	1	0

资料来源：沪深交易所，Wind 资讯。

（二）行业分布

表 3　　2019 年广西上市公司行业分布情况

行业类别	家数	占比（%）	行业类别	家数	占比（%）
采矿业	0	0.00	批发和零售业	3	7.89
电力、热力、燃气及水生产和供应业	3	7.89	水利、环境和公共设施管理业	2	5.26
房地产业	1	2.63	卫生和社会工作业	0	0.00
建筑业	0	0.00	文化、体育和娱乐业	0	0.00
交通运输、仓储和邮政业	2	5.26	信息传输、软件和信息技术服务业	6	15.79
教育	0	0.00	制造业	18	47.37
金融业	1	2.63	住宿和餐饮业	0	0.00
居民服务、修理和其他服务业	0	0.00	租赁和商务服务业	0	0.00
科学研究和技术服务业	0	0.00	综合	1	2.63
农、林、牧、渔业	1	2.63	合计	38	100.00

资料来源：沪深交易所，Wind 资讯。

（三）股本结构及规模

表 4　　2019 年广西上市公司股本规模在 10 亿股以上公司分布情况

股本规模（亿股）	公司家数	具体公司
50≤～<100	1	桂冠电力
20≤～<50	4	国海证券、中恒集团、恒逸石化、柳钢股份
10≤～<20	8	ST 慧球、广西广电、北部湾港、柳工、丰林集团、五洲交通、ST 银河、天夏智慧

资料来源：沪深交易所，Wind 资讯。

表 5　　2019 年广西上市公司分地区股权构成情况　　单位：家

股权性质／地域分布	央企国资控股	省属国资控股	地市国资控股	民营控股	其他	合计
防城港市	0	0	0	0	0	0
南宁市	1	3	2	5	3	14
崇左市	0	0	0	0	0	0
柳州市	0	2	2	1	0	5

续表

地域分布 \ 股权性质	央企国资控股	省属国资控股	地市国资控股	民营控股	其他	合计
来宾市	0	0	0	0	0	0
桂林市	0	1	1	5	0	7
梧州市	0	1	0	1	0	2
贺州市	0	1	0	0	0	1
玉林市	0	0	0	1	0	1
贵港市	0	1	0	0	0	1
百色市	0	0	0	0	0	0
钦州市	0	0	0	0	0	0
河池市	0	0	0	0	1	1
北海市	0	1	0	5	0	6
合计	1	10	5	18	4	38

资料来源：广西证监局。

（四）市值规模

截至2019年12月31日，广西38家上市公司境内总市值2891.44亿元，占全国上市公司境内总市值的0.49%；其中，上交所上市公司17家，总股本252.06亿股，境内总市值1408.8亿元，占上交所上市公司境内总市值的0.40%；深交所上市公司21家，总股本195.4亿股，境内总市值1482.64亿元，占深交所上市公司境内总市值的0.62%。

（五）资产规模

截至2019年12月31日，广西38家上市公司合计总资产4480.62亿元，归属于母公司所有者权益1510.77亿元，与2018年相比，分别增长12.85%、3.87%；平均每股净资产3.38元。

三、广西上市公司经营情况及变动分析

（一）总体经营情况

表6　　2019年广西上市公司经营情况

指　标	2019年	2018年	变动率（%）
家数	38	37	2.70
亏损家数	8	7	14.29
亏损家数比例（%）	21.05	18.92	2.13
平均每股收益（元）	0.14	0.27	-48.15
平均每股净资产（元）	3.38	3.55	-4.79

续表

指　标	2019 年	2018 年	变动率（%）
平均净资产收益率（%）	4.06	7.58	-46.35
总资产（亿元）	4480.62	3970.33	12.85
归属于母公司所有者权益（亿元）	1510.77	1454.53	3.87
营业收入（亿元）	2586.68	2434.28	6.26
利润总额（亿元）	104.90	150.45	-30.28
归属于母公司所有者的净利润（亿元）	61.40	110.18	-44.28

资料来源：沪深交易所，Wind 资讯。

（二）分行业经营情况

表 7　　2019 年广西上市公司分行业经营情况

行业类别	营业收入（亿元）	可比样本变动率（%）	归属于母公司所有者的净利润（亿元）	可比样本变动率（%）
采矿业	—	—	—	—
电力、热力、燃气及水生产和供应业	370.28	62.26	25.28	-7.54
房地产业	2.43	-15.95	-0.82	-813.44
建筑业	—	—	—	—
交通运输、仓储和邮政业	69.40	14.85	18.62	75.35
教育	—	—	—	—
金融业	35.60	67.73	4.88	566.83
居民服务、修理和其他服务业	—	—	—	—
科学研究和技术服务业	—	—	—	—
农、林、牧、渔业	28.44	-13.13	-2.86	-441.99
批发和零售业	169.66	20.88	6.96	50.73
水利、环境和公共设施管理业	38.50	-39.17	3.37	-51.37
卫生和社会工作业	—	—	—	—
文化、体育和娱乐业	—	—	—	—
信息传输、软件和信息技术服务业	113.99	38.83	-41.07	-983.64
制造业	1723.36	-4.42	46.20	-26.41
住宿和餐饮业	—	—	—	—
租赁和商务服务业	—	—	—	—
综合	35.02	100	0.83	100
合计	2586.68	6.26	61.40	-44.27

资料来源：沪深交易所，Wind 资讯。

（三）业绩变动情况分析

1. 营业收入、毛利率等变动原因分析

2019年广西上市公司实现营业收入合计2586.68亿元，较2018年同比上升6.26%，主要是因为桂东电力油品业务销售收入大幅增加所致；整体销售毛利率为15.43%，较2018年上升0.17个百分点，主要是恒逸石化营业成本下降，毛利增加所致；平均净资产收益率为4.06%，较2018年同比下降3.52个百分点，主要是因为个别上市公司归属于母公司所有者权益增加和部分上市公司归属于母公司所有者的净利润大额减少所致。

2. 盈利构成分析

从盈利构成来看，2019年广西上市公司利润来源构成中，主要是营业利润，占比为109.87%，其中投资净收益占利润来源比重为26.26%，公允价值变动净收益占利润来源的2.12%，其他收益占利润来源的15.39%。

3. 经营性现金流量分析

2019年，广西地区上市公司经营活动产生的现金流量净额为235.22亿元，较2018年增长21.85%，其中，30家上市公司经营现金流量净额为正；8家上市公司经营现金流量净额为负，比2018年减少4家；前5家上市公司经营现金流量净额占比为71.17%。

4. 业绩特点分析

2019年广西上市公司利润总额104.90亿元，较2018年同比减少30.28%；归属于母公司所有者的净利润61.40亿元，较2018年同比减少44.28%；平均净资产收益率与2018年相比同比下降46.35%。经营情况呈现以下特点：

总体业绩情况。2019年广西上市公司营业收入、归属于母公司所有者的净利润与2018年相比呈现“一升一降”的特点。

不同行业之间的经营情况存在较大差别。2019年，交通运输、仓储和邮政业及批发零售业保持良好增长态势；受市场环境、国家政策、资产处置影响，金融业，房地产行业、农、林、牧、渔业业绩波动明显，但总量占比较小，因此对广西总体业绩情况影响不大；信息传输、软件和信息技术服务业和制造业的个别上市公司因成本费用增加、部分生产系统政策性停工、资产处置、主营业务基本停滞等原因，归属于母公司所有者的净利润大幅减少，上述情形直接影响行业业绩，导致广西总体业绩下降。

业绩情况两极分化。2019年，业绩排名前五位的上市公司共计实现净利润96.48亿元，占广西上市公司归属于母公司所有者的净利润总额的157.13%。共有8家上市公司亏损，亏损金额合计91.95亿元。

5. 利润分配情况

表 8　2019 年广西上市公司现金分红情况

2019 年分红公司家数			2019 年分红金额		
家数	变动率（%）	分红公司家数占地区公司总数比重（%）	金额（亿元）	变动率（%）	分红金额占归属于母公司所有者的净利润比重（%）
25	19.05	65.79	56.98	1.55	92.80

资料来源：广西证监局。

四、广西上市公司并购重组情况

（一）并购重组基本情况

2019 年，广西上市公司 ST 慧球完成重大资产重组工作，2 家上市公司正在进行重大资产重组（*ST 河化、国发股份）。ST 慧球以现金方式将全资子公司智诚合讯、慧球科技（重庆）、慧金股权、鲲鹏未来 100% 股权，将控股子公司慧金深圳 51% 股权出售予瑞莱嘉誉，将全资子公司郡原物业 100% 股权出售予九树物业；通过向天下秀全体股东发行股份购买天下秀 100% 股权，并对天下秀进行吸收合并，ST 慧球为吸收合并方，天下秀为被吸收合并方；吸收合并完成后，天下秀注销法人资格，ST 慧球作为存续主体获得新媒体营销资产并转型成为一家基于大数据的技术驱动型新媒体营销服务公司，ST 慧球经营状况得到有利改善，持续盈利能力和发展潜力得到有利增强，资产质量和盈利能力得到提高。

（二）并购重组特点

五、广西上市公司募集资金情况、使用情况

（一）募集资金总体情况

表 9　2019 年广西上市公司募集资金情况

发行类型	代码	简称	募集资金（亿元）
首发	002956. SZ	西麦食品	7.33
	小计		7.33
再融资（增发、配股）	000703. SZ	恒逸石化	29.50
	002166. SZ	莱茵生物	4.82
	601368. SH	绿城水务	8.12
	600556. SH	ST 慧球	39.95
	小计		82.39

续表

发行类型	代码	简称	募集资金（亿元）
其他融资（公司债券、短期融资券、中期票据、次级债、金融债、境外发行债券）	000703. SZ	恒逸石化	10. 00
	600310. SH	桂东电力	8. 50
	601368. SH	绿城水务	4. 00
	小计		22. 50
总计			112. 22

资料来源：广西证监局。

（二）募集资金使用情况及特点

2019 年，广西 1 家 IPO 公司募集资金 7. 33 亿元，4 家公司通过定向增发、配股融资 82. 39 亿元，3 家公司通过发行公司债券、中期票据方式融资 22. 5 亿元。截至 2019 年年底已投入使用募集资金约 98. 03 亿元，占当年募集资金总额的比例约为 87. 36%。

（三）募集资金变更情况

2019 年，广西共有 8 家上市公司变更募集资金投向，涉及金额约 33. 57 亿元，变更金额约占相关公司募集资金总额的 33. 93%。因原项目已完成或终止、公司业务调整、公司需求情况变化、项目出现新情况等原因，辖区 6 家公司变更以前年度募集资金的使用用途，2 家公司变更当年募集资金的使用用途，导致变更募投项目的公司数量比 2018 年增加 5 家，涉及金额增加 27. 05 亿元。

表 10　2019 年广西上市公司募集资金使用项目变更情况

变更募集资金使用项目的公司家数	涉及金额（亿元）	募集资金总额（亿元）	占公司募集资金总额的比例（%）
8	33. 57	98. 93	33. 93

资料来源：广西证监局。

六、广西上市公司规范运作情况

（一）上市公司治理专项情况

2019 年，广西证监局持续推动落实公司治理各项工作，引导市场主体不断提高规范运作意识，提升公司治理水平。一是强化教育引导，推动上市公司规范治理运作。通过组织开展辖区上市公司董秘座谈会、片区公司债券业务专题培训会，组织辖区上市公司参加专题培训等多种形式，及时解读监管政策、加强警示教育、传导监管压力、明确监管要求，持续强化监管对象规范运作意识。二是加强沟通引导，约见辖区上市公司及相关主体52家次。对2家上市公司进行走访调研，了解公司经营运作情况，沟通监管形势和关注问题，提醒公司规范治理运作和信息披露行为。三是强化监管约束。通过日常监管和现场检查，及时发现上市公司在公司治理方面存在的问题，并及时采取监管措施，督促相关公司限期整改、规范运作。

（二）审计情况及监管情况

2020年，广西辖区38家上市公司均如期披露2019年年度报告。其中，除1家公司被出具带强调事项段的无保留意见，2家公司被出具保留意见，2家公司被出具无法表示意见外，其余33家公司审计报告均为标准无保留意见。34家上市公司披露内部控制审计报告或内部控制鉴证报告，其中，3家公司被出具否定意见，其余31家均为标准无保留意见。

广西证监局坚持“四个敬畏、一个合力”的监管理念，强化中介机构“守门人”责任，加强持续督导。约谈9家上市公司2019年年度报告审计机构提示审计风险，对年审工作进行线上督导，完成辖区9家重点类公司的年度报告审计项目监管。对3家上市公司2019年年报审计项目进行现场检查，对4家会计师事务所开展商誉减值和内控审计专题检查；就年报审计执业情况存在的问题，对2家审计机构、4名签字注册会计师采取了行政监管措施，督促审计机构勤勉尽责，提高执业质量。

（三）信息披露情况

广西证监局坚持以信息披露为核心，强化监管力度。一是强化敏感舆情监测和信息审核，及时发现并处置违规事项和风险问题。二是强化年报监管。开展“看年报说监管”活动，全面审核上市公司定期报告，及时调整公司风险分类。三是强化监管问责，严抓违规行为。2019年，广西证监局对存在信息披露违规问题的5家上市公司及3名相关责任主体采取了行政监管措施，对涉嫌信息披露违法违规移送稽查立案2家次。

（四）证券市场服务情况

广西证监局坚持服务实体，寓监管于服务，全面强化拟上市公司服务。一是积极宣讲科创板政策，提高企业申报科创板积极性；摸排科创板后备企业资源，深入后备企业调研，推动设立科创板并试点注册制改革工作在广西辖区落地。二是制定辅导监管工作指引，不断完善辅导监管工作机制，简化监管程序，提高辅导监管灵活性。2019年，新增辅导备案企业7家，其中科创板辅导备案企业2家。

此外，全面加强投资者保护，积极回应投资者诉求。一是举办辖区2019年投资者网上集体接待日活动。通过集体接待日活动，上市公司共回答问题1608个。为辖区上市公司与投资者搭建沟通交流平台，推动上市公司加强投资者关系管理，保障中小投资者知情权。二是妥善处理投资者信访投诉事项。2019 年共处理涉及上市公司的信访投诉 17 起。开展上市公司投资者热线接听情况调研，督促个别公司强化投资者关系管理，做好投资者沟通工作。

编委会委员：姜新安
执行编委：彭艳雯
审稿人：高瑞启
撰稿人：欧阳丽雯

海南地区

一、海南经济发展概况

表 1　　2019 年海南经济发展概况　　单位：亿元

指　标	1~3 月		1~6 月		1~9 月		1~12 月	
	绝对量	同比增长（%）	绝对量	同比增长（%）	绝对量	同比增长（%）	绝对量	同比增长（%）
地区生产总值（GDP）	1168.35	5.50	2468.03	5.30	3819.34	5.50	5330.84	5.80
全社会固定资产投资	—	-32.50	—	-23.00	—	-16.30	—	-9.20
社会消费品零售总额	456.56	5.00	884.39	4.20	1308.48	4.60	1808.31	5.30
规模以上工业增加值	118.80	11.40	248.83	4.50	377.05	3.30	537.78	4.20
规模以上工业企业实现利润	33.60	20.40	81.80	3.50	134.00	8.40	171.60	15.50
居民消费价格指数（CPI）	1~3 月		1~6 月		1~9 月		1~12 月	
	1.50		2.10		2.60		3.40	

资料来源：国家统计局。

二、海南上市公司总体情况

（一）公司数量

表 2　　2019 年海南上市公司数量　　单位：家

公司总数	2019 年新增	股票类别			板块分布				
		仅 A 股	仅 B 股	（A+B）股	沪市主板	深市主板	中小板	创业板	科创板
31	0	27	0	4	11	13	4	3	0

资料来源：沪深交易所，同花顺。

（二）行业分布

表 3　　2019 年海南上市公司行业分布情况

行业类别	家数	占比（%）	行业类别	家数	占比（%）
采矿业	3	9.68	批发和零售业	0	0.00
电力、热力、燃气及水生产和供应业	0	0.00	水利、环境和公共设施管理业	0	0.00
房地产业	3	9.68	卫生和社会工作业	1	3.23
建筑业	1	3.23	文化、体育和娱乐业	1	3.23
交通运输、仓储和邮政业	3	9.68	信息传输、软件和信息技术服务业	1	3.23
教育	0	0.00	制造业	12	38.71
金融业	1	3.23	住宿和餐饮业	1	3.23
居民服务、修理和其他服务业	0	0.00	租赁和商务服务业	0	0.00
科学研究和技术服务业	0	0.00	综合	1	3.23
农、林、牧、渔业	3	9.68	合计	31	100.00

资料来源：沪深交易所，同花顺。

（三）股本结构及规模

表 4　　2019 年海南上市公司股本规模在 10 亿股以上公司分布情况

股本规模（亿股）	公司家数	具体公司
100≤～<200	1	海航控股
50≤～<100	0	
20≤～<50	3	海航基础、洲际油气、海南橡胶
10≤～<20	8	华闻集团、海南矿业、*ST 海马、海南海药、海航创新、罗牛山、海南瑞泽、神农科技

资料来源：沪深交易所，同花顺。

表 5　　2019 年海南上市公司分地区股权构成情况　　单位：家

股权性质 / 地域分布	央企国资控股	省属国资控股	地市国资控股	民营控股	其他	合计
海口市	4	6	0	12	3	25
三亚市	0	0	0	3	1	4

续表

地域分布＼股权性质	央企国资控股	省属国资控股	地市国资控股	民营控股	其他	合计
澄迈县	0	0	0	1	0	1
昌江黎族自治县	0	0	0	1	0	1
合计	4	6	0	17	4	31

资料来源：海南证监局。

（四）市值规模

截至2019年12月31日，海南31家上市公司境内总市值2291.97亿元，占全国上市公司境内总市值的0.39%；其中，上交所上市公司11家，总股本328.89亿股，境内总市值1094.44亿元，占上交所上市公司境内总市值的0.31%；深交所上市公司20家，总股本172.30亿股，境内总市值1197.53亿元，占深交所上市公司境内总市值的0.50%。

（五）资产规模

截至2019年12月31日，海南31家上市公司合计总资产4171.59亿元，归属于母公司股东权益1471.77亿元，与2018年相比，分别减少4.17%、6.18%；平均每股净资产2.94元。

三、海南上市公司经营情况及变动分析

（一）总体经营情况

表6　　2019年海南上市公司经营情况

指　标	2019年	2018年	变动率（%）
家数	31	31	0.00
亏损家数	11	10	10.00
亏损家数比例（%）	35.48	32.26	3.22
平均每股收益（元）	-0.03	-0.17	82.35
平均每股净资产（元）	2.94	3.17	-7.26
平均净资产收益率（%）	-0.92	-5.47	4.55
总资产（亿元）	4171.59	4353.03	-4.17
归属于母公司股东权益（亿元）	1471.77	1568.77	-6.68
营业收入（亿元）	1483.18	1340.15	10.67
利润总额（亿元）	4.69	-87.19	—
归属于母公司所有者的净利润（亿元）	-13.98	-85.78	83.70

资料来源：沪深交易所，同花顺。

（二）分行业经营情况

表 7　　2019 年海南上市公司分行业经营情况

行业类别	营业收入（亿元）	可比样本变动率（%）	归属于母公司所有者的净利润（亿元）	可比样本变动率（%）
采矿业	110.11	54.56	2.28	—
电力、热力、燃气及水生产和供应业	—	—	—	—
房地产业	117.15	-3.43	-14.59	-178.44
建筑业	1.27	-20.63	-0.45	-662.50
交通运输、仓储和邮政业	745.40	6.59	8.13	—
教育	—	—	—	—
金融业	3.07	-9.44	1.10	-9.09
居民服务、修理和其他服务业	—	—	—	—
科学研究和技术服务业	—	—	—	—
农、林、牧、渔业	150.98	86.95	-1.64	-125.71
批发和零售业	—	—	—	—
水利、环境和公共设施管理业	—	—	—	—
卫生和社会工作业	0.31	-41.51	-1.75	-253.51
文化、体育和娱乐业	39.20	3.57	1.05	—
信息传输、软件和信息技术服务业	1.30	36.84	0.17	—
制造业	299.73	-2.38	-2.16	77.91
住宿和餐饮业	0.26	-13.33	0.01	0.00
租赁和商务服务业	—	—	—	—
综合	14.39	-9.44	-6.13	30.18
合计	1483.18	10.67	-13.98	83.70

资料来源：沪深交易所，同花顺。

（三）业绩变动情况分析

1. 营业收入、毛利率等变动原因分析

2019 年，海南上市公司实现营业收入 1483.18 亿元，较 2018 年同比上升 10.67%；营业成本 1577.86 亿元，较 2018 年增长 5.49%；营业利润 4.28 亿元，较 2018 年同比增加 88.42 亿元；利润总额 4.69 亿元，较 2018 年同比增加 91.88 亿元。从毛利率来看，海南 31 家上市公司整体毛利率为 -6.38%，较 2018 年上升 5.22 个百分点，其中 14 家公司毛利率上升，17 家公司毛利率下降，因营业收入、营业成本皆增长且营业收入增幅高于营业成本增幅，导致上市公司整体毛利率上升。

2. 盈利构成分析

从盈利构成来看，2019年海南上市公司利润来源主要是营业利润，其占利润总额的比重为91.26%，较2018年下降5.24个百分点。营业利润中，投资净收益39.28亿元，营业外收支净额为0.41亿元，公允价值变动净收益为7.69亿元。

3. 经营性现金流量分析

2019年，海南上市公司经营性现金流量净额为195.44亿元，较2018年增长6.21%。31家上市公司中，18家上市公司经营性现金流量净额为正，占海南上市公司总数的58.06%，较2018年下降3.23个百分点，其余13家上市公司经营性现金流量净额为负。2019年经营性现金流量净额增幅最大的是海航控股，较2018年增加45.08亿元，降幅最大的是海航基础，较2018年减少36.91亿元。

4. 业绩特点分析

海南上市公司2019年整体业绩特点：一是总体盈利水平较2018年大幅增长。海南31家上市公司2019年归属于母公司所有者的净利润为－13.98亿元，较2018年总额同比增长83.70%。二是行业经营业绩分化明显。海南上市公司中，农林牧渔业、采矿业、制造业、交通运输、仓储和邮政业、房地产业、文体娱乐业6个行业上市公司2020年营业收入共计1462.58亿元，占辖区上市公司营业收入总额98.61%。6个行业中仅采矿业、农林牧渔业营业收入出现大幅增长，增幅分别为54.56%、86.95%。

5. 利润分配情况

表8　　2019年海南上市公司现金分红情况

2019年分红公司家数			2019年分红金额		
家数	变动率（%）	分红公司家数占地区公司总数比重（%）	金额（亿元）	变动率（%）	分红金额占归属于母公司所有者的净利润比重（%）
6	－45.45	19.36	3.24	－17.97	－23.18

资料来源：海南证监局。

四、海南上市公司并购重组情况

（一）并购重组基本情况

2019年，海南辖区有2家上市公司开展并完成并购重组，分别为海南矿业、海南橡胶，涉及交易金额19.34亿元。

（二）并购重组特点

海南上市公司通过并购重组实现转型升级与提升盈利能力。海南矿业通过收购洛克石油构建铁矿石、石油双主业，实现产业布局调整；海南橡胶购买海垦集团新加坡子公司完善全球橡胶产业链，扩大企业规模。

五、海南上市公司募集资金情况、使用情况

（一）募集资金总体情况

表 9　　2019 年海南上市公司募集资金情况

发行类型	代码	简称	募集资金（亿元）
再融资（增发、配股）	002596	海南瑞泽	4.83
	小计		4.83
总计			4.83

资料来源：海南证监局。

（二）募集资金使用情况及特点

2019 年，海南 6 家公司使用募集资金 14.97 亿元，较 2018 年减少 75.88%。其中海南瑞泽使用 2019 年度募集到的资金 4.65 亿元，占全年募集资金使用总额的 31.07%；5 家公司使用以前年度募集资金 10.32 亿元，占全年募集资金使用总额的 68.93%。

（三）募集资金变更情况

表 10　　2019 年海南上市公司募集资金使用项目变更情况

变更募集资金使用项目的公司家数	涉及金额（亿元）	募集资金总额（亿元）	占公司募集资金总额的比例（%）
2	0.68	15.46	4.40

资料来源：海南证监局。

六、海南上市公司规范运作情况

（一）上市公司治理专项情况

2019 年，海南证监局多措并举，聚焦提升上市公司规范运作水平。一是召开全辖区上市公司规范运作警示教育培训会，要求上市公司“关键少数”切实承担起提高上市公司质量的首要责任，履职担当，推动上市公司规范运作和持续发展。二是紧抓“关键少数”监管，开展“监管第一课”培训，不断提高上市公司控股股东、实际控制人、董监高规范运作意识和合规守法意识。三是梳理资本市场公司治理失败、内部控制失效相关典型案例及违反的法律法规，以监管通报形式进行宣传警示，督促上市公司及其相关方引以为戒。

（二）审计情况及监管情况

海南证监局以风险为导向，探索分类监管、精准监管模式，全面压实中介机构责任，不断提升监管效能。一是紧抓重点，通过约谈会计师、查阅前后任审计师沟通函、调阅审计底稿等方式完成2019年度上市公司“换所”专项审计监管工作。二是做细做实，全面梳理辖区31家上市公司风险情况及相关审计机构执业质量，拟定年报监管总体方案，通过约谈、下发风险提示函、监管关注函等方式，充分向上市公司及审计机构提示监管重点关注事项，高频次督促年审机构和上市公司做好年报审计和信息披露工作，及时完成31家上市公司年报及相关审计机构审计总结的审阅工作。

（三）信息披露情况

海南证监局强化上市公司信息披露监管，一是督促上市公司提高信息披露质量，对上市公司公开披露信息进行审阅，从严监管“蹭热点”等行为。二是灵活运用新媒介、大数据等信息平台，监测市场舆情、关注公司动态，通过对信访举报、媒体质疑、网络舆情反映情况进行核查，对公司违法违规行为及时采取监管措施。

（四）证券市场服务情况

2019年，海南证监局充分发挥资本市场功能，积极服务实体经济发展。一是紧紧围绕贯彻落实金融服务实体经济的根本要求，支持符合条件的市场主体通过定向增发、发行公司债券、资产支持证券等方式直接融资，为实体经济发展提供资金支持。二是积极献言献策，深入分析辖区上市和拟上市公司发展面临的主要问题，提出推动企业落户上市和提高上市公司质量等有针对性的意见建议，当好地方政府的“参谋助手”。三是探索产品创新，推动奇艺世纪知识产权资产证券在上海证券交易所成功，实现了我国知识产权证券化的“零的突破”；推动全国首单省级人才租赁住房ABS、全国首单国有土地承包金资产证券化项目在海南成功落地。

审稿人：王小星

撰稿人：廖玉琪

重庆地区

一、重庆经济发展概况

表 1　　2019 年重庆经济发展概况　　单位：亿元

指　标	1～3 月		1～6 月		1～9 月		1～12 月	
	绝对量	同比增长（%）	绝对量	同比增长（%）	绝对量	同比增长（%）	绝对量	同比增长（%）
地区生产总值（GDP）	5102.30	6.00	10334.76	6.20	16073.56	6.30	23605.77	6.30
全社会固定资产投资	—	6.60	—	6.10	—	5.50	—	5.70
社会消费品零售总额	2181.51	8.10	4263.94	8.90	6348.90	8.64	8667.34	8.65
规模以上工业增加值	—	4.30	—	5.00	—	5.40	—	6.20
规模以上工业企业实现利润	185.10	-22.30	467.40	-10.90	736.00	-10.50	1102.80	-4.30
居民消费价格指数（CPI）	1～3 月		1～6 月		1～9 月		1～12 月	
	1.90		2.30		2.30		2.70	

资料来源：国家统计局。

二、重庆上市公司总体情况

（一）公司数量

表 2　　2019 年重庆上市公司数量　　单位：家

公司总数	2019 年新增	股票类别			板块分布				
		仅 A 股	仅 B 股	(A+B)股	沪市主板	深市主板	中小板	创业板	科创板
54	4	52	1	1	28	13	8	5	0

资料来源：沪深交易所，同花顺。

（二）行业分布

表 3　　2019 年重庆上市公司行业分布情况

行业类别	家数	占比（%）	行业类别	家数	占比（%）
采矿业	1	1.85	批发和零售业	3	5.56
电力、热力、燃气及水生产和供应业	5	9.26	水利、环境和公共设施管理业	1	1.85
房地产业	6	11.11	卫生和社会工作业	0	0.00
建筑业	2	3.70	文化、体育和娱乐业	1	1.85
交通运输、仓储和邮政业	2	3.70	信息传输、软件和信息技术服务业	2	3.70
教育	0	0.00	制造业	29	53.70
金融业	2	3.70	住宿和餐饮业	0	0.00
居民服务、修理和其他服务业	0	0.00	租赁和商务服务业	0	0.00
科学研究和技术服务业	0	0.00	综合	0	0.00
农、林、牧、渔业	0	0.00	合计	54	100.00

资料来源：沪深交易所，同花顺。

（三）股本结构及规模

表 4　　2019 年重庆上市公司股本规模在 10 亿股以上公司分布情况

股本规模（亿股）	公司家数	具体公司
100≤～<200	1	渝农商行
50≤～<100	3	金科股份、重庆钢铁、西南证券
20≤～<50	6	长安汽车、重庆水务、太阳能、迪马股份、隆鑫通用、巨人网络
10≤～<20	12	华邦健康、重庆建工、重药控股、智飞生物、重庆燃气、力帆股份、重庆路桥、福安药业、重庆港九、宗申动力、国城矿业、财信发展

资料来源：沪深交易所，同花顺。

表 5　　2019 年重庆上市公司分地区股权构成情况　　单位：家

股权性质 / 地域分布	央企国资控股	省属国资控股	地市国资控股	民营控股	其他	合计
重庆市	9	10	3	26	6	54

资料来源：重庆证监局。

（四）市值规模

截至2019年12月31日，重庆54家上市公司境内总市值6277.94亿元，占全国上市公司境内总市值的1.06%；其中上交所上市公司28家，总股本480.39亿股，境内总市值2916.29亿元，占上交所上市公司境内总市值的0.82%；深交所上市公司26家，总股本324.91亿股，境内总市值3361.65亿元，占深交所上市公司境内总市值的1.42%。

（五）资产规模

截至2019年12月31日，重庆54家上市公司合计总资产21093.92亿元，归属于母公司股东权益3816.40亿元，与2018年相比，分别增长128.74%、37.64%；平均每股净资产4.56元。

三、重庆上市公司经营情况及变动分析

（一）总体经营情况

表6　2019年重庆上市公司经营情况

指　标	2019年	2018年	变动率（%）
家数	54	50	8.00
亏损家数	8	6	33.33
亏损家数比例（%）	14.81	12	2.81
平均每股收益（元）	0.31	0.28	10.71
平均每股净资产（元）	4.56	3.22	41.61
平均净资产收益率（%）	6.90	8.77	-1.87
总资产（亿元）	21093.92	9221.75	128.74
归属于母公司股东权益（亿元）	3816.40	2772.77	37.64
营业收入（亿元）	4964.90	4074.43	21.86
利润总额（亿元）	373.49	262.29	42.40
归属于母公司所有者的净利润（亿元）	263.32	198.2	32.86

资料来源：沪深交易所，同花顺。

（二）分行业经营情况

表7　2019年重庆上市公司分行业经营情况

行业类别	营业收入（亿元）	可比样本变动率（%）	归属于母公司所有者的净利润（亿元）	可比样本变动率（%）
采矿业	10.21	-16.72	1.71	-57.78
电力、热力、燃气及水生产和供应业	216.12	6.33	35.67	11.68
房地产业	1068.48	57.36	81.27	36.84

续表

行业类别	营业收入（亿元）	可比样本变动率（%）	归属于母公司所有者的净利润（亿元）	可比样本变动率（%）
建筑业	529.67	11.04	5.21	7.20
交通运输、仓储和邮政业	50.16	-26.26	4.09	8.20
教育	—	—	—	—
金融业	301.19	4.36	108.02	16.34
居民服务、修理和其他服务业	—	—	—	—
科学研究和技术服务业	—	—	—	—
农、林、牧、渔业	—	—	—	—
批发和零售业	700.57	12.89	15.50	1.24
水利、环境和公共设施管理业	40.68	10.66	1.11	-11.90
卫生和社会工作业	—	—	—	—
文化、体育和娱乐业	5.40	-59.34	-5.51	-269.54
信息传输、软件和信息技术服务业	28.42	-29.20	8.47	-16.88
制造业	2013.99	3.26	7.79	-90.95
住宿和餐饮业	—	—	—	—
租赁和商务服务业	—	—	—	—
综合	—	—	—	—
合计	4964.90	13.11	263.32	-15.86

资料来源：沪深交易所，同花顺。

（三）业绩变动情况分析

1. 营业收入、净利润等变动原因分析

2019年重庆上市公司共实现营业收入4964.90亿元，较上年可比变动率为13.11%，增幅高于同期全市场营业收入增长率；实现归母净利润263.32亿元，较上年可比变动率为-15.86%，主要原因为2家企业分别亏损46.82亿元、26.47亿元，对重庆上市公司整体业绩表现拖累明显，其余52家上市公司净利润同比增长10.86%。

2. 盈利构成分析

从盈利构成来看，2019年54家重庆上市公司非经常性损益64.55亿元，占当期归属于上市公司股东净利润的24.51%，非经常性损益占净利润的比例同比下降29.19个百分点。但是部分上市公司对非经常性损益依赖度扩大，其中，7家上市公司扣除非经常性损益后净利润为负，24家上市公司扣除非经常性损益后净利润同比下滑。

3. 经营性现金流量分析

扣除渝农商行、西南证券2家金融类

企业外，重庆辖区其余 52 家上市公司经营活动产生的现金流量净额合计 241.13 亿元，较 2018 年同比下降 16.30%，主要原因为辖区 2 家房地产企业年末大量支付土地款所致，剔除此因素后，辖区上市公司经营活动现金净流量同比增长 74.59%。

4. 业绩特点分析

2019 年，重庆主板、中小板上市公司归母净利润分别较 2018 年同比减少 21.51%、20.12%，创业板上市公司归母净利润较 2018 年同比增长 116.56%，主要得益于医药行业创业板公司的业绩大幅增长，表现出强劲的经营活力。分所有制性质看，2019 年重庆国有、民营上市公司归母净利润同比分别下降 10.94%、35.01%。

5. 利润分配情况

表 8　　2019 年重庆上市公司现金分红情况

2019 年分红公司家数			2019 年分红金额		
家数	变动率（%）	分红公司家数占地区公司总数比重（%）	金额（亿元）	变动率（%）	分红金额占归属于母公司所有者的净利润比重（%）
41	17.14	75.93	121.84	40.17	46.27

资料来源：重庆证监局。

四、重庆上市公司并购重组情况

2019 年，重庆共有 3 家上市公司完成重大资产重组，交易总价值 33.24 亿元。电能股份通过重大资产重组注入具备良好盈利能力的锂离子电池业务，实现产业转型，一举摆脱多年主业不振的困难局面。

五、重庆上市公司募集资金情况、使用情况

（一）募集资金总体情况

表 9　　2019 年重庆上市公司募集资金情况

发行类型	代码	简称	募集资金（亿元）
首发	601077.SH	渝农商行	99.88
	603697.SH	有友食品	6.26
	002968.SZ	新大正	4.79
	603109.SH	神驰机电	6.74
	小计		117.67
再融资（增发、配股）	002765.SZ	蓝黛科技	4.34
	600877.SH	电能股份	7.53
	600279.SH	重庆港	18.57
	小计		30.43

续表

发行类型	代码	简称	募集资金（亿元）
其他融资（公司债券、证监会主管 ABS、可转债）	000656. SZ	金科股份	35. 8
	600369. SZ	西南证券	76. 4
	000736. SZ	中交地产	17. 00
	000514. SZ	渝开发	3. 79
	603717. SH	天域生态	2. 5
	000591. SZ	太阳能	5. 00
	002907. SZ	华森制药	3. 00
	600939. SH	重庆建工	16. 60
	小计		160. 09
总计			308. 19

资料来源：重庆证监局。

（二）募集资金使用情况及特点

2019 年，重庆 4 家企业首发上市，融资 117. 67 亿元；3 家上市公司通过增发股票募集资金 30. 43 亿元，所募集资金主要用于重大资产重组；8 家上市通过发行公司债券、资产支持证券、可转债等方式融资 160. 09 亿元。上市公司通过资本市场直接融资，获得了发展转型的“源头活水”。

（三）募集资金变更情况

表 10　　2019 年重庆上市公司募集资金使用项目变更情况

变更募集资金使用项目的公司家数	涉及金额（亿元）	募集资金总额（亿元）	占公司募集资金总额的比例（%）
1	0. 31	8. 74	3. 55

资料来源：重庆证监局。

六、重庆上市公司规范运作情况

（一）上市公司治理专项情况

重庆证监局以《上市公司治理准则》的修订发布为契机，围绕提升公司治理、完善内部控制，惩防结合，多措并举，打好提高上市公司质量组合拳。持续开展多层次教育培训活动，督促上市公司董监高、控股股东、核心骨干等“关键少数”勤勉尽责、提高守法合规意识，带头提升上市公司治理水平。向辖区上市公司下发《关于认真贯彻落实〈上市公司治理准则〉的通知》，要求公司全面自查公司治理方面存在的问题，并在年度现场检查中将公司治理作为一项重要内容贯穿始终。宣传辖区公司治理正面典型案例，引导上市公司积极培育形成良好的治理文化和治理机制。

（二）审计情况及监管情况

重庆54家上市公司全部在法定期限内披露2019年年报。其中，50家公司的审计意见类型为标准无保留意见，4家公司的审计意见类型为保留意见。

重庆证监局全方位强化上市公司年报审计监管。年报审计前，在分析评估上市公司风险领域和风险等级基础上制定年报审计监管工作方案，确定重点类审计项目。在年报审计过程中，分段跟进，全程监督提高审计执业质量。年报披露后，及时开展年报审核，对于关注到的问题，有针对性地采取了非现场问询、现场检查、下发关注函等措施。

（三）信息披露情况

重庆证监局持续通过日常监管、现场检查等方式推动辖区上市公司提高信息披露质量，对于监管发现的信息披露问题坚持“零容忍”原则，依法依规进行查处。通过审阅每日公告、关注公司舆情、电话沟通、约见谈话、走访等方式，及时了解公司最新情况及相关信息披露的及时性、准确性、完整性；通过现场检查对公司信息披露制度、重大信息内部传递流程、信息披露事务管理情况深入了解，查找公司信息披露环节短板，督促公司进行整改。2019年，重庆辖区2家上市公司因信息披露问题被重庆证监局立案调查。

（四）证券市场服务情况

重庆证监局持续加强投资者合法权益保护。一是妥善处理投诉举报，进一步提高举报投诉办理效率、优化办理流程，增强投资者获得感。二是加强上市公司承诺及现金分红监管，督促上市公司及相关方切实履行公开承诺，对1家上市公司大股东未履行公开承诺事项采取行政监管措施。三是推动上市公司加强投资者关系管理，推动有关上市公司落实中小投服提出的修订公司章程、推动董事勤勉尽责等诉求；指导重庆上市公司协会开展投资者网上集体接待日活动，联合深交所开展“践行中国梦　走进上市公司”专题活动，加深投资者与上市公司间的互动交流。

审稿人：孙鸿飞

撰稿人：吴　丹　余　沛

四川地区

一、四川经济发展概况

表 1　　2019 年四川经济发展概况　　单位：亿元

指　标	1～3 月		1～6 月		1～9 月		1～12 月	
	绝对量	同比增长（%）	绝对量	同比增长（%）	绝对量	同比增长（%）	绝对量	同比增长（%）
地区生产总值（GDP）	9653.18	7.80	20517.21	7.90	33892.94	7.80	46615.82	7.50
全社会固定资产投资	—	9.30	—	10.10	—	10.00	—	10.20
社会消费品零售总额	4702.00	9.90	9641.50	10.50	14493.02	10.30	20144.32	10.40
规模以上工业增加值	—	8.10	—	8.20	—	8.20	—	8.00
规模以上工业企业实现利润	723.20	22.50	1412.00	16.40	2097.90	12.70	2900.00	10.40
居民消费价格指数（CPI）	1～3 月		1～6 月		1～9 月		1～12 月	
	1.80		2.10		2.50		3.20	

资料来源：国家统计局。

二、四川上市公司总体情况

（一）公司数量

表 2　　2019 年四川上市公司数量　　单位：家

公司总数	2019 年新增	股票类别			板块分布				
		仅 A 股	仅 B 股	（A+B）股	沪市主板	深市主板	中小板	创业板	科创板
125	7	125	0	0	43	22	30	30	0

资料来源：沪深交易所，同花顺。

（二）行业分布

表 3　　2019 年四川上市公司行业分布情况

行业类别	家数	占比（%）	行业类别	家数	占比（%）
采矿业	0	0.00	批发和零售业	4	3.20
电力、热力、燃气及水生产和供应业	10	8.00	水利、环境和公共设施管理业	1	0.80
房地产业	1	0.80	卫生和社会工作业	0	0.00
建筑业	3	2.40	文化、体育和娱乐业	2	1.60
交通运输、仓储和邮政业	2	1.60	信息传输、软件和信息技术服务业	12	9.60
教育	0	0.00	制造业	82	65.60
金融业	3	2.40	住宿和餐饮业	0	0.00
居民服务、修理和其他服务业	0	0.00	租赁和商务服务业	2	1.60
科学研究和技术服务业	2	1.60	综合	1	0.80
农、林、牧、渔业	0	0.00	合计	125	100.00

资料来源：沪深交易所，同花顺。

（三）股本结构及规模

表 4　　2019 年四川上市公司股本规模在 10 亿股以上公司分布情况

股本规模（亿股）	公司家数	具体公司
50≤～<100	2	攀钢钒钛、和邦生物
20≤～<50	14	四川长虹、川投能源、新希望、通威股份、五粮液、成都银行、四川路桥、东方电气、四川成渝、国金证券、蓝光发展、兴蓉环境、华西证券、宏达股份
10≤～<20	21	盛和资源、茂业商业、泸天化、ST 正源、天齐锂业、泸州老窖、科伦药业、鹏博士、三泰控股、红旗连锁、川能动力、广汇物流、新华文轩、华西能源、易见股份、岷江水电、博瑞传播、创维数字、四川九洲、利君股份、云图控股

资料来源：沪深交易所，同花顺。

表 5　　2019 年四川上市公司分地区股权构成情况　　单位：家

地域分布＼股权性质	央企国资控股	省属国资控股	地市国资控股	民营控股	其他	合计
成都市	9	7	7	49	8	80
自贡市	0	0	1	2	0	3
攀枝花市	1	0	0	0	0	1
泸州市	1	0	2	0	0	3
德阳市	0	0	0	3	0	3
绵阳市	0	0	2	6	1	9
广元市	0	0	0	0	0	0
遂宁市	2	0	0	2	1	5
内江市	0	1	0	0	0	1
乐山市	0	0	1	4	1	6
南充市	0	1	0	1	0	2
眉山市	0	0	0	3	0	3
宜宾市	0	0	3	1	0	4
广安市	0	0	1	0	0	1
达州市	0	0	0	1	0	1
雅安市	0	0	0	0	1	1
巴中市	0	0	0	0	0	0
资阳市	0	0	0	0	0	0
凉山彝族自治州	1	0	0	0	0	1
阿坝藏族羌族自治州	1	0	0	0	0	1
甘孜藏族自治州	0	0	0	0	0	0
合计	15	9	17	72	12	125

资料来源：四川证监局。

（四）市值规模

截至 2019 年 12 月 31 日，四川 125 家上市公司境内总市值 17895.1 亿元，占全国上市公司境内总市值的 3.19%；其中上交所上市公司 43 家，总股本 662.82 亿股，境内总市值 5106.93 亿元，占上交所上市公司境内总市值的 1.44%；深交所上市公司82家，总股本657.05亿股，境内总市值12788.17亿元，占深交所上市公司境内总市值的5.40%。

（五）资产规模

截至2019年12月31日，四川125家上市公司合计总资产20430.69亿元，归属于母公司股东权益6068.85亿元，与2018年相比，分别增长12.20%、6.54%；平均每股净资产4.6元。

三、四川上市公司经营情况及变动分析

（一）总体经营情况

表6　　2019年四川上市公司经营情况

指　标	2019年	2018年	变动率（%）
家数	125	121	3.31
亏损家数	13	19	-31.58
亏损家数比例（%）	10.40	15.7	-5.30
平均每股收益（元）	0.42	0.24	75.00
平均每股净资产（元）	4.60	3.46	32.95
平均净资产收益率（%）	9.17	7.07	2.10
总资产（亿元）	20430.69	18208.77	12.20
归属于母公司股东权益（亿元）	6068.85	5696.43	6.54
营业收入（亿元）	7345.76	6446.46	13.95
利润总额（亿元）	768.69	660.62	16.36
归属于母公司所有者的净利润（亿元）	556.40	494.25	12.57

资料来源：沪深交易所，同花顺。

（二）分行业经营情况

表7　　2019年四川上市公司分行业经营情况

行业类别	营业收入（亿元）	可比样本变动率（%）	归属于母公司所有者的净利润（亿元）	可比样本变动率（%）
采矿业	—	—	—	—
电力、热力、燃气及水生产和供应业	294.54	2.42	44.47	-23.76
房地产业	391.94	27.17	34.59	55.53
建筑业	588.32	34.63	18.50	48.24
交通运输、仓储和邮政业	72.93	5.25	11.66	31.45
教育	—	—	—	—

续表

行业类别	营业收入（亿元）	可比样本变动率（%）	归属于母公司所有者的净利润（亿元）	可比样本变动率（%）
金融业	210.12	17.38	82.81	27.30
居民服务、修理和其他服务业	—	—	—	—
科学研究和技术服务业	18.31	10.57	4.12	39.66
农、林、牧、渔业	—	—	—	—
批发和零售业	267.96	-4.23	17.72	6.17
水利、环境和公共设施管理业	11.08	3.36	2.26	8.13
卫生和社会工作业	—	—	—	—
文化、体育和娱乐业	92.68	5.67	12.05	1224.18
信息传输、软件和信息技术服务业	151.33	-1.07	-64.19	-1060.76
制造业	5048.20	12.52	367.35	18.42
住宿和餐饮业	—	—	—	—
租赁和商务服务业	169.66	6.52	16.87	8.91
综合	28.69	37.87	8.19	50.00
合计	7345.76	13.09	556.40	7.99

资料来源：沪深交易所，同花顺。

（三）业绩变动情况分析

1. 营业收入净利润等变动原因分析

2019年，四川上市公司营业总收入7345.76亿元，较2018年同比增长13.95%；营业成本6720.34亿元，较2018年增加13.94%；销售费用、管理费用和财务费用合计979.14亿元，较2018年小幅上涨；毛利率10.49%，与2018年持平。总的看来，2019年营业收入与营业成本增幅一致，上市公司总体毛利率较2018年未发生较大变化。

2. 盈利构成分析

从盈利结构来看，2019年四川上市公司盈利情况总体向好，四川上市公司2019年亏损面10.4%，较2018年收窄3个百分点。归属母公司净利润在5亿元以上的32家，比2018年增加5家，总额640.32亿元，占四川上市公司归属母公司净利润总额的115.05%。2019年，易见股份亏损115.24亿元，天齐锂业、鹏博士及天翔环境分别亏损59.83亿元、57.51亿元和18.23亿元，对整体经济效果影响较大。

3. 经营性现金流量分析

2019年，四川125家上市公司经营现金流入1061.05亿元，其中106家上市公司经营现金流量净额为正，占125家上市公司的84.80%，较2018年上涨8.77个百分点。

4. 业绩特点分析

2019年，四川上市公司实现归属母

公司所有者净利润556.4亿元，较2018年同比增加12.57%，总体业绩向好。从盈利质量看，平均每股收益0.42元，较2018年同比大幅增加75%；平均每股净资产4.6元，同比上涨32.95%，平均净资产收益率9.17%，较2018年上涨2个百分点。每股收益等指标涨幅均高于净利润绝对值涨幅，盈利质量进一步提升。

5. 利润分配情况

2019年，四川共有80家上市公司进行现金分红，较2018年减少7家，分红家数占四川辖区上市公司64%。总计分红192.7亿元，较2018年上涨10.68%，分红金额占四川公司归属母公司所有者净利润的34.63%。其中分红5亿元以上的公司7家，共计分红134.09亿元，占总分红的69.58%，白酒类上市公司现金分红占据前两位，共计88.69亿元，占总分红的46.02%。

表8　2019年四川上市公司现金分红情况

2019年分红公司家数			2019年分红金额		
家数	变动率（%）	分红公司家数占地区公司总数比重（%）	金额（亿元）	变动率（%）	分红金额占归属于母公司所有者的净利润比重（%）
80	-8.05	64	192.7	10.68	34.63

资料来源：四川证监局。

四、四川上市公司并购重组情况

（一）并购重组基本情况

2019年，四川共有16家公司完成并购重组事项23单，涉及交易金额123亿元，完成并购重组数量较2018年同期下降44.95%，交易金额较2018年同期下降65.78%。总体来看，2019年大规模并购重组较少。

（二）并购重组特点

一是通过并购重组出清劣质资源。2019年，四川1家公司置出亏损资产，完成重大资产重组。通过出清经济效益差、能耗较高的劣质资产，实现可持续、高质量发展。二是并购重组重点在于业务转型升级。四川2019年的23单并购重组中，标的资产属于节能环保、生物医药、信息技术和高端制造的并购重组13单，交易金额57.56亿元，分别占比达56.52%、46.8%，上市公司通过并购重组不断增强核心竞争力。三是并购谨慎性提高。2019年，四川2家上市公司在披露并购方案后，经审慎评估后决定取消。从并购金额看，2019年未出现如2018年等年度的单笔百亿元的超大并购，上市公司的并购风险意识不断提升。四是横向整合产业并购占比仍然较高，但多元化并购发展较快。2019年，四川完成的并购重组交易绝大部分为同行业收购，但在并购重组整体金额下滑情况下，多元化并购较2018年上涨10%。

五、四川上市公司募集资金情况、使用情况

（一）募集资金总体情况

表 9　　2019 年四川上市公司募集资金情况

发行类型	代码	简称	募集资金（亿元）
首发	603053	成都燃气	9.29
	002946	新乳业	4.65
	300780	德恩精工	4.25
	002951	金时科技	4.47
	300789	唐源电气	4.09
	603317	天味食品	5.56
	603327	福蓉科技	4.31
	小计		36.62
再融资（增发、配股）	600131	国网信通	33.54
	600793	宜宾纸业	3.79
	000757	浩物股份	9.49
	600378	昊华科技	7.07
	小计		53.89
其他融资（公司债券、短期融资券、中期票据、次级债、金融债、境外发行债券）	127013	创维转债	10.40
	128065	雅化转债	8.00
	110054	通威转债	50.00
	110061	川投转债	40.00
		蓝光发展（公司债）	32.00
		四川路桥（公司债）	15.00
		泸州老窖（公司债）	25.00
		广安爱众（公司债）	4.00
		华西证券（金融债）	24.00
		国金证券（金融债）	10.00
		成都银行（金融债）	110.00
		四川路桥（中期票据）	5.00
	小计		333.40
总计			423.91

资料来源：四川证监局。

（二）募集资金使用情况及特点

2019 年，四川上市公司通过资本市场直接融资 423.91 亿元（不含 H 股融资），其中，A 股首发股本融资（IPO）36.62 亿元，股权再融资 53.89 亿元，公司债等其他融资 333.4 亿元，资本市场有力支持了四川上市公司持续健康发展。2019 年，上市公司募集资金主要用于以下方面：一是发行股份购买资产同步募集配套资金；二是改进自身生产技术或提高自身研发投入；三是补充流动资金；四是偿还部分有息负债。2019 年度募集资金使用情况整体正常，基本符合募投项目计划安排。

（三）募集资金变更情况

2019 年，四川有 6 家公司变更募集资金的使用项目，变更项目涉及金额约为 36.27 亿元。其中 3 家公司变更募集资金用途的主要原因为：基于公司发展战略需要，将原定于投入部分项目的募集资金改变投入更加符合新情况、新发展的项目；另外 3 家公司将前期募集资金用于补充流动资金或偿还有息负债。上述公司募集资金的变更均经过董事会或股东大会批准并公告披露。

表 10　　2019 年四川上市公司募集资金使用项目变更情况

变更募集资金使用项目的公司家数	涉及金额（亿元）	募集资金总额（亿元）	占公司募集资金总额的比例（%）
6	36.27	57.32	63.28

资料来源：四川证监局。

六、四川上市公司规范运作情况

（一）上市公司治理专项情况

总体来看，2019 年四川上市公司规范运作水平较 2018 年有较大提升，发展根基持续打牢。从公司规范性看，四川上市公司一是治理体系完整。2019 年，四川上市公司普遍积极学习公司治理相关法律法规、自律规则，持续完善三会运作、信息披露等内部制度，东方电气等一批上市公司公司治理和信息披露考核结果被评为 A 级。二是高管履职尽责意识加强。2019 年，四川上市公司重视高管培训和考核，通过参与上市公司协会组织的培训，参与监管谈话等方面提升高管履职尽责能力；从“三会运作”看，2019 年四川 125 家公司董事会、监事会人数均达到法定标准，全年召开董事会、监事会、股东大会 700 余次，三会决议通过率 100%。上市公司均在董事会下设审计委员会，并根据需要设立战略、提名、薪酬与考核专门委员会，建立专业委员会工作细则。但 2019 年，四川上市公司仍偶有控制权争夺、违规增减持、大股东占用上市公司资金等问题出现，表明上市公司股东意识、高管履职尽责能力、制度完善程度、治理结构优化程度等方面仍需进一步完善。

（二）审计情况及监管情况

125家上市公司均按期披露2019年度财务报表审计报告。从审计意见类型看，标准无保留意见111家，带强调事项段的无保留意见7家，保留意见5家，无法表示意见2家。

上市公司监管方面，2019年，四川证监局坚守本位，依法依规强化监管效能。从坚持抓关键少数，坚持精准监管有效监管，坚持提高监管力度等方面，构建“知敬畏，明底线”的氛围。审计监管方面，四川证监局在上市公司与中介机构“互联互通”的监管联动机制下，深入构建大会计监管机制，巩固强化上市公司监管的同时发挥中介机构监管和上市公司会计行为监管的作用。

（三）信息披露情况

经过不断的监管引导和培训教育，四川上市公司信息披露事务管理能力逐年加强，信息披露质量不断提升，有效维护了广大投资者的知情权。2019年，四川上市公司披露公告约3680条，仅有不到20%的上市公司因信息披露违规受到行政监管措施或行政处罚。超过60家公司在沪深交易所信息披露质量评价中获得B级或A级。2019年，四川上市公司出现一批信息披露质量高、信息披露规范性强的优秀公司群体，在全市场做出良好市场表率。但2019年，仍有部分公司出现信息披露问题，四川证监局依法对定期报告披露不准确、股份冻结及重大诉讼披露不及时、关联交易披露不完整等问题采取行政监管措施。

（四）证券市场服务情况

2019年，四川上市公司积极履行社会责任，主动回报投资者和员工。2019年，四川上市公司积极参与精准扶贫，在扶贫方面投入资金或新建项目合计53亿元，约占同期净利润总额9.53%。超过60家公司履行过社区福利、救灾助困、公益事业等方面社会责任。其中25家公司披露过社会责任报告，且最多已经连续12年披露社会责任报告。2019年，四川上市公司主动为投资者创造良好回报，除对投资者现金分红外，四川上市公司普遍制定了投资者关系管理工作制度，重视与投资者的关系互动，通过信息披露、路演、沪深交易所平台、接听投资者电话等多种方式与投资者保持有效沟通。2019年，四川上市公司吸纳就业51.07万人，比2018年上涨0.2%；为就业人员直接支付薪酬约667.87亿元。

审稿人：侯　睿

撰稿人：熊城棋

贵州地区

一、贵州经济发展概况

表 1　　2019 年贵州经济发展概况　　单位：亿元

指　标	1～3 月		1～6 月		1～9 月		1～12 月	
	绝对量	同比增长（%）	绝对量	同比增长（%）	绝对量	同比增长（%）	绝对量	同比增长（%）
地区生产总值（GDP）	3205.75	9.20	7212.94	9.00	11513.44	8.70	16769.34	8.30
全社会固定资产投资	—	13.60	—	12.30	—	5.80	—	1.00
社会消费品零售总额	—	3.50	—	4.20	—	4.50	—	5.10
规模以上工业增加值	—	10.10	—	10.00	—	9.60	—	9.60
规模以上工业企业实现利润	225.80	13.50	473.60	7.80	724.80	9.00	867.20	0.10
居民消费价格指数（CPI）	1～3 月		1～6 月		1～9 月		1～12 月	
	1.70		1.80		1.90		2.40	

资料来源：国家统计局。

二、贵州上市公司总体情况

（一）公司数量

表 2　　2019 年贵州上市公司数量　　单位：家

公司总数	2019 年新增	股票类别			板块分布				
		仅 A 股	仅 B 股	(A＋B)股	沪市主板	深市主板	中小板	创业板	科创板
29	0	29	0	0	14	5	9	1	0

资料来源：沪深交易所，同花顺。

（二）行业分布

表 3 　　2019 年贵州上市公司行业分布情况

行业类别	家数	占比（%）	行业类别	家数	占比（%）
采矿业	1	3.45	批发和零售业	1	3.45
电力、热力、燃气及水生产和供应业	2	6.90	水利、环境和公共设施管理业	0	0.00
房地产业	1	3.45	卫生和社会工作业	0	0.00
建筑业	0	0.00	文化、体育和娱乐业	0	0.00
交通运输、仓储和邮政业	1	3.45	信息传输、软件和信息技术服务业	2	6.90
教育	0	0.00	制造业	19	65.52
金融业	1	3.45	住宿和餐饮业	0	0.00
居民服务、修理和其他服务业	0	0.00	租赁和商务服务业	0	0.00
科学研究和技术服务业	1	3.45	综合	0	0.00
农、林、牧、渔业	0	0.00	合计	29	100.00

资料来源：沪深交易所，同花顺。

（三）股本结构及规模

表 4 　　2019 年贵州上市公司股本规模在 10 亿股以上公司分布情况

股本规模（亿股）	公司家数	具体公司
50≤～<100	1	中天金融
20≤～<50	1	贵阳银行
10≤～<20	7	圣济堂、信邦制药、盘江股份、贵州百灵、贵州茅台、贵州燃气、贵广网络

资料来源：沪深交易所，同花顺。

表 5 　　2019 年贵州上市公司分地区股权构成情况　　单位：家

地域分布 \ 股权性质	央企国资控股	省属国资控股	地市国资控股	民营控股	其他	合计
贵阳市	8	1	1	8	2	20
遵义市	0	2	0	2	0	4
六盘水市	0	1	0	0	0	1

续表

股权性质 地域分布	央企国资控股	省属国资控股	地市国资控股	民营控股	其他	合计
安顺市	0	0	1	1	0	2
黔南州	0	0	0	2	0	2
合计	8	4	2	13	2	29

资料来源：贵州证监局。

（四）市值规模

截至2019年12月31日，贵州29家上市公司境内总市值16931.54亿元，占全国上市公司境内总市值的2.86%；其中上交所上市公司14家，总股本137.99亿股，境内总市值15871.93亿元，占上交所上市公司境内总市值的4.46%；深交所上市公司15家，总股本155.60亿股，境内总市值1059.62亿元，占深交所上市公司境内总市值的0.45%。

（五）资产规模

截至2019年12月31日，贵州29家上市公司合计总资产10421.05亿元，归属于母公司股东权益2690.65亿元，与2018年相比，分别增长11.61%、13.76%；平均每股净资产8.76元。

三、贵州上市公司经营情况及变动分析

（一）总体经营情况

表6　　2019年贵州上市公司经营情况

指　标	2019年	2018年	变动率（%）
家数	29	29	0.00
亏损家数	2	2	0.00
亏损家数比例（%）	6.90	6.9	0.00
平均每股收益（元）	1.74	1.63	6.75
平均每股净资产（元）	9.16	8.56	7.01
平均净资产收益率（%）	18.99	19.02	-0.03
总资产（亿元）	10421.05	9337.29	11.61
归属于母公司股东权益（亿元）	2690.65	2365.18	13.76
营业收入（亿元）	2111.49	1928.31	9.50
利润总额（亿元）	709.14	624.47	13.56
归属于母公司所有者的净利润（亿元）	510.92	449.97	13.55

资料来源：沪深交易所，同花顺。

（二）分行业经营情况

表 7　　2019 年贵州上市公司分行业经营情况

行业类别	营业收入（亿元）	可比样本变动率（%）	归属于母公司所有者的净利润（亿元）	可比样本变动率（%）
采矿业	64.58	6.04	10.91	15.45
电力、热力、燃气及水生产和供应业	62.57	4.39	4.81	-10.93
房地产业	211.98	16.55	11.08	-24.42
建筑业	—	—	—	—
交通运输、仓储和邮政业	54.07	26.92	5.02	103.24
教育	—	—	—	—
金融业	146.68	16.00	58.00	12.91
居民服务、修理和其他服务业	—	—	—	—
科学研究和技术服务业	25.63	19.10	4.30	21.81
农、林、牧、渔业	—	—	—	—
批发和零售业	114.10	23.15	0.23	-32.35
水利、环境和公共设施管理业	—	—	—	—
卫生和社会工作业	—	—	—	—
文化、体育和娱乐业	—	—	—	—
信息传输、软件和信息技术服务业	38.54	4.47	2.80	-32.69
制造业	1393.34	6.73	413.75	15.26
住宿和餐饮业	—	—	—	—
租赁和商务服务业	—	—	—	—
综合	—	—	—	—
合计	2111.49	9.50	510.92	13.45

资料来源：沪深交易所，同花顺。

（三）业绩变动情况分析

1. 营业收入、毛利率等变动原因分析

2019 年度，贵州 29 家上市公司实现营业收入合计 2111.49 亿元，较 2018 年可比样本增长 9.5%。其中，11 家公司营业收入负增长，10 家公司营业收入增长速度在 10% 以上。贵州上市公司营业收入总体变动情况受营业收入靠前的几家公司影响较大，2019 年营业收入最高的三家公司为贵州茅台（888.54 亿元）、中天金融（211.98 亿元）、贵阳银行（146.68 亿元），合计占贵州上市公司营业收入的 59.07%。3 家公司营业收入增加额为 166.91 亿元，占贵州上市公司总增加额的 91.12%。2019 年贵州上市公司总体毛利率为61.15%，较2018年提高3.21%。

2. 盈利构成分析

2019年度，贵州29家上市公司实现归属于母公司所有者的净利润合计510.92亿元，同比增长13.55%。从盈利构成来看，2019年贵州上市公司利润来源主要是营业利润。此外，投资净收益19.50亿元，占归属于母公司股东净利润的3.82%，较2018年的5.75%减少1.93%；非经常性损益7.28亿元，占归属于母公司股东净利润的1.42%，较2018年的4.40%减少2.98%。

3. 经营性现金流量分析

2019年度，贵州上市公司经营活动现金流入2737.37亿元，较2018年可比样本增长14.71%；经营活动现金流出2002.57亿元，较2018年可比样本减少12.84%；经营活动现金流量净额734.80亿元，较2018年可比样本增长729.06%。其中，高鸿股份、勘设股份、ST天成3家经营活动现金流量净额为负数，较2018减少5家。

4. 业绩特点分析

一是贵州上市公司经营业绩总体保持增长势头。营业收入、净利润等各项经营指标均稳步增长，仅两家公司处于亏损状态。二是贵州茅台经营业绩表现突出。在贵州29家上市公司中，贵州茅台营业收入、净利润、毛利率等均处于领先地位，占贵州上市公司相关指标总额比例较高。三是不同行业之间存在一定差异。制造业企业经营业绩稳步增长，房地产、批发和零售业等行业企业归属于母公司所有者的净利润出现下降。四是贵州轮胎等部分公司经营活动产生的现金流量净额大幅增长，公司承受风险的能力逐步增强。

5. 利润分配情况

表8　　2019年贵州上市公司现金分红情况

2019年分红公司家数			2019年分红金额		
家数	变动率（%）	分红公司家数占地区公司总数比重（%）	金额（亿元）	变动率（%）	分红金额占归属于母公司所有者的净利润比重（%）
25	8.70	86.21	245.96	16.37	48.14

资料来源：贵州证监局。

四、贵州上市公司并购重组情况

（一）并购重组基本情况

2019年度，贵州上市公司主要有泰永长征实施了并购重组。

泰永长征以现金10150.00万元向其控股股东深圳市泰永科技股份有限公司收购其所持重庆源通电器设备制造有限责任公司65%的股权。本次交易构成重大资产重组，构成关联交易，不构成重组上市。

本次交易完成后，上市公司将通过重庆源通进一步切入国家电网及其下属企业等电力系统客户的供应体系，能够充分发挥上市公司与标的公司在产品、业务、营销方面的协同效应，拓展上市公司客户资源、开发新的业务板块，增加业务规模，提升上市公司的盈利水平及市场竞争力。

（二）并购重组特点

一是贵州上市公司并购重组项目总体较少。2019 年度仅有泰永长征 1 家实施并购重组。二是并购重组实施主体泰永长征是以现金支付全部交易对价。三是上市公司与标的公司在产品、业务、营销方面存在协同效应，在一定程度上有利于公司提升市场竞争力，有利于自身发展壮大。

五、贵州上市公司募集资金情况、使用情况

（一）募集资金总体情况

表 9　　2019 年贵州上市公司募集资金情况

发行类型	代码	简称	募集资金（亿元）
首发	—	—	—
	小计		0.00
再融资（增发、配股）	002037	保利联合	11.25
	600765	中航重机	13.27
	小计		24.52
其他融资（公司债券、可转债、短期融资券、中期票据、次级债、金融债、境外发行债券）	000540	中天金融	54.50
	600996	贵广网络	16.00
	002928	华夏航空	7.90
	002873	新天药业	1.77
	小计		80.17
总计			104.69

资料来源：贵州证监局。

（二）募集资金使用情况及特点

2019 年度，贵州 6 家上市公司通过再融资、其他融资等方式合计募集资金 104.69 亿元，截至 2019 年年底，累计使用募集资金 89.92 亿元，尚未使用募集资金 14.77 亿元，主要系中航重机和新天药业 2019 年 12 月募集资金到位。

募集资金使用特点：一是募集资金使用质效总体良好，累计已使用募集资金占募集资金总额达 85.89%。二是多途径提升募集资金使用效率的意识增强。不少公司在不影响募投项目投资进度的前提下，履行必要审批程序后，动用尚未使用募集资金暂时补充流动资金、购买理财产品等，提高闲置募集资金使用率。

（三）募集资金变更情况

表 10　　2019 年贵州上市公司募集资金使用项目变更情况

变更募集资金使用项目的公司家数	涉及金额（亿元）	募集资金总额（亿元）	占公司募集资金总额的比例（%）
0	—	—	—

资料来源：贵州证监局。

六、贵州上市公司规范运作情况

（一）上市公司治理专项情况

2019 年，贵州证监局持续开展推进上市公司治理工作，引导贵州上市公司不断提升规范运作水平，完善公司治理。一是强化现场检查。以现场检查为重要抓手，督促公司规范发展。对 6 家上市公司开展现场检查，及时采取相应监管措施，督促公司整改提升。二是强化培训指导。通过举办辖区上市公司董监事培训，紧抓“关键少数”，着力提升公司规范运作意识和水平。三是强化工作合力。加强向证监会的请示汇报，加强与地方政府及有关部门的沟通协作，压实压紧上市公司主体责任，共同推动上市公司规范发展。

（二）审计情况及监管情况

贵州上市公司严格按照相关要求披露 2019 年年报和审计报告，其中 ST 天成因受疫情影响等原因，延期披露 2019 年年报和审计报告。除 ST 天成被出具保留意见审计报告外，其余均为标准无保留意见的审计报告。

2019 年，贵州证监局按照证监会会计部部署要求，扎实开展审计监管。一是加强监管分类。综合审计机构和上市公司情况，将存在被出具非标意见、业绩波动大、高管频繁变动、商誉减值风险较高、关联方资金占用等问题的项目列为重点类监管。二是加强重点类项目监管。对重点类审计项目采取普遍约谈、重点问题特别提示等方式充分提示风险，重点对存在大额商誉、上年未计提商誉减值本年预计减值的上市公司审计机构进行约谈。三是加强现场检查。以问题和风险为导向，结合“双随机”抽取结果，对高鸿股份等公司年报审计项目进行现场检查，并及时采取相应措施，以检查促规范。

（三）信息披露情况

2019 年度，贵州证监局持续抓牢信息披露监管，督促上市公司不断提高信息披露意识和水平，切实保护投资者利益。一是抓好日常监管，及时审阅贵州辖区上市公司公告 3000 多份，对发现的疑点或问题及时采取约谈、现场检查等措施进行核实。二是抓好监管协作。加强与证监会上市部、交易所沟通联系，强化监管协作，强化监管联动。三是抓好投诉线索。充分利用投诉举报这一问题发现途径，及时反应，督促公司做好信息披露。全年妥善处理信访投诉 40 余件。四是抓好现场检查。将信息披露事项作为现场检查的重要内容，针对检查中发现的信息披露不规范问题，及时向公司提出监管要求。

（四）证券市场服务情况

一是支持和鼓励贵州上市公司利用资本市场发展壮大。通过政策咨询、现场指导、持续监管等方式推动上市公司进行再融资和并购重组。2019 年，推动中航重机等 6 家公司合计募集资金 104.69 亿元。二是积极开展拟上市企业监管。优化监管方式，高质高效开展拟上市企业监管。2019 年，辖区新增辅导备案企业 4 家，1 家在交易所待审。三是加大上市后备资源培育力度。深入辖区大数据、高端装备制造、新能源企业开展辅导调研，发挥专业优势，帮助企业做好上市规划，指导企业对标上市公司规范发展，引导辖区更多优质企业实现上市。

审稿人：程催禧

撰稿人：孙　韬

云南地区

一、云南经济发展概况

表 1　　2019 年云南经济发展概况　　单位：亿元

指 标	1~3月		1~6月		1~9月		1~12月	
	绝对量	同比增长（%）	绝对量	同比增长（%）	绝对量	同比增长（%）	绝对量	同比增长（%）
地区生产总值（GDP）	5111.00	9.70	10796.00	9.20	16708.00	8.80	23224.00	8.10
全社会固定资产投资	—	11.40	—	9.10	—	9.30	—	8.50
社会消费品零售总额	1731.17	11.10	3541.08	10.90	5465.73	10.20	7539.18	10.40
规模以上工业增加值	—	11.80	—	10.90	—	9.30	—	8.10
规模以上工业企业实现利润	231.50	27.20	470.20	30.80	709.70	17.60	879.90	-6.80
居民消费价格指数（CPI）	1~3月		1~6月		1~9月		1~12月	
	1.70		1.90		2.00		2.50	

资料来源：国家统计局。

二、云南上市公司总体情况

（一）公司数量

表 2　　2019 年云南上市公司数量　　单位：家

公司总数	2019年新增	股票类别			板块分布				
		仅A股	仅B股	(A+B)股	沪市主板	深市主板	中小板	创业板	科创板
36	3	36	0	0	14	8	10	4	0

资料来源：沪深交易所，同花顺。

（二）行业分布

表 3　　2019 年云南上市公司行业分布情况

行业类别	家数	占比（%）	行业类别	家数	占比（%）
采矿业	1	2.78	批发和零售业	2	5.56
电力、热力、燃气及水生产和供应业	2	5.56	水利、环境和公共设施管理业	2	5.56
房地产业	3	8.33	卫生和社会工作业	0	0.00
建筑业	0	0.00	文化、体育和娱乐业	0	0.00
交通运输、仓储和邮政业	0	0.00	信息传输、软件和信息技术服务业	1	2.78
教育	0	0.00	制造业	21	58.33
金融业	2	5.56	住宿和餐饮业	0	0.00
居民服务、修理和其他服务业	0	0.00	租赁和商务服务业	0	0.00
科学研究和技术服务业	0	0.00	综合	0	0.00
农、林、牧、渔业	2	5.56	合计	36	100.00

资料来源：沪深交易所，同花顺。

（三）股本结构及规模

表 4　　2019 年云南上市公司股本规模在 10 亿股以上公司分布情况

股本规模（亿股）	公司家数	具体公司
100≤～<200	1	华能水电
50≤～<100	2	太平洋、驰宏锌锗
20≤～<50	4	红塔证券、云铝股份、美好置业、我爱我家
10≤～<20	9	云内动力、云南铜业、锡业股份、云南城投、沃森生物、云天化、云南白药、ST 云维、云南旅游

资料来源：沪深交易所，同花顺。

表 5　　2019 年云南上市公司分地区股权构成情况　　单位：家

股权性质 地域分布	央企国资控股	省属国资控股	地市国资控股	民营控股	其他	合计
昆明市	6	8	1	7	3	25
曲靖市	1	1	1	0	0	3

续表

股权性质 / 地域分布	央企国资控股	省属国资控股	地市国资控股	民营控股	其他	合计
玉溪市	0	0	0	1	0	1
保山市	0	0	0	1	0	1
文山州	1	0	0	0	0	1
丽江市	0	0	0	1	0	1
普洱市	0	0	0	1	0	1
临沧市	0	0	0	1	0	1
大理州	0	0	0	1	0	1
迪庆州	0	0	0	1	0	1
合计	8	9	2	14	3	36

资料来源：云南证监局。

（四）市值规模

截至2019年12月31日，云南36家上市公司境内总市值5743.70亿元，占全国上市公司境内总市值的0.97%；其中，上交所上市公司14家，总股本410.09亿股，境内总市值2292.82亿元，占上交所上市公司境内总市值的0.65%；深交所上市公司22家，总股本220.77亿股，境内总市值3450.88亿元，占深交所上市公司境内总市值的1.45%。

（五）资产规模

截至2019年12月31日，云南36家上市公司合计总资产7418.07亿元，归属于母公司股东权益2412.13亿元，与2018年相比，分别增长12.61%、28.68%；平均每股净资产3.82元。

三、云南上市公司经营情况及变动分析

（一）总体经营情况

表6　2019年云南上市公司经营情况

指　标	2019年	2018年	变动率（%）
家数	36	33	9.09
亏损家数	3	5	-40.00
亏损家数比例（%）	8.33	15.15	-6.82
平均每股收益（元）	0.26	0.23	13.04
平均每股净资产（元）	3.82	3.27	16.82
平均净资产收益率（%）	6.74	7.02	-0.28

续表

指 标	2019 年	2018 年	变动率（%）
总资产（亿元）	7418.07	6587.62	12.61
归属于母公司股东权益（亿元）	2412.13	1874.52	28.68
营业收入（亿元）	3553.06	3097.44	14.71
利润总额（亿元）	204.74	177.56	15.31
归属于母公司所有者的净利润（亿元）	162.55	131.56	23.56

资料来源：沪深交易所，同花顺。

（二）分行业经营情况

表 7　　2019 年云南上市公司分行业经营情况

行业类别	营业收入（亿元）	可比样本变动率（%）	归属于母公司所有者的净利润（亿元）	可比样本变动率（%）
采矿业	164.03	-13.45	7.77	24.72
电力、热力、燃气及水生产和供应业	231.20	31.80	58.77	-3.64
房地产业	211.19	-7.19	-18.84	-237.42
建筑业	—	—	—	—
交通运输、仓储和邮政业	—	—	—	—
教育	—	—	—	—
金融业	38.43	141.09	13.00	238.89
居民服务、修理和其他服务业	—	—	—	—
科学研究和技术服务业	—	—	—	—
农、林、牧、渔业	8.85	0.68	0.39	115.66
批发和零售业	142.17	19.50	9.23	23.73
水利、环境和公共设施管理业	36.01	-0.83	2.98	-62.18
卫生和社会工作业	—	—	—	—
文化、体育和娱乐业	—	—	—	—
信息传输、软件和信息技术服务业	33.03	18.81	0.59	-21.33
制造业	2688.14	14.14	88.65	53.11
住宿和餐饮业	—	—	—	—
租赁和商务服务业	—	—	—	—
综合	—	—	—	—
合计	3553.06	12.60	162.55	13.62

资料来源：沪深交易所，同花顺。

（三）业绩变动情况分析

1. 营业收入、毛利率等变动原因分析

2019 年云南 36 家上市公司共实现营业收入 3553.06 亿元，较 2018 年同比增加 14.71%，有色金属和电力行业营业收入增长较快。34 家非金融企业总体毛利率为 19.12%，较 2018 年增加 0.21 个百分点，其中 1 家上市公司毛利率为负数。医药、化工和水泥行业上市公司毛利同比有小幅下降。

2. 盈利构成分析

2019 年，云南上市公司实现归属母公司股东净利润 162.55 亿元，同比增长 23.55%。其中，33 家盈利公司实现归属母公司股东净利润 191.16 亿元，3 家亏损公司归属母公司股东净利润 -28.61 亿元，辖区上市公司 2019 年亏损面积同比收窄 6.82 个百分点，亏损金额同比下降 15.10%。

3. 经营性现金流量分析

2019 年，云南上市公司经营活动产生的现金流量净额为 324.87 亿元，同比增加 6.43%；36 家公司中有 11 家经营活动产生的现金流量净额为净流出，25 家实现净流入。

4. 业绩特点分析

2019 年云南 36 家上市公司营业收入增长较快，实现归属母公司股东净利润增速继续放缓。部分公司主业盈利能力不强，9 家上市公司扣非后归属母公司股东净利润为负数。从行业来看，非银金融、电力行业利润贡献突出，化工和旅游行业稳中有升，受药品集采影响，生物医药行业出现增收不增利的情况，个别医药企业由盈转亏，有色金属行业出现两极分化情况，房地产行业亏损严重。

5. 利润分配情况

表 8　　2019 年云南上市公司现金分红情况

2019 年分红公司家数			2019 年分红金额		
家数	变动率（%）	分红公司家数占地区公司总数比重（%）	金额（亿元）	变动率（%）	分红金额占归属于母公司所有者的净利润比重（%）
19	-5	52.78	86.92	116.54	54.53

资料来源：云南证监局。

四、云南上市公司并购重组情况

（一）并购重组基本情况

2019 年，云南辖区共有 4 家上市公司实施重大资产重组，占辖区上市公司总数的 11.11%，涉及交易金额 549.75 亿元，分别是我爱我家现金收购湖南蓝海购企业策划有限公司股权，云南能投非公开发行并向关联方云南能投新能源投资开发有限公司购买下属大姚、马龙、会泽、泸西公司股权，云南旅游收购深圳华侨城文化旅游科技集团有限公司，云南白药反向收购控股股东云南白药控股有限公司股权，重组事项已于年内完成。

（二）并购重组特点

2019年作为云南省国企改革的关键之年，云南白药反向收购案的成功标志着其混合所有制改革及整体上市走完最后一步，云南白药整体上市后简化了管理层级，提高经营决策效率，形成更加规范化、市场化的体制机制。云南能投和云南旅游通过收购完成了产业升级转型，寻找新的利润增长点；我爱我家横向整合后有效充实公司业务版图。

五、云南上市公司募集资金情况、使用情况

（一）募集资金总体情况

表9　　2019年云南上市公司募集资金情况

发行类型	代码	简称	募集资金（亿元）
首发	300755. SZ	华致酒行	9. 72
	300767. SZ	震安科技	3. 84
	601236. SH	红塔证券	12. 59
	小计		26. 15
再融资（增发、配股）	300505. SZ	川金诺	1. 54
	600459. SH	贵研铂业	10. 22
	000807. SZ	云铝股份	21. 38
	小计		33. 14
其他融资（公司债券、短期融资券、中期票据、次级债、金融债、境外发行债券）	600025. SH	华能水电	323. 00
	601236. SH	红塔证券	51. 00
	600239. SH	云南城投	43. 70
	000960. SZ	锡业股份	27. 00
	000878. SZ	云南铜业	10. 00
	002727. SZ	一心堂	6. 03
	002059. SZ	云南旅游	4. 00
	小计		464. 73
总计			524. 02

资料来源：云南证监局。

（二）募集资金使用情况及特点

2019年，云南12家公司通过首发、定向增发、发行公司债券、短期融资券、中期票据等方式募集资金524. 02亿元，较2018年增长106. 15%。募集资金主要用于偿还金融机构借款及补充流动资金，其中云铝股份非公开发行募集资金主要用于鲁甸6. 5级地震灾后恢复重建水电铝项目。

（三）募集资金变更情况

表 10　　2019 年云南上市公司募集资金使用项目变更情况

变更募集资金使用项目的公司家数	涉及金额（亿元）	募集资金总额（亿元）	占公司募集资金总额的比例（%）
2	5.44	8.67	62.74

资料来源：云南证监局。

2019 年，云南辖区 2 家上市公司因原募投项目不能继续实施，变更募集资金投入项目，变更后募集资金投入与主营业务相关项目中，涉及金额 5.44 亿元，占募集资金总额 8.67 亿元的 62.74%。此外，1 家上市公司因个别募投项目进展不及预期，调整了募投项目之间资金投入规模。

六、云南上市公司规范运作情况

（一）上市公司治理专项情况

2019 年，云南证监局借助沪深交易所专业力量开展上市公司治理相关培训，将上市公司治理情况纳入监管内容，在开展走访座谈、审计风险提示、定期报告审核、现场检查等监管工作时关注并及时提醒上市公司解决治理方面存在的问题。辖区上市公司继续根据《上市公司治理准则》增强自我规范意识，建立规范运作的长效机制，依照有关规定披露公司治理相关信息，定期分析公司治理状况，制订改进公司治理的计划和措施。

（二）审计情况及监管情况

2019 年度，受国资公司审计机构定期轮换要求、康得新事件、控股集团统一招标等因素影响，云南辖区 36 家上市公司中 12 家更换了年报审计机构。审计结论方面，除 1 家公司被出具带强调事项段的无保留意见外，其余 35 家公司审计报告均为标准无保留意见。30 家上市公司披露内控审计报告或内控鉴证报告，除 1 家公司因 4 家新纳入合并范围的子公司按规定豁免 2019 年度内控评价被出具带强调事项段的无保留意见外，其他 29 家公司均为标准无保留意见。2019 年年报审计开展期间正值新冠肺炎疫情防控关键阶段，美好置业因主要办公地点位于武汉，按规定申请了年报信息披露，其余上市公司均克服疫情阻碍按期披露年报。云南证监局在认真落实疫情防控要求的同时，提早布局审计监管工作，及时调整工作方式，通过强化非现场监管、开展“换所”监管。对未履职尽责的中介机构及签字会计师采取监管措施，督促整改，同时向辖区上市公司、会计师事务所、云南省财政厅、云南省注协通报审计监管中发现的问题。

（三）信息披露情况

云南证监局坚持以信息披露为核心的

监管思路，对辖区部分上市公司信息披露不真实、不准确、不完整的问题的问题进行了查处，从严追究信息披露违法违规主体责任。2019 年，云南辖区 1 家上市公司及 3 名责任人因信息披露违规被采取行政监管措施，4 家上市公司因信息披露违规被采取日常监管措施。

（四）证券市场服务情况

一是推动云南省人民政府出台《云南省推进企业上市倍增三年行动方案（2019 - 2021 年）》，对企业上市给予支持，政策力度位于全国前列。二是对重点拟上市培育企业开展调研、宣传和培训，云南辖区全年新增 3 家上市公司，在审和辅导企业数量较年初翻番。三是围绕《推动提高上市公司质量行动计划》，就全面深化资本市场改革、提高上市公司治理、改进监管等方面工作，面对面与上市公司、中介机构交流。四是深化诉调对接机制建设，与云南省高级人民法院联合构建行政司法合作工作机制。五是结合云南省民族地区特色，建立以“民族团结”为主题，具有少数民族特色的投资者教育基地。

审稿人：韩　卓　蒋厚贤

撰稿人：熊金刚　黄子辰

西藏地区

一、西藏经济发展概况

表 1　　2019 年西藏经济发展概况　　单位：亿元

指　标	1～3 月		1～6 月		1～9 月		1～12 月	
	绝对量	同比增长（%）	绝对量	同比增长（%）	绝对量	同比增长（%）	绝对量	同比增长（%）
地区生产总值（GDP）	373.64	9.10	789.29	9.00	1221.44	8.70	1697.82	8.10
全社会固定资产投资	—	-29.80	—	-26.30	—	-20.60	—	-2.10
社会消费品零售总额	—	8.00	—	6.70	—	6.80	649.33	8.70
规模以上工业增加值	14.29	3.90	—	5.10	—	6.50	—	3.00
规模以上工业企业实现利润	-1.60	-176.20	2.70	-64.90	9.70	-34.50	5.20	-70.10
居民消费价格指数（CPI）	1～3 月		1～6 月		1～9 月		1～12 月	
	2.20		2.10		2.10		2.30	

资料来源：国家统计局。

二、西藏上市公司总体情况

（一）公司数量

表 2　　2019 年西藏上市公司数量　　单位：家

公司总数	2019 年新增	股票类别			板块分布				
		仅 A 股	仅 B 股	(A+B)股	沪市主板	深市主板	中小板	创业板	科创板
19	2	19	0	0	9	2	5	3	0

资料来源：沪深交易所，同花顺。

（二）行业分布

表 3　　2019 年西藏上市公司行业分布情况

行业类别	家数	占比（%）	行业类别	家数	占比（%）
采矿业	3	15.79	批发和零售业	0	0.00
电力、热力、燃气及水生产和供应业	0	0.00	水利、环境和公共设施管理业	1	5.26
房地产业	1	5.26	卫生和社会工作业	0	0.00
建筑业	0	0.00	文化、体育和娱乐业	0	0.00
交通运输、仓储和邮政业	0	0.00	信息传输、软件和信息技术服务业	1	5.26
教育	0	0.00	制造业	11	57.89
金融业	1	5.26	住宿和餐饮业	0	0.00
居民服务、修理和其他服务业	0	0.00	租赁和商务服务业	0	0.00
科学研究和技术服务业	1	5.26	综合	0	0.00
农、林、牧、渔业	0	0.00	合计	19	100.00

资料来源：沪深交易所，同花顺。

（三）股本结构及规模

表 4　　2019 年西藏上市公司股本规模在 10 亿股以上公司分布情况

股本规模（亿股）	公司家数	具体公司
20≤～<50	2	梅花生物、华林证券
10≤～<20	1	海思科

资料来源：沪深交易所，同花顺。

表 5　　2019 年西藏上市公司分地区股权构成情况　　单位：家

股权性质 / 地域分布	央企国资控股	省（自治区、直辖市）属国资控股	地市国资控股	民营控股	其他	合计
拉萨市	0	4	0	12	0	16
山南市	0	0	0	2	0	2
林芝市	0	0	0	1	0	1
合计	0	4	0	15	0	19

资料来源：西藏证监局。

（四）市值规模

截至2019年12月31日，西藏19家上市公司境内总市值1687.45亿元，占全国上市公司境内总市值的0.28%；其中，上交所上市公司9家，总股本75.66亿股，境内总市值571.86亿元，占上交所上市公司境内总市值的0.16%；深交所上市公司10家，总股本63.66亿股，境内总市值1115.59亿元，占深交所上市公司境内总市值的0.47%。

（五）资产规模

截至2019年12月31日，西藏19家上市公司合计总资产1020.53亿元，归属于母公司股东权益497.83亿元，与2018年相比，分别增长30.73%、16.71%；平均每股净资产3.57元。

三、西藏上市公司经营情况及变动分析

（一）总体经营情况

表6　　2019年西藏上市公司经营情况

指　标	2019年	2018年	变动率（%）
家数	19	17	11.76
亏损家数	1	2	-50.00
亏损家数比例（%）	5.26	11.76	-6.50
平均每股收益（元）	0.39	0.44	-11.36
平均每股净资产（元）	3.57	4.06	-12.07
平均净资产收益率（%）	10.89	10.73	0.16
总资产（亿元）	1020.53	780.64	30.73
归属于母公司股东权益（亿元）	497.83	426.56	16.71
营业收入（亿元）	411.48	346.85	18.63
利润总额（亿元）	67.95	59.15	14.88
归属于母公司所有者的净利润（亿元）	54.21	45.77	18.44

资料来源：沪深交易所，同花顺。

（二）分行业经营情况

表7　　2019年西藏上市公司分行业经营情况

行业类别	营业收入（亿元）	可比样本变动率（%）	归属于母公司所有者的净利润（亿元）	可比样本变动率（%）
采矿业	44.10	19.48	8.10	-14.19
电力、热力、燃气及水生产和供应业	—	—	—	—
房地产业	13.44	14.19	1.06	1.92

续表

行业类别	营业收入（亿元）	可比样本变动率（%）	归属于母公司所有者的净利润（亿元）	可比样本变动率（%）
建筑业	—	—	—	—
交通运输、仓储和邮政业	—	—	—	—
教育	—	—	—	—
金融业	10.11	1.00	4.42	28.12
居民服务、修理和其他服务业	—	—	—	—
科学研究和技术服务业	9.24	9.74	1.43	19.17
农、林、牧、渔业	—	—	—	—
批发和零售业	—	—	—	—
水利、环境和公共设施管理业	1.88	5.03	0.21	0.00
卫生和社会工作业	—	—	—	—
文化、体育和娱乐业	—	—	—	—
信息传输、软件和信息技术服务业	7.03	28.75	0.86	3.61
制造业	325.67	11.94	38.13	11.36
住宿和餐饮业	—	—	—	—
租赁和商务服务业	—	—	—	—
综合	—	—	—	—
合计	411.48	12.65	54.21	7.54

资料来源：沪深交易所，同花顺。

（三）业绩变动情况分析

1. 营业收入、毛利率等变动原因分析

2019年，西藏辖区上市公司实现营业收入411.48亿元，同比增长18.63%；营业成本230.80亿元，同比增长21.14%；平均毛利率42.50%，较2018年同期小幅上升0.67个百分点。营业收入增长主要系辖区新增华林证券、筑博设计2家上市公司，以及梅花生物、西藏天路、海思科营业收入大幅增长带动。

2. 盈利构成分析

2019年，西藏辖区上市公司实现归母净利润合计54.21亿元，同比上升18.44%，主要受海思科、西藏药业、西藏矿业净利润增幅较大带动、同时2家新上市公司华林证券、筑博设计也有较大贡献。

3. 经营性现金流量分析

2019年，西藏辖区上市公司经营性活动现金流量净额为110.48亿元，较2018年增加48.28亿元，同比增长77.62%，平均每家公司经营性活动现金流量净额5.81亿元。2019年辖区19家上市公司经营性活动现金流量净额均为正。

4. 业绩特点分析

2019 年，西藏辖区上市公司除*ST 西发外全部盈利，盈利面为 94.74%。分行业看，辖区 11 家制造业企业贡献净利润 38.13 亿元，3 家采矿业企业贡献净利润 8.1 亿元，1 家金融业企业贡献净利润 4.42 亿元，分别占辖区全部上市公司净利润总额的 70.34%、14.94%、8.15%，辖区企业行业集中度较高。

5. 利润分配情况

表 8　　2019 年西藏上市公司现金分红情况

2019 年分红公司家数			2019 年分红金额		
家数	变动率（%）	分红公司家数占地区公司总数比重（%）	金额（亿元）	变动率（%）	分红金额占归属于母公司所有者的净利润比重（%）
15	7.14	78.95	33.12	-30.39	61.10

资料来源：西藏证监局。

四、西藏上市公司并购重组情况

2019 年，西藏辖区无上市公司进行并购重组。

五、西藏上市公司募集资金情况、使用情况

（一）募集资金总体情况

表 9　　2019 年西藏上市公司募集资金情况

发行类型	代码	简称	募集资金（亿元）
首发	002945	华林证券	9.77
	300564	筑博设计	5.67
	小计		15.44
其他融资（公司债券、短期融资券、中期票据、次级债、金融债、境外发行债券）	600326	西藏天路	10.87
	301020	华钰矿业	6.40
	小计		17.27
总计			32.71

资料来源：西藏证监局。

（二）募集资金使用情况及特点

2019 年，西藏辖区共有 4 家上市公司通过资本市场募集资金 32.71 亿元，其中制造业，采矿业，金融业，水利、环境和公共设施管理业企业各 1 家。各公司募集资金主要用于扩大自身生产规模，如新设营业网点、建设技术研发中心、新建生产线、扩建开采项目等。

（三）募集资金变更情况

表 10　　2019 年西藏上市公司募集资金使用项目变更情况

变更募集资金使用项目的公司家数	涉及金额（亿元）	募集资金总额（亿元）	占公司募集资金总额的比例（%）
0	0	0	0

资料来源：西藏证监局。

六、西藏上市公司规范运作情况

（一）上市公司治理情况

2019 年，西藏辖区上市公司规范运作水平进一步强化。一是加强准则的宣讲培训工作。通过加强对新上市公司培训以及董监高、独立董事、董事会秘书等“关键少数”的培训和持续教育，突出强调公司治理规范要求和董监高等权责边界，增强相关主体规范运作意识。二是督促准则落实落地。指导辖区上市公司，对照《上市公司治理准则》要求和上市公司监管制度规则的新变化，全面梳理自查公司章程中需要修改补充的内容，结合年度股东大会等及时予以完善。2019 年，西藏证监局通过约谈董监高、走访座谈、审计风险提示、现场检查等多种手段，及时提醒上市公司解决公司治理方面存在的问题，辖区上市公司质量进一步提升，规范运作意识进一步增强。

（二）审计情况及监管情况

2019 年，西藏证监局对 3 家年审机构进行检查，发现问题 16 个，均督促整改，通过加强对中介机构的监管，向中介机构传导监管压力，督促其勤勉尽责，提升执业质量，进而提升辖区上市公司信息披露质量。公司监管中发现问题 18 个，针对发现的问题，出具行政监管措施 2 份、监管关注函 15 份，约见谈话 18 人次。

（三）信息披露情况

2019 年，西藏证监局通过审核辖区上市公司定期公告、临时公告等方式，督促上市公司履行信息披露义务，对辖区公司信息披露违规事项出具行政监管措施 1 份，促进公司提高信息披露意识，持续规范做好信息披露。

（四）证券市场服务情况

联合交易所、证券业协会等，多次深入西藏多个地市，通过开展培训、授课、调研指导等方式，帮助西藏优质企业法人增进对企业 IPO 上市、企业改制上市流程及关注重点等方面知识的了解，加强市场培育，引导其通过资本市场发展壮大。

（五）其他

持续加强与地方政府的合作，共同做好辖区资本市场风险化解工作，推动辖区资本市场发展。一是强化信息通报。每月以《西藏资本市场月度统计表》形式向自治区政府及有关部门通报当月辖区资本市场大事件，内容涉及市场基本数据、公司风险状况与存在的主要问题等。二是合力推动辖区公司化解风险。针对辖区资本市场获得的重大成就及上市公司存在的重点问题，以《资本市场要情专报》形式报地方政府，提请政府关注公司存在风险，协调帮助公司解决问题。三是帮助地方从事经济金融干部树立资本意识。在企业上市时，西藏证监局牵头组建由自治区相关部门及各地市领导、西藏优质企业代表组成的西藏资本市场调研团，赴交易所和拟上市公司调研培训，通过多种方式促进西藏从事经济金融工作的干部和优秀企业家增强金融意识和资本意识。

审稿人：松　隅

撰稿人：张上弓

陕西地区

一、陕西经济发展概况

表 1 **2019 年陕西经济发展概况** 单位：亿元

指　标	1～3 月		1～6 月		1～9 月		1～12 月	
	绝对量	同比增长（%）	绝对量	同比增长（%）	绝对量	同比增长（%）	绝对量	同比增长（%）
地区生产总值（GDP）	5450.34	6.30	11625.57	5.40	18319.64	5.80	25793.17	6.00
全社会固定资产投资	—	9.20	—	2.50	—	1.00	—	2.50
社会消费品零售总额	2321.69	7.50	4523.96	7.60	6861.65	7.30	9598.73	7.40
规模以上工业增加值	—	2.80	—	3.30	—	4.50	—	5.20
规模以上工业企业实现利润	445.60	-19.40	1059.90	-9.70	1599.20	-11.00	2167.00	-11.70
居民消费价格指数（CPI）	1～3 月		1～6 月		1～9 月		1～12 月	
	2.10		2.40		2.50		2.90	

资料来源：国家统计局。

二、陕西上市公司总体情况

（一）公司数量

表 2 **2019 年陕西上市公司数量** 单位：家

公司总数	2019 年新增	股票类别			板块分布				
		仅 A 股	仅 B 股	(A+B) 股	沪市主板	深市主板	中小板	创业板	科创板
53	5	53	0	0	22	11	7	10	3

资料来源：沪深交易所，同花顺。

（二）行业分布

表 3　　2019 年陕西上市公司行业分布情况

行业类别	家数	占比（%）	行业类别	家数	占比（%）
采矿业	3	5.66	批发和零售业	1	1.89
电力、热力、燃气及水生产和供应业	1	1.89	水利、环境和公共设施管理业	3	5.66
房地产业	1	1.89	卫生和社会工作业	1	1.89
建筑业	1	1.89	文化、体育和娱乐业	0	0.00
交通运输、仓储和邮政业	0	0.00	信息传输、软件和信息技术服务业	1	1.89
教育	0	0.00	制造业	34	64.15
金融业	4	7.55	住宿和餐饮业	1	1.89
居民服务、修理和其他服务业	0	0.00	租赁和商务服务业	1	1.89
科学研究和技术服务业	0	0.00	综合	1	1.89
农、林、牧、渔业	0	0.00	合计	53	100.00

资料来源：沪深交易所，同花顺。

（三）股本结构及规模

表 4　　2019 年陕西上市公司股本规模在 10 亿股以上公司分布情况

股本规模（亿股）	公司家数	具体公司
100≤～<200	1	陕西煤业
50≤～<100	2	中国西电、供销大集
20≤～<50	9	西安银行、陕国投 A、隆基股份、彩虹股份、西部证券、金钼股份、中航飞机、坚瑞沃能、航发动力
10≤～<20	7	国际医学、陕鼓动力、陕西黑猫、延安必康、中再资环、陕天然气、兴化股份

资料来源：沪深交易所，同花顺。

表 5　　2019 年陕西上市公司分地区股权构成情况　　单位：家

地域分布＼股权性质	央企国资控股	省属国资控股	地市国资控股	民营控股	其他	合计
西安市	5	10	8	11	3	37
咸阳市	0	1	1	2	0	4

续表

地域分布＼股权性质	央企国资控股	省属国资控股	地市国资控股	民营控股	其他	合计
宝鸡市	1	3	0	1	0	5
渭南市	0	0	0	1	0	1
安康市	0	0	0	0	0	0
商洛市	0	0	0	1	0	1
汉中市	1	0	0	0	0	1
榆林市	0	0	0	0	0	0
延安市	0	0	0	1	1	2
铜川市	0	0	0	0	1	1
杨凌示范区	0	1	0	0	0	1
合计	7	15	9	17	5	53

资料来源：陕西证监局。

（四）市值规模

截至 2019 年 12 月 31 日，陕西 53 家上市公司境内总市值 6773.14 亿元，占全国上市公司境内总市值的 1.14%；其中，上交所上市公司 25 家，总股本 437.74 亿股，境内总市值 4262.25 亿元，占上交所上市公司境内总市值的 1.20%；深交所上市公司 28 家，总股本 324.99 亿股，境内总市值 2510.89 亿元，占深交所上市公司境内总市值的 1.06%。

（五）资产规模

截至 2019 年 12 月 31 日，陕西 53 家上市公司合计总资产 10192.99 亿元，归属于母公司股东权益 3635.98 亿元，与 2018 年相比，分别增长，47.37%、18.15%；平均每股净资产 4.77 元。

三、陕西上市公司经营情况及变动分析

（一）总体经营情况

表 6　　2019 年陕西上市公司经营情况

指　标	2019 年	2018 年	变动率（%）
家数	53	49	8.16
亏损家数	11	4	175.00
亏损家数比例（%）	20.75	8.16	12.59
平均每股收益（元）	0.33	0.28	17.86
平均每股净资产（元）	4.77	4.47	6.71

续表

指　标	2019 年	2018 年	变动率（%）
平均净资产收益率（%）	6.87	6.24	0.63
总资产（亿元）	10192.99	6916.53	47.37
归属于母公司股东权益（亿元）	3635.98	3077.35	18.15
营业收入（亿元）	3181.50	2773.76	14.70
利润总额（亿元）	371.15	316.59	17.23
归属于母公司所有者的净利润（亿元）	249.68	192.11	29.97

资料来源：沪深交易所，同花顺。

（二）分行业经营情况

表 7　　2019 年陕西上市公司分行业经营情况

行业类别	营业收入（亿元）	可比样本变动率（%）	归属于母公司所有者的净利润（亿元）	可比样本变动率（%）
采矿业	841.11	24.43	122.57	6.79
电力、热力、燃气及水生产和供应业	95.82	6.55	4.47	12.03
房地产业	55.91	6.15	4.24	0.95
建筑业	80.68	6.55	2.96	5.34
交通运输、仓储和邮政业	—	—	—	—
教育	—	—	—	—
金融业	124.06	28.44	34.79	50.87
居民服务、修理和其他服务业	—	—	—	—
科学研究和技术服务业	—	—	—	—
农、林、牧、渔业	—	—	—	—
批发和零售业	58.29	-64.35	-12.20	-261.16
水利、环境和公共设施管理业	33.40	35.50	0.65	-66.15
卫生和社会工作业	9.91	-51.40	-4.04	-118.50
文化、体育和娱乐业	—	—	—	—
信息传输、软件和信息技术服务业	26.30	-3.10	-1.00	-195.24
制造业	1788.82	15.96	96.28	156.00
住宿和餐饮业	5.00	0.81	-0.47	-622.22
租赁和商务服务业	60.36	-26.21	1.26	-35.05
综合	1.84	2.79	0.17	466.67
合计	3181.50	11.33	249.68	13.02

资料来源：沪深交易所，同花顺。

（三）业绩变动情况分析

1. 营业收入、毛利率等变动原因分析

2019年，陕西上市公司实现营业收入3181.50亿元，同比增加14.70%，略高于全国11.55%的增幅水平。一方面，新增的西安银行等公司带来较大增量；另一方面，原有公司中有七成以上公司营业收入实现增长。从增量上看，陕西煤业、隆基股份等规模较大的公司，产销量平稳有序增长，整体收入稳步提高；从增幅上看，达刚控股、环球印务完成并购重组，业务规模大幅提升；天和防务围绕5G产品和国产化替代，通信电子业务稳定增长；彩虹股份新生产线投产，产销量大幅提升，上述4家公司营业收入分别实现1倍至4倍增长，增幅较大。

2. 盈利构成分析

2019年，陕西上市公司实现净利润249.68亿元，同比增加30.05%，好于全国12.01%的增幅水平。本期盈利水平上升的主要原因一是以西安银行为首的5家新增公司盈利水平较高，提高了陕西上市公司的整体盈利水平；二是以隆基股份为代表的科技创新企业，盈利实现大幅增长，三是坚瑞沃能完成破产重整以及子公司沃特玛破产清算出表转回大额亏损实现盈利，扭转了去年同期近40亿元亏损的局面。

3. 经营性现金流量分析

2019年，陕西上市公司现金及现金等价物净增加126.28亿元。其中，经营活动产生的现金流量净额为447.89亿元，同比增加19.44%，主要由于隆基股份、航发动力等公司销售回款较好，经营活动现金净流量同比大幅增加。销售商品提供劳务收到的现金占营业收入比重为100.03%，较同期增加3.93个百分点，接近全国103.80%的水平，说明陕西上市公司经营活动获取现金的能力尚可。

4. 业绩特点分析

2019年度，陕西上市公司经营呈现以下特点：一是整体经营情况保持良好态势，业绩稳中有升，七成以上公司营业收入实现增长；二是受内外复杂经济环境及部分行业下行趋势影响，11家公司亏损，亏损公司比例超过20%；三是部分公司对非经常性损益依赖较大，主业盈利能力有待提高。7家公司近三年扣除非经常性损益后净利润为负数，其中2家公司依靠破产重整收益、政府补助实现盈利。

5. 利润分配情况

表8　2019年陕西上市公司现金分红情况

2019年分红公司家数			2019年分红金额		
家数	变动率（%）	分红公司家数占地区公司总数比重（%）	金额（亿元）	变动率（%）	分红金额占归属于母公司所有者的净利润比重（%）
32	10.34	60.38	90.23	46.93	36.12

资料来源：陕西证监局。

四、陕西上市公司并购重组情况

（一）并购重组基本情况

2019 年，陕西上市公司资产重组较去年有所下降，全年共 6 家公司进行重大资产重组活动。其中，达刚控股、宝德股份 2 家公司完成重大资产重组；航发动力、中再资环、中航飞机重大资产重组正在进行中；航天动力发行股份购买资产事项终止。并购方面，5 家国有上市公司控股股东国有股权划转，其中西安旅游、西安饮食实际控制人由西安市国资委变更为西安曲江新区管委会；陕天然气、延长化建、西部证券实际控制人未发生变化。2 家民营企业控股股东发生变化，其中凯撒旅业因原控股股东股份质押回购违约所持股份被动减持，实际控制人由海南省慈航公益基金会变更为自然人陈小兵；陕西黑猫因实际控制人新设企业，导致间接控股股东发生变化，但实际控制人未发生变更。

（二）并购重组特点

2019 年，陕西上市公司并购重组主要呈现以下特点：一是重组形式多样化。中航飞机以资产置换方式置入飞机整机制造资产，中再资环、达刚控股以支付现金方式购买资产，航发动力以发行股份方式购买资产。二是重组目的多样化。2019 年，陕西上市公司主要围绕主业进行产业并购，通过资源整合，实现横向整合、多元化战略等目标。航发动力通过向中国航发等公司发行股份取得相关公司股权，强化航空发动机全谱系生产企业优势；中航飞机向关联方置换资产等方式，迈入飞机整机制造业务；中再资环通过重组，注入优质资产，延伸产业链，进一步巩固行业地位。

五、陕西上市公司募集资金情况、使用情况

（一）募集资金总体情况

表 9　　2019 年陕西上市公司募集资金情况

发行类型	代码	简称	募集资金（亿元）
首发	600928	西安银行	20.80
	300775	三角防务	2.93
	688122	西部超导	6.63
	688333	铂力特	6.60
	688101	三达膜	15.24
	小计		52.20
再融资（增发、配股）	300140	中环装备	9.10
	601012	隆基股份	38.75
	小计		47.85

续表

发行类型	代码	简称	募集资金（亿元）
其他融资（公司债券、可转债）	600665	天地源	30.00
	600456	宝钛股份	12.00
	300487	蓝晓科技	3.40
	小计		45.40
总计			145.45

资料来源：陕西证监局。

（二）募集资金使用情况及特点

2019 年，陕西上市公司通过首发、增发、配股、发行公司债、可转债等方式，利用资本市场共计融资 145.45 亿元，同比增长 62.97%。有 29 家上市公司共使用募集资金 95.16 亿元。辖区上市公司募集资金使用效率整体较高，但个别公司受行业市场变化以及政策等影响，募投项目进展较为缓慢。部分公司仍然存在使用闲置募集资金购买理财产品、补充流动资金的情况。

（三）募集资金变更情况

表 10　　2019 年陕西上市公司募集资金使用项目变更情况

变更募集资金使用项目的公司家数	涉及金额（亿元）	募集资金总额（亿元）	占公司募集资金总额的比例（%）
8	16.60	103.37	16.06

资料来源：陕西证监局。

六、陕西上市公司规范运作情况

（一）上市公司治理专项情况

2019 年以来，陕西证监局紧盯关键少数，强化规范意识，狠抓制度建设，多措并举，督导公司提升规范运作水平。一是先后组织辖区上市公司开展修订公司章程、防控资金占用、违规担保及内幕交易等专项整治活动，完善规章制度，补强内控薄弱环节，建立规范发展长效机制。二是积极创新董监高任职谈话形式，通过现场签署《监管谈话备忘录》形式，督促增强依法履职的自觉性。三是将保护中小投资者合法权益工作落到实处，通过投资者集体接待日、走进上市公司等活动，引导辖上市公司健全投资者关系管理工作机制，畅通沟通渠道。

（二）审计情况及监管情况

2019 年度财务报表审计方面，陕西 53 家上市公司中，有 50 家被出具标准无保留意见审计报告，有 2 家公司被出具保留意见审计报告，1家被出具带强调事项段的无保留意见审计报告。

2019年年审期间，我局对风险公司和风险事项始终保持前移监管关口，持续强化日常监管和中介机构监管，双管齐下，传递监管压力。疫情发生前，主要通过约谈公司高管及年审会计师，强化年报审核监管；疫情发生后，主要通过下发监管备忘录、电话沟通等方式，力争在年报披露前夯实业绩，释放风险。年报审计监管期间，先后约谈上市公司37家次、公司高管及审计人员73人次，要求公司规范进行会计核算、合规经营；对11家公司年审机构50余项风险事项下发审计监管备忘录，要求审慎执业；对1家商誉存在大额减值风险的公司下发评估监管备忘录，要求规范评估程序。通过前移监管关口，年报财务信息披露质量得以提升。

（三）信息披露情况

2019年，陕西上市公司及相关信息披露义务人基本能够依法履行信息披露义务，但个别公司仍存在信息披露不规范事项。对此，陕西证监局以信息披露为中心，以非现场监管和现场检查为抓手，依法从严处置，持续督促上市公司提高信息披露质量。针对发现的业绩预告不准确，重大合同、政府补助、委托理财、关联交易、行政处罚等披露不及时，或有事项披露不完整等问题，共计采取行政监管措施15项，督促公司切实提高信息披露质量和规范运作水平。

（四）证券市场服务情况

2019年，陕西证监局积极发挥职能优势，助力陕西经济高质量发展。一是紧抓设立科创板的重大机遇，推动陕西上市公司队伍发展壮大。今年以来，陕西省有5家企业上市，西部超导、铂力特成为首批25家科创板公司中仅有的中西部地区企业，为陕西省科技创新企业对接资本市场加快发展起到良好示范作用。二是积极培育上市公司后备资源。加强与省地方金融监管局、西安市政府、沪深交易所等部门协作，多次赴西安高新区、宝鸡、延安等地开展专项调研，挖掘并充实上市后备企业资源库。举办科创板形势政策解读会，并对重点后备企业进行一对一指导，帮助企业发现问题、解决问题，顺利推进发行上市。三是积极引导有条件的上市公司利用资本市场进行融资，推动实施并购重组，改善资产质量，增强核心竞争力。

（五）其他

为落实党中央及证监会党委关于打赢脱贫攻坚战的决策部署，陕西证监局积极引导辖区上市公司助力脱贫攻坚，履行社会责任。推动贫困地区企业发行上市，形成“改制一批、辅导一批、上市一批”的格局，提升产业扶贫能力；引导上市公司结合行业特点制定扶贫工作方案，带动贫困地区产业发展，组织上市公司通过“公司+农户+合作社”等形式开展产业扶贫，在技术上指导，在市场上引路，为农村产业脱贫注入动力；发动上市公司开展特色扶贫，实现对贫困人群的辐射带动，教育扶贫与就业扶贫并重，提高贫困家庭收入，组织上市公司在捐资助学帮助贫困学生完成学业、阻断贫困代际传递的基础上，优先吸纳贫困户就业，提高贫困家庭收入水平。目前，近期有“帮扶”、中期可“输血”、长远能“造血”的上市公司产业扶贫机制已经形成并初见成效。

撰稿人：路文正

审稿人：齐敏光

甘肃地区

一、甘肃经济发展概况

表1　　2019年甘肃经济发展概况　　单位：亿元

指标	1~3月		1~6月		1~9月		1~12月	
	绝对量	同比增长（%）	绝对量	同比增长（%）	绝对量	同比增长（%）	绝对量	同比增长（%）
地区生产总值（GDP）	1736.50	7.90	3771.80	6.00	6426.00	6.10	8718.30	6.20
全社会固定资产投资	—	7.50	—	2.40	—	5.50	—	6.60
社会消费品零售总额	—	7.40	—	7.20	—	7.40	—	7.70
规模以上工业增加值	—	7.10	—	3.40	—	3.40	—	5.20
规模以上工业企业实现利润	36.40	-56.10	116.60	-25.10	196.00	-26.30	251.80	-10.80
居民消费价格指数（CPI）	1~3月		1~6月		1~9月		1~12月	
	1.70		2.10		2.10		2.30	

资料来源：国家统计局。

二、甘肃上市公司总体情况

（一）公司数量

表2　　2019年甘肃上市公司数量　　单位：家

公司总数	2019年新增	股票类别			板块分布				
		仅A股	仅B股	(A+B)股	沪市主板	深市主板	中小板	创业板	科创板
33	0	33	0	0	16	8	6	3	0

资料来源：沪深交易所，同花顺。

（二）行业分布

表 3　　2019 年甘肃上市公司行业分布情况

行业类别	家数	占比（%）	行业类别	家数	占比（%）
采矿业	3	9.09	批发和零售业	2	6.06
电力、热力、燃气及水生产和供应业	1	3.03	水利、环境和公共设施管理业	0	0.00
房地产业	1	3.03	卫生和社会工作业	0	0.00
建筑业	0	0.00	文化、体育和娱乐业	1	3.03
交通运输、仓储和邮政业	0	0.00	信息传输、软件和信息技术服务业	0	0.00
教育	0	0.00	制造业	21	63.64
金融业	0	0.00	住宿和餐饮业	0	0.00
居民服务、修理和其他服务业	0	0.00	租赁和商务服务业	0	0.00
科学研究和技术服务业	1	3.03	综合	0	0.00
农、林、牧、渔业	3	9.09	合计	33	100.00

资料来源：沪深交易所，同花顺。

（三）股本结构及规模

表 4　　2019 年甘肃上市公司股本规模在 10 亿股以上公司分布情况

股本规模（亿股）	公司家数	具体公司
50≤～<100	2	白银有色、酒钢宏兴
20≤～<50	4	华天科技、靖远煤电、ST 银亿、方大炭素
10≤～<20	6	*ST 刚泰、亚盛集团、恒康医疗、兰石重装、中核钛白、甘肃电投

资料来源：沪深交易所，同花顺。

表 5　　2019 年甘肃上市公司分地区股权构成情况　　单位：家

股权性质 / 地域分布	央企国资控股	省属国资控股	地市国资控股	民营控股	其他	合计
兰州市	2	8	2	8	0	20
嘉峪关市	0	1	0	1	0	2
金昌市	0	0	0	0	0	0

续表

股权性质 / 地域分布	央企国资控股	省属国资控股	地市国资控股	民营控股	其他	合计
白银市	0	1	0	1	1	3
天水市	0	0	0	2	0	2
武威市	0	0	0	2	0	2
张掖市	0	0	0	0	0	0
酒泉市	0	0	1	1	0	2
平凉市	0	0	0	0	0	0
庆阳市	0	0	0	0	0	0
定西市	0	0	0	0	0	0
陇南市	0	0	0	2	0	2
合计	2	10	3	17	1	33

资料来源：甘肃证监局。

（四）市值规模

截至2019年12月31日，甘肃33家上市公司境内总市值2159.37亿元，占全国上市公司境内总市值的0.36%；其中，上交所上市公司16家，总股本263.67亿元，境内总市值1270.32亿元，占上交所上市公司境内总市值的0.36%；深交所上市公司17家，总股本183.06亿股，境内总市值889.06亿元，占深交所上市公司境内总市值的0.37%

（五）资产规模

截至2019年12月31日，甘肃33家上市公司合计总资产2847.18亿元，归属于母公司股东权益1189.43亿元，与2018年相比，分别减少1.78%，0.25%；平均每股净资产3.30元。

三、甘肃上市公司经营情况及变动分析

（一）总体经营情况

表6　2019年甘肃上市公司经营情况

指　标	2019年	2018年	变动率（%）
家数	33	33	0.00
亏损家数	7	8	-12.50
亏损家数比例（%）	21.21	24.24	-3.03
平均每股收益（元）	-0.07	0.2	-135.00
平均每股净资产（元）	2.66	2.83	-6.01

续表

指　标	2019 年	2018 年	变动率（%）
平均净资产收益率（%）	-2.70	7.06	-9.76
总资产（亿元）	2846.88	2898.88	-1.79
归属于母公司股东权益（亿元）	1189.13	1192.39	-0.27
营业收入（亿元）	1856.33	1933.2	-3.98
利润总额（亿元）	-7.12	128.03	-105.56
归属于母公司所有者的净利润（亿元）	-32.06	84.13	-138.11

资料来源：沪深交易所，同花顺。

（二）分行业经营情况

表 7　　2019 年甘肃上市公司分行业经营情况

行业类别	营业收入（亿元）	可比样本变动率（%）	归属于母公司所有者的净利润（亿元）	可比样本变动率（%）
采矿业	49.64	1.80	4.67	-11.89
电力、热力、燃气及水生产和供应业	22.68	-1.65	4.23	-12.78
房地产业	0.14	-63.16	-0.10	-190.91
建筑业	—	—	—	—
交通运输、仓储和邮政业	—	—	—	—
教育	—	—	—	—
金融业	—	—	—	—
居民服务、修理和其他服务业	—	—	—	—
科学研究和技术服务业	21.38	1.09	3.01	27.00
农、林、牧、渔业	50.71	20.71	-0.21	0.00
批发和零售业	46.48	7.84	3.61	-78.96
水利、环境和公共设施管理业	—	—	—	—
卫生和社会工作业	—	—	—	—
文化、体育和娱乐业	9.72	27.73	0.65	54.76
信息传输、软件和信息技术服务业	—	—	—	—
制造业	1655.58	-5.24	-47.91	-198.00
住宿和餐饮业	—	—	—	—
租赁和商务服务业	—	—	—	—
综合	—	—	—	—
合计	1856.33	-3.98	-32.06	-140.63

资料来源：沪深交易所，同花顺。

（三）业绩变动情况分析

1. 营业收入、毛利率等变动原因分析

2019 年，甘肃上市公司实现营业收入 1856.33 亿元，较 2018 年同比下降 3.98%；营业利润 -6.99 亿元，较 2018 年下降 136.4 亿元；利润总额 -7.12 亿元，较 2018 年下降 135.15 亿元。2019 年，辖区 3 家上市公司风险集中爆发，因债务、涉诉等问题集体大量资产减值损失，经营业绩下滑严重，营业收入由 2018 年的 238.46 亿元下降至 2019 年的 118.98 亿元。剔除 3 家特殊公司后，甘肃上市公司实现营业收入 1737.35 亿元，较 2018 年（剔除 3 家特殊公司后的数据）同比增长 2.51%。

2. 盈利构成分析

2019 年，甘肃上市公司盈利状况不佳，实现归属于母公司所有者的净利润 -32.06 亿元，较 2018 年下降 116.19 亿元，主要原因是辖区 3 家上市公司风险集中爆发，经营业绩下滑严重，两家公司 2019 年归属于母公司股东的净利润合计 -130.68 亿元。剔除 3 家特殊公司后，2019 年上市公司利润主要来源于营业利润，金额为 98.44 亿元，占利润总额的 98.18%，营业外收支净额为 1.83 亿元，投资净收益为 -0.40 亿元，占利润总额的比重分别为 1.83% 和 -0.40%。

3. 经营性现金流量分析

2019 年，甘肃上市公司经营活动产生的现金流量净额为 224.83 亿元，较 2018 年增长 6.07%，其中 22 家公司经营活动产生现金流量净额为正，占 33 家上市公司的 66.67%，较 2018 年下降 15.15 个百分点。

4. 业绩特点分析

2019 年，甘肃上市公司实现归属于母公司所有者净利润 -32.06 亿元，较 2018 下降 116.19 亿元；平均每股收益 -0.07 元，较 2018 年下降 0.27 元；平均净资产收益率 -2.70%，较 2018 年同比下降 9.76 个百分点。分板块来看，辖区中小板公司净利润与 2018 年持平，主板和创业板公司净利润相比 2018 年，都有所下降。平均每股收益主板、中小板及创业板分别为 0.16 元，-0.06 元和 0.10 元，相比 2018 年分别下降 40.74%、0.135 元和 9%。

5. 利润分配情况

表 8　　2019 年甘肃上市公司现金分红情况

2019 年分红公司家数			2019 年分红金额		
家数	变动率（%）	分红公司家数占地区公司总数比重（%）	金额（亿元）	变动率（%）	分红金额占归属于母公司所有者的净利润比重（%）
17	-5.56	51.52	25.59	-10.90	-79.82

资料来源：甘肃证监局。

四、甘肃上市公司并购重组情况

（一）并购重组基本情况

2018 年，甘肃 3 家上市公司启动资产重组，涉及交易金额合计 47 亿元。三毛派神为进一步优化产业结构，实现由“毛纺业 + 工程咨询服务业”双主业格局向“工程咨询服务业”单主业经营目标，开展重大资产重组。白银有色为深化境外贵金属产业发展战略，通过发行股份及支付现金方式收购境外第一黄金少数股东股权，进一步提升了公司持续经营能力，亚太实业也拟通过并购重组置入优质资产，增强持续经营能力。2019 年，3 家上市公司并购重组交易顺利完成。

（二）并购重组特点

甘肃上市公司并购重组目的可以分为两种，一是通过横向并购，加强对原有业务的优化和调整，拓宽现有产业布局，不断扩大产业规模。二是通过多元化并购，在跨行业重组的同时，出售不良资产寻求业务转型，提升公司抵御风险的能力，为公司寻找到新的利润增长点，有效促进了公司持续健康发展。

五、甘肃上市公司募集资金情况、使用情况

（一）募集资金总体情况

表 9　　2019 年甘肃上市公司募集资金情况

发行类型	代码	简称	募集资金（亿元）
再融资（增发、配股）	603919	金徽酒	3.67
	002185	华天科技	16.56
	601212	白银有色	7.1
	小计		27.33
其他融资（公司债券、短期融资券、中期票据、次级债、金融债、境外发行债券）	600108	亚盛集团	14
	小计		14
总计			41.33

资料来源：甘肃证监局。

（二）募集资金使用情况及特点

2019 年，甘肃辖区共 13 家上市公司使用募集资金，合计金额 32.84 亿元，主要用于股权投资、项目建设和补充流动资金等。截至 2019 年年末，有 12 家公司募集资金尚未使用完毕。

（三）募集资金变更情况

表 10　　2018 年甘肃上市公司募集资金使用项目变更情况

变更募集资金使用项目的公司家数	涉及金额（亿元）	募集资金总额（亿元）	占公司募集资金总额的比例（%）
3	6.34	32.84	19.31

资料来源：甘肃证监局。

六、甘肃上市公司规范运作情况

（一）上市公司治理专项情况

2019 年，甘肃证监局坚持以问题和风险为导向，通过现场检查、非现场检查相结合的方式，传导监管压力，持续推动上市公司提高公司治理水平。一是开展上市公司治理准则专项宣传活动，推动辖区上市公司提升治理水平。二是督促上市公司提高现金分红水平，全年 17 家上市公司进行现金分红，占盈利公司总数的 77%，6 家公司开展股票回购，多元化投资者回报机制进一步落地。三是扎实开展现场检查，持续加强对公司治理的检查，重点关注三会运作、关联交易、内幕信息知情人管理等方面，督促辖区上市公司进一步规范运作水平。2019 年对 12 家公司治理情况进行检查，检查发现的问题均得到及时整改。

（二）审计情况及监管情况

2019 年，辖区 33 家上市公司的财务报告审计报告中，28 家公司为标准无保留意见审计报告，3 家公司为带强调事项的无保留意见审计报告，2 家公司为保留意见审计报告。在纳入内控实施范围的 29 家公司的内部控制审计报告中，24 家为标准无保留意见报告，4 家为带强调事项的无保留意见报告，1 家为否定意见报告。在年报审计监管工作中，甘肃证监局及早部署、统筹安排、突出重点，通过约见谈话、审阅审计计划、列席审计委员会沟通好、现场检查等方式，扎实事中事后监管，切实提高辖区市场审计质量。2019 年共列席年报审计沟通会 5 家次，召集 13 家上市公司年报签字会计师、项目负责人举行年报审计监管集体沟通会，对 3 家上市公司年报审计现场督导。

（三）信息披露情况

2019 年，甘肃证监局坚持以信息披露为核心，持续加强上市公司日常监管。一方面加强舆情检测，通过采取约谈公司相关人员、要求公司提供书面说明、下发监管函等方式，督促公司做好相关媒体报道的澄清和解释工作。另一方面将上市公司和年报审计项目现场检查一并部署，拓展检查深度，深挖信息披露不足，对发现的违法违规行为严格依法惩处。全年因涉嫌信息披露违法违规，将 2 家上市公司移送稽查立案调查，因信息披露违法违规，对上市公司采取行政监管措施 5 家次。

（四）证券市场服务情况

2019 年，甘肃证监局努力拓展资本市场服务实体经济的深度和广度。一是充分发挥资本市场在支持地方经济、优化资源配置、促进创新创业等方面的积极作用，持续推动辖区上市公司通过资本市场进行融资、并购重组。全年累计再融资 27.33 亿元，推进中的再融资项目合计 43 亿元。二是全面加强与地方政府的协调力度，汇聚资本市场服务实体经济合力。会同辖区上市公司协会组织召开上市公司“逐梦资本市场 助力实体经济”主题座谈会，联合深交所、资本市场学院、甘肃省委组织部、甘肃省地方金融监管局举办甘肃省领导干部金融研修班。

审稿人：毛朗格　贾汝明

撰稿人：罗义杰

青海地区

一、青海经济发展概况

表 1　　2019 年青海经济发展概况　　单位：亿元

指　标	1～3 月		1～6 月		1～9 月		1～12 月	
	绝对量	同比增长（%）	绝对量	同比增长（%）	绝对量	同比增长（%）	绝对量	同比增长（%）
地区生产总值（GDP）	652.73	5.70	1378.82	5.70	2133.76	5.70	2965.95	6.30
全社会固定资产投资	—	6.50	—	-9.90	—	-3.00	—	5.00
社会消费品零售总额	196.74	6.50	403.66	6.50	640.49	5.70	880.75	5.40
规模以上工业增加值	—	7.20	—	6.20	—	5.80	—	7.00
规模以上工业企业实现利润	3.10	-73.90	36.30	-12.70	64.20	14.20	-541.90	-4470.20
居民消费价格指数（CPI）	1～3 月		1～6 月		1～9 月		1～12 月	
	2.00		2.10		2.30		2.50	

资料来源：国家统计局。

二、青海上市公司总体情况

（一）公司数量

表 2　　2019 年青海上市公司数量　　单位：家

公司总数	2019 年新增	股票类别			板块分布				
		仅 A 股	仅 B 股	（A+B）股	沪市主板	深市主板	中小板	创业板	科创板
12	0	12	0	0	8	3	1	0	0

资料来源：沪深交易所，同花顺。

（二）行业分布

表 3　　2019 年青海上市公司行业分布情况

行业类别	家数	占比（%）	行业类别	家数	占比（%）
采矿业	2	16.67	批发和零售业	0	0.00
电力、热力、燃气及水生产和供应业	0	0.00	水利、环境和公共设施管理业	0	0.00
房地产业	0	0.00	卫生和社会工作业	0	0.00
建筑业	1	8.33	文化、体育和娱乐业	0	0.00
交通运输、仓储和邮政业	0	0.00	信息传输、软件和信息技术服务业	1	8.33
教育	0	0.00	制造业	8	66.67
金融业	0	0.00	住宿和餐饮业	0	0.00
居民服务、修理和其他服务业	0	0.00	租赁和商务服务业	0	0.00
科学研究和技术服务业	0	0.00	综合	0	0.00
农、林、牧、渔业	0	0.00	合计	12	100.00

资料来源：沪深交易所，同花顺。

（三）股本结构及规模

表 4　　2019 年青海上市公司股本规模在 10 亿股以上公司分布情况

股本规模（亿股）	公司家数	具体公司
20≤ ~ <50	3	*ST 盐湖、西部矿业、智慧能源
10≤ ~ <20	2	西宁特钢、藏格控股

资料来源：沪深交易所，同花顺。

表 5　　2019 年青海上市公司分地区股权构成情况　　单位：家

股权性质 / 地域分布	央企国资控股	省属国资控股	地市国资控股	民营控股	其他	合计
西宁市	0	3	0	6	0	9
海东市	0	0	0	1	0	1
格尔木市	0	1	0	1	0	2
合计	0	4	0	8	0	12

资料来源：青海证监局。

（四）市值规模

截至2019年12月31日，青海12家上市公司境内总市值964.13亿元，占全国上市公司境内总市值的0.15%；其中，上交所上市公司8家，总股本80.14亿股，境内总市值481.12亿元，占上交所上市公司境内总市值的0.12%；深交所上市公司4家，总股本59.96亿股，境内总市值483.01亿元，占深交所上市公司境内总市值的0.20%。

（五）资产规模

截至2019年12月31日，青海12家上市公司合计总资产1360.48亿元，归属于母公司股东权益55.25亿元，与2018年相比，分别降低27.40%、89.50%；平均每股净资产0.39元。

三、青海上市公司经营情况及变动分析

（一）总体经营情况

表6　　2019年青海上市公司经营情况

指　标	2019年	2018年	变动率（%）
家数	12	12	0.00
亏损家数	4	4	0.00
亏损家数比例（%）	33.33	33.33	0.00
平均每股收益（元）	-3.26	-0.41	-695.12
平均每股净资产（元）	0.39	3.84	-89.84
平均净资产收益率（%）	-825.48	-10.6	-814.88
总资产（亿元）	1360.48	1873.93	-27.40
归属于母公司股东权益（亿元）	55.25	526.25	-89.50
营业收入（亿元）	867.68	819.43	5.89
利润总额（亿元）	-474.25	-46.92	-910.76
归属于母公司所有者的净利润（亿元）	-456.04	-55.76	-717.86

资料来源：沪深交易所，同花顺。

（二）分行业经营情况

表7　　2019年青海上市公司分行业经营情况

行业类别	营业收入（亿元）	可比样本变动率（%）	归属于母公司所有者的净利润（亿元）	可比样本变动率（%）
采矿业	307.34	6.24	9.98	149.02
电力、热力、燃气及水生产和供应业	—	—	—	—
房地产业	—	—	—	—

续表

行业类别	营业收入（亿元）	可比样本变动率（%）	归属于母公司所有者的净利润（亿元）	可比样本变动率（%）
建筑业	37.29	32.61	0.71	1.43
交通运输、仓储和邮政业	—	—	—	—
教育	—	—	—	—
金融业	—	—	—	—
居民服务、修理和其他服务业	—	—	—	—
科学研究和技术服务业	—	—	—	—
农、林、牧、渔业	—	—	—	—
批发和零售业	—	—	—	—
水利、环境和公共设施管理业	—	—	—	—
卫生和社会工作业	—	—	—	—
文化、体育和娱乐业	—	—	—	—
信息传输、软件和信息技术服务业	20.25	175.51	-10.16	-1192.47
制造业	502.80	2.75	-456.57	-999.90
住宿和餐饮业	—	—	—	—
租赁和商务服务业	—	—	—	—
综合	—	—	—	—
合计	867.68	6.59	-456.04	-657.04

资料来源：沪深交易所，同花顺。

（三）业绩变动情况分析

1. 营业收入、净利润等变动原因分析

2019 年，青海上市公司实现营业收入 867.68 亿元，同比增长 6.66%，主要原因系西宁特钢、西部矿业、顺利办营业收入大幅增加；归属于母公司股东的净利润 -456.04 亿元，主要原因系盐湖股份巨额亏损 458.60 亿元，除西宁特钢、西部矿业净利润大幅增长，正平股份基本持平外，其余 9 家公司净利润均有不同程度的下降。

2. 盈利构成分析

2019 年，青海上市公司利润来源主要是营业利润，剔除 4 家亏损公司后，其他 8 家公司实现营业利润 24.97 亿元，占利润总额的比重为 95.20%。6 家上市公司扣除非经常性损益后净利润为负，主营业务盈利能力有待提高。

3. 经营性现金流量分析

2019 年，青海上市公司经营活动产能生的现金流量净额 93.72 亿元，同比增长 8.52%。其中，8 家公司经营性现金流量净额为正，7 家公司经营性现金流量净额同比上升，1 家公司持续 3 年以上经营性现金流量净额为负。

4. 业绩特点分析

（1）国企上市公司改革脱困效益凸显，经营业绩显著增强。2019 年，2 家国企受益于改革脱困、供给侧结构性改革，经营业绩显著增强，企业质量稳步提高。西宁特钢处置亏损子公司 70.5% 股权，通过子公司增资扩股引进战略投资者投资，将资产负债率由 93% 降至 77%，积极实施“降本增效”专项计划，降低生产成本，2019 年实现净利润 1.4 亿元，扭亏为盈。西部矿业于 2018 年全额计提青海省投长期股权投资减值准备，2019 年增加有色金属采选冶产品销量后，实现净利润 13 亿元，扭亏为盈。

（2）民企上市公司承压明显，经营业绩大幅下滑。2019 年，辖区 12 家上市公司中，8 家盈利，4 家亏损，其中顺利办、青海华鼎 2 家民企分别亏损 10 亿元、4 亿元。8 家民企中，除正平股份净利润基本持平外，7 家民企净利润均下滑明显，下滑幅度均超过 50%。整体来看，在宏观经济未有明显改善情况下，民营企业承压明显，盈利能力大幅下滑，相关经营风险、资产减值风险等相继爆发。

5. 利润分配情况

表 8　　2019 年青海上市公司现金分红情况

2019 年分红公司家数			2019 年分红金额		
家数	变动率（%）	分红公司家数占地区公司总数比重（%）	金额（亿元）	变动率（%）	分红金额占归属于母公司所有者的净利润比重（%）
4	100	33.33	2.89	1.76	—

资料来源：青海证监局。

四、青海上市公司并购重组情况

（一）并购重组基本情况

支持上市公司并购重组，推动上市公司产业整合，提高上市公司质量，实现高质量发展。一是西部矿业为进一步扩大公司矿产资源储备，收购新疆瑞伦 80% 股权、肃北博伦 30% 股权，收购完成后肃北博伦成为公司全资子公司。二是正平股份为进一步拓宽公司业务领域，提高盈利能力，收购了正平建设 40% 股权。三是顺利办为进一步提升公司盈利能力，收购天津易桥普达财务咨询有限公司 100% 股权、霍尔果斯鸿桥企业管理咨询有限公司 10% 股权。四是西宁特钢对亏损板块进行剥离、淘汰，报告期内出售矿冶公司 70.5% 股权。五是青海华鼎为了调整板块部署，将辅助资产调整、剥离，出售千医百顺 100% 股权。

（二）并购重组特点

2019 年，青海上市公司充分利用资本市场资源优化配置功能，积极开展了以产业整合、结构调整及产业转型升级为目的的并购重组，并购重组方式多样化，主要包括重大资产出售、现金收购、小额多频次资产收购等。一是西部矿业整合行业优质资源，增加公司资源储备，提高核心竞争力。二是正平股份延伸、拓展业务链，有效地推动了上下游产业整合，为企业持续做大做强夯实了基础。三是顺利办整合行业优质资源，形成规模优势，提高公司核心竞争力。四是西宁特钢剥离亏损资产，化解过剩产能，减轻资产负担，提高公司盈利能力，为扭亏脱困奠定良好基础。五是青海华鼎剥离辅助资产，实现产业转型升级发展，提升主业盈利能力。

五、青海上市公司募集资金情况、使用情况

（一）募集资金总体情况

表 9　　2019 年青海上市公司募集资金情况

发行类型	代码	简称	募集资金（亿元）
其他融资（公司债券、短期融资券、中期票据、次级债、金融债、境外发行债券）	601168	西部矿业	13
	小计		13
总计			13

资料来源：青海证监局。

（二）募集资金使用情况及特点

2019 年，青海辖区 1 家上市公司通过发行公司债券募集资金 13 亿元，3 家公司使用以前年度募集资金 5.28 亿元，募集资金主要用于补充流动资金。辖区上市公司募集资金使用整体较为规范，募集资金严格按照募集说明书约定投向使用。

（三）募集资金变更情况

表 10　　2019 年青海上市公司募集资金使用项目变更情况

变更募集资金使用项目的公司家数	涉及金额（亿元）	募集资金总额（亿元）	占公司募集资金总额的比例（%）
1	4.28	20	21.4

资料来源：青海证监局。

六、青海上市公司规范运作情况

（一）上市公司治理专项情况

2019 年，青海证监局以证监会修订《上市公司治理准则》为契机，通过日常监管、现场检查、约谈等多种方式，督促辖区上市公司提高公司治理能力和“三会”规范运作水平。一是向辖区上市公司下发《关于贯彻落实〈上市公司治理准则〉的通知》，要求各公司认真学习，全面梳理，自查公司章程等规章制度中需要补充、修改的内容，及时予以完善，并

加强内部培训。二是在上市公司年报现场检查中，重点对公司治理情况做专项检查，经整改，辖区上市公司治理进一步完善，规范运作水平进一步提升。三是组织开展辖区上市公司董监高培训，切实提高上市公司董监高风险意识、合规意识。同时，要求上市公司董事长、总经理积极参加由证监会、沪深交易所及中国上市公司协会举办的各类专题培训。

（二）审计情况及监管情况

结合日常监管掌握情况，在年报审计前，与12家上市公司及其年报审计机构现场沟通，向审计机构出具监管关注函12份，提醒关注103项问题，压实审计责任，督促发挥“看门人”作用。年报披露后，认真审核上市公司年报，发现问题或需进一步说明事项106项，向上市公司出具问询函，要求公司核实并整改。以问题风险为导向，对2家公司年报审计机构执业质量开展延伸检查，就发现的问题发函要求整改，上市公司信息披露质量和审计执业质量进一步提升。

（三）信息披露情况

2019年，青海证监局持续以信息披露监管为核心，强化信息披露监管力度，提高上市公司透明度，保障投资者知情权。一是在上市公司年报现场检查中，重点对公司信息披露情况做专项检查，就西部矿业、顺利办业绩预告与业绩预告更正公告、年报中披露的净利润差异较大事项，向公司及主要责任人采取出具警示函的监督管理措施。经整改，辖区上市公司信息披露透明度、及时性、完整性、准确性进一步提高。二是对辖区上市公司“业绩变脸”、大股东资金占用、大股东股权被轮候冻结等重要事项发函问询，持续释放监管信号，督促提高信披质量。三是加强信息披露监管，高度关注股价异动、媒体质疑或市场传言，及时向公司询问或核查。

（四）证券市场服务情况

2019年，青海证监局提升资本市场服务实体经济能力，积极利用多层次资本市场体系服务青海经济建设。一是参加青海省政协组织的民营企业发展交流座谈会，就青海省民营企业融资困境、股权质押风险较高等问题进行交流沟通，并提出相应意见建议，推动解决企业融资难、融资贵问题。二是支持青海省企业直接融资46.52亿元，其中3家公司发行公司债融资46亿元，3家中小微企业利用区域性股权市场非公开发行可转换债券融资0.52亿元，进一步拓宽了企业融资渠道，助力企业做大做强。三是紧抓设立科创板机遇，组织辖区市场主体多形式开展科创板宣传工作，赴青海省科技厅开展科技创新企业调研，筛选符合科创板上市条件或有潜力的企业，丰富拟上市后备企业库。对亚洲硅业、晶珠藏药等重点拟上市企业开展调研，就上市过程中遇到的问题给予指导帮助，助力企业在科创板成功上市。

审稿人：胡巍东　肖雪维　陈建鑫

撰稿人：张　婷

宁夏地区

一、宁夏经济发展概况

表 1　　2019 年宁夏经济发展概况　　单位：亿元

指　标	1～3 月		1～6 月		1～9 月		1～12 月	
	绝对量	同比增长（%）	绝对量	同比增长（%）	绝对量	同比增长（%）	绝对量	同比增长（%）
地区生产总值（GDP）	824.94	7.90	1742.61	6.50	2696.72	6.50	3748.48	6.50
全社会固定资产投资	—	-8.10	—	-17.90	—	-14.70	—	-10.30
社会消费品零售总额	234.90	3.40	454.10	5.50	713.60	5.10	—	5.20
规模以上工业增加值	—	6.50	—	5.60	—	7.30	—	7.60
规模以上工业企业实现利润	41.90	20.40	101.00	12.80	163.70	16.30	218.10	9.90
居民消费价格指数（CPI）	1～3 月		1～6 月		1～9 月		1～12 月	
	2.20		2.10		1.90		2.10	

资料来源：国家统计局。

二、宁夏上市公司总体情况

（一）公司数量

表 2　　2019 年宁夏上市公司数量　　单位：家

公司总数	2019 年新增	股票类别			板块分布				
		仅 A 股	仅 B 股	(A+B) 股	沪市主板	深市主板	中小板	创业板	科创板
14	1	14	0	0	6	7	1	0	0

资料来源：沪深交易所，同花顺。

（二）行业分布

表 3　　2019 年宁夏上市公司行业分布情况

行业类别	家数	占比（%）	行业类别	家数	占比（%）
采矿业	0	0.00	批发和零售业	1	7.14
电力、热力、燃气及水生产和供应业	2	14.29	水利、环境和公共设施管理业	0	0.00
房地产业	0	0.00	卫生和社会工作业	0	0.00
建筑业	0	0.00	文化、体育和娱乐业	0	0.00
交通运输、仓储和邮政业	1	7.14	信息传输、软件和信息技术服务业	0	0.00
教育	0	0.00	制造业	10	71.43
金融业	0	0.00	住宿和餐饮业	0	0.00
居民服务、修理和其他服务业	0	0.00	租赁和商务服务业	0	0.00
科学研究和技术服务业	0	0.00	综合	0	0.00
农、林、牧、渔业	0	0.00	合计	14	100.00

资料来源：沪深交易所，同花顺。

（三）股本结构及规模

表 4　　2019 年宁夏上市公司股本规模在 10 亿股以上公司分布情况

股本规模（亿股）	公司家数	具体公司
50≤～<100	1	宝丰能源
20≤～<50	2	*ST 中绒，嘉泽新能
10≤～<20	1	西部创业

资料来源：沪深交易所，同花顺。

表 5　　2019 年宁夏上市公司分地区股权构成情况　　单位：家

股权性质 / 地域分布	央企国资控股	省属国资控股	地市国资控股	民营控股	其他	合计
银川市	2	1	0	4	1	8
石嘴山市	2	0	0	1	0	3
吴忠市	0	0	0	2	0	2
固原市	0	0	0	0	0	0
中卫市	1	0	0	0	0	1
合计	5	1	0	7	1	14

资料来源：宁夏证监局。

（四）市值规模

截至 2019 年 12 月 31 日，宁夏 14 家上市公司境内总市值 1272.31 亿元，占全国上市公司境内总市值的 0.21%；其中，上交所上市公司 6 家，总股本 112.66 亿股，境内总市值 953.84 亿元，占上交所上市公司境内总市值的 0.27%；深交所上市公司 8 家，总股本 89.65 亿股，境内总市值 318.47 亿元，占深交所上市公司境内总市值的 0.13%。

（五）资产规模

截至 2019 年 12 月 31 日，宁夏 14 家上市公司合计总资产 889.93 亿元，归属于母公司股东权益 533.16 亿元，与 2017 年相比，分别增长 43.66%、101.82%；平均每股净资产 2.64 元。

三、宁夏上市公司经营情况及变动分析

（一）总体经营情况

表 6　　2019 年宁夏上市公司经营情况

指　标	2019 年	2018 年	变动率（%）
家数	14	13	7.69
亏损家数	4	3	33.33
亏损家数比例（%）	28.57	23.08	5.49
平均每股收益（元）	0.10	-0.36	127.78
平均每股净资产（元）	2.64	2.56	3.13
平均净资产收益率（%）	3.81	-13.97	17.78
总资产（亿元）	889.93	619.46	43.66
归属于母公司股东权益（亿元）	533.16	264.17	101.82
营业收入（亿元）	374.65	255.68	46.53
利润总额（亿元）	30.07	-33.43	189.95
归属于母公司所有者的净利润（亿元）	20.29	-36.9	154.99

资料来源：沪深交易所，同花顺。

（二）分行业经营情况

表 7　　2019 年宁夏上市公司分行业经营情况

行业类别	营业收入（亿元）	可比样本变动率（%）	归属于母公司所有者的净利润（亿元）	可比样本变动率（%）
采矿业	—	—	—	—
电力、热力、燃气及水生产和供应业	24.72	9.19	3.22	0.00

续表

行业类别	营业收入（亿元）	可比样本变动率（%）	归属于母公司所有者的净利润（亿元）	可比样本变动率（%）
房地产业	—	—	—	—
建筑业	—	—	—	—
交通运输、仓储和邮政业	8.00	5.12	0.45	-69.39
教育	—	—	—	—
金融业	—	—	—	—
居民服务、修理和其他服务业	—	—	—	—
科学研究和技术服务业	—	—	—	—
农、林、牧、渔业	—	—	—	—
批发和零售业	76.68	0.55	1.82	32.85
水利、环境和公共设施管理业	—	—	—	—
卫生和社会工作业	—	—	—	—
文化、体育和娱乐业	—	—	—	—
信息传输、软件和信息技术服务业	—	—	—	—
制造业	265.25	-5.17	14.80	345.85
住宿和餐饮业	—	—	—	—
租赁和商务服务业	—	—	—	—
综合	—	—	—	—
合计	374.65	-2.99	20.29	40480.00

资料来源：沪深交易所，同花顺。

（三）业绩变动情况分析

1. 营业收入、毛利率等变动原因分析

2019 年度，宁夏辖区上市公司共计实现营业总收入 374.66 亿元，同比下降 2.99%，保持稳定。

2. 盈利构成分析

2019 年，宁夏辖区 14 家上市公司有 10 家公司实现盈利、4 家亏损。其中，盈利最高为宝丰能源，实现净利润 38.02 亿元；亏损最多为*ST 中绒，亏损 27.32 亿元，主要系债务重组置出包袱资产带来损失所致；剔除*ST 中绒影响外，其余 13 家上市公司整体盈利 9.62 亿元，较 2018 年实现扭亏为盈，增长 242.43%。

3. 经营性现金流量分析

2019 年，宁夏辖区上市公司经营活动产生的现金流量净额合计为 59.44 亿元，同比增长 7.90%，其中 4 家公司经营活动现金流量净额为负。

4. 业绩特点分析

2019 年，宁夏辖区上市公司共计实现净利润 20.32 亿元，同比增长 70.83 倍（主要系新增上市公司宝丰能源实现净利润 38.02 亿元，其余 13 家上市公司实现净利润 -17.70 亿元，同比减亏 18.97 亿元），扣非后净利润为 36.27 亿元，扣非后净利润占净利润的平均比重由 82.58%

上升至94.67%。加权平均每股净收益为0.12元/股，与2018年-0.15元/股相比，实现扭亏为盈，增长173.89%。

5. 利润分配情况

2019年，宁夏辖区6家上市公司实施现金分红，共计45.81亿元，同比增长7.33倍。上市公司回报投资者意识不断增强，力度不断加大。辖区进行现金分红的上市公司由上年4家上升至6家，占辖区上市公司的42.86%；其中，民营企业分红家数、分红数量首次超过国有企业，回报投资者意愿强烈。在分红公司中，宁夏建材、青龙管业、嘉泽新能连续3年进行分红，宝丰能源IPO首发上市当年即进行分红。现金分红与经营业绩相关性较强，辖区有5家公司自上市以来仅个别年度进行分红；2家公司自上市以来从未进行分红。

表8　2019年宁夏上市公司现金分红情况

2019年分红公司家数			2019年分红金额		
家数	变动率（%）	分红公司家数占地区公司总数比重（%）	金额（亿元）	变动率（%）	分红金额占归属于母公司所有者的净利润比重（%）
6	50	42.86	45.81	725	226

资料来源：宁夏证监局。

四、宁夏上市公司并购重组情况

（一）并购重组基本情况

2019年，6家上市公司开展并购重组，涉及金额15.43亿元，3家公司完成并购重组，成交金额4.27亿元。

（二）并购重组特点

2019年，上市公司利用资本市场实现产业转型升级的意识逐步增强，通过并购重组不断拓展产业链、化解过剩产能、处置无效资产，实现高质量发展。

五、宁夏上市公司募集资金情况、使用情况

（一）募集资金总体情况

表9　2019年宁夏上市公司募集资金情况

发行类型	代码	简称	募集资金（亿元）
首发	600989	宝丰能源	81.55
	小计		81.55
再融资（增发、配股）	601619	嘉泽新能	4.83
	小计		4.83
总计			86.38

资料来源：宁夏证监局。

（二）募集资金使用情况及特点

宁夏辖区上市公司2019年度首发和增发募集资金的存放和使用符合有关法规和制度的规定，对募集资金的管理、使用均履行了必要的决策程序及信息披露义务，募集资金均投向主营业务，募投项目均按计划进度实施，未用于补充流动资金，不存在变相改变募集资金用途和损害股东利益的情况，不存在违规使用募集资金的情形。

（三）募集资金变更情况

表10　2019年宁夏上市公司募集资金使用项目变更情况

变更募集资金使用项目的公司家数	涉及金额（亿元）	募集资金总额（亿元）	占公司募集资金总额的比例（%）
0	0	0	0

资料来源：宁夏证监局。

六、宁夏上市公司规范运作情况

（一）上市公司治理专项情况

2019年，宁夏证监局依法开展上市公司日常监管工作，以保护投资者合法权益为目标，切实督促上市公司完善治理结构，全面提升上市公司规范运作水平。在现场检查中，落实风险问题导向，密切关注上市公司治理规范性，履行派出机构一线监管的核心职责。持续督促上市公司完善内部管理制度，有效执行内部决策流程，严格执行内幕信息知情人登记管理制度，防范内幕交易。

（二）审计情况及监管情况

2019年，宁夏辖区上市公司分别由信永中和、立信、安永华明、天职国际、中兴财光华、大华、中审众环、普华永道中天、利安达9家会计师事务所审计，其中3家公司年报被出具非标审计意见，1家公司因实施破产重整事项无须披露内控审计报告。宁夏证监局持续加强与证监会会计部、沪深交易所监管协作，贯彻事前防范、事中督导、事后审核的监管理念，扎实推进年报审计监管工作，增强监管的针对性和有效性。一是全面掌握市场主体风险情况，通过综合分析，对辖区上市公司进行分类，确定监管思路。二是积极部署年报监管，对上市公司和年审机构分别下发做好年报工作的通知，对2019年度报告的编制、审计和披露作出明确要求。三是有效开展年报审核，形成包括公司经营业务、重大事项、监管建议等在内的信息快报。四是加大审计机构执业检查力度，落实审计监督职责。

（三）信息披露情况

2019年，辖区上市公司信息披露规范化程度有所提高，各公司以体现投资价值为导向，强化了投资者关心事项的披露，定期报告、临时公告披露涵盖了包括：经营业绩、公司治理、内控规范体系实施、利润分配、社会责任等，通过及时、有效的信息披露，公司重大风险得到充分揭示。

（四）证券市场服务情况

一是精准发力推动资本市场发展。2019 年 5 月 16 日，宁夏宝丰能源集团股份有限公司上市，成为宁夏第 14 家上市公司，募集资金 81.55 亿元，成为目前我区资产规模与股本规模最大、IPO 募集资金最多的上市公司。

二是组织召开 IPO 专题会议，宣传政策，树立信心。结合 2019 年证监会推出科创板的契机，联合自治区多个部门举办 2019 年度宁夏企业科创板专题培训，辖区 90 余家高新技术企业参加。推动辖区企业充分认识资本市场的融资平台与优化资源配置等功能，激发企业上市融资内在需求，摒弃陈旧观念，增强上市信心和决心，为推进辖区企业上市作充分的思想动员。

三是积极开展企业调研，发掘培育储备并进。高度重视对拟上市后备企业的培育，加强对优质企业、新三板挂牌企业开展 IPO 后备企业调研，通过实地走访，摸底企业经营状况、财务情况，为企业推进上市筹备工作提供政策咨询。

四是加强监管协作，形成合力。积极主动与自治区政府及各部门汇报沟通，及时介绍证监会有关市场发展的政策动态，与自治区金融局建立健全联系机制，为我区企业提供多层次资本市场的全方位咨询与服务。积极主动与交易所沟通协调，介绍宁夏后备上市企业情况，让市场更多了解宁夏企业，让更多专家为宁夏企业发展出谋划策。

五是夯实 IPO 辅导监管基础。严格按照证监会有关规定对辖区企业首次公开发行股票并上市辅导备案进行监管。以保荐机构为主要抓手，大力推动优质企业在公司治理、内部控制、财务核算等各方面“脱胎换骨”，全面符合上市公司的监管要求。2019 年辖区共有 9 家企业进入上市辅导备案程序，新增辅导企业 1 家。

六是切实维护投资者合法权益。持续督促辖区上市公司充分保障中小投资者知情权、完善中小投资者投票、投资回报机制。不断督促上市公司增强诚信意识，加强与投资者的沟通交流，增进彼此了解互信。妥善处理投资者举报事项，做到事事有回应、件件有落实。2019 年收到投资者举报 7 件，全部予以答复。同时，对相关上市公司下发《监管关注函》，提醒公司做好投资者保护工作，妥善解决投资者质疑。

审稿人：段晓霞
撰稿人：牛丽弭　杨　囡　刘燕强
李东升　杨成龙

新疆地区

一、新疆经济发展概况

表 1　　2019 年新疆经济发展概况　　单位：亿元

指标	1～3 月		1～6 月		1～9 月		1～12 月	
	绝对量	同比增长（%）	绝对量	同比增长（%）	绝对量	同比增长（%）	绝对量	同比增长（%）
地区生产总值（GDP）	2992.36	5.30	6321.07	5.60	9781.99	6.10	13597.11	6.20
全社会固定资产投资	—	-9.10	—	7.30	—	6.10	—	2.50
社会消费品零售总额	—	4.30	—	5.60	—	5.60	—	5.50
规模以上工业增加值	—	2.60	—	3.80	—	5.00	—	4.70
规模以上工业企业实现利润	149.10	-27.20	375.40	-16.50	580.20	-14.90	623.40	-19.90
居民消费价格指数（CPI）	1～3 月		1～6 月		1～9 月		1～12 月	
	1.10		2.10		1.70		1.90	

资料来源：国家统计局。

二、新疆上市公司总体情况

（一）公司数量

表 2　　2019 年新疆上市公司数量　　单位：家

公司总数	2019 年新增	股票类别			板块分布				
		仅 A 股	仅 B 股	(A+B)股	沪市主板	深市主板	中小板	创业板	科创板
55	0	55	0	0	29	8	13	5	0

资料来源：沪深交易所，同花顺。

（二）行业分布

表 3　　2019 年新疆上市公司行业分布情况

行业类别	家数	占比（%）	行业类别	家数	占比（%）
采矿业	5	9.09	批发和零售业	5	9.09
电力、热力、燃气及水生产和供应业	5	9.09	水利、环境和公共设施管理业	0	0.00
房地产业	0	0.00	卫生和社会工作业	1	1.82
建筑业	2	3.64	文化、体育和娱乐业	0	0.00
交通运输、仓储和邮政业	2	3.64	信息传输、软件和信息技术服务业	2	3.64
教育	0	0.00	制造业	24	43.64
金融业	2	3.64	住宿和餐饮业	0	0.00
居民服务、修理和其他服务业	0	0.00	租赁和商务服务业	1	1.82
科学研究和技术服务业	1	1.82	综合	0	0.00
农、林、牧、渔业	5	9.09	合计	55	100.00

资料来源：沪深交易所，同花顺。

（三）股本结构及规模

表 4　　2019 年新疆上市公司股本规模在 10 亿股以上公司分布情况

股本规模（亿股）	公司家数	具体公司
200≤～<500	1	申万宏源
100≤～<200	0	
50≤～<100	4	渤海租赁、中油工程、广汇能源、中油资本
20≤～<50	5	中粮糖业、金风科技、中泰化学、特变电工、德展健康
10≤～<20	13	卓郎智能、美克家居、八一钢铁、*ST 新亿、新研股份、同济堂、青松建化、西部建设、天富能源、*ST 中葡、天康生物、天山股份、新疆众和

资料来源：沪深交易所，同花顺。

表 5　　2019 年新疆上市公司分地区股权构成情况　　单位：家

股权性质 地域分布	央企国资控股	省属国资控股	地市国资控股	民营控股	其他	合计
乌鲁木齐市	5	4	3	16	3	31
克拉玛依市	2	0	0	2	0	4

续表

地域分布＼股权性质	央企国资控股	省属国资控股	地市国资控股	民营控股	其他	合计
昌吉市	1	0	0	4	0	5
库尔勒市	1	0	0	0	0	1
石河子市	0	0	3	0	0	3
五家渠市	0	0	1	1	0	2
伊犁哈萨克自治州	0	0	1	0	0	1
阿拉尔市	0	0	2	0	0	2
阿克苏市	0	0	0	1	0	1
和田市	0	0	0	1	0	1
塔城市	0	0	0	1	0	1
喀什市	0	0	0	1	0	1
双河市	0	0	1	0	0	1
铁门关市	0	0	1	0	0	1
合计	9	4	12	27	3	55

资料来源：新疆证监局。

（四）市值规模

截至2019年12月31日，新疆55家上市公司境内总市值6108.61亿元，占全国上市公司境内总市值的1.03%；其中，上交所上市公司29家，总股本374.83亿股，境内总市值1949.25亿元，占上交所上市公司境内总市值的0.55%；深交所上市公司26家，总股本596.29亿股，境内总市值4159.35亿元，占深交所上市公司境内总市值的1.76%。

（五）资产规模

截至2019年12月31日，新疆55家上市公司合计总资产22799.5亿元，归属于母公司股东权益4457.92亿元，与2018年相比，分别增长4.67%、9.23%；平均每股净资产4.59元。

三、新疆上市公司经营情况及变动分析

（一）总体经营情况

表6　　2019年新疆上市公司经营情况

指　标	2019年	2018年	变动率（%）
家数	55	55	0.00
亏损家数	7	8	-12.50
亏损家数比例（%）	12.73	14.55	-1.82

续表

指　标	2019 年	2018 年	变动率（%）
平均每股收益（元）	0.29	0.32	-9.38
平均每股净资产（元）	4.59	4.38	4.79
平均净资产收益率（%）	6.22	7.21	-0.99
总资产（亿元）	22799.5	21783.27	4.67
归属于母公司股东权益（亿元）	4457.92	4081.35	9.23
营业收入（亿元）	5074.16	4653.44	9.04
利润总额（亿元）	467.47	463.88	0.77
归属于母公司所有者的净利润（亿元）	277.33	294.17	-5.72

资料来源：沪深交易所，同花顺。

（二）分行业经营情况

表 7　　2019 年新疆上市公司分行业经营情况

行业类别	营业收入（亿元）	可比样本变动率（%）	归属于母公司所有者的净利润（亿元）	可比样本变动率（%）
采矿业	846.69	13.73	25.37	4.66
电力、热力、燃气及水生产和供应业	87.35	11.87	2.79	-56.41
房地产业	—	—	—	—
建筑业	170.78	9.45	2.40	-40.89
交通运输、仓储和邮政业	12.99	16.09	0.27	-89.81
教育	—	—	—	—
金融业	577.19	17.40	135.28	17.82
居民服务、修理和其他服务业	—	—	—	—
科学研究和技术服务业	2.62	-37.47	0.34	105.04
农、林、牧、渔业	28.31	3.47	-0.96	95.47
批发和零售业	201.88	-22.20	7.59	-33.77
水利、环境和公共设施管理业	—	—	—	—
卫生和社会工作业	12.85	9.36	0.73	197.33
文化、体育和娱乐业	—	—	—	—
信息传输、软件和信息技术服务业	16.63	25.98	1.31	104.69
制造业	2728.85	11.35	83.72	-39.20
住宿和餐饮业	—	—	—	—
租赁和商务服务业	388.03	-6.03	18.48	-18.91
综合	—	—	—	—
合计	5074.16	8.87	277.33	-6.33

资料来源：沪深交易所，同花顺。

（三）业绩变动情况分析

1. 营业收入、毛利率等变动原因分析

2019 年，新疆上市公司实现营业收入 5074.16 亿元，较 2018 年同比增长 9.04%；营业成本 4740.28 亿元，较 2018 年增长 10.81%；营业利润 469.53 亿元，较 2018 年下降 0.25%；归属于母公司所有者净利润 277.33 亿元，较 2018 年同比下降 5.72%；毛利率 6.58%，较 2018 年下降 1.49 个百分点。总体来看，辖区上市公司经营业绩稳定，辖区 55 家上市公司中 33 家实现营业收入增长。

2. 盈利构成分析

从盈利构成来看，2019 年新疆上市公司利润来源主要是营业利润，占利润总额的 100.44%，较 2018 年下降 1.04 个百分点。其中，投资净收益 148.26 亿元，较 2018 年增长 52.81%，占利润总额的比重为 31.72%；资产减值损失 -37.20 亿元，较 2018 年下降 144.43%，占利润总额的比重为 -7.96%；资产处置收益 13.88 亿元，较 2018 年增长 7.54%，占利润总额的比重为 2.97%；公允价值变动净收益 7.70 亿元，较 2018 年增长 115.37%，占利润总额的比重为 1.65%。

3. 经营性现金流量分析

2019 年，新疆上市公司产生经营性现金流净额 949.41 亿元，较 2018 年增长 676.56%。55 家上市公司中，41 家经营活动产生的现金流量净额为正，14 家为负。其中，经营活动现金流入 6473.56 亿元，较 2018 年增长 17.94%；经营活动现金流出 5524.15 亿元，较 2018 年增长 2.94%。

4. 业绩特点分析

（1）经营业绩保持稳定。2019 年，新疆上市公司共计实现营业收入 5074.16 亿元，同比增长 9.04%；实现归属母公司股东的净利润 277.33 亿元，同比略降 5.72%，五成以上的公司实现增长，其中 12 家公司业绩增幅超过 100%，整体经营保持稳定。

（2）龙头企业持续发挥带动作用，排名前五的公司 2019 年合计实现营业收入 1717.96 亿元、归属母公司股东的净利润 196.05 亿元，在新疆上市公司中分别占比 33.42%、69.70%，业绩集中度依然较高。

（3）金融类企业盈利能力强，3 家金融类上市公司 2019 年合计实现营业收入 965.22 亿元、归属母公司股东的净利润 153.76 亿元，在新疆上市公司中分别占比 18.78%、54.66%。

（4）实体企业增长放缓，2019 年合计实现营业收入 4175.50 亿元、同比增长 11.38%，归属母公司股东的净利润 127.52 亿元，占净利润总额比重与 2018 年基本持平，经营性净现金流 357.30 亿元，同比增长 8.92%。

5. 利润分配情况

2019 年，新疆有 26 家上市公司发布现金分红方案，占 47 家盈利上市公司中的 55.32%，预计分红金额为 77.57 亿元，现金分红占 2019 年净利润的比例 27.58%，较 2018 年基本持平。新疆有 20 家上市公司已连续 3 年实施现金分红，分红水平不断提高，为投资者带来持续的收益和回报。

表 8　　2019 年新疆上市公司现金分红情况

2019 年分红公司家数			2019 年分红金额		
家数	变动率（%）	分红公司家数占地区公司总数比重（%）	金额（亿元）	变动率（%）	分红金额占归属于母公司所有者的净利润比重（%）
26	-25.71	47.27	77.57	2.65	27.58

资料来源：新疆证监局。

四、新疆上市公司并购重组情况

（一）并购重组基本情况

2019 年，新疆共有 6 家上市公司推进实施重大资产重组，合计交易金额 91.98 亿元，其中 3 家在 2019 年完成全部交易，3 家分别于 2019 年 9 月、11 月及 12 月收到中国证券监督管理委员会出具的《中国证监会行政许可项目审查一次反馈意见通知书》。上述重大资产重组实施，促进了上市公司产业链升级，增强了上市公司的盈利能力和抵御风险能力。6 家上市公司重大资产重组基本情况如下：立昂技术收购沃驰科技 100% 股权；德新交运持有的 2 个汽车站等资产被沙区征收办征收，同时补偿置入高铁投资持有的公铁联客运站及蓄车场等资产；新疆火炬收购光正集团所持有的光正燃气有限公司 51% 股权；北新路桥收购建工集团持有的北新渝长 100% 股权；新疆天业向天业集团及锦富投资购买其合计持有的天能化工 100% 股权；东方环宇收购伊宁国资公开转让其持有的伊宁供热 80% 股权。

（二）并购重组特点

2019 年，新疆上市公司并购重组呈现如下特点：

（1）产业转型、整合和多元化发展逐渐成为主流。如新疆火炬、东方环宇通过并购重组横向整合清洁能源资源，为公司带来了新的业绩增长点，在业务开拓、地域布局、产业链整合等方面形成良好的协同效应；立昂技术通过并购重组垂直整合信息技术和互联网行业优质资产。

（2）现金收购案例呈上升趋势。2019 年，新疆 6 家上市公司在实施重大资产重组时选择现金收购或发行股份及支付现金相结合的方式，有利于加快并购重组事项进展。

（3）民营上市公司逐步成为并购重组的主力。2019 年推进实施重大资产重组的 6 家上市公司有 4 家为民营上市公司。一方面，由于民营上市公司大股东更有积极性通过并购重组实现产业转型升级；另一方面，在转型发展过程中，民营企业相较于国有企业经营压力更大，获得资源能力相对较弱，通过并购重组转型需求更为迫切。

五、新疆上市公司募集资金情况、使用情况

（一）募集资金总体情况

表 9　　2019 年新疆上市公司募集资金情况

发行类型	代码	简称	募集资金（亿元）
再融资（增发、配股）	600737. SH	中粮糖业	6. 54
	600888. SH	新疆众和	7. 51
	300603. SZ	立昂技术	18. 62
	002202. SZ	金风科技	38. 28
	小计		70. 95
其他融资（公司债券、短期融资券、中期票据、次级债、金融债、境外发行债券）	600089. SH	特变电工	12. 7
	600737. SH	中粮糖业	10
	600197. SH	伊力特	8. 76
	600256. SH	广汇能源	5
	000166. SZ	申万宏源	100
	002307. SZ	北新路桥	6
	002092. SZ	中泰化学	70. 5
	000617. SZ	中油资本	42
	000415. SZ	渤海租赁	10
	002202. SZ	金风科技	5
	小计		269. 96
总计			340. 91

资料来源：新疆证监局。

（二）募集资金使用情况及特点

2019 年，新疆辖区上市公司共募集资金 340. 91 亿元，其中再融资募集资金 70. 95 亿元，其他融资募集资金 269. 96 亿元。辖区上市公司募集资金使用具有以下特点：2019 年，新疆辖区上市公司募集资金主要用于项目建设和补充运营资金，再融资募集资金上市公司共有 4 家，使用募集资金 64. 12 亿元，占其再融资募集资金总额的 90. 37%，均投入募集资金项目，整体使用效率较高。

（三）募集资金变更情况

2019 年，有 5 家公司变更募集资金投资项目 10 个，涉及金额 18. 11 亿元，占公司募集资金总额的 39. 11%。募集资金变更经过了相应审批程序。募集资金的变更主要有以下原因：一是公司业务调整，调整部分原募投项目，以及用于收购

新的经营资产，或者终止投入无法为公司带来稳定业绩的项目。二是募集资金投资项目结项后，节余募集资金永久性补充流动资金。

表 10　　2019 年新疆上市公司募集资金使用项目变更情况

变更募集资金使用项目的公司家数	涉及金额（亿元）	募集资金总额（亿元）	占公司募集资金总额的比例（%）
5	18.11	46.31	39.11

资料来源：新疆证监局。

六、新疆上市公司规范运作情况

（一）上市公司治理专项情况

2019 年，新疆辖区上市公司治理水平整体较好。股东大会、董事会、监事会能依法依规运作，董事、监事勤勉尽责，内部控制逐步健全完善。公司回报股东意识明显增强，分红家数和分红金额逐年提高。2019 年，新疆上市公司延续了重视股东回报的优良传统，持续增强投资者获得感，有 27 家上市公司推出分红方案，占全部盈利公司家数的 57%。其中，18 家公司现金分红比例超过 30%，10 家公司连续 3 年现金分红比例超过 30%，稳定的较高比例现金分红群体正在形成。

（二）审计情况及监管情况

2019 年，共有 18 家会计师事务所承做辖区 55 家上市公司的年度审计工作。其中承做公司家数较多的为立信、天职及希格玛等，合计家数占辖区上市公司总数的 65.45%。在审计监管方面，新疆证监局一是优化监管机制，加强会计监管队伍建设。及时修订完善局内相关制度，积极组织会计小组业务学习讨论，邀请市场专家讲解新会计准则，做好会计相关征求意见反馈。二是扎实做好审计评估机构日常监管，近年来首次召开辖区会计监管工作培训会，并组织辖区审计评估机构座谈交流。落实会计部工作部署，加强审计评估业务全流程监管。2019 年组织专项或延伸检查会计师事务所执业质量 15 家次，评估机构执业质量 4 家次。出具审计评估监管事前提示函 8 份，开展现场督导 9 家次，通过检查对审计评估机构出具检查结果告知书 9 份，对 1 家评估机构的 2 名评估师采取行政监管措施。

（三）信息披露情况

2019 年，新疆辖区上市公司信息披露水平较 2018 年有所改善。根据沪深交易所 2019 年度信息披露考核评价结果显示，辖区 55 家上市公司中考核为 A 类的 8 家、B 类 30 家，A 类、B 类总体占比近 70%，与 2018 年相比评级上调的公司有 8 家。

（四）证券市场服务情况

2019 年，新疆证监局持续加强证券市场服务工作。一是深入企业开展调研。

深入上市公司及大股东调研20余次，举办上市公司董事长、监事长、独立董事、董事会秘书、财务总监、审计评估机构的专题座谈交流会12场，多方了解企业发展困境，广泛听取意见建议，并积极向地方政府、会机关、交易所等部门反映企业诉求，协调推进解决问题。二是深化融资并购功能。2019年，新疆辖区12家上市公司在资本市场融资共计262亿元，另有24家上市公司正在推进再融资进程，计划融资561亿元。融资家数增长明显，方式创新多元（优先股、可转债作为并购支付工具等）。共有3家上市公司完成并购重组，交易金额共26亿元，另有5家公司正在筹划资产重组，积极寻求产业链延伸，提升发展实力。2019年辖区公司资产负债率同比下降约1个百分点，整体呈现资本运作持续活跃，财务结构持续改善的局面。三是做好业务培训服务。定期举办董秘、财务总监季度例会，传递监管理念。结合主题教育举办3场专题座谈会，联合中上协在疆举办“2019年第2期上市公司监事会主席研修班”，广泛凝聚共识，形成监管合力。2019年已累计培训市场主体1100余家次、1400余人次。同时，组织投资者走进上市公司活动2次、投资者网上集体接待日1次，回答投资者问题2000余个，搭建沟通交流平台。

审稿人：李　瑾

撰稿人：唐　婕　张雅婧　谈　钊　宋　鹏　熊大卫

深圳地区

一、深圳经济发展概况

表 1　　2019 年深圳经济发展概况　　单位：亿元

指　标	1～3 月		1～6 月		1～9 月		1～12 月	
	绝对量	同比增长（%）	绝对量	同比增长（%）	绝对量	同比增长（%）	绝对量	同比增长（%）
地区生产总值（GDP）	5734.03	7.60	12133.92	7.40	18689.13	6.60	26927.09	6.70
全社会固定资产投资	—	22.70	—	17.60	—	17.90	—	18.80
社会消费品零售总额	1432.98	7.50	3076.85	7.70	4778.39	6.80	6582.85	6.70
规模以上工业增加值	—	8.60	—	7.40	—	5.30	—	4.70
规模以上工业企业实现利润	—	—	—	—	—	—	2420.67	17.60
居民消费价格指数（CPI）	1～3 月		1～6 月		1～9 月		1～12 月	
	2.60		2.90		3.00		3.40	

资料来源：国家统计局。

二、深圳上市公司总体情况

（一）公司数量

表 2　　2019 年深圳上市公司数量　　单位：家

公司总数	2019 年新增	股票类别			板块分布				
		仅 A 股	仅 B 股	(A+B)股	沪市主板	深市主板	中小板	创业板	科创板
299	14	282	0	17	22	58	120	93	6

资料来源：沪深交易所，同花顺。

（二）行业分布

表 3　　2019 年深圳上市公司行业分布情况

行业类别	家数	占比（%）	行业类别	家数	占比（%）
采矿业	0	0.00	批发和零售业	17	5.69
电力、热力、燃气及水生产和供应业	5	1.67	水利、环境和公共设施管理业	3	1.00
房地产业	16	5.35	卫生和社会工作业	0	0.00
建筑业	17	5.69	文化、体育和娱乐业	0	0.00
交通运输、仓储和邮政业	7	2.34	信息传输、软件和信息技术服务业	30	10.03
教育	0	0.00	制造业	177	59.20
金融业	8	2.68	住宿和餐饮业	0	0.00
居民服务、修理和其他服务业	0	0.00	租赁和商务服务业	12	4.01
科学研究和技术服务业	6	2.01	综合	1	0.33
农、林、牧、渔业	0	0.00	合计	299	100.00

资料来源：沪深交易所，同花顺。

（三）股本结构及规模

表 4　　2019 年深圳上市公司股本规模在 10 亿股以上公司分布情况

股本规模（亿股）	公司家数	具体公司
500≤～<1000	1	中国广核
200≤～<500	1	招商银行
100≤～<200	5	工业富联、平安银行、中国平安、中信证券、万科 A
50≤～<100	6	华侨城 A、国信证券、招商蛇口、广深铁路、招商证券、立讯精密
20≤～<50	29	兆驰股份、金地集团、顺丰控股、中兴通讯、格林美、深圳能源、大悦城、中集集团、中金岭南、第一创业、香江控股、南玻 A、长城证券、中国长城、深圳燃气、海王生物、比亚迪、欧菲光、南山控股、中国宝安、深康佳 A、铁汉生态、鹏鼎控股、深高速、怡亚通、深圳机场、深天马 A、世联行、奋达科技

续表

股本规模（亿股）	公司家数	具体公司
10≤～<20	50	盐田港、健康元、达实智能、招商港口、兆新股份、天健集团、海能达、汇川技术、神城A退、农产品、华测检测、*ST飞马、欣旺达、广田集团、美盈森、兴森科技、东旭蓝天、华联控股、深科技、劲嘉股份、科陆电子、深振业A、宝鹰股份、长园集团、聚飞光电、沃尔核材、洪涛股份、海普瑞、爱施德、拓日新能、深赛格、迈瑞医疗、天虹股份、英飞拓、皇庭国际、通产丽星、绿色动力、深粮控股、新纶科技、方大集团、*ST北讯、英唐智控、大族激光、招商积余、世纪星源、信立泰、深圳华强、拓邦股份、深深房A、华控赛格

资料来源：沪深交易所，同花顺。

表5　　2019年深圳上市公司分地区股权构成情况　　单位：家

股权性质 / 地域分布	央企国资控股	省属国资控股	地市国资控股	民营控股	其他	合计
深圳市	25	4	31	195	44	299

资料来源：深圳证监局。

（四）市值规模

截至2019年12月31日，深圳299家上市公司境内总市值70460.61亿元。其中，上交所上市公司28家，总股本959.01亿股，境内总市值28340.24亿元；深交所上市公司271家，总股本3133亿股，境内总市值42120.37亿元。

（五）资产规模

截至2019年12月31日，深圳299家上市公司合计总资产278326.54亿元，归属于母公司股东权益36260.74亿元，与2018年相比，分别增长15.81%、17.55%；平均每股净资产8.86元。

三、深圳上市公司经营情况及变动分析

（一）总体经营情况

表6　　2019年深圳上市公司经营情况

指　标	2019年	2018年	变动率（%）
家数	299	285	4.91
亏损家数	39	40	-2.50
亏损家数比例（%）	13.04	14.04	-1.00
平均每股收益（元）	1.13	0.98	15.3

续表

指　标	2019 年	2018 年	变动率（%）
平均每股净资产（元）	8.86	8.73	1.49
平均净资产收益率（%）	12.76	11.98	0.78
总资产（亿元）	278326.54	240328.60	15.81
归属于母公司股东权益（亿元）	36260.74	30846.81	17.55
营业收入（亿元）	46492.23	40874.48	13.74
利润总额（亿元）	6523.74	5535.97	17.84
归属于母公司所有者的净利润（亿元）	4626.95	3695.33	25.21

资料来源：沪深交易所，同花顺。

（二）分行业经营情况

表 7　　2019 年深圳上市公司分行业经营情况

行业类别	营业收入（亿元）	可比样本变动率（%）	归属于母公司所有者的净利润（亿元）	可比样本变动率（%）
采矿业	—	—	—	—
电力、热力、燃气及水生产和供应业	1037.46	11.97	112.93	-2.32
房地产业	6687.95	23.07	847.44	13.43%
建筑业	721.23	4.18	-33.21	-23621.43
交通运输、仓储和邮政业	1576.49	19.69	131.07	17.68
教育	—	—	—	—
金融业	16589.51	18.06	2963.95	28.46
居民服务、修理和其他服务业	—	—	—	—
科学研究和技术服务业	84.78	15.85	11.17	11.48
农、林、牧、渔业	—	—	—	—
批发和零售业	3167.99	6.31	43.86	24.28
水利、环境和公共设施管理业	73.71	-20.66	-3.21	-139.19
卫生和社会工作业	—	—	—	—
文化、体育和娱乐业	—	—	—	—
信息传输、软件和信息技术服务业	467	3.80	-18.99	-460.18
制造业	14856.97	5.95	712.79	29.71
住宿和餐饮业	—	—	—	—
租赁和商务服务业	1109.09	-27.52	-143.85	-73.61
综合	120.04	2.00	3.01	40.65
合计	46492.23	11.52	4626.95	21.79

资料来源：沪深交易所，同花顺。

（三）业绩变动情况分析

1. 营业收入、毛利率等变动原因分析

2019年，深圳辖区299家公司合计实现营业收入4.65万亿元，实现归属于上市公司股东的净利润（以下简称净利润）4626.95亿元，同比增速分别为11.52%、21.79%，营业收入持续保持两位数增长水平，净利润规模提升近千亿元。其中，非房地产金融业公司（以下简称实体经济公司）盈利企稳回升，净利润815.57亿元，同比增长9.50%，增速由2018年的负增长转为正增长。

2. 盈利构成分析

2019年，深圳上市公司利润来源主要是营业利润，占利润总额的比重为100.37%，与2018年基本持平。在营业利润中，投资净收益占利润总额的比重为27.42%，公允价值变动净收益占利润总额的比重为7.45%。

3. 经营性现金流量分析

2019年，深圳上市公司合计实现经营活动现金流量净额5419.57亿元。其中，实体经济公司的经营活动现金流量净额为1967.30亿元，较2018年增长48.16%。

4. 业绩特点分析

2019年，深圳上市公司业绩呈现几个特点：一是整体业绩增长较快，299家公司合计实现营业收入4.65万亿元，净利润4626.95亿元，同比分别增长11.52%、21.79%。其中，260家盈利，39家亏损，亏损面有所收窄。二是实体经济收入增长放缓，盈利企稳回升。275家实体经济公司合计实现营业收入23214.77亿元，同比增长4.56%，增速较2018年回落11.65个百分点；实现净利润815.56亿元，同比增长9.50%，增速由2018年的负增长转为正增长。三是坚持创新驱动发展，持续加大研发投入，实体经济公司研发支出合计884.31亿元，同比增长13.95%，创新能力及核心竞争力不断提升。

5. 利润分配情况

表8　　2019年深圳上市公司现金分红情况

2019年分红公司家数			2019年分红金额		
家数	变动率（%）	分红公司家数占地区公司总数比重（%）	金额（亿元）	变动率（%）	分红金额占归属于母公司所有者的净利润比重（%）
217	2.36	72.58	1269.89	8.54	27.45

资料来源：深圳证监局。

四、深圳上市公司并购重组情况

（一）并购重组基本情况

2019年，深圳上市公司共完成重大资产并购重组6宗，分别是：

（1）优博讯定增收购佳博科技100%股权；

（2）通产丽星收购力合科创100%股权；

(3) 中航善达定增收购招商物业100%股权；

(4)*ST宇顺出售长沙显示100%股权；

(5) 国农科技挂牌转让山东华泰50%股权；

(6) 中粮地产定增收购大悦城地产64.18%股权。

(二) 并购重组特点

2019年，深圳上市公司重大资产重组完成数量与2018年持平。从重组目的看，横向整合4宗，战略合作及资产调整2宗。从重组形式来看，发行股份购买资产4宗，通过二级市场收购2宗。

五、深圳上市公司募集资金情况、使用情况

(一) 募集资金总体情况

表9　2019年深圳上市公司募集资金情况

发行类型	代码	简称	募集资金（亿元）
首发	300811.SZ	铂科新材	3.78
	002972.SZ	科安达	5.06
	002970.SZ	锐明技术	8.21
	688138.SH	清溢光电	5.87
	688389.SH	普门科技	3.91
	688025.SH	杰普特	10.13
	688036.SH	传音控股	28.12
	003816.SZ	中国广核	125.74
	688321.SH	微芯生物	10.22
	002957.SZ	科瑞技术	6.19
	688007.SH	光峰科技	11.9
	300778.SZ	新城市	5.47
	300771.SZ	智莱科技	7.56
	300769.SZ	德方纳米	4.47
	002949.SZ	华阳国际	5.15
	小计		241.77

续表

发行类型	代码	简称	募集资金（亿元）
再融资（增发、配股）	000004. SZ	国华网安	12. 81
	300531. SZ	优博讯	4. 89
	002243. SZ	力合科创	55. 02
	002240. SZ	盛新锂能	9. 22
	001914. SZ	招商积余	29. 9
	300124. SZ	汇川技术	15. 39
	300638. SZ	广和通	7
	001872. SZ	招商港口	22. 13
	002301. SZ	齐心集团	9. 6
	300568. SZ	星源材质	8. 59
	300227. SZ	光韵达	2. 76
	000031. SZ	大悦城	168. 73
	小计		346. 03
其他融资（公司债券）	600999. SH	招商证券	218
	600030. SH	中信证券	237
	000016. SZ	深康佳 A	50
	002939. SZ	长城证券	50
	001979. SZ	招商蛇口	56
	002594. SZ	比亚迪	55
	002736. SZ	国信证券	90
	002399. SZ	海普瑞	11. 3
	000002. SZ	万科 A	45
	002797. SZ	第一创业	5
	002325. SZ	洪涛股份	2
	000069. SZ	华侨城 A	25
	000027. SZ	深圳能源	30
	002789. SZ	建艺集团	2. 85
	002121. SZ	科陆电子	5
	300506. SZ	名家汇	2
	002130. SZ	沃尔核材	3
	300130. SZ	新国都	3
	002183. SZ	怡亚通	2
	300131. SZ	英唐智控	1. 38
	000050. SZ	深天马 A	10
	000039. SZ	中集集团	20
	小计		923. 53
总计			1511. 33

资料来源：深圳证监局。

（二）募集资金使用情况及特点

2019年，15家公司通过IPO募集资金241.77亿元；34家公司通过增发、配股及其他融资方式等共筹集资金1269.56亿元。与2018年相比，2019年IPO家数增加4家，募集资金减少189.54亿元；股权再融资家数减少8家。

（三）募集资金变更情况

2019年，29家上市公司变更募集资金投向，涉及金额119.86亿元；涉及变更募集资金项目47个，其中41个用于永久补充流动资金。与2018年相比，变更家数增加11家，涉及金额减少39.48亿元。

表10　　2019年深圳上市公司募集资金使用项目变更情况

变更募集资金使用项目的公司家数	涉及金额（亿元）	募集资金总额（亿元）	占公司募集资金总额的比例（%）
29	119.86	311.64	38.46

资料来源：深圳证监局。

六、深圳上市公司规范运作情况

（一）上市公司治理专项情况

深圳证监局紧抓公司治理监管，及时纠正治理乱象，强化对控股股东、实际控制人及其关联方滥用控制地位、影响公司治理等行为的内外部监督制约。充分发挥董事会审计委员会在公司治理中的作用，强化审计委员会对定期报告及重大审计工作的监督。以上市公司实际控制人及董事、监事、高级管理人员（以下简称董监高）为重点，先后组织1000余名董监高开展针对性培训，积极推动上市公司落实新修订的《上市公司治理准则》。从三会运作、信息披露、内幕交易防控等多个维度，强化监管约束，督促上市公司落实主体责任，引导上市公司董监高主动找问题、解难题，约谈公司154家次，组织召开专题座谈会3场。

（二）审计情况及监管情况

深圳证监局高度重视年报审计监管工作，聚焦存在突出问题及乱象频出的风险公司，确定了54家2019年年报审计监管重点公司，向50家审计机构项目组下发监管提示函，强化事前、事中、事后全过程监管，督促会计师勤勉尽责。2019年年报，深圳共有18家公司被审计机构出具非标审计意见，较2018年增加1家。其中，被出具无法表示意见或保留意见的10家公司，均为深圳证监局年报监管重点公司。

深圳证监局坚持问题和风险导向，对上市公司风险事项保持高度敏锐，综合研判进行科学分类分层，对存在并购重组业绩未达标或者精准达标、财务信息披露不实、违规占用资金和担保等问题公司，加大现场检查力度，严格落实监管职责。

2019 年，深圳证监局累计对上市公司开展各类现场检查 58 家次，并根据检查情况对 30 家上市公司及相关责任人员采取行政监管措施 100 余份。

（三）证券市场服务情况

2019 年，深圳证监局认真落实中国证监会党委关于设立科创板并试点注册制的各项工作部署，扎实推进相关工作。积极做好辖区优质科创企业调研摸底、培育上市、服务推动等工作，推动解决企业实际困难，并优化完善科创板企业辅导验收规程，提高验收质量和效率。截至 2019 年年底，深圳辖区申报科创板企业 14 家。其中，已上市企业 4 家，已完成注册企业 3 家，上交所审核阶段企业 7 家。全力保障科创板顺利推出，按照“严标准、稳起步”的要求，全面指导辖区证券经营机构平稳有序推进科创板各项工作。截至 2019 年年底，深圳辖区证券公司服务科创板项目 69 家，居全国第一位。

深圳证监局成立局长担任组长的支持深圳建设中国特色社会主义先行示范区工作小组，制定《深圳证监局支持深圳建设中国特色社会主义先行示范区工作方案》，着力优化资本市场供给，引导各方主体积极抓住重大历史机遇，在更高起点、更高层次、更高目标上提升整体实力，推动深圳企业对接资本市场做优做强，巩固提升证券基金期货经营机构竞争力，支持区域性资本要素市场规范建设。

（四）其他

2019 年，深圳上市公司支付各项税费超过 3800 亿元，吸纳员工总数超过 270 万人。深圳上市公司积极践行新发展理念，履行社会责任，在拉动经济增长、贡献税收、促进就业的同时，积极回报投资者、支持脱贫攻坚、持续发挥履行社会责任的主力军作用。如平安银行聚焦主业，以“产业扶贫贷款 + 扶贫政府债 + 扶贫企业债 + 电商消费扶贫 + 驻村扶贫 + 扶智培训”等多种模式，支持地方扶贫基础设施建设及特色产业发展，带动贫困人口稳定增收，当年累计投入 45.01 亿元，帮助 6000 多名建档立卡的贫困人口实现脱贫。

审稿人：周　勋

撰稿人：林铭泽　刘宇兴

大连地区

一、大连经济发展概况

表 1　　2019 年大连经济发展概况　　单位：亿元

指　标	1～3 月		1～6 月		1～9 月		1～12 月	
	绝对量	同比增长（%）	绝对量	同比增长（%）	绝对量	同比增长（%）	绝对量	同比增长（%）
地区生产总值（GDP）	1600.30	6.70	3671.00	6.70	5740.60	6.60	7001.70	6.50
全社会固定资产投资	—	0.50	—	-14.90	—	-17.30	—	-19.80
社会消费品零售总额	887.30	-1.40	1826.10	0.20	2842.20	0.70	3948.70	1.80
规模以上工业增加值	—	12.50	—	14.00	—	14.60	—	16.10
规模以上工业企业实现利润	—	—	—	—	—	—	—	—
居民消费价格指数（CPI）	1～3 月		1～6 月		1～9 月		1～12 月	
	2.00		2.20		2.10		2.40	

资料来源：国家统计局。

二、大连上市公司总体情况

（一）公司数量

表 2　　2019 年大连上市公司数量　　单位：家

公司总数	2019 年新增	股票类别			板块分布				
		仅 A 股	仅 B 股	(A+B)股	沪市主板	深市主板	中小板	创业板	科创板
28	-1	25	2	1	14	5	7	2	0

资料来源：沪深交易所，同花顺。

（二）行业分布

表 3　　2019 年大连上市公司行业分布情况

行业类别	家数	占比（%）	行业类别	家数	占比（%）
采矿业	0	0.00	批发和零售业	5	17.86
电力、热力、燃气及水生产和供应业	2	7.14	水利、环境和公共设施管理业	1	3.57
房地产业	1	3.57	卫生和社会工作业	0	0.00
建筑业	0	0.00	文化、体育和娱乐业	0	0.00
交通运输、仓储和邮政业	3	10.71	信息传输、软件和信息技术服务业	2	7.14
教育	1	3.57	制造业	11	39.29
金融业	0	0.00	住宿和餐饮业	0	0.00
居民服务、修理和其他服务业	0	0.00	租赁和商务服务业	0	0.00
科学研究和技术服务业	1	3.57	综合	0	0.00
农、林、牧、渔业	1	3.57	合计	28	100.00

资料来源：沪深交易所，同花顺。

（三）股本结构及规模

表 4　　2019 年大连上市公司股本规模在 10 亿股以上公司分布情况

股本规模（亿股）	公司家数	具体公司
100≤～<200	2	国电电力、大连港
50≤～<100	2	恒力石化、广汇汽车
20≤～<50	1	圆通速递
10≤～<20	5	大连重工、辽宁成大、海航投资、晨鑫科技、铁龙物流

资料来源：沪深交易所，同花顺。

表 5　　2019 年大连上市公司分地区股权构成情况　　单位：家

股权性质 地域分布	央企国资控股	省属国资控股	地市国资控股	民营控股	其他	合计
大连市	3	2	6	14	3	28

资料来源：大连证监局。

（四）市值规模

截至2019年12月31日，大连28家上市公司境内总市值3554.13亿元，占全国上市公司境内总市值的0.6%；其中上交所上市公司14家，总股本554.08亿股，境内总市值3080.98亿元，占上交所上市公司境内总市值的0.87%；深交所上市公司14家，总股本112.98亿股，境内总市值473.15亿元，占深交所上市公司境内总市值的0.2%。

（五）资产规模

截至2019年12月31日，大连28家上市公司合计总资产8852.91亿元，归属于母公司股东权益2274.16亿元，与2018年相比，分别增长18.66%、1.94%；平均每股净资产4.26元。

三、大连上市公司经营情况及变动分析

（一）总体经营情况

表6　2019年大连上市公司经营情况

指　标	2019年	2018年	变动率（%）
家数	28	29	-3.45
亏损家数	10	8	25.00
亏损家数比例（%）	35.71	27.59	8.12
平均每股收益（元）	0.21	0.05	320.00
平均每股净资产（元）	3.43	3.3	3.94
平均净资产收益率（%）	6.10	1.66	4.44
总资产（亿元）	8852.91	7462.83	18.63
归属于母公司股东权益（亿元）	2288.22	2176.39	5.14
营业收入（亿元）	5096.37	4155.28	22.65
利润总额（亿元）	265.56	106.57	149.19
归属于母公司所有者的净利润（亿元）	139.56	36.08	286.81

资料来源：沪深交易所，同花顺。

（二）分行业经营情况

表7　2019年大连上市公司分行业经营情况

行业类别	营业收入（亿元）	可比样本变动率（%）	归属于母公司所有者的净利润（亿元）	可比样本变动率（%）
采矿业	—	—	—	—
电力、热力、燃气及水生产和供应业	1173.66	8.02	18.80	16.41

续表

行业类别	营业收入（亿元）	可比样本变动率（%）	归属于母公司所有者的净利润（亿元）	可比样本变动率（%）
房地产业	2.13	-21.11	0.30	-91.40
建筑业	—	—	—	—
交通运输、仓储和邮政业	541.65	8.64	28.41	-3.20
教育	6.30	137.74	1.20	275.00
金融业	—	—	—	—
居民服务、修理和其他服务业	—	—	—	—
科学研究和技术服务业	1.11	-26.97	0.16	-56.76
农、林、牧、渔业	27.29	-2.47	-3.92	-1325.00
批发和零售业	2113.04	0.04	40.79	-7.76
水利、环境和公共设施管理业	3.19	-5.62	0.42	-16.00
卫生和社会工作业	—	—	—	—
文化、体育和娱乐业	—	—	—	—
信息传输、软件和信息技术服务业	14.01	-50.72	-21.97	71.78
制造业	1213.97	49.05	75.38	102.20
住宿和餐饮业	—	—	—	—
租赁和商务服务业	—	—	—	—
综合	—	—	—	—
合计	5096.37	11.31	139.56	157.82

资料来源：沪深交易所，同花顺。

（三）业绩变动情况分析

1. 营业收入、毛利率等变动原因分析

2019年，辖区上市公司营业收入总额5115亿元，较2018年同期增长22.68%，延续了2015年以来营业收入增长的趋势，在全国36个辖区排名第21位；平均营业收入176.36亿元，全国排名第3位，主要集中在广汇汽车营业收入1704亿元、国电电力营业收入1166亿元、恒力石化1008亿元，这是辖区上市公司营业收入总额排名前三的公司。辖区仅有4家上市公司营业收入增幅超过25%，17家上市公司营业收入增长率为负，辖区平均营业收入增长率为-0.56%，低于全国的平均增长率。

2. 盈利构成分析

从盈利情况看，辖区9家上市公司净利润保持增长态势，但行业分布较分散，其中增长率前三位：美吉姆为教育行业，净利润增长137.34%；国电电力为电力、热力、燃气及水生产和供应业，净利润增长率为78.04%；恒力石化为制造业，净利润增长率为67.78%。净利润下降的公司多数集中在制造业、信息传输、软件和信息技术服务业和批发和零售业，由此可见，公司利润增长与行业分布相关性较小，与公司经营战略、管理水平、产品结构、是否进行资本运作等因素相关。

3. 业绩特点分析

从盈亏结构看，辖区10家公司亏损，较上年增加2家；亏损公司占比35.71%，其中ST天宝预计亏损19.06亿元，主要原因为计提资产减值，辖区上市公司归属母公司股东的净利润合计139.68亿元，同比上升169.60%，主要由于恒力石化净利润67亿元，且上年度天神娱乐巨亏金额与本年度的亏损金额差距较大。28家公司中利润过亿的公司11家，占比39.29%，同比减少5个百分点；盈利增长100%的公司6家，较2018年增加2家；盈利下降100%的公司4家，较2018年减少4家。

4. 利润分配情况

表8　　2019年大连上市公司现金分红情况

2019年分红公司家数			2019年分红金额		
家数	变动率（%）	分红公司家数占地区公司总数比重（%）	金额（亿元）	变动率（%）	分红金额占归属于母公司所有者的净利润比重（%）
15	0	55.56	82.15	52.92	29.06

资料来源：大连证监局。

四、大连上市公司并购重组情况

无该情况。

五、大连上市公司募集资金情况、使用情况

无该情况。

六、大连上市公司规范运作情况

（一）上市公司治理专项情况

2019年，大连证监局将公司治理和内部控制作为日常监管的一项重要内容，不论是董监事培训还是双随机检查都高度关注这个问题，并持续关注实控人变更后新出现的公司治理不规范问题。先后约谈十余家上市公司主要负责人或控股股东强调公司治理要求，推动辖区公司切实提高治理水平。对2家公司进行现场检查，对其中1家公司机构、人员、资产、财务不独立，存在大量同业竞争和关联交易、控股股东承诺超期未履行等问题，对上市公司及其控股股东采取责令改正的行政监管措施。针对个别公司爆发的辖区无先例的公开争夺上市公司控制权事件，约谈提示公司董监高和相关股东、下发《监管关注函》，推动事件在短时间内平稳解决。

（二）审计情况及监管情况

全年对7家上市公司进行各类检查11家次，对上市公司及相关主体采取行

政监管措施10件次，数量创历年新高，并在我局历史上首次对资产评估机构采取了行政监管措施。公司处移交线索，共对3家辖区上市公司立案调查，累计在查在审未结的上市公司违法案件达到4家，数量和比例之高前所未有，在各辖区中也比较突出。

（三）信息披露情况

持续完善舆情监测监控机制，加强网络舆情和股价异动监控，及时跟踪掌握公司近况。强化董秘和财务总监履职，分别举办董秘专题工作会议和董秘年度例会，组织开展财务总监培训，通报辖区上市公司主要问题和风险隐患，培训和督导各公司董秘和财务总监勤勉尽责。继续将管理总部和主要资产迁往异地的上市公司作为日常监管的重点，动态调整分类，提高监管针对性和工作效率。督促、指导上市公司建立健全信访问题和矛盾纠纷调处机制，及时调查处理答复各类实名投诉举报事项。有效利用证监会外网门户、易董平台等第三方资源，完善通知发布、信息收集、案例搜集等监管辅助机制。加强投资者保护，持续组织开展“中小投资者走进上市公司”和上市公司网上集体接待日活动。

（四）证券市场服务情况

不断增强服务意识，在深度、广度上加大服务力度。从服务地方经济社会发展的角度，围绕中美贸易摩擦对重点行业企业的影响、落实创新驱动发展战略、提高上市公司质量、推动传统产业改造升级、支持民营企业规范发展等方面开展实地走访调研；采取座谈会、研讨会、培训会等形式，深入了解地方发展和市场主体困难需求；持续开展资本市场宣传和推介，通过定期推送《大连资本市场简报》，不断深化地方政府对资本市场重要功能及作用的认识，一些意见建议得到了地方党委政府领导的高度重视和批示。

审稿人：滕兆滨

撰稿人：潘遂邃

宁波地区

一、宁波经济发展概况

表 1　　2019 年宁波经济发展概况　　单位：亿元

指　标	1～3 月		1～6 月		1～9 月		1～12 月	
	绝对量	同比增长（%）	绝对量	同比增长（%）	绝对量	同比增长（%）	绝对量	同比增长（%）
地区生产总值（GDP）	2468.80	7.10	5417.20	6.50	8170.50	6.50	11985.10	6.80
全社会固定资产投资	—	7.90	—	7.50	—	7.40	—	8.10
社会消费品零售总额	980.90	7.60	2012.30	8.10	3149.70	7.40	4473.70	7.70
规模以上工业增加值	914.10	7.40	1910.00	5.40	2915.30	5.50	3991.50	6.40
规模以上工业企业实现利润	257.20	-8.80	627.00	-1.70	953.30	-3.10	1298.50	4.70
居民消费价格指数（CPI）	1～3 月		1～6 月		1～9 月		1～12 月	
	2.60		2.70		2.70		3.00	

资料来源：国家统计局。

二、宁波上市公司总体情况

（一）公司数量

表 2　　2019 年宁波上市公司数量　　单位：家

公司总数	2019 年新增	股票类别			板块分布				
		仅 A 股	仅 B 股	（A+B）股	沪市主板	深市主板	中小板	创业板	科创板
80	5	80	0	0	47	1	13	17	2

资料来源：沪深交易所，同花顺。

（二）行业分布

表 3　　2019 年宁波上市公司行业分布情况

行业类别	家数	占比（%）	行业类别	家数	占比（%）
采矿业	0	0.00	批发和零售业	3	3.75
电力、热力、燃气及水生产和供应业	1	1.25	水利、环境和公共设施管理业	0	0.00
房地产业	3	3.75	卫生和社会工作业	0	0.00
建筑业	4	5.00	文化、体育和娱乐业	0	0.00
交通运输、仓储和邮政业	3	3.75	信息传输、软件和信息技术服务业	1	1.25
教育	0	0.00	制造业	61	76.25
金融业	1	1.25	住宿和餐饮业	0	0.00
居民服务、修理和其他服务业	0	0.00	租赁和商务服务业	2	2.50
科学研究和技术服务业	1	1.25	综合	0	0.00
农、林、牧、渔业	0	0.00	合计	80	100.00

注：理工环科于本年度变更为信息传输、软件和信息技术服务业，2018 年属制造业。

资料来源：沪深交易所，同花顺。

（三）股本结构及规模

表 4　　2019 年宁波上市公司股本规模在 10 亿股以上公司分布情况

股本规模（亿股）	公司家数	具体公司
100≤～<200	1	宁波港
50≤～<100	2	宁波银行、雅戈尔
20≤～<50	2	荣安地产、韵达股份
10≤～<20	14	龙元建设、百隆东方、宁波富达、三星医疗、均胜电子、宁波海运、亿晶光电、天邦股份、ST 围海、杉杉股份、宏润建设、宁波热电、拓普集团、继峰股份

资料来源：沪深交易所，同花顺。

表 5　　2019 年宁波上市公司分地区股权构成情况　　单位：家

股权性质 / 地域分布	央企国资控股	省属国资控股	地市国资控股	民营控股	其他	合计
宁波市	1	3	4	63	9	80

资料来源：宁波证监局。

（四）市值规模

截至2019年12月31日，宁波80家上市公司境内总市值7249.45亿元，占全国上市公司境内总市值的1.22%；其中，上交所上市公司49家，总股本460.45亿股，境内总市值3644.84亿元，占上交所上市公司境内总市值的1.02%；深交所上市公司31家，总股本234.79亿股，境内总市值3604.61亿元，占深交所上市公司境内总市值的1.52%。

（五）资产规模

截至2019年12月31日，宁波80家上市公司合计总资产20374.57亿元，归属于母公司股东权益3828.31亿元，与2018年相比，分别增长16.01%、11.21%；平均每股净资产5.51元。

三、宁波上市公司经营情况及变动分析

（一）总体经营情况

表6　　2019年宁波上市公司经营情况

指　标	2019年	2018年	变动率（%）
家数	80	75	6.67
亏损家数	10	6	66.67
亏损家数比例（%）	12.50	8.00	4.50
平均每股收益（元）	0.51	0.49	4.08
平均每股净资产（元）	5.51	5.29	4.16
平均净资产收益率（%）	9.28	9.26	0.02
总资产（亿元）	20374.57	17477.50	16.58
归属于母公司股东权益（亿元）	3828.31	3385.92	13.07
营业收入（亿元）	4207.04	3541.70	18.79
利润总额（亿元）	452.35	409.55	10.45
归属于母公司所有者的净利润（亿元）	355.23	313.40	13.35

资料来源：沪深交易所，同花顺。

（二）分行业经营情况

表7　　2019年宁波上市公司分行业经营情况

行业类别	营业收入（亿元）	可比样本变动率（%）	归属于母公司所有者的净利润（亿元）	可比样本变动率（%）
采矿业	—	—	—	—
电力、热力、燃气及水生产和供应业	34.12	95.96	1.19	-22.86

续表

行业类别	营业收入（亿元）	可比样本变动率（%）	归属于母公司所有者的净利润（亿元）	可比样本变动率（%）
房地产业	141.35	17.37	24.53	43.12
建筑业	553.63	12.57	0.06	-99.65
交通运输、仓储和邮政业	610.50	59.37	62.35	7.17
教育	—	—	—	—
金融业	350.81	21.26	137.14	22.60
居民服务、修理和其他服务业	—	—	—	—
科学研究和技术服务业	10.33	62.96	0.58	7.14
农、林、牧、渔业	—	—	—	—
批发和零售业	88.63	-3.37	5.22	31.52
水利、环境和公共设施管理业	—	—	—	—
卫生和社会工作业	—	—	—	—
文化、体育和娱乐业	—	—	—	—
信息传输、软件和信息技术服务业	10.05	—	3.12	—
制造业	2381.47	9.34	120.65	6.5
住宿和餐饮业	—	—	—	—
租赁和商务服务业	26.14	-11.60	0.40	106.18
综合	—	—	—	—
合计	4207.04	14.39	355.23	10.93

注：2019年度辖区首家信息传输、软件和信息技术服务业上市公司为理工环科，2018年属制造业。

资料来源：沪深交易所，同花顺。

（三）业绩变动情况分析

1. 营业收入、毛利率等变动原因分析

2019年，宁波80家上市公司实现营业收入4207.04亿元，同比增长16.71%。

2019年，宁波79家上市公司毛利率19.10%（剔除金融业宁波银行），同比下降0.82个百分点，其中共有42家上市公司毛利率同比增长，占79家上市公司的53.16%。

2. 盈利构成分析

2019年，宁波辖区上市公司实现归属于母公司股东的净利润355.23亿元，同比上升10.88%，其中40家公司业绩同比增长，40家公司业绩同比下降，分化较为明显；扣除非经常性损益后的净利润323.39亿元，同比上升19.50%。

3. 经营性现金流量分析

2019年，宁波辖区上市公司经营活动现金流较为稳健，货币资金保有量实现小幅增长。全年经营活动产生的现金流量净额为736.79亿元，剔除宁波银行后，79家上市公司全年经营活动产生的现金流量净额为333.40亿元，同比增长1.8个百分点。2019年年末，有55家上市公司的货币资金余额较2018年同期实现增长，占79家上市公司（剔除宁波银行）的69.62%。

4. 业绩特点分析

（1）制造业营业收入保持增长态势，但受资产减值损失等因素影响，业绩增速有所放缓。2019年度，宁波辖区共有制造业上市公司61家，占辖区全部上市公司数量的76.25%，61家公司实现营业收入2381.47亿元，同比增长12.63%，实现归属于母公司股东的净利润120.65亿元，同比小幅增长5.73%，增速有所放缓，主要因本年度部分公司对商誉、固定资产和存货等计提大额减值准备。

（2）汽车零部件行业增收不增利。按申万行业分类宁波10家汽车零部件上市公司实现营业收入1129.54亿元，同比增长23.29%；实现归属于母公司股东的净利润24.18亿元，同比下降41.81%，除宁波华翔外，其中9家公司净利润比上年均有不同程度的下降。

（3）新能源产业链初现规模，不同板块业绩差异较大。辖区光伏、电池、风能等新能源相关行业上市公司8家（杉杉股份、东方电缆、锦浪科技、东方日升、亿晶光电、容百科技、维科技术、日月股份）2019年度实现营业总收入407.93亿元，同比增长23.59%，增幅明显。其中光伏、风能行业公司营收均大幅增长，3家动力电池或聚合物电池材料生产企业，受行业不景气及公司自身经营影响，归属母公司净利润比上年均出现不同程度的下降。

5. 利润分配情况

表8　　2019年宁波上市公司现金分红情况

2019年分红公司家数			2019年分红金额		
家数	变动率（%）	分红公司家数占地区公司总数比重（%）	金额（亿元）	变动率（%）	分红金额占归属于母公司所有者的净利润比重（%）
59	−6.35	73.75	106.50	−1.02	29.98

资料来源：宁波证监局。

四、宁波上市公司并购重组情况

（一）并购重组基本情况

2019年，宁波有继峰股份、宁波热电2家上市公司实施完成重大资产重组，交易总价值48.94亿元，实施重大资产重组公司数量与2018年持平，标的资产金额同比增加31.24%。其中，继峰股份以发行可转债、股份及支付现金取得Grammer 84.23%股份；宁波热电以发行股份取得溪口水电51.49%股权等资产。

（二）并购重组特点

2019年，宁波辖区上市公司并购重组主要呈现以下特点：一是并购标的规模较大，2 家实施完成的重大资产重组平均标的 24.47 亿元，另有 2 家上市公司发布重大资产重组预案，涉及标的合计 15.89 亿元。二是并购全球化，更倾向于完善公司全球范围内的资源配置，减少对于局部市场的依赖性，实现公司业务面向全球的跨越。

五、宁波上市公司募集资金情况、使用情况

（一）募集资金总体情况

表 9　　2019 年宁波上市公司募集资金情况

发行类型	代码	简称	募集资金（亿元）
首发	603700	宁波水表	6.50
	300763	锦浪科技	5.33
	688005	容百科技	11.98
	603662	柯力传感	5.92
	688299	长阳科技	9.69
	小计		39.42
其他融资（公司债券、短期融资券、中期票据、次级债、金融债、境外发行债券）	600683	京投发展	15.00
		京投发展	5.00
	603081	大丰实业	6.30
	603218	日月股份	12.00
	603997	继峰股份	7.18
	601018	宁波港	45.00
	600699	均胜电子	15.00
	002120	韵达股份	9.00
	小计		114.48
总计			199.41

资料来源：宁波证监局。

（二）募集资金使用情况及特点

2019 年宁波辖区上市公司使用募集资金 14.57 亿元，占当期募集资金总额 64.90 亿元（公司债、中期票据、短期融资券除外）的 22.45%。宁波辖区上市公司在募集资金使用方面特点如下：一是募集资金整体使用进度较慢，2019 年宁波上市公司使用募集资金占当期募集资金总额的 22.45%，较 2018 年下降 54.63%；二是首发募集资金使用进度略有提升，占当期首发募集资金总额的 18.29%，较 2018 年上升 5.49%；三是宁波辖区上市公司闲置募集资金暂时补充流动资金开展较为频繁，反映出在合法合规范围内对闲置募集资金有效使用的充分考量。

（三）募集资金变更情况

2019年，宁波有6家上市公司变更部分募集资金使用项目，涉及金额约16.97亿元，占上述公司募集资金总额42.46亿元的39.97%。募集资金变更程序合法合规，均经过公司股东大会审议通过。

表10　　2019年宁波上市公司募集资金使用项目变更情况

变更募集资金使用项目的公司家数	涉及金额（亿元）	募集资金总额（亿元）	占公司募集资金总额的比例（%）
6	16.97	42.46	39.97

资料来源：宁波证监局。

六、宁波上市公司规范运作情况

（一）上市公司治理专项情况

2019年，宁波证监局致力于推动提高上市公司治理水平，认真有序落实上市公司治理工作。一是推动上市公司召开业绩说明会。2019年辖区共有27家上市公司召开业绩说明会，通过全景网、微信小程序等平台让中小股东充分了解公司。二是在现场检查中关注公司治理方面的问题，对于存在“三会”运作不规范、控股股东占用上市公司资金、违规担保、募集资金未按规定使用等问题的公司依法从严监管，及时采取行政监管措施等。其中，对于ST围海控股股东及相关责任人抢夺上市公司公章等情况，及时采取责令改正措施。三是通过董秘例会等平台，邀请专家就新证券法、证券交易所上市规则进行解读，提高上市公司董监高的专业胜任能力，提升公司治理水平。四是通过日常约谈、现场调研等方式，督促上市公司做好投资者保护工作。

（二）审计情况及监管情况

宁波80家上市公司均按时披露了2019年年度报告和审计报告，其中1家上市公司的年报审计意见类型为无法表示意见，1家上市公司的年报审计意见类型为保留意见，2家为带强调事项段的无保留意见，其余均为标准无保留意见。

2019年，宁波证监局以审计机构执业质量为抓手，关口前移，抓早抓小，督促中介机构归位尽责，切实提升执业质量，提高服务辖区实体经济能力。一是在审计机构入场前约谈年报审计机构33家次，在现场与项目合伙人和现场负责人进行充分沟通，提醒审计项目组关注资产减值、大股东资金占用等风险点，督促审计机构做好“看门人”。二是根据日常监管掌握线索及年报分析情况开展专项检查，全年开展审计机构检查共10家次。三是加强年报监管工作，通过事前约谈提示、事中风险控制、事后检查问责等方法，督促审计机构发挥独立鉴证作用，提高辖区上市公司质量。

（三）信息披露情况

宁波证监局认真履行信息披露监管职责，推动提升上市公司信息披露质量。一是以风险和问题为导向，突出重点开展年报审核工作。2019 年，共对 19 家公司年报进行重点审核。二是严防紧盯，坚持信息披露常态化监管。紧盯信息披露存在疑点的公司，通过现场检查、询问函、约谈等加强监管，针对信息披露违反法律法规的公司及时采取监管措施。其中，对个别公司未充分披露应收票据主要构成及风险、业绩预告披露不准确、年报财务信息披露错误及持股 5% 以上股东违规减持等事项向相关主体采取了行政监管措施并要求积极整改。三是严格要求，紧抓商誉信息披露。按照会计监管风险提示第 8 号的文件要求，强化商誉减值的会计监管，规范上市公司商誉减值的信息披露，对个别公司违规计提大额商誉减值事项采取了行政监管措施。

（四）证券市场服务情况

2019 年，宁波证监局强化服务意识，全面开展宣传、培训等工作，不断提升服务上市公司水平。一是做好监管第一课培训。全年共开展 9 家次监管第一课，抓好新上市公司董事长、董事会秘书等董监高人员的培训，解读监管框架、监管目标、监管“红线”、典型监管案例等。二是召开 4 次董秘、财务总监座谈会，2 次提高上市公司质量专题座谈会，1 次汽车零部件上市公司座谈会，多途径听取上市公司对辖区监管工作的意见建议，改进工作方式方法。三是联合宁波上市公司协会举办上市公司董监高培训、董秘证代例会、财务总监例会等，培训上市公司 388 家次，受训人员 1058 人次，分别就上市公司治理准则、上市公司信息披露规则以及上市公司规范运作等专题进行培训解读。四是全年共开展现场调研 23 家次，赴 6 家公司开展公司治理和信息披露专题授课，现场答疑解惑，进一步提升辖区上市公司规范运作水平和董监高规范意识。五是组织投资者走进辖区 2 家上市公司，开展投教宣传活动。

审稿人：方乐乐

撰稿人：郑　怡

厦门地区

一、厦门经济发展概况

表 1　　2019 年厦门经济发展概况　　单位：亿元

指　标	1～3 月		1～6 月		1～9 月		1～12 月	
	绝对量	同比增长（%）	绝对量	同比增长（%）	绝对量	同比增长（%）	绝对量	同比增长（%）
地区生产总值（GDP）	1114.67	8.00	2307.36	8.00	3592.71	8.10	5995.04	7.90
全社会固定资产投资	—	6.40	—	8.00	—	8.40	—	9.00
社会消费品零售总额	444.10	5.70	882.12	12.00	1298.45	13.10	1731.85	12.20
规模以上工业增加值	402.00	8.00	866.32	8.10	1327.65	8.40	1795.96	8.60
规模以上工业企业实现利润	—	—	157.29	-5.50	—	—	340.08	-0.43
居民消费价格指数（CPI）	1～3 月		1～6 月		1～9 月		1～12 月	
	1.30		1.80		2.30		3.00	

资料来源：国家统计局。

二、厦门上市公司总体情况

（一）公司数量

表 2　　2019 年厦门上市公司数量　　单位：家

公司总数	2019 年新增	股票类别			板块分布				
		仅 A 股	仅 B 股	(A+B)股	沪市主板	深市主板	中小板	创业板	科创板
49	2	48	1	0	17	4	16	12	0

资料来源：沪深交易所，同花顺。

（二）行业分布

表 3　　2019 年厦门上市公司行业分布情况

行业类别	家数	占比（%）	行业类别	家数	占比（%）
采矿业	1	2.04	批发和零售业	5	10.20
电力、热力、燃气及水生产和供应业	0	0.00	水利、环境和公共设施管理业	0	0.00
房地产业	0	0.00	卫生和社会工作业	0	0.00
建筑业	0	0.00	文化、体育和娱乐业	0	0.00
交通运输、仓储和邮政业	2	4.08	信息传输、软件和信息技术服务业	5	10.20
教育	1	2.04	制造业	31	63.27
金融业	1	2.04	住宿和餐饮业	0	0.00
居民服务、修理和其他服务业	0	0.00	租赁和商务服务业	1	2.04
科学研究和技术服务业	2	4.08	综合	0	0.00
农、林、牧、渔业	0	0.00	合计	49	100.00

资料来源：沪深交易所，同花顺。

（三）股本结构及规模

表 4　　2019 年厦门上市公司股本规模在 10 亿股以上公司分布情况

股本规模（亿股）	公司家数	具体公司
20≤～<50	3	建发股份、盛屯矿业、厦门象屿
10≤～<20	4	厦门国贸、*ST 厦工、厦门钨业、合兴包装

资料来源：沪深交易所，同花顺。

表 5　　2019 年厦门上市公司分地区股权构成情况　　单位：家

地域分布 \ 股权性质	央企国资控股	省属国资控股	地市国资控股	民营控股	其他	合计
厦门市	2	2	7	38	0	49

资料来源：厦门证监局。

（四）市值规模

截至 2019 年 12 月 31 日，厦门 49 家上市公司境内总市值 3992.25 亿元，占全国上市公司境内总市值的 0.67%；其中，上交所上市公司 17 家，总股本 154.82 亿股，境内总市值 1633.87 亿元，占上交所上市公司境内总市值的 0.46%；深交所上市公司32家，总股本138.78亿股，境内总市值2358.38亿元，占深交所上市公司境内总市值的0.99%。

（五）资产规模

截至2019年12月31日，厦门49家上市公司合计总资产6887.26亿元，归属于母公司股东权益1697.53亿元，与2018年相比，分别增长21.79%、8.99%；平均每股净资产5.78元。

三、厦门上市公司经营情况及变动分析

（一）总体经营情况

表6　2019年厦门上市公司经营情况

指　标	2019年	2018年	变动率（%）
家数	49	47	4.26
亏损家数	8	3	166.67
亏损家数比例（%）	16.33	6.38	9.95
平均每股收益（元）	0.46	0.6	-23.33
平均每股净资产（元）	5.78	5.78	0.00
平均净资产收益率（%）	7.94	10.34	-2.40
总资产（亿元）	6887.26	5567.37	23.71
归属于母公司股东权益（亿元）	1697.53	1528.04	11.09
营业收入（亿元）	10996.18	9586.13	14.71
利润总额（亿元）	248.97	270.07	-7.78
归属于母公司所有者的净利润（亿元）	134.82	158.07	-14.71

资料来源：沪深交易所，同花顺。

（二）分行业经营情况

表7　2019年厦门上市公司分行业经营情况

行业类别	营业收入（亿元）	可比样本变动率（%）	归属于母公司所有者的净利润（亿元）	可比样本变动率（%）
采矿业	359.03	9.91	3.00	-38.60
电力、热力、燃气及水生产和供应业	—	—	—	—
房地产业	—	—	—	—
建筑业	—	—	—	—
交通运输、仓储和邮政业	159.40	5.09	6.04	13.77
教育	29.92	3.43	0.14	7.06
金融业	9.51	101.93	1.21	5.30

续表

行业类别	营业收入（亿元）	可比样本变动率（%）	归属于母公司所有者的净利润（亿元）	可比样本变动率（%）
居民服务、修理和其他服务业	—	—	—	—
科学研究和技术服务业	41.56	24.21	4.77	50.34
农、林、牧、渔业	—	—	—	—
批发和零售业	6600.98	15.75	39.92	-43.65
水利、环境和公共设施管理业	—	—	—	—
卫生和社会工作业	—	—	—	—
文化、体育和娱乐业	—	—	—	—
信息传输、软件和信息技术服务业	59.08	19.71	8.76	13.71
制造业	1012.59	2.27	59.93	1.41
住宿和餐饮业	—	—	—	—
租赁和商务服务业	2724.12	16.41	11.06	10.84
综合	—	—	—	—
合计	10996.18	14.22	134.82	-16.91

资料来源：沪深交易所，同花顺。

（三）业绩变动情况分析

1. 营业收入、毛利率等变动原因分析

2019年，厦门49家上市公司实现营业收入10996.18亿元，同比增长14.22%；合计实现归属于母公司股东的净利润134.82亿元，同比下降16.91%，平均毛利率为6.9%，略低于2018年。

2. 盈利构成分析

2019年，厦门49家上市公司利润总额为248.97亿元，其中，营业利润244.26亿元，营业外收支4.71亿元；扣除非经营性损益后的净利润占净利润比重为77.41%，较2018年度提高4.64个百分点，对非经营性损益的依赖程度进一步降低。

3. 经营性现金流量分析

2019年，厦门49家上市公司经营性现金流量净流入240.45亿元，同比增长7.27%，经营活动净流入占归属于母公司股东的净利润比例达132.34%，较2018年度提高24.58个百分点，现金流质量显著提高。

4. 业绩特点分析

一是盈亏分化扩大。2019年，厦门实现盈利的41家上市公司归母净利润同比增长6.04%，但业绩亏损的8家上市公司合计亏损50.52亿元，亏损额较2018年度的15.06亿元增加较多，主要原因系上市公司计提存货跌价、商誉减值、信用损失等资产减值均高于往年。

二是增长态势有所放缓。2019年，厦门上市公司实现营业收入同比增速14.22%，虽高于全国上市公司平均9.6%的增速，但较2018年度23.78%的增幅下降了9.56个百分点。

三是稳中向好趋势不变。2019 年，33 家上市公司实现归母净利润同比增长，7 家归母净利润增长率超过 50%，其中 3 家上市公司归母净利润增长率超过 100%；扣除非经营性损益后的净利润占净利润比重为 77.41%，较 2018 年提高 4.64 个百分点，对非经营性损益的依赖程度进一步降低；经营性现金流量净流入 240.45 亿元，同比增长 7.27%，经营活动净流入占归属于母公司股东的净利润比例达 132.34%，较 2018 年提高 24.58 个百分点，现金流质量显著提高。

5. 利润分配情况

表 8　　2019 年厦门上市公司现金分红情况

2019 年分红公司家数			2019 年分红金额		
家数	变动率（%）	分红公司家数占地区公司总数比重（%）	金额（亿元）	变动率（%）	分红金额占归属于母公司所有者的净利润比重（%）
38	-5	77.55	67.31	1.72	49.93

资料来源：厦门证监局。

四、厦门上市公司并购重组情况

（一）并购重组基本情况

2019 年，厦门 59 家次上市公司完成并购重组交易，涉及交易总额为 124.06 亿元，均不构成重大资产重组，并购重组数量及交易规模较 2018 年大幅提升，交易总额较 2018 年增长 29.74%。

（二）并购重组特点

2019 年，厦门 28 家次上市公司或其子公司购买资产，涉及交易金额 72.49 亿元，占比 58.43%，24 家次上市公司或其子公司出售资产，涉及交易金额 14.77 亿元，占比 11.91%，还有 7 家次上市公司股东转让上市公司股权，涉及交易金额达 36.8 亿元，占比 29.66%。另外，厦门上市公司并购重组支付方仍以现金支付为主，只有 1 家次通过向交易对方非公开发行股份及支付现金的方式购买资产，涉及交易金额 21.39 亿元。

五、厦门上市公司募集资金情况、使用情况

（一）募集资金总体情况

表 9　　2019 年厦门上市公司募集资金情况

发行类型	代码	简称	募集资金（亿元）
首发	603992	松霖科技	5.55
	002961	瑞达期货	2.51
	小计		8.06

续表

发行类型	代码	简称	募集资金（亿元）
再融资（增发、配股）	300427	红相股份	0.58
	002803	吉宏股份	5.16
	600711	盛屯矿业	8.16
	300657	弘信电子	7.22
	小计		21.12
其他融资（公司债券、短期融资券、中期票据、次级债、金融债、境外发行债券）	002228	合兴包装	5.96
	600153	建发股份	206.5
	603180	金牌厨柜	3.92
	600755	厦门国贸	98
	600549	厦门钨业	26
	600057	厦门象屿	18
	000701	厦门信达	35
	小计		393.38
总计			422.56

资料来源：厦门证监局。

（二）募集资金使用情况及特点

2019年度，厦门共有29家上市公司使用募集资金，共计40.21亿元，占29家上市公司募集资金总额的23.7%。大部分厦门上市公司募集资金使用程序基本符合规范要求，少数上市公司存在募集资金使用不规范的问题，问题如下：一是未及时置换预先投入的自筹资金；二是未直接使用专项账户支付项目支出；三是募集资金使用管理不到位，如募投项目支出标准不统一，对同一性质的费用是否认定为募投项目支出前后不一致。

（三）募集资金变更情况

2019年，厦门2家上市公司变更募集资金使用项目，将募集资金投资项目资金、结项后的结余资金及募集资金专户后期利息收入用于永久补充流动资金，涉及金额14.12亿元。

表10　　2019年厦门上市公司募集资金使用项目变更情况

变更募集资金使用项目的公司家数	涉及金额（亿元）	募集资金总额（亿元）	占公司募集资金总额的比例（%）
2	14.12	18.53	76.2

资料来源：厦门证监局。

六、厦门上市公司规范运作情况

（一）上市公司治理专项情况

2019年，厦门证监局通过现场检查、走访、下发贯彻落实新修订的《公司法》《上市公司治理准则》等法律法规的通知等向上市公司高管宣讲治理准则新要求，强调“十个应当，十个不得”，定期通报风险违规典型案例，并组织开展“重内控 促规范 提质量”专项活动，厦门上市公司按要求逐条对照《上市公司治理准则》等规定要求，全面查摆近两年来“三会”运作和控股股东及其关联方行为规范等十个方面存在的问题及不足，制订整改计划和时间表。在自查过程中，上市公司共查摆问题20多项，提出相关完善措施近50项，已纠正问题近10项。

（二）审计情况及监管情况

除三五互联、中创环保、ST厦华2019年度财务报告被出具带强调事项段的无保留审计意见，其他46家上市公司2019年度财务报告、32家上市公司内部控制报告均被出具标准无保留意见。

厦门证监局有序开展2019年年报审计监管。一是抓好事前沟通，将审计风险提示到位。根据日常监管掌握的情况，向上市公司年审机构下发年报审计监管提示函17份。约谈重点项目年审机构强调监管要求。二是抓实事中督导，将监管压力传导到位。密切关注审计工作进展，及时掌握年报审计潜在风险，参加线上审计沟通会11家次，督促会计师充分实施审计程序。三是抓细事后审核，将科技监管运用到位。在常规审阅年报和审计总结的基础上，借助科技监管，充分利用证监会中央监管信息平台科技监管模块、国内知名反舞弊研究合作机构开发的智能软件，同时与证监会信息中心、厦门大学管理学院联合进行年报研究，提升年报审核的全面性和针对性。根据年报审核情况，下发年报监管问询函10份。对5家上市公司开展年报现场检查，针对检查发现的问题，向审计、评估机构采取行政监管措施1家次、2人次，下发结果告知书4家次；向上市公司及相关责任人出具行政监管措施5家次、9人次，下发监管关注函5份。

（三）信息披露情况

2019年，厦门上市公司信息披露工作基本能够做到及时、准确、完整。在证券交易所信息披露工作评价考核中，厦门2家上交所上市公司、6家深交所上市公司被评为A级。2019年，针对日常监管和现场检查发现的信息披露违法违规行为，对上市公司出具警示函5份，下发监管关注函19份。

（四）证券市场服务情况

2019年度，印发《厦门证监局关于做好2019年辖区投资者保护工作的通知》《厦门证监局关于做好投资者适当性管理办法实施有关工作的通知》等文件，进一步规范和指导厦门市保护中小投资者工作开展。

监管与服务并举，发挥投保工作效能。一是强化执法力度。2019 年度，厦门证监局累计开展上市公司现场检查 16 家次，举办 2019 年度厦门上市公司董事监事和高管人员培训会，邀请证监会上市部和厦门大学的专家学者围绕并购重组等最新监管政策和董监高的勤勉义务标准进行专题授课，49 家上市公司的 540 余名董监高人员参训。二是深入开展投资者宣传教育。通过多方联动，构建了以监管部门为主导、地方政府部门借力、自律组织协调、市场机构参与、新闻媒体配合的“五位一体”投资者教育宣传格局，2019 年度共开展“走进上市公司”“投资者讲师团”等各类投资者教育活动百余场次，发放投教产品、宣传资料数万件，覆盖受众数十万人次。三是提升投资者服务水平。积极推动厦门 16 家上市公司举办年报业绩说明会，畅通投资者互动渠道，借力行业协会，抽查上市公司投资者热线的接听情况以及网络平台的回复情况。协助中证中小投资者服务中心向 2 家上市公司提出质询意见，支持投资者持股行权。指导行业协会积极开展走进上市公司系列活动，为投资者提供与上市公司高管面对面沟通的机会，以便了解公司经营情况。

审稿人：李永春　卢　海　杜艳力

撰稿人：林文杰

青岛地区

一、青岛经济发展概况

表 1　　2019 年青岛经济发展概况　　单位：亿元

指　标	1～3 月		1～6 月		1～9 月		1～12 月	
	绝对量	同比增长（%）	绝对量	同比增长（%）	绝对量	同比增长（%）	绝对量	同比增长（%）
地区生产总值（GDP）	3190.10	6.90	6552.72	6.40	9768.93	6.40	11741.31	6.50
全社会固定资产投资	—	6.30	—	7.50	—	15.30	—	21.60
社会消费品零售总额	1199.56	8.08	2410.90	8.20	3697.83	7.92	5126.60	8.10
规模以上工业增加值	—	2.00	—	-0.20	—	-2.50	—	0.60
规模以上工业企业实现利润	—	—	—	—	—	—	—	-0.60
居民消费价格指数（CPI）	1～3 月		1～6 月		1～9 月		1～12 月	
	2.20		2.40		2.60		3.30	

资料来源：国家统计局。

二、青岛上市公司总体情况

（一）公司数量

表 2　　2019 年青岛上市公司数量　　单位：家

公司总数	2019 年新增	股票类别			板块分布				
		仅 A 股	仅 B 股	(A+B)股	沪市主板	深市主板	中小板	创业板	科创板
39	9	38	1	0	18	3	10	7	1

资料来源：沪深交易所，同花顺。

（二）行业分布

表 3　　2019 年青岛上市公司行业分布情况

行业类别	家数	占比（%）	行业类别	家数	占比（%）
采矿业	0	0.00	批发和零售业	1	2.56
电力、热力、燃气及水生产和供应业	0	0.00	水利、环境和公共设施管理业	0	0.00
房地产业	0	0.00	卫生和社会工作业	0	0.00
建筑业	0	0.00	文化、体育和娱乐业	1	2.56
交通运输、仓储和邮政业	2	5.13	信息传输、软件和信息技术服务业	2	5.13
教育	0	0.00	制造业	29	74.36
金融业	3	7.69	住宿和餐饮业	0	0.00
居民服务、修理和其他服务业	0	0.00	租赁和商务服务业	0	0.00
科学研究和技术服务业	0	0.00	综合	0	0.00
农、林、牧、渔业	1	2.56	合计	39	100.00

资料来源：沪深交易所，同花顺。

（三）股本结构及规模

表 4　　2019 年青岛上市公司股本规模在 10 亿股以上公司分布情况

股本规模（亿股）	公司家数	具体公司
50≤～<100	3	海尔智家、青岛港、青农商行
20≤～<50	3	青岛银行、汉缆股份、赛轮轮胎
10≤～<20	5	青岛啤酒、海信视像、东方铁塔、海联金汇、华仁药业

资料来源：沪深交易所，同花顺。

表 5　　2019 年青岛上市公司分地区股权构成情况　　单位：家

股权性质 / 地域分布	央企国资控股	省属国资控股	地市国资控股	民营控股	其他	合计
青岛市	1	1	8	25	4	39

资料来源：青岛证监局。

（四）市值规模

截至 2019 年 12 月 31 日，青岛 39 家上市公司境内总市值 4359.74 亿元，占全国上市公司境内总市值的 0.73%；其中上交所上市公司 19 家，总股本 240.47 亿股，境内总市值2866.86亿元，占上交所上市公司境内总市值的0.81%；深交所上市公司20家，总股本234.18亿股，境内总市值1492.88亿元，占深交所上市公司境内总市值的0.63%。

（五）资产规模

截至2019年12月31日，青岛39家上市公司合计总资产11928.83亿元，归属于母公司股东权益2508.48亿元，与2018年相比，分别增长210.69%、69.34%；平均每股净资产5.28元。

三、青岛上市公司经营情况及变动分析

（一）总体经营情况

表6　　2019年青岛上市公司经营情况

指　标	2019年	2018年	变动率（%）
家数	39	30	30.00
亏损家数	4	1	300.00
亏损家数比例（%）	10.26	3.33	6.93
平均每股收益（元）	0.47	0.46	2.17
平均每股净资产（元）	5.28	5.09	3.73
平均净资产收益率（%）	8.85	9.14	-0.29
总资产（亿元）	11928.83	3839.41	210.69
归属于母公司股东权益（亿元）	2508.48	1481.35	69.34
营业收入（亿元）	4038.40	3401.66	18.72
利润总额（亿元）	328.38	200.23	64.00
归属于母公司所有者的净利润（亿元）	221.99	135.38	63.98

资料来源：沪深交易所，同花顺。

（二）分行业经营情况

表7　　2019年青岛上市公司分行业经营情况

行业类别	营业收入（亿元）	可比样本变动率（%）	归属于母公司所有者的净利润（亿元）	可比样本变动率（%）
采矿业	—	—	—	—
电力、热力、燃气及水生产和供应业	—	—	—	—
房地产业	—	—	—	—
建筑业	—	—	—	—
交通运输、仓储和邮政业	166.78	2.63	39.89	5.42

续表

行业类别	营业收入（亿元）	可比样本变动率（%）	归属于母公司所有者的净利润（亿元）	可比样本变动率（%）
教育	—	—	—	—
金融业	184.28	23.55	51.38	15.15
居民服务、修理和其他服务业	—	—	—	—
科学研究和技术服务业	—	—	—	—
农、林、牧、渔业	11.29	10.36	0.82	-8.89
批发和零售业	124.41	8.98	2.67	32.18
水利、环境和公共设施管理业	—	—	—	—
卫生和社会工作业	—	—	—	—
文化、体育和娱乐业	23.14	6.64	3.75	7.76
信息传输、软件和信息技术服务业	26.38	-4.32	3.60	-5.76
制造业	3502.12	7.66	119.88	-6.98
住宿和餐饮业	—	—	—	—
租赁和商务服务业	—	—	—	—
综合	—	—	—	—
合计	4038.40	8.03	221.99	0.19

资料来源：沪深交易所，同花顺。

（三）业绩变动情况分析

1. 营业收入、毛利率等变动原因分析

2019年，辖区上市公司共实现营业总收入4038.40亿元，同比增长8.03%。在经济下行压力下，辖区上市公司积极寻求转型，优化产业结构，保持经营稳健，7家上市公司营业收入超过百亿元，6家公司归属于母公司股东净利润超过十亿元，显示出较好的韧性。辖区上市公司整体毛利率27%，与2018年基本持平。

2. 盈利构成分析

2019年，辖区上市公司共实现利润总额328.38亿元，同比增长5.85%。从构成上看，辖区上市公司利润主要来源于营业利润，金额为325.12亿元，同比增长5.91%，占利润总额比重为99.01%，与2018年基本持平。其中投资净收益115.90亿元，占利润总额的35.29%。营业外收支净额为3.25亿元，约占利润总额比重为1%。

3. 经营性现金流量分析

2019年，辖区上市公司经营活动产生的现金流量净额合计187.65亿元，其中非金融上市公司经营活动产生的现金流量净额为306.12亿元，较2018年度增加22.38亿元。其中，32家公司当年度经营活动产生的现金流量净额为正，占辖区上市公司比例82%，较2018年度高9个百分点。

4. 业绩特点分析

2019 年，辖区 39 家上市公司实现归属于母公司股东净利润合计约 222 亿元，呈小幅增长态势。其中，35 家上市公司盈利，盈利面 90%。36 家实体类企业营业收入、净利润分别增长 7.4%、－3.6%，3 家金融类企业合计营业收入、净利润分别增长 24%、15%，反映实体企业业绩弱于金融类企业。科创企业业绩表现亮眼，辖区首家科创板公司海尔生物营业收入、净利润、经营活动现金流量净额分别增长 20%、60%、88%。

5. 利润分配情况

表 8　　2019 年青岛上市公司现金分红情况

2019 年分红公司家数			2019 年分红金额		
家数	变动率（%）	分红公司家数占地区公司总数比重（%）	金额（亿元）	变动率（%）	分红金额占归属于母公司所有者的净利润比重（%）
32	23.08	82.05	81.96	95.05	36.92

资料来源：青岛证监局。

四、青岛上市公司并购重组情况

（一）并购重组基本情况

2019 年，辖区 10 家上市公司完成并购重组 12 起，总金额 139 亿元，平均每单交易金额 11.58 亿元，其中重大资产重组 1 起。

（二）并购重组特点

2019 年，辖区上市公司积极借助资本市场开展并购重组，优化产业布局，完善产业链条，助力新旧动能转换。主要呈现出以下特点：一方面，海外并购规模较大，在辖区占据主导地位。辖区上市公司全年完成海外并购重组 2 起，金额合计超 100 亿元，占总规模比重 72%。其中海尔智家完成对意大利 Candy 的收购，优化资源整合能力，发挥全球协同优势，全球化布局进一步巩固。另一方面，并购重组效应显现，相关公司业绩增长明显。天能重工收购风电场开展新能源发电业务，拓展产业链对冲制造业板块风险，全年营业收入和净利润增幅均处于辖区前列。海信视像收购的东芝映像方案解决公司实现扭亏为盈，尤其是在 2019 年四季度，海信及东芝品牌销量居日本市场首位，创中国黑电品牌在日最佳表现。

五、青岛上市公司募集资金情况、使用情况

（一）募集资金总体情况

表 9　　2019 年青岛上市公司募集资金情况

发行类型	代码	简称	募集资金（亿元）
首发	002948. SZ	青岛银行	20. 38
	603739. SH	蔚蓝生物	3. 94
	601298. SH	青岛港	20. 95
	002958. SZ	青农商行	22. 00
	603967. SH	中创物流	10. 21
	300779. SZ	惠城环保	3. 40
	300786. SZ	国林科技	3. 47
	603755. SH	日辰股份	3. 87
	688139. SH	海尔生物	12. 31
	小计		100. 53
再融资（增发、配股）	600579. SH	克劳斯	63. 03
	603577. SH	汇金通	3. 13
	小计		66. 16
总计			166. 69

资料来源：青岛证监局。

（二）募集资金使用情况及特点

2019 年，辖区上市公司直接融资 166. 69 亿元，其中 9 家公司首发融资 100. 53 亿元，2 家公司非公开发行股票融资 66. 16 亿元。根据现场检查和日常监管情况，辖区上市公司募集资金使用总体较为规范。从募集资金用途来看，7 家公司首发融资用于实体项目建设及补充流动资金，1 家公司增发融资用于收购其他资产，1 家公司增发融资用于偿还银行贷款及补充流动资金，2 家银行首发融资用于补充资本金。全年已投入募集资金约 65 亿元。

（三）募集资金变更情况

2019 年，青岛辖区共 7 家公司变更募集资金用途，涉及金额 21. 86 亿元，占 7 家公司募集资金总额的比重为 23. 57%。7 家公司募集资金变更均已履行相关程序。

表 10　　2019 年青岛上市公司募集资金使用项目变更情况

变更募集资金使用项目的公司家数	涉及金额（亿元）	募集资金总额（亿元）	占公司募集资金总额的比例（%）
7	21. 86	92. 75	23. 57

资料来源：青岛证监局。

六、青岛上市公司规范运作情况

（一）上市公司治理专项情况

2019 年，青岛证监局持续加强上市公司治理监管，督促完善公司治理结构，进一步提升上市公司透明度。一是狠抓关键少数，召开辖区董事长专题座谈会，向 27 家上市公司董事长传达监管要求，并组织签署诚信自律承诺书，就“怎样落实易主席讲话精神、如何提高本上市公司质量和青岛板块上市公司质量”凝聚规范发展的共识。二是指导上交所青岛基地围绕《上市公司治理准则》开展公益培训，辖区 100 余名上市和拟上市公司人员参训，收效良好。三是通过举办上市公司董监高培训班、召开青岛市上市公司协会专业委员会会议等形式，积极开展对上市公司董秘、财务总监等上市公司“关键人员”的培训教育，及时宣传讲解最新政策，督促提升规则意识和法律意识。

（二）审计情况及监管情况

辖区 39 家上市公司 2019 年年报审计涉及 13 家审计机构，均被出具标准无保留意见审计报告。

2019 年，青岛证监局坚持风险和问题导向，认真部署开展年报监管工作。一是及时向辖区证券资格会计师事务所下发通知，提前部署年报审计工作，传达监管要求。二是紧盯商誉减值重点风险领域，约谈辖区业务集中度较高的会计师事务所，督促会计师充分开展审计程序，真实反映所在资产组商誉状况。三是在全面审阅年报的基础上，重点审阅风险公司年报和审计报告，关注审计意见、关键审计事项是否恰当，财务信息披露是否全面准确。四是以风险问题导向为原则，结合“双随机”有关要求，对辖区 5 个上市公司年审项目、1 个上市公司关联交易项目和 1 个上市公司并购重组项目进行全面、专项检查，涉及 3 家会计师事务所和 3 家资产评估机构。根据现场检查情况，对 3 家会计师事务所和 1 家资产评估机构出具检查结果告知书。

（三）信息披露情况

2019 年，青岛证监局坚持以信息披露为监管重点，多措并举，督促上市公司提升信息披露质量。一是强化关键人员教育培训，引导上市公司严格履行信息披露义务。二是监管责任人动态关注公司公告、新闻舆情等，加强风险识别、分析和预警。三是结合日常监管，对重点公司开展现场检查，针对信息披露违规事项，及时采取监管措施，督促相关公司做好整改。四是加强与交易所监管协作，日常监管中密切沟通，联合开展现场检查 2 家次，进一步凝聚监管合力。

（四）证券市场服务情况

一是加强与地方政府沟通，推动出台支持上市企业健康发展的相关政策，为高比例股票质押上市公司风险化解提供支持，维护辖区资本市场稳定运行。二是紧抓科创板设立机遇期，加强上市资源调研摸排，建立科创板辅导验收绿色通道，保障符合条件的科创板项目及时申报。三是指导行业协会开展投资者网上集体接待日活动，并赴全国投教基地参观，督促辖区上市公司加强投资者关系管理。

审稿人：万景初

撰稿人：任　路　高丽萍

第四篇

上市公司治理篇

- 东北证券：在创新中发展　在服务中共赢
- 宝钢股份：精进不休　做好投资者关系管理
- 粤电力 A：践行企业使命　做中小投资者的守护者
- 万科 A：创造价值　以业绩回馈投资者
- 兴业银行：战略型投关传递投保正能量
- 潍柴动力："一条主线 + 全方位推进"的投资者关系管理新模式
- 欧亚集团：举公平之义　育回报之壤
- 恒力股份：真诚沟通　传播价值　深耕主业　现金回报
- 新兴铸管：为有源头活水来
- 盈趣科技：任重道远　用心保护投资者
- 中联重科：上市公司对投资者的保护

东北证券：在创新中发展　在服务中共赢

我国改革开放40周年之际，正值东北证券股份有限公司成立30周年。40多年间，中国经历着翻天覆地的变化，我们开启了新的征程，开创了新的道路，东北证券乘着改革开放的东风应运而生。30年，东北证券在瞬息万变的资本市场摸爬滚打，稳健发展，砥砺前行。东北证券作为资本市场的重要参与者，始终秉承“在创新中发展，在服务中共赢”的发展理念，以为社会投融资各方提供高效的金融中介服务为己任，为股东、广大投资者创造满意的价值，为广大客户提供专业的服务，为中国资本市场的繁荣和发展作出贡献。

近年来，在从严的监管环境和复杂的市场环境下，资本市场对公平、公开、公正的期许越来越高，东北证券作为上市公司，始终全心全意服务投资者，时刻将投资者关系管理和投资者保护放在公司治理的首位。

一、肩负上市公司使命，高度重视投资者关系管理

投资者作为资本市场的主要参与者，作为市场和上市公司连接的纽带，是上市公司发展壮大的基础。投资者关系管理是实现公司创新发展、服务共赢的重中之重。

（一）多种沟通形式提高投资者关系管理水平

为全面落实证监会《上市公司与投资者关系指引》的监管要求，公司采取召开股东大会、完善公司网站信息、举办业绩说明会、再融资路演、一对一沟通、现场参观和电话咨询等多种形式加强与投资者及潜在投资者之间的沟通，增进投资者对公司的了解和认同。一方面通过整理公司自身的经营、财务、融资状况，公司所处行业的状态、竞争对手情况、宏观经济形势、资本市场现状、监管部门监管动态以及投资者的信息等，明确目标投资者，制订相应的投资者关系管理方案；另一方面，在充分信息披露的同时，通过信息沟通对投资者关注的重点信息进行简洁明确的阐释，特别是对于投资者急需了解认知的信息，公司坚持直接、准确地进行重点强调和揭示，使信息被投资者理解和接受。

（二）流程制度建设完善投资者关系管理体系

公司制定了《东北证券股份有限公司投资者关系管理制度》，建立了自上而下的投资者关系管理体系，由公司经理层

统筹领导，证券部等多部协调管理，通过信息披露、实时监督、风险识别、临时报告、应急处置等流程形式，妥善处理投资者关系管理中可能出现的各类问题。公司发生重大事项以及重大事项有进展时，会第一时间披露相关公告，同时对可能引起投资者对重大事项及其进展的猜测和疑问进行梳理和汇总；公司将协调有关部门统一整理事件说明和对公司影响的表述，通过接听投资者电话、回答深交所互动易平台提问等方式积极回应广大投资者疑问，消除可能产生的不利影响，维护公司形象。通过不懈努力，公司在深圳证券交易所对主板上市公司年度信息披露工作考核中多年被评为最高等级 A 级，这是对公司信息披露工作的肯定，也是投资者关系管理工作有序进行的强有力保障。

（三）进一步完善日常工作提升投资者关系管理质量

在日常信息披露工作中，公司始终以“零失误、零差错、零延误”为目标，以投资者需求为导向，努力做到让投资者全面、深入、准确、及时地了解公司的财务状况、业务发展及重大事项进展等情况，为广大投资者的投资决策提供有力的基础和保障。同时，努力提高信息披露的透明度，在严格执行监管机构的法律法规和规章制度的基础上，坚持“自愿披露、主动披露”，积极推广公司各项业务，宣传公司各方面进展，在资本市场树立良好的公司形象。

公司高度注重双向交流，通过互动平台、热线电话、现场调研、业绩说明会等多种渠道，主动与投资者进行接触，让投资者充分了解公司、认同公司发展理念和价值取向的同时，也认真听取投资者对公司发展的建议和意见，及时做好信息收集和反馈工作，建立双向的有效交流。

公司充分利用移动媒体的方便性与快捷性，通过公司网站投资者专栏、深交所投资者互动平台、公开电子信箱、微信等建立了多元化的沟通渠道，在信息披露范围内，针对投资者提出的问题、意见、建议等予以及时回复，有效提升交流的效率和效果，进一步加强广大投资者对公司经营发展情况的了解以及对公司经营理念、文化等的认同，树立负责、诚信的企业形象。

二、肩负企业公民义务将投资者保护放在首位

近年来，市场上风险事件频发，投资者合法权益保护和加强投资者教育的重要性日益凸显。上市公司通过加强投资者保护，不仅可以增强投资者对资本市场和上市公司的信心，更是资本市场健康稳定发展的保证。

（一）落实适当性新规，强化投资者保护机制

公司为稳步推进投资者适当性新规，成立新规落实专项工作组，第一时间开展制度修订、系统建设、标准化流程管理、知识培训、业务测评、合规检查、督导强

化等全方位立体式工作，保证了公司经纪业务顺利完成适当性新规实施的平稳过渡，也从根本上强化了对中小投资者权益的保护机制。

（二）充分发挥自身优势，提升投资者保护能力

作为资本市场投融资的纽带，证券公司能为投资者提供的最好的服务就是投资者保护和教育。经过我公司长期以来的实践，只有确立“公益”“教育”“服务”的运营理念，才能更好地落实投资者保护和教育工作。

1. 加强交流，推进平台化运营

公司作为首批国家级实体投教基地的运营方，坚持落实监管部门的指导精神，推进投资者教育基地的平台化运营。公司与投保基金公司、上交所合作，举办“走进上市公司”系列活动，促进了投资者与上市公司之间的沟通与交流；与吉林证监局、吉林省证券业协会、吉林省基金业协会、中国人民银行长春市中心支行、吉林省金融办紧密联系，举办“315 投资者权益保护”“打击非法证券活动”“证券期货纠纷多元化解”“投教基地走进社区”等活动，有效提升了投资者教育和保护的覆盖面，促进了同业之间的交流；联合吉林大学商学院企业模拟竞技协会，举办“走进高校”系列活动，为广大在校大学生普及金融知识，在培养成熟、理性的投资者群体的同时，进一步提升了基地的影响力。

2. 打造投保品牌，坚持以客户为中心

面对资本市场发展带来的新挑战，公司利用投教基地这一权威投教平台，全面提升投保服务质量。公司广泛利用微博、微信等新媒体渠道，发布软文、图片、PPT、视频等短小精悍的作品百余篇，让投资者在零碎的时间里也能获取投资知识。公司关注市场热点，先后制作了“欣泰退市你必须知道的那些事”“警惕锐奇股份潜在退市风险”等作品，利用热点效应及时为投资者提供实用信息。公司关注客户体验，根据投资者的知识和经验水平，制作了包括“投资启蒙”和“新手上路”等系列培训视频，以投资者看得懂、易接受的方式开展投保宣传。公司的投保产品以“栀子花开”作为标志，形成系列，获得了市场的广泛认可。

3. 利用互联网优势，提升投保能力

公司充分利用互联网优势，以线上线下结合的方式开展特色投保活动。通过网络线上直播平台，公司投教基地举办线上投保课程，让投资者足不出户就能享受投保服务。公司通过 iPad 移动终端、微信平台等渠道，举办“栀子花开”系列证券知识竞赛活动。线下竞赛采用“答题 PK”模式，投资者通过激烈的角逐产生冠军；线上竞赛采用“有奖通关”模式，投资者通过答题，层层通关赢取奖品。线上线下结合的参与方式和丰富的奖品，有效地调动了投资者的参与热情。活动期间，公司充分运用大数据思维，对投资者的答题情况进行汇总和分析，定位投资者金融知识的薄弱环节，为今后精准开展投

保工作提供了重要的依据。该活动也有幸荣获本次上交所颁发的“特色投教活动创新奖”，这是对公司开展投保工作的肯定和鼓励，也为公司推出更多特色鲜明的优质投保活动提供了有力支持。

在资本市场飞速发展的今天，投资者关系管理和投资者保护工作已成为上市公司治理的重点工作。在市场各方的共同努力下、在公司治理体系日益完善的情况下，公司的投资者关系管理水平和投资者保护能力不断提升，成为股东、客户、公司的桥梁和保障。东北证券也将搭乘改革开放的高速列车，在稳健中经营、在创新中发展、在服务中共赢，为我国资本市场健康发展贡献力量。

执笔人：关　蕾　贾伟健

（中国上市公司协会投资者关系管理委员会　供稿）

宝钢股份：精进不休　做好投资者关系管理

宝钢股份于2000年由宝钢集团独家发起成立，同年年底在上交所挂牌上市。上市伊始，投资者关系管理工作的开展与推进就得到了公司自上而下的高度重视，这是基于公司管理层对资本市场及投资者关系重要性的认同。公司现任董事长戴志浩就曾多次表示，作为公司董事长，需要用大量的时间和精力投入与股东和资本市场投资人的沟通和交流中。因为公司坚信，在公司为股东创造价值的同时，与投资者持续深入沟通，将帮助投资人更好地认识、理解公司，对公司价值及业绩形成合理预期，帮助公司在资本市场树立蓝筹绩优股的形象。

一、完善的制度建设，是投资者关系工作有序开展的基石

“不以规矩，不能成方圆”，持续的制度建设是保证工作顺利开展的基础。随着公司上市后投资者关系工作的开展，《信息披露管理办法》和《投资者关系管理办法》等制度的相继制定出台，用以指导规范工作。并随着监管要求的变化和公司业务的发展，与时俱进，宝钢股份多次修订制度来确保条款适应不断更新的监管要求和实际情况。

在基本制度之外，公司针对各类投资者交流活动都制订了相应的流程或操作细则，确保了投资者活动的有序开展。上市十多年来，随着公司投资者关系活动范围的扩充，服务水平的逐步提升，相关操作细则还在不断增加：投资人接待安排、投资者关系网页维护和更新、定期报告网上路演、业绩实地发布会、自媒体发布流程，不一而足。

二、“真”与“诚”，是推动投资者关系工作的一双翅膀

面对行业和资本市场的起伏跌宕，公司始终以“告诉投资者真实的故事”为原则，坚持沉稳低调的工作作风，在定期报告信息披露中，坚持“既报喜也报忧”；在与资本市场的沟通交流中，将投资者利益放在首位，交流沟通中全面揭示风险，保障投资者获得准确的信息，避免市场投机风潮或炒作给投资者带来不必要的损失。

在开展各项投资者关系活动时，公司以满满的诚意，渗透进各项活动的细节之中。十几年来，每次定期报告发布后的第一时间，公司都会举办网上业绩说明会，董事长、总经理、财务总监及董秘等管理层出席，与广大投资人深入地沟通交流。为了进一步强化与机构投资人的互动交

流，公司自2009年起开始邀请主要券商分析师和股东来公司与管理层会晤交流；2013年起公司定期召开年报及半年报的业绩发布会，公司高层主持会议，不仅与投资人通报业绩和经营情况，还与投资人分享对行业发展的观点和看法。兼顾投资人的分布和需求，公司分别在上海、深圳、武汉、湛江等地召开会议，并安排参会投资人到相关厂区和实验室参观。

在坚持与国内投资人持续互动沟通的同时，公司也没有忽略国际投资人。事实上，“网上路演+业绩发布会+海外投资人电话会议”已经成为公司业绩公告日的“标准套餐”。在业绩公告日当天即安排电话会议，保障了海外投资人也能够第一时间掌握公司经营近况。而随着沪港通的实施，A股逐步纳入明晟指数，我们还在加大对国际投资人的服务和覆盖。近年来公司定期进行海外非交易路演，由公司管理层主动走访国际股东，体现了公司的高度诚意。

为了更好地帮助投资人理解认识公司，我们持续提供各类电子信息产品服务。自2009年起在公司网站上公布分析师会议的全程录像及PPT材料；2014年起开设董秘室微信公众号，发布内容涵盖公司行业新闻、数据，公司价格及业绩等；2016年起以“一张图+H5网页”方式宣传半年报及年报业绩，美观且直观的设计令人一目了然；收集整理公司生产、经营、环保、研发等各方面的综合数据，年度编制《公司实录》供投资人参考；向境内投资人提供《钢铁信息摘编》、向海外投资人提供《Information Express》，内容涉及公司、行业新闻和行业基础数据等。丰富的信息产品受到广大投资人的高度好评，特别是中小投资者。

三、披露中一视同仁，散户股东既是股东也是朋友

公平披露一直是公司投资者关系工作的重要原则之一。宝钢股份长期致力于保障中小散户全面知情的权益，积极迎合实地了解公司的需求，接待中小股东来公司实地考察与调研；宝钢股份投资者关系服务热线在工作时间必有应答，热心接听中外股民来电；在全景与上证e互动等网络投资者关系互动平台、公司微信公众号上及时回复各方提问。

截至目前，公司股东总数约35万户，其中不乏公司的坚定“追随者”。有自公司上市以来持股至今的老伯，有每次不管刮风下雨都出席股东大会的阿姨，也有一直来电咨询公司生产经营情况的朋友……对公司来说，他们既是重要的股东，也是亲密的朋友。

正是因为有了他们，公司才更加体会到投资者关系的重要性；正是因为他们，公司才有了做好投资者工作的动力和源泉；也正是因为他们，公司的投资者关系工作才能得到越来越多的肯定。股东无大小之分，公司不因持股多少而区别对待各类股东。公司和股东之间互相信任和尊重，良好的沟通和互动，才是公司做好投资者关系工作的根本。

四、宝武吸并广受资本市场支持

宝钢股份吸收合并武钢股份项目2016年10月正式启动。吸并方案向资本市场推出后，“如何争取两家上市公司股东的认可”成为摆在公司面前的难题，尽管方案中已通过市值换股来平衡换股双方股东的利益，但持有的股东天然地认为自家股票价值不止于当前价格，以市值换股总是觉得吃了亏。

公司在第一时间与各类投资人开展了大量的沟通和交流：在吸并方案公告日的前一天夜晚，组织针对券商分析师的电话会议；公告日开始，公司管理层带队在北上广深四地实施巡回路演，走访基金、QFII等机构股东；同时在纸媒、网媒等新闻渠道，对公司资本运作方案进行详细介绍和重点解读，帮助广大的散户和媒体更好地了解方案细节和重点。

公司与资本市场广泛交流，就吸并方案、未来宝武吸并的协同效应等热点关注做出充分的说明，引导、说服投资人着眼于上市公司长远的价值提升，最终与广大投资人达成了理解与互信。在公司临时股东大会的投票情况，体现出资本市场对公司高度的理解与支持。除部分机构股东因不熟悉系统而未能投票，大部分社会股东都对方案给出了支持的投票。非关联股东支持总股数达到27.36亿股，支持比例高达99.47%。

2017年公司完成了宝钢历史上，也是中国钢铁发展史上的里程碑——换股吸收合并武钢股份。宝武吸并项目全过程中，公司积极与投资者及时沟通、充分沟通、多渠道沟通，确保项目进展情况与相关重要信息披露到位，宣贯宝武吸并后对公司整体竞争力的夯实和长期意义，以令广大散户与机构投资者都能充分知情为目标，最终取得了既保障项目顺利实施又保护投资者权益的双赢成果。

五、长期稳定分红，重视回报投资人

作为板块中的绩优公司，宝钢股份上市以来的每一年都实施了现金分红。上市至今，宝钢股份累计分红742亿元，在所有A股中排名第十六位；累计平均股利分配率50.5%。并且，在钢铁行业处于底部，公司盈利欠佳的2015年，为更好地维护投资人利益，公司将当年实现的归母净利全额用于现金红利分配。

六、低调面对荣誉，我们一直在路上

宝钢股份一路走来，致力于公司治理的规范运作和经营决策的科学高效，坚持公开透明的原则，注重信息披露、投资者关系及市值管理，获得了各方的高度认可。面对荣誉，我们从未因自满而放慢脚步。面向未来，我们一直努力在前进的道路上。

（中国上市公司协会投资者关系管理委员会　供稿）

粤电力A：践行企业使命　做中小投资者的守护者

厚德，语出《易·坤》："地势坤，君子以厚德载物"，意指心胸宽广，厚公薄私，体现了承担责任和肩负崇高使命的追求。"厚德善能，益邦惠民"具化为广东电力发展股份有限公司（以下称"粤电力"或"公司"）对利益相关方的承诺：落实国家能源产业战略，保障社会用电需求；合理利用各类资源，促进节能减排，保护环境；信守商业承诺，保护客户权益，为客户提供可靠、清洁的能源与服务；遵守行业规范和商业道德，努力实现互利共赢；恪守职业操守，规范信息披露，保护中小投资者利益；依法纳税，严格遵守国家法律法规及政府监管规定；提供良好的工作环境和发展空间，成就员工价值；热心公益环保，努力回报社会。

粤电力是广东省最早的股份制改制企业和中国首批电力上市公司之一。公司在1993年、1995年分别发行A股、B股，现今为一家同时拥有A、B股，总股本为52.5亿股的大型电力上市公司。秉承"合和共生，守正出新"的企业哲学和"厚德善能，益邦惠民"的企业使命，公司长期坚持稳健经营、规范运作，为股东创造了持续、稳定、高水平的利润回报，以实际行动做中小投资者的守护者。

一、务实稳健，用心创造绿色能源

粤电力主要从事电力项目的投资、建设和经营管理，电力的生产和销售业务，属中国证监会《上市公司行业分类指引》中的电力、热力生产和供应业。自上市以来，公司始终专注于电力主业，积极落实国家能源产业战略，丰富能源结构，通过持续的投资建设和技术改造，拥有一批高容量、高参数、低能耗、环保性能优越的发电机组，通过电网公司向广大用户提供可靠、清洁的能源。

粤电力始终以发展与风险控制并重、发展速度与发展质量并重为经营原则，以务实稳健的工作作风，以对公司股东认真负责的工作态度，扎实推进经营管理各项工作。

二、诚信合规，规范运作水平持续提升

完善的治理结构、良好的治理水平、科学的治理机制是提高企业核心竞争力，促进健康经营，降低风险的重要保障。粤电力一直严格按照《公司法》等法律法规要求，通过梳理与公司生产经营活动密

切相关的法律法规，建立健全企业内部控制体系，不断完善治理结构，全面提升依法治企的能力。

作为广东省财政厅、国资委选定的内控建设第一批试点单位和中国证监会广东辖区选定的上市公司内控建设第一批试点单位，粤电力于2011年年底圆满完成内控建设工作，构造了以风险控制为导向的公司治理体系，建立了规范的公司治理结构和健全的内部控制制度，进一步明确了股东大会、董事会、监事会和经理层为主体架构的决策与经营管理体系及其在决策、监督、执行等各方面的职责权限、程序和义务，形成了权力机构、决策机构、监督机构和经营机构科学分工、各司其职、有效制衡的治理结构。

根据国家和有关部门新颁布的法律法规和业务规则，粤电力及时完善股东大会运作机制，平等对待全体股东。通过修订公司《章程》相关条款，切实保障全体股东依法享有的知情权、查询权、分配权、质询权、建议权、股东大会召集权、提案权、提名权、表决权等权利，积极为股东行使权利提供便利，切实保障股东特别是中小股东的合法权益。自中国证监会推行上市公司股东大会网络投票以来，对于历次召开的股东大会，粤电力均提供网络投票服务；对股东大会审议影响中小投资者利益的重大事项时，对中小投资者的表决均实行单独计票并及时公开披露；在公司董事、监事选举中积极推行累积投票制度，充分反映中小股东意见；在中小股东对公司经营和相关议案提出建议或者质询时，公司董监高在遵守公平信息披露原则的前提下，对每一条质询均给予真实、诚恳的答复。

粤电力充分尊重公司独立董事、独立监事对重大事项发挥独立决策、监督作用，积极支持配合独立董事、监事对公司生产经营状况、管理和内部控制等制度的建设及执行情况进行现场检查，确保独立董事充分行使特别职权，独立公正地履行职责，切实维护公司股东特别是中小股东的合法权益。

三、有利必分，做资本市场的“现金奶牛”

重视分红是成熟企业的重要标志之一，上市公司稳定、可预期的分红不仅可以实现投资者回报、培育资本市场中长期投资理念，增强市场活力和吸引力，且有利于市场对公司进行价值评估，维护市场稳定。粤电力历来倡导价值投资，高度重视对投资者特别是中小投资者持续稳定的投资回报，把“有利必分”作为长期的、一贯的利润分配政策，在公司《章程》中制定了科学、完善的分红政策，并严格贯彻执行。

自1993年上市以来，粤电力坚持每年分红，平均年度利润分红比例超过50%，其中有5年在现金分红的同时还进行了送股或转增股。未来，粤电力将一如既往地保持现金分红的连续性、合理性和稳定性，通过持续加强经营管理提升经营业绩、科学制定利润分配规划做好投资者回报工作，与中小投资者共享公司发展成果。

四、公开透明，多举措提高信息披露质量

信息披露是实现社会公众与公司信息沟通的桥梁，是中小投资者进行投资决策的重要依据。粤电力始终遵循真实、准确、完整、及时、公平的信息披露原则，严格按照法律法规及监管部门要求，以严谨负责的态度做好信息披露工作。一是制定实施《信息披露事务管理制度》《内幕信息及知情人管理制度》等涉及信息披露事务的管理规定，全面规范了信息披露责任主体、信息披露标准和信息披露流程，确保所有投资者可以平等获取同一信息，保障投资者对公重大事项和经营情况的知情权。二是积极组织董、监、高参加监管部门组织的各类培训，及时向管理层传递监管动态，增强管理层信息披露责任意识。三是加强信息披露组织机构建设与人员培养，加强对资本市场最新法律法规的学习，不断提高信息披露质量和风险防控水平。

五、互信互利，建立与投资者之间长期稳定的良性关系

粤电力自上市以来，一直将投资者关系管理作为公司战略管理的重要内容和提升公司价值的重要途径，强调保护投资者合法权益的重要性。公司制定了《投资者关系管理制度》，明确董事会秘书是公司投资者关系管理负责人，董事会事务部负责投资者关系管理的日常事务，为投资者关系管理工作提供制度保障。公司设置了投资者咨询热线，以及通过公司官网、电邮、微信公众号、互动易等线上方式与投资者互动，及时回应投资者关注话题，引导投资者客观、理性地认识公司。2012年以来，公司累计回答投资者提问千余次，接待投资者来访调研数百人次，与投资者建立起长期稳定的良性关系。

六、重诺守信，大股东肩负责任与担当

公司控股股东广东省粤电集团有限公司作为我国华南地区最大的独立发电商，把公司定位为其境内发电资产整合的唯一上市平台，且在境内电源项目开发、资产收购等方面给予公司优先选择权。粤电集团长期以来利用其资源、技术和规模等优势，大力支持公司的发展和扩张。2012年年底，粤电集团将旗下符合上市条件的优质电力资产注入公司，公司在装机规模、资产规模、经营业绩及市场竞争力等各方面实现了跨越式发展，综合实力显著增强。2015 年，公司实现归属于母公司股东净利润 32.38 亿元，创造上市以来的最佳业绩。作为控股股东，粤电集团依法行使股东权利，严格履行做出的公开声明和各项承诺，严格按照有关规定履行信息披露义务，与公司在业务、人员、资产、机构、财务等方面做到“五分开”，积极

维护公司和中小股东的合法权益。作为控股股东，粤电集团专注于提升公司价值，坚定持有公司股份，从未做过将公司股份进行质押或减持套现等可能引起二级市场股价波动的事项，以实际行动体现大股东的责任和担当，与广大中小投资者一起与公司同呼吸、共命运。

万理澄彻，则一心愈精而愈谨；一心凝聚，则万理愈通而愈流。作为中国资本市场发展初期的优质上市公司之一，粤电力始终服从服务于广东省改革发展大局，致力于广东省电力建设，坚持“取资于民、用资于电、惠之于众”的经营宗旨，践行“厚德善能，益邦惠民”的企业使命，切实履行上市公司的社会责任，努力实现经济、社会、环境和股东、员工可持续发展的总体社会责任目标。未来，公司将进一步增强回报中小投资者的责任意识，积极履行上市公司对股东的义务，不断提高信息披露工作质量，引导投资者理性判断公司价值，树立正确的投资理念，持续提高投资者保护工作水平，与投资者共享发展成果，共创美好未来。

（中国上市公司协会投资者关系管理委员会　供稿）

万科 A：创造价值　以业绩回馈投资者

加强投资者教育、做好投资者保护历来是各国金融监管部门的重要职能。中国证监会于2011年年底专门成立投资者保护局（简称“投保局”），负责证券期货市场投资者保护工作的统筹规划、组织指导、监督检查、考核评估工作，充分体现了对投资者保护工作的重视。

对于上市公司来说，加强投资者保护，一是要切实为投资者创造真实价值，以业绩回馈股东。以万科为例，公司上市以来营业收入持续增长，始终保持盈利，营业收入复合增长率约28%，净利润复合增长率约31%。为了让广大投资者都能分享万科成长的成果，1992年以来公司持续进行现金分红，上市以来累计分红455.5亿元，远超历年股权融资金额（194亿元）。持续的业绩增长和分红记录，为公司赢得投资者信赖提供了重要保障和基础。

二是要加强与投资者的沟通，坚持不懈做好投资者关系维护与管理。万科作为一家“A+H”的上市公司，建立了规范的公司治理机制，一方面严格遵守监管规则，确保信息披露及时到位；另一方面高度重视投资者关系管理，多渠道加强和投资者的沟通。持续良好的互动，使公司赢得投资者的信赖和市场的认可。上市以来万科多次获得境内、外权威机构如新财富、英国《投资者关系（IR）》《机构投资者（Institutional Investor）》《财资（The Asset）》《欧洲货币（Euro Money）》《亚洲货币（Aisa Money）》等评选的最佳投资者关系和最佳公司治理奖项。

一、万科为什么重视投资者关系工作

万科所处的房地产是资金密集型行业，公司在发展过程中需要各类投资者的资金支持。万科的股权结构过去一直比较分散，第一大股东的股权比例曾长期保持在15%左右。相对其他公司，公司在进行股权融资、债券融资等重大决策时，只有获得各类投资者的充分理解和支持，才能推动该事项的顺利实施，这就要求公司必须高度关注投资者诉求。做好投资者关系，获得股东的支持，是公司业务发展的前提条件，也成为公司长期恪守的原则。

公司长期以来致力于成为行业领军企业，也需要建立与之相匹配的投资者关系能力。作为行业的风向标，投资者不仅关注公司自身的经营情况，也关注公司对行业的判断。相应地，公司只有在投资者关系上做到足够专业，才能不辜负广大投资者的期待。

保持良好的投资者关系，也有助于公

司保持规范治理和健康发展。投资者关系并不是单向的传播，而是双向的反馈。很多专业投资者对行业有着独到和深入的理解，对上市公司的长期战略和具体事务能够提出富有建设性的建议。仔细聆听他们的声音，有助于我们了解股东的期望和建议，这也是公司能够持续健康发展的重要保障。

同时，做好投资者关系也有利于发现企业价值。股东投资上市公司，最终是希望通过分红以及股价上涨来获得收益。为了维护股东利益，公司一方面要实现良好业务，另一方面也要通过优秀的投资者关系工作，将公司的可持续增长能力和竞争优势传达给市场，以获得更加体现公司内在价值的估值水平。

二、万科如何做好投资者关系工作

合伙制是保障。虽然投资者关系是一个独立的职能岗位，是接待投资者的主要窗口，但决不能将其只看成是 IR 人员的工作。做好投资者关系，首先需要管理团队重视与支持，其次需要财务、业务部门、一线公司等大量同事的配合。每一次业绩发布会的背后，都是多个部门共同努力的结果。万科的事业合伙人机制坚持“共识、共创、共担、共享”，强调打破部门壁垒，高效协作，为做好投资者关系工作提供了有力的保障。

加强沟通的透明度、专业度和准确度。为了让投资者能够更加及时、准确地了解公司经营情况，万科一直积极主动地加强信息披露。例如，万科是行业内首家主动按月披露销售数据的公司，目前这一做法已经成为行业惯例。万科与境内和境外投资者保持了长期稳定联系，并根据不同投资者的偏好和关注点进行针对性的沟通，以提高沟通的有效性。

丰富的渠道和形式。万科的投资者关系采用丰富的渠道和形式与投资者沟通，包括日常沟通的投资者微信群、电子邮箱、微信公众号以及投关小程序，保证投资者在各种渠道都可公平接收到最新的公司信息。在定期报告公告后，公司会同时发布“一张图看懂万科报告”，让广大投资者对公司的业绩情况一目了然。公司在官网上建立了投资者来访预约平台，方便投资者预约与公司沟通及项目调研，并设有专门人员响应社会的参观需求，目前公司接待各种参观来访的公众每年超过 1 万人次；接待投资者调研活动 4000 多次，解答投资者关心的行业、市场、公司发展问题，受到广大投资者的一致好评。

三、成立投资者教育基地

2015 年万科设立了投资者教育基地，希望将投资者教育基地建成一个具有知识普及、风险提示、咨询服务、成果展示等投资者教育服务功能的场所设施、网络平台载体。投教基地场馆分为固定展示区、互动区和活动区。其中展示区通过巨幅屏幕、真人模拟等形式向投资者介绍深圳主要上市公司情况、深圳资本市场发展历程等资本市场背景知识；互动区则广泛运用体验式、互动式的新技术手段，如“股东凭证打印机”“K线争霸”模拟炒股游戏等形式，开展形式多样、丰富有趣的投资者教育活动，让投资者在互动、体验的过程中掌握股东权利义务、炒股基本知识等资本市场相关知识，从而实现投教基地的教育功能；活动区包括小型图书馆、知识展板、专题讲座。2016 年 3 月万科投资者教育基地被授予国家级证券期货投资者教育基地。

万科投教基地中所有的投教内容作为公益产品，免费对公众开放。除了场馆内的教育外，还包括 V-talk 主题讲座、走进万科社区者教育活动、投资者实习机会等拓展性的投资者教育活动，这些活动也都将在投教基地的运营过程中不定期举办，为更广泛的人群提供公益性的投教活动。投教基地设有专门人员响应群众的参观需求并提供参观讲解服务，每年接待各种参观来访超过 1 万人次，具备接待 2 万人次以上的能力。

投资者教育基地是投资者教育和保护的一项基础设施，也是教育服务和投资者需求对接的重要平台，公司希望通过这项举措，进一步强化投资者的自我保护意识，为资本市场的健康运行作出贡献。

（中国上市公司协会投资者关系管理委员会　供稿）

兴业银行：战略型投关传递投保正能量

兴业银行自 2007 年公开上市以来，以其市场化的经营风格、稳健推进的战略转型、持续提升的风险管控能力和屡创新高的业绩表现，得到资本市场的广泛认可。作为中国首家赤道银行，兴业银行更加提出“寓义于利”的社会责任实践模式，致力于将责任理念深度融入银行运营的各个环节中。具体到投资者关系（简称“投关”）工作，公司强调将投资者权益保护（简称“投保”）摆在突出位置，以“战略型投关”思维来统筹引领各项工作，增进公司与投资者之间的良性互动，共同提升公司价值。

一、同音共律：战略型投资者关系与投资者权益保护

“民惟邦本，本固邦宁。”投资者是证券市场发展的驱动力，保护投资者权益特别是中小投资者的合法权益，是我国资本市场健康稳定、持续运行的内在要求。与此同时，随着我国资本市场的不断发展，客观环境也越来越要求投关工作不能仅限于强制要求的法定信息披露和被动回复投资者咨询，而应当更多思考如何上升到董事会战略层面，坚持公平和真实性原则，确保投资者知情权，避免信息不对称，实现由强制、被动的信息披露走向与投资者的双向良性互动。

基于市场的新情况、新变化，兴业银行正致力于以“战略型”思维来统筹投关各项工作，进而有效保护投资者权益，优化公司治理与资本市场生态。公司积极思考如何更好地实现上述“双向良性互动”，也即公司基于自身经营情况与发展方向，整合各项灵活高效的工作方式，在向市场准确传递公司价值、保护各类投资者合法权益的同时，重视对市场反馈的整理、消化，进而为提升公司治理与战略决策提供参考，推动公司价值的再提升，从而从根本上更好地保护投资者权益，最终实现“由内而外，由外而内”的良性循环。

二、知行合一：兴业银行“战略型投资者关系”实践

2017 年是金融去杠杆的监管大年，在全国金融工作会议和党的十九大相继召开之后，“重实体、去杠杆、强监管、稳舆情”愈加成为市场主基调，市场偏好转向传统资产负债能力强的大中型银行，以及“轻型化”成效显著、转型零售的市场化银行。随着各项监管政策陆续落地，以金融市场业务为经营特色的兴业银行更是受到了市场的关注乃至担忧。面对

形势的快速变化，公司投关团队采用积极的资本营销策略，以战略性视角对投资者关系工作进行了行之有效的探索和实践。

（一）机制先行，传导畅通，双向互动

完善规范的制度体系是开展投资者权益保护的前提和保障，公司建立了完善的投资者关系管理、信息披露、内部信息采集、内幕信息知情人管理等基础制度规范，有力保障公司“由内而外”与投资者信息沟通的质量、规范和效率。

同时，公司还建立了“由外而内”的配套内部反馈制度，通过定期提交的《投资者关系周报》《董监事资本市场信息月报》和不定期提交的《重要信息报告》等报告路径，跟踪市场动态，整理专业研究报告，征集投资者关注与经营管理建议，分析股东变动，供管理层决策参考；并在此基础上，及时落实管理层相应工作指引，形成有效的双向信息互动，最终强化了“由外而内、由内而外、自下而上、自上而下”的战略型投资者关系管理体系。

（二）多层次、全方位的常规交流

资本市场对上市银行的沟通诉求愈加及时、全面、专业，这需要公司更加全面深入地了解资本市场，根据投资者类型的差异性，综合运用定期业绩说明会、专题调研、券商会议、投资者来访与走访、交易所网络平台互动、管理层媒体访谈等多元化、接地气的方式，既强调沟通的理性、数据和说服力，也注重沟通的形象、通俗和引导性。

在重要投资者会议组织形式上，考虑到不同受众的差异化需求，公司注重常规推介与专题推介，现场会议与电话会议、网络会议的结合。特别是，为避免上市银行定期报告集中披露期各银行推介时间与地点的冲突，公司将定期报告交流会与特色板块专项调研错开时段组织，便于投资者更好地安排与会行程，进而确保交流效果。同时，考虑到各类型投资者无法同时直接参与重要的投资者关系活动，我们将重大会议的沟通实录于会议召开 24 小时内在本行网站登载，确保信息披露的及时、公平。

在日常工作中，公司强调全面、及时处理各类投资者来邮来电，做好上交所 E 互动平台和公司 IR 网络平台的日常维护。其中，特别考虑到总部所在地法定工作时间与证券交易时间存在差异，公司进一步优化投资者来电接听，设置呼叫转移，确保每一通投资者来电都得到及时接听。公司通过扎实的日常工作，力争让所有投资者都有便捷高效的渠道与公司交流，反馈意见和建议，共同参与公司治理，与公司相伴成长。

（三）“越沟通、越了解”的专项活动安排

公司董事会和高级管理层高度重视投关团队的建设，在高管层的推动和亲自参与下，逐步建立起一支高素质、高效率、多层面、广泛参与的投关团队。其中既包

括由高管层组成的领导团队，也包括董事会办公室的执行团队，还包括公司各业务部门及分支机构负责人组成的支持团队。

为更好地响应投资者需求，特别是机构投资者与分析师的专业性要求，公司投关团队动态走访各地最具代表性的主流分析师与机构投资者，并在北京、上海、深圳、香港等地组织“行长交流会”，与市场进行近距离深入交流，在与投资者之间“越沟通、越了解、越接受”的同时，使得管理层获得来自市场的第一手反馈。

（四）重视舆情，理性面对，保障投资者合法权益

在经济环境日益复杂及金融监管不断趋紧的背景下，影响我国资本市场稳定运行的不确定因素不断增加，银行面临十分复杂的舆论环境。公司成立了以董事长为组长，行长、董秘为副组长、行内重要部门为成员的投关应急维稳工作领导小组，统筹指导全公司舆情监测与应对工作，建立健全舆情管理制度。

公司持续密切关注各类媒体有关本公司的报道，通过开展密集有效的舆情监测工作，构建管理层与外部市场的紧密互动，使公司得以第一时间发现重大事件动态，及时向投资者披露准确信息，避免投资者受到误导，切实保护投资者利益。

（五）重视分红，强调社责，稳步提高股东回报水平

公司一直重视对投资者的合理投资回报，同时兼顾公司可持续发展，在满足资本充足率监管要求的基础上，保持利润分配政策的连续性和稳定性。自上市以来，公司累计发放现金红利超过 800 亿元；2012 年以来，公司现金分红率保持在 23% 以上，并且逐年稳中有升；从现金分红水平以及稳定性来看，均保持在同类型银行较高水平。

三、春华秋实：兴业银行投关工作成效

公司投关团队始终以不懈怠、不放弃的态度，坚持“越沟通，越了解”的理念，及时向市场传递公司发展的新变化与新成果，使投资者更加了解公司现时经营状况和未来发展思路，进而作出理性投资决策。跑赢大市的股价表现，切实保护了广大投资者的权益。

2017 年以来，公司先后在中国上市公司协会主办的“2017 年度最受投资者尊重的上市公司评选”活动中获评“2017 年度最受投资者尊重的上市公司”；入选中国上市公司协会联合上海证券交易所、深圳证券交易所共同发布的“上市公司丰厚回报榜单”；获评《新财富》“杰出投资者关系管理公司十强”，成为十强中唯一的银行，董事、副行长、董事会秘书陈信健连续两年获评“金牌董秘”；此外，公司还获评“中国主板上市公司投资者关系最佳董事会”“中国主板上市公司价值百强”等荣誉称号。

荣誉是肯定、希望、鞭策；荣誉，意味着更高的标准、更大的责任。面对复杂

多变的内外部形势，公司将与时代并进，继续深化公司治理，持续提升战略型投资者关系工作，建设性推进公司与投资者的双向正能量互动，以保护广大投资者尤其是中小投资者权益为根本，与投资者相伴成长。

（中国上市公司协会投资者关系管理委员会　供稿）

潍柴动力："一条主线+全方位推进"的投资者关系管理新模式

近年来，国家倡导建立多层次资本市场体系，加快资本市场国际化，建立健全金融监管体系。作为中国经济的重要载体和资本市场的核心之一，上市公司对投资者权益保护承担着重要责任和义务。监管机构正积极从制度上促使上市公司通过加强投资者关系管理，保护投资者权益特别是中小投资者权益，监管制度不断完善。投资者关系工作越来越受上市公司、投资者和监管部门重视。投资者关系管理工作框架和原则基本形成，但来自企业界的探索和实践的系统性研究和分享仍然较少。

一、投资者关系管理的定义及作用

（一）投资者关系管理定义

投资者关系管理（Investor Relations Management，IRM），是上市公司通过充分的自愿性信息披露，综合运用金融和市场营销的方法，加强与投资者的沟通，建立良好的公司与投资者的互动关系，促进投资者对公司的了解和认同，实现公司价值的最大化的战略管理行为。

投资者关系管理诞生于美国，在发达国家资本市场最先普及并逐步走向成熟。2000年前后，随着以中石化为代表的中国公司实现海外上市，为满足海外资本市场环境要求，投资者关系管理被引入中国上市公司的公司治理体系之内成为必然趋势。中国证监会先后于2003年和2005年发布《关于推动上市公司加强投资者关系管理工作的通知》和《上市公司与投资者关系工作指引》，指出上市公司要构建完善的投资者关系管理工作体系，并加强与投资者的沟通。自此之后，出于自发性的主观意愿或者外部监管的客观要求，投资者关系管理越来越受到中国资本市场各方的重视。

（二）投资者关系管理作用

1. 规范完善信息披露

真实、准确、完整、及时的信息披露是投资者关系管理工作的基础。而在此基础上和范围内，有效的与投资者特别是中小投资者进行沟通交流，让其更好了解上市公司信息，需要上市公司建立投资者关系沟通渠道，以切实保护投资者的知情权，特别是中小投资者的权益。

2. 促进经营管理提升

投资者关系管理作为资本市场向公司提供战略规划和经营管理相关建议的重要渠道。上市公司可通过这一渠道吸收资本市场的前沿观点与可行性的建议，经过筛选、甄别，结合公司实际，有效推动上市公司经营管理水平。

3. 维护资本市场形象

在企业合法合规经营基础上，可以有效地让资本市场认识到公司的经营业绩或者未来的发展前景，有助于塑造上市公司在资本市场上的良好形象，提升公司市值管理水平。

二、潍柴动力投资者关系管理工作体系及经验分享

本部分拟以潍柴动力为例，从投资者关系管理工作模式的搭建、投资者关系管理、保护中小投资者合法权益、多地监管背景下投资者关系管理工作等多方面，介绍投资者关系管理工作的具体探索与实践。

（一）潍柴动力简介

潍柴动力股份有限公司（HK2338；SZ000338）成立于2002年，是中国内燃机行业第一家在香港H股上市的企业，也是中国第一家由境外回归内地实现A股再上市的A+H公司。2019年，潍柴动力实现营业收入1743.61亿元，利润总额143.52亿元。

（二）合法经营与规范运作是投资者关系管理的基础

潍柴动力始终坚持心无旁骛攻主业，通过吸并湘火炬，在行业内打造了独一无二的动力总成黄金产业链。2008年后，面对金融危机及所处重卡行业周期性波动，又坚定不移实施国际化战略，先后收购法国博杜安，战略重组德国凯傲、林德，并购Dematic，投资美国PSI、英国锡里斯公司，成功构筑起以动力系统为核心、整车整机为龙头、智能物流整体解决方案为牵引的同心多元化战略布局，实现了跨越式发展。

（三）“一条主线+全方位推进”投资者关系管理模式

经过多年的经验和积累，潍柴动力搭建起“一条主线+全方位推进”投资者关系管理模式。结合中国经济新常态和供给侧结构改革继续深入的大背景，围绕市值管理这条主线，通过多种渠道有针对性地、系统地开展市值管理工作，推介公司的投资价值，同时为公司的战略发展建言献策。工作主要包括基础性工作和战略性建议两部分。

1. 合规积极推介，做好基础性工作体系

在合规基础上，潍柴动力以积极主动的态度，开展以来访接待、电话会议以及深交所互动易问答为主的日常沟通工作，以券商策略报告会、业绩推介会以及反向路演为主的路演推介工作，通过将潍柴动力的最新经营情况与发展成果传递给资本市场，让投资者认识到公司长期投资价值。

同时，针对危机公关事件，建立完备的“舆情监控+事件处理+事后改进”

的管理机制。先后多次荣获“新财富最佳港股通 IR 团队”“天马奖·中国上市公司投资者关系评选”等奖项。

表1　　投资者关系管理基础性工作体系

基础性工作体系		
日常沟通	路演推介	危机公关
来访接待	策略报告会	舆情监控
电话会议	业绩发布会	事件处理
互动易问答	反向路演	事后改进

2. 注重消化吸收，构建战略性建议体系

潍柴动力积极利用资本市场前瞻性观点和丰富的数据信息，开展以经济走势研判、行业趋势研判、竞争对手研究为主的宏观行业研究，以股东结构变化、股票走势分析、热点专题分析为主的资本市场研究，以服务于投融资和战略发展建议。

表2　　投资者关系管理战略性建议体系

战略性建议体系		
宏观行业研究	资本市场研究	建议与参考
经济走势研判	股东结构变化	投融资建议
行业趋势研判	股票走势分析	并购标的寻源
竞争对手分析	热点专题分析	战略发展建议

2005年，创造性地提出吸并湘火炬，使潍柴动力从单一发动机生产企业成为拥有“发动机+变速箱+车桥”动力总成黄金产业链于一体的大型装备制造企业集团。2017年，又创新性提出了智能物流黄金产业链，借鉴资本市场前瞻性观点，整合利用 Dematic 系统集成优势、KION 物料搬运优势及潍柴物流重卡优势，打造系统集成软件和物料搬运硬件相结合的整体解决方案，打通“发货管理－干线运输－仓储操作－末端配送”产业链。

（四）注重保护中小投资者权益

一直以来，潍柴动力十分重视中小投资者的合法权益保护。与机构投资者有所不同，中小投资者具有信息获取渠道有限、投资金额规模较小、宏观行业认识偏弱等特点，处于相对弱势地位。

考虑到两类投资者的关注重点和专业程度有所不同，与其进行沟通时，沟通方式要有所区别但需保证口径一致，沟通内容确保真实、准确、完整，无虚假记载、误导性陈述或重大遗漏。同时，每年举办投资者开放日活动，使中小投资者全面了解公司。

（五）从严遵守多地监管规则

潍柴动力及旗下子公司受到深圳证券交易所、香港联合证券交易所、德国法兰克福交易所、中国新三板交易市场，以及英国和美国等多地监管。在开展投资者关系工作时，必须兼顾各国法律和监管规则对信息披露、投资者关系的要求，确保从严遵守。同时，统筹相关旗下各上市公司的推介工作，确保信息披露时点和推介口径的一致性。

随着潍柴动力国际化战略的推进，面临的投资者群体更加多样化，关注问题和角度各不相同，如股票投资者和境外债券投资者。基于此，潍柴动力根据投资者的背景，有针对性地重点沟通交流其重点关注的问题。另外，随着全球对气候变化的关注，企业社会责任和环境保护等表现也被许多境外投资者纳入投资考量范围。潍柴动力通过规范的方式和渠道，连续10年披露社会责任报告，披露社会责任和环境保护履行情况，并针对各项披露指标进行持续改进完善，努力将企业社会责任信息传递资本市场。

三、总结

我们始终认为，上市公司应根据相关监管要求，及时、公平地披露信息，并保证所披露的信息真实、准确、完整、及时，是投资者关系管理工作的根本性前提，所有工作应在这一前提下和框架内开展。

上市15年以来，通过对投资者关系管理工作的探索与实践，形成了适合企业实际的投资者关系管理模式。在实践中，摸索出合法经营和规范运作、“一条主线+全方位推进”投资者关系管理模式、注重保护中小投资者权益、从严遵守多地监管规则等经验，在资本市场上塑造了良好的企业形象，受到监管机构和资本市场一定认可，也供其他上市公司的投资者关系管理工作参考。

（中国上市公司协会投资者关系管理委员会　供稿）

欧亚集团：举公平之义 育回报之壤

上市公司是证券市场的基石，上市公司的发展，得益于资本市场，离不开广大投资者的支持。而维护投资者的合法权益，则是上市公司的发展之基和成事之要。只有把对资本市场负责作为己任，把维护投资者合法权益作为义务，把提高上市公司质量作为价值核心指标，才能增强投资者对资本市场和上市公司发展的信心，才能使上市公司获得竞相发展的要素。长春欧亚集团股份有限公司历来高度重视投资者关系管理和投资者保护工作，将投资者保护意识贯穿于公司发展的全过程中，在公司发展的同时，与投资者同舟共济、分享成果。

一、以规范运作为切入点，夯实投资者保护工作基础

（一）深植理念

公司深知维护投资者合法权益是资本市场持续健康发展的基础，也是公司实现与资本市场互为，与投资者良性互动、和谐发展的桥梁。公司牢固树立了保护股东特别是中小股东利益的理念，一直致力于将投资者保护当作一项常规工作来抓，不断完善公司治理，确保了所有股东，特别是中小股东享有平等地位。

（二）借力“三会”规范运作

公司注重“三会”建设。建立了权力机构、决策机构、监督机构与经理层的治理体系。股东大会、董事会、监事会按照各自议事规则独立运作，严格按照法律法规及公司章程的规定召开定期会议与临时会议，各司其职，互相制约，权责分明。

（三）通过内部控制实现“自律”

强化内部约束，制订和完善了一整套规章制度，并对实施过程进行动态监控，保证了公司经营管理合法合规、资产安全、财务报告及相关信息真实完整，提高了经营效率和效果，促进了企业健康持续发展。

公司制定了《关于防范控股股东及实际控制人占用公司资金的管理制度》并严格遵照执行。控股股东及实际控制人公司不存在占用公司资金、侵害公司利益的情形。公司董事、监事及高级管理人员能够勤勉尽职，不存在因相关人员行为失范而导致投资者利益受损的情形。

（四）关联交易行为“循规蹈矩”

公司注重关联交易行为的规范性，严格履行关联交易的审议、决策及披露程

序。相关事项经独立董事事前认可后提交董事会审议，由独立董事出具独立意见，事前认可声明和独立意见作为附件随公告正文一并披露。

二、以信息披露为导向，进一步强化投资者知情权

公司注重信息披露的有效性，坚持按照法律、法规和公司章程的规定，认真履行信息披露义务，及时准确地在指定媒体披露定期报告及有关公司重要信息的临时报告，注意内容的条理性、层次性与逻辑性，简明扼要地向投资者传递信息，有针对性地反映公司情况；按照上海证券交易所相关分行业信息披露指引要求，在定期报告与临时报告中主动披露公司的行业及经营性信息，确保公司信息披露的及时性、公平性、真实性、准确性及完整性，没有虚假记载、误导性陈述或者重大遗漏。

公司在履行好自身信息披露义务的同时，也努力争做监管机构与第三方相关信息披露义务人之间的“和事佬”。积极敦促除公司主体外的其他相关信息披露义务人严格遵守《信息披露事务管理制度》《内幕信息知情人登记制度》《外部信息使用人管理办法》，主动配合公司做好信息披露工作，确保了投资者及时了解公司情况，最大程度地保护了投资者的利益。

三、以制度建设为后盾，进一步维护投资者决策权

（一）完善制度，使工作开展“师出有名”

1. 股东大会相关制度

根据相关监管规定，结合公司实际情况，对《公司章程》《股东大会议事规则》的相关条款进行了修改：完善了股东大会“网络投票”相关制度，并增加了“中小投资者单独计票”“不得对征集投票权提出最低持股比例限制”的相应条款内容。

2. 董事、监事选举制度

《公司章程》第八十二条中载明“股东大会就选举董事、监事进行表决时，根据本章程的规定或者股东大会的决议，可以实行累积投票制”。

（二）严格实施，使制度建设“有的放矢”

公司严格遵照执行上海证券交易所《上市公司股东大会网络投票实施细则》，自该规定出台以来，公司共计召开股东大会 11 次，全部采用现场投票和网络投票相结合的方式。同时，按照上海证券交易所《关于对中小投资者表决单独计票并披露的业务提醒》的要求，股东大会在审议影响中小投资者利益的重大事项时，对中小投资者的表决进行了单独计票，并在股东大会决议公告中予以披露。

四、以现金分红为途径，进一步落实投资者收益权

公司始终坚信，以回报为先，投资者是上市公司的真正主人，只有给予投资者回报的公司，才具有存在的价值，才能赢得市场的认可和尊重。在“饮水思源”的发展理念引导下，公司在经济效益稳步快速发展的基础上，注重优化投资回报机制的完善，在《公司章程》中明确“优先采用现金分红方式进行利润分配”，采取了现金分红这一最直接、最有效的方式来回报广大投资者，实现企业与投资者的互动共赢。

上市 25 年来，公司累计分红 23 次，共计 8.52 亿元，远远超出了公司 3.8 亿元股权融资额。自 2000 年起，已连续 18 年分红。长期、稳定、高比例的分红使公司成为资本市场分红的“常青树”和“现金奶牛”。

五、以投资者关系管理为手段，进一步为投资者了解公司打造零距离平台

（1）通过网络沟通平台拉近与投资者距离。努力优化门户网站建设；通过公司官方电子信箱接收投资者提出的问题和建议，并及时予以答复；在“上证 e 互动”平台共计回复投资者提问 443 条；通过“上证 e 互动”网络平台的“上证 e 访谈”栏目召开投资者说明会，让投资者更全面深入地了解本公司经营和利润分配等情况。

（2）通过接待现场调研加深投资者对公司了解。开放实地参观，听取建议，与投资者进行面对面的沟通与交流，加深投资者对公司了解，增强与投资者相互之间的信任。

（3）通过电话咨询渠道为投资者答疑解惑。由董事会秘书负责接听投资者咨询专线，保证了工作时间电话线路的畅通，在遵守信息披露规则的前提下，耐心细致的解答投资者提出的问题。

（4）通过完善信访投诉处理机制提高投资者诉求处理能力。公司认真履行投诉处理的首要责任，完善了投诉处理协作机制，优化了内部流程，特别注重投诉处理质量的提高，减少问题的累积，做到发现一件，解决一件，致力提高投资者满意度。同时建立了咨询投诉情况归档制度，做好咨询投诉处理情况的登记、归档和保管工作，做到了过程留痕，方便了责任倒查。

投资者关系管理和投资者保护工作，公平是首要理念与核心要义。公平是公司推崇的观念，也是发展的座右铭。公司致力打造“以知情权为基础，以决策权为保障，以收益权为核心”的投资者“三权”维护综合体系，让利益相关者处处感觉到公平在身边，以实际行动向资本市场、向监管部门、向投资者上交一份满意的答卷，让公平照亮上市公司和资本市场发展的新征程。

（中国上市公司协会投资者关系管理委员会　供稿）

恒力股份：真诚沟通 传播价值 深耕主业 现金回报

恒力石化股份有限公司（以下简称“恒力股份”或“公司”）是世界500强企业恒力集团的核心上市子公司，目前控股股东恒力集团现位列世界500强第235位。上市公司恒力股份作为恒力集团聚酯化纤全产业链一体化运营的上市平台，主营业务已涵盖至炼化、石化、芳烃、PTA、民用涤纶长丝、工业涤纶长丝、工程塑料和聚酯薄膜等产业领域，分别在大连、苏州、南通、营口和宿迁五地建立了大型生产基地。

自公司2016年完成重组上市以来，三年两次成功运作重大资产重组，累计募集配套资金86亿元有余，为公司发展提供了强有力的支持。在此过程中，离不开广大股东的支持与厚爱。作为资本市场的新兵，公司深知保护中小投资者权益的重要性，始终高度重视投资者保护工作，建立投资者回报长效机制。

《国务院办公厅关于进一步加强资本市场中小投资者合法权益保护工作的意见》（以下简称“意见”）作为投资者保护工作的纲领性文件，就优化投资回报、保障投资者参与权和知情权、强化投资者纠纷解决和赔偿救助、投资教育和完善投资者保护组织体系等九方面做出了有针对性的制度安排。作为资本市场重要参与者之一，三年来，公司通过完善公司治理，深耕主业，大幅提升公司持续盈利能力，为回报投资者奠定坚实的基础；通过现金分红的方式，为投资者提供实实在在的收益回报；通过积极做好信息披露与投资者关系管理等方式，切实保护投资者知情权。公司用实际行动积极践行了保护中小投资者的责任与义务，切实维护了广大投资者特别是中小投资者的合法权益，实现了投资者回报与公司价值的协调持续增长，公司价值获得资本市场充分认可与肯定，具体情况如下。

一、真诚沟通、传播价值，切实保障投资者知情权

《意见》要求保障中小投资者知情权，主要包括增强信息披露的针对性、提高市场透明度、切实履行信息披露职责三个方面的内容，具体为：作为上市公司，应当真实、准确、完整、及时地披露对投资决策有重大影响的信息，披露内容做到简明易懂，充分揭示风险，方便中小投资者查阅等；应当对显著影响股票及衍生品价格的信息，及时履行报告、信息披露和提示风险的义务；应当保障投资者信息获取机会平等；上市公司控股股东、实际控

制人的承诺应当具体可操作。

公司按照《意见》要求，通过法定及主动地信息披露，真实、准确、完整、及时地向资本市场披露公司相关信息，不断丰富投资者关系管理内涵，畅通投资者互动渠道，保障投资者平等地获取信息，切实保障投资者知情权。

（一）推进积极信息披露

以法定信息披露为基础，整合内部信息渠道，并针对资本市场特性和行业特点，加强对自愿性信息披露的标准及内容的研究，按市场规律和经营进展，及时、准确向市场和投资者传递企业的投资价值。同时，深度挖掘信息披露内涵，以规则为基石，结合资本市场风向，站在投资者角度思考，保证了信息披露更加“接地气”，使得信息披露不仅仅是公司法定的义务，更是投资者了解公司的最佳渠道。

（二）搭建专业投资者关系沟通团队

由公司董事会秘书牵头，证券事务代表、投资者关系经理及主管具体负责相关事宜。公司化纤板块、PTA板块、炼化项目板块等负责人积极配合，组成了专业投资者关系沟通团队，使得信息沟通顺畅、客观。

（三）全方位、多渠道沟通方式

一是采取“请进来、走出去”相结合的双向沟通模式，深度推介公司价值。一方面，组织机构投资者及行业分析师，实地考察上市公司经营及重大投资项目——炼化项目建设现场进展情况，加强投资者直观认知，充分全面对外展现公司企业文化、经营实力和发展前景；另一方面，公司积极“走出去”，开展专门路演活动，参加券商组织的交流活动等方式，一对一或一对多重点聚焦潜在的资金实力雄厚、中长期持股的财务投资者以及业务合作空间大、投资周期长的战略投资者。二是畅通中小投资者信息沟通渠道。做好电话接待、上证E互动平台、公司邮箱，投资者来访等工作，及时有效地回复投资者问题，认真做好记录，在遵守信息披露管理制度的前提下，真实、完整、有效地解决投资者的疑惑。三是与新闻媒体、社会机构良性互动，维护资本市场良好形象。公司借助外部专业机构，对各种市场信息实施分类监控，与各类证券媒体保持良好互动，同时加强风险实时评价与危机预案处置，防控各类突发性风险，为上市公司发展营造良好外部氛围。

（四）切实做好沟通内容管理，主动传递价值

沟通内容直接影响着沟通效果。一是以法定信息披露为基础，加强深层次内容研究。例如年度报告公告后，董事会办公室从行业、经营、财务等方面进行深层次剖析，挖掘价值推介点，及时、准确向市场和投资者传递企业的积极信号和投资价值，实现公司对资本市场的持续正向引导和价值传递。二是重视投资者提出的问题。在不违反信息披露相关规

定的前提下，本着实事求是的原则，结合行业特点与公司实际情况，公司对投资者关注和关心的问题进行全面且客观的解答。

二、深耕主业、现金回报，切实保障投资者收益回报权

《意见》要求优化投资回报机制，主要包括引导和支持上市公司增强持续回报能力、完善利润分配制度、建立多元化投资回报体系、发展服务中小投资者的专业化中介机构四个方面的内容。其中与上市公司直接相关的是，应当完善公司治理，提高盈利能力，主动积极回报投资者；应当披露利润分配政策尤其是现金分红政策的具体安排和承诺等。

公司按照《意见》要求，高度重视投资者收益回报权。多年来，公司专注主业发展，持续做优、做强全产业链业务体系，强劲的持续盈利能力为回报投资者提供了现实基础；制定稳定的利润分配机制，坚持现金分红，给投资者带来稳定回报。

（一）深耕主业，持续为股东创造价值

自2016年3月实现恒力聚酯化纤资产上市，公司通过第二次重大资产重组注入在产业链中、上游环节的660万吨/年PTA产能资产与2000万吨炼化一体化项目，并随后启动了150万吨乙烯工程项目、135万吨聚酯新材料项目和250万吨PTA项目，横向强化公司在现有的聚酯与PTA业务领域的产能规模与工艺技术的综合领先优势，纵向延伸至产业链上游的炼化、芳烃和乙烯环节，打开了上市公司发展的原材料瓶颈和一体化协同发展空间，公司逐步打造并不断完善从“原油—芳烃、乙烯—PTA、乙二醇—聚酯—民用丝、工业丝、聚酯切片、聚酯薄膜、工程塑料”的全产业链一体化的上市平台发展模式，推动实现恒力从“一滴油”到“一根丝”的聚酯化纤各个产业链条环节的全链条战略布局与全覆盖业务经营。公司立足实体产业，聚焦主业发展，持续做优、做强恒力的聚酯化纤全产业链业务体系。

第二次重大资产重组大幅降低了内部关联交易，进一步提升公司规范独立水平。同时优质资产的注入，大幅提升了一体化协同、持续盈利以及经营抗风险能力，实现了资产高效一体化运营。公司经营规模质量与持续盈利能力实现跨越式发展。公司总股本由重组前的6.68亿股增至50.53亿股，增加近7.6倍；公司总市值由重组前的56亿元左右增至820亿元左右，市值增长近15倍。

（二）坚持现金分红，持续回报股东

一是在利润分配机制方面。公司《章程》明确规定了积极的利润分配政策和决策程序，规定每年原则上进行一次现金分红，增强了公司现金分红的透明度，形成了稳定股东回报机制；二是现金分红实施方面，公司持续稳定的现金分红，给股东带来了丰厚回报。

三、结语

投资者权益保护是一项任重道远的工作。公司将不断完善公司治理结构，聚焦主业，做大做强，持续提升公司盈利能力，保证持续稳定现金分红；将继续以投资者需求为导向，真实、准确、完整、及时地履行信息披露的义务，增强信息披露的有效性。

（中国上市公司协会投资者关系管理委员会　供稿）

新兴铸管：为有源头活水来

从20世纪90年代初开始，我国证券市场经历了二十几个春秋，从不成熟逐步走向成熟，从初具规模到发展壮大，证券市场已在国民经济中占据了举足轻重的地位，对推动国民经济的发展做出了巨大的贡献。而广大投资者的参与和支持是推动证券市场这艘巨轮不断破浪前行的重要力量。

新兴铸管股份有限公司（以下简称公司）自1997年上市至今也已度过了二十多个春秋。公司既是中国证券市场不断发展壮大的见证者和参与者，也是中国证券市场发展壮大的受益者。公司由一家铸管产量10万吨左右的小企业，发展成为具有铸管产能260万吨、综合技术实力世界领先的世界铸管企业前三强。公司的发展壮大同样离不开广大投资者的参与和支持。

一、不积小流，无以成江海

公司正是深刻地认识到广大投资者是公司发展壮大的重要力量这一点，所以自上市以来便格外重视投资者关系管理和投资者保护工作。随着公司的不断发展壮大，公司的投资者人数也在不断上升。为进一步保障广大投资者的知情权，维护信息披露“公平、公正、公开”的原则，公司先后制定了《投资者关系管理办法》《年报信息披露重大差错责任追究制度》《内幕信息知情人登记制度》《外部信息报送和使用管理制度》《接待和推广制度》和《信息披露管理制度》。公司通过以上自愿、简明的披露规则的制订，明确了信息披露管理的内部制度和流程，强化了董事会秘书及董事会办公室相关人员的职责，为维护信息披露的三公原则打下了坚实的制度基础。

二、志合者，不以山海为远

为进一步保障广大投资者的参与权和表决权，公司自2005年后，凡是在股东大会中涉及选举董事和监事的事项时，均采用了累积投票制。为了给广大投资者参与公司决策提供便利，近些年公司在召开股东大会时，均提供了网络投票的表决方式，有效降低了投资者参加股东大会的成本，提升了投资者参加股东大会的积极性。公司在召开股东大会时，未对征集投票提出最低持股比例的限制。公司股东大会在审议所有事项时，均对中小投资者表决进行了单独计票。并及时将计票结果与股东大会决议进行公告和报送证券监督管理部门。

公司管理层和全体员工在一如既往地

努力工作，不断提升公司经营业绩，以回报广大投资者的关心和支持的同时，也在不断完善和健全公司的分红决策机制。在公司因再融资出现摊薄即期回报时，公司制定填补回报的具体措施。公司还充分披露了制定的利润分配政策尤其是现金分红政策的具体安排和承诺情况。公司独立董事和相关中介机构还会对公司利润分配政策是否损害中小投资者的合法权益发表明确意见。

三、上善若水，从善如流

公司在不断完善自身制度建设的同时，不忘建立和完善投资者投诉处理机制和沟通交流机制，明确由公司董事会办公室负责登记和预处理来自中小投资者的意见和建议，并牵头协调各部门调查、核实相关问题，在落实相关问题后尽快给予投资者回复。公司通过以上投诉处理机制的制订，明确了投诉处理的流程，强化了相关人员的职责，并向投资者发布了公司董秘及董事会办公室的多个联系电话，同时指定专人负责投资者电话的接听，要求相关人员熟悉本公司业务，增强服务意识，提高服务质量，及时有效地答复投资者咨询的各类问题。公司要求接听人员在日常电话应答过程中严格遵守中国证监会、证券交易所关于信息披露相关规定以及公司内部管理制度相关要求，不得通过咨询电话泄露公司未披露信息。公司还为对外公布的投资者咨询电话配备了录音电话、备份线路及备岗人员，保证了咨询电话的畅通，方便投资者随时咨询和了解公司的有关情况。

四、以天下之目视，则无不见也；以天下之耳听，则无不闻也；以天下之心虑，则无不知也

在现今的时代只会埋头苦干，缺少沟通和交流是无法把企业做优做强的。公司在自身努力发展的同时，通过不断创新，积极拓宽多种渠道和方式加强与广大投资者的沟通与交流。公司在保证电话交流方式畅通的基础上，还在公司网站上开通了投资者关系栏目，在该栏目中介绍公司的生产经营情况、定期报告、临时公告、财务分析和公司的相关制度，便于广大投资者在访问公司网站的同时，可以充分了解公司的其他有关信息；公司每年均会参加河北证监局组织举办的“投资者网上集体接待日活动”，与众多的省内上市公司一起通过网络远程方式回答广大投资者的问题，倾听投资者的意见和建议；公司还多次举办投资者交流会和项目推介会，积极参加投资者举办的策略会与研讨会，主动为广大投资者介绍公司的生产经营成果和未来发展展望，帮助投资者从多方面和多角度了解公司的实际情况。避免投资者因为偏听、偏信相关流言和假新闻，造成心理恐慌和经济损失。

五、一花独放不是春，百花齐放春满园

公司在不断发展壮大的同时，不忘自

身肩负的社会责任，通过丰富多样的形式开展投资者教育活动。公司通过组织各级员工学习讨论、在公司网站刊登宣传材料、在公司主要办公地张贴海报、发放宣传手册和传单等形式，引导广大投资者正确认识资本市场，坚持长期投资、理性投资和价值投资，帮助广大投资者进一步树立理性投资的正确理念，有效维护了广大投资者的合法权益。

六、路漫漫其修远兮，吾将上下而求索

在今后的道路中，公司将始终坚持和谐、科学的发展观，在自身努力经营和发展的过程中不忘初心，始终把广大投资者的利益放在重要的位置上，不断加强公司治理和制度创新，始终把投资者关系管理和投资者保护工作做细、做好，为我国证券市场的健康发展贡献自己的力量。

（中国上市公司协会投资者关系管理委员会　供稿）

盈趣科技：任重道远　用心保护投资者

中国资本市场是亿万投资者共同参与的市场，资本市场支持供给侧结构性改革，服务实体经济发展，推进高质量发展的功能和作用离不开广大投资者的理性参与、价值塑造。盈趣科技深知保护好投资者的合法权益就是保护资本市场，因此始终在尽所能用心保护投资者，任重道远。

一、改革开放的沃土滋养盈趣成长壮大

改革开放的伟大征程已经走过了不平凡的40余年时光，整个中国发生了翻天覆地的变化。其中，伴随着经济体制的深化改革和对外开放程度的不断加深，厦门盈趣科技股份有限公司在改革开放的沃土中应运而生。

2004年，盈趣科技前身网控事业部组建，七年后的2011年，盈趣科技成立。再一个七年后，盈趣科技已经由一个小小的事业部成长为一家拥有3700余名员工的大型国际化集团公司，在全球范围内拥有13家全资或控股子公司。凭借自主创新的UDM模式（也称为ODM智能制造模式），盈趣已形成了高度信息化、自动化的智能制造体系，满足协同开发、定制服务、柔性生产、信息互联等综合服务需求，为客户提供智能控制部件、创新消费电子等产品的研发、生产，并为中小型企业提供智能制造解决方案。

集特有的UDM业务模式优势、技术研发优势、智能制造优势、质量控制优势、客户优势及管理优势等于一身，盈趣科技已与罗技、雀巢等国际知名企业及科技型企业建立起全方位、深层次的战略合作关系，并荣获“国家企业技术中心”“国家工信部智能制造试点示范项目”“国家级工业设计中心”“国家高新技术企业”“福建省工业互联与民用物联重点实验室”“厦门市政府质量奖”等多项重量级荣誉。

经过多年的规范运作和沉淀积累，2018年1月，盈趣科技在深交所中小板成功上市，正式进入A股资本市场，这是盈趣科技发展路上的一块重要里程碑。进入资本市场后，在改革开放的春风中，盈趣科技获得了更多的资源和投入，创新研发能力得以不断增强，核心科技含量逐步提升，业务范围更多元化拓展，也得到更多客户的支持与认可，为传统企业的结构调整、优化升级提供解决方案，为国家的经济增长、社会进步贡献力量。同时，上市之后，盈趣科技受到了社会各界的关注和监督，运营更加规范诚信，信息更加公开透明，这也推动着盈趣科技成为有激励有约束的更理性的行为法人。

二、任重道远，盈趣科技用心保护投资者

（一）坚持以3POS企业文化为立足点，创造优良的业绩来回报股东

“一流的企业管理靠文化”。盈趣科技深知企业文化对公司凝聚力和向心力打造的重要作用，因此组建伊始就十分重视企业文化的培育。经过多年来的不断沉淀和积累，盈趣科技已经形成了独具特色的3POS企业文化，并已深深烙印在每一位员工的脑海中，切实践行在工作行动中。在“客户至上，质量第一。诚信经营，合作共盈。敏捷团队，繁荣家园”的核心价值观带领下，在“盈趣，让生活充盈着乐趣”的使命驱动下，在“成为中国‘工业互联网’和‘民用物联网’的领导者，成为中国走向世界的窗口”的美好愿景中，盈趣人始终奉行长期艰苦奋斗的优良工作作风，用“工匠精神”的高标准严格要求自己，用爱心与责任激励自己、感染他人，对每项任务都精益求精、追求卓越，对每位客户都热情友好，对每位同事都像家人一般关怀协作，正是这样一支充满战斗力和凝聚力的盈趣团队，创造出了连续多年稳健增长的优良业绩回报股东、回报客户、回报自己，这样一支团队也将为保护投资者的权益不遗余力、持续努力。

（二）坚持30%以上的现金分红比例，实现对投资者的价值回报

“多方共盈（赢）”正是盈趣科技一直奉行的经营理念，也是“盈趣”名称由来的原因之一。商海形势瞬息万变，盈趣科技凭借前瞻性的市场眼光，创新发展的思维模式和精益求精的工匠精神，在市场巨浪中站稳了脚步并不断前进，自成立以来一直保持着快速稳健的发展态势，连续多年实现优良的业绩。“多方共盈”理念也并非只是一张空头支票，多年来盈趣科技始终坚持以30%的现金分红比例回报投资者的支持与肯定，正因为此，广大投资者也一直保持着对盈趣科技的充分信任，未来盈趣科技将继续努力提升核心技术，扩展市场与客户，用业绩和利润的不断提升实现对投资者的价值回报。

（三）坚持持续完善信息披露工作，增强透明度，切实保障投资者的知情权

透明公开的经营信息是企业取信于投资者的第一步。盈趣科技成立开始就一直坚持对内信息公开，与所有员工分享公司的经营情况和战略方向，让员工更有归属感、责任感，成效颇丰。在与客户合作的过程中，盈趣科技也秉持开放的理念，利用自主创新研发的UMS联合管理系统（United Management System）将所有产品生产过程的信息全部实时公开，打破外国客户对中国人的刻板印象，对业务提升和公司发展起到了至关重要的作用。而面对投资者，盈趣科技更是坚持公开透明，逐渐建立起更为完善的信息披露机制，持续提升公司信息披露质量，保证公司信息披露的真实、准确、完整、及时和公平，充分保障投资者的知情权。

（四）坚持建立和健全投资者沟通交流渠道和方式，畅通投资者诉求表达渠道

沟通交流是增进了解、解决问题的最重要方式，因此除了及时披露公司相关公告之外，盈趣科技还采用多渠道、多角度、多层面的沟通策略，通过股东大会回答问题、召开投资者交流会、参加各类策略会、回复深交所互动易平台的问题、组织投资者实地调研、带领投资者近距离参观了解公司智能制造生产线、接受投资者电话咨询等方式，充分向资本市场展示公司的发展战略和经营情况，并及时更新公司官网及推介材料，不断提升公司治理的透明度，尽全力畅通投资者表达诉求的多元化沟通渠道。

（五）坚持“孜孜不倦、虚心学习”的态度，向优秀的上市公司学习

学海无涯，学无止境，盈趣科技深知不断学习与思考才是进步的第一法则，因此发展道路上，盈趣科技始终致力于将自身打造成一个学习型组织。盈趣科技作为上市不久的年轻企业，要学习提升的地方还有很多。因此上市不是盈趣科技成功的“终点”，而是新征程的起点，今后的发展道路上，盈趣必将继续坚持谦虚低调、孜孜不倦的态度，向众多优秀的上市公司多请教、多交流、多学习，以“前辈”的先进经验为鉴，提炼成功法则，并充分与盈趣科技实际情况相结合，探索出适合盈趣科技发展的前进之路，努力成长为更成熟稳重的企业。

保护资本市场投资者权益一直以来都是我国资本市场工作中的重中之重，而这项工作永无终点。盈趣科技作为一家年轻的上市企业，在今后的发展之路上，必将严格按照上市公司的标准要求自己，尽所能维护好投资者的权利利益、即时知情、顺畅沟通渠道等各项权益，向其他优秀的上市企业“前辈”虚心学习，承担起肩上的责任，助力整个资本市场投资者保护工作有序开展。新时代，新征程，投资者保护永远在路上。

（中国上市公司协会投资者关系管理委员会　供稿）

中联重科：上市公司对投资者的保护

众所周知，客户是企业的“上帝”。作为上市公司，一方面要卖有形的产品给客户，另一方面也需要投资者购买公司的股票，所以投资者也是客户，也是上市公司的“上帝”。因此，上市公司应当高度重视投资者合法权益的保护，这也是我们义不容辞的责任。本文将通过中联重科的公司治理、信息披露、投资者关系管理、现金分红及股票回购五个方面，结合实践中的具体做法。介绍公司对投资者保护的基本情况，并提出意见和建议。

一、中联重科对投资者的保护

（一）公司治理

中联重科拥有独立的专家型董事会架构。董事会由 7 名董事组成，其中独立董事 4 名，超过董事会成员的半数。独立董事分别是战略、财务和管理等方面的外部专家，在董事会下设四个专门委员会成员中占绝大多数。这种独立和专业的治理结构，确保了上市公司决策的高效、科学，同时，也站在客观公正的立场，有效地保护了全体投资者尤其是中小投资者的合法权益。

中联重科的独立董事尽职履责，绝不是流于形式。在 2013 年，中联重科的独立董事发起了国内首例独立董事独立调查，将投资者权益的保护真正落实到位。

（二）信息披露

中联重科于 2008 年实现整体上市，公司不再有母公司，所有的交易都按照市场规则进行，杜绝了利益输送的可能性。公司的信息披露尤其是财务呈报体系完全透明，投资者能一览公司的价值和风险，充分体现了公开、公平、公正的原则，很好地维护了投资者的利益。

除交易所要求披露的信息外，秉着对投资者负责的态度，公司会对信息内容进行判断，主动披露有可能对股价产生影响的信息。公司的所有公告在进行披露时，充分考虑了境内外投资者的查询需求，除两地交易所指定的网站外，在公司官方网站也同时进行了中英文的披露。

（三）投资者关系管理

A 股市场是一个中小投资者占据了主导作用的市场。中小投资者和机构投资者明显的不同，主要体现在以下三点：

（1）机构投资者的研究实力要明显强于中小投资者。作为投资机构，其自身除了有专业的分析人员外，还借助外部券商等研究机构的研究成果，对于宏观、行业、财务等重要信息掌握齐全。

（2）虽然从总的成交量上来看，中小投资者交易量较大，但是由于单只机构资金数量庞大，且在券商的影响下，机构投资者在同一时间操作方向较为一致，因此机构投资者影响股价能力较强。

（3）作为机构投资者，经常通过路演、调研等活动与上市公司保持较多的接触，因此对于上市公司较为熟悉。

从上述几点对比可以看出，中小投资者和机构投资者之间难免会存在一定信息不对称的情况，机构投资者的投资理由会更加充分，思路会更加清晰，相比之下，中小投资者投资则较为主观，对于中小投资者而言，常常会觉得自己处于劣势。

在对投资者充分认识接触的前提下，公司逐步形成了自己的投资者工作原则：

一是对待所有股东均一视同仁，保持统一口径。中联重科每月都会就重点问题拟定统一的回复，发予所有投资者关系人员，投资者会议、投资者关系平台，热线电话中的答复均以此为参考，并将相关答复留档。

二是坚持与投资者保持长期沟通。无论业绩是好是坏，无论其是否拥有公司股票，中联重科长期与资本市场投资者保持主动沟通，使资本市场形成较为一致、正确的预期，有一批投资者可以长期稳定的关注或投资中联重科，而通过他们，公司也可以持续了解到资本市场热点信息，并将中联重科开放、包容、稳健的形象传递给市场。目前，公司已经将定期报告后的路演、电话会议、投资者关系平台、热线电话等沟通方式常态化。

三是及时反馈和回应投资者问题。中联重科在投资者沟通过程中，非常重视对于问题的预期和准备，这不仅体现出公司敬畏股东的态度，而且也可体现出公司对资本市场的理解能力。在大型的见面会、电话会议之前，公司均会准备一份重点问题问卷，这些问题至少有80%均可以覆盖到会议中投资者的提问，在会议之后，公司会通过回访继续了解投资者存在的问题，并尽快予以回复。

总体来说，中联重科在投资者关系工作中尽可能保持公平、公开、公正的态度，营造一个适合长期投资的环境，通过公司自身的言行带动投资者投资中联。

（四）现金分红

中联重科上市以来，坚持每年都实施现金分红，十八年间共进行了20次的现金分红，累计现金派息分红高达118亿元，真正做到了十八年如一日。从频率上看，中联重科是行业大型上市公司中唯一一家自上市以来每年均实施现金分红的上市公司。

（五）股票回购

中联重科在股票价格低于每股净资产时将会考虑启动股票回购机制，从而更好地保护投资者的利益。公司于2015年和2017年先后实施了H股和A股的回购计划，累计回购41821800股H股和38845086股A股。

（中国上市公司协会投资者关系管理委员会　供稿）

第五篇

上市公司并购重组篇

- 2019 年上市公司并购市场综述
- 国电电力、中国神华出资组建合资公司
- 万华化学吸收合并万华化工
- 居然之家借壳武汉中商
- 双汇发展吸收合并控股公司双汇集团
- 闻泰科技收购安世半导体
- 中国外运换股吸收合并外运发展
- 美的集团吸收合并小天鹅
- 中粮地产收购大悦城地产控制权
- 中原特钢置换金融资产
- 赛腾股份购买菱欧科技

2019 年上市公司并购市场综述

第一节　概述

经历了 2018 年的波动后，A 股市场开始回暖，并购市场也呈现出逐步回暖的态势。据统计，2019 年全年共发生并购重组交易 7531 宗，交易金额 3507.61 亿美元，并购总数持续增长，交易金额则小幅下滑。作为中国多层次资本市场的主力军，上市公司继续在 2019 年的并购重组市场中发挥着举足轻重的作用，上市公司并购总金额约占全年总金额的 73.2%。具体如图 1 和图 2 所示。

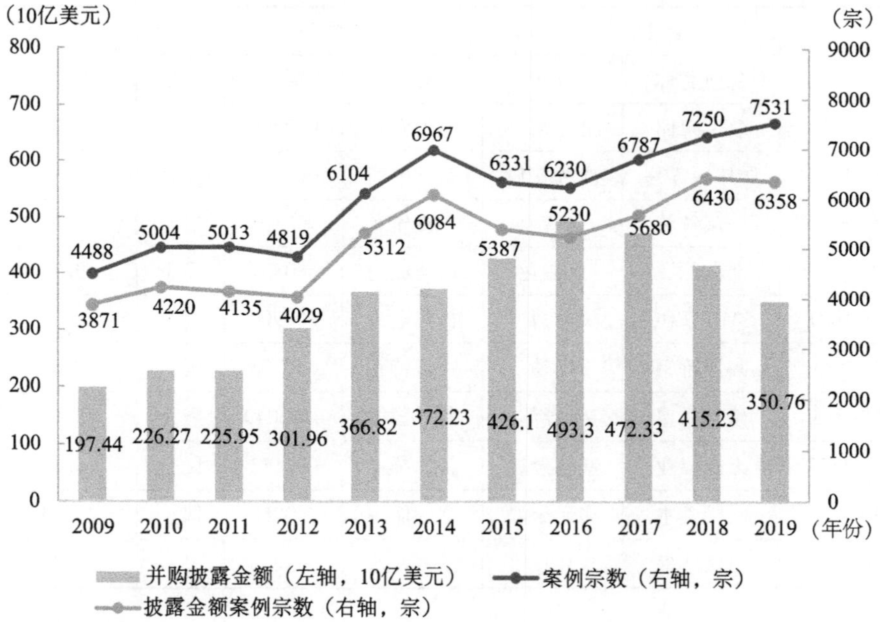

资料来源：Wind 资讯。

图 1　2009～2019 年中国并购市场概况

在按交易金额统计的 2019 年中国上市公司前十大并购重组中，国企、民企在数量上平分秋色。分行业观察，制造业占两席，钢铁、电力、有色金属、多元金融、环保、可选消费、商贸零售等行业各占一席。紫光国微兼并收购紫光联盛成为 2019 年全球半导体行业金额排名靠前的并购重组项目，也是国内半导体行业上市公司通过并购重组做大做强，努力攻坚“卡脖子”技术的代表性案例之一。居然之家借壳武汉中商则是发生在 2019 年交易金额最大的重组上市。具体如表 1 所示。

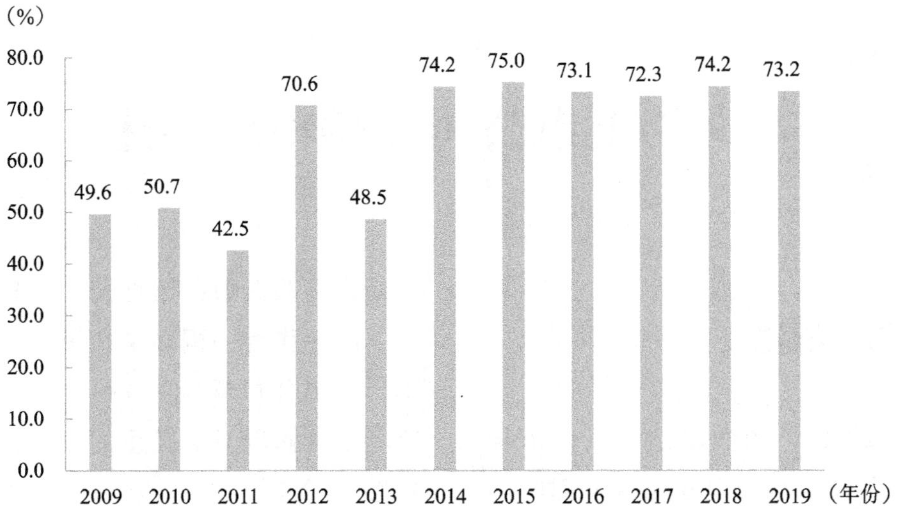

图 2　2009～2019 年上市公司并购交易金额占中国企业并购交易总金额的比重

表 1　2019 年中国上市公司前十大并购　（单位：亿美元）

排名	宣布日期	目标方		收购方			交易要素	
		公司名称	行业	公司名称	股票代码	性质	交易金额	收购股比
1	2019/1/26	双汇集团	可选消费	双汇发展	000895	民企	61.08	100%
2	2019/1/24	居然新零售	商贸零售	武汉中商	000785	民企	54.82	100%
3	2019/4/12	一汽解放	制造业	一汽轿车	000800	国企	41.55	100%
4	2019/11/12	新奥能源	制造业	新奥股份	600803	民企	39.75	32.80%
5	2019/10/1	SAB、POC	电力	长江电力	600900	国企	35.9	100%
6	2019/1/3	兴澄特钢	钢铁	中信特钢	000708	国企	35.66	86.50%
7	2019/6/3	紫光联盛	半导体	紫光国微	0002049	国企	27.69	100%
8	2019/3/27	天山铝业	有色金属	新界泵业	002532	民企	26.21	100%
9	2019/4/9	电投资本	多元金融	东方能源	000958	国企	23.25	100%
10	2019/3/26	申联环保	环保	浙富控股	002266	民企	22.31	100%

第二节　上市公司并购分析

1. 并购标的的行业分布

从 2019 年上市公司并购重组宗数的行业分布观察，软件与信息服务业位列各行业之首，占比为 15.12%；制造业、医药与医疗服务、电子行业紧随其后，占比分别为 11.85%，7.82% 和 6.25%；从并购重组的交易金额的行业分布看，制造业、软件和信息服务业、多元金融交易规模分别约为 340.20 亿美元、288.34 亿美元和 282.69 亿美元，位居前三。具体如图 3 所示。

从并购重组的交易金额和交易宗数分布区间看，2019 年，中国上市公司，小

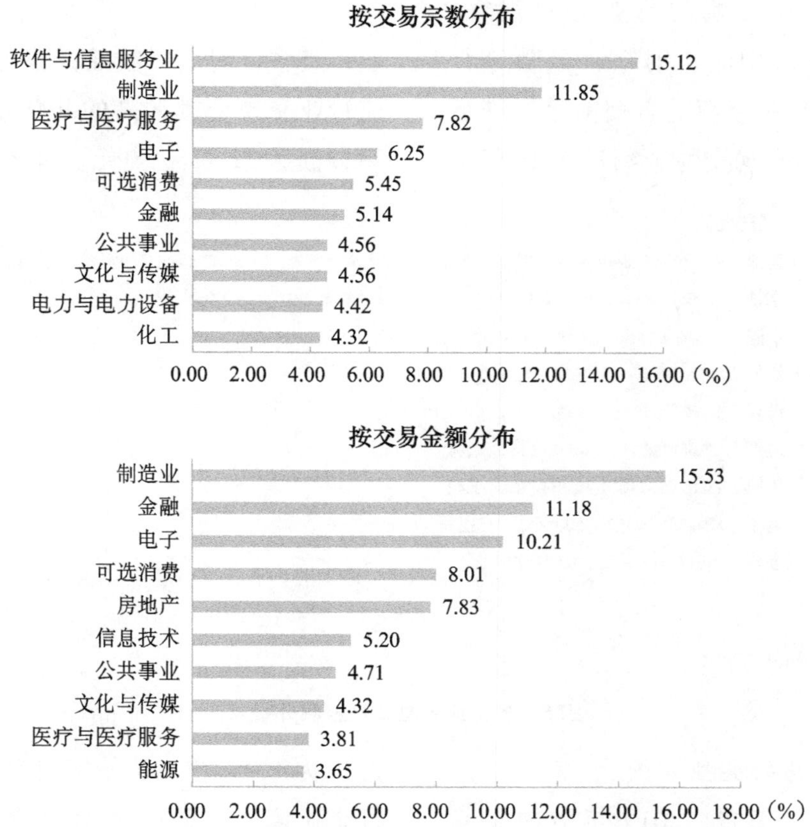

资料来源：Wind 资讯。

图 3　并购标的交易数量和交易金额的行业分布

于 1 亿美元的并购交易占并购交易总数的 82.27% 和交易总金额的 9.82%；交易金额大于 5 亿、小于 10 亿美元的并购案例占交易宗数的 4.15% 和交易总金额的 13.61%；交易金额大于 10 亿美元的并购案例占交易总数的 2.06%，合计交易金额约占整个并购市场交易的 53.06%。具体如图 4 所示。

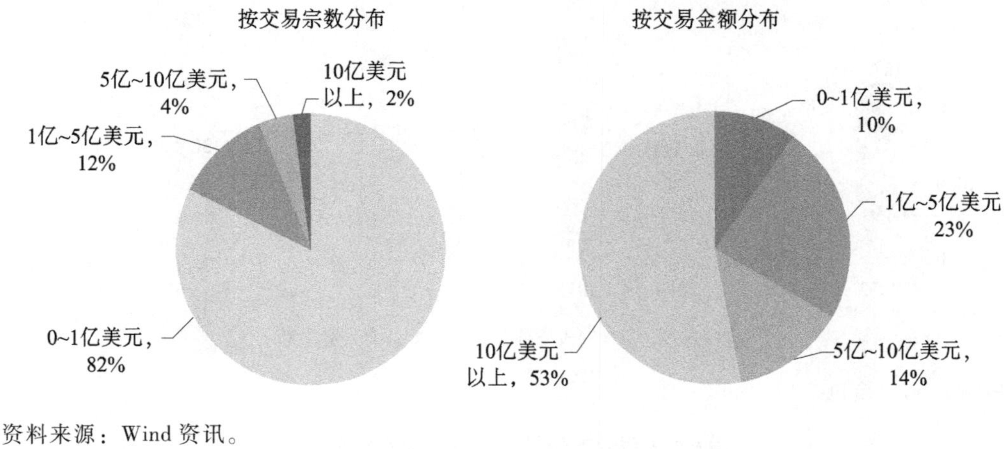

资料来源：Wind 资讯。

图 4　并购重组的交易金额和交易宗数分布

从上市公司并购的行业分布观察，2019 年，交运与物流、钢铁、金融等行业在平均单笔并购金额上名列前茅。交运与物流行业单笔平均交易金额达 4.21 亿美元，是并购重组单笔平均交易额最大的行业，其中，阿里吸收兼并申通是交运与物流行业交易金额最高的并购重组案例，交易金额达 22.23 亿美元。具体如图 5 所示。

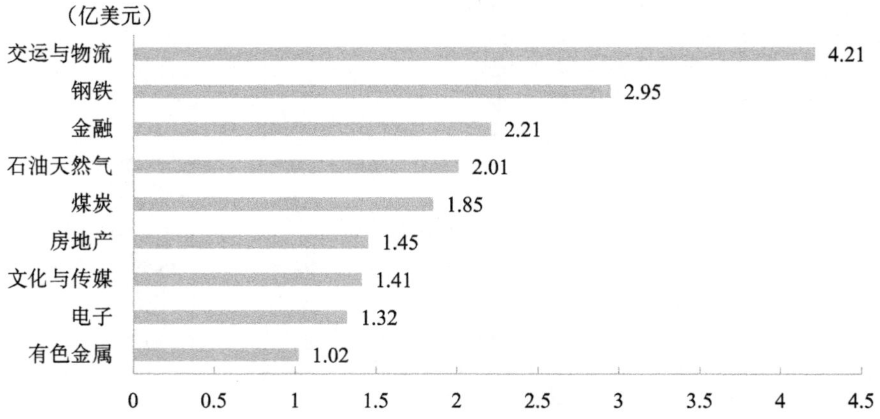

资料来源：Wind 资讯。

图 5　各行业单笔并购金额分布

3. 并购交易的类型分析

从并购类型来看，2019 年境内并购交易金额占比为 89.55%，中资海外并购占比为 8.84%，受外部环境的影响，中资企业境外并购的金额和数量在 2019 年出现了降幅。具体如图 6、图 7 所示。

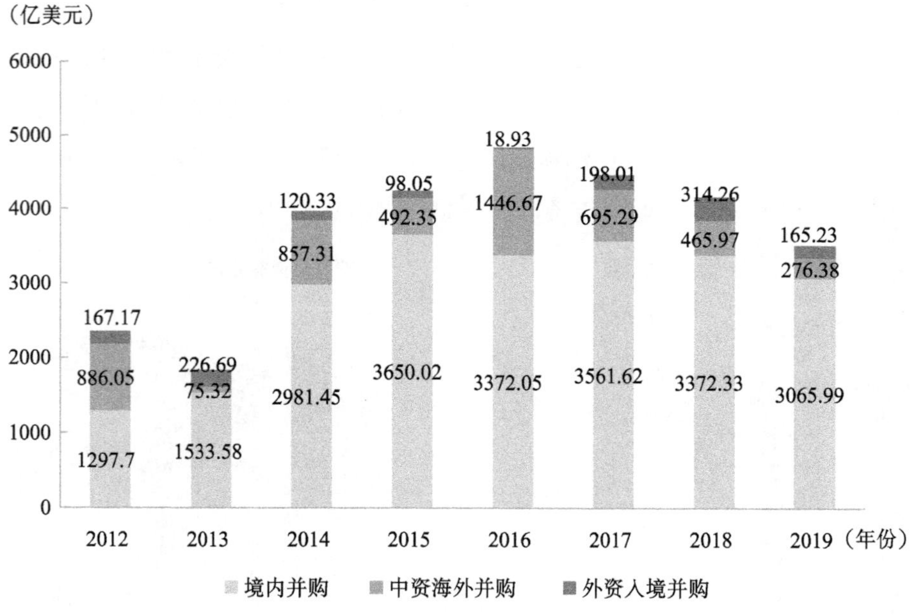

资料来源：Wind 资讯。

图 6　上市公司各类型并购按金额分布

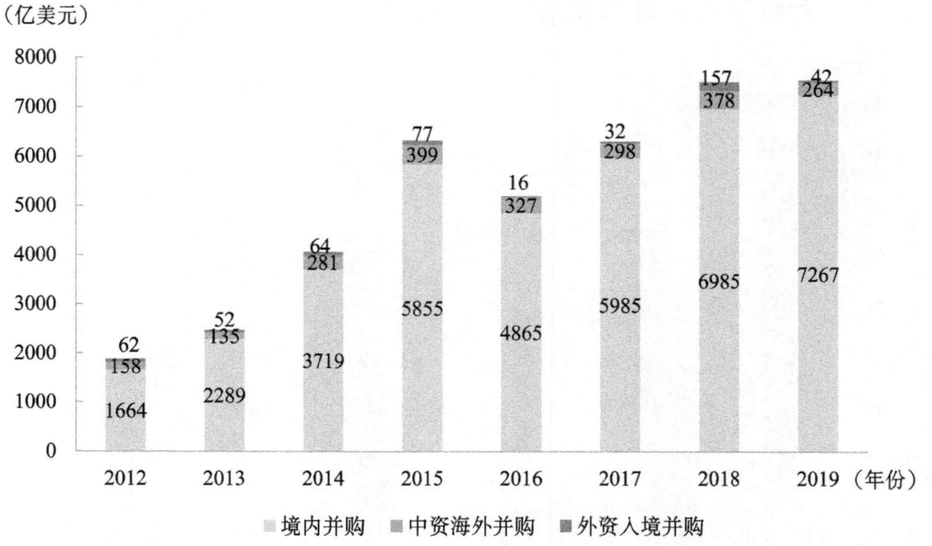

资料来源：Wind 资讯。

图 7　上市公司各类型并购按宗数分布

金融、材料和金融板块是 2019 年中资企业海外并购的活跃板块。尽管受到外部环境变化的不利影响，但中国企业“走出去”参与全球并购重组的脚步没有停歇，代表性的案例有国家电网出资 10 亿美元收购阿曼国家电网 49% 股权，紫金矿业斥资 8.25 亿美元收购加拿大大陆黄金 100% 股权等。具体如图 8 所示。

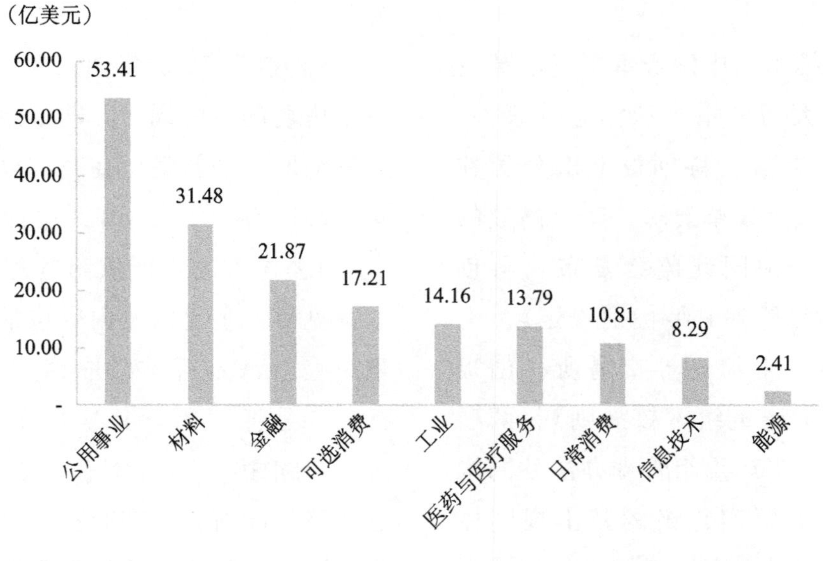

资料来源：Wind 资讯。

图 8　中资上市公司出境并购按行业分布

数据显示，信息技术、可选消费是 2019 年外资入境并购青睐的行业，随着中国市场的开放步伐的加快和国内企业的成长，未来将会有更多的优秀境内企业成为海外投资者并购的标的。具体如图 9 所示。

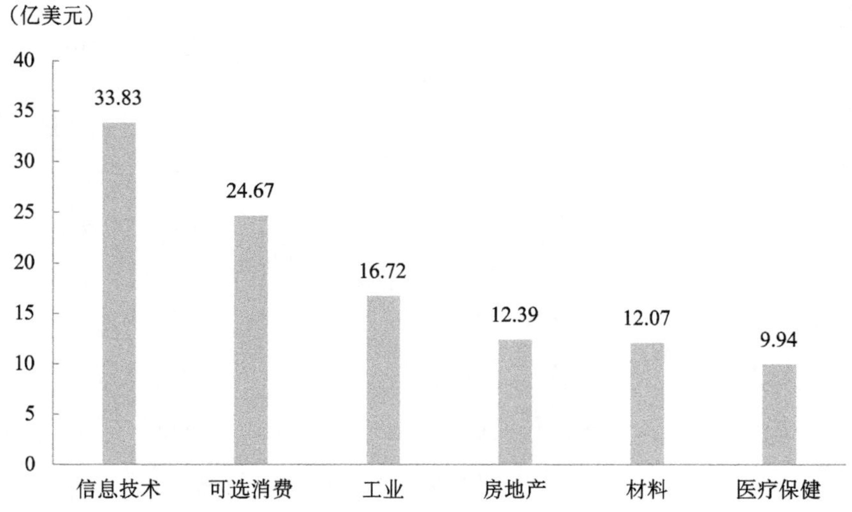

资料来源：Wind 资讯。

图 9 外资入境并购并购按行业分布

第三节 并购市场发展趋势

1. 科创板并购重组的制度设计体现市场化方向

科创板的推出是中国资本市场改革发展过程中的重大历史举措和标志性事件。2019 年 8 月，为落实科创板上市公司并购重组注册制试点改革要求，建立高效的并购重组制度，中国证监会发布《科创板上市公司重大资产重组特别规定》，上交所同步发布《上海证券交易所科创板上市公司重大资产重组审核规则》，两项重要规则与重大资产重组管理办法共同构成了科创板重大资产重组的基本规则体系。科创板并购重组审核坚持以信息披露为中心，突出审核的公开透明，更加强调压实中介机构责任，从重组条件及标准、信息披露要求、审核方式内容和程序、独立财务顾问持续督导职责等方面落实注册制改革要求，充分满足科创企业多样、灵活、快速的并购重组需求，高标准地服务于在尖端科技领域攻坚克难的国家战略。

2. 管理办法修订推动并购市场改革发展

“松绑”和改革创新是 2019 年并购重组市场的主题词，并购重组市场化氛围愈发浓厚，创新案例在政策春风下遍地开花。2019 年 6 月 20 日，中国证监会发布《上市公司重大资产重组管理办法》的征求意见稿，主要修改内容包括：一是简化重组上市认定标准，取消“净利润”指标。二是将“累计首次原则”计算期间进一步缩短至 36 个月。三是允许符合国家战略的高新技术产业和战略性新兴产业相关资产在创业板重组上市。四是恢复重组上市配套融资，五是丰富重大资产重组业绩补偿协议和承诺监管措施，加大问责力度。此外，明确科创板公司并购重组监管规则的衔接安排。重组办法的修订准确把握了市场规律，理顺重组上市功能，发挥资本市场服务实体经济功能作用，是落实全面深化资本市场改革总体方案的重要举措。

3. 上市公司分拆上市试点若干规定正式出台

2019 年 12 月 13 日，《上市公司分拆所属子公司境内上市试点若干规定》正式推出，规定对分拆上市的七大条件、信息披露和决策程序要求等均作了明确规定。分拆上市作为上市公司的资产重组的工具，往往与并购重组活动相互促进和深化。A 股上市公司境内分拆上市制度取得突破，不仅充分契合我国上市公司当前发展诉求，对于深化国企改革和并购重组、完善我国资本市场基本制度方面同样重大意义。2019 年 12 月 19 日，中国铁建发布公告，拟分拆旗下中国铁建重工集团股份有限公司科创板上市。由此，中国铁建成为分拆上市推出后，首例公布实质性“A 拆 A”预案的上市公司。市场预期，未来将有更多的多元化经营上市公司和大型央企上市公司通过分拆上市的手段提升自身竞争力。

4. 定向可转债开始成为并购重组的支付方式

2018 年 11 月，中国证监会新闻稿首次提出《试点定向可转债并购支持上市公司发展》，而定向可转债作为支付手段的正式方式落地发生在 2019 年。2019 年 1 月 23 日，赛腾股份（603283）发行可转换债券、股份及支付现金购买资产获无条件通过。作为试点首单，赛腾股份发行可转换债券、股份及支付现金购买资产申请从受理到过会，审核用时 22 个工作日，充分体现了证监会顺应市场主体诉求，创造条件支持上市公司并购重组的决心。2019 年全年共有 33 家上市公司公告引入定向可转债的并购预案，其中已有 13 家获得通过。

审稿人：王珠林

撰稿人：王　勇　张晏铭

国电电力、中国神华出资组建合资公司

一、本次交易的背景

（一）交易相关各方基本情况介绍

1. 出资方基本情况

（1）国电电力发展股份有限公司：本次交易一出资方为上交所主板上市公司国电电力发展股份有限公司（以下简称“国电电力”）。

国电电力最早系辽宁省经济体制改革委员会批准的，由东北电力、建行辽宁信托投资公司和大连发电总厂三名发起人共同发起，以定向募集方式设立的“大连东北热电发展股份有限公司”。其控股股东为原国电集团，后因国电集团与神华集团合并后归属于国家能源投资集团有限责任公司。公司主要从事电力、热力生产和销售工作。

（2）中国神华能源股份有限公司：本次交易另一出资方为上交所主板上市公司中国神华能源股份有限公司（以下简称“中国神华”）。

中国神华系2004年经国务院国资委批准的，由神华集团以经评估及国务院国资委核准评估结果的相关资产、负债及权益作为出资独家发起设立的股份有限公司，现因国电集团与神华集团合并，其控股股东变为合并后的国家能源投资集团有限责任公司。公司主要从事煤炭生产、销售，电力生产、热力生产和供应、铁路和港口运输服务等业务。

2. 出资标的基本情况

本次交易标的为国电电力以及中国神华持有的火电公司及其资产，具体如表1所示。

表1　国电电力及中国神华持有的火电公司及其资产

国电电力方：		
大同发电60.00%股权	大同第二发电厂	东胜热电55.00%股权
庄河发电51.00%股权	大连开发区热电厂	朝阳热电100.00%股权
谏壁发电100.00%股权	江苏电力100.00%股权	北仑第一发电70.00%股权
北仑第三发电50.00%股权	浙能北仑49.00%股权	浙能乐清23.00%股权
南浔天然气热电100.00%股权	国电安徽100.00%股权	大武口分公司
宁夏石嘴山发电50.00%股权	石嘴山第一发电60.00%股权	大武口热电60.00%股权
国电宁东51.00%股权	新疆电力100.00%股权	酒泉发电100.00%股权
外高桥第二发电40.00%股权		

续表

中国神华方：		
国华国际电力 70.00% 股权	保德发电 91.30% 股权	河曲发电 80.00% 股权
萨拉齐电厂	呼伦贝尔发电 80% 股权	上湾热电厂
太仓发电 50.00% 股权	陈家港发电 55.00% 股权	徐州发电 100.00% 股权
舟山发电 51.00% 股权	余姚燃气发电 80.00% 股权	浙能发电 60.0001% 股权
神皖能源 51.00% 股权	宁夏宁东发电 100.00% 股权	神华宁东发电 56.77% 股权
米东热电厂	五彩湾发电 100.00% 股权	嘉华发电 20.00% 股权

（二）本次重组的行业和产业背景情况

1. 贯彻落实国有企业改革精神，做强做优做大国有企业

2015 年以来，中共中央、国务院先后出台了《关于深化国有企业改革的指导意见》《关于改革和完善国有资产管理体制的若干意见》等一系列国企改革文件，鼓励国有企业积极实行改革、提高国有资本流动性。

2. 供给侧结构性改革持续深化，煤电并购重组整合加速

中央财经委员会第十一次会议、中央经济工作会议、发改委与工信部等 16 部委联合印发的《关于推进供给侧结构性改革防范化解煤电产能过剩风险的意见》逐步深化强调供给侧结构性改革任务，鼓励煤炭、电力等产业链上下游企业发挥产业链协同效应，加强煤炭、电力企业中长期合作，稳定煤炭市场价格；支持优势企业和主业企业通过资产重组、股权合作、资产置换、无偿划转等方式，整合煤电资源。

3. 国电集团和神华集团实施联合重组，打造全球领先的现代综合能源集团

经国务院国资委《关于中国国电集团公司与神华集团有限责任公司重组的通知》（国资发改委〔2017〕146 号）批准，神华集团与国电集团实施联合重组，神华集团更名为“国家能源投资集团有限责任公司”，作为重组后的母公司，吸收合并国电集团。

（三）本次重组的原因及必要性

1. 突出主业，减少同业竞争，提高装机规模及核心竞争力

本次交易有利于国电电力突出常规能源发电的主业，减少国电电力与新组建的国家能源集团的同业竞争，进一步增强公司电力业务的核心竞争力。

2. 进一步推进煤电协作，增强业务稳定性

本次交易有利于国电电力与中国神华建立更为紧密的合作关系，双方在煤炭供应、煤电联营等方面具有广阔的合作空间，有助于增强业务的稳定性提升。

二、本次交易的具体方案

（一）交易方案概述

国电电力拟以其持有的相关火电公司

股权及资产与中国神华持有的相关火电公司股权及资产共同组建合资公司。合资公司名称为北京国电电力有限公司，注册地为北京市朝阳区，注册资本为100亿元，其中，国电电力出资额为574735.79万元，持有合资公司57.47%股权；中国神华出资额为425264.21万元，持有合资公司42.53%股权。

（二）交易进程和方案确定过程回顾

1. 出资人国电电力履行的决策程序

（1）2017年8月28日，本次交易预案已经由国电电力第七届董事会第四十八次会议审议通过；

（2）2017年12月31日，国电集团完成对国电电力出资的标的资产（评估基准日为2017年6月30日）评估报告的备案；

（3）2018年3月1日，本次交易正式方案已经公司第七届董事会第五十一次会议审议通过；

（4）2018年3月30日，公司股东大会审议通过本次交易正式方案。

2. 出资人中国神华履行的决策程序

（1）2017年8月28日，本次交易初步方案已经中国神华第四届董事会第六次会议审议通过；

（2）2017年12月31日，国家能源集团完成对中国神华出资的标的资产（评估基准日为2017年6月30日）评估报告的备案；

（3）2018年3月1日，本次交易正式方案已经中国神华第四届董事会第九次会议审议通过；

（4）2018年4月27日，中国神华股东大会审议通过本次交易正式方案。

（三）交易具体方案详述

本次交易具体方案为国电电力与中国神华于2017年8月28日、2018年3月1日分别签署附生效条件的《合资框架协议》及《合资协议》，主要内容如下：

1. 资产评估与股权分配

国电电力出资的标的资产的权益评估值为3744927.12万元，持有合资公司57.47%股权；中国神华出资的标的资产的权益评估值为2770983.69万元，持有合资公司42.53%股权。

2. 交割前内部重组安排

合资双方于交割前完成相关标的资产的内部重组工作，具体包括：

（1）国电电力出资的标的资产中的新疆电力将其持有的部分下属公司全部股份转让给国电电力全资子公司国电电力新疆新能源开发有限公司；新疆电力将其持有的部分下属公司全部股份转让给国电电力直接持有。

（2）国电电力出资的标的资产中的国电安徽将其持有的国电安徽能源销售有限公司100%股权和安徽国电皖能风电有限公司51%股权转让给国电电力直接持有。

（3）英力特集团将其持有的国电宁东51%股权转让给国电电力直接持有。

（4）中国神华下属全资子公司神东电力将其持有的保德发电、河曲发电、五彩湾发电的全部股权及其持有的萨拉齐电厂、上湾热电厂、米东热电厂全部资产及负债转让给中国神华直接持有。

3. 过渡期安排

在过渡期内，合资双方各自继续负责各自所出资资产对应的标的公司的所有工作，包括但不限于项目的申报、既有合同的履行、公司的正常经营等。

4. 合资公司治理结构

（1）合资公司董事会由 5 名董事组成，其中 3 名由国电电力提名，2 名由中国神华提名。董事每届任期 3 年，任期届满，经提名方继续提名，可以连任，董事会中因故出现空缺时，应由原提名方及时提名，在原董事任期内履行董事职责。

（2）董事长由国电电力提名的董事担任，副董事长由中国神华提名的董事担任，董事长、副董事长均由全体董事过半数选举产生。

（3）任何合资一方均可以更换其提名的董事。当董事发生更换时，合资一方应提前 15 天以书面形式通知合资对方和董事会，并经股东会决议后予以更换。

（4）合资公司监事会由 3 名监事组成，其中 1 名由国电电力提名，1 名由中国神华提名；另外 1 名职工监事由合资公司职工代表大会选举产生。监事会主席由中国神华提名的监事担任，由全体监事过半数选举产生。

（5）合资双方同意，合资公司总经理由董事会决定聘任或者解聘。副总经理、财务负责人（总会计师/财务总监）等其他高级管理人员由总经理提名，并由董事会决定聘任或者解聘。

5. 债权债务及人员安置

（1）本次交易不改变标的资产中的股权所在公司的独立法人地位，该等公司的债权、债务均由本次交易后的该等公司依法继续承担。就标的资产中的非股权部分资产，根据“债务随资产走”的原则，自交割日起，与非股权部分的标的资产有关的债权债务随该等非股权部分资产一并转由合资公司享有和承担。

（2）标的资产为相关火电公司股权的，本次交易不涉及劳动关系转移，员工工资福利等继续由所涉及的原公司承担。标的资产为非股权资产的，根据“人随资产走”的原则，前述资产的相关生产、管理等人员的劳动关系均由合资公司承继且员工工资福利等由合资公司或合资公司分公司承担。

三、本次交易对上市公司的意义和影响

（一）交易标的的主要优势

本次交易所涉标的公司众多，均为火电及相关产业，总体来说，地理位置分布广泛、体量较大、市场竞争力较强。

（二）方案对上市公司带来的短期收益

本次交易完成后，上市公司的盈利水平将得到有所提升，在 2017 年 1－9 月备考报表中，营业总收入增加 2942860.67 万元，增幅达到 66.46%，净利润增加

95049.39万元，增幅达到29.32%；2016年备考报表中，营业总收入增加61.77%，净利润增加47.86%。

（三）本次交易对上市公司的长期影响

1. 对公司战略的影响

国电电力和中国神华选择双方资产区域重合度较高的火电发电业务进行整合，将有效解决国电电力与中国神华在相关区域发电业务的同业竞争情况。公司将坚持既有战略定位，保持战略“定力”，持续优化资产，建设国内领先、国际一流的综合性电力上市公司。

2. 对公司业务的影响

合资公司设立后，国电电力所从事的电力业务在装机规模、发电量以及市场占有率等方面都有大幅提升，同时也使得公司在浙江、安徽、江苏区域电力市场的占有率进一步提高，市场竞争优势更加明显。

四、交易亮点

（一）交易方案的创新性和特点

1. 本次交易创新性地采用了成立合资公司的方案，着重了解决集团合并后的同业竞争问题。交易完成后，公司业务规模和盈利能力得到进一步提高，并将成为国家能源集团常规能源发电业务的整合平台，竞争力将得到明显增强。

2. 本次交易为集团合并后进行资源整合的重要步骤，突出了电力主业及其优势地位，为建成国内领先、国际一流的综合性电力上市公司的发展战略打下坚实基础。

（二）交易方案对市场的影响

1. 本次交易改变了电力行业竞争格局，更加凸显了国电电力的优势地位。重组完成后，国电电力总资产超过3600亿元，增幅超过为30%；净资产超过1100亿元，涨幅近50%；资产负债率降至68%左右，下降近5个百分点。国电电力资产结构进一步优化，资本运作能力进一步增强。

2. 本次交易是对常规能源的有效整合，引起了投资者们的广泛关注，公司的盈利能力有更高的发展空间。

（中国上市公司协会并购融资委员会 国睿金融与产业发展研究会 供稿）

万华化学吸收合并万华化工

一、交易背景

（一）交易相关各方基本情况介绍

1. 上市公司基本情况

本次交易购买方暨吸收合并方为上交所主板上市公司万华化学集团股份有限公司（以下简称“万华化学”）。万华化学是一家全球化运营的化工新材料公司，实际控制人为山东省烟台市国资委，业务涵盖聚氨酯、石化、精细化学品、新兴材料四大产业集群。所服务的行业主要包括：生活家居、运动休闲、汽车交通、建筑工业、电子电气、个人护理和绿色能源等。

万华化学拥有烟台、宁波、四川、福建、珠海、匈牙利六大生产基地及工厂，形成了强大的生产运营网络；此外，烟台、宁波、北京、北美、欧洲五大研发中心已完成布局，并在欧洲、美国、日本等十余个国家和地区设立子公司及办事处，致力于为全球客户提供更具竞争力的产品及综合解决方案。

2. 交易对方基本情况

本次交易对方为万华化工的全体股东，包括国丰投资、合成国际、中诚投资、中凯信、德杰汇通，上述交易对方持有万华化工的股权比例如表1所示。

表1　　交易对方持有万华化工股权比例

序号	名称	持股比例
1	国丰投资	39.50%
2	合成国际	19.58%
3	中诚投资	19.25%
4	中凯信	17.59%
5	德杰汇通	4.08%
合计		100.00%

3. 被合并方基本情况

本次交易标的资产暨被吸收合并方为烟台万华化工有限公司（以下简称“万华化工”），为万华化学的母公司。万华化工成立于2018年1月30日，系上市公司原控股股东万华实业存续分立后新设公司。万华化工系持股性公司，不从事具体的生产经营业务，主要通过下属子公司万华化学（含万华宁波）、BC公司开展聚氨酯产品、石化系列产品以及精细化学品的研发、生产与销售业务。

（二）本次吸收合并的行业和产业背景情况

我国石油化工行业产能过剩逐渐显现，产品低端化、同质化问题较为严重，而高品质、精细化产品仍需大量进口。据石化联合会数据显示，2012—2016年间，我国石化行业平均贸易逆差约2600余亿美元，高附加值精细化学品的需求缺口较大。

党的十九大做出中国特色社会主义进入新时代的重大政治判断，并指出新时代的主要矛盾是“人民日益增长的美好生活需要和不平衡不充分的发展之间的矛盾”。按照十九大精神和中央经济工作会议的部署，中国经济发展也将进入新时代，其基本特征就是中国经济已由高速增长阶段转向高质量发展阶段。立足于新时代，要实现我国由石化大国向石化强国跨越的目标，大力推动国内化工产业结构的深化改革和创新升级将成为我国石化产业未来高质量、持续性发展的必然选择。

（三）本次重组的原因及必要性

（1）本次交易符合国家“一带一路”倡议的指导方向。万华化工下属 BC 公司的生产基地主要位于匈牙利东北部和捷克东北部。匈牙利“向东开放”战略与我国的“一带一路”倡议高度契合。有利的双边政治经济环境将为万华化学和 BC 公司的跨洲际联手创造了良好条件和独特优势，有助于双方在稳定、健康、和谐的政治经济发展环境中不断创新，加强合作，提升各自在全球化工行业中影响力的同时分享双方的发展成果，实现全球化工行业竞争格局的再平衡。

（2）本次交易有助于解决同业竞争，减少关联交易。本次吸收合并交易完成后，万华化工作为被合并方将予以注销，万华化工旗下资产将实现整体上市，BC 公司与上市公司之间的潜在同业竞争问题将得到根本解决，同时上市公司的关联交易也将大幅减少。

（3）本次交易将增强上市公司的盈利能力。本次万华化工的整体上市，化工产业将实现跨境整合，有助于上市公司聚焦主营业务，规模效应、协同效应将得到进一步凸显。与此同时，万华化学将充分发挥万华化工旗下企业间的竞争优势，实现资源的优化配置，促进上市公司化工类产业专业化、多元化发展，进一步增厚上市公司盈利能力与经营风险的抵御能力。

（4）本次交易将有效改善上市公司治理结构。通过本次万华化工的整体上市，万华化学的股权结构将更加透明清晰，上市公司的治理机制将更为扁平化，组织架构将得到进一步的精简，决策效率将实现进一步提升，从而助推上市公司治理结构的转型升级。

二、本次交易的具体方案

（一）交易方案概述

万华化学以发行股份的方式吸收合并控股股东万华化工。交易完成后，万华化学为存续方，将承继及承接万华化工的全部资产、负债、合同及其他一切权利与义务，万华化工注销法人资格。万华化工持有的上市公司股份被注销，万华化工的股东成为上市公司的股东。

（二）交易进程和方案确定过程回顾

2018 年 5 月 9 日，上市公司召开第七届董事会 2018 年第六次临时会议，审议通过本次吸收合并预案相关的议案。

2018 年 5 月 9 日，上市公司召开第七届监事会 2018 年第三次临时会议，2 名非关联监事同意本次吸收合并预案相关的议案，3 名关联监事回避表决后，非关联监事人数不足 3 人，监事会无法形成决议，本议案将直接提交公司股东大会审议。

2018 年 6 月 29 日，上市公司召开第七届董事会 2018 年第九次临时会议，审议通过本次吸收合并草案相关的议案。

2018 年 6 月 29 日，上市公司召开第七届监事会 2018 年第五次临时会议，2 名非关联监事同意本次吸收合并草案相关的议案，3 名关联监事回避表决后，非关联监事人数不足 3 人，监事会无法形成决议，本议案将直接提交公司股东大会审议。

2018 年 6 月 29 日，山东省国资委下发《关于万华化学集团股份有限公司重大资产重组及非公开发行股份有关问题的批复》（鲁国资产权字〔2018〕28 号），核准本次吸收合并方案。

2018 年 7 月 9 日，上市公司召开 2018 年职工代表大会，审议通过关于职工安置方案的议案。

2018 年 7 月 19 日，上市公司召开 2018 年第三次临时股东大会，审议通过本次吸收合并方案。

2018 年 9 月 6 日，中国证监会核准了本次交易。

（三）交易具体方案详述

1. 发行股份吸收合并

万华实业聚氨酯化工产品生产业务进入万华化工，其他业务保留在万华实业中。即万华实业分立前所持有的万华化学 47.92% 股权、万华宁波 25.5% 股权、新益投资 100% 股权、万华国际资源 100% 股权、新源投资 100% 股权、辰丰投资 100% 股权划归万华化工名下，其余的与聚氨酯化工产品业务不直接相关的资产保留在万华实业。

根据中联评估出具的并经烟台市国资委核准的《万华化工资产评估报告》，经交易各方协商一致，本次吸收合并的对价为万华化工截至评估基准日的评估值，即 5221758.20 万元。万华化学通过向交易对方合计新发行 1715990206 股 A 股股份支付本次吸收合并的全部对价，本次交易不涉及现金支付。

2. 发行方式及发行对象

本次吸收合并的发行方式为非公开发行，发行对象为国丰投资、合成国际、中诚投资、中凯信、德杰汇通。

3. 发行股份价格

上市公司以 2017 年 9 月 30 日的总股本 2734012800 股为基数，向公司全体股东每 10 股派发现金股利 15 元（含税）。本次非公开发行股票调整后的发行底价 =（调整前的发行底价 − 每股现金红利）/（1 + 每股送股或转增股本数）=（31.93 − 1.5）/1 = 30.43 元/股。

4. 发行股份数

本次交易中被吸收合并方万华化工 100% 股权的评估值为 5221758.20 万元，按照发行价格 30.43 元/股计算，合计发行股份数量为 1715990206 股。

5. 业绩承诺及股份锁定期

各方同意以中联评估出具的《资产评估报告》中载明的业绩承诺资产的预测利润数为业绩承诺方对万华化学的净利润承诺数，即业绩承诺方承诺净利润金额如表2所示。

表2 业绩承诺方承诺净利润 单位：万元

业绩承诺资产	预测净利润金额		
	2018年	2019年	2020年
BC公司100%股权（万欧元）	38207.48	18934.86	19041.77
BC公司100%股权（万元人民币）	300131.19	148739.01	149578.84
BC辰丰100%股权（万欧元）	5.25	6.05	6.46
BC辰丰100%股权（万元人民币）	41.25	47.55	50.72
万华宁波25.5%股权（万元人民币）	131062.66	98823.87	93907.23
万华氯碱热电8%股权（万元人民币）	3056.77	3093.77	3155.07
合计承诺净利润数（万元人民币）	434291.87	250704.20	246691.86
累计承诺净利润数（万元人民币）	434291.87	684996.07	931687.94

在业绩补偿期间，若业绩承诺资产累计实现净利润数低于累计承诺净利润数，则业绩承诺方须按照出资比例就不足部分向万华化学进行补偿。

三、交易的意义和带来的影响

（一）交易标的的主要优势

万华化学（含万华宁波）和BC公司均已构建较为成熟的供应商采购体系并与主要供应商签订了原材料采购框架合同，确保原材料采购数量的稳定供应以及成本的合理控制。

2016年，万华化学成为中国第一家获得沙特液化气合同价格（CP）推荐权的企业，2017年8月又成为第一家加入亚洲LPG－CFR委员会的中国企业，扭转了国内对石化初级产品进口依赖背景下主动权与影响力不足、采购话语权缺失的不利局面，进一步提升了万华化学对于上游原材料采购的影响能力和控制能力。

万华化学（含万华宁波）和BC公司生产的产品有望凭借其工艺技术优势、产品质量优势和成本控制优势在国内外市场逐步扩大其市场份额，不断提升其产品的市场竞争力。

（二）方案对上市公司的短期收益和长期意义

本次交易将实现被合并方旗下化工类资产的整体上市，有助于上市公司聚焦并做大做强主业，有助于上市公司充分利用万华化工内部全部资源，实现跨洲际产能布局、优势互补，进一步提升规模效应和协同效应，有助于上市公司提升核心竞争力、抗风险能力和可持续发展能力，促进上市公司朝着专业化、规模化、多元化的方向发展，切实推动“中国万华”向“世界万华”转变的企业发展战略。

四、交易亮点

（一）交易方案的创新性和特点

（1）万华化学凭借 BC 公司在欧洲地区多年沉淀所积累的营运网络取得与当地客户面对面直接交流、合作的机会，有效降低跨区域业务拓展的成本以及后期磨合的难度，推广自身发展理念的同时也能够更好地理解、把握成熟市场发展的逻辑和趋势，使得上市公司对于行业的全球化发展更具前瞻性和战略眼光。

（2）有利的双边政治经济环境将为万华化学和 BC 公司的跨洲际联手创造了良好条件和独特优势，有助于双方在稳定、健康、和谐的政治经济发展环境中不断创新，加强合作，提升各自在全球化工行业中影响力的同时分享双方的发展成果，实现全球化工行业竞争格局的再平衡。

（3）万华化学下属精细化学品业务板块中以 ADI、TPU、PC、SAP 为代表的高附加值产品有望向欧美等发达国家或地区实现进一步的输出、渗透，树立上市公司在高端化工产品领域的产品竞争力以及品质保障、创新争先的市场形象。

（二）方案对市场的主要影响

（1）本次交易完成后，万华化学总资产规模的增加速度得到了提高，在原有基础上巩固了行业龙头地位。

（2）2019 年 2 月 4 日，万华化学宣布整体上市的完成，股价随之不断增长，其主要原因是万华化学并购中主要资产的 BC 公司是一家优秀企业，万华化学的股东价值有所增加，企业地位也随之提升，加强了核心竞争力，投资者对于其未来的盈利和成长能力更为看好。

（中国上市公司协会并购融资委员会
国睿金融与产业发展研究会　供稿）

居然之家借壳武汉中商

一、本次交易的背景

（一）交易相关各方基本情况介绍

1. 收购方基本情况

本次交易收购方为深交所主板上市公司武汉中商集团股份有限公司（以下简称“武汉中商”）。武汉中商的前身武汉市中南商业大楼是经武汉市商业局批准，于1984年9月成立的国有企业，1989年12月中南商业大楼组建武汉中南商业（集团）股份有限公司。武汉商联持有武汉中商41.25%的股份，为公司控股股东。武汉国资公司持有武汉商联94.18%股份，是武汉中商的实际控制人。武汉中商主要从事零售业务，同时涉足商业物业开发、电商服务等产业。主营业态包括现代百货、购物中心、超市等。

2. 出售方基本情况

本次交易的出售方为持有北京居然之家家居新零售连锁集团有限公司的全体股东，主要股东为汪林朋、居然控股、慧鑫达建材、阿里巴巴等22名交易对方，其中居然控股为控股股东。

3. 标的公司基本情况

居然新零售由居然控股于2015年4月30日出资设立成立，是以中高端为经营定位、为顾客提供家庭设计和装修、家居建材等“一站式”服务的大型泛家居消费平台。居然新零售涵盖家居产品零售、家装服务、家居会展等领域，集“居然之家”家居卖场、“丽屋”家居建材超市于一身，是中国泛家居行业的龙头企业之一。“居然之家”也是国内最有影响力的商业零售品牌之一。

（二）本次交易的行业和产业背景情况

（1）家居行业市场前景广阔。我国居民的可支配收入不断增长，驱动消费者需求进一步高端化；我国的城镇化进程正在稳步推进，驱动家居行业长期可持续发展；房地产行业的平稳发展推动了家居稳定增长。

（2）“十三五”规划实施以来，国家大力推动供给侧结构性改革，通过持续推行扩大国内消费的总体部署、优化消费结构，为保持经济长期稳定增长和改善民生提供更持久的动力。另外，湖北省商贸零售行业有多家国有控股上市公司，同质化竞争较为严重，企业竞争力有待进一步提升。

（3）居然新零售系国内大型一站式泛家居消费平台，拟借助A股平台进一步向新零售转型，推动居然新零售产业融合升级。

（三）本次交易的原因及必要性

居然新零售在行业内面临红星美凯龙持续的竞争压力，为获取更大的发展机会，实现打造大家居、大消费、大零售的战略愿景，同时为进一步增强公司盈利能力，保持良好的竞争力，为股东和中小投资者创造收益，增强股东回报，故推动本次交易完成。

二、本次交易的具体方案

（一）交易方案概述

本次交易中，上市公司拟通过向特定对象非公开发行股份的方式购买居然控股等22名交易对方持有的居然新零售100%股权。本次交易完成后，居然新零售将成为上市公司的全资子公司，居然控股等22名交易对方将成为上市公司的股东。

（二）交易进程和方案确定过程回顾

2019年1月23日，上市公司召开2019年第二次临时董事会，审议通过了与本次交易的重组预案相关的议案。

2019年6月1日，上市公司召开2019年第三次临时董事会，审议通过了与本次交易的重组报告书（草案）相关的议案。

2019年6月18日，上市公司召开2019年第一次临时股东大会，审议通过了本次交易方案，并审议通过对居然控股及其一致行动人免于向上市公司全体股东发出收购要约的议案。

2019年11月4日，上市公司召开2019年第七次临时董事会会议，审议通过了关于本次交易方案调整的相关议案。

2019年1月20日，居然新零售召开董事会及股东会，审议通过了关于本次交易的议案；

2019年5月29日和2019年5月30日，居然新零售分别再次召开董事会及股东会，审议通过了关于本次交易方案及相关议案；

（三）交易具体方案详述

1. 发行股份购买资产

本次交易中，上市公司通过向特定对象非公开发行股份的方式购买居然控股等22名交易对方持有的居然新零售100%股权。本次发行股份购买资产的交易价格以具有证券期货相关业务资格的开元评估出具并经武汉市国资委核准的标的资产截至评估基准日的评估值3567401.00万元为基础，经交易双方友好协商，确定为3565000.00万元。本次向特定对象发行的股票为人民币普通股（A股），每股面值人民币1.00元。

2. 配套募集资金

本次交易购买资产作价3565000.00万元，按照本次发行股票价格6.18元/股计算，本次发行的A股股票数量为5768608403股，上市公司向居然控股等22名交易对方发行股份。

3. 发行股份购买资产发行价格

本次交易采用发行股份方式，发行股

份定价基准日为上市公司 2019 年第二次临时董事会会议决议公告日，发行价格为 6.18 元/股，不低于定价基准日前 60 个交易日上市公司股票均价的 90%，符合《重组管理办法》的相关规定。

4. 发行股份数

本次交易购买资产作价 3565000.00 万元，按照本次发行股票价格 6.18 元/股计算，本次发行的 A 股股票数量为 5768608403 股。

5. 业绩承诺及股份锁定期

根据本公司与业绩承诺人签署的《盈利预测补偿协议》及其补充协议，汪林朋、居然控股、慧鑫达建材作为业绩承诺人承诺本次重大资产重组实施完毕后，居然新零售在 2019 年度、2020 年度和 2021 年度实现的扣除非经常性损益后归属于母公司所有者的净利润分别不低于 206027.00 万元、241602.00 万元、271940.00 万元。如本次重大资产重组未能于 2019 年度内实施完毕，则业绩承诺期延续至 2022 年度。业绩承诺人承诺居然新零售在 2022 年度实现的扣除非经常性损益后归属于母公司所有者的净利润不低于 304926.00 万元。

对于本次重大资产重组前已经持有的上市公司股份，在本次重大资产重组完成后（自本次交易发行的股份上市之日起）36 个月内不得转让，如果本次重大资产重组终止或未能实施，自本次重大资产重组终止或确定不予实施之日起，前述股份锁定承诺予以解除。

三、本次交易对上市公司的意义和影响

（一）交易标的的主要优势

1. 以运营能力为依托的“轻资产”连锁发展模式

居然新零售现有的业务规模及市场地位与其特有的发展模式密不可分。居然新零售正通过直营模式和加盟模式的方式开设“居然之家”卖场，为家居建材产品供应商（包括生产厂商和经销商）提供销售产品的平台。入驻卖场的供应商可获得居然新零售提供的包括场地租赁、员工培训、统一管理、统一收银、物业管理及售后服务等综合服务。

2. 核心竞争力

居然新零售是中国泛家居行业的龙头企业之一，“居然之家”品牌在国内深耕泛家居行业已满 20 年，系中国市场内少数率先进行泛家居全产业链布局，搭建了全国线下零售网络的大型、综合、创新家居零售商之一，在中国泛家居行业具有领先地位，在品牌、服务口碑、规模、商业模式等多个方面具有领先的竞争优势。

（二）方案对上市公司带来的短期收益

1. 有利于增强上市公司持续盈利能力。自上市公司取得标的公司控制权后，标的公司业绩实现大幅增长，为公司带来了持续稳定的利润贡献。在此时机公司进一步收购标的公司剩余少数股东权益，有

利于提高上市公司盈利能力，增强股东回报。2019 年实现扣除非经常性损益后归属于母公司所有者的净利润为 211737.52 万元，高于业绩承诺金额 206027.00 万元，业绩完成率 102.77%，完成 2019 年度的业绩承诺。

2. 通过本次交易，居然新零售亦将实现同 A 股资本市场的对接，提高了其融资能力，增强了行业内的竞争力。

（三）方案对上市公司未来发展的长期影响

通过本次交易，上市公司与居然新零售能够实现百货业态与家居零售业态的跨界融合，并结合阿里巴巴的新零售经验实现业态转型升级。上市公司将在原有零售业务的基础上，注入盈利能力较强、发展前景广阔的家居建材商场、建材零售超市、家庭装饰装修等业务，实现上市公司主营百货业务与家居零售业务的融合，并且能改善公司的经营状况，提高公司的资产质量，增强公司的盈利能力和可持续发展能力，以实现上市公司股东利益最大化。此外，居然新零售与阿里巴巴在新零售领域的创新实践中，累积了丰富的经验。此次上市公司注入居然新零售资产，能够在其新零售经验下逐步实现门店改造与业态升级。

通过本次交易，居然新零售亦将实现同 A 股资本市场的对接，可进一步推动居然新零售的业务发展，提升其在行业中的综合竞争力，提升品牌影响力，实现上市公司股东利益最大化。

四、交易亮点

（1）本次交易为 A 股市场规模较大、较具有市场影响力的重组上市项目，为相对少见的民企借壳国企的重组上市交易，且交易完成后武汉中商原有资产继续保留在上市公司体系内。国资借壳在之前的市场上几乎是“绝无仅有”，居然之家这一次的借壳相当顺利，而且在很短时间内就成功挂牌，堪称经典。

（2）本次交易采用确定的发行价格、未设置其他调价条款，主要是为给本武汉中商集团股份有限公司发行股份购买资产暨关联交易提供更高的确定性，避免发股价格因市场波动出现较大幅度波动、给本次交易带来不利影响。

（3）同时，本次交易采取确定的发股价格体现了交易各方对本次交易方案和上市公司长期价值的认可，兼顾了交易各方利益作出的商业安排，符合《重组管理办法》及相关监管问答规定，有利于保护中小投资者利益。

（中国上市公司协会并购融资委员会 国睿金融与产业发展研究会 供稿）

双汇发展吸收合并控股公司双汇集团

一、本次交易及相关各方的基本情况

（一）交易相关各方基本情况介绍

1. 吸收合并方基本情况

本次交易收购方为上交所主板上市公司河南双汇投资发展股份有限公司（以下简称“双汇发展”）。双汇发展是我国肉类行业内的龙头企业、中国肉类品牌开创者，也是中国肉制品加工行业最具影响力的品牌之一。双汇发展业务涉及肉类产业链中的各个方面，从上游的饲料、养殖，到中游的屠宰及生鲜冻品、肉制品加工，再到下游的商业零售等，其主要从事生猪屠宰及生鲜品业务、肉制品业务及其他业务（包括饲料、生猪养殖等）。

2. 被吸收合并方基本情况

本次交易的被吸收合并方为双汇发展控股股东河南省漯河市双汇实业集团有限责任公司（以下简称“双汇集团”）。双汇集团除持有双汇发展 59.27% 股权外，还持有漯河双汇海樱调味料食品有限公司（以下简称“海樱公司”）49.66% 股权、漯河双汇意科生物环保有限公司（以下简称“意科公司”）51% 股权、漯河双汇计算机软件有限责任公司（以下简称“软件公司”）51% 股权、河南双汇集团财务有限公司（以下简称“财务公司”）40% 股权。具体业务如表 1 所示。

表 1　双汇集团所持公司具体业务

子公司	所持股份	业务
海樱公司	49.66%	调味料、方便食品、鸡精、食品添加剂、复合辅料生产及销售
意科公司	51%	沼气综合利用，电力、热力的生产销售
软件公司	51%	信息产品研究、开发、生产及销售，系统集成、信息技术服务，自动识别技术及条码技术研制等
财务公司	40%	吸收成员单位的存款、办理成员单位之间的委托贷款、对成员单位办理票据承兑与贴现、同业拆借等

3. 吸收合并交易对方基本情况

本次交易的吸收合并交易对方为双汇集团的唯一股东罗特克斯有限公司（以下简称“罗特克斯”）。罗特克斯是一家在香港注册成立的有限责任公司，主营业务为进出口贸易、投资和控股。

（二）本次交易的背景及必要性

1. 中国的猪肉总消费量和人均消费量均为世界第一，但中国肉业目前大企业少、小企业多，行业集中度低已成为制约肉类行业整体实力提升的关键因素之一。优势企业的行业整合是肉类行业的发展方向。

2. 近年来消费升级的趋势已逐步形成，消费者对肉制品在品质、健康、营养等方面也提出了更高的要求，消费需求逐渐分层，消费者的品牌意识逐渐加强，渠道也随之变化、升级，肉业企业亟须转型升级以应对需求结构变化。

3. 双汇发展需在引领行业变革过程中持续发展。在肉业领域集中度不断提升、消费者需求逐步升级、产品及渠道持续创新的背景下，双汇发展作为国内肉类行业规模最大、实力最强的龙头企业，需要依托自身领先地位，结合股东支持，利用优质资源对产业链进行持续整合，切实落实“调结构、扩网络、促转型、上规模”发展战略，在引领行业变革的过程中实现更进一步的发展。

二、本次交易的具体方案

（一）交易方案概述

双汇发展通过向控股股东双汇集团的唯一股东罗特克斯发行股份的方式对双汇集团实施吸收合并。双汇发展为吸收合并方，双汇集团为被吸收合并方。本次吸收合并完成后，双汇发展为存续方，承继及承接双汇集团的全部资产、负债、人员、业务、合同及其他一切权利与义务；双汇集团注销法人资格，双汇集团持有的上市公司股份被注销，罗特克斯成为上市公司的控股股东。

（二）交易进程和方案确定过程回顾

2019 年 1 月 25 日，双汇发展召开董事会审议通过吸收合并双汇集团预案等议案。3 月 14 日，双汇发展召开董事会审议通过吸收合并双汇集团草案等议案。4 月 10 日，双汇发展召开股东大会批准吸收合并双汇集团草案等议案。

2019 年 4 月 15 日，中国证监会接受双汇发展有关吸收合并双汇集团相关申请材料。

2019 年 7 月 30 日，双汇发展收到中国证监会关于核准其吸收合并双汇集团的批复文件。

2019 年 9 月 12 日，双汇发展发布相关资产过户结果的公告。

2019 年 9 月 25 日，双汇发展发布增发股份上市公司公告书，新增发股份于 2019 年 9 月 26 日上市。

自此，双汇发展吸收合并双汇集团交易实施完毕。

（三）交易具体方案详述

（1）确定交易方式，评估交易标的。本次吸收合并的发行方式为非公开发行，发行对象为双汇集团唯一股东罗特克斯。根据中联评估出具的中联评报字［2019］

第249号《资产评估报告》，双汇集团的评估值为4016674.37万元。在扣除对罗特克斯的利润分红后，本次交易中双汇集团的最终对价为3909117.77万元。

（2）确定股份发行价格。本次吸收合并所发行的股份种类为人民币普通股（A股），每股面值为人民币1.00元，上市地点为深交所；定价基准日为双汇发展审议本次吸收合并方案的首次董事会决议公告日，市场参考价为定价基准日前60个交易日的公司股票交易均价，即22.59元/股。在扣除年度股东分红等相应调整之后，股份发行价格为19.79元/股。

（3）确定股份发行数量。按照3909117.77万元的交易对价、19.79元/股的发行价格计算，双汇发展合计发行1975299530股A股股份支付本次吸收合并的全部对价，本次交易不涉及现金支付。交易完成后，双汇集团持有的双汇发展1955575624股股票被注销，因此本次交易后实际新增股份数量为19723906股。其股东及对应股份变化如表2所示。

表2　股东及对应股份变化

股东名称	本次吸收合并前		本次吸收合并后	
	持股数量（股）	持股比例	持股数量（股）	持股比例
双汇集团	1955575624	59.27%	—	—
罗特克斯	461427834	13.98%	2436727364	73.41%
其他股东	882554826	26.75%	882554826	26.59%
合计	3299558284	100.00%	3319282190	100.00%

（4）股份锁定期限。本次发行完成后，罗特克斯所认购的上市公司新增股份自本次发行完成日起36个月内不得转让。罗特克斯原有的上市公司股份自本次发行完成之日起12个月内不得转让。

（5）业绩承诺安排。业绩承诺方承诺海樱公司2019年、2020年、2021年净利润金额分别不低于3065.48万元、3352.46万元、3713.65万元。不足部分由罗特克斯以股份或现金方式向双汇发展进行补偿。

三、本次交易对上市公司的意义和影响

（一）交易标的的主要优势

双汇集团系持股型公司，不直接从事具体的生产经营业务，主要通过双汇发展开展肉类加工业务。同时，集团拥有调味品、能源、软件开发、财务专业公司等与主营肉类加工相关联的多元化业务，综合实力强劲。

（二）方案对上市公司发展带来的影响

（1）有利于进一步聚焦肉业主业。吸收合并完成之后，双汇发展成为万洲国际有限公司在中国境内唯一的肉业平台，通过聚焦肉业主业，整合产业链强化领先优势，持续创新优化产品引领产业转型升级，提升了行业地位，增强了在产业升级和整合中的竞争力及话语权，也有利于进一步整合体系内优势资源。

（2）有利于完善公司业务结构。本次交易注入的调味料业务可更好地发挥肉制品业务与调味料业务之间的协同效应，增强产品创新优化的能力；注入的软件开发业务为双汇发展信息智能化及大数据平台建设提供了技术支持；财务公司成为全资子公司，有利于双汇发展利用金融服务为下属企业日常经营及战略发展提供支持，提升资金使用效率。

（3）有利于优化治理结构。本次重组避免了双汇发展与控股股东、实际控制人之间在中国境内的同业竞争，消除双汇发展与双汇集团在调味料业务、软件开发等方面的关联交易，有助于降低双汇发展整体关联交易的规模，有利于进一步优化上市公司的治理结构。

四、交易亮点

（一）交易方案的创新性和特点

（1）本次交易采用吸收合并的方式，反映出本次交易为同一控制下企业内部股权及业务管理架构调整的交易实质，从而在适用特殊性税务重组等方面进一步优化交易成本。

（2）通过吸收合并使上市公司控股股东管理层级得以简化，管理机制更为高效、组织架构更为精简，决策效率进一步提高。

（3）通过吸收合并顺利将控股股东持有的肉业相关业务资产同步注入，完善了公司肉业产业链，落实了“调结构、扩网络、促转型、上规模”的发展战略。

（二）交易方案对市场的主要影响

（1）本次交易完成后，双汇发展主营业务和盈利驱动因素不变，资产质量进一步提升。2019 年双汇发展实现营业收入 603.10 亿元，同比增长 23.74%；实现归属于上市公司公的净利润 54.38 亿元，同比增长 10.70%；2019 年末总资产 286.33 亿元，同比增长 25.23%。

（2）本次交易完成后，双汇发展总市值和总资产双双位居食品饮料板块上市公司第 4 位，净利润跃居第 3 位，更加受到投资者的关注度，股价自公告预案至 2019 年股价高点涨幅超过 170%。

（3）本次交易完成后，达到了优化公司治理结构的初衷，简化了股东结构，不仅避免了与控股股东、实际控制人之间在中国境内的同业竞争，而且实现了注入资产与上市公司主营业务的协同效应。

（中国上市公司协会并购融资委员会 国睿金融与产业发展研究会 供稿）

闻泰科技收购安世半导体

一、交易背景

（一）交易相关各方基本情况介绍

1. 上市公司基本情况

本次交易收购方为上交所主板上市公司闻泰科技股份有限公司（以下简称“闻泰科技”）。闻泰科技创始人和实际控制人为张学政，控股 15.21%，其他主要股东包括闻天下科技集团有限公司、无锡国联产业投资有限公司等。闻泰科技主营业务包括半导体 IDM、光学影像、通信产品集成三大业务板块，目前已经形成从半导体芯片设计、晶圆制造、封装测试、半导体设备，到光学影像、通讯终端、笔记本电脑、IoT、服务器、汽车电子产品研发制造于一体的全产业链布局。

2. 出售方基本情况

本次交易的出售方为合肥裕芯的 4 名股东（即 4 只境内基金）。闻泰科技持有合肥裕芯 74.46% 的股份。其中，包括持有北京广汇 99.9521% 的 LP 财产份额和相关权益的合肥芯屏；持有宁波益穆盛、合肥广韬、宁波广宜的 GP 财产份额和相关权益的建广资产；持有宁波益穆盛 99.9944% 的 LP 财产份额和相关权益的袁永刚；持有合肥广韬 99.9972% 的 LP 财产份额和相关权益的宁波中益；持有宁波广宜 99.9768% 的 LP 财产份额和相关权益的宁波益昭盛；持有宁波益穆盛、合肥广韬、宁波广宜的 GP 财产份额和相关权益的北京中益。

3. 标的资产基本情况

本次交易的标的资产为安世集团的上层各出资主体的权益份额（间接持有目标资产之安世集团/NexperiaHoldingB. V. 的股权）。境内基金的权益份额对应的各家基金实体并未开展实际经营业务，其主要资产为持有合肥裕芯的股权，合肥裕芯并未开展实际经营业务，其主要资产为持有裕成控股 78.39% 的股份；境外基金的权益份额对应的基金实体 JWCapital 并未开展实际经营业务，其主要资产为持有裕成控股 21.61% 的股份。

安世集团总部位于荷兰奈梅亨，是全球领先的半导体标准器件供应商，专注于分立器件、逻辑器件及 MOSFET 器件的设计、生产、销售。目标公司已形成全球化的销售网络，下游合作伙伴覆盖汽车、工业与动力、移动及可穿戴设备、消费及计算机等领域内全球顶尖的制造商和服务商。

（二）本次吸收合并的行业和产业背景情况

（1）国家政策大力支持集成电路产

业发展。半导体行业是关系国民经济和社会发展全局的基础性、先导性和战略性产业，在推动国家经济发展和产业升级上具备战略性作用。在国家政策和市场环境的支持下，借助国内旺盛的半导体需求，近年来我国半导体产业快速发展，整体实力显著提升。

（2）物联网的发展将有力地刺激车联网、智能家居、AR/VR、人工智能（AI）等智能硬件领域的发展，通信基础设施及其他终端智能硬件产业将全面升级。未来 5 ~ 10 年是物联网的快速增长期，也是全球智能硬件发展的黄金时间，汽车也即将进入新能源汽车时代，下游需求的不断更替和升级，将会带动半导体行业的持续增长。

（3）国产半导体机遇与挑战并存。我国半导体产业中存在持续创新能力薄弱、制造工艺落后等问题，在高端半导体产品领域，对进口依赖程度仍旧较高，难以对构建国家产业核心竞争力、保障信息安全等形成有力支撑。尽管如此，我国半导体行业经过较长时期的积累和持续资本投入，已经在部分领域取得突破，产业升级加速。

（三）本次重组的原因及必要性

（1）加强对安世集团的控制，实现长期可持续发展。闻泰科技通过本次交易将进一步强化对安世集团的控制力，从而充分整合现有资源，进一步提升安世集团的综合竞争力和创新能力，提升上市公司在全球通信和半导体行业的影响力。

（2）深化整合，实现双方在业务、技术和产品上的协同发展。本次收购安世集团剩余少数股权，有助于上市公司深化和安世集团在现有业务、人员、财务等方面的整合，进一步实现双方资源的互相转换，加速安世集团在中国市场业务的开展和落地；同时，闻泰科技将进一步向产业链上游延伸，打通产业链核心环节，实现主要元器件的自主可控，有助于上市公司构建全产业链生态平台规划的快速落地。

（3）本次交易有利于闻泰科技把握车联网、5G 等新兴市场的发展机遇。将闻泰科技在车载通信系统应用和芯片级系统解决方案领域的深刻理解和经验积累，与安世集团提供的元器件产品和优质的封测技术进行有机结合，可为车厂提供符合标准的车载电子系统的模组模块类产品，并更好地服务于车厂的需求，从而为工业领域客户提供更丰富的产品组合，把握车联网、5G 等新兴市场的发展机遇。

二、交易方案

（一）交易方案概述

本次交易包括发行股份及支付现金购买资产与募集配套资金。上市公司通过发行股份及支付现金的方式实现对目标公司安世集团的间接控制。根据安世集团的股权结构，境内基金持有合肥裕芯 100% 的股权，合肥裕芯和境外基金持有裕成控股 100% 的股份，裕成控股持有安世集团 100% 的股份，安世集团持有安世半导体

100%的股份。

（二）交易进程和方案确定过程回顾

2018年4月17日闻泰科技停牌，公布对荷兰安世半导体收购计划。

2018年10月24日，以现金方式收购建广资产、合肥建广、智路资本所持安世半导体权益。

2019年3月25日，上市公司召开第十届董事会第十六次会议，审议通过了与本次交易的重组预案相关的议案。

2019年6月25日，安世半导体收购获得中国证监会核准。

2019年10月，各项资产过户等工商手续办理完毕。

2019年11月，完成对安世集团的收购，将合肥广芯、合肥广迅、合肥广合、宁波广轩、宁波广优、北京中广恒、合肥广腾、裕成控股、安世控股纳入合并范围。

（四）交易具体方案详述

1. 发行股份及支付现金购买资产

上市公司向全体交易对方以发行股份及支付现金相结合的方式购买其持有的标的资产，交易对价199.25亿元：以现金方式支付交易对价99.69亿元，包括以募集配套资金向境内外GP转让方支付10.83亿元（境内外GP转让方的现金总对价为31.18亿元），以募集配套资金向境内LP支付32.54亿元（境内LP的现金总对价为35.82亿元）、向境外LP支付8.235亿美元（假设汇率按照人民币兑美元汇率6.8389:1计算，折合56.32亿元人民币）；上市公司以发行股份的方式支付交易对价99.56亿元，总计发行股份数为403400589股。

2. 配套募集资金

本次募集配套资金总额不超过700000万元，募集配套资金金额不超过本次交易中以发行股份方式购买资产的交易价格的100%。

3. 发行股份价格

本次发行股份购买资产定价基准日为闻泰科技第九届董事会第三十七次会议决议公告日，发行价格为24.68元/股，不低于定价基准日60个交易日股票均价的90%（即24.7元/股）扣除2017年年度分红（即0.02元/股）后的价格。

三、交易的意义和带来的影响

（一）交易标的的主要优势

安世集团为世界一流的半导体标准器件IDM厂商，专注于分立器件、逻辑器件和MOSFET器件市场，拥有60余年半导体专业经验，其客户包括中游制造商和下游电子品牌客户，如博世、华为、苹果、三星、华硕、戴尔、惠普等知名公司。闻泰科技与安世集团处于产业链上下游，在客户、技术和产品等多方面具有协同效应，双方在整合过程中可以实现资源的互相转换，加速安世集团在中国市场业务的开展和落地，通过上市公司的资源进一步拓展其在消费电子领域的市场。

（二）方案对上市公司的短期收益和长期意义

本次交易系上市公司收购安世集团上层持股结构中的相关少数股东权益。本次交易有利于上市公司与安世集团深化整合，进一步发挥双方在业务、技术和产品上的协同发展，实现上市公司长期可持续发展。本次交易募集配套资金拟用于支付本次交易现金对价、目标公司相关募投项目建设、补充上市公司流动资金以及偿还上市公司债务等。

募集资金的实施有利于增强交易完成后上市公司的财务安全性及可持续本次交易将进一步促进上市公司将基于自身核心能力实现向电子信息产业链上游进行延伸，通过安世集团与上市公司之间资源的有效整合，发挥资源聚合和协同效应，进一步提升各自业务的市场竞争力，促进上市公司整体业务规模实现快速增长。发展能力，实现高质量发展。

四、交易亮点

（一）交易方案的创新性和特点

（1）本次交易系上市公司收购安世集团上层持股结构中的相关少数股东权益。交易前后上市公司的主营业务范围不会发生变化，本次交易有利于上市公司与安世集团深化整合，进一步发挥双方在业务、技术和产品上的协同发展，实现上市公司长期可持续发展。

（2）本次交易募集配套资金拟用于支付本次交易现金对价、目标公司相关募投项目建设、补充上市公司流动资金以及偿还上市公司债务等。上述募集资金的实施有利于增强交易完成后上市公司的财务安全性及可持续发展能力，实现高质量发展。

（3）闻泰科技通过两步走实现并购交易。首先，闻泰科技组建买房团参与安世半导体上层最大基金股东 LP 份额的公开竞拍，取得交易先机；随后，闻泰科技继续引入优质战略投资者，通过发行股份购买资产、配套融资等方式收购安世半导体控制权。

（4）本次交易中，闻泰科技综合运用组建买方团、引入具有产业背景的战略投资者、发行股份购买资产、配套募集资金等方案设计及融资手段顺利推进本次交易，充分利用了其在境内外的融资优势。

（二）交易方案对市场的主要影响

（1）上市公司将立足于自身在智能终端 ODM 行业技术、服务、客户积累等方面的优势，通过在 5G 时代的优先布局和产能建设，形成差异化的竞争优势，为主流电子品牌客户持续不断提供具有行业领先性的智能硬件研发设计和制造服务。

（2）上市公司专注于为全球主流电子品牌客户提供智能硬件的研发设计和智能制造服务，通过实施“内生式增长”与“外延式发展”并举的发展战略，致力于成为智能终端 ODM 行业及半导体行业具有重大影响力的领先企业。

（3）交易完成后，闻泰科技成为国内最大的 ODM + 半导体公司，其利润率大幅提升，公司的核心竞争力和持续盈利能力得到保障。

（4）交易完成后，新增半导体业务表现优异，2019 年至 2021 年上半年半导体业务收入分别为 15.90 亿元、98.92 亿元、67.73 亿元，占总收入比值分别为 3.83%、19.13%、27.34%，境外收入占比过半呈上升态势。

（5）交易完成后，2019 年闻泰科技营业收入 415.78 亿元，归属于上市公司股东的净利润 12.53 亿元。安世半导体在全球功率分立器件产业排名中从第 11 位上升到第 9 位，安世半导体（中国）有限公司蝉联中国功率分立器件公司排名榜第 1 名。

（中国上市公司协会并购融资委员会
国睿金融与产业发展研究会　供稿）

中国外运换股吸收合并外运发展

一、本次交易的背景

（一）交易相关各方基本情况介绍

1. 合并方基本情况

本次交易的合并方为上交所主板上市公司中国外运股份有限公司（以下简称“中国外运”）。中国外运成立于2002年11月，2003年2月在香港联交所上市，本次交易实施后于2019年1月在上海证交所上市。招商局集团有限公司（以下简称“招商局集团”）直接持有中国外运23.85%的股份，通过全资子公司中国外运长航集团有限公司（以下简称“外运长航”）间接持有中国外运42.47%的股份，合计持有中国外运66.31%的股份，为中国外运的实际控制人。

中国外运是我国最大的国际货运代理公司、第二大船务代理公司，位居中国物流百强企业第一名。2015年招商局与外运长航重组之后，中国外运成为招商局集团的二级子公司和物流业务统一运营平台，主营业务为：货运代理、专业物流、仓储与码头服务、物流设备租赁和其他服务。

2. 被合并方基本情况

本次交易的被合并方为上交所主板上市公司中外运空运发展股份有限公司（简称“外运发展”）。外运发展成立于1999年10月，由中国外运集团的优质空运业务资产重组而成，2000年12月在上海证交所上市，是国内航空货运代理行业第一家上市公司。本次交易发生时，合并方中国外运持有外运发展的60.95%的股份。

外运发展以专业化的航空物流为主营方向，核心业务包括航空货运代理、电商物流及航空专业物流，其中国际货运代理业务稳居国内行业第一。

3. 换股对象

除中国外运以外，于合并实施股权登记日收市后登记在册的外运发展所有股东，包括未申报、部分申报、无权申报或无效申报行使现金选择权的外运发展股东以及因提供现金选择权而持有的外运发展股票的现金选择权提供方。

（二）本次重组的行业和产业背景情况

近年来，国内新零售行业发展迅猛，综合物流服务需求显著提升，物流细分子行业呈逐步融合发展态势。在此背景下，传统的按照运输方式划分物流业务板块的组织模式已无法有效满足市场需求。

本次换股吸收合并完成后，中国外运和外运发展将实现海运、陆运、空运等物流资源全面整合，有助于提升公司综合物流服务能力，有助于增强公司的核心竞争能力和行业影响力。

（三）本次重组的原因及必要性

（1）有利于更好地保护合并双方股东的利益。中国外运综合实力更为强劲，回归A股将会给参与换股的外运发展中小股东带来更优且更长远的回报，同时也有利于自身未来的长远发展和全体股东的整体利益。

（2）有利于拓宽融资渠道，增强竞争优势。本次合并完成后，中国外运作为存续公司可以在H股市场和A股市场开展资本运作活动。

（3）有利于避免潜在同业竞争，消除关联交易。中国外运换股吸收合并外运发展，可以彻底解决双方潜在的同业竞争问题，突破合并双方各自业务发展的瓶颈，同时合并双方的关联交易也将随之全面消除。

（4）优化公司治理结构，维护投资者权益。本次合并前，中国外运控股持有外运发展60.95%的股权，但双方分属H股和A股上市公司，拥有不同的股东结构，股东的利益不尽一致。通过本次换股吸收合并，将彻底解决以上有关治理架构、决策机制等问题。

二、本次交易的具体方案

（一）交易方案概述

本次交易总体方案包括：（1）中国外运向换股对象发行中国外运A股股票，交换其所持有的外运发展股票。（2）中国外运所持有的外运发展股票不参与换股且不行使现金选择权，该等股票将在换股吸收合并后予以注销。（3）中国外运作为存续公司承继外运发展全部资产、负债及其他一切权利与义务，外运发展终止上市并注销法人资格。

（二）交易进程和方案确定过程回顾

（1）2018年2月28日，本次交易相关换股吸收合并事项及合并协议经中国外运董事会第八十八次会议审议通过；

（2）2018年2月28日，本次交易相关换股吸收合并事项及合并协议经外运发展第六届董事会第二十次会议审议通过；

（3）2018年4月13日，本次交易相关换股吸收合并事项经中国外运董事会第九十次会议审议通过；

（4）2018年4月13日，本次交易相关换股吸收合并事项经外运发展第六届董事会第二十二次会议审议通过；

（5）2018年5月18日，本次交易经国务院国资委批准；

（6）2018年5月31日，本次交易相关换股吸收合并事项经中国外运临时股东大会和类别股东会审议通过；

（7）2018年5月31日，本次交易相关换股吸收合并事项经外运发展2017年年度股东大会审议通过。

（8）2018年11月2日，本次交易经中国证监会核准。

（9）2018年12月21日，本次交易

经上交所审核，外运发展终止上市。

（10）2019 年 1 月 18 日，中国外运正式在上交所挂牌上市。

（三）交易具体方案详述

1. 交易方式

合并方中国外运向被合并方外运发展换股对象发行中国外运 A 股股票（每股面值为人民币 1 元），交换其所持有的外运发展股票。本次交易无募集资金。

2. 换股价与发行价

外运发展换股价格为 20.63 元/股。综合各种风险及补偿因素，外运发展换股价格以审议本次交易的第一次董事会决议公告前 20 个交易日的均价 16.91 元/股为基准，给予 22% 的溢价率，即 20.63 元/股。扣除每 10 股派发人民币 6 元现金（含税）的股息之后，外运发展换股价格根据除息结果调整为 20.03 元/股。

中国外运 A 股的发行价格为 5.32 元/股。综合考虑合并双方企业能力及股东利益，中国外运于 2018 年 5 月 31 日召开的 2017 年股东周年大会审议通过了 2017 年度利润分配方案，按 2017 年年末总股本 6049166644 股为基数，每 10 股派人民币 0.8 元现金（含税）。因此，中国外运发行价格根据除息结果调整为 5.24 元/股。

3. 换股比例

换股比例 = 外运发展 A 股换股价格 ÷ 中国外运 A 股发行价格。本次中国外运换股吸收合并外运发展的换股比例为 1∶3.8225，即外运发展换股股东所持有的每股外运发展股票可以换得 3.8225 股中国外运本次发行的 A 股股票。

4. 发行股份、换股

合并实施股权登记日收市后在证券结算机构登记在册的除中国外运以外的外运发展全体股东（包括登记在册的现金选择权提供方）所持的外运发展股票按照换股比例全部转换为中国外运本次发行的 A 股股票。本次吸收合并前，中国外运总股本为 6049166644 股；合并之后，根据 1∶3.8225 的换股比例，中国外运新增 1351637231 股 A 股股票。具体股份比例变化如表 1 所示。

表 1　交易前后具体股份比例变化

股东名称	本次交易前		本次交易后	
	持股数量（股）	持股比例	持股数量（股）	持股比例
一、A 股/内资股				
外运长航集团	2461596200	40.69%	2461596200	33.26%
招商局集团	1442683444	23.85%	1442683444	19.49%
原外运发展中小股东	–	–	1351637231	18.26%
合计	3904279644	64.54%	5255916875	71.02%

续表

股东名称	本次交易前		本次交易后	
	持股数量（股）	持股比例	持股数量（股）	持股比例
二、H 股				
中国外运（香港）	106683000	1.76%	106683000	1.44%
Sinotrans Shipping Inc.	500000	0.01%	500000	0.01%
H 股公众股股东	2037704000	33.69%	2037704000	27.53%
合计	2144887000	35.46%	2144887000	28.98%
总合计	6049166644	100.00%	7400803875	100.00%

5. 业绩承诺及股份锁定期

中国外运股东招商局集团、外运长航集团分别承诺：自中国外运 A 股股票上市交易之日起 36 个月内，不转让或委托他人管理招商局集团、外运长航集团直接和间接持有的中国外运本次换股吸收合并前已发行的股份（不含 H 股），也不由中国外运回购该等股份。

自中国外运 A 股股票上市后 6 个月内，如中国外运 A 股股票连续 20 个交易日的收盘价均低于发行价，或者上市后 6 个月期末收盘价低于发行价，招商局集团、外运长航集团承诺持有中国外运股票的锁定期限自动延长 6 个月。

三、本次交易对上市公司的意义和影响

（一）被合并方的主要优势

外运发展主要基于空运通道经营综合物流业务，是国内航空货运代理行业第一家上市公司。而合并方中国外运主要是围绕海运、陆运通道经营综合物流业务。

外运发展的物流网络能够很好地与中国外运物流网络形成互补，有利于进一步完善中国外运的物流网络覆盖以及各板块业务的整合与深化，形成协同效应。

（二）方案对上市公司带来的短期影响

得益于被合并方外运发展优质的业务结构以及充裕的现金流，本次交易完成后，中国外运的流动比率、速动比率和现金比率相比交易前有了明显提升，负债率稳步降低，短期偿债能力和长期偿债能力均得到明显优化，财务抗风险能力得以增强。

（三）方案对上市公司未来发展的长期影响

（1）打通“A＋H”双融资平台，拓宽了融资渠道。此次交易完成后，中国外运作为存续公司成功登陆 A 股市场，同时在 H 股和 A 股市场开展资本运作活动，能够更好地借力资本上市，增强竞争优势。

（2）整合优势资源一体化发展，增强市场竞争力。国内新零售行业发展迅猛，综合物流服务需求显著提升，物流细分子行业呈逐步融合发展态势，传统的按照运输方式划分物流业务板块的组织模式已无法有效满足市场需求。本次交易完成后，中国外运将实现海运、陆运、空运等物流资源全面整合，有助于提升公司综合物流服务能力，有助于增强公司的核心竞争能力和行业影响力。

（3）完善公司治理架构和决策机制。本次合并前中国外运持有外运发展60.95%的股权，虽为外运发展控股股东，但由于双方在不同地区上市，拥有不同的股东结构和独立的管理层，因此存在治理架构、决策机制不一致等问题。通过本次换股吸收合并，可有效解决以上问题，公司管理效率会大幅提升。

四、交易亮点

（一）交易方案的创新性和特点

本次交易采用吸收合并的方式，由H股上市公司通过发行股份的方式吸收合并A股上市公司，进而成功在上交所主板上市。合并方中外运也因此成为物流行业首家A+H两地上市企业，在资本市场产生重大影响。

（二）交易方案对市场的主要影响

本次交易完成后，中国外运成为招商局集团控股的二级子公司和物流业务的统一运营平台，可以更好地统筹集团旗下物流资产和业务，形成了覆盖全国、遍及全球主要经济带的服务网络，是中国最大的综合物流整合商，整体市场竞争力明显增强。

（中国上市公司协会并购融资委员会 国睿金融与产业发展研究会 供稿）

美的集团吸收合并小天鹅

一、本次交易的背景

（一）交易相关各方基本情况介绍

1. 收购方基本情况

美的集团（全称：美的集团股份有限公司）成立于2000年，控股股东为美的控股，实际控制人为何享健先生。美的集团是一家暖通空调、消费电器、机器人与自动化系统、智能供应链（物流）的科技集团，提供多元化的产品种类与服务，包括以家用空调、中央空调、供暖及通风系统为核心的暖通空调业务；以厨房家电、冰箱、洗衣机及各类小家电为核心的消费电器业务；以库卡集团、安川机器人合资公司等为核心的机器人及自动化系统业务；以安得智联为集成解决方案服务平台的智能供应链业务。

2. 标的公司基本情况

小天鹅（全称：无锡小天鹅股份有限公司）前身为无锡陶瓷厂，成立于1958年5月，属国有企业。小天鹅的主营业务为家用洗衣机及干衣机的生产与销售业务，经营范围包括家用电器、工业陶瓷产品、环保型干洗设备、清洗机械设备、后续整理设备及零配件的制造、销售及售后服务等。1997年3月，小天鹅经中国证监会批准，采用“上网定价”发行方式，在深交所挂牌上市。2008年4月，美的电器通过股权转让和控股子公司直接持有小天鹅28.94%的股权，成为小天鹅第一大股东。2010年12月通过发行股份购买资产，2013年9月股权变更，2014年7月要约收购等多种方式，美的集团直接和间接持有小天鹅52.67%的股本，美的集团仍为小天鹅的控股股东。

（二）本次重组的行业和产业背景情况

1. 国家政策支持

近年来，国家出台了多项政策鼓励企业兼并重组，支持企业利用资本市场开展兼并重组，促进行业整合和产业升级。国务院出台一系列中长期发展战略规划，鼓励家电企业通过参股控股、兼并重组、协作联盟等方式做大做强。

2. 美的集团持续提升在家电行业的影响力

家电行业的智能化风潮在进入2017年后愈演愈烈，无论是传统的黑电、白电还是近年来发展迅猛的厨电，均不同程度地加入智能化元素，传统家电制造业未来发展趋势是向智能化制造转型。据《2018年中国家电行业半年度报告》，2018年上半年，家电行业内销市场分化明显，家电行业竞争加剧，小天鹅处于家电行业细分市场的洗衣机领域，是洗衣机行业的创新标杆。

在当前激烈的家电行业竞争中，市场集中度不断上升，强者恒强的趋势明显。本次交易将进一步提升美的集团的行业优势，增强美的集团的研发创新能力，在行业竞争加剧和工业 4.0 的大背景下，促进美的集团向“智慧家居 + 智能制造”转型，巩固美的集团在家电行业的领先地位。

（三）本次重组的原因及必要性

1. 有利于整合公司内部资源，优化资本结构

本次合并完成后，美的集团作为存续公司，将有利于其全面整合洗衣机板块内部资源，通过发挥协同效应提升公司价值，巩固美的集团的行业领先地位。同时也有助于防范经营风险和优化资本结构，实现更加持续稳健的发展。

2. 有利于发挥双方的协同效应，更好地保护合并双方股东的利益

按照换股吸收合并方案，小天鹅中小股东可选择将所持有的小天鹅股份换为美的集团 A 股股份，成为美的集团的股东。与小天鹅相比，美的集团是一家全球领先的消费电器、暖通空调、机器人与自动化系统、智能供应链（物流）的科技集团。本次换股吸收合并前，小天鹅是洗衣机行业最具竞争优势的企业之一，出口国家及地区数量超 160 个，出口量和出口额份额均稳居行业前列，形成了全球性的战略客户网络。美的集团秉持全球经营战略方向，从研发、制造、销售多维度完善全球布局，全球业务涉及 200 多个国家和地区，拥有 18 个海外生产基地。本次吸收合并完成后，美的集团与小天鹅将有效整合双方的全球业务，在全球范围内提供更为全面且具有竞争力的产品组合，提升美的集团全球市场拓展的效率及效果，更有利于突破小天鹅单一品类的全球拓展瓶颈。同时，美的集团也将借助小天鹅在洗衣机行业的发展优势，在品牌效应、规模议价、用户需求挖掘、全球性战略客户网络及研发投入等多方面实现内部协同效应，进一步提升美的集团在家电行业的地位，有利于美的集团未来的长远发展和提升全体股东的整体利益。

3. 有利于避免潜在同业竞争，消除关联交易

虽然本次交易实施前美的集团与小天鹅主营业务不存在实质性同业竞争，但不排除美的集团与小天鹅未来业务在发展过程中发生交叉、重叠的可能。美的集团换股吸收合并小天鹅，可以彻底解决双方潜在的同业竞争问题，突破合并双方各自业务发展的瓶颈，同时小天鹅与美的集团的关联交易也将随之全面消除。

二、本次交易的具体方案

（一）交易方案概述

美的集团拟以发行 A 股方式，换股吸收合并小天鹅，即美的集团向小天鹅除美的集团及 TITONI 外的所有换股股东发行股票，交换该等股东所持有的小天鹅 A 股股票及小天鹅 B 股股票。美的集团及 TITONI 所持有的小天鹅 A 股及 B 股股票不参与换股，该等股票将在本次换股吸收合并后予以注销。本次换股吸收合并完成后，小天鹅将终止上市并注销法人资格，美的集团或其全资子公司将承继及承接小天鹅的全部资产、负债、业务、人员、合同及其他一切权利与义务。美的集团因本次换股吸收合并所增发 A 股股票将申请在深交所主板上市流通。

（二）交易进程和方案确定过程回顾

2018 年 12 月 21 日，召开的小天鹅 2018 年第二次临时股东大会审议通过相关换股吸收合并事项。

2018 年 10 月 23 日，召开美的集团第三届董事会第二次会议审议通过交易相关换股吸收合并事项。

2018 年 11 月 21 日，召开美的集团第三届董事会第四次会议审议通过重组草案及其他相关议案。

2019 年 3 月 12 日，证监会审核通过。

2019 年 6 月 21 日，深圳证券交易所对小天鹅 A 股股票予以摘牌，小天鹅 A 股股票终止上市。

（三）交易具体方案详述

1. 合并方式

美的集团拟以发行 A 股方式，换股吸收合并小天鹅，即美的集团向小天鹅除美的集团及 TITONI 外的所有换股股东发行股票，交换该等股东所持有的小天鹅 A 股股票及小天鹅 B 股股票。美的集团及 TITONI 所持有的小天鹅 A 股及 B 股股票不参与换股，该等股票将在本次换股吸收合并后予以注销。

本次换股吸收合并完成后，小天鹅将终止上市并注销法人资格，美的集团或其全资子公司将承继及承接小天鹅的全部资产、负债、业务、人员、合同及其他一切权利与义务。美的集团因本次换股吸收合并所增发 A 股股票将申请在深交所主板上市流通。

2. 合并对价

（1）本次换股吸收合并中，美的集团向换股股东发行的股票为境内上市的人民币普通股（A 股），每股面值为人民币 1.00 元。（2）美的集团因本次换股吸收合并发行的股份将全部用于换股吸收合并小天鹅。

3. 换股价格及换股比例

（1）换股价格：本次合并中，最终确定美的集团的换股价格为定价基准日前 20 个交易日的交易均价，即 42.04 元/股。小天鹅 A 股的换股价格以定价基准日前 20 个交易日的均价 46.28 元/股为基准，并在此基础上给予 10% 的换股溢价率，确定换股价格为 50.91 元/股。小天鹅 B 股的换股价格以定价基准日前 20 个交易日的均价港币 37.24 元/股为基准，并在此基础上给予 30% 的换股溢价率，确定换股价格为港币 48.41 元/股。

（2）换股比例：本次吸收合并的小天鹅 A 股股东换股比例为 1:1.2110，小天鹅 B 股股东换股比例为 1:1.0007。

三、本次交易对上市公司的意义和影响

（一）增强双方的业务协同，持续提升存续公司的盈利能力

本次吸收合并完成后，双方将突破各自的业务发展瓶颈，释放业务协同效应，提升存续公司的盈利能力。小天鹅将进一步丰富美的的产品，提升美的品牌影响力。双方将在全球范围内整合研发、原材料采购、销售等领域的资源，提升协同效率，进一步增强公司盈利能力。

（二）加强成本控制和内部控制，提升美的集团内部管理效率

本次吸收合并完成后，美的集团全面消除双方的关联交易和潜在的同业竞争问题，进一步加强内部管理，优化治理结构，加强内部控制，提升经营管理效率，并积极探索和改善现有管理、融资模式，加强成本控制，对发生在业务作业和管理环节中的各项经营、管理、财务费用，进行全面的事前、事中、事后管控，进一步提升存续公司业绩。

（三）实现了业务和战略方面的协同，减少关联交易，避免同业竞争，增强行业内竞争力

交易完成后，美的和小天鹅实现了优势互补，互利共赢。交易后，美的集团控股股东、实际控制人及其控制的企业与美的集团及小天鹅之间均不存在同业竞争，有利于存续公司规范和减少关联交易、避免同业竞争、增强独立性。小天鹅迎合现代消费升级的需求，主动进取，由原来的低端产品向中高端产品转型，不断对产品结构进行优化，更好地适应了这个时代的发展，寻找到了新的成长点。而美的则通过并购完成有效整合改善了全球布局，向全球运营的战略愿景更近了一步，完善了业务布局，实现了做大做强，形成了规模经济，增强了行业内竞争能力。

四、交易亮点

本次交易是中国资本市场首例 A 股上市公司换股吸收合并 A + B 股上市公司的重组项目，并创新性地解决了 B 股历史问题。交易规模达到 143.83 亿元，居国内消费行业重组交易规模前列。

本次交易解决了上市公司和其控股上市公司之间的关联交易、同业竞争等，增强了独立性。本次合并前，美的集团直接和间接持有被合并方小天鹅合计 52.67% 股权，为小天鹅控股股东，小天鹅纳入合并报表范围，小天鹅的资产、负债及当期的收入、成本和损益已包含在美的集团的合并财务报表中。本次合并后，美的集团作为存续公司，将通过美的集团或其全资子公司承继及承接小天鹅的全部资产、负债、业务、合同、资质、人员及其他一切权利与义务，美的集团归属于母公司权益及净利润将进一步增加，有利于存续公司规范和减少关联交易、避免同业竞争、增强独立性，也为其他公司做了极好的示范作用。

（中国上市公司协会并购融资委员会 国睿金融与产业发展研究会　供稿）

中粮地产收购大悦城地产控制权

一、本次交易的背景

（一）交易相关各方基本情况介绍

1. 上市公司基本情况

中粮地产（集团）股份有限公司（以下简称“中粮地产”）是一家全国性、综合性的房地产开发上市企业，总部位于深圳市。公司控股股东中粮集团有限公司（以下简称“中粮集团”）连续多年位列世界500强企业之列，是国务院核定的以房地产为主业的央企之一。公司主要业务范围包括了住宅地产、工业地产和部分自持物业的经营，项目布局北京、上海、深圳、成都、沈阳、烟台等十六个一线、二线城市。

2. 出售方基本情况

本次交易对方明毅是依据英属维尔京群岛法律设立并有效存续的公司，成立于2017年7月19日。2017年8月21日，明毅向中粮香港发行股份，发行完成后，明毅的普通股份全部由中粮香港持有。明毅为持股型公司，无实际经营业务，主要资产为其持有的大悦城地产已发行普通股股份总数的64.18%，为大悦城地产控股股东，除此之外无其他下属企业。

3. 标的公司基本情况

本次交易的标的公司为大悦城地产有限公司，以下简称大悦城地产（HK00207）。大悦城地产成立于1992年9月23日，主要从事开发、经营、销售、出租及管理综合体和商业物业，例如购物中心、酒店、办公楼、酒店式公寓及休闲度假旅游物业。

收购方、出售方和标的公司的实际控制人均为国资委下属的中粮集团。

（二）本次重组的行业和产业背景情况

1. 中粮集团向国有资本投资公司的转型战略

中央大力推进国企整合，以行业龙头为依托，进一步强化同质化业务整合和细分行业整合。2014年，中粮集团被国务院国资委选为首批国有资本投资公司改革试点央企之一；2016年，经过长期的酝酿与实践，中粮集团系统地完成了《国有资本投资公司改革方案》等重大政策配套，决定以核心产品为主线加快整合，重点打造18家专业化公司，使其成为自主经营、自担风险、具有核心竞争力的市场主体。作为18家专业化公司之一，地产板块的整合势在必行。

2. 中国地产行业的整合浪潮

中共中央“十三五”规划指出，促进房地产行业兼并重组，提高产业集中度，推动规模房地产企业做大做强。随着中国房地产行业快速增长期的结束，企业分化愈发明显，行业格局正面临重构，房地产企业的资源整合能力将成为决定企业发展的关键因素。

3. 中粮地产与大悦城地产的业务互补

本次交易前，中粮地产专注于住宅开发板块，大悦城地产专注于商业地产和综合体开发板块，总体上业务互补，整合后能够带来显著的协同效应。本次交易系中粮集团对下属境内外两家上市公司的内部整合，实现业务整合。

（三）本次重组的原因及必要性

1. 深化改革，打造专业化公司

本次交易后，融合了中粮地产及大悦城地产核心业务、境内外一体化的房地产专业化公司成为18家专业公司的中流砥柱，贯彻落实国家对国企改革提出的“做强、做优、做大”及“提质增效”的发展方针，真正做到资产专业化、经营专业化、管理专业化，业务聚焦、规模扩大、盈利优化。

2. 高度协同，打造房地产旗舰

通过本次交易，中粮地产与大悦城地产形成住宅、商业板块的优势互补，在融资、市场、人才、土地获取及品牌等方面发挥协同效应，有利于激励机制的完善和运营效率的提升。融资方面，通过增大体量、增强信用，整合后主体融资成本降低，财务管理更加优化；市场方面，整合后主体的市场地位及市场份额得到了进一步提升，在地产行业拥有更多的话语权和灵活性；人才方面，双方将在保持公司治理独立性的基础上建立优秀人才的共享机制，实现人力资源的最优配置；土地获取方面，整合后主体的土地获取能力将进一步增强，为业绩长期稳定增长奠定坚实基础；品牌方面，双方将对“中粮地产”及“大悦城地产”品牌进行深度融合，共同扩大品牌的市场影响力，将整合后的公司打造成为中国综合性房地产的旗舰平台。

本次交易完成后，中粮地产与大悦城地产将站在同一角度更加有效地分配住宅和商业资源，更加充分地参与外部市场竞争，实现风险共担、利益共享。

二、本次交易的具体方案

（一）交易方案概述

本次交易方案为中粮地产拟以发行股份的方式向明毅收购其持有的大悦城地产普通股股份，并拟采用询价方式向不超过10名特定投资者发行股份募集配套资金。募集配套资金总金额不超过242578.14万元，融资规模不超过中粮地产以发行股份方式购买大悦城地产9133667644股普通股股份交易价格的100%，且发行股份数量不超过本次交易前中粮地产总股本的20%。本次交易完成后，大悦城地产将成为中粮地产的控股子公司。

（二）交易进程和方案确定过程回顾

2017年7月22日，中粮地产宣布停牌筹划重大事项。

2018 年 3 月 31 日，中粮地产披露重组交易预案。

2018 年 10 月 25 日，证监会公告显示中粮地产发行股份购买资产未获通过。审核意见指出，交易标的资产定价的公允性缺乏合理依据，不符合《上市公司重大资产重组管理办法》第十一条的相关规定。

2018 年 11 月 15 日，中粮地产发布公告称将继续推进重组方案。

2018 年 11 月 16 日，中粮地产再次披露草案，估值仍不变，但是中粮地产对定价公允性进行了说明、补充了评估报告和业绩承诺及补偿协议。

2018 年 12 月 4 日，中粮地产发行股份购买资产事项获无条件通过。

（三）交易具体方案详述

本次交易方案为中粮地产拟以发行股份的方式向明毅收购其持有的大悦城地产普通股股份，并拟采用询价方式向不超过 10 名特定投资者发行股份募集配套资金。

1. 发行股份购买资产

本次重组的交易对方为明毅，标的资产为明毅持有的大悦城地产 9133667644 股普通股股份（占大悦城地产已发行普通股股份总数的 64.18%，占大悦城地产已发行普通股及可转换优先股合计股份数的 59.59%）。

2. 交易对价及支付方式

本次重组的交易价格以兼顾交易双方股东的利益为原则，综合考虑了标的资产历史投资价值、净资产价值、可比公司及可比交易估值、标的资产的资产状况、盈利水平、品牌优势等因素。交易双方经协商同意，后经调整，本次发行股份购买资产的交易价格为 1444702.90 万元，对应发行股份数量为 2112138742 股，由中粮地产以发行股份的方式支付本次重组的全部交易对价。

3. 发行价格

根据综合考虑停牌期间行业和大盘指数变动对上市公司发行股票价格的影响，以及交易标的估值因素对上市公司发行股票价格的影响等，后经调整，本次中粮地产发行股份购买资产价格 6.84 元/股。

4. 发行数量

按照本次重组标的资产总对价 1444702.90 万元，每股发行价格 6.89 元计算并经交易双方协商，中粮地产将向明毅发行为 2112138742 股。

5. 发行股份募集配套资金安排

本次交易中粮地产拟募集配套资金不超过 242578.14 万元，融资规模不超过中粮地产以发行股份方式购买大悦城地产 9133667644 股普通股股份交易价格的 100%，且发行股份数量不超过本次交易前中粮地产总股本的 20%，即不超过 362746319 股。

三、本次交易对上市公司的意义和影响

重组完成后，无论是资产规模、资金实力和业务规模，中粮地产都得到了大幅上升。

1. 业务结构多元化

过去中粮地产主营住宅开发，业务相对单一，导致该公司收入逐年下降。对中粮地产而言，重组后大悦城地产将会为中粮地产注入新的商业地产元素，产生住宅、商业板块整合的协同效应，中粮地产的业务板块将会更加多样化。

2. 品牌效应增强

与其他商业地产的中、高端定位模式不同，大悦城地产以年龄层进行定位。公司成功打造了以18岁到35岁新兴中产阶层为核心客群、以“年轻、时尚、潮流、品位”为品牌特征、以“强运营、重服务、活学习、勇创新”为核心竞争力的大悦城城市综合体。中粮地产为进一步提升公司核心品牌形象和品牌价值，增强公司的市场影响力，扩大公司规模效应，选择将名字变更为在品牌和市场知名度上更有优势的“大悦城控股集团股份有限公司”。

3. 提高公司持续经营能力

交易完成后，中粮地产不仅可以通过销售型物业实现存货高周转、现金回流快，又能分享持有型物业带来的长期稳定收益和升值红利，有利于进一步提高公司的持续经营能力和核心竞争力。

4. 降低融资成本

中粮地产与大悦城重组后，销售资源会更加丰富，盈利、变现能力加强，同时体量增大，提高了低成本融资能力。

四、交易亮点

（1）在国家鼓励上市公司通过并购重组提质增效的大背景下，中粮地产对大悦城地产的收购，给央企重组带来了一定的参考，凸显了业绩承诺的重要性，为大型央企“A + H”互动提供了经验借鉴。

（2）中粮地产并购大悦城地产，是属于中粮集团下属两个无股权关系的两个上市公司关联并购，更好地实现了业务整合和产业协同，进一步推动上市公司做大做强。

（3）高溢价无业绩对赌：中粮地产给予本次交易标的的估值较之市价溢价近70%，这也是第一次上会被否的原因：“定价公允性缺乏合理依据”。第二次估值不变，但增加了公允性说明后，获得通过。

（中国上市公司协会并购融资委员会
国睿金融与产业发展研究会　供稿）

中原特钢置换金融资产

一、本次交易的背景

（一）交易相关各方基本情况介绍

1. 上市公司基本情况

本次交易方为深交所主板上市公司中原特钢股份有限公司（以下简称中原特钢）。中原特钢的前身是河南中原特殊钢集团有限责任公司，系兵装集团于2002年《关于河南中原特殊钢厂建立现代企业制度实施方案的批复》（兵装经〔2002〕156号）批准的，由原河南中原特殊钢厂整体改制设立的有限责任公司，控股股东为中粮集团有限公司，实际控制人为国务院国资委。公司主营业务为特殊钢钢锭、连铸坯、锻件、特殊钢材料的机械加工与产品制造、技术服务、咨询服务、仓储等。

2. 交易对方基本情况

本次交易对方为中粮集团有限公司、弘毅弘量（深圳）股权投资基金合伙企业、广东温氏投资有限公司、北京首农食品集团有限公司、中国国有企业结构调整基金股份有限公司、宁波梅山保税港区雾繁投资管理合伙企业（有限合伙）、中国航发资产管理有限公司和上海国际集团资产管理有限公司。

3. 标的资产基本情况

（1）置出资产基本情况

本次交易置出资产为中原特钢截至评估基准日的全部资产及负债。为便于置出资产的交割，公司将除全资子公司特钢装备100%股权外的其他资产、负债、人员及业务一并划转至特钢装备，于本次交易实施时，将持有的特钢装备100%股权作为置出资产完成交付。

（2）注入资产基本情况

本次交易注入资产为中粮资本投资有限公司、中粮信托有限责任公司、中粮期货有限公司、中英人寿保险有限公司、龙江银行股份有限公司相应的股权及资产。

（二）本次交易的行业和产业背景情况

1. 中原特钢经营面临较大困难

2014—2016年，中原特钢受上游行业价格提升、下游行业需求低迷影响以及同行业激烈竞争，2014年、2015年连续两年亏损、2016年虽然实现微利，但经营情况未得到根本性改善，2017年虽然收入出现增长，但仍亏损2.58亿元，短期内经营情况仍面临较大的困难。

2. 中粮资本坚定服务“三农”，为现代农业提供综合金融服务

中粮资本是中粮集团旗下运营管理金融业务的专业化公司，以中粮集团产业链

为依托，完善全金融链，在业务专业化发展基础上，利用消费金融，整合资产管理和财富管理资源，促进产融协同、服务“三农”，成为以农业金融为特色，拥有信托、期货保险、银行等多项业务的投资控股平台。中粮资本主要通过下属企业开展信托、期货寿险、银行等金融业务。中粮资本期望未来能够不断优化金融控股平台管理模式，有效整合资源，充分发挥优势，以实现公司盈利能力的可持续发展。

（三）本次交易的原因及必要性

1. 响应国有经济结构战略性调整的整体安排

通过本次重组，不仅可以实现中粮资本整体上市，而且中原特钢现有钢铁资产置出后，有利于进一步降低运营成本，稳步推进业务整合和人员安置。因此，本次重组有利于贯彻落实党中央、国务院关于推进结构性改革任务，妥善完成去产能目标。

2. 促进国有企业的混合所有制改革工作

中粮集团作为首批两家国有资本投资公司试点企业之一，将成为我国农粮食品领域的国有资本投资平台、资源整合平台和海外投资平台。中粮资本作为国家发改委批复的混合所有制改革试点企业之一，致力于成为我国首家以农业金融为特色的上市金融控股平台，已成功引入战略投资人。通过本次重组，中粮资本的战略投资人将成为上市公司股东，上市公司股权结构进一步多元化，利用上市公司更加全面规范的监督管理制度、更为公开透明的信息披露制度，有利于巩固和发展中粮资本混合所有制改革的成果，成为国有企业改革新典范。

3. 提升中粮资本的市场竞争力和抗风险能力

通过本次重组，中粮资本将逐步实现与资本市场的充分对接，有利于通过规范的上市公司治理、透明的信息披露约束、市场化的考核激励机制等多种途径提升企业市场化经营水平。上市后，通过对重大事项履行规范的内部决策和信息披露义务，能够强化公司经营决策的约束力和科学性，提高公司经营的透明度，有利于提升公司整体经营水平；上市公司经营的独立性要求会促使中粮资本进一步提升其独立面对市场竞争的能力。

4. 改善上市公司盈利能力，保护中小投资者利益

通过本次重组，中原特钢现有全部资产和负债将置出，有效解决上市公司的负担，同时，向中原特钢注入中粮资本全部股权，能够彻底改变上市公司的财务状况和经营业绩，提升上市公司持续经营能力，增强上市公司盈利能力，实现上市公司持续稳定发展，有利于保护中小投资者利益。

二、本次交易的具体方案

（一）交易方案概述

本次交易的整体方案由重大资产置换和发行股份购买资产两项内容组成，互为

条件、同时进行。主要内容如下。

1. 资产置换

中原特钢持有的以截至评估基准日2017年9月30日经评估的全部资产及负债与中粮集团持有的以截至评估基准日2017年9月30日经评估的中粮资本64.51%股权的等值部分进行置换。中原特钢将其截至2017年9月30日的除特钢装备100%股权外的其他资产及负债注入特钢装备，于本次交易实施时，将其持有的特钢装备100%股权作为置出资产完成交付。中原特钢置出资产由中粮集团承接。

2. 发行股份购买资产

中粮资本64.51%股权经上述资产置换后的差额部分由中原特钢向中粮集团发行股份购买。同时，中原特钢向弘毅弘量、温氏投资、首农食品集团、结构调整基金、宁波雾繁、航发资产、上海国际资管发行股份购买其合计持有的中粮资本35.49%股权。本次交易完成后，中粮资本将成为中原特钢的全资子公司。

（二）交易具体方案详述

1. 发行方案

上市公司向交易对方发行股份支付交易对价约1952413.00万元，约占注入资产交易价格2118567.61万元的92.16%。

2. 发行方式、发行对象及认购方式

本次发行采用向特定对象非公开发行股票方式。本次发行股份购买资产的发行对象为：中粮集团、弘毅弘量、温氏投资、首农食品集团、结构调整基金、宁波雾繁、航发资产、上海国际资管。中粮集团、弘毅弘量、温氏投资、首农食品集团、结构调整基金、宁波雾繁、航发资产、上海国际资管分别以其持有的中粮资本约56.6635%、9.2593%、5.1440%、4.6296%、4.1152%、4.1152%、4.1152%、4.1152%（共计92.1572%）股权认购本次发行的股份。

3. 股份锁定安排

中粮集团因本次发行股份购买资产而取得的中原特钢股份，自该等股份上市之日起36个月内不得转让；在此之后将按中国证监会及深交所的有关规定执行。本次重组完成后6个月内如中原特钢股票连续20个交易日的收盘价低于发行价，或者本次重组完成后6个月期末收盘价低于本次发行股份购买资产所发行股份的发行价，则中粮集团认购的股份将在上述限售期基础上自动延长6个月。

弘毅弘量、温氏投资、首农食品集团、结构调整基金、宁波雾繁、航发资产、上海国际资管因本次发行股份购买资产而取得的中原特钢股份，自本次发行完成日起至2021年8月20日不得转让。

4. 减值测试补偿及计算公式、补偿方式

本次交易实施完成后，中原特钢可在本次重组实施完毕后连续三个会计年度（以下简称“补偿期限”）内每一会计年度结束后聘请具有证券业务资格的会计师事务所对注入资产进行减值测试并在不晚于补偿期限内每一个会计年度的年度审计报告公告日出具减值测试专项审核意见；

如根据减值测试结果注入资产存在减值额的，本次各交易对方将依据减值测试结果对中原特钢进行股份补偿，不足的部分以现金方式进行补偿。

三、本次交易对上市公司的意义和影响

（一）本次交易对上市公司主营业务的影响

本次交易完成前，上市公司主要从事以高品质特殊钢材料为基础的工业专用装备和高品质特殊钢坯料的研发、生产、销售和服务。本次交易完成后，随着上市公司原有资产的置出和中粮资本 100% 股权的注入公司的业务范围将涵盖信托、期货保险、银行等多项金融业务，成为以农业金融为特色的投资控股平台。

（二）本次交易对公司盈利能力的影响

本次交易完成后，公司的净资产规模和盈利能力显著提升，本次交易有利于提升公司抗风险能力和可持续发展能力，有利于实现整体经营业绩提升，符合上市公司全体股东的利益。

四、交易亮点及市场影响

（一）交易亮点

（1）本次交易规模达 212 亿元，交易规模居当年交易前列。

（2）交易完成后，上市公司成为我国首家以农业金融为特色的上市金融控股平台。

（二）市场影响

（1）本次交易完成后，中粮资本成为了上市公司的全资子公司，使得中粮资本通过整合平台内的资源、客户和服务渠道，为客户提供更加全面和优质的金融服务，增强了企业的市场表现和竞争力。

（2）本次交易完成后，中粮资本可充分利用上市平台的融资渠道多元化和激励机制灵活性，有效激发公司的增长潜力。

（中国上市公司协会并购融资委员会
国睿金融与产业发展研究会　供稿）

赛腾股份购买菱欧科技

一、本次交易的背景

（一）交易相关各方基本情况介绍

1. 上市公司方基本情况

本次交易收购方为上交所主板上市苏州赛腾精密电子股份有限公司（以下简称“赛腾股份”）。赛腾股份成立于2007年6月19日，致力于为客户提供自动化解决方案，集非标自动化领域研发方案设计、精密加工、组装调试、安装培训和服务支持于一体。解决方案涉及自动化组装线体、包装线、检测设备、工装夹（治）具、智能制造和智慧工厂整体规划等，具备技术咨询、可行性分析、数据实验、系统设计、程序编写、系统集成、安装调试等交钥匙工程的能力。产品广泛应用于消费电子、汽车、医疗、家电、日用品、食品、化妆品等行业领域。

2. 出售方基本情况

本次交易的出售方为持有苏州菱欧自动化科技股份有限公司41%股权的自然人股东张玺和37.5%股权的自然人股东陈雪兴，其中张玺担任苏州菱欧自动化科技股份有限公司总董事长、法定代表人，陈雪兴担任董事、总经理。上述出售方为标的公司的核心管理人员。

3. 标的公司基本情况

本次交易的标的公司为苏州菱欧自动化科技股份有限公司（以下简称“菱欧科技”）。菱欧科技成立于2000年，位于苏州吴中经济开发区。菱欧技术实力雄厚，以研发为核心，拥有一支经验丰富的专业技术团队，是一家全心致力于中国自动化生产领域的系统集成商，并为各企业提供整体解决方案及一站式交钥匙服务。涉及领域有汽车、医疗、新能源，3C等行业。

（二）本次重组的行业和产业背景情况

1. 公司处在积极发展实现战略目标的关键时期

赛腾股份在战略目标的指引下，以技术创新为核心经营理念，抓住中国自动化装备行业高速发展的良好机遇，拓展公司产品线及应用领域，提升作为国内一流自动化装备企业的技术实力。根据公司的业务规划，公司进一步拓宽公司产品种类及应用领域，大力拓展非消费电子行业的应用客户及销售渠道，进一步提升公司作为国内领先的智能装备制造企业的综合实力。

2. 并购是公司外延式发展的首选方式

近年来，国内上市公司通过对同行业、产业链上下游优质企业进行并购整合，借助外延式发展的契机，从而完善业务布局，深化业务结构调整，增强自身发展驱动力。为了能够更好地按照公司发展规划积极推进本公司的长期发展战略，公司将采取内生式成长与外延式发展并重的方式实现向战略目标的迈进，通过并购具有独特业务优势和竞争实力、并能够和公司现有业务产生协同效应的相关公司的方式实现。

3. *标的公司所处行业市场具有良好发展前景*

作为业内领先的自动化设备供应商，菱欧科技与日本电产、索尼等客户有着长期稳定的合作关系。未来阶段，菱欧科技仍将继续围绕汽车零部件、锂电池等传统优势领域，并积极拓展半导体等应用领域。随着我国制造业产业升级与工业 4.0 进程的不断发展，标的公司所处行业需求预计将保持持续增长，标的公司所处行业市场具有良好的发展前景。

（三）本次重组的原因及必要性

（1）拓宽上市公司产品线，增强抗风险能力。本次收购完成后，上市公司能够通过菱欧科技取得汽车零部件行业、锂电池行业的优质客户、技术储备及销售渠道等资源优势，进一步拓展上市公司自动化设备的产品线及应用领域，增强上市公司的抗风险能力和利润增长点。

（2）发挥上市公司与标的公司的协同效应。交易完成后，双方能够在多方面产生协同效应。上市公司能够进一步拓展客户群体、增强抗风险、抗周期能力。菱欧科技能够借助上市公司平台，缓解资金压力、通过集约采购、交叉营销等方式降低生产成本，提高运营效率，并借助赛腾股份资本平台拓宽融资渠道，进入发展快车道。

（3）提升上市公司盈利能力，促进公司可持续发展。本次交易通过发行可转换债券、股份及支付现金相结合的方式收购菱欧科技 100% 股权。依托国内产业升级和劳动力不足对自动化设备行业的推动，以及汽车零部件行业、消费电子行业的快速发展，菱欧科技业务稳步增长。

二、本次交易的具体方案

（一）交易方案概述

本次交易总体方案包括：

（1）发行可转换债券、股份及支付现金的方式购买资产，其中以发行可转换债券的方式支付 12600 万元，以现金方式支付 6300 万元，以发行股份方式支付 2100 万元；

（2）本次交易同时募集配套资金。赛腾股份通过询价方式向其他不超过 10 名特定投资者发行股份募集配套资金，总金额不超过 14000 万元。

（二）交易进程和方案确定过程回顾

2018 年 11 月 8 日，赛腾股份召开董事会会议，审议通过本次交易；同时，赛腾股份与张玺、陈雪兴、邵聪签署了《发行可转换债券、股份及支付现金购买资产暨业绩补偿协议》。

2018 年 11 月 18 日，赛腾股份与张玺、陈雪兴、邵聪签署了《发行可转换债券、股份及支付现金购买资产协议》之补充协议；同日召开董事会会议审议通过本次交易方案。

2018 年 11 月 26 日，菱欧科技召开股东大会，审议通过本次交易。

2018 年 12 月 5 日，赛腾股份召开股东大会，审议通过本次交易。

2019 年 3 月 2 日，证监会核准本次交易。

（三）交易具体方案详述

1. 发行股份购买资产

本次发行股份购买资产的发股价格为 19.30 元/股，不低于定价基准日前 60 个交易日股票均价的 90%，即 19.29 元/股，据此计算，赛腾股份向菱欧科技全体股东直接发行股份的数量为 1088081 股。

本次发行可转换债券的初始转股价格为 19.30 元/股，与发行股份定价方式相同。本次发行可转换债券的金额为 12600 万元，按照初始转股价格转股后的股份数量为 6528495 股。本次发行的可转换债券转股的股份来源为公司发行的股份或公司因回购股份形成的库存股。

本次发行可转换债券按照初始转股价格转股后的股份数量与直接发行股份数量合计为 7616576 股。

2. 发行股份募集配套资金

本次交易中，上市公司通过询价方式向不超过 10 名特定对象发行股份募集配套资金，募集配套资金总额不超过 14000 万元，不超过本次交易中以发行可转换债券及股份方式购买资产的交易价格的 100%。募集配套资金发行股份数量不超过本次交易前上市公司总股本的 20%，即不超过 32552780 股。

本次募集配套资金。所募集的配套资金用于支付本次交易中的现金对价和重组相关费用，并用于上市公司补充流动资金及偿还银行贷款。

3. 业绩承诺及股份锁定期

本次交易的业绩承诺期及业绩承诺金额如下：

补偿义务人承诺标的公司在 2018 年度、2019 年度、2020 年度承诺净利润分别不低于 1500 万元、1700 万元、2100 万元。业绩承诺中的净利润均指经具有证券业务资格的会计师事务所（以下简称“审计机构”）审计的扣除非经常性损益后的归属于母公司所有者的净利润。

若标的公司业绩补偿期间前两个年度内实现的扣除非经常性损益后的累计净利润未达到当年累计承诺利润但不少于当年累计承诺利润的 85%，则当年不触发补偿义务人的业绩补偿义务；业绩补偿期间最后一个年度实现的扣除非经常性损益后的累计净利润未达到当年累计承诺利润的，则直接触发补偿义务人的业绩补偿义务。

若标的公司业绩补偿期间内任一年度截至当年年末实现的扣除非经常性损益后的累计净利润小于当年累计承诺利润的 85%，补偿义务人应就该累计未达成利润部分进行业绩补偿；已履行的业绩补偿行为不可撤销。

三、交易的意义和带来的影响

（一）交易标的的主要优势

1. 技术水平优势

标的公司在产品设计上具有较高的技术含量，其核心技术集机械制造、自动化控制、电子电器、软件系统集成和数据处理等多个学科的专业知识和应用于一体，满足了各类工业企业用户的在线质量检测、自动化装配的个性化需求。

2. 服务竞争优势

通过服务客户的销售人员与定制研发设计的技术人员的无缝贴合服务，形成了较强的客户服务能力。技术水平的不断创新积累和客户服务能力的不断提升保障了菱欧科技长足的核心竞争能力，并通过优质的客户服务和高效的生产管理安排，赢得了国际知名企业的长期稳定合作。

3. 客户资源优势

为保证自身生产过程的稳定高效，客户尤其是企业规模较大的行业巨头往往会对自动化设备供应商进行严格的前期考察，认证期较长，而一旦企业切入核心客户的供应链体系，客户一般不会轻易变更自动化设备的供应商。

（二）方案对上市公司的短期收益和长期意义

本次交易后上市公司盈利能力的提高有赖于菱欧科技通过整合资源、开拓客户、提高运营效率等方式实现利润，菱欧科技为上市公司贡献利润需要时间并取决于多种因素。同时，如上述承诺净利润顺利完成，上市公司盈利能力将明显提高，进一步促进公司可持续发展。

本次交易完成后，菱欧科技将成为上市公司的全资子公司上市公司将进一步夯实主业，围绕智能制造行业，扩展自动化设备产品线，上市公司总资产、净资产和营业收入规模均将得到提升，增强上市公司的抗风险能力和持续盈利能力。

四、交易亮点

（一）交易方案的创新性和特点

（1）首个定向可转债并购，借鉴意义深刻。赛腾股份作为上交所主板 A 股企业，采用发行债券、股份以及现金形式以 2.1 亿元收购新三板菱欧科技的交易方案聚焦交易痛点，结合了标的公司行业特点、交易对方差异化的诉求以及并购重组市场的深刻理解，响应了国家政策。既保障了资产出售方的收益，又有利于保障上市公司中小股东利益，更容易被市场所接受。

（2）加快切入汽车、锂电池等领域，提高风险防控能力。赛腾股份与菱欧科技同为自动化设备行业的企业，本次交易完成后，随着未来汽车电动化、智能化、互联网化的趋势以及物联网技术的发展，赛腾股份有望通过健全的产业链条和产品结构，具备对客户的整体方案解决能力，实现战略布局，提前部署新能源汽车与消费电子的融合趋势。

（二）其他特殊影响

（1）本次交易采用新型支付工具，采用可转债支付可以有效避免现金支付所带来的现金流压力和股份支付带来的原股东收益的摊薄问题，如果设计得当，能够平衡双方不同利益诉求，增加谈判弹性，促使双方协同发展。同时，本次交易后，有助于丰富并购重组融资渠道，为上市企业融资提供更多思路。

（2）本次交易创造性地设计强制转股、向上修正等创新条款，对提前回售条款和向下修正条款进行针对性借鉴，综合平衡了双方利益，建立起一套随着业绩承诺、股价表现动态平衡的调整机制，在增加并购交易谈判弹性、为交易提供更为灵活的利益博弈机制的同时，有效缓解了赛腾股份现金压力及大股东股权稀释风险。

（中国上市公司协会并购融资委员会
国睿金融与产业发展研究会　供稿）

2019 年中国上市公司发展

大事记

2019 年中国上市公司发展大事记

1 月 11 日　人民银行、发展改革委、教育部、科技部、工业和信息化部、财政部、人力资源社会保障部、自然资源部、商务部、海关总署、银保监会、证监会、外汇局联合印发《广西壮族自治区建设面向东盟的金融开放门户总体方案》的通知。方案提出，广西将建设面向东盟的金融开放门户，目标到 2020 年在广西打造面向东盟的金融服务基地。

1 月 11 日　上交所正式发布实施《上市公司回购股份实施细则》，充分发挥股份回购的制度功能，进一步规范上市公司回购股份行为。

1 月 11 日　深交所修订发布《深圳证券交易所上市公司回购股份实施细则》和《上市公司回购股份业务相关公告格式》，是拓宽回购股份适用情形，强化回购股份日常监管。

1 月 17 日　沪深交易所修订并发布《债券交易实施细则》，延长债券质押式回购交易时间。

1 月 17 日　人民银行会同发展改革委科技部、工业和信息化部、财政部、银保监会、证监会、外汇局联合印发《上海国际金融中心建设行动计划（2018—2020 年）》，标志着上海国际金融中心建设已经进入冲刺阶段。

1 月 18 日　上交所发布《关于股票质押式回购交易相关事项的通知》，防范化解上市公司股票质押风险的相关要求，鼓励和帮助市场主体主动化解风险。

1 月 18 日　沪深交易所联合中国结算发布《信用保护工具业务管理试点办法》，标志着交易所市场信用保护工具业务进入常态化运行阶段。

1 月 18 日　证监会发布《公开募集证券投资基金投资信用衍生品指引》，丰富公募基金风险管理工具，满足公募基金风险管理需求，提升公募基金行业管理信用风险的能力。

1 月 18 日　证监会与德国联邦金融监管局更新签署了双边《证券期货监管合作谅解备忘录》，标志着中德证券期货监管机构的合作进入一个新的阶段。

1 月 21 日　康得新发布公告，2018 年度第二期超短期融资券（债券简称：18 康得新 SCP002，债券代码：011800840）应于 2019 年 1 月 21 日兑付本息。截至 2019 年 1 月 21 日营业终了，公司未能按照约定筹措足额偿付资金，“18 康得新 SCP002”不能按期足额偿付本息，已构成实质性违约。

1 月 22 日　银保监会发布《关于加强中资商业银行境外机构合规管理长效机制建设的指导意见》，推动在境外设有经营性机构的中资商业银行进一步优化集团合规管理体系，提高跨境合规管理有效性，实现境外机构安全稳健运行。

1月23日 中央全面深化改革委员会第六次会议审议通过了《在上海证券交易所设立科创板并试点注册制总体实施方案》《关于在上海证券交易所设立科创板并试点注册制的实施意见》。会议指出，在上海证券交易所设立科创板并试点注册制是实施创新驱动发展战略、深化资本市场改革的重要举措。

1月24日 银保监会放开限制允许保险机构投资符合条件的银行二级资本债券和无固定期限资本债券，支持商业银行进一步充实资本，优化资本结构，增强服务实体经济和风险抵御能力。

1月30日 证监会发布《关于在上海证券交易所设立科创板并试点注册制的实施意见》，有序推进设立科创板并试点注册制各项工作。

2月11日 人民银行、银保监会、证监会、财政部、农业农村部联合印发《关于金融服务乡村振兴的指导意见》，切实提升金融服务乡村振兴效率和水平。

2月14日 国务院办公厅发布《关于有效发挥政府性融资担保基金作用切实支持小微企业和“三农”发展的指导意见》，指出政府性融资担保、再担保机构要严格以小微企业和“三农”融资担保业务为主业。

2月14日 中共中央办公厅、国务院办公厅印发《关于加强金融服务民营企业的若干意见》，不断深化金融改革，完善金融服务体系。

2月15日 上交所与中国结算修订并发布《上海证券交易所上市开放式基金业务指引》，规范上市开放式基金的交易和登记结算相关业务。

2月18日 深交所发布关于《深圳证券交易所基金产品开发与创新服务指引(2019年修订)》，进一步完善基金产品开发与创新服务机制。

2月21日 银保监会发布《银行业金融机构反洗钱和反恐怖融资管理办法》，从内部控制角度，对银行业金融机构提出了反洗钱和反恐怖融资工作要求。

2月22日 证监会发布修订后的《期货公司分类监管规定》，促进期货公司合规经营和稳健发展。

2月27日 银保监会发布《中国银保监会办公厅关于加强保险公司中介渠道业务管理的通知》，建立内部合规审计监督，强化保险公司对中介渠道合作主体的业务合规管理责任。

3月1日 证监会发布《科创板首次公开发行股票注册管理办法（试行)》和《科创板上市公司持续监管办法（试行)》，并于公布之日起实施。

3月1日 上交所发布实施“设立科创板并试点注册制”相关业务规则和配套指引，明确科创板股票发行、上市、交易、信息披露、退市和投资者保护等各个环节的主要制度安排。

3月5日 深交所和深圳证券信息有限公司正式发布深证民企发展指数。作为全市场首只反映民营企业发展质量的指数，进一步发挥深交所服务民营企业的特色和优势，增强金融服务实体经济能力。

3月8日 全国股转公司发布《全国

中小企业股份转让系统股票挂牌审查工作指引（试行)》，对新三板股票挂牌审查业务全流程进行了规范，进一步推进挂牌审查工作公开透明、明确市场预期。

3 月 9 日　银保监会发布《关于做好 2019 年银行业保险业服务乡村振兴和助力脱贫攻坚工作的通知》，推动解决当前“三农”和扶贫金融服务难点。

3 月 15 日　上交所发布《保荐人通过上海证券交易所科创板股票发行上市审核系统办理业务指南》，规范保荐人通过上交所科创板股票发行上市审核系统办理业务的行为。

3 月 15 日　证监会、教育部联合印发《关于加强证券期货知识普及教育的合作备忘录》，推动全社会树立理性投资意识，提升国民投资理财素质。

3 月 18 日　证监会与德国联邦金融监管局签署《关于衍生品监管合作与信息交换的备忘录附函》，加强两国监管机构在跨境衍生品领域的监管合作和市场极端情况下的协同应对。

3 月 19 日　银保监会发布《商业银行净稳定资金比例信息披露办法》，强化市场约束，提高商业银行流动性风险管理水平。

3 月 29 日　人民银行发布了《关于进一步加强支付结算管理防范电信网络新型违法犯罪有关事项的通知》（银发〔2019〕85 号)，加筑支付结算安全防线。

4 月 1 日　证监会与法国金融市场管理局签署《金融领域创新合作谅解备忘录》，双方约定就金融科技领域的发展动态及相应的监管政策共享信息，加强合作。

4 月 4 日　深交所发布《深圳证券交易所信用保护工具业务指引》和《深圳证券交易所信用保护工具业务指南第 1 号——信用保护合约》，细化信用保护工具管理要求，明确信用保护合约业务各环节操作流程。

4 月 12 日　财政部、税务总局、证监会发布《关于创新企业境内发行存托凭证试点阶段有关税收政策的公告》，明确印花税征收规定及个税、企业所得税、增值税等方面税收优惠。

4 月 12 日　全国中小企业股份转让系统公司发布《关于规范挂牌公司股份回购业务的通知》，进一步规范股份回购业务，防范变相定向回购、内幕交易、利益输送等违法违规行为。

4 月 16 日　上交所发布《科创板股票发行与承销业务指引》，对战略投资者、保荐机构相关子公司跟投、发行定价配售程序等作出了明确规定和安排。

4 月 17 日　证监会发布《关于修改〈上市公司章程指引〉的决定》，促进上市公司科学制定公司章程，提升公司治理水平，保护投资者合法权益，进一步优化营商环境。

4 月 23 日　证监会发行监管部发布《发行监管问答——关于发行规模达到一定数量实行联合保荐的相关标准》，明确融资金额超过 100 亿元的 IPO 项目、融资金额超过 200 亿元的再融资项目可以按照《证券发行上市保荐业务管理办法》相关规定实行联合保荐。

4月30日 红枣期货在郑州商品交易所上市交易，上市红枣期货是资本市场贯彻落实党中央关于扶贫工作决策部署的重要举措。

4月30日 上交所发布通知修改《上海证券交易所股票上市规则》，进一步优化上市公司治理，提高上市公司质量。

4月30日 深交所对《深圳证券交易所股票上市规则（2018年11月修订）》《深圳证券交易所创业板股票上市规则（2018年11月修订）》的有关条款进行了修改，进一步改善营商环境，夯实制度基础，促进资本市场长期稳定发展。

4月30日 康美药业在发布2018年报的同时，对前期财务报告中的营业收入、净利润、货币资金、其他应收款、存货、在建工程等数据进行差错更正。公告称，公司自查发现，由于公司核算账户资金时存在错误，造成货币资金多计299.44亿元。

5月10日 深交所发布《上市公司信息披露指引第3号——重大资产重组》，进一步落实中国证监会并购重组市场化改革，引导并购重组市场规范发展，释放市场主体活力。

5月15日 银保监会发布《关于保险资金参与信用风险缓释工具和信用保护工具业务的通知》，促进保险资金服务实体经济发展，丰富保险资金运用工具。

5月17日 证监会通报对康美药业的调查进展，初步查明其财务报告存在重大虚假，包括使用虚假银行存单等，证监会已经对康美药业的审计机构广东正中珠江会计师事务所进行立案调查。

5月20日 央行、证监会联合下发《关于做好开放式债券指数证券投资基金创新试点工作的通知》，改善债券交易市场分割的现状，有助于债市互联互通。

5月24日 证监会指导沪、深交易所分别联合中国结算发布《关于为上市期间特定债券提供转让结算服务有关事项的通知》，对违约债券等特定债券的转让、结算、投资者适当性、信息披露等事项作出安排。

5月24日 人民银行、银保监会联合发布公告，鉴于包商银行股份有限公司出现严重信用风险，为保护存款人和其他客户合法权益，银保监督会决定自2019年5月24日起对包商银行实行接管，接管期限一年。

5月24日 中国金融期货交易所发布《中国金融期货交易所风险准备金管理办法》，完善风险准备金管理。

5月31日 中国金融期货交易所发布修订后的《中国金融期货交易所风险控制管理办法》《中国金融期货交易所异常交易管理办法》及相关规定，进一步提升交易所监管工作规范化水平，保障金融期货市场参与者合法权益。

6月3日 中国证券业协会制定并发布《证券投资咨询机构执业规范（试行）》，进一步加强对证券投资咨询机构自律管理，促进证券投资咨询机构规范发展。

6月3日 中国证券投资基金业协会发布《证券期货经营机构私募资产管理计划备案管理办法（试行）》，保护投资者及相关当事人的合法权益。

6月6日 工信部向中国电信、中国移动、中国联通、中国广电发放5G商用牌照，意味着5G大规模商用的大门正式开启。

6月13日 上交所科创板正式开板，标志着党中央国务院关于设立科创板并试点注册制这一重大改革任务的落地实施。

6月14日 证监会发布《期货公司监督管理办法》，适应期货市场发展的新要求，加强期货公司监管。

6月14日 上交所正式发布实施了《上海证券交易所科创板股票异常交易实时监控细则（试行）》，维护科创板股票交易秩序，保护投资者合法权益，防范交易风险。

6月14日 全国股转公司发布《全国中小企业股份转让系统复核实施细则》，进一步完善全国股转系统自律管理，确保复核工作公正独立。

6月17日 中央结算公司发布《中央结算公司担保品违约处置业务指引（试行）》，规范违约处置流程。

6月17日 沪伦通启动仪式在伦敦证券交易所举行，标志着沪伦通首单业务正式开启。

6月21日 证监会发布《公开募集证券投资基金参与转融通证券出借业务指引（试行）》，配合科创板的顺利推出，完善资本市场融券机制，规范公募基金参与转融通证券出借业务。

6月21日 上交所发布《上海证券交易所科创板首次公开发行股票发行与上市业务指南》，并自发布之日起施行。

6月24日 中国证券业协会发布《关于进一步加强科创板股票发行承销与网下投资者自律管理工作的通知》，进一步加强科创板股票承销发行与网下投资者自律管理相关工作，引导行业遵纪守法、勤勉尽责。

6月25日 中日ETF互通正式开通，中日两国资本市场深化合作迎来历史性时刻。

6月28日 证监会与柬埔寨证券交易委员会签署双边《证券期货监管合作谅解备忘录》，进一步加强中柬证券期货监管机构的监管合作。

7月4日 财政部在澳门特别行政区成功发行20亿元人民币国债，这是中央政府首次在澳门发行国债。

7月5日 证监会发布《证券公司股权管理规定》及《关于实施〈证券公司股权管理规定〉有关问题的规定》，并重启内资证券公司设立审批，进一步加强证券公司股权监管，规范证券公司股东行为，提升监管效能。

7月5日 证监会发布《再融资业务若干问题解答》，进一步推动证券发行工作市场化、法治化改革，引导规范上市公司融资行为，便于各中介机构履职尽责，更好地发挥再融资支持实体经济的作用。

7月5日 证监会通报康得新虚增利润总额达119亿元，拟对康得新及主要责任人员在法律规定的范围内顶格处罚并采取终身证券市场禁入措施。

7月5日 证监会批准上海国际能源交易中心、郑州商品交易所、大连商品交易所分别开展20号胶、尿素、粳米期货交易，为相关产业提供公开、连续、透明的价格信号和高效的风险管理工具，有助于促进相关主体稳定经营和相关行业平稳健康发展。

7月9日 证监会、发展改革委、人民银行、国务院国资委、市场监管总局、银保监会、民用航空局、中国国家铁路集团有限公司八家中央单位联合发布《关于在科创板注册制试点中对相关市场主体加强监管信息共享完善失信联合惩戒机制的意见》，提升资本市场违法违规成本、完善科创板配套保障。

7月12日 上交所发布《科创板上市公司信息披露工作备忘录》及配套公告格式指引，规范科创板上市公司信息披露行为。

7月15日 中国证券业协会发布实施《证券公司信用风险管理指引》，指导证券公司建立完善信用风险管理体系和信用风险控制流程，加强证券公司对各类信用风险事件的防范与应对。

7月19日 银保监会、证监会发布《中国银监会 中国证监会关于商业银行发行优先股补充一级资本的指导意见》，进一步优化我国商业银行优先股发行相关制度，为商业银行资本补充提供有利的政策环境。

7月22日 科创板首批25家公司在上海证券交易所挂牌上市交易，标志着设立科创板并试点注册制这一重大改革任务正式落地。

7月23日 上海金融法院发布《上海金融法院关于服务保障设立科创板并试点注册制改革的实施意见》，涵盖完善专业化的审判机制、健全证券群体性诉讼机制、依法加强投资者保护、强化证券侵权责任落实等多个方面。

7月26日 证监会发布《公开募集证券投资基金信息披露管理办法》及相关配套规则，优化公募基金信息披露制度，切实保护投资者合法权益。

7月26日 证监会发布《境外证券期货交易所驻华代表机构管理办法》，加强备案制改革后对境外证券期货交易所驻华代表处的事中事后监管。

8月9日 证监会指导沪深交易所修订《融资融券交易实施细则》，指导交易所进一步扩大融资融券标的范围，对融资融券交易机制作出较大幅度优化。

8月17日 人民银行发布公告称，为深化利率市场化改革，提高利率传导效率，推动降低实体经济融资成本，人民银行决定改革完善贷款市场报价利率（LPR）形成机制。

8月23日 人民银行印发《金融科技（FinTech）发展规划（2019—2021年）》，明确提出未来三年金融科技工作的指导思想、基本原则、发展目标、重点任务和保障措施。

8月23日 证监会发布《科创板上市公司重大资产重组特别规定》，落实科创板上市公司并购重组注册制试点改革要求，建立高效的并购重组制度，规范科创公司并购重组行为。

8月30日 根据证监会的统一部署，上交所、全国股转公司、中国结算共同制定并发布了《非上市公司非公开发行可转换公司债券业务实施办法》，将非公开发行可转换公司债券发行主体范围由创新创业公司扩展至非上市公司。

8月30日 证监会批准上海期货交易所开展不锈钢期货交易，丰富钢铁行业期货品种序列，有利于促进相关主体稳定经营。

8月30日 证监会批准大连商品交易所开展苯乙烯期货交易，满足产业链企业的风险管理需求，促进相关主体健康稳定发展。

9月9日 证监会召开全面深化资本市场改革工作座谈会，提出了发挥科创板“试验田”作用、大力推动上市公司提高质量、推动更多中长期资金入市等12个方面的重点任务。

9月11日 江苏省财政厅制定《江苏省省级国有金融资本管理办法（试行）》，规范省级国有金融资本管理，促进省级国有金融机构持续健康经营。

9月12日 证监会发布《证券交易所风险基金监管指引》，证券交易所应当在向证监会报送的年度报告中说明风险基金有关情况。

9月27日 深交所发布《深圳证券交易所证券投资基金交易和申购赎回实施细则（2019年修订）》，订优化了深市ETF交易结算模式，进一步适应市场实际需求，对促进深市ETF市场长期健康发展具有积极意义。

10月10日 国家发改委印发《企业债券簿记建档发行业务指引》及《企业债券招标发行业务指引》，提升企业债券的发行效率，有利于降低企业债券的发行利率和扩大直接融资规模。

10月10日 交易商协会组织市场成员发布《银行间债券市场非金融企业债务融资工具信用评级业务利益冲突管理规则》，加强信用评级业务自律管理，保障信用评级的独立性、客观性及公正性。

10月11日 证监会明确取消外资股比限制时点，提升国际吸引力。

10月11日 上交所修改了《上海证券交易所复核实施办法》《上海证券交易所纪律处分和监管措施实施办法》和《上海证券交易所自律管理听证实施细则》三项业务规则，促进资本市场的健康稳定发展。

10月18日 证监会发布并实施《证券期货业软件测试规范》，推进资本市场信息化建设工作，降低行业信息系统运行风险。

10月18日 证监会发布《关于修改〈上市公司重大资产重组管理办法〉的决定》，推进建设一个规范、透明、开放、有活力、有韧性的资本市场，优化重组上市监管制度，完善符合中国国情的资本市场多元化退出渠道和出清方式，提高上市公司质量。

10月21日 上交所和深交所分别对

《上海证券交易所沪港通业务实施办法》《深圳证券交易所深港通业务实施办法》进行了修订，明确了不同投票权架构公司股票的首次纳入条件，持续优化完善内地与香港股票市场互联互通机制。

10 月 22 日 证监会发布了关于做好公开募集证券投资基金投资顾问业务试点工作的通知》。

10 月 22 日 沪深交易所修订股份质押公告格式，维护中小股东的权益。

10 月 25 日 证监会表示启动全面深化新三板改革，激发市场活力，补齐市场短板。

10 月 29 日 新华社刊文称，经报国务院批准，中国船舶工业集团有限公司（中船集团）与中国船舶重工集团有限公司（中船重工）实施联合重组，广受业界关注的“南北船重组”尘埃落定。

11 月 1 日 上海金融法院和上交所签署《关于协助上海金融法院办理上市公司股票司法强制执行的备忘录》，就上交所上市公司大宗股票的执行司法协助达成合作意向。

11 月 1 日 上交所发布实施《资产支持证券临时报告信息披露指引》，进一步完善资产证券化市场规则体系，提升资产支持证券信息披露质量，切实维护投资者合法权益。

11 月 3 日 深交所发布《上市公司信息披露指引第 4 号——员工持股计划》，提高信息披露的针对性和有效性。

11 月 7 日 国务院发布《关于进一步做好利用外资工作的意见》，深化对外开放，支持外商投资新开放领域。

11 月 8 日 证监会批准郑州商品交易所开展纯碱期货交易，完善纯碱价格形成机制，满足产业链企业的风险管理需求，促进相关主体健康稳定发展。

11 月 15 日 经国务院批准，证监会现全面推开 H 股“全流通”改革。

11 月 15 日 上交所和中国结算共同制定并发布《上海证券交易所、中国证券登记结算有限责任公司股票期权组合策略业务指引》，规范股票期权组合策略交易业务，提高资金使用效率，维护期权交易秩序。

11 月 15 日 证监会发布《证券资格会计师事务所资本市场执业基本信息》，缓解市场主体、投资者与会计师事务所之间的信息不对称，帮助上市公司作出会计师事务所选聘最优决策。

11 月 18 日 证监会发布《推动提高上市公司质量行动计划》，标志着上市公司监管领域专项改革从蓝图规划走向施工建设。

11 月 18 日 上交所、深交所分别发布了《上交所沪港通业务实施办法（2019 年修订）》《深交所深港通业务实施办法（2019 年修订）》的通知，明确了不同投票权架构公司股票的首次纳入条件，并分别发布了修订《上交所港股通交易风险揭示书必备条款》《深交所港股通交易风险揭示书必备条款》。

11 月 20 日 中欧所积极筹备股票市场沪德通，加强中德证券市场之间的互联互通。

11月20日 广东省深圳市中级人民法院制定并印发《广东省深圳市中级人民法院关于强制执行上市公司股票的工作指引（试行）》，有助于解决并规范关于上市公司股票执行的相关问题，维护证券市场的正常交易结算秩序。

11月21日 上海金融法院召开新闻发布会，发布《上海金融法院关于执行程序中处置上市公司股票的规定（试行）》，探索证券交易所协助下的大宗股票全新处置模式——大宗股票司法协助执行方式。

11月22日 证监会发布《证券期货业数据模型 第1部分：抽象模型设计方法》金融行业标准，指导行业内系统建设和机构间数据交换，进一步提升行业信息化质量。

11月22日 证监会发布《关于〈期货交易管理条例〉第七十条第五项“其他操纵期货交易价格行为”的规定》，打击操纵期货交易价格的行为，维护期货市场秩序。

11月22日 证监会批准郑州商品交易所开展PTA、甲醇、菜籽粕期权交易，批准大连商品交易所开展铁矿石期权交易，批准上海期货交易所开展黄金期权交易，进一步满足实体企业个性化和精细化风险管理需求，降低套保成本。

11月26日 MSCI年内最大扩容生效，这也是年内第三次扩容，从而实现三级跳，A股权重从5%增加至20%。至此，年内A股纳入国际指数及扩容全部落地。

11月27日 长生生物终止在深交所交易挂牌上市，作为首例因重大违法强制退市的公司，长生生物从A股转至老三板，代码由002680变为400077。

11月29日 深大通（000038）收到证监会下发的行政处罚决定书、市场禁入决定书。监管层对深大通及实控人姜剑等人拒绝、阻碍证券执法一案进行了立案调查、审理，最终决定对深大通给予警告，并处以60万元罚款，并且对姜剑采取10年证券市场禁入措施，对李雪燕、黄卫华、牛超、李洁分别采取5年证券市场禁入措施。

12月4日 中国证券业协会发布《中国证券业协会自律措施实施办法》，规范实施自律措施。

12月6日 根据证监会发布的《证券期货经营机构管理人中管理人（MOM）产品指引（试行）》，以及相关证券账户业务优化调整情况，中国结算对《特殊机构及产品证券账户业务指南》（简称《指南》）进行了修订。

12月6日 证监会发布《证券期货经营机构管理人中管理人（MOM）产品指引（试行）》，引入资本市场中长期资金，规范管理人中管理人产品运行。

12月7日 深交所发布与股票期权业务相关的《深圳证券交易所股票期权试点交易规则》等10项规则和《深圳证券交易所股票期权试点证券公司经纪业务指南》等4项指南。

12月7日 中国结算发布《中国证券登记结算有限责任公司关于深圳证券交

易所股票期权试点结算业务实施细则》，规范深圳证券交易所股票期权结算业务，明确相关当事人之间的权利义务关系。

12 月 13 日 证监会发布《上市公司分拆所属子公司境内上市试点若干规定》，明确分拆条件、规范分拆流程、强化中介机构职责等。

12 月 13 日 上交所和深交所同期发布《关于规范公司债券发行有关事项的通知》进一步规范公司债券发行业务。

12 月 14 日 中国金融期货交易所发布沪深 300 股指期权合约及相关业务规则，标志着沪深 300 股指期权合约及规则准备工作正式完成。

12 月 20 日 证监会修改《非上市公众公司监督管理办法》，并发布《非上市公众公司信息披露管理办法》，稳步推进新三板改革，完善市场基础制度。

12 月 20 日 上交所发布《上市公司重大资产重组信息披露业务指引》，进一步落实并购重组市场化改革，提高上市公司质量，强化并购重组全流程监管。

12 月 20 日 中国结算发布《结算备付金管理办法》（2019 年修订版），对中国结算可调整最低结算备付金计收比例等相关内容进行了完善。

12 月 20 日 中证协对《非公开发行公司债券项目承接负面清单指引》进行了修订，明确非公开发行公司债券项目承接实行负面清单管理，承销机构项目承接不得涉及负面清单限制的范围。

12 月 20 日 人民银行、银保监会、证监会和外汇局联合制定并发布《关于进一步规范金融营销宣传行为的通知》，进一步规范金融营销宣传行为，支持打好防范化解重大金融风险攻坚战，切实保护广大金融消费者合法权益。

12 月 20 日 沪深交易所发布《沪港通业务实施办法》和《深港通业务实施办法》，推进资本市场高水平对外开放，进一步完善内地与香港市场互联互通。

12 月 23 日 中国证券投资基金业协会发布《私募投资基金备案须知》更新版，进一步引导私募基金行业规范发展，促进实体经济稳定健康发展。

12 月 23 日 沪深 300 指数衍生出的三大期权品种同日上市。沪深 300 股指期权在中国金融期货交易所成功挂牌上市，成为我国境内第一只股指期权品种。

12 月 26 日 深交所与工业和信息化部签署《优质中小企业上市培育战略合作协议》，支持优质中小企业对接资本市场，拓宽民营企业直接融资渠道等。

12 月 27 日 证监会发布《证券投资者保护基金实施流动性支持管理规定》，建立健全证券行业流动性支持长效机制，充分发挥证券投资者保护基金作用。

12 月 28 日 修订后的《证券法》正式审议通过，在全面推行注册制的同时，明确证券从业人员禁止买卖股票，并对上市公司信息披露违规的处罚力度提升，更强化了上市公司董监高的责任。

12 月 31 日 上交所新一代市场监察系统正式上线运行，这是上交所落实证监会全面深化资本市场改革工作部署，推进科技与业务深度融合，加快提升科技监管能力的一项重要举措。

12 月 31 日 上交所发布通知称，为进一步落实降费政策，降低直接融资成本，更好服务实体经济，决定自 2020 年 1 月 1 日起，下调上交所主板和科创板上市公司股票（含存托凭证）上市费收费标准。

12 月 31 日 中国结算和深交所联合发布了《H 股“全流通”业务实施细则》，推进资本市场高水平对外开放，促进 H 股公司健康发展，安全高效地支持全面推开 H 股“全流通”改革。